DIREITO TRIBUTÁRIO SANCIONATÓRIO

CIP-BRASIL. CATALOGAÇÃO NA PUBLICAÇÃO
SINDICATO NACIONAL DOS EDITORES DE LIVROS, RJ

D635

Direito tributário sancionatório / coordenador Robson Maia Lins. - 1. ed. - São Paulo: Noeses, 2021.

1104 p. ; 23 cm.
ISBN 978-65-89888-41-3

1. Direito tributário - Brasil. 2. Incidência de impostos - Brasil. 3. Sanções tributárias - Brasil. 4. Crime fiscal - Brasil. I. Lins, Robson Maia.

21-74682 CDU: 34:336.225.68(81)

Meri Gleice Rodrigues de Souza - Bibliotecária - CRB-7/6439

Coordenação

Robson Maia Lins

DIREITO TRIBUTÁRIO SANCIONATÓRIO

2021

editora e livraria

NOESES

Copyright © Editora Noeses 2021
Fundador e Editor-chefe: Paulo de Barros Carvalho
Gerente de Produção Editorial: Rosangela Santos
Arte e Diagramação: Renato Castro
Revisão: Georgia Evelyn Franco e Microart
Designer de Capa: Aliá3 - Marcos Duarte
Arte de capa:

Autor: Lúcia Suanê
Título: Patoril de Goitá
Técnica: Óleo sobre tela e quadrados coloridos
Dimensão: 126x116 cm
Ano: sem data
Acervo: Robson Maia Lins e Marcela Conde Acquaro Maia

2021

editora e livraria
NOESES

Editora Noeses Ltda.
Tel/fax: 55 11 3666 6055
www.editoranoeses.com.br

APRESENTAÇÃO

É com imensa alegria que anuncio à comunidade jurídica a presente coletânea de artigos científicos, na qual congregamos atiladas contribuições acerca de temas candentes que permeiam o ramo didaticamente autônomo do Direito Tributário Sancionatório.

Particularmente, hei de confessar, escrevo esta breve apresentação tomado por um misto de sentimentos, sobre os quais não posso silenciar.

Falo da *gratidão* pelas respostas obtidas de queridos alunos que cursaram, e com esmero, a Disciplina de Mestrado "Direito Tributário Sancionatório e o Constructivismo Lógico-Semântico", fundada no Núcleo de Direito Tributário da Pós-Graduação da Pontifícia Universidade Católica de São Paulo (PUC/SP) no ano de 2014 e, mais recentemente, inaugurada no Mestrado Acadêmico do Instituto Brasileiro de Estudos Tributários (IBET).

Registro minha *admiração* pela postura científica dos escritores, que não se limitaram a reproduzir pensamentos. Ao revés, valeram-se desta ocasião para construírem novas proposições e, assim sendo, reduzirem um pouco das ainda vastas, numerosas e significantes lacunas que permeiam o estudo da atuação estatal de sancionar o descumprimento de deveres jurídico-tributários.

Sinto-me, de igual modo, *honrado* por coordenar a reunião de autênticos pensadores para assentar e robustecer premissas acerca das possibilidades e limitações estatais à cominação, interpretação, apuração, aplicação e execução das consequências que defluem de infrações tributárias, mormente em um cenário de criatividade e expansão sancionatórias.

Os textos que integram esta coletânea procuram examinar desde os fundamentos da competência sancionatória – desenhada no âmbito constitucional –, passando pelas funções que a Lei Complementar desempenha (v. g. Código Tributário Nacional) ao trazer alguns enunciados prescritivos atinentes às sanções tributárias; contornos das leis ordinárias das pessoas políticas de direito constitucional interno, até chegar à constituição e cobrança do crédito tributário decorrente de um ilícito. Esse percurso interpretativo é feito tendo sempre em mente, como critério comparativo, o ciclo de positivação da regra-matriz de incidência de tributária, de forma que se estabelece uma conversa do início ao fim entre tributo e sanção.

Há trabalhos em que as relações entre os diversos ramos do direito sancionatório (direito penal, direito administrativo sancionatório etc.) são examinadas em suas conexões horizontais e verticais, sem perder de vista a tão proclamada unidade do sistema de direito positivo. Decompõe-se em ramos apenas para fins de análise! Imediatamente são recompostos para fins funcionais, momento em que uma teoria do ordenamento jurídico bem estruturada é imprescindível para o exame da completude orgânica.

Reafirmo, ainda, meu penhorado *orgulho* de integrar a Escola de Pensamento do Constructivismo Lógico-Semântico, que há décadas contribui, com vigor e rigor, para a difusão de discursos coerentes, profundos e elaborados, mantendo vivo o legado científico do jusfilósofo pernambucano Lourival Vilanova e o exemplo acadêmico do mestre paulista Paulo de Barros Carvalho.

Oportunamente, externo minha *esperança* pela breve e plena recuperação da saúde do aluno Bruce Bastos Martins, cuja vida intelectual, para além de marcante, é-nos muito cara.

E, por derradeiro, admito nutrir as melhores *expectativas* a respeito das repercussões que a obra acadêmica ora publicizada ocasionará, porquanto composta de contribuições científicas genuínas, fundadas na rara combinação de dois caros predicados: ousadia científica e humildade intelectual. Afinal, como apregoava José Souto Maior Borges, "se não ousarmos atacar problemas tão complexos que o erro da solução seja quase inevitável, radicalmente não haverá progresso do conhecimento científico. Quem pensa profundamente não deve temer profundamente equivocar-se".[1]

Robson Maia Lins

Professor da Graduação, Especialização,
Mestrado e Doutorado da PUC/SP

Professor dos Cursos de Especialização e Mestrado do IBET

Conselheiro do Conselho Nacional de Educação

Advogado

1. BORGES, José Souto Maior. *Ciência feliz*. 3. ed. São Paulo: Quartier Latin, 2007. p. 25-26.

SUMÁRIO

O CONSTRUCTIVISMO LÓGICO-SEMÂNTICO E O DIREITO SANCIONATÓRIO: UMA INTRODUÇÃO INSPIRADA POR LIÇÕES DE LOURIVAL VILANOVA

Robson Maia Lins[1]

Pablo Gurgel Fernandes[2]

---

1. Advogado, Consultor e Parecerista na área tributária. Conselheiro da Câmara de Educação Superior do Conselho Nacional de Educação (CNE). Membro do Conselho Superior de Direito da Federação do Comércio do Estado de São Paulo (FECOMÉRCIO/SP). Membro do Conselho Consultivo do Instituto Potiguar de Direito Tributário (IPDT). Professor dos Programas de Graduação e Pós-Graduação em Direito da Pontifícia Universidade Católica de São Paulo (PUC/SP). Professor do Mestrado do Instituto Brasileiro de Estudos Tributários (IBET). Professor Conferencista da Especialização do Instituto Brasileiro de Estudos Tributários (IBET). Doutor em Direito Tributário na Pontifícia Universidade Católica de São Paulo (PUC/SP). Mestre em Direito Tributário na Pontifícia Universidade Católica de São Paulo (PUC/SP). Graduado pela Universidade Federal do Rio Grande do Norte (UFRN).

2. Advogado com atuação na área tributária. Membro do Comitê Jurídico da Federação Brasileira das Associações de Síndrome de Down (FBASD). Diretor-Auxiliar do Instituto Potiguar de Direito Tributário (IPDT). Professor Assistente no Mestrado em Direito Tributário do Instituto Brasileiro de Estudos Tributários (IBET). Professor Seminarista do Curso de Especialização em Direito Tributário do Instituto Brasileiro de Estudos Tributários no Rio Grande do Norte (IBET/RN). Doutorando em Direito Tributário na Pontifícia Universidade Católica de São Paulo (PUC/SP). Mestre em Direito Tributário na Pontifícia Universidade Católica de São Paulo (PUC/SP). Especialista em Direito Tributário pelo Instituto Brasileiro de Estudos Tributários (IBET). Graduado pela Universidade Federal do Rio Grande do Norte (UFRN).

I – Demarcando o constructivismo lógico-semântico

Há mais de duas décadas, passou-se a identificar, com maior intensidade e frequência, pesquisas de alunos da Pontifícia Universidade Católica de São Paulo – PUC/SP, da Universidade de São Paulo – USP e do Instituto Brasileiro de Estudos Tributários – IBET que, ao desenvolverem estudos acerca de fenômenos jurídico-tributários, partilharam de invulgar rigor analítico e, por conseguinte, contribuíram para a densificação de um movimento difusor de discursos científicos com características peculiares.

A primeira de suas marcas diferenciais, acreditamos residir na busca **zelosa pela fixação das premissas necessárias**, de modo a desenvolver o trabalho intelectual como quem constrói edifícios, para parafrasear, aqui, FRANCESCO CARNELUTTI, quando assim confessou: "meus livros estão construídos como meus edifícios".[3] E certamente, ao assim proceder, **outorga-se amplificada e corajosa abertura ao controle intersubjetivo das linguagens produzidas e endereçadas à comunidade científica**, como PAULO DE BARROS CARVALHO, com sua peculiar argúcia, registrou:

> Essa forma de fazer preceder o estudo jurídico especializado garante, a qualquer momento, que o leitor cobre as premissas declaradas, controle o ajuste das proposições emitidas com os pontos de partida fixados inicialmente, dando-lhe a segurança de fiscalizar a coerência da obra. Por sem dúvida, da parte do autor, é algo inconfortável, que o expõe a ser colhido em descompasso, exibindo-se, publicamente, as incongruências porventura existentes. Todavia, é índice implacável das boas intenções do autor, que declara seus pressupostos e, por meio deles, diz aonde quer chegar, mostrando os resultados obtidos.[4]

---

3. CARNELUTTI, Francesco. *Metodologia do direito*. Tradução de Frederico A. Paschoal. 3. ed. Campinas: Bookseller, 2005, p. 18.

4. CARVALHO, Paulo de Barros. *Teoria da norma tributária*. São Paulo: Max Limonad, 1998, p. 12-13.

A segunda característica específica, a seu turno, parece-nos consistir na construção consciente de **uma metalinguagem vertida em função preponderantemente descritiva** sobre o sistema jurídico, **orientada pela lúcida e salutar distinção entre ciência do direito e direito positivo**, inaugurada,[5] repetida[6] e sintetizada por HANS KELSEN:[7]

> O enunciado sobre uma norma (i.e., o enunciado sobre a existência, sobre a validade de uma norma) também precisa ser diferenciado do enunciado sobre o ato, cujo sentido é a norma (do enunciado sobre a existência do ato que está na realidade natural). O ato é um ser, a norma um dever-ser. Na Ciência do Direito esta distinção é perfeitamente corrente. [...] Enunciados sobre a lei, as proposições, nas quais a lei é apresentada, quer isto dizer, é descrita, são distintos do enunciado sobre o ato legiferante ou os atos do processo legislativo. A Ciência do Direito contém proposições que são enunciados *sobre* normas jurídicas. Ela expõe normas jurídicas, descreve normas jurídicas. Essas proposições não são propriamente normas, mas enunciados sobre normas. Como Ciência, a Ciência do Direito apenas pode conhecer e descrever normas a ela *dadas*, e não estabelecer normas, e não prescrever alguma coisa.

Uma vez demarcado o objeto, torna-se possível aprofundar o exame das peculiaridades linguísticas do direito positivo e, por conseguinte, fixar a ciência de que **a metalinguagem produzida por nós juristas se sujeita às leis da lógica alética, apofântica ou clássica.**[8] Por isto, LOURIVAL VILANOVA fez

---

5. Cf. KELSEN, Hans. *Teoria pura do direito*. Tradução de João Baptista Machado. 8. Ed. São Paulo: WMF Martins Fontes, 2009, p. 79-80.

6. Cf. KELSEN, Hans. *Teoria geral do direito e do estado*. Tradução de Luís Carlos Borges. 5. ed. São Paulo: Martins Fontes, 1990, p. 63.

7. KELSEN, Hans. *Teoria geral das normas*. Tradução de José Florentino Duarte. Porto Alegre: Sergio Antonio Fabris Editor, 1986, p. 194-195.

8. Para aprofundamento a esse respeito, recomendamos: CARVALHO, Paulo de Barros. *Curso de Direito Tributário*. 29. ed. São Paulo: Saraiva Educação, 2018, p. 37-40; CARVALHO, Paulo de Barros. *Direito Tributário: linguagem e método*. 6. ed. São Paulo: Noeses, 2015, p. 81-85; LINS, Robson Maia. *Curso de Direito Tributário Brasileiro*. 1. ed. São Paulo: Noeses, 2019, p. 21-29; MOUSSALLEM, Tárek Moysés. *Fontes do Direito Tributário*. São Paulo: Max Limonad, 2001, p. 67-70; e SANTI, Eurico Marcos Diniz de. *Lançamento Tributário*. 2. ed. 2. tir. São Paulo: Max Limonad, 2001, p. 50-54.

questão de (i) frisar que "as proposições modais aléticas sobre proposições deônticas podem ser verdadeiras ou falsas, enquanto as proposições deônticas mesmas, são válidas ou não válidas; aquelas pertencem à lógica apofântica; estas, à lógica deôntica";[9] (ii) reiterar o fato de ocuparem, assim, "dois planos inconfundíveis, as proposições que descrevem normas e as proposições normativas do direito positivo. Se estas são *linguagem-objeto*, aquelas são *metalinguagem*";[10] e, mais adiante, (iii) arrematar: "a ciência não emite proposição modal deôntica, porque não lhe cabe permitir, ou obrigar, ou proibir. Isto cabe ao sistema do direito positivo, constituído não de *proposições científicas*, mas de *proposições modalmente normativas*".[11]

Como consectário desta concepção, exsurgiu mais uma necessidade cujo suprimento passou a ser perseguido pelos cientistas do direito deste movimento, qual seja, a de produzir uma **linguagem de sobrenível depurada**, que fosse, **a um só tempo, suficientemente clara, satisfatoriamente precisa e integralmente coerente**. Partiu-se, assim, ao encontro de anseios linguísticos que, ainda no início do século passado, os membros do *Círculo de Viena*[12] anelaram inexoravelmente. O próprio KARL POPPER, por vezes crítico do neopositivismo lógico, confessou a importância destas suas pautas, responsáveis por lançar, "por assim dizer, o temor de Deus em todos nós, que queremos falar com sentido. Tornámo-nos mais

9. VILANOVA, Lourival. *As estruturas lógicas e o sistema do direito positivo*. 4. ed. São Paulo: Noeses, 2010. p. 36.

10. VILANOVA, Lourival. *As estruturas lógicas e o sistema do direito positivo*. 4. ed. São Paulo: Noeses, 2010. p. 41.

11. VILANOVA, Lourival. *As estruturas lógicas e o sistema do direito positivo*. 4. ed. São Paulo: Noeses, 2010. p. 46.

12. Uma introdução ao neopositivismo lógico encontramos em: ABBAGNANO, Nicola. *História da filosofia. Vol. XIV*. Tradução de Conceição Jardim, Eduardo Lúcio Nogueira e Nuno Valadas. Lisboa: Editorial Presença, 1970. p. 07-99; OLIVEIRA, Manfredo A. de. *Reviravolta linguístico-pragmática na filosofia contemporânea*. 4. ed. São Paulo: Loyola, 2015, p. 71-91; OUELBANI, Mélika. *O Círculo de Viena*. Tradução de Marcos Marcionilo. São Paulo: Parábola Editorial, 2009.

cuidadosos naquilo que dizemos e no modo como o dizemos, e tudo isso é benéfico".[13]

E em quarto lugar, podemos afirmar que o gênero das investigações ora conotadas também compartiu um núcleo conceitual homogêneo para "direito positivo", considerado como sendo **objeto cultural constituído por linguagem técnica diferenciada**. É a partir deste pressuposto que se tornará possível compreender todas as demais categorias que doravante serão por nós mencionadas e/ou utilizadas.

Como elemento da cultura, cuida-se de objeto real, com existência circunscrita por coordenadas de espaço e tempo, concebido pelo homem para implantar determinados valores, que **somente podem ser compreendidos a partir da vivência experienciada em comunidade.**[14] Eis o porquê dos profícuos diálogos com o *Culturalismo*[15] e a *Teoria dos Valores.*[16]

---

13. POPPER, Karl. *Conjecturas e refutações*. Tradução de Benedita Bettencourt. Lisboa: Edições 70, 2018. Posição 7980 de 13068 do *Kindle*.

14. Acerca da classificação dos objetos gnosiológicos em quatro regiões ônticas (*natural, cultural, ideal* e *metafísica*), remetemos o leitor para: DINIZ, Maria Helena. *Compêndio de introdução à ciência do direito:* introdução à teoria geral do direito, à filosofia do direito, à sociologia jurídica e à lógica jurídica. 21. ed. rev. e atual. São Paulo: Saraiva, 2010. p. 135-141; CARVALHO, Paulo de Barros. *Direito tributário, linguagem e método*. 6. ed. São Paulo: Noeses, 2015. p. 15-18; CÓSSIO, Carlos. *El derecho en el derecho judicial*. Buenos Aires: Librería "El Foro", 2002. p. 25-43; e COSSIO, Carlos. *Teoría de la verdad jurídica*. Buenos Aires: Losada, 1954, p. 59-87.

15. No ponto, fazemos alusão à Escola de Baden, capitaneada por Wilhelm Windelband e Heinrich Rickert, cujas principais obras com as quais tivemos contato foram, respectivamente: WINDELBAND, Wilhelm. *A History of Philosophy: with especial reference to the formation and development of its problems and conceptions*. Translated by James H. Tufts. New York: The Macmillan Company, 1901; WINDELBAND, Wilhelm. *An Introduction to Philosophy*. Translated by Joseph McCabe. London: T. Fisher Unwin, 1921; RICKERT, Heinrich. *The Limits of Concept Formation in Natural Science: a logical introduction to the historical sciences*. Translated by Guy Oakes. New York: Cambridge University Press, 1986; e RICKERT, Heinrich. *Ciencia Cultural y Ciencia Natural*. Traducción por Manuel G. Morente. Madrid: Calpe, 1922. Não desprezamos, porém, a corrente do culturalismo nacional, desenvolvida na segunda metade do século XX, sobretudo por obra de Miguel Reale e sintetizada no seguinte livro: REALE, Miguel. *Cinco temas do culturalismo*. São Paulo: Saraiva, 2000.

16. Para um panorama geral a respeito, recomendamos: CARVALHO, Paulo de Barros. *Direito tributário, linguagem e método*. 6. ed. São Paulo: Noeses, 2015, p.

Já na qualidade de subsistema comunicacional, seus enunciados sujeitam-se a exames de cariz semiótico. Afinal, como leciona GREGORIO ROBLES, **qualquer texto é suscetível de análise hermenêutico-analítica, decompondo e recompondo a mensagem nos planos sintático, semântico e pragmático.**[17]

Não é difícil presumir, no presente estágio da leitura, que fazemos alusão à classe de produções doutrinárias perfilhadas à Escola de Pensamento do *Constructivismo Lógico-Semântico – CLS*, cujo maior expoente, na atualidade, é Paulo de Barros Carvalho, professor emérito da PUC/SP e da USP. Contudo, o que nem sempre uma primeira aproximação possibilita identificar é que **a origem desse movimento da literatura jurídica nacional se deu *por* e *pela* obra de um ilustre jurista nordestino**. Falamos de Lourival Vilanova, aquele que, para JOSÉ SOUTO MAIOR BORGES,[18] apresentou rigor científico superior ao de Francisco Cavalcanti Pontes de Miranda:

> Há um aspecto, na obra de Vilanova, que me parece marginalizado, mas que se reveste de transcendental importância. É que representa, toda ela, uma tranquila opção, claramente assumida, pelo qualitativo. Em detrimento do quantitativo, que ainda hoje tanta influência desgraçadamente exerce sobre a avaliação de méritos universitários. [...] Nesse sentido, e sem desconhecer-lhe a importância, penso, contudo, que a obra de LOURIVAL VILANOVA se reveste de rigor teórico muito superior à de PONTES DE MIRANDA.

Como relataram PAULO DE BARROS CARVALHO[19] e FABIANA DEL PADRE TOMÉ,[20] o próprio "nome de batis-

---

180-187; e HESSEN, Johannes. *Filosofia dos valores*. 4. ed. Tradução de Luís Cabral de Moncada. Coimbra: Arménio Amado, 1974.

17. Cf. ROBLES, Gregório. *O direito como texto:* quatro estudos de teoria comunicacional do direito. Tradução de Roberto Barbosa Alves. Barueri: Manole, 2005, p. 2-3.

18. BORGES, José Souto Maior. *Ciência Feliz*. 3. ed. São Paulo: Quartier Latin, 2007, p. 203.

19. Cf. CARVALHO, Paulo de Barros. Algo sobre o Constructivismo Lógico-Semântico. *In*: CARVALHO, Paulo de Barros (Coord.). CARVALHO, Aurora Tomazini de. (Org.) *Constructivismo lógico-semântico*. Vol. 1. São Paulo: Noeses, 2014, p. 06.

20. Cf. TOMÉ, Fabiana Del Padre. *A prova no direito tributário:* de acordo com o

mo" teve o jusfilósofo pernambucano como autor. A esse respeito, um de nós já teve a oportunidade de ofertar síntese:[21]

> Lourival Vilanova foi o responsável pela criação do nome "Constructivismo Lógico-Semântico", o qual pretende demonstrar a importância da postura constructivista e da análise de todos os aspectos da linguagem (viés sintático, semântico e pragmático). Indagado quanto à ausência da referência ao âmbito pragmático, ele respondia que não foi por esquecimento nem houve descuido. O termo foi suprimido apenas por uma questão estilística, pois agregar o adjetivo pragmático deixaria muito extensa a nomenclatura.

Ao longo dos distintos e significativos escritos de Lourival Vilanova, encontramos relevantes lições, não raras vezes sintetizadas por expressões categóricas, algumas das quais selecionamos para inspirar expressamente o desenvolvimento deste artigo, posto que por nós predestinado a servir como *uma* introdução à proposta científica do CLS no estudo do direito sancionatório.

Portanto, assumidamente moldamos e direcionamos nosso discurso fitando aqueles estudantes de graduação, especialização ou mestrado que buscam um primeiro texto, propedêutico e remissivo, para lhes guiar por perspectivas até então pouco conhecidas ou ainda não consideradas sistematicamente. E assim procedemos porque cremos na seguinte advertência de nosso eterno mestre pernambucano: "sem teoria geral do direito e sem outras investigações mais delicadamente abstratas, não se dominam nem a teoria, nem a prática, nem o saber científico especializado, nem sua aplicação aos fatos concretos".[22]

Código de Processo Civil de 2015. 4. ed. rev. e atual. São Paulo: Noeses, 2016, p. 3.

21. LINS, Robson Maia. *Curso de direito tributário brasileiro*. 1. ed. São Paulo: Noeses, 2019, p. 14-15.

22. VILANOVA, Lourival. *As estruturas lógicas e o sistema do direito positivo*. 4. ed. São Paulo: Noeses, 2010. p. XXXIX.

II – Introduzindo a semiótica no estudo do direito

Na expressão definitória "animal racional", **a diferença específica reside no predicado da racionalidade, que aflora e se acentua na raça humana com inigualável tônica, possibilitando-nos empreender comunicações de forma elaborada, com complexidade incogitável para outros seres vivos.** Lembremo-nos das palavras de RENÉ DESCARTES, quando ponderou: "papagaios podem até proferir palavras como nós, mas não podem falar como nós, isto é, demonstrando que pensam o que dizem".[23]

Não pretendemos, tampouco desejamos, afirmar que os fenômenos comunicacionais reclamam necessariamente pela linguagem verbal, mesmo porque, no curso da "pré-história",[24] não faltaram manifestações comunicacionais, como as pinturas rupestres, esculturas e demais labores artísticos. A bem da verdade, uma das poucas certezas que temos é a de poder afirmar como PAUL WATZLAWICK, JANET HELMICK BEAVIN e DONALD DEAVILA JACKSON: "por muito que o indivíduo se esforce, é-lhe impossível *não* comunicar".[25]

A Convenção Internacional sobre os Direitos das Pessoas com Deficiência, promulgada pelo Decreto 6.949/2009, prescreveu definições de caráter amplo para os vocábulos "comunicação" e "língua" (art. 2º):

> Artigo 2
>
> Definições
>
> Para os propósitos da presente Convenção:

---

23. DESCARTES, René. *Discurso sobre o método.* 2. ed. Tradução de Paulo M. de Oliveira. Bauru: Edipro, 2006, p. 61.

24. Particularmente, nutrimos severas ressalvas à esta expressão, a um só tempo pejorativa e contraditória. No entanto, a pretensão inclusiva do presente artigo nos impôs empregar, em boa medida, vocábulos e locuções costumeiras, que se fazem presentes no repertório geral da mais vasta gama de leitores.

25. WATZLAWICK, Paul. BEAVIN, Janet Helmick. JACKSON, Don D. *Pragmática da comunicação humana:* um estudo dos padrões, patologias e paradoxos da interação. Tradução de Álvaro Cabral. São Paulo: Cultrix, 2007, p. 45.

> "Comunicação" abrange as línguas, a visualização de textos, o braille, a comunicação tátil, os caracteres ampliados, os dispositivos de multimídia acessível, assim como a linguagem simples, escrita e oral, os sistemas auditivos e os meios de voz digitalizada e os modos, meios e formatos aumentativos e alternativos de comunicação, inclusive a tecnologia da informação e comunicação acessíveis;
>
> "Língua" abrange as línguas faladas e de sinais e outras formas de comunicação não falada;
>
> [...]

Na Base Nacional Comum Curricular do Brasil, a composição da área das "Linguagens" no Ensino Fundamental que abrange também, como componentes curriculares, "Arte" e "Educação Física", conscientemente incluídos com a finalidade expressa de "possibilitar aos estudantes participar de práticas de linguagem diversificadas, que lhes permitam ampliar suas capacidades expressivas em manifestações artísticas, corporais e linguísticas", porquanto se partiu, e com acerto, do pressuposto de que "as atividades humanas realizam-se nas práticas sociais, mediadas por diferentes linguagens: verbal (oral ou visual-motora, como libras, e escrita), corporal, visual, sonora e, contemporaneamente, digital".

Cursos de oratória dedicam-se com veemência no aprimoramento de linguagens não verbais, tais como a forma de pronúncia, o tom da voz, a expressão facial, a gesticulação e o vestuário.[26] E **até mesmo o silêncio pode significar uma resposta, e não apenas no âmbito social, senão também para fins de direito**, como prescrevem, respectivamente, o art. 111 do Código Civil de 2002 e o art. 3º, inciso IX, da Lei da Declaração de Direitos de Liberdade Econômica, *in verbis*:

> Art. 111. O silêncio importa anuência, quando as circunstâncias ou os usos o autorizarem, e não for necessária a declaração de vontade expressa.
>
> ---

26. Uma ilustrativa leitura a esse respeito pode ser encontrada em: POLITO, Reinaldo. *Oratória para Advogados e Estudantes de Direito*. São Paulo: Saraiva, 2008.

> Art. 3º São direitos de toda pessoa, natural ou jurídica, essenciais para o desenvolvimento e o crescimento econômicos do País, observado o disposto no parágrafo único do art. 170 da Constituição Federal:
>
> [...]
>
> IX - ter a garantia de que, nas solicitações de atos públicos de liberação da atividade econômica que se sujeitam ao disposto nesta Lei, apresentados todos os elementos necessários à instrução do processo, o particular será cientificado expressa e imediatamente do prazo máximo estipulado para a análise de seu pedido e de que, transcorrido o prazo fixado, o silêncio da autoridade competente importará aprovação tácita para todos os efeitos, ressalvadas as hipóteses expressamente vedadas em lei;
>
> [...].

De todo modo, **a invenção da escrita pôde ser considerada como marco histórico catalizador do desenvolvimento cultural e, por conseguinte, das civilizações e sociedades.** A estruturação e a difusão de um sistema de signos[27] socialmente convencionados (símbolos), regido por regras sintáticas próprias (gramática) e relativamente imunes a tentativas isoladas de alteração (código) viabilizou a mais eficaz, ainda que precária e falível, forma de comunicar noções, ideias, conceitos, juízos e raciocínios[28] para outros semelhantes. Nesse

---

27. Segundo Charles Sanders Peirce: "Um signo ou *representamen*, é aquilo que, sob certo aspecto ou modo, representa algo para alguém. Dirige-se a alguém, isto é, cria, na mente dessa pessoa, um signo equivalente, ou talvez um signo mais desenvolvido. Ao signo assim criado denomino *interpretante* do primeiro signo. O signo representa alguma coisa, seu *objeto*. Representa esse objeto não em todos os seus aspectos, mas com referência a um tipo de ideia que eu, por vezes, denominei *fundamento do representâmen*." [PEIRCE, Charles Sanders. *Semiótica*. Tradução de José Teixeira Coelho Neto. São Paulo: Perspectiva, 2017. p. 46].

28. Na literatura, encontram-se diferentes distinções entre os conceitos de tais palavras: CARVALHO, Paulo de Barros. *Direito tributário, linguagem e método*. 6. ed. São Paulo: Noeses, 2015, p. 77; BRITTO, Lucas Galvão de. *Tributar na era da técnica:* como as definições feitas pelas agências reguladoras vêm influenciando a interpretação das normas tributárias. 1. ed. São Paulo: Noeses, 2018, p. 14-17; HARDY-VALLÉE, Benoit. *Que é um Conceito?* Tradução de Marcos Bagno. São Paulo: Parábola, 2013. p. 13-20. ALVES, Alaôr Caffé. *Lógica:* pensamento formal e argumentação, elementos para o discurso jurídico. 4. ed. São Paulo: Quartier Latin, 2005. p. 168-169; SEVERINO, Antônio Joaquim. *Metodologia do trabalho científico*. 24. ed. rev. e atual. São Paulo: Cortez, 2016.p. 56 e 85-93.

sentido, concordamos com ROLAND BARTHES, ao refletir sobre a língua como instituição social:

> Como instituição social, ela não é absolutamente um ato, escapa a qualquer premeditação; é a parte social da linguagem; o indivíduo não pode, sozinho, nem criá-la, nem modificá-la. Trata-se essencialmente de um contrato coletivo ao qual temos de submeter-nos em bloco se quisermos comunicar; além disto, este produto social é autônomo, à maneira de um jogo com as suas regras, pois só se pode manejá-lo depois de uma aprendizagem.[29]

No cenário atual, de **conformação da humanidade em contextos plurais e complexos, que demandam cada vez mais regulações objetivas e uniformes**, não mais se imagina a existência duradoura de uma ordem jurídica desprovida dos timbres da estatalidade e da verbalização, salvo, para nos valermos das palavras de HERBERT HART, em "uma pequena comunidade, estreitamente unida por laços de parentesco, sentimentos e convicções comuns, localizada num ambiente estável".[30]

Mesmo para o sociólogo da Bucovina, EUGEN EHRLICH, cada vez mais a humanidade se unifica, mediante aproximação entre associações de indivíduos, que ora se entrecruzam, ora sobrepõem-se, até se enxergarem como membros integrantes de uma totalidade,[31] em meio à qual nasce "a necessidade de prescrever a todas as associações sociais autônomas uma base legal unitária, através do Estado".[32]

A respeito deste fenômeno, LOURIVAL VILANOVA deu-nos a conhecer suas constatações:

> A espantosa complexidade da vida social, que não mais pode ir por si mesma, despoliticamente, requer mais direito e mais

---

29. BARTHES, Roland. *Elementos de semiologia*. Tradução de Izidoro Blikstein. 19. ed. São Paulo: Cultrix, 2012, p. 22.

30. HART, Herbert L. A. *O conceito de direito*. Tradução de Antônio de Oliveira Sette-Câmara. São Paulo: WMF Martins Fontes, 2009, p. 119.

31. Cf. EHRLICH, Eugen. *Fundamentos da sociologia do direito*. Tradução de René Ernani Gertz. Brasília: Universidade de Brasília, 1986, p. 113-119.

32. EHRLICH, Eugen. *Fundamentos da sociologia do direito*. Tradução de René Ernani Gertz. Brasília: Universidade de Brasília, 1986, p. 123.

> direito do Estado. A desprivatização ou a publicização de largos setores do direito privado está à vista. E tudo isso ocorre em toda a parte, em regimes monárquicos ou republicanos, parlamentares ou não parlamentares, federativos ou não federativos, de capitalismo privado ou de capitalismo privado com capitalismo de Estado, ou de capitalismo de Estado em monopólio. O que difere é o grau de interveniência, mas em substância o fenômeno ostenta sua homogeneidade essencial.[33]

Assim sendo, cada vez mais, como afirma GREGORIO ROBLES, "o direito aparece ou se manifesta como texto, sua essência é ser texto, e sua existência real é idêntica à existência real de um texto".[34] Na **acepção ampla** que o jurista espanhol confere ao vocábulo "texto", sinônimo de "qualquer realidade suscetível de interpretação",[35] enquadra-se o ordenamento jurídico, como "texto *verbalizado* ou *verbalizável*, no sentido de que já está escrito ou é passível de *tradução* em termos escritos".[36] Na experiência jurídica brasileira, podemos nos recordar dos contratos atípicos,[37] não solenes,[38] verbais[39] e tácitos.[40]

Atento à **característica textual do direito positivo**, ALFREDO AUGUSTO BECKER afirmava que "o mundo jurídico é o país onde se fala a linguagem jurídica"[41] e, por conseguinte,

---

33. VILANOVA, Lourival. Fundamentos do Estado de Direito. *In*: Escritos Jurídicos e Filosóficos. Vol. 1. São Paulo: Axis Mundi/IBET, 2003, p. 423.

34. ROBLES, Gregorio. *O direito como texto:* quatro estudos de teoria comunicacional do direito. Tradução de Roberto Barbosa Alves. Barueri: Manole, 2005, p. 21.

35. ROBLES, Gregorio. *O Direito como Texto:* quatro estudos de teoria comunicacional do direito. Tradução de Roberto Barbosa Alves. Barueri: Manole, 2005, p. 49.

36. ROBLES, Gregorio. *O Direito como Texto:* quatro estudos de teoria comunicacional do direito. Tradução de Roberto Barbosa Alves. Barueri: Manole, 2005, p. 28-29.

37. Art. 107 do CC/2002: "A validade da declaração de vontade não dependerá de forma especial, senão quando a lei expressamente a exigir".

38. Art. 425 do CC/2002: "É lícito às partes estipular contratos atípicos, observadas as normas gerais fixadas neste Código".

39. Art. 541, *parágrafo único*, do CC/2002: "A doação verbal será válida, se, versando sobre bens móveis e de pequeno valor, se lhe seguir incontinenti a tradição".

40. Art. 656 do CC/2002: "O mandato pode ser expresso ou tácito, verbal ou escrito".

41. BECKER, Alfredo Augusto. *Carnaval tributário*. 2. ed. São Paulo: LEJUS, 1999, p. 27-28.

o jurista exerceria uma atividade semântica. Mas, tal assertiva merece complementação, porquanto a semântica é apenas uma das dimensões da semiose,[42] e, como ainda na década de 70 pontuou LOURIVAL VILANOVA, "todo sistema de linguagem simbólica pode ser considerado sob as dimensões sintática, semântica e pragmática".[43]

Símbolos, como já se prenunciou, **são signos arbitrariamente convencionados para significar algo**. As palavras são signos simbólicos, produto da prerrogativa que RICARDO GUIBOURG, ALEJANDRO GHIGLIANI e RICARDO GUARINONI denominam de *liberdade de estipulação,*[44] exercida em dado contexto intersubjetivo. Oportunas, então, as ponderações de ALAÔR CAFFÉ ALVES:

> A palavra considerada em si mesma é um conjunto de sons ou de signos visuais que não têm valor por si mesmos, mas servem de suporte (material) do pensamento, tornando-o comunicável aos outros. Mas a palavra só se apresenta assim, precisamente como palavra, quando for devidamente codificada através de regras de seu uso na comunidade linguística.[45]

Sucede que **o sentido de determinada expressão, por vezes designado por significação ou interpretante,[46] é um objeto ideal que não se nos apresenta como dado pronto e**

42. Segundo definição de Charles William Morris, semiose é o "processo pelo qual algo funciona como signo" [MORRIS, Charles W. *Fundamentos da Teoria dos Signos.* Tradução de Paulo Alcoforado e Milton José Pinto. São Paulo: Universidade de São Paulo, 1976. p. 13].

43. VILANOVA, Lourival. *Lógica Jurídica.* São Paulo: Bushatsky, 1976, p. 61-62.

44. GUIBOURG, Ricardo A. GHIGLIANI, Alejandro M. GUARINONI, Ricardo V. *Introducción al conocimiento científico.* 3. ed. 4 reimp. Buenos Aires: Eudeba, 2004, p. 35.

45. ALVES, Alaôr Caffé. *Lógica: pensamento formal e argumentação, elementos para o discurso jurídico.* 4. ed. São Paulo: Quartier Latin, 2005, p. 169-170.

46. Para tomar ciência, ampliar o vocabulário ou revisar as diversas terminologias comumente empregadas em obras semióticas para fazer referência a cada um dos vértices do triângulo semiótico, indicamos consulta à obra de Clarice Von Oertzen de Araújo, mais precisamente: ARAÚJO, Clarice Von Oertzen de. *Incidência Jurídica: teoria e crítica.* São Paulo: Noeses, 2011, p. 164.

acabado. Cuida-se de elaboração intelectiva do intérprete da mensagem, na busca pela identificação do objeto/significado que a comunicação-produto pretendeu designar, fazer referência. Por isto, uma vez mais calha rememorar as lições de LOURIVAL VILANOVA: "interpretar é atribuir valores aos símbolos, ou seja, adjudicar-lhes significações e, através destas, referências a objetos".[47]

O estudo deste processo de comunicação, através do qual algo passa a ter sentido para alguém (semiose), pode ser decomposto em três dimensões.[48]

Da *perspectiva sintática*, **examinam-se as relações dos signos entre si, analisando a formação, a ordenação, a combinação e a transformação das estruturas semióticas**, o que comumente se faz nos âmbitos gramatical e da lógica proposicional.

No *enfoque semântico*, voltam-se as atenções aos **vínculos entre os signos e os objetos designados/referidos/significados, mediados pelas significações/interpretantes.** É a seara que cuida dos questionamentos acerca do "sentido", do "conteúdo" e do "alcance" da mensagem, cujas dúvidas os dicionários buscam dirimir ou, ao menos, aplacar.

Já o *ângulo pragmático*, adverte FRANÇOISE ARMENGAUD, "é uma disciplina jovem, forte, de fronteiras fluidas",[49] motivo pelo qual **sua delimitação ainda é imprecisa e controversa**, mormente para aqueles que buscam, nos dizeres de TERCIO SAMPAIO FERRAZ JR., preencher "o espaço vazio entre as análises semânticas e sintáticas da comunicação verbal",[50] para considerar "fenômenos linguísticos não

47. VILANOVA, Lourival. *Lógica jurídica*. São Paulo: Bushatsky, 1976, p. 91.

48. Um primeiro panorama a respeito desta tripartição pode ser encontrado em: MORRIS, Charles W. *Fundamentos da Teoria dos Signos*. Tradução de Paulo Alcoforado e Milton José Pinto. São Paulo: Universidade de São Paulo, 1976, p. 17-67.

49. ARMENGAUD, Françoise. *A pragmática*. Tradução de Marco Marcionilo. São Paulo: Parábola, 2006, p. 09.

50. FERRAZ JR., Tércio Sampaio. *Teoria da norma jurídica:* ensaio de pragmática

classificáveis e não descritíveis nos quadros da semântica e da sintaxe".[51] E ademais dessa **proposta residual ou, melhor, dizendo, complementar**, ao afirmarmos se tratar da **lente que foca nas relações entre os signos e seus usuários**, albergaremos **possibilidades amplas e plurais de investigação.**

Em caráter meramente exemplificativo, nas classes de pesquisas pragmáticas podemos incluir aquelas que se debruçam sobre: **(a)** o *contexto* histórico que animou a comunicação; **(b)** a *finalidade* almejada pelo emissor; **(c)** a *função* que o texto desempenha; **(d)** as *práticas interpretativas* dos receptores; **(e)** os *efeitos sociais* ocasionados pela mensagem; **(f)** as dificuldades para *recepção, aceitação ou cumprimento* de determinadas disposições; **(g)** as variáveis que influenciam no *êxito* da pretensão comunicada; **(h)** os *pressupostos* e as *condicionantes* das interpretações sociais; e **(i)** a *dinâmica* das construções e reconstruções semânticas nos ambientes linguísticos intersubjetivos.

III – Relacionando ser, dever ser e valores

Partindo do pressuposto de que **a comunicação social congrega subsistemas diferenciados**, NIKLAS LUHMANN[52] reconheceu, no direito, características que lhe distinguem, como código (*lícito/ilícito*), função (*estabilizar de expectativas normativas*) e programa (*condicional*) próprios, sem prejuízo de sua abertura em termos cognitivos.

Conquanto seja um truísmo, cabe-nos também acrescentar que **o direito positivo tem por objeto a regulação de condutas intersubjetivas**, o que invariavelmente faz **mediante cominação e imputação de relações jurídicas irreflexivas,**

---

da comunicação normativa. 5. ed. 2. reimp. Barueri: Atlas, 2021, p. 3.

51. FERRAZ JR., Tercio Sampaio. *Teoria da norma jurídica:* ensaio de pragmática da comunicação normativa. 5. ed. 2. reimp. Barueri: Atlas, 2021. p. 3.

52. Cf. LUHMANN, Niklas. *O direito da sociedade*. Tradução de Saulo Krieger. São Paulo: Martins Fontes, 2016. p. 11-284.

isto é, prescrevendo o enlace – geral ou individual – de pelo menos dois sujeitos diversos (*aliorrelatividade*) e em polos opostos (credor e devedor), que circundam de forma *assimétrica* dado objeto, em função do qual se atribuem *obrigações* (O), *proibições* (V) e/ou *permissões* (P).

Para regular condutas humanas em sociedade, a ordem jurídica haverá de **pautar suas programações pela contingência, elegendo apenas aquilo que é possível – e não necessário – de ocorrer e estabelecendo somente o que pode ser factualmente cumprido.** Filiando-se, neste particular, ao pensamento de HANS KELSEN,[53] assentou LOURIVAL VILANOVA: "se for factualmente necessário, ou factualmente impossível uma conduta ou um fato, resultará num sem-sentido estatuir proposição normativa contraposta ao curso natural das coisas".[54]

Indo além, cremos que **somente caberá relatar em linguagem jurídica algo de existência contingente para prescrever que sua frequência no plano do real-social seja verificada, amplificada, reduzida ou extirpada**, motivo pelo qual *jamais haveremos de estar diante de mera descrição.* Assim palmilhamos, mais uma vez, ao encontro das convicções de LOURIVAL VILANOVA: "a proposição jurídica não vem para reproduzir o mundo, porém para *alterar* a circunstância (Ortega) segundo pautas valorativas; digamos, não como *representação*, mas como *vontade*, se nos utilizamos das categorias de Schopenhauer".[55]

A comunicação jurídica não visa a primordialmente reproduzir, retratar, representar ou resumir a sociedade, mas alterá-la, o que somente é possível fazendo preponderar

---

53. Cf. KELSEN, Hans. *Teoria pura do direito*. Tradução de João Baptista Machado. 8. Ed. São Paulo: WMF Martins Fontes, 2009, p. 12; KELSEN, Hans. *Teoria geral das normas*. Tradução de José Florentino Duarte. Porto Alegre: Sergio Antonio Fabris Editor, 1986, p. 179.

54. VILANOVA, Lourival. *As estruturas lógicas e o sistema do direito positivo*. 4. ed. São Paulo: Noeses, 2010, p. 56.

55. VILANOVA, Lourival. *As estruturas lógicas e o sistema do direito positivo*. 4. ed. São Paulo: Noeses, 2010, p. 79.

a função prescritiva de linguagem.[56] *Não prescreve para informar, informa para prescrever*. Afinal, segundo anotou LOURIVAL VILANOVA: "Altera-se o mundo físico mediante o trabalho e a tecnologia, que o potencia em resultados. E altera-se o mundo social mediante a linguagem das normas, uma classe da qual é a linguagem das normas do Direito".[57]

Em todo caso, **qualquer disciplina jurídica que se introduz na órbita do direito positivo tem um propósito, distando de ser axiologicamente neutra**. Toda cultura humana é uma dupla realização valorativa, no sentido de que sua *elaboração* (processo) se funda em valores e sua *composição* (produto) lhes propaga. Por isto, JOHANNES HESSEN afirmou que "o dever-ser é um momento que pertence necessariamente ao valor e que, por assim dizer, lhe acresce, desde que este deixe de ser pensado apenas em si mesmo, e uma vez que, pelo contrário, passe a ser olhado por nós nas suas relações com a realidade".[58] Também por isto, ao refletir sobre a realidade jurídica, LOURIVAL VILANOVA asseverou: "O fato se torna fato jurídico porque ingressa no universo do direito através da porta aberta que é a hipótese. E o que determina quais propriedades entram, quais não entram, é o ato-de-valoração que preside à feitura da hipótese da norma".[59]

---

56. Aqui, tem valia o seguinte alerta: "Lembremo-nos, uma vez mais, que uma mensagem – seja qual for o material de que é feita – envolve diferentes funções em diálogo. Uma das funções seguramente determinará o perfil da mensagem, mas as outras complementam, dialogam, articulam, relacionam diferentes níveis de linguagem numa mesma mensagem." [CHALHUB, Samira. *Funções de linguagem*. 3. ed. São Paulo: Ática, 1990. p. 23]. Maiores incursões sobre funções de linguagem localizam-se em: JAKOBSON, Roman. *Linguística e Comunicação*. Tradução de Izidoro Blikstein e José Paulo Paes. 5. ed. São Paulo: Cultrix, 1971, p. 118-129; e CARVALHO, Paulo de Barros. *Direito Tributário: linguagem e método*. 6. ed. São Paulo: Noeses, 2015, p. 37-53.

57. VILANOVA, Lourival. *As estruturas lógicas e o sistema do direito positivo*. 4. ed. São Paulo: Noeses, 2010, p. 04.

58. HESSEN, Johannes. *Filosofia dos valores*. 4. ed. Tradução de Luís Cabral de Moncada. Coimbra: Arménio Amado, 1974, p. 91.

59. VILANOVA, Lourival. *As estruturas lógicas e o sistema do direito positivo*. 4. ed. São Paulo: Noeses, 2010. p. 52.

Oportunamente, acrescentamos que não apenas a formulação do antecedente normativo (descritor, hipótese, suposto, pressuposto ou prótase), mas a cominação do consequente (prescritor, tese, mandamento, estatuição ou apódose) também é presidida por um ato valorativo. **Não raras vezes, é pela consequência jurídica que conseguimos compreender o valor ou desvalor atribuído a certa classe de acontecimentos.** Lembremos de HANS KELSEN, quando pontificou: (i) "o ser-devida da sanção inclui em si o ser-proibida da conduta que é o seu pressuposto específico e o ser-prescrita da conduta oposta";[60] e (ii) "o ato ilícito ou o delito é uma determinada ação ou omissão humana que, por ser socialmente indesejável, é proibida pelo fato de a ela ou, mais corretamente, à sua verificação num processo juridicamente regulado, se ligar um ato de coerção".[61]

E no presente momento, atentos ao fechamento operativo do subsistema comunicacional do direito, **consideramos não ser todo e qualquer valor que os textos jurídicos são preordenados a implantar**, senão aqueles que inspiraram e se fizeram marcadamente presentes nas enunciações realizadas em segundo as regras de estrutura da ordem posta, haja vista que, nos dizeres de RAFFAELE DE GIORGI:

> O direito moderno caracteriza-se pela sua positividade. Ele, em outras palavras, é posto com base em decisões e pode ser continuamente transformado com base em decisões cuja produção é regulada por procedimentos de natureza jurídica, definidos, também estes, pela sua própria transformabilidade.[62]

Estamos, assim, diante de **uma das maiores virtudes do fenômeno jurídico, qual seja, a característica de constituir,**

60. KELSEN, Hans. *Teoria pura do direito*. Tradução de João Baptista Machado. 8. Ed. São Paulo: WMF Martins Fontes, 2009, p. 27.

61. KELSEN, Hans. *Teoria pura do direito*. Tradução de João Baptista Machado. 8. Ed. São Paulo: WMF Martins Fontes, 2009, p. 45.

62. GIORGI, Raffaele De. Luhmann e a teoria jurídica dos anos 70. *In*: CAMPILONGO, Celso Fernandes. O *Direito na sociedade complexa*. São Paulo: Max Limonad, 2000, p. 184.

alterar e disciplinar suas próprias realidades. "É essa qualidade que nos permite afirmar que todo e qualquer fato somente poderá ser considerado jurídico *se*, *quando* e *nas condições* que o próprio ordenamento estabelecer", dissemos em outra ocasião.[63]

Com seu estilo ímpar e contundente, ALFREDO AUGUSTO BECKER propalava que: (a) o "direito natural é um sonho de seminarista. O direito – todo o direito – é artificial";[64] (b) o "mundo jurídico é um mundo mesquinho. Ele substitui o mundo dos fatos sociais por um universo de palavras. Onde há uma floresta amazônica, o legislador determina que deva existir uma flor de papel";[65] e (c) "tudo se converte em papel e em signos gráficos no papel: as palavras. Os próprios juristas passam a vida a investigar palavras, a escrever palavras a propósito de palavras".[66]

Noutros termos, também expressivos e orientados no mesmo sentido, encontra-se o posicionamento de EURICO MARCOS DINIZ DE SANTI, para quem:

> A realidade é algo que não existe para o direito, que constrói sua verdade sobre os fatos para efeito de realizar seu processo de autorreprodução. No direito toda verdade é formal. A *verdade material* é tão apenas um princípio, um diretivo à conduta da autoridade, que orienta o ato de aplicação do direito.[67]

---

63. LINS, Robson Maia. FERNANDES, Pablo Gurgel. A Responsabilidade Tributária no Âmbito da Receita Federal do Brasil: uma análise da Instrução Normativa RFB nº 1.862/2018. *In*: GOMES, Marcos Lívio. OLIVEIRA, Francisco Marconi de. PINTO, Alexandre Evaristo [Coord.]. *Estudos Tributários e Aduaneiros do V Seminário CARF*. Brasília: CARF, 2020, p. 132.

64. BECKER, Alfredo Augusto. *Carnaval tributário*. 2. ed. São Paulo: LEJUS, 1999, p. 49.

65. BECKER, Alfredo Augusto. *Carnaval tributário*. 2. ed. São Paulo: LEJUS, 1999, p. 51.

66. BECKER, Alfredo Augusto. *Carnaval tributário*. 2. ed. São Paulo: LEJUS, 1999, p. 51.

67. SANTI, Eurico Marcos Diniz de. *Decadência e prescrição no direito tributário*. 4. ed. São Paulo: Saraiva, 2011, p. 35.

A partir dessas premissas, com maior propriedade poderemos compreender mais uma das lições de LOURIVAL VILANOVA:

> Temos sempre, para dar-se a causalidade jurídica, norma fato e eficácia. Sem norma, um fato não adquire qualificação de *fato jurídico*. E sem fato jurídico, efeito (eficácia) nenhum advém. De onde se depreende que os *fatos jurídicos são internos a cada sistema. Não há fato jurídico 'fora' de sistema normativo*. É o sistema que decide que fatos são fatos jurídicos (juridicização do fáctico), e que fatos deixam de ser jurídicos (desjuridicização de fáctico).[68]

Entrementes, convém salientar que **a dinâmica da causalidade jurídica, além de inconfundível com a causalidade natural,[69] não se opera automática, muito menos infalivelmente**. A uma, como ponderado por CLARICE VON OERTZEN DE ARAÚJO, porque "esta formulação também dependerá de uma mente que efetivamente perceba e interprete o objeto do signo, o que não ocorrerá infalivelmente caso nenhum interessado esteja presente".[70] A duas, porquanto, como observou CHARLES SANDERS PEIRCE, mesmo na natureza, regida por leis que preceituam um mesmo resultado para casos semelhantes, travamos contato com uma exuberante e espontânea diversidade.[71]

---

68. VILANOVA, Lourival. *Causalidade e relação no direito*. 5. ed. São Paulo: Noeses, 2015, p. 27.

69. As leis da natureza, afirmava Francesco Carnelutti, "não são postas pelo homem, senão sobre ele." [CARNELUTTI, Francesco. *Metodologia do direito*. Tradução de Frederico A. Paschoal. 3. ed. Campinas: Bookseller, 2005. p. 20].

70. ARAÚJO, Clarice Von Oertzen de. *Incidência Jurídica*: teoria e crítica. São Paulo: Noeses, 2011. p. 132.

71. "*Let me ask you a little question? Can the operation of law create diversity Where the was no diversity before? Obviously not; under given circumstances mechanical law prescribes one determinate result. I could easily prove this by the principles of analytical mechanics. But that is needless. You can see for yourselves that law prescribes like results under like circumstances. That is what the word law implies. So then, all this exuberant diversity of nature cannot be the result of law. Now what is spontaneity? It is the character of not resulting by law from something antecedent*". [Collected Papers, 1.161].

No âmbito jurídico, a própria concepção de um sistema recursal para processos judiciais pressupôs a contingência do erro ou, ao menos, em última análise, níveis de acerto para determinada decisão proferida por autoridade competente, credenciada pelo sistema para produzir aquela linguagem. É o que revelam decisões do Superior Tribunal de Justiça e do Supremo Tribunal Federal, como aquelas de registraram, respectiva e expressamente, o seguinte: (i) "a Corte local afirmou genericamente que não é possível discutir a ilegitimidade passiva em Exceção de Pré-Executividade quando houver necessidade de dilação probatória";[72] e (ii) "Este processo ficou na vala comum dos padronizados ante a avalanche que é suportada pelo Supremo".[73]

Resta-nos, pois, perfilhar nosso entendimento aos pensamentos de TÁREK MOYSÉS MOUSSALLEM, quando afirmou que "norma alguma no sistema do direito positivo tem o condão de irradiar efeitos sem que seja aplicada",[74] e de GABRIEL IVO, para quem "assim, a incidência terá sempre o sentido que o homem lhe der. Melhor: a incidência é realizada pelo homem. A norma não incide por força própria: é incidida".[75]

IV - Distinguindo "texto" e "norma jurídica"

Uma das mais célebres frases de WILHELM DILTHEY, sobre a qual muito foi refletido, escrito, debatido e proposto no século passado, é: "*la naturaleza la explicamos, la vida anímica la comprendemos*".[76]

72. Trecho de Ementa, relativa ao julgamento do *Recurso Especial nº 1.644.673/AL*, proferido pela Segunda Turma do Superior Tribunal de Justiça.

73. Trecho do Voto do Relator, proferido por ocasião do julgamento, pela Primeira Turma do Supremo Tribunal Federal, dos *Embargos de Declaração no Agravo Regimental no Recurso Extraordinário nº 714.139/SC*.

74. MOUSSALLEM, Tárek Moysés. *Revogação em matéria tributária*. São Paulo: Noeses, 2011, p. 160.

75. IVO, Gabriel. *Norma Jurídica:* produção e controle. São Paulo: Noeses, 2006, p. 49.

76. DILTHEY, Wilhelm. *Psicología y teoría del conocimiento*. Traducción de Eugenio Ímaz. Primera edición electrónica. Ciudad de México: Fondo de Cultura Económica, 2014. Posições 4539-4551 de 9504 do *Kindle*.

Para os objetos naturais, a ciência se vale do método empírico-indutivo buscando construir apenas explicações causais, visto que não foram criados pela atividade volitiva humana. Na esteira das reflexões de GOFFREDO TELLES JÚNIOR:

> Impossível *compreender* os objetos do Mundo Físico, porque os fins últimos, em razão dos quais existem, escapam de nosso limitado entendimento. Jamais saberemos o *porquê* dos átomos se compõem de elétrons, de nêutrons e de prótons. Jamais saberemos *para quê* os astros percorrem os Céus. Jamais saberemos, em resumo, *para quê* o Universo foi criado. Inescrutáveis são os desígnios de Deus, e além de nossa compreensão se situam seus atos.[77]

Por outro lado, **as criações humanas, situadas na região ôntica dos objetos culturais, submetem-se ao ato gnosiológico da compreensão, mediante empreendimento empírico-dialético, uma atividade interpretativa circular, de cunho hermenêutico**, no afã de conhecer seu significado, precisar seu fim, (re)construir seu sentido, em. Eis o porquê de nos depararmos na obra de GABRIEL IVO com a convicta afirmação de que o homem concreto é o senhor da incidência jurídica, apresentando-se como "o construtor do sentido das palavras. O gerador de sentido do texto".[78]

Ao menos desde 1956, a partir de julgados da Corte Constitucional Italiana, passou-se a trabalhar com a relevante distinção entre "texto" e "norma jurídica".[79] O primeiro termo, como sinônimo de dispositivo, preceito, formulação verbal, enuncia-

---

77. TELLES JÚNIOR, Goffredo. *Filosofia do direito*. 2º Tomo. São Paulo: Max Limonad, 1967, p. 389.

78. IVO, Gabriel. *Norma Jurídica: produção e controle*. São Paulo: Noeses, 2006, p. 52-53.

79. Cf. ASCARELLI, Tullio. Jurisprudencia constitucional y teoría de la interpretación. *In*: POZZOLO, Susanna. ESCUDERO, Rafael (Editores) *Disposición vs. Norma*. Primera edición digital. Lima: Palestra Editores, 2018; CHIASSONI, Pierluigi. Disposición y norma: una distinción revolucionaria. In: POZZOLO, Susanna. ESCUDERO, Rafael (Editores) *Disposición vs. Norma*. Primera edición digital. Lima: Palestra Editores, 2018; e MONTESANO, Luigi. Norma y fórmula legislativa en el juicio constitucional. *In*: POZZOLO, Susanna. ESCUDERO, Rafael (Editores) *Disposición vs. Norma*. Primera edición digital. Lima: Palestra Editores, 2018.

do prescritivo, texto normativo, mensagem positivada, plano da literalidade, dimensão expressional ou suporte físico, enfim, signo simbólico, **o "ponto de partida" da atividade hermenêutica do jurista, a base objetiva exterior a partir da qual se desenvolverá a interpretação-processo.**[80] A segunda expressão, por sua vez, como sinônimo de sentido, conteúdo, significação, interpretante ou juízo,[81] **a construção intelectual suscitada pela experiência com os signos, o "produto final" da interpretação, a interpretação-produto**. Não por outra razão, EROS ROBERTO GRAU comparou o direito positivo às artes alográficas, como a música e o teatro, nas quais se exige a figura do intérprete, que fará nascer "uma *nova forma de expressão*".[82]

Como o direito positivo disciplina condutas intersubjetivas mediante atribuição de determinadas consequências para certas hipóteses, decerto que **a interpretação-produto dos textos normativos poderá e deverá ser arranjada na forma**

---

80. Este percurso gerativo de sentido foi magistralmente trabalhado por Paulo de Barros Carvalho em: CARVALHO, Paulo de Barros. *Fundamentos jurídicos da incidência*. 10. ed. rev. e atual. São Paulo: Saraiva, 2015, p. 107-131.

81. "*Por ejemplo, algunos limitan el concepto de norma a las reglas de conducta. Desde este punto de vista, no toda disposición es idónea para expresar una norma en sentido estricto. Expresan normas solo los enunciados que sean deónticos y que (por eso mismo) versan sobre el comportamiento: "Es obligatorio realizar el acto 'A'", "está prohibido realizar el acto 'B'", etc. No expresan normas las disposiciones derogatorias, las definiciones legislativas, las disposiciones programáticas, etc. Otros reservan el nombre de "normas" a reglas de conducta que sean – digámoslo así – "terminadas' o – mejor dicho – "completas": reglas, en resumen, autosuficientes, que precisan lo que se debería (o lo que no se debería) hacer en cada circunstancia. Desde este punto de vista, un enunciado con la forma "es obligatorio cumplir el acto 'A'" expresa no una norma, sino solamente una parte o un fragmento de norma. Una regla "completa" en este sentido debería ser formulada mediante un enunciado condicional bajo la forma "si se verifica la circunstancia 'A', entonces es obligatorio cumplir en acto 'B'. Por ejemplo, sería incompleta la regla "los daños injustos deben ser resarcidos si el causante no ha actuado por legitima defesa o en estado de necesidad". (Pero, en realidad, es casi imposible precisar cuántas y qué especificaciones requiere una regla concreta para que pueda considerarse completa o autosuficiente).*" [GUASTINI, Riccardo. Disposición vs. Norma. *In*: POZZOLO, Susanna. ESCUDERO, Rafael (Editores) *Disposición vs. Norma*. Primera edición digital. Lima: Palestra Editores, 2018. p. 78-79].

82. GRAU, Eros. *Por que tenho Medo dos Juízes: (a interpretação/aplicação do direito e os princípios)*. 9. ed. refundida do Ensaio e Discurso sobre a Interpretação e Aplicação do Direito. São Paulo: Malheiros, 2018, p. 38.

lógica de um juízo hipotético-condicional. Bem ciente disto, LOURIVAL VILANOVA estatuiu mais uma definição de relevo: "A norma jurídica é uma estrutura lógico-sintática de significação: a norma conceptua fatos e condutas, representa-os [...] A proposição hipotética (implicacional), geral ou individual, é a forma lógica da norma jurídica."[83]

Ordinariamente, o Legislador se utiliza de *linguagem conotativa ou intensional*, empregando notas, adjetivos, atributos, características, predicados, virtudes, critérios para orientar a posterior inclusão de classes, através da construção de relatos sobre eventos, acontecimentos que se perderam no tempo e no espaço, mas cujas (re)constituições possibilitaram identificar uma relação de pertinência, mediante operação lógica de subsunção, para, em seguida, imputar-se dada relação jurídica. Esta é a nossa releitura da seguinte passagem, escrita pelo insigne LOURIVAL VILANOVA:

> A norma, que é uma *objetivação conceptual*, passando para o campo dos fatos adquire a forma de *objetivação social*. Adquire algo de *coisidade* do social, no sentido durkheimiano. Assim sendo, a realização da norma é um *processo de individuação*. O fato é topicamente um aqui e agora. O fato típico, *como classe* (ou *conjunto*, em sentido matemático), inexiste como dado existencial: é uma construção conceptual, objetiva, sim, mas que não oferece a resistência das coisas e dos fatos que compõem o meu mundo circundante. A classe das coisas imóveis no sentido jurídico, *como classe*, não é móvel nem imóvel (divisível ou indivisível, disponível ou indisponível). O fato jurídico, pois, é uma concreção que se dá num ponto do tempo e num ponto do espaço. Mas, o fato é jurídico porque alguma norma sobre ele incidiu, ligando-lhe efeitos (pela *relação de causalidade normativa*).[84]

Entretanto, consoante há pouco insinuado, o direito não se exaure na atividade legislativa. **Há processos de positivação,**

83. VILANOVA, Lourival. Níveis de linguagem em Kelsen – (norma jurídica/proposição jurídica). *In*: *Escritos jurídicos e filosóficos*. vol. 2. São Paulo: Axis Mundi/IBET, 2003, p. 208-209.

84. VILANOVA, Lourival. *Causalidade e relação no direito*. 5. ed. São Paulo: Noeses, 2015, p. 109-110.

ciclos de concretização, que partem de prescrições superiores para produzirem derivações. Essas marchas normativas vão descendo pelos escalões da ordem jurídica e sucedendo o concreto ao abstrato, adicionando individualizações a partir de prescrições gerais.

No curso deste fenômeno dinâmico, a *tônica denotativa ou extensional* passa a comparecer progressivamente na comunicação jurídica, para relatar situações concretas e impor consequências individualizadas, motivos pelos quais **as normas jurídicas em sentido estrito, aqui consideradas na acepção de interpretação-produto estruturada na forma de juízo hipotético-condicional** ou, para valermo-nos do léxico do mestre pernambucano homenageado, de "estrutura lógico-sintática de significação", poderão ser classificadas em quatro espécies:[85] (a) abstrata e geral; (b) abstrata e individual; (c) concreta e geral; e (d) concreta e individual.

V – Direito, ilícito e sanção

"Do *ser*, não se chega ao *dever-ser* e do *dever-ser*, não se chega ao *ser*",[86] atenta PAULO DE BARROS CARVALHO. Calcados neste raciocínio, afirmamos que **não necessariamente algo: (i) foi como deveria ter sido; (ii) é como deve ser; ou (iii) será como deverá ser**. E a relação entre o direito e a realidade social por ele regulada não se encontra imune a tais contingências.

Como qualquer outra linguagem prescritiva, **o direito positivo é projetado para influenciar sujeitos, provocar estímulos ou desestímulos, com vistas à alteração de condutas**. Para tanto, também anota PAULO DE BARROS CARVALHO, "seu

85. Cf. BOBBIO, Norberto. *Teoria da norma jurídica*. Tradução de Fernando Pavan Baptista e Ariani Bueno Sudatti. 4. ed. Bauru: EDIPRO, 2008, p. 177-183; E CARVALHO, Paulo de Barros. *Direito tributário, linguagem e método*. 6. ed. São Paulo: Noeses, 2015, p. 146-152.

86. CARVALHO, Paulo de Barros. *Direito tributário, linguagem e método*. 6. ed. São Paulo: Noeses, 2015, p. 24.

aparato coativo sempre representou uma motivação muito forte para se obter a transformação dos comportamentos sociais".[87]

É de se esperar, então, que em certa medida descumprimentos a ordens jurídicas sejam praticados, experienciados, verificados, comprovados e eventualmente punidos. Afinal, não é demasiado reiterar, **o dever ser não toca direta ou imediatamente a conduta humana.**

Para NORBERTO BOBBIO, somente duas seriam as hipóteses abstratas nas quais dado ordenamento normativo nunca seria violado e, por conseguinte, restariam dispensados os recursos à via sancionatória: "ou as normas são perfeitamente adequadas às inclinações dos destinatários, ou os destinatários aderem perfeitamente às prescrições".[88] No entanto, logo depois, foi realista:

> Há dois tipos extremos de sociedade que poderiam realizar as duas condições: uma sociedade de seres perfeitamente racionais, isto é, uma sociedade um pouco melhor do que a real, e uma sociedade de seres perfeitamente automatizados, sem iniciativa e sem liberdade, isto é, uma sociedade um pouco pior do que a real. Nas sociedades históricas, as normas nunca são assim tão racionais a ponto de serem obedecidas por todos pelo seu valor intrínseco, nem os homens nunca são assim tão autônomos a ponto de obedecer às normas por uma espécie de resignada passividade. Todo sistema normativo em uma sociedade real encontra resistência e reações.

Para casos tais, de resistência ou reação, o próprio direito, autopoieticamente, passa a introduzir valorações negativas, mediante caracterização das ilicitudes e atribuição de consequências. Passa a ter vez, portanto, o fenômeno da sanção *lato sensu*, na **acepção amplíssima de toda e qualquer reação do sistema em função do descumprimento de determinado**

---

87. CARVALHO, Paulo de Barros. *Fundamentos jurídicos da incidência*. 10. ed. rev. e atual. São Paulo: Saraiva, 2015. p. 42.

88. BOBBIO, Norberto. *Teoria da norma jurídica*. Tradução de Fernando Pavan Baptista e Ariani Bueno Sudatti. 4. ed. Bauru: EDIPRO, 2008, p. 154-155.

dever jurídico positivo ou negativo, comissivo ou omissivo, de atuação ou abstenção, de fazer/dar ou não fazer.

Por conferir grande relevância à resposta dada pelo direito ao ilícito, inicialmente HANS KELSEN chegou a afirmar que "uma conduta apenas pode ser considerada como objetivamente prescrita pelo Direito, e, portanto, como conteúdo de um dever jurídico, se uma norma jurídica liga à conduta oposta um ato coercitivo como sanção".[89]

Já na proposta conceitual do jurídico cunhada por HERBERT HART, normas primárias seriam aquelas que "dizem respeito a atos que os indivíduos devem ou não devem praticar",[90] ao passo que a totalidade das normas secundárias se referiria às primeiras. E sob a espécie "norma secundária", desdobrar-se-iam três subespécies: (a) "normas de reconhecimento"; (b) "normas de modificação"; e (c) "normas de julgamento".

Ciente, e como poucos, das propostas de caracterização do fenômeno jurídico, LOURIVAL VILANOVA também formulou a sua própria, sintetizada pelos dois trechos abaixo reproduzidos:

> Fazendo-se um corte abstrato na série de normas que compõem unitariamente o sistema do direito positivo, vemos que uma regra jurídica completa consta de duas normas. Na norma primária, tem-se o pressuposto fáctico (ou hipótese de incidência) em relação de implicação com a consequência: a relação jurídica. Abstratamente, se ocorre o fato *F*, então *A* ficará numa relação *R* com *B*. Na norma secundária, a hipótese fática é a não observância do dever da parte do sujeito passivo, a qual implica o exercício da sanção e da coação (já aqui por meio de órgão jurisdicional). Abstratamente, se ocorre o fato *G* (não observância do dever), então *A* exigirá de *B* a sanção pelo não cumprimento, chegando até o limite do exercício da coação judicial para o cumprimento do devido. Está fora de análise a nova *relação processual*, que tem como um de seus pressupostos a relação jurídica

89. KELSEN, Hans. *Teoria pura do direito*. Tradução de João Baptista Machado. 8. Ed. São Paulo: WMF Martins Fontes, 2009, p. 61.

90. HART, Herbert L. A. *O conceito de direito*. Tradução de Antônio de Oliveira Sette-Câmara. São Paulo: WMF Martins Fontes, 2009, p. 122.

> inobservada. Sem passarmos por alto que a relação jurídica processual é autônoma em face da relação jurídica material.
>
> Se de uma norma jurídica suprime-se a norma secundária sancionadora da norma primária, fica a norma primária desprovida de juridicidade.[91]
>
> [...]
>
> Em rigor, todas as normas sociais acompanham-se de sanções ante seu descumprimento. O que destaca a sanção jurídica é sua previsibilidade típica e a possibilidade do uso da *coação organizada* (por meio de órgão jurisdicional) para fazer valer as obrigações principais e as obrigações secundárias.[92]

Igual vereda expressamente trilhou PAULO DE BARROS CARVALHO:

> As duas entidades que, juntas, formam a norma completa, expressam a mensagem deôntica-jurídica na sua integridade constitutiva, significando a orientação da conduta, juntamente com a providência coercitiva que o ordenamento prevê para seu descumprimento. Em representação formal: $D\{(p \rightarrow q) \vee [(p \rightarrow \neg q) \rightarrow S]\}$. Ambas são válidas no sistema, ainda que somente uma venha a ser aplicada ao caso concreto. Por isso mesmo, empregamos o disjuntor includente ("v") que suscita o trilema: uma ou outra ou ambas. A utilização desses disjuntos tem a propriedade de mostrar que as duas regras são simultaneamente válidas, mas que a aplicação de uma exclui a da outra.[93]

Para lidar com a plurivocidade do termo "sanção", EURICO MARCOS DINIZ DE SANTI assentou três acepções:

> Convém, dado o caráter não unívoco do vocábulo "sanção", breve digressão elucidativa de seus significados possíveis, especialmente diferençando-o do vocábulo "coação". Assim, "sanção" pode denotar: (i) a relação jurídica consistente na conduta

---

91. VILANOVA, Lourival. *Causalidade e relação no direito*. 5. ed. São Paulo: Noeses, 2015, p. 137-138.

92. VILANOVA, Lourival. *Causalidade e relação no direito*. 5. ed. São Paulo: Noeses, 2015, p. 138.

93. CARVALHO, Paulo de Barros. *Direito tributário, linguagem e método*. 6. ed. São Paulo: Noeses, 2015, p. 146.

> substitutiva reparadora, decorrente do descumprimento de um pressuposto obrigacional (de fazer, de omitir, de dar – genericamente prestações do sujeito passivo Sp); (ii) relação jurídica que habilita o sujeito ativo Sa a exercitar seu direito subjetivo de ação (processual) para exigir perante o Estado-juiz Sj a efetivação do dever constituído na norma primária e (iii) a relação jurídica, consequência processual deste "direito de ação" preceituada na sentença condenatória, decorrente de processo judicial. Esta última, expressão da vontade jurisdicional do Estado condiciona a "coação", assim entendida como o poder de órgão do Estado de fazer cumprir por meio do uso da força (direito subjetivo público monopolizado pelo Estado-juiz) a sanção expressa na condenatoriedade de seu ato (sentença).
>
> Esta perspectiva propicia a visualização de duas categorias possíveis de norma secundária: uma caracterizada pela sanção como direito processual de ação do sujeito ativo ao órgão jurisdicional [acepção (ii), supra]; outra, pela sanção como resultado do processo judicial, a sentença condenatória, pressuposto da coação.
>
> Não interessa, contudo, aos lindes desta investigação a norma secundária e suas implicações processuais, mas sim a norma primária, em sua também dualidade constitutiva: norma primária dispositiva e norma primária sancionadora [Cf. acepção (i), supra].[94]

No ponto, apenas advertimos, a título de complementação, que: **(i)** nem sempre as sanções de cunho material, prescritas por normas primárias, terão suas *competências de aplicação afetadas ao Poder Judiciário*, a exemplo da multa tributária de ofício (art. 142 do CTN c/c art. 44 da Lei 9.430/96); **(ii)** nem sempre a execução de uma sanção se realizará sob o *domínio inicial ativo*[95] *do Estado-juiz*, a exemplo da consolidação da propriedade imobiliária em proveito do credor fiduciário, seguida da realização de leilão extrajudicial (arts. 26, 26-A

---

94. SANTI, Eurico Marcos Diniz de. *Lançamento tributário*. 2. ed. 2. tir. São Paulo: Max Limonad, 2001, p. 44-45.

95. Aqui, a lei de regência reserva ao Poder Judiciário, em caráter eventual, atuações posteriores, como nos casos que demandam ordem de desocupação, com vistas à reintegração do "fiduciário, seu cessionário ou sucessores, inclusive o adquirente do imóvel por força do público leilão" na posse do imóvel (art. 30, *caput*), e nas hipóteses em que sei arguem ilicitudes em "estipulações contratuais" ou máculas "procedimentais de cobrança e leilão", cujas resoluções, regra geral, se darão "em perdas e danos", "excetuada a exigência de notificação do devedor fiduciante" (art. 30, *parágrafo único*).

e 27, da Lei 9.514/97); e, portanto, **(iii)** o Poder Judiciário poderá vir a exercer suas atividades típicas, isolada ou cumulativamente, mas não necessariamente nesta ordem, para *aplicar*, *constituir*, *modificar*, *revogar* ou *executar* sanções.

A respeito da última advertência, pertinente transcrevermos a perspectiva não reducionista de TÁREK MOYSÉS MOUSSALLEM:

> A norma secundária não visa somente efetivar o cumprimento coativo do disposto no consequente da norma primária, mas prevê uma atuação do Estado-Juiz para expedir uma outra norma que, por sua vez (1) pode ser pressuposto de uma coação – execução forçada – em virtude de o "conteúdo" da sentença transparecer uma norma de conduta ou (2) de se referir a uma norma para expulsá-la do sistema (norma de revisão sistêmica). A norma primária descreve fatos lícitos estatuindo direitos e deveres, e a norma secundária descreve fatos ilícitos prescrevendo a possibilidade de atuação do Estado-Juiz, chamada tradicionalmente de "sanção". Parece-nos inconcebível reduzir o alcance da norma secundária a efetivar o cumprimento da norma primária. Este é tomado por pressuposto para que se dê o fenômeno da positivação do direito.[96]

Em termos de estruturação lógica, a norma jurídica *stricto sensu* ostentará **arranjo homogêneo, compostura bimembre, forma de juízo condicional**. Nada obsta, todavia, que a interpretação da mensagem legislada eventualmente sugestione acréscimos, supressões, complementações ou reduções de critérios e subcritérios que compõem internamente suas proposições (antecedente e consequente, hipótese e tese, descritor e prescritor, suposto e mandamento, pressuposto e estatuição, prótase e apódose).

No direito tributário, de ordinário, as infrações à sua legislação são constatadas objetivamente (art. 136 do CTN). Noutra senda, para o direito penal, a identificação de um delito exige necessariamente uma nota subjetiva (art. 18 do CP). A obrigação

---

96. MOUSSALLEM, Tárek Moysés. *Fontes do direito tributário*. São Paulo: Max Limonad, 2001, p. 87-88.

tributária principal sempre terá "por objeto o pagamento de tributo ou penalidade pecuniária" (art. 113, §1º, do CTN). Por outro lado, está-se diante de uma disposição incriminadora se houver a cominação de "pena de reclusão ou de detenção, quer isoladamente, quer alternativa ou cumulativamente com a pena de multa" (art. 1º do Dec.-lei 3.941/41). Portanto, **em nível intraproposicional – isto é, na formulação interna das duas proposições que integram o juízo hipotético –, diferenças podem se apresentar** entre Regra-Matriz de Incidência da Multa Tributária de Ofício e Regra-Matriz de Incidência Penal.[97]

A respeito dos conteúdos de significação, a heterogeneidade prepondera, posto que a diversidade de teor entre as mensagens prescritivas apenas encontrará limites: **(a)** na *capacidade criativa do emissor* credenciado para produzi-la; **(b)** no *repertório sociocultural disponível* no contexto histórico que envolve sua elaboração; e **(c)** no *procedimento de enunciação* jurídica adotado. Entretanto, **não é incomum que uma mesma classe de fatos atraia a atribuição de consequências diversas, com graus variados de intensidade, a serem aplicadas por autoridades inconfundíveis e mediante procedimentos distintos**. A título ilustrativo, uma prática de ilegalidade dolosa por agente público, não raras vezes, motiva a instauração de um Processo Administrativo Disciplinar (art. 143 da Lei 8.112/90), o ajuizamento de uma ação por Improbidade Administrativa (art. 11 da Lei 8.249/92)[98] e a deflagração de uma Persecução Penal (art. 319 do CP).

E pelas lentes da pragmática, podemos formular ricas, numerosas e valiosas investigações acerca das comunicações jurídico-sancionatórias, tais como: **(i)** estudar os *contextos* e acontecimentos históricos que motivaram a edição da Lei 11.340/2006 ("Lei Maria da Penha"), da Lei 12.737/2012

97. Cf. LINS, Robson Maia. FERNANDES, Pablo Gurgel. *Reflexões acerca da Justa Causa nos Crimes de Sonegação Fiscal. In*: CARVALHO, Paulo de Barros [Coord.]. SOUZA, Priscila de [Org.]. *Constructivismo lógico-semântico e os diálogos entre teoria e prática.* São Paulo: Noeses, 2019, p. 1125-1133.

98. Nota do editorial: A Lei 8.429/92 foi alterada pela Lei 14.230/2021.

("Lei Carolina Dieckmann") e da Lei nº 8.930/94, que incluiu o homicídio qualificado no rol de crimes hediondos (após o Caso "Daniella Perez"); **(ii)** analisar as *estatísticas* e demais informações técnicas de índole sanitária, que subsidiaram a edição da Lei 11.343/2006 ("Lei de Drogas"); **(iii)** mensurar os *impactos* da proclamação da inconvencionalidade do disciplinamento infraconstitucional da prisão do depositário infiel para a efetividade da tutela executiva no processo civil (Súmula Vinculante nº 25), dado que o prazer e a dor, anotou CESARE BECCARIA, são os principais motores dos seres sensíveis;[99] **(iv)** refletir a respeito das *repercussões* criminais que o julgamento de uma "tese tributária" poderá ocasionar; **(v)** identificar *se* e *até que medida* dada sanção, seja ela material ou processual, desempenha as *funções* de restaurar o *status quo ante*, compensar, efetivar direitos, acautelar, prevenir, dificultar práticas, inibir reiterações, motivar cumprimentos tardios, ressocializar etc.; **(vi)** pensar formas e mecanismos aptos à impressão ou ampliação do *sentimento* de risco pessoal, pelo descumprimento de um dever jurídico. Afinal, difícil discordar de GEORG HENRIK VON WRIGHT, quando considerou que "*una de las condiciones necesarias para que una amenaza sea eficaz es que la persona a la que se amenaza crea que el mal con el que se le amenaza le acontecerá si desobedece.*";[100] **(vii)** levantar as *práticas* interpretativas que vêm sendo reiteradas no âmbito do Conselho Administrativo de Recursos Fiscais – CARF a respeito das possibilidades e dos limites à tributação da expressão econômica decorrente de atos ilícitos (arts. 3º e 118 do CTN); **(viii)** construir *critérios* objetivos para aferir se a Administração Tributária se desincumbe suficientemente do ônus probatório do dolo, quando da imputação de uma multa qualificada (art. 44, §1º, da Lei 9.430/96); e mesmo **(xi)** reconstituir a cadeia de *evolução* normativa das disposições legais

99. Transcrever. BECCARIA, Cesare. *Dei Delitti e delle Pene*. London: Lackington, Allen, and Co., 1801, p. 70.

100. VON WRIGHT, Georg Henrik. *Norma y acción:* una investigación lógica. Traducción de Pedro García Ferrer. Santiago: Ediciones Olejnik, 2019, p. 102.

que se sucederam ao longo das últimas décadas para conferir à satisfação do crédito tributário efeitos sobre a punibilidade dos crimes materiais contra a ordem tributária.[101]

Buscamos ofertar, alfim, apenas um exemplificativo rol das possibilidades pragmáticas de estudo da realidade jurídica, passível de ser ampliado e potencializado pela ciência de que: **(a)** o direito positivo é um "*jogo de linguagem*" (LUDWIG WITTGENSTEIN);[102] e **(b)** sua enunciação é uma ação que se pratica socialmente, é "*ato de fala*" (JOHN AUSTIN[103] e JOHN SEARLE).[104]

VI – Epílogo

"Como acontece com todas as obras, a obra literária, depois de criada, se torna independente de seu criador e adquire *vida própria*",[105] acredita GREGORIO ROBLES. Se assim considerarmos, teremos de afirmar, com alegria e justiça: **a obra de Lourival Vilanova eternizada está. Seus pensamentos permanecem vivos.** Mais que isto, comparecem com rigor e vigor a cada releitura feita, para vivificar e orientar os rumos da ciência do direito.

---

101. Art. 11, §1º, da Lei nº 4.357/64, art. 2º da Lei nº 4.729/65, art. 18 do Decreto-Lei nº 157/67, art. 2º do Dec.-lei nº 326/67, art. 2º do Decreto-Lei nº 326/67, art. 5º do Decreto-Lei nº 1.060/69, art. 1º, §3º, do Decreto-Lei nº 1.893/1981, art. 1º, §4º, da Lei nº 1.951/82, art. 24, §3º, do Dec.-lei nº 2.303/86, art. 1º, §4º, do Dec.-lei nº 2.331/87, art. 14 da Lei nº 8.137/90, art. 98 da Lei nº 8.383/91, art. 34 da Lei nº 9.249/95, art. 15, §3º, da Lei nº 9.964/2000, art. 9º, §2º, da Lei nº 10.684/2003, art. 69 da Lei nº 11.941/2009 e art. 6º da Lei nº 12.382/2011.

102. Cf. WITTGENSTEIN, Ludwig. *Investigações filosóficas*. Tradução de Marcos G. Montagnoli. 9. ed. Petrópolis: Vozes, 2014.

103. Cf. AUSTIN, John L. *How to do Things with Words*. Cambridge: Harvard University Press, 1962.

104. Cf. SEARLE, John R. *Os actos de fala:* um ensaio de Filosofia de Linguagem. Tadução de Carlos Vogt [et. al.]. Coimbra: Almedina, 1981.

105. ROBLES, Gregorio. *O direito como texto:* quatro estudos de teoria comunicacional do direito. Tradução de Roberto Barbosa Alves. Barueri: Manole, 2005. p. 23.

É clássico, afirma ÍTALO CALVINO, aquele livro cuja releitura sempre traz descobertas, pois "um clássico é um livro que nunca terminou de dizer aquilo que tinha para dizer".[106] E assim sendo, **das mãos de Lourival Vilanova brotaram clássicos da literatura jurídica brasileira, cujas referências não lhes esgotam, cujas lições sempre se renovam, cujas releituras são mandatórias.**

Ler os clássicos, disse RENÉ DESCARTES, "é quase o mesmo que viajar".[107] Que possamos, então, na companhia dos escritos de Lourival Vilanova, seguir viajando pela rota do Constructivismo Lógico-Semântico e pavimentando as veredas da ciência do direito sancionatório.

Referências

ALVES, Alaôr Caffé. *Lógica:* pensamento formal e argumentação, elementos para o discurso jurídico. 4. ed. São Paulo: Quartier Latin, 2005.

ARAÚJO, Clarice Von Oertzen de. *Incidência jurídica:* teoria e crítica. São Paulo: Noeses, 2011.

ARMENGAUD, Françoise. *A pragmática*. Tradução de Marco Marcionilo. São Paulo: Parábola, 2006.

ASCARELLI, Tullio. Jurisprudencia constitucional y teoría de la interpretación. *In*: POZZOLO, Susanna. ESCUDERO, Rafael (Editores) Disposición vs. *Norma*. Primera edición digital. Lima: Palestra Editores, 2018.

BARTHES, Roland. *Elementos de semiologia*. Tradução de Izidoro Blikstein. 19. ed. São Paulo: Cultrix, 2012.

---

106. CALVINO, Ítalo. *Por que ler os clássicos*. Tradução de Nilson Moulin. 2. ed. 4. reimp. São Paulo: Companhia das Letras, 1993, p. 11.

107. DESCARTES, René. *Discurso sobre o método*. 2. ed. Tradução de Paulo M. de Oliveira. Bauru: Edipro, 2006, p. 18.

BECCARIA, Cesare. *Dei Delitti e delle Pene*. London: Lackington, Allen, and Co., 1801.

BECKER, Alfredo Augusto. *Carnaval tributário*. 2. ed. São Paulo: LEJUS, 1999.

BOBBIO, Norberto. *Teoria da norma jurídica*. Tradução de Fernando Pavan Baptista e Ariani Bueno Sudatti. 4. ed. Bauru: EDIPRO, 2008.

BORGES, José Souto Maior. *Ciência feliz*. 3. ed. São Paulo: Quartier Latin, 2007.

BRITTO, Lucas Galvão de. *Tributar na era da técnica:* como as definições feitas pelas agências reguladoras vêm influenciando a interpretação das normas tributárias. 1. ed. São Paulo: Noeses, 2018.

CALVINO, Ítalo. *Por que ler os clássicos*. Tradução de Nilson Moulin. 2. ed. 4. reimp. São Paulo: Companhia das Letras, 1993.

CARNELUTTI, Francesco. *Metodologia do direito*. Tradução de Frederico A. Paschoal. 3. ed. Campinas: Bookseller, 2005.

CARVALHO, Paulo de Barros. Algo sobre o Constructivismo Lógico-Semântico. *In*: CARVALHO, Paulo de Barros (Coord.). CARVALHO, Aurora Tomazini de. (Org.) *Constructivismo lógico-semântico*. Vol. 1. São Paulo: Noeses, 2014.

_____. *Tributário, linguagem e método*. 6. ed. São Paulo: Noeses, 2015.

_____. *Fundamentos jurídicos da incidência*. 10. ed. rev. e atual. São Paulo: Saraiva, 2015.

_____. *Teoria da norma tributária*. São Paulo: Max Limonad, 1998.

CHALHUB, Samira. *Funções de linguagem*. 3. ed. São Paulo: Ática, 1990.

CHIASSONI, Pierluigi. Disposición y norma: una distinción revolucionaria. *In*: POZZOLO, Susanna. ESCUDERO, Rafael

(Editores) *Disposición vs. Norma.* Primera edición digital. Lima: Palestra Editores, 2018.

DESCARTES, René. *Discurso sobre o método*. 2. ed. Tradução de Paulo M. de Oliveira. Bauru: Edipro, 2006.

DILTHEY, Wilhelm. *Psicología y teoría del conocimiento*. Traducción de Eugenio Ímaz. Primera edición electrónica. Ciudad de México: Fondo de Cultura Económica, 2014.

EHRLICH, Eugen. *Fundamentos da sociologia do direito*. Tradução de René Ernani Gertz. Brasília: Universidade de Brasília, 1986.

FERRAZ JR., Tércio Sampaio. *Teoria da Norma Jurídica:* ensaio de pragmática da comunicação normativa. 5. ed. 2. reimp. Barueri: Atlas, 2021.

IVO, Gabriel. *Norma Jurídica:* produção e controle. São Paulo: Noeses, 2006.

GIORGI, Raffaele de. Luhmann e a teoria jurídica dos anos 70. *In*: CAMPILONGO, Celso Fernandes. *O direito na sociedade complexa*. São Paulo: Max Limonad, 2000.

GRAU, Eros. *Por que tenho Medo dos Juízes: (a interpretação/aplicação do direito e os princípios)*. 9. ed. refundida do Ensaio e Discurso sobre a Interpretação e Aplicação do Direito. São Paulo: Malheiros, 2018.

GUASTINI, Riccardo. *Disposición vs. Norma*. *In*: POZZOLO, Susanna. ESCUDERO, Rafael (Editores) Disposición vs. Norma. Primera edición digital. Lima: Palestra Editores, 2018.

GUIBOURG, Ricardo A. GHIGLIANI, Alejandro M. GUARINONI, Ricardo V. *Introducción al conocimiento científico*. 3. ed. 4 reimp. Buenos Aires: Eudeba, 2004.

HART, Herbert L. A. *O conceito de direito*. Tradução de Antônio de Oliveira Sette-Câmara. São Paulo: WMF Martins Fontes, 2009.

HESSEN, Johannes. *Filosofia dos valores*. 4. ed. Tradução de Luís Cabral de Moncada. Coimbra: Arménio Amado, 1974.

KELSEN, Hans. *Teoria pura do direito*. Tradução de João Baptista Machado. 8. Ed. São Paulo: WMF Martins Fontes, 2009.

_____. *Teoria geral do direito e do estado*. Tradução de Luís Carlos Borges. 5. ed. São Paulo: Martins Fontes, 1990.

_____. *Teoria geral das normas*. Tradução de José Florentino Duarte. Porto Alegre: Sergio Antonio Fabris Editor, 1986.

LINS, Robson Maia. *Curso de Direito Tributário Brasileiro*. 1. ed. São Paulo: Noeses, 2019.

_____; FERNANDES, Pablo Gurgel. A Responsabilidade Tributária no Âmbito da Receita Federal do Brasil: uma análise da Instrução Normativa RFB nº 1.862/2018. *In*: GOMES, Marcos Lívio. OLIVEIRA, Francisco Marconi de. PINTO, Alexandre Evaristo [Coord.]. *Estudos Tributários e Aduaneiros do V Seminário* CARF. Brasília: CARF, 2020.

_____; _____. Reflexões acerca da Justa Causa nos Crimes de Sonegação Fiscal. *In*: CARVALHO, Paulo de Barros [Coord.]. SOUZA, Priscila de [Org.]. *Constructivismo lógico-semântico e os diálogos entre teoria e prática*. São Paulo: Noeses, 2019, p. 1125-1133.

LUHMANN, Niklas. *O Direito da sociedade*. Tradução de Saulo Krieger. São Paulo: Martins Fontes, 2016.

MONTESANO, Luigi. Norma y fórmula legislativa en el juicio constitucional. *In*: POZZOLO, Susanna. ESCUDERO, Rafael (Editores) *Disposición vs. Norma*. Primera edición digital. Lima: Palestra Editores, 2018.

MORRIS, Charles W. *Fundamentos da teoria dos signos*. Tradução de Paulo Alcoforado e Milton José Pinto. São Paulo: Universidade de São Paulo, 1976.

MOUSSALLEM, Tárek Moysés. *Fontes do direito tributário*. São Paulo: Max Limonad, 2001.

_____. *Revogação em matéria tributária*. São Paulo: Noeses, 2011.

PEIRCE, Charles Sanders. *Semiótica*. Tradução de José Teixeira Coelho Neto. São Paulo: Perspectiva, 2017.

POPPER, Karl. *Conjecturas e refutações*. Tradução de Benedita Bettencourt. Lisboa: Edições 70, 2018.

ROBLES, Gregorio. *O direito como texto:* quatro estudos de teoria comunicacional do direito. Tradução de Roberto Barbosa Alves. Barueri: Manole, 2005.

SANTI, Eurico Marcos Diniz de. *Decadência e prescrição no direito tributário*. 4. ed. São Paulo: Saraiva, 2011.

_____. *Lançamento tributário*. 2. ed. 2. tir. São Paulo: Max Limonad, 2001.

SEVERINO, Antônio Joaquim. *Metodologia do trabalho científico*. 24. ed. rev. e atual. São Paulo: Cortez, 2016.

TELLES JÚNIOR, Goffredo. *Filosofia do direito*. 2º Tomo. São Paulo: Max Limonad, 1967.

TOMÉ, Fabiana Del Padre. *A prova no direito tributário:* de acordo com o código de processo civil de 2015. 4. ed. rev. e atual. São Paulo: Noeses, 2016.

VILANOVA, Lourival. *As estruturas lógicas e o sistema do direito positivo*. 4. ed. São Paulo: Noeses, 2010.

_____. *Causalidade e relação no direito*. 5. ed. São Paulo: Noeses, 2015.

_____. Fundamentos do Estado de Direito. *In*: *Escritos Jurídicos e Filosóficos*. Vol. 1. São Paulo: Axis Mundi/IBET, 2003.

_____. *Lógica jurídica*. São Paulo: Bushatsky, 1976.

_____. *Níveis de linguagem em Kelsen – (norma jurídica/proposição jurídica)*. *In*: Escritos Jurídicos e Filosóficos. vol. 2. São Paulo: Axis Mundi/IBET, 2003.

VON WRIGHT, Georg Henrik. *Norma y acción:* una investigación lógica. Traducción de Pedro García Ferrer. Santiago: Ediciones Olejnik, 2019.

WATZLAWICK, Paul. BEAVIN, Janet Helmick. JACKSON, Don D. *Pragmática da Comunicação Humana:* um estudo dos padrões, patologias e paradoxos da interação. Tradução de Álvaro Cabral. São Paulo: Cultrix, 2007.

DIMENSIONAMENTO DA PENALIDADE TRIBUTÁRIA

Adriano Luiz Batista Messias[1]

Rayane Gomes Dornelas Alcoforado Sukar[2]

Introdução: considerações acerca das sanções no direito tributário

O direito procede da consciência humana e realiza os valores que emergem do social, buscando a formalização e a efetividade. Assim, pode ser classificado como um produto cultural e social. Contudo, o fenômeno jurídico não se reduz a puro instrumento normativo, pois, do fato social, projetam-se interesses, carências e aspirações que suscitam a regulação. Assim, como o direito é dever-ser, refere-se, necessariamente, a algo, razão pela qual não pode ser totalmente desvinculado

---

1. Mestre e Doutorando em Direito Tributário PUC/SP. Especialista em Direito Tributário pela PUC/SP. Professor de Especialização em Direito Tributário da COGEAE-PUC/SP. Professor assistente do mestrado e orientador de monografias da PUC/SP e do IBET – Instituto Brasileiro de Estudos Tributários. Advogado. adriano.messias1@hotmail.com.

2. Mestranda em Direito Tributário PUC/SP. Especialista em Direito Tributário pelo Instituto Brasileiro de Estudos Tributários – IBET. Especialista em Direito Administrativo pela Universidade Federal de Pernambuco – UFPE. Bolsista do CNPq – Brasil. Advogada. rayane.dornelas@gmail.com.

da concretude das condutas intersubjetivas, as quais são reguladas por normas jurídicas que possuem a estrutura lógica: hipótese e consequente.

De modo prático, o antecedente da norma jurídica prescreve um comportamento a ser seguido, estabelecendo relações jurídicas entre dois sujeitos. São regras comuns a qualquer ordenamento que preveem a obrigação, a permissão ou a proibição de determinada conduta. Isso ocorre em qualquer esfera do direito, seja civil, penal ou tributária, por exemplo. Tem-se, dessarte, o que se chama de norma dispositiva, cujo objetivo é propor o comportamento em detrimento da não aplicação da sanção.

A sanção, por sua vez, garante o funcionamento do sistema jurídico e integra a regra sancionadora. Entre as regras dispositivas e sancionadoras, há o fator condicionante: o "se... então". *Se* auferir renda ou proventos de qualquer natureza, *então* pagará imposto sobre a renda, por exemplo; ora, havendo o cumprimento da conduta prescrita na regra dispositiva, a regra sancionadora teria sua incidência poupada.

Todavia, uma vez que o fator condicionante negativo entre em ação, a norma sancionadora deverá adentrar o mundo jurídico com o objetivo de coibir a conduta errante, diminuir ou reparar seus efeitos e, em um nível mais alto, garantir a manutenção da ordem. Isto é, se não for cumprido o consequente estabelecido na regra dispositiva, tem-se uma nova estrutura lógica que possibilita a validade da aplicação da sanção.

As normas jurídicas têm feição dúplice: norma primária e secundária. No caso do direito tributário, a relação das partes na norma primária se estabelece entre contribuinte (ou responsável) e Estado-administrador. Tal relação ainda permanece quando o consequente é descumprido; pois a sanção é inicialmente imposta pela administração pública. Uma vez que o descumprimento à norma primária sancionadora persista, o Estado-juiz passa a ser acionado dentro da norma secundária para que, através da força e da coação jurisdicional, faça-se cumprir o conteúdo sancionatório.

Importa consignar, ainda, que é discutível a necessidade da prova de culpa (por negligência, imprudência ou imperícia) na conduta do suposto infrator para sua eventual responsabilização pela Administração Pública. A aplicação de uma sanção precisa de critérios mínimos para que não haja desproporção na punição, maculando, assim, o ordenamento jurídico pátrio.

Em outras palavras, a regra é de inexigibilidade de comprovação de culpa para caracterização da infração administrativa, sendo dispensável à Administração Pública provar sua existência, resumindo-se ao comportamento em si (por exemplo, não pagamento do tributo), sem prejuízo de a lei fazer particular exigência em um ou noutro sentido. Contudo, há a necessidade de evolução desse raciocínio, quando adentramos o dimensionamento da punição a ser aplicada.

É justamente sobre este ponto que se pretende desdobrar as reflexões deste estudo, uma vez que se busca analisar como é possível a aplicação da dosimetria da penalidade em matéria tributária. Utilizando-se da metodologia de pesquisa bibliográfica, envolta nas doutrinas e jurisprudências relativas ao tema, o presente artigo utilizará as premissas do Constructivismo Lógico-Semântico para cotejo da linguagem do direito positivo.

1. Sanção: definição e perspectiva normativa

Sanção é instituto jurídico, criado pelo direito positivo com atributos e finalidades próprias, irradiando conjunto de normas jurídicas voltadas a reger determinada esfera da experiência jurídica.

Sucede que as palavras são potencialmente vagas e ambíguas, detentoras de polissemias e imprecisões de conotação, salientando que, no mesmo espaço de tempo e lugar, encontram-se posições diversas e interesses distintos.

Assim, em uma análise semântica, o signo "sanção" é a reação do direito ante a não realização dos comportamentos devidos, podendo denotar tanto a norma primária sancionatória quanto as penalidades materiais aplicadas em decorrência do descumprimento das condutas prescritas nas normas jurídicas, como também a providência coercitiva pelo exercício do poder jurisdicional do Estado, prescrita no consequente da norma secundária.

Pode significar, também, o ato administrativo pelo qual o chefe do Poder Executivo subscreve e confirma uma lei, encerrando o processo legislativo. Há, ainda, a "sanção premial" aplicável, quando o obrigado de uma exigência jurídica a cumpre nos termos da lei ou realiza um *plus* na conduta, como, *verbi gratia*, o desconto no valor do tributo pago antes do vencimento. Trata-se, portanto, de vocábulo ambíguo.

Nesse sentido, Eurico Marcos Diniz de Santi[3] sublinha várias acepções para o termo: (i) relação jurídica consistente na conduta substitutiva reparatória, decorrente do descumprimento de pressupostos obrigacionais; (ii) relação jurídica que habilita o sujeito ativo a exercitar seu direito subjetivo de ação (processual) para exigir perante o Estado-juiz a efetivação do dever constituído na norma primária; (iii) relação jurídica, consequência processual deste "direito de ação", preceituada na sentença condenatória, decorrente do processo judicial.

Dessarte, Lourival Vilanova[4] define que a coação é indissociável do Estado, porém, as sanções podem integrar relações jurídicas subjetivas ou relações jurídicas processuais:

> Por isso, quando se diz que o direito é um conjunto de normas sancionadas, coercitivas, coativas, necessário é, em análise no interior dos níveis das normas, sublinhar onde a sanção é efeito de antijuridicidade material, onde é consequência processual. É ainda, conceptuado com rigor, como se distinguem sanção e coação, esta como execução coercitiva, por meio de órgão do Estado,

3. SANTI, Eurico Marcos Diniz de. *Lançamento tributário*. 3. ed. São Paulo: Saraiva, 2010. p. 38.

4. VILANOVA, Lourival. *Causalidade e relação no direito*. 5. ed. São Paulo: Noeses, 2015. p. 159.

> de sanções preceituadas nas sentenças condenatórias. Mais, que a coação é normativamente delimitada: pelas regras de competência do órgão aplicador, pela prévia caracterização dos fatos de conduta (tipificação do fáctico por meio das normas) e pela área de sua incidência (não execução sobre a pessoa do devedor, mas sobre seu patrimônio, não sobre todo ele, sobre-excedendo o limite do equivalente jurídico da sanção).

Nesse aspecto, a sanção é decorrente de uma relação jurídica em que, embora os particulares tenham excepcionalidade para pôr em prática a norma sancionatória, é o Estado-juiz o sujeito capaz de aplicá-la contra uma ou outra parte. Assim, a aplicação da sanção depende de uma relação angular entre A, B e C, em que C é o Estado-julgador. A sanção, portanto, está contida também na norma primária, e não somente na norma secundária (onde frequentemente se encontra).

No mesmo sentido, Tácio Lacerda Gama,[5] coadunando com o entendimento de Vilanova, compreende que "o 'mal' previsto pela norma jurídica pode ser aplicado de forma objetiva, sem que para isso concorra a vontade do infrator". Desse modo, a norma jurídica pode ser considerada completa, ainda que no plano abstrato, apenas possuindo "sanção coercitiva".

De modo semelhante, é o posicionamento de Paulo Roberto Coimbra Silva:[6]

> Sanção é uma consequência jurídica abstratamente prevista pela norma jurídica (secundária ou perinorma), resultante do princípio da retributividade e erigida para viabilizar a preservação da eficácia do comando normativo, seja mediante a punição do infrator ou, em sua acepção mais lata, o galardão do fiel cumpridor de seus preceitos.

Tomando-se a sanção, nessa acepção estrita, de consequência jurídica decorrente da hipótese de descumprimento

---

5. GAMA, Tácio Lacerda. *Competência tributária:* fundamentos para uma teoria da nulidade. 2. ed. São Paulo: Noeses, 2011. p. 110.

6. SILVA, Paulo Roberto Coimbra. *Direito tributário sancionador*. São Paulo: Quartier Latin, 2007. p. 50.

de determinada conduta, tem-se que a infração lhe serve de componente da hipótese normativa da norma jurídica sancionadora. É o pressuposto lógico-jurídico da sanção punitiva.

Sendo assim, no âmbito estrito da norma sancionatória tributária, têm-se, em seu antecedente, tal como na norma dispositiva tributária, os elementos temporal, espacial e material. Os critérios espacial e temporal não sofrem alterações substanciais daqueles contidos na regra-matriz de incidência tributária; ambos têm as mesmas características. O que muda é o critério material. Ele continua possuindo um verbo pessoal, regido no infinitivo, só que agora, acrescido de uma partícula negativa (operador monádico), um advérbio de negação, haja vista que a própria sanção advém do não cumprimento da regra tributária.

Já o consequente da regra-matriz da sanção também passa a ser modificado, mas não no critério pessoal, pois os dois sujeitos permanecem os mesmos: quem deveria ter adimplido o objeto prestacional contido na regra dispositiva é o mesmo que deve sofrer a sanção, o sujeito passivo; por outro lado, o titular do direito também permanece sendo o Estado-administrador. A novidade é o elemento volitivo, ou seja, o sujeito passivo ter agido com culpa ou dolo para que surja a sanção.

A mudança resta no critério quantitativo que, segundo Aurora Tomazini,[7] deve receber o nome de critério objetacional, desmembrado em dois pontos: qualificador, que vai indicar o tipo e a espécie de obrigação a ser prestada; e quantificador, que vai remeter à quantidade na qual essa prestação deve acontecer, tendo por base um parâmetro mínimo e máximo, mas respeitando os critérios estabelecidos por lei.

---

7. CARVALHO, Aurora Tomazini. *Direito penal tributário:* uma análise lógica, semântica e jurisprudencial. São Paulo: Quartier Latin, 2009.

Nesse diapasão, Robson Maia Lins[8] explica:

> Compensar, indenizar, remunerar, recompor e sancionar são relações jurídicas, alojadas nos consequentes de normas jurídicas. [...] As divergências começam a surgir quando um só fato jurídico ilícito é tomado no lugar sintático de várias normas jurídicas, fazendo surgir nos consequentes relações jurídicas distintas e, muitas delas, concomitantes. Nesses casos, são comuns as ingentes buscas pela "natureza jurídica" da relação jurídica, se compensatória, indenizatória, remuneratória ou sancionatória, quando, em verdade, embora estejamos trabalhando com o mesmo jurídico ilícito, as relações jurídicas dele decorrentes são as mais variadas possíveis.

Considerando o exposto, parte-se, agora, para uma análise pormenorizada da norma jurídica sancionatória dentro do sistema tributário. No art. 61 da Lei 9.430/1996,[9] por exemplo, encontra-se a regra-matriz de incidência da multa de mora (RMIMM), aplicável pelo adimplemento tardio, que carrega, no seu antecedente, os seguintes critérios: i) material, pagar o tributo após o decurso do prazo do vencimento; ii) temporal, termo final do prazo de vencimento para adimplemento do débito tributário; e iii) espacial, lugar do pagamento.

Já no consequente, a mesma regra-matriz de incidência da multa de mora traz os critérios: iv) pessoal, em que o sujeito ativo é o titular do direito subjetivo violado de exigir o tributo, e onde o sujeito passivo é o titular do dever jurídico descumprido de pagar o tributo; e v) quantitativo, ou seja, a base de cálculo é o valor do tributo adimplido em atraso e a alíquota

---

8. LINS, Robson Maia. *A mora no direito tributário.* Tese de Doutorado em Direito na Faculdade de Direito da Pontifícia Universidade Católica de São Paulo. São Paulo, 2008.

9. "Art. 61. Os débitos para com a União, decorrentes de tributos e contribuições administrados pela Secretaria da Receita Federal, cujos fatos geradores ocorrerem a partir de 1º de janeiro de 1997, não pagos nos prazos previstos na legislação específica, serão acrescidos de multa de mora, calculada à taxa de trinta e três centésimos por cento, por dia de atraso. § 1º A multa de que trata este artigo será calculada a partir do primeiro dia subsequente ao do vencimento do prazo previsto para o pagamento do tributo ou da contribuição até o dia em que ocorrer o seu pagamento. § 2º O percentual de multa a ser aplicado fica limitado a vinte por cento."

é a percentagem aplicada ao dia, ao mês ou ao ano, conforme período estabelecido em lei, sobre a base de cálculo, sujeita ao limite percentual legalmente fixado, ou ainda valores fixos.

Por seu turno, a regra-matriz de incidência da multa de ofício (RMIMO), aplicável em decorrência do não pagamento do tributo, do descumprimento de dever instrumental e da prática de infrações subjetivas assim qualificadas pelo não pagamento doloso do tributo ou pelo descumprimento doloso do dever instrumental, aponta, no antecedente, os critérios: i) material, que é não pagar (ou não pagar dolosamente) o tributo ou descumprir (ou descumprir dolosamente) o dever instrumental; ii) temporal, sendo o átimo em que ocorreu o inadimplemento; e iii) espacial, como o lugar em que ocorreu o inadimplemento.

No consequente, a RMIMO coloca os critérios: iv) pessoal, em que o sujeito ativo é o titular do direito subjetivo de exigir a multa mediante a lavratura do Auto de Infração, e sujeito passivo é o titular do dever jurídico de pagar a multa constituída por meio de ato administrativo; e v) quantitativo, sendo a base de cálculo considerada o valor do tributo inadimplido ou valor da base de cálculo do próprio tributo e a alíquota é a percentagem aplicada sobre a base de cálculo, ou ainda valores fixos.

2. Norma sancionatória no sistema tributário

A positivação da obrigação tributária se dá por meio da introdução, no sistema, de norma individual e concreta, constituída pela autoridade competente – ou seja, o Fisco – ou ainda por meio de edição, pelo contribuinte, de linguagem competente que constitua o crédito tributário e, por corolário, a obrigação tributária.

A multa tributária consiste em espécie de sanção traduzida em montante pecuniário, exigido pelo Estado, amparado por lei, em face de um descumprimento de dever legal por parte do sujeito passivo. Possui caráter pessoal, como assevera

Temístocles Brandão Cavalcanti:[10] "podem ser consideradas indenizações, mas visam, antes de tudo, a coagir o contribuinte: é processo de intimidação. Mesmo a multa de mora pode ser assim considerada, para coagir o contribuinte a pagar com pontualidade o seu débito".

O dever-poder de impor, aos infratores, correções proporcionais às ações ou às omissões ilícitas, em âmbito tributário, materializa-se por meio da lavratura do auto de infração, onde vem relatado o evento ilícito, sendo imputada, ao faltoso, a penalidade legal cabível. Assim, o auto de infração é ato administrativo vinculado, de efeitos concretos, onde se presume a prática de ilícito fiscal.[11]

Consoante as lições de Paulo de Barros Carvalho,[12] o auto de infração consiste em dois atos administrativos, ambos introdutores de norma individual e concreta no ordenamento positivo: um, de lançamento, produzindo regra cujo antecedente é fato lícito e cujo consequente, uma relação jurídica de tributo; outro, o ato aplicação da penalidade, veiculando norma que tem, no suposto, a descrição de um delito e, no consequente, a instituição de liame jurídico sancionatório, pelo não recolhimento do valor do tributo ou pela inobservância de dever instrumental.

Por veicular uma norma individual de caráter sancionatório, o auto de infração, ao ser lavrado, deve indicar, motivadamente, de forma clara e detalhada, o comportamento irregular do sujeito passivo e quais são as consequências dele decorrentes, em relação aos tributos e multas fiscais. Caso falte qualquer um desses requisitos, não se pode dizer, juridicamente, que houve ilícito fiscal.

---

10. CAVALCANTI, Temístocles Brandão. *Teoria dos atos administrativos*. São Paulo: Revista dos Tribunais, 1973. p. 163.

11. CARRAZZA, Roque Antonio. *Reflexões sobre a obrigação tributária*. São Paulo: Noeses, 2010.

12. CARVALHO, Paulo de Barros. *Direito tributário:* linguagem e método. 8. ed. São Paulo: Noeses, 2021.

Ressalte-se que a motivação deve ser verdadeira e coerente, ou seja, deve existir pertinência lógica entre os fatos ocorridos e o auto de infração lavrado. Isso porque a sanção tributária, como se viu, consiste em regras de conduta cujo antecedente descreve fato ilícito qualificado pelo descumprimento de um dever estipulado no consequente da regra-matriz de incidência.

Trata-se, portanto, de relação jurídica linear, cuja condição necessária é o inadimplemento da prestação pecuniária constante da obrigação tributária, cuja etapa se pode dar, no âmbito do direito tributário, na esfera administrativa ou judicial.

3. Princípios aplicáveis às normas sancionatórias tributárias

Os princípios constitucionais têm papel fundamental na aplicação das normas primárias sancionatórias, notadamente na relação jurídica estabelecida no consequente normativo, funcionando, assim, como limites à cominação das multas. Visto que dada sanção diz respeito à repressão de ilícitos segundo sua gravidade, há inconstância derivada das particularidades ostentadas pelo dado-fato. Assim, os princípios conferem tratamento conformado à integralidade do sistema do direito positivo.

Não obstante o caráter essencial das sanções no sistema tributário, esse nicho normativo carece de princípios e regras próprias que objetivam disciplinar os ilícitos fiscais e as sanções que lhes são cominadas, principalmente no que tange à questão da dosimetria da penalidade. No direito penal, ao contrário, a matéria da dosimetria já tem maduro desenvolvimento teórico.

Embora com naturezas jurídicas distintas, os ilícitos fiscais se aproximam dos ilícitos penais em razão de sua identidade ontológica e de as consequências jurídicas se assemelharem no aspecto teleológico, emanando sujeição simultânea de ambos a princípios comuns de repressão, construídos a partir da Constituição da República Federativa do Brasil.

A permeabilidade do direito tributário sancionador a princípios gerais da repressão decorre do próprio regime jurídico-constitucional, cuja observância se faz imperativa sempre que aplicada qualquer sanção como consequência de um ato ilícito, sob pena de restrição à ampla proteção constitucional contra o *ius puniendi* ao âmbito da aplicação das regras de direito penal – o que proveria ao legislador tributário extensos poderes para a imposição de sanções.[13]

Perlustrando essa linha de raciocínio, identifica-se que, dentro do ordenamento jurídico, há uma série de diretrizes ao poder impositivo-fiscal, entre as quais, a legalidade e a tipicidade.

Sobre o princípio da legalidade, o qual tem, como cânone, a prescrição de que "ninguém será obrigado a fazer ou deixar de fazer alguma coisa senão em virtude de lei", consoante estabelece o art. 5º, inciso II, da Constituição da República, afastam-se as chamadas obrigações convencionais, que teriam fulcro, invariavelmente, numa convergência de vontades.[14]

Em outras palavras, o art. 5º, inciso II, do Texto Maior traz garantia fundamental que impede a atuação arbitrária do Estado, pois subordina os atos à vinculação legal. Tal princípio também se aplica à penalidade tributária, conforme o art. 5º, inciso XLV, da Carta Magna.[15]

O legislador infraconstitucional, em obediência ao primado da legalidade, prescreveu, no art. 112 do Código Tributário Nacional (CTN),[16] que as infrações ou penalidades no âmbito

---

13. PADILHA, Maria Ângela Lopes Paulino. *As sanções no direito tributário*. São Paulo: Noeses, 2015.

14. CARVALHO, Paulo de Barros. *Direito tributário:* linguagem e método. 8. ed. São Paulo: Noeses, 2021.

15. "Art. 5º [...] XLV – nenhuma pena passará da pessoa do condenado, podendo a obrigação de reparar o dano e a decretação do perdimento de bens ser, nos termos da lei, estendidas aos sucessores e contra eles executadas, até o limite do valor do patrimônio transferido."

16. "Art. 112. A lei tributária que define infrações, ou lhe comina penalidades, interpreta-se da maneira mais favorável ao acusado, em caso de dúvida quanto: I – à capitulação legal do fato; II – à natureza ou às circunstâncias materiais do fato, ou à

tributário também devem ser prescritas em lei, caso contrário, não poderá ser aplicada, isto é, qualquer dúvida sobre o exato enquadramento do fato à norma é contrária a uma tipificação rigorosa.

Da mesma forma, o art. 97, inciso V, do CTN dispõe que "somente a lei pode estabelecer [...] a cominação de penalidades para as ações ou omissões contrárias a seus dispositivos, ou para outras infrações nela definidas".

Corolário ao princípio da legalidade, a tipicidade determina que a lei especifique os elementos descritores do fato jurídico "infração", bem como os dados prescritores da relação jurídica sancionatória.

No que tange aos princípios da capacidade contributiva e do não confisco na esfera das infrações e das sanções tributárias, algumas peculiaridades merecem ser tecidas.

O princípio da capacidade contributiva funciona como medidor da carga tributária sobre o contribuinte, cuja aplicação no campo das sanções tributárias deve ser explanado de modo mais aprofundado.

Na relação tributária, o valor do tributo deve ser calculado na dimensão econômica do fato lícito. Já na relação sancionatória, o valor da multa pecuniária deve ser calculado na proporção do fato ilícito, segundo a gravidade da infração e culpabilidade do agente, ou seja, a base de cálculo deve mensurar sempre o fato descrito no suposto normativo – fato lícito na norma de incidência tributária e fato ilícito na norma sancionatória.

Com efeito, no campo das infrações e das sanções tributárias, a aplicabilidade da vedação ao confisco, prevista no art. 150, inciso IV, da Carta Maior – que constitui limitação ao poder estatal na instituição e na cobrança de tributos –, deve ser adequada ao dimensionamento da punição. Ontologicamente,

---

natureza ou extensão dos seus efeitos; III – à autoria, imputabilidade, ou punibilidade; IV – à natureza da penalidade aplicável, ou à sua graduação."

esse limite, que deriva de licitudes, não pode ser identificado como limitação também às sanções, que derivam de ilicitudes, considerando o aspecto teleológico das sanções, as quais visam desestimular e punir condutas contrárias à lei.

A aplicação de multa severa é justificável pela supremacia do interesse público sobre o do particular que age com finalidades ilícitas, ainda que subtraia o patrimônio do infrator, mas não pode reduzi-lo à total impossibilidade de garantia de seu mínimo vital, mesmo que se considere o desestímulo à impunidade em detrimento da arrecadação feita em prol da coletividade.

Considerações desse jaez permitem afirmar que a multa com efeito confiscatório será inconstitucional quando ultrapassar os limites do princípio da proporcionalidade, excedendo os parâmetros de gravidade da infração.

De pronto, afirma-se não haver fórmula certa e infalível para caracterizar a multa confiscatória e seu respeito à proporcionalidade, haja vista a variedade de formas e de percentuais para o cálculo das sanções pecuniárias e a heterogeneidade dos suportes fácticos ocorridos no plano fenomênico que demarcam as infrações tributárias.

A aferição de uma multa com efeito de confisco e sua proporcionalidade é muito mais segura para o sujeito passivo quando analisadas as peculiaridades do caso concreto. Nesse sentido é a jurisprudência do Supremo Tribunal Federal.[17]

---

17. "A desproporção entre o desrespeito à norma tributária e sua consequência jurídica, a multa, evidencia o caráter confiscatório desta, atentando contra o patrimônio do contribuinte, em contrariedade ao mencionado dispositivo do texto constitucional federal. Ação julgada procedente" (ADI 551/RJ, Rel. Min. Ilmar Galvão – j. 24.10.2002 – Órgão Julgador: Tribunal Pleno – Publicação *DJ* 14.02.2003).
"É cabível, em sede de controle normativo abstrato, a possibilidade de o Supremo Tribunal Federal examinar se determinado tributo ofende, ou não, o princípio constitucional da não confiscatoriedade consagrado no art. 150, IV, da Constituição da República. Hipótese que versa o exame de diploma legislativo (Lei 8.846/94, art. 3º e seu parágrafo único) que instituiu multa fiscal de 300% (trezentos por cento). – A proibição constitucional do confisco em matéria tributária – ainda que se trate de multa fiscal resultante do inadimplemento, pelo contribuinte, de suas obrigações tributárias – nada mais representa senão a interdição, pela Carta Política, de qualquer pretensão governamental que possa conduzir, no campo da fiscalidade, à

Portanto, a aplicação da multa e do juízo principiológico acerca do valor correspondente à obrigação tributária devem ser analisados em conformidade ao caso concreto, levando-se em consideração as variáveis da discussão proposta. No campo das sanções tributárias, verifica-se que a lei, pelo seu caráter de generalidade, não prevê todos os casos singulares a que se aplica a sanção.

Por essa razão, aplica-se a individualização das penas e a equidade para efetiva garantia do tratamento justo e isonômico na imposição das sanções tributárias. Como o consequente das normas primárias sancionatórias é dimensionado proporcionalmente à gravidade do ilícito, este poderá variar em função das particularidades do caso concreto.

Tal dimensionamento, corolário da igualdade e da justiça, demanda ativa construção jurídica do aplicador do direito no sentido de superar as falhas da lei e de amoldar o justo e o isonômico às especificidades da situação individualizada.

Disso isso, torna-se salutar observar que a multa sobre o valor do tributo lhe confere eficácia, haja vista que compele o sujeito passivo à satisfação da obrigação tributária, mediante a imposição de sanção pelo descumprimento da relação jurídica estabelecida.

A questão, ora em debate, figura-se na transição do percentual aplicável a título de multa: se se configura abusivo e arbitrário, ou não. Por exemplo, o percentual de 100% (cem por cento) não se trataria de multa desproporcional, na hipótese de não recolhimento de tributo.

---

injusta apropriação estatal, no todo ou em parte, do patrimônio ou dos rendimentos dos contribuintes, comprometendo-lhes, pela insuportabilidade da carga tributária, o exercício do direito a uma existência digna, ou a prática de atividade profissional lícita ou, ainda, a regular satisfação de suas necessidades vitais básicas. – O Poder Público, especialmente em sede de tributação (mesmo tratando-se da definição do 'quantum' pertinente ao valor das multas fiscais), não pode agir imoderadamente, pois a atividade governamental acha-se essencialmente condicionada pelo princípio da razoabilidade que se qualifica como verdadeiro parâmetro de aferição da constitucionalidade material dos atos estatais. [...]" (ADI 1075/MC, Rel. Min. Celso de Mello, Tribunal Pleno, j. 17.06.1998, *DJ* 24.11.2006).

Acerca disso, a Corte Excelsa, no julgamento do AgRg no RE 833.106/GO, cujo relator foi o Ministro Marco Aurélio, limitou o percentual da multa imposta a determinada empresa goiana a 100% do valor do tributo. Assim, o Supremo Tribunal Federal (STF) impôs um limite ao percentual da multa, de modo que as penalidades que ultrapassem 100% acabariam por violar o princípio do não confisco.

Deveras, na hipótese em que houve mero descumprimento de dever instrumental no momento do recolhimento do tributo – por exemplo, erro na emissão de documentos fiscais, falta de entrega de informações à autoridade fiscal, atraso na entrega de declarações etc. –, entende-se que aplicação da multa de 100% do valor do tributo se trata de violação ao princípio da proporcionalidade.

Nesse mesmo caminho, tem-se a decisão do RE 754.554/GO, cujo voto do Ministro Celso de Mello foi no sentido de que até mesmo uma multa de 25% pode ser declarada confiscatória, caso ultrapasse o valor da própria obrigação, como no caso do ICMS cobrado pelo Governo de Goiás em que o tributo é de 17% sobre o valor da operação e a multa foi no patamar de 25%, configurando, assim, violação aos princípios constitucionais do não confisco e da proporcionalidade.

Assim, somente seria confiscatória a multa aplicada de forma desarrazoada. Contudo, tal entendimento merece mais considerações, conforme será exposto a seguir.

4. Culpabilidade por infrações: a interpretação sistêmica do art. 136 do CTN

Tributo, segundo art. 3º do CTN, é a relação obrigacional, instituída por meio de lei, que não constitua sanção de ato ilícito, cobrado e arrecadado mediante atividade administrativa vinculada. Nessa senda, o tributo consiste na norma tributária em sentido estrito que disciplina a conduta de entrega da prestação pecuniária pelo particular ao Erário.

Nesse diapasão, tributo não é multa e o princípio do não confisco, previsto no art. 150, IV, da Constituição, reporta-se àquele e não a esta. Contudo, a referida circunstância, aliada ao cunho exemplar que fundamenta a aplicação de qualquer sanção negativa, não impede que o legislador *lato sensu* aja com razoabilidade na sua determinação, uma vez que, como as multas fiscais têm aplicação no pressuposto de uma conduta ilícita, a vedação ao confisco não constitui uma garantia.

Obviamente que a aplicação de multas fiscais, ainda que com suposto caráter confiscatório, deve ser conformada ao devido processo legal substantivo, pois se trata de medida punitiva extrema, autorizada em casos excepcionais, cuja ilicitude seja traduzida em linguagem competente de provas que configure alta reprovação.

Isso não quer dizer que não há limites para aplicação das multas fiscais. A sanção pecuniária que vier a constranger substancialmente o patrimônio do sujeito passivo é vedada pelo ordenamento quando sua exigência ultrapassar os limites da proporcionalidade para desestimular a conduta ilícita e punir aquele que comete a infração.

As decisões do Supremo Tribunal Federal, já referidas, não entenderam que a multa fiscal foi confiscatória com base única e exclusivamente na aplicação do art. 150, IV, da Constituição Federal, mas também fundamentaram a inconstitucionalidade da multa com base na sua desproporcionalidade. Este é o limite que define a dimensão pecuniária das sanções, que deve ser fixada dentro dos parâmetros de gravidade da conduta ilícita praticada, que permite averiguar se a multa é, ou não, confiscatória.

Ressalte-se que há diversas formas adotadas para o cálculo das multas tributárias: com base em valores fixos, em percentual aplicado sobre o valor do tributo ou corresponder ao conteúdo econômico do fato jurídico tributário; e ainda há diversos níveis de percentuais sobre a base de cálculo adotada.

Somente com a análise do caso concreto é possível a aferição do confisco e sua proporcionalidade em relação à aplicação das sanções, não deixando de consignar a subjetividade do aplicador. O infrator deve ser punido mediante sanção proporcional ao patamar da gravidade da conduta, sendo que a fixação de penalidade pecuniária com efeito de confisco pode ser medida necessária e eficaz, desde que analisada e sopesada.

As infrações administrativas, em regra, não supõem o dolo, sendo facilmente implementável a punição da pessoa jurídica, sem necessidade de identificação da pessoa física que tenha sido o executor da infração.

A intencionalidade do agente se trata de problema de autoria, pois o infrator é aquele que tem o dever legal de adotar certa conduta (comissiva ou omissiva) e descumpre esse dever, sujeitando-se à sanção cominada pela lei. A responsabilidade por infração tributária pode ser em relação ao não pagamento de tributos e ao descumprimento de um dever instrumental, caracterizando o ilícito.

A expressão "agente ou responsável" prevista no art. 136 do CTN,[18] supõe que o executor material do ato ilícito pode agir em nome do sujeito passivo ou como representante de terceiro. A responsabilidade por infração (sujeição às consequências do ato) independe da intenção do agente (executor material) ou do responsável (outra pessoa, em nome e por conta de quem o agente atue).

Assim, nos termos do artigo em testilha, poder-se-ia chegar à conclusão apressada de que, caso comprovada a infração, a responsabilidade seria objetiva, independentemente da intenção ou erro do agente, sendo, portanto, devida a multa. Nessa senda, a responsabilidade prevista no art. 136 traz o instituto do dolo como irrelevante para a responsabilização do agente, porém não implica deduzir que também estará afastada a discussão do agente acerca de sua culpa.

---

18. "Art. 136. Salvo disposição de lei em contrário, a responsabilidade por infrações da legislação tributária independe da intenção do agente ou do responsável e da efetividade, natureza e extensão dos efeitos do ato."

Não há que se falar em perquirição sobre eventual intenção do agente ou responsável em querer lesar o interesse do Fisco, mas tal dado é importante para o dimensionamento da pena. Somente por exceção, nos casos do art. 137 do CTN, só o próprio agente será punível. Assim, nas situações do art. 136, em que a figura do responsável fica a par do agente (executor material), pode-se falar na culpa *in vigilando* e *in elegendo*.

O preceito (do art. 136) supõe que os indivíduos conhecem a lei tributária, e que não cumprem porque não quiseram ou, ainda, que não diligenciaram para conhecê-la e aplicá-la corretamente, com a noção de culpa. Contudo, em uma análise apressada e sem a devida interpretação sistemática, poder-se-ia inferir que a responsabilidade por infração tributária não requer a prova, pelo Fisco, de que o indivíduo com conhecimento de que sua ação ou omissão era contrária à lei, e de que ele quis descumpri-la: não afirma a responsabilidade tributária sem culpa.

Tal prescrição deve ser interpretada em harmonia com o art. 108, IV, do CTN em que a equidade permite que o aplicador da lei possa afastar a sanção em situações que não se justifiquem, dadas as circunstâncias materiais ou pessoais. Ainda, nas situações relativas à obrigação de pagar o tributo (que não tem elemento subjetivo) as situações de erro ou ignorância escusáveis sobre matéria de fato podem ter o efeito de viabilizar a remissão, nos termos do art. 172, II e IV, do mesmo arquétipo legal.

O art. 136 do CTN, embora dispense a pesquisa da intenção do agente ou do responsável, admite disposição de lei em contrário. No plano da legislação ordinária, a fraude, o artifício, o ardil, o estratagema realizado para iludir o Fisco configura situação levada em conta para efeito de agravar as penalidades aplicáveis. Veja-se, por exemplo, nas hipóteses previstas nos arts. 106, II, *b*; 150, § 4º; 152, 172, parágrafo único, c/c 155; 180; 182, parágrafo único, c/c 155, todos do CTN. Assim, a intencionalidade do agente pode ser aferida pelo fiscal fazendário no momento da lavratura do auto de infração.

Para Florence Haret,[19] a multa qualificada diferencia as condutas que, sendo punidas na esfera tributária, são qualificadas. São práticas que trazem o elemento subjetivo dolo (direto e eventual), ou seja, consideradas e qualificadas pelo direito penal.

Na esfera tributária, entre as multas de ofício, as multas qualificadas e agravadas pressupõem, respectivamente, um qualitativo ou um agravante na situação fáctica ensejadora da sanção pecuniária. A multa qualificada decorre da aplicação da norma primária sancionatória que prevê infração subjetiva no antecedente, derivada da prática de ilicitude com vontade consciente, ou seja, dolo. Trata-se de responsabilidade subjetiva que compõe o antecedente normativo da norma primária sancionatória, cujo dolo participa da descrição do ilícito situado no suposto normativo.

A qualificação se trata de elemento subjetivo que compõe o critério material da norma sancionatória (composto por verbo, complemento e subjetividade). Se o pressuposto dessa regra sancionatória é a ocorrência de sonegação, fraude ou conluio, a norma individual e concreta produzida pelo agente fiscal deve individualizar e comprovar as condutas, mediante linguagem competente de provas.

Veja-se que o art. 44, § 1º, da Lei 9.430/1996[20] remete aos casos previstos nos arts. 71, 72 e 73 da Lei 4.502, de 30 de novembro de 1964, independentemente de outras penalidades administrativas ou criminais cabíveis. Tais prescrições jurídicas dizem respeito às condutas de sonegação, fraude e conluio.

A sonegação é toda ação ou omissão dolosa tendente a impedir ou retardar, total ou parcialmente, o conhecimento por

---

19. HARET, Florence. Multas tributárias de ofício, isolada, qualificada e agravada – considerações sobre cumulação de multas e sobre o entendimento jurisprudencial dos princípios da proporcionalidade e do não confisco aplicados às multas tributárias. *Revista Dialética de Direito Tributário* n. 225, p. 64.

20. "Art. 44. Nos casos de lançamento de ofício, serão aplicadas as seguintes multas: § 1º O percentual de multa de que trata o inciso I do *caput* deste artigo será duplicado nos casos previstos nos arts. 71, 72 e 73 da Lei n. 4.502, de 30 de novembro de 1964, independentemente de outras penalidades administrativas ou criminais cabíveis."

parte da autoridade fazendária da ocorrência do fato jurídico da obrigação tributária, sua natureza ou circunstâncias materiais, ou das condições pessoais de contribuinte, suscetíveis de afetar a obrigação tributária ou o crédito tributário correspondente.

Já a fraude é toda ação ou omissão dolosa tendente a impedir ou a retardar, total ou parcialmente, a ocorrência do fato jurídico da obrigação tributária, ou a excluir ou a modificar as suas características essenciais, de modo a reduzir o montante do tributo devido a evitar ou diferir o seu pagamento.

Conluio, por seu turno, é o ajuste doloso entre duas ou mais pessoas naturais ou jurídicas, visando qualquer dos efeitos referidos como sonegação ou fraude.

Embora a sanção administrativa não abstraia a ideia de culpabilidade, o rigor é maior na esfera penal, em que a regra é a conduta infracional dolosa. Nesse sentido, pela presença do elemento subjetivo dolo, a consequência da multa qualificada é sua tipificação, também, no direito penal.

5. Proporcionalização das sanções tributárias

Considerando o âmbito das sanções tributárias pecuniárias, necessário se faz o cotejo com os parâmetros que devem ser observados na imposição de multas pelo descumprimento de obrigações tributárias. A imposição de sanções deve guardar relação com a infração cometida, acrescida do elemento subjetivo de culpabilidade do contribuinte.

A aplicação irrestrita do art. 136 do CTN gera efeitos perniciosos, pois se busca legitimação de aplicação de sanções sem a consideração da proporcionalidade ou culpabilidade do agente.

A identificação de balizas precisas para se instituir e controlar a imposição de sanções permite evitar o cometimento de arbitrariedades. Tais limites impositivos são prescritos pelo ordenamento, conferindo efetividade à punição aplicada, ou seja, não há como subsistir no sistema jurídico a cominação de sanção tributária sem considerar a subjetividade daquele que comete o ato ilícito.

Possuindo a sanção tributária funções punitiva, reparatória e didática,[21] que a legitimam, é colocada em evidência a necessidade de considerar a culpabilidade do infrator para sua imposição e sua dosimetria. O tributo e o interesse da fiscalização tratam do seu parâmetro objetivo, e denotam a importância do bem jurídico tutelado pelo Estado. Por critério de isonomia, justificável a aplicação de diferentes punições de acordo com a intensidade à lesão ao bem jurídico e o grau de culpa do infrator.

Mesmo naquilo que tange ao dever instrumental, a sanção tributária possui função ressarcitória não do valor do tributo devido, mas do interesse da arrecadação ou da fiscalização,[22] não podendo ser transformada em instrumento de arrecadação. A proporcionalização das sanções tributárias deve ser implementada obrigatoriamente.

Entretanto, não há, nas normas que instituem penalidades tributárias, espaço para o exercício de juízo cognitivo para fixação da penalidade aplicável. Ainda, considerando o pressuposto ontológico do Direito Público,[23] a conduta da Fazenda Pública é plenamente vinculada (art. 142, parágrafo único, do CTN). Necessário, portanto, identificar os critérios para conformação da sanção tributária às peculiaridades do caso concreto e o grau de culpa do infrator, em observância ao princípio da legalidade, considerando que as normas jurídicas gerais e abstratas que preveem a sanção tributária não fazem referência à sua dosimetria.

---

21. OLIVEIRA, Ricardo Mariz de. Sanções tributárias e denúncia espontânea. *In:* MACHADO, Hugo de Brito (coord.). *Sanções administrativas tributárias.* São Paulo: Dialética, 2004.

22. TAKANO, Caio Augusto. *Limitações aos deveres instrumentais tributários:* aplicação do art. 113, § 2º do Código Tributário Nacional. Dissertação de Mestrado. São Paulo: USP, 2015.

23. No âmbito do Direito Público, tudo que não for permitido é proibido e, no Direito Privado, tudo aquilo que não é proibido, é permitido.

Conforme apontado, estruturalmente o pressuposto factual para a sanção é cometimento de ato ilícito, o que remete à ideia de ação contrária a valores e bens jurídicos tutelados pelo Estado. Tal dado não pode ser desprezado ao falarmos na adequada dosimetria da sanção tributária, ou seja, não devem ser considerados, tão somente, limites quantitativos gerais apoiados na regra do não confisco: a lesão ao bem jurídico tutelado é pressuposto e, também, limite para aplicação da sanção tributária, pois a incoerência e desproporcionalidade lhe retiram a legitimidade. Nesse sentido, Geraldo Ataliba[24] asseverou que "no campo punitivo, a intensidade das punições corresponde ao princípio da retribuição, à vista da valoração legislativa dos bens jurídicos tutelados".

Oportuna, assim, a identificação dos bens jurídicos tutelados nas relações tributárias sancionatórias. Na hipótese de obrigações ditas principais, o bem jurídico que se tutela é a arrecadação correspondente ao crédito tributário constituído e não adimplido. Não se pode cogitar o argumento de que a inadimplência de tributos influenciará o comportamento de outros contribuintes, impactando a arrecadação tributária em valor superior ao tributo, justificando multas abusivas em nome da defesa da ordem tributária.

Tal raciocínio não se sustenta porque a legislação tributária afasta a responsabilidade por infrações mediante o adimplemento da obrigação principal, extinguindo, inclusive, punibilidade na esfera criminal: o bem jurídico tutelado, portanto, é tão somente a arrecadação tributária.

Considerações desse jaez permitem identificar um limite material à multa pecuniária por descumprimento da obrigação principal: não deve ultrapassar o próprio valor do tributo devido, ou seja, o próprio bem jurídico que foi lesionado pela conduta do infrator.

---

24. ATALIBA, Geraldo. *República e Constituição*. 3. ed. São Paulo: Malheiros, 2011. p. 159.

No caso de descumprimento de deveres instrumentais, prescreve o art. 113, § 2º, do CTN que sua fundamentação consiste no "interesse da arrecadação ou da fiscalização dos tributos", denotando, dessa forma, que a proteção se dá (i) ao interesse da arrecadação tributária conexa à constituição do fato jurídico tributário, o qual é imprescindível para a construção da norma individual e concreta, bem como (ii) ao interesse da fiscalização tributária, visando ao conhecimento do fato jurídico tributário pelas autoridades fiscais.

Assim, sendo o dever instrumental previsto no *interesse da arrecadação*, a punição pelo seu descumprimento não deverá ultrapassar o próprio valor do tributo que deixou de ser recolhido pela conduta comissiva ou omissiva do contribuinte.

Entretanto, o descumprimento de dever instrumental no *interesse da fiscalização* é dependente da fixação por lei de um valor máximo que reflita, de forma efetiva, seu dano. Como critério objetivo à proporcionalização da sanção, quando possível, deve ser levado em consideração o valor do tributo em sua mensuração, como parâmetro horizontal à expressão econômica do interesse da fiscalização.

Dessarte, além do bem jurídico tutelado, o reconhecimento da culpabilidade do infrator é outro vetor importante à aplicação de sanções tributárias, o que implica a gradação necessária da infração.

Como condição para imposição de sanção punitiva, a culpabilidade exsurge em decorrência de ato ilícito, mas contingente a ato volitivo do infrator diante do seu posicionamento entre a licitude e a ilicitude, podendo por ele ser evitada. Ainda assim:

> Uma multa cuja gravidade lhe confere o predicativo de confiscatório não guarda respaldo com o nosso ordenamento jurídico, por mais necessário que seja o rigor da punição [sanção rigorosa] para que se desestimule a prática de novos ilícitos pelo infrator.[25]

25. TAKANO, Caio Augusto. A dosimetria das multas tributárias: proporcionalização e controle. *In: Revista Direito Tributário Atual*, n. 37, p. 30-59, São Paulo: IBDT, 2017. p. 47.

Distingue-se, portanto, sanção *rigorosa* de sanção *confiscatória*, pois esta não é apenas gravosa ou que onera de forma substancial o infrator, mas afeta o seu patrimônio com tamanha intensidade que atinge o seu mínimo vital, ou acarreta a impossibilidade de exercício de sua atividade econômica, não possuindo caráter preventivo ou reeducador, mas desproporcional e utilizada como instrumento de vingança social, inservível à promoção do interesse público. Imprescindível que a intensidade da aplicação da sanção tributária seja permeada pela proporcionalidade e razoabilidade ao caso concreto, submetida ao controle jurisdicional.

Conclusão

O efeito profilático da sanção é desestimular e castigar condutas reprováveis, sendo possível constatar a necessidade de medidas imperativas para prevenir e punir, efetivamente, a prática de ilícitos, protegendo, assim, a supremacia do interesse público sobre o interesse privado.

Com isso, as sanções deverão corresponder às peculiaridades do caso, considerando as circunstâncias pessoais daquele que comete o ato ilícito, observando limites materiais e quantitativos, em que a penalidade imposta deve guardar relação de equivalência com a gravidade da infração e do bem jurídico tutelado.

Para concretização de suas funções, a sanção deve submeter-se ao exame da proporcionalidade, com adequação da penalidade na exata medida do estritamente necessário ao atendimento do interesse público, sem causar excessiva restrição a direitos fundamentais, instituindo-a, portanto, da maneira menos gravosa.

Igualmente, em relação aos deveres instrumentais, a observância desses limites considerará, ainda, obediência à razoabilidade e à proporcionalidade na sua aplicação, em equilíbrio entre a intensidade da medida que visa à proteção do bem jurídico lesionado e as restrições causadas a direitos fundamentais do contribuinte: o poder sancionador das autoridades fiscais tem, assim, limitações.

São imprescindíveis as considerações acerca da culpabilidade do agente infrator e do bem jurídico tutelado na gradação das sanções tributárias, submetendo-se, desse modo, aos limites impostos pelo não confisco, para que não subtraiam os meios de subsistência do sujeito passivo ou o impossibilite do exercício de sua atividade econômica.

Por fim, registra-se a possibilidade de adoção de diferentes critérios de dosimetria em razão das lesões a distintos bens jurídicos, ou seja, as multas tributárias devem guardar aderência ao bem jurídico tutelado.

Referências

ATALIBA, Geraldo. *República e Constituição*. 3. ed. São Paulo: Malheiros, 2011.

CARRAZZA, Roque Antonio. *Reflexões sobre a obrigação tributária*. São Paulo: Noeses, 2010.

CARVALHO, Aurora Tomazini. *Direito penal tributário:* uma análise lógica, semântica e jurisprudencial. São Paulo: Quartier Latin, 2009.

CARVALHO, Paulo de Barros. *Direito tributário*: linguagem e método. 8. ed. São Paulo: Noeses, 2021.

CAVALCANTI, Temístocles Brandão. *Teoria dos atos administrativos*. São Paulo: Revista dos Tribunais, 1973.

GAMA, Tácio Lacerda. *Competência tributária*: fundamentos para uma teoria da nulidade. 2. ed. São Paulo: Noeses, 2011.

HARET, Florence. Multas tributárias de ofício, isolada, qualificada e agravada – considerações sobre cumulação de multas e sobre o entendimento jurisprudencial dos princípios da proporcionalidade e do não confisco aplicados às multas tributárias. *Revista Dialética de Direito Tributário*, n. 225.

LINS, Robson Maia. *A mora no direito tributário*. Tese de Doutorado em Direito na Faculdade de Direito da Pontifícia Universidade Católica de São Paulo. São Paulo, 2008.

OLIVEIRA, Ricardo Mariz de. Sanções tributárias e denúncia espontânea. *In:* MACHADO, Hugo de Brito (coord.). *Sanções administrativas tributárias*. São Paulo: Dialética, 2004.

PADILHA, Maria Ângela Lopes Paulino. *As sanções do direito tributário*. São Paulo: Noeses, 2015.

SANTI, Eurico Marcos Diniz de. *Lançamento tributário*. 3. ed. São Paulo: Saraiva, 2010.

SILVA, Paulo Roberto Coimbra. *Direito tributário sancionador*. São Paulo: Quartier Latin, 2007.

TAKANO, Caio Augusto. A dosimetria das multas tributárias: proporcionalização e controle. *Revista Direito Tributário Atual*, São Paulo: IBDT, n. 37, p. 47, 2017.

TAKANO, Caio Augusto. *Limitações aos deveres instrumentais tributários* (aplicação do art. 113, § 2º do Código Tributário Nacional). Dissertação (Mestrado). São Paulo: USP, 2015.

VILANOVA, Lourival, *Causalidade e relação no direito*. 5. ed. São Paulo: Noeses, 2015.

TEORIA GERAL DO PROCESSO TRIBUTÁRIO SANCIONADOR: PRINCÍPIOS CONSTITUCIONAIS

Alessandro Del Col[1]

1. Introdução

A teoria na ciência do Direito é a construção dogmática de um corpo ou conjunto de conceitos sistematizados que permite o conhecimento de um dado domínio da realidade. Exige a visão do todo, baseado num conjunto organizado e sistematizado de hipóteses para a verificação, confirmação ou correção, a fim de explicar e justificar uma realidade. E pode ser definida como a representação geral de todas as formas de conhecimento, fundadas em princípios ou diretrizes que decifram a estrutura das regras jurídicas.

Nesse passo, com base nesse conceito de teoria é indispensável buscar a sistematização do conceito e natureza jurídica da sanção tributária junto à evolução de um processo administrativo e a influência de princípios ou diretrizes constitucionais aplicáveis, numa construção dogmática sob o aspecto

1. Mestrando em Direito Tributário pela Pontifícia Católica de São Paulo – PUC/SP.

processual com viés de garantia no desenvolvimento do *ius puniendi* estatal, essencial para o alcance do interesse público.

O Direito Tributário Sancionador decorre da potestade do Estado na aplicação de sanções jurídicas contra as diversas violações do dever jurídico imposto por norma jurídica válida, e, em contrapartida, encontram-se sujeitos aos princípios gerais de repressão, que no Direito Constitucional buscam a preservação e garantias de direitos fundamentais, limitando ou sistematizando os poderes estatais.

Assim, exsurge na dogmática uma aproximação ou permeabilidade dos princípios constitucionais construídos para controlar a atividade punitiva do Estado com desenvolvimento no Direito Processual Penal e Processual Civil com aptidão para serem aplicados no Direito Tributário Sancionador, aos quais podem ser incorporados a um Direito Processual Punitivo, cabendo a investigação da extensão e profundidade dessas diretrizes, em razão de potenciais distinções entre as sanções tributárias e as sanções penais.

Este artigo possui a pretensão de contribuir com a construção da teoria geral e sua base principiológica no Direito Tributário Sancionador. No item 2 será abordado o princípio do devido processo legal e sua implicação nos princípios constitucionais do contraditório e da ampla defesa. Trataremos nos itens 3 e 4 sobre o princípio da presunção de inocência e do *in dubio pro reo*. Analisaremos no tópico 5 a aplicabilidade do princípio do julgador competente à sujeição ao princípio da razoável duração do processo. Ao final, encontram-se as conclusões e as referências bibliográficas desta pesquisa científica.

2. Princípio do devido processo legal

A Constituição Federal de 1998 contempla de forma categórica e expressa no art. 5º, inciso IV que "ninguém será privado da liberdade ou de seus bens sem o devido processo legal", elevando a categoria de vetor axiológico, constituindo num epicentro no direito de defesa de todos os cidadãos contra os atos do Estado que importem em restrições de direitos, especialmente, no exercício do *jus puniendi* estatal que atentem contra o direito de liberdade em sua acepção ampla e ao direito de propriedade sobre seus bens.

Esse princípio constitucional decorre do sobreprincípio da justiça e isonomia[2] que pretende atribuir o valor de justo e correto, conferindo tratamento isonômico na imposição das sanções tributárias, de acordo com o elemento diferencial e o regime jurídico atribuído às situações diferenciadas.

Em sua vertente adjetiva ou processual, confere a qualquer pessoa a garantia de vindicar um julgamento que ocorra dentro de regras procedimentais elaboradas pelo Poder Legislativo com previsão de uma autoridade competente, dotada de imparcialidade, e que este processo legalmente estabelecido seja justo e adequado, informado pelos valores e princípios da justiça.[3]

O jurista James J. Marins de Souza aponta que a cláusula *procedural due process* expressa as garantias elementares das quais derivam inúmeras normas processuais, conferindo o direito de submissão à autoridade competente, ao contraditório e à ampla defesa com os meios e os recursos a ela inerentes, representando verdadeiro *sine qua non* de validade constitucional.[4]

O Direito Tributário Sancionador não pode se desenvolver sem levar em consideração a prevalência do direito de defesa, exsurgindo a garantia constitucional do devido processo legal. Assim, o processo administrativo tributário deve ser condicionado e orientado em busca constante do equilíbrio de forças, da paridade de armas,[5] ao mesmo passo em que se des-

---

2. CARVALHO, Paulo de Barros. *Direito tributário, linguagem e método*. 7. ed. rev. São Paulo: Noeses, 2018. p. 292-299.

3. NOVELINO, Marcelo. *Direito constitucional*. 6. ed. rev., atual. e ampl. São Paulo: Método, 2012. p. 576.

4. SOUZA, James J. Marins. *Direito processual tributário brasileiro*. 13. ed. rev. e atual. São Paulo: Thomson Reuters, 2020. p. RB-5.8.

5. MOREIRA NETO, Diogo de Figueiredo; GARCIA, Flávio Amaral. A principiologia no direito administrativo sancionador. *Revista Brasileira de Direito Público – RBDP*, Belo Horizonte, ano 11, n. 43 out./dez. 2013.

tina a apuração de responsabilidade por violação às normas jurídicas e imposição de sanções tributárias.

No entanto, nessa relação jurídica processual, que ampara o exercício do *jus puniendi* estatal, devem haver valorações e escalonamentos diferenciados dos direitos de defesa, em contraposição aos atos estatais dotados de compulsoriedade e por vezes excessivos, resultando, assim, uma equalização desse conflito de interesses.[6]

Com efeito, para que seja válida a imposição de uma sanção tributária pela autoridade administrativa, é condição de validade que se desenvolvam, dentro de um processo estabelecido por parâmetros legislativos em seu conteúdo formal e material, que viabilize o exercício do contraditório e da ampla defesa, princípios constitucionais que decorrem do devido processo legal com caráter instrumental.

O devido processo legal é um feixe condutor que capitaliza um conjunto de garantias processuais, assegurando às partes o pleno exercício das prerrogativas adjetivas e a defesa em sua plenitude, legitimando o próprio processo, de acordo com a estipulação de normas processuais instituídas por meio de lei em sentido estrito, em busca de uma solução correta e justa.

O direito de defesa que se encontra protegido pelo princípio constitucional do devido processo legal, no âmbito do processo administrativo fiscal, é elevado à condição de validade do ato administrativo, no qual a sua inobservância ou desrespeito acarreta a nulidade absoluta do processo,[7] por desvio de finalidade.

O devido processo legal confere às partes, especialmente no Direito Tributário Sancionador, que sujeitem ao exercício do *jus puniendi* estatal a garantia de paridade de armas de modo a estabelecer um equilíbrio de forças,[8] conferindo

---

6. OSÓRIO, Fábio Medina. *Direito administrativo sancionador*. 7. ed. São Paulo: Thomson Reuters Brasil, 2020. p. RB-6.6.

7. Cf. inciso II do art. 59 do Decreto 70.235, de 6 de março de 1972.

8. MOREIRA NETO, Diogo de Figueiredo; GARCIA, Flávio Amaral. A principiologia no direito administrativo sancionador cit., p. 4.

uma igualdade entre elas, que em matéria punitiva deve ser interpretada extensivamente,[9] com ampliação de seu espetro de proteção, servindo ainda como instrumento de salvaguarda para um julgamento imparcial.[10]

Em outro enfoque, agindo como limite a atuação do Estado e consequentemente das sanções tributárias, é vedado que a Administração Tributária institua por lei ou ato normativo secundário medidas restritivas aos direitos dos contribuintes como meio de compelir ao pagamento dos tributos, sem a observância do princípio do devido processo legal administrativo,[11] que comumente vem denominado pela doutrina como sanções políticas,[12] caracterizado pelo desvio da potestade tributária punitiva,[13] salvo se observados os parâmetros do princípio da proporcionalidade.

O Supremo Tribunal Federal, por meio do Plenário, no julgamento do Recurso Extraordinário 565.048/RS[14] entendeu que "viola o devido processo legal, haja vista o Fisco utilizar instrumentos oblíquos para coagir o contribuinte ao pagamento do tributo", o condicionamento de garantia real ou fidejussória para a expedição de notas fiscais, a emissão visando o adimplemento da obrigação tributária em favor de Estado membro.

---

9. ATALIBA, Geraldo. Recurso em matéria tributária. *Revista de Informação Legislativa* (Senado Federal), ano 25, n. 97, p. 131, jan./maio 1988.

10. ATALIBA, Geraldo. Princípios informativos do contencioso administrativo federal. *Revista de Informação Legislativa* (Senado Federal), ano 15, n. 58, abr/jun 1978, p. 134.

11. MACHADO, Raquel Cavalcanti Ramos. Sanções tributárias. *In:* MACHADO, Hugo de Brito (Coord.). *Sanções administrativas tributárias*. Fortaleza: Dialética, 2004. p. 373.

12. LINS, Robson Maia. *Curso de direito tributário brasileiro*. São Paulo: Noeses, 2019. p. 12177.

13. PADILHA, Maria Ângela Lopes Paulino. *As sanções no direito tributária*. São Paulo: Noeses, 2015. p. 168.

14. BRASIL. Supremo Tribunal Federal. Recurso Extraordinário 565.048/RS. Recorrente: Maxpol – Indústria de Alimentos Ltda. Recorrido: Estado do Rio Grande do Sul. Relator: Ministro Marco Aurélio de Melo, Brasília, 29 de maio de 2014.

Dessarte, o processo tributário sancionador se materializa com supedâneo na cláusula geral do *due process of law*, constante do art. 5º, inciso LIV, da Constituição Federal, possuindo como garantia formal a observância de regras processuais que assegurem às partes o direito ao contraditório e à ampla defesa,[15] como base principiológica para sustentação de um julgamento justo e adequado, não se admitindo o desvio de finalidade. Em outras palavras, o devido processo legal é condição de validade jurídica da sanção administrativa tributária.[16]

2.1 Princípio do contraditório

O princípio do contraditório com estatura constitucional a partir da Constituição de 1946, e atualmente previsto no inciso LV do art. 5º da CRFB/1988, tem estruturação de regra, no sentido de que "aos acusados em geral são assegurados o contraditório", no qual se instrumentaliza em três aspectos: i) direito de informação de todos os atos do processo; ii) direito de reação; iii) direito de produzir provas.

No processo administrativo punitivo tributário[17] que se caracteriza pela potencialidade da imposição de sanção tributária, o contraditório somente se inicia com a etapa contenciosa no momento que ocorre a transformação de mero procedimento em processo, quando o contribuinte registra o seu inconformismo[18] por meio da apresentação de defesa ou impugnação.[19]

Vale dizer, nos procedimentos iniciais de averiguação como solicitações de informações e documentos pela autoridade

15. TOMÉ, Fabiana Del Padre. *A prova no direito tributário*. 4. ed. São Paulo: Noeses, 2016.

16. MOREIRA NETO, Diogo de Figueiredo; GARCIA, Flávio Amaral. A principiologia no direito administrativo sancionador cit., p. 4.

17. ATALIBA, Geraldo. Recurso em matéria tributária cit., p. 129.

18. SOUZA, James J. Marins. *Direito processual tributário brasileiro* cit., p. RB-5.8.

19. Nesse sentido o verbete da Súmula 162 do CARF: "O direito ao contraditório e à ampla defesa somente se instaura com a apresentação de impugnação ao lançamento".

administrativa ou no cumprimento de deveres instrumentais como a apresentação de declarações no lançamento por homologação, não há a incidência do princípio do contraditório que depende dos efeitos do litígio administrativo, normalmente, após o procedimento de fiscalização com a expedição do auto de infração, cientificando-se o contribuinte para validade do ato administrativo,[20] em processo administrativo punitivo tributário.

Aos acusados é assegurado o direito à informação ampla, completa e adequada dos fundamentos de fato e de direito que recaem sobre as infrações constantes do antecedente normativo, não se admitindo a imposição de sigilo nas imputações e provas carreadas no processo administrativo ou a criação de obstáculos que restrinjam o exercício desse direito. É corolário desse aspecto do contraditório o direito à certidão, aos documentos e suas cópias autenticadas de peças de quaisquer processos, inclusive de terceiros, a ciência de atos processuais, dos despachos e decisões que devem ser claras.[21]

Por essa razão, o art. 9º do Decreto 70.235, de 6 de março de 1972, estabelece que o lançamento fiscal e a imposição de penalidade devem ser delimitados no auto de infração ou notificação de lançamento, distinto para cada tributo ou penalidade, instruídos com todos os termos, depoimentos, laudos e demais elementos de prova, de modo a assegurar a plenitude da informação e possibilitar o exercício do contraditório. E, ainda, no art. 10, o auto de infração deve conter de forma clara o local, a data e a hora da lavratura, a descrição do fato e a disposição legal infringida, bem como a penalidade aplicável.

Em outro aspecto, o direito do contraditório assegura o direito de vista fora da repartição se físico, através de representação por advogados, conforme instrumentaliza o art. 7º,

20. Cf. Art. 14 do Decreto 70.235, de 6 de março de 1972.

21. ATALIBA, Geraldo. Princípios informativos do contencioso administrativo federal cit., p. 131.

inciso VI, alínea *c*, da Lei 8.906 de 1994, não se admitindo a sua obstaculização, salvo se forem concedidas cópias dos autos.[22]

A Lei 11.196, de 21 de novembro de 2005, e a Lei 12.865, de 9 de outubro de 2013, que alteraram as disposições do Decreto 70.235. de 6 de março de 1972, permitiram que os atos administrativos, de comunicação e desenvolvimento do processo administrativo possam ser realizados de forma eletrônica, assim, o direito de vista fora da repartição perde relevância, na medida em que qualquer contribuinte e seus mandatários podem ter acesso na íntegra e a qualquer momento do processo e seus elementos de prova.

O princípio do contraditório no processo administrativo punitivo tributário, em um segundo momento, contempla o direito de reação às imputações constantes dos autos de infrações, que são corporificados nas defesas, nas impugnações, nas manifestações de inconformidade ou recursos administrativos.

Esse aspecto do direito defesa importa na garantia de ser ouvido através da autodefesa, no qual o próprio contribuinte apresenta as suas razões de forma justificada e amparadas por elementos fáticos e provas diretamente à autoridade fiscal,[23] ou defesa técnica, por meio de profissional habilitado como advogados inscritos da Ordem dos Advogados do Brasil ou por meio de outros mandatários como, por exemplo, contadores.

Juan J. Zornoza Perez[24] informa que no procedimento sancionar espanhol é reservado aos acusados o direito à audiência perante a autoridade administrativa competente, como garantia elementar, tornando-se um requisito essencial

22. Cf. art. 38 da Lei 9.250, de 26 de dezembro de 1995.

23. GUARDIA, Gregório Eduardo Raphael Selingardi. Princípios processuais no direito administrativo sancionador: um estudo à luz das garantias constitucionais. São Paulo. *Revista da Faculdade de Direito da Universidade de São Paulo*, v. 109, p. 773-793, jan./dez. 2014.

24. PEREZ, Juan J. Zornoza. *El sistema de infracciones y sanciones tributarias* (los principios constitucionales del derecho sancionador). Madri (Espanha): Civitas, 1992. p. 120.

para o trâmite de todo o procedimento desse tipo, sob pena de nulidade por violação a um direito fundamental.

Destaca-se na doutrina brasileira Ricardo Lobo Torres,[25] que defende o direito fundamental à audiência no processo administrativo tributário como extensão do direito ao contraditório e da ampla defesa, com fundamento na democracia deliberativa e no Estado cooperativo, assumindo a processualidade fiscal uma característica dialógica,[26] emanada da complexidade que envolve essa relação jurídica com alta significação econômica.

No processo administrativo tributário brasileiro se adota o princípio do formalismo moderado e da celeridade,[27] no sentido de que os atos processuais devem assumir formas simples, mas suficientes ao objetivo, que é assegurar a demonstração dos fatos com grau de certeza, segurança e respeito aos direitos dos administrados, destinando-se à sua finalidade, observando-se apenas as formalidades essenciais, bem como imprimir uma agilidade com vistas à economia administrativa e alcance da eficiência.[28]

Em razão da simplicidade que cerca os processos fiscais, notadamente por ser adotada no Brasil a unidade de jurisdição, o Decreto 70.235, de 6 de março de 1972, não prevê de forma expressa uma fase saneadora, exceto a realização de diligências ou de prova pericial, desde que justificadas,[29] denotando-se uma incompatibilidade de audiência prévia[30] com a finalidade

---

25. TORRES, Ricardo Lobo. O direito à ampla defesa e a processualidade tributária. 2006. *Revista da Procuradoria-Geral do Estado do Rio Grande do Sul*, v. 30, n. 64, p. 9-20, jul.-dez. 2006.

26. GONÇALVES, Carla de Lourdes; PINHEIRO, Hendrick. Impactos no NCPC/15 no processo administrativo fiscal. *XIII Congresso do Instituto Brasileiro de Direito Tributário. 50 anos do Código Tributário Nacional.*

27. Cf. art. 2º do Dec. 7.574, de 29 de setembro de 2011.

28. SOUZA, James J. Marins. *Direito processual tributário brasileiro* cit., p. RB-5.7.

29. Cf. art. 18 do Decreto 70.235, de 6 de março de 1972 e art. 35 do Decreto 7.574, de 29 de setembro de 2011.

30. AMARAL, Davi Cossi do; ROSENBLATT, Paulo. A concomitância do processo administrativo tributário com o processo judicial: o mandado de segurança pata controle de legalidade de aos do contencioso administrativo fiscal. *Revista Direito Tribu-*

de ouvir o contribuinte ou seu representante para obtenção de um depoimento pessoal, que, empiricamente, é mera reprodução do conteúdo da defesa apresentada por escrito, sem que isso implique ofensa ao princípio do contraditório.

A amplitude dos direitos de defesa no Direito Penal é mais acentuada,[31] pois versa sobre a liberdade pessoal, bem jurídico indisponível, de modo que no processo administrativo punitivo tributário a ausência de audiência prévia do contribuinte não importa nulidade, pois não se realiza o interrogatório como meio de prova ou de defesa,[32] a tese defensiva é única e as nulidades estão taxativamente previstas nas normas reguladoras do processo administrativo fiscal.[33]

Ademais, uma das facetas do princípio do contraditório é que a ausência de defesa técnica por opção do contribuinte não constitui nulidade do ato administrativo, pois encerra uma faculdade processual a ser exercida por ele.

O contraditório, no seu aspecto material, deve garantir aos acusados em geral, notadamente na imposição de uma penalidade administrativa, a real possibilidade de apresentar argumentos extintivos, modificativos ou constitutivos sobre os fatos e os direitos em que sem funda a imputação, incluindo todas as suas características e profundidade, sob pena de conceder um contraditório meramente formal, não servindo de elemento formador de convicção ao julgador.

Com efeito, deve ser reservado ao acusado o direito de contrapor todos os fatos imputados e documentos apresentados por último, incluindo os extemporâneos ou apresentados por terceiros, como através de prova emprestada[34] ou oriunda

---

tário Atual, São Paulo: IBDT, n. 47. p. 500-524, 1º semestre 2021. Quadrimestral.

31. OSÓRIO, Fábio Medina. *Direito administrativo sancionador* cit., p. RB-6.12

32. TÁVORA, Nestor; ALENCAR, Rosmar Rodrigues. *Curso de processo penal*. 8. ed. rev., ampl. e atual. Salvador: JusPodivm, 2013. p. 428-429.

33. Cf. art. 59 do Decreto 70.235, de 6 de março de 1972.

34. HOFFMANN, Susy Gomes. *Teoria da prova no direito tributário*. Campinas: Copola, 1999. p. 219.

de outra relação jurídica como a processual penal. A ausência de nova oportunidade de manifestação ou inversão das fases de impugnação no processo administrativo punitivo importa nulidade absoluta, por ofensa ao princípio do contraditório.

O princípio do contraditório exige a observância irrestrita da intimação prévia de todos os atingidos pela decisão administrativa para a apresentação de defesa, a fim de conceder a oportunidade de oferecimento de todos os argumentos que reputar relevantes e indispensáveis ao julgamento, de acordo com as normas processuais.

O terceiro aspecto do princípio do contraditório envolve o direito dos acusados em processo administrativo punitivo tributário de apresentar e produzir provas de suas alegações defensivas se contrapondo às imputações realizadas pelo Poder Público.

O saudoso mestre Geraldo Ataliba aponta que o direito à produção de provas no processo administrativo tributário deve ser o mais amplo possível, para fazer frente à relevância dos direitos que visam assegurar, não se sujeitando a condicionamentos e "à limitação da mentalidade daquele que deva deferir".[35]

O direito de produzir provas é corolário do conjunto de garantias fundamentais que decorrem da Constituição Federal e, por se consubstanciar em faculdades processuais, não possuem natureza absoluta, mas não se desenvolvem ao largo das normas processuais, que decorrem da cláusula *due process of law*, consolidando em prerrogativas inafastáveis.

É um direito marcado pela disponibilidade de seu exercício pelo titular no âmbito do processo administrativo sancionador, que possui uma amplitude menor que no Direito Penal, mas que o Estado não pode obrigar o acusado a se defender ou substituí-lo, possibilitando, ainda, a utilização da técnica do silêncio ou omissão na produção de provas[36] como linha de defesa.

---

35. ATALIBA, Geraldo. Princípios informativos do contencioso administrativo federal cit., p. 130.

36. OSÓRIO, Fábio Medina. *Direito administrativo sancionador* cit., p. RB-6.10.

Para validade do processo administrativo punitivo tributário é indispensável a oportunidade de defesa com a produção de provas idôneas, não se admitindo que a autoridade administrativa indefira tal pretensão e aplique uma penalidade, desde que sejam observados todos os critérios legais ao exercício desse direito. Vale dizer, o indeferimento de provas deve ser realizado através do desenvolvimento de um ônus argumentativo com maior densidade pela autoridade administrativa como a impertinência, a impossibilidade de realização, entre outros critérios.

O Decreto 70.235, de 6 de março de 1972, assegura aos acusados o direito a ampla produção de provas que devem ser indicadas na impugnação, sendo que as provas documentais devem ser instruídas com a defesa sob pena de preclusão,[37] salvo se decorrente de impossibilidade de produção, referir-se a fato ou direito superveniente ou destinar-se a contrapor fatos ou razões posteriormente produzidas nos autos.

A prova pericial ou a realização de diligências são modalidades de produções de provas em processo administrativo fiscal, que podem ser realizadas de ofício pela autoridade julgadora ou mediante requerimento do acusado, com a nomeação prévia de perito, a indicação de assistente técnico, a oferta de quesitos pelas partes e a intimação para acompanhamento. A legislação prevê a prescindibilidade ou a impraticabilidade como fundamentos para o indeferimento da produção de prova pericial.[38-39]

Parte da doutrina[40] entende que a produção de prova pericial no processo administrativo fiscal é sujeita à

---

37. Cf. § 4º do art. 16 do Decreto 70.235, de 6 de março de 1972.

38. Cf. *caput* do art. 18 do Decreto 70.235, de 6 de março de 1972.

39. Nesse sentido o verbete da Súmula 163 do CARF: "O indeferimento fundamentado de requerimento de diligência ou perícia não configura cerceamento do direito de defesa, sendo facultado ao órgão julgador indeferir aquelas que considerar prescindíveis ou impraticáveis".

40. ASSUNÇÃO, Lutero Xavier. *Processo administrativo tributário federal*. São Paulo: Edipro, 1998.

discricionariedade da autoridade administrativa na interpretação da inutilidade, na desnecessidade ou impraticabilidade.

Em corrente oposta, destaca-se Fabiana Del Padre Tome[41] que argumenta que em matéria de prova não se qualifica como ato discricionário, e apesar da vaguidade das expressões utilizadas pela norma é necessária uma valoração pelo intérprete, sugerindo a aplicação do critério adotado pelo parágrafo único do art. 370 do Código de Processo Civil que exige decisão fundamentada.

No processo administrativo tributário somente se admite a prova lícita, assegurando a isonomia na produção probatória idônea entre a Fazenda Pública e o acusado no tocante aos meios,[42] tanto em seu aspecto processual ou material.

A proibição de utilização de provas ilícitas no âmbito do processo administrativo decorre da interpretação do inciso LVI do art. 5º da Constituição Federal, e a despeito do Decreto 70.235/1972, não dispor a respeito dessa vedação, aplica-se subsidiariamente o disposto no art. 30 da Lei 9.784, de 29 de janeiro de 1999.[43]

Em tema de utilização de provas relacionadas ao compartilhamento entre os órgãos administrativos, entendeu o Supremo Tribunal Federal[44] ser constitucional o realizado entre a Unidade de Inteligência Financeira, antigo COAF, e a Secretaria da Receita Federal do Brasil nos procedimentos de fiscalização instaurados para fins de lançamento tributário, consequentemente, deve-se adotar a mesma diretriz na imposição de sanções tributárias através da expedição de auto de infração, mas assegurando-se o contraditório.

---

41. TOMÉ, Fabiana Del Padre. *A prova no direito tributário* cit., p. 187.

42. SOUZA, James J. Marins. *Direito processual tributário brasileiro* cit., p. RB-5.8.

43. TOMÉ, Fabiana Del Padre. *A prova no direito tributário* cit., p. 205.

44. BRASIL. Supremo Tribunal Federal. Recurso Extraordinário 1055941. Recorrente: Ministério Público Federal. Recorrido: H. C. M. e outro. Relator: Ministro Dias Toffoli, Brasília, 04.12.2019.

2.2 Princípio da ampla defesa

O princípio da ampla defesa encontra previsão no mesmo inciso LV do art. 5º da CRFB, do qual inclui-se o contraditório e averba em linhas gerais, "aos litigantes, em processo [...] administrativo, e aos acusados em geral são assegurados [...] ampla defesa, com os meios e recursos a ela inerentes".

A ampla defesa corresponde ao exercício do direito de defesa e é um desdobramento do direito de petição, possuindo uma acepção processual e material, que tem por finalidade precípua influenciar na decisão final a ser proferida no processo administrativo tributário, seja no cancelamento da penalidade imposta ou na adequação do fato à sanção, observando-se as regras inerentes à dosimetria da pena.

No aspecto formal ou processual o princípio da ampla defesa confere a garantia aos acusados em processo administrativo fiscal de serem aferidos os meios instrumentais de apresentação de argumentos, amparados em provas para influenciar na decisão da instância julgadora e prever a existência de recursos administrativos à autoridade revisora, dentro de um procedimento legalmente estabelecido, concedendo prazos razoáveis para as práticas dos atos processuais.

As sanções tributárias de natureza pecuniária, denominadas multas tributárias em todas as suas modalidades, quais sejam, moratória, de ofício, qualificada, agravada e isolada são impostas de acordo com a regra-matriz de incidência, com anotação de suspensão da exigibilidade, conferida pelo inciso III do art. 151 do Código Tributário Nacional, e somente são exequíveis depois de decorrido o prazo de trinta dias da notificação da decisão definitiva no âmbito do processo administrativo.

No plano normativo, com relação à sanção não pecuniária de perdimento de bens em importação de mercadorias, o § 4º do art. 27 do Decreto-Lei 1.455, de 7 de abril de 1976, e § 6º do art. 774 do Decreto 6.759, de 5 de fevereiro de 2009, consigna que nas hipóteses dos arts. 23, 24 e 26 ("infrações que causem danos ao Erário"), depois de encerrada a instrução processual serão submetidas ao então Ministro de Estado da Fazenda, em instância única, sem prever uma instância revisora.

O Decreto 6.759, de 5 de fevereiro de 2009, denominado regulamento aduaneiro, possibilita a delegação[45] da decisão em única instância na aplicação da pena de perdimento de mercadorias. E, atualmente, a Portaria 284, de 27 de julho de 2020 do Ministro da Economia, delegou aos Delegados da Receita Federal do Brasil a aplicação da pena de perdimento de mercadorias, veículos e moedas.[46]

Assim, no plano normativo, a decisão em única instância não se encontra alterada, apenas transferindo por meio da delegação administrativa à outra autoridade administrativa, situada dentro da hierarquia no Ministério da Economia.[47]

O Superior Tribunal de Justiça[48] entende que a decisão em única instância a que se refere o Decreto-Lei 1.455, de 7 de abril de 1976, não está acometida do vício da inconstitucionalidade, na medida em que não existe no ordenamento jurídico-constitucional brasileiro a garantia constitucional do duplo grau de jurisdição na esfera administrativa.

Parte da doutrina, conforme magistério de Leandro Paulsen,[49] faz uma interpretação do inciso II do art. 34 do Decreto 70.235, de 6 de março de 1972, que prevê o recurso de ofício sempre que deixar de aplicar pena de perda de mercadorias, e afirma que "a aplicação da pena de perdimento dá-se em instância única, por essa razão, não há duplo grau de jurisdição

---

45. Cf. art. 774 e §§ 6º e 7º do Decreto 6.759, de 5 de fevereiro de 2009.

46. Cf. inciso I do art. 360 da Portaria 284, de 27 de julho de 2020.

47. BRASIL. Ministério da Economia. Procuradoria-Geral da Fazenda Nacional. Parecer PGFN/CAT n. 389/2014. Brasília, DF, 2014. 18 f.

48. BRASIL. Superior Tribunal de Justiça. Agravo Regimental no Recurso Especial n. 1.279.053/AM. Agravante: Sandoz do Brasil Indústria Farmacêutica Ltda. Agravada: Fazenda Nacional. Relator: Ministro Mauro Campbell Marques. Brasília, DF, 05.05.2016.

49. PAULSEN, Leandro. *Leis de processo tributário comentadas: processo administrativo fiscal, protesto extrajudicial de títulos e execução fiscal*. 9. ed., rev. e atual. São Paulo: Saraiva, 2018, p. 191.

que possibilite ao contribuinte a interposição de recurso e que, ao mesmo tempo, permita o recurso de ofício". Com as devidas escusas ao autor, nos parece que trata de fundamento diverso para cabimento do recurso "*de ofício*", posto que a ausência de imposição de sanção não-pecuniária de perda de mercadorias, importa em reexame necessário sobre uma decisão tomada pela instância inferior sobre o mérito da causa, afastando a conclusão de que o julgamento ocorreria em instância única. E, na perspectiva do contribuinte ocorre a ausência de interesse recursal por falta de sucumbência material, razão pela qual não há que se falar em exercício de faculdade recursal concomitante pela Administração e o contribuinte.

Em posição antagônica, Maria Ângela Lopes Paulino Padilha[50] defende a inconstitucionalidade dessas normas, por violação ao princípio da ampla defesa, sustentando a necessidade de um duplo grau de jurisdição.

No aspecto pragmático, o próprio Conselho de Recursos Administrativos Fiscais vem admitindo a apresentação de recursos voluntários contra a decisão de perdimento de mercadorias, sob o fundamento da aplicabilidade do princípio constitucional da ampla defesa e da incidência do art. 56 da Lei 9.784, de 29 de janeiro de 1999, conforme evidencia-se do Acórdão 3803-006.888[51] prolatado pela Terceira Turma Especial da Terceira Seção de Julgamento na Sessão de 28 de janeiro de 2015.

A partir da internalização da Convenção de Quioto relativo ao Protocolo de Revisão da Convenção Internacional para

---

50. PADILHA, Maria Ângela Lopes Paulino. *As sanções no direito tributária* cit., p. 197.

51. "Esta questão procedimental, prevendo julgamentos separados e ainda por ritos distintos (Decreto 70.235/72 e Decreto-lei 1.455/76, a meu ver, realmente não se coaduna com a Lei 9.784/1999, especialmente com o caput do art. 2º que determina, impositivamente, que a Administração Pública obedecerá a diversos princípios fundamentais, entre os quais, a ampla defesa. Ora, não é difícil perceber que a hipótese de julgamentos separados fragiliza sim, sobremaneira, a adequada defesa da parte que busca seus direitos" (BRASIL. Ministério da Economia. Conselho Administrativo de Recursos Fiscais. Acórdão n. 3803-006.888. Recorrente: Asap Importação e Exportação Ltda. Recorrida: Fazenda Nacional. Relator: Conselheiro Paulo Renato Mothes. Brasília, DF, 28 de janeiro de 2015).

a Simplificação e a Harmonização dos Regimes Aduaneiros, com a publicação do Decreto 10.276, de 13 de março de 2020, impõe o dever dos Estados de prever e conceder a qualquer pessoa o direito de interpor recurso administrativo, aplicável também em casos de pena de perdimento de mercadorias.[52]

Não se coaduna com o princípio da ampla defesa em sede de processo tributário sancionador a criação de obstáculos ao exercício dessa garantia constitucional como a imposição de gravames ou condições onerosas para que seja possível o conhecimento de recursos administrativos como o depósito integral ou parcial de valores ou o arrolamento prévio de bens.

O Supremo, no julgamento da Ação Direta de Inconstitucionalidade 1.976-7/DF,[53] entendeu que o depósito prévio e o arrolamento de bens adotados pela Administração Tributária caracterizam "obstáculo sério e intransponível" e violam o direito de petição, do contraditório e da proporcionalidade, declarando a inconstitucionalidade do § 2º do art. 33 do Decreto 70.235, de 6 de março de 1972, em 28 de março de 2007 com efeito *ex tunc* e *erga omnes*.

A Suprema Corte, em 10 de novembro de 2009, publicou a Súmula Vinculante 21, que prescreve em seu enunciado que "é inconstitucional a exigência de depósito ou arrolamentos prévios de dinheiro ou bens para admissibilidade de recursos administrativos", de modo que as Administrações Tributárias devem observar seus parâmetros, não sendo mais permitida a criação de obstáculos dessa natureza.

A Procuradoria-Geral da Fazenda Nacional[54] em interpretação da Súmula Vinculante 21 do STF, declinou o entendimento

---

52. ALENCAR, Luciano Bushatsky Andrade de. Procedimento para aplicação da pena de perdimento necessita ser revisto. *Revista Consultor Jurídico*, 2016.

53. BRASIL. Supremo Tribunal Federal. Ação Direta de Inconstitucionalidade 1.976-7/DF. Requerente: Confederação Nacional da Indústria. Requerido: Presidente da República. Relator: Joaquim Barbosa. Brasília, DF, 28 de março de 2007.

54. BRASIL. Ministério da Economia. Procuradoria-Geral da Fazenda Nacional. Parecer PGFN/CRJ n. 891/2010. Brasília, DF, 07 de maio de 2010. 16 f.

de que alcança toda e qualquer lei e atos normativos por parte de qualquer órgão da Administração Pública que exige o depósito ou arrolamento de bens, estendendo ao âmbito de aplicação pelos fundamentos inerente ao julgamento da ADI 1.976-7/DF, com eficácia retroativa, e, como consequência, somente pode ocorrer em tempo próprio e por meio de vias cabíveis.

Fábio Medina Osório[55] destaca que a imposição de sanções instantâneas no ato em flagrante pela autoridade administrativa que exige o seu adimplemento, atinge o direito de defesa, não podendo ser aceito, sob pena de inconstitucionalidade, salvo em situações nas quais a legislação outorgue a previsão de medidas cautelares para garantia da aplicabilidade da sanção administrativa, desde que observado o princípio da proporcionalidade.

Na acepção material, o princípio da ampla defesa exige da autoridade julgadora que conheça de todos os argumentos apontados pela defesa,[56] reclamando a ampliação de um ônus argumentativo, de modo que, na hipótese de manutenção da aplicação da penalidade, deve-se rechaçar um a um dos argumentos defensivos. Não se admite em Direito Tributário Sancionador que a Administração Pública afaste apenas um argumento deduzido em peça defensiva e abandone os demais, especialmente aqueles dotados de fundamentação relevante e pertinente ao objeto da imputação de uma sanção tributária.

O fundamento da necessidade de enfrentamento de todos os argumentos pela autoridade administrativa decorre da finalidade de propiciar à defesa elementos e razões que possam influenciar na decisão final e se alcançar, por meio de *due process of law*, do qual o princípio da ampla defesa é corolário, a busca de uma solução correta e justa.

No âmbito do processo administrativo fiscal é vedado pela lei[57] que os órgãos julgadores afastem a aplicação ou deixem

55. OSÓRIO, Fábio Medina. *Direito administrativo sancionador* cit., p. RB-6.11.

56. SOUZA, James J. Marins. *Direito processual tributário brasileiro* cit., p. RB-5.8.

57. Cf. art. 33 do Decreto 70.235, de 6 de março de 1972

de observar tratado ou acordo internacional, lei ou decreto, sob fundamento de inconstitucionalidade,[58] criando um óbice a declaração de inconstitucionalidade pelo Tribunal Administrativo, estabelecendo hipóteses restritas como a declaração de inconstitucionalidade por decisão definitiva do Plenário do Supremo Tribunal Federal, fundado em ato declaratório do Procurador-Geral da Fazenda Nacional, em súmula da Advocacia-Geral da União e pareceres do Advogado-Geral da União aprovados pelo Presidente da República.

Parte da doutrina[59] defende que os Tribunais Administrativos possuem o poder-dever em suas deliberações de declarar a inconstitucionalidade de normas tributárias (e sancionatórias), no exercício da interpretação e construção de suas significações, em razão da hierarquia e função sistematizadoras das normas constitucionais, de modo que o hermeneuta e aplicador da lei converta uma norma individual e concreta a partir da compreensão da Constituição Federal e aferir a compatibilidade formal e material das demais normas jurídicas. E, ao recusar o exercício dessa competência jurisdicional de forma atípica, afronta o princípio da ampla defesa.[60]

Corrente oposta entende que o Tribunal Administrativo não possui legitimidade para declaração de inconstitucionalidade de normas, ainda que em controle difuso, alcançando a atividade de julgamento de lançamentos fiscais e julgamento de recursos administrativos, diante da prevalência do princípio da constitucionalidade de normas decorrente da aprovação da lei pelo Poder Legislativo que condiciona a sua apreciação ao controle prévio de constitucionalidade e da existência

58. A Súmula 2 do CARF prevê que "o CARF não é competente para se pronunciar sobre a inconstitucionalidade de lei tributária".

59. CAVALCANTE, Mantovanni Colares. A competência dos órgãos julgadores administrativos fiscais para afastar a aplicação de norma tributária inconstitucional. *In:* CARVALHO, Paulo de Barros; SOUZA, Priscila de (Coord.). *VII Congresso Nacional de Estudos Tributários.* Direito tributário e os conceitos de direito privado. São Paulo: Noeses, 2010. p. 924-925.

60. PADILHA, Maria Ângela Lopes Paulino. *As sanções no direito tributária* cit., p. 197;

de um regime de hierarquia administrativa,[61] no qual o Tribunal Administrativo não detém autonomia funcional para exercício de uma atividade inerente à função jurisdicional.

Partilhamos do entendimento de que os Tribunais Administrativos não podem *sponte propria*, afastar a aplicação de normas jurídicas sob o fundamento de interpretação inconstitucional, na atual colmatação do sistema unitário de jurisdição, pois a ausência de autonomia funcional impede que uma autoridade administrativa, que está subordinada pela relação hierárquica, possa contrariar uma decisão do Chefe do Poder Executivo e apreciar a declaração de inconstitucionalidade de normas. A Constituição Federal, quando pretendeu outorgar a autonomia funcional aos órgãos públicos, o fez expressamente[62] e aos servidores das administrações tributárias não lhe foram reservadas essas garantias.[63]

Nessa linha de intelecção, não vislumbramos que a ausência de autonomia funcional do Tribunal Administrativo para afastamentos de normas jurídicas com base em interpretação constitucional ofenda a dimensão material do princípio da ampla defesa, pois a amplitude do princípio constitucional não é abrangente ou imensa no Direito Tributário, devendo respeitar certa racionalidade. Ao Poder Judiciário foi reservada a competência exclusiva do controle de constitucionalidade, e ao particular lhe foi assegurado o amplo acesso à jurisdição como garantia constitucional, para levar a questão ao órgão jurisdicional competente.[64]

E ainda, ressairia uma incompatibilidade evidente, pois sendo reconhecido o poder de declaração de inconstitucionalidade pela autoridade administrativa de ato com caráter normativo, seria reconhecido o direito de a Fazenda Pública levar

61. BRASIL. Supremo Tribunal Federal. Ação Direta de Inconstitucionalidade 221-0/DF. Requerente: Procurador-Geral da República. Requerido: Presidência da República. Relator: Ministro Moreira Alves. Brasília, DF, 29 de março de 1990.

62. Cf. § 1º do art. 127 e § 4º do art. 134 da CRFB.

63. Cf. inciso XXII do art. 37 da CRFB.

64. Cf. inciso XXXV do art. 5º da CRFB.

a discussão à Suprema Corte pelas vias judiciais, gerando reflexos negativos na função do julgamento administrativo.

3. Princípio da presunção de inocência

Em matéria relativa ao direito administrativo sancionador, no exercício da potestade pública, as sanções administrativas possuem por escopo atribuir efeitos aflitivos e possuem finalidade punitiva, com consequências dotadas de gravidade sobre os direitos dos administrados, bem como sofreu a influência dos institutos materiais e processuais do Direito Penal,[65] porém, em menor intensidade.

Nesse contexto, o sistema constitucional brasileiro incorporou o princípio da presunção da inocência como uma garantia, previsto no inciso LVII do art. 5º, na medida em que estabelece que "ninguém será considerado culpado até o trânsito em julgado de sentença penal condenatória", de modo que possui perfeita permeabilidade com o Direito Tributário Sancionador.[66]

Esse preceito assegura aos acusados que, na existência de dúvida, presume-se a inocência, vedando que o Estado exerça seu poder punitivo. A amplitude desse princípio é mais intensa, quando envolve o Direito Penal, em face da potencial gravidade da sanção prevista na norma jurídica.

Notadamente, esse princípio é de natureza processual e não material, gerando por consequência a inversão do ônus da prova, cabendo a quem imputa a demonstração dos fatos constitutivos do direito à aplicação da sanção. E, o seu campo de aplicabilidade corresponde aos fatos imputados[67] e à valoração das provas.[68]

---

65. NOBRE JUNIOR, Edilson Pereira. Sanções administrativas e princípios de direito penal. *Revista de Direito Administrativo*, v. 219, 1º jan. 2000.

66. SILVA, Paulo Roberto Coimbra. *Direito tributário sancionador*. São Paulo: Quartier Latin, 2007. p. 273.

67. AVENA, Norberto. *Processo penal*. 12. ed. rev., atual. e ampl. São Paulo: Método, 2020.

68. CAPEZ, Fernando. *Curso de processo penal*. 27. ed. São Paulo: Saraiva, 2020.

No Direito Tributário Sancionador foi assegurado ao acusado ser tratado como inocente ao longo do curso de todo o processo administrativo até uma decisão definitiva, tendo o direito de não ser condenado, salvo de existirem provas suficientes da autoria e materialidade da infração cometida, observando-se as demais garantias constitucionais.[69] Para que não haja afronta ao disposto no inciso LVII do art. 5º da Constituição Federal é necessário que a decisão seja imodificável em sede administrativa.

A ausência de obrigatoriedade de o acusado declarar contra si ou produzir provas contrárias a seu interesse é um corolário do princípio da inocência, sendo-lhe garantido o direito ao silêncio, inclusive como estratégia de defesa. No entanto, os comportamentos do acusado que assim adota posturas defensivas e omissivas, podem ser valorados pela autoridade julgadora em prejuízos deste, que preferiu não contrapor com seus argumentos e provas na busca de sua inocência.[70]

Em diversas hipóteses, em razão da racionalidade ou da relevância do interesse em jogo, o sistema jurídico pode estabelecer presunções para comprovar a existência de determinado fato desconhecido ou duvidoso, mas provável, a partir da comprovação de outro fato cuja existência é certa. E nessa situação o silêncio pode ser valorado negativamente, pois a presunção, na modalidade relativa, acarreta na inversão do ônus da prova, e o princípio da presunção da inocência acaba sendo mitigado, pois os direitos e garantias fundamentais não possuem natureza absoluta.

Paulo Roberto Coimbra Silva[71] aponta que o princípio da praticidade que decorre da eficiência administrativa, que objetiva a elaboração de normas jurídicas para racionalização do sistema tributário com a simplificação de regras, tem ge-

---

69. GUARDIA, Gregório Eduardo Raphael Selingardi. Princípios processuais no direito administrativo sancionador cit., p. 773-793.

70. OSÓRIO, Fábio Medina. *Direito administrativo sancionador* cit., p. RB-6.3.

71. SILVA, Paulo Roberto Coimbra. *Direito tributário sancionador* cit., p. 346.

rado discussões doutrinárias da sua incompatibilidade com o princípio da presunção de inocência. Entretanto, o autor sustenta que ambos os princípios coexistem e irradiam seus efeitos, devendo ser solucionado através de ponderação de valores.

Em sede de responsabilidade por infrações, o art. 136 do Código Tributário Nacional dispõe que "a responsabilidade por infrações da legislação tributária independe da intenção do agente ou do responsável", de modo que nessa seara, a fim de conferir racionalidade e organicidade, a norma estabeleceu uma presunção relativa de culpa, transferindo o ônus da prova ao acusado, permitindo a demonstração da ausência dos elementos de culpabilidade não ofendendo o princípio da inocência, desde que seja observado o devido processo legal e a sanção tenha efetividade após a decisão final.

No direito comparado, Juan J. Zornoza Perez[72] indica que o princípio da presunção de inocência na Espanha exige três tipos de requisitos: a própria existência da prova, as provas devem ser consideradas legítimas e que não se utilizem de fatos presumidos, apreensões subjetivas e presunções de culpabilidade.

No Brasil, parte da doutrina que critica o uso de presunções e ficções jurídicas no direito tributário, no qual se incluem as sanções tributárias, ofendem o princípio da estrita legalidade, da tipicidade fechada e da vedação do uso da analogia.[73] Outra corrente relativiza esse entendimento, afirmando que somente as presunções absolutas violam o princípio da capacidade contributiva[74] e que apenas é possível a existência de presunções legais refutando as interpretativas.[75]

---

72. PEREZ, Juan J. Zornoza. *El sistema de infracciones y sanciones tributarias* cit., p. 136-137.

73. MARTINS, Ives Gandra da Silva apud ARAÚJO, Jakson Borges. *ICMS ficção do fato gerador na substituição tributária*. São Paulo: Juarez de Oliveira, 2001. p. 96; FERRAGUT. Maria Rita. *Presunções no direito tributário*. 2. ed. São Paulo: Dialética, 2001. p. 88.

74. ARAÚJO, Jakson Borges. *ICMS ficção do fato gerador na substituição tributária* cit., p. 98.

75. HOFFMANN, Susy Gomes. *Teoria da prova no direito tributário* cit., p. 216-217.

Denota-se que no Direito Tributário Sancionador, desde que observados os parâmetros legislativos, que assegurem o exercício da ampla defesa e do contraditório,[76] a criação de presunções e ficções legais não afeta o princípio da presunção de inocência, desde que seja assegurada a contraprova do fato infracional imputado.

A título exemplificativo, o art. 42 da Lei 9.430, de 27 de dezembro de 1996, ao estabelecer a presunção de omissão de receitas ou de rendimentos em conta de depósito ou de investimento, para sua efetividade depende de instauração de procedimento administrativo e intimação do contribuinte para comprovar a origem lícita dos recursos, portanto, se constitui em medida ulterior no caso de inércia, demonstrando-se com isso que a presunção não ofende a inocência do acusado,[77] que optou por manter-se em silêncio, servindo como elemento negativo de interpretação.

A presunção de veracidade como um dos atributos do ato administrativo, que distingue do direito privado, na medida em que confere a aceitação de que os fatos alegados pela Administração Pública correspondem com a realidade e a verdade, emanam dois efeitos principais, (i) enquanto não invalidado o ato administrativo produz efeitos jurídicos e (ii) inverte o ônus da prova. Em matéria de Direito Tributário Sancionador, cede frente ao princípio da presunção de inocência ainda que em intensidade menor que o Direito Penal.

A Administração Pública deve apresentar provas quanto aos elementos objetivos da materialidade da infração,[78] não

---

76. TOMÉ, Fabiana Del Padre. *A prova no direito tributário* cit., p. 198.

77. O Supremo Tribunal Federal decidiu no Recurso Extraordinário 855.649 (Tema 842) que a presunção de omissão de rendimentos prevista no art. 42 da Lei 9.430, de 27 de dezembro de 1996 é constitucional, não reconhecendo a ofensa à presunção de inocência (BRASIL. Supremo Tribunal Federal. Recurso Extraordinário 855.649/RS. Recorrente: Celso Zucolotto. Recorrida: União. Relator: Ministro Alexandre de Moraes. Brasília. DF, 03 de maio de 2021).

78. SILVA, Paulo Roberto Coimbra. *Direito tributário sancionador* cit., p. 273; PADILHA, Maria Ângela Lopes Paulino. *As sanções no direito tributária* cit., p. 197.

se admitindo uma presunção de veracidade, sob pena de nulidade dos atos decorrentes, mas, como vimos, no elemento subjetivo o ônus probatório é transferido ao acusado, exigindo-se apenas a presença de indícios e incide no Direito Tributário Sancionador a presunção relativa de culpabilidade.

Entretanto, se em determinado procedimento administrativo de responsabilidade por infração o acusado optar pelo silêncio, sem apresentar argumentos e contraprovas que demonstrem a sua inocência, é transferida à Administração Pública o poder de valorar negativamente e promover o arbitramento do crédito tributário e a imposição de sanção, sem que acarrete ofensa ao princípio da presunção de inocência.

4. Princípio do *in dubio pro reo*

O princípio do *in dubio pro reo* decorre do direito à defesa e da presunção de inocência[79] desenvolvida nas ciências penais, por envolver o *jus puniendi* estatal persecutório, atingindo o direito fundamental de primeira dimensão, a liberdade, como um dos principais valores a serem protegidos contra abusos do Estado, e tem por premissa em seu alcance a busca da verdade material.

Esse preceito assegura aos acusados que, na existência de dúvida, presume-se a inocência, vedando que o Estado exerça seu poder punitivo, e a amplitude desse princípio é mais intensa quando envolve o Direito Penal, em face de potencial gravidade da sanção prevista na norma jurídica.

Em matéria relativa ao Direito Administrativo Sancionador, no exercício da potestade pública, as sanções administrativas possuem por escopo atribuir efeitos aflitivos e a finalidade punitiva, com consequências dotadas de gravidade sobre os direitos dos administrados, e sofreu a influência dos institutos materiais e processuais do Direito Penal,[80] porém, em menor intensidade.

---

79. Cf. inc. LVII do art. 5º da CF.

80. NOBRE JUNIOR, Edilson Pereira. Sanções administrativas e princípios de di-

Segundo Fábio Medina Osório,[81] no plano do direito administrativo o princípio do *in dubio pro reo*, adaptado do direito processual penal, não possui natureza absoluta e o mesmo alcance. A dúvida corresponde ao problema da distribuição do ônus probatório e ao julgador jamais poderá invocar a dúvida, a regra do *in dúbio pro reo* "se aplica, em geral, somente em relação ao fato típico, cuja prova incumbe ao acusador".

Em matéria de interpretação da legislação tributária, uma primeira corrente defende que o princípio do *in dubio pro reo* (ou *pro contribuinte*) é um princípio constitucional implícito, e decorre das desigualdades que marcam as relações tributárias e das limitações aos direitos fundamentais impostas pelo Direito Tributário. E, quando não há certeza da conduta praticada pelo contribuinte é vedado à Administração formalizar a exigência tributária.[82] As normas jurídicas tributárias devem ser interpretadas pelo método teleológico à luz do princípio da legalidade, e não visam a tributação, mas assegurar ao contribuinte a segurança jurídica que se orienta em favor do sujeito passivo.[83]

Em contraposição, outra corrente doutrinária sustenta que o Direito Tributário é uma condição imposta ao exercício das liberdades e direitos fundamentais[84] e que não é adequada a aproximação entre o Direito Tributário e o Direito Penal, pois aquele regula condutas lícitas.[85]

---

reito penal cit., p. 128.

81. OSÓRIO, Fábio Medina. *Direito administrativo sancionador* cit., p. RB-6.12.

82. OLIVEIRA, Maria Eugênia Mariz de. O voto de qualidade no Conselho Administrativo de Recursos Fiscais: Considerações acerca de sua Inconstitucionalidade e Ilegalidade. *Revista Direito Tributário Atual*, n. 45, p. 732-760. São Paulo: IBDT, 2º semestre 2020. Quadrimestral.

83. PITTONDO, Maysa de Sá. A interpretação da legislação tributária em interesse do contribuinte – uma leitura do critério de interpretação *in dubio contra fiscum*. *Revista Tributária e de Finanças Públicas*, n. 109, p. 43-64.

84. GODOI, Marciano Seabra de. A volta do *in dubio pro contribuinte*: avanço ou retrocesso? In: ROCHA, Valdir de Oliveira (coord.). *Grandes questões atuais do direito tributário*. São Paulo: Dialética, 2013. p. 181-197.

85. Ibidem, p. 194-195

A interpretação do Direito Tributário não deve ter um critério apriorístico,[86] de acordo com a prevalência do interesse predefinido, as antinomias jurídicas devem ser solucionadas pelos diversos métodos e contextos normativos que extraem na atividade hermenêutica sem a exclusão de qualquer um deles, dos quais se destacam a interpretação literal ou extensiva, a intepretação sistemática e a interpretação teleológica.

É relevante observar, que no Sistema Tributário Constitucional, ao lado das garantias do contribuinte contra a tributação, sobressai o dever fundamental de pagar tributos pelo cidadão, e, em contrapartida, ao Estado incumbe a prestação dos direitos e garantias fundamentais e dos mais variados serviços públicos (ex.: educação, saúde, segurança, comércio exterior, fomento e desoneração tributária etc.), criando campo fértil à circulação de riquezas e aquisição de patrimônio pelo contribuinte.

Dessarte, o direito de propriedade não se equivale ao direito de liberdade protegido pelo comando do inciso LVII do art. 5º da CF, a justificar a expansão da regra do *in dubio pro reo* (ou *pro contribuinte*) às normas tributárias, salvo em regime sancionatório. A propriedade é protegida pelo princípio da capacidade contributiva e pela proibição de efeitos confiscatórios da tributação, e não em decorrência do princípio da inocência do acusado.[87]

Dentro desse contexto, o Código Tributário Nacional, promulgado em 1966, prevê em seu art. 112, que interpreta de maneira mais favorável ao acusado a lei tributária que define infrações e comina sanções, sob nítida influência no âmbito tributário, do *jus puniendi* estatal, do princípio do *in dubio pro reo* (ou *pro contribuinte*). Transcrevemos a norma a seguir:

---

86. AMARO, Luciano. *Direito tributário brasileiro*. 15. ed. São Paulo: Saraiva, 2009. p. 207; MACHADO, Hugo de Brito. *Curso de direito tributário*. 25. ed. rev., atual. e ampl. São Paulo: Malheiros, 2004. p. 117.

87. DOMINGUES, Douglas Stelet Ayres. A correta aplicação do voto de qualidade no âmbito do Conselho Administrativo de Recursos Fiscais (CARF) sob a ótica do art. 112 do CTN. *Revista Direito Tributário Atual*, n. 40, p. 175-200. São Paulo: IBDT, 2º semestre 2018. Quadrimestral

> Art. 112. A lei tributária que define infrações, ou lhe comina penalidades, interpreta-se da maneira mais favorável ao acusado, em caso de dúvida quanto:
>
> I – à capitulação legal do fato;
>
> II – à natureza ou às circunstâncias materiais do fato, ou à natureza ou extensão dos seus efeitos;
>
> III – à autoria, imputabilidade ou punibilidade;
>
> IV – à natureza da penalidade aplicável, ou à sua graduação.

Parte da doutrina defende que pode se constatar, de forma objetiva, a existência de dúvida, no empate dos julgamentos administrativos, que se revela na existência de posicionamento divergente daquele que restou vencedor adotado por uma parte expressiva dos membros.[88]

Em oposição, outra corrente aponta que a atuação de conselheiros no Tribunal Administrativo é influenciada pela relação de confiança entre representante e representado, aquele que detém a atribuição de indicação no processo seletivo dos conselheiros e sua recondução, o que afetaria a imparcialidade necessária para se atribuir alguma dúvida em caso de empates nos julgamentos, e que esta circunstância apenas demonstra que os conselheiros não chegaram num consenso médio.[89]

Temos que, a dúvida destacada pela norma para aplicação do princípio do *in dubio pro reo* (ou *pro contribuinte*), em matéria de penalidade, aplica-se ao Tribunal Administrativo, mas envolve os atos praticados pelos contribuintes, com suas características e enquadramento legal.[90]

---

88. SHOUERI, Luís Eduardo. *Direito tributário*. 10. ed. São Paulo: Saraiva, 2021, p. 452; MACHADO, Hugo de Brito. A interpretação benigna preconizada pelo art. 112 do Código Tributário Nacional. *Revista Dialética de Direito Tributário*, São Paulo, n. 229, p. 51, out. 2014; MACHADO SEGUNDO, Hugo de Brito. *Manual de direito tributário*. 11. ed. rev. e atual. São Paulo: Atlas, 2019. p. 359.

89. GOMES, Júlio Cesar Vieira. Representação paritária e voto de qualidade no CARF são indissociáveis. *Revista Consultor Jurídico*, São Paulo, 19 jul. 2017.

90. PAULSEN, Leandro. *Curso de direito tributário completo*. 11. ed., rev. e atual. São Paulo: Saraiva, 2020, p. 207; AMARO, Luciano. *Direito tributário brasileiro* cit., p. 222.

O art. 112 do Código Tributário Nacional possui natureza *numerus apertus*, e afirma que se aplica a interpretação benéfica quanto à adequação da norma ao fato (inc. I), aos aspectos relativos ao fato (inc. II), relacionado à sujeição passiva, à possibilidade de atribuir a autoria e à sua consequência na aplicação da sanção (inc. III e IV).[91]

Dessarte, não se deve efetuar uma interpretação benigna somente com parâmetro no resultado do julgamento, de forma apriorística; a dúvida deve ser fundada e restrita às hipóteses previstas na legislação,[92] relativas aos atos praticados pelos contribuintes e à adequação da norma ao fato em se tratando de capitulação legal,[93] mas restrita à norma tributária penal.

Quanto a extensão da dúvida a ser aplicado o princípio do *in dubio pro reo* nos empates dos julgamentos administrativos, autores como Ives Gandra da Silva Martins[94] defendem a interpretação do art. 112 do CTN com o demais dispositivos que tratam da interpretação da lei tributária ("capitulação legal do fato"). E que a aplicação da regra do art. 108 do mesmo *Codex*, que veda a aplicação da analogia para exigência de tributo não previsto em lei, beneficia o contribuinte na interpretação da norma tributária. Para Maria Eugênia Mariz de Oliveira,[95] ocorre a expansão do artigo em comento, pela praticidade, na medida em que a imposição de penalidade tem como pressu-

---

91. MACHADO SEGUNDO, Hugo de Brito. *Manual de direito tributário* cit., p. 359.

92. "No âmbito da revisão do ato administrativo de lançamento, mediante procedimento regular, a dúvida quanto aos elementos dos incisos I a IV, do art. 112, poderá ocorrer nos órgãos colegiados de julgamento, especialmente naqueles em que se observa a composição paritária dos seus integrantes, como é o caso do Conselho Administrativo de Recursos Fiscais – CARF (art. 25, do Decreto no 70.235/1972, e art. 1°, do Regimento interno do CARF) (BRAZUNA, José Luís Ribeiro. *Direito tributário aplicado*. São Paulo: Almedina, 2020, p. 130).

93. Em sentido contrário, dúvida sobre a aplicação da lei: CALIENDO, Paulo. *Curso de direito tributário*. 3. ed. São Paulo: Saraiva, 2020, p. 437.

94. MARTINS, Ives Gandra da Silva. *Teoria da imposição tributária*. 1. ed. São Paulo: Saraiva, 1983, p. 192-193.

95. OLIVEIRA, Maria Eugênia Mariz de. O voto de qualidade no Conselho Administrativo de Recursos Fiscais cit., p.732-760.

posto a ocorrência do fato gerador e a sanção é aplicada porque o contribuinte não pagou o crédito tributário.

No entanto, o art. 112 do Código Tributário Nacional se destina exclusivamente à interpretação benigna ao contribuinte de leis que tratam da cominação de infrações e comina penalidades, não se aplicando as demais normas que disciplinam a hipótese de incidência. É uma regra que se destina aos reflexos do Direito Tributário Penal[96] ou Direito Tributário Sancionador, a justificar a aplicação do princípio do *in dubio pro reo* (ou *pro contribuinte*).

A utilização do termo "acusado" revela que a norma pretende disciplinar às práticas ilícitas[97] dos atos praticados pelo contribuinte, como a ausência de recolhimento de tributos, atos fraudulentos, obstar a fiscalização, entre outros. E a finalidade do dispositivo é impedir que o Poder Público utilize o *jus puniedi* estatal mascarado do direito de tributar e o bem jurídico tutelado é a presunção da inocência quanto às infrações administrativas tributárias a serem aplicadas pela autoridade administrativa.[98]

Na ausência de normas tributárias que regulam os elementos do regime jurídico tributário, devem ser interpretados estritamente,[99] conforme regras preconizadas pelos §§ 1º

---

96. GODOI, Marciano Seabra de. A volta do *in dubio pro contribuinte*: avanço ou retrocesso? cit., p. 183.; SHOUERI, *op. cit.*, p. 452; MACHADO, Hugo de Brito. *Curso de direito tributário,* p. 123; ALEXANDRE, Ricardo. *Direito tributário esquematizado*. 6. ed., rev. e atual. São Paulo: Método, 2012, p. 240; ROSA JUNIOR, Luiz Emygdio F. da. *Manual de direito tributário*. Rio de Janeiro: Renovar, 2009, p. 268; ANDRADE FILHO, Edmar Oliveira. *Infrações e sanções tributárias*. São Paulo: Dialética, 2003, p. 201.

97. FRATTARI, Rafhael; e VASCONCELOS, Vinícius. As multas, o voto de qualidade no CARF e o art. 112 do CTN. In: MURICI, Gustavo Lanna; CARDOSO, Oscar Valente; e RODRIGUES, Raphael Silva. *Estudos de direito processual e tributário em homenagem ao Ministro Teori Zavascki*. Belo Horizonte: D'Plácido, 2018, p. 996.

98. DOMINGUES, Douglas Stelet Ayres. A correta aplicação do voto de qualidade no âmbito do Conselho Administrativo de Recursos Fiscais (CARF) sob a ótica do art. 112 do CTN cit., p.175-200.

99. AMARO, Luciano. *Direito tributário brasileiro* cit., p. 222; DOMINGUES, Douglas Stelet Ayres. Ibidem.

e 2º do art. 108 do Código Tributário Nacional, na medida em que impedem o uso da analogia para imposição de exigência tributária e da equidade, impedindo a interpretação que implique na dispensa de pagamentos de tributos. Esse dispositivo legal é um método de supressão de lacuna legislativa, por meio de integração e não de interpretação *stricto sensu*, razão pela qual, essa exegese não pode ser usada para buscar em esforço exegético a dimensão e extensão do significado da norma.

Douglas Stelet Ayrres Domingues[100] aponta o entendimento que permite a interpretação benigna em caso de dúvida nas leis tributárias que regulam os elementos da tributação, em interpretação do art. 112 do Código Tributário Nacional, atenta contra o art. 3º do mesmo Codex, que declara a dissociação entre a sanção e o conceito de tributo, denotando uma incompatibilidade.

No sistema de responsabilização o antecedente normativo é o estabelecimento da infração ou ilícito tributário e consequente é a sanção tributária, aplicável sobre a conduta antijurídica praticada pelo contribuinte, numa relação deôntica.[101] Logo a vinculação da penalidade tributária é conectada com a infração respectiva e não com o fato gerador ou o crédito tributário,[102] portanto, o fundamento da sanção é a prática do ilícito e não dos atos econômicos que se adequam à hipótese de incidência.

O Código Tributário Nacional, no art. 142, confirma esta segregação entre o tributo e sanção tributária, o que revela a incompatibilidade com o conceito de tributo previsto no art. 3º.

No lançamento fiscal, a autoridade administrativa tem o dever de constituir o crédito tributário, verificando a realização do fato gerador da obrigação, delimitar a matéria

100. DOMINGUES, Douglas Stelet Ayres. Ibidem, p. 194.

101. CARVALHO, Paulo de Barros. *Direito tributário, linguagem e método* cit., p. 540.

102. AZEVEDO, Henrique Machado Rodrigues de. *As normas gerais da repressão como limites para a compreensão das sanções tributárias*. 2011. 266 f. Dissertação (Mestrado em Direito). Programa de Pós-Graduação da Pontifícia Universidade Católica em Minas Gerais. Belo Horizonte, 2011. p. 120.

tributária, calculando o montante, identificar o sujeito passivo, e *se for o caso*, aplicar a penalidade. Dessarte, não existe qualquer consequência direta entre o crédito e a sanção, são pretensões distintas.

Paulo de Barros de Carvalho enfatiza sobre a distinção entre o lançamento e o auto de infração, consequentemente, a dicotomia entre o crédito e a sanção, este fundado num fato delituoso.[103]

Em sede de julgamento dos recursos administrativos na iminência de dúvidas, o art. 19-E da Lei 10.522, de 19 de julho de 2002, incluído pela Lei 13.988, de 14 de abril de 2020, define o critério para o desempate de julgamentos ocorridos no âmbito do CARF, alterando a regra anterior, e preconiza que nos processos de exigência do crédito, em casos de empate, não se aplica do "voto de qualidade", previsto no § 9º do art. 25 do Decreto 70.235, de 6 de março de 1972, resolvendo-se a favor do contribuinte, suprimindo a dúvida de interpretação.

Assim, diante da redação do texto normativo, pela interpretação de seus signos, não se aplica em processos que apuram somente a imposição de sanção tributária, exceto nos casos em que o dever jurídico constante de norma primária resulte em vinculação com a norma secundária e houver a invalidação do lançamento fiscal.

Dessarte, o princípio do *in dubio pro reo* ou *pro* contribuinte foi contemplado no Código Tributário Nacional e se destina a supressão de dúvidas no julgamento a ser prolatado pelos Tribunais Administrativos, resolvendo-se a favor do contribuinte em matéria de infrações e sanções tributárias.

5. Princípio do julgador competente

A Constituição Federal de 1988 nos incisos XXXVII e LII do art. 5º expressa que "não haverá juízo ou tribunal de exceção" e que "ninguém será processado nem sentenciado

103. CARVALHO, Paulo de Barros. *Direito tributário, linguagem e método* cit., p. 450.

senão pela autoridade competente", assim, a interpretação desses preceitos constitucionais revelam que existe uma garantia fundamental do contribuinte ou acusado de se estabelecer, previamente, uma autoridade julgadora e definição das matérias a serem submetidas a sua apreciação, marcado por critérios de imparcialidade e impessoalidade, de acordo com a legislação, estabelecendo a competência.

O cidadão contribuinte possui o direito constitucional de impugnar perante o órgão fazendário a pretensão deduzida e corporificada no auto de infração quando se relacionar ao ilícito tributário, e iniciar o processo administrativo, sendo assegurada a existência de órgãos administrativos previamente definidos e com competências delineadas pelo legislador, não se admitindo que sejam criados para julgamento de determinado fato ou posteriormente ao fato ilícito tributário, em razão de "seu caráter anti-isonômico".[104]

Nelson Nery Junior e Rosa Maria de Andrade Nery destacam que a Constituição Federal impõe a garantia do juiz natural da causa, *in verbis*:

> A causa deve ser julgada por juiz imparcial, competente, *pré-constituído* pela lei, isto é, constituído primeiro do que o fato a ser julgado. A garantia abrange o processo civil, penal e administrativo. Fica vedada a designação, substituição e convocação de juízes pelo Poder Executivo, tarefa exclusiva do Judiciário que, no entanto, não a pode realizar com ofensa ao princípio do juiz natural. Antes de afirmada e confirmada a competência e imparcialidade do juiz, não pode o magistrado ingressar no exame de questões processuais ou de mérito, sob pena de violar-se a garantia constitucional do juiz natural (Rosenberg-Schwab-Gottwald. *ZPR*[16], § 29, V, p. 175; Arens. *Humane Justiz*, p. 8)[105]

104. SOUZA, James J. Marins. *Direito processual tributário brasileiro* cit., p. RB-5.8.

105. NERY JUNIOR, Nelson; NERY, Rosa Maria de Andrade. *Constituição Federal comentada*. São Paulo: Revista dos Tribunais, 2019. p. RL-1.3. E-book.

No direito comparado,[106] o princípio do juiz natural na Venezuela possui cinco elementos essenciais como garantia constitucional, a saber, a autoridade competente deve ser: (i) independente, não se sujeitando a ordens no exercício de suas atribuições; (ii) ser imparcial em seu aspecto objetivo, e garantido pela transparência da Administração; (iii) seja uma pessoa identificada ou identificável; (iv) esteja lotado previamente no cargo e no exercício de suas funções; (v) ser um julgador idôneo e ser especialista na área; (vi) seja estabelecida a competência pela matéria. E, assim, observadas essas premissas será garantida aos jurisdicionados o direito a um julgamento justo e presidido pelo juiz natural da causa.

No Brasil, a autoridade competente para efetuar a fiscalização, o lançamento do crédito tributário e da imputação de sanção administrativa, de proferir decisões ou participar do processo administrativo-fiscal, conforme estabelece o art. 6º da Lei 10.593, de 6 de dezembro de 2002, recai sobre os ocupantes do cargo de Auditor Fiscal da Receita Federal do Brasil. E, o Decreto 70.235, de 6 de março de 1972, que disciplina sobre o processo administrativo estabelece a competência da autoridade responsável para o julgamento em primeira instância de processo administrativo-fiscal que ficará a cargo das Delegacias da Receita Federal de Julgamento de natureza colegiada composta por Auditores Fiscais e em segunda instância ao Conselho Administrativo de Recursos Fiscais, órgão colegiado de composição paritária,[107] integrante da estrutura do Ministério da Economia.

O Conselho Administrativo de Recursos Fiscais é composto por Seções e pela Câmara Superior de Recursos Fiscais. A Lei 11.941, de 27 de maio de 2009,[108] definiu que os cargos

---

106. BOCANEY, José Gregorio Silva. Los princípios substantivos del derecho administrativo sancionador. In: HERNÁNDEZ-MENDIBLE, Víctor. *Derecho administrativo sancionador*. Caracas: 2019, CIDEP, p. 51-98. E-book.

107. Cf. art. 48 da Lei 11.941, de 27 de maio de 2009.

108. Cf. art. 25 da Lei 11.941, de 27 de maio de 2009.

de Presidente das Turmas da Câmara Superior de Recursos Fiscais, das Câmaras, das suas Turmas e das Turmas Especiais serão ocupados por conselheiros representantes da Fazenda Nacional, e os cargos de Vice-Presidente, por representantes dos contribuintes. E delegou a disciplina dos julgamentos ao regimento interno.

O Regimento Interno do CARF, aprovado pela Portaria MF 343, de 9 de junho de 2015, instalou 3 (três) Seções estabelecendo a competência para julgamentos de recursos administrativos, segundo a temática relativa à legislação tributária e aduaneira. As Seções serão compostas por 4 (quatro) Câmaras, que podem ser divididas em até 2 (duas) Turmas. No entanto, cada Turma de Julgamento é integrada por 8 (oito) conselheiros, sendo 4 (quatro) representantes da Fazenda Nacional e 4 (quatro) representantes dos Contribuintes.

Dessarte, no âmbito da Administração Pública Federal, a definição do julgador competente nos processos administrativos fiscais vem predefinida em legislação, sem conteúdo de exceção, estabelecendo o fluxo e o organograma dos órgãos competentes para a fiscalização, a apuração, o lançamento de credito fiscal, a imputação da sanção tributária, com a previsão de órgãos competentes para os julgamentos de recursos administrativos, o que evidencia que há estrita observância ao princípio constitucional do juiz natural ou do julgador competente, em sua eficácia negativa.

6. Princípio da razoável duração do processo

A razoável duração do processo em seu contexto temporal, foi erigido a princípio constitucional através da inclusão do inciso LXXVIII no art. 5º da Constituição Federal pela Emenda Constitucional 45, de 30 de dezembro de 2004, que prevê "a todos, no âmbito judicial e administrativo, são assegurados a razoável duração do processo e os meios que garantam a celeridade de sua tramitação".

O poder constituinte reformador promoveu alterações pontuais na Constituição Federal, revestindo o Poder Judiciário de algumas garantias, redefinindo competências e especialmente instrumentos de transparência, de fiscalização e objetivização do processo judicial, com vistas a melhoria da prestação jurisdicional, que, entre outros critérios, a celeridade processual ganhou espaço.

O princípio da razoável duração do processo se destina, também, a imprimir a supressão da morosidade dos processos judiciais e administrativos trazendo ao jurisdicionado e ao administrado uma segurança jurídica e à Administração Tributária uma eficiência na aplicação das normas tributárias e sancionatórias, bem como, aferindo um critério de ponderação de valores – a razoabilidade – no qual se extrai a significação de que deve encontrar um meio-termo entre a rapidez e a qualidade da decisão final a ser proferida pela autoridade competente.

A inserção da razoabilidade no princípio constitucional adjetivo pretende resguardar que a celeridade ou rapidez de uma decisão administrativa não se constitui um fim em si mesma, mas que se aplica uma racionalidade no processo administrativo fiscal com a finalidade de que seja obtida uma decisão qualitativa em tempo hábil que atenda aos interesses dos litigantes, resguardando os direitos fundamentais de defesa, indeferidos atos protelatórios, permitindo atingir o escopo da solução da lide.

Em outros termos, um processo extremamente célere não possui condições de atribuir no plano fenomênico o alcance de uma decisão justa; e uma decisão morosa atribui uma latente insegurança jurídica e remete as partes ao aguardo de uma solução, que no final das contas podem perder o interesse jurídico ou acarretam significativos prejuízos diante da instabilidade e mutabilidade das relações jurídicas e normativas.

A significação de termo linguístico "razoável duração do processo", constitui num conceito jurídico indeterminado ou com carga geral e ampla, cujas lacunas ou dívidas devem ser preenchidas pelos intérpretes, possibilitando, assim, a aplicação deste princípio constitucional com raízes assentadas no direito de defesa, aplicável no Direito Tributário Sancionador.

Numa primeira interpretação, um processo com duração razoável remete a sua adequação à observância dos prazos processuais definidos na legislação na sua somatória. A doutrina tem asseverado que este critério é um ponto de partida, sem caráter absoluto,[109] e deve ser levada em consideração a existência de prazos dilatórios e impróprios.

O princípio do contraditório e da ampla defesa servem como instrumentos para moldar a distinção de prazos no processo administrativo, como, por exemplo, se estivermos diante de uma perícia técnica complexa que se exige um prazo dilatado para manifestação de assistentes técnicos e procuradores, e, nesse passo, deve ser considerado para aferição da razoável duração do processo.

Em uma segunda corrente interpretativa,[110] destaca-se que na verificação da razoável duração do processo deve ser conjunto com o critério normativo, as circunstâncias excepcionais que podem influenciar no curso do prazo processual como a natureza e complexidade em relação à discussão do mérito ou a produção probatória; a atuação em concreto das partes e seus procuradores, e se existem expedientes protelatórios; e a autuação da autoridade administrativa, se imprimiu um ritmo adequado dos atos processuais, entre outros fatores.

Nelson Nery Junior destaca que a aferição da razoabilidade deve ser tirada de critérios objetivos na hipótese concreta, não se admitindo a projeção de uma duração processual razoável de forma apriorística. Ensina em suas lições:

---

109. SILVA, Eider Avelino. Duração do processo e o projeto do novo código de processo civil: uma constante preocupação. *In:* ALVIM, Teresa Arruda (Coord.). *Reflexões sobre o novo CPC*. São Paulo: Revista dos Tribunais, 2013. Cap. 40. E-book.

110. SILVA, Eider Avelino. Duração do processo e o projeto do novo código de processo civil cit., Cap. 40.

> A razoabilidade da duração do processo deve ser aferida mediante *critérios objetivos*, já que não se afigura possível o tratamento dogmático apriorístico da matéria. Comporta, portanto, verificação da hipótese concreta.
>
> Esses critérios objetivos são: a) a natureza do processo e complexidade da causa; b) o comportamento das partes e de seus procuradores; c) a atividade e o comportamento das autoridades judiciárias e administrativas competentes; d) a fixação legal de prazos para a prática de atos processuais que assegure efetivamente o direito ao contraditório e à ampla defesa.[111]

O processo administrativo fiscal sofreu a influência do princípio da razoabilidade, refletindo na duração razoável do processo em direção à prolação de uma decisão célere e justa; tem que destinar um olhar nesta nova realidade do direito de defesa, especialmente em tema de Direito Tributário Sancionar, que assume um relevo ímpar de importância.

Nessa toada, o art. 24 da Lei 11.457, de 16 de março de 2007, disciplina que: "é obrigatório que seja proferida decisão administrativa no prazo máximo de 360 (trezentos e sessenta) dias a contar do protocolo de petições, defesas ou recursos administrativos do contribuinte", aplicando-se nos processos administrativos fiscais regulados pelo Decreto 70.235, de 6 de março de 1972, segundo tese definida pelo Superior Tribunal de Justiça em sede de julgamento de recursos repetitivos, afirmando que supriu uma lacuna normativa.[112]

Assim, em sede infraconstitucional o princípio da razoável duração do processo possui um marco terminativo, impondo à Administração Tributária que seja prolatada uma decisão a contar de protocolo de petições, de defesas ou recursos administrativos.

---

111. NERY JUNIOR, Nelson. *Princípios do processo na constituição federal.* São Paulo: Revista dos Tribunais, 2018, Cap. III. E-book.

112. BRASIL. Superior Tribunal de Justiça. Recurso Especial 1.138.206/RS. Recorrente: Fazenda Nacional. Recorrida: Delmaq Máquinas e Acessórios Ltda e outros. Relator: Ministro Luiz Fux. Brasília, DF, 09 de agosto de 2010.

Nesse aspecto, diante da prescrição normativa utilizando-se do conjuntivo alternativo, a contagem do prazo de 360 (trezentos e sessenta) dias correm de cada evento, ou seja, a Administração deve prolatar uma decisão em primeira instância da apresentação da defesa ou para julgamento de algum recurso interposto, dessarte, o prazo finalístico não decorre da contagem integral a alcançar a decisão final no processo administrativo fiscal, mas a cada evento decisório, visto isoladamente.

Segundo as decisões do Conselho Administrativo de Recursos Fiscais, o princípio da razoável duração do processo previsto no inciso LXXVIII no art. 5º da Constituição Federal, como garantia fundamental do contribuinte, e previsto na legislação infraconstitucional que a regulamenta, não previu sanção específica pela suposta violação das normas, não encontrando fundamento jurídico para a extinção do crédito, diante da ausência de inclusão desta hipótese extintiva descrita no art. 156 do Código Tributário Nacional.[113]

A estrutura da norma jurídica completa contempla a descrição de uma proposição-antecedente ou hipótese relacionada a um evento provável com a função de ensejar efeitos jurídicos ligada a um operador deôntico no aspecto modal (obrigatório, proibido ou permitido) com o consequente normativo que corresponde a uma preposição delimitadora da relação jurídica entre os sujeitos, instituindo um comando, que pode ser integrada por uma norma secundária sancionatória.[114]

Temos que, pela teoria dogmática das normas jurídicas, o princípio constitucional que encerra uma garantia fundamental

113. "OFENSA AO PRINCÍPIO DA RAZOÁVEL DURAÇÃO DO PROCESSO. A ofensa ao princípio da razoável duração do processo, por parte da Administração Pública, não tem o condão de extinguir o crédito tributário constituído, mas tão somente de autorizar que o Poder Judiciário supra a inércia constatada" (BRASIL. Conselho Administrativo de Recursos Administrativos. Acórdão 2302002.634. Recorrente: Laboratórios B. Braun S/A RJ. Recorrida: Fazenda Nacional. Relator: Conselheiro Leonardo Henrique Pires Lopes. Brasília, DF, 08 de julho de 2013).

114. CARVALHO, Aurora Tomazini de. *Teoria geral do direito* (o constructivismo lógico-semântico). 2009. 623 f. Tese (Doutorado em Direito). Programa de Pós-Graduação da Pontifícia Universidade Católica de São Paulo. São Paulo, 2009. p. 234-238.

possui aplicabilidade imediata, com plena coercibilidade no plano jurídico se qualificando como norma primária ou antecedente normativo, mas, não existindo uma norma secundária sancionatória, não se conclui que a violação desse preceito possa gerar como consequência a extinção do crédito fiscal ou sanção tributária. A circunstância desse princípio constitucional serve como norma parâmetro no controle de constitucionalidade de forma difusa ou concentrada, mas esse fator não possui efeitos qualificativos de norma jurídica completa.

O jurista Luiz Guilherme Marinoni[115] defende que o princípio da razoável duração do processo possui como destinatários o Poder Legislativo, que possui o dever de dar proteção normativa ao direito com a edição de normas, o Poder Executivo, com o dever de dotação orçamentária fornecendo condição de implementar uma estrutura adequada a imprimir a celeridade aos processos, e o Poder Judiciário, para conceder a tutela jurisdicional com celeridade, no exercício da presidência dos atos processuais e controlar o andamento da marcha processual com a adequada celeridade, aplicável aos Tribunais Administrativos.

A princípio, não existe a imputação de sanção jurídica no desrespeito à razoável duração do processo atingindo-a e retirando a sua validade, que é um conceito jurídico indeterminado, ressalvando a apuração de responsabilidade administrativa funcional dos servidores públicos ou agentes do Estado.

O vetor constitucional da razoável duração do processo não se limita a instituições de prescrições normativas que regulam a celeridade de atos processuais judiciais ou administrativos. Esse princípio constitucional como um valor, pretende mais; e no plano normativo outras medidas desjudicializadoras que reflitam na solução da controvérsia de maneira mais célere ou evitando o acúmulo de processos e o aumento da denominada taxa de congestionamento, que contribuem

115. MARINONI, Luiz Guilherme. Direito fundamental à duração razoável do processo. *Revista Jurídica*, v. 57, n. 379, p. 11-28, maio 2009.

com a morosidade dos julgamentos e decisões finais,[116] que contrariam a diretriz constitucional.

7. Conclusão

O princípio do devido processo legal foi erigido a um vetor axiológico constituindo num epicentro do direito de defesa dos acusados no Direito Tributário Sancionador, que orienta na aplicação de qualquer sanção tributária relacionada ao direito de liberdade e de propriedade, deve observar os parâmetros legais de um processo administrativo, que seja justo e adequado, sob pena de ser considerado ilegítimo ou inválido.

Por meio desse princípio constitucional, é garantido aos acusados uma paridade de armas como meio de estabelecer um equilíbrio de forças, conferindo igualdade entre as partes, que em matéria punitiva deve possuir uma interpretação extensiva.

O *due process of law*, no sistema constitucional brasileiro se desmembra nos princípios do contraditório e da ampla defesa, consoante posição da doutrina e das decisões dos Tribunais Superiores.

O direito ao contraditório como diretriz constitucional se instrumentaliza em três aspectos, a saber: direito de informação de todos os atos do processo; direito de reação; e direito de produzir provas.

O princípio da ampla defesa confere aos acusados em processos administrativos fiscais o exercício do direito de defesa através de meios e recursos estabelecidos em lei, com características instrumentais.

---

116. O Superior Tribunal de Justiça reconheceu que as Fazendas Públicas podem promover a inclusão de dados em cadastros negativos de inadimplência que se inserem nos valores da efetividade da execução, da economicidade e da razoável duração do processo, utilizando-se com fundamento no § 3º do art. 782 do Código de Processo Civil, a ferramenta denominada de SERASAJUD, objeto de convênio firmado entre o CNJ e SERASA (BRASIL. Superior Tribunal de Justiça. Recurso Especial n. 1807923/SC. Recorrente: Instituto Brasileiro do Meio Ambiente dos Recursos Renováveis. Recorrida: Francisco Gesser. Relator: Ministro Og Fernandes. Brasília, DF, 24 de fevereiro de 2021).

A legislação processual que regulamenta a matéria prevê as formalidades para instauração de processo administrativo fiscal, a autoridade competente para aplicar sanções tributárias, os recursos administrativos permissíveis em segunda instância, e no trâmite da lide administrativa a exigibilidade da sanção tributária é anotada com suspensão, como regra geral.

De forma excepcional, o Decreto 6.759, de 5 de fevereiro de 2009, estabelece que na sanção de perdimento de bens se sujeitará a decisão administrativa prolatada em única instância pelo Ministro de Estado da Economia, com possibilidade de delegação.

O Supremo Tribunal Federal uniformizou o entendimento de que são inconstitucionais a exigência de depósito ou arrolamentos prévios de dinheiro ou bens para admissibilidade de recursos administrativos, de modo que as Administrações Tributárias devem observar seus parâmetros não sendo mais permitida a criação de obstáculos dessa natureza.

Parte da doutrina não reconhece a possibilidade dos Tribunais Administrativos de declarar a inconstitucionalidade de normas jurídicas, pois o sistema constitucional brasileiro não confere autonomia funcional e, pela existência de subordinação ao Chefe do Poder Executivo, não ofendendo o princípio da ampla defesa.

O princípio da presunção de inocência garante que os acusados sejam tratados como inculpados até que sobrevenha decisão final do órgão julgador, amparada por provas suficientes da autoria e materialidade, seguido do princípio do *in dubio pro reo* (ou *pro contribuinte*) que encerra a interpretação mais benéfica ao contribuinte em caso de dúvidas sobre a regularidade e aplicabilidade de determinada sanção tributária.

Porém, a amplitude desse princípio no Direito Penal é mais intensa que no Direito Tributário Sancionador, no qual se admite que o silêncio seja interpretado em conjunto com os demais elementos de prova e baseiem uma condenação.

As presunções legais permitem comprovar a existência de determinado fato desconhecido ou duvidoso, mas provável, a partir da comprovação de outro fato cuja existência é certa nesta área, em razão da racionalidade ou da relevância do interesse em jogo.

Assim, em sede de responsabilidade por infrações, o art. 136 do Código Tributário Nacional estabeleceu uma presunção relativa de culpa, transferindo ônus da prova ao acusado, permitindo a demonstração da ausência dos elementos de culpabilidade não ofendendo o princípio da inocência, desde que seja observado o devido processo legal e a sanção tenha efetividade após decisão final, com espeque em todas as garantias e princípios presentes no sistema jurídico, que conferem segurança e utilidade a todos os administrados, como também à Administração Tributária no desempenho da regular função confirmatória da constituição do crédito tributário e das sanções daí decorrentes.

E ainda, diversos são os princípios regentes para a conformação do crédito tributário e, principalmente, da sanção decorrente da atividade ilícita praticada pelo contribuinte, tais como o princípio do julgador competente e da duração razoável do processo, que devem ser compatibilizados no processo administrativo tributário.

8. Referências

ALENCAR, Luciano Bushatsky Andrade de. Procedimento para aplicação da pena de perdimento necessita ser revisto. *Revista Consultor Jurídico*, 2016. Disponível em: https://bityli.com/Y4sdh9. Acesso em: 10 maio 2021.

ALEXANDRE, Ricardo. *Direito tributário esquematizado*. 6. ed. rev. e atual. São Paulo: Método, 2012.

AMARAL, Davi Cossi do; ROSENBLATT, Paulo. A concomitância do processo administrativo tributário com o processo judicial: o mandado de segurança pata controle de legalidade de aos do contencioso administrativo fiscal. *Revista Direito Tributário Atual*, São Paulo: IBDT, n. 47. p. 500-524, 1º semestre 2021. Quadrimestral.

ANDRADE FILHO, Edmar Oliveira. *Infrações e sanções tributárias*. São Paulo: Dialética, 2003.

ARAÚJO, Jakson Borges. *ICMS ficção do fato gerador na substituição tributária*. São Paulo: Juarez de Oliveira, 2001.

ASSUNÇÃO, Lutero Xavier. *Processo administrativo tributário federal*. São Paulo: Edipro, 1998.

ATALIBA, Geraldo. Recurso em matéria tributária. *Revista de Informação Legislativa* (Senado Federal), ano 25, n. 97, jan./maio 1988.

ATALIBA, Geraldo. Princípios informativos do contencioso administrativo federal. *Revista de Informação Legislativa* (Senado Federal), ano 15, n. 58, abr./jun. 1978.

AVENA, Norberto. *Processo penal*. 12. ed. rev., atual. e ampl. São Paulo: Método, 2020.

AZEVEDO, Henrique Machado Rodrigues de. *As normas gerais da repressão como limites para a compreensão das sanções tributárias*. 2011. 266 f. Dissertação (Mestrado em Direito). Programa de Pós-Graduação da Pontifícia Universidade Católica em Minas Gerais. Belo Horizonte, 2011.

BOCANEY, José Gregorio Silva. Los princípios substantivos del derecho administrativo sancionador. *In:* HERNÁNDEZ-MENDIBLE, Víctor. *Derecho administrativo sancionador*. Caracas: 2019, CIDEP, p. 51-98. E-book. Disponível em: https://bityli.com/0NTWMg. Acesso em: 15 jun. 2021.

BRASIL. Conselho Administrativo de Recursos Fiscais. Acórdão n. 3803-006.888. Recorrente: Asap Importação e Exportação Ltda. Recorrida: Fazenda Nacional. Relator: Conselheiro Paulo Renato Mothes. Brasília, DF, 28 de janeiro de 2015. Disponível em: https://bityli.com/9C4LKZ. Acesso em: 01 jun 2021.

BRASIL. [Constituição (1988)]. *Constituição da República Federativa do Brasil:* de 5 de outubro de 1988. Diário Oficial da República Federativa do Brasil, Brasília, DF, ano CXXVI, n. 191-A, 05 out. 1988. Seção 1, p. 1.

BRASIL. Decreto 70.235, 6 de março de 1972. Dispõe sobre o processo administrativo fiscal e dá outras providências. *Diário Oficial*, Brasília, DF, 7 mar 1972, p. 1.923.

BRASIL. Decreto-Lei 1.455, de 7 de abril de 1976. Dispõe sobre bagagem de passageiro procedente do exterior, disciplina o regime de entreposto aduaneiro, estabelece normas sobre mercadorias estrangeiras apreendidas e dá outras providencias. *Diário Oficial*, Brasília, DF, 8 abr. 1976 Seção 1, p. 4.543.

BRASIL. Lei 9.430, de 27 de dezembro de 1996. Dispões sobre a legislação tributária federal, as contribuições para a seguridade social, o processo administrativo de consulta e dá outras providências. *Diário Oficial*, Brasília, DF, Ano CXXXIV, n. 252, 30 dez 1996. Seção 1, p. 1.

BRASIL. Lei 9.784, de 29 de janeiro de 1999. Regula o processo administrativo no âmbito da Administração Pública Federal. *Diário Oficial*, Brasília, DF, 1º fev. 1999. Seção 1, p. 1.

BRASIL. Ministério da Economia. Procuradoria-Geral da Fazenda Nacional. Parecer PGFN/CAT n. 389/2014. Brasília, DF, 2014. 18 f.

BRASIL. Ministério da Economia. Procuradoria-Geral da Fazenda Nacional. Parecer PGFN/CRJ n. 891/2010. Brasília, DF, 07 de maio de 2010. 16 f.

BRASIL. Supremo Tribunal Federal. Ação Direta de Inconstitucionalidade 221-0/DF. Requerente: Procurador-Geral da República. Requerido: Presidência da República. Relator: Ministro Moreira Alves. Brasília, DF, 29 de março de 1990. Disponível em: https://bityli.com/C1MTKM. Acesso em: 2 jun. 2021.

BRASIL. Supremo Tribunal Federal. Ação Direta de Inconstitucionalidade 1.976-7/DF. Requerente: Confederação Nacional da Indústria. Requerido: Presidente da República. Relator:

Joaquim Barbosa. Brasília, DF, 28 de março de 2007. Disponível em: https://bityli.com/4X8csU. Acesso em: 02 jun 2021.

BRASIL. Supremo Tribunal Federal. Recurso Extraordinário 565.048/RS. Recorrente: Maxpol – Indústria de Alimentos Ltda. Recorrido: Estado do Rio Grande do Sul. Relator: Ministro Marco Aurélio de Melo, Brasília, 29 de maio de 2014.

BRASIL. Supremo Tribunal Federal. Recurso Extraordinário 855.649/RS. Recorrente: Celso Zucolotto. Recorrida: União. Relator: Ministro Alexandre de Moraes. Brasília. DF, 3 de maio de 2021.

BRASIL. Superior Tribunal de Justiça. Agravo Regimental no Recurso Especial 1.279.053/AM. Agravante: Sandoz do Brasil Indústria Farmacêutica Ltda. Agravada: Fazenda Nacional. Relator: Ministro Mauro Campbell Marques. Brasília, DF, 05 de maio de 2016. Disponível em: https://bityli.com/Ic4t6C. Acesso 17 jun 2021.

BRASIL. Superior Tribunal de Justiça. Recurso Especial n. 1.807.923/SC. Recorrente: Instituto Brasileiro do Meio Ambiente dos Recursos Renováveis. Recorrida: Francisco Gesser. Relator: Ministro Og Fernandes. Brasília, DF, 24 de fevereiro de 2021. Disponível em: https://bityli.com/WoMtp3. Acesso em: 18 jun 2021.

BRAZUNA, José Luís Ribeiro. *Direito tributário aplicado*. São Paulo: Almedina, 2020.

CALIENDO, Paulo. *Curso de direito tributário*. 3. ed. São Paulo: Saraiva, 2020.

CARVALHO, Aurora Tomazini de. *Teoria geral do direito* (o constructivismo lógico-semântico). 2009. 623 f. Tese (Doutorado em Direito). Programa de Pós-Graduação da Pontifícia Universidade Católica de São Paulo. São Paulo, 2009.

CARVALHO, Paulo de Barros. *Direito tributário, linguagem e método*. 7. ed. rev. São Paulo: Noeses, 2018.

CAPEZ, Fernando. *Curso de processo penal*. 27. ed. São Paulo: Saraiva, 2020.

CAVALCANTE, Mantovanni Colares. A competência dos órgãos julgadores administrativos fiscais para afastar a aplicação de norma tributária inconstitucional. *In:* CARVALHO, Paulo de Barros; SOUZA, Priscila de (Coord.). *VII Congresso Nacional de Estudos Tributários*. Direito tributário e os conceitos de direito privado. São Paulo: Noeses, 2010.

DOMINGUES, Douglas Stelet Ayres. A correta aplicação do voto de qualidade no âmbito do Conselho Administrativo de Recursos Fiscais (CARF) sob a ótica do art. 112 do CTN. *Revista Direito Tributário Atual*, São Paulo: IBDT, n. 40, p. 175-200, 2º semestre 2018.

ESPANHA. *Constitución Española* de 1978. B.O.E., n. 311-1, de 29 de diciembre de 1978. Disponível em: https://bityli.com/SEw0lP. Acesso em: 5 maio 2021.

FERRAGUT. Maria Rita. *Presunções no direito tributário*. 2. ed. São Paulo: Dialética, 2001.

FRATTARI, Rafhael; VASCONCELOS, Vinícius. As multas, o voto de qualidade no CARF e o art. 112 do CTN. *In:* MURICI, Gustavo Lanna; CARDOSO, Oscar Valente; RODRIGUES, Raphael Silva. *Estudos de direito processual e tributário em homenagem ao Ministro Teori Zavascki*. Belo Horizonte: D'Plácido, 2018.

GODOI, Marciano Seabra de. A volta do *in dubio pro contribuinte*: avanço ou retrocesso? In: ROCHA, Valdir de Oliveira (Coord.). *Grandes questões atuais do direito tributário*. São Paulo: Dialética, 2013.

GONÇALVES, Carla de Lourdes; PINHEIRO, Hendrick. Impactos no NCPC/15 no processo administrativo fiscal. *XIII Congresso do Instituto Brasileiro de Direito Tributário. 50 anos do Código Tributário Nacional*. Disponível em: https://bityli.com/LptN20. Acesso em: 4 maio 2021.

GUARDIA, Gregório Eduardo Raphael Selingardi. Princípios processuais no direito administrativo sancionador: um estudo à luz das garantias constitucionais. *Revista da Faculdade de*

Direito da Universidade de São Paulo, São Paulo, v. 109, p. 773-793, jan./dez. 2014.

HOFFMANN, Susy Gomes. *Teoria da prova no direito tributário*. Campinas: Copola, 1999.

LINS, Robson Maia. *Curso de direito tributário brasileiro*. São Paulo: Noeses, 2019.

MACHADO, Hugo de Brito. A interpretação benigna preconizada pelo art. 112 do Código Tributário Nacional. *Revista Dialética de Direito Tributário,* São Paulo, n. 229, p. 42-52, out. 2014.

MACHADO, Hugo de Brito. *Curso de direito tributário*. 25. ed. rev., atual. e ampl. São Paulo: Malheiros, 2004.

MACHADO, Raquel Cavalcanti Ramos. Sanções tributárias. *In:* MACHADO, Hugo de Brito (Coord.). *Sanções administrativas tributárias*. Fortaleza: Dialética, 2004.

MACHADO SEGUNDO, Hugo de Brito. *Manual de direito tributário*. 11. ed. rev. e atual. São Paulo: Atlas, 2019.

MARINONI, Luiz Guilherme. Direito fundamental à duração razoável do processo. *Revista Jurídica*, v. 57, n. 379, p. 5-23, maio 2009. Disponível em: https://bityli.com/RpWQrg. Acesso em: 18 jun. 2021.

MARTINS, Ives Gandra da Silva. *Teoria da imposição tributária*. São Paulo: Saraiva, 1983.

MOREIRA NETO, Diogo de Figueiredo; GARCIA, Flávio Amaral. A principiologia no direito administrativo sancionador. *Revista Brasileira de Direito Público – RBDP*, Belo Horizonte, ano 11, n. 43, out./dez. 2013.

NERY JUNIOR, Nelson; NERY, Rosa Maria de Andrade. *Constituição Federal comentada*. São Paulo: Revista dos Tribunais, 2019. E-book. Disponível em: https://bityli.com/6ugw5K. Acesso em: 14 jun. 2021.

NERY JUNIOR, Nelson. *Princípios do processo na Constituição Federal*. São Paulo: Revista dos Tribunais, 2018, Cap. III.

E-book. Disponível em: https://bityli.com/1YtHHp. Acesso em: 17 jun 2021.

NOBRE JUNIOR, Edilson Pereira. Sanções administrativas e princípios de direito penal. *Revista de Direito Administrativo*, v. 219, 1º jan. 2000. Disponível em: https://bityli.com/aNmu9n. Acesso em: 18 fev. 2021.

NOVELINO, Marcelo. *Direito constitucional*. 6. ed. rev., atual. e ampl. São Paulo: Método, 2012.

OLIVEIRA, Maria Eugênia Mariz de. O voto de qualidade no Conselho Administrativo de Recursos Fiscais: considerações acerca de sua Inconstitucionalidade e Ilegalidade. *Revista Direito Tributário Atual*, São Paulo: IBDT, n. 45, p. 732-760, 2º semestre 2020. Quadrimestral.

OSÓRIO, Fábio Medina. *Direito administrativo sancionador*. 7. ed. São Paulo: Thomson Reuters Brasil, 2020, p. RB-6.6. Disponível em: https://bityli.com/fF67ui. Acesso em: 1º maio 2021.

PADILHA, Maria Ângela Lopes Paulino. *As sanções no direito tributária*. São Paulo: Noeses, 2015.

PAULSEN, Leandro. *Curso de direito tributário completo*. 11. ed. rev. e atual. São Paulo: Saraiva, 2020.

PAULSEN, Leandro. *Leis de processo tributário comentadas:* processo administrativo fiscal, protesto extrajudicial de títulos e execução fiscal. 9. ed. rev. e atual. São Paulo: Saraiva, 2018.

PEREZ, Juan J. Zornoza. *El sistema de infracciones y sanciones tributarias* (los principios constitucionales del derecho sancionador). Madri (Espanha): Civitas, 1992.

PITTONDO, Maysa de Sá. A interpretação da legislação tributária em interesse do contribuinte – uma leitura do critério de interpretação *in dubio contra fiscum*. *Revista Tributária e de Finanças Públicas*, n. 109, p. 43-64.

ROSA JUNIOR, Luiz Emygdio F. da. *Manual de direito tributário*. Rio de Janeiro: Renovar, 2009.

SILVA, Eider Avelino. Duração do processo e o projeto do novo código de processo civil: uma constante preocupação. *In:* ALVIM, Teresa Arruda (Coord.). *Reflexões sobre o novo CPC*. São Paulo: Revista dos Tribunais, 2013, Cap. 40. E-book. Disponível em: https://bityli.com/lZOlvk. Acesso em: 17 jun 2021.

SILVA, Paulo Roberto Coimbra. *Direito tributário sancionador*. São Paulo: Quartier Latin, 2007.

SOUZA, James J Marins. *Direito processual tributário brasileiro*. 13. ed. rev. e atual. São Paulo: Thomson Reuters, 2020. E-book. Disponível em: https://bityli.com/APXWFY. Acesso em: 1º maio 2021.

TÁVORA, Nestor; ALENCAR, Rosmar Rodrigues. *Curso de processo penal*. 8. ed. rev., ampl. e atual. Salvador: JusPodivm, 2013.

TOMÉ, Fabiana Del Padre. *A prova no direito tributário*. 4. ed. São Paulo: Noeses, 2016.

TORRES, Ricardo Lobo. O direito à ampla defesa e a processualidade tributária. 2006. *Revista da Procuradoria-Geral do Estado do Rio Grande do Sul*, v. 30, n. 64, p. 9-20, jul.-dez. 2006.

TORRES, Heleno Taveira. Sanções tributárias devem respeitar garantias de culpabilidade e inocência. *Revista Consultor Jurídico*, em 30 maio 2018. Disponível em: https://bityli.com/XbThal. Acesso 17 maio 2021.

CONSIDERAÇÕES ACERCA DA CONSTITUCIONALIDADE DA MULTA ISOLADA NO INDEFERIMENTO DA HOMOLOGAÇÃO DE COMPENSAÇÃO DE CRÉDITOS TRIBUTÁRIOS

Ana Letícia Salomão e Ribeiro[1]

José Galbio de Oliveira Filho[2-3]

1. Introdução

A legislação tributária brasileira prevê a possibilidade de o contribuinte que possua créditos relativos a tributos possa utilizá-los para compensação de débitos próprios que possua com o mesmo órgão tributante. Este tema é de inegável importância, na medida em que diversos contribuintes, em geral

---

1. Mestranda em Direito Tributário pela PUC/SP e em Sociologia pelo IUPERJ. Especialista em Direito Tributário pela FGV Direito-Rio. Bacharel em Direito pela UFJF. Advogada. analeticiasr@gmail.com

2. Mestrando em Direito Tributário pela PUC/SP. Especialista em Direito Tributário pela PUC/SP e em Direito do Estado pela Universidade Cândido Mendes. Procurador do Estado de São Paulo. galbiorkl@gmail.com.

3. Os autores agradecem os comentários e as sugestões feitas pela Professora Clarice Von Oertzen de Araújo, que colaboraram valiosamente para a finalização do trabalho.

pessoas jurídicas, têm em suas rotinas burocráticas a apuração de tributos devidos e o seu pagamento utilizando-se das compensações.

Entretanto, modificações legislativas ocorridas na Lei 9.430/1996, em seu art. 74, que regulamenta esse procedimento de compensação na esfera tributária, instituíram, no § 17, uma multa isolada de 50% a ser aplicada sobre o valor do débito objeto de compensação não homologada, salvo no caso de falsidade da declaração apresentada pelo sujeito passivo.

Referido dispositivo é por muitos considerado controverso, principalmente no que concerne à sua inconstitucionalidade, por supostamente violar o direito de petição aos órgãos públicos, assegurado pela Constituição Federal. Além disso, a norma violaria os princípios (i) da razoabilidade, uma vez que a multa em questão visa punir o contribuinte pelo exercício de um direito e não pela prática de um ato ilícito; (ii) da proporcionalidade, já que a multa teria por objetivo coagir o contribuinte de boa-fé a deixar de exercer seu direito constitucional de petição; e (iii) do devido processo legal, pois tenta impedir que os contribuintes busquem administrativamente o exercício de um direito à compensação, o que é inadmissível.

A aplicação de multas no sistema tributário brasileiro desafia um número variado de questionamentos. Os Tribunais Superiores, seja o Superior Tribunal de Justiça ou o Supremo Tribunal Federal, têm se debruçado ao longo dos anos sobre esse assunto, havendo afetação do tema à repercussão geral no âmbito do Recurso Extraordinário 796.939/RS (Tema 736).[4]

Com isso, o presente estudo se propõe a analisar o tema da constitucionalidade da multa isolada que se impõe quando da não homologação pelo Fisco de pedidos de compensação tributária. Pelo fato de o sistema tributário brasileiro ser

4. Cf. BRASIL, Supremo Tribunal Federal, *RE 796.939 – Tema 736*. "Constitucionalidade da multa prevista no art. 74, §§ 15 e 17, da Lei 9.430/1996 para os casos de indeferimento dos pedidos de ressarcimento e de não homologação das declarações de compensação de créditos perante a Receita Federal".

extremamente complexo, haveria razão na imputação de uma penalidade ao contribuinte simplesmente pelo fato de sua compensação não ter sido homologada? Qual a medida dessa sanção e quem seria responsabilizado?

Em primeiro lugar, será analisado o instituto da compensação como modalidade de extinção do crédito tributário, com apresentação das limitações legais que foram impostas ao procedimento, demonstrando de maneira pragmática que, em que pesem as razões de conveniência na arrecadação e na antecipação de valores aos cofres públicos, estas ocorreram à revelia de direitos e garantias fundamentais dos contribuintes.

Em segundo lugar, serão apresentadas premissas básicas à compreensão do caso em concreto que será analisado, e que norteiam toda a discussão sobre as penalidades de forma geral, e de maneira específica, delineando as principais características da norma jurídica, da norma tributária e da norma tributária sancionadora.

Por fim, serão analisados os aspectos capazes de informar se é ou não constitucional a multa isolada em questão, tendo em vista os princípios constitucionais, tais como proporcionalidade, razoabilidade, moralidade administrativa, legalidade, não confisco, capacidade contributiva e boa-fé.

Assim, espera-se que o leitor possa refletir sobre o possível resultado da análise jurisprudencial da matéria pelos Tribunais Superiores.

2. A compensação como modalidade de extinção do crédito tributário: histórico, procedimento e efeitos

Historicamente, para o direito romano, a compensação era modo *ipso iure* de extinção de obrigações; para o direito clássico, operava como resultado de uma convenção *interpartes*, e não como forma de extinção legal, sendo facultado aos juízes avaliar, ante a boa-fé, a sua permissão, diante dos pedidos das partes.

No direito brasileiro, sendo instituto próprio do direito privado, pode ser legal ou voluntária, sendo a primeira aquela em oposição à compensação judicial. Sua definição pode ser extraída do Código Civil de 2002 (CC/2002), que, em seus arts. 368 a 380, estabeleceu que a compensação é modalidade extintiva de obrigação, até onde se compensarem créditos e débitos, quando duas pessoas forem ao mesmo tempo credora e devedora uma da outra. Desse modo, ante a previsão legal, busca extinguir dívidas certas, líquidas, vencidas e de coisas fungíveis, relativas a obrigações equivalentes, entre os respectivos titulares, até o montante em que se equipararem.[5]

O Código Tributário Nacional (CTN), e o Direito Tributário como ramo do direito público, por sua vez, tomou emprestado o instituto, com algumas peculiaridades inerentes às normas que disciplinam o interesse público,[6] e, em seu Capítulo IV, tratou das hipóteses de "Extinção do crédito tributário", prevendo, no art. 156, II,[7] a compensação como uma dessas modalidades.[8]

Com isso, tem-se que a compensação tributária, quando utilizada em atendimento e em conformidade com os princípios constitucionais vigentes, torna-se instrumento hábil para a extinção das obrigações tributárias dos contribuintes com o Fisco, e, concomitantemente, possibilita a recuperação de valores indevidamente recolhidos a título de tributos, evitando a prorrogação indefinida pelo Poder Público de valores decorrentes de pagamentos indevidos.[9]

---

5. Cf. BEVILÁQUA, Clóvis. *Código Civil*. 3. ed. Rio de Janeiro: Francisco Alvez, 1930. v. IV, p. 169. "A compensação é a extinção recíproca de obrigações até a concorrência dos respectivos valores, entre pessoas que são devedoras umas das outras".

6. Há, na literatura tributária, aqueles que defendem inexistirem razões para que a compensação tributária receba tratamento distinto da compensação cível. A título de exemplo: MACHADO, Hugo de Brito. *Curso de direito tributário*. São Paulo: Malheiros, 2019. p. 216-217.

7. Confira-se: "Art. 156. Extinguem o crédito tributário: [...] II – a compensação; [...]".

8. Cf. CARVALHO, Paulo de Barros. *Curso de direito tributário*. 30. ed. São Paulo: Saraiva, 2020. p. 453. "Por outras modalidades, além do pagamento, a obrigação tributária igualmente se extingue. A compensação é uma delas. Tem por pressuposto duas relações jurídicas diferentes, em que o credor de uma é devedor da outra e vice-versa".

9. Cf. COÊLHO, Sacha Calmon Navarro. *Curso de direito tributário brasileiro*. 15. ed. Rio de Janeiro: Forense, 2016. p. 741.

Apesar de prevista no CTN desde 1966, sendo o art. 170[10] o seu fundamento legal em âmbito nacional, a compensação somente progrediu como instituto com a edição da Lei 8.383/1991 e da Lei 9.430/96, além da Instrução Normativa RFB (IN/RFB) 1.717/17. Isso porque referida norma somente traçou as linhas gerais do instituto, informando, entre outras coisas, que o princípio da estrita legalidade, em observância ao art. 150, I, da Constituição Federal de 1988 (CF/88), e ao art. 97 do CTN, seria uma de suas principais características, uma vez que caberia à lei estipular ou atribuir à autoridade administrativa a autorização da compensação de créditos tributários com créditos líquidos e certos, vencidos ou vincendos, do sujeito passivo, contra a Fazenda Pública.[11]

Analisando o fundamento da compensação, nas lições de Sacha Calmon Navarro Coelho,

> o legislador prestigiou a competência tributária traçada pela Constituição Federal, atribuindo aos entes federativos o poder de traçar as condições em que será autorizada a compensação de créditos tributários com créditos líquidos e certos, vencidos ou vincendos, do sujeito passivo contra a Fazenda Pública.[12]

---

10. Confira-se: "Art. 170. A lei pode, nas condições e sob as garantias que estipular, ou cuja estipulação em cada caso atribuir à autoridade administrativa, autorizar a compensação de créditos tributários com créditos líquidos e certos, vencidos ou vincendos, do sujeito passivo contra a Fazenda pública. Parágrafo único. Sendo vincendo o crédito do sujeito passivo, a lei determinará, para os efeitos deste artigo, a apuração do seu montante, não podendo, porém, cominar redução maior que a correspondente ao juro de 1% (um por cento) ao mês pelo tempo a decorrer entre a data da compensação e a do vencimento."

11. Cf. BALEEIRO, Aliomar. *Direito tributário brasileiro:* CTN comentado. 14. ed. atualizada por Misabel Abreu Machado Derzi. Rio de Janeiro: Forense, 2018. p.572. "No Direito Fiscal, a compensação é condicionada ao discricionarismo do Tesouro Público. Mas o sujeito passivo só poderá contrapor seu crédito ao crédito tributário, como direito subjetivo seu, nas condições e garantias que a lei fixar. Fora disso, quando a lei o permite, se aceitar as condições específicas que a autoridade investida de poder discricionário, nos limites legais, para fixá-las, estipular, julgando a conveniência e oportunidade de aceitar ou recusar o encontro de débitos. [...] O CTN, art. 170, acolheu a compensação 'nas condições e sob as garantias que estipular' a lei ou que ela cometer à estipulação da autoridade em caso concreto. Nesta última hipótese abre-se ao agente público certa dose de discricionarismo administrativo, para apreciar a oportunidade, a conveniência e o maior ou o menor rigor de condições e garantias".

12. Cf. COÊLHO, Sacha Calmon Navarro. *Curso de direito tributário brasileiro* cit., p. 742.

Paulo de Barros Carvalho acredita que, no que concerne ao campo das extinções, a compensação é uma modalidade extintiva tanto do direito subjetivo como do dever jurídico, uma vez que o crédito do sujeito pretensor, em um dos vínculos, é anulado pelo seu débito, e o mesmo ocorre com o sujeito devedor.[13]

Desse modo, pode-se dizer que significa norte para os entes políticos que pretendem oferecer a compensação como meio alternativo de extinção do crédito tributário dentro de suas competências tributárias, cabendo a eles traçar os seus requisitos mínimos, quais sejam, necessidade de previsão legal, dívidas recíprocas entre Fisco e contribuinte e existência de créditos líquidos e certos.[14]

A primeira vez que o ordenamento brasileiro se preocupou em regulamentar a compensação em âmbito federal, ocorreu em 1991, com a edição do art. 66 da Lei 8.383.[15] Com isso, passou a ser possível a compensação dos valores recolhidos indevidamente pelo contribuinte, tanto nos casos de pagamento indevido quanto de pagamento a maior, de tributos, contribuições federais, inclusive as previdenciárias, e receitas

13. Cf. CARVALHO, Paulo de Barros. *Curso de direito tributário* cit., p. 427.

14. Cf. BOTTALLO, Eduardo Domingos. A compensação tributária e o artigo 170-A do CTN. *In:* ROCHA, Valdir de Oliveira; (Colab.).; BARRETO, Aires F. *Grandes questões atuais do direito tributário*. São Paulo: Dialética, 2001. v. 5. "Em primeiro lugar, é necessário, que as partes envolvidas sejam as mesmas (isto é, a mesma Fazenda Pública e o mesmo sujeito passivo tributário). As dívidas devem, pois, ser recíprocas. Além disso, os créditos do sujeito passivo tributário e do Fisco hão de ser líquidos e certos, já que, se dependerem da tomada de ulteriores providências administrativas ou jurídicas, para serem apurados, não se prestam à compensação. Ainda, é necessário que uma lei autorize, genérica ou especificamente, a compensação".

15. Confira-se: "Art. 66. Nos casos de pagamento indevido ou a maior de tributos, contribuições federais, inclusive previdenciárias, e receitas patrimoniais, mesmo quando resultante de reforma, anulação, revogação ou rescisão de decisão condenatória, o contribuinte poderá efetuar a compensação desse valor no recolhimento de importância correspondente a período subsequente. § 1º A compensação só poderá ser efetuada entre tributos, contribuições e receitas da mesma espécie. § 2º É facultado ao contribuinte optar pelo pedido de restituição. § 3º A compensação ou restituição será efetuada pelo valor do tributo ou contribuição ou receita corrigido monetariamente com base na variação da UFIR. § 4º As Secretarias da Receita Federal e do Patrimônio da União e o Instituto Nacional do Seguro Social – INSS expedirão as instruções necessárias ao cumprimento do disposto neste artigo."

patrimoniais, com a importância correspondente a período subsequente. Esse procedimento se restringia a um encontro de contas de valores correspondentes a períodos vincendos e entre tributos, contribuições e receitas de mesma espécie.

Neste ponto cabe comentar que, tanto o art. 7º do Decreto-Lei 2.287/1986, que regulamentava a compensação *ex officio* pela autoridade administrativa, quanto o art. 66 da Lei 8.383, foram objeto de questionamentos nos Tribunais Superiores. Ao Superior Tribunal de Justiça (STJ) coube esclarecer, no Recurso Especial (REsp) 252.241/RJ,[16] o que significava a expressão "tributos da mesma espécie", levando a entender que a compensação deveria ocorrer entre tributos que possuíssem não só características semelhantes, mas igual destinação, finalidade e operacionalização.

Posteriormente, a Lei 9.069, em 1995, conferiu nova redação ao artigo, incluindo referência às receitas patrimoniais (foros, laudêmios, taxas de ocupação e aluguéis de próprios nacionais), atualizando o nome de Departamento para Secretaria da Receita Federal do Brasil (SRFB).

Na sequência, ainda em 1995, entrou em vigor a Lei 9.250, que, em seu art. 39, *caput*, estabeleceu que a compensação somente poderia ocorrer com o recolhimento de importância correspondente a imposto, taxa, contribuição federal ou receitas patrimoniais de mesma espécie e destinação constitucional, apurada em períodos subsequentes; e, em 1996, entrou em vigor o art. 74 da Lei 9.430, que passou a autorizar, mediante requerimento do contribuinte, a compensação para quitação de quaisquer tributos e contribuições administrados pela SRFB.

Importante notar que, com essas alterações legislativas, o contribuinte passou a conviver com dois regimes distintos de compensação. O primeiro, das Leis 8.383/1991 e 9.250/1995, permitia ao contribuinte compensar por sua conta e risco

---

16. Cf. BRASIL. Superior Tribunal de Justiça. *REsp 252.241/RJ*, Rel. originário Min. Peçanha Martins, Rel. para acórdão Min. Eliana Calmon, j. 03.12.2002.

desde que cumprisse com a exigência de que fossem tributos da mesma espécie, com a mesma destinação constitucional e apurados em períodos subsequentes; o segundo, da Lei 9.430/1996, que, apesar de permitir a compensação de quaisquer tributos e contribuições sob a administração do mesmo ente, exigia prévio requerimento do contribuinte para autorizar o procedimento e a extinção do crédito tributário.

Mais uma vez, coube ao STJ esclarecer, por meio do REsp 860.873/SP,[17] que, com o advento do referido art. 74, passou a ser possível a compensação de tributos diferentes desde que administrados pela Secretaria da Receita Federal, a quem cabe, mediante prévio requerimento, autorizar o procedimento.

Dito isso, em 2002, a Medida Provisória 66, convertida na Lei 10.637, instituiu nova sistemática para o art. 74 da Lei 9.430/1996, passando a ser autorizada a compensação mediante a apresentação de declaração, pelo sujeito passivo, com as informações relativas aos créditos utilizados e aos respetivos débitos compensados. Além disso, positivou-se que a compensação declarada pelo sujeito passivo extingue o crédito tributário, sob a condição resolutória de sua homologação posterior. Portanto, a compensação passou a ser realizada de forma unilateral pelo sujeito passivo por sua conta e risco, o que vigora até hoje.

Mais adiante, em 2003, a Medida Provisória 153, convertida na Lei 10.833, incluiu o § 5º ao art. 74 da referida lei, prevendo que "o prazo para homologação da compensação declarada pelo sujeito passivo será de cinco anos, contado da data da entrega da declaração de compensação". Assim, a SRFB, supostamente, tem o prazo de cinco anos para homologar a declaração de compensação apresentada pelo sujeito passivo,

17. Cf. BRASIL. Superior Tribunal de Justiça. *REsp 860.373/SP*, 2ª Turma. Rel. Min. Humberto Martins, *DJ* 30.10.2006. "Da atenta leitura dos autos, diante da data de propositura da ação, denota-se a vigência do art. 74 da Lei 9.430/96, sem as alterações determinadas na Lei 10.637/2002.Da exegese do citado diploma legal, sem a nova redação, conclui-se que é possível a compensação de tributos diversos, desde que sejam administrados pela Secretaria da Receita Federal, e que este Órgão, mediante prévio requerimento administrativo do contribuinte, autorize a compensação, o que não se verifica no caso".

e, caso este prazo seja extrapolado, o crédito estará definitivamente extinto, nos termos do inciso II do art. 156 do CTN.

Essas duas modificações legislativas posteriores também alteraram substancialmente o § 4º do artigo em comento, estabelecendo que os pedidos de compensação pendentes de apreciação estariam sujeitos aos mesmos efeitos da declaração de compensação, e os §§ 6º e 9º, preconizando que a declaração de compensação constitui confissão de dívida para fins de exigência dos débitos indevidamente compensados – assim, o tributo objeto da declaração de compensação não homologada poderá ser inscrito em dívida ativa e cobrado em Execução Fiscal, independentemente do lançamento de ofício, caso não haja pagamento ou apresentação de manifestação de inconformidade no prazo legal.

Para além das inúmeras controvérsias, após sucessivas alterações legislativas relacionadas à multa isolada, promovidas pelas Leis 10.833/2003, 12.249/2010, 12.844/2013, 13.097/2015 e 13.137/2015, atualmente os §§ 17 e 18 do art. 74 da Lei 9.430/1996 dispõem que "será aplicada multa isolada de 50% sobre o valor do débito objeto de declaração de compensação não homologada, salvo no caso de falsidade da declaração apresentada pelo sujeito passivo", e que, "no caso de apresentação de manifestação de inconformidade contra a não homologação da compensação, fica suspensa a exigibilidade da multa de ofício de que trata o § 17, ainda que não impugnada essa exigência".[18]

Aqui chega-se ao objeto de estudo do presente trabalho: a multa isolada de 50%, que será aplicada sobre o valor do débito no caso de declaração de compensação não homologada.

Sabe-se que, na forma art. 74 da Lei 9.430/1996, não há previsão para autocompensação tributária, sendo necessário um requerimento administrativo, ao qual se dá o nome de PER/DCOMP, que é a declaração de compensação ou o pedido

18. Cf. BRASIL. Lei 9.430, de 27.12.1996.

de restituição, verdadeiro encontro de contas para que os contribuintes aproveitem os créditos indevidamente recolhidos aos cofres públicos. Este requerimento é, atualmente, regido pela IN/RFB 1.717, de 2017, com alterações pontuais datadas de 2018 e 2020.

O que se observa como efeito desse pedido, de imediato, diz respeito à extinção do crédito tributário sob condição resolutória. Isso porque o mero envio do PER/DCOMP, nos termos do § 2º, do referido artigo[19] informa que "a compensação declarada à Secretaria da Receita Federal extingue o crédito tributário, sob condição resolutória de sua ulterior homologação".[20] Com isso, o contribuinte passa a ter o direito de emitir a certidão negativa de débitos fiscais, nos termos do art. 205 do CTN.

Da apresentação do pedido, decorrem três possibilidades: (i) a homologação tácita, no caso de ausência de manifestação do Fisco, no prazo estabelecido na lei; (ii) a não homologação, no caso de despacho decisório discordante; e, por fim, (iii) a compensação ser considerada não declarada.

Com relação à primeira possibilidade, seguindo a sistemática dos arts. 165 e 168 do CTN, o contribuinte tem o direito a fazer o pedido de restituição ou compensação, no prazo de cinco anos, sob pena de prescrição. Respeitado esse prazo, o Fisco passa a ter, também, cinco anos para analisar e homologar o pedido, na forma do § 5º, da norma. Caso não ocorra essa análise, sem a manifestação da autoridade fazendária, dá-se a homologação tácita, com a imediata e definitiva extinção do crédito tributário.

Por outro lado, quando o pedido não é homologado, ou seja, quando o Fisco analisa o pedido e dele discorda, é proferido um despacho decisório e a discussão passa para a esfera do contencioso administrativo, regido pelo Decreto 70.235/1972,

---

19. No mesmo sentido, o art. 66 da IN/RFB 1.717/2017, segundo o qual "a compensação declarada à RFB extingue o crédito tributário, sob condição resolutória da ulterior homologação do procedimento. A compensação declarada à RFB extingue o crédito tributário, sob condição resolutória da ulterior homologação do procedimento."

20. Cf. BRASIL. Lei 9.430, de 27.12.1996.

mediante a apresentação de manifestação de inconformidade pelo contribuinte, no prazo de 30 (trinta) dias da ciência da decisão fazendária. Isso ocorrendo, a exigibilidade do crédito tributário será suspensa, sem que seja inscrito em dívida ativa e executado judicialmente.

Nessa hipótese, o Fisco aplicará uma multa de 50% pelo fato de não ter se operado a homologação, o que ocorre com base no § 17, do art. 74 da Lei 9.430, segundo o qual "será aplicada multa isolada de 50% (cinquenta por cento) sobre o valor do débito objeto de declaração de compensação não homologada, salvo no caso de falsidade da declaração apresentada pelo sujeito passivo".[21]

Como terceira possibilidade, por fim, relembra-se que, nos termos do § 12, a compensação também poderá ser considerada não declarada, o que ocorre quando for realizada sem qualquer embasamento legal, sendo, nesse caso, também aplicada a multa isolada.

Assim, em que pese a compensação se apresentar como instrumento benéfico ao contribuinte, verifica-se, também, o ônus do procedimento pelo qual deve passar o contribuinte, que pode culminar na aplicação de multas sancionatórias, uma vez que cabe à SRFB homologar, ou não, o pedido.

Apresentado o histórico legislativo, delineando o procedimento e os seus efeitos, em continuidade aos estudos referentes ao instituto, passa-se a dissertar sobre a multa isolada como norma tributária sancionadora, que é o objeto de análise deste trabalho, um dos efeitos da não homologação da compensação tributária.

3. A multa isolada como norma tributária sancionadora

Para compreender e analisar a aplicação de multa isolada nos casos de não homologação de pedido de compensação, como

21. Cf. BRASIL. Lei 9.430, de 27.12.1996.

previsto pela legislação, e como supradelineado, é importante traçar a lógica deôntica por trás das multas por infrações tributárias.

Assim, esta parte do estudo busca compreender o sentido da norma jurídica e sua estrutura lógica, de modo breve, para apreender os comandos que uma norma jurídica tributária imporá à relação existente entre o Estado e o contribuinte. Neste particular, serão abordadas as espécies de normas jurídicas tributárias relacionadas ao cumprimento e descumprimento das obrigações tributárias, o conceito de sanções e suas espécies, de infração tributária e suas classificações, de acordo com o agente infrator.

Na sequência, será abordada de maneira específica a natureza jurídica das multas tributárias, contextualizando-as no ordenamento jurídico e elucidando os aspectos que diferenciam a norma tributária da norma tributária sancionatória, isto é, tributo e multa tributária.

3.1 Da norma à sanção, da norma tributária à norma tributária sancionadora

Antes de apresentar os elementos formadores da multa isolada como norma tributária sancionadora, é importante rememorar, ainda que brevemente, o que é uma norma jurídica, ao menos sua concepção nos moldes necessários às ideias exploradas neste trabalho, que remetem ao constructivismo lógico-semântico.

A norma jurídica será, basicamente, uma norma de conduta cujo objetivo principal é regular a ação ou a conduta humana, impondo orientações de comportamento para a realização do Direito em sua máxima potencialidade. Para Paulo de Barros Carvalho, são "significações construídas a partir de textos positivados e estruturados consoante a forma lógica dos juízos condicionais, compostos pela associação de duas ou mais proposições prescritivas".[22] Para Norberto Bobbio, complemen-

22. Cf. CARVALHO, Paulo de Barros. *Curso de direito tributário* cit., p. 8.

tando, as normas jurídicas nunca existem isoladamente, mas sempre em um contexto de normas com relações particulares entre si, isto é, as normas que compõem um ordenamento jurídico só possuirão sentido quando este ordenamento jurídico for entendido como um sistema como um todo.[23]

Segundo Lourival Vilanova,[24] o direito, como um todo, desenvolve suas normas jurídicas a partir de uma relação intersubjetiva, ao disciplinar certos fatos sociais tangentes às interações de dois ou mais sujeitos, constantes do suporte fático normativo.

A norma jurídica, com isso, não deve ser confundida com o texto da lei, que é suporte para a expressão do direito, composto, por sua vez, por signos linguísticos que carregam significados e se tornam enunciados prescritivos do direito positivo. Desse modo, a norma jurídica, em sua gênese, constitui enunciados prescritivos que compõem o suporte físico do direito – plano S1, contendo proposições jurídicas repletas de significações a partir deles construídas – plano S2, que possuem estrutura deôntica própria – planos S3 e S4.[25]

Além de outros fatores, é importante delinear os elementos que compõem o antecedente e o consequente da norma jurídica. O antecedente corresponde à proposição descritiva de um acontecimento ocorrido no mundo dos fatos, selecionado pelo legislador como sendo fato relevante do ponto de vista jurídico; o consequente, por sua vez, prescreve a relação jurídica entre os sujeitos ativo e passivo em torno de uma conduta

---

23. Cf. BOBBIO, Norberto. *Teoria da norma jurídica*. 5. ed. São Paulo: Edipro, 2014. p. 153.

24. Cf. VILANOVA, Lourival. *Causalidade e relação no direito*. 5. ed. São Paulo: Noeses, 2015. p. 194-202.

25. Diz-se dos planos S1, S2, S3 e S4 a respeito da teoria do percurso gerador de sentido, desenvolvido por Paulo de Barros Carvalho. Assim, diante de um texto jurídico o intérprete transita entre tais planos, ou estágios, na construção de sentido da norma no ordenamento, passando do subdomínio mais isolado da literalidade textual do suporte físico (S1) ao mais amplo, no ápice da construção do conteúdo normativo, estabelecendo os vínculos de coordenação e subordinação com o ordenamento vigente (S4).

considerada pelo ordenamento jurídico como proibida, obrigatória ou permitida. Considerando essa estrutura, tem-se que, ocorrido o antecedente, pode-se verificar o consequente, sendo este, condição necessária àquele.

A doutrina, por muito tempo, tem dissertado sobre a necessidade de o elemento punitivo compor ou não a norma jurídica. John Austin[26] preconizava que a ameaça, por si só, caso houvesse o descumprimento da norma, poderia estar tanto na norma prescritiva do dever, quanto em outra de caráter punitivo. Para Hans Kelsen,[27] por sua vez, a norma jurídica é, sobretudo, uma norma que impõe uma sanção para determinada conduta ilícita, já que em determinadas circunstâncias, determinado sujeito deve observar determinada conduta e, se não a observar, outro sujeito, o Estado, deve aplicar uma sanção a este determinado sujeito infrator.

Nesse sentido, Paulo de Barros Carvalho afirma que a ordem jurídica prevê, como consequência do descumprimento de certos deveres, providências que ou coagem mediante o emprego de força, ou aplicam penas restritivas de liberdade ou execução forçada.[28] Com isso, os sujeitos de direito ou cumprem os deveres previstos pela norma jurídica, ou, caso não o façam, incorrem em sanções, verdadeira proteção do ordenamento jurídico, ainda que ao custo de medidas punitivas que afetem a propriedade ou a liberdade das pessoas.

Lourival Vilanova informa que seria simplista a máxima "se ocorrer o ilícito, deve ser a sanção",[29] porque apenas logicamente interliga a ocorrência do ilícito a uma consequência

---

26. CARVALHO NETO, Pythagoras Lopes de. John Austin. *Enciclopédia jurídica da PUC-SP*. *In:* CAMPILONGO, Celso Fernandes; GONZAGA, Alvaro de Azevedo; FREIRE, André Luiz (Coord.). *Teoria geral e filosofia do direito*. São Paulo: Pontifícia Universidade Católica de São Paulo, 2017. Disponível em: https://bityli.com/IDvyXq.

27. Cf. KELSEN, Hans. *Teoria pura do direito*. 8. ed. São Paulo: Martins Fontes, 2009. p. 26.

28. Cf. CARVALHO, Paulo de Barros. *Curso de direito tributário* cit., p. 464.

29. Cf. SILVA, Paulo Roberto Coimbra. *Direito tributário sancionador*. São Paulo: Quartier Latin, 2007.

normativa, que tem por objetivo a regulação de condutas entre os sujeitos de direito. Isso porque estabelece as diferenças entre as regras de comportamento e as regras de conduta, sendo as primeiras, aquelas voltadas à conduta dos indivíduos e que se restringem ao modal deôntico permitido, obrigado e proibido; as segundas, aquelas que dizem respeito a aspectos gerais e princípios e possuem certa neutralidade do dever-ser.

A sanção, com isso, será tomada tanto como elemento que garante o cumprimento de normas que compõem o ordenamento jurídico, quanto consequência do descumprimento de determinados deveres estabelecidos pela ordem jurídica, o que acarretará a aplicação de medidas punitivas.

Para Miguel Reale, sanção é "[...] toda consequência que se agrega, intencionalmente, a uma norma, visando seu cumprimento obrigatório [...], é todo e qualquer processo de garantia daquilo que se determina em uma regra".[30] Para Hugo de Brito Machado, por sua vez, sanção é o meio de que se vale a ordem jurídica para desestimular o comportamento ilícito, podendo limitar-se a compelir o responsável pela inobservância da norma ao cumprimento de seu dever, e pode consistir em uma penalidade a ele cominada.[31]

Por sua vez, para Paulo de Barros Carvalho, para quem a sanção tributária se estabelece como relação jurídica que se instala a partir de um acontecimento, chamado fato ilícito, entre o titular do direito violado e o agente da infração, tem-se que

> [...] a sanção pode experimentar mutações semânticas que variam conforme o momento da sequência prescritiva (direito posto) ou expositiva (Ciência do Direito). Tanto é sanção a penalidade aplicada ao infrator quanto a relação jurídica que a veicula, tratando-se de norma individual e concreta. Também é "sanção"

30. Cf. REALE, Miguel. *Lições preliminares de direito*. 13. ed. São Paulo: Saraiva, 1986. p. 72.

31. Cf. MACHADO, Hugo de Brito. *Curso de direito tributário*. 26. ed. São Paulo: Malheiros, 2004, p. 381.

> o consequente da norma geral e abstrata, como a própria norma que tem como o antecedente a tipificação do ilícito.[32]

Com isso, o autor consigna diversas acepções para o termo sanção, que pode ser desde a penalidade atribuída a algum fato, a relação jurídica que veicula uma punição, o consequente da norma geral e abstrata, até mesmo "a providência que o Estado-jurisdição aplica coativamente, a pedido do titular do direito violado, tendo em vista a conduta do sujeito infrator".[33]

Por isso dizer que a norma jurídica, quando completa, por meio da coercitividade, que é representativa da coação potencial, garante juridicidade ao comando prescritivo. Quando se adota a teoria clássica da coação, cujos representantes são Thomas Hobbes, Immanuel Kant e Rudolf von Jhering,[34] esta se torna o meio pelo qual as normas jurídicas se fazem valer. Em contrapartida, segundo a teoria moderna, cujo representante principal é Hans Kelsen, a coação torna-se objeto das normas jurídicas[35] e não elemento que lhes garante eficácia, porque é a partir dela que surge a resposta ao desrespeito a determinada conduta prescrita pelo ordenamento jurídico e que funcionaria como verdadeira sanção.

A coerção,[36] por sua vez, é o que admite a execução de uma obrigação de maneira forçada e a cargo do Estado, com certa invasão à esfera da pessoalidade em busca da satisfação da norma não cumprida de maneira espontânea. Esse entendimento se coaduna com aquele de Lourival Vilanova,[37] para

---

32. Cf. CARVALHO, Paulo de Barros. *Direito tributário:* linguagem e método. 6. ed. São Paulo: Noeses, 2015. p. 866.

33. CARVALHO, Paulo de Barros. *Direito tributário:* linguagem e método cit., p. 866.

34. Cf. BOBBIO, Norberto. *O positivismo jurídico:* lições de filosofia do direito. São Paulo: Ícone, 2006. p. 152.

35. Cf. Ibidem, p. 157.

36. Cf. KELSEN, Hans. *Teoria pura do direito* cit., p.129. "[Se] o Direito é concebido como uma ordem coercitiva, uma conduta apenas pode ser considerada como objetivamente prescrita pelo Direito e, portanto, como conteúdo de um dever jurídico, se uma norma jurídica liga à conduta oposta um ato coercitivo como sanção".

37. Cf. VILANOVA, Lourival. *Causalidade e relação no direito* cit., p. 153-154.

quem é íntima a relação entre sanção e o exercício da coação estatal, que é o ato coercitivo para punir o descumprimento de uma norma primária.

Dessarte, as sanções, assim como a coerção, constituem formas de coação, ou seja, meios pelos quais o Estado, utilizando de suas prerrogativas, indiretamente obriga os seus jurisdicionados a empreender alguma atividade por ele almejada,[38] sendo tanto elementos garantidores do cumprimento das normas jurídicas, quanto consequência do descumprimento de deveres estabelecidos na ordem jurídica, o que ocorre mediante a aplicação de punições.

Transpondo-se o tema para o direito tributário, dentro da relação jurídico obrigacional tributária tem-se o Estado, com a inegável importância da arrecadação, responsável pelo financiamento de políticas públicas à coletividade, e o contribuinte, de quem são cobrados os tributos, o que não pode ocorrer de maneira abusiva – e isso de ambas as partes.[39] Aqui a sanção é utilizada como forma de direcionar o comportamento desse contribuinte para que efetue o pagamento dos tributos, cumprindo com a obrigação que lhe foi imposta.[40]

---

38. Cf. SOUZA, Maria Luiza Jansen Sá Freire. Sanção política no direito tributário: precedentes e atualidades. *Revista de Seção Judiciária do Rio de Janeiro*, n. 28, p. 117, ago. 2010.

39. Cf. HOLMES, Stephen; SUNSTEIN, Cass. *The cost of rights:* why liberty depends on taxes. New York: Norton, 1999. p. 15. É célebre a frase "direitos custam dinheiro", que traduz a necessidade que o Estado tem de arrecadar recursos para custear as políticas públicas que implementam direitos à sociedade, sendo o tributo a principal fonte de receita. Assim, pagar um tributo não é uma opção, mas uma obrigação, porque sem o pagamento o Estado não poderia custear ou financiar o mais simples dos direitos.

40. No Direito Tributário, a doutrina aponta a existência de várias espécies de sanções, e convém citar algumas para conhecimento do leitor. Para Paulo de Barros Carvalho, podem ser penalidades pecuniárias, multas de mora, juros de mora, apreensão de mercadorias, documentos ou dos respectivos veículos que os transportem, perda de mercadorias, sujeição a regime especial de controle, cassação de regimes especiais deferidos aos contribuintes. Para Sacha Calmon Navarro Coelho, as sanções fiscais somente pode ser pecuniárias, multas, porque ao Estado não cabe cassar o direito, confiscar os bens ou afetar a Liberdade do contribuinte ou do responsável pelo simples fato de descumprirem deveres fiscais. Para Geraldo Ataliba, seriam seis as espécies: juros de mora, multa de mora, multa reparatória, multa

Essa relação jurídico obrigacional tributária pressupõe que a lei preveja uma hipótese de incidência para um tributo, que, ao ser praticada, ocorrendo o fato gerador, culmina na obrigação – principal – de pagar o tributo, com a probabilidade de que ainda sejam previstos deveres instrumentais – acessórios. Com o descumprimento, tem-se a infração ou o ilícito tributário, que, conforme definido por Paulo de Barros Carvalho, é "toda ação ou omissão que, direta ou indiretamente, represente o descumprimento dos deveres jurídicos estatuídos em leis fiscais".[41]

Igualmente, as normas jurídicas tributárias sancionadoras ostentam a mesma estrutura lógica da regra-matriz de incidência das normas jurídicas tributárias: se for descumprido um dever tipificado na regra-matriz de sua incidência, teremos um fato ilícito, que será o não cumprimento do objeto da relação jurídico tributária, estando a ela vinculado o autor da conduta ilícita e o titular do direito violado.[42]

Do ponto de vista de Ricardo Lobo Torres, citado por Renato Lopes Becho,[43] ainda que subsista prevalência do direito penal tributário, existem duas classes de infrações fiscais, aquelas que constituem crime definido no Código Penal e aquelas previstas na legislação tributária.[44] Por outro lado, para Sacha Calmon Navarro Coelho, "as sanções fiscais somente podem ser pecuniárias (multas). Isso porque [...] aos povos civilizados repugna possa o Estado cassar direito (*capitis deminutio*),

punitiva, outras penalidades e penas criminais. Como visto, são inúmeras as classificações, além de variadas de autor para autor.

41. Cf. CARVALHO, Paulo de Barros. *Curso de direito tributário* cit., p. 470.

42. Cf. Ibidem, p. 469.

43. Cf. TORRES, Ricardo Lobo. *Curso de direito financeiro e tributário*. 16. ed. Rio de Janeiro: Renovar, 2009. p. 326-327. Apud BECHO, Renato Lopes. Direito tributário sancionador e as sanções político-administrativas. *Revista Dialética de Direito Tributário*, n. 222, p. 193-177, p. 107.

44. Cf. MACHADO, Hugo de Brito. *Curso de direito tributário*. 26. ed. São Paulo: Malheiros, 2004. p. 391. O autor afirma que "inexiste distinção essencial entre o ilícito civil, ou administrativa, e o ilícito penal", que seria apenas valorativa.

confiscar bens ou afetar a liberdade do contribuinte e do responsável, pelo só fato deles terem descumprido deveres fiscais".[45]

Assim, de forma resumida, identificam-se três grupos distintos de sanções tributárias no ordenamento jurídico no que concerne à sua natureza e seus efeitos: político-administrativas, pecuniárias e penais. As primeiras decorrem do descumprimento de deveres com o Fisco que se caracterizam por restrições de direitos sem o impacto direto ou perceptível quanto ao valor a ser pago, apenas restringindo as atividades do contribuinte; as segundas, além de poderem ser contabilizadas, sobre elas podem ser aplicadas multas, de mora e punitivas, além de juros; por fim, as terceiras, são aquelas que implicam restrição da liberdade da pessoa física culpada pelo dano ao erário. Para este trabalho, o enfoque se dá quanto às sanções pecuniárias, principalmente as multas, e ainda, mais especificamente, aquela chamada "isolada".

3.2 A multa isolada como norma tributária sancionadora

Desse modo, chega-se ao cerne deste trabalho, que é a multa tributária aplicada quando da não homologação de um pedido de compensação, sendo imprescindível o estudo de alguns de seus aspectos.

A multa tributária é uma espécie de sanção tributária e representa uma consequência negativa prevista pelo sistema tributário. Se origina de atos omissivos ou comissivos do sujeito passivo relativos (a) ao descumprimento de obrigação tributária principal, que pode se representar (i) pelo atraso no pagamento de tributo, (ii) pela falta de recolhimento do tributo, ou (iii) pela sonegação do tributo, e (b) ao descumprimento de obrigação acessória.

Nesse sentido, o CTN prescreve estrutura jurídica que divide a obrigação tributária em principal e acessória (obrigações de fazer ou não fazer), previstas na legislação tributária no art.

---

45. Cf. COÊLHO, Sacha Calmon Navarro. *Teoria e práticas das multas tributárias*. Rio de Janeiro: Forense, 2006.

113, § 2º, enquanto a principal corresponde ao pagamento de um tributo ou penalidade pecuniária, nos termos do art. 113, § 1º. Desse modo, na estrutura da regra matriz de incidência tributária, a penalidade pecuniária se encontra no consequente da regra para gerar o nascimento da relação jurídica que decorre da sua aplicação, com percentual definido, logicamente, pela legislação, a variar de acordo com a infração cometida.[46]

Como visto, a multa tributária é uma espécie de sanção fiscal pelo descumprimento de uma obrigação tributária, representando consequência negativa do ordenamento jurídico quando de atos comissivos ou omissivos praticados pelo sujeito passivo, geralmente o contribuinte, o que pode significar o atraso no pagamento de um tributo, a falta de recolhimento deste ou, até mesmo, o descumprimento de um dever instrumental.

A multa imposta em razão das infrações tributárias é de natureza pecuniária,[47] pois está consubstanciada em uma obrigação de dar determinada quantia em dinheiro ao sujeito ativo, representando, de certo modo, uma diminuição na propriedade do sujeito passivo, com o objetivo de reparar o dano causado, prevenindo a ocorrência de infrações futuras. Como exposto, somente pode ser estabelecida por lei, em respeito ao princípio da legalidade, seja extraído da Constituição ou do CTN.

---

46. Cf. CARVALHO, Paulo de Barros. *Direito tributário:* fundamentos jurídicos da incidência. 10. ed. São Paulo: Saraiva, 2015. p. 55. "Na verdade, o prescritor da norma é, invariavelmente, uma proposição relacional, enlaçando dois ou mais sujeitos de direito em torno de uma conduta regulada como proibida, permitida ou obrigatória. Trata-se de uma relação entre termos determinados, que são necessariamente pessoas: S' R S". Nessa fórmula, S' é uma pessoa qualquer e S" é uma pessoa qualquer, desde que não seja S'. R é o relacional deôntico, aparecendo num dos modais do dever-ser: V, P ou O, que são irredutíveis, mas interdefiníveis, isto é, com o auxílio do conectivo negador (-), é dado definir um pelo outro (Op = -P-p). Interpretando: dizer que uma conduta 'p' é obrigatória equivale a afirmar que não é permitido omiti-la."

47. Cf. CARVALHO, Paulo de Barros. *Curso de direito tributário* cit., p. 488. Como visto, Paulo de Barros Carvalho elenca um rol não taxativo de multas/sanções pecuniárias, são elas: penalidades pecuniárias, multa de ofício, multa punitiva ou por infração, multa isolada, multa agravada, multa de mora, juros de mora, acréscimos legais, correção monetária e outras providências, que podem ir desde a apreensão de mercadorias ou documentos, até a suspensão ou inclusão em regimes especiais.

Quando ocorrem infrações tributárias, a multa se constitui pelo lançamento de ofício, que é o procedimento administrativo de competência privativa da autoridade fiscal, em que será proposta a penalidade cabível, quando da observação da ocorrência do fato gerador correspondente, a determinação da matéria tributável, o cálculo do montante do tributo devido e a identificação do sujeito passivo.

Referidas multas se classificam de acordo com o tipo de obrigação a que se referem, podendo ser uma multa por descumprimento de obrigação principal ou pelo descumprimento de um dever instrumental, que são multas impostas principalmente quando o contribuinte se encontra em mora, podendo ser formais ou isoladas. Assim, o critério para classificação das multas advém de suas particularidades e subjetividades do ato praticado, sendo que o ordenamento tributário se utiliza do mesmo critério para graduá-las, agravando com mais rigor aquelas cometidas com dolo pelo sujeito passivo.

4. A jurisprudência sobre multa isolada aplicada quando do indeferimento da homologação de pedido de compensação de créditos tributários

Tendo por objeto a análise desse cenário, o Judiciário foi acionado diversas vezes para responder ao questionamento deste trabalho, que diz respeito à multa isolada aplicada pela Receita Federal do Brasil por meio de autos de infração que tratam da não homologação ou da homologação parcial de declarações de compensações apresentadas pelos contribuintes. Inicialmente, tem sido demonstrado entendimento favorável ao contribuinte, afastando a multa isolada por entender ser ela uma prática inibitória de um direito de petição, o que desestimularia os pedidos de compensação.

No STF, a discussão chegou, primeiro, por meio da Ação Direta de Inconstitucionalidade (ADI) 4.905, em que a Confederação Nacional de Indústria sustentou que a multa isolada violaria (i) o direito de petição aos poderes públicos, na medida em que impõe barreira relevante aos pedidos de compensação, nos termos do art. 5º, XXXIV, da CF/88;[48] (ii) o direito ao contraditório e à ampla defesa, previstos no art. 5º, LV, da CF/88;[49] (iii) a vedação do uso de tributo com efeito confiscatório, indicado no art. 150, IV, da CF/88;[50] (iv) os princípios da razoabilidade e da proporcionalidade; e, por fim, (v) a proibição do estabelecimento de sanções políticas.

Com relação a esse caso, em maio de 2020, o Ministro Gilmar Mendes, relator do caso, acompanhado pelo Ministro Luís Fux, conheceu parcialmente da ADI, tendo em vista a revogação do § 15 do art. 74 da Lei 9.430/1996,[51] e, na parte conhecida, entendeu ser inconstitucional o § 17, do mesmo artigo, e, por consequência, o art. 74, § 1º, da IN/RFB 1.717/2017,[52] sendo aguardados os votos dos demais Ministros.

---

48. Confira-se: "Art. 5º [...] XXXIV – são a todos assegurados, independentemente do pagamento de taxas: a) o direito de petição aos Poderes Públicos em defesa de direitos ou contra ilegalidade ou abuso de poder; [...]."

49. Confira-se: "Art. 5º [...] LV – aos litigantes, em processo judicial ou administrativo, e aos acusados em geral são assegurados o contraditório e ampla defesa, com os meios e recursos a ela inerentes; [...]."

50. Confira-se: "Art. 150. Sem prejuízo de outras garantias asseguradas ao contribuinte, é vedado à União, aos Estados, ao Distrito Federal e aos Municípios: [...] IV – utilizar tributo com efeito de confisco; [...]."

51. Confira-se: "Art. 74. [...] § 15. Será aplicada multa isolada de 50% (cinquenta por cento) sobre o valor do crédito objeto de pedido de ressarcimento indeferido ou indevido. (Revogado pela Lei 13.137, de 2015)."

52. Confira-se: "Art. 74. O tributo objeto de compensação não homologada será exigido com os acréscimos legais previstos na legislação. § 1º Sem prejuízo do disposto no *caput*, será exigida do sujeito passivo, mediante lançamento de ofício, multa isolada, nos seguintes percentuais: I – de 50% (cinquenta por cento) sobre o valor do débito objeto de declaração de compensação não homologada; ou II – de 150% (cento e cinquenta por cento) sobre o valor total do débito tributário indevidamente compensado, quando ficar comprovada falsidade da declaração apresentada pelo sujeito passivo. § 2º A multa a que se refere o inciso II do § 1º passará a ser de 225% (duzentos e vinte e cinco por cento) nos casos de não atendimento, pelo sujeito passivo, no prazo marcado, de intimação para prestar esclarecimentos ou para apresentar documentos ou arquivos magnéticos. § 3º O lançamento de ofício da multa isolada de que tratam os §§ 1º e 2º será efetuado por Auditor-Fiscal da Receita Federal do Brasil da unidade da RFB que considerou não homologada a compensação.

Por óbvio, o assunto chegou ao STF também por vias indiretas, sendo reconhecida a repercussão geral da matéria no Recurso Extraordinário 796.939 (Tema 736), em meados de 2014, e, à época, o Ministro Ricardo Lewandowski afirmou que o tema seria sensível a milhares de processos administrativos, e que o impacto da futura decisão viria a ser considerável.

Assim, trata-se de recurso extraordinário interposto pela União, contra acórdão proferido pelo TRF da 4ª Região, em que se questiona, à luz do princípio da proporcionalidade e do art. 5º, inciso XXXIV, alínea "a", da Constituição Federal, a constitucionalidade dos §§ 15 e 17 do art. 74 da Lei 9.430/1996, incluídos pela Lei 12.249/2010, os quais preveem a incidência de multa isolada no percentual de 50% sobre o valor objeto de pedido de ressarcimento indeferido ou de declaração de compensação não homologada pela Receita Federal.

Com relação ao referido § 15, quanto ao indeferimento de pedido de ressarcimento, o recurso perdeu o objeto, uma vez que o dispositivo foi revogado pela Lei 13.137/2015, revogação essa que teve efeitos pretéritos, nos termos do art. 106, inciso II, alínea "a", do Código Tributário Nacional.[53]

Em síntese, a União pretende a declaração de constitucionalidade dos referidos dispositivos, ao argumento de que a legislação é voltada a coibir práticas lesivas ao erário. Assim, argumenta que as multas em discussão foram inseridas na legislação tendo em vista atitudes reiteradas de contribuintes que declaravam créditos tributários para fins de ressarcimento ou compensação, mesmo cientes de que tais pedidos seriam rejeitados, por serem indevidos, buscando se beneficiar das vantagens decorrentes da mera apresentação deles, tais como extinção dos débitos sob condição resolutiva com direito à renovação da Certidão Negativa de Débitos, entre outros. Com base na interpretação conforme à Constituição, a União busca o entendimento de que a aplicação dessas multas, em caso

53. Confira-se: "Art. 106. A lei aplica-se a ato ou fato pretérito: [...] II – tratando-se de ato não definitivamente julgado: a) quando deixe de defini-lo como infração; [...]."

de comprovado abuso de direito, caracterizado pela reiterada submissão à autoridade administrativa, é constitucional.

A Procuradoria Geral da República se manifestou pelo desprovimento do recurso, propondo a seguinte tese: "É inconstitucional a multa prevista no art. 74, § 17, da Lei 9.430/1996, quando aplicada da mera não homologação da compensação tributária, ressalvada sua incidência aos casos de comprovada má-fé do contribuinte".

Em meados de 2020, o Ministro Relator, Edson Fachin, apresentou seu voto negando provimento ao recurso, sugerindo a fixação da seguinte tese: "É inconstitucional a multa isolada prevista em lei para incidir diante da mera negativa de homologação de compensação tributária por não consistir em ato ilícito com aptidão para propiciar automática penalidade pecuniária". O voto relator buscou respaldo no fundamento de que essa penalidade, tal como definida na legislação, viola, exatamente, o direito de petição dos contribuintes, bem como o devido processo legal, sendo que "a aferição da correção material da conduta do contribuinte que busca a compensação tributária na via administrativa deve ser, necessariamente, mediada por um juízo concreto e fundamentado relativo à inobservância do princípio da boa-fé em sua dimensão objetiva".

Após pedido de vista do Ministro Gilmar Mendes, o recurso foi logo em seguida pautado, para maio de 2020, sendo proferido voto-vista para acompanhar o relator, com a ressalva de *que* "é inconstitucional a multa isolada prevista em lei para incidir diante da mera negativa de pedido administrativo de ressarcimento ou de homologação de compensação tributária, por não consistir em ato ilícito com aptidão para propiciar automática penalidade pecuniária".

O voto-vista foi acompanhado pelos Ministro Celso de Mello e Luís Fux, que apresentou destaques ao julgamento, novamente retirado de pauta. O que ele pretende, com as ressalvas, é que a provável declaração de inconstitucionalidade da penalidade em discussão não afaste completamente os riscos dos contribuintes ao utilizarem as declarações de compensação de créditos cuja materialidade possa ser questionada pela Receita Federal.

Isso porque os arts. 18 da Lei 10.833/2009,[54] e 89, § 10, da Lei 8.212/1991,[55] preveem a aplicação de uma multa isolada ainda mais grave, de 150% sobre o valor compensado, quando se comprovar falsidade da declaração apresentada pelo contribuinte. Nesse ponto, será interessante dissertar sobre o conceito de falsidade, que é amplo e genérico, mas tem interpretação consolidada pela 2ª Turma da Câmara Superior do CARF.[56]

---

54. Confira-se: "Art. 18. O lançamento de ofício de que trata o art. 90 da Medida Provisória n. 2.158-35, de 24 de agosto de 2001, limitar-se-á à imposição de multa isolada em razão de não homologação da compensação quando se comprove falsidade da declaração apresentada pelo sujeito passivo. § 1º Nas hipóteses de que trata o *caput*, aplica-se ao débito indevidamente compensado o disposto nos §§ 6º a 11 do art. 74 da Lei 9.430, de 27 de dezembro de 1996. § 2º A multa isolada a que se refere o caput deste artigo será aplicada no percentual previsto no inciso I do caput do art. 44 da Lei 9.430, de 27 de dezembro de 1996, aplicado em dobro, e terá como base de cálculo o valor total do débito indevidamente compensado. § 3º Ocorrendo manifestação de inconformidade contra a não homologação da compensação e impugnação quanto ao lançamento das multas a que se refere este artigo, as peças serão reunidas em um único processo para serem decididas simultaneamente. § 4º Será também exigida multa isolada sobre o valor total do débito indevidamente compensado quando a compensação for considerada não declarada nas hipóteses do inciso II do § 12 do art. 74 da Lei 9.430, de 27 de dezembro de 1996, aplicando-se o percentual previsto no inciso I do caput do art. 44 da Lei 9.430, de 27 de dezembro de 1996, duplicado na forma de seu § 1º, quando for o caso. § 5º Aplica-se o disposto no § 2º do art. 44 da Lei 9.430, de 27 de dezembro de 1996, às hipóteses previstas nos §§ 2º e 4º deste artigo. § 6º O disposto neste artigo aplica-se, inclusive, à compensação de que trata o inciso I do *caput* do art. 26-A da Lei 11.457, de 16 de março de 2007."

55. Confira-se: "Art. 89. [...] Na hipótese de compensação indevida, quando se comprove falsidade da declaração apresentada pelo sujeito passivo, o contribuinte estará sujeito à multa isolada aplicada no percentual previsto no inciso I do *caput* do art. 44 da Lei 9.430, de 27 de dezembro de 1996, aplicado em dobro, e terá como base de cálculo o valor total do débito indevidamente compensado."

56. A título de esclarecimento, o conceito de falsidade tem sido interpretado pela 2ª Turma da Câmara Superior do CARF (Acórdão 9202-008.521, julgado em 28.01.2020) da seguinte maneira: "Declaração falsa é aquela que, conscientemente, não corresponde à verdade. É diferente do erro, do mero engano, em que o agente insere informação inverídica, porém, pensando estar inserindo informação verdadeira. Informar em declaração entregue ao Fisco que detém um crédito passivo de restituição ou ressarcimento quando não tem o reconhecimento de que esse crédito é passível de restituição, configura efetivamente falsidade da declaração. [...] a aplicação do § 10 do art. 89 da Lei º 8.212/1991 não está condicionada à comprovação de evidente intuito de fraude ou de qualquer outro requisito previsto no § 1º do art. 44 da Lei 9.430/1996".

A partir daqui, têm-se três cenários: (i) essa ainda mais temerária multa de 150%, vir a ser imputada sem a necessidade de demonstração de dolo, fraude, simulação, na hipótese de nulidade da multa isolada de 50% pelo STF; (ii) a Instrução Normativa RFB 1.862/2018, que incluiu as declarações de compensação entre as hipóteses de responsabilidade tributária, indica que a penalidade pode vir a ser redirecionada aos sócios e administradores; e (iii) existem outras hipóteses para que uma compensação seja considerada não declarada e sujeita à aplicação de multa isolada de 75%, nos termos do § 12 do art. 74 da Lei 9.430,[57] e, caso isso ocorra, elas podem ser aumentadas pela metade (totalizando 112,5% e 225%), nos casos de não atendimento, pelo sujeito passivo, no prazo marcado, de intimação para prestar esclarecimentos ou para apresentar documentos.

A inconstitucionalidade da multa em discussão é visível, por se tratar de punição pelo simples requerimento administrativo, o que conflita com o direito de petição garantido pela Constituição Federal. Dessa forma, é importante a análise do caso, de suas controvérsias, de suas consequências, pois, caso confirmado o entendimento da Corte Constitucional, aos contribuintes poderá ser reestabelecida a segurança das relações tributárias com a administração fiscal.

57. Confira-se: "Art. 74. [...] § 12. Será considerada não declarada a compensação nas hipóteses: I – previstas no § 3º deste artigo; II – em que o crédito: a) seja de terceiros b) refira-se a "crédito-prêmio" instituído pela art. 1º do Decreto-Lei 491, de 5 de março de 1969; c) refira-se a título público; d) seja decorrente de decisão judicial não transitada em julgado; ou e) não se refira a tributos e contribuições administrados pela Secretaria da Receita Federal – SRF; f) tiver como fundamento a alegação de inconstitucionalidade de lei, exceto nos casos em que a lei: 1 – tenha sido declarada inconstitucional pela Supremo Tribunal Federal em ação direta de inconstitucionalidade ou em ação declaratória de constitucionalidade; 2 – tenha tido sua execução suspensa pela Senado Federal; 3 – tenha sido julgada inconstitucional em sentença judicial transitada em julgado a favor do contribuinte; ou 4 – seja objeto de súmula vinculante aprovada pela Supremo Tribunal Federal nos termos do art. 103-A da Constituição Federal".

4.1 Possível prognóstico acerca da constitucionalidade da multa isolada com base nos princípios informadores do sistema tributário brasileiro

Como demonstrado, a multa isolada sob discussão na Corte Constitucional é usualmente aplicada pela Secretaria da Receita Federal do Brasil por meio de autos de infração relacionados aos processos administrativos que tratam da não homologação ou da homologação parcial de declarações de compensação apresentados pelos contribuintes. Além disso, tem por objetivo desestimular que os contribuintes utilizem o instrumento jurídico como forma de planejamento tributário, utilizando créditos cuja materialidade possa ser considerada controversa.

Sabe-se que para observar a constitucionalidade, ou não, de uma norma, deve-se observar sua consonância com as normas constitucionais, analisando os princípios que a ela se aplicam, sua função e sua finalidade. Como é matéria deste trabalho, a análise da constitucionalidade de uma penalidade tributária que é o objeto de inúmeros questionamentos jurisprudenciais e doutrinários passa também pela análise das desproporcionalidades do instituto, consequentemente, do procedimento.

Então, cabe tecer breves comentários principalmente sobre o *princípio da capacidade contributiva e o princípio do não confisco*. Além disso, por outro lado, devem ser observados os *princípios da proporcionalidade*, da *razoabilidade*, da *moralidade* e da *legalidade*, imprescindíveis à Administração Pública.

Falar em *razoabilidade* e em *proporcionalidade*, que possuem características comuns, com origens diferentes – um anglo-saxônico e o outro suíço-germânico,[58] – é falar sobre a utilização

---

58. Cf. GUERRA FILHO, Willis Santiago. *Ensaios de teoria constitucional*. Fortaleza: UFC, Imprensa Universitária, 1997. Acerca da origem dos princípios da proporcionalidade e da razoabilidade, Willis Santiago Guerra Filho informa que "o princípio da proporcionalidade é originário do direito alemão, e não pode ser confundido com o princípio da razoabilidade, de origem anglo-saxônica, pois são absolutamente diversos em sua destinação, como são verdadeiramente incomensuráveis. A desobediência ao princípio da razoabilidade significa ultrapassar os limites do que as pessoas em geral, de plano, consideram aceitáveis, em termos jurídicos. É um princípio com

desses princípios como instrumentos de interpretação judicial, no que se refere à análise e à concretude do princípio da proibição do confisco e da multa punitiva. Assim, ainda que a Administração Tributária tenha finalidades e objetivos a alcançar, estes deverão ser adequados dentro das medidas e propósitos previstos constitucionalmente e legalmente (os fins justificam os meios? – aqui pode relacionar com a vedação ao confisco).

Referidos princípios, buscam garantir o Estado Democrático de Direito, de modo que não sejam eliminados direitos em detrimento de outros, quando em conflito, respeitando-se os núcleos essenciais e fundamentais.[59] Desdobra-se em (i) adequação, quando o meio empregado pelo Fisco deve ser compatível com a sua finalidade, sendo o meio mais apropriado para a satisfação do interesse público, (ii) necessidade ou exigibilidade, por dever ser necessária a conduta, não havendo outro meio menos gravoso ou oneroso para se atingir o fim público, e, por fim, (iii) proporcional em sentido estrito, em que as vantagens devem superar as desvantagens de uma ou outra conduta.

Com isso, proíbem-se arbitrariedades do Estado, protegendo o Estado Democrático de Direito e, consequentemente, o contribuinte, para que a conduta do Fisco não pereça em vícios e ocorra dentro de padrões de aceitabilidade – assim, se a conduta for lícita, será, também, razoável.

Por isso dizer que, quando um se refere às penalidades tributárias, devem ser observados os princípios da proporcionalidade e da razoabilidade, pois as sanções devem ser adequadas e compatíveis com o fim que se almeja, buscando compatibilidade com a Constituição Federal para se atingir o fim justiça,[60] e não apenas a punição do contribuinte, que deve

---

função negativa. Já o princípio da proporcionalidade tem função positiva a exercer, na medida em que pretende demarcar aqueles limites, indicando como nos mantermos dentro deles – mesmo que não pareça, a primeira vista, 'irrazoável' ir além".

59. Cf. BRANCO, Luiz Carlos. *Equidade, proporcionalidade e razoabilidade, doutrina e jurisprudência*. São Paulo: Millenium, 2012. p. 20.

60. Cf. BARROSO, Luís Roberto. Os princípios da razoabilidade e da proporcionalidade no direito constitucional. *Cadernos de Direito Constitucional e Ciência Política*, São Paulo, Revista dos Tribunais, n. 23, 1998, p. 69.

ocorrer, então, de maneira justa, proporcional e razoável ao sujeito ativo do ilícito.[61]

Por sua vez, o *princípio do não confisco*, previsto no art. 150, inciso IV, da Constituição Federal, decorre da proteção ao direito de propriedade, tendo por finalidade impedir que, justamente, um tributo seja utilizado com efeitos confiscatórios, ou seja, que sejam instituídos tributos excessivos.

Isso porque o tributo que tenha efeito de confisco será entendido como aquele que, por impor tributação excessiva, corresponde a uma absorção, no todo ou em parte, do patrimônio de determinado sujeito passivo pelo Estado, seja por violação da lei, como pena principal ou acessória. Como leciona Roque Antonio Carrazza, "a tributação será confiscatória quando chega a agredir a propriedade privada", a ponto mesmo de fazê-la desaparecer. Para Aliomar Baleeiro, tributos serão confiscatórios quando absorverem parte considerável do valor da propriedade, aniquilarem a empresa ou impedirem o exercício de uma atividade lícita e moral.[62]

A delimitação, portanto, do limite do confisco, é sutil. Para parte da doutrina[63] o princípio deve ser entendido como um princípio de razoabilidade da tributação, sendo verdadeiro patamar de uma tributação razoável. Exatamente porque a Constituição Federal não define *per se* o percentual a partir do qual um tributo será confiscatório. Não se está diante de um princípio matemático, mas de um critério informador ao legislador, ao intérprete e ao julgador, o qual, ao analisar o caso concreto, deverá decidir se o tributo é confiscatório ou não.

---

61. Cf. CARVALHO, Paulo de Barros. *Curso de direito tributário* cit., p. 498-499. Para o autor, a imposição de multas deve ficar dentro do limite da razoabilidade e da proporcionalidade, devendo, portanto, ter adequação com o ilícito praticado e não devendo ser excessiva no que diz respeito ao dano causado e ao benefício obtido com a prática indevida.

62. Cf. BALEEIRO, Aliomar. *Direito tributário brasileiro:* CTN comentado cit.

63. Cf. AMARO, Luciano. *Direito tributário brasileiro*. 22. ed. São Paulo: Saraiva, 2017; e COÊLHO, Sacha Calmon Navarro. *Curso de direito tributário brasileiro* cit.

Por um lado, não há consenso nem na doutrina e nem na jurisprudência quanto a sujeição das multas tributárias ao princípio constitucional do não confisco. Para Hugo de Brito Machado,[64] referido princípio não se aplicaria ao descumprimento de normas formais tributárias, uma vez que a vedação constitucional não diz respeito às multas, tão somente aos tributos, não sendo razoável invocar qualquer garantia jurídica para o exercício da ilicitude. No mesmo sentido, Misabel Derzi, em nota à obra de Aliomar Baleeiro, consigna que não se pode abrigar no princípio que veda utilizar tributo com efeito de confisco o contribuinte omisso que lesou o fisco, prejudicando os superiores interesses da coletividade.[65]

Por outro lado, a exemplo de Sacha Calmon,[66] defende-se a aplicação do princípio do não confisco às multas tributárias, já que aquelas excessivas ultrapassariam o razoável para punir os transgressores e para prevenir que o ilícito não voltasse a acontecer, o que seria um confisco de forma indireta, vedado genericamente. Tal aplicação de multa nesses moldes só se efetivaria com a observância do devido processo legal, não podendo ser imputada por hipótese.

Indiscutivelmente, em que pesem as respeitáveis posições da doutrina e da jurisprudência,[67] pode-se concluir

---

64. Cf. MACHADO, Hugo de Brito. *Curso de direito tributário*. São Paulo: Malheiros, 2017.

65. Cf. BALEEIRO, Aliomar. *Direito tributário brasileiro:* CTN comentado cit.

66. Cf. COÊLHO, Sacha Calmon Navarro. *Teoria e prática das multas tributárias* cit. "[...] uma multa excessiva ultrapassando o razoável para dissuadir ações ilícitas e para punir os transgressores (caracteres punitivos e preventivo da penalidade) caracteriza, de fato, uma maneira indireta de burlar o dispositivo constitucional que proíbe o confisco. Este só poderá se efetivar se e quando atuante a sua hipótese de incidência e exige todo um processo. A aplicação de uma medida de confisco é algo totalmente diferente da aplicação de uma multa. Quanto esta é tal que agride violentamente o patrimônio do cidadão contribuinte, caracteriza-se como confisco indireto e, por isso, é inconstitucional".

67. Cf. BRASIL, STF, ADIn 2.010-MC, Rel. Min. Celso de Mello. Veja-se: "A proibição constitucional do confisco em matéria tributária nada mais representa senão a interdição, pela Carta Política, de qualquer pretensão governamental que possa conduzir, no campo da fiscalidade, à injusta apropriação estatal, no todo ou em

que, mesmo que o princípio do não confisco não se estenda às multas punitivas, as multas excessivas têm de se submeter ao princípio da proporcionalidade para não confiscar o patrimônio do contribuinte. Ainda que o contribuinte venha a descumprir obrigações principais ou acessórias e até mesmo incorra na sonegação fiscal, a penalidade deve ser proporcional e se ater ao seu fim.

O princípio da legalidade, ou da estrita legalidade, é um dos mais importantes princípios constitucionais em matéria tributária, como se observa do art. 150, inciso I, da Constituição Federal. Além disso, como já exposto, está expressamente previsto no Código Tributário Nacional em seu art. 97.

Da conjugação destes dispositivos tem-se que só é possível criar ou majorar tributos por meio de lei, regra que também se aplica para aumentar, diminuir ou isentar tributos, perdoar débitos, descrever infrações e cominar sanções. Nesse último ponto, o princípio da legalidade busca conferir segurança jurídica e impedir que sejam praticados atos abusivos contra o contribuinte.

Assim, ao legislador infraconstitucional, ao estabelecer o vínculo obrigacional tributário, que decorrerá de lei, deverá observar os limites previstos ao poder de tributar. E aqui é importante ressaltar que não haverá cobrança de multa ou imposição de sanção se a obrigação principal deixar de existir por vício no vínculo obrigacional, qual seja, a lei. Paulo de Barros esclarece ainda que as normas que tratam das sanções, ainda que de maneira meramente material, não podem apresentar tipologia aberta, uma vez que esta tipologia é própria do direito privado, que possui maior amplitude semântica. Com isso afirma que "a norma com amplitude aberta restringe, de maneira incontrolável, a liberdade e a propriedade,

---

parte, do patrimônio ou dos rendimentos dos contribuintes, comprometendo-lhes, pela insuportabilidade da carga tributária, o exercício do direito a uma exigência digna ou, ainda, a regular satisfação de suas necessidades vitais (educação, saúde e habitação por exemplo".

ferindo e comprometendo a segurança do sistema jurídico".[68] Com este entendimento, resta claro que as normas sancionadoras devem ter tipo preciso e restrito.

Dito isso, é imprescindível que haja unidade de princípios que regule toda a tributação, tanto no que concerne às obrigações principais quanto nas obrigações acessórias convertidas em obrigações principais em face de seu descumprimento e imposição de sanções. Somente dessa forma os princípios, que são limite na imposição de multas, serão instrumento de proteção e garantia do contribuinte, que não pode ser ignorado pelo legislador ou pelo Fisco.

Com relação ao *princípio da capacidade contributiva*, previsto no art. 145, § 1º, da Constituição Federal, importante relembrar que está diretamente relacionado à capacidade econômica do sujeito passivo em cumprir com uma obrigação tributária principal, já que determina que, sempre que possível, a tributação seja graduada segundo a capacidade econômica do contribuinte, o que informa o caráter de pessoalidade da norma.

Esse princípio também está intimamente relacionado com o princípio da isonomia tributária, pois aos sujeitos passivos em igual situação econômica devem ser aplicadas sanções iguais, e aos sujeitos passivos em situação de desigualdade, a medida dessa desigualdade deve ser considerada no momento da aplicação (ou não) da sanção por ato ilícito. Portanto, tem por objetivo a justiça fiscal, ao se encarregar da repartição dos encargos do Estado na proporção das possibilidades de cada contribuinte.

A capacidade contributiva possui duas dimensões, uma estrutural e outra funcional. Sob o ponto de vista estrutural, define-se como a aptidão para suportar o ônus tributário ou a capacidade de arcar com a despesa decorrente da cobrança de determinado tributo. Sob o ponto de vista funcional, por sua vez, é vista como sendo critério diferenciador, averiguando que uma pessoa terá mais ou menos do que a outra, assim,

68. Cf. CARVALHO, Paulo de Barros. *Curso de direito tributário* cit., p. 487.

demonstra ao direito que nem todos são iguais, e ao direito tributário, que nem todos suportarão a mesma carga tributária da mesma maneira.

Conclui-se que, embora somente expresso no âmbito dos impostos, o princípio da capacidade contributiva deve ser observado também para outros tributos e também para as multas e sanções tributárias. A esse entendimento se coaduna aquele de Ricardo Lobo Torres,[69] para quem a capacidade contributiva está intimamente subordinada à ideia de justiça distributiva, isto é, cada contribuinte deverá pagar o tributo de acordo com a sua possibilidade e disponibilidade patrimonial, sendo a capacidade de pagar e de contribuir na medida de sua renda e haveres, sem que seja afetado o mínimo existencial garantido pela Constituição Federal em seu art. 7º, inciso IV.

Portanto, se o tributo ou a penalidade ultrapassarem a capacidade contributiva da pessoa, subtraindo do contribuinte a sua capacidade de se sustentar, afetando o atendimento ao seu mínimo existencial, chega-se ao confisco, que, como visto, também é vedado e constitui verdadeiro limite à atividade fiscal.

O *princípio da moralidade* é também de relevante consideração para o caso, já que impõe que o administrador público deverá observar os preceitos éticos em sua conduta, devendo averiguar os critérios de conveniência, oportunidade e justiça em seus atos, além de distinguir o que é honesto do que é desonesto, como afirma José dos Santos Carvalho Filho.[70]

A Constituição faz referência à moralidade expressamente em seu art. 37, afirmando que a administração pública, direta e indireta, referente a quaisquer poderes da União, dos Estados, do Distrito Federal e dos Municípios, deverá obedecer, entre outros princípios, o da moralidade. A intenção do constituinte é justamente a de coibir abusos e atos abusivos

---

69. Cf. TORRES, Ricardo Lobo. *Curso de direito financeiro tributário*. 12. ed. Rio de Janeiro: Renovar, 2005. p. 77-80, 82-83, 91-98.

70. Cf. CARVALHO FILHO, José dos Santos. *Manual de direito administrativo*. 27. ed. São Paulo: Atlas, 2014. p. 22.

por parte dos administradores, ao demonstrar que esse deve não só conhecer a lei que irá aplicar, como também os princípios que regem a sua função.

Para Hely Lopes Meirelles,[71] a moralidade pretende que ao legal deve-se juntar o honesto e o conveniente aos interesses gerais. Por outro lado, José Afonso da Silva[72] concebe a moralidade como um conjunto de regras e condutas extraídas da disciplina geral da administração. Já no entendimento de Maria Sylvia Zanella di Pietro,[73] a moralidade surgiu e se desenvolveu a partir da ideia de desvio de poder, pois a Administração Pública se utilizava de meios lícitos para atingir finalidades irregulares – com isso estaria o princípio intrínseco à conduta do agente.

O princípio da moralidade não é fácil de se vislumbrar na prática, até porque existe um sem-fim de condutas e práticas desvirtuadoras das verdadeiras finalidades da Administração Pública. De modo geral, a percepção da imoralidade ocorre de maneira mais contextual da decisão a ser tomada. Contudo, é de se ressaltar que está diretamente associada ao princípio da legalidade, pois poderá culminar em ofensa clara à legislação.

Além disso, pode-se afirmar ainda que esse princípio não deve ser observado somente do ponto de vista da Administração Pública, mas também pelo particular que com ela se relaciona – agir de má-fé, com o intuito de fraudar, além de imoral, é ilícito e pode acarretar sanções. Porém, não havendo conduta imoral ou ilícita pelo contribuinte, deve-se observar se o tratamento a ele conferido está dentro dos parâmetros da moralidade, ou seja, se é uma conduta honesta e justa e que o interesse público está prevalecendo em detrimento do interesse particular.

---

71. Cf. MEDAUAR, Odete. *Direito administrativo moderno*. 15. ed. São Paulo: RT, 2004. p. 133.

72. Cf. SILVA, José Afonso. *Curso de direito constitucional positivo*. 34. ed. São Paulo: Malheiros, 2011. p. 669.

73. Cf. DI PIETRO, Maria Sylvia Zanella. *Direito administrativo*. 25. ed. São Paulo: Atlas, 2012. p. 78.

Por fim, é de se salientar a importância do *princípio da boa-fé do contribuinte*, o qual, embora não inserido em nenhuma cláusula geral, está presente no direito tributário por perpassar a relação jurídica tributária, gerando obrigações para o Fisco e para o contribuinte.

Em sua origem, a boa-fé pode ser definida como a atuação com lisura, sem ofensa à lei, sem dolo. É o agir de maneira honesta, sem malícia, sem a intenção de fraudar a outrem, é o atuar na suposição de que a conduta é a mais correta, permitida ou devida.[74]

Assim como os demais princípios elencados, a boa-fé não se aplica apenas ao público ou apenas ao privado, por se tratar de um princípio geral. A diferença é que, no caso do primeiro, atinge a administração e o administrado de forma conjunta. Por isso pode-se afirmar que o contribuinte, como parte da relação jurídica tributária, tem obrigações com a boa-fé tributária. E sob a ótica da Administração Pública, é inegável a sua importância, pois é a responsável pela apuração e arrecadação dos tributos com igualdade e em conformidade com a lei, impedindo tanto que se apliquem de maneira evasiva ou que se apliquem de maneira abusiva.

A recepção do princípio da boa-fé, no âmbito do direito administrativo e tributário, é imperativo que visa flexibilizar o exercício do poder punitivo do Estado, na medida em que o Estado, ainda que intervencionista, constitui, em contrapartida, a segurança jurídica, indispensável à distribuição da justiça em sua dimensão material.

5. Considerações finais

Diante do exposto neste trabalho, não há margem para dúvidas quanto à inconstitucionalidade da multa isolada de 50% aplicada quando não seja homologado o pedido de

---

74. Cf. BANDEIRA DE MELLO, Celso Antônio. *Curso de direito administrativo*. Madrid: Civitas, 1989. p. 49.

compensação tributária, ainda que não tenha sido pacificado o entendimento no STF por meio do julgamento sob a sistemática da repercussão geral do Tema 736.

Em termos de procedimento administrativo, fica claro todo o arcabouço legislativo que rege os pedidos de compensação, sendo instituto que promove verdadeiro encontro de contas entre Fisco e contribuinte, o qual demonstra que tem um débito e um crédito, e este fica extinto sob condição resolutória, sendo possível a expedição de Certidão Negativa de Débitos, até que o pedido seja efetivamente analisado. Caso o pedido não seja homologado tacitamente, o que ocorre quando não há a análise pelo Fisco no prazo de cinco anos estipulado pela lei, a compensação pode ser não homologada ou não declarada. Nesses casos, aplica-se multa isolada no percentual de metade do débito discutido, nos termos do § 17 do art. 74 da Lei 9.430/1996.

O Fisco justifica tal cobrança como meio de se evitar o abuso de direito dos contribuintes que requerem a compensação para ter o simples benefício da extinção e da suspensão da exigibilidade do crédito tributário. Ainda, afirma que se for em percentual inferior, não terá a eficácia pretendida.

Contudo, como se verifica dos argumentos expostos neste trabalho, as sanções tributárias têm por objetivo funcionar como direcionadoras de conduta do contribuinte, para que efetue o pagamento de determinado tributo, cumprindo com a obrigação tributária que lhe foi imposta pela ocorrência do fato gerador contido na hipótese de incidência da regra matriz tributária.

Além disso, a multa tributária tem por objetivo também sancionar e punir o contribuinte que comete infração à norma tributária, porém, tal ação não pode ultrapassar o limite de sua função, atingindo o patrimônio e a pessoa do sujeito passivo da relação tributária, pois, assim, violará os princípios constitucionais.

Doutrina e jurisprudência são unânimes quanto à necessidade de aplicação dos princípios da proporcionalidade e da razoabilidade ao caso, os quais defendem que, mais do que adequada e proporcional, a aplicação das multas tributárias deve buscar a justiça. Não podendo, com isso, ser aplicada multa isolada visando confiscar o patrimônio do contribuinte, devendo ser adequada com o ilícito praticado, não sendo excessiva com relação ao dano causado e ao benefício obtido com a prática do ilícito. Se a finalidade do Fisco é ser mais célere nos procedimentos de compensação, a aplicação de multa isolada para aquele contribuinte que agiu de boa-fé não é a maneira mais proporcional e razoável de se resolver a questão. Ademais, o mero indeferimento do pedido de compensação não causa nenhum prejuízo ao Fisco, sendo a multa desnecessária, inadequada, tendo por único objetivo o constrangimento do contribuinte que não poderá reaver o seu crédito.

Também com relação ao princípio do não confisco, apesar de não existir valor exato a ser considerado como confiscatório, como visto, este visa estipular patamar suportável para ocorrer a tributação. Assim, pode-se afirmar que, diante de uma sanção ou multa excessiva, irrazoável, ela ultrapassa os limites em face da conduta ilícita praticada pelo contribuinte, o que evidencia não apenas a sua função punitiva, mas também o ataque ao patrimônio do contribuinte, sendo confiscatória e, consequentemente, inconstitucional. A multa isolada como pretende aplicada o Fisco demonstra de forma clara o confisco estatal, uma vez que além de ter de pleitear um direito creditório, o contribuinte corre o risco de ao final ter seu pedido indeferido, e, ainda, receber uma multa que excede, e muito, qualquer custo apurável.

Vale ressaltar, como exposto, que as penalidades tributárias devem estar previstas expressamente na legislação, sob pena de violação ao princípio da legalidade. Da mesma forma, a moralidade, como princípio, deve ser cumprido por toda a administração pública, por ter como objetivo principal coibir os atos abusivos, já que uma conduta que desobedece a um padrão prévio não deve ser considerada ilícita, a não ser que cause dano ou injustiça. Por isso, uma sanção não expressa na legislação, e que seja considerada excessiva, por atingir injustamente o patrimônio do contribuinte, será imoral e inválida.

Não é de se olvidar do princípio da capacidade contributiva, a qual deverá ser observada sempre que possível, na medida da capacidade econômica e patrimonial do contribuinte que suportará o tributo. Isto é, cada um arcará tributariamente de acordo com a sua possibilidade de pagamento, sem que isso afete o mínimo existencial necessário a sua subsistência.

Dessa forma, ao responder o questionamento do presente trabalho, se seria constitucional a multa isolada imposta no percentual de 50% ao contribuinte que tenha protocolado pedido de compensação agindo com boa-fé e sem a intenção de fraudar o Fisco, esses princípios todos servem de guarida para as conclusões mais simples e óbvias.

Este é o entendimento inclusive da jurisprudência, para a qual a multa viola não só os princípios citados, mas também o direito de petição do contribuinte, por subsistir uma barreira relevante ao pedido de compensação, causando imensa insegurança jurídica.

Isso posto, é de se entender que as normas questionadas contrariam não só o art. 5º, inciso XXXIV, da Constituição Federal, que se refere ao direito de petição, como também os princípios da proporcionalidade, da razoabilidade, da moralidade, do não confisco, da capacidade contributiva e da boa-fé do contribuinte. A norma, como inserta no sistema tributário brasileiro, deve ser reputada inconstitucional, tanto pelo exposto, como por restar claro que a sua única finalidade é prejudicar e coagir o contribuinte de boa-fé que busca, por meio de um procedimento lícito, a compensação de um tributo recolhido indevidamente. Não há de subsistir multa ou sanção pela simples conduta lícita de determinado contribuinte que põe o seu agir dentro dos limites do exercício regular do direito.

Referências bibliográficas

AMARO, Luciano. *Direito tributário brasileiro*. 22. ed. São Paulo: Saraiva, 2017.

BALEEIRO, Aliomar. *Direito tributário brasileiro:* CTN comentado. 14. ed. atualizada por Misabel Abreu Machado Derzi. Rio de Janeiro: Forense, 2018.

BANDEIRA DE MELLO, Celso Antônio. *Curso de direito administrativo*. Madrid: Civitas, 1989.

BARROSO, Luís Roberto. Os princípios da razoabilidade e da proporcionalidade no direito constitucional. *Cadernos de Direito Constitucional e Ciência Política*, São Paulo, Revista dos Tribunais, n. 23, 1998.

BECHO, Renato Lopes. Direito tributário sancionador e as sanções político-administrativas. *Revista Dialética de Direito Tributário*, n. 222, p. 193-177.

BEVILÁQUA, Clóvis. *Código Civil*. 3. ed. Rio de Janeiro: Francisco Alvez, 1930. v. IV.

BOBBIO, Norberto. *Da estrutura à função:* novos estudos de teoria do direito. São Paulo: Manole, 2007.

BOBBIO, Norberto. *O positivismo jurídico:* lições de filosofia do direito. São Paulo: Ícone, 2006.

BOBBIO, Norberto. *Teoria da norma jurídica*. 5. ed. São Paulo: Edipro, 2014.b

BOBBIO, Norberto. *Teoria geral do direito*. 3. ed. São Paulo: Martins Fontes, 2010.

BOTTALLO, Eduardo Domingos. A compensação tributária e o artigo 170-A do CTN. *In:* ROCHA, Valdir de Oliveira; (Colab.).; BARRETO, Aires F. *Grandes questões atuais do direito tributário*. São Paulo: Dialética, 2001. v. 5.

BRANCO, Luiz Carlos. *Equidade, proporcionalidade e razoabilidade, doutrina e jurisprudência*. São Paulo: Millenium, 2012.

BRASIL. Superior Tribunal de Justiça. *REsp 860.373/SP*, 2ª Turma. Rel. Min. Humberto Martins, *DJ* 30.10.2006.

BRASIL. Supremo Tribunal Federal. *RE 636.941/RS*, Plenário, Min. Rel. Luiz Fux, julgado em 13.02.2014.

CARRAZZA, Roque Antonio. *Curso de direito constitucional tributário*. 32. ed. São Paulo: Malheiros, 2019.

CARVALHO, Paulo de Barros. *Curso de direito tributário*. 30. ed. São Paulo: Saraiva, 2020.

CARVALHO, Paulo de Barros. *Direito tributário:* fundamentos jurídicos da incidência. 10. ed. São Paulo: Saraiva, 2015.

CARVALHO, Paulo de Barros. *Direito tributário:* linguagem e método. 6. ed. São Paulo: Noeses, 2015.

CARVALHO FILHO, José dos Santos. *Manual de direito administrativo*. 27. ed. São Paulo: Atlas, 2014.

CARVALHO NETO, Pythagoras Lopes de. John Austin. *Enciclopédia jurídica da PUC-SP. In:* CAMPILONGO, Celso Fernandes; GONZAGA, Alvaro de Azevedo; FREIRE, André Luiz (Coord.). *Teoria geral e filosofia do direito*. São Paulo: Pontifícia Universidade Católica de São Paulo, 2017. Disponível em: https://bityli.com/IDvyXq.

COÊLHO, Sacha Calmon Navarro. *Curso de direito tributário brasileiro*. 15. ed. Rio de Janeiro: Forense, 2016.

COÊLHO, Sacha Calmon Navarro. *Teoria e práticas das multas tributárias*. Rio de Janeiro: Forense, 2006.

COSTA, Alcides Jorge. Compensação de crédito (mesa de debates). *Revista de Direito Tributário*, v. 63.

DI PIETRO, Maria Sylvia Zanella. *Direito administrativo*. 25. ed. São Paulo: Atlas, 2012.

HOLMES, Stephen; SUNSTEIN, Cass. *The cost of rights:* why liberty depends on taxes. New York: Norton, 1999.

GUERRA FILHO, Willis Santiago. *Ensaios de teoria constitucional*. Fortaleza: UFC, Imprensa Universitária, 1997.

JANINI, Tiago Cappi. *Compensação tributária:* análise do processo de causalidade jurídica para fins de extinção da obrigação jurídica tributária. Dissertação (Mestrado) – Pontifícia

Universidade Católica de São Paulo – PUC/SP. São Paulo, 2008.

KELSEN, Hans. *Teoria pura do direito*. São Paulo: Martins Fontes, 2009.

KRAKOWIAK, Léo. A compensação e a correta aplicação do art. 170-A. *Revista Dialética de Direito Tributário*, São Paulo: Dialética, n. 68, 2001.

MACHADO, Hugo de Brito. *Curso de direito tributário*. 26. ed. São Paulo: Malheiros, 2004.

MACHADO. Hugo de Brito. *Curso de direito tributário*. São Paulo: Malheiros, 2017.

MACHADO. Hugo de Brito. Teoria das sanções tributárias. *In:* MACHADO, Hugo de Brito (Coord.). *Sanções administrativas tributárias*. São Paulo: Dialética, 2005.

MEDAUAR, Odete. *Direito administrativo moderno*. 15. ed. São Paulo: RT, 2004.

MOREIRA, André Mendes. Da compensação de tributos administrados pela Receita Federal – evolução legislativa e modalidades. *Revista Dialética de Direito Tributário*, São Paulo: Dialética, n. 95.

REALE, Miguel. *Lições preliminares de direito*. 13. ed. São Paulo: Saraiva, 1986.

SCHOUERI, Luís Eduardo. *Direito tributário*. 5. ed. São Paulo: Saraiva, 2015.

SILVA, Paulo Roberto Coimbra. *Direito tributário sancionador*. São Paulo: Quartier Latin, 2007.

SILVA, José Afonso. *Curso de direito constitucional positivo*. 34. ed. São Paulo: Malheiros, 2011.

SOUZA, Maria Luiza Jansen Sá Freire. Sanção política no direito tributário: precedentes e atualidades. *Revista de Seção Judiciária do Rio de Janeiro*, n. 28, p. 117, ago. 2010.

TAVARES, Alexandre Macedo. A não homologação da declaração de compensação e/ou indeferimento de pedido de ressarcimento e a endêmica multa de ofício patrocinada pela Lei 9.430/1996 (art. 74, §§ 15 a 17). *Revista Dialética de Direito Tributário*, São Paulo: Dialética, n. 202, 2012.

TORRES, Ricardo Lobo. *Curso de direito financeiro tributário*. 12. ed. Rio de Janeiro: Renovar, 2005.

TORRES, Ricardo Lobo. *Curso de direito financeiro e tributário*. 16. ed. Rio de Janeiro: Renovar, 2009.

TORRES, Ricardo Lobo. *Tratado de direito constitucional financeiro e tributário* – Constituição financeira, sistema tributário e estado fiscal. 3. ed. Rio de Janeiro: Renovar, 2009. v. I.

VILANOVA, Lourival. *Causalidade e relação no direito*. 5. ed. São Paulo: Noeses, 2015.

WIEACKER, Franz. *História do direito privado*. Tradução A. M. Botelho Hespanha. 5. ed. Lisboa: Fundação Calouste Gulbenkian, 2015.

OS PARADIGMAS DO *COMPLIANCE* NO SISTEMA TRIBUTÁRIO

Ana Luiza Vieira Santos[1]

Introdução

O inadimplemento das obrigações tributárias pelos contribuintes ou terceiros causa um dano ao direito subjetivo do Estado de exigir o recolhimento do tributo e o cumprimento das obrigações acessórias. Visando ao controle da tributação e da arrecadação, bem como ao direito positivo, visando reduzir a disponibilidade financeira e eficiência do Estado.

O tema *compliance* na relação entre Administração Pública e contribuinte objetiva o estímulo das boas práticas tributárias do Estado por intermédio de incentivo à autorregulação e ao cumprimento espontâneo das obrigações acessórias, causando quebra dos paradigmas mediante a valorização das empresas. Para tanto, a Administração Pública em especial dará atenção aos princípios e sua aplicação no tocante à distribuição dos custos da obrigação acessória e à aplicação das multas.

1. Mestre em Direito Tributário pela PUC-SP, LLM Direito Tributário pelo INSPER, Pesquisadora do Centro de Estudos em Processos de Investimento – FGVINVEST/ EFSP e Integrante do Comitê de Desenvolvimento Profissional – Presidente da Comissão Especial Contencioso de Direito Tributário da OAB de São Caetano do Sul-SP.

A responsabilidade do Estado é patente em face da reparação de danos ilegítimos causados por atos do sujeito passivo. Assim, a conduta estatal servirá para especificar o nexo causal que define o autor da lesão indevidamente suportada pelo particular, a fim de imputar ao sujeito o dever de reparar o prejuízo suportado.

Este artigo demonstrará a coligação entre responsabilidade pelos atos lícitos e ilícitos abordando importantes consequências do ponto de vista das obrigações acessórias, normas sancionatórias, custo tributário e o *compliance*.

1. Prerrogativas do Sistema Tributário

O Sistema Tributário brasileiro é complexo, perante as interpretações diferenciadas na sociedade e no governo. Por isso, possui diferentes formas de arrecadações.

O art. 18 da Magna Carta de 1988 define o sistema tributário, cuja organização política administrativa é constituída pela União, Estados, Distrito Federal e Municípios, de forma que cada ente federativo é responsável pela arrecadação e fiscalização das espécies tributárias. As espécies tributárias são classificadas em impostos, taxas, contribuição de melhoria, empréstimos compulsórios e contribuições especiais.

No plexo das faculdades legislativas o Poder Constituinte estabeleceu a forma como editar as normas que disciplinam a matéria tributária, com finalidade de abastecer os cofres públicos. Nessa seara, a competência tributária é uma das parcelas das prerrogativas legiferantes que as pessoas políticas detêm em face da possibilidade de legislar na produção de normas jurídicas sobre tributos.

O tributo, na definição do art. 3° do Código Tributário Nacional, não caracteriza sanção de ato ilícito, não visa sancionar a atividade ilícita do sujeito passivo, não equipara à penalidade que tem condão de castigar o sujeito passivo pelo descumprimento da obrigação tributária. Ora, o tributo não é cobrado mediante a inobservância da norma jurídica, da violação do direito, pois não é pena e não preconiza castigar o sujeito passivo.

Ao regular o Sistema Tributário, a Magna Carta não reserva um tópico para disciplinar o poder de fiscalização. Segundo o art. 145, § 1º, os impostos terão caráter pessoal e serão graduados segundo a capacidade econômica do contribuinte, dando a liberalidade para a administração tributária, ao cumprimento da determinação constitucional, identificar, respeitando os direitos individuais nos termos da lei. Por exemplo, o patrimônio, os rendimentos e as atividades econômicas do contribuinte.

Nesse contexto, a disposição constitucional exemplifica apenas os impostos, porém a administração pública identifica o patrimônio, os rendimentos e as atividades econômicas do contribuinte. Apesar de o dispositivo constitucional fazer referência aos impostos, é necessário que a administração pública ocupe a fiscalização dos fatos jurídicos relativos a todas as espécies tributárias, com respaldo aos direitos individuais dos contribuintes, pois a arrecadação tributária é de interesse público e, portanto, a fiscalização dos contribuintes caracteriza tanto o direito quanto o dever da autoridade tributária.

O Poder Constituinte teve o intuito de desenhar um perfil jurídico do gravame, regulando os expedientes necessários para funcionalidade da relação jurídica. A competência tributária, além de instituir tributos, implica também o exercício de fiscalização. A capacidade tributária passiva corresponde ao desempenho das competências, cujo legislador elege os entes competentes do vínculo abstrato, que se instala no mundo fenomênico tributário, acarretando no fato previsto na hipótese normativa.

No exame concreto existem vários sistemas de direito positivo que chamam atenção dos intérpretes do direito, em face das lacunas e contradições nas unidades do conjunto.

Assim, os sujeitos ativos da obrigação tributária são entes federados de competência tributária definida por lei, tendo aptidão de cobrar impostos. Já os contribuintes serão os sujeitos passivos.

A obrigação tributária caracteriza, por ser um conjunto de obrigações, direitos e deveres estabelecidos ao sujeito passivo, com base no art. 113 do Código Tributário Nacional.

Nesse âmbito, a obrigação tributária pode ser definida em: obrigação principal que adveio da hipótese de incidência com finalidade de pagamento do tributo ou penalidade pecuniária. A obrigação acessória ou dever instrumental não está subordinada à obrigação principal e viabiliza a autoridade administrativa a investigação e controle do recolhimento dos tributos.

O art. 195 do Código Tributário Nacional aponta livros fiscais, arquivos, papéis e efeitos comerciais ou fiscais, dos comerciantes, industriais ou produtores. Tal preceito normativo não se limita apenas aos deveres instrumentais tributários, mas expande sua interpretação aos documentos contábeis e empresariais que suportam nas atividades dos contribuintes.

O Estado apresenta-se como institucionalização do poder político para realização do bem comum, justificando num ambiente social interligado a um sistema jurídico.

Tal institucionalização se tipifica pela administração tributária consistente num aparelhamento burocrático mantido pelos entes autorizados a tributar, sendo composto pela arrecadação e fiscalização de tributos.

A atividade da administração tributária é fundamental para o custeio dos demais órgãos do Estado, pois sem uma arrecadação eficiente este não possui recursos suficientes para a garantia dos direitos dos cidadãos através da concretização dos objetivos expostos na Constituição Federal.

A grande indagação trazida no presente artigo analisa o custo do tributo em si, seja na base de cálculo, na alíquota e nas penalidades pecuniárias tributárias (multa), perante o dispêndio tributário sofrido pelo contribuinte nas obrigações tributárias principais.

Apesar de oculto há um relevante gasto com os custos de conformidade (*tax complice costs*) em face daqueles contribuintes que devem arcar para se adequar ao modelo instituído no cumprimento das obrigações tributárias.

Um elemento essencial de qualquer obrigação tributária é a coercitividade, pois qualquer norma de conduta trata de uma possibilidade não olvidada na ordem jurídica. De tal modo, sanção é a reação da ordem jurídica contra o contribuinte que não paga o tributo.

Em outras palavras, o direito positivo por ser constituído de normas jurídicas que impõe determinada conduta ao contribuinte, seja comissiva ou omissiva, que, por motivos diversos, se porta de forma contrária ao disposto na lei, definindo-se a infração legal.

O sistema jurídico prevê um encadeamento de normas sancionatórias (secundárias), com fulcro de exigir o cumprimento de condutas previstas nas normas primárias. Ora, quando se prescreve uma norma de determinada conduta a segunda norma estatui uma sanção para a hipótese de não observância da primeira. Logo, as duas estão essencialmente interligadas.

Nessa esteira, as normas primárias prescrevem uma relação jurídica obrigando um indivíduo a seguir determinado comando de uma norma jurídica. Por sua vez, as normas secundárias prescrevem sanções para o descumprimento da norma primária.

2. Sanções tributárias e obrigações assessórias

A conduta transgressora do mandamento prescrito na norma primária, denomina-se ilícito tributário, está situada no antecedente da norma primária sancionatória e apelida-se como infração tributária.

A infração tributária é o núcleo de materialidade da proposição-hipótese, sendo definida como a ação ou omissão que tipifique a violação dos deveres jurídicos prescritos nas leis tributárias, perante o descumprimento da obrigação tributária, não recolhimento de tributo, ou a não prestação de deveres instrumentais e das providências destinadas à arrecadação e na fiscalização da administração pública.

A sanção é essencial para existência do direito positivo. Em todos os ramos e sub-ramos criado pela Ciência do Direito, sanção está vinculada a uma infração. O poder sancionador tem uma regulamentação esmiuçada, pois detém o poder de punir e aplicar a Justiça bem como estabelecer a ordem.

A obrigação tributária, como nos ramos do direito civil, envolve prestações de dar, de entregar dinheiro aos cofres públicos. Em contrapartida, a lei tributária impõe deveres instrumentais, tais como realizar a emissão de notas fiscais, escriturar livros fiscais, preencher guias e formulários, de fazer ou não circular mercadoria se nota fiscal, tolerar a fiscalização de livros e documentos fiscais. O não cumprimento da obrigação e dos deveres instrumentais pelo sujeito passivo é caracterizado como infração tributária e, consequentemente, sujeito à imposição de sanções tributárias.

O não recolhimento do tributo no prazo fixado na norma legal coloca o contribuinte em mora, que é o retardamento do cumprimento de uma obrigação, sem qualquer intenção de subtraí-la do credor, perante o atraso de pagamento do tributo. Dessa forma, o inadimplente fica sujeito à multa de mora.

Diferentemente da multa de mora, que alcança somente obrigação principal, a multa punitiva tem aplicação na obrigação tributária como no descumprimento dos deveres instrumentais. A multa punitiva é a sanção que visa penalizar o contribuinte pelo descumprimento da legislação tributária, quer seja pela obrigação principal, que seja com relação à obrigação acessória, infringindo-lhe uma pena patrimonial de quantia elevada, fixada por lei, como, por exemplo, a multa de 100% (cem por cento) do valor imposto pela falta do seu pagamento ou pela falta da emissão do documento fiscal.

A regra geral é o legislador fixar a multa punitiva em consonância com a natureza da infração. Na infração principal, que representa a falta de pagamento do tributo devido, a fixação da multa leva em consideração a gravidade objetiva e subjetiva do fato típico, como dano ou perigo e as circunstâncias atenuantes e agravantes.

De tal modo, a dosimetria da penalidade deve considerar as circunstâncias agravantes, reincidência específica, artifício doloso, ocultação de conhecimento da administração pública, as qualificativas, por exemplo, sonegação, a absorção da infração-meio, documental pela infração-principal, falta de lançamento e recolhimento do tributo e a continuidade infracional.

Ensina o doutrinador Robson Maia Lins que a norma sancionatória é constituída da seguinte forma: "o antecedente normativo da norma sancionadora pode ser mais complexo, uma vez que não é constituída somente pelo ilícito, mas pela culpa e teria a necessidade de se medir a culpa na dosimetria da pena. A norma sancionatória é constituída por: fato ilícito + culpa + dano".[2]

Nesse aspecto, a sanção se contempla no antecedente da norma primária sancionatória; encontra-se critério material a conduta transgressora do dever jurídico, o critério espacial é o local onde demarca a conduta contrária na proposição consequente, cuja relação deôntica prescrita vincula abstratamente o sujeito ativo, como titular do direito violado e detentor da capacidade ativa de exigir as penalidades, e o sujeito passivo, titular do dever jurídico de adimplir prestação pecuniária, critério pessoal – há de ser pessoa que tenha conexão com o fato jurídico moratório.

Assim, a pessoalidade da relação jurídica moratória não permite a desconexão entre o sujeito e a prática do fato e a relação jurídica moratória. O critério temporal é o momento em que se considera praticada a conduta ilícita.

O critério quantitativo é composto pela base de cálculo das sanções pecuniárias e pela alíquota sobre aplicação de

2. LINS, Robson Maia. *Controle de constitucionalidade da norma tributária.* Decadência e prescrição. São Paulo: Quartier Latin, 2005.

quantia fixa ou variável em consonância com a gravidade da infração e, nas sanções não pecuniárias, pelas limitações do dever jurídico de fazer e não fazer.

O bem jurídico das sanções tributárias pelo descumprimento das obrigações tributárias não é o tributo, mas o interesse da arrecadação ou da fiscalização dos tributos.

Nesse contexto, as sanções tributárias detêm uma função arrecadatória, sendo fixadas em um patamar que as tornem mais vantajosas à Administração Tributária para arrecadação dos tributos. De tal modo, a seara da sanção administrativa pecuniária (multa) não se confunde com a proteção ao interesse de arrecadação do bem jurídico tutelado com o objeto de arrecadação por intermédio da multa. Tal distorção legislativa, decorre da falta de parâmetros estabelecidos para dosimetria das sanções tributárias.

A multa tributária decorre de lei instituída pelo poder competente visando compelir o cumprimento dos respectivos deveres instrumentais; assim sendo, (i) somente pode ser instituída por lei; (ii) não pode possuir característica confiscatória, de modo a inviabilizar a sobrevivência financeira do contribuinte; (iii) deve ser adequada com base no princípio da razoabilidade; (iv) deve ser aplicada duplamente sobre uma mesma conduta ilícita; e (v) o marco inicial é a culpabilidade comprovada do contribuinte.

Há uma linha tênue entre a forma como as obrigações tributárias acessórias vem sendo aplicadas atualmente nas sanções políticas. As sanções políticas são medidas restritivas de direito que implicam violação dos direitos dos contribuintes, da mesma forma que ocorre nas obrigações acessórias devido à extensão e complexidade das normas tributárias que versam e dificultam o fiel cumprimento.

Por fim, sob a premissa da complexidade do cumprimento das obrigações tributárias é relevante a repercussão em caso de descumprimento, mostrando-se essencial repensar as bases do relacionamento entre o fisco e o contribuinte, como as normas indutoras ao incentivo as boas práticas e valorizando as empresas que, de fato, adotem e efetivem programas de *compliance*.

3. *Compliance*

No âmbito tributário, a relação jurídica tributária é consubstanciada no vínculo jurídico que une a administração tributária e o contribuinte em torno de uma hipótese de incidência, permeada pelos critérios da regra matriz de incidência tributária necessários para concretização no mundo fenomênico. Para tanto, a instituição do tributo deve elencar todos os atributos para constituição da obrigação tributária e o consequente crédito tributário.

Por se tratar de uma relação jurídica complexa, sintetizada pelo doutrinador Paulo de Barros Carvalho,[3] suscitou na regra matriz de incidência tributária que a relação jurídica tributária deve ser algo trivial, cuja ocorrência deve se dar por um liame lógico, decorrente da hipótese de incidência de determinado tributo, constituído por uma norma coercitiva que exija o cumprimento de deveres instrumentais.

No mundo fenomênico tributário a sua simplicidade não é verificável, pois a atividade legislativa tributária detém um certo grau de complexidade para compreensão das obrigações tributárias, sejam principais ou acessórias (deveres instrumentais) e inclusive pelo manuseio da autoridade administrativa que dificulta sobejamente o seu cumprimento pelos contribuintes.

O fato de o Sistema Tributário apresentar um conjunto de normas tributárias de extrema complexidade embasando uma atitude repressiva da Administração Pública é o núcleo base da exigência de modificação dos pilares da relação entre sujeito ativo e sujeito passivo, alterando-se pela transparência e troca de informações.

---

3. CARVALHO, Paulo de Barros (Org.). Compliance *no direito tributário*. São Paulo: Thomson Reuters, 2019.

Não resta dúvida de que a relação jurídica firmada entre contribuinte e administração pública vem perpetuada por uma relação bipolar conflituosa, em face do baixo índice de confiança nas instituições estatal e a insistente busca de se desviar a tributação. Em contrapartida, o Estado fiscal atua de forma repressiva sobre o contribuinte, gastando quantia dos cofres públicos, por entender que o contribuinte, empresário, sempre está destinado a burlar a legislação.

Nesse contexto, verifica-se a relevância do tema do *compliance* tributário, que pressupõe ações cooperativas entre o sujeito ativo e sujeito passivo para alcance da conformidade tributária, no que tange às obrigações tributárias quando dos deveres instrumentais.

Os mecanismos de *compliance*, bem como a forma como o Estado pode atuar como incentivador de comportamentos socialmente adequados, são utilizados concomitantemente para alcançar os objetivos da empresa e a administração tributária.

O doutrinador Paulo de Barros Carvalho[4] conceitua o instituto do *compliance* como "o conjunto de práticas, implementadas no interior de uma empresa, para melhor monitorar o bom cumprimento de legislações e controlar a licitude dos relacionamentos com terceiros. O autor destaca a importância da aplicação do denominado *tax compliance*, cuja complexidade das relações jurídicas tributárias brasileiras demandam das empresas um fiel cumprimento da legislação tributária.

> Os efeitos da ascensão do *compliance* sobre os departamentos fiscais são bem visíveis, além da estruturação de divisões administrativas específicas, percebe-se a adoção de instrumento de maior controle de fornecedores e tomadores de serviços, adensamento da documentação produzida em cada operação e um maior cuidado com a transparência dos negócios.[5]

4. CARVALHO, Paulo de Barros (Org.). Compliance *no direito tributário* cit., p. 9.

5. Ibidem, p.10.

A noção de *compliance* vai além do conjunto de normas que garante a licitude da relação negocial, uma vez que implica adesão da empresa ao conjunto de normas, por exemplo, de caráter tributárias, pois garante um ambiente ético e justo, haja vista que todas as empresas de um mesmo mercado ajam em igualdade de direitos e deveres, criando um ambiente diferencial que é gerado pela capacidade administrativa por intermédio de meios escusos.

Segue um trecho em que todos os contribuintes e suas relações são fatores determinantes no comportamento de *tax compliance*, de modo que suas interjeições são moldadas e estruturadas:

> This framework recognizes the relationship between all actors – taxpayers (including tax accountants), tax authorities, and the govermment – and ir considers the many possible avenues of their interactions, all as a determining fator of taxpayer *compliance* behaviour. All actors and their relationships need to taken into account, and all interactions need to be structured in a way promoting cooperation. The govermment and the authorities are no longer assessed as superior agencies that force legal *compliance* in general and tax honesty in particular, but are seen as servants of the citizens acting for the well-being of the Community. Instead of concentrating on the enforcement of *compliance*, importance is granted to shaping the interaction as to promote mutual trust and cooperation.[6]

O primeiro mecanismo de *compliance* no Brasil foi implementado pela Receita Federal do Brasil – RFB que, por meio da Instrução Normativa (IN) 1.598 de 2015, a qual lançou

6. Essa estrutura reconhece o relacionamento entre todos os atores – contribuintes (incluindo contadores), autoridades fiscais e governo – e considera as várias vias possíveis de suas interações, todas como um fator determinante do comportamento de *compliance* dos contribuintes. Todos os atores e seus relacionamentos devem ser levados em consideração e todas as interações precisam ser estruturadas de forma a promover a cooperação. O governo e as autoridades não são mais avaliados como agências superiores que impõem conformidade legal no geral e honestidade tributária no particular, mas são vistos como servidores dos cidadãos que agem pelo bem-estar da comunidade. Em vez de se concentrar na coação do *compliance*, é dada importância à modelagem da interação, de modo a promover confiança e cooperação mútuas (ALM, 2021, p.10-11 – tradução livre).

o programa OEA – Operador Econômico Autorizado –, que certifica e identifica os rastros das operações de comércio exterior, por exemplo, importador, exportador e transportador, visando aderir os critérios propostos pela administração pública para atender os níveis de conformidade e confiabilidade exigidos pelo programa.

A Receita Federal, para instituir o *compliance* em 1º de outubro de 2018, divulgou a Consulta Pública 04/2018 apresentando um programa de estímulo à conformidade tributária classificado de "Pró-conformidade". O intuito do programa é a própria Consulta Pública, no sentido de promover boas práticas a fim de evitar desvio de conduta e fazer cumprir a legislação tributária. Assim, a consulta pública propiciou que os contribuintes formulassem proposta à portaria de programa de estímulo à conformidade tributária no âmbito da Secretaria da Receita Federal do Brasil. Virtualmente, mediante o preenchimento do formulário disponível no próprio site da Receita Federal.

Porém, mesmo sem concretização do programa, a portaria submetida à Consulta Pública foi objeto de discussões ao efetivo alcance do *compliance*.

O Estado de São Paulo, por seu turno, ao encontro dos anseios mundiais de *compliance*, editou a Lei Complementar 1.320, publicada em 6 de abril de 2018, instituindo o programa "Nos Conformes", que define os princípios para relacionamento entre contribuinte e administração pública, que estabelece regras de conformidade. Tal programa pressupõe uma abordagem menos contenciosa na relação Fisco-contribuinte, com base no seu art. 1º, objetivando criar "um ambiente de confiança recíproca, mediante a implementação de medidas concretas".

O programa paulista, em consonância com projeto federal, classifica os contribuintes em grupos de "bons pagadores" e "maus pagadores". O primeiro programa permite a apropriação de crédito acumulado, renovação de regimes especiais e o acesso ao regime de Análises Fiscal Prévia, realizadas por agentes fiscais que não tencionam lavrar o auto de infração.

De tal modo, as consequências trazidas pelo programa denominado "maus pagadores", com respaldo no programa "Nos Conformes" pressupõe a exigência de cumprimento antecipado das obrigações tributárias e a perda de incentivos fiscais do art. 19 da Lei Complementar 1.320/2018.

O fato que delimita determinada pessoa como contribuinte é, em linhas gerais, a concretização da hipótese de incidência, que insere a relação jurídica tributária com a administração tributária, e, no caso da lei paulista, como, por exemplo, os sujeitos passivos que ocupam a posição jurídica na fenomenologia tributária do tributo ICMS por haver realizado atividades econômicas similares, em que se encontram em situação de igualdade substancial, representada pela concretização de hipótese de incidência ocorrida pela realização do fato gerador "– é o momento da saída mercadoria da empresa ou o início da prestação de serviço".

O fato de adimplir um débito fiscal tipifica-se como consequência de uma relação jurídica estabelecida pelos critérios da regra matriz de incidência tributária.

Nessa seara, as sanções tributárias devem ser aplicadas de forma geral e equânime como disciplinada na lei que a instituiu e a estabeleceu, em conformidade ao permissivo constitucional, que delegou à lei complementar que estabelecesse as normas gerais de Direito Tributário, consoante ao art. 146, inciso III, da Magna Carta.

Desse modo, os programas de *compliance* tributário são necessários para modificação do ambiente cuja relação ocorre entre a administração pública e o contribuinte, afastando-se cada vez mais a litigiosidade e a bipolaridade que adjetivam esta relação jurídica tributária. Os programas de conformidade tributária "Pro-conformidade" não concretizado e "Nos Conformes" referem-se a passos concretos em direção ao *compliance* eficaz. Logo, tais adequações devem ser realizadas para o princípio da isonomia tributária.

O cenário tributário é complexo, pois está associado ao dinamismo empresarial das necessidades de ordem social, tecnológica e cultural, que fizeram do *compliance* a atividade operacional, cuja organização garante que a atuação siga os comandos legais e os regulamentos internos.

4. Custo tributário

O pagamento de tributos consiste na transferência de uma parcela de riqueza gerada pela sociedade ao Estado, sendo representado pelo custo do sistema tributário. Assim, todo e qualquer sistema tributário determina o pagamento do tributo e impõe uma série de obrigações a serem cumpridas pelo contribuinte, seja pela pessoa física ou jurídica.

As empresas prescindem de aquisição e manutenção dos equipamentos; por exemplo, impressoras, computadores e formulários para contratação de pessoal, situação na qual as grandes empresas suportam um custo proporcionalmente menor em razão do ganho de escala. Trata-se de uma relação com o aumento dos custos e a complexidade do regime tributário, que não afeta apenas o contribuinte em razão do custo e benefício para o Estado, pois quanto maior a complexidade, maior o custo de conformidade e menor capacidade econômica a ser oferecida pela tributação, em razão dos custos administrativos de fiscalização e arrecadação.

Os gastos do Estado com finalidade de averiguar os cofres públicos são denominados custos de conformidade tributária, representados não apenas pelos recursos utilizados para satisfação das obrigações tributárias acessórias.

A complexidade da legislação tributária e o volume do dever instrumental a serem cumpridos pelas empresas dependem de recursos consideráveis, que são definidos como custos de conformidade tributária.

Os custos de conformidade tributária representam todos aqueles custos incorridos pelos contribuintes, ou terceiros, visando satisfazer os requisitos e obrigações impostas pelo sistema tributário. Assim, nessa definição incluem o custo de aquisição de conhecimento suficiente para satisfazer as determinações tributárias, registrar e guardar os recibos e outros documentos necessários para o preenchimento das declarações fiscais.

No território nacional, os custos de conformidade tributária são representados por intermédio de recursos como empregados, sistemas e auditorias para satisfação das obrigações tributárias acessórias, deveres instrumentais.

No Sistema Tributário, se uma empresa não realiza o pagamento do ato de infração, além de sofrer processo de execução fiscal, os sócios e diretores correrão em risco de imputar no crime de sonegação fiscal. Logo, percebe-se que as consequências de materialização do risco tributário em atuação fiscal não ficam limitadas à perda do patrimônio de uma entidade, mas do gerenciamento eficiente dos riscos tributários.

Atualmente os avanços tecnológicos vêm trazendo uma tendência a sofisticação dos procedimentos para o cumprimento das obrigações tributárias, em virtude de gerar benefícios à Administração Tributária. Ora tal sofisticação impõe elevados custos de transação para as empresas.

Por exemplo, o Sistema Público de Escrituração Digital (SPED), criado pelo Decreto 6.022 de 2007, tem a finalidade de registrar de forma unificada e digital a escrituração contábil e fiscal dos empresários e das pessoas jurídicas, o que exigiu dos contribuintes grandes investimentos em tecnologia de revisão de procedimentos até então adotados, inclusive de se manter sob sua guarda e responsabilidade os livros e documentos, consoante ao art. 2°, § 2°.

A perspectiva do *compliance* consiste na cooperação entre contribuinte e administração pública visando: (i) o incentivo para melhoria do fluxo das informações, principalmente no aprimoramento da cultura, organização e uma adequada gestão pública do setor privado; (ii) o emprego de repostas como uma reação à crise institucional da administração pública.

Os custos de conformidade do contribuinte e administrativo devem levar em conta que o dinheiro não entra nos cofres públicos, em virtude da sonegação fiscal, por exemplo, e é economicamente irrecuperável para o sistema tributário.

Os custos de conformidades não são contrários ao princípio da isonomia, haja vista que restringem a livre-iniciativa do contribuinte. Os gastos são inevitáveis, pois cabe **à** Administração Tributária a atividade de arrecadação e fiscalização dos tributos, em face da instituição dos deveres instrumentais para minimizar os custos e dar eficiência às relações jurídico-tributárias.

Por fim, a estratégia para conformidade fiscal consiste na premissa de que a administração pública atue como ente passivo no processo de execução, no campo do proibir, delegando ao contribuinte o dever de diligências para solução da demanda fiscal.

5. Sonegação fiscal

Na visão dos contribuintes, o Sistema Tributário possui uma alta carga valorativa de tributos, de modo que as empresas, principais contribuintes do sistema, recorrem a diversos artifícios, nem sempre legais para se esquivar da obrigação tributária, por meio da elisão fiscal representada pelo planejamento tributário e a evasão fiscal concebida pela sonegação fiscal.

O empresário que implementa estratégia de programação tributária com objetivo de reduzir o pagamento do imposto, por meio de manipulação ou ocultação de informações fiscais, concretiza a evasão fiscal que é crime.

A evasão fiscal são condutas ilícitas, antijurídicas, praticadas com a finalidade de reduzir ou eliminar a carga tributária, ocultando o verdadeiro ato ou a real situação jurídica do contribuinte, seja por meio de práticas de artifício da fraude ou da simulação, provocando a distorção da realidade econômica da obrigação tributária.

A sonegação fiscal é a utilização de procedimentos que violem a lei fiscal ou o seu regulamento. Trata-se de uma ação do contribuinte em se opor à lei. Refere-se a um ato voluntário, consciente, cujo contribuinte busca omitir o imposto devido.

Ora, a sonegação fiscal consiste em extinguir ou diminuir tributos, por exemplo: taxas, impostos, contribuições e empréstimos, de maneira ilícita, por meio de ocultação, falsificação, omissão e adulteração de documentos.

De tal modo, a sonegação trata da infringência dos interesses da administração pública, mecanismo arrecadador de tributos do Estado. Dentro dos crimes contra a ordem tributária estão as fraudes, consistindo na realização de um ou diversos atos que dão origem a um resultado contrário à norma jurídica.

Esse dano praticado pelo contribuinte pode afetar diretamente a sociedade, caracteriza-se como interesse público, coletivo e indisponível ao bem público, sobrepondo, em termos de avaliação, o interesse individual do sujeito passivo que praticou a conduta considerada antijurídica.

Nesse aspecto, o *compliance* se torna conveniente às organizações empresariais, posto que a conformidade tributária pode resultar em benefícios para as empresas visando a aplicação adequada da legislação, a redução de multas, atuações e a prevenção de erros nos processos internos e uma boa reputação em face dos clientes, fornecedores, terceiros e órgãos públicos.

Por outro lado, a ausência do *compliance* pode implicar a aplicação de sanção de natureza administrativa, tributária ou penal, perdas de benefícios fiscais na classificação fiscal dos produtos, ou mesmo parametrização do crédito tributário.

A indissociabilidade do *compliance* no planejamento tributário deve ser estruturada com a finalidade de criar um ambiente de conformidade tanto na gestão interna como externa. Logo, o dever jurídico do *compliance* tributário visa reduzir eventuais riscos de evasão fiscal dentro da própria empresa, como, por exemplo, empregados, colaboradores e alta direção, consoante as estratégias elencadas nos incisos do art. 42 do Decreto 8.420 de 2015.

A sobreposição das orientações de política fiscal e política criminal corresponde à concessão de programas de parcelamento de créditos tributários (Refis) e a consequente possibilidade de suspensão das punibilidades dos crimes, no debate acerca da extinção da punibilidade nas hipóteses de pagamento.

A administração púbica tributária, para fins penais, é responsável por institucionalizar a interação da política fiscal e criminal como um mecanismo de controle social no ambiente interno da empresa. Além dos controles interno e externos, os programas de *compliance* introduzem novos mecanismos que permitem regular a liberdade do contribuinte no ambiente coorporativo. Há demanda por segurança negocial e confiança na alocação de recursos, tanto na diferenciação das formas jurídicas do direito penal econômico quanto na revisão dos padrões tradicionais de estruturação normativa da sociedade. Logo é o deslocamento de deveres de colaboração com o Estado, antecipando o juízo de punibilidade no ambiente privado.

A compreensão dos vínculos possíveis entre os ramos do Direito Tributário e o Direito Penal permite dimensionar, de forma mais realista, o padrão de comportamento ético e a estrutura do dever jurídico, interrelacionando na liberdade de declarar e o dever de arrecadar por parte do Poder Público.

Nesse aspecto é entendimento pacífico do Direito Penal que a pena, em si, não irá resolver a problemática da criminalidade, em face de ser solucionada uma política social mais justa. No que tange à sonegação fiscal, a sanção não irá resolver o problema da arrecadação tributária, mas somente uma política tributária mais justa conscientizará a necessidade de contribuição para a manutenção da administração pública.

6. Conclusão

O tributo analisado sob a ótica de política pública, representa o meio pelo qual o Estado irá atender às necessidades públicas, mediante a prestação dos serviços públicos, do exercício do poder de polícia e da intervenção no domínio econômico. No Estado Moderno, a sanção deixou de ser um ato de soberania e passou a ser um ato de solidariedade e sobrevivência.

A competência tributária que se expressa por meio da aptidão de criar e instituir imposto alcança, de forma inexorável, a competência para o estabelecimento das normas sancionatórias dos ilícitos tributários, observadas as normas gerais da legislação tributária, por exemplo, o Código Tributário Nacional.

A autoridade administrativa tem a obrigação de examinar a conduta imputada ao contribuinte perante a relação de conexão e identidade com a norma sancionadora.

O não pagamento do tributo no prazo estipulado causa danos de âmbito material, reproduzindo um resultado determinado e específico. No descumprimento dos deveres instrumentais a reação punitiva ocorre, não pelo dano potencial provocado ao Estado, mas pelo perigo de dano que representa à seguridade e ao bem-estar, bem como à prosperidade pública.

A antijuricidade no Direito Tributário representa a contrariedade das condutas praticadas pelo contribuinte em relação às obrigações tributárias, seja no aspecto substancial, pelo não pagamento do tributo, seja no aspecto formal, pelo descumprimento dos deveres instrumentais. Ambas causam lesão e expõem em perigo o bem jurídico.

A fuga dos tributos não se constitui em direito subjetivo do contribuinte e sim uma ilicitude que tem o condão de afrontar toda a sociedade, vulnerando bem-estar social e a liberdade concorrencial. Tal o que se extrai do presente artigo. Apesar dos dilemas acerca da existência de uma efetiva reprovabilidade social da evasão fiscal, por exemplo, da sonegação fiscal e da criminalização de tal conduta, não se pode perder de mira que existe uma unicidade do injusto, de modo que não há diferença ontológica entre a infração administrativa e o crime contra a ordem tributária, pois ambos causam gravame e têm como consequente as respectivas sanções.

O inadimplemento das obrigações tributárias pelos contribuintes causa danos de natureza subjetiva ao Estado, que passará a exigir o recolhimento do tributo devido e o cumprimento das prestações positivas ou negativas destinadaa ao controle da tributação e da arrecadação, bem como o direito positivo, uma vez que reduz sua disponibilidade, com afetação de sua eficiência e organização, atingindo, portanto, toda a sociedade.

Por isso, as obrigações acessórias são indispensáveis para instrumentalizar a administração tributária no interesse da arrecadação e fiscalização dos tributos, mas a sua cobrança não pode ser feita de forma excessiva, posto que as normas tributárias são subordinadas a parâmetros e limites estabelecidos pela Magna Carta.

O fator cumprimento do débito tributário caracteriza apenas consequência de uma relação jurídica já estabelecida, esta, sim, através de critérios constitucionais, e não serve como medida de comparação para prática de tratamento diferenciado pelo Fisco. Logo, a prática de *compliance* tributário ainda amadurecerá com o tempo e possibilitará a garantia de uma relação obrigacional tributária cooperativa, sustentada na efetividade de uma relação de colaboração mútua, confiança e transparência, não precisando afastar-se dos direitos fundamentais dos contribuintes, máxime, a isonomia tributária.

No cenário tributário complexo, em conexão ao dinamismo empresarial e às necessidades de ordem social e cultural, fizeram do *compliance* a atividade operacional pela qual a organização garanta que a atuação esteja seguindo os comandos legais e regulamentos internos.

Referências

ALM, 2021.

BECHO, Renato Lopes. *Tributação das cooperativas.* 2. ed. São Paulo: Dialética, 1999.

CARVALHO, Paulo de Barros. A relação jurídica tributária e as impropriamente chamadas obrigações acessórias. *Revista de Direito Público*, São Paulo, 1971.

CARVALHO, Paulo de Barros (Org.). Compliance *no direito tributário*. São Paulo: Thomson Reuters, 2019.

CARVALHO, Paulo de Barros. *Curso de direito tributário*. São Paulo: Saraiva, 2018.

GODOI, Marciano Seabra de. *Justiça, igualdade e direito tributário*. São Paulo: Dialética, 1999.

GODOI, Marciano Seabra de. *Tributo e solidariedade social*. Solidariedade social e tributação. São Paulo: Dialética, 2005.

GODOI, Marciano Seabra de. *Sanções políticas*. Crítica à jurisprudência atual do STF em matéria tributária. São Paulo: Dialética, 2011.

LINS, Robson Maia. *Controle de constitucionalidade da norma tributária*. Decadência e prescrição. São Paulo: Quartier Latin, 2005.

SCHOUERI, Luís Eduardo. *Normas tributárias indutoras e intervenção econômica*. Rio de Janeiro: Forense, 2005.

O CRIME DE APROPRIAÇÃO INDÉBITA TRIBUTÁRIA E O NÃO RECOLHIMENTO DE ICMS PRÓPRIO

André Luis Ulrich Pinto[1]

1. Introdução

Trata-se o presente artigo da análise do crime de apropriação indébita tributária, previsto no art. 2º, II, da Lei 8.137/1990, com o objetivo de investigar se o referido tipo penal compreende o não recolhimento de ICMS em operações próprias.

Dispõe o referido dispositivo que:

> Art. 2º Constitui crime da mesma natureza:
>
> [...]
>
> II – deixar de recolher, no prazo legal, valor de tributo ou de contribuição social, descontado ou cobrado, na qualidade de sujeito passivo de obrigação e que deveria recolher aos cofres públicos;

---

1. Conselheiro do Conselho Administrativo de Recursos Fiscais, Professor de Direito Tributário da Universidade Santo Amaro, graduado pela Universidade Positivo, Especialista em direito tributário pela Universidade Presbiteriana Mackenzie e Mestre em Direito Tributário pela Pontifícia Universidade Católica de São Paulo.

> [...]
>
> Pena – detenção, de 6 (seis) meses a 2 (dois) anos, e multa.[2]

Recentemente, ao interpretar o dispositivo supratranscrito, a Terceira Seção do Superior Tribunal de Justiça denegou o *Habeas Corpus* 399.109, impetrado em favor de sócios de sociedade empresária, acusados do crime de apropriação indébita tributária pelo não recolhimento de ICMS regularmente declarado, peculiaridade que descaracteriza o crime de supressão ou redução de tributo previsto no art. 1º da mesma Lei 8.137/1990.

Para melhor compreensão do julgado, colaciona-se a seguir a ementa do referido julgado do Superior Tribunal de Justiça:

> *HABEAS CORPUS*. NÃO RECOLHIMENTO DE ICMS POR MESES SEGUIDOS. APROPRIAÇÃO INDÉBITA TRIBUTÁRIA. ABSOLVIÇÃO SUMÁRIA. IMPOSSIBILIDADE. DECLARAÇÃO PELO RÉU DO IMPOSTO DEVIDO EM GUIAS PRÓPRIAS. IRRELEVÂNCIA PARA A CONFIGURAÇÃO DO DELITO. TERMOS "DESCONTADO E COBRADO". ABRANGÊNCIA. TRIBUTOS DIRETOS EM QUE HÁ RESPONSABILIDADE POR SUBSTITUIÇÃO E TRIBUTOS INDIRETOS. ORDEM DENEGADA.
>
> 1. Para a configuração do delito de apropriação indébita tributária – tal qual se dá com a apropriação indébita em geral – o fato de o agente registrar, apurar e declarar em guia própria ou em livros fiscais o imposto devido não tem o condão de elidir ou exercer nenhuma influência na prática do delito, visto que este não pressupõe a clandestinidade.
>
> 2. O sujeito ativo do crime de apropriação indébita tributária é aquele que ostenta a qualidade de sujeito passivo da obrigação tributária, conforme claramente descrito pelo art. 2º, II, da Lei 8.137/1990, que exige, para sua configuração, seja a conduta dolosa (elemento subjetivo do tipo), consistente na consciência (ainda que potencial) de não recolher o valor do tributo devido.

---

2. BRASIL. *Lei Ordinária n. 8.137*, de 27 de dezembro de 1990. Define crimes contra a ordem tributária, econômica e contra as relações de consumo, e dá outras providências. Diário Oficial da União, Brasília, DF, 28 dez. 1990. Disponível em: http://www.planalto.gov.br/ccivil_03/leis/l8137.htm . Acesso em: 13 out. 2019.

A motivação, no entanto, não possui importância no campo da tipicidade, ou seja, é prescindível a existência de elemento subjetivo especial.

3. A descrição típica do crime de apropriação indébita tributária contém a expressão "descontado ou cobrado", o que, indiscutivelmente, restringe a abrangência do sujeito ativo do delito, porquanto nem todo sujeito passivo de obrigação tributária que deixa de recolher tributo ou contribuição social responde pelo crime do art. 2º, II, da Lei 8.137/1990, mas somente aqueles que "descontam" ou "cobram" o tributo ou contribuição.

4. A interpretação consentânea com a dogmática penal do termo "descontado" é a de que ele se refere aos tributos diretos quando há responsabilidade tributária por substituição, enquanto o termo "cobrado" deve ser compreendido nas relações tributárias havidas com tributos indiretos (incidentes sobre o consumo), de maneira que não possui relevância o fato de o ICMS ser próprio ou por substituição, porquanto, em qualquer hipótese, não haverá ônus financeiro para o contribuinte de direito.

5. É inviável a absolvição sumária pelo crime de apropriação indébita tributária, sob o fundamento de que o não recolhimento do ICMS em operações próprias é atípico, notadamente quando a denúncia descreve fato que contém a necessária adequação típica e não há excludentes de ilicitude, como ocorreu no caso. Eventual dúvida quanto ao dolo de se apropriar há que ser esclarecida com a instrução criminal.

6. *Habeas corpus* denegado.[3]

Conforme ao que se depreende do relatório do referido acórdão, o julgado em referência foi importante para uniformizar a jurisprudência das duas Turmas que compõem a Terceira Seção do Superior Tribunal de Justiça, tendo em vista os diferentes entendimentos da Quinta e Sexta Turmas do referido Tribunal.

Assim se diz, porque a Sexta Turma em casos semelhantes sustentava que é necessário distinguir: (i) casos que envolvem o não recolhimento de ICMS devido em operações próprias;

3. BRASIL. *Habeas Corpus* 399.109, Superior Tribunal de Justiça. Primeira Seção. Relator: Ministro Rogerio Schietti Cruz. Brasília, DF, 31 ago. 2018. Disponível em: https://bityli.com/1bMr6J. Acesso em 20 set. 2019.

e (ii) casos que evolvem o não recolhimento do ICMS devido por substituição tributária.

Com base nessa distinção, a Sexta Turma do Superior Tribunal de Justiça,[4] entendia como crime de apropriação indébita tributária apenas a segunda situação supradescrita, ou seja, apenas o não recolhimento de ICMS devido por substituição tributária, não considerando típica a conduta de não recolhimento de ICMS próprio, que – no entendimento até então adotado pela referida Turma – caracterizaria mero inadimplemento fiscal.

Por outro lado, o entendimento já adotado pela da Quinta Tuma do Superior Tribunal de Justiça[5] não estabelecia distinções entre o não recolhimento do ICMS próprio ou não recolhimento do ICMS por substituição tributária, considerando que ambas as condutas preenchem o tipo penal ora examinado, desde que comprovado o dolo.

Não obstante a divergência referida *supra*, a corrente adotada pela Quinta Turma do Superior Tribunal de Justiça prevaleceu no acórdão proferido pela Terceira Seção, na ocasião do julgamento do HC 399.109, que destacou quatro aspectos essenciais para caracterização da prática do crime de apropriação indébita tributária:

> (i) para o delito de "apropriação indébita tributária", o fato de o agente registrar, apurar e declarar em guia própria ou em livros fiscais o imposto devido não tem condão de elidir ou exercer nenhuma influência na prática do delito;

4. Nesse sentido, vejam-se os seguintes julgados: RHC 36.162/SC, de Relatoria do Min. Nefi Cordeiro (*DJe* 17.11.2014); AgRg no REsp 1.465.259/GO, de relatoria do Min. Sebastião Reis Júnior (*DJe* 29.09.2015); RHC n. 77.031/SC, de relatoria da Min. Maria Thereza de Assis Moura (*DJe* 5.12.2016); AgRg no REsp 1.632.556/SC, de relatoria da Min. Maria Thereza de Assis Moura (*DJe* 17.03.2017); e Resp n. 1.543.485/GO, de relatoria da Min. Maria Thereza de Assis Moura (*DJe* 15.04.2016).

5. A título de exemplo, vejam-se os seguintes julgados: RHC n. 42.923/SC, de relatoria do Min. Felix Fischer (*DJe* 29.06.2015); RHC n. 44.465/SC, de relatoria do Min. Leopoldo Arruda Raposo (*DJe* 25.06.2015); RHC n. 44.466/SC, de relatoria do Min. Jorge Mussi (*DJe* 29.10.2014); AREsp 1.067.270/GO, de relatoria do Min. Joel Ilan Paciornik (*DJe* 28.04.2017); e REsp 1.583.367/SC, de relatoria do Min. Joel Ilan Paciornik (*DJe* 28.03.2017).

> (ii) o sujeito ativo do crime de apropriação indébita tributária é aquele que ostenta a qualidade de sujeito passivo, podendo ser tanto o contribuinte quanto o responsável tributário;
>
> (iii) o delito de "apropriação indébita tributária" exige, para a sua configuração, que a conduta seja dolosa (elemento subjetivo do tipo), porém a motivação não possui importância no campo da tipicidade, ou seja, é prescindível a existência de elemento subjetivo especial; e
>
> (iv) nem todo sujeito passivo de obrigação tributária que deixa de recolher tributo ou contribuição social responde pelo crime de apropriação indébita tributária, mas somente aqueles que "descontam" ou cobram" o tributo, incluindo-se aqui os ditos "contribuintes de direito" de tributos indiretos.[6]

Outro precedente judicial relevante para o estudo do tema aqui abordado é o julgamento do RHC 163334, pelo Supremo Tribunal Federal, no qual foi firmada a tese de que o não recolhimento de ICMS próprio constitui conduta típica do crime de apropriação indébita tributária.

Importante destacar que o acórdão proferido no referido processo não foi publicado até a conclusão do presente artigo. No entanto, do que se apreendeu da leitura dos votos e dos debates apresentados na ocasião do julgamento, é possível apontar para os principais argumentos que conduziram a fundamentação da tese firmada pelo Supremo Tribunal Federal. É possível perceber, por exemplo, que os Ministros que votaram por negar provimento ao referido recurso ordinário demonstraram uma compreensível preocupação com a livre concorrência e arrecadação tributária, que, evidentemente, são prejudicadas pela conduta de não recolhimento de ICMS próprio.

Ademais disso, ficou clara a preocupação de alguns Ministros com a falta de eficácia dos crimes contra a ordem tributária, que, como é sabido, estão sujeitos à extinção da punibilidade em decorrência da extinção do crédito tributário pelo pagamento, a qualquer tempo.

---

6. BRASIL. *Habeas Corpus* 399.109 cit.

Nesse sentido, veja-se o que afirma Hugo de Brito Machado a respeito do corrente entendimento do Supremo Tribunal Federal sobre a extinção da punibilidade dos crimes contra a ordem tributária: "atualmente vigora a fórmula de extinção de punibilidade pelo pagamento do crédito, a qualquer tempo, consagrada pela jurisprudência do Supremo Tribunal Federal, não obstante as resistências de setores do Ministério Público".[7]

Considerando que o direito tem a função de disciplinar condutas humanas intersubjetivas e direcioná-las para a realização de determinado valor, com o uso de um dos três modais deônticos apontados pela lógica jurídica, é evidente que toda norma jurídica apresenta alguma carga axiológica. Assim se diz, porque ao disciplinar uma conduta como obrigatória (O), proibida (V) ou permitida (P), é evidente que o legislador está fazendo, antes de tudo, um juízo de valor.

Afinal, por que se proíbe a conduta "p"? A resposta reside no juízo de valor realizado pelo legislador que, ao considerar reprovável a conduta "p", entendeu por torná-la proibida. Ocorre que o entendimento de que o pagamento do crédito tributário, realizado a qualquer tempo, extingue a punibilidade revela a falta de coação, aqui entendida quase que como a "falta de dentes", do direito penal tributário, operando como evidente reforço positivo, como verdadeira recompensa atribuída àqueles que praticam condutas tipificadas como ilícitos penais contra a ordem tributária. Tendo em vista que este só se verá obrigado a pagar o tributo sonegado se a fiscalização tributária identificar a ocorrência do evento e constituir o fato jurídico tributário.

Desse modo, é relevante o debate sobre o efeito da extinção do crédito tributário para fins de aplicação da norma penal tributária, assim como é importante a preocupação com a livre concorrência e arrecadação tributária, situação que se revela grave diante dos elevados valores sonegados. Entretanto, tais temas são periféricos em relação ao cerne da questão

7. MACHADO, Hugo de Brito. *Crimes contra a ordem tributária*. 4. ed. São Paulo: Atlas, 2015. p. 23.

aqui analisada, além de se apresentarem como argumentos pré-jurídicos, que podem ser considerados pelo legislador, caso entenda ser pertinente a mudança da política criminal de defesa à ordem tributária. Ademais disso, não se deve olvidar que não eram esses os pontos discutidos no RHC 163.334, de modo que os argumentos, apesar de verdadeiros, não contribuem para o debate a respeito da adequada interpretação do tipo penal do art. 2º, II, da Lei 8.137/1990.

Nesse contexto, o presente artigo pretende contribuir para o amadurecimento do debate deste tema, com a certeza de que o tipo penal deve ser interpretado à luz de conceitos básicos do direito tributário.

2. A relação entre direito penal e direito tributário

Como bem ensina Paulo de Barros Carvalho, o sistema do direito positivo é uno e indivisível, sendo certo que as suas unidades – as normas jurídicas – guardam relação de subordinação e de coordenação. Como consequência dessa observação, tem-se a primazia do método sistemático de interpretação, que se apresenta como método de interpretação por excelência. Nesse sentido, com o propósito de encerrar a discussão sobre ramos autônomos do direito, Paulo de Barros Carvalho explica que:

> [...] tentar conhecer regras jurídicas isoladas, como se prescindissem da totalidade do conjunto, seria ignorá-lo enquanto sistema de proposições prescritivas. Uma coisa é certa: qualquer definição que se pretende há de respeitar o princípio da unidade sistemática e, sobretudo, partir dele, isto é, dar como pressuposto que um número imenso de preceitos jurídicos, dos mais variados níveis e dos múltiplos setores, se aglutinam para formar essa mancha normativa cuja demarcação rigorosa e definitiva é algo impossível.[8]

8. CARVALHO, Paulo de Barros. *Curso de direito tributário*. 22. ed. São Paulo: Saraiva, 2010. p. 45.

E mais adiante, Paulo de Barros Carvalho cita um elucidativo exemplo para facilitar a compreensão da intertextualidade dos mais diversos ramos do direito, o que evidencia as relações de coordenação entre normas jurídicas e o caráter indivisível do Direito Tributário:

> Tomemos o exemplo da regra-matriz de incidência do Imposto Predial e Territorial Urbano (IPTU), de competência dos Municípios. Hipótese normativa, em palavras genéricas, é ser proprietário, ter o domínio útil ou a posse de bem imóvel, no perímetro urbano do Município, num dia determinado do exercício. O assunto é eminentemente tributário. E o analista inicia suas indagações com o fito de bem apreender a descrição legal. Ser proprietário é conceito desenvolvido pelo Direito Civil. A posse também é instituto versado pelos civilistas e o mesmo se diga do domínio útil. E bem imóvel? Igualmente é tema de Direito Civil. Até agora estivemos investigando matéria tributária, mas nos deparamos apenas com características do Direito Civil. Prossigamos. A lei que determina o perímetro urbano do Município é entidade cuidada e trabalhada pelos administrativistas. Então, saímos das províncias do Direito Civil e ingressamos no espaço do Direito Administrativo. E estamos estudando o Direito Tributário... E o Município? Que é senão pessoa política de Direito Constitucional interno? Ora, deixemos o Direito Administrativo e penetremos nas quadras do Direito Constitucional. Mas não procuramos saber de uma realidade jurídico-tributária? Sim. É que o direito é uno, tecido por normas que falam do comportamento social, nos mais diferentes setores da atividade e distribuídas em vários escalões hierárquicos. Intolerável desconsiderá-lo como tal atividade.[9]

Ora, da mesma forma como o Direito Tributário apresenta-se como metalinguagem, apropriando-se de conceitos do Direito Civil, Administrativo e Constitucional, para disciplinar a regra matriz de incidência tributária do IPTU, o Direito Penal utiliza-se da linguagem do tributário para disciplinar os crimes contra a ordem tributária.

Portanto, partindo da premissa de que o sistema é uno e indivisível, o intérprete da legislação penal não está autorizado a ignorar os conceitos definidos pelo Direito Tributário para

---

9. CARVALHO, Paulo de Barros. *Curso de direito tributário* cit., p. 45-46.

construção de sua interpretação dos crimes contra a ordem tributária, especialmente do crime previsto no art. 2º, II, da Lei 8.137/1990. O que se pretende dizer aqui é que, antes de se adentrar ao exame do tipo penal, precisa-se considerar conceitos básicos de direito tributário, que serão absolutamente pertinentes para análise das expressões "descontado", "cobrado" e "na qualidade de sujeito passivo de obrigação tributária".

Portanto, é imprescindível o estudo de alguns elementos da regra matriz de incidência.

3. Direito tributário e o significado das expressões "descontado" e "cobrado" no direito tributário

3.1 Regra matriz de incidência tributária

As normas jurídicas tributárias, assim como todas as demais normas jurídicas do sistema do direito, apresentam estrutura lógica bimembre própria dos juízos hipotéticos relacionais. Partindo desse pressuposto, Paulo de Barros Carvalho,[10] ao se propor a estudar este mínimo e irredutível de conteúdo deôntico, descreve a Regra Matriz de Incidência Tributária, que é de grande utilidade para nortear a interpretação das normas jurídicas tributária, tendo em vista que revela os elementos essenciais para a identificação do fato hipoteticamente descrito na norma jurídica tributária e, também, os elementos da relação jurídica tributária.

Dessa forma, o estudo da Regra Matriz de Incidência Tributária revela que a norma jurídica tributária é composta por duas proposições conectadas por um dever ser interproposicional, também conhecido como o dever ser neutro, sendo certo que a "proposição hipótese" descreverá os critérios material, espacial e temporal do fato jurídico tributário; enquanto a proposição tese prescreverá os critérios pessoal e quantitativo da

10. CARVALHO, Paulo de Barros. *Curso de direito tributário* cit.

relação jurídica tributária marcada pelo dever ser intraproposicional, também conhecido como o dever ser modalizado.

Assim, é evidente que todo o estudo da regra matriz de incidência tributária é fundamental para compreensão das normas jurídicas tributárias e, portanto, é indispensável para a compreensão da disciplina jurídica do ICMS. No entanto, para evitar a fuga do tema proposto e com o propósito de atender a fins didáticos, é necessário proceder a um recorte metodológico, isolando um dos elementos do critério pessoal, mais precisamente o sujeito passivo da relação jurídica tributária, o que facilitará o exame da subsunção do fato "deixar de recolher ICMS próprio devidamente declarado" à norma do crime de apropriação indébita tributária.

3.2 Sujeição passiva

Nos termos do *Código Tributário Nacional*, o sujeito passivo da relação jurídica tributária poderá ser chamado de "contribuinte", quando tiver uma relação pessoal e direta com o dito "fato gerador" e de "responsável" quando se tratar de um terceiro escolhido pelo legislador para compor a relação jurídica tributária.

De acordo com Maria Rita Ferragut, a responsabilidade tributária pode ser dividida nas seguintes classes: "(i) substituição; (ii) solidariedade; (iii) sucessão; (iv) responsabilidade de terceiros; e (v) responsabilidade por infrações".[11]

Logo, para compreensão da discussão que envolve a subsunção (ou não) da conduta de não recolhimento de ICMS próprio à norma jurídica do crime de apropriação indébita tributária, é fundamental a compreensão: (i) do instituto da substituição tributária; (ii) da responsabilidade de terceiros; e (iii) além da investigação dos fundamentos jurídicos da classificação entre contribuinte de fato e contribuinte de direito.

11. FERRAGUT, Maria Rita. *Responsabilidade tributária e o Código Civil de 2002*. 2. ed. São Paulo: Noeses, 2009. p. 56.

Antes de abordar esses três pontos fundamentais para compreensão do tema, faz-se relevante ressaltar que o responsável tributário, ao contrário do que ocorre com o contribuinte, não tem uma relação pessoal e direta com o fato jurídico tributário, ou seja, não pratica o fato signo presuntivo de riqueza exigido pelo princípio da capacidade contributiva para a cobrança de impostos.

Dessa forma, para que a garantia constitucional do referido princípio da capacidade contributiva não seja violado é necessário que o sistema tributário assegure ao substituto tributário a possibilidade lógica de repercutir o encargo financeiro do tributo, tendo em vista que apenas aquele que praticou o fato signo presuntivo de riqueza é quem tem aptidão para suportar o ônus fiscal, embora em alguns casos a repercussão jurídica do encargo financeiro não seja necessária.

Nesse sentido, ensina Maria Rita Ferragut que:

> Diante do exposto, como compatibilizar a norma de responsabilidade tributária com tal princípio, uma vez que o responsável tributário não possui relação pessoal e direta com o fato jurídico, ou seja, aquele que deve recolher o tributo ao Fisco não manifestou a riqueza que está sendo tributada?
>
> Entendemos que a capacidade contributiva determina que os impostos sejam graduados segundo manifestação de riqueza do fato jurídico, possibilitando e, ao mesmo tempo, limitando a tributação. Restringe, ademais, os elementos pertencentes ao conjunto dos possíveis destinatários da carga tributária, de forma que a princípio só terá aptidão para suportar economicamente o ônus fiscal aquele que realizou o fato.
>
> [...]
>
> Considerar que a capacidade contributiva relaciona-se com a graduação do tributo e com o destinatário da carga tributária, mas não com o sujeito que tem a obrigação de cumprir com a obrigação tributária, não afasta a necessidade de ser assegurado ao responsável o ressarcimento da quantia em dinheiro por ele recolhida, embora em alguns casos excepcionais a restituição não se faça necessária.[12]

---

12. FERRAGUT, Maria Rita. *Responsabilidade tributária e o Código Civil de 2002* cit., p. 40-41.

E mais adiante, a Autora explica ainda em quais casos não se faz necessária a restituição ao responsável tributário.

Na responsabilidade de terceiros ou por infração, por sua vez, a obrigação que o responsável tem de pagar com recursos próprios tributo decorrente de fato praticado pela pessoa jurídica advém de norma primária sancionadora, criada com o objetivo de evitar e punir a má-gestão empresarial que prejudique as atividades sociais, os sócios, os acionistas e o interesse público. Assim, o caráter eminentemente punitivo da responsabilidade excepciona a necessidade de ressarcimento do tributo pago. A capacidade contributiva não terá sido violada, pois o tributo cobrado foi graduado segundo a manifestação de riqueza do fato.[13]

Portanto, das cinco classes de responsabilidade tributária apontadas por Maria Rita Ferragut, verifica-se que, exceto nos casos de responsabilidade de terceiros ou responsabilidade por infrações, é imprescindível que se possibilite a repercussão do encargo financeiro pelo responsável ao contribuinte, seja por reembolso ou retenção na fonte.

Exemplo clássico de retenção é o que ocorre com o imposto de renda retido na fonte, no qual a fonte pagadora procede à retenção do valor devido a título de tributo. Outro caso de retenção seria o ICMS diferido, também conhecido como substituição para trás, na qual o valor do ICMS que será devido pelo substituto pode ser descontado do substituído.

Assim, por mais que a fonte pagadora não tenha praticado o fato signo presuntivo de riqueza, não é correto afirmar que o princípio da capacidade contributiva está sendo violado, uma vez que o direito conferiu meio de repercussão jurídica do encargo financeiro ao titular da capacidade contributiva tributada.

---

13. FERRAGUT, Maria Rita. *Responsabilidade tributária e o Código Civil de 2002* cit., p. 42.

Por outro lado, ao pensar em repercussão jurídica do encargo financeiro por reembolso, é quase que forçoso pensar no ICMS-ST, que utiliza a técnica da substituição para frente.

3.2.1 Substituição tributária

No caso do ICMS, é comum que a tributação recaia sobre o dito contribuinte, mas também é muito comum a utilização da substituição tributária nas modalidades da "substituição para trás", também chamada de diferimento, e a controversa "substituição para frente".

Diz-se controversa a substituição para frente, pois é sabido que muitos doutrinadores ainda denunciam a inconstitucionalidade desse instituto, uma vez que prescreve a tributação de fato futuro e incerto, o que viola frontalmente os princípios da segurança jurídica e capacidade contributiva.

Nesse sentido, veja-se o que ensina Roque Antonio Carrazza:

> Deveras, a Emenda Constitucional 3/1993 "criou" a absurda figura da responsabilidade tributária por fato futuro. O preceito em tela "autoriza" a lei a fazer nascer tributos de fatos que ainda não ocorreram mas que, ao que tudo indica, ocorrerão. Noutros termos, permite que a lei crie presunções de acontecimentos futuros e, com elas, faça nascer obrigações tributárias.
>
> Ora, o art. 1º da Emenda Constitucional 3/1993 é inconstitucional porque atropela o princípio da segurança jurídica, em sua dupla manifestação: certeza do direito e proibição do arbítrio. Este princípio, aplicado ao direito tributário, exige que o tributo só nasça após a ocorrência real (efetiva) do fato imponível.
>
> É sempre bom reafirmarmos que o princípio da segurança jurídica diz de perto com os direitos individuais e suas garantias. É, assim, "cláusula pétrea", e, nessa medida, não poderia ser amesquinhado por emenda constitucional (cf. art. 60, § 4º, da CF).[14]

---

14. CARRAZZA, Roque Antonio. *ICMS*. São Paulo: Malheiros, 2012. p. 375.

Mais não é preciso dizer para que se evidencie a polêmica sobre a constitucionalidade da substituição tributária para frente. No entanto, é notório o entendimento do Supremo Tribunal Federal a respeito da constitucionalidade da substituição tributária para frente, que continua sendo muito utilizada pelo legislador para facilitar a fiscalização e arrecadação do ICMS. Assim, apesar de entendimento pessoal deste Autor a respeito do equívoco da orientação jurisprudencial, a norma de substituição tributária será tratada como válida, uma vez que pertence ao sistema do direito positivo brasileiro.

Desse modo, o que se observa é que tanto na substituição tributária para trás quanto na substituição tributária para frente, o tributo é exigido do substituto, que não guarda uma relação pessoal e direta com o fato gerador e, portanto, não revela capacidade contributiva na operação de circulação de mercadorias sobre a qual incide a norma jurídica tributária.

No caso da substituição tributária para frente, é possível que o Substituto transfira o encargo financeiro para o substituído, utilizando o reembolso, ou seja, cobrando o encargo financeiro no preço da mercadoria objeto da operação de circulação.

Dessa forma, tendo em vista a possibilidade de cobrança, mediante inclusão do ICMS-ST, no preço da mercadoria adquirida pelo substituído, é evidente que a capacidade contributiva do substituto não está sendo violada.

Nesses termos, veja-se o que ensina Jacqueline Mayer da Costa Ude Braz:

> [...] quando um terceiro, relacionado com a situação hipotética for chamado a suportar o encargo tributário, sem que tenha praticado o fato que se subsome à norma geral e abstrata instituidora do tributo, não será a capacidade contributiva desse terceiro substituto que será considerada, mas a do substituído, ou seja, daquele que originariamente responderia pela obrigação. Sendo assim, aplica-se, no caso, o regime jurídico a que se submete o

> substituído e não o substituto. Fazendo aquele jus à isenção ou à imunidade, o substituto exercerá os direitos correspondentes.[15]

Retomando a análise do tipo objetivo do art. 2º, II, da Lei 8.137/1990, verifica-se o uso dos verbos "descontar" e "cobrar", na qualidade de sujeito passivo de obrigação e que deveria recolher aos cofres públicos. Portanto, não há dúvidas de que nesses casos – nos quais o substituto tributário pode reter (descontar) ou exigir o reembolso (cobrar) do encargo financeiro do tributo no preço da mercadoria – é possível dizer que há a subsunção do fato não pagar ICMS na condição de substituto tributário à norma jurídica que prescreve o crime de apropriação indébita tributária.

Essas reflexões sobre a capacidade contributiva do substituído são extremamente relevantes para auxiliar o intérprete a construir o adequado sentido das expressões "descontado ou cobrado" utilizadas pelo legislador ao tipificar o crime de apropriação indébita.

Pode-se argumentar, por outro lado, que o ICMS é um tributo indireto e que, por essa razão, suporta o repasse do encargo financeiro do dito "contribuinte de direito" ao dito "contribuinte de fato".

3.3 Impostos diretos e impostos indiretos

Considerando que a interpretação de que a conduta de não recolhimento de ICMS próprio preenche o tipo penal do art. 2º, II, da Lei 8.137/1990, parte da premissa de que os tributos podem ser classificados em tributos diretos e indiretos, é importante analisar se a referida classificação encontra respaldo em normas jurídicas tributárias e se o fato de determinado tributo ser considerado indireto seria suficiente para conduzir ao entendimento de que há apropriação indébita tributária diante do não recolhimento do ICMS próprio.

---

15. BRAZ, Jacqueline Mayer da Costa Ude. *Substituição tributário no ICMS:* construção de sentido e aplicação. São Paulo: Noeses, 2020. p. 160.

Sobre a referida classificação, veja-se a explicação de Hugo de Brito Machado Segundo:

> A explicação mais comumente encontrada nos manuais de Direito Tributário é a de que o tributo indireto se caracteriza por ser legalmente devido por um sujeito, mas economicamente suportado por outro. Daí chamar-se o primeiro de contribuinte de direito e, o segundo, contribuinte de fato.
>
> Ainda de acordo com essa explicação, o contribuinte de direito seria obrigado pelo pagamento do tributo, eis que integraria a relação jurídica tributária, na condição de sujeito passivo. Já o contribuinte de fato não teria relação com o Fisco, sendo essa a razão do advento "de fato", pois na prática é ele quem arca com o ônus representado pelo tributo, que lhe é repassado pelo contribuinte de direito. Por outras palavras, o contribuinte de direito é obrigado ao pagamento, mas transfere a outro esse sacrifício pelo aumento de preço ou outro processo econômico de troca.
>
> [...]
>
> O ICMS, *v.g.*, é pago pelo vendedor de um produto (contribuinte de direito), mas, na prática, seria suportado pelo comprador (contribuinte de fato), sendo pelo primeiro embutido no preço e repassado ao segundo.[16]

Note-se, portanto, que a classificação é tradicionalmente informada pelo critério da repercussão econômica, ou seja, pelo repasse do encargo financeiro do tributo para um terceiro, o que, em tese, seria economicamente possível e desejável para qualquer tributo devido por uma sociedade empresária, tendo em vista que o elemento que a diferencia das demais pessoas jurídicas de direito privado referidas no art. 44, do *Código Civil*, é o objetivo econômico, ou seja, a geração de lucro e sua posterior distribuição para os sócios.

Assim se diz porque não haverá lucro se o preço das mercadorias circuladas ou dos serviços prestados não for suficiente para pagar todas as despesas da sociedade empresária, incluindo-se os tributos, de modo que o encargo financeiro

16. MACHADO, Hugo de Brito. *Repetição do tributo indireto:* incoerência e contradições. São Paulo: Malheiros, 2011. p. 13.

de todos os tributos devidos pela sociedade pode ser – e em verdade é desejável que sejam – repassados ao adquirente de suas mercadorias ou ao tomador de seus serviços.

Ocorre que o critério da repercussão econômica não pode ser aceito para fins de classificação de tributos entre diretos e indiretos, porque não se encontra fundamento de validade nas normas jurídicas pertencentes ao sistema de direito positivo brasileiro.

Nesse sentido, veja-se o que já ensinava Alfredo Augusto Becker, ou seja, todos os critérios pretendidos pela doutrina, quais sejam: repercussão econômica, critério do lançamento e critério da temporalidade não seriam cientificamente aceitos: "A verdade é que não existe nenhum critério científico para justificar a classificação dos tributos em diretos e indiretos e, além disto, esta classificação é impraticável".[17]

De fato, o critério econômico não se presta para classificar os tributos em diretos em indiretos. Dessa forma, a doutrina seguiu desenvolvendo investigações sobre a existência de um critério jurídico para o reconhecimento da repercussão do encargo financeiro dos tributos ditos indiretos e o encontrou no princípio da não cumulatividade do IPI e ICMS.

Desse modo, é oportuna a lição de Luís Eduardo Schoueri. Veja-se:

> No lugar de se buscar o fenômeno da translação age com acerto aquele que investiga se há uma transferência jurídica (i.e.: prestigiada por lei) do montante do tributo. Esta será a situação do adquirente do produto sujeito a tributação não cumulativa, que o revende, tomando o crédito do montante pago na etapa anterior. Se há um direito àquele crédito é porque ele lhe foi transferido por quem o pagou na etapa anterior.
>
> É esse o caso do IPI e do ICMS.[18]

---

17. BECKER, Alfredo Augusto. *Teoria geral do direito tributário*. 7. ed. São Paulo: Noeses, 2018., p. 574.

18. SHCOUERI, Luís Eduardo. *Direito tributário*. São Paulo: Saraiva, 2011. p. 559.

Note-se, no entanto, que nem todo tributo não cumulativo deverá ser tratado como tributo indireto. Assim se diz porque existem diferentes técnicas de não cumulatividade no sistema do direito positivo brasileiro.

De fato, não se pode comparar a não cumulatividade do IPI e do ICMS, previstas, respectivamente, nos arts. 153, § 3º, II e 155, § 2º, I, ambos da *Constituição Federal*, com a não cumulatividade das contribuições ao PIS e Cofins, disciplinada pelas Leis 10.637/2002 e 10.833/2003, por se tratar de metodologias diferentes.

Melhor explicando, a não cumulatividade do IPI e do ICMS segue o método imposto contra imposto (*tax on tax*) enquanto a não cumulatividade do PIS e da Cofins observa o método base de cálculo contra base de cálculo (*base on base*). Sobre a diferença entre os métodos de não cumulatividade, veja-se o ensinamento de Ives Gandra Martins e Edison Carlos Fernandes.

> Na primeira vertente, própria do IPI e ICMS, que constitui inclusive princípio perfilado na lei maior (153, § 3º, inciso I e 155, § 2º, inciso I), o crédito fiscal corresponde a instrumento pelo qual se opera a compensação periódica do montante do imposto recolhido nas entradas de insumos – bens de ativo fixo – e serviços com o imposto devido pela saída do produto final. Considerando-se que bens de ativo fixo e insumos, são necessários à produção do bem final ou do serviço, devem gerar direito a crédito, nos termos das leis complementares.
>
> Busca-se, portanto, na primeira vertente, a neutralidade da tributação.
>
> Na segunda, de que o PIS e a COFINS são exemplos, adota-se na linguagem da Exposição de Motivos da Medida Provisória n. 135, o denominado método subtrativo indireto, em que a metodologia adotada é a concessão de crédito fiscal sobre algumas compras (custos e despesas) definidas em lei, na mesma proporção que grave as vendas (receitas).[19]

19. FERNANDES, Edison Carlos; MARTINS, Ives Gandra da Silva. *Não-cumulatividade do PIS e da COFINS:* implicações contábil, societária e fiscal. São Paulo: Quartier Latin, 2007. p. 74.

Tendo em vista os diferentes métodos de não cumulatividade aplicáveis sobre os tributos, a parte da doutrina que entende a não cumulatividade como critério de repercussão jurídica do tributo, restringe esse entendimento ao método "imposto contra imposto" utilizado pelo IPI e ICMS. Isso porque esse método encontra fundamento na presunção de que o valor pago a título de ICMS e IPI será incluído no preço da mercadoria, evitando a chamada "incidência em cascata", com o objetivo de dar efetividade à neutralidade fiscal.

É o que ensina Andréa Medrado Darzé Minatel:

> De forma mais técnica, para que haja a repercussão jurídica do tributo, impõe-se que o direito ao crédito corresponda precisamente ao valor da dívida devida por outrem, já que, somente assim, vislumbra-se a imputação de efeitos jurídicos típicos decorrentes do traspasse da carga tributária e, definitivamente, não é isso que ocorre em relação a essas específicas contribuições sociais.[20]

Por essas razões, Misabel Derzi, atualizadora da obra clássica de Aliomar Baleeiro, *Direito tributário brasileiro*, em nota específica, esclarece que apenas o IPI e o ICMS poderiam ser tratados como impostos indiretos, *in verbis*:

> Juridicamente, somente existem dois impostos "indiretos" por presunção: o imposto sobre produtos industrializados/IPI, de competência da União, e o imposto sobre operações de circulação de mercadorias e prestação de serviços de transporte interestadual e intermunicipal e de comunicação/ICMS, de competência dos Estados.
>
> [...]
>
> A rigor, a ilação é extraída diretamente da Constituição Federal, porque, em relação a eles, a Carta adota dois princípios – o da seletividade e o da não cumulatividade – que somente podem ser explicados ou compreendidos pelo fenômeno da translação, uma vez que a redução do imposto a recolher, entre outros objetivos – em um ou outro princípio –, se destina a beneficiar o consumidor.[21]

---

20. MINATEL, Andréa Medrado Darzé. *Restituição do indébito tributário:* legitimidade ativa nas incidências indiretas. São Paulo: Noeses, 2015. p. 229.

21. BALEEIRO, Aliomar. *Direito tributário brasileiro*. 11. ed. Atualizada por Misabel Abreu Machado Derzi. Rio de Janeiro: Forense, 2007. p. 885.

Portanto, com base no critério da repercussão jurídica informado pela não cumulatividade "imposto contra imposto", pode-se dizer que o ICMS é um imposto indireto, mas qual é o efeito do reconhecimento do ICMS como imposto indireto? A pergunta é pertinente, porque, a partir da patologia apontada por Alfredo Augusto Becker, muitas dúvidas interpretativas foram apresentadas pela Doutrina e contribuintes que provocaram o Poder Judiciário a proferir uma série de decisões conflitantes sobre impostos indiretos. A título de exemplo, pode-se citar: (i) a repetição de indébito de tributos indiretos; (ii) tributação indireta e imunidades subjetivas; (iii) tributação indireta e inadimplência do consumidor; (iv) tributação indireta e a base de cálculo de contribuições sobre receitas e faturamento; e, finalmente, (v) tributação indireta e apropriação indébita.

Os conflitos começam com as dúvidas interpretativas a cerca do art. 166 do *Código Tributário Nacional*, que condiciona a repetição de indébito de tributo que comporte, por sua natureza, a transferência do respectivo encargo financeiro à: (i) prova de haver assumido o referido encargo; ou (ii) estar expressamente autorizado a receber a restituição do tributo por terceiro a quem transferiu o encargo financeiro do tributo.

É conhecido entendimento do Supremo Tribunal Federal consubstanciado no enunciado da Súmula 546, por meio da qual o STF reviu o entendimento anteriormente firmado no enunciado da *Súmula* 71, afirmando que: "Cabe a restituição do tributo pago indevidamente, quando reconhecido por decisão, que o contribuinte de 'jure' não recuperou do contribuinte 'de facto' o 'quantum' respectivo".

No âmbito do Superior Tribunal de Justiça, são vários os julgados que consideram o ICMS e IPI como tributos indiretos para fins da aplicação da norma do art. 166 do Código Tributário Nacional.

Relativamente ao ISS, convém destacar o REsp 1.131.476/RS, julgado pelo rito dos recursos repetitivos representativos de controvérsia, no qual foi firmada a tese 398, *in verbis*:

> A pretensão repetitória de valores indevidamente recolhidos a título de ISS incidente sobre a locação de bens móveis (cilindros, máquinas e equipamentos utilizados para acondicionamento dos gases vendidos), hipótese em que o tributo assume natureza indireta, reclama da parte autora a prova da não repercussão, ou, na hipótese de ter a mesma transferido o encargo a terceiro, de estar autorizada por este a recebê-los.[22]

Note-se, portanto, que o Superior Tribunal de Justiça consolidou entendimento no sentido de que o ISS admite a sua dicotomização em tributo direto ou indireto, dependendo do caso concreto, sendo certo que, quando assume feição de tributo indireto, deve respeitar os requisitos do art. 166 do *Código Tributário Nacional.*

O mesmo entendimento quanto à dicotomização do tributo em direto e indireto é aplicado pelo Superior Tribunal de Justiça ao IOF para fins de repetição de indébito. Tais entendimentos com relação ao ISS e IOF vão na contramão do que sugere a Doutrina, que reconhece como tributo indireto apenas o IPI e ICMS.

De qualquer forma, é importante destacar aqui que, relativamente à repetição de indébito de tributo, o fato de o tributo ser considerado indireto é relevante. No entanto, é de se ressaltar que no caso da transferência do encargo financeiro para o contribuinte de fato, este não terá a sua legitimidade ativa reconhecida para ajuizar ação de repetição de indébito tributário, por não ter pago o tributo devido. Apenas em casos excepcionais, como a repetição do indébito de ICMS cobrado sobre TUSD e TUST é que se reconhece a legitimidade ativa do consumidor final para pleitear a restituição de valores pagos indevidamente. Em outras palavras, a repercussão do encargo financeiro se torna irrelevante quando o pedido de restituição dos valores pagos indevidamente é formulado pelo contribuinte de direito.

---

22. BRASIL. Superior Tribunal de Justiça. *REsp 1131476*. Primeira Seção. Rel. Min. Luiz Fux. Brasília, 01 fev. 2010. Disponível em: https://bityli.com/7TqZwl. Acesso em: 14 out. 2019.

Já com relação ao reconhecimento de imunidades subjetivas, o Supremo Tribunal Federal já consolidou entendimento, ao julgar o *RE 608.872*, em sede de repercussão geral (Tema 342), de que é irrelevante a ocorrência de repercussão do tributo indireto. Veja-se:

> A imunidade tributária subjetiva aplica-se a seus beneficiários na posição de contribuinte de direito, mas não na de simples contribuinte de fato, sendo irrelevante para a verificação da existência do beneplácito constitucional a repercussão econômica do tributo envolvido.[23]

Da mesma forma, caso o consumidor final não pague pela mercadoria adquirida, ainda assim o comerciante vendedor deverá recolher o tributo incidente na operação, revelando-se indiferente o fato de se tratar de um imposto indireto. Nesse sentido, há entendimento do Superior Tribunal de Justiça no sentido de que a inadimplência tributária é fato indiferente à incidência do ICMS. Veja-se.

> PROCESSUAL CIVIL E TRIBUTÁRIO. OFENSA AO ART. 535 DO CPC NÃO CONFIGURADA. EXCLUSÃO DO VALOR REFERENTE ÀS VENDAS INADIMPLIDAS DA BASE DE CÁLCULO DO ICMS. IMPOSSIBILIDADE.
>
> 1. A solução integral da controvérsia, com fundamento suficiente, não caracteriza ofensa ao art. 535 do CPC.
>
> 2. O STJ sedimentou entendimento no sentido da impossibilidade de dedução da base de cálculo do ICMS de valores referentes a fortuitos inadimplementos contratuais.
>
> 3. Agravo Regimental não provido.[24]

Por outro lado, recentemente, o Supremo Tribunal Federal, ao julgar o *RE 574.706*, em sede de repercussão geral

23. BRASIL. Supremo Tribunal Federal. *RE 608.872*. Tribunal Pleno. Rel. Min. Dias Toffoli. Brasília, 23 fev. 2017. Disponível em: https://bityli.com/YfK0s4. Acesso em: 9 jul. 2020.

24. BRASIL. Superior Tribunal de Justiça. *AgRg no Ag 1340862*. Segunda Turma. Rel. Min. Herman Benjamin, 04 fev. 2011. Disponível em: https://bityli.com/bY1VXi. Acesso em: 9 jul. 2020.

(Tema 69), declarou inconstitucional a inclusão do ICMS na base de cálculo das contribuições ao PIS a Cofins.[25]

A partir do julgamento do referido recurso extraordinário, no qual foi reconhecida a relevância da repercussão do encargo financeiro do tributo, pode-se dizer que ressurgiram velhas discussões sobre impostos indiretos, multiplicaram-se teses filhotes sobre a tributação indireta, entre elas a tese de que o não recolhimento de ICMS próprio constitui conduta típica do crime de apropriação indébita tributária.

Veja-se, no entanto, que a patologia apontada por Alfredo Augusto Becker provoca muitas dúvidas interpretativas, confundindo contribuintes e, principalmente, a jurisprudência pátria, que vem julgando de acordo com a patologia, ignorando o fenômeno jurídico.

O resultado, conforme se demonstrou linhas acima, é um conjunto de incoerentes sobre a relevância ou não da repercussão do encargo financeiro para o contribuinte de fato, no caso de ditos impostos indiretos. Para facilitar a compreensão dos equívocos interpretativos, veja-se o resumo no quadro seguinte.

Tabela 1: Equívocos interpretativos

Dúvida interpretativa	*Resposta*	*Relevância da repercussão do encargo financeiro*
O contribuinte de direito poderá repetir o indébito tributário independentemente da demonstração dos requisitos previstos no art. 166 do CTN?	Não	Há
O contribuinte de fato, caso tenha assumido o encargo financeiro de imposto indireto pago indevidamente, poderá pleitear a repetição do indébito tributário?	Não	Não há

25. BRASIL. Supremo Tribunal Federal. *RE 574.706*. Tribunal Pleno. Rel. Min. Carmen Lúcia. Brasília, 02 out. 2017. Disponível em: https://bityli.com/wjjBpf. Acesso em: 9 jul. 2020.

Caso um consumidor final seja titular de imunidade subjetiva, poderá ele invocá-la para se eximir da cobrança de tributo indireto?	Não	Não há
Caso o consumidor final não pague pela mercadoria adquirida, o comerciante estará sujeito ao recolhimento do ICMS?	Sim	Não há
O ICMS pode integrar a base de cálculo das contribuições ao PIS e Cofins?	Não	Há

Fonte: Elaborada pelo autor com base em pesquisa na doutrina e jurisprudência.

Veja-se, portanto, que a verificação do caráter indireto de um tributo não é a resposta para todas as questões que envolvem contribuinte de fato e contribuinte de direito e, especialmente no que diz respeito à apropriação indébita tributária, a repercussão do encargo financeiro, ainda que jurídica, é absolutamente irrelevante, tendo em vista que, conforme já se demonstrou linhas acima, a correta interpretação dos termos "cobrado" e "descontado" não contempla a simples inclusão do valor correspondente ao tributo no preço exigido pela mercadoria.

Mas não é só, ainda por outro aspecto o direito tributário deve ser analisado para a correta interpretação da norma jurídica de apropriação indébita tributária. Isso porque, para a adequada construção de sentido da referida norma, é necessário compreender o que significa a expressão "na qualidade de sujeito passivo de obrigação e que deveria recolher aos cofres públicos".

4. A expressão "na qualidade de sujeito passivo de obrigação" e as normas de responsabilidade tributária de sócios administradores

Como é sabido, o direito penal não trabalha com a responsabilidade criminal de pessoas jurídicas, exceto no caso de crimes ambientais. Dessa forma, é evidente que o sujeito ativo do crime de apropriação indébita tributária é o próprio empresário ou sócio administrador de sociedade empresária. Sendo assim, considerando o princípio do direito penal como *ultima ratio*, é importante indagar em quais situações o sócio administrador poderá ser chamado a adimplir obrigação tributária, na qualidade de sujeito passivo.

A responsabilidade de terceiros é disciplinada pelos arts. 134 e 135 do *Código Tributário Nacional*, e tem grande importância para a compreensão da responsabilidade dos sócios por dívidas tributárias das sociedades empresárias, porque é no art. 135 do Código Tributário Nacional que se encontra prescrito o fundamento de validade para tanto.

Em primeiro lugar, é preciso destacar o caráter sancionatório da responsabilidade de terceiros, o que, conforme já demonstrado linhas acima, afasta a necessidade de ressarcimento do tributo pago pelo responsável como garantia para preservação de sua capacidade contributiva.

Justamente por se tratar de uma norma punitiva, a responsabilidade das pessoas arroladas no art. 135 não pode ocorrer em qualquer caso de inadimplência da obrigação tributária pela sociedade empresária devedora, mas se e somente se o sócio administrador agir com excessos de poderes, ou infração de lei, contrato social ou estatuto.

Nesse sentido, veja-se o que ensina Luís Eduardo Schoueri:

> Nota-se que a infração de que cogita o dispositivo não há de ser a mera falta de recolhimento de tributo. Claro que não recolher tributo no prazo é uma infração a lei. Entretanto, fosse esse o alcance do art. 135, então não teria sentido o art. 134, que já versa da responsabilização por não recolhimento de tributo. Para que o último dispositivo tenha algum alcance, há de se entender que o art. 135 compreende as infrações a leis não tributárias; e, no que se refere às infrações a leis tributárias, excetua-se o mero inadimplemento.[26]

A lição de Luís Eduardo Schoueri está em conformidade com o entendimento sumulado pelo Superior Tribunal de

26. SHCOUERI, Luís Eduardo. *Direito tributário* cit., p. 512.

Justiça, conforme ao que se verifica do enunciado da Súmula 430: "O inadimplemento da obrigação tributária pela sociedade não gera, por si só, a responsabilidade solidária do sócio-gerente".[27]

Portanto, em virtude da separação subjetiva da sociedade empresária e de seus sócios, a pessoa jurídica, com personalidade própria, não se confunde com as pessoas de seus sócios, o que limita a responsabilidade dos sócios e configura norma indutora de condutas criada com o propósito de estimular o empreendedorismo e investimentos em sociedades empresárias.

Desse modo, veja-se o que ensina Fábio Ulhôa Coelho:

> A regra do direito societário é a da irresponsabilidade dos sócios pelas obrigações sociais. Exceções há, contudo, em que os credores da sociedade podem saciar a sede creditícia no patrimônio do sócio. A primeira, referida no item anterior, está relacionada à obrigação dos sócios de prover a sociedade do capital que eles mesmos reputam necessário à realização do objeto social. Assim, subscrito valor superior ao integralizado, a diferença pode ser reclamada dos sócios, para atendimento dos direitos de credores. *O segundo conjunto de exceções, examinado agora, relaciona-se à tutela dos credores que não dispõem, diante da autonomia patrimonial da sociedade limitada, de meios negociais para a preservação de seus interesses. São eles o credor fiscal, a Seguridade Social*, o empregado e o titular de direito extracontratual à indenização.
>
> [...]
>
> Dentre os credores não negociais, o direito positivo cuida apenas do credor tributário. Apenas ele pode invocar, na proteção de seus créditos, tratamento que afaste a regra da limitação da responsabilidade dos sócios, ao total do capital social subscrito e não integralizado. Desta hipótese, contudo, cuido mais adiante, tendo em vista que a imputação de responsabilidade pelas obrigações sociais alcança apenas o sócio que administra a sociedade (Cap. 31, item 3).
>
> Em face da precariedade dos nossos textos legislativos, não se pode afirmar que o direito brasileiro tutele, integral e

27. BRASIL. Superior Tribunal de Justiça. Súmula 430/STJ. In: *Súmulas*. Primeira Seção. Brasília, 24 mar. 2010a. Disponível em: https://bityli.com/Wq0cgD. Acesso em: 14 out. 2019.

> satisfatoriamente, os credores não negociais da sociedade limitada. Deveria fazê-lo, é certo; mas, atente-se, enquanto não aperfeiçoado o direito positivo, será ineficaz qualquer argumentação no sentido de restringir a separação patrimonial entre sócio e sociedade. Em outros termos, enquanto não dispuser a ordem jurídica brasileira de previsão, excepcionando, especificamente, o tratamento a ser liberado aos direitos de determinado credor não negocial, não podem a tecnologia e o juiz deixar de prestigiar a limitação da responsabilidade dos sócios. Quer dizer, só cabe, por enquanto, considerar como exceções válidas à responsabilização limitada dos sócios, porque previstas em lei, as referentes aos créditos tributários (CTN, art. 135, III).[28]

Vê-se, assim, que pelo princípio da separação subjetiva entre sociedade empresária e sócios, não há que se falar em responsabilidade de sócios por dívidas das sociedades, salvo em se tratando de sociedades em nome coletivo, sociedade em comandita simples, sociedade em comandita por ações, desconsideração da personalidade jurídica e no caso da aplicação de regras específicas de créditos não negociais, tais como os créditos tributários, cuja responsabilização dos sócios depende do preenchimento dos requisitos do art. 135, quais sejam: excessos de poderes, ou infração de lei, contrato social ou estatuto.

Dessa forma, não havendo sequer responsabilidade tributária do sócio administrador em muitos casos de inadimplemento da obrigação tributária do ICMS próprio, como poderia se admitir a sua responsabilização na esfera criminal?

5. Conclusões

De todo o exposto, está claro que a dúvida interpretativa sobre a apropriação indébita do ICMS próprio decorre da equivocada classificação dos tributos em diretos e indiretos. Verdadeira patologia que, apesar das fortes denúncias apresentadas por Alfredo Augusto Becker, ainda provoca incoerências e contradições em interpretações jurídicas.

---

28. COELHO, Fábio Ulhoa. *Curso de direito comercial*. 16. ed. São Paulo: Saraiva, 2012. v. 2, p. 490-492 – grifo meu.

Ademais, como visto anteriormente, mesmo que se reconheça um critério de repercussão jurídica do encargo financeiro do ICMS e IPI, a classificação não deve ser aplicada sem qualquer critério, devendo ser observado, sempre que possível, a condição do contribuinte de direito, sujeito passivo da obrigação tributária sobre quem recai o dever jurídico de pagar o tributo devido.

É possível concluir, também, que as expressões "descontado" e "cobrado" referem-se a critérios de repercussão jurídica do encargo financeiro do tributo em respeito à capacidade contributiva, na restrita hipótese de eleição de terceiro, sem relação pessoal e direta com o fato gerador, para figurar no polo passivo da relação jurídica tributária. Dessa forma, para que os direitos do responsável não sejam atropelados, é necessário que ele tenha à sua disposição o mecanismo do reembolso "cobrança" ou retenção "desconto".

Relativamente à expressão "na qualidade de sujeito passivo de obrigação", o direito tributário não atribui responsabilidade tributária ao sócio administrador diante do simples inadimplemento da obrigação tributária, conforme entendimento consolidado e sumulado pela 1ª Seção do Superior Tribunal de Justiça.

Assim, com base no princípio da intervenção mínima do direito penal, não há como defender a existência de responsabilidade penal quando não há sequer responsabilidade tributária do sócio administrador.

Está-se, portanto, diante de hipótese de prisão por dívida, o que é vedado pelo art. 5º, LXVII, com exceção de casos de inadimplemento voluntário e inescusável de obrigação alimentícia. Diz-se prisão por dívida, porque o que se pretende com o reconhecimento da apropriação indébita tributária do ICMS próprio, diferentemente do que ocorre em casos de sonegação, é a responsabilização do contribuinte que dá o devido destaque ao ICMS na nota fiscal e procede à consequente confissão de dívida mediante lançamento por homologação.

Desnecessário dizer que o próprio direito tributário assegura garantias e privilégios ao crédito tributário já constituído pela confissão de dívida, que pode e deve ser inscrito em dívida ativa e cobrado mediante ajuizamento de execução fiscal, pela qual se dará a execução forçada do patrimônio do devedor e, se necessário, o redirecionamento da execução contra a pessoa dos sócios.

Referências

BALEEIRO, Aliomar. *Direito tributário brasileiro*. 11. ed. Atualizada por Misabel Abreu Machado Derzi. Rio de Janeiro: Forense, 2007.

BECKER, Alfredo Augusto. *Teoria geral do direito tributário*. 7. ed. São Paulo: Noeses, 2018.

BRASIL. *Lei Ordinária n. 8.137*, de 27 de dezembro de 1990. Define crimes contra a ordem tributária, econômica e contra as relações de consumo, e dá outras providências. Diário Oficial da União, Brasília, DF, 28 dez. 1990. Disponível em: http://www.planalto.gov.br/ccivil_03/leis/l8137.htm . Acesso em: 13 out. 2019.

BRASIL. Superior Tribunal de Justiça. *AgRg no Ag 1340862*. Segunda Turma. Rel. Min. Herman Benjamin, 04 fev. 2011. Disponível em: https://bityli.com/bY1VXi. Acesso em: 9 jul. 2020.

BRASIL. *Habeas Corpus* 399.109, Superior Tribunal de Justiça. Primeira Seção. Relator: Ministro Rogerio Schietti Cruz. Brasília, DF, 31 ago. 2018. Disponível em: https://bityli.com/1bMr6J. Acesso em 20 set. 2019.

BRASIL. Superior Tribunal de Justiça. *REsp 1131476*. Primeira Seção. Rel. Min. Luiz Fux. Brasília, 01 fev. 2010. Disponível em: https://bityli.com/7TqZwl. Acesso em: 14 out. 2019.

BRASIL. Superior Tribunal de Justiça. Súmula 430/STJ. In: *Súmulas*. Primeira Seção. Brasília, 24 mar. 2010a. Disponível em: https://bityli.com/Wq0cgD. Acesso em: 14 out. 2019.

BRASIL. Supremo Tribunal Federal. *Súmulas*. Brasília, 12 dez. 1969. Disponível em: https://bityli.com/37pZq1. Acesso em: 14 out. 2019.

BRASIL. Supremo Tribunal Federal. *RE 574.706*. Tribunal Pleno. Rel. Min. Carmen Lúcia. Brasília, 02 out. 2017a. Disponível em: https://bityli.com/wjjBpf. Acesso em: 9 jul. 2020.

BRASIL. Supremo Tribunal Federal. *RE 608.872*. Tribunal Pleno. Rel. Min. Dias Toffoli. Brasília, 23 fev. 2017. Disponível em: https://bityli.com/YfK0s4. Acesso em: 9 jul. 2020.

BRAZ, Jacqueline Mayer da Costa Ude. *Substituição tributário no ICMS:* construção de sentido e aplicação. São Paulo: Noeses, 2020.

CARRAZZA, Roque Antonio. *ICMS*. São Paulo: Malheiros, 2012. p. 375.

CARVALHO, Paulo de Barros. *Curso de direito tributário*. 22. ed. São Paulo: Saraiva, 2010.

COELHO, Fábio Ulhoa. *Curso de direito comercial*. 16. ed. São Paulo: Saraiva, 2012. v. 2.

FERNANDES, Edison Carlos; MARTINS, Ives Gandra da Silva. *Não-cumulatividade do PIS e da COFINS:* implicações contábil, societária e fiscal. São Paulo: Quartier Latin, 2007.

FERRAGUT, Maria Rita. *Responsabilidade tributária e o Código Civil de 2002*. 2. ed. São Paulo: Noeses, 2009.

MACHADO, Hugo de Brito. *Crimes contra a ordem tributária*. 4. ed. São Paulo: Atlas, 2015.

MACHADO, Hugo de Brito. *Repetição do tributo indireto:* incoerência e contradições. São Paulo: Malheiros, 2011.

MINATEL, Andréa Medrado Darzé. *Restituição do indébito tributário:* legitimidade ativa nas incidências indiretas. São Paulo: Noeses, 2015.

SHCOUERI, Luís Eduardo. *Direito tributário*. São Paulo: Saraiva, 2011.

INTRODUÇÃO AO MÉTODO ANALÍTICO E AO CÍRCULO HERMENÊUTICO NO PERCURSO GERADOR DE SENTIDO DA NORMA PRIMÁRIA SANCIONATÓRIA

Bruce Bastos Martins[1]

Introdução

O objeto de estudo deste artigo é a norma primária sancionatória de natureza tributária. E partindo da ideia de direito como um sistema de comunicação,[2] nós descreveremos tanto a estrutura linguística da norma em questão como também as suas formas dialógicas de constituição sob um contexto comunicacional da língua tributária. Esse contexto, como veremos, presente no círculo hermenêutico da linguagem jurídica, é constituído não apenas por textos normativos em sentido estrito, mas por enunciados de diversas naturezas, incluindo

---

1. Doutorando e Mestre em Direito Tributário pela PUC-SP. Especialista em Direito Tributário pelo IBET Instituto Brasileiro de Estudos Tributários. Professor do IBET. Advogado.

2. CARVALHO, Paulo de Barros. *Direito tributário*: linguagem e método. 6. ed. São Paulo: Noeses, 2015. p. 168-171.

os de alta carga axiológica constantes da Constituição Federal, acima de tudo os referentes à capacidade contributiva e ao não confisco, arts. 145, § 1º e 150, IV, respectivamente. Por conta desses enunciados, como exemplificaremos, vínculos semânticos são engendrados no percurso gerador de sentido da norma sancionatória, objeto de nosso estudo.

Para essa demonstração, alguns recortes temáticos serão apresentados, a título de introdução, começando pelo uso do método analítico no direito tributário, instrumento necessário para constatar a posição sintática ocupada pela sanção tributária na estrutura da norma jurídica em sentido estrito; e, depois, o círculo hermenêutico, de modo a descrever como se opera o movimento dialógico dos princípios constitucionais acima nos critérios constitutivos da regra matriz de incidência tributária (RMIT).

1. O método analítico no direito tributário

Para entender como o método analítico é aplicado no direito tributário, cabe a nós antes contextualizar este recorte temático operado no curso das reflexões filosóficas do início do século XX.

O método analítico ganhou força após o Círculo de Viena destacar a função da linguagem na construção dos objetos descritos pelas ciências. Até então, pode-se dizer, a linguagem era um instrumento epistemológico de conexão entre o sujeito consciente e o objeto no mundo. No entanto, após o *giro-copernicano,* fundado na *Crítica* kantiana, a linguagem operada na forma de juízos acabou por se encarregar também de constituir os objetos para o sujeito (ou *para-si*), reconhecendo para tanto a impossibilidade de se alcançar um saber positivo sobre os objetos no mundo (ou *em-si*), isto é, os objetos que se situam além da consciência. Para Kant, esta é a única condição de possibilidade do conhecimento despido de fundamentos metafísicos.

Neste momento da filosofia iniciam-se reflexões fenomenológicas pelas quais o objeto *para-si* dos juízos ou da apercepção[3] suprimem o objeto *em-si* situado fora da experiência da consciência com a linguagem. Não sem razão, afirmará Julia Kristeva, a fenomenologia "é a base da teoria da significação do nosso século, com a qual se relacionam, conscientemente ou não, explicitamente ou não, as teorias linguísticas".[4]

Por tudo isso, a filosofia da ciência, no início do século XX, teve de reconhecer a importância da linguagem na constituição dos objetos a partir de sistemas de referência postos por ela mesma. Em suma, sem a linguagem operada pela consciência não há ser ou ente para o conhecimento, pois tudo que se pode saber (e dizer) sobre um sujeito ou objeto é dado sob os seus domínios lógicos e linguísticos.[5]

Nesse momento, o método analítico surge como um dos desdobramentos do empirismo lógico ou, o que é o mesmo, do neopositivismo, corrente teórica que tem por objetivo, lembra-nos Bertrand Russell, "mesclar o empirismo com o interesse pelas áreas dedutivas do conhecimento humano".[6] Esta é uma conquista, segundo ele, de todos os matemáticos que se dedicaram em eliminar as incoerências do raciocínio, o que resultou, em muitas ocasiões, na substituição de proposições metafísicas por proposições lógicas. Um exemplo é Georg Cantor, que desenvolve a teoria matemática dos números infinitos, devolvendo à lógica o que estava relegado, em última instância, à metafísica de Leibniz. Outro é Gottlob Frege, que pôs um fim à ideia kantiana de que proposições aritméticas são juízos sintéticos *a priori* ao deduzir a matemática pura a partir da lógica.

---

3. RICOEUR, Paul. *Na escola da fenomenologia*. Petrópolis: Rio de Janeiro: Vozes, 2009. p. 263.

4. KRISTEVA, Julia. *História da linguagem. Lisboa*: Edições 70, 1969. p. 258.

5. WITTGENSTEIN, Ludwig. *Tractatus logico-philosophicus*. 3. ed. São Paulo: Edusp, 2008. p. 245.

6. RUSSELL, Bertrand. *História da filosofia ocidental* – Livro 3: A filosofia moderna. Rio de Janeiro: Nova Fronteira, 2015. p. 397.

Em última instância, o método analítico foi reduzindo muitas das reflexões filosóficas à coerência de sua sintaxe proposicional, de tal modo que, com seus propósitos analíticos, alcançou o isolamento dos enunciados e de seus conectivos lógicos, compondo assim um domínio científico sobre as proposições. Nas palavras de Wittgenstein, "A maioria das questões e proposições dos filósofos decorre de não entendermos a lógica de nossa linguagem [...] E não é de admirar que os problemas mais profundos de fato não sejam problemas".[7]

Portanto – e este é o passo fundamental dado pelo método analítico –, o que se apresentava filosoficamente como desordem metafísica, passa a ser, na ciência, uma questão de coerência sistêmica entre as proposições e suas relações lógicas. Daí o empirismo lógico estabelecer como proposição científica aquela que: a) está contida em um sistema de referência linguístico, ou seja, um "*sistema como forma sintática de união de proposições*";[8] e b) está concatenada em rigorosas bases lógicas com as demais proposições desse sistema. Essas são as condições de possibilidade do conhecimento teórico "purificado" de toda incoerência interna ou de relações impróprias com proposições de outros sistemas de referência.

Por tudo isso, nas palavras de Rudolf Carnap, "se alguém deseja falar em sua linguagem acerca de um novo tipo de entidade, deve introduzir um sistema de novas maneiras de falar, sujeito a novas regras".[9] Por sinal, não foi outro o comprometimento de Hans Kelsen, na sua *Teoria pura*, afinal, constatado que o direito se expressa "*em palavras e proposições*", estava imposto ao jurista munido do método analítico identificar as regras sintáticas que constroem cientificamente a linguagem das normas jurídicas.

---

7. WITTGENSTEIN, Ludwig. *Tractatus logico-philosophicus* cit., p. 165.

8. VILANOVA, Lourival. *As estruturas lógicas e o sistema de direito positivo*. 4. ed. São Paulo: Noeses, 2005. p. 140.

9. SCHLICK, Moritz; CARNAP, Rudolf. *Coletânea de textos*. São Paulo: Abril Cultural, 1980. p. 114.

Uma dessas regras sintáticas é a que relaciona por meio de um conectivo lógico proposições implicantes e implicadas dentro de um juízo hipotético-condicional "*se A acontecer... então B deve-ser*".[10] A proposição implicante reporta-se a um estado de coisas possíveis no mundo "*Se A acontecer...*", enquanto a proposição implicada relaciona sujeitos de direito por intermédio de um conectivo deôntico modalizado "*... então B deve-ser*".[11] Esta *causalidade jurídica*, cuja forma lógico-deôntica assim se apresenta "$D(p \rightarrow q)$", é o mínimo de sintaxe para a manifestação da norma jurídica em sentido estrito. Veja-se:

Norma jurídica em sentido estrito

↓

Se... (proposição-implicante), *então deve...* (proposição-implicada)

↓

$D(p \rightarrow q)$

Aliás, nada impede, como nos ensina o método analítico *constructivista* de Lourival Vilanova, que esta relação lógica se estabeleça entre uma ou várias proposições implicantes e implicadas, por exemplo: a) $D(p'.p'' \rightarrow q')$; b) $D(p' \rightarrow q'.q''.q''')$; ou c) $D(p'.p''.p''' \rightarrow q'.q''.q''')$.[12]

A regra matriz de incidência tributária (RMIT) concebida pelo jurista Paulo de Barros Carvalho é um desdobramento do método analítico desenvolvido rigorosamente por Lourival Vilanova.[13] Consiste em um instrumento metódico que parte do texto bruto do direito positivo para identificar os critérios constitutivos das proposições implicantes e implicadas das normas tributárias. O jurista Robson Maia Lins, um de seus maiores discípulos, descreve com precisão a RMIT como

10. KELSEN, Hans. *Teoria pura do direito*. 7. ed. São Paulo: Martins Fontes, 2006. p. 81.

11. VILANOVA, Lourival. *As estruturas lógicas e o sistema de direito positivo* cit., p. 76-77.

12. Ibidem, p. 54.

13. CARVALHO, Paulo de Barros. *Direito tributário*: linguagem e método cit., p. 627.

> um esquema lógico que, privilegiando o aspecto sintático, procura demonstrar quais os elementos essenciais – por isso a expressão "mínimo irredutível de manifestação do modal deôntico" – para determinar o acontecimento que dá ensejo ao pagamento do tributo e em que condições tal pagamento deverá ser realizado.[14]

Segundo o método analítico da RMIT, a forma lógica da norma tributária é assim representada "*D((cm(v.c).ce.ct) → (cp(sa.sp).cq(bc.al)))*", onde: a) "*D*" é o conectivo implicacional neutro; b) "*cm*" é o critério material, integrado por verbo (ação ou estado) mais um complemento "*(v.c)*"; c) "*ce*" é o critério espacial, isto é, o critério relativo ao espaço jurídico em que se reputa ocorrida a materialidade; d) "*ct*" é o critério temporal, a saber, o critério referente ao tempo jurídico em que se reputa ocorrida a materialidade (também é o tempo *no* fato); e) "." e "→" são, respectivamente, o conectivo conjuntor e o conectivo condicional; f) "*cp*" é o critério pessoal, que se refere aos sujeitos de direito relacionados de forma irreflexiva e assimétrica na obrigação tributária; e g) "*cq*" é o critério quantitativo ou, se preferir, o critério de representação da obrigação jurídica, daí ser formada por uma base de cálculo "*(bc)*" e uma alíquota "*(al)*". Veja-se a seguir:

Cabe-nos, agora, identificar a posição sintática da obrigação sancionatória na estrutura normativa das relações tributárias.

---

14. LINS, Robson Maia. Curso de direito tributário. São Paulo: Noeses, 2019. p. 396-397.

2. A posição sintática do signo "sanção tributária" na norma jurídica em sentido estrito

A norma jurídica, como se viu *supra*, expressa-se por duas proposições que se vinculam pela causalidade jurídica. Em análise mais detida, constata-se que a experiência da consciência com essas proposições jurídicas confere a ela uma compreensão ontológica de dupla dimensão, a saber: a) a dimensão ontológica da proposição-implicante, expressa por uma hipótese abstrata ou um fato concreto acerca de uma ação ou condição no mundo social que pode ocorrer ou já aconteceu, nesta ordem; e b) a dimensão ontológica da proposição-implicada, por sua vez expressa por um vínculo obrigacional entre sujeitos de direito, de forma geral ou individual, definindo direitos e deveres modalizados (permitido, proibido ou obrigatório).

Aqui, o jurista que se utiliza do método analítico no direito deduz que toda norma jurídica obedece a dois princípios, necessariamente, que são os da homogeneidade sintática e da heterogeneidade semântica. Isso porque, embora toda norma assuma uma mesma estrutura sintática, os sentidos das proposições por ela expressos se abrem para inúmeras possibilidades.[15] É possível demonstrar a dupla dimensão ontológica das normas jurídicas e os princípios mencionados da seguinte maneira:

Bidimensionalidade ontológica da estrutura normativa

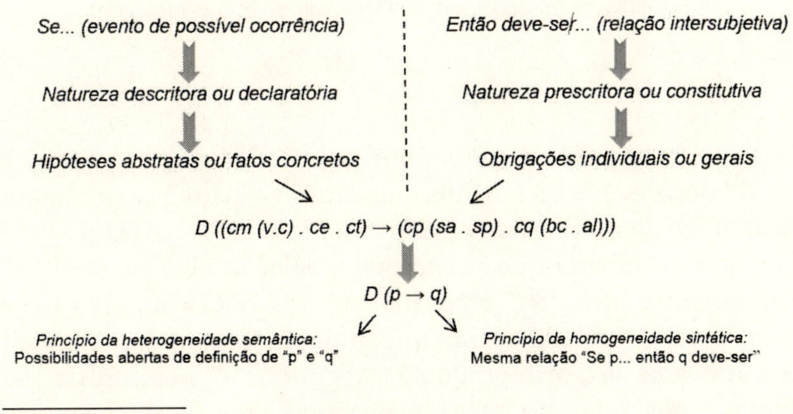

15. CARVALHO, Paulo de Barros. *Direito tributário*: linguagem e método cit., p. 143.

Conforme o princípio da heterogeneidade semântica é possível construir normas cuja proposição implicante se mostra à consciência de forma abstrata ou concreta (uma hipótese ou um fato, respectivamente) e a proposição implicada constitui-se de forma geral ou individual (sujeitos de direito indefinidos ou definidos, nessa ordem). E de acordo com o princípio da homogeneidade sintática, a forma lógica "*D (p → q)*" também pode ser assim apresentada "*D (p → s` r s``)*", substituindo o símbolo "*q*" pelos símbolos "*s` r s``*", onde: a) "*s´*" é o sujeito ativo; b) "*r*" é o conectivo deôntico modalizado entre sujeitos de direito; e c) "*s``*" é o sujeito passivo". Isso porque, toda proposição implicada "*q*" é, necessariamente, na norma jurídica, uma relação intersubjetiva "*s` r s``*".

O método analítico no direito tributário permite ao jurista identificar todas essas relações intraproposicionais (entre os critérios constitutivos da proposição), interproposicionais (entre as proposições constitutivas da norma jurídica) e internormativas (entre as normas jurídicas constitutivas do sistema do direito) que, na dinâmica de criação do direito, constituem normas primárias dispositivas, normas primárias sancionatórias e normas secundárias ou processuais. Veja-se:

a) Relações intraproposicionais: D (p (cm . ct . ce) → q (s`r s``))

b) Relações interproposicionais: D (p-implicante → q-implicada)

c) Relações internormativas: D ((p → s`r s``) v ((p. – q) → s` r s```))

A representação lógica "*D ((p → s`r s``) v ((p. – q) → s` r s```))*" descreve duas normas em sentido estrito que perfazem a estrutura da norma em sentido completo, onde: a) "*D(p → s`r s``)*" é uma norma que prescreve a relação obrigacional "*r*" entre sujeitos ativo "s`" e passivo "s``"; e b) "*D((p. – q) → s` r s```)*" é uma segunda norma que, independentemente de qual será aplicada, se a primeira ou/e a segunda "*v*", pois ambas são válidas, prescreve, no caso de descumprimento da primeira “*(p. -q)*”, a providência sancionatória pelo Estado-juiz “s```”, em razão da demanda processual do sujeito ativo “s`”.

Em suma, esta é a feição dúplice de toda norma jurídica em sentido completo: a norma primária prescritiva de um direito e a norma secundária prescritiva da providência coercitiva ou sancionatória pelo Estado-juiz. Confira a representação lógica a seguir:

$$\underbrace{\underbrace{D\,((p \rightarrow s'\,r\,s'')}_{\textit{Norma primária}}\ v\ \underbrace{((p.-q) \rightarrow s'\,r\,s'''))}_{\textit{Norma secundária}}}_{\textit{Norma em sentido completo}}$$

A norma secundária, como se vê, tem uma natureza processual e sancionatória, no sentido de levar a termo as providências que o ordenamento prevê para satisfazer o direito descumprido, o que significa, em outras palavras, mobilizar todo o aparato estatal coercitivo para garantir a realização da conduta normativa desobedecida.

Entretanto, a palavra “sanção” usada para qualificar a norma secundária como sancionatória não deve confundir o jurista que identifica a mesma palavra para qualificar uma proposição-implicada, cujos sujeitos de direito envolvidos não contemplam a figura do Estado-juiz. A palavra “sanção” tem seu significado alterado, então, a depender da posição sintática ocupada pelo sujeito passivo na relação lógica das normas em sentido estrito – em um caso é o sujeito que descumpriu a norma primária, em outro é o Estado-juiz demandado a exercer o poder de jurisdição –, não obstante possam resguardar semelhanças sobre qual sujeito possui o direito subjetivo.

Ou seja, do ponto de vista do método analítico, a expressão “sanção tributária” pode contemplar a qualificação da norma secundária, pois é esta que, em última instância, demanda os meios sancionatórios empregados pelo Estado-juiz para obrigar o cumprimento de direitos não observados; mas a mesma expressão também pode ser empregado na qualificação da norma primária cuja proposição implicante prevê a descrição do descumprimento de uma proposição implicada de outra norma, declarando, na sua formalização individual e concreta, uma conduta ilícita realizada.

Essa é a norma primária sancionatória, analiticamente distinta da norma secundária. Nas palavras do jurista Paulo de Barros Carvalho, é uma norma que "descreve o fato antijurídico no seu antecedente, e a providência desfavorável ao autor do ilícito (sanção) no consequente".[16] Essas providências desfavoráveis encontradas na proposição implicada da norma primária sancionatória podem se revestir de diversas roupagens obrigacionais, como se pode imaginar, são exemplos: penalidades pecuniárias, multas ou juros de mora, deveres sem conteúdo patrimonial etc.

Aliás, por essas mesmas ferramentas analíticas é possível definir o termo "tributo" como objeto de obrigação de uma norma em sentido estrito, cuja proposição implicante não deve constar na sua materialidade uma ação ilícita ou um estado ilícito, se preferir, uma materialidade antijurídica, eis que, de acordo com o enunciado prescritivo do art. 3º do Código Tributário Nacional, "Tributo é toda prestação pecuniária compulsória [...] que não constitua sanção [...]".

Confira as formas lógicas a seguir:

Norma jurídica em sentido completo e as relações internormativas

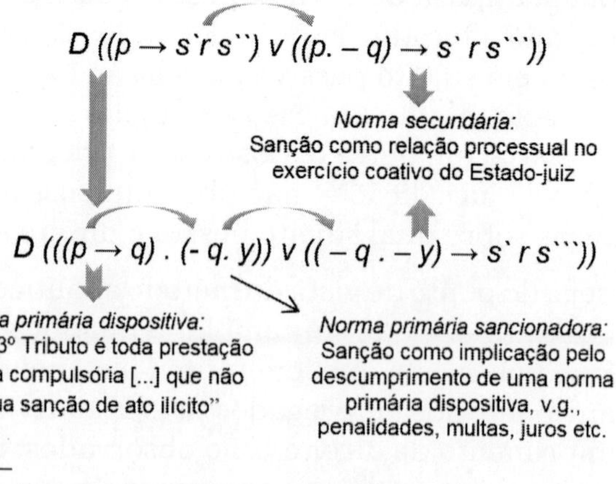

16. CARVALHO, Paulo de Barros. *Direito tributário*: linguagem e método cit., p. 888.

Está claro que o uso do método analítico no direito tributário permite ao jurista distinguir as relações normativas – intraproposicional, interproposicional e internormativo – constitutivas do sistema do direito positivo, identificando assim a posição sintática do signo "sanção tributária" na estrutura da norma jurídica em sentido estrito.

No exemplo das formas lógicas apresentadas, assinala-se: a) norma primária dispositiva de natureza tributária "*D(p → q)*"; b) a norma primária sancionatória "*D(-q → y),* onde "-" simboliza o descumprimento de "*q*", proposição-implicada da norma primária dispositiva, e "*y*" simboliza a posição sintática da sanção tributária; e c) a norma secundária "*(D ((- q. – y) → s` r s```))*", que representa formalmente a estrutura de uma norma submetida à jurisdição do Estado-juiz "*s` r s```*" para que se faça cumprir as condutas constantes das proposições-implicadas "*-q" e "- y*" descritas na proposição-implicante "*(– q. – y)*". Convém observar que toda linguagem jurídica tem função prescritiva, não obstante possa assumir formas descritivas, a exemplo da descrição das hipóteses tributárias.

Agora, a norma primária dispositiva apresentada pela forma lógica "*D(p → q)*" vai assumindo, em um contexto tributário, possibilidades de significações proposicionais mais específicas, a iniciar pelos contornos semânticos dos enunciados prescritivos dos §§ 1º, 2º e 3º, do art. 113 do Código Tributário Nacional. Pois, se "a obrigação principal surge com a ocorrência do fato gerador, e tem por objeto o pagamento de tributo ou a penalidade pecuniária" (CTN, art. 113, § 1º), e "a obrigação acessória decorre da legislação tributária e tem por objeto as prestações, positivas ou negativas" (CTN, art. 113, § 2º), sendo que "a obrigação acessória, pelo simples fato da sua inobservância, converte-se em obrigação principal relativamente à penalidade pecuniária" (CTN, art. 113, § 3º), então podemos iniciar a saturação semântica das estruturas das normas tributárias em sentido estrito da seguinte forma:

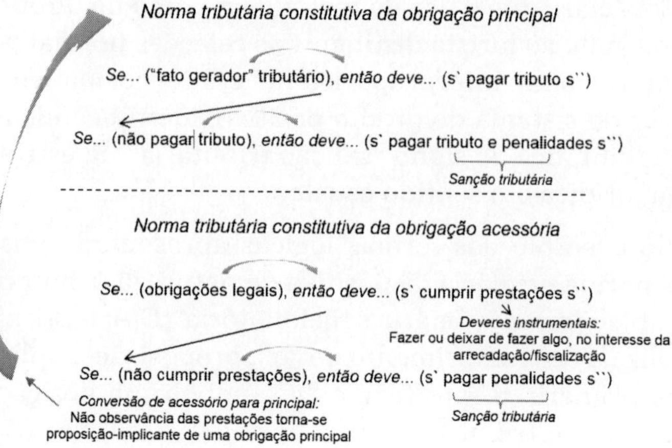

Na ilustração *supra* temos a figura da "conversão", termo presente no enunciado prescritivo do § 3º do art. 113 do CTN, cujo conceito não se refere a um procedimento a ser executado pelos sujeitos de direito da relação tributária, mas, nas palavras do jurista Paulo de Barros Carvalho, quer dizer "verdadeira norma sancionatória, submetida aos ditames do regime de direito tributário, tornando o descumprimento de uma relação jurídica que é antecedente de uma norma sancionatória".[17] Aliado a isso, a saturação semântica das proposições tributárias constitutivas das normas primárias sancionatórias demanda indicações precisas dos seus critérios, o que representa, em grande medida, a força dos vínculos que mantém com os demais enunciados prescritivos do direito tributário, sobretudo os de intensa conotação axiológica,[18] a exemplo dos princípios da capacidade contributiva e do não confisco. Em outras palavras, o sentido das proposições da norma sancionatória reclama, por força das relações que mantêm com o sistema comunicacional do direito, "indicações precisas dos sujeitos do vínculo e a forma de calcular-se o montante da

17. CARVALHO, Paulo de Barros. *Curso de direito tributário*. 30. ed. São Paulo: Saraiva Educação, 2019. p. 533-534.

18. CARVALHO, Paulo de Barros. *Direito tributário*: fundamentos jurídicos da incidência. 10. ed. rev. e atual. São Paulo: Saraiva, 2015. p. 110.

penalidade aplicável ou a delimitação do dever infringido pela prática ilícita".[19]

Isso é uma descrição inicial do modo como a linguagem do direito engendra os contornos semânticos das normas primárias sancionatórias. E o jurista concernido com o estudo dessas sanções precisa ir além do uso do método analítico, necessariamente, para, tomando o direito "como um grande fato comunicacional",[20] conhecer o círculo hermenêutico por meio do qual a historicidade presente na consciência produz as condições de interpretação da norma, o que significa identificar o agenciamento dialógico da linguagem jurídica em todo percurso gerador de sentido das normas.

3. O círculo hermenêutico e o percurso gerador de sentido da norma

O que torna possível a interpretação? Aparentemente é uma pergunta simples. Alguém poderia responder "É possível porque as pessoas pensam, e quando pensam elas interpretam". Talvez esta resposta satisfaça. Mas o que torna possível o pensamento interpretar? Já não é tão simples responder.

Um positivista poderia dizer: "É um combinado de relações físico-fisiológicas que levam a atividade cerebral a pensar e assim a interpretar". Acontece que esta resposta positivista, baseada na causalidade das relações físico-fisiológicas, ainda precisa explicar como as atividades cerebrais distintas para cada corpo chegam a ideias comuns sobre o mundo. Se a interpretação é uma função do corpo orgânico, e cada corpo é diferente, então a resposta do positivista parece não satisfazer a constatação de tantas interpretações idênticas.

Então, o que torna possível a interpretação? O matemático e filósofo Edmund Husserl dirá que é preciso lançar mão

19. CARVALHO, Paulo de Barros. *Direito tributário*: linguagem e método cit., p. 889.

20. Ibidem, p. 170.

de uma ciência mais rigorosa para dar conta de apreender as ideias interpretadas nas suas essências. É preciso, pois, uma ciência das essências, a fenomenologia, cujo método se propõe menos a afirmar o que *é* interpretado, e mais a entender *como* uma interpretação resiste às contingências biológicas, psicológicas ou históricas, aparecendo ao sujeito enquanto experiência original com o sentido do objeto presente.

Acontece que essa resposta do fenomenólogo, baseada no idealismo transcendental das intuições categoriais, sobretudo na atitude de ignorar ou suspender (*epoché*) tudo que não aparece imediatamente à consciência, ainda precisa explicar, pelo mesmo método, quais as condições pré-categoriais do interpretante que tornam a interpretação possível. Afinal, se o sentido interpretado é uma função das formas imediatamente doadas na vivência do ato intencional, então a resposta do fenomenólogo parece não satisfazer, na sua unilateralidade, as condições mais fundamentais da compreensão que são pré-reflexivas ao ato de interpretar.

A pergunta "O que torna possível uma interpretação?" só é respondida, segundo Martin Heidegger, pela apresentação dos fundamentos *existenciais* deste ser que, especificamente, interpreta. Mas o ser que interpreta, isso precisa ficar claro, não é o corpo orgânico das ciências biológicas, mas é um ser que, antes mesmo de ser cientificamente conceituado, está sempre-já lançado no *mundo*, imerso pela sua condição mundana.

O *mundo* que se apresenta também não é, como se poderia imaginar, o acumulado de coisas que conhecemos conceitualmente, a soma de todos os objetos e sujeitos conhecidos, como montanhas, árvores, animais, pessoas, casas etc., mas, sim, é o horizonte de sentidos possíveis que envolvem todo ato de interpretar. Em outras palavras, a interpretação é uma possibilidade de sentido realizada a partir de uma pré-compreensão mundana conferida pela existência.

Daí o sentido ser a única via de acesso ao mundo, e estar *no* mundo é ser este ente mundano, um ser-lançado-aí na existência, residindo na moradia das possibilidades de sentidos, em suma: ser-o-aí (*Dasein*).

Por tudo isso o ente mundano é diferente dos demais entes, pois, situado neste lugar em que aparecem os entes, clareira onde a presença ocorre, ele mostra-se disposto e aberto para a interpretação. Este é o seu primado ôntico-ontológico, sua diferença ontológica.

Se Husserl lança mão do método fenomenológico para apreender as essências constitutivas dos entes, então a hermenêutica da facticidade operada por Heidegger é a fenomenologia da presença do ente mundano. Assim, da mesma forma que na fenomenologia transcendental as categorias engendram os entes, na fenomenologia hermenêutica os *existenciais* engendram a estrutura prévia de compreensão, isto é, a pré-compreensão mundana deste ente particular que interpreta, o *Dasein*.

Vale destacar, a título de introdução, que Heidegger busca nesta virada ontológica a questão do Ser (que é também a questão da abertura do *ser-aí* para o Ser), esquecida pelas correntes ontoteológicas que propagam a ideia de Ser como um ente supremo (cosmos, número, Deus, *cogito* etc.).

É nesse sentido que Heidegger opera uma destruição da metafísica em nome de uma ontologia mais fundamental. Isso para afirmar que toda interpretação vai sempre circular no âmbito de uma pré-compreensão, que é o mundo no qual o ente mundano se dispõe e habita, a clareia de presença dos entes. Essa transcendência do sentido apenas é possível pelas marcas da condição imanente do *Dasein* de ser finito, temporal e aberto para interpretar. Agora, talvez, comece a ficar mais claro o título da obra "Ser e Tempo".

O *círculo de compreensão* de Heidegger – círculo helicoidal, pois não se fecha em si – é esta relação entre a interpretação do *Dasein* e a totalidade conjuntural da pré-compreensão que o faz já estar no-mundo, com-outros-entes e caracterizado a si-mesmo pela finitude. São seus três modos de compreensão: *ser-em*, *ser-com* e *ser-próprio*.[21]

Toda consciência é constituída por estas marcas: ser finito e aberto. Daí Heidegger também ser um filósofo transcendental, não do idealismo transcendental, mas das condições ontológicas de possibilidade do sentido "ôntico", sendo o Ser a fonte de todo sentido, também é o Ser o espaço e os limites da compreensão.

O *Dasein* é a porta de entrada para o Ser, porta também de entrada para a linguagem, onde habita o Ser. Pela linguagem a alteridade aparece, pois é condição ontológica do *Dasein* abrir-se para uma relação com a diferença, a saber, com o Outro, consigo e sempre-já no mundo: é a *pre-sença* no mundo. Por isso se afirmar que a linguagem é a morada do Ser, do *Dasein* e dos entes. Dentro dela o *Dasein* projeta-se e vive, atualizando e antecipando sentidos.

Gadamer, discípulo de Heidegger, vai partir da pré-compreensão ou, se preferir, do *círculo de compreensão* de seu mestre para apresentar o *círculo hermenêutico*. As condições estruturais da compreensão agora estão nos pré-juízos, com preconceitos legítimos e ilegítimos, o que faz da historicidade um princípio hermenêutico fundamental.

A condição ontológica de possibilidade da experiência hermenêutica do interpretante está na condição histórica dele e do que é interpretado. O interpretante é, antes de tudo, um projetar-se no tempo conforme o espaço de possibilidades que o diálogo possibilita. Perceber-se envolvido pela historicidade,

---

21. "O esclarecimento do ser-no-mundo mostrou que, de início, um mero sujeito não 'é' e nunca é dado sem mundo. Da mesma maneira, também, de início, não é dado um eu isolado sem os outros. Se, pois, os 'outros' já estão co-presentes no ser-no-mundo, esta constatação fenomenal não deve considerar evidente e dispensada de uma investigação a estrutura ontológica do que assim é 'dado'. A tarefa é tornar fenomenalmente visível e interpretar ontologicamente de maneira adequada o modo de ser dessa co-presença na cotidianidade mais próxima" (HEIDEGGER, Martin. *Ser e tempo*. Parte I. 15. ed. Petrópolis: Vozes; Bragança Paulista: Universidade São Francisco, 2005. p. 167).

envolto de autoridades e de tradições como história efeitual, é perceber os pré-juízos nos quais o círculo hermenêutico opera, presentemente.[22]

Esta é a historicidade da compreensão em Gadamer: toda ideia de objetividade consiste na convalidação deste jogo circular entre interpretar por intermédio de pré-juízos, sem deixar de desvelar o sentido que se abre pela diferença da coisa mesma que está presente. É a dialética da mediação entre o passado e o presente que Gadamer denomina de fusão de horizontes, e cujos efeitos da história se pode ser consciente. Confira a ilustração seguinte:

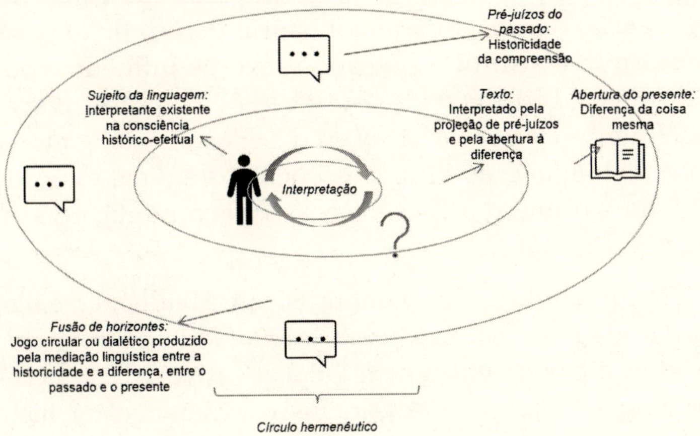

Convém assinalar, desde já, algumas diferenças entre a historicidade do Dasein e a consciência histórico-efeitual.

22. "O círculo, portanto, não é de natureza formal. Não é objetivo nem subjetivo, descreve, porém, a compreensão como o jogo no qual se dá o intercâmbio entre o movimento da tradição e o movimento do intérprete. A antecipação de sentido, que guia a nossa compreensão de um texto, não é um ato da subjetividade, já que se determina a partir da comunhão que nos une com a tradição. Mas essa nossa relação com a tradição essa comunhão é concebida a como um processo em contínua formação. [...]. O círculo da compreensão não é, portanto, de modo algum, um círculo 'metodológico'; ele descreve um momento estrutural ontológico da compreensão" (GADAMER, Hans-Georg. *Verdade e método*: traços fundamentais de uma hermenêutica filosófica. 3. ed. Petrópolis, RJ: Vozes, 1999. p. 388-389).

Na hermenêutica de Gadamer a consciência se dá dentro de condições produzidas pela sua historicidade. A interpretação, portanto, é uma possibilidade de sentido da compreensão mediada tanto pela autoridade como pela tradição, ambas figuras do passado que se apresentam como consciência da história efeitual. Por isso a necessidade de fundir as possibilidades de sentidos abertas ao presente com o legado do passado efetuado na compreensão (fusão de horizontes). Esta consciência histórico-efeitual é objeto da hermenêutica filosófica.[23]

Na analítica de Heidegger, por sua vez, é descrita a temporalidade deste ente lançado no mundo, em termos transcendentais. No entanto, este traço de história que repercute na compreensão do *ser-aí* não é a história de um fluxo temporal de entes que constitui o passado e exerce influência no presente. Aliás, a historicidade "entificada" é um dos motivos de esquecimento da pergunta sobre o Ser e, consequentemente, da impossibilidade de uma existência autêntica, fora da cotidianidade – o mundo-da-técnica, o espaço público da impessoalidade (*Das Man*).

A fenomenologia hermenêutica, em Heidegger, é o método que pode restaurar a *diferença ontológica* entre ser e ente para identificar os existenciais constitutivos da experiência de cuidado (*Sorge*) do *ser-aí*, inclusive o seu caráter histórico como um acontecer porvir que o liga ao seu projeto de apropriação de si mesmo contra a técnica instrumental do mundo (temporalidade do ser-para-morte).

A hermenêutica filosófica, por sua vez, conduz a uma reflexão sobre os efeitos produtivos da história na linguagem cujos pré-juízos passam a ser a condição primeva de toda interpretação. A consciência, nesses termos, é engendrada pela sua historicidade, isto é, a história que se faz viva na linguagem por suas tradições e autoridades, sem por isso se fechar ao que é singular na presença de toda alteridade. Daí a linguagem ser uma típica

23. GADAMER, Hans-Georg. *Verdade e método*: traços fundamentais de uma hermenêutica filosófica cit., p. 367-368.

realização do *geist* humano, pois sempre envolvida e penetrada pela história do curso da humanidade, contemplando assim seus feitos culturais, passados e presentes, o que inclui suas dominâncias axiológicas, suas contradições teleológicas etc.

Visto que o direito é um fenômeno linguístico, circunscrito pela historicidade e pela cultura na qual se manifesta permeada de valores, então, do momento em que o intérprete autêntico tem contato com os enunciados de um texto normativo, ou seja, do momento em que a consciência histórico-efeitual, no léxico de Gadamer, relaciona-se com a "base material gravada no documento legislado",[24] até o momento em que enuncia o produto dessa experiência, são inúmeros os planos de linguagem vivenciados por ele, no curso de construção das proposições da norma jurídica em sentido estrito.

Paulo de Barros Carvalho, um dos juristas que lança mão da hermenêutica filosófica para descrever a *trajetória da interpretação*,[25] definiu o círculo hermenêutico como um trânsito do intérprete do direito, nos limites da sua cultura, entre os subdomínios S1, S2, S3 e S4, cada qual representante de um plano de linguagem ou de uma função hermenêutica, onde: a) "S1" é o plano de expressão ou da função hermenêutica da leitura: experiência dos sentidos com o texto normativo (sentido estrito "TE"); b) "S2" é o plano de interpretação ou da função hermenêutica da interpretação (processo gerador de sentido): formação de enunciados prescritivos a partir dos termos jurídicos identificados; c) "S3" é o plano de conteúdo ou a função hermenêutica da compreensão deontológica: conjugação dos enunciados na forma de proposições implicante e implicada, constituindo a norma jurídica em sentido estrito; e d) "S4" é também um plano de conteúdo ou a função hermenêutica da compreensão sistêmica: momento último da trajetória de interpretação, no qual a norma jurídica em sentido estrito é confrontada com

24. CARVALHO, Paulo de Barros. *Direito tributário*: linguagem e método cit., p. 193.

25. CARVALHO, Paulo de Barros. *Curso de direito tributário*. 22. ed. São Paulo: Saraiva, 2010. p. 119.

o sistema-de-referência do direito enquanto integrante deste texto normativo maior (sentido amplo "TA").[26] Esta é a ilustração fornecida pelo próprio jurista:[27]

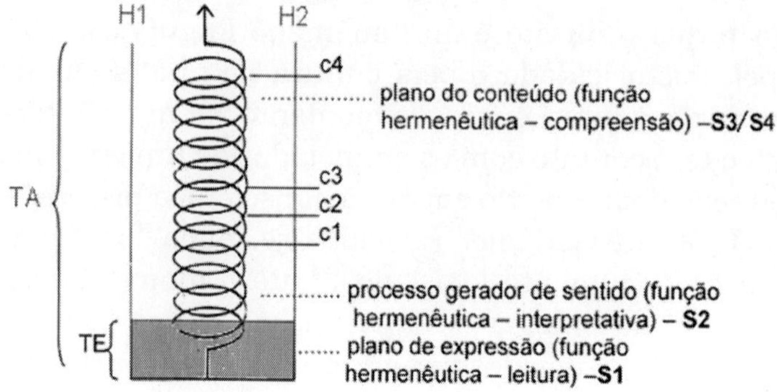

No percurso gerador de sentido o intérprete passa, portanto, por uma contextualização histórica dos enunciados do texto em sentido estrito "TE" ao confrontá-los com o conjunto de enunciados do texto em sentido amplo "TA", uma vez que este contempla não apenas os enunciados abstratos e gerais, mas também os concretos e individuais – conjunto de proposições enunciadas pelos intérpretes autênticos do direito.

Todo enunciado jurídico submete-se à experiência de uma consciência histórico-efeitual balizada tanto pela sua cultura como pela ordem diacrônica da língua jurídica da qual faz parte. Não há, nesse sentido, enunciado jurídico isolado ou fora dos efeitos da história, ou seja, um enunciado que possa ser considerado sem os contextos jurídicos pelos quais o processo ininterrupto de comunicação normativa o transforma. Afinal, como nos lembra Volóchinov, do Círculo de Bakhtin, todo enunciado, enquanto fenômeno linguístico, é dialógico, e não se pode isolar as suas palavras das formas concretas da comunicação social.[28]

---

26. CARVALHO, Paulo de Barros. *Direito tributário*: fundamentos jurídicos da incidência cit., p. 128-129.

27. CARVALHO, Paulo de Barros. *Curso de direito tributário*. 22. ed. cit., p. 165.

28. VOLÓCHINOV, Valentin. *Marxismo e filosofia da linguagem*: problemas fundamentais do método sociológico na ciência da linguagem. São Paulo: Editora 32, 2017. p. 110.

Em uma frase, o dialogismo, no direito, é a marca do uso concreto da língua jurídica, se preferir, seu processo real de construção, pois, seja na experiência polifônica da consciência do intérprete, seja nas novas relações que seu ato de enunciação dará causa, o círculo hermenêutico da linguagem põe em movimento transformações ininterruptas que engendram, a cada instante, um novo contexto comunicacional normativo. "Todo enunciado dialógico, ou seja, é endereçado a outros, participa do processo de intercâmbio de ideias: é social".[29]

Conceber a língua jurídica apenas como um sistema sincrônico, que é o modo de seu funcionamento, sem tomar ciência da cadeia diacrônica que a constitui,[30] é um erro metodológico cometido por formalistas. Para o intérprete que pertence ao fluxo vivo e concreto de comunicação normativa é importante a forma linguística "não como um sinal constante e invariável, mas como um signo sempre mutável e flexível",[31] que se enforma dialeticamente dentro de um conjunto de diferentes textos em sentido amplo: o contexto jurídico. O sentido de um enunciado normativo é, em suma, construído no intervalo entre a vivência de uma ordem diacrônica da língua jurídica e o momento de compreensão dialógica do intérprete que se coloca diante de contextos comunicacionais concretos para a enunciação de uma nova norma em sentido estrito.

É um exemplo desta operatividade dialógica, vamos ilustrar doravante, a interação dos princípios da capacidade contributiva e do não confisco no percurso gerador de sentido das normas primárias dispositiva e sancionatória, na devida ordem.

---

29. BAKHTIN, Mikhail. *Os gêneros do discurso*. São Paulo: Editora 34, 2016. p. 118

30. COSERIU, Eugenio. *Sincronia, diacronia e história*: o problema da mudança linguística. Rio de Janeiro: Presença; São Paulo: Universidade de São Paulo, 1979. p. 229.

31. VOLÓCHINOV, Valentin. *Marxismo e filosofia da linguagem* cit., p. 177.

4. O dialogismo entre os princípios da capacidade contributiva e do não confisco no percurso gerador de sentido da norma primária sancionatória

Os termos do direito "capacidade contributiva" e "não confisco" constam do texto constitucional, o que lhes confere uma intensa conotação axiológica na formação dialógica dos enunciados jurídicos. Assim estão dispostos no texto da Constituição Federal:

> CF, art. 145: A União, os Estados, o Distrito Federal e os Municípios poderão instituir os seguintes tributos:
>
> [...]
>
> § 1º Sempre que possível, os impostos terão caráter pessoal e serão graduados segundo a capacidade econômica do contribuinte, facultado à administração tributária, especialmente para conferir efetividade a esses objetivos, identificar, respeitados os direitos individuais e nos termos da lei, o patrimônio, os rendimentos e as atividades econômicas do contribuinte.
>
> [...]
>
> CF, art. 150: Sem prejuízo de outras garantias asseguradas ao contribuinte, é vedado à União, aos Estados, ao Distrito Federal e aos Municípios:
>
> [...]
>
> IV – utilizar tributo com efeito de confisco;
>
> [...]

Com efeito, aprofundando-se no percurso gerador de sentido da norma, se o intérprete autêntico destacar todos os textos tributários que possam ser invocados na construção de proposições da mesma natureza, o que ele conhecerá são todos os termos com os quais os enunciados tributários dialogam, concebendo, dessa maneira, um contexto comunicacional da língua tributária ou, simplesmente, um contexto tributário.[32] Por esse contexto, é disso que se trata o dialogismo, se operam mutabilidades específicas nos enunciados tributários.

---

32. MARTINS, Bruce Bastos. *Tributação de lucros no exterior*. São Paulo: Noeses, 2021. p. 142.

Assim, o intérprete se encontra sempre imerso em um contexto específico dentro do qual os enunciados são construídos, o que permite que as significações proposicionais se estiquem ou se comprimam, no percurso gerador de sentido, a exemplo do modo como as normas primárias dispositiva e sancionatória são afetadas pelos princípios da capacidade contributiva e do não confisco, respectivamente.

O que se quer dizer, especificamente, é que o princípio da capacidade contributiva é um enunciado de elevada carga axiológica, eis que consta da Carta Magna, e que, por compor o contexto tributário, estabelece relações dialógicas com a construção da norma primária dispositiva, atuando principalmente na relação semântica entre os critérios material e quantitativo da RMIT. Os critérios constitutivos da norma tributária, longe de serem entidades isoladas, estão semanticamente vinculados entre si, bem como com o contexto comunicacional da língua tributária – dialogismo entre textos estrito e amplo pertinentes aos enunciados gerais, abstratos, individuais ou concretos de natureza tributária.

A respeito dos critérios citados, afirma o jurista Paulo de Barros Carvalho que "eles se mostram intimamente relacionados sendo, inclusive, uma das funções da base de cálculo confirmar ou infirmar o critério material".[33] Vejamos alguns exemplos desta relação entre a materialidade tributária e a base de cálculo inscrita como elemento do critério quantitativo:

a) ISS: *se* o critério material é a prestação de um serviço, *então deve ser* o preço cobrado por este serviço o signo presuntivo de riqueza tributável (Lei Complementar 116/2003, art. 7º);

b) ICMS-circulação de mercadoria: *se* o critério material é a operação de circulação de mercadoria, *então deve ser* o valor exigido nesta operação que circula

33. CARVALHO, Paulo de Barros. *Direito tributário*: fundamentos jurídicos da incidência cit., p. 138.

o bem o signo presuntivo de riqueza tributável (Lei Complementar 87/1996, art. 13);

c) IPTU: *se* o critério material é a propriedade, o domínio útil ou a posse de bem imóvel, *então deve ser* o valor venal deste imóvel o signo presuntivo de riqueza tributável (Código Tributário Nacional, art. 32, § 2º).

Esta capacidade econômica do contribuinte de revelar um signo presuntivo de riqueza tributável (CF, art. 145, § 1º) denota dois momentos distintos na construção da norma primária dispositiva: a) primeiro momento: realiza os princípios da capacidade contributiva objetiva e da legalidade tributária (CF, art. 150, I) ao retratar um recorte nos fatos sociais, eleito pelo legislador, como revelador de um signo presuntivo de riqueza tributável (prestar um serviço, circular mercadoria, ser proprietário de imóvel etc.); e b) segundo momento: realiza os princípios da capacidade contributiva subjetiva e da igualdade tributária (CF, art. 150, II) ao quantificar o tributo devido, mediante um percentual, circunscrito aos limites do signo presuntivo de riqueza revelado.[34]

Tanto o primeiro momento como o segundo dizem respeito às proposições implicante e implicada, nesta ordem, de uma mesma norma tributária, daí se afirmar que o dialogismo desse princípio proporciona um contexto semanticamente construtivo da relação entre os critérios material e quantitativo. Veja-se:

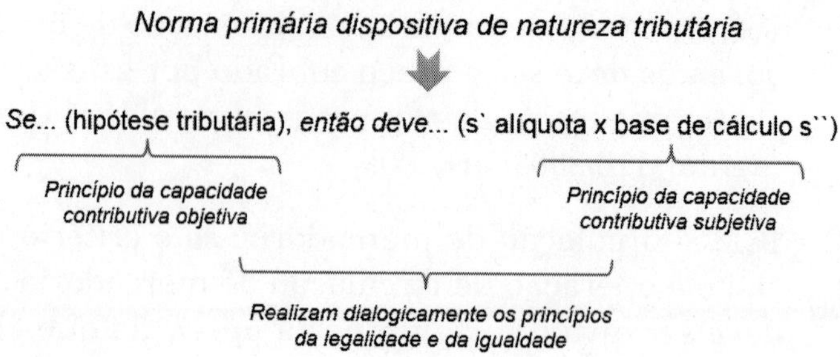

34. CARVALHO, Paulo de Barros. *Curso de direito tributário*. 30. ed. cit., p. 195-196.

Outro exemplo é o princípio da progressividade que consiste em realizar o princípio da capacidade contributiva, ao passo que, no caso de imóveis rurais (CF, art. 153, § 4º, I), a inutilização da propriedade é reveladora do seu desperdício e, portanto, do seu excesso em proveito do contribuinte. Desde John Locke, no seu *Segundo Tratado*, que se concebe a finalidade do uso social da propriedade, pois, quando inutilizada por exceder as necessidades de uso do proprietário deve voltar a ser um bem comum de todos. Em uma frase, a progressividade das alíquotas segundo a inutilização do imóvel está intimamente vinculada à revelação de ser o proprietário um contribuinte cujo signo presuntivo de riqueza é cada vez maior conforme a inutilização do que deveria ser usado.

Na ADI 447, o Ministro Octavio Gallotti traz à baila a doutrina de Geraldo Ataliba para descrever como esta relação semântica entre os critérios material e quantitativo da RMIT dialoga com o princípio da capacidade contributiva, de forma a alcançar todas as normas primárias dispositivas de natureza tributária: impostos, taxas e contribuição de melhoria. Veja-se:

> Dou destaque a um princípio constitucional limitador da tributação, o princípio da igualdade tributária, que está inscrito no art. 150, II, da Constituição. Esse princípio se realiza, lembra Geraldo Ataliba, no tocante aos impostos, mediante a observância da capacidade contributiva (CF, art. 145, § 1º); quanto às contribuições, por meio da "proporcionalidade entre o efeito da ação estatal (o seu reflexo no patrimônio dos particulares) e o seu custo", ou, noutras palavras, por meio da proporcionalidade entre o custo da obra pública e a valorização que esta trouxe para o imóvel do particular; e, referentemente às taxas, "pelo específico princípio da retribuição ou remuneração. Cada um consome uma certa quantidade de serviço público e remunera o custo daquela quantidade" (ATALIBA, Geraldo. Sistema tributário na Constituição de 1988. *Revista de Direito Tributário*, 51/140).
>
> [ADI 447, Rel. Min. Octavio Gallotti, voto do Min. Carlos Velloso, j. 5-6-1991, P, *DJ* de 5-3-1993.]

Em suma, assim podemos apresentar:

a) Taxa: *se* a materialidade tributária é vinculada à atividade do Estado (proposição-implicante), *então deve ser* tributado um percentual do custo decorrente dessa atuação (proposição-implicada);

b) Impostos: *se* a materialidade tributária é vinculada a uma atividade do contribuinte (proposição-implicante), *então deve ser* tributado um percentual da riqueza revelada decorrente dessa atuação (proposição-implicada);

c) Contribuição de melhoria: *se* a materialidade tributária é vinculada à valorização do imóvel em razão de obra pública (proposição-implicante), *então deve ser* tributado um percentual do custo dessa obra (proposição-implicada).

A importância de se definir o dialogismo desse princípio no percurso gerador de sentido da norma primária sancionatória reside precisamente no fato de ser o descumprimento da proposição-implicada da norma primária dispositiva – cuja construção, como vimos, é submetida aos contornos da capacidade contributiva subjetiva – a sua proposição-implicante.

Dito isso, recordemos que o princípio do não confisco conta de seu enunciado a vedação do uso de tributos com efeitos confiscatórios. Ora, se o princípio da capacidade contributiva dialoga diretamente com os contornos semânticos dos critérios material e quantitativo da norma primária dispositiva de natureza tributária, então o princípio do não confisco dialoga diretamente com os contornos semânticos dos critérios material e prestacional da norma primária sancionatória de natureza tributária. É possível ilustrarmos da seguinte maneira:

Normas primárias dispositiva e sancionatória de natureza tributária

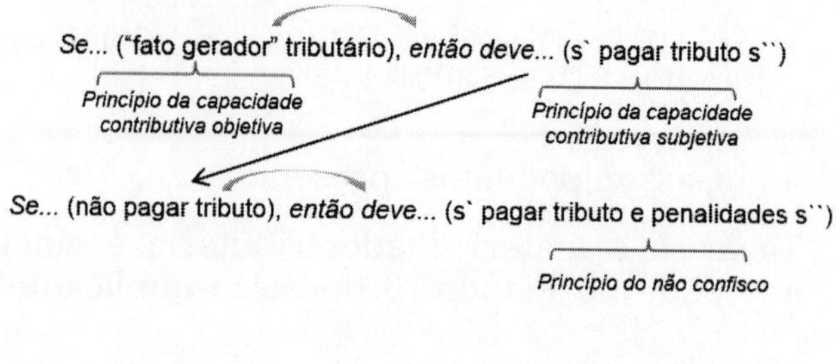

É interessante notar – seria ideal desenvolver – como os vínculos estruturantes das normas supramencionadas dialogam com um conjunto de enunciados tributários, sobretudo os de alta carga axiológica, que vão determinando semanticamente: a) o signo presuntivo de riqueza revelado (proposição-implicante da norma dispositiva); b) os limites da obrigação de pagamento do tributo segundo a capacidade de contribuição (proposição-implicada da norma primária dispositiva); c) o descumprimento desta obrigação de pagamento (proposição-implicante da norma sancionatória); e d) a sanção que deverá corresponder à materialidade ilícita sem efeitos confiscatórios (proposição-implicada da norma sancionatória).

Foram usados dois princípios, quando se sabe que o texto amplo do sistema dialoga com um conjunto maior de enunciados. Assim, o mesmo raciocínio cabe para a norma primária dispositiva cuja proposição-implicada corresponde a um dever instrumental (obrigações tributárias acessórias), levando outros enunciados a dialogar com este percurso gerador de sentidos.

Conclusão

Até aqui nós vimos, a título de introdução, o uso do método analítico no direito tributário, de modo a proceder com a identificação das relações lógicas que estruturam as normas tributárias, sejam elas relações intraproposicional, interproposicional ou internormativa. A partir desse recorte temático conseguimos também identificar as normas jurídicas em sentido estrito, aquelas que contemplam proposições implicantes e implicadas enlaçadas por um conectivo lógico-deôntico (neutro), bem como a posição sintática da sanção tributária nessas normas, diferenciando para tanto: a) normas primárias dispositivas; b) normas primárias sancionatórias; e c) normas secundárias. Finalmente, vimos a estrutura da norma em sentido completo, e como as relações internormativas se desdobram, analiticamente, no direito tributário, de uma norma primária dispositiva para uma norma primária sancionatória.

Ademais, seguimos para o segundo corte temático e descrevemos o círculo hermenêutico no percurso gerador de sentido da norma jurídica, assinalando tanto as funções hermenêuticas (S1, S2, S3 e S4), como também o dialogismo das proposições com os textos normativos (estrito e amplo), no processo comunicacional do direito. Finalmente, foi destacado por nós, a título de exemplo, a operatividade dialógica dos princípios da capacidade contributiva e do não confisco na construção lógico-semântica das normas primárias dispositiva e sancionatória, na devida ordem.

Referências

BAKHTIN, Mikhail. *Os gêneros do discurso*. São Paulo: Editora 34, 2016.

CARVALHO, Paulo de Barros. *Curso de direito tributário*. 30. ed. São Paulo: Saraiva Educação, 2019.

CARVALHO, Paulo de Barros. *Direito tributário: fundamentos jurídicos da incidência*. 10. ed. rev. e atual. São Paulo: Saraiva, 2015.

CARVALHO, Paulo de Barros. *Direito tributário: linguagem e método*. 6. ed. São Paulo: Noeses, 2015.

COSERIU, Eugenio. *Sincronia, diacronia e história:* o problema da mudança linguística. Rio de Janeiro: Presença; São Paulo: Universidade de São Paulo, 1979.

GADAMER, Hans-Georg. *Verdade e método:* traços fundamentais de uma hermenêutica filosófica. 3. ed. Petrópolis, RJ: Vozes, 1999.

HEIDEGGER, Martin. *Ser e tempo*. Parte I. 15. ed. Petrópolis: Vozes; Bragança Paulista: Universidade São Francisco, 2005.

KELSEN, Hans. *Teoria pura do direito*. 7. ed. São Paulo: Martins Fontes, 2006.

KRISTEVA, Julia. *História da linguagem*. Lisboa: Edições 70, 1969.

LINS, Robson Maia. *Curso de direito tributário*. São Paulo: Noeses, 2019.

MARTINS, Bruce Bastos. *Tributação de lucros no exterior*. São Paulo: Noeses, 2021.

RICOEUR, Paul. *Na Escola da Fenomenologia*. Petrópolis: Rio de Janeiro: Vozes, 2009.

RUSSELL, Bertrand. *História da filosofia ocidental* – Livro 3: A filosofia moderna. Rio de Janeiro: Nova Fronteira, 2015.

SCHLICK, Moritz; CARNAP, Rudolf. *Coletânea de textos*. São Paulo: Abril Cultural, 1980.

VILANOVA, Lourival. *As estruturas lógicas e o sistema de direito positivo*. 4. ed. São Paulo: Noeses, 2005.

VOLÓCHINOV, Valentin. *Marxismo e filosofia da linguagem:* problemas fundamentais do método sociológico na ciência da linguagem. São Paulo: Editora 32, 2017.

WITTGENSTEIN, Ludwig. *Tractatus logico-philosophicus*. 3. ed. São Paulo: Edusp, 2008.

LIMITES ÀS SANÇÕES PELO DESCUMPRIMENTO DE DEVERES INSTRUMENTAIS: A (IN) CONSTITUCIONALIDADE DA MULTA DO ART. 12 DA LEI 8.218/1991

Cássia Regina Campos de Siqueira[1]

Introdução

As normas jurídicas de direito tributário, além de instituir tributos, prescrevem inúmeras providências de conteúdo não pecuniário que devem ser realizadas pelo contribuinte ou terceiro a ele vinculado para permitir ao fisco o controle do cumprimento da prestação fiscal.

Trata-se dos deveres instrumentais ou formais, que desempenham papel relevante no processo de positivação do direito, pois relatam em linguagem os eventos sobre os quais as normas gerais e abstratas irão atuar, contribuindo com a produção das normas individuais e concretas.

---

1. Mestranda em Direito Tributário pelo Instituto Brasileiro de Estudos Tributários (IBET). Especialista em Direito Tributário pela Pontifícia Universidade Católica de São Paulo (PUC/SP). MBA em Gestão Tributária pela FIPECAFI. Advogada.

A entrega de declarações, a emissão de documentos fiscais e a escrituração contábil e fiscal, entre outras obrigações, concedem ao fisco o acesso às informações necessárias à fiscalização do sujeito passivo e à constituição do fato jurídico tributário (instaurando o vínculo obrigacional), havendo ainda situações em que o próprio cumprimento do dever instrumental constitui o crédito tributário.

O descumprimento dos deveres formais enseja a aplicação de penalidades (sobretudo multas), que devem ser graduadas de forma proporcional ao prejuízo causado ao interesse arrecadatório do Estado.

Todavia, não é fácil determinar a medida adequada das sanções decorrentes da inobservância desses deveres, principalmente porque não expressam conteúdo econômico. Nesse sentido, as normas produzidas pelos entes tributantes estabelecem diferentes fórmulas para definir o critério quantitativo das multas fiscais, cabendo muitas vezes ao Poder Judiciário reconhecer os seus excessos.

Nesse contexto, o presente trabalho tem como objetivo estudar os limites às sanções tributárias pela inobservância de deveres formais.

Será investigada, especificamente, a multa pela entrega extemporânea da Escrituração Contábil Fiscal (ECF), um dos arquivos que devem ser transmitidos pelas pessoas jurídicas ao Sistema Público de Escrituração Digital (Sped). Desde agosto de 2018, a Receita Federal do Brasil aplica a penalidade prescrita no art. 12, inciso III, da Lei 8.218/1991, que adota como base de cálculo a receita bruta do contribuinte, ou seja, um signo presuntivo de riqueza que nada informa sobre a dimensão econômica da infração.

Para tanto, serão estudadas as normas jurídicas tributárias (dispositivas e sancionatórias), os limites constitucionais à imposição das multas fiscais, o entendimento da doutrina e da jurisprudência sobre a matéria, além da legislação que prescreve o dever de as pessoas jurídicas apresentarem anualmente a ECF e as penalidades aplicáveis em caso de descumprimento.

1. Obrigação tributária e deveres instrumentais

O sistema do direito positivo pode ser definido como o conjunto de normas jurídicas válidas, em determinado tempo e espaço, produzidas com a finalidade de regular as condutas intersubjetivas para, assim, implementar os valores desejados por uma sociedade.

Em matéria tributária, os comportamentos humanos são disciplinados basicamente por dois tipos de normas primárias dispositivas: (i) aquelas que descrevem acontecimentos que, uma vez realizados no mundo fenomênico e formalizados em linguagem jurídica, constituem o dever de pagar tributo (obrigação tributária); e (ii) aquelas outras que determinam a realização de providências de natureza não pecuniária, que permitem ao fisco o conhecimento, a apuração, a fiscalização, o controle e a arrecadação dos tributos (deveres instrumentais).

Os deveres instrumentais, denominados de "obrigações acessórias" pelo Código Tributário Nacional,[2] consistem em condutas positivas ou negativas, sem conteúdo patrimonial, exigidas do contribuinte ou de terceiro a ele vinculado, com respaldo no dever de colaboração com o fisco. Como ensina Roque Antonio Carrazza:

> Esta coparticipação traduz-se em comportamentos positivos (expedir notas fiscais, fazer declarações, realizar registros, emitir faturas etc.) e negativos (manter a escrituração contábil de modo correto, conservar os documentos e os livros fiscais por, pelo menos, cinco anos, tolerar a presença dos agentes fiscais no estabelecimento comercial, para que eles examinem a documentação da empresa etc.), que tipificam deveres de índole administrativa, cujo objeto não pode ser aferido em pecúnia.[3]

---

2. Paulo de Barros Carvalho defende que as relações jurídicas tributárias sem conteúdo patrimonial, ou seja, aquelas que têm como objeto um fazer ou não fazer, são mais adequadamente denominadas de "deveres instrumentais ou formais", apontando a impropriedade na redação do Código Tributário Nacional, que emprega o termo "obrigação" para designar os dois tipos de vínculos jurídicos (com ou sem substância econômica), classificando-as em "obrigação principal" e "obrigação acessória" (*Curso de direito tributário*. 24. ed. São Paulo: Saraiva, 2012. p. 361).

3. CARRAZZA, Roque Antonio. *Curso de direito constitucional tributário*. 28. ed.

Acrescenta o autor que os deveres instrumentais devem ser instituídos por lei, em observância ao princípio da legalidade,[4] que deverá apontar os seus elementos essenciais, bem como as sanções aplicáveis por seu descumprimento, cabendo aos veículos introdutores secundários (tais como decretos regulamentares, instruções normativas e portarias) apenas regulamentá-los:

> E nossa certeza de que só a lei pode criar deveres instrumentais cresce de ponto na medida em que notamos que seu descumprimento resolve-se em sanções das mais diversas espécies, inclusive pecuniárias. Repugna ao senso jurídico que uma pessoa possa ser compelida a pagar multa com base no não acatamento de um dever criado por norma jurídica infralegal.[5]

Robson Maia Lins,[6] lembrando o ensinamento de Paulo de Barros Carvalho, ressalta que as normas que estabelecem deveres instrumentais possuem eficácia média. "Este atributo significa dizer que o não cumprimento das normas que prescrevem tais deveres serão eles extintos, fazendo surgir penalidades de cunho pecuniário (multas)".

2. Direito sancionatório e as multas por descumprimento de deveres instrumentais

2.1 As sanções no direito tributário

Além das normas primárias dispositivas (que constituem a obrigação tributária e os deveres instrumentais), integram o ordenamento jurídico as normas primárias sancionatórias:[7]

São Paulo: Malheiros, 2012. p. 366.

4. Nesse sentido, o art. 5º, inciso II, da Constituição Federal determina que "ninguém será obrigado a fazer ou deixar de fazer alguma coisa senão em virtude de lei".

5. CARRAZZA, Roque Antonio. *Curso de direito constitucional tributário* cit., p. 369.

6. LINS, Robson Maia. *A mora no direito tributário.* Tese (Doutorado em Direito) – Pontifícia Universidade Católica de São Paulo. São Paulo, 2008. p. 217.

7. Há, ainda, as normas secundárias, que prescrevem, em caso de descumprimento de deveres constituídos pelas normas primárias, o direito do sujeito ativo de exigir

estas prescrevem penalidades pelo descumprimento de deveres jurídicos instituídos por aquelas.

A norma sancionatória possui a mesma estrutura lógica da regra-matriz de incidência tributária, porém descreve, no antecedente, uma conduta ilícita (infração), realizada em determinado tempo e espaço, e, no consequente, caso se trate de sanção pecuniária, o direito subjetivo do sujeito ativo de exigir uma multa e o dever jurídico do sujeito passivo de efetuar o seu pagamento.

Infração é a conduta humana (ação ou omissão) consistente no descumprimento de um dever jurídico prescrito em norma primária dispositiva. A sanção, por sua vez, é a penalidade estabelecida como consequência jurídica pela prática desse comportamento ilícito.

Com efeito, a sanção, abstratamente prevista no ordenamento jurídico, tem a função de desestimular a prática da conduta ilícita, e, uma vez ocorrida a infração, funciona como penalidade concreta àquela conduta reprimida pelo direito.

Robson Maia Lins[8] leciona que "o direito, enquanto ordem coercitiva, é composto de normas específicas cuja finalidade é justamente regular a forma como a força será exercida pelo Estado de modo a garantir o cumprimento daquilo que o Direito prescreve".

Assim, a previsão normativa da sanção é o que confere efetividade ao Direito. Nesse sentido, vale trazer o ensinamento de Hans Kelsen,[9] segundo o qual a ordem jurídica é necessariamente uma ordem coercitiva:

---

a prestação com a intervenção do Poder Judiciário, estabelecendo-se uma relação jurídica triádica, com a participação do Estado-Juiz.

8. LINS, Robson Maia. *Curso de direito tributário brasileiro*. São Paulo: Noeses, 2019. p. 530.

9. KELSEN, Hans. *Teoria pura do direito*. Tradução João Baptista Machado. 8. ed. São Paulo: WMF Martins Fontes, 2009. p. 124.

> Somente pelo fato de uma ação ou omissão determinada pela ordem jurídica ser feita pressuposto de um ato de coação estatuído pela mesma ordem jurídica é que ela é qualificada como ilícito ou delito; apenas pelo fato de um ato de coação ser estatuído pela ordem jurídica como consequência de uma ação ou omissão por ela determinada é que este ato de coação tem o caráter de uma sanção ou consequência do ilícito.

O ilícito tributário pode decorrer do não pagamento de tributo ou do descumprimento de deveres instrumentais. E, para essas infrações, há no ordenamento dois tipos de penalidades: (i) pecuniárias, consistentes nas multas fiscais; e (ii) não pecuniárias, consistentes em medidas restritivas de direitos, tais como perdimento de bens, apreensão de mercadorias, indeferimento de Certidão Negativa de Débitos (ou de Certidão Positiva com Efeitos de Negativa) e regime especial. No presente trabalho, serão analisadas especificamente as multas fiscais.

2.2 Limites constitucionais às sanções tributárias

As normas tributárias sancionatórias, uma vez que prescrevem penalidades às infrações cometidas pelo contribuinte ou terceiros, seja mediante a imposição de multas (afetando, portanto, o patrimônio do sujeito passivo) ou de medidas restritivas de direitos (limitando, por exemplo, o exercício da atividade econômica), devem ser bem sopesadas, de modo compatível com a gravidade e a extensão da conduta ilícita, assim como com os danos causados ao fisco.

Há, portanto, limites à imposição de penalidades, notadamente nos princípios constitucionais da legalidade, da proporcionalidade, da igualdade, da vedação ao confisco e da capacidade contributiva, que devem orientar a produção, a interpretação e aplicação das normas sancionatórias:

> [...] os princípios aparecem como linhas diretivas que iluminam a compreensão de setores normativos, imprimindo-lhes caráter de unidade relativa e servindo de fator de agregação num dado feixe de normas. Exercem eles uma reação centrípeta, atraindo

> em torno de si regras jurídicas que caem sob seu raio de influência e manifestam a força de sua presença.[10]

Em observância ao princípio da legalidade, previsto no art. 5º, inciso II, da Constituição Federal, a conduta considerada ilícita e a respectiva penalidade devem ser veiculadas por meio de lei. Também deve ser respeitado o princípio da tipicidade, de modo que todos os critérios da hipótese infracional e da relação jurídica sancionatória devem estar devidamente especificados no texto legal.

Por força dos princípios da igualdade e da individualização das penas, insculpidos no art. 5º, *caput* e inciso XLVI, da Carta Magna, as normas sancionatórias devem ser aplicadas com observância às peculiaridades de cada caso concreto, considerando as circunstâncias fáticas da infração, que podem inclusive servir como agravantes ou atenuantes, permitindo que a penalidade seja graduada de acordo com a gravidade do ilícito e do dano causado aos interesses do Estado.

Por sua vez, o princípio da proporcionalidade se apresenta como importante mecanismo de controle, servindo para conter excessos na prescrição das sanções tributárias. Sobre a matéria, elucida Roque Antonio Carrazza que:

> as medidas adotadas pelo Poder Público para a prossecução dos objetivos fazendários devem ser apropriadas, isto é, ter a *menor ingerência possível* nos negócios das pessoas. Afinal, por mais respeitáveis que sejam os interesses fazendários a tutelar, não chegam ao ponto de sobrepor-se ao direito fundamental que elas têm de se conduzirem com liberdade e dignidade.[11]

Uma penalidade será caracterizada como desproporcional quando se mostrar excessiva em relação à gravidade da conduta ilícita praticada pelo sujeito passivo e do dano

---

10. CARVALHO, Paulo de Barros. *Direito tributário:* linguagem e método. 7. ed. rev. São Paulo: Noeses, 2018. p. 276.

11. CARRAZZA, Roque Antonio. *Curso de direito constitucional tributário* cit., p. 553.

provocado aos interesses arrecadatórios do fisco. Como ensina Maria Ângela Lopes Paulino Padilha:

> Na cominação de sanções tributárias, a proporcionalidade impõe uma sanção adequada para promover a finalidade pretendida – prevenir e punir infrações –, e necessária para assegurar, eficazmente, o direito violado, sacrificando, ao menor custo, os bens jurídicos do sujeito passivo. E, ainda que a sanção seja adequada (compatibilidade entre meios e fins) e necessária (mais eficaz e menos onerosa dentre as possíveis alternativas), a sanção deve obedecer à proporcionalidade em sentido estrito, visto que as causas que deram ensejo à censura (a realização de um direito) devem ter relevância suficiente para justificar a restrição do direito atingido, sob pena de a sanção restringir mais os direitos do que efetivamente promovê-los (ponderação entre as vantagens dos meios e as desvantagens dos fins).[12]

Vale observar que a necessária adequação entre meios e fins, em matéria sancionatória, no âmbito do processo administrativo federal, está positivada no art. 2º, parágrafo único, inciso VI, da Lei 9.784/1999.[13]

Roque Antonio Carrazza[14] destaca ainda que as normas sancionatórias devem obediência aos princípios da capacidade contributiva e da vedação ao confisco:

> Dirigidos literalmente aos impostos (capacidade contributiva) e aos tributos em geral (que não podem ser utilizados com efeito de confisco), estes postulados, entretanto, têm alcance bem mais

---

12. PADILHA, Maria Ângela Lopes Paulino. A responsabilidade por infrações do art. 136 do CTN e a graduação das sanções. In: *O direito tributário*: entre a forma e o conteúdo. São Paulo: Noeses, 2014. p. 869.

13. "Art. 2º A Administração Pública obedecerá, dentre outros, aos princípios da legalidade, finalidade, motivação, razoabilidade, proporcionalidade, moralidade, ampla defesa, contraditório, segurança jurídica, interesse público e eficiência.
Parágrafo único. Nos processos administrativos serão observados, entre outros, os critérios de:
[...]
VI – adequação entre meios e fins, vedada a imposição de obrigações, restrições e sanções em medida superior àquelas estritamente necessárias ao atendimento do interesse público."

14. CARRAZZA, Roque Antonio. *Curso de direito constitucional tributário* cit., p. 555.

> amplo, estendendo-se às multas fiscais em sentido lato, abrangendo as decorrentes do descumprimento de obrigações acessórias, tal como explicitado no art. 113, § 3º, do CTN.[15]

No tocante à vedação ao confisco, prevista no art. 150, inciso IV, da CF/88, a jurisprudência do Supremo Tribunal Federal há muito tempo se consolidou no sentido de que a sua aplicação se estende às multas fiscais, conforme se verifica nos seguintes precedentes:

> EMENTA: AÇÃO DIRETA DE INCONSTITUCIONALIDADE. §§ 2.º E 3.º DO ART. 57 DO ATO DAS DISPOSIÇÕES CONSTITUCIONAIS TRANSITÓRIAS DA CONSTITUIÇÃO DO ESTADO DO RIO DE JANEIRO. FIXAÇÃO DE VALORES MÍNIMOS PARA MULTAS PELO NÃO-RECOLHIMENTO E SONEGAÇÃO DE TRIBUTOS ESTADUAIS. VIOLAÇÃO AO INCISO IV DO ART. 150 DA CARTA DA REPÚBLICA.
>
> A desproporção entre o desrespeito à norma tributária e sua consequência jurídica, a multa, evidencia o caráter confiscatório desta, atentando contra o patrimônio do contribuinte, em contrariedade ao mencionado dispositivo do texto constitucional federal. Ação julgada procedente.[16]
>
> EMENTA: AGRAVO REGIMENTAL NO AGRAVO DE INSTRUMENTO. TRIBUTÁRIO. MULTA MORATÓRIA DE 30%. CARÁTER CONFISCATÓRIO RECONHECIDO. INTERPRETAÇÃO DO PRINCÍPIO DO NÃO CONFISCO À LUZ DA ESPÉCIE DE MULTA. REDUÇÃO PARA 20% NOS TERMOS DA JURISPRUDÊNCIA DA CORTE.
>
> 1. É possível realizar uma dosimetria do conteúdo da vedação ao confisco à luz da espécie de multa aplicada no caso concreto.
>
> 2. Considerando que as multas moratórias constituem um mero desestímulo ao adimplemento tardio da obrigação tributária, nos termos da jurisprudência da Corte, é razoável a fixação do patamar de 20% do valor da obrigação principal.

---

15. "Art. 113. A obrigação tributária é principal ou acessória.
[...] § 3º. A obrigação acessória, pelo simples fato da sua inobservância, converte-se em obrigação principal relativamente à penalidade pecuniária."

16. STF, Tribunal Pleno, Ação Declaratória de Inconstitucionalidade n. 551, Relator Ilmar Galvão, julgado em 24.10.2002, publicado em 14.02.2003.

> 3. Agravo regimental parcialmente provido para reduzir a multa ao patamar de 20%.[17]

Também deve ser observado o princípio da irretroatividade,[18] segundo o qual o sujeito passivo somente poderá ser penalizado por força de lei vigente no momento da realização da conduta, além do contraditório e da ampla defesa.

2.2.1 As multas decorrentes do descumprimento de deveres instrumentais

Os limites constitucionais à imposição de sanções assumem especial relevância no estudo das multas pelo descumprimento de deveres instrumentais. No entanto, tratando-se de condutas sem conteúdo patrimonial, a adequada quantificação da penalidade, em observância aos princípios da proporcionalidade, da igualdade, da vedação ao confisco e da capacidade contributiva, não é trabalho fácil.

A questão foi apreciada em algumas oportunidades pelo Supremo Tribunal Federal, sem que, no entanto, tenham sido fixados parâmetros objetivos para a identificação de penalidades adequadas ou excessivas.

Na sistemática de repercussão geral, o STF julgou, em agosto de 2020, o Tema 872 (Recurso Extraordinário 606.010), em que se discutiu a

> constitucionalidade da exigência de multa por ausência ou atraso na entrega de Declaração de Débitos e Créditos Tributários Federais (DCTF), prevista no art. 7º, II, da Lei 10.426/2002, apurada mediante percentual a incidir, mês a mês, sobre os valores dos tributos a serem informados.

17. STF, Primeira Turma, Agravo de Instrumento n. 727872, Relator Roberto Barroso, julgado em 28.04.2015, publicado em 18.05.2015.

18. Como exceção, há as hipóteses de retroatividade benéfica previstas no art. 106 do Código Tributário Nacional.

A Corte Suprema entendeu ser constitucional a multa calculada no percentual de 2% por mês de atraso, limitada a 20%, tendo como base de cálculo o valor dos tributos declarados na DCTF, ainda que tenham sido recolhidos tempestivamente pelo sujeito passivo, "ante a ausência de ofensa aos princípios da proporcionalidade e da vedação de tributo com efeito confiscatório". Nesse sentido, ficou consignado no voto proferido pelo Ministro Marco Aurélio (relator):

> Dada a importância da declaração, a ausência ou o atraso na entrega não poderia deixar de acarretar séria consequência ao contribuinte. A louvável preocupação com a arrecadação do crédito tributário, no entanto, não legitima atropelos, atalhos ao figurino constitucional: em Direito, fins não justificam meios. Cumpre verificar a compatibilidade da pena pecuniária com a Lei Maior.
>
> [...]
>
> Quando o percentual da multa é notadamente inferior à dívida, o Supremo tem concluído inexistir ofensa ao princípio do não confisco. No recurso extraordinário n. 582.461, da relatoria do ministro Gilmar Mendes, sob o ângulo da repercussão geral, acórdão veiculado em 18 de agosto de 2011, o Plenário declarou constitucional sanção moratória cujo patamar remontava a 20% da importância devida.
>
> [...]
>
> A conclusão, por coerência, deve ser transposta a este caso. Se não surge confiscatória a multa de mora nesse percentual, descabe ver efeito semelhante no cálculo descrito no art. 7º, inciso II, da Lei 10.426/2002, porquanto também a multa por atraso na entrega da DCTF está limitada a 20% do tributo.
>
> Falta verificar se a sanção viola o princípio da proporcionalidade.
>
> Diz a recorrente da irrazoabilidade na imposição de penalidade por descumprimento de obrigação acessória tomando por base o montante da obrigação tributária. Ora, embora a definição em percentual possa resultar em quantia elevada, a solução contrária – o estabelecimento de total invariável – pode revelar-se anômala com mais frequência. Suponha-se uma multa de R$ 10.000,00. Para empresas de grande porte, cuja declaração em atraso envolva valor milionário, o quantitativo pecuniário seria irrisório, insuficiente para desestimular a conduta. Para pessoas jurídicas com receita pequena, o número se mostraria exorbitante, ultrapassando o tributo devido. Num exercício de

> elucubração, poder-se-ia cogitar da criação de escalonamento de valores fixos para determinadas faixas de tributo – no que seriam evitados os inconvenientes daquelas sistemáticas. É inviável exigir do legislador a adoção de tal critério – por sinal, incomum no ordenamento nacional. Entre as escolhas possíveis, é preciso reconhecer, o Legislativo enveredou por caminho que não pode ser tachado de teratológico.

A decisão foi proferida por maioria, merecendo destaque o voto vencido proferido pelo Ministro Edson Fachin, que concluiu pela inconstitucionalidade da sanção, pelos seguintes fundamentos:

> É bem sabido que a inobservância de dado dever instrumental pode implicar legitimamente a imposição de sanção punitiva ao sujeito passivo com vistas a promover adequada tutela do bem jurídico tutelado: "interesse da arrecadação ou da fiscalização dos tributos"; o que demanda necessariamente correlação direta com a conduta do sujeito passivo e o dano ocasionado à Administração Tributária.
>
> [...]
>
> Emerge nítida falta de correlação entre a multa tributária imposta em até 20% e a falta de entrega ou entrega extemporânea da DCTF ante ao total descompasso com os princípios constitucionais da proporcionalidade em matéria tributária e na vedação ao confisco.
>
> [...]
>
> Em um juízo de proporcionalidade em sentido estrito o ônus imposto ao contribuinte, ante eventual inobservância da entrega da DCTF nos termos legais, é, em muito, desproporcional, ao bônus da SRF que já dispõe, ainda que por outros meios, de recursos informacionais para proceder ao lançamento tributário.
>
> [...]
>
> Ao momento em que a multa ultrapassa o âmbito da capacidade contributiva há ofensa direta ao princípio do não confisco (art. 150, IV) ao que (in)constitucional a multa prevista no art. 7º, II, da Lei 10.426/2002.

A jurisprudência do STF, conforme se observa nos votos proferidos no julgamento do Tema 872, é pacífica quanto à aplicação dos princípios da proporcionalidade, da proibição de confisco e da capacidade contributiva às multas decorrentes do descumprimento de deveres instrumentos. A divergência reside justamente nos parâmetros a serem adotados para identificar o excesso, ou seja, na adequação do critério quantitativo eleito pelo legislador à infração cometida.

A matéria será novamente analisada pelo STF no julgamento no Tema 487 (Recurso Extraordinário 640.452), em que se discute o "caráter confiscatório da 'multa isolada' por descumprimento de obrigação acessória decorrente de dever instrumental". A decisão que reconheceu a repercussão geral da matéria tem a seguinte ementa:

> CONSTITUCIONAL. TRIBUTÁRIO. PUNIÇÃO APLICADA PELO DESCUMPRIMENTO DE OBRIGAÇÃO ACESSÓRIA. DEVER INSTRUMENTAL RELACIONADO À OPERAÇÃO INDIFERENTE AO VALOR DE DÍVIDA TRIBUTÁRIA (PUNIÇÃO INDEPENDENTE DE TRIBUTO DEVIDO). "MULTA ISOLADA". CARÁTER CONFISCATÓRIO. PROPORCIONALIDADE. RAZOABILIDADE. QUADRO FÁTICO-JURÍDICO ESPECÍFICO. PROPOSTA PELA EXISTÊNCIA DA REPERCUSSÃO GERAL DA MATÉRIA CONSTITUCIONAL DEBATIDA. Proposta pelo reconhecimento da repercussão geral da discussão sobre o caráter confiscatório, desproporcional e irracional de multa em valor variável entre 40% e 05%, aplicada à operação que não gerou débito tributário.[19]

A multa discutida no *leading case* do Tema 487 foi aplicada em razão do descumprimento de dever instrumental que não acarretou o inadimplemento de tributo, fixada em 40% do valor das operações. Essa alíquota foi minorada para 10% em primeira instância e para 5% pelo Tribunal de Justiça do Estado de Rondônia, o que representa uma redução do valor original da penalidade, de R$ 164 milhões, para R$ 22 milhões. A parte recorrente defende que, apesar da diminuição obtida, a sanção ainda se mostra excessiva.

19. STF, Tribunal Pleno, Recurso Extraordinário 640.452 (Tema 487 de Repercussão Geral), Relator Joaquim Barbosa, julgado em 06.10.2011, publicado em 07.12.2011.

2.2.2 O dimensionamento da multa: a necessária compatibilidade entre o critério quantitativo e o critério material da norma primária sancionatória

Conforme já dito, as penalidades por infrações fiscais devem ser prescritas com moderação, com respeito aos princípios da proporcionalidade, da igualdade, da vedação ao confisco, da capacidade contributiva e da individualização da pena, exigindo-se a adequação entre os meios e os fins almejados, ou seja, entre a sanção aplicada e a conduta ilícita reprimida pelo direito.

No caso das multas decorrentes do descumprimento de deveres instrumentais, que não são, por si só, passíveis de valoração em pecúnia, surge a problemática da definição do critério quantitativo da norma sancionatória.

De modo geral, a obrigação tributária é quantificada mediante a aplicação de uma base de cálculo, equivalente à riqueza a ser tributada, multiplicada por uma alíquota, que corresponde à parcela dessa grandeza que deverá ser entregue ao Estado.

Nesse sentido, a base de cálculo dimensiona a intensidade da conduta descrita no antecedente normativo e determina, em combinação com a alíquota, o valor da prestação que será devida pelo sujeito passivo e poderá ser exigida pelo sujeito ativo.

Paulo de Barros Carvalho[20] elucida que a base de cálculo dos tributos possui três funções: "a) medir as proporções reais do fato, ou função mensuradora; b) compor a específica determinação da dívida, ou função objetiva; e c) confirmar, infirmar ou afirmar o correto elemento material do antecedente normativo, ou função comparativa". Acrescenta o doutrinador:

> Vejo a base de cálculo como o conjunto de notas, instituído no consequente da regra-matriz de incidência, e que se destina, primordialmente, a dimensionar a intensidade do comportamento

---

20. CARVALHO, Paulo de Barros. *Direito tributário:* fundamentos jurídicos da incidência. 10. ed. rev. e atual. São Paulo: Saraiva, 2015. p. 248.

> inserto no núcleo do fato jurídico produzido pela norma tributária individual e concreta.
>
> Indaga-se: que é "perspectiva dimensível"? Tomo por "dimensível" o adjetivo que qualifica aquilo que se pode medir, avaliar quantitativamente, apurar em termos de grandeza, requerendo, portanto, algo que seja mensurável. O objeto dessa medição, obviamente, será a intensidade do evento que se tornou fato jurídico tributário.[21]

Geraldo Ataliba também ressalta o carácter mensurador da base de cálculo:

> A base imponível é a dimensão do aspecto material da hipótese de incidência. É, portanto, uma grandeza ínsita na h.i. (Alfredo Augusto Becker a coloca, acertadamente, como cerne da h.i.). É, por assim dizer, seu aspecto dimensional, uma ordem de grandeza própria do aspecto material da h.i.; é propriamente uma medida sua.[22]

No caso das multas fiscais, a base de cálculo deve igualmente refletir a grandeza do fato descrito no antecedente normativo. Ou seja: da mesma forma como o montante do tributo deve ser calculado de acordo com a dimensão econômica do fato lícito, o valor da multa pecuniária deve ser apurado proporcionalmente ao fato ilícito.

Com efeito, a base de cálculo da multa deve medir a gravidade da conduta ilícita descrita no antecedente da norma sancionatória.

Dessarte, a partir do mesmo fato (descumprimento de dever jurídico) deve o legislador selecionar elementos para a construção da hipótese e, também, para o dimensionamento da penalidade a ser aplicada, não podendo ser admitida a eleição de base de cálculo que nada informe sobre a infração descrita no antecedente normativo.

---

21. CARVALHO, Paulo de Barros. *Direito tributário:* fundamentos jurídicos da incidência cit., p. 251.

22. ATALIBA, Geraldo. *Hipótese de incidência tributária.* 6. ed. São Paulo: Malheiros, 2012. p. 108.

Maria Ângela Lopes Paulino Padilha, trazendo o ensinamento de Paulo de Barros Carvalho para o direito sancionatório, identifica as funções da base de cálculo das multas fiscais:

> (i) a função mensuradora servindo para medir a gravidade da infração tributária – núcleo factual do antecedente normativo; (ii) a função objetiva, determinando o valor específico da multa cominada ao sujeito passivo e (iii) a função comparativa com o escopo de verificar se, ao eleger a base de cálculo da sanção pecuniária, o legislador observou o aspecto material descrito no antecedente da norma primária sancionatória, i.e., o dever descumprido.[23]

Sendo assim, a base de cálculo das multas tributárias deve guardar correspondência com a intensidade do acontecimento factual (o dever descumprido), sob pena de violação aos princípios constitucionais já mencionados.

No mesmo sentido, leciona Paulo de Barros Carvalho que:

> A imposição de multas, por conseguinte, deve ficar dentro do limite da razoabilidade e da proporcionalidade, ou seja, precisa guardar adequação com o ilícito praticado, não podendo ser excessivo relativamente ao dano causado e ao benefício obtido com prática indevida, pois como leciona Odete Medauar, não podem ser impostas aos indivíduos obrigações, restrições ou sanções em medida superior àquela necessária ao atendimento do interesse público, segundo critério de razoável adequação dos meios aos fins. Havendo distorção entre a medida exigida e o fim efetivamente nela previsto, *in casu*, entre a multa imposta e a finalidade de sua imposição, haverá inadmissível violação aos mencionados princípios.[24]

Quando o desrespeito ao dever instrumental acarretar o inadimplemento de tributo – havendo, portanto, prejuízo ao erário – a base de cálculo da multa poderá corresponder a essa grandeza, ou seja, ao valor do tributo inadimplido.

No entanto, há deveres instrumentais cujo descumprimento não implica o não pagamento de tributo nem impede

---

23. PADILHA, Maria Ângela Lopes Paulino. *As sanções no direito tributário*. São Paulo: Noeses, 2015. p. 284.

24. CARVALHO, Paulo de Barros. *Direito tributário:* linguagem e método cit., p. 907.

a constituição do crédito tributário pelo fisco, não sendo possível extrair, do acontecimento factual, elementos que exprimam o conteúdo econômico da infração e que possam ser adotados como base de cálculo da sanção. Nessas hipóteses, seria mais apropriado que as penalidades pecuniárias fossem quantificadas em valores fixos, abandonando-se a fórmula da base de cálculo e alíquota.

Maria Ângela Lopes Paulino Padilha enfatiza:

> Uma multa sobre o valor do tributo devido em decorrência da mera falta da providência formal que não impediu o Fisco de tomar conhecimento de fatos geradores e de quantificar o tributo, desprovida, portanto, de qualquer relação com eventual prejuízo arcado pelo Erário, não merece prosperar, mas somente naqueles casos em que o não pagamento do tributo ou de sua insuficiência possam estar relacionados com a ausência das formalidades.[25]

No mesmo sentido, Robson Maia Lins explica que somente nas hipóteses em que o descumprimento de dever instrumental implica a redução de tributo "é que o critério quantitativo da multa aplicada pode usar como base de cálculo o valor do tributo devido e inadimplido".[26]

Conforme ensina Cesare Bonesana Beccaria,[27] "a verdadeira medida do delito é o dano à sociedade". Assim, o critério quantitativo da penalidade deve ser proporcional aos danos causados ao fisco, isto é, ao "interesse da arrecadação ou da fiscalização dos tributos", que fundamenta a instituição dos deveres instrumentais, conforme o art. 113, § 2º, do Código Tributário Nacional.[28]

---

25. PADILHA, Maria Ângela Lopes Paulino. *As sanções no direito tributário* cit., p. 292.

26. LINS, Robson Maia. *A mora no direito tributário* cit., p. 221.

27. BECCARIA, Cesare Bonesana. *Dos delitos e das penas*. Tradução J. Cretella Jr. e Agnes Cretella. 2. ed. São Paulo: Revista dos Tribunais, 1999. P. 42.

28. "§ 2º A obrigação acessória decorre da legislação tributária e tem por objeto as prestações, positivas ou negativas, nela previstas no interesse da arrecadação ou da fiscalização dos tributos."

Vale lembrar que os deveres instrumentais são instituídos com a finalidade de permitir ao Fisco o conhecimento de fatos jurídicos tributários, para facilitar a fiscalização e a arrecadação de tributos.

Portanto, quando o descumprimento dessas normas tiver repercussão no âmbito do tributo, o respectivo valor (devido e inadimplido) poderá ser utilizado como base de cálculo da respectiva penalidade. Mas, por outro lado, se a infração não acarretar a redução de tributo, mostra-se mais adequada a adoção de valores fixos, que poderão ser graduados de acordo com a gravidade da conduta ou o período de descumprimento do dever, por exemplo.

Em qualquer hipótese, é descabida a eleição, como base de cálculo da multa, de signos presuntivos de riquezas – tais como a receita ou o lucro da pessoa jurídica, o rendimento da pessoa física, o valor da operação ou da propriedade –, que nada informam sobre a dimensão econômica da infração, revelando-se inconstitucional.

A adoção, como base de cálculo da multa pela inobservância de dever formal, de um signo presuntivo de riqueza – que, verdadeiramente, corresponde à base imponível dos tributos –, descaracteriza a natureza da penalidade (sanção por conduta ilícita), evidenciando o intuito de utilizar a penalidade pecuniária com fins arrecadatórios.

3. A multa pela entrega extemporânea da Escrituração Contábil Fiscal (ECF)

O dever das pessoas jurídicas de entregar anualmente a Escrituração Contábil Fiscal (ECF) foi instituído pela Instrução Normativa RFB 1.422/2013, com respaldo nos §§ 2º e 3º do art. 8º do Decreto-Lei 1.598/1977.[29]

---

29. "§ 2º Para fins da escrituração contábil, inclusive da aplicação do disposto no § 2º do art. 177 da Lei no 6.404, de 15 de dezembro de 1976, os registros contábeis que forem necessários para a observância das disposições tributárias relativos à

Até julho de 2018, o descumprimento do prazo para transmissão da ECF sujeitava o infrator à penalidade de multa em valor fixo (R$ 500,00 por mês ou fração de atraso), prevista no art. 57, inciso I, da Medida Provisória n. 2.158-35/2001, aplicável às pessoas jurídicas que não apuram o imposto sobre a renda com base no lucro real, incluindo entidades imunes e isentas.

No entanto, por meio da Instrução Normativa RFB 1.821, publicada em 31.07.2018, a Receita Federal do Brasil alterou o art. 6º da IN 1422/2013, passando a prever, para a referida infração, multa em percentual sobre a receita bruta apurada pela pessoa jurídica no respectivo ano-calendário, de 0,02% por dia de atraso (limitada a 1%), estabelecida pelo art. 12, inciso III, da Lei 8.218/1991.

Já os contribuintes que apuram o imposto sobre a renda com base no lucro real ficam sujeitos à multa fixada em percentual sobre o lucro líquido antes do IRPJ e da CSLL, correspondente a 0,25% por mês-calendário ou fração de atraso (limitada a 10%), conforme o art. 8º-A, inciso I, do Decreto-Lei 1.598/1977.

Dessarte, a partir de 31.07.2018 – que, vale observar, coincide com o último dia do prazo para entrega da ECF do ano-calendário de 2017 –, o art. 6º da IN 1.422/2013 passou a viger com a seguinte redação:

> Art. 6º A não apresentação da ECF pelos contribuintes que apuram o Imposto sobre a Renda da Pessoa Jurídica pela sistemática do Lucro Real, nos prazos fixados no art. 3º, ou a sua apresentação com incorreções ou omissões, acarretará a aplicação, ao infrator, das multas previstas no art. 8º-A do Decreto-Lei 1.598, de 26 de dezembro de 1977, com redação dada pela Lei 12.973, de 13 de maio de 2014.

---

determinação da base de cálculo do imposto de renda e, também, dos demais tributos, quando não devam, por sua natureza fiscal, constar da escrituração contábil, ou forem diferentes dos lançamentos dessa escrituração, serão efetuados exclusivamente em:
I – livros ou registros contábeis auxiliares; ou
II – livros fiscais, inclusive no livro de que trata o inciso I do caput deste artigo.
§ 3º O disposto neste artigo será disciplinado em ato normativo da Secretaria da Receita Federal do Brasil."

> [...]
>
> ~~§ 2º A não apresentação da ECF pelos contribuintes que apuram o Imposto sobre a Renda da Pessoa Jurídica, por qualquer sistemática que não o Lucro Real, nos prazos fixados no art. 3º, ou a sua apresentação com incorreções ou omissões, acarretará a aplicação, ao infrator, das multas previstas no art. 57 da Medida Provisória n. 2.158-35, de 24 de agosto de 2001.~~
>
> § 2º Os contribuintes que apuram o Imposto sobre a Renda da Pessoa Jurídica por qualquer sistemática que não o Lucro Real que deixarem de apresentar a ECF nos prazos fixados no art. 3º, ou a apresentar com incorreções ou omissões, ficam sujeitos à aplicação das multas previstas no art. 12 da Lei 8.218, de 29 de agosto de 1991. (Redação dada pelo Instrução Normativa RFB n. 1821, de 30 de julho de 2018)

Em 21.01.2021, foi publicada a Instrução Normativa RFB n. 2.004/2021, que passou a dispor sobre a ECF e revogou as INs 1.422/2013 e 1.821/2018, prevendo em seu art. 6º as mesmas penalidades apuradas com base na receita bruta e no lucro líquido das pessoas jurídicas.[30]

Verifica-se a existência de normas jurídicas estabelecendo três penalidades distintas, aparentemente aplicáveis à mesma infração, tendo a Receita Federal do Brasil, a partir de 31.07.2018, adotado a multa do art. 12 da Lei 8.218/1991, no caso de infração cometida por pessoa jurídica não tributada pelo lucro real. Isso representa uma expressiva majoração do valor da penalidade a que estão sujeitos os contribuintes que, por qualquer razão, deixem de entregar tempestivamente a ECF.

Tomemos como exemplo a infração consistente na entrega extemporânea da ECF do ano-calendário de 2017 (que deveria ocorrer até o dia 31.07.2018), realizada somente em 10.09.2018

30. "Art. 6º A não apresentação da ECF pelas pessoas jurídicas nos prazos fixados no art. 3º, ou a sua apresentação com incorreções ou omissões, acarretará a aplicação, ao infrator:
I – das multas previstas no art. 8º-A do Decreto-Lei 1.598, de 1977, para as pessoas jurídicas que apuram o IRPJ pela sistemática do lucro real; e
II – das multas previstas no art. 12 da Lei 8.218, de 29 de agosto de 1991, para as demais pessoas jurídicas."

– portanto, com 40 dias ou 2 meses/fração de atraso –, por três pessoas jurídicas nas seguintes situações hipotéticas:

Exemplo 1: Entidade imune, com receita bruta de R$ 50 milhões e déficit de R$ 3 milhões

(a) Multa calculada pela MP n. 2.158-35/2001:	R$ 1.000,00* (R$ 500,00 x 2 meses/fração)
(b) Multa calculada pela Lei 8.218/1991:	R$ 400.000,00* (R$ 50 mi x 0,02% x 40 dias)

Exemplo 2: Prestadora de serviços tributada pelo lucro presumido, com receita bruta de R$ 50 milhões e lucro líquido de R$ 20 milhões em 2017

(a) Multa calculada pela MP n. 2.158-35/2001:	R$ 1.000,00* (R$ 500,00 x 2 meses/fração)
(b) Multa calculada pela Lei 8.218/1991:	R$ 400.000,00* (R$ 50 mi x 0,02% x 40 dias)

Exemplo 3: Indústria tributada pelo lucro real, com receita bruta de R$ 50 milhões e lucro líquido de R$ 2,5 milhões em 2017

(a) Multa calculada pela MP n. 2.158-35/2001:	R$ 3.000,00* (R$ 1.500,00 x 2 meses/fração)
(b) Multa calculada pelo DL n. 1.598/1977:	R$ 12.500,00** (R$ 2,5 mi x 0,25% x 2 meses/fração)

*A multa é reduzida pela metade, se a entrega extemporânea ocorrer antes de qualquer procedimento de ofício.

**A multa é reduzida em 75%, se a entrega ocorrer em até 60 (sessenta) dias após o prazo.

Esses três cenários hipotéticos, além de evidenciar a violação aos princípios da igualdade e da proporcionalidade, indicam uma inadequação entre as bases de cálculo e alíquotas estabelecidas no art. 12, inciso III, da Lei 8.218/1991 (critério quantitativo) e a infração estudada (critério material).

3.1 O critério quantitativo da multa pela não apresentação ou entrega extemporânea da ECF

As normas sancionatórias construídas a partir do art. 12, III, da Lei 8.218/1991 e do art. 8-A, I, do Decreto-Lei 1.598/1977 possuem, no seu consequente, como base de cálculo da penalidade pela infração fiscal, a receita bruta ou o lucro líquido do sujeito passivo, caso se trate de empresa tributada pelo lucro real, na segunda hipótese, ou das demais pessoas jurídicas (inclusive imunes e isentas), na primeira.

Entretanto, consoante exposto, a eleição de signos presuntivos de riqueza para determinação do critério quantitativo das multas pelo descumprimento de deveres formais – como a não apresentação ou a entrega extemporânea da ECF – é incompatível com o ordenamento jurídico vigente, especialmente com os princípios da proporcionalidade, da igualdade, da proibição de confisco e da capacidade contributiva, violando, ainda, o direito de propriedade.

As três situações hipotéticas anteriormente mencionadas ilustram a inconstitucionalidade dessas normas sancionatórias.

No primeiro exemplo, tem-se uma entidade beneficente (detentora de imunidade tributária) com receita bruta de R$ 50 milhões no período da escrituração não apresentada ao fisco, em que apresentou déficit. Ao entregar a ECF com 40 dias de atraso, essa entidade ficaria sujeita a uma multa de R$ 400 mil, calculada na forma do art. 12, III, da Lei 8.218/1991, reduzida pela metade caso a escrituração fosse apresentada antes de qualquer procedimento de ofício.

A penalidade seria exatamente a mesma se o ilícito fosse cometido pela pessoa jurídica do segundo exemplo, uma prestadora de serviços tributada pelo lucro presumido, com idêntica receita bruta de R$ 50 milhões, porém com lucro apurado em R$ 20 milhões.

Certamente, há enorme desproporção na exigência de multa no valor de R$ 400 mil (ou de R$ 200 mil, se reduzida pela metade) em decorrência do atraso de 40 dias na entrega de arquivos digitais que, em rigor, não implicam a redução de tributos, caracterizando-se como confiscatória. A conduta a ser reprimida não apresenta gravidade que justifique a imposição de pena com tamanha dimensão, evidenciando a inadequação entre os meios e os fins pretendidos, o que é vedado pelo direito.

Por fim, no terceiro exemplo, tem-se uma pessoa jurídica tributada pelo lucro real (indústria), com idêntica receita bruta de R$ 50 milhões e lucro líquido de R$ 2,5 milhões. Nesse caso, a multa teria fundamento no art. 8º-A, inciso I, do Decreto-Lei 1.598/1977, de modo que a base de cálculo seria o lucro líquido antes do IRPJ e da CSLL (e não a receita bruta), atingindo o valor de R$ 12.500,00. Essa penalidade ficaria reduzida em 75%, considerando a entrega da escrituração em até 60 dias após o prazo (§ 2º, inciso II, do mesmo dispositivo legal), passando ao valor de R$ 3.125,00.

Constata-se enorme desigualdade na exigência de multa de R$ 200 mil (considerada a redução do valor pela metade) da entidade imune e da prestadora de serviços (tributada pelo lucro presumido) e de R$ 3.125,00 da indústria (tributada pelo lucro real) como consequência da prática da mesma infração. A penalidade, nos dois primeiros casos, corresponde a 64 (sessenta e quatro) vezes o valor exigido no terceiro.

Tais distorções ocorrem justamente em razão da escolha de uma base de cálculo que nada informa acerca do critério material da norma sancionatória. A receita bruta e o lucro líquido das pessoas jurídicas não servem para dimensionar a infração descrita no antecedente normativo – entrega extemporânea da ECF –, não devendo, portanto, ser utilizados para determinar o critério quantitativo da correspondente penalidade.

Por outro lado, se a multa fosse apurada na forma do art. 57, inciso I, da MP 2.158-25/2001, o valor da sanção seria de R$ 1.000,00 para a entidade imune e a prestadora de serviços, e de R$ 3.000,00 para a indústria tributada com base no lucro real, igualmente reduzidas pela metade, se a entrega da ECF ocorrer antes de qualquer procedimento de ofício.

Dessa forma, tanto o art. 12, inciso III, da Lei 8.218/1991, quanto o art. 8º-A, inciso I, do Decreto-Lei 1.598/1977 apresentam vício de inconstitucionalidade, devendo ser aplicada, na hipótese de não apresentação ou entrega intempestiva da ECF, a multa prescrita pelo art. 57 da MP n. 2.158-25/2001 (em valores fixos).

Conclusão

As multas fiscais decorrentes do descumprimento de deveres instrumentais devem ser fixadas com moderação, guardando adequação com a gravidade da infração e os danos causados aos interesses arrecadatórios do Estado, sob pena de violação aos princípios da proporcionalidade, da igualdade, da vedação ao confisco, da capacidade contributiva, da individualização das penas e, também, ao direito de propriedade.

Os deveres instrumentais, assim como as sanções decorrentes do seu descumprimento, devem ser prescritos em lei, em observância ao princípio da legalidade, cabendo aos veículos introdutores secundários, tais como decretos regulamentares, portarias e instruções normativas, apenas regulamentá-los.

A determinação do critério quantitativo das multas pelo descumprimento de deveres instrumentais deve guardar correspondência com a intensidade do acontecimento factual, ou seja, com o dever descumprido.

Na hipótese de descumprimento de dever formal, caso a conduta ilícita acarrete a redução de tributo, o montante devido e inadimplido poderá ser adotado como base de cálculo para apuração da penalidade pecuniária.

Todavia, se não houver repercussão no âmbito do tributo, não sendo possível atribuir conteúdo econômico à infração cometida pelo sujeito passivo, a fórmula da base de cálculo e alíquota deve ser abandonada. Nesse caso, mostra-se mais adequada a utilização de valores fixos para determinar o critério quantitativo da norma sancionatória.

Em qualquer hipótese, é descabida a eleição de signos presuntivos de riqueza como base de cálculo das multas fiscais, especialmente daquelas que decorrem da desobediência de deveres instrumentais.

Dessa forma, concluímos que a multa prescrita pelo art. 12, III, da Lei 8.218/1991, que adota como base de cálculo a receita bruta da pessoa jurídica, é inconstitucional, devendo ser aplicada, na hipótese de não apresentação ou entrega extemporânea da Escrituração Contábil Fiscal (ECF), as penalidades genéricas pelo descumprimento de deveres instrumentais relativos a impostos e contribuições administrados pela Receita Federal do Brasil, fixadas pelo art. 57, inciso I, da Medida Provisória n. 2.158-35/2001.

A penalidade prescrita pelo art. 8-A, inciso I, do Decreto-Lei 1.598/1977, direcionada especificamente às pessoas jurídicas que apuram o imposto sobre a renda com base no lucro real, revela-se igualmente inconstitucional, pois adota como base de cálculo o lucro líquido antes do IRPJ e da CSLL. Também nesse caso, devem ser aplicadas as multas em valores fixos do art. 57, I, da MP 2.158-35/2001.

Referências

ATALIBA, Geraldo. *Hipótese de incidência tributária.* 6. ed. São Paulo: Malheiros, 2012.

BECCARIA, Cesare Bonesana. *Dos delitos e das penas.* Tradução J. Cretella Jr. e Agnes Cretella. 2. ed. São Paulo: Revista dos Tribunais, 1999.

CARRAZZA, Roque Antonio. *Curso de direito constitucional tributário.* 28. ed. São Paulo: Malheiros, 2012.

CARVALHO, Paulo de Barros. *Curso de direito tributário.* 24. ed. São Paulo: Saraiva, 2012.

CARVALHO, Paulo de Barros. *Direito tributário:* fundamentos jurídicos da incidência. 10. ed. rev. e atual. São Paulo: Saraiva, 2015.

CARVALHO, Paulo de Barros. *Direito tributário:* linguagem e método. 7. ed. rev. São Paulo: Noeses, 2018.

KELSEN, Hans. *Teoria pura do direito.* Tradução João Baptista Machado. 8. ed. São Paulo: Editora WMF Martins Fontes, 2009.

LINS, Robson Maia. *A mora no direito tributário.* Tese (Doutorado em Direito) – Pontifícia Universidade Católica de São Paulo. São Paulo, 2008.

LINS, Robson Maia. A responsabilidade por infrações do art. 136 do CTN e a graduação das sanções. In: *O direito tributário:* entre a forma e o conteúdo. São Paulo: Noeses, 2014.

LINS, Robson Maia. *Curso de direito tributário brasileiro.* São Paulo: Noeses, 2019.

PADILHA, Maria Ângela Lopes Paulino. A responsabilidade por infrações do art. 136 do CTN e a graduação das sanções. In: *O direito tributário*: entre a forma e o conteúdo. São Paulo: Noeses, 2014. p. 869.

A CONSTRUÇÃO DA NORMA INDIVIDUAL E CONCRETA DAS SANÇÕES TRIBUTÁRIAS: ATIVISMO E CRISE DO PROCESSO LEGISLATIVO

David Martins de Souza[1]

1. Introdução

Inicialmente é de se lembrar que todo o trabalho de pesquisa, para se pretender científico e no contexto da epistemologia, deve se preocupar com os aspectos semânticos e lógicos do tema proposto, a fim de que possam ser firmadas adequadas compreensões e reflexões, considerando as análises realizadas e os desdobramentos de ordem pragmática do estudo.

A breve análise que se pretende a seguir orienta-se pela tomada do constructivismo lógico-semântico como referencial

1. Pós-Graduação Stricto Sensu – Mestrando em Direito Tributário na PUC/SP. Pós-Graduação – Especialização em Direito Tributário e Processual Tributário – Escola Paulista de Direito (EPD). Graduado em Direito pela Universidade Federal do Estado de Minas Gerais (UFMG). Desenho Industrial Programação Visual (Bacharelado) – Universidade do Estado de Minas Gerais. Advogado. Especialista em Direito Tributário. E-mail: dmsouza.adv@gmail.com

para o exame das fontes do direito e a importância do tema para a conformação da regra matriz de incidência tributária (RMIT) das multas que possuem em sua estrutura os elementos subjetivos fraude, simulação e conluio, tratados no § 1º do art. 44 da Lei 9.430/1996.

A investigação pretende marcar a importância do tema, especialmente quando se tem à vista o panorama brasileiro de constituição das normas individuais e concretas das sanções tributárias, marcado pela incompletude das fontes (lei em sentido estrito) quanto aos critérios necessários à regra matriz de incidência para a definição das nuances da fraude, da simulação e do conluio.

A partir dessa constatação, o estudo problematiza os ativismos do Poder Executivo em matéria de lançamento, frequentemente chancelado pelas decisões do Poder Judiciário, paralelamente à crise e à perda de expressão do Poder e do Processo Legislativo-tributário no país.

1.1 O sempre presente estudo das fontes do direito: necessidade e pragmática do tema à luz do constructivismo lógico-semântico

De início, é de bom alvitre destacar a importância da investigação dos termos e dos vocábulos necessários à construção do texto normativo da regra matriz de incidência das sanções tributárias, tal qual alertam os autores constructivistas, quando determinado tema da ciência do direito é submetido à investigação e exame.[2]

---

2. ZOMER, Silvia Regina. *Lançamento tributário análise da norma individual e concreta pela óptica do constructivismo lógico-semântico*. São Paulo: Intelecto, 2016. p. 4. Discorrendo sobre o tema da metodologia de análise, a jurista traz à colação os ensinamentos de Paulo de Barros Carvalho: "Se fixamos o pressuposto que o direito positivo é uma camada linguística, vazada em termos prescritivos, com um vetor dirigido ao comportamento social, nas relações de intersubjetividade, nada mais natural que apresentarmos a proposta de interpretação do direito como um sistema de linguagem. E o conhecimento de toda e qualquer manifestação de linguagem pede a investigação de três planos fundamentais: a sintaxe, a semântica e a pragmática. Só assim, reuniremos condições de analisar o conjunto de símbolos gráficos e auditivos que o ser humano emprega para transmitir conhecimentos, ordens, emoções, ou formular perguntas. E a linguagem do direito positivo é transmissora de ordens, substanciadas em direitos e

Sobre esta necessidade e postura de investigação, veja-se a inteligência dos ensinamentos de Silvia Regina Zomer:[3]

> O Direito Positivo, sabidamente um objeto cultural, repleto de subjetividade e valores, permite várias formas de aproximação do ser cognoscente. Fabiana Del Padre Tomé discorre sobre a importância da escolha do método, advertindo que o descaso pelo método acaba impedindo o conhecimento. Daí a nossa opção pelo método analítico-hermenêutico, por entendermos o Direito Positivo não só como uma construção cultural, mas também com um fenômeno comunicacional alicerçado nos fundamentos da linguagem. Assim, o constructivismo lógico-semântico, como análise epistemológica parece ser a forma mais adequada de aproximação para o que pretendemos conhecer: o processo de construção da norma jurídica do lançamento tributário, investigado pelos planos da semiótica – semântico, lógico e pragmático.

Exemplificando esse esforço metodológico, a jurista Fabiana Del Padre Tomé quando se propôs a tratar do tema das provas, no contexto do constructivismo lógico-semântico, o fez correlacionando inicialmente todos os sentidos do termo prova reunidos por Paulo de Barros Carvalho para os fins da semântica do vocábulo. Nesse sentido, convém trazer à colação o esforço didático da relação proposta pela Autora:[4]

> 1. Procedimento, entendido como a sequência de atos mediante os quais se opera o relato probatório; 2. rito da enunciação, legalmente previsto, ou procedimento organizacional da prova; 3. resultado do procedimento probatório, ou seja, seu produto; 4. conjunto de regras que regulam a admissão, produção e valoração dos elementos trazidos aos autos, determinando o transcurso probatório; 5. enunciação; 6; enunciação enunciada; 7. enunciado

---

deveres garantidos por sanções. O plano sintático, é formado pelo relacionamento que os símbolos linguísticos mantém entre si. O semântico diz respeito às ligações dos símbolos com os seus significados. E o pragmático é tecido pelas formas segundo as quais os utentes da linguagem a empregam na comunidade do discurso e na comunidade social para motivar comportamentos" (CARVALHO, Paulo de Barros. *Curso de direito tributário*. 21. ed. São Paulo. Saraiva, 2009. p. 99).

3. ZOMER, Silvia Regina. *Lançamento tributário análise da norma individual e concreta pela óptica do constructivismo lógico-semântico* cit., p. 4.

4. TOMÉ, Fabiana Del Padre. *A prova no direito tributário:* de acordo com o Código de Processo Civil de 2015. 4. ed. São Paulo: Noeses, 2016. p. 89-90.

linguístico; 8. suporte físico; 9. conteúdo do suporte físico; 10. proposição; 11. veículo introdutor; 12. norma em sentido amplo; 13. norma em sentido estrito; 14. mensagem; 15. signo; 16. indício; 17. pista; 18. vestígio; 19. marca; 20. sinal; 21. ato de fala; 22. atitude pragmática; 23. relação de implicação entre enunciados linguísticos; 24. elemento constitutivo do fato jurídico; 25. fato; 26. fato de provar; 27. fato provado; 28. fato que causa convencimento do julgador acerca da verdade de outro fato; 29. fato da convicção provocada na consciência do julgador; 30. meio de controle das proposições que os litigantes formulam em juízo; 31. soma dos meios produtores de certeza; 32. fundamentação; 33. justificação da crença na verdade de um fato; 34. certeza; 35. verdade; 36. evidência; 37. certificação de que ocorreu elemento constitutivo do fato jurídico; 38. prova direta; 39. prova indireta; 40. presunção; 41. sobreprova; 42. metaprova; 43. reforço de prova; 44. enunciado de segundo nível; 45. contraprova; 46. protoprova; 47. análise; 48. argumento retoricamente produzido; 49. experiência sensorial, decorrente da utilização de um dos cinco sentidos – audição, tato, olfato, paladar e visão; 50, testemunho; 51. competição; 52. concurso; 53. processo seletivo; 54. prova de conhecimento; 55. providência preliminar; 56. exibição; 57. certificação autenticadora; 58. certificação constituidora; 59; documento.

Tomando o compêndio realizado como exemplo do rigor científico acerca da investigação e da busca das acepções de determinado instituto ou vocábulo, sobre a plurivocidade de sentidos que o termo fonte comporta, de forma singela e sem qualquer pretensão de esgotamento, podem ser lembradas várias significações para a palavra, tais como:[5]

fonte

sf

1 Água que brota do solo; bica, fontana, manancial, nascedouro, nascente, olho-d'água: "De fato, a vila – erecta no sopé da serrania de onde promana a única fonte perene da redondeza – contrasta, insulada, com a esterilidade ambiente. Decorre isto de sua situação topográfica" (SER).

2 V chafariz.

---

5. FONTE. In: *Dicionário Michaelis*. Disponível em: www.uol.com.br/michaelis. Acesso em: 25 nov. 2019.

> 3 FIG Local de origem de alguma coisa; origem, procedência, proveniência: "Esses sujeitinhos vestem bem, dormem bem, chegam a ter opiniões, sistema moral, ideias políticas. Ninguém lhes pergunta a fonte inexplicável do seu dinheiro" (JR).
>
> 4 Bica por onde corre água ou outro líquido: É naquela fonte que o povo da cidade vai buscar água.
>
> 5 Chaga aberta com cautério; exutório.
>
> 6 No processo comunicacional, sistema de onde provém a mensagem.
>
> 7 Original de uma obra: Estava fazendo uma dissertação sobre Eça de Queirós e foi a Portugal fazer pesquisa na fonte.
>
> 8 JORN, EDIT Procedência de uma informação: "– Esperem! – exclamou Tibério. – Vocês não sabem do melhor... ou do pior. Sei de fonte segura que o Getúlio anda apático, desinteressado de tudo e de todos, mal lê os papéis que assina, cochila nas audiências e nas reuniões do Ministério" (EV).
>
> 9 FIG Pessoa usada por um repórter para obter informações, em geral privilegiadas e/ou secretas: "Detalhe igualmente importante é saber como a jornalista obteve a informação [...] Evidente que a fonte deve ter sido algum deputado da própria comissão ou assessor da mesma" (CA).
>
> 10 Qualquer substância que emite radiação.

Relembrada a singeleza da exposição do presente trabalho, a plurivocidade de sentidos do vocábulo fonte, em termos linguísticos, é vigorosa, na esteira dos exemplos destacados. Contudo, transpondo o termo para o universo da ciência do direito, o termo fonte, em uma síntese bastante apertada, relaciona-se com a origem, à matéria-prima, ou a forma como o direito nasce.

A despeito de se tratar o tema das fontes, "prima facie", de pesquisa que remonta aos primórdios da introdução às ciências do direito, uma teoria que tome por base determinado marco teórico deve se preocupar com todos os aspectos que o referencial projeta sobre o sistema ou sobre a teoria apresentada, especialmente para os fins da coerência e coesão.

No contexto do panorama que o constructivismo lógico-semântico inaugura para a ciência do direito e para o direito tributário especificamente, a análise e a compreensão da norma devem considerar a polissemia dos vocábulos e o esforço de construção da regra matriz tributária de incidência.

É o que se pretende com as breves considerações sobre as acepções do termo fonte no âmbito da epistemologia clássica da teoria tradicional e no contexto do constructivismo lógico-semântico para os fins da análise das sanções que possuem qualificações determinadas por elementos subjetivos como a fraude, a simulação e o conluio.

1.2 A epistemologia das fontes na perspectiva da doutrina clássica

Para se ter em mente a importância do estudo das fontes do direito, este tipo de investigação vai ao encontro dos questionamentos sobre a forma e como o direito emerge no "ethos" de uma determinada sociedade considerada em um espaço-tempo.

O nó górdio dessas indagações remete à questão central colocada ao cotejo da ciência do direito com as indagações: Qual a origem do direito? Qual é a sua fonte? De onde provém?

Hans Kelsen, no contexto do esforço da construção de uma teoria pura do direito, pregou que a "fonte do direito" é o próprio direito, tema que aproxima esta concepção do fundamento de validade das normas. Na ótica normativista e positivista kelseniana, as normas possuem lastro jurídico e fundamento em outras normas de escala superior, de maneira a se escalonar uma pirâmide normativa de ordens. Nesse diapasão, a constituição de determinado ordenamento corresponderia à fonte de todas as demais normas; os códigos e as leis revelariam a fonte da motivação das decisões; e os princípios políticos, doutrina e normas morais seriam referências que impactam no processo de nascedouro das normas jurídicas.[6]

6. KELSEN, Hans. *Teoria pura do direito*. Tradução João Baptista Machado. Lisboa: Armênio Amado, 1984. p. 526-527.

Em outras palavras, é fonte de norma jurídica a norma superior que regula a norma inferior em Kelsen, no dizer de Maria Helena Diniz:[7]

> Emprega-se também o termo "fonte do direito" como equivalente ao fundamento de validade da ordem jurídica. A teoria kelseniana, por postular a pureza metódica da ciência jurídica, libera-a da análise de aspectos fáticos, teleológicos, morais ou políticos que, porventura, estejam ligados ao direito. Com isso essa doutrina designa como "fonte" o fundamento de validade jurídico-positiva da norma jurídica, confundindo a problemática das fontes jurídicas com a noção de validez das normas de direito.
>
> O fundamento de validade de uma norma, como assevera Kelsen, apenas pode ser a validez de uma outra, figurativamente denominada norma superior, por confronto com uma norma que é, em relação a ela, inferior. Logo, é fonte jurídica a norma superior que regula a produção da norma inferior.
>
> A fonte jurídica só pode ser o direito, pelo fato de que ele regula a sua própria criação, já que a norma inferior só será válida quando for criada por órgão competente e segundo certo procedimento previsto em norma superior. Para essa concepção, entende-se, também por fonte jurídica a norma hipotética fundamental que confere o fundamento último de validade da ordem jurídica, por ser impossível encontrar na ordenação jurídica o fundamento positivo para a Constituição.
>
> Essa norma básica foi, por Kelsen, designada constituição no sentido lógico-jurídico, diferenciando-a assim da Constituição em sentido lógico-positivo. Essa norma fundamental diz apenas que se deve obedecer ao poder que estabelece a ordem jurídica, mantendo a ideia de que uma norma somente pode originar-se de outra, da qual retira sua validez.

Em outro giro, Norberto Bobbio ao discorrer sobre o tema destaca que as fontes do direito correspondem aos fatos ou atos necessários para a produção de normas jurídicas. Nessa concepção, a norma jurídica deriva da lei, fonte direta do direito. O

---

7. DINIZ, Maria Helena. Fontes do direito. *Enciclopédia jurídica da PUC-SP*. Coordenação Celso Fernandes Campilongo, Alvaro de Azevedo Gonzaga e André Luiz Freire. Tomo: *Teoria geral e filosofia do direito*. Coordenação de tomo Celso Fernandes Campilongo, Alvaro de Azevedo Gonzaga, André Luiz Freire. São Paulo: PUC/SP, 2017. Disponível em: https://bityli.com/fkAURz. Acesso em: 12 set. 2021.

jurista destaca a diferença entre ordenamentos simples (quando as normas derivam de uma fonte) e ordenamentos compostos (as normas derivam de mais de uma fonte – denominadas indiretas; costume, sentença, e autonomia dos contratos).[8]

Luis Recasens Siches, por sua vez, compreende que o direito tem como fonte emissora a vontade do Estado. Esta noção considera e personaliza na vontade do Estado a propagação originária do direito.[9]

Tercio Sampaio Ferraz Júnior destaca ainda que as fontes do direito indicam os modos de criação das normas jurídicas. O autor elenca a lei, a jurisprudência, o negócio jurídico, o costume como fontes do direito, contudo, alerta que estes termos também indicam as regras de estrutura (fontes propriamente dita) e os próprios elementos derivados (normas jurídicas).[10]

Maria Helena Diniz sobre o tema das fontes estabelece verdadeira taxonomia das normas em formais e materiais. As fontes formais corresponderiam aos fatos que promovem o revestimento das normas; já às fontes materiais promoveriam o conteúdo das normas jurídicas. As fontes formais ficariam relegadas aos planos da lei, do costume, da jurisprudência, da doutrina, dos tratados e dos princípios.[11] Nesse sentido, convém trazer à colação a classificação erigida pela jurista:[12]

> Estamos com a teoria egológica de Carlos Cossio, que demonstrou que o jurista deve ater-se tanto às fontes materiais como às formais, preconizando a supressão da distinção, preferindo falar em *fonte formal-material*, já que toda fonte formal contém, de modo implícito, uma valoração, que só pode ser compreendida como fonte do

---

8. CARVALHO, Aurora Tomazini de. *Teoria geral do direito*. O constructivismo lógico-semântico. p. 210. Disponível em: https://bityli.com/6qyp47. Acesso em: 15 set. 2021. p. 479.

9. SICHES, Luis Recasens. *Introducción al estúdio del derecho*. México: Porrua, 1977. p. 165.

10. CARVALHO, Aurora Tomazini de. *Teoria geral do direito* cit., p. 480.

11. DINIZ, Maria Helena. *Compêndio de introdução à ciência do direito*. p. 256.

12. DINIZ, Maria Helena. Fontes do direito cit.

> direito no sentido de fonte material. Além disso, a *fonte material* ou real aponta a origem do direito, configurando a sua gênese, daí ser *fonte de produção*, aludindo a fatores éticos, sociológicos, históricos, políticos, etc., que produzem o direito, condicionam o seu desenvolvimento e determinam o conteúdo das normas. A *fonte formal* lhe dá forma, fazendo referência aos modos de manifestação das normas jurídicas, demonstrando quais os meios empregados pelo jurista para conhecer o direito, ao indicar os documentos que revelam o direito vigente, possibilitando sua aplicação a casos concretos, apresentando-se, portanto, como *fonte de cognição*. As fontes formais são os modos de manifestação do direito mediante os quais o jurista conhece e descreve o fenômeno jurídico. O órgão aplicador, por sua vez, também recorre a elas, invocando-as como justificação da sua norma individual.[3]
>
> As *fontes formais* podem ser estatais e não estatais. As *estatais* subdividem-se em legislativas (leis, decretos, regulamentos etc.) e jurisprudenciais (sentenças, precedentes judiciais, súmulas etc.). A isso podemos acrescer as convenções internacionais, pelas quais dois ou mais Estados estabelecem um tratado, daí serem fontes formais estatais convencionais.
>
> As *não estatais*, por sua vez, abrangem o direito consuetudinário (costume jurídico), o direito científico (doutrina) e as convenções em geral ou negócios jurídicos.

Em sentido diverso e que orienta o presente trabalho, *as fontes do direito podem ser examinadas sob a perspectiva da linguagem, dos enunciados, e portanto, dos documentos normativos, marcos metodológicos do constructivismo lógico-semântico.*

Sobre o tema, o ilustre Lourival Vilanova destaca que as fontes formais dizem respeito às normas que orientam e regulam a produção normativa, sendo as fontes materiais os fatos que orientam o conteúdo. É da essência do posicionamento do jurista a concepção de que uma norma não nasce de outra norma, antes disso, vai ao encontro à linguagem da realidade da vida para juridicizá-la. Nesse sentido, as fontes formais diriam respeito às normas que orientam este processo, e as fontes materiais, os fatos que alimentam o processo.[13]

---

13. VILANOVA, Lourival. *Estruturas lógicas e o sistema de direito positivo*. 3. ed. São Paulo: Noeses, 2005. p. 23-24.

Trilhando as pegadas do constructivismo lógico-semântico, como também pavimentando esta teoria, o jurista Paulo de Barros Carvalho ensina que fontes do direito dizem respeito aos "focos ejetores de regras jurídicas, isto é, os órgãos habilitados pelo sistema para produzirem normas numa organização escalonada, bem como a própria atividade desenvolvida por essas entidades, tendo em vista a criação de normas".[14]

Dessa premissa emerge a primeira crítica à dogmática tradicional do estudo das fontes: dizer que uma lei é origem do direito positivo implica reconhecer que uma norma cria outra norma o que remonta à norma originária: e qual seria a fonte desta? No mesmo sentido, a lei, a jurisprudência, os contratos, os atos negociais, os documentos administrativos todos são frutos de um processo de elaboração de enunciados e dos documentos normativos e não correspondem propriamente às fontes – origem das normas. É sob esta perspectiva que se debruça o constructivismo lógico-semântico ao propor uma análise das fontes sob a égide do processo de criação dos documentos normativos a partir do exame da linguagem e da enunciação.

Nesse diapasão, faz-se necessário trazer à colação breves digressões sobre o referencial teórico do constructivismo lógico-semântico a fim que se possa conhecer a forma de produção dos enunciados – a origem das normas jurídicas.

1.3 O corte metodológico do constructivismo lógico-semântico para o estudo das fontes

Em analogia à célebre premissa do jurista Tarék Moysés Moussallem de que "o nascedouro do direito altera-se de acordo com a Ciência que o investiga",[15] ousa-se dizer também que a compreensão do direito positivo e a forma de analisá-lo, no contexto de uma dogmática depende do referencial teórico adotado, seus marcos e metodologia.

---

14. CARVALHO, Paulo de Barros. *Curso de direito tributário* cit., 2000, p. 45.

15. MOUSSALÉM, Tárek Moysés. Fontes do direito tributário. Disponível em: https://bityli.com/sv4t8k. Acesso em: 12 set. 2021. p. 5.

Nesses termos, cabe no escopo da pesquisa breve digressão sobre as concepções do constructivismo lógico-semântico que tem como substrato a teoria comunicacional do direito. Sobre o tema, Paulo de Barros Carvalho traz as seguintes lições:[16]

> A teoria comunicacional do direito vem se irradiando, tanto na Europa, com a obra de Gregorio Robles Morchón, quanto em outros países, como o Brasil, ainda que debaixo de diversas designações, sendo o caso das "doutrinas pragmáticas" e do "constructivismo lógico-semântico". Tratar o direito como algo que necessariamente se manifesta em linguagem prescritiva, inserido numa realidade recortada em textos que cumprem as mais diversas funções, abriu horizontes largos para o trabalho científico, permitindo oportuna e fecunda conciliação entre as concepções hermenêuticas e as iniciativas de cunho analítico.
>
> Por outro lado, uma série de ajustes hão de ser feitos para encurtar as distâncias entre tais propostas. Um deles é a delimitação das proporções do chamado princípio da "homogeneidade sintática" das normas do sistema, em face da heterogeneidade linguística dos enunciados do direito positivo. De fato, como nos adverte Celso Lafer, "(...) o que caracteriza o Direito Positivo, no mundo contemporâneo, é a sua contínua mudança. Daí a necessidade de conhecer, identificar e qualificar as normas como jurídicas pela sua forma".
>
> Com efeito, a ambiguidade da expressão "normas jurídicas" para nominar indiscriminadamente as unidades do conjunto, não demora a provocar dúvidas semânticas que o texto discursivo não consegue suplantar nos seus primeiros desdobramentos. E a clássica distinção entre "sentido amplo" e "sentido estrito", conquanto favoreça a superação dos problemas introdutórios, passa a reclamar novos esforços de teor analítico.
>
> A despeito disso, porém, interessa manter o secular modo de distinguir, empregando "normas jurídicas em sentido amplo" para aludir aos conteúdos significativos das frases do direito posto, vale dizer, aos enunciados prescritivos, não enquanto manifestações empíricas do ordenamento, mas como significações que seriam construídas pelo intérprete. Ao mesmo tempo, a composição articulada dessas significações, de tal sorte que produza

16. CARVALHO, Paulo de Barros. Para uma teoria da norma jurídica: da teoria da norma à regra-matriz de incidência tributária. Disponível em: https://bityli.com/7rZU6P. Acesso em: 12 set. 2021.

> mensagens com sentido deôntico-jurídico completo, receberia o nome de "normas jurídicas em sentido estrito".
>
> Por certo que ninguém ousaria negar a diversidade de formas sintáticas e a multiplicidade dos conteúdos semânticos que as construções normativas exibem, logo no exame do primeiro instante. Mas é difícil admitir que o comando deôntico-jurídico deixe de revestir aquela estrutura imputativa trabalhada por Hans Kelsen e tão bem desenvolvida por Lourival Vilanova, como denominador comum e último reduto das comunicações que se estabelecem entre o editor da regra e seus destinatários.
>
> Fixemos aqui um marco importante: quando se proclama o cânone da "homogeneidade sintática" das regras do direito, o campo de referência estará circunscrito às normas em sentido estrito, vale dizer, aquelas que oferecem a mensagem jurídica com sentido completo (se ocorrer o fato F, instalar-se-á a relação deôntica R entre os sujeitos S' e S"), mesmo que essa completude seja momentânea e relativa, querendo significar, apenas, que a unidade dispõe do mínimo indispensável para transmitir uma comunicação de dever-ser. E mais, sua elaboração é preparada com as significações dos meros enunciados do ordenamento, o que implica reconhecer que será tecida com o material semântico das normas jurídicas em sentido amplo.

Essa concepção e referencial de análise possuem por premissa a concepção de que o direito se materializa e mora na linguagem, de maneira que a realidade jurídica tendente à regulação das condutas plurissubjetivas se apresenta e se manifesta por meio dos enunciados linguísticos capazes de projetar os efeitos prospectivos das normas sobre as condutas sociais.

Nesse aspecto, produto das concepções da teoria comunicacional do direito que vê o ordenamento jurídico como conjunto de atos de fala dos enunciados prescritivos, o constructivismo lógico-semântico consolida e representa precisamente a noção de direito enquanto manifestação delimitada pela linguagem, sendo de Vilém Flusser esta concepção citado por Fabiana Del Padre Tomé:

> Comecemos pela assertiva de Vilém Flusser, segundo a qual o universo, o conhecimento, a verdade e a *realidade* são aspectos linguísticos. Segundo o autor, aquilo que nos vem por meio dos sentidos e que chamamos realidade seria apenas um dado bruto,

que se torna real apenas no contexto da língua, única criadora da realidade. Algo se realiza (se torna real) apenas dentro do processo linguístico, na ocasião em que esse algo é compreendido pelos intelectos. Desse modo, ao falar em realidade e em verdade, deixa de adotar-se o critério de correspondência entre frases e a essência das coisas, tomando-se como norte a correspondência entre duas frases.

A referência ao pensamento de Vilém Flusser – objetivado na obra Língua e Realidade, editado pela primeira vez no ano de 1963 – deve-se ao fato de que esta vai ao encontro do modelo edificado por Lourival Vilanova e amplamente difundido por Paulo de Barros Carvalho: o *constructivismo lógico-semântico*.

A questão que se coloca como pano de fundo diz respeito ao modo pelo qual as coisas constituem-se, isto é, o modo pelo qual as coisas são para o sujeito cognoscente.

Sobre o assunto, convém remeter o leitor à obra Pensamento e movimento, do filólogo Pinharanda Gomes. Anota o autor que "*[o] ser só devém real pelo pensar e, por isso, o motivo de, na ordem lógica, o ser vir colocado depois do pensar*". O *ser* só se torna real pelo *pensar*. E, como o pensar é constituído pela linguagem, podemos inferir que o *ser* só se torna real pela linguagem. É a linguagem (o pensar) constituindo a realidade (o ser).

A essência das coisas, tomadas como dados brutos, não têm existência para o ser cognoscente. É real apenas aquilo se insere nos limites da linguagem humana. [...]. A existência prescinde da essência, mas não prescinde da linguagem. E o que conhecemos, o que nos é real, reside na existência: a forma pelo qual algo nos é apresentado, em dado instante, mediante linguagem.

A significação de um vocábulo não depende da relação com a coisa, mas do vínculo que estabelece com outras palavras. Nessa linha de raciocínio, a palavra precede os objetos, criando-os, constituindo-os para o ser cognoscente. Algo só tem existência no mundo social quando a palavra o nomeia, permitindo que apareça para a realidade cognoscente. Lenio Luiz Streck é preciso ao discorrer sobre o assunto, asseverando não ser possível falar sobre algo que não se consegue verter em linguagem:

"Isto porque é pela linguagem que, simbolizando, compreendo; logo, aquele real, que estava fora do meu mundo, compreendido através da linguagem, passa a ser realidade. Dizendo de outro modo: estamos mergulhados em um mundo que somente aparece (como mundo) na e pela linguagem. Algo só é algo se podemos dizer que é algo. [...] A construção social da realidade implica um mundo que pode ser designado e falado com as palavras

> fornecidas pela linguagem de um grupo social (ou subgrupo). *O que não puder ser dito na sua linguagem não é parte da realidade desse grupo; não existe, a rigor*".
>
> As coisas não precedem o discurso, mas nascem com ele, pois é exatamente o discurso que lhes dá significado. Consoante sublinha Manfredo Araújo de Oliveira, "*não existe mundo totalmente independente da linguagem [...]. A linguagem é o espaço de expressividade do mundo, a instância de articulação de sua inteligibilidade*".[...]. Noticia Paulo de Barros Carvalho que "*a adoção desse princípio filosófico implica ver a linguagem como não tendo outro fundamento além de si própria, não havendo elementos externos à linguagem (fatos, objetos, coisas, relações) que possam garantir sua consciência e legitimá-la*".[17]

Diante de todas estas premissas e revisitando a estrutura teórica dessas concepções, é de se lembrar as inspirações que serviram de base aos movimentos das teorias comunicacionais do direito e suas vertentes como o constructivismo lógico-semântico.

Trata-se da obra *Tractatus logico-philosophicus* de Ludwig Wittgenstein. O Autor radicalmente toma por premissa o raciocínio de que "Os limites de meu mundo significam os limites de minha linguagem". A afirmação de Wittgenstein tem por pressuposto a busca pelo conhecimento científico através da adoção da premissa radical de que o "ser está na linguagem", ou das proposições de que "tudo o que existe, está na linguagem" ou de "que tudo é texto".

Tomando de empréstimo as proposições do Professor Paulo de Barros Carvalho nas diversas exposições apresentadas junto às disciplinas e junto aos trabalhos de pesquisa e docência do constructivismo lógico-semântico da Pontifícia Universidade Católica do Estado de São Paulo e do IBET – Instituto Brasileiro de Estudos Tributários, se reduzirmos ou tirarmos do indivíduo todos os indicadores de seu texto

---

17. TOMÉ, Fabiana Del Padre. *Linguagem no direito*. Tomo *Teoria geral e filosofia do direito*, Edição 1, Abril de 2017. Disponível em: https://bityli.com/4FSsHr. Acesso em: 10 set. 2021.

(existência), a exemplo do nome, sobrenome, história, concepções, profissão, linguagem, o que sobra? Decerto que nada.

Em uma síntese apertada, tudo que há pode ser reduzido a textos; tudo que existe, pode ser imaginado, concebido através dos textos, de maneira que não há existência fora da linguagem, o veículo dessas verificações. Diante desse cenário, a linguagem demarca os limites do ser.

Novamente, tomando de empréstimo as observações do Professor Paulo de Barros Carvalho, o médico radiologista, após anos de estudo das imagens adquire a linguagem própria à interpretação de sinais e manchas para o diagnóstico de carcinomas. Sem essa linguagem, os limites do mundo do paciente resumem-se aos sintomas, dada à incompreensão desse panorama perceptível pelo conjunto de conhecimentos científicos ordenados e apreendidos tão somente pelo médico.

Transpondo essa concepção para o plano da origem das normas jurídicas, a sistematização do ordenamento jurídico está intimamente associada à ideia da linguagem normativa do direito (os enunciados prescritivos) para identificação das normas indutoras de comportamentos e obrigações presentes na Constituição Federal e no ordenamento jurídico de forma geral.

O método de investigação e de análise do direito pautado no estudo da linguagem e da lógica jurídica para compreensão do direito positivo é o ponto de partida para uma teoria geral do direito pautada no constructivismo lógico-semântico. Nesse diapasão, destaca-se o jurista Lourival Vilanova:[18]

> Para que exista lógica jurídica é indispensável que exista linguagem pois com a linguagem são postas significações... A Lógica é linguagem formalizada; o domínio das normas é linguagem não formalizada, não algoritmizada, com referências semânticas a situações objetivas na realidade social da conduta e dotada de função pragmática inconfundível: the normative orientation os behavior... O domínio da Lógica é tão só o das significações e suas possibilidades combinatórias, sem estender a ponte para

18. VILANOVA, Lourival. *Estruturas lógicas e o sistema de direito positivo* cit., p. 27 e ss.

> objetos especificados. Apoiada no mínimo que é o objeto-em-geral. Através das linguagens, recolhe características que são variações em torno do núcleo que é o objeto-em-geral.

Por sua vez, lembra o Professor Paulo de Barros Carvalho:[19]

> [...] desvencilhada dos componentes psicológicos que dão vida e movimento às suas estruturas, a Lógica atingiu foros de disciplina partículas. Enquanto linguagem, é um sistema de significações, dotado de regras sintáticas rígidas – com plano semântico em que seus signos apresentam um e somente um sentido – e que procura reproduzir, com recursos da simbologia, as relações que se estabelecem entre termos, proposições e argumentos.

Revisitando, novamente as lições de Paulo de Barros Carvalho sobre o construtivismo lógico-semântico e a importância desta estrutura de pensamento para a construção da noção de regra matriz de incidência das normas a partir do fenômeno da comunicação do direito,[20] convém trazer o trecho em tela:

> O direito como sistema de comunicação – cujas unidades são ações comunicativas e, como tais e enquanto tais, devem ser observadas e exploradas – impõe que qualquer iniciativa para intensificar o estudo desses fenômenos leve em conta o conjunto, percorrendo o estudo do emitente, da mensagem, do canal e do receptor, devidamente integrados no processo dialético do acontecimento comunicacional.

Na senda dessas concepções, para uma análise do tema das fontes na perspectiva constructivista lógico-semântica interessa o exame dos processos de enunciação, identificados e credenciados com as aptidões específicas para a criação do direito. É o que se propõe a seguir.

---

19. CARVALHO, Paulo de Barros. *Direito tributário:* linguagem e método. 2. ed. São Paulo: Noeses, 2008. p. 68

20. Ibidem, p. 164.

1.4 O exame das fontes na perspectiva do constructivismo – Breves linhas sobre o processo de enunciação

De início e em semelhança aos sentidos possíveis que se extraem do termo fonte, quando o vocábulo é utilizado para os fins do direito também é possível identificar o sentido figurado da palavra para a alegoria e o questionamento relacionado à origem das normas. Nesse sentido, convém trazer as acepções da jurista Aurora Tomazini de Carvalho:[21]

> A palavra "fonte" vem do latim "fons- fontis", que significa o lugar de onde se brota, na superfície da terra, a água. As acepções do termo não variam muito neste sentido, remetendo-nos sempre à origem de algo: (i) nascente de água, olho-d'água, mina, minadouro; (ii) local de onde vem ou onde se produz algo; procedência, origem, proveniência; (iii) aquilo que dá origem; matriz, nascedouro; (iv) pessoa que fornece informações secretas ou privilegiadas à imprensa; (v) aquilo que causa (algo) em quantidade; (vi) motivo, razão; (vii) elemento que dá origem a uma mensagem; ponto de origem.

Nesse sentido, alegoricamente o termo é empregado para designar a fonte do direito, a gênese das normas jurídicas.

Sob o enfoque do constructivismo lógico-semântico, o prisma da análise das fontes recai sobre a linguagem assentando o exame sobre os contributos da teoria comunicacional do direito. Para essa perspectiva não interessa a projeção de outras ciências como a Sociologia, a História, a Psicologia, a Ciência Política, a Antropologia, entre outros.[22]

Com efeito, para a perspectiva dos constructivistas lógico-semânticos, a fonte remete aos códigos e às formas de comunicação próprias capazes de apresentar os enunciados – prescrições jurídicas emitidas para a regulação das condutas intersubjetivas.

---

21. CARVALHO, Aurora Tomazini de. *Teoria geral do direito* cit., p. 482.

22. Ibidem, p. 482.

Diante dessa orientação, tomando o direito como fenômeno de linguagem, qual a linguagem apropriada à criação do direito? Sem pretender esgotar o tema e em se tratando de modesta digressão sobre o assunto, as fontes do direito na perspectiva do constructivismo lógico semântico repousam-se na linguagem apropriada utilizada pelo sistema para edição dos juízos prescritivos normativos das condutas: os enunciados e o processo de enunciação. Em outras palavras, a fonte do direito no constructivismo lógico-semântico corresponde ao processo de emissão dos enunciados enquanto atividade que segue ritos, padrões, códigos e forma de manifestação previstos no próprio sistema. Nesse sentido, convém trazer à colação os ensinamentos de Aurora Tomazini:

> Partindo da premissa de que o direito é um corpo de linguagem que se materializa na forma de um conjunto de enunciados prescritivos, a resposta da pergunta: "de onde provém o direito?", só pode ser uma: "da atividade produtora de enunciados".
>
> A atividade psico-físico produtora de alimentos, delimitada em condições de espaço e tempo é denominada de enunciação. De acordo com Émile Benveniste, a enunciação é o processo de funcionamento da língua por um ato individual de utilização, ou seja é a atividade humana de produzir enunciados. Isto reforça o afastamento da tese de que as normas incidem por conta própria e que o sistema do direito positivo se auto-reproduz. Uma norma jurídica não é capaz de, por si só, criar outros enunciados prescritivos, mas apenas de disciplinar o ato de enunciação que os produz.
>
> Os enunciados, que compõem o plano de expressão do direito positivo, suas proposições e as normas jurídicas com base neles construídas, só existem como tal porque alguém os enunciou, isto é proferiu atos de enunciação (de criação de enunciados).
>
> Cabe aqui, a lição de Tárek Moysés Moussalem de que "toda a produção de um enunciado (seja descritivo, seja prescritivo) subjaz a atividade de enunciação" e a complementação de Gabriel Ivo de que "a atividade de enunciação abarca todos os atos que antecedem ou preparam, a produção dos enunciados prescritivos".
>
> A preparação e produção constituem a própria enunciação, de modo que tudo o que acontece antes de o produto surgir é enunciação.[23]

---

23. CARVALHO, Aurora Tomazini de. *Teoria geral do direito* cit., p. 210 e 484.

Diante dessas conotações, o processo de enunciação se aperfeiçoa mediante (i) um ato de vontade; (ii) a observância de um procedimento previsto e específico; e (iii) por um agente competente, sendo estas operações a fonte do direito.[24]

Seguindo o rigor metodológico do posicionamento do constructivista lógico-semântico, o direito enquanto manifestação de linguagem e produto desta, aperfeiçoa todo o conjunto de normas de um país por meio dos atos de enunciação servindo da forma e do código próprio ao direito positivo. É dizer que essa postura metodológica de compreensão do direito volta-se para a intelecção no contexto dos processos de enunciação, conforme destaca Paulo de Barros Carvalho:[25]

> O estudo das fontes do direito está voltado primordialmente para o exame dos fatos enquanto enunciação, que fazem nascer regras jurídicas introdutoras, advertindo que tais eventos só assumem esta condição por estarem previstos em outras normas jurídicas.

Discorrendo sobre o processo de enunciação enquanto fonte do direito, é celebre a síntese de Tárek Moysés Moussallem citando Paulo de Barros Carvalho:[26]

> Dessa forma, as normas de produção normativa perfazem mecanismos responsáveis pela autocomposição do direito positivo que, alimentando-se da linguagem da realidade social, vai tecendo seus próprios elementos.
>
> Partindo do confronto entre enunciação-enunciada (aplicação produto, norma inferior) e as normas de produção normativa (norma superior) é que alcançaremos a atividade de enunciação (fonte do direito) com o exclusivo intuito de conferir ao direito positivo uma estrutura escalonada, conforme aduz Paulo de Barros Carvalho: "É por aceitar que a norma N' entrou pela via constitucional, que reivindico sua supremacia com relação à norma N", posta por lei ordinária. É porque certa norma individual

24. CARVALHO, Aurora Tomazini de. *Teoria geral do direito* cit., p. 484.

25. CARVALHO, Paulo de Barros. *Curso de direito tributário* cit., p. 48.

26. MOUSSALLEM, Tárek Moysés. Fontes do direito tributário. Disponível em: https://bityli.com/sv4t8k. Acesso em: 12 set. 2021. p. 28.

> e concreta veio à luz no bojo de um acórdão do Supremo Tribunal Federal que me atrevo a declarar sua prevalência em face de outro acórdão proferido por tribunal de menor hierarquia (Carvalho, 1998a, p. 68).

Nesse sentido, a fonte do direito na perspectiva do constructivismo lógico-semântico corresponde ao processo de enunciação das normas jurídicas, observando-se o rito próprio e a codificação prevista. Esta delimitação permite ao aplicador da norma e ao intérprete delimitar o "jurídico" do "não jurídico", o "direito posto" das normas que não integram o ordenamento jurídico.

A partir dessa concepção, cumpre destacar que diversas críticas podem ser engendradas em relação à dogmática tradicional de classificação das fontes com base na perspectiva do constructivismo lógico-semântico: a que se apresenta relevante aos olhos do presente exame diz respeito à desconstrução da tendência das classificações das fontes material e formal em cotejar o fato como fonte do direito. E assim se afirma porque os fatos sociais materialmente relevados pelo direito não são fontes de normas jurídicas, ainda que tomados para fins de juridicização. É dizer que o dado que importa ao constructivismo lógico-semântico para os fins da identificação das fontes é o processo de enunciação: o ato de fala, erigido pelo ato de enunciação, por meio da utilização da linguagem competente e seguindo os ritos próprios e a codificação previstos no direito.

Equívocos semelhantes ocorrem em relação à tomada da classificação das fontes formais como ponto de partida para a identificação da origem do direito. Isso porque o percorrer da cadeia das normas (N3 que busca na fonte formal N2 seu fundamento de existência; N2 que busca na norma N1 o fundamento de existência) abre ensejo para o vácuo do fundamento de existência da primeira norma, da qual todas as demais retiram o vínculo de origem.

Nesse sentido, o constructivismo lógico-semântico enquanto método científico de análise encerra e revela coerência e unidade quanto à identificação da fonte do direito, pois toma as normas jurídicas (gerais, abstratas, individuais e concretas) a partir do processo de enunciação presente em todas as fases e não de fundamentos de existência estranhos ao sistema ou ao código do direito.

Por tais razões, revela-se apropriada a designação feita por Paulo de Barros Carvalho no sentido de que inexistem fontes formais, sendo correto afirmar a existência de "veículos introdutores de normas" ou "instrumentos introdutores de normas", tratando-se essas referências às formas tão somente de modos de prescrição e de inserção das normas no sistema.

Por esse mesmo viés, o costume trata-se apenas de valor cultural tomado pelo direito sem a aptidão própria dos veículos ejetores de normas, tal qual ocorre à doutrina (linguagem descritiva do direito) em contraposição à linguagem prescritiva própria do direito. Da mesma forma, a lei ou a jurisprudência correspondem apenas às manifestações do direito: a primeira é o próprio direito, e as segundas, tão somente manifestações coletivas reiteradas pela autoridade competente.

2. Os enunciados prescritivos das multas tributárias qualificadas por elementos subjetivos da conduta (os documentos normativos "lei em sentido estrito")

2.1 As determinações do § 1º do art. 44 da Lei 9.430/1996

Lembrados os aspectos teóricos que cercam a teoria das fontes, a postura metodológica do constructivismo lógico-semântico sobreleva-se de importância na medida em que serve de instrumental para os fins da positivação da certeza e da realização da segurança jurídica em matéria de construção da norma individual e concreta das sanções tributárias, especialmente, daquelas qualificadas pelos elementos subjetivos do tipo sonegação, fraude e conluio.

De início, convém lembrar que o documento normativo de base das sanções tributárias qualificadas por elementos subjetivos da conduta do agente possui por substrato a determinação contida no § 1º do art. 44 da Lei 9.430/1996, que trata da aplicação de sanções tributárias por ocasião do lançamento de tributos federais. A norma altera a sanção multa (prevista no inciso I do citado art. 44 da Lei 9.430/1996) – a multa "simples" enunciada pela autoridade lançadora em se constatando os casos de falta de pagamento ou recolhimento, de falta de declaração e nos de declaração inexata.

No caso, a qualificação especial permite a construção da norma de lançamento pela Autoridade que propõe a penalidade consistente na duplicação do percentual da multa (para 150% – cento e cinquenta por cento) em se constatando os expedientes subjetivos da conduta do agente relacionados à sonegação, à fraude e ao conluio. Senão veja-se:

> Lei 9.430/1996
>
> Art. 44. Nos casos de lançamento de ofício, serão aplicadas as seguintes multas:
>
> I – de 75% (setenta e cinco por cento) sobre a totalidade ou diferença de imposto ou contribuição nos casos de falta de pagamento ou recolhimento, de falta de declaração e nos de declaração inexata;
>
> § 1º O percentual de multa de que trata o inciso I do caput deste artigo será duplicado nos casos previstos nos arts. 71, 72 e 73 da Lei no 4.502, de 30 de novembro de 1964, independentemente de outras penalidades administrativas ou criminais cabíveis.

Tratando-se a qualificação destacada de graduação da consequência, o não cumprimento da obrigação tributária em função das condutas de sonegação, de fraude e de conluio tem maior desvalor, dispondo a fonte normativa (§ 1º do art. 44 da Lei 9.430/1996) que para tais hipóteses de lançamento de ofício a pena-multa é de 150% (cento e cinquenta por cento).

Para o legislador, a regra matriz de incidência da sanção qualificada em comento estaria toda ela contida no aludido § 1º do art. 44 da Lei 9.430/1996. Ocorre que a pretexto de fixar todos os critérios do antecedente (material, espacial e temporal) e os critérios do consequente (subjetivo e quantitativo), o próprio documento normativo da sanção qualificada é integrado pela referência à outra norma de base.

Com efeito, para a construção da norma de lançamento da sanção tributária agravada, para os fins da duplicação/qualificação de que trata o § 1º do art. 44 da Lei 9.430/1996, devem se fazer presentes os elementos sonegação, fraude e conluio, definidos nos arts. 71, 72 e 73 da Lei 4.502/1964, elementos que devem ser considerados para a integração da RMIT sancionatória. Senão vejam-se as normas transcritas a seguir:

> Lei 4.502/1964
>
> Art. 71. Sonegação é toda ação ou omissão dolosa tendente a impedir ou retardar, total ou parcialmente, o conhecimento por parte da autoridade fazendária:
>
> I – da ocorrência do fato gerador da obrigação tributária principal, sua natureza ou circunstâncias materiais;
>
> II – das condições pessoais de contribuinte, suscetíveis de afetar a obrigação tributária principal ou o crédito tributário correspondente.
>
> Art. 72. Fraude *é toda ação ou omissão dolosa tendente a impedir ou retardar, total ou parcialmente, a ocorrência do fato gerador da obrigação tributária principal, ou a excluir ou modificar as suas características essenciais*, de modo a reduzir o montante do imposto devido a evitar ou diferir o seu pagamento.
>
> Art. 73. Conluio é o *ajuste doloso entre duas ou mais pessoas naturais ou jurídicas*, visando qualquer dos efeitos referidos nos arts. 71 e 72 (grifos nossos).

Ao seu turno as multas de 75% (setenta e cinco por cento) e de 150% (cento e cinquenta por cento), são passíveis, inclusive de sofrer agravamento por não atendimento de intimação, podendo chegar a 112,5% (cento e doze vírgula cinco por cento) e a 225% (duzentos e vinte e cinco por cento).

É de se ver então que para a derivação da multa "simples" para sanção qualificada, os critérios da RMIT devem sofrer a interferência dos elementos de sonegação, fraude e conluio, tomando a Autoridade de Lançamento as duas fontes "lei em sentido estrito" para a construção da norma individual e concreta: os multicitados § 1º do art. 44 da Lei 9.430/1996 e os arts. 71, 72 e 73 da Lei 4.502/1964.

Ocorre que os contornos legais definidores da materialização das condutas ensejadoras da qualificação não foram objeto de esforço de positivação e pormenorização de todas as principais nuances e possibilidades de manifestação da sonegação, da fraude e do conluio, o que de plano revela certa incompletude do tipo "sancionatório tributário da multa agravada".

Em função dessas ocorrências, pode ser sustentado que por uniformidade dos institutos, coerência e completude do sistema positivo de direito, os conceitos dolosos relacionados à sonegação, à fraude e ao conluio, tratados na legislação penal para os fins do direito penal tributário podem ser tomados como referências para o tratamento tributário para os fins da imposição das multas qualificadas, conforme destaca o jurista Edmar Oliveira de Andrade Filho[27] a fim de se positivar a segurança jurídica nas duas searas tributárias sancionatórias (a de ordem penal e a ordem puramente pecuniária-fiscal).

Nesse sentido, verificando-se eventuais ocorrências e condutas ensejadoras das multas, a Autoridade deve proceder à indicação da sanção cabível propondo as penalidades:

a) do art. 44 da Lei 9.430/1996: em seu inciso I trata da multa de 75% sobre a totalidade ou diferença do tributo nos casos de falta de pagamento ou recolhimento, de falta ou inexatidão de declaração;

b) do art. 44 da Lei 9.430/1996, em seu inciso II, que trata da multa de 50%;

c) do § 1º do art. 44 da Lei 9.430/1996 que trata da multa qualificada de 150% (duplicação da multa) presentes

27. ANDRADE FILHO, Edmar Oliveira. *Direito penal tributário:* crimes contra a ordem tributária e contra a previdência social. 7. ed. São Paulo: Atlas, 2015. p. 52.

os elementos dolosos sonegação, fraude e conluio, com base nas remissões feitas pelo § 1º do art. 44 da Lei 9.430/1996 às disposições contidas nos arts. 71, 72 e 73, da Lei 4.502/1964.

Examinando as normas para que se configurem a sonegação, a fraude e o conluio, devem ser comprovadas as condutas na forma comissiva ou omissiva apurando-se a atuação do contribuinte de forma intencional, consciente e voluntária. Não basta, nesse sentido, a simples constatação dos elementos do tipo, mas sim, a apuração do elemento subjetivo.

Cumpre destacar, neste particular, que em se apurando a Autoridade do lançamento as condutas previstas para a imposição da multa qualificada e em sendo mantidas as penalidades, tem-se a condição de justa causa, inclusive para a ação penal destinada à apuração dos crimes previstos no art. 1º da Lei 8.137/1990 mediante a remessa do auto de infração ao Ministério Público. É o que se extrai das disposições contidas no art. 83 da Lei 9.430/1996 e do Decreto 2.730/1998, reproduzidas em tela:

> Lei 9.430/1996
>
> Art. 83. A representação fiscal para fins penais relativa aos crimes contra a ordem tributária previstos nos arts. 1º e 2º da Lei n. 8.137, de 27 de dezembro de 1990, e aos crimes contra a Previdência Social, previstos nos arts. 168-A e 337-A do Decreto-Lei n. 2.848, de 7 de dezembro de 1940 (Código Penal), será encaminhada ao Ministério Público depois de proferida a decisão final, na esfera administrativa, sobre a exigência fiscal do crédito tributário correspondente.
>
> Lei 8.137/1990
>
> Art. 1º Constitui crime contra a ordem tributária suprimir ou reduzir tributo, ou contribuição social e qualquer acessório, mediante as seguintes condutas:
>
> I – omitir informação, ou prestar declaração falsa às autoridades fazendárias;
>
> II – fraudar a fiscalização tributária, inserindo elementos inexatos, ou omitindo operação de qualquer natureza, em documento ou livro exigido pela lei fiscal;

III – falsificar ou alterar nota fiscal, fatura, duplicata, nota de venda, ou qualquer outro documento relativo à operação tributável;

IV – elaborar, distribuir, fornecer, emitir ou utilizar documento que saiba ou deva saber falso ou inexato;

V – negar ou deixar de fornecer, quando obrigatório, nota fiscal ou documento equivalente, relativa a venda de mercadoria ou prestação de serviço, efetivamente realizada, ou fornecê-la em desacordo com a legislação.

Pena – reclusão de 2 (dois) a 5 (cinco) anos, e multa.

Decreto 2.730/1998

Art. 1º O Auditor-Fiscal do Tesouro Nacional formalizará representação fiscal, para os fins do art. 83 da Lei 9.430, de 27 de dezembro de 1996, em autos separados e protocolizada na mesma data da lavratura do auto de infração, sempre que, no curso de ação fiscal de que resulte lavratura de auto de infração de exigência de crédito de tributos e contribuições administrados pela Secretaria da Receita Federal do Ministério da Fazenda ou decorrente de apreensão de bens sujeitos à pena de perdimento, constatar fato que configure, em tese;

I – crime contra a ordem tributária tipificado nos arts. 1º e 2º da Lei 8.137, de 27 de dezembro de 1990;

II – crime de contrabando ou descaminho.

Art. 2º Encerrado o processo administrativo-fiscal, os autos da representação fiscal para fins penais serão remetidos ao Ministério Público Federal, se:

I – mantida a imputação de multa agravada, o crédito de tributos e contribuições, inclusive acessórios, não for extinto pelo pagamento;

II – aplicada, administrativamente, a pena de perdimento de bens, estiver configurado em tese, crime de contrabando ou descaminho.

Relembre-se então que configuradas as hipóteses dos ilícitos ensejadores da multa qualificada do art. 44, § 1º, da Lei 9.430/1996 – sonegação (art. 71 da Lei 4.502/1964); fraude (art. 72 da Lei 4.502/1964) e conluio (art. 73 da Lei 4.502/1964), cujos aspectos conceituais encontram-se presentes nos incisos I a IV do art. 1º da Lei 8.137/1990, em atendimento ao art. 1º do Decreto 2.730/1998, formaliza-se a representação ao Ministério Público.

Em tese e por corolário lógico, no caso de cancelamento da materialidade dos ilícitos ensejadores da multa qualificada do art. 44, § 1º, da Lei 9.430/1996 – sonegação (art. 71 da Lei 4.502/1964); fraude (art. 72 da Lei 4.502/1964) e conluio (art. 73 da Lei 4.502/1964), a Autoridade Administrativa deve promover o arquivamento da representação.

Lado outro, em sendo mantido o lançamento da multa qualificada, com a formalização da representação ao Ministério Público, e caso no bojo da ação penal se demonstre que os motivos ensejadores da multa qualificada (sonegação, art. 71 da Lei 9.430/1996; fraude, art. 72 da Lei 9.430/1996 e conluio, art. 73 da Lei 9.430/1996) inexistem, instala-se a contradição entre a manutenção da multa qualificada e a constatação penal de que os mesmos elementos essenciais à multa não foram demonstrados para os fins da persecução penal.

O ideal é que a construção da norma individual e concreta da sanção tributária guarde consonância à construção/ desconstrução da norma de antijuricidade penal (prática do crime tributário – o ilícito, fiscal, típico e culpável), a bem do princípio da presunção de inocência, que até mesmo em matéria administrativa deveria ser a regra de conduta da Autoridade de Lançamento.

Nesse particular, têm-se as Súmulas 14 e 25 do CARF. Os verbetes enunciam de forma geral que inexistindo provas acerca dos ilícitos de sonegação (art. 71 da Lei 4.502/1964); fraude (art. 72 da Lei 4.502/1964) e conluio (art. 73 da Lei 4.502/1964), a Autoridade Administrativa, com base no art. 112 do CTN, em assentimento à determinação de que "interpreta-se da maneira mais favorável ao acusado, em caso de dúvida", deve promover o cancelamento da multa qualificada:

> Súmula CARF n. 14
>
> A simples apuração de omissão de receita ou de rendimentos, por si só, não autoriza a qualificação da multa de ofício, sendo necessária a comprovação do evidente intuito de fraude do sujeito passivo.

Acórdão n. 101-94258, de 01.07.2003 Acórdão n. 101-94351, de 10.09.2003 Acórdão n. 104-19384, de 11.06.2003 Acórdão n. 104-19806, de 18.02.2004 Acórdão n. 104-19855, de 17.03.2004

Súmula CARF n. 25

A presunção legal de omissão de receita ou de rendimentos, por si só, não autoriza a qualificação da multa de ofício, sendo necessária a comprovação de uma das hipóteses dos arts. 71, 72 e 73 da Lei n. 4.502/1964.

Acórdão n. CSRF/04-00.883, de 27.05.2008 Acórdão n. CSRF/04-00.762, de 03.03.2008 Acórdão n. 104-23659, de 17.12.2008 Acórdão n. 104-23697, de 04.02.2009 Acórdão n. 3402-00.145, de 02.06.2009

Com base nessas orientações, a fim de se evitar a insegurança jurídica da manutenção de multa qualificada não demonstrada pela Autoridade Administrativa, que, posteriormente, pode ser desfigurada com a declaração de inocorrência de crime tributário, tem-se que:

a) diante dos cenários de inexistência de provas para os fins do prosseguimento da representação (cancelamento dos créditos qualificados por falta de prova), a Autoridade Administrativa pode e deve arquivar os autos da representação que seria encaminhada ao MP, nos termos do art. 10, § 2º, da Portaria RFB 1.750/12;

b) as Súmulas 14 e 25 do CARF recomendam que em não se demonstrando as provas de cometimento dos ilícitos de sonegação (art. 71 da Lei 4.502/1964); fraude (art. 72 da Lei 4.502/1964) e conluio (art. 73 da Lei 4.502/1964), a Autoridade Administrativa deve promover o cancelamento do lançamento da multa qualificada e não formalizar a representação.

Este parece ser o cenário mais compatível ao panorama de construção da norma individual e concreta concernente aos critérios ensejadores da multa qualificada (sonegação, art. 71 da Lei 9.430/1996; fraude, art. 72 da Lei 9.430/1996 e conluio, art.

73 da Lei 9.430/1996), em função da interpretação mais favorável determinada pelo art. 112 do CTN norma em tela:

> Lei 5.172/1966
>
> Art. 112. A lei tributária que define infrações, ou lhe comina penalidades, interpreta-se da maneira mais favorável ao acusado, em caso de dúvida quanto:
>
> I – à capitulação legal do fato;
>
> II – à natureza ou às circunstâncias materiais do fato, ou à natureza ou extensão dos seus efeitos;
>
> III – à autoria, imputabilidade, ou punibilidade;
>
> IV – à natureza da penalidade aplicável, ou à sua graduação.

2.2 O ativismo do CARF: panorama de construção das normas individuais e concretas das multas qualificadas pelas instâncias administrativas de lançamento e revisão

A despeito das disposições do CTN e do cenário ideal de construção das normas individuais e concretas das multas qualificadas tratadas pelo § 1º do art. 44 da Lei 9.430/1996: a tendência de não se perquirirem os elementos subjetivos do tipo sonegação, fraude e conluio para fins sancionatórios tributários tem sido uma tônica prevalente no país.

Observa-se que a sanha arrecadatória da União Federal transforma o art. 112 do CTN em norma programática: a presunção prevalente é no sentido de se atribuir ao contribuinte o viés daquele que age sempre orientado pela má-fé, expediente que acaba por violar o princípio constitucional da inocência e o *in dubio pro reo*, como se observa no campo da antijuricidade dos crimes tributários.

Com efeito e no mesmo contexto, não raras são as decisões das instâncias revisoras dos lançamentos no sentido de que a sanção qualificada, embora exija a ocorrência dos elementos contidos na Lei 4.502/1964, para sua qualificação (art. 44, § 1º, da Lei 9.430/1996 c/c os arts. 71, 72, 73, da Lei 4.502/1964), tem seu lugar a exemplo pela simples acusação de reiteração das condutas ensejadores das multas "simples" (não agravadas). É o que sustenta a jurisprudência administrativa para duplicação da multa de 75% (setenta e cinco por cento) para 150% (cento e cinquenta por cento):

> IRPJ. MULTA DE OFÍCIO QUALIFICADA. OCORRÊNCIA DE FRAUDE E SONEGAÇÃO. INDÍCIOS. INFORMAÇÕES DIFERENTES. FISCO ESTADUAL. CONDUTA REITERADA. CABIMENTO.
>
> Declarações diversas para os Fiscos Federal e Estadual, criam um obstáculo à real compreensão da situação fiscal da contribuinte. Práticas reiteradas. Elementos que, juntos, permitem a qualificação da multa de ofício.
>
> REITERADA OMISSÃO DE RECEITAS PRESUMIDAS A PARTIR DE DEPÓSITOS BANCÁRIOS DE ORIGEM NÃO COMPROVADA.
>
> Quando a imputação de omissão de receitas é corroborada não apenas pela falta de comprovação da origem dos recursos depositados nas contas correntes de titularidade da empresa, mas também pela comprovação de prestação de falsa informação ao Fisco Federal acerca de receitas escrituradas, e pela comprovação das compras efetuadas no período com recursos mantidos à margem da tributação, é inafastável a incidência da multa qualificada pelo evidente intuito de fraude.
>
> (CARF, Acórdão 9101-005.033. Processo n. 10218.720244/2011-81. Julg. 04.08.2020).

No mesmo sentido, confira-se outro julgado:

> MULTA AGRAVADA – CONDUTA REITERADA.
>
> Nos termos da jurisprudência majoritária da CSRF, e das Câmaras da Primeira Seção do CARF, a prática reiterada de infrações à legislação tributária denota a intenção dolosa do contribuinte de fraudar a aplicação da legislação tributária e lesar o Fisco.
>
> (CARF. Acórdão 9101-00.140 – 1ª Turma. Processo n. 10120.008762/2002-11 – Julgado em 12.05.2009).

A conduta reiterada para a autoridade lançadora, a partir das premissas dos julgados, compreenderia a atuação volitiva do contribuinte repetida no tempo e que descaracterizaria os fatos e casos fortuitos ou de força maior. Tratar-se-ia a repetição de conduta omissiva ou comissiva tendente à supressão ou à redução de tributo suficiente à configuração dos elementos subjetivos do tipo sonegação, fraude e conluio, para fins de agravamento.

Segundo essa concepção, o contribuinte, ao agir de forma intencional com a repetição da conduta de se levar ao conhecimento do Fisco informações em valores menores do que aqueles efetivamente recolhidos, daria ensejo à atitude dolosa/consciente e não a mero erro praticado de forma incidental ou isolada. O momento de verificação da reiteração como elemento de qualificação abarcaria, nesta ótica, o átimo de repetição da conduta tendente à supressão ou redução dolosa do tributo.

A exemplo, nos autos do Acórdão 203-10.748, proferido pelo CARF, o voto vencedor considerou a reiteração de cerca de 24 condutas sucessivas semelhantes para a manutenção da justificativa da norma individual e concreta que propõe a multa qualificada:

> PROCESSO ADMINISTRATIVO FISCAL. PROVA EMPRESTADA. VALORES OBTIDOS JUNTO AO FISCAL ESTADUAL. LEGALIDADE.
>
> À vista do disposto no art. 199 do CTN, que prevê a assistência mútua e a permuta de informações entre os Fiscos das entidades federativas, as informações obtidas pela fiscalização da Secretaria Receita Federal junto à Fazenda Estadual, mediante convênio entre os dois órgãos, têm força probatória e serve como meio legal a viabilizar o lançamento de tributos federais. [...]
>
> MULTA QUALIFICADA. INFORMAÇÕES FORNECIDAS AO FISCO ESTADUAL E SONEGADAS AO FISCO FEDERAL. PRÁTICA REITERADA. DOLO CARACTERIZADO.
>
> Caracterizam a sonegação, consistente na conduta dolosa de impedir o conhecimento, por parte do Fisco, da ocorrência do fato gerador, a prática reiterada de informar ao Fisco Federal valores inferiores àqueles constantes das Guias de Informação e Apuração Mensal do ICMS (GIAM), sem qualquer justificativa para tanto. Demonstrada a sonegação, cabe a aplicação da multa qualificada.
>
> [...]

> Na situação dos autos, a prática reiterada da contribuinte, de informar ao Fisco Federal valores inferiores àqueles constantes das Guias de Informação e Apuração Mensal do ICMS (GIAM), sem qualquer justificativa para tanto, caracteriza a sonegação, consistente na conduta dolosa de impedir o conhecimento, por parte do Fisco, da ocorrência do fato gerador (art. 71, I, da Lei 4.502/1964).
>
> A circunstância qualificadora da penalidade é a omissão de receitas à tributação, via informações a menores nas DCTF, comprovada pelas GIAM obtidas junto ao Fisco Estadual.
>
> O procedimento adotado pelo contribuinte, no decorrer dos vinte e quatro meses levantados pela fiscalização, caracteriza o dolo, a ensejar a multa qualificada.
>
> Além do mais, a ocorrência da infração foi verificada após diversas intimações, sem qualquer contribuição por parte da empresa autuada.
>
> (CARF. Acórdão n. 10746.100004/2004-69. Recurso 130.136 – Acórdão n. 203-10.748. Julgado em 20 de fevereiro de 2006).

De fato, a conduta reiterada se conhece pela repetição dos comportamentos ilícitos. Entretanto, o jurista Robson Maia Lins, tratando do tema, destaca que os documentos normativos de individualização dos quatros elementos "fato jurídico conduta reiterada" inexistem no ordenamento jurídico brasileiro, qual seja, a ausência do tipo que descreve o movimento de repetição. Por tais razões a expressão "conduta reiterada" não pode ser tomada como causa de qualificação de multa porque não prevista nos arts. 44, § 1º, da Lei 9.430/1996 c/c os arts. 71, 72, 73, da Lei 4.502/1964 (LINS, 2019).[28]

Todavia, no caso das multas qualificadas, a jurisprudência administrativa tem se posicionado no sentido de que a repetição de eventual comportamento tributário qualificado pela Autoridade Fiscal como tendente à supressão ou redução do tributo justifica a incidência da multa qualificada (duplicação da multa de ofício de 75%) o que revela preocupante ativismo em matéria de construção da norma de lançamento

28. LINS, Robson Maia. *Curso de direito tributário brasileiro*. São Paulo: Noeses, 2019.

a partir dos documentos normativos ("leis em sentido estrito"), representados pela conjugação dos diplomas (repise-se: o § 1º do art. 44 da Lei 9.430/1996 c/c os arts. 71, 72, 73 da Lei 4.502/1964. Reveja-se:

> SISTEMA INTEGRADO DE PAGAMENTO DE IMPOSTOS E CONTRIBUIÇÕES DAS MICROEMPRESAS E DAS EMPRESAS DE PEQUENO PORTE - SIMPLES
>
> Ano-calendário: 2005
>
> RECUPERAÇÃO DA ESPONTANEIDADE, FACULDADE NÃO EXERCITADA, LANÇAMENTO DE OFÍCIO.
>
> O fato de a fiscalização deixar de encaminhar à fiscalização ato por escrito que indique o prosseguimento dos trabalhos, por mais de 60 (sessenta) dias, não implica mácula alguma à validade do lançamento quando realizado, se o contribuinte deixou de exercer a faculdade da denúncia espontânea quanto à matéria objeto da exigência fiscal.
>
> A mera recuperação da espontaneidade pelo sujeito passivo não implica extinção do procedimento fiscal por decurso de prazo,
>
> OMISSÃO DE REGISTRO DE RECEITAS. DEPÓSITOS BANCÁRIOS DE ORIGEM NÃO COMPROVADA.
>
> Caracterizam omissão de rendimentos os valores creditados em conta corrente de depósitos ou de investimentos, mantida junto à instituição financeira, quando o contribuinte, regularmente intimado, não comprova, mediante documentação hábil e idônea, a origem dos recursos utilizados nessas operações,
>
> OMISSÃO DE REGISTRO DE RECEITAS DE VENDAS A PRAZO VIA CARTÕES DE CRÉDITO, DIFERENÇA ENTRE OS CRÉDITOS CONSTANTES DOS EXTRATOS FORNECIDOS PELAS ADMINISTRADORAS DE CARTÕES E OS CRÉDITOS OBJETO DOS EXTRATOS BANCÁRIOS.
>
> Constituem receitas omitidas à tributação por sociedade empresária detentora de escrita comercial em que nenhuma venda a prazo via uso de cartões de crédito foi registrada na escrituração contábil (vendas parceladas via cartão de crédito e sem acréscimos financeiros aos portadores), constatadas por meio dos créditos correspondentes registrados em extratos bancários e em extratos das administradoras dos referidos cartões.
>
> INSUFICIÊNCIA DE RECOLHIMENTO.MUDANÇA DE ALÍQUOTA.

> Sujeitam-se às alíquotas mais altas, previstas para as faixas de receita bruta acumulada, os montantes formados pelos valores já espontaneamente declarados e tributados, em face do acréscimo das receitas omitidas, valores apurados em procedimento de ofício.
>
> MULTA QUALIFICADA. SONEGAÇÃO FISCAL, DOLO. CONDUTA REITERADA. CARÁTER CONFISCATÓRIO. INCONSTITUCIONALIDADE.
>
> Caracterizada a conduta de sonegação fiscal pela omissão reiterada de receitas no Simples durante o ano, cuja apuração é mensal, impõe-se a aplicação da multa de ofício qualificada de 150%. O CARF não é competente para se pronunciar sobre a inconstitucionalidade de lei tributária (Súmula CARF n. 02).
>
> (CARF. Acórdão n. 1802-000.605. Processo n. 13982.000357/2007-16. Julgado em 04.08.2010).

Tal cenário configura circunstância de avocação do CARF da competência legislativa para fixação de norma sancionatória não prevista no art. 44, § 1º, da Lei 9.430/1996, posição frequentemente não censurada pelo Poder Judiciário, o que não se admite no contexto do princípio da legalidade e do princípio da tipicidade fechada em matéria de direito tributário e direito tributário sancionatório.

Embora a jurisprudência das Cortes adotem a compreensão de que a reiteração da conduta supostamente tendente à supressão ou redução de tributo sirva de sustentáculo para qualificação de que trata o art. 44, § 1º, da Lei 9.430/1996 c/c os arts. 71, 72, 73, da Lei 4.502/1964, inexiste no ordenamento jurídico brasileiro norma geral e abstrata que defina a estrutura de definição do tipo "conduta reiterada" para os fins da configuração das hipóteses de sonegação, fraude e conluio.

O Professor Dr. Paulo de Barros Carvalho lembra que para a imposição de sanções tributárias não basta à Autoridade de lançamento simplesmente ventilar a ocorrência de infração que contemple em seu tipo o elemento subjetivo, como é o caso da qualificação da multa de ofício e das remissões aos tipos de sonegação, fraude e conluio. No bojo dos enunciados prescritivos, a Autoridade Administrativa deve necessariamente demonstrar a prática material da conduta e os elementos volitivos:[29]

> O discrime entre infrações objetivas e subjetivas abre espaço a larga aplicação prática. Tratando-se da primeira, o único recurso de que dispõe o suposto autor do ilícito, para defender-se, é concentrar razões que demonstrem a inexistência material do fato acoimado de antijurídico, descaracterizando-o em qualquer de seus elementos constituintes. Cabe-lhe a prova, com todas as dificuldades que lhe são inerentes. Agora, no setor das infrações subjetivas, em que penetra o dolo ou a culpa na compostura do enunciado descritivo do fato ilícito, a coisa se inverte, competindo ao Fisco, com toda a gama instrumental dos seus expedientes administrativos, exibir os fundamentos concretos que revelem a presença do dolo ou da culpa, como nexo entre a participação do agente e o resultado material que dessa forma se produziu. Os embaraços dessa comprovação, que nem sempre é fácil, transmudam-se para a atividade fiscalizadora da Administração, que terá a incumbência intransferível de evidenciar não só a materialidade do evento como, também, o elemento volitivo que propiciou ao infrator atingir seus fins contrários às disposições da ordem jurídica vigente.

Com efeito, para os fins da aplicação de norma sancionatória relativa à multa qualificada, a Autoridade Fiscal deve demonstrar a ocorrência dos elementos constitutivos do tipo objetivos (materiais) e subjetivos (dolos de sonegação, fraude e conluio), sob pena de se estar diante de exigência de multa ilegal, caso da figura da "reiteração" como elemento para qualificação. É o que reconhece o próprio CARF em julgados isolados:

> ASSUNTO: IMPOSTO SOBRE A RENDA DE PESSOA JURÍDICA (IRPJ)
>
> Ano-calendário: 2010
>
> MULTA QUALIFICADA. JUSTIFICATIVA PARA APLICAÇÃO. NECESSIDADE DA CARACTERIZAÇÃO DO EVIDENTE INTUITO DOLOSO FRAUDULENTO. A evidência da intenção dolosa exigida na lei para a qualificação da penalidade aplicada há que aflorar na instrução processual, devendo ser inconteste

29. CARVALHO, Paulo de Barros. *Curso de direito tributário* cit., p. 506.

e demonstrada de forma cabal. Assim, o lançamento da multa qualificada de 150% deve ser minuciosamente justificada e comprovada nos autos. Além disso, exige-se que o contribuinte tenha procedido com evidente intuito de fraude, nos casos definidos nos arts. 71, 72 e 73, da Lei n. 4.502, de 1964. A falta de comprovação da origem dos recursos depositados em conta corrente bancária, por si só, não caracteriza evidente intuito de fraude, que justifique a imposição da multa qualificada de 150%, prevista no § 1º do art. 44, da Lei n. 9.430, de 1996, já que ausente conduta material bastante para sua caracterização. (Proc. 10580.723502/2013-13, Ac. 9101-005.217, Rec. Especial do Procurador, CARF, CSRF, 1ª T, 10.11.2020)

ASSUNTO: PROCESSO ADMINISTRATIVO FISCAL

Ano-calendário: 2007

RECURSO ESPECIAL. CONHECIMENTO. MULTA QUALIFICADA. REITERAÇÃO E MONTA DA INFRAÇÃO. CONHECIMENTO. Conhece-se do Recurso Especial, quando, tanto o acórdão recorrido quanto os paradigmas, diante do teste de aderência, mostram o respectivo dissenso jurisprudencial em relação a teses, cujas matérias, portanto, devem ser devolvidas e apreciadas pela CSRF.

ASSUNTO: NORMAS GERAIS DE DIREITO TRIBUTÁRIO

Ano-calendário: 2007

MULTA QUALIFICADA. PRESUNÇÃO DE OMISSÃO DE RECEITAS. DEPÓSITOS BANCÁRIOS. REITERAÇÃO E RELEVANTE PROPORÇÃO. AUSÊNCIA DE ELEMENTOS PRÓPRIOS PARA A MOTIVAÇÃO DA DUPLICAÇÃO DA PENA. CONJECTURAS SOBRE A PRÓPRIA INFRAÇÃO. INADIMPLEMENTO FISCAL E DESCUMPRIMENTO DE OBRIGAÇÕES. SÚMULA CARF N. 25. AFASTAMENTO. Súmula CARF n. 25: A presunção legal de omissão de receita ou de rendimentos, por si só, não autoriza a qualificação da multa de ofício, sendo necessária a comprovação de uma das hipóteses dos arts. 71, 72 e 73 da Lei n. 4.502/1964. A presunção de omissão de receitas traduz-se em inadimplemento tributário (descumprimento de obrigação principal e acessória), não podendo ser revestida, automática e objetivamente, de ocultação de fato jurídico tributário ou impedimento e retardamento da sua apuração pela Fiscalização. Os fundamentos para a qualificação da multa de ofício de que a infração ocorreu reiteradamente, em diversos períodos de apuração e, igualmente, em proporção relevante, quando confrontada com aquilo ofertado à tributação, são meras conjecturas sobre a própria infração de omissão de receitas, procedidas

> pela adoção de prismas analíticos de sua temporalidade e quantidade, sem o devido respaldo legal.
>
> Vistos, relatados e discutidos os presentes autos.
>
> Acordam os membros do colegiado, por maioria de votos, em conhecer do Recurso Especial. Vencido o Conselheiro Caio Cesar Nader Quintella (relator) que votou pela diligência para análise do segundo paradigma. No mérito, por determinação do art. 19-E da Lei 10.522/2002, acrescido pelo art. 28 da Lei 13.988/2020, em face do empate no julgamento, negar-lhe provimento. Vencidas as Conselheiras Edeli Pereira Bessa, Viviane Vidal Wagner, Amélia Wakako Morishita Yamamoto e Andréa Duek Simantob que votaram por dar-lhe provimento. Votou pelas conclusões o Conselheiro Fernando Brasil de Oliveira Pinto. Designada para redigir o voto vencedor, quanto ao conhecimento, a Conselheira Andréa Duek Simantob. Manifestaram intenção de apresentar declaração de voto os Conselheiros Fernando Brasil de Oliveira Pinto e Andréa Duek Simantob.
>
> (CARF. Proc. 13971.000511/2011-57, Ac. 9101-005.290, Rec. Especial).

Na hipótese da norma sancionatória criada pela jurisprudência do CARF – "multa qualificada pela conduta reiterada", a exigência mostra-se incompatível com o ordenamento jurídico na medida em que passou-se a ter na reiteração (elemento criado pelos julgados) a suficiência para a cominação da qualificadora, exonerando-se o Fisco de ter que demonstrar os elementos subjetivos, o que não se admite.

Com efeito, a conduta reiterada não consta na previsão das normas contidas no art. 44, § 1º, da Lei 9.430/1996 c/c os arts. 71, 72, 73, da Lei 4.502/1964, como elemento objetivo/subjetivo e hipótese de qualificação da multa, revelando-se ilegal o expediente desta figura sancionatória criada pelo CARF, como espécie de ativismo que excede às disposições de base enunciadas pelas fontes/documentos normativos citados e pertinentes ao tema.

É de ver, nesse sentido, que em função da RMIT anunciada pelo aludido § 1º do art. 44 da Lei 9.430/1996, mesmo integrada pelos arts. 71, 72, 73, da Lei 4.502/1964, não se esclarece com exatidão a forma de manifestação dos dolos de sonegação, fraude e conluio, o que termina por comprometer o esforço de positivação da certeza e da segurança jurídica em matéria de exigência de multas tributárias agravadas.

No caso, as fontes da sanção fiscal agravada, utilizadas para a construção da NIC, não pormenorizam todos os contornos da manifestação dos critérios (material, espacial e temporal) do antecedente e os critérios do consequente (subjetivo e quantitativo), de forma que as Autoridades Administrativas, de lançamento e de revisão, acabam por cumprir a função primária de estabelecer a RMIT da sanção tributária, mister que propriamente cabe ao Poder Legislativo, a bem do princípio da separação dos poderes.

2.3 Da crise do processo legislativo tributário

Uma segunda consequência do ativismo das autoridades administrativas do lançamento para os fins da construção da RMIT das sanções tributárias, qualificadas com elementos estranhos à sonegação, à fraude e ao conluio, diz respeito à perda de expressão do Poder Legislativo em sua função primária: realizar os princípios da legalidade-tipicidade tributárias, da segurança jurídica em matéria tributária e especialmente do direito tributário sancionatório, tudo isso ao arrepio dos princípios da tripartição e da separação entre os poderes, consagrados no art. 2º da CF/1988.

Com efeito, o ativismo do Poder Executivo em matéria de lançamento, frequentemente chancelado pelo ativismo das decisões do Poder Judiciário, comprometem sobremaneira a função do Legislativo brasileiro, decorrendo dessas interferências a perda de expressão do Congresso quanto à qualidade do documento normativo tributário.

É dizer que, em matéria tributária e de sanções tributárias, não é ousado afirmar que a norma individual e concreta é formalizada, frequentemente, com alicerce na sanha fiscal de que tudo é fato gerador, todas as condutas do mundo econômico são signos presuntivos de riqueza e no sentido de que, os comportamentos dos sujeitos passivos das normas dão ensejo à formalização de multas qualificadas pelos elementos subjetivos sonegação, fraude e conluio.

Em verdade, o que se verifica no país é um completo divórcio entre a realidade da tributação e a positivação da segurança jurídica, na medida em que, quando questionados em juízo, as normas individuais e concretas, por vezes são mantidas, e até mesmo integradas pelo Judiciário, com base em critérios não previstos nas fontes/documentos normativos ("lei em sentido estrito"), atuação que também defronta o contribuinte com o segundo e também vigoroso momento do ativismo dos Julgadores, agora perante o sistema de justiça.

A despeito dessas ocorrências e embora corriqueiras, mas não menos preocupantes, os ativismos do Poder Executivo e do Poder Judiciário em matéria de formalização das normas individuais e concretas tributárias têm se tornado a tônica das principais discussões tributárias e sancionatórias fiscais do país: verifica-se uma progressiva perda da importância da função do legislador.

Com efeito, as práticas tendentes ao ativismo, em juízo e fora dele, para a formalização de obrigações tributárias, valorizando-se a figura da Autoridade de Lançamento e do Poder de Judiciário, enquanto titulares do poder-dever de definição dos critérios da RMIT, revelam uma faceta preocupante da República Brasileira: no caso o Poder Legislativo tem minguado, enquanto titular do poder-dever de enunciar a fonte de base do direito tributário e tributário sancionatório, identificada pela "lei em sentido estrito", cuja manifestação realiza a chamada democracia representativa.

Nessa ótica, tem-se cada vez mais a projeção de um sistema tributário ordenado e conformado pelo viés do Poder Executivo, e, portanto, da arrecadação, com tais mecanismos chancelados por decisões do Poder Judiciário de controle de legalidade meramente formal (haja vista as inúmeras decisões pró-Fisco e com modulação de efeitos para preservação da arrecadação tributária, ainda que incompatível com a CF/1988 na origem).

Embora esses cenários não criem mais tantas estranhezas à comunidade jurídica, aos cientistas ou a todo aquele destinatário das normas, já acostumados às sanhas do Fisco Federal e do ativismo, cumpre destacar que o direito tributário não tem lugar para tais práticas, tratando-se o sistema de direito brasileiro um ordenamento que tem na essência o documento normativo "lei" como base para a construção das normas individuais e concretas e dos enunciados prescritivos das obrigações tributárias e fiscais sancionatórias.

2.4 Da profusão de normas: esvaziamento do papel do poder legislativo na função primária de integrar o ordenamento com o documento normativo "lei" que preveja todos os critérios da regra matriz sancionatória

Uma terceira consequência tormentosa da prevalência do ativismo (seja ele administrativo ou judicial) é que o Poder Legislativo, além de perder sua essência no que diz respeito à sua função de conferir concreção aos princípios da certeza e da segurança jurídica em matéria de tributação, especialmente em matéria de exigência das sanções qualificadas, também tem sofrido com a perda da qualidade do processo legislativo e com a redução da qualidade técnica das normas do campo tributário.

Verifica-se que em meio a uma vastidão de normas de cunho tributário e sancionatório, por vezes, os documentos normativos de base carecem de qualidade técnica e da completude necessária ao tratamento, ao menos dos critérios relevantes ao antecedente e ao consequente da RMIT. É o caso do art. 44, § 1º, da Lei 9.430/1996 que faz menção aos elementos sonegação, fraude e conluio, concebidos em outro diploma que também não pormenoriza as nuances dos institutos (arts. 71, 72, 73 da Lei 4.502/1964). No caso, as normas não informam com precisão a forma de manifestação dos dolos de sonegação, fraude e conluio, o que termina por sacrificar o esforço de positivação da certeza e da segurança jurídica em matéria de exigência de multas tributárias agravadas.

Nesse sentido, a fim de racionalizar e conferir qualidade ao processo legislativo em matéria fiscal, o legislador pode e deve se servir de ferramentas para o planejamento da atividade legiferante, a saber:

- Interdisciplinaridade: as normas de direito tributário ultrapassam o campo jurídico da seara fiscal por se tratar de normas de sobreposição;
- Necessidade da produção concertada: pela tênue fronteira entre público e privado, o direito tributário e tributário sancionatório se debruçam sobre fatos econômicos da vida;
- Inflação legislativa: as regulações dos fatos tributários e dos fatos sancionatórios exigem a atuação do Estado, o que expressa uma tendência ao excesso de leis;
- Coercibilidade: no direito tributário, a sanção além da acepção tradicional punitiva também pode assumir um caráter premial;
- Circunstancialidade: o direito tributário também sofre as interferências do seu tempo e espaço.

Nesse sentido, para uma produção legislativa em matéria de direito tributário e tributário sancionatório orientada pela técnica e pela qualidade do processo, com fins à segurança e à efetividade das normas, como se discute no âmbito das ciências da legislação (a legística[30]), o legislador fiscal deveria voltar suas atenções para aspectos tais como:

---

30. Para João Caupers "Compreende-se, nesta ordem de ideias, que não seja fácil encontrar o lugar adequado para uma ciência da legislação: esta não se destina a possibilitar a compreensão da lei mas, sim, a compreensão das condições e técnicas adequadas à produção das leis, de boas leis, de leis eficazes. O seu objecto não é a lei enquanto

- Caráter prospectivo da norma: objetiva condicionamentos futuros;
- Caráter conjuntural: compreensão da norma de direito tributário no contexto do direito financeiro (fonte de custeio) e necessidade de observância do princípio da eficiência da máquina pública;
- Caráter dinâmico: correspondência entre o objeto da regulamentação e os fatos concretos eleitos pelo legislador para os fins da relações obrigacionais materiais e sancionatórias;
- A tipologia da linguagem – redação genérica x redação técnica (precisão x ambiguidade).

3. Conclusões

A despeito de se tratar, *prima facie*, de tema que remonta aos primórdios da dogmática, uma teoria do direito que tome por base determinado marco teórico, metodologia ou sistema, deve-se preocupar com todos os aspectos que o referencial projeta sobre a teoria apresentada, especialmente quando se está diante das questões relacionadas às *fontes do direito*.

A proposta do constructivismo lógico-semântico ao visitar este tema, conserva em seu cerne toda a metodologia de exame do direito a partir do rigor da linguagem, e da compreensão dos aspectos lógicos e formais da norma jurídica.

Em uma síntese bastante apertada, a teoria e as classificações tradicionais sobre o tema das fontes levam o estudioso a fixar os olhos nas acepções ordinárias de origem das normas

---

norma mas o *fenômeno legislativo*, em toda sua extensão. Antes de passarmos à segunda ordem de razões, impõe-se um esclarecimento terminológico: falamos em *ciência da legislação* para referir aquilo a que Gomes Canotilho chama *teoria da legislação. O* ilustre professor de Coimbra traduz *Gesetzgebungslehre* por *teoria da legislação,* conforme resulta claro da página 410 do texto do seu escrito que vimos citando como obra de referência" (LEGISLAÇÃO. *Cadernos de Ciência da Legislação*. Faculdade de Direito da Universidade de Coimbra: Coimbra, n. 35, p. 7, out./dez. 2003.

a partir de fontes formais e materiais, seguindo-se às propostas das origens pautadas na lei, nos costumes, na jurisprudência e na doutrina.

Contudo, a perspectiva do constructivismo lógico-semântico para o exame do tema, tomando o direito enquanto fenômeno de linguagem, apresenta-se adequada, rigorosa e metodologicamente acertada para manutenção da coesão, unidade e coerência da teoria, como também para os fins pragmáticos de produção e interpretação das normas. E assim se afirma porque, a um só termo, o exame constructivista fixa, justifica e consolida a premissa de que o direito como conjunto de prescrições/enunciados, há de ser conhecido notadamente por meio dos atos de enunciação. Esse viés analítico termina por eliminar as incongruências tradicionais dos atos de criação de uma norma que retira o fundamento de validade de outra norma para a identificação dos polos de emissão dos comandos, fixando no processo de enunciação e no código interno do ordenamento a fonte das normas.

Nesse sentido, o constructivismo lógico-semântico, enquanto método científico, revela coerência e unidade quanto à identificação da fonte do direito, pois toma as normas jurídicas (gerais, abstratas, individuais e concretas) a partir do processo de enunciação. É dizer que o dado que importa ao constructivismo lógico-semântico para os fins da identificação das fontes é o processo de enunciação: o ato de fala, erigido pelo ato de enunciação que utiliza a linguagem competente, observando os ritos próprios e a codificação previstos no direito.

Destacados os aspectos teóricos que cercam a teoria das fontes, a postura do constructivismo lógico-semântico sobreleva-se de importância na medida em que serve de instrumental para os fins da positivação da certeza e da realização da segurança jurídica em matéria de construção dos enunciados das sanções tributárias, especialmente, daqueles qualificados pelos elementos subjetivos do tipo sonegação, fraude e conluio.

A exemplo da necessidade da discussão, tem-se a tormentosa construção da sanção-multa prevista no § 1º do art. 44 da Lei

9.430/1996. O documento normativo trata da sanção tributária agravada, no sentido de que para os fins da duplicação/qualificação, devem se fazer presentes os elementos sonegação, fraude e conluio, definidos nos arts. 71, 72 e 73 da Lei 4.502/1964.

A pretexto de fixar todos os critérios do antecedente (material, espacial e temporal) e os critérios do consequente (subjetivo e quantitativo), veja-se que o próprio documento normativo da sanção qualificada é integrado pela referência à outra norma de base. Para a derivação da multa "simples" para sanção qualificada, os critérios da RMIT devem sofrer a interferência dos elementos de sonegação, fraude e conluio, tomando a Autoridade de Lançamento as duas fontes "lei em sentido estrito" para a construção da norma individual e concreta: os multicitados § 1º do art. 44 da Lei 9.430/1996 e os arts. 71, 72 e 73 da Lei 4.502/1964.

Ocorre que os elementos definidores da materialização das condutas da qualificação não foram objeto de esforço de positivação de todas as principais nuances da sonegação, da fraude e do conluio, o que de plano revela a incompletude do tipo "sancionatório tributário da multa agravada".

Por força dessas ocorrências, pode ser sustentado que por uniformidade dos institutos e coerência do sistema positivo de direito, os conceitos dolosos relacionados à sonegação, à fraude e ao conluio, tratados na legislação penal para os fins do direito penal tributário podem ser tomados como referências para o tratamento tributário para os fins da imposição das multas qualificadas, conforme destaca o jurista Edmar Oliveira de Andrade Filho,[31] a fim de se positivar a segurança jurídica nas duas searas sancionatórias (a de ordem penal e a ordem puramente pecuniária-fiscal).

O ideal é que a construção do enunciado da sanção tributária guarde consonância à construção/desconstrução da norma de antijuricidade penal (prática do crime tributário – o

31. ANDRADE FILHO, Edmar Oliveira. *Direito penal tributário* cit., p. 52.

ilícito, fiscal, típico e culpável), a bem do princípio da presunção de inocência, que até mesmo em matéria administrativa deveria ser a regra de conduta da Autoridade de Lançamento.

Este parece ser o cenário mais adequado à norma individual e concreta da multa qualificada (sonegação, art. 71 Lei 9.430/1996; fraude, art. 72, Lei 9.430/1996 e conluio, art. 73 da Lei 9.430/1996), em função da interpretação mais favorável determinada pelo art. 112 do CTN.

Entretanto, observa-se que há no ordenamento brasileiro uma vigorosa tendência de não se perquirir os elementos subjetivos do tipo sonegação, fraude e conluio para fins sancionatórios tributários. Em função do apetite arrecadatório da União Federal, tem-se a desconsideração do art. 112 do CTN: a presunção prevalente é no sentido de se atribuir ao contribuinte o viés daquele que age sempre orientado pela má-fé, expediente que acaba por rasgar o princípio constitucional da inocência e o *in dubio pro reo*, como se observa no campo da antijuricidade dos crimes tributários.

No mesmo contexto, não raras são as decisões das instâncias revisoras dos lançamentos no sentido de que a sanção qualificada, embora exija a ocorrência dos elementos contidos na Lei 4.502/1964, para sua qualificação (art. 44, § 1º, da Lei 9.430/1996 c/c os arts. 71, 72, 73 da Lei 4.502/1964), tem seu lugar a exemplo pela simples acusação de reiteração das condutas ensejadores das multas "simples" (não agravadas).

Ao contrário da inexistência de documento normativo que faça alusão à reiteração de multas simples como causa para o agravamento, a jurisprudência administrativa tem se posicionado no sentido de que a repetição de eventual comportamento tributário qualificado pela Autoridade Fiscal como tendente à supressão ou redução do tributo justifica a incidência da multa qualificada (duplicação da multa de ofício de 75%), o que revela preocupante ativismo em matéria de construção da norma de lançamento a partir dos documentos normativos representados pela conjugação dos diplomas (repise-se: o § 1º do art. 44 da Lei 9.430/1996 c/c os arts. 71, 72, 73 da Lei 4.502/1964.

Tal cenário configura, ainda, a circunstância de avocação do CARF da competência legislativa para fixação de norma sancionatória não prevista no art. 44, § 1º, da Lei 9.430/1996, posição frequentemente não censurada pelo Poder Judiciário, violando os expedientes o princípio da legalidade e o princípio da tipicidade fechada em matéria de direito tributário e direito tributário sancionatório. É de se lembrar que em função da RMIT anunciada pelo aludido § 1º do art. 44 da Lei 9.430/1996, mesmo integrada pelos arts. 71, 72, 73 da Lei 4.502/1964, os documentos não esclarecem com exatidão a forma de manifestação dos dolos de sonegação, fraude e conluio, o que termina por comprometer o esforço de positivação da certeza e da segurança jurídica em matéria de exigência de multas tributárias agravadas.

Uma segunda consequência do ativismo das autoridades administrativas para os fins da construção da RMIT das sanções tributárias qualificadas com elementos estranhos à sonegação, à fraude e ao conluio, diz respeito à perda de expressão do Poder Legislativo em sua função primária, que compreende a efetivação dos princípios da legalidade-tipicidade tributárias, da segurança jurídica em matéria tributária e especialmente do direito tributário sancionatório, em atendimento aos princípios da separação entre os poderes, consagrados no art. 2º da CF/1988.

Com efeito, tanto o ativismo do Poder Executivo em matéria de lançamento, quanto a chancela do ativismo das decisões do Poder Judiciário outorgadas às NIC, comprometem sobremaneira a função do Legislativo Brasileiro, decorrendo dessas interferências a perda de expressão do Congresso quanto à qualidade do documento normativo tributário.

Pode ser afirmado que em matéria tributária e de sanções tributárias, a norma individual e concreta é formalizada, frequentemente, com alicerce na sanha fiscal de que tudo é fato gerador, todas as condutas do mundo econômico são signos presuntivos de riqueza e no sentido de que, os comportamentos dos sujeitos passivos das normas dão ensejo à formalização de multas qualificadas pelos elementos subjetivos sonegação, fraude e conluio.

Em verdade, o que se verifica no país é um completo abismo entre a realidade da tributação e a positivação da segurança jurídica, na medida em que, quando questionados em juízo, os enunciados prescritivos, por vezes são mantidos, e até mesmo integradas pelo Judiciário, com base em critérios não previstos nas fontes/documentos normativos ("lei em sentido estrito").

A despeito dessas ocorrências preocupantes, os ativismos do Poder Executivo e do Poder Judiciário, em matéria de formalização dos enunciados prescritivos, têm se tornado a tônica das principais discussões tributárias e sancionatórias fiscais do país: verifica-se uma progressiva perda da importância da função do legislador (valorizam-se as figuras da Autoridade de Lançamento e do Poder de Judiciário, enquanto titulares do poder-dever de definição dos critérios da RMIT).

Lado outro, verifica-se que o Poder Legislativo tem minguado, enquanto titular do poder-dever de enunciar os documentos normativos do direito tributário e do tributário sancionatório, "lei em sentido estrito", cuja manifestação realiza a chamada democracia representativa.

Nessa ótica, tem-se cada vez mais a projeção de um sistema tributário ordenado e conformado pelo viés do Poder Executivo, e, portanto, da arrecadação, com tais mecanismos chancelados por decisões do Poder Judiciário de controle de legalidade meramente formal (haja vista as inúmeras decisões pró-Fisco e com modulação de efeitos para preservação da arrecadação tributária, ainda que incompatível com a CF/1988 na origem).

Uma terceira consequência, não menos grave, da prevalência do ativismo (seja ele administrativo ou judicial) é que o Poder Legislativo, além de perder sua essência no que diz respeito à sua função de conferir concreção aos princípios da certeza e da segurança jurídica em matéria de tributação, especialmente, em matéria de exigência das sanções qualificadas, também tem sofrido com a queda da qualidade do processo legislativo e com a redução da qualidade técnica das normas do campo tributário.

No caso, em meio a uma profusão de normas de cunho tributário e sancionatório, por vezes, os documentos normativos carecem de qualidade técnica e da completude necessária ao tratamento, ao menos dos critérios relevantes ao antecedente e ao consequente da RMIT, caso do art. 44, § 1º, da Lei 9.430/1996 que faz menção aos elementos sonegação, fraude e conluio, concebidos em outro diploma que também não pormenoriza as nuances dos institutos (arts. 71, 72, 73 da Lei 4.502/1964).

Espera-se que no contexto do constructivismo lógico-semântico e a partir das contribuições das diversas áreas da ciência do direito (a exemplo da utilização da legística), possam os Poderes da República agir de forma concertada e harmônica, exercendo a função típica e primária que lhes cabem, a fim de que sejam buscadas soluções para a redução dos entraves à positivação da certeza e da segurança jurídica em matéria de formalização dos enunciados prescritivos das obrigações tributárias e das multas fiscais sancionatórias.

4. Referências

AMARO, Luciano. *Direito tributário brasileiro*. São Paulo: Saraiva, 2003.

ANDRADE FILHO, Edmar Oliveira. *Direito penal tributário:* crimes contra a ordem tributária e contra a previdência social. 7. ed. São Paulo: Atlas, 2015.

BASTOS, Frederico S. Administração tributária eficiente, democracia e desenvolvimento – contornos de um novo modelo na relação entre Fisco e contribuinte. In: SILVEIRA, Vladmir Oliveira da; e ROVER, Aires José (org.). *Direito tributário*. Florianópolis: FUNJAB, 2012.

BRITTO, Lucas Galvão de. Sobre o uso de definições e classificações na construção do conhecimento e na prescrição de condutas. In: CARVALHO, Paulo de Barros (Coord.). *Lógica e direito*. São Paulo: Noeses, 2016. Coordenação: Paulo de Barros Carvalho. São Paulo: Noeses, 2014.

CARVALHO, Aurora Tomazini de. *Teoria geral do direito*. O constructivismo lógico-semântico. p. 210. Disponível em: https://bityli.com/6qyp47. Acesso em: 15 set. 2021.

CARVALHO, Paulo de Barros. *Direito tributário:* linguagem e método. São Paulo: Noeses, 2015.

CARVALHO, Paulo de Barros. *Direito tributário:* linguagem e método. 2. ed. São Paulo: Noeses, 2018.

CARVALHO, Paulo de Barros. *Curso de direito tributário*. 21. ed. São Paulo. Saraiva, 2009.

CARVALHO, Paulo de Barros. Para uma teoria da norma jurídica: da teoria da norma à regra-matriz de incidência tributária. Disponível em: https://bityli.com/7rZU6P. Acesso em: 12 set. 2021.

COPI, Irving M. *Introdução à lógica*. São Paulo: Mestre Jou, 1981.

DIAS, Eduardo Rocha; SIQUEIRA, Natercia Sampaio. Sanções administrativas tributárias: uma tentativa de enquadramento constitucional. In: MACHADO, Hugo de Brito (Coord.). *Sanções administrativas tributárias*. São Paulo: Dialética; Fortaleza: Instituto Cearense de Estudos Tributários – ICET, 2005.

DINIZ, Maria Helena. *Compêndio de introdução à ciência do direito*. p. 256.

DINIZ, Maria Helena. Fontes do direito. *Enciclopédia jurídica da PUC-SP*. Coordenação Celso Fernandes Campilongo, Alvaro de Azevedo Gonzaga e André Luiz Freire. Tomo: *Teoria geral e filosofia do direito*. Coordenação de tomo Celso Fernandes Campilongo, Alvaro de Azevedo Gonzaga, André Luiz Freire. São Paulo: PUC/SP, 2017. Disponível em: https://bityli.com/fkAURz. Acesso em: 12 set. 2021.

FONTE. In: *Dicionário Michaelis*. Disponível em: www.uol.com.br/michaelis. Acesso em: 25 nov. 2019.

KELSEN, Hans. *Teoria pura do direito*. Tradução João Baptista Machado. Lisboa: Armênio Amado, 1984.

LEGISLAÇÃO. *Cadernos de Ciência da Legislação*. Faculdade de Direito da Universidade de Coimbra: Coimbra, n. 35, out./dez. 2003.

LINS, Robson Maia. *Curso de direito tributário brasileiro*. São Paulo: Noeses, 2019.

MACHADO, Hugo de Brito. Teoria das sanções tributárias. In: MACHADO, Hugo de Brito (Coord.). *Sanções administrativas tributárias*. São Paulo: Dialética; Fortaleza: Instituto Cearense de Estudos Tributários – ICET, 2005.

MOUSSALÉM, Tárek Moysés. Fontes do direito tributário. Disponível em: https://bityli.com/sv4t8k. Acesso em: 12 set. 2021.

PONTES DE MIRANDA, Francisco Cavalcanti. *O problema fundamental do conhecimento*. Porto Alegre: Globo, 1937.

SANTIAGO, Luciano Sotero. A contribuição do direito econômico na efetividade da política econômica de securitização de dívida originária de crédito rural. Dissertação (Mestrado) – Belo Horizonte: FDUFMG, 1999.

SICHES, Luis Recasens. *Introducción al estúdio del derecho*. México: Porrua, 1977.

TOMÉ, Fabiana Del Padre. *A prova no direito tributário:* de acordo com o Código de Processo Civil de 2015. 4. ed. São Paulo: Noeses, 2016.

TOMÉ, Fabiana Del Padre. *Linguagem no direito*. Tomo *Teoria geral e filosofia do direito*, Edição 1, Abril de 2017. Disponível em: https://bityli.com/4FSsHr. Acesso em: 10 set. 2021.

VILANOVA, Lourival. *Estruturas lógicas e o sistema de direito positivo*. 3. ed. São Paulo: Noeses, 2005.

ZOMER, Silvia Regina. *Lançamento tributário análise da norma individual e concreta pela óptica do constructivismo lógico-semântico*. São Paulo: Intelecto, 2016.

A COLABORAÇÃO PREMIADA E O DIREITO TRIBUTÁRIO

Diógenes Teófilo de Jesus[1]

1. Introdução

O tema do estudo é a relação entre o instituto da Colaboração Premiada e o Direito Tributário. Seu ensejo foi a disciplina Direito Tributário Sancionador, ministrada pelo Prof. Dr. Robson Maia Lins, no âmbito do Curso do Mestrado em Direito, do Programa de Estudos Pós-Graduados, da Pontifícia Universidade Católica de São Paulo.

O texto, dado à estampa, é um fruto do auspicioso diálogo entre teoria e prática, constituindo linguagem da experiência preordenada a prover os dados; segundo o estágio de desenvolvimento dos institutos – estado da arte – a comunidade dos pensadores e aplicadores do Direito sobre uma, entre as realidades jurídicas, aplicadas à efetividade dele, Direito, notadamente, à tutela penal dos interesses financeiros do Estado e por ele, Estado.

---

1. Doutorando e mestre em Direito Tributário, pela Pontifícia Universidade Católica de São Paulo – PUC/SP. Especialista em Direito Tributário, pelo Instituto Brasileiro de Estudos Tributários – IBET. Professor dos cursos de Extensão e Pós-Graduação da PUC/SP-COGEAE, IBET, CERS, ESA. Advogado, em São Paulo.

O instituto da Colaboração Premiada foi inaugurado no ordenamento jurídico brasileiro com a promulgação da Lei 12.850/2013, a qual, entre outros aspectos, "define organização criminosa e dispõe sobre a investigação criminal, os meios de obtenção da prova, infrações penais correlatas e o procedimento criminal".

Perlustrando o assunto da prova, observam-se duas interessantes zonas de interesse dos aplicadores do Direito Tributário: a uma, quando os crimes praticados pelas organizações criminosas são aqueles tipificados no rol prescrito na Lei 8.137/1990, que define "crimes contra a ordem tributária"; a duas, quando, no curso de investigações sobre delitos diversos, exsurgem elementos probantes ou indiciários de eventos tributários.

O leitor atento se dará pressa em identificar a aplicação do termo "eventos", porquanto não vertidos na linguagem certificadora estabelecida pelo Direito Tributário Positivo, que decorre da enunciação, nos termos do magistério de Paulo de Barros Carvalho, no âmbito do Constructivismo Lógico-Semântico, referencial teórico desta investigação científica.

Pretende-se, por meio de revisão de literatura de textos jurídicos de Ciência do Direito e do direito positivo, enfrentar a questão da prova, os aspectos da enunciação e da relação entre as normas e o Sistema de Direito Positivo. Ao fim, pretende-se responder aos dois quesitos supraformulados, buscando-se ofertar aos investigadores e aplicadores perspectivas e provocações de ordem a enfrentar a fenomenologia da incidência e as percussões do instituto no Direito Tributário.

2. A prova no direito

O inciso I do art. 3º da Lei 12.850/2013 enuncia que, entre os meios de obtenção de prova, consta a colaboração premiada.

Definida como "negócio jurídico processual" (art. 3º-A), tem por finalidade contrabalançar os interesses do investigado ou acusado e da sociedade, mediante a disposição de bens públicos (pena, regime de cumprimento, restrições de direitos etc.) em troca de informações privilegiadas, desde que calcadas em evidências suficientes a, juntas, trazer à luz realidades juridicamente relevantes (materialidade, métodos, autoria, entre outros), inalcançáveis sem a colaboração.

Este item é dedicado à apresentação das premissas, a partir das quais é construída a significação da palavra "prova" e da expressão "meio de prova".

2.1 Sistema de direito positivo

Os sistemas são entidades intelectuais estruturados a partir de critérios pré-concebidos pelo homem, suficientes a constituir conjuntos e identificar elementos a si pertencentes. Assim, selecionam conforme um programa e código próprios, predicados concernentes aos fins que lhes inspiram.[2]

Mediante um corte fenomenológico, poder-se-á dizer que o Direito é um sistema contido no sistema social, o qual por seu turno está contido no sistema da natureza; outro corte linguístico poderá propiciar a existência de sistemas compostos por proposições ou naturais, isto é, não proposicionais.

O corte metodológico operado nesta oportunidade, parte da carência antropológica,[3] premissa segundo a qual, no plano da teoria do conhecimento, o ser humano não tem acesso à realidade, uma vez desprovido da linguagem: (i) seja porque os eventos ocorrem no plano dos fenômenos e se esvaem em suas próprias contingências, ante a inexorabilidade do transcurso do tempo, por exemplo; (ii) quer, porque a percepção humana é limitada e condicionada pelos valores, estes, notadamente variantes e estabelecidos conforme a cultura com maior ou menor duração, sob as contingências de tempo e espaço.

---

2. VILANOVA, Lourival. *Estruturas lógicas e sistema de direito positivo*. 4. ed. São Paulo: Noeses, 2014. p. 53.

3. ADEODATO, João Maurício. *Uma teoria retórica da norma jurídica e do direito subjetivo*. São Paulo: Noeses, 2011. p. 59.

Se é verdade que a construção da racionalidade depende da intersubjetividade e de um acordo intergeracional, em relação aos significados, o meio privilegiado para a construção da realidade social é a linguagem, e a linguagem simbólica, enquanto aquela vertida em signos presentes ao repertório comum dos comunicantes, cujos significados são obtidos a partir da convenção arbitrária.

Essa opção semiótica, deixa aos índices e ícones uma função secundária, da ordem do horizonte cultural do intérprete, além de tudo, porque também são redutíveis à expressão simbólica.

Observando sob esse enfoque, o Direito, enquanto realidade complexa, necessita reduzir-se às proposições, símbolos que referem a objetos. Daí referir o mestre da Escola do Recife, que toda linguagem é metáfora, não representam a si mesmas, nem realidades a si vinculadas por um critério de essencialidade, senão em virtude da funcionalidade dinâmica, que proporciona as ambiguidades, vaguezas e historicidade relativamente aos termos.[4]

O Direito está presente entre objetos da cultura,[5] os quais têm existência no tempo e no espaço, são valiosos e estão no campo da experiência. Em relação a estes o investigador lhes compreende, por meio de uma atitude cognitiva aberta à experiência, às sucessivas incursões ao mundo dos valores.

Se o Direito reduz-se proposições, o que, então o distinguiria das suas congêneres? Diz o mestre da Escola de São Paulo: a função linguística, em virtude da qual são instrumentalizadas.[6]

---

4. ADEODATO, João Maurício. *Uma teoria retórica da norma jurídica e do direito subjetivo* cit., p. 267.

5. CARVALHO, Paulo de Barros. *Direito tributário:* linguagem e método. 4. ed. São Paulo: Noeses, 2011. p. 18.

6. CARVALHO, Paulo de Barros. *Direito tributário:* linguagem e método cit., p. 37.

Tomando por referência o modelo comunicacional de Ferdinand de Suassure,[7] registrar-se-á que as ênfases opostas em cada fator percutirão, pragmaticamente, em um efeito.

As ênfases jamais serão exclusivas. Elas serão dominantes, conforme giza Clarice von Oertzen de Araújo.[8] Em particular, a ênfase ao receptor da mensagem confere função dominante prescritiva, tendente a fazer com que este performe a conduta no mundo (conduta externa a si); a ênfase aposta sobre a mensagem atrai a atenção para a interpretação (conduta interna a si).

Toda função dominante impõe, a bem da comunicabilidade, uma estrutura lógica a que toda a comunicação é redutível. As proposições dominantemente prescritivas têm estrutura lógica deôntica.

Assim, as hipóteses implicam consequências, modalizando o seu objeto – as condutas humanas – em proibidas, obrigatórias ou permitidas, valorando-as por válidas ou inválidas.[9]

Essa estrutura lógica, contudo, está presente à mente dos membros da comunidade dos aplicadores do Direito. Esse é um modo de pensar a realidade das normas.

Uma primeira abordagem normativa pode ser resgatada desde os ambientes ágrafos em que dominara a lei da necessidade ou "a lei da força". Fala-se em sociedade de baixa complexidade, constituída em clãs, famílias, tribos. Essa noção embasa a ideia de direito enquanto continuidade de fenômeno ordenador, que antecede à ideia de sistema, originada com as Cartas de Bologna, na alta Idade Média.

Uma segunda abordagem normativa refere à sofisticação da presença de representação gráfica titularizada por um Estado,

---

7. SUASSURE, Ferdinand. *Curso de linguística geral*. São Paulo: Cultrix, 2006. p. 19.

8. ARAÚJO, Clarice von Oertzen de. A função dominante na linguagem do direito positivo. *Revista do Mestrado em Direito da UCB*, v. 12, n. 2, jul./dez. 2018.

9. CARVALHO, Aurora Tomazini de. *Curso de teoria geral do direito*: o constructivismo lógico-semântico. 4. ed. São Paulo: Noeses, 2014. p. 124.

titular de um Poder inafastável e irresistível. Segundo essa perspectiva, os elementos que constituem o direito positivo são as normas jurídicas válidas, assim compreendidas aquelas que percorreram o programa de ingresso, a enunciação e são passíveis de aplicação por meio da força coercitiva praticada pelo Estado, nota distintiva em relação aos demais sistemas éticos, a exemplo da moral, da etiqueta, da religião e dos bons costumes.

Em sentido estrito, as normas, são o núcleo irredutível do deôntico: hipótese que implica uma consequência.

Em sentido amplo, as normas são as demais proposições isoladas que ofertam ao intérprete elementos parciais do deôntico, um ou outro critério, as marcas deixadas pela enunciação.

Desse modo, é possível afirmar que no direito só há normas, que constam além dos textos, no plano das significações construídas pelo homem a partir do contato e da atribuição de sentido aos símbolos.

Assim, distinguem-se: texto de direito positivo, enquanto suporte físico; significados não estruturados, enquanto normas jurídicas em sentido amplo; normas jurídicas estruturadas em hipótese que implica uma consequência.[10]

Ultima-se a semiose com a submissão do pensamento individual aos crivos da intersubjetividade, registrada pelas relações de coordenação e subordinação erigidas pelo sistema de referência.

Se prova é direito, ela é suporte físico, norma jurídica em sentidos amplo e estrito e também é realidade intersubjetiva no sistema.

2.2 O objeto da prova

O objeto da prova é o fato alegado, enquanto dado constitutivo ou redutivo da realidade.

10. CARVALHO, Paulo de Barros. *Direito tributário:* fundamentos jurídicos da incidência. 9. ed. São Paulo: Saraiva, 2012. p. 106.

A realidade enquanto objeto de conhecimento é simultaneamente estática e dinâmica. Variável, relativamente, à posição do observador.

Ela é dinâmica planando no movimento, tornando-se perceptível por um corte temporal. Enquanto estático é o significante (o registro) dela, realidade dinâmica, já esvaída na inexorabilidade das contingências.

A prática de um verbo, por exemplo, para o observador, o objeto de sua observação (prática de um verbo) é dinâmico, está no tempo verbal gerúndio, ocorrendo; ao relatar isso para um terceiro, em um instante de tempo posterior, o verbo, já se terá consumado e será conjugado no tempo pretérito perfeito e, tentando fazer com que o observador externo compreenda aquele objeto passado, (prática do verbo) busca-se que aquilo seja para este um objeto delimitado, definido, confinado, relatado, compreendido, interpretado, isto é, imediato.[11]

Chama-se de evento o objeto dinâmico e de fato o objeto imediato.

O fato, assim, é uma linguagem que comunica e certifica uma ocorrência do mundo fenomênico: evento.[12]

Em termos linguísticos, torna-se possível atribuir ao evento a condição de objeto; ao fato, a condição de significante; e à interpretação, a condição de interpretante ou significação.

Há um caminho cognitivo a ser percorrido desde o evento ao fato, sobretudo, considerando que o fato é uma construção proposicional orientada a selecionar determinados aspectos relativamente a um sistema de referência. O fato sempre é seletivo e é o produto de um processo de administração da linguagem (argumentação). Desse modo, contra fatos, sempre há argumentos.

---

11. ARAÚJO, Clarice von Oertzen de. *Semiótica jurídica*. São Paulo: Quartier Latin, 2005. p. 103.

12. CARVALHO, Paulo de Barros. *Direito tributário:* fundamentos jurídicos da incidência cit., p. 531.

Qualquer evento, no entanto, não é bastante para que lhe sobrevenha uma linguagem "automática e infalível". A realidade deve, em concreto, ofertar elementos denotativos relativamente aos critérios de uma hipótese que conota fatos, circunstâncias e contingências prescrita por veículo normativo próprio, como relevantes para o direito. Isso é feito por meio da linguagem jurídica da prova.[13]

Prova, portanto, ocorre no intelecto do intérprete não se confundindo com o evento, tampouco com o seu veículo. Prova é a significação, é norma jurídica em sentido amplo que ingressa no sistema e se manifesta conforme o sistema estatui.[14]

2.3 Morfologia da prova

A prova é norma jurídica em sentido amplo, que ocorre na mente do intérprete, não se confundindo com seu suporte físico.

Os suportes físicos da prova são os dados acessíveis à percepção humana colhidos do mundo da experiência. Eles são o símbolo do evento que se esvaiu, na inexorabilidade das contingências.

Os suportes físicos da prova também não se confundem com seu processo de produção. Desse modo, se a regra de enunciação estatui que o ato de conhecimento se dá na contingência material de um "processo", aqui empregado na acepção pragmática do termo: volumes de folhas de papel e tinta, o suporte físico da prova, isto é, sua morfologia, não será outro, senão documento.

Toda prova é documental. A colheita do depoimento pessoal ou de terceiro, o laudo pericial, a inspeção judicial, a instrução em audiência só existem no particular mundo do sistema do direito positivo se e na medida em que propiciem a compreensão e a interpretação que tem por ponto de partida

---

13. ARAÚJO, Clarice von Oertzen de. *Semiótica jurídica* cit., p. 59.

14. TOMÉ, Fabiana del Padre. *A prova no direito tributário*. 4. ed. São Paulo: Noeses, 2016. p. 103.

um suporte físico comum à percepção dos usuários do sistema, o documento.[15]

2.4 Dinâmica da prova

Enquanto significação, a prova decorre de ações humanas praticadas em tempo e espaço.[16] Elas são orientadas à cognição, à compreensão e à valoração de elementos colhidos, no plano da experiência, enquanto passíveis de subsunção a critérios abstratos, conforme se referiu, *supra*.

Nesse sentido, a palavra prova padece da ambiguidade relativa ao produto do ato de conhecimento e ao processo por meio do qual se desenvolve a percepção humana, a qual culminará com a construção de um enunciado.

No ambiente do processo, independentemente do órgão de Poder e sua feição judicante típica ou atípica, é imprescindível a adstrição ao modo de se produzir a prova, sob pena de incursão no dano processual da irrepetibilidade, por exemplo, e na sanção de nulidade.

A esta altura vem à mente as teoria dos frutos da árvore envenenada, da fonte independente, do interesse predominante, da contaminação do juiz, entre outros.

Pelo ângulo tributário, a prova se dá na processualidade administrativa, que inicia com os atos preparatórios do lançamento tributário, nos termos do parágrafo único do art. 173 do Código Tributário Nacional e se ultima com a decisão administrativa irreformável, após as oportunidades preordenadas ao contraditório e à ampla defesa, com todos os recursos a ela inerentes.

A processualidade administrativa criminal, por seu turno, é inquisitorial, não é dialética, está voltada ao conhecimento de indícios de materialidade, da autoria e circunstâncias relativamente ao evento penal, inicia com o flagrante delito

---

15. TOMÉ, Fabiana del Padre. *A prova no direito tributário* cit., p. 193.

16. TOMÉ, Fabiana del Padre. *A prova no direito tributário* cit., p. 94.

ou por meio da notícia-crime em razão dos quais, a autoridade policial instaura o procedimento investigativo concluindo com o relatório da autoridade da polícia judiciária, irrecorrível administrativamente.

No plano judiciário, os dois subsistemas recepcionam a integralidade da matéria para conhecimento dialético, sendo o órgão jurisdicional o destinatário da prova.

O Sistema de Direito Positivo é autônomo para prescrever o tempo o tempo, o ônus e o meio de evidenciar o evento e oportunizar a formação da prova no intelecto do respectivo destinatário.[17] No entanto, há de considerar as limitações intransponíveis relativamente à produção de fato negativo:[18] que só se prova com o estabelecimento de relação com outro fato e suas respectivas provas; quanto à produção ilícita da prova:[19] enquanto aquela realizada de modo contrário ao ordenamento, por autoridade incompetente, em procedimento inapropriado ou vício no ato de vontade (motivação); por último, quanto à limitação ontológica de enunciar: enquanto condição obstativa ao exercício de prerrogativa legal por força das contingências próprias da situação.

Dúvida não resta de que, em face da autopoiese, o direito constrói suas próprias realidades.[20] Lhe é defeso, contudo, contravir em prejuízo da lógica[21] que subjaz à capacidade de compreensão e de manifestação ética do homem no mundo e, isso, com todas as limitações que a historicidade e o grau de evolução da técnica impõem.

A efetividade das normas Constitucionais são dignas do destaque. À sua luz devem ser interpretados os regulamentos,

---

17. TOMÉ, Fabiana del Padre. *A prova no direito tributário* cit., p. 232.

18. TOMÉ, Fabiana del Padre. *A prova no direito tributário* cit., p. 209.

19. TOMÉ, Fabiana del Padre. *A prova no direito tributário* cit., p. 277.

20. VILANOVA, Lourival. *Estruturas lógicas e sistema de direito positivo* cit., p. 53.

21. VILANOVA, Lourival. *Estruturas lógicas e sistema de direito positivo* cit., p. 55.

as leis, as portarias, prestando a premissa bastante à valoração do rito de produção processual.

Quer por princípios, limites objetivos ou postulados, a dinâmica probatória é fator de legitimidade jurídica e social em relação à produção técnica da verdade.

2.5 A teleologia e a axiologia da prova: verdade, presunção e ficção no direito

A investigação dos fatos decorre de um propósito. O propósito é a materialização de um valor e ela se dá por meio da proteção de bens jurídicos.

A prova tributária é produzida para evidenciar a ocorrência de um fato de riqueza, por um sujeito, nos estritos termos do art. 142 do Código Tributário Nacional.

A prova penal é produzida de ordem a reprovar e prevenir o crime, conforme o art. 59 do Código Penal.

Haverá coincidência de propósitos quando coincidente for o bem jurídico protegido, demonstrando-se imprescindível caracterização material de um domínio, para o outro, conforme enunciado da Súmula Vinculante 24, editada pelo Supremo Tribunal Federal.

A finalidade da prova é fazer com que "as ideias correspondam aos fatos", conforme canta o poeta, dando notas empíricas ao direito que, muito embora linguagem e norma, não se confunde com um "paraíso artificial" descompromissado com a realidade.

Não houvesse o referido acerto, toda simulação seria válida e incontestável, o revestimento em linguagem jurídica consistiria em artifício incontornável, notadamente diante das fraudes, que são operadas por pessoas que conhecem a lei.

O propósito de provar, assim, confere intensas notas pragmáticas ao processo e, se, por um lado, a ela aplicam-se as circunstâncias dirimentes penais (estado de necessidade, inexigibilidade de conduta diversa, entre outras); por outro, o conhecimento da verdade, a ser provada nas searas tributária e penal, é de interesse público indisponível.

Com isso, refere-se que a prova é pensada, abduzida, hipotetizada, como exames médicos pensados por um especialista que necessita das evidências para aplicar determinada terapêutica.

A investigação dos fatos decorre de um valor.

Os valores demarcam ideais a serem alcançados por uma ética e uma estética.

A variabilidade ética responde em cada tempo e lugar quais as condutas adequadas do sujeito frente à realidade. O critério preordenado à avaliação é incompatível com a dualidade e a linearidade da física mecanicista. Ela recorda que, na ordem da necessidade, cinquenta tons medeiam o tudo e o nada.

Por seu turno, a estética orienta o sumo bem-querido e perseguido por meio de cada esforço de racionalização e agente em cada subsistema do conhecimento humano.

A ética da prova é a persuasão racional e a convicção íntima no julgador, distinguindo uma da outra, pelo ônus aplicado ao dever de motivar publicamente sua eleição. Diante de tais motivos, o agente é instado – ao dever *ex officio* – de aplicar a lei.

A estética da prova é a justiça, disposta em necessidade, proporcionalidade e adequação, conforme defende Robert Alexy.[22]

A prova deve ser necessária a evidenciar especificamente aquilo que se pretende alegar, vedando-se a violação à intimidade e à privacidade, por exemplo, salvo quando destas se servirem para a ocultação das realidades.

A prova deve ser proporcional, ponderada em sua inteireza constitutiva, analisada de modo consentâneo à realidade complexa e interdisciplinar.

22. ALEXY, Robert. *Teoria dos direitos fundamentais*. São Paulo: Malheiros, 2008. p. 85.

Também deve ser adequada enquanto meio (de provar) e a finalidade desejada, aquela referida no início dessa seção.

Com base nos referenciais adotados, a dicotomia entre prova material e formal é aparente e não se sustenta porque a verdade é uma construção de sentido que se dá tanto em meio a valores como à técnica procedimental.[23]

A busca pela verdade, em última instância, significa "condição de possibilidade do conhecimento presente daquilo que já se foi", nisso a única verdade é a verdade lógica, enquanto aquela adjacente ao programa e aos códigos configurados pelo direito aptos à constituição dos fatos jurídicos como aqueles pertencentes ao seu conjunto.

Se a finalidade é conhecer, isso se dá por meio de um sujeito consciente. Trata-se de instância impossível a liberação plena do homem das suas orientações, experiências colaterais, tendências e valores.

A técnica de provar, subordina-se a uma ética da prova; a qual, de seu turno, preordena-se a uma estética do direito: a justiça da prova.

A prova deve ser justa, séria, sustentável. Ela o será tanto quanto melhor privilegie a legítima produção de enunciados verossímeis.

Na ciência dos signos, estes são classificados em três categorias. O índice guarda relação de causa e efeito com seu objeto; o ícone denota elementos conformativos; e o símbolo dispõe de seletor arbitrário.[24]

É máxima a relevância dessa lição semiótica para o direito, porquanto os indícios colhidos em combinação com os paradigmas das ciências possibilitem afirmar, por expediente intelectual de dedução lógica, que os índices se relacionam por indução; os símbolos referem à abdução, ou conjecturação.

---

23. TOMÉ, Fabiana del Padre. *A prova no direito tributário* cit., p. 38.

24. JAKOBSON, Roman. *Linguística e comunicação*. São Paulo: Cultrix, 1991. p. 68.

No contexto da abdução de hipóteses, será apta a provar a evidência que dispuser de vínculo direto e imediato com o fato, índice. Contudo, isso é uma ficção, porque o relato sobre o índice já será símbolo.

Isso contribui para a distinção entre verdade, presunção e ficção. Enquanto a verdade é o constructo lógico-semântico-pragmático da seleção de predicados interessantes ao direito por meio de procedimento, autoridade e ato de vontade próprios; a presunção é expediente intelectual por meio do qual se induz que um fato F implicou uma situação S, o que não se dá em contexto de necessidade, mas de possibilidade lógica. É possível, provável, não necessário.

Quanto à ficção, nos dizeres do mestre Roque Carrazza,[25] é, a um só tempo: a mentira admitida pelo direito ante a limitação de acesso às realidades; e a ilação ou criação intelectual desprovida de *significante (representmen)*, seja, índice, ícone ou símbolo.

Presunção e ficção não resistem potência da prova, no plano dos valores. Pois a esta o sistema confere a aptidão para introduzir elementos da experiência no contexto lógico do direito. Todas as presunções são relativas. Todas as ficções são frágeis e vulneráveis ao expediente construtor da significação probatória.[26]

Desse modo, já é possível antever relações entre a prova colhida em acordo de colaboração premiada e a processualidade tributária, quando os fatos de riqueza são comuns aos dois domínios, mesmo que não seja um mesmo o instante de sua certificação, para os respectivos subsistemas.

3. Enunciação da prova

A prova, enquanto significação, é norma jurídica em sentido amplo. É realidade posta no Direito. De que modo? Convém pensar sobre as fontes das provas.

---

25. CARRAZZA, Roque Antonio. *Curso de direito constitucional tributário*. 32. ed. São Paulo: Malheiros, 2019.

26. TOMÉ, Fabiana del Padre. *A prova no direito tributário* cit., p. 107.

3.1 Das fontes do direito às fontes das provas no direito

Com base na teoria comunicacional do direito, purgando a significação da palavra fonte, tem-se que denota o foco ejetor de norma jurídica, o ente do qual emana o deôntico. Essa perspectiva alça o intérprete a uma tríplice condição.[27]

A título de exemplo, toma-se por referência o nascimento de um ser humano. Condição que remonta à clássica pergunta "de onde vem os bebês".

O bebê, já nasce no conjunto de seres humanos – biologicamente falando. Afora o primeiro inflar pulmonar, desnecessita de preencher outras condições para que esta condição lhe seja outorgada. Assim como o bebê está para o conjunto de seres humanos, a norma está para o sistema de direito positivo.

A norma jurídica é posta no sistema por um ser humano dotado de poder para tanto, isto é, competência, estatuída conforme as regras do sistema. Seja ao aplicador da lei de ofício, por provocação ou em face das faculdades outorgadas pelo direito, tão somente a autoridade competente poderá expedir a linguagem que veicula os Enunciados prescritivos – ponto de partida para a interpretação. Diz-se competente aquele sujeito dotado de aptidão jurídica para a prática de atos de incidência, ponência de norma.

Tal a relevância do critério pessoal para o exercício da competência, que sua adversidade vulnera irremediavelmente o ato administrativo, cuja sanção passível é a manifestação de nulidade desta e adjudicação da condição de usurpador ao sujeito declarado incompetente.

Os bebês, para que nasçam, necessitam dos fenômenos da fecundação e da nidação, tal que só é possível mediante dois sujeitos capazes e suficientes: seres humanos de sexos opostos férteis. No entanto, não basta a fertilidade.

---

27. MOUSSALEM, Tárek Moysés. *Fontes do direito tributário*. 2. ed. São Paulo: Noeses, 2006. p. 133.

A iniciativa do ato ponente de norma principia o seu curso gerativo. O sistema também o disciplina. Desse modo, a quem cabe o exercício *ex officio*, encontra o fundamento da iniciativa no próprio ordenamento, dispondo de poder para, de imediato agir: subsumindo a prova, classificando a conduta, certificando o fato e imputando a relação jurídica; circunstância diversa passa pelo sujeito que necessita de provocação, cuja iniciativa condiciona-se a ato de terceiro que lhe confira impulso.

O vício de iniciativa daquele sujeito competente denota a prematuridade do seu exercício, vulnerando irremediavelmente o curso procedimental a que tenha dado causa.

Segundo a ordem da metáfora adotada, não basta haver sujeitos do sexo oposto e férteis para que nasçam os bebês; necessitam, ainda, do ato de vontade que lhes faça comunicar as substâncias necessárias à constituição da matéria humana.

Por fim, tem-se que a positivação demanda um caminho a ser percorrido. Uma sucessão de fases, em tempo e lugar, realizadas pela autoridade competente imbuída do ato de vontade, para que seja realizada a nomogênese. Fala-se da processualidade.

Os processos são prescrições rituais caracterizados pela existência de múltiplas, sucessivas e interdependentes fases. Múltiplas, porque demandam mais de um ato. Sucessivas, porque como cada fase corresponde a um verbo, cuja realização ocorre em contingências isoladas no tempo histórico, inexistem conjuntos de atos instantâneos que designem processo. São interdependentes, porquanto constituam vínculo de pré-requisito, umas em relação às seguintes.

A inobservância aos referidos cânones vulnera a razão de ser do ato de produção normativa, pois cada processo representa valores que, vigiados e cumpridos, ratificam os programas do sistema.

Em regresso à metáfora. É imprescindível que os sujeitos suficientes se sirvam dos meios e dos canais oportunos à geração da vida.

A esta tríplice condição, em comunicação, chama-se enunciação: sujeito competente, ato de vontade e procedimento.

Desse modo não há fontes formais ou materiais, haja visto que a origem do direito subjaz no próprio conjunto do direito. Toda fonte é realizada por meio da comunicação simbólica que se dá mediante as formas tipificadas pelo ordenamento.

O ônus de provar e a competência da autoridade destinatária da prova determinam os sujeitos competentes; o ato de vontade decorre das faculdades, obrigações e proibições prescritas no ordenamento relativamente à produção da prova de ofício, mediante provocação ou sob faculdade, a critério do destinatário da prova, se administração, jurisdição ou pessoas privadas.

As considerações relativamente às normas, aplicam-se inteiramente às provas, sem qualquer ressalva. Devem ser produzidas por autoridade competente, com ato de vontade regrado pelo ordenamento e mediante procedimento específico. A inobservância a tais crivos enunciativos ensejará ao não preenchimento dos critérios pré-fixados pelo programa binário do sistema de direito positivo, admitindo-se falar na sua invalidade.

O direito probatório passou por significativas alterações na processualidade cível, com o advento do novo Código de Processo. À sirga do Código Adjetivo Penal, conferiu-se uma maior autonomia do juiz à produção da prova, deslocando o centro desde a competição entre partes opostas, para o interesse público subjacente a todo e qualquer litígio ou procedimento de jurisdição voluntária.

3.2 A prova: validade, vigência, eficácia

Prova é a significação obtida do contato do homem com a realidade simbólica representante de um objeto. A finalidade da prova é denotar elementos concretos subsumíveis a prescrições abstratas tendentes à adequada identificação dos aspectos normativos.

Assim, serve-se o aplicador do direito da prova para identificar e selecionar as porções de condutas humanas, o átimo de sua ocorrência, o local em que ocorrem; os sujeitos da relação jurídica e o objeto de cunho prestacional. Tudo em conformidade com a norma jurídica aplicável.

A norma jurídica ingressa no sistema de direito positivo, conforme o cumprimento das formalidades do Direito, sua gramática, as regras da enunciação. Esta disposição torna-a passível de julgamento conforme o programa binário do direito: válida. Isto é, trata-se de elemento contido no conjunto de normas do direito positivo.[28]

Do mesmo modo, a prova, que é obtida segundo as regras da enunciação é válida; inválida aquela obtida em desconformidade com os parâmetros erigidos pelo ordenamento. Assim, as provas produzidas ilicitamente com vício de competência, de ato de vontade ou de procedimento, são inválidas, não podendo constituir realidade para o direito.

Aqui, mais uma vez, nota-se a autonomia do direito em relação a outros sistemas. Ele mesmo seleciona os predicados e as propriedades dos objetos do mundo que lhe interessa. Da mesma forma, é possível que mediante a suficiente produção probante, isto é, adstrita às regras da enunciação, se construam significações autônomas e particulares para o sistema de direito positivo sem qualquer correspondência com os planos social e da natureza.

A vigência é a aptidão de a norma surtir em função do tempo.[29] Trata-se de um atributo dinâmico. A prova é produzida no curso de um procedimento específico tendente a afirmar o fato.

Surte efeito perante a autoridade competente a partir da sua produção, quer antecedente ao processo (protoprova) até

---

28. CARVALHO, Paulo de Barros. *Direito tributário:* fundamentos jurídicos da incidência cit., p. 97.

29. CARVALHO, Paulo de Barros. *Direito tributário:* fundamentos jurídicos da incidência cit., p. 102.

a linguagem jurídica constitutiva do fato. Posteriormente produzida, pode também a prova contraditar a linguagem anteriormente formulada, como, por exemplo, na ocasião da ação rescisória, revisão criminal ou demonstração da simulação. Nesses expedientes, são construídos fatos por novas provas, supervenientes à constituição do fato anterior, infirmando-o.

Por seu turno a eficácia remonta à inexistência de óbices sintáticos, semânticos ou pragmáticos a que a norma surta efeitos no sistema, técnica; à propriedade do fato de ser suficiente à imputação, jurídica; e, relativamente à acatação por parte dos usuários do sistema social.[30]

No contexto das provas, destacam-se as duas primeiras espécies. A prova impossível, contra fato negativo ou desprovida de regras adequadas para sua enunciação, padece de ineficácia técnica; padece outrossim de ineficácia jurídica acaso remonte a fatos que não refiram a hipóteses suficientes à causação da imputação jurídica.

Nesse contexto, distinguem o erro de fato do erro de direito conquanto o primeiro se trate de uma produção de enunciado linguístico factual em desconformidade com as provas produzidas e o segundo denote vício de subsunção, mediante a eleição de disposição normativa inaplicável à espécie.

Examinadas essas categorias, torna-se possível inquirir a relação do meio de prova colaboração premiada e o direito tributário.

4. A colaboração premiada e o direito tributário

Conforme enunciado na introdução, observam-se ao menos duas possíveis relações entre a colaboração premiada e o direito tributário: quando os fatos praticados pelas organizações criminosas são aqueles tipificados no rol prescrito na Lei

30. CARVALHO, Paulo de Barros. *Direito tributário:* fundamentos jurídicos da incidência cit., p. 103.

8.137/1990, que define "crimes contra a ordem tributária"; e, no curso de investigações ou de processos relativos outros delitos, exsurgem elementos probantes ou indiciários de eventos tributários.

4.1 Como meio de prova em crimes contra a ordem tributária

A Lei 12.850/2013, entre outros aspectos "define organização criminosa e dispõe sobre a investigação criminal, os meios de obtenção da prova".

Nesse contexto é possível que a organização criminosa tenha por objeto a prática dos chamados crimes contra a ordem tributária, enquanto aqueles enunciados pelos arts. 1º e 2º, da Lei 8.137/1990, aquela que define os crimes contra a ordem tributária.

Importante consignar, em princípio, que os fatos jurídicos penais são classificados pelo resultado. Assim há crimes materiais e crimes formais.

A característica dos crimes materiais contra a ordem tributária é a constituição definitiva do crédito tributário,[31] que se dá por ocasião da notificação ao sujeito passivo do lançamento não recorrido ou da compensação tributária não deferida ou da decisão administrativa singular ou colegial irreformável; contudo, até que se aperfeiçoe o 30º dia contado da notificação relativamente aos referidos eventos, inexistirá exigibilidade ao crédito, porquanto seja este o prazo para o pagamento, quando inexistente norma específica, nos termos dos arts. 103, II e 160, do Código Tributário Nacional.

Isso significa, nos trilhos da Súmula Vinculante 24, até que até que seja certo, líquido e exigível o crédito tributário, não há que falar em crime material contra a ordem tributária.

---

31. CARVALHO, Aurora Tomazini de. *Direito penal tributário:* uma análise lógica, semântica e jurisprudencial. São Paulo: Quartier Latin, 2009. p. 210.

Desse modo, não poderia o órgão ministerial denunciar, tampouco a autoridade policial indiciar, em virtude de representação fiscal para fins penais, o sujeito passivo ou seu representante, por total carência de indícios de materialidade, posto que só advirá quando da mora do sujeito passivo face à exigibilidade tributária superveniente à data de vencimento da obrigação tributária.

A colaboração premiada se dá no curso de procedimento investigativo que tem por objeto fatos jurídicos penais e, sob a perspectiva deste trabalho, relacionados com eventos ou fatos jurídicos tributários. Esta é a dicção do art. 4º da Lei de regência: colaborar efetiva e voluntariamente com a investigação e com o processo criminal, com resultados específicos, pode acarretar o perdão judicial e a redução da pena, podendo ocorrer antes ou após a sentença.

Desse enredo se compreende que há a pretensão legal de que sejam dois os destinatários da prova: a uma, a autoridade judicial, no curso de processo criminal, pois é ela quem verifica os resultados enunciado nos incisos do *caput* do art. 4º da Lei 12.850/2013. A duas, o membro do Ministério Público, a teor do § 4º do art. 4º da mesma Lei, pois este dispõe da competência para se abster da oferta de ação penal se a proposta de acordo de colaboração referir-se a infração de cuja existência não tenha prévio conhecimento e o colaborador, desde que este não seja o líder da organização criminosa e seja o primeiro a colaborar.

Contudo, a autoridade policial não é a destinatária da prova, não sendo competente para a colaboração premiada. Em primeiro lugar, porque não dispõe de competência para premiar, isto é, dispensar as prestações (benefícios) prescritas na lei. Em segundo lugar, porque o rito do inquisitorial inquérito policial não admite dialética. Assim, inexiste efetividade jurídica para a representação policial com conteúdo exoneratório, no contexto do relatório a que está vinculado a prestar, destacadamente porque também não dispõe de competência para arquivar o inquérito.

Considerando que o procedimento tem por escopo a dinâmica da prova, marcada pela reversão do ônus de provar, gerando benefício para o sujeito que admitir contra si e outros submeter-se provar, tem-se que o ato de vontade depende do sujeito indiciado e processado e ao destinatário da prova, assim, a despeito se representarem funções essenciais às respectivas garantias, o delegado de polícia e o defensor, não dispõem de titularidade de autonomia de obstar ou sobrepor-se às partes: acusado, Ministério Público e juiz. Assim excede-se a pretensão calcada no § 6º do art. 4º.

A condição de colaborador premiado, no entanto, não exonera quem participou da organização criminosa e logrou os referidos benefícios das obrigações tributárias e sanções decorrentes do conluio, para o subsistema tributário.

Desse modo, deve estar ciente o colaborador de que não se trata de objeto do acordo a exoneração das penalidades e das obrigações solidárias nas quais incorrer em virtude da prática de ilícitos tributários não criminais, a menos que sobrevenha lei de anistia, nos termos do art. 175, II, do Código Tributário Nacional.

No que respeita ao procedimento, observa-se que a lei outorga a atividade probatória à competência do juiz e do órgão do Ministério Público; de modo impróprio ao delegado de polícia, que nenhum "prêmio" pode dispensar ao investigado, a não ser uma recomendação a quem pode fazê-lo, que é o *dominus litis*.

No curso de ação penal, as partes podem transigir ofertando à homologação do juízo o acordo, competindo à jurisdição a verificação dos termos diante das normas aplicáveis e dos benefícios concretos obtidos com a "delação", não competindo ao magistrado negociar as condições acordadas. Sua missão é afirmar válido ou não o acordo.

Já no âmbito interno do Ministério Público, inexiste norma de caráter nacional vinculante nos planos Federal e dos Estados que prescrevam os ritos iniciais e os parâmetros para a concessão dos prêmios, sob sua autoridade, que podem e a que tempo podem ser dispensados.

Assim, a norma em relação ao Ministério Público padece de ineficácia técnica por inexistência de procedimento prescrito em lei, em adstrição ao princípio da legalidade administrativa, segundo a qual o servidor público só pode agir de modo vinculado e guiado por parâmetros legais.

Um dos resultados passíveis de concessão dos "prêmios" é "a recuperação total ou parcial do produto ou do proveito das infrações penais praticadas pela organização criminosa".

Considerando que a referida recuperação no tocante aos crimes materiais contra a ordem tributária recai sobre crédito tributário, certo, líquido e exigível. Haveria incidência do benefício da denúncia espontânea enunciada pelo art. 138 do Código Tributário Nacional?

Adotando por premissa que a denúncia espontânea se dá em curso submetido à autoridade administrativa tributária, a quem compete para "verificar a ocorrência do fato gerador da obrigação correspondente, determinar a matéria tributável, calcular o montante do tributo devido, identificar o sujeito passivo e, sendo caso, propor a aplicação da penalidade cabível", nos termos do art. 142 do CTN, e que esta não participa do acordo nos termos da lei de regência, não há efeitos de denúncia espontânea imanentes à entrega do proveito decorrente de redução total ou parcial de tributo ao erário, nem dos tributos, independente da modalidade de espécie de lançamento.

Desse modo, o colaborador ver-se-á compelido não só ao pagamento do tributo devido, para que logre o resultado prescrito no inciso IV do art. 4º da Lei 12.850/2013, como também das penalidades, não se beneficiando da denúncia espontânea tributária.

Essa é a conclusão a que chegou o Conselho Administrativo de Recursos Fiscais nos Processos 10314.722963/2017-34, 10580.723816/2017-31, 18470.728708/2016-23, 8470.730847/2015-36, entre outros.

Assim, a experiência tem orientado que até a disposição de lei que contemple o diálogo entre as esferas penal e tributária, primeiramente o sujeito passivo compareça à primeira.

Cumpre gizar que a alegação de ressarcimento ao erário ou perdimento do produto do crime não tem sido acolhida para fins de afastamento da responsabilidade tributária, dado o fato de o perdimento ser superveniente à apropriação, não vulnerando, portanto, a integridade constitutiva do fato jurídico tributário realizado. *Pecunia non olet*. A análise sobre a nulificação da riqueza e a apropriação do prejuízo são dignos de um estudo, em apartado.

Considerando a hipótese de que o devedor solidário realize o pagamento do crédito tributário, consectários e eventuais sanções, expediente que extingue a punibilidade, o benefício aproveita aos demais investigados pelos mesmos fatos, nos termos do art. 125, I, do CTN.

No tocante aos crimes formais, não há qualquer implicação exoneratória decorrente do pagamento de crédito tributário. Aplicando-se as demais disposições de base, referentes à autoridade competente, ato de vontade e procedimento relativas aos crimes materiais, tão somente se somados excedam o *quantum* de pena prefixado no art. 2º da Lei 8.137/1990. Pois, como a pena em abstrato individualmente considerada é de detenção, de 6 (seis) meses a 2 (dois) anos, e multa, encontra-se abaixo do patamar fixado no § 1º do art. 1º da Lei 12.850/2013, que refere a penas máximas superiores a 4 (quatro) anos. No entanto, se o crime formal for praticado em caráter transnacional, aplicam-se as disposições do diploma especial, considerando apenas a quantidade dos infratores.

Percutindo a questão transnacional ao direito internacional tributário, importante consignar de que haverá relevância o fato se o objeto do dever de informar no Brasil também o seja no exterior.

Examinando a possibilidade de sobrevir o parcelamento do crédito tributário ao início do procedimento policial, tem-se que em função do efeito suspensivo à exigibilidade tributária, nos termos do art. 151, VI, do CTN, resta obstado o curso investigativo dos crimes materiais contra a ordem tributária e o objeto a denúncia criminal.

Como bem pontua o Prof. Paulo de Barros Carvalho, a extinção de um dos elementos da relação jurídica extingue a obrigação. Assim é que sobrevindo a insolvência civil do sujeito passivo, nos termos da legislação civil, extingue-se a obrigação tributária e as sanções nas quais figurar como sujeito passivo o estabelecimento.

Considerando que o referido diploma normativo, ainda, fixa meios de prova voltados à constituição de fatos no contexto das organizações criminosas, interessante percussão se debate sobre os auxiliares da atividade empresarial. Aqui, refere-se a advogados, contadores, consultores, prepostos. Nos termos do inciso I do art. 137 do CTN, a responsabilidade é pessoal do agente "quanto às infrações conceituadas por lei como crimes ou contravenções", excepcionando o "exercício regular de administração, mandato, função, cargo ou emprego, ou no cumprimento de ordem expressa emitida por quem de direito".

Esse destaque é de grande relevância, porquanto em projetos de reestruturação empresarial atuem diversos profissionais em regime autônomo, por meio de pessoa jurídica ou em relação de emprego.

Anota-se que há o critério comum à subordinação e ao mandato que caracterizam os múnus supradestacados é o interesse do constituinte ou pessoa que ocupa posição superior na hierarquia. É o caso dos advogados, contabilistas, consultores financeiros, diretores, gerentes que se reportam a quem dispõe do poder de decisão, exclusivo titular de interesse, que não é compartilhado com os demais agentes econômicos, para os fins do art. 124, I, do CTN.

Questão outra é quando estes usurpam do referido poder de decisão para além da autonomia de sua área técnica, quando assim assumem os riscos pela usurpação, isto é, a responsabilidade.

De outro modo, uma vez que se reportem à pessoa titular dos interesses, cuja prova se demonstra por meio de e-mails, atas, mandato, contrato de trabalho e de prestação de serviços, entre outros, tais profissionais devem ser sumariamente excluídos da posição de investigados ou indiciados do inquérito policial ou de réus no processo-crime.

Assim, se o fato se deu no contexto de uma organização e foram excluídos os prepostos se verificará a possibilidade de aplicação do regime da Lei 12.850/2013, conforme o critério aritmético, disposto pelo § 1º do art. 1º, isto é, quatro pessoas.

Na pendência de processo judiciário que verse sobre o crédito tributário ou a sujeição passiva, sem o qual não há justa causa à ação penal, compreende-se que apesar de não haver compulsoriedade ao juízo criminal para que fixe a suspensão do processo-crime, nos termos do art. 93 do Código de Processo Penal, esta se impõe sob pena de pendente dúvida sobre elemento relevante do tipo, inexistir a configuração do ilícito ou da organização criminosa, em conformidade com a Súmula Vinculante 24 do Supremo Tribunal Federal.

Por fim, observe-se que os tipos penais rogam que exista e seja identificável e aferível o desvalor da conduta em relação ao sistema de valores tidos como relevantes para a sociedade. O direito penal acode bens jurídicos, tutelando-os por meio das suas disposições.

Se o sujeito passivo pratica o fato guarnecido de documentos técnicos, das áreas específicas, às quais não domina o investigado, indiciado ou acusado em virtude da formação teórica, da função profissional desempenhada ou da mera condição de sócio investidor, sem poderes de administração, não há que falar em dolo relativamente ao planejamento jurídico e empresarial realizado de boa-fé.

Convém destacar que a mera condição de sócio não enseja automaticamente à condição de investigado, indiciado ou acusado, mesmo que distribuídos os lucros obtidos com a operação empresarial com o fato investigado.

É imprescindível o poder de mando, isto é, a titularidade dos poderes de administração ou a usurpação destes, devidamente comprovada. Nesse mesmo sentido, os consortes ou conviventes tampouco ser imputados nas sanções relativas aos fatos praticados por seu cônjuge ou companheiro, por despesas familiares ou próprias, das quais se suponha custeadas com produto do fato, mesmo que dele conheçam, a menos que com ele concorram, como autor ou partícipe, comprovadamente, isto é, integrem a estrutura hierarquizada e com divisões de tarefas para o fim de cometer crimes. Nesse sentido, relevante a questão do regime de bens do casal e não deve ser, para tanto, considerado o interesse doméstico à guisa de interesse comum, nos trilhos do art. 124, I, do CTN.

Nenhuma constrição patrimonial se poderá abater sobre o patrimônio do casal, seja no regime de separação de bens, seja na participação final nos aquestos, em função de haver segregação completa do patrimônio e no último caso possibilidade, mas não compulsoriedade de constituição de patrimônio especial comum; quanto à comunhão parcial de bens, consta que o produto obtido com a ilicitude não se comunica entre os consortes, com arrimo no art. 1.659, IV, do Código Civil.

A reversão em proveito do casal, hipótese excepcionadora à regra, deve ser devidamente comprovada, não bastando a configuração de rotinas típicas do convívio marital, decorrentes destacadamente de relações de consumo.

A reversão em favor do casal deve ser entendida como constituição de patrimônio nos termos civis e contábeis. Afinal, torna-se circunstância inconcebível ao consorte ou convivente a inquirição cotidiana acerca da origem do numerário que se presta a comprar-lhe presentes, custear alimentação e demais fatos da vida corriqueira.

Essa exceção não se encontra no disposto da comunhão universal de bens, em virtude do que poderão sofrer constrição e indisponibilidade a quota parte respeitante ao consorte envolvido superveniente ao início dos fatos penais, preservando-se o patrimônio comum existente até o átimo anterior aos fatos.

Relevante a questão, pois não raras vezes, procede-se à indisponibilidade total do patrimônio do investigado, indiciado ou acusado, inviabilizando inclusive as despesas relativas à promoção da defesa do sujeito e mantença do núcleo familiar; quando os consortes ou conviventes dispuseram de toda uma história profissional ou empresarial pregressa, antecedente aos fatos e, neste aspecto igualmente seu cônjuge.

Assim:

1. Há ineficácia técnica da norma de procedimento interno do Ministério Público para que realize no interior de sua estrutura administrativa o meio de prova da colaboração premiada;

2. não há benefício da denúncia espontânea decorrente da entrega do produto do crime; o pagamento total do tributo, consectários e penalidades pecuniárias realizado por coinvestigado aproveita aos demais, extinguindo a punibilidade para os demais devedores solidários ou membros do conluio tributário;

3. A participação dos cônjuges ou conviventes não se presume no conluio ou na organização criminosa, a menos que se comprove sua função estruturada e seu labor, não podendo o cônjuge, não envolvido nos verbos penais e tributários, sofrer – nem mesmo em função da fruição de bens de consumo próprias da vida de casal – constrição patrimonial nos regimes de separação total de bens, participação final nos aquestos (a menos que haja bens comuns vinculados ao ilícito); a indisponibilidade alcança a totalidade dos bens supervenientes ao início da pratica das ilicitudes, preservando os bens anteriores do casal e do investigado, indiciado ou acusado, nos regimes de comunhão parcial e universal.

4.2 Relações com o lançamento tributário

É possível que, durante o inquérito ou o processo criminal, relativamente a crimes diversos, sejam identificados indícios de materialidades tributárias.

É o caso de delitos que envolvam prestações pecuniárias, como corrupção ativa e passiva, peculato, lavagem de dinheiro, e assim por diante. São todos, crimes materiais comuns, com percussões tributárias, pois referirão à definição constitucional de Renda, nos termos do art. 43 do CTN.

O fato de riqueza para fins de tributação não é objeto de presunção, mas de prova. De modo que apresenta-se inadequado falar em "signo presuntivo de riqueza", pois incide a tributação sobre a riqueza real e provada, não sobre a presunção desta.

O fato da riqueza significa a disponibilidade de valores que se tenham integrado ao patrimônio do sujeito causando-lhe evolução patrimonial no curso do tempo.

Assim como qualquer fato pode ser posteriormente infirmado, veja-se a hipótese de revisão criminal e ação rescisória, como mecanismos processuais que contemplam em suas prescrições enunciados a respeito.

Desse modo, constatando-se que o fato de riqueza (proveito econômico obtido com a prática de crime) foi objeto de expropriação via ressarcimento ao erário ou à pessoa lesada durante o exercício financeiro correspondente, com competente construção factual de que aquele montante não é riqueza do sujeito, ter-se-á o contrafato de riqueza e, o sendo, estará negada a evolução patrimonial, não havendo que se falar em tributação incidente sobre o montante expropriado, posto a flagrante relação negatória entre base de cálculo e materialidade tributária.

Importante consignar esta hipótese porque é possível que a obtenção de numerário descoberta por ocasião da investigação ou instrução criminais sejam cumulativamente objeto de expropriação e de lançamento tributário, tornando o sujeito expropriado devedor de quantia indisponível. Eis que sendo o fato tributário uma incisão praticada no fato-riqueza. Uma vez que se nega o fato-riqueza pela expropriação pelo que se afirma o fato-não-riqueza, inexistiria porção de riqueza a ser retirada para superveniente recolhimento.

Relevante, mais uma vez, registrar o tempo-no-fato apropriação e o tempo-no-fato da restituição ou do perdimento.

Os fatos de riqueza identificados no curso da investigação criminal e do processo crime devem passar pelo regular rito de constituição, nos termos do art. 142 do Código Tributário Nacional, o lançamento, com todas as fases de revisão inerentes, sendo defeso à autoridade fazer coadjuvar crime contra a ordem tributária em virtude da mera verificação do evento de riqueza sem correspondente pagamento de tributo desguarnecido de lançamento.

Ante circunstâncias desse jaez, impõe-se que a autoridade policial demande a autoridade tributária para que proceda ao lançamento, nos termos da lei, cujas diligências não podem ocorrer desprovidas do competente mandado de procedimento fiscal, sob pena de vício de iniciativa.

Em linha de interseção entre vício de iniciativa e procedimento, e perlustrando precedentes fixados no repositório do CARF, se no acordo de colaboração inexistir cláusula de autorização à apresentação dos documentos à instância fiscal ou houver cláusula expressa de vedação, por força do sigilo imanente ao procedimento, a esfera tributária não tomará conhecimento, para a realização do lançamento e, em não o fazendo, será impossível a caracterização de crime material contra a ordem tributária, pois o dono da ação penal não é autoridade competente para o lançamento.

Iniciados os procedimentos preparatórios ao lançamento, contudo, observa-se a necessidade de que haja algo a mais do que a mera declaração do coinvestigado ou corréu. Há de dispor das linguagens prescritas pelo direito como suficientes à constituição da realidade jurídica, nos termos de cada subsistema, não competindo ao aplicador por via da analogia ou equidade flexibilizar as regras da enunciação.

O mero ingresso ou trânsito de valores em conta corrente, por exemplo, não denota renda, que demanda adjunção patrimonial em dado corte histórico-temporal. O uso de propriedade imóvel não guarda identidade com propriedade, que necessita do título translativo.

O resultado enunciado pelo inciso IV do art. 4º da Lei 12.850/2013, que respeita à restituição dos valores e reparação do dano pode referir a tributo. Em o sendo, inexiste a possibilidade de realização de depósito de natureza tributária desprovidamente do lançamento, nos termos do art. 142 do CTN, ou de uma ação de consignação em pagamento acaso presentes as restritas hipóteses enunciadas no art. 164, do mesmo diploma.

Assim, mesmo que queira o sujeito passivo na condição de investigado, indiciado ou acusado realizar o pagamento do montante integral relativamente a tributo não lançado nos autos do inquérito ou do processo criminal, para os fins de constituir o resultado supraprevisto, tal ato não terá o condão de extinguir a obrigação tributária ou de impedir o ciclo de positivação da norma jurídica tributária, desde o lançamento aos ritos expropriatórios, porquanto a autoridade competente para tanto não é a policial nem a judiciária criminal, mas a tributária nos termos da outorga de competências vigentes.

Por medida prudencial, poderá subscrever seguro garantia, nos termos do art. 7º, II, da Lei 6.830/1980, a Lei das Execuções Fiscais, de ordem a precaver diante dos atos de constrição patrimonial e conferir oportunidade à decadência e à prescrição.

A dinâmica da colaboração premiada, seja em fase de inquérito ou de processo-crime não é fase preliminar ao lançamento. Apesar de o resultado prescrito pelo inciso IV do art. 4º da Lei 12.850/2013 não implicar mecanicamente a denúncia espontânea, nada impede que esta seja envidada perante a autoridade tributária concomitantemente; e, se aperfeiçoando nos termos do art. 138 do CTN, por meio do pagamento do tributo, se couber, mais consectários, poderá exonerar da penalidade fiscal pecuniária cujo efeito é a extinção da punibilidade no âmbito criminal.

Desse modo, apesar de o depósito de valor no contexto do inciso IV do art. 4º da Lei 12.850/2013 não ter implicação para denúncia espontânea tributária, o contrário é possível, a denúncia espontânea tributária implica o exaurimento do crime material contra a ordem tributária.

Segundo pontuado de que a competência criminal não abarca a tributária e, verificando-se que inexiste regra processual penal de suspensão de processo criminal em face de processualidade administrativa relativamente a qualquer área do direito, há de ponderar a hipótese de suspensão do processo.

Em primeiro lugar, encontrados indícios de materialidade tributária, estes devem ser encaminhados à autoridade competente, que mediante mandado de procedimento fiscal poderá determinar diligências e realizar o lançamento com base nas provas enunciadas pelo ordenamento.

Em segundo lugar, o lançamento tributário tendente a apurar o fato, suas circunstâncias e sujeitos estará passível de trânsito por todas as fases recursais e incidentes, demandados pelo devido processo legal e direito de defesa.

Não sendo possível condenar ou processar por crime material contra a ordem tributária antes do exaurimento das referidas fases da processualidade administrativa tributária, não há que conjecturar a inclusão em mesmo inquérito ou processo crime de possível ilícito tributário descoberto, por meio desse procedimento já instaurado.

A constituição do crédito tributário se dá pelo lançamento, que espelha a definição de tributo, constante do art. 3º do Código Tributário Nacional, ao prescrever que será "cobrado mediante atividade administrativa plenamente vinculada".

A sanção que se abate sobre a inércia do exercício competencial é a decadência. Assim, o instituto decadencial cobra a titularidade de um direito subjetivo de exigir (sujeição ativa) e a inércia verificada em determinado lapso temporal, prescrito segundo as regras do ordenamento. Desse modo há uma interessante relação entre a colaboração premiada e a decadência tributária. Tanto para fatos jurídicos tributários ordinários, como para aqueles cujas operações forem objeto de simulação, fraude e conluio.

Se o evento, isto é, a ocorrência fenomênica estiver calcada por indícios passíveis da constituição do fato, por via do lançamento abrem-se duas possibilidades, em relação ao tempo.

A de que o evento esteja dentro dos cinco anos supervenientes à data em que o tributo poderia ser lançado, regra do art. 173, I, do CNT; e que o lançamento diste em cinco anos da data em que o tributo poderia ser lançado.

Na primeira hipótese, entende-se que a investigação criminal ou o processo crime ocorreram durante o *iter* decadencial, que foi comunicada a autoridade tributária e esta procedeu ao lançamento no interior do *iter* compreendido entre (i) a data do primeiro dia do exercício subsequente ao do fato; e (ii.) cinco anos após o item i. Em o sendo, a obrigação será constituída por meio do lançamento abrindo-se o prazo para o pagamento ou impugnação, com respectivo efeito suspensivo. Efeito este que suspendendo a exigibilidade e impedindo a decisão irreformável, obsta a denúncia por crime material contra a ordem tributária, acaso caracterizado.

Contudo, na hipótese de que haja perpassado o lançamento tributário ao quinquênio legal em relação ao evento, ver-se-á a obrigação fulminada pela decadência e inexistente a obrigação de natureza tributária, dada a impossibilidade de obrigações *ad aeternum*.

A mera omissão de informações por si só não caracteriza fraude, dolo, simulação e conluio. Uma vez que tais hipóteses são eventos de possível ocorrência em decorrência de negligência, imprudência e imperícia; e, sendo as infrações pessoais tributárias perquiridoras de elemento subjetivo, não se autoriza presumir que omissão de informação, erro material e inadimplemento sejam simulação ou fraude. Trata-se de um juízo abdutivo, pois aquilo que é possível para o positivo, também o é em relação ao negativo.

Em relação à prova, a simulação e a fraude são raciocínios que se projetam sobre objetos da experiência representantes da realidade dinâmica que já se exauriu ou pode, mesmo, não ter ocorrido.[32] Assim cobram a construção de uma nova linguagem factual, edificada com base em suficiente realidade simbólica aptas a infirmar a linguagem primeira e suas evidências. É uma relação de contraprova.

Na simulação, que é instituto originário do direito civil enunciado pelos incisos do § 1º do art. 167, observam-se três hipóteses: "I – aparentarem conferir ou transmitir direitos a pessoas diversas daquelas às quais realmente se conferem, ou transmitem; II – contiverem declaração, confissão, condição ou cláusula não verdadeira; III – os instrumentos particulares forem antedatados, ou pós-datados".

A primeira hipótese refere-se à existência de linguagem jurídica suficiente desprovida da linguagem da prova no tocante a pessoas. Destaque-se, o foco do inciso I do § 1º do art. 167 do Código Civil, refere-se exclusivamente a polo subjetivo em relação obrigacional, excluindo o objeto e a natureza da operação. Diz respeito, tão somente, a conferir direitos a um terceiro não membro da relação jurídica obrigacional de origem.

A segunda hipótese refere ao juízo de verdade sobre declarações, confissões, condições e pactuações. Bem poder-se-ia referir a manifestações privadas e públicas, pois é este o critério. Conforme suprapontuado, a verdade é construção lógica que se dá em face dos insumos que o direito, em sua autonomia e fechamento operacional, é livre para demandar.

Constituída à época em que vigia a filosofia da consciência, a aludida prescrição tem bases na verdade por correspondência, como se a realidade fosse um dado estático e objetivo e a verdade acompanhasse a realidade, como a cor à matéria que colore.

Conforme as premissas adotadas neste trabalho, a linguagem constrói a realidade e é o único canal de acesso possível ao homem em meio aos objetos culturais. Para que se

32. MARQUES, Renata Elaine Silva Ricetti. *Curso de decadência e prescrição no direito tributário:* regras do jogo e segurança jurídica. 2. ed. São Paulo: Noeses, 2016. p. 225.

digam não verdadeiros determinados aspectos, demanda-se que se constitua a realidade verdadeira, o contrafato. Há uma dinâmica e uma valoração aqui.

A simulação, nos termos do inciso II, demanda declaração, que é meio de prova privada e extrajudicial; confissão, que é meio de prova judicial; condição, que é elemento do negócio jurídico subordinando o efeito deste, isto é, sua vigência, a evento futuro e incerto e que só podem ser nulas por três critérios: se ilícitas, incompreensíveis ou contraditórias, ou ainda se física ou juridicamente impossíveis, quando suspensivas; e quanto pactuação privada falsa. Por cláusula não verdadeira compreendem-se elementos espaciais e objetivos relativamente ao contrato, já que o subjetivo está enunciado no inciso I e o temporal no III. Isto é, se o lugar não é o da celebração do negócio, da realização do fazer ou do dar, ou se o objeto da operação não respeita a prescrição do art. 104 do Código Civil.

O critério cronológico, por fim, enunciado pelo inciso III, refere-se à datação do instrumento contratual em desconformidade com a cronologia do negócio. Isto é, há uma manipulação do tempo do fato, do enunciado denotativo que constitui a realidade para o direito. Datar para antes ou para após, em verdade é um vício relativamente à eficácia do negócio jurídico, que pode e deve ser administrada por condições resolutivas e suspensivas.

Uma vez que não compete aos aplicadores e intérpretes do direito tributário a alteração das significações obtidas do cotejo com o direito privado, nos termos do art. 110 do Código Tributário Nacional, são restritas as hipóteses de caracterização de simulação também para o direito tributário.

A fraude surge para o direito como um dos vícios do negócio jurídico. Enunciada pelo art. 158 do Código Civil, diz respeito à frustração dos credores de obrigações já constituídas em função da dilapidação patrimonial do devedor superveniente a esta, reduzindo-o à insolvência. Semelhante prescrição existe no art. 792 do Código de Processo Civil e na matéria tributária, quando já inscrito o débito em dívida ativa, nos termos do art. 185 do Código Tributário Nacional.

Assim, entendem-se atos expropriatórios voluntários realizados pelo sujeito passivo com o fito de frustrar a pretensão reipersecutória de titularidade do sujeito ativo.

Como foi possível observar, a simulação e a fraude são institutos jurídicos com prescrições de aplicação restrita e que demanda laboriosa construção linguística, probatória, factual.

Nesse sentir, não é juridicamente possível que a Fazenda Pública proceda ao lançamento mecânico e automático de sanção relativa a simulação e fraude sem que haja processualidade autônoma em relação a esses fatos que garanta aos envolvidos o devido direito de defesa. Tão somente após exaurida esta etapa com a obtenção de decisão administrativa irreformável e constituída a existência da simulação e da fraude é que torna-se viável o lançamento da sanção correspondente ao ilícito praticado.

Ainda sobre a decadência tributária. Pela regra fixada no § 4º do art. 150, tem-se que decorridos cinco anos do dia posterior ao exercício no qual o lançamento poderia ter sido efetuado, nos termos do art. 173, I, todos do CTN, terá sucedido a decadência. Com efeito, não há de cogitar de condicionar a decadência ao dia em que a Fazenda Pública vier a tomar conhecimento, protraindo *in aeternum* a definitividade do direito. Desse modo, aplica-se a regra contada desde o átimo superveniente ao exercício em que deveria haver o lançamento, não se aplicando o inciso II, em função do vício de forma, que não atinge os crimes materiais contra a ordem tributária, mas o rito de enunciação da obrigação tributária.[33]

Sobrevindo a prescrição típica ou intercorrente, dada a aptidão do instituto para extinguir a obrigação tributária, segundo enunciado no art. 156, V, do CTN, também segue

33. MARQUES, Renata Elaine Silva Ricetti. *Curso de decadência e prescrição no direito tributário:* regras do jogo e segurança jurídica cit., p. 222.

extinta a punibilidade em relação aos crimes contra a ordem tributária.

5. Conclusão

O instituto da Colaboração Premiada foi inaugurado no ordenamento jurídico brasileiro com a promulgação da Lei 12.850/2013. Há crimes praticados pelas organizações criminosas tipificados no rol prescrito na Lei 8.137/1990, que define "crimes contra a ordem tributária"; e, também, podem surgir elementos probantes ou indiciários de eventos tributários no curso de investigações ou de processos relativos a outras classes de fatos criminais.

No estudo, foi possível analisar a colaboração premiada, enquanto meio de prova e sua relação com o direto tributário, a partir do constructivismo lógico-semântico, por via do qual a prova foi encarada como norma e, portanto, disponível à teoria das fontes do direito e aos atributos normativos da vigência, validade e eficácia.

A partir dessas balizas as perspectivas estática e dinâmica da colaboração foram enfrentadas à luz das vicissitudes do subsistema tributário, notadamente em relação à admissibilidade de denúncia espontânea nos termos da jurisprudência do CARF, restrição pactual à prova emprestada, impacto do regime de bens no interesse comum do colaborador, interesse comum dos auxiliares empresariais, nas reestruturações familiares e societárias, depósito prévio, decadência e relações entre as esferas tributária e penal à luz da Súmula Vinculante 24.

Desse modo, a colaboração premiada, enquanto meio de prova, está submetida aos crivos da enunciação do direito e das relações entre normas e o sistema, cuja adversidade lhe fulmina o vínculo sistêmico e a efetividade.

A disciplina Direito Tributário Sancionador, ministrada pelo Prof. Dr. Robson Maia Lins, no âmbito do Programa de

Estudos Pós-Graduados em Direito, da Pontifícia Universidade Católica de São Paulo, ao passo que inédita, no contexto das pós-graduações, em nível nacional, tem se mostrado indispensável no currículo dos programas científicos em direito tributário, quer por aderência à linha de pesquisa, alusiva à Efetividade do Direito e à Teoria da Norma e a Fenomenologia da Incidência Tributária, quer por não ser possível dispor de disposição, que se pretenda jurídica, desprovida de sanção; tampouco o estudo daquela sem atilada análise desta.

Com este trabalho, descortinou-se a transversalidade e interdisciplinaridade do tema das sanções, no plano teórico; prestando-se às fundações para a edificação arquitetada de argumentos logicamente estruturados; semanticamente consistentes; e, pragmaticamente convincentes.

Referências bibliográficas

ADEODATO, João Maurício. *Uma teoria retórica da norma jurídica e do direito subjetivo*. São Paulo: Noeses, 2011.

ALEXY, Robert. *Teoria dos direitos fundamentais*. São Paulo: Malheiros, 2008.

ALVES, Alaôr Caffé. *Lógica: pensamento formal e argumentação:* elementos para o discurso jurídico. 5. ed. São Paulo: Quartier Latin, 2011.

ARAÚJO, Clarice von Oertzen de. *Semiótica jurídica*. São Paulo: Quartier Latin, 2005.

ARAÚJO, Clarice von Oertzen de. A função dominante na linguagem do direito positivo. *Revista do Mestrado em Direito da UCB*, v. 12, n. 2, jul./dez. 2018.

CARRAZZA, Roque Antonio. *Curso de direito constitucional tributário*. 32. ed. São Paulo: Malheiros, 2019.

CARVALHO, Aurora Tomazini de. *Curso de teoria geral do direito*: o constructivismo lógico-semântico. 4. ed. São Paulo: Noeses, 2014.

CARVALHO, Aurora Tomazini de. *Direito penal tributário:* uma análise lógica, semântica e jurisprudencial. São Paulo: Quartier Latin, 2009.

CARVALHO, Paulo de Barros. *Direito tributário:* fundamentos jurídicos da incidência. 9. ed. São Paulo: Saraiva, 2012.

CARVALHO, Paulo de Barros. *Direito tributário:* linguagem e método. 4. ed. São Paulo: Noeses, 2011.

FERRAGUT, Maria Rita. *As provas e o direito tributário:* teoria e prática como instrumento da verdade jurídica. São Paulo: Saraiva, 2016.

GAMA, Tácio Lacerda. *Competência tributária:* fundamentos para uma teoria da nulidade. 2. ed. São Paulo: Noeses, 2011.

IVO, Gabriel. *Norma jurídica:* produção e controle. São Paulo: Noeses, 2006.

JAKOBSON, Roman. *Linguística e comunicação.* São Paulo: Cultrix, 1991.

LINS, Robson Maia. Considerações sobre o conceito de norma jurídica e a pragmática da comunicação na jurisprudência do Supremo Tribunal Federal. *In:* CARVALHO, Paulo de Barros *et al. Constructivismo lógico-semântico.* São Paulo: Noeses, 2014.

LINS, Robson Maia. A reiteração e as normas jurídicas tributárias sancionatórias – a multa qualificada da Lei 9.430/1996. *In: VII Congresso Nacional de Estudos Tributários:* Direito tributário e conceitos de direito privado. São Paulo: Noeses, 2010.

MARQUES, Renata Elaine Silva Ricetti. *Curso de decadência e prescrição no direito tributário:* regras do jogo e segurança jurídica. 2. ed. São Paulo: Noeses, 2016.

MOUSSALEM, Tárek Moysés. *Revogação em matéria tributária.* 2. ed. 2011.

MOUSSALEM, Tárek Moysés. *Fontes do direito tributário.* 2. ed. São Paulo: Noeses, 2006.

PADILHA, Maria Ângela Lopes Paulino. *As sanções no direito tributário*. São Paulo: Noeses, 2015.

PIRES, Cristiane ; JESUS, Diógenes Teófilo de. Ensaio sobre o constructivismo lógico-semântico e a retórica no direito. Apud. CARVALHO, Paulo de Barros *et al*. *Constructivismo lógico-semântico*. São Paulo: Noeses, 2018. v. 2, p. 344.

SANTI, Eurico Marcos Diniz. *Lançamento tributário*. 3. ed. São Paulo: Saraiva, 2010.

SUASSURE, Ferdinand. *Curso de linguística geral*. São Paulo: Cultrix, 2006.

TOMÉ, Fabiana del Padre. O objeto do conhecimento científico e o paradoxo da interdisciplinariedade. Apud. CARVALHO, Paulo de Barros *et al*. *Constructivismo lógico-semântico*. São Paulo: Noeses, 2018. v. 2.

TOMÉ, Fabiana del Padre. *A prova no direito tributário*. 4. ed. São Paulo: Noeses, 2016.

VILANOVA, Lourival. *Estruturas lógicas e sistema de direito positivo*. 4. ed. São Paulo: Noeses, 2014.

ALÍQUOTA PROGRESSIVA DO IMPOSTO TERRITORIAL RURAL - ITR

Análise da regra extrafiscal de incidência - caráter não sancionatório

Fernanda Teodoro Arantes[1]

Introdução

No presente estudo concentraremos esforços na análise da alíquota progressiva extrafiscal do Imposto Territorial Rural (ITR), como corte metodológico de aproximação do objeto hermenêutico, transitaremos pela Constituição Federal, como fundamento de validade da norma jurídica, principalmente pelos princípios e outras normas jurídicas constitucionais que norteiam a criação da progressividade extrafiscal do ITR, como diretrizes e balizas a serem respeitadas pelo legislador infraconstitucional.

---

1. Advogada, Mestre em Direito Tributário Pela PUC/SP; Especialista pelo IBET/SP; Professora pelo IBET/SP; Juíza pelo TIT/SP 2018-2021; Conselheira pelo Conselho Municipal de Tributos de São Paulo 2018/2020; Membro do GETA; Coordenadora Tributária no Madaliti Advogados.

O legislador utilizou dois critérios para apurar a progressividade da alíquota do ITR: fiscal e extrafiscal. O primeiro é o de apuração pelo tamanho do imóvel rural; o segundo, pelo grau de utilização da área aproveitável. A aplicação conjunta desses dois critérios formam a alíquota que incidirá sobre o VTNt, conforme determina o art. 11 da Lei 9.393/1996.

1. Definição do conceito tributo

Inicialmente, trataremos de conhecer o conceito de tributo predicando-o por meio das definições que colheremos com o emprego da linguística e da semiótica, a partir da investigação do texto legal, termo.

Para tanto, utilizaremos a definição conotativa do termo tributo, presente no art. 3º[2] do Código Tributário Nacional, e chegaremos à classe dos tributos, definida por critérios que nos levarão ao conceito construído, de acordo com a nossa delimitação de ordem semântica a ser apresentada.

Como se vê, o trabalho hermenêutico de decomposição demonstra o necessário cuidado semântico que devemos ter ao tratarmos do termo "tributo" presente no sistema jurídico tributário. Até porque o texto, como suporte físico de significação, será o único dado objetivo. Tudo mais estará no campo da subjetividade.

Essa definição conotativa do termo tributo, presente no art. 3º do Código Tributário Nacional, recepcionado como lei complementar pela Constituição Federal, induz-nos, intuitivamente, a deduzir (raciocínio analítico)[3] que sempre que

---

2. "Art. 3º Tributo é toda prestação pecuniária compulsória, em moeda ou cujo valor nela se possa exprimir, que não constitua sanção de ato ilícito, instituída em lei e cobrada mediante atividade administrativa plenamente vinculada."

3. FAVACHO, Fernando Gomes. *Definição do conceito de tributo*. São Paulo: Quartier Latin, 2011. p. 41: "Os opostos indução e dedução correspondem-se aos: síntese e análise, generalização e particularização, formalização e desformalização. Pelo raciocínio indutivo realizamos a síntese, ao passo que pelo dedutivo elaboramos a análise".

tivermos uma sanção de ato ilícito estaremos diante de um não tributo, por não preencher o critério da licitude presente na classe "tributo", com proibição expressa "não pode ser sanção de ato ilícito".

Partimos da premissa de que toda definição deve ser conotativa, seletora de propriedade, ou denotativa. Enquanto na conotação temos o gênero, a indicação de classes, na denotação temos a espécie, construída pela redução à unidade das classes. Enquanto na conotação temos os critérios, na denotação temos os elementos que preenchem esses critérios. Ou seja, nas normas gerais teremos sempre a conotação ou denotação, enquanto nas individuais sempre a denotação.[4]

Por esse ângulo, disciplina Fernando Gomes Favacho, ao indicar o art. 5º do CTN como definição denotativa, ao assim descrever: Já o art. 5º prescreve: "Os tributos são impostos, taxas e contribuições de melhoria". É definição denotativa.[5] Nesse sentido temos que as definições podem ser conotativa ou denotativa. O artigo mencionado está definindo as espécies tributárias, ou seja, separando as classes tributárias existentes, enquanto o art. 3º está definindo o que precisa ter para ser tributo, as classes dos atributos que precisam estar presentes para serem considerados tributos, um de forma denotativa, outro de forma conotativa.[6]

---

4. GAMA, Tácio Lacerda. *Competência tributária* – fundamentos para uma teoria da nulidade. 2. ed. São Paulo: Noeses, 2011. p. 201. Resumindo: no plano das normas gerais, teremos apenas a indicação de classes com as notas que um acontecimento precisa ter para ser considerado fato jurídico (no antecedente), implicando a indicação de classes com as notas que uma relação tem de ter para ser considerada como relação jurídica (no consequente). No plano concreto das interações intersubjetivas: um enunciado protocolar denotativo, que se obteve pela redução à unidade das classes de notas (conotação) do antecedente da regra geral e abstrata, implicando outro enunciado protocolar e denotativo, construído pela redução à unidade das classes de notas (conotação) do consequente da norma geral e abstrata. Enunciados conotativos: antecedente e consequente da norma geral e abstrata; enunciados denotativos: antecedente e consequente da norma individual e concreta.

5. FAVACHO, Fernando Gomes. *Definição do conceito de tributo* cit., p. 47.

6. GAMA, Tácio Lacerda. *Competência tributária* – fundamentos para uma teoria da nulidade. 2. ed. São Paulo: Noeses, 2011.

Sendo fiel à sua linha de raciocínio, Fernando Gomes Favacho identifica o art. 182, § 4º, II, da Constituição Federal como forma de definição denotativa. Segundo ele, haveria um conflito entre normas definitórias visto que a definição conotativa do art. 3º do Código Tributário Nacional conflitaria com a definição denotativa do art. 182 da Constituição Federal.[7]

Entretanto, não vislumbramos no art. 182, § 4º, II, da Constituição Federal com o art. 3º do CTN, conflito entre normas definitórias, justamente porque estão tratando, conotativamente e denotativamente, de situações tributárias distintas.

Enquanto no art. 3º do Código Tributário Nacional temos a definição conotativa legal do conceito de tributo, competência outorgada pelo art. 146, III, *a*, da Constituição Federal, no art. 182, § 4º, II, da Constituição Federal, ao facultar ao Poder Público municipal a possibilidade de se exigir o adequado aproveitamento do solo urbano não edificado, subutilizado ou não utilizado, sob pena de imposto sobre a propriedade predial e territorial rural urbana progressiva no tempo, temos a prescrição conotativa do caráter extrafiscal do imposto pelo exercício da função social do imóvel urbano.

É fixada a progressividade em razão do exercício da função social. No critério material da norma extrafiscal não há um ilícito, mas a extrafiscalidade tributária, qual seja, o exercício da função social, e, na alíquota, a progressividade no tempo em razão do exercício da função social, conforme maior ou menor for a adequada utilização do imóvel.

Desse raciocínio não comunga Fernando Gomes Favacho.[8] Segundo ele, a Constituição traz um tributo (IPTU sancionatório progressivo) que para o Código Tributário Nacional não é tributo. Por outro lado, a Constituição não traz definição conotativa para o termo ou para as espécies tributárias, o que fica a cargo da lei complementar (art. 146, III, *a*). Por

---

7. FAVACHO, Fernando Gomes. *Definição do conceito de tributo* cit., p. 50.

8. FAVACHO, Fernando Gomes. *Definição do conceito de tributo* cit., p. 66.

hierarquia superior entende que a Constituição não pode ser limitada por qualquer norma de inferior hierarquia: o IPTU sancionatório progressivo é tributo, a par do mandamento do Código Tributário Nacional.

Tudo isso se explica porque partimos de premissas distintas.

Assim, partindo da premissa de que no art. 3º do CTN temos a definição conotativa do termo tributo e que no art. 182, § 4º, II, da Constituição Federal, temos a prescrição conotativa do caráter extrafiscal do imposto pelo exercício da função social do imóvel urbano, isso nos permite dizer que a definição de tributo de tributo do art. 3º do CTN seria do caráter fiscal, e não do caráter extrafiscal, pois nesse caso seria uma prestação social que não pecuniária, assim, penso que temos uma definição de tributo incompleta, conforme apresentada pelo art. 3º do CTN.

É com base nessa premissa que faremos a investigação pragmática do imposto territorial rural como uma espécie tributária, como operação lógica de inclusão de classes de acordo com as definições previamente realizadas.

Só assim será possível reconhecer a obrigação extrafiscal do ITR como não sancionatória, levando em consideração sua progressividade obrigatória pela Constituição Federal.

2. Definição do conceito fiscal e extrafiscal do tributo

Fiscalidade e extrafiscalidade são termos utilizados na ciência do Direito, por doutrinadores, para apresentar o valor finalístico da norma, se a função pretendida é meramente arrecadatória ou se há outra função intervencionista do Estado.

O uso do termo fiscalidade, para tratar da norma jurídica, estaria representando o caráter eminentemente arrecadatório da norma. Teríamos, nesse caso, o uso da expressão para representar o fim exclusivo de abastecer os cofres públicos, sem que outros interesses tenham interferido na atividade legislativa impositiva.

Já o uso do termo extrafiscalidade tem finalidade diversa da meramente arrecadatória, e persegue objetivos alheios à simples arrecadação (sociais, políticos ou econômicos).

Entretanto, apesar de existir essa distinção doutrinária de nomenclatura, para tratar da finalidade da norma, não existe tributo puramente fiscal ou extrafiscal. Há sim aqueles que se prestam para introduzir expedientes extrafiscais, como é o caso do ITR, IPI, IE, II, entre outros. Nesses casos, a extrafiscalidade predomina sobre a fiscalidade e vice-versa.

Tendo em vista, conforme explica Paulo de Barros Carvalho,[9] que a extrafiscalidade consiste no emprego do tributo para obter metas não meramente arrecadatórias, essa disposição deve aparecer na imposição normativa:

> Consistindo a extrafiscalidade no emprego de fórmulas jurídico-tributárias para a obtenção de metas que prevalecem sobre os fins simplesmente arrecadatórios de recursos monetários, o regime que há de dirigir tal atividade não poderia deixar de ser aquele próprio das exações tributárias. Significa, portanto, que ao construir suas pretensões extrafiscais, deverá o legislador pautar-se, inteiramente, dentro dos parâmetros constitucionais, observando as limitações de sua competência impositiva e os princípios superiores que regem a matéria, assim os expressos que os implícitos.

O estudo dessas funções normativas que alcançam comportamentos humanos é extremamente importante para a própria construção da norma tributária. Acreditamos ser esse o motivo dessa distinção doutrinária, pois no caso da função extrafiscal, teremos sempre a construção semântica de intervenção do Estado na economia ou na sociedade que autorize essa função tributária, que não apenas arrecadatória no comportamento humano, já no seu critério material.

Esse destaque diferenciador entre a norma tributária fiscal e a extrafiscal foi trazida por Diego Bomfim, e deve compor a sua criação:

9. CARVALHO, Paulo de Barros. *Curso de direito tributário*. 17. ed. São Paulo: Saraiva, 2005. p. 236.

> A função fiscal modaliza a tributação para o objetivo de angariar recursos, sendo certo concluir que sua finalidade, nesse caso, é exclusivamente distribuir, de maneira igualitária, a carga tributária entre os contribuintes.
>
> De modo diametralmente oposto, a chamada função extrafiscal modaliza a tributação para induzir (estimular ou desestimular) comportamentos humanos, mas esta é apenas a sua função. A finalidade potencialmente pretendida pela extrafiscalidade não equivale à sua função (induzir comportamentos). É através do exercício da função (indução comportamental) que uma tributação extrafiscal pode alcançar seus fins.

Se na função fiscal temos a finalidade de distribuir igualmente a carga tributária entre os contribuintes, respeitando os princípios constitucionais, como capacidade contributiva,[10] isonomia, entre outros, na extrafiscalidade a função é outra, induzir o comportamento humano para estimular ou desestimular certas condutas, previamente previstas na Constituição Federal,[11] sempre respeitando os princípios constitucionais, como balizas limitadoras dessa regulação, como o princípio do não confisco.

Para fins didáticos, também utilizaremos essa distinção finalística do tributo na construção da norma de incidência tributária do ITR, composta pela norma fiscal e extrafiscal,

---

10. "Outro critério utilizado pela doutrina reside na avaliação da adequação ou não da norma tributária ao princípio da capacidade contributiva. As normas tributárias com finalidades fiscais atenderiam à capacidade contributiva, enquanto as normas tributárias extrafiscais, não. Fica claro que é preciso inverter a lógica. Não é porque uma dada norma não está amparada na capacidade contributiva que esta será extrafiscal. Para que se tenha certeza da incorreção do critério utilizado, basta imaginar que podem ser editadas normas tributárias com finalidade fiscal e que não se compatibilizam com a capacidade contributiva. Nesse caso, esta norma não deveria ser tomada como uma norma tributária extrafiscal, mas como uma norma tributária fiscal inconstitucional" (BOMFIM, Diego. *Extrafiscalidade, identificação, fundamentação, limitação e controle*. São Paulo: Noeses, 2015. p. 31).

11. "Os fins que podem ser eleitos, quando da instituição das normas tributárias extrafiscais, todavia, não estão ao alcance livre do legislador. Estes fins são prescritos pelo próprio direito positivo, sendo certo que, no caso do direito brasileiro, foram todos eles definidos pelo texto constitucional" (BOMFIM, Diego. *Extrafiscalidade, identificação, fundamentação, limitação e controle* cit., p. 15).

por possuírem funções distintas cada uma delas deve respeitar a função para a qual foram criadas.

Neste estudo, focaremos atenção na norma de comportamento extrafiscal do ITR que atinge diretamente a conduta humana intersubjetiva.

3. A extrafiscalidade no ITR

Com base nos esclarecimentos supramencionados, temos em mente que o termo extrafiscalidade se refere a finalidade diversa, não meramente arrecadatória, perseguindo objetivo alheio no momento da sua instituição, conduzindo o comportamento do contribuinte para atingir finalidades econômicas e sociais.

Conforme ensina Luiz Fernando de Souza Neves,[12]

> Na extrafiscalidade, a arrecadação tributária é secundária, pois seu objetivo principal é incentivar ou coibir determinados comportamentos do contribuinte, motivado por interesses sociais, políticos ou econômicos do legislador tributário. Vale ressaltar que na norma tributária dificilmente encontraremos um comportamento puramente fiscal ou extrafiscal, pois tais características aparecem mescladas na incidência tributária.

Ou seja, serve de instrumento de intervenção do Estado no domínio econômico e social, ao atingir finalidade diferente da simples arrecadação.

Nem todo tributo tem caráter extrafiscal, mas todo tributo extrafiscal não se reveste apenas dessa característica, mantendo, sempre, o caráter fiscal arrecadatório. A extrafiscalidade é seu pano de fundo, comportamento outro do contribuinte que não só o de financiar o Estado.

---

12. NEVES, Luís Fernando de Souza. Apontamentos sobre o ITR e sua progressividade. *In:* SANTI, Eurico Marcos Diniz de (Coord.). *Curso de especialização em direito tributário*: estudos analíticos em homenagem a Paulo de Barros Carvalho. Rio de Janeiro: Forense, 2005.

Como leciona, Paulo de Barros Carvalho, não existe entidade tributária pura, no sentido de realizar tão só a fiscalidade, ou, unicamente, a extrafiscalidade. Vejamos:

> Há tributos que se prestam, admiravelmente, para a introdução de expedientes extrafiscais. Não existe, porém, entidade tributária que se possa dizer pura, no sentido de realizar tão só a fiscalidade, ou, unicamente, a extrafiscalidade. Os dois objetivos convivem harmônicos, na mesma figura impositiva, sendo apenas lícito verificar que, por vezes, um predomina sobre o outro.[13]

É o que ocorre com o ITR. Segundo alguns doutrinadores, o ITR é um tributo extrafiscal por fazer incidir o imposto de forma mais onerosa para aqueles que não exploram os seus imóveis rurais ou não produzem em quantidade como deveriam. Com isso, o legislador estaria atendendo à ordem social.[14]

Entretanto, não é esse nosso entendimento. Essa forma de progressividade não está em consonância com a função social, conforme prescrito na Constituição Federal a ser exercida pelo proprietário, possuidor ou detentor do domínio útil do imóvel rural.

Não discordamos do caráter extrafiscal da propriedade, inclusive entendemos que a extrafiscalidade da propriedade é preceito constitucional previsto no art. 5º, XXIII, como forma de atingir a função social.

> Art. 5º Todos são iguais perante a lei, sem distinção de qualquer natureza, garantindo-se aos brasileiros e aos estrangeiros residentes no País a inviolabilidade do direito à vida, à liberdade, à igualdade, à segurança e à propriedade, nos termos seguintes:
>
> [...]
>
> XXIII – a propriedade atenderá a sua função social;

---

13. CARVALHO, Paulo de Barros. *Curso de direito tributário*. 31.ed. rev. e atual. São Paulo: Noeses, 2021. p. 258.

14. "A lei do Imposto Territorial Rural (ITR), ao fazer incidir exação de maneira mais onerosa, no caso dos imóveis inexplorados ou de baixa produtividade, busca atender, em primeiro plano, a finalidade de ordem social e econômica e não ao incremento de receita" (CARVALHO, Paulo de Barros. *Curso de direito tributário*. 17. ed. cit.).

Nesse compasso da extrafiscalidade do ITR, importante observar o contexto atual para definirmos a função social do imóvel rural almejado pela sociedade, ou seja, o fim social pretendido pela extrafiscalidade constitucional da propriedade privada, para fins de incidência progressiva do ITR.

Para Aliomar Baleeiro,[15] nos idos da década de 1990, a extrafiscalidade do ITR era uma forma de premiar a produtividade com alíquotas regressivas e apenar a terra pouco utilizada com alíquotas progressivas. Havia a definição do conceito de improdutividade ligada à exploração econômica agrícola, um incentivo ao desmatamento. São palavras do jurista: "O proprietário que conduz mal sua propriedade, conservando-a socialmente inútil, é onerado com encargos mais elevados, pois mantém comportamento inadequado ao interesse público ou inaptidão para se adaptar a este interesse".

Como não existe texto sem contexto, é este quem dá sentido ao texto, ou seja, outorga-lhe significação. Assim, com base no contexto atual, em que o apelo ambiental pelo não desmatamento, assim como pela regeneração da área natural da vegetação nativa são tão vistos e crescentes, o sentido da função social do imóvel rural foi alterado pela sociedade. Dessa forma, a não produção ou a baixa produtividade devem ser vistas como forma de dar um fim social almejado pela sociedade, tanto pela exploração legal quanto pela preservação constitucional.

Nesse passo, tanto a produção e a alta produtividade são realizações do fim social do imóvel rural, quando dentro dos limites legais, como sua não utilização com o fim de exploração e produção rural, mas visando manter ou regenerar mata nativa.

Importante observar que na legislação do Imposto de Renda há um desestímulo à exploração com fim agrícola e um estímulo à conservação da área e sua vegetação nativa com o abatimento das verbas gastas com o reflorestamento. O

---

15. BALEEIRO, Aliomar. *Direito tributário*. 11. ed. Atualizada por Mizabel Abreu Machado Derzi. Rio de Janeiro: Forense, 2000. p. 234.

objetivo é incentivar a formação de reservas ambientais, fim esse extrafiscal, para estimular o interesse social.

Há também o novo Código Ambiental, Lei 12.651 de 2012, que tem em seu art. 1º, I e VI, como um dos objetivos, criar estímulos econômicos a fomentar a preservação e a recuperação da vegetação nativa.

> Art. 1º-A. Esta Lei estabelece normas gerais sobre a proteção da vegetação, áreas de Preservação Permanente e as áreas de Reserva Legal; a exploração florestal, o suprimento de matéria-prima florestal, o controle da origem dos produtos florestais e o controle e prevenção dos incêndios florestais, e prevê instrumentos econômicos e financeiros para o alcance de seus objetivos. (Incluído pela Lei 12.727, de 2012).
>
> Parágrafo único. Tendo como objetivo o desenvolvimento sustentável, esta Lei atenderá aos seguintes princípios: (Incluído pela Lei 12.727, de 2012).
>
> I – afirmação do compromisso soberano do Brasil com a preservação das suas florestas e demais formas de vegetação nativa, bem como da biodiversidade, do solo, dos recursos hídricos e da integridade do sistema climático, para o bem-estar das gerações presentes e futuras; (Incluído pela Lei 12.727, de 2012).
>
> [...]
>
> VI – criação e mobilização de incentivos econômicos para fomentar a preservação e a recuperação da vegetação nativa e para promover o desenvolvimento de atividades produtivas sustentáveis. (Incluído pela Lei 12.727, de 2012).

Com isso, percebemos a definição do conceito de fim social do imóvel rural, dado o fato de a finalidade extrafiscal a ser atingida passar por alterações e dever ser observada com base na atualidade ou na data do evento tributário.

Portanto, é necessário definir o que seria fim social do imóvel rural para a sociedade contemporânea, considerando os valores e os anseios a serem alcançados, como fomento da extrafiscalidade do ITR, para definirmos improdutividade do imóvel rural a autorizar a progressividade da alíquota do imposto.

Assim, se um dos anseios da sociedade, é a manutenção do meio ambiente, não podemos conceber qualquer tipo de progressividade no ITR que culmine com elevada carga tributária pela baixa exploração do imóvel rural, considerando que a baixa exploração do imóvel rural é uma forma de manutenção do meio ambiente, mesmo que temporária. Justamente porque um dos aspectos da extrafiscalidade permitido pelo ordenamento constitucional é pela defesa do meio ambiente.

Como já sinalizamos, não concordamos que a defesa ao meio ambiente seja a única forma do exercício da função social a ensejar a extrafiscalidade, como assim o faz Diogo Bomfim:[16] "o que o ordenamento permite é que a defesa do meio ambiente seja tomada como fundamento relevante para fins da instituição de normas tributárias extrafiscais, estimulando ou desestimulando condutas".

Tampouco, que tal prescrição se ajusta ao art. 5º, XXIII, da Constituição Federal de 1988, justamente porque essa não é a única forma de se exercer a função social do imóvel rural, haja vista que a extrafiscalidade no ITR sugere tanto a exploração agropecuária quanto a manutenção da vegetação nativa.

Até mesmo porque a exploração agropecuária também é um anseio da sociedade e está igualmente resguardado na Constituição Federal de 1988 e na Lei 12.651 de 2012, com igual previsão em seu art. 1º-A, II, em consonância direta com a Carta Magna:

> Art. 1º-A. Esta Lei estabelece normas gerais sobre a proteção da vegetação, áreas de Preservação Permanente e as áreas de Reserva Legal; a exploração florestal, o suprimento de matéria-prima florestal, o controle da origem dos produtos florestais e o controle e prevenção dos incêndios florestais, e prevê instrumentos econômicos e financeiros para o alcance de seus objetivos. (Incluído pela Lei 12.727, de 2012).

16. BOMFIM, Diogo. *Extrafiscalidade, identificação, fundamentação, limitação e controle* cit.

> Parágrafo único. Tendo como objetivo o desenvolvimento sustentável, esta Lei atenderá aos seguintes princípios: (Incluído pela Lei 12.727, de 2012).
>
> [...]
>
> II – reafirmação da importância da função estratégica da atividade agropecuária e do papel das florestas e demais formas de vegetação nativa na sustentabilidade, no crescimento econômico, na melhoria da qualidade de vida da população brasileira e na presença do País nos mercados nacional e internacional de alimentos e bioenergia; (Incluído pela Lei 12.727, de 2012).

O cotejo dos arts. 5º, XXIII, 170, VI, 225 e 186 da Constituição Federal de 1988, nos permitirá definir a função social da propriedade que deve ser atendida.

Ao percorrermos a Constituição Federal de 1988, percebemos, com facilidade, a reserva de considerável espaço para tratar das questões vinculadas ao meio ambiente. Em seu art. 225, a Carta prescreve:

> Todos têm direito ao meio ambiente ecologicamente equilibrado, bem de uso comum do povo e essencial à sadia qualidade de vida, *impondo-se ao Poder Público e à coletividade o dever de defendê-lo e preservá-lo para as presentes e futuras gerações* (grifos nossos).

Considerando a análise do meio ambiente rural, foco deste trabalho, tal prescritividade nos leva a crer que a manutenção da vegetação nativa ou sua regeneração são formas de preservar o meio ambiente. Portanto, aquele que assim o realizar estará cumprindo a função social da propriedade privada.

Tanto é verdade que nos parágrafos do art. 225[17] estão elencadas algumas atribuições impostas ao Estado para

---

17. "§ 1º Para assegurar a efetividade desse direito, incumbe ao Poder Público: I – preservar e restaurar os processos ecológicos essenciais e prover o manejo ecológico das espécies e ecossistemas; II – preservar a diversidade e a integridade do patrimônio genético do País e fiscalizar as entidades dedicadas à pesquisa e manipulação de material genético; II – definir, em todas as unidades da Federação, espaços territoriais e seus componentes a serem especialmente protegidos, sendo a alteração e a supressão permitidas somente através de lei, vedada qualquer utilização que comprometa a integridade dos atributos que justifiquem sua proteção; IV – exigir, na

assegurar o direito ao meio ambiente ecologicamente equilibrado, como direito de todos. Vê-se, portanto, que o Constituinte preocupou-se enormemente em preservar o meio ambiente, o que nos leva a concluir que tal conduta é uma forma de atender à função social da propriedade.

Em seu art. 170, VI, a Constituição Federal de 1988 prescreve o dever de a ordem econômica observar a "defesa do meio ambiente" e, em seu art. 186, consigna que a função social é cumprida quando atendidos os requisitos elencados nos incisos, conforme grau de exigência estabelecido em lei.

> Art. 186. A função social é cumprida quando a propriedade rural atende, simultaneamente, segundo critérios e graus de exigência estabelecidos em lei, aos seguintes requisitos:
>
> I – aproveitamento racional e adequado;
>
> II – utilização adequada dos recursos naturais disponíveis e preservação do meio ambiente;
>
> III – observância das disposições que regulam as relações de trabalho;
>
> IV – exploração que favoreça o bem-estar dos proprietários e dos trabalhadores.

Esse artigo já revela outra forma do exercício da função social: como deve ser realizada a exploração para se atingir o fim social, em consonância com o direito à propriedade privada (art. 5º, XXII, livre-iniciativa, liberdade da atividade econômica), indo ao encontro desses princípios constitucionais.

Ele não pode ser analisado isoladamente. Não é essa a única forma de atender à função social da propriedade, mas

---

forma da lei, para instalação de obra ou atividade potencialmente causadora de significativa degradação do meio ambiente, estudo prévio de impacto ambiental, a que se dará publicidade; V – controlar a produção, a comercialização e o emprego de técnicas, métodos e substâncias que comportem risco para a vida, a qualidade de vida e o meio ambiente; *VI – promover a educação ambiental em todos os níveis de ensino e a conscientização pública para a preservação do meio ambiente;* VII – proteger a fauna e a flora, vedadas, na forma da lei, as práticas que coloquem em risco sua função ecológica, provoquem a extinção de espécies ou submetam os animais a crueldade."

uma das maneiras de se atender à função social da propriedade rural. Inclusive, isso nos leva a entender que a exploração do imóvel rural é limitada, ficando os critérios a cargo do legislador infraconstitucional.

O artigo se aplica aos casos de exploração do imóvel rural que deve obedecer aos critérios e graus de utilização legal. Outra forma de atender à função social da propriedade rural é preservá-la (art. 225 da Constituição Federal de 1988).

Assim, com base na Constituição Federal de 1988, podemos afirmar que o exercício da função social da propriedade rural é realizado tanto pela preservação e regeneração da vegetação natural quanto por meio da exploração da atividade agropecuária limitada, de acordo com os ditames legais.

Os limites legais à exploração agropecuária estão previstos na Lei 12.651 de 2012, que trata das áreas de preservação permanente (art. 4º e seguintes) e, mais objetivamente, das áreas de reserva legal (art. 12 e seguintes).

Diante disso, como devemos interpretar a progressividade extrafiscal do ITR prevista no art. 153, § 4º, I, considerando a extrafiscalidade do ITR para o exercício da função social prevista na Constituição Federal?

Parece-nos que a Constituição Federal limitou a exploração na supressão da vegetação nativa no exercício da atividade legal, no direito à propriedade privada, mas não à sua preservação e conservação como vegetação nativa.

Aparentemente, temos uma mutação da definição constitucional do conceito de improdutividade para finalidade de aplicar a progressividade do ITR pelo exercício da função social. Essa mutação é visível no contexto de 1988 e ainda hoje, transcorridos mais de 30 anos.

Naquela época, o contexto era completamente diferente. Clamava pela exploração econômica dos imóveis rurais na agropecuária com o intuito de avançar a economia desse setor. A progressividade era contextualizada no intuito de penalizar a manutenção de áreas aproveitáveis sem exploração agropecuária.

Atualmente, o contexto mudou. O avanço na exploração agropecuária busca incentivar a alta produtividade, aplicar novas tecnologias, assim como a manutenção da vegetação das áreas não exploradas na agropecuária, apesar de aproveitáveis. Esse é o novo cenário da função social do imóvel rural.

4. Construção do critério material extrafiscal do ITR

Durante este estudo identificamos a necessidade da construção do critério material da extrafiscalidade do ITR a autorizar a progressividade constitucional do imposto, em razão da função social do imóvel rural. O ato é importante para a construção da progressividade extrafiscal do imposto.

A regra da extrafiscalidade do ITR foi idealizada pensando na construção da norma de incidência do ITR. Nela foi possível verificar que a norma extrafiscal e a norma fiscal de incidência do ITR possuem critérios materiais distintos, na sua estrutura completa, que se complementam.

Enquanto no critério material da regra fiscal temos o fato de ser proprietário de imóvel rural, no critério material da regra da extrafiscalidade teremos o fato de exercer a função social do imóvel rural.

E a partir da verificação do critério material da regra da extrafiscalidade do ITR é que compreendemos melhor a alíquota progressiva do critério quantitativo.

Nessa análise, verificamos que apenas esses dois critérios se alteram dentro RMIT (o critério material e a alíquota do critério quantitativo). A alíquota na regra da extrafiscalidade será progressiva em razão do grau de utilização da área aproveitável, como desestímulo à manutenção da propriedade improdutiva. Enquanto a alíquota da regra fiscal será progressiva em razão do tamanho da área do imóvel rural.

Veja-se que a alíquota deve guardar relação com a grandeza do fato, a dúvida que responderemos mais à frente é se a improdutividade, apresentada pelo grau de utilização do imóvel rural como desenhada hoje para a fixação da alíquota progressiva guarda relação com a grandeza do fato, exercício da função social.

Pensando na importância da conjugação desses dois critérios, ressaltou Aires Fernandino Barreto,[18] ao tratar da base de cálculo: "consiste a base de cálculo na descrição legal de um padrão ou unidade de referência que possibilite a quantificação da grandeza financeira do fato tributário". A partir disso é que foi possível entender como deve ser analisada a alíquota do critério quantitativo para desestimular as propriedades improdutivas.

Importante perceber que não só a base de cálculo deve afirmar o critério material, mas é também a função da alíquota. Assim, caberá ao critério quantitativo afirmar o critério material.

Percebemos que o grau de utilização a autorizar a progressividade para desestimular a propriedade improdutiva deve ser analisado em respeito ao exercício da função social, ou seja, associado ao critério material que o autorizou. Esse cenário nos levou a definir o conceito do exercício da função social nos dias atuais e, com base nisso, o que seria produtivo ou improdutivo, para analisar o grau de utilização.

Identificamos que dentro das áreas aproveitáveis do imóvel rural, de onde se calcula o grau de utilização, pelo conceito atual do exercício da função social, houve mudanças. Isso porque, as áreas aproveitáveis e não utilizadas na exploração agropecuária não mais podem ser consideradas não utilizadas para o aumento da alíquota tributária, pois estão servindo às terras que revestem e à sociedade, como uma das formas de se exercer a função social do imóvel rural.

---

18. BARRETO, Aires Fernandino. *Base de cálculo, alíquota e princípios constitucionais*. 2. ed. São Paulo: Max Limonad, 1998. p. 51.

Assim, o critério material da RMIT se divide em dois aspectos: o critério fiscal e o critério extrafiscal. Eles devem ser confirmados pelas alíquotas, assim como ocorre com a base de cálculo, pois a progressividade da alíquota deve manter relação direta com a materialidade do tributo que a autoriza. Do contrário, poderemos estar diante de uma sanção e não de uma extrafiscalidade.

Nesse passo, passamos à análise da alíquota para aferição de sua adequação à materialidade extrafiscal do ITR supraconstruída.

5. Alíquota extrafiscal do ITR

A alíquota do ITR é calculada com base em dois fatores: o tamanho do imóvel rural e o grau de utilização da área aproveitável. A aplicação conjunta desses dois critérios formam a alíquota que incidirá sobre o VTNt, conforme art. 11 da Lei 9.393 de 1996.

O legislador utilizou dois critérios para apurar a progressividade da alíquota do ITR: fiscal e extrafiscal. O primeiro é o de apuração pelo tamanho do imóvel rural; o segundo, pelo grau de utilização da área aproveitável.

Ao utilizarmos a forma lógica da RMIT para construir a norma jurídica extrafiscal, no tópico supra, vimos que seu critério material será "realizar o exercício da função social", com verbo de predicação incompleta e seu complemento que exprime uma atividade social. Diferentemente do critério material fiscal que exprime uma grandeza econômica.

No critério quantitativo, teremos, na formação da alíquota, a extrafiscalidade do imposto.

Diante desse cenário temos, em síntese, a garantia do caráter extrafiscal do ITR, atrelado ao exercício da função social que, por sua vez, é tanto a preservação do meio ambiente quanto sua exploração agropecuária dentro dos limites legais.

Nesse contexto, sendo a progressividade disciplinada pela Constituição Federal para desestimular as propriedades improdutivas, progredimos os estudos a fim de interpretarmos o que seria propriedade improdutiva para os fins atuais, a fim de construirmos tal progressividade.

Pois, se considerarmos improdutiva aquela que não tem exploração agropecuária, que tem parte dela sendo regenerada, ou que a exploração agrícola não tenha atingido alto nível de produção e melhor produtividade, estaremos na contramão de uma das funções sociais do imóvel rural, privilegiando uma em detrimento da outra.

A definição da função social do imóvel rural, prevista no art. 5º, XXIII, da Constituição Federal de 1988, é algo bastante complexo e pouco visto na doutrina atual.

Há quem diga que a função social da propriedade rural seria a preservação ambiental, com fundamento no art. 170, III e VI, da Constituição Federal de 1988; há quem defenda que a função social do imóvel rural seria a exploração, e que o art. 153, § 4º, da Constituição Federal de 1988 reforça esse entendimento.

Assim como Alexandre Naoki Nishioka,[19] entendemos que "o ITR é um imposto que incentiva, ao mesmo tempo, a preservação do meio ambiente e a manutenção de terras produtivas, zelando pelo cumprimento da função social".

Nesse sentido, também o é a Constituição Federal, ao dispor sobre a função social do imóvel rural, nos termos do art. 186.[20]

---

19. NISHIOKA, Alexandre Naoki. O imposto sobre a propriedade territorial rural como instrumento do poder público para o desenvolvimento agrário sustentável: o ITR e as áreas de preservação permanente e de reserva legal. *In:* ANAN, Pedro Jr.; PEIXOTO, Marcelo Magalhães (Coord.). *Imposto sobre a propriedade territorial rural à luz da jurisprudência do Conselho Administrativo de Recursos Fiscais*. São Paulo: MP, 2012. p. 16.

20. "Art. 186. A função social é cumprida quando a propriedade rural atende, simultaneamente, segundo critérios e graus de exigência estabelecidos em lei, aos seguintes requisitos:
I – aproveitamento racional e adequado;
II – utilização adequada dos recursos naturais disponíveis e preservação do meio ambiente;

Se a propriedade rural deve exercer sua função social, sendo ela tanto a exploração quanto a manutenção do meio ambiente, como devemos interpretar o caráter extrafiscal insculpido no art. 153 da Constituição Federal de 1988[21] a desestimular as propriedades improdutivas?

Para esta análise devemos compreender o que dispõe a lei que instituiu o ITR, n. 9.393 de 1996, e analisá-la em subordinação à Constituição Federal, conforme ensina Paulo de Barros Carvalho, ao elucidar o processo gerador de sentido no plano S4.

Para traçarmos a progressividade do ITR devemos nos debruçar no cálculo do grau de utilização, pois será ele o responsável por apresentar a alíquota a ser aplicada, em conjunto com a área do imóvel rural, conforme tabela anexa, nos termos do art. 11 da Lei 9.393 de 1996.

Nossa análise deverá recair, mais precisamente, nos critérios de aferição do grau de utilização: as áreas aproveitáveis e efetivamente utilizadas, tendo em vista que conforme o art. 10, VI, da Lei 9.393 de 1996,[22] o grau de utilização é a relação percentual entre as áreas efetivamente utilizadas e aproveitáveis.

Nesse passo, devemos considerar como *área aproveitável* o que está disposto no art. 10, § 1º, II, IV, da Lei 9.393 de 1996,[23]

III – observância das disposições que regulam as relações de trabalho;
IV – exploração que favoreça o bem-estar dos proprietários e dos trabalhadores."

21. "Art. 153. Compete à União instituir impostos sobre:
[...]
VI – propriedade territorial rural;
[...]
§ 4º O imposto previsto no inciso VI do *caput*: (Redação dada pela Emenda Constitucional 42, de 19.12.2003)
I – será progressivo e terá suas alíquotas fixadas de forma a desestimular a manutenção de propriedades improdutivas; (Incluído pela Emenda Constitucional 42, de 19.12.2003)."

22. "Art. 10. [...] VI – Grau de Utilização – GU, a relação percentual entre a área efetivamente utilizada e a área aproveitável."

23. "Art. 10. A apuração e o pagamento do ITR serão efetuados pelo contribuinte, independentemente de prévio procedimento da administração tributária, nos prazos e condições estabelecidos pela Secretaria da Receita Federal, sujeitando-se a homologação

ou seja, *aquelas passíveis de exploração agrícola, pecuária, granjeira, aquícola ou florestal*, excluídas as áreas:

- ✓ ocupadas por benfeitorias úteis e necessárias;
- ✓ de preservação permanente e de reserva legal;
- ✓ de interesse ecológico para proteção dos ecossistemas assim declaradas mediante ato do órgão competente, federal ou estadual, e que ampliem as restrições de uso previstas na alínea anterior;
- ✓ comprovadamente imprestáveis para qualquer exploração agrícola, pecuária, granjeira, aquícola ou florestal, declaradas de interesse ecológico mediante ato do órgão competente, federal ou estadual;
- ✓ sob regime de servidão ambiental;
- ✓ cobertas por florestas nativas, primárias ou secundárias em estágio médio ou avançado de regeneração;
- ✓ alagadas para fins de constituição de reservatório de usinas hidrelétricas autorizadas pelo poder público.

Entre as áreas aproveitáveis para o cômputo do grau de utilização, é fácil perceber que as áreas cobertas por mata

posterior. § 1º Para os efeitos de apuração do ITR, considerar-se-á: [...] II – área tributável, a área total do imóvel, menos as áreas: a) de preservação permanente e de reserva legal, previstas na Lei 12.651, de 25 de maio de 2012; (Redação dada pela Lei 12.844, de 2013) (Vide art. 25 da Lei 12.844, de 2013); b) de interesse ecológico para a proteção dos ecossistemas, assim declaradas mediante ato do órgão competente, federal ou estadual, e que ampliem as restrições de uso previstas na alínea anterior; c) comprovadamente imprestáveis para qualquer exploração agrícola, pecuária, granjeira, aquícola ou florestal, declaradas de interesse ecológico mediante ato do órgão competente, federal ou estadual; d) sob regime de servidão ambiental; (Redação dada pela Lei 12.651, de 2012); e) cobertas por florestas nativas, primárias ou secundárias em estágio médio ou avançado de regeneração; (Incluído pela Lei 11.428, de 2006); f) alagadas para fins de constituição de reservatório de usinas hidrelétricas autorizada pelo poder público. (Incluído pela Lei 11.727, de 2008) [...] IV – área aproveitável, a que for passível de exploração agrícola, pecuária, granjeira, aquícola ou florestal, excluídas as áreas: a) ocupadas por benfeitorias úteis e necessárias; b) de que tratam as alíneas do inciso II deste parágrafo; (Redação dada pela Lei 11.428, de 2006)."

nativa, além das áreas de preservação permanente e de reserva legal foram excluídas deste cálculo, desde 2006. Isso nos sinaliza a correta correlação hierárquica com a Constituição Federal, já que as áreas cobertas com vegetação nativa são uma forma de se exercer a função social do imóvel rural. Isso porque, nesse caso, há uma preservação, e, por isso, não pode ser calculada como se aproveitável fosse, de acordo com a forma de cálculo escolhida pelo legislador infraconstitucional.

Como vimos, as áreas aproveitáveis são aquelas aptas a serem efetivamente utilizadas na atividade agropecuária. Caso elas fossem consideradas aproveitáveis, haveria um grau de utilização muito baixo, o que elevaria a alíquota do imposto. Entretanto, estaria sendo penalizado aquele que realiza a manutenção da vegetação nativa, uma das funções sociais do imóvel rural.

As áreas efetivamente utilizadas, conforme rege o art. 10, § 1º, V, da Lei 9.393 de 1996,[24] são aquelas que:

- ✓ foram plantadas com produtos vegetais;
- ✓ serviram de pastagem nativa ou plantada, observados os índices de lotação por zona de pecuária;
- ✓ serviu de exploração extrativa, observado índice de rendimento;
- ✓ serviu de exploração para atividade granjeira e aquícola;
- ✓ foi objeto de implantação de projeto técnico.

Com base nessas informações, conseguimos chegar ao grau de utilização do imóvel rural calculado com base na área aproveitável. Combinado com o tamanho do imóvel rural,

24. "V – área efetivamente utilizada, a porção do imóvel que no ano anterior tenha: a) sido plantada com produtos vegetais; b) servido de pastagem, nativa ou plantada, observados índices de lotação por zona de pecuária; c) sido objeto de exploração extrativa, observados os índices de rendimento por produto e a legislação ambiental; d) servido para exploração de atividades granjeira e aquícola; e) sido o objeto de implantação de projeto técnico, nos termos do art. 7º da Lei 8.629, de 25 de fevereiro de 1993;"

chegaremos à alíquota aplicável, conjugada na tabela legal, a ser aplicado sobre o Valor da Terra Nua Tributável (VTNt) para conhecer o valor do imposto a pagar. Essa é a forma de se calcular a alíquota do ITR, em atenção ao seu caráter extrafiscal, em função do exercício da função social.

Com base na legislação de regência do ITR fica fácil perceber que, desde 2006, o legislador infraconstitucional, ao excluir das áreas aproveitáveis as áreas com vegetação nativa, adaptou à mutação a definição do conceito de improdutivo para fins de progressividade do ITR, deixando fora do cálculo do grau de utilização as áreas com vegetação nativa, primária ou secundária, em estágio médio ou avançado de regeneração.

É possível compreender que a forma de calcular o grau de utilização, conforme previsto, desde 2006, tem a finalidade de tributar de forma mais onerosa aqueles que não usam (ou usam pouco), a área passível de exploração, em consonância com a Constituição Federal.

Essas são previsões legais importantes para o cálculo da alíquota a ser empregada no cômputo do imposto. Elas nos permitirão afirmar ou infirmar o caráter extrafiscal do imposto.

Com relação ao grau de utilização, em razão do exercício da função social do imóvel rural. Essa regra deve analisar a produtividade do imóvel rural, em atenção ao exercício da função social.

Não podemos perder de vista que a progressividade extrafiscal se dá em razão do exercício da função social. Assim, devem ser analisadas a produtividade e a improdutividade do imóvel rural de acordo com o exercício da função social almejado pela sociedade atual. Para calcular o grau de utilização, analisa-se a área aproveitável (passível de exploração agrícola, pecuária, granjeira, aquícola ou florestal), excluindo as áreas não aproveitáveis e isentas, nos termos do art. 10, IV, da Lei 9.393/1996:

> IV – área aproveitável, a que for passível de exploração agrícola, pecuária, granjeira, aquícola ou florestal, excluídas as áreas:

> a) ocupadas por benfeitorias úteis e necessárias;
>
> b) de que tratam as alíneas do inciso II deste parágrafo; (Redação dada pela Lei 11.428, de 2006)

Dentro da área aproveitável devemos analisar sua efetiva utilização, ou seja, a área que foi plantada, que serviu de pastagem ou de exploração agrícola, conforme dispõe o art. 10, V, da Lei 9.393 de 1996:

> V – área efetivamente utilizada, a porção do imóvel que no ano anterior tenha:
>
> a) sido plantada com produtos vegetais;
>
> b) servido de pastagem, nativa ou plantada, observados índices de lotação por zona de pecuária;
>
> c) sido objeto de exploração extrativa, observados os índices de rendimento por produto e a legislação ambiental;
>
> d) servido para exploração de atividades granjeira e aquícola;
>
> e) sido o objeto de implantação de projeto técnico, nos termos do art. 7º da Lei 8.629, de 25 de fevereiro de 1993;

Teremos, ainda, o grau de utilização a partir do cotejo entre as áreas aproveitáveis e efetivamente utilizadas. Esse será o percentual que, combinado com o tamanho do imóvel rural, resultará na alíquota a ser aplicada, nos termos do art. 10, VI, da Lei 9.393 de 1996: “VI – Grau de Utilização – GU, a relação percentual entre a área efetivamente utilizada e a área aproveitável”.

As alíquotas foram fixadas conforme o percentual do grau de utilização e demarcadas da seguinte forma: para imóveis com grau de utilização acima de 80%; para imóveis com grau de utilização entre 65% e 80%; para imóveis com grau de utilização entre 50% e 65%; para imóveis com grau de utilização entre 30% e 50%; e para imóveis com grau de utilização até 30%, que conjugados com o tamanho da área do imóvel rural nos proporcionam a alíquota aplicável.

Entretanto, como o grau de utilização analisado de acordo com a efetiva utilização da área aproveitável deve ser verificado conforme o exercício da função social da propriedade rural (a autorizar a sua progressividade para desestimular os imóveis improdutivos) e, tendo o conceito do exercício da função social da propriedade rural sofrido ampla mutação para os dias atuais (principalmente com o apelo pela preservação ambiental), instigamos neste estudo uma nova análise sobre a progressividade extrafiscal. Ela deve ser feita sobre o grau de utilização, pois mesmo as áreas aproveitáveis não utilizadas na atividade agropecuária, ou aquelas previstas no art. 10, V, da Lei 9.393 de 1996, também foram úteis para a terra as quais revestem e para a sociedade; não pode ser considerada como se efetivamente não tivesse sido utilizada para o cômputo do grau de utilização.

Assim, a progressividade extrafiscal também passou por uma mutação de sentido e uma nova interpretação deve ser feita. Com base na interpretação proposta, a aplicação da norma deve ser revista.

Outro aspecto importante sobre o cálculo da alíquota a ser aplicada, com base no grau de utilização da área aproveitável, diz respeito aos imóveis rurais que não possuem área aproveitáveis, considerando área aproveitável aquela prevista no art. 10, IV, da Lei 9.393 de 1996: "IV – área aproveitável, a que for passível de exploração agrícola, pecuária, granjeira, aquícola ou florestal", como de mineração e de aterro sanitário.

Assim, não há como calcular a alíquota a ser aplicável, pois ela é uma conjunção entre o grau de utilização e o tamanho do imóvel rural, de maneira que nesses casos não poderá incidir por falta de alíquota, ou seja, não haverá ITR.

Apesar de a lei infraconstitucional tratar essas áreas como se isentas fossem, na verdade, são verdadeiros casos de não incidência, como já enfatizamos anteriormente.

6. Limite à progressiva extrafiscal do ITR: princípio constitucional do não confisco

O princípio do não confisco está insculpido no art. 150, IV, da Constituição Federal, que veda expressamente a utilização de tributo com caráter confiscatório, ou seja, é proibido usurpar o patrimônio do contribuinte, em qualquer situação, de forma que os tributos extrafiscais não estão autorizados a atuar de maneira confiscatória, com alíquotas ou base de cálculo excessivas em desconformidade com a capacidade contributiva do contribuinte:

> Art. 150. Sem prejuízo de outras garantias asseguradas ao contribuinte, é vedado à União, aos Estados, ao Distrito Federal e aos Municípios:
>
> [...]
>
> IV – utilizar tributo com efeito de confisco.

A finalidade da norma constitucional é proibir que o legislador onere além da conta a imposição tributária ou sancionatória do contribuinte. É proibir, com isso, qualquer previsão legal que culmine na absorção considerável do patrimônio, propriedade, aniquilamento da empresa ou impedimento ao prosseguimento da atividade empresarial lícita, em total inobservância da capacidade contributiva dos contribuintes.

O princípio do não confisco deve ser visto como medida de contenção, limitadora ao poder do legislador. Nesse sentido, eis como devemos interpretar a alíquota de 20% do ITR, considerando o quadro de alíquotas do anexo I da Lei 9.393 de 1996, em atenção ao art. 11, a seguir transcrito.

Quadro de alíquotas

Área em hectares	**Grau de utilização Até 30**
Até 50	1,00
Maior que 50 até 200	2,00
Maior que 200 até 500	3,30
Maior que 500 até 1.000	4,70
Maior que 1.000 até 5.000	8,60
Acima de 5.000	20,00

Fonte: Lei 9.393, de 1996.

A alíquota de 20% é aplicada sobre o valor da terra nua tributável (VTNt). Considerando que o VTNt equivale ao VTN (excluídos valores com benfeitorias, pastagens...) multiplicado pela divisão entre a área total e a área aproveitável (excluídas as áreas isentas e não aproveitáveis), teremos a aplicação de 20% sobre grande fração do imóvel rural.

Em números, considerado o VTN de R$ 1 mil por hectare e a fração da área total (1 mil hectares) com a área tributável (700 hectares), para o cálculo do VTNt tributável teremos a multiplicação de R$ 1 mil por 700 hectares, totalizando R$ 700 mil. Essa será a base de cálculo para a aplicação da alíquota de 20%.

Considerando que o valor do imóvel rural é de R$ 1 mil multiplicado por 1 mil hectares, totaliza-se um valor de R$ 1 milhão.

Assim, a aplicação da alíquota de 20% sobre R$ 700 mil (VTNt), R$ 140 mil, por 7 anos, de tão onerosa, terá o caráter confiscatório[25] vedado constitucionalmente. A progressividade fiscal e extrafiscal do ITR não autoriza o confisco, que está proibido sob todos os aspectos.

Conforme ensina Hugo de Brito Machado,[26]

> Assim, o tributo com efeito de confisco, no regime da vigente Constituição, está proibido sob todos os aspectos, seja qual for a interpretação adotada para os dispositivos pertinentes ao direito de propriedade (art. 5º, XXII), e ao regime econômico prevalecente (art. 170, II e IV). O dispositivo em seu art. 150, item IV, não permite dúvidas a este respeito.

---

25. "Atendendo a esse dispositivo, a Lei 9.393 de 1996, estabelece as alíquotas do ITR em função da área total e do grau de utilização do imóvel, que variam de 0,03% a 20%, alíquota esta de caráter evidentemente confiscatório e, portanto, incompatível com o princípio da vedação da utilização de tributo com efeito de confisco (art. 150, IV, CF)" (COSTA, Regina Helena. *Curso de direito tributário* – Constituição e Código Tributário Nacional cit., p. 362).

26. MACHADO, Hugo de Brito. *Os princípios jurídicos da tributação na Constituição de 1988*. São Paulo: RT, 1989. p. 68.

Além disso, o caráter confiscatório não está restrito aos tributos, mas é aplicado também às sanções, conforme observa Roque Antonio Carrazza:[27]

> A nosso sentir, confiscatório são os tributos ou as multas fiscais que, por assim dizer, esgotam (ou têm a potencialidade de esgotar) a riqueza tributável das pessoas. Ou, se preferirmos: que ignoram a aptidão de uma pessoa, física ou jurídica, de entregar parte da riqueza que possui, ou sancionam de modo escorchante, sem nenhuma correlação com a infração por ela cometida.

A previsão constitucional do não confisco não se limita à instituição apenas da obrigação tributária principal, mas se estende às sanções a ela relacionadas, pois a finalidade constitucional, vista como a intenção da lei, é justamente amparar o contribuinte contra os excessos do poder público.

É certo que apenas em cada caso concreto poderemos verificar o caráter confiscatório da exação tributária. Entretanto, podemos antever que, assim como ocorre com alíquota excessiva, a repentina e excessiva majoração da base de cálculo de qualquer tributo traz sérias repercussões ao patrimônio, com considerável tempo para adaptação da atividade empresarial ao novo regramento, agredindo o princípio do não confisco, da propriedade privada e da livre-iniciativa, pois estará dificultando a exploração econômica habitual ou até impossibilitando seu prosseguimento.

Na prática, sempre que o contribuinte deva fazer novos pedidos de financiamento para prosseguir a atividade, em face da oneração excessiva e inesperada do tributo por majoração da base de cálculo, estaremos diante de um caso confiscatório, pois parcela do seu patrimônio está sendo dada em garantia para a continuidade da sua atividade empresarial lícita. Isso ocorre justamente porque esse princípio repercute diretamente na fixação das alíquotas, progressividade e majoração

27. CARRAZZA, Roque Antonio. *Reflexões sobre a obrigação tributária*. São Paulo: Noeses, 2010. p. 199.

da base de cálculo, implicando maior base calculada, ou seja, nos critérios de aferição do tributo.

São, certamente, situações que fogem ao princípio da razoabilidade e da valorização ao princípio da livre-iniciativa, requisitos constitucionais de fundamento de validade das normas jurídicas tributárias, inclusive daquelas que tratam das sanções pelo descumprimento dos deveres instrumentais, em total desrespeito à capacidade contributiva.

Conforme ensina Roque Antonio Carrazza,[28] "em suma, o princípio do não confisco veda excessos, seja na tributação, seja na apenação de condutas de contribuintes que não cumprem a preceito suas obrigações tributárias (principais ou acessórias)".

Muito se discute sobre a aplicação do princípio constitucional do não confisco às multas. O caráter confiscatório das multas não pode ser dissociado da proporcionalidade existente entre a norma jurídica violada e sua consequência. Portanto, é extremamente importante a aplicação do princípio do não confisco para a dosimetria da proporcionalidade tributária.

O próprio Supremo Tribunal Federal reconhece a aplicação do princípio do não confisco às multas, conforme ementa a seguir transcrita do acórdão, nos autos do AI 727872 AgR do RS, Rel. Min. Roberto Barroso, julgado em 2015:

> EMENTA: AGRAVO REGIMENTAL NO AGRAVO DE INSTRUMENTO. TRIBUTÁRIO. MULTA MORATÓRIA DE 30%. CARÁTER CONFISCATÓRIO RECONHECIDO. INTERPRETAÇÃO DO PRINCÍPIO DO NÃO CONFISCO À LUZ DA ESPÉCIE DE MULTA. REDUÇÃO PARA 20% NOS TERMOS DA JURISPRUDÊNCIA DA CORTE.
>
> 1. É possível realizar uma dosimetria do conteúdo da vedação ao confisco à luz da espécie de multa aplicada no caso concreto.
>
> 2. Considerando que as multas moratórias constituem um mero desestímulo ao adimplemento tardio da obrigação tributária, nos termos da jurisprudência da Corte, é razoável a fixação do patamar de 20% do valor da obrigação principal.

---

28. CARRAZZA, Roque Antonio. *Reflexões sobre a obrigação tributária* cit., p. 204.

3. Agravo regimental parcialmente provido para reduzir a multa ao patamar de 20%.

Ou seja, qualquer sanção tributária que exceda os limites da proporcionalidade, violando a correta e adequada cobrança tributária sem preservar a capacidade econômica e a obediência aos princípios constitucionais, tornam-se confiscatórias e, portanto, inconstitucionais.

7. Vedação do tributo como sanção por ato ilícito e sua aplicação no ITR

Durante toda a pesquisa, ressaltamos a vedação ao caráter sancionatório tributário.

O art. 3º do Código Tributário Nacional, ao definir o conceito de tributo, vedou a instituição do tributo como sanção por ato ilícito, o que guarda relação direta com a instituição de normas extrafiscais, justamente para impedir que a extrafiscalidade tributária se torne sanção por ato ilícito. Assim ensina Diego Bomfim:[29] "se o interesse do legislador for o de tornar a conduta ilícita, proibindo-a, a norma tributária será inadequada".

Não cabe ao legislador competente proibir condutas mediante o emprego de normas tributárias. Esse fato feriria frontalmente a natureza jurídica do tributo. O caráter extrafiscal das normas tributárias serve para induzir determinados comportamentos no sentido almejado pela sociedade e não para proibir determinado comportamento, tornando ilícito e sancionatório seu cumprimento.

Ou seja, o critério material não pode ser um ilícito tributário, deve sempre regular as condutas lícitas, determinar como deve ser o comportamento do contribuinte. É ilícito o descumprimento do dever tributário prescrito apenado pela sanção, multa.

---

29. BOMFIM, Diego. *Extrafiscalidade, identificação, fundamentação, limitação e controle* cit., p. 235.

Essa característica fundamental não pode ser desnaturada. O caráter extrafiscal não pode tornar a conduta ilícita, ou seja, proibida, mas apenas poderá desestimular certo comportamento perante a conduta lícita. Isso, porque a conduta ilícita gera multa e não tributo a pagar.

O Supremo Tribunal Federal em precedente não muito recente, mas importante, em decisão de relatoria do Ministro Moreira Alves,[30] esclareceu que "não é permitido em nosso sistema tributário, que se utilize de um tributo com finalidade extrafiscal de se penalizar a ilicitude. Tributo não é multa, nem pode ser usado como se fosse".

Diante da vedação de tributo como sanção por ato ilícito devemos tomar cuidado ao criarmos a regra matriz da progressividade extrafiscal. No que diz respeito ao critério material, não podemos considerar um ato ilícito. Nele teremos sempre um ato lícito, construído por um verbo mais seu complemento.

No caso da progressividade extrafiscal, o critério material deve ser "a conduta de realizar a função social" e a alíquota deve ser fixada conforme o grau de realização da função social. Assim, se o imóvel realizou 10% da função social, a alíquota será X; se realizou entre 10% e 15% da função social, então a alíquota será Y. Haverá uma gradação da alíquota conforme maior utilização da função social do imóvel rural.

Caso contrário, ao construirmos um critério material da progressividade como ilícito, estaremos diante de uma sanção e não de um tributo.

Conclusão

O presente trabalho foi realizado visando aprofundar o conhecimento do aspecto extrafiscal de progressividade do ITR, incluído na sua materialidade, como ato lícito e não

30. BRASIL. Supremo Tribunal Federal. RE 94.001, Rel. Min. Moreira Alves, Tribunal Pleno, j. 11.03.1982, public. 11-06-1982.

ilícito ou sancionatório, realizando cortes que delimitam sua definição para analisarmos, na sequência, a aplicação da respectiva progressividade da alíquota em consonância com a norma prescritiva de conduta.

Ao estudarmos o critério material do ITR verificamos que sua definição obriga tanto a construção do caráter fiscal quanto do caráter extrafiscal, e nessa dinâmica definimos, com fundamento na Constituição Federal, a finalidade almejada pelo constituinte na regulação dessa conduta, com base nisso, verificamos que houve uma mutação de conceitos e que atualmente o contexto permite definição diferente daquela outorgada em 1988; assim, ao analisarmos a alíquota progressiva e a necessidade de estar diretamente ligada ao fato que lhe autoriza prescrito na materialidade tributária, verificamos que os anseios da sociedade para com o meio ambiente já não condizem com a forma de aplicação da progressividade como atualmente realizada. No presente trabalho tivemos a oportunidade de tecer críticas a esse modelo de aplicação da extrafiscalidade do ITR.

Referência

AQUARO, Marcela Conde. *Regra-matriz de incidência tributária do imposto territorial rural*. Dissertação de mestrado. Pontifícia Universidade Católica de São Paulo (PUC-SP), 2010.

AMARO, Luciano. *Direito tributário brasileiro*. 19.ed. São Paulo: Saraiva, 2013.

ARAÚJO, Clarice Von Oertzen de. Semiótica e investigação do direito. In: (Coord.) CARVALHO, Paulo de Barros. *Constructivismo lógico-semântico*. Organizado por Aurora Tomazini de Carvalho. v.I. São Paulo: Noeses, 2014.

ARAÚJO, Clarice Von Oertzen de. *Semiótica do direito*. São Paulo: Quartier Latin, 2005.

ATALIBA, Geraldo. *Hipótese de incidência tributária*. 6.ed. São Paulo: Malheiros, 2011.

BALEEIRO, Aliomar. *Direito tributário*. 11.ed. Atualizada por Mizabel Abreu Machado Derzi. Rio de Janeiro: Forense, 2000.

BARRETO, Aires Fernandino. *Base de cálculo, alíquota e princípios constitucionais*. 2.ed. São Paulo: Max Limonad, 1998.

BARRETO, Paulo Ayres. *Base de cálculo, alíquota e princípios constitucionais*. 2. ed. São Paulo: Max Limonad, 1998.

BECKER, Alfredo Augusto. Teoria geral do direito tributário. 2. ed. São Paulo: Saraiva, 1972.

BECKER, Alfredo Augusto. *Teoria geral do direito tributário*. 3. ed. São Paulo: Lejus, 1998.

BONFIM, Diego. *Extrafiscalidade, identificação, fundamentação, limitação e controle*. São Paulo: Noeses, 2015.

BRASIL. *Código Tributário Nacional*. Lei n. 5.172, de 25 de outubro de 1966.

BRASIL. *Constituição Federal do Brasil*. Promulgada em 5 de outubro de 1988.

BRASIL. *Lei Complementar* n.118, de 09 de fevereiro de 2005.

BRITTO, Lucas Galvão de. *O lugar e o tributo*: ensaio sobre competência e definição do critério espacial na regra-matriz de incidência tributária. São Paulo: Noeses, 2014.

CALCINI, Fábio Pallaretti; GRILI, Evandro Alves da Silva. *ITR e o Novo Código Florestal*: áreas não tributáveis e o cadastro ambiental rural (CAR), em imposto sobre a propriedade territorial rural à luz da jurisprudência do Conselho Administrativo de Recursos Fiscais. v.2. São Paulo: MP, 2015.

CALCINI, Fábio Pallaretti. *Imposto sobre a propriedade territorial rural à luz da jurisprudência do Conselho Administrativo de Recursos Fiscais*. v.2. São Paulo: MP, 2015.

CARRAZZA, Roque Antonio. *Princípios constitucionais tributários e competência tributária*. São Paulo: RT, 1986.

CARRAZZA, Roque Antonio. *Reflexões sobre a obrigação tributária*. São Paulo: Noeses, 2010.

CARRAZZA, Roque Antonio. *Curso de direito constitucional tributário*. São Paulo: Malheiros, 2010.

CARVALHO, Aurora Tomazini de. *Curso de teoria geral do direito* – o constructivismo lógico-semântico. 4.ed. São Paulo: Noeses, 2014.

CARVALHO, Paulo de Barros. *Curso de direito tributário*. 17.ed. São Paulo: Saraiva, 2005.

CARVALHO, Paulo de Barros. *Curso de direito tributário*.19. ed. São Paulo: Saraiva, 2007.

CARVALHO, Paulo de Barros. *Curso de direito tributário*. 31.ed. rev. e atual. São Paulo: Noeses, 2021. p. 258.

CARVALHO, Paulo de Barros. *Direito tributário*: fundamentos jurídicos da incidência. 9.ed. São Paulo: Saraiva, 2014.

CARVALHO, Paulo de Barros. *Direito tributário, linguagem e método*. 5.ed. São Paulo: Noeses, 2013.

CARVALHO, Paulo de Barros (Coord.) *Constructivismo lógico-semântico*. Organizado por Aurora Tomazini de Carvalho. v.I. São Paulo: Noeses, 2014.

CARVALHO, Paulo de Barros. Algo sobre o constructivismo lógico-semântico. In: (Coord.) CARVALHO, Paulo de Barros. *Constructivismo lógico-semântico*. Organizado por Aurora Tomazini de Carvalho. v.I. São Paulo: Noeses, 2014.

CARVALHO, Paulo de Barros. Poesia e direito – o legislador como poeta: anotações ao pensamento de Flusser. In: (Coords.) HARET, Florence; CARNEIRO, Jerson Carneiro. *Vilém Flusser e juristas*. Comemoração dos 25 anos do grupo de estudos de Paulo de Barros Carvalho. São Paulo: Noeses, 2009.

COELHO, Sacha Calmon Navarro. Segurança jurídica. Rio de Janeiro: Forense, 2013.

COSTA, Regina Helena. *Curso de direito tributário*. São Paulo: Saraiva, 2009.

DOMINGO, Luiz Roberto. Princípios e conceitos jurídicos atinentes a não incidência do ITR sobre áreas de preservação permanente. In: (Coords.) ANAN, Pedro Jr.;

PEIXOTO. Marcelo Magalhães. *Imposto sobre a propriedade territorial rural à luz da jurisprudência do Conselho Administrativo de Recursos Fiscais*. São Paulo: MP, 2012.

MULTA QUALIFICADA E A REPERCUSSÃO NA RESPONSABILIDADE DO SÓCIO GESTOR

Francisco Leocádio Ribeiro Coutinho Neto[1]

Victor Monteiro Almeida[2]

1. Definição das multas: espécies do gênero sanção

Partindo da premissa de que a interpretação é um ato político-antropocêntrico (*i.e.*, intrínseco à atividade humana), o texto, enquanto suporte físico ("instância material, expresso em marcas de tinta sobre o papel"),[3] é incapaz de transmitir – *per se* – qualquer mensagem. Assim sendo, o sentido não está "escondido" nos textos (conjunção de palavras) para deles ser meramente extraído, pelo contrário, o sentido deve ser construído pelo intérprete no decorrer da atividade interpretativa.

---

1. Mestre e Doutor em Direito Tributário pela PUC/SP. Professor e Coordenador do curso de Pós-Graduação *lato sensu* da especialização em direito tributário do IBET. Professor do curso de Pós-Graduação *lato sensu* da especialização em direito tributário da COGEAE-PUC/SP, Advogado.

2. Mestre em Direito Tributário pela PUC/SP. Professor Adjunto do curso de Pós-Graduação *lato sensu* da especialização em direito tributário da COGEAE-PUC/SP. Advogado.

3. CARVALHO, Paulo de Barros. *Direito tributário:* linguagem e método. 5. ed. São Paulo: Noeses, 2013, p. 192.

Por esse motivo é que, valendo-se dos ensinamentos de Alf Ross, Paulo de Barros Carvalho concluiu que "todas as palavras são vagas e potencialmente ambíguas" e, por via de consequência, cada signo comporta diversas possíveis significações, não havendo que se falar em sentido ontológico das palavras.

Pois bem, como dito, o signo sanção denota diversas possíveis significações, entre elas, Maria Ângela Lopes Paulino Padilha[4] identifica ao menos quatro, elucidando que sanção pode denotar: (i) o ato administrativo por meio do qual o chefe do poder executivo promulga as leis e põe fim ao processo de enunciação; (ii) a norma primária sancionatória; (iii) as penalidades aplicadas em razão do descumprimento do dever prestacional prescrito por essas normas; e (iv) a coação peculiar ao Estado-Juiz prescrita pelo consequente normativo da norma jurídica secundária:

> Abarcada por essa extensão conotativa, sanção pode denotar tanto a norma primária sancionatória quanto as penalidades materiais aplicadas em decorrência do descumprimento das condutas prescritas nessas normas jurídicas, como também a providência coercitiva fruto do exercício do poder jurisdicional do Estado, prescrita no consequente na norma secundária.
>
> [...]
>
> Sanção pode significar, também, o ato administrativo pelo qual o chefe do Poder Executivo subscreve e confirma uma lei, encerrando o processo legislativo.

Eurico de Santi,[5] por sua vez, aponta algumas acepções para o termo sanção:

> (i) relação jurídica consistente na conduta substitutiva reparatória, decorrente do descumprimento de pressuposto obrigacional (de fazer, de omitir, de dar – genericamente prestações do sujeito passivo "Sp");

4. PADILHA, Maria Ângela Lopes Paulino. *As sanções no direito tributário.* São Paulo: Noeses, 2015. p. 46-47.

5. SANTI, Eurico Marcos Diniz de. *Lançamento tributário*. 3. ed. São Paulo: Saraiva, 2010. p. 39.

> (ii) relação jurídica que habilita o sujeito ativo "Sa" a exercitar seu direito subjetivo de ação (processual) para exigir perante o Estado-Juiz "Sj" a efetivação do dever constituído na norma primária; e
>
> (iii) a relação jurídica, consequência processual deste "direito de ação" preceituada na sentença condenatória, decorrente do processo judicial.

Como acréscimo, Tácio Lacerda Gama[6] sugere mais uma possível significação à palavra sanção, sustentando que este signo também pode denotar a nulidade ocasionada em razão do exercício indevido da competência tributária:

> A sanção pelo exercício ilícito da competência é a nulidade da norma. A consequência da nulidade é, conforme o caso, a suspensão da vigência (nas decisões que prescrevem efeitos gerais) ou da eficácia (nas decisões individuais) da norma criada ilicitamente.

Entretanto, para o presente estudo, vale destacar que o ponto relevante entre as referidas possíveis concepções do signo sanção é o relativo às multas qualificadas (norma primária sancionatória) e o seu papel que acrescenta a coercibilidade às normas jurídicas (execução fiscal).

Vale lembrar que é este o traço que diferencia as normas jurídicas dos demais sistemas de conduta. Nessa linha, Lourival Vilanova:[7]

> Em rigor, todas as normas sociais acompanham-se de sanções ante o seu descumprimento. O que destaca a sanção jurídica é sua previsibilidade típica e a possibilidade do uso da *coação organizada* (através de órgão jurisdicional) para fazer valer as obrigações principais e as obrigações acessórias (destaques nos originais).

---

6. GAMA, Tácio Lacerda. *Competência tributária:* fundamentos para uma teoria da nulidade. 2. ed. São Paulo: Noeses, 2011. p. 357-358.

7. VILANOVA, Lourival. *Causalidade e relação no direito.* 5. ed. São Paulo: Noeses, 2015. p. 138.

Em harmonia com os ensinamentos do mestre pernambucano, não são outras as conclusões de Hans Kelsen:[8]

> Uma ordem social pode – e é este o caso da norma jurídica – prescrever uma determinada conduta precisamente pelo fato de ligar à conduta oposta uma desvantagem, como a privação dos bens acima referidos, ou seja, uma pena no sentido mais amplo da palavra. Desta forma, uma determinada conduta apenas pode ser considerada, no sentido desta ordem social, como prescrita – ou seja, na hipótese de uma ordem jurídica, como juridicamente prescrita –, na medida em que a conduta oposta é pressupondo de uma sanção (no sentido estrito).

Também nesse sentido, proclama Tácio Lacerda Gama:[9]

> Assim, o descumprimento de toda e qualquer norma projeta efeitos. O efeito que qualifica uma norma como jurídica é, justamente, a previsão de uma consequência coercitiva para o seu descumprimento ou o fato de o aparato estatal estar preordenado à aplicação da norma primária, mesmo contra a vontade do seu destinatário.

Nesse prisma, como visto, são várias as possíveis acepções do signo sanção. Dessas lições, conclui-se que as multas são espécies do gênero sanção, mais especificamente correspondem à norma primária sancionatória.

Robson Maia Lins[10] esclarece que "de plano firmamos posição no sentido de que as multas tributárias são todas elas de caráter sancionatório, não sendo possível as separar em multa sancionatória e multa indenizatória".

Nesse sentido, diante do descumprimento da norma jurídica primária dispositiva (norma de natureza tributária),

---

8. HANS, Kelsen. *Teoria pura do direito*. 6. ed. Coimbra: Armênio Amado, 1984. *Apud* PACHECO, Angela Maria da Motta. *Sanções tributárias e sanções penais tributárias*. São Paulo: Max Limonad, 1997. p. 52-53.

9. GAMA, Tácio Lacerda. *Competência tributária:* fundamentos para uma teoria da nulidade cit., p. 111.

10. LINS, Robson Maia. *Curso de direito tributário brasileiro*. São Paulo: Noeses, 2019. p. 543.

teremos no âmbito tributário as multas (norma primária sancionatória) e a execução fiscal (norma secundária) em que está presente a relação triádica composta por sujeito ativo, sujeito passivo e Estado juiz.

2. Multa qualificada e suas hipóteses

No âmbito da Administração Pública Federal, nomeia-se multa qualificada a multa de ofício[11] duplicada pela presença de dolo. Ou seja, para os casos de não pagamento do tributo, a multa de ofício é de 75% (art. 44, I, da Lei 9.430/1996), percentual que dobra para 150% nos casos de fraude, sonegação ou conluio (art. 44, § 1º, da Lei 9.430/1996).

Da mesma maneira, ao também se deter sobre a análise da legislação federal, precisas as lições de Robson Maia Lins:[12]

> A Lei 9.430/1996, no seu art. 44, estabelece que a multa de ofício – isto é, aquela aplicada por veículo introdutor denominado lançamento tributário de ofício – será de 75% sobre o valor do tributo não pago no vencimento ou pago a menor (inciso I) ou de 150% (cento e cinquenta por cento) quando, além de se caracterizar a mora no pagamento do tributo, houver evidente intuído de fraude.
>
> [...]
>
> Nessa espécie verifica-se uma infração grave. No âmbito da Receita Federal do Brasil, ela é aplicada, notadamente, quando há sonegação, fraude e conluio.
>
> O art. 44 da Lei 9.430/1996, por exemplo, prevê, no seu § 1º, o agravamento da multa de 75% para 150% quando ficar comprovada uma das hipóteses dos arts. 71, 72 e 73 da Lei 4.502/69.

Nesse sentido, a esta altura, ponderamos necessário registrar, como corte metodológico, que nos limitaremos à análise

---

11. "As multas de ofício são aplicadas pela própria autoridade através de auto de infração quando verifique que o contribuinte deixou de pagar tributo, mediante omissão ou fraude" (PAULSEN, Leandro. *Curso de direito tributário completo*. 8. ed. São Paulo: Saraiva, 2017. p. 226).

12. LINS, Robson Maia. *Curso de direito tributário brasileiro* cit., p. 550-552.

da legislação federal. Assim, para fins de facilitar a compreensão, proveitosa a transcrição da legislação federal pertinente:

> Art. 44. Nos casos de lançamento de ofício, serão aplicadas as seguintes multas: (Redação dada pela Lei 11.488, de 15 de junho de 2007)
>
> I – de 75% (setenta e cinco por cento) sobre a totalidade ou diferença de imposto ou contribuição nos casos de falta de pagamento ou recolhimento, de falta de declaração e nos de declaração inexata; (Redação dada pela Lei 11.488, de 15 de junho de 2007)
>
> II – de 50% (cinquenta por cento), exigida isoladamente, sobre o valor do pagamento mensal: (Redação dada pela Lei 11.488, de 15 de junho de 2007)
>
> a) na forma do art. 8º da Lei 7.713, de 22 de dezembro de 1988, que deixar de ser efetuado, ainda que não tenha sido apurado imposto a pagar na declaração de ajuste, no caso de pessoa física; (Incluída pela Lei 11.488, de 15 de junho de 2007)
>
> b) na forma do art. 2º desta Lei, que deixar de ser efetuado, ainda que tenha sido apurado prejuízo fiscal ou base de cálculo negativa para a contribuição social sobre o lucro líquido, no ano-calendário correspondente, no caso de pessoa jurídica. (Incluída pela Lei 11.488, de 15 de junho de 2007)
>
> *§ 1º O percentual de multa de que trata o inciso I do* caput *deste artigo será duplicado nos casos previstos nos arts. 71, 72 e 73 da Lei 4.502, de 30 de novembro de 1964, independentemente de outras penalidades administrativas ou criminais cabíveis. (Redação dada pela Lei 11.488, de 15 de junho de 2007)* (grifos nossos).

Além dos dispositivos normativos supracitados, ainda se faz conveniente transcrevermos os arts. 71, 72 e 73, todos da Lei 4.502/1964:

> Art. 71. *Sonegação* é tôda ação ou omissão dolosa tendente a impedir ou retardar, total ou parcialmente, o conhecimento por parte da autoridade fazendária:
>
> I – da ocorrência do fato gerador da obrigação tributária principal, sua natureza ou circunstâncias materiais;
>
> II – das condições pessoais de contribuinte, suscetíveis de afetar a obrigação tributária principal ou o crédito tributário correspondente.

> Art. 72. *Fraude* é tôda ação ou omissão dolosa tendente a impedir ou retardar, total ou parcialmente, a ocorrência do fato gerador da obrigação tributária principal, ou a excluir ou modificar as suas características essenciais, de modo a reduzir o montante do impôsto devido a evitar ou diferir o seu pagamento.
>
> Art. 73. *Conluio* é o ajuste doloso entre duas ou mais pessoas naturais ou jurídicas, visando qualquer dos efeitos referidos nos arts. 71 e 72. (*sic* – grifos nossos).

Como visto, são apenas três as hipóteses que autorizam a gradação da multa de ofício (75%) à multa qualificada (150%), quais sejam, sonegação (art. 71), fraude (art. 72) ou conluio (art. 73), em todo caso o elemento volitivo ganha relevo.

Neste ponto, faz-se oportuno consignarmos uma breve, porém, cirúrgica inserção. Como muito bem percebido por Robson Maia Lins, a qualificação da multa de ofício ao percentual de 150% é comumente aplicada com fundamento na reincidência da conduta; todavia, a reincidência não é hipótese juridicamente qualificada a autorizar tal gradação:

> É comum a aplicação de multa qualificada prevista neste enunciado por se considerar que o sujeito passivo tem, reiteradamente, descumprido a legislação tributária.
>
> O problema é que a legislação não qualifica esse critério como legítimo para fins de qualificação da multa. Ademais, como veremos mais à frente, inexiste norma procedimental que descreva os elementos e a estrutura lógica do que se entende por conduta reiterada, impossibilitando a aplicação do agravamento da penalidade em virtude da reiteração, uma vez que o conceito continua indefinido no plano jurídico tributário.[13]

Nessa toada, sustentamos que somente nas hipóteses de comprovada constatação de *sonegação, fraude* ou *conluio* é que a multa qualificada de 150% poderá ser lavrada em desfavor do particular.

Por fim, ponto crucial a ser registrado reside no fato de que esses três tipos prescritivos à qualificação da multa de

13. LINS, Robson Maia. *Curso de direito tributário brasileiro* cit., p. 553.

ofício (*sonegação, fraude* ou *conluio*) estão umbilicalmente vinculados ao elemento subjetivo da vontade do agente, conforme anotado por Maria Ângela Lopes Paulino Padilha,[14] com a clareza que lhe é peculiar:

> Dentre as multas de ofício, as multas qualificadas e agravadas, como os próprios nomes revelam, pressupõem, respectivamente, um qualificativo ou um agravante na situação fáctica ensejadora da sanção pecuniária.
>
> As multas qualificadas decorrem da aplicação das normas primárias sancionatórias que prevêem, em seus antecedentes, infrações subjetivas, derivadas da vontade consciente (dolo) na prática da ilicitude.
>
> Rememorando assunto já abordado neste trabalho, o legislador, segundo os critérios que irão compor o antecedente normativo da norma primária sancionatória, poderá prescrever a responsabilidade objetiva ou subjetiva.
>
> Será subjetiva, se o dolo participar da descrição do ilícito tributário situado no suposto normativo. Presente o intuito doloso na conduta infringente, a relação sancionatória será qualificada na exata proporção desta culpabilidade.
>
> Com efeito, o grau de culpabilidade do contribuinte na prática da infração irá medir a intensidade da sanção aplicada.
>
> São exemplos de infrações tributárias, integradas pelo elemento volitivo doloso, a sonegação, a fraude e o conluio, tipificados, respectivamente, nos arts. 71, 72 e 73 da Lei n. 4.502/1964.
>
> A título ilustrativo, a Lei nº 9.430/1996, no art. 44, § 1º, prevê multa qualificada de 150%, se caracterizada alguma dessas infrações subjetivas.
>
> Se o pressuposto dessa regra sancionatória é a ocorrência de sonegação, fraude ou conluio, a norma individual e concreta produzida pelo agente fiscal deve individualizar e comprovar qual dessas condutas restou materializada, como bem advertido por Edmar Oliveira Andrade Filho.

Dessa forma, para que a Autoridade Administrativa Federal promova a lavratura de auto de infração para exação da

---

14. PADILHA, Maria Ângela Lopes Paulino. *As sanções no direito tributário* cit., p. 281-282.

multa qualificada de 150%, por meio do ato administrativo do lançamento, deverá ser formalmente comprovada a constatação do elemento volitivo do sujeito infrator, isto é, a intenção do agente no momento da prática da infração tributária.

3. Definição de responsabilidade tributária e hipóteses de responsabilização de terceiros por infração

O instituto jurídico da responsabilidade tributária é definido por Regina Helena Costa e Maria Rita Ferragut, respectivamente, como a norma jurídica que altera o polo passivo da obrigação tributária principal, redirecionando a exação à terceira pessoa (sujeito passivo indireto) que não praticou o fato jurídico descrito na hipótese da norma primária dispositiva:

> O Código concentra sua disciplina na sujeição passiva da obrigação principal, distinguindo entre o sujeito passivo direto e o sujeito passivo indireto.
>
> *Sujeito passivo direto* ou *contribuinte*, na dicção legal, é aquele que "tenha relação pessoal e direta com a situação que constitua o respectivo fato gerador" (art. 121, parágrafo único, I, CTN).
>
> Em outras palavras, é aquele que protagoniza o fato descrito na hipótese de incidência tributária, vale dizer, o sujeito passivo natural da obrigação tributária, aquele que tirou proveito econômico do fato jurídico.
>
> Já o *sujeito passivo indireto*, que o Código denomina genericamente "responsável", está presente quando, "sem revestir a condição de contribuinte, sua obrigação decorra de disposição expressa de lei" (art. 121, parágrafo único, II, CTN). É um terceiro em relação ao fato jurídico tributário, mas o eleito pela lei para responder pelo pagamento do tributo. Das distintas categorias de responsabilidade trataremos adiante[15] (os destaques são do original).
>
> Não percamos de vista esse ponto fundamental: *sujeito passivo é aquele que figura no polo passivo da relação jurídica tributária*, e não necessariamente aquele que tem aptidão para suportar o ônus fiscal por ter praticado o fato jurídico tributário.

15. COSTA, Regina Helena. *Curso de direito tributário:* Constituição e Código Tributário Nacional. 9. ed. São Paulo: Saraiva, 2019. p. 224.

> Os incisos I e II do parágrafo único do art. 121 do CTN elegem duas espécies de sujeitos passivos para a relação jurídica tributária: o *contribuinte*, identificado como sendo a pessoa que tem relação direta e pessoal com o fato jurídico, e o *responsável*, como sendo a pessoa que, embora não tendo relação direta e pessoal com o fato, é eleita pela lei para satisfazer a obrigação tributária.
>
> Os dois sujeitos passivos, por terem obrigação de adimplir com o objeto da prestação, são responsáveis considerando-se a acepção lata do termo. Entretanto, dada a ambiguidade presente em referido vocábulo, daqui por diante passaremos a designar "responsabilidade tributária" somente à obrigação do terceiro, fundada no inciso II do referido parágrafo.
>
> *Contribuinte* é a pessoa que realizou o fato jurídico tributário, e que cumulativamente encontra-se no polo passivo da relação obrigacional. Se uma das duas condições estiver ausente, ou o sujeito será o responsável, ou será o realizador do fato jurídico, mas não o contribuinte. Praticar o evento, portanto, é condição necessária para essa qualificação, mas insuficiente[16] (destaques conforme originais).

A classificação *supra*, como visto, encontra baliza no próprio enunciado prescritivo do art. 121 do CTN, o qual assim dispõe:

> Art. 121. Sujeito passivo da obrigação principal é a pessoa obrigada ao pagamento de tributo ou penalidade pecuniária.
>
> Parágrafo único. O sujeito passivo da obrigação principal diz-se:
>
> I – contribuinte, quando tenha relação pessoal e direta com a situação que constitua o respectivo fato gerador;
>
> II – responsável, quando, sem revestir a condição de contribuinte, sua obrigação decorra de disposição expressa de lei.

Nessa senda, arrematamos que poderão figurar como sujeito passivo da relação jurídico-tributária tanto o indivíduo que praticou o evento vertido em fato jurídico – por meio da linguagem competente – descrito pela hipótese normativa da Regra Matriz de Incidência, bem como o indivíduo estranho

16. FERRAGUT, Maria Rita. *Responsabilidade tributária*. 4. ed. São Paulo: Noeses, 2020. p. 9-10.

a este evento, porém, que guarde relação com o sujeito que o praticou. Na primeira hipótese, estaremos diante do contribuinte, na segunda, do responsável tributário.

Ou ainda, em síntese, Maria Rita Ferragut[17] define que "o responsável diferencia-se do contribuinte por ser necessariamente um sujeito qualquer que não tenha praticado o evento descrito no fato jurídico tributário".

Ocorre que, o Código Tributário Nacional enuncia diversas hipóteses que autorizam a construção da norma jurídica de responsabilidade, no entanto, para fins do presente ensaio, limitar-nos-emos às hipóteses de responsabilização listadas na Seção III do Capítulo V da mencionada codificação ("Responsabilidade de Terceiros"), especialmente as que reclamam o cometimento de infração:

> SEÇÃO III
>
> Responsabilidade de Terceiros
>
> Art. 134. Nos casos de impossibilidade de exigência do cumprimento da obrigação principal pelo contribuinte, respondem solidariamente com este nos atos em que intervierem ou pelas omissões de que forem responsáveis:
>
> I – os pais, pelos tributos devidos por seus filhos menores;
>
> II – os tutores e curadores, pelos tributos devidos por seus tutelados ou curatelados;
>
> III – os administradores de bens de terceiros, pelos tributos devidos por estes;
>
> IV – o inventariante, pelos tributos devidos pelo espólio;
>
> V – o síndico e o comissário, pelos tributos devidos pela massa falida ou pelo concordatário;
>
> VI – os tabeliães, escrivães e demais serventuários de ofício, pelos tributos devidos sobre os atos praticados por eles, ou perante eles, em razão do seu ofício;

17. FERRAGUT, Maria Rita. Responsabilidade tributária do administrador e o dever de motivação do ato administrativo. *In*: SOUZA, Priscilla (org.); CARVALHO, Paulo de Barros (Coord.). *30 anos da Constituição Federal e o Sistema Tributário Brasileiro*. São Paulo: Noeses, 2018. p. 861.

> VII – os sócios, no caso de liquidação de sociedade de pessoas.
>
> Parágrafo único. O disposto neste artigo só se aplica, em matéria de penalidades, às de caráter moratório.
>
> Art. 135. São pessoalmente responsáveis pelos créditos correspondentes a obrigações tributárias resultantes de *atos praticados com excesso de poderes ou infração de lei,* contrato social ou estatutos:
>
> I – as pessoas referidas no artigo anterior;
>
> II – os mandatários, prepostos e empregados;
>
> III – os diretores, gerentes ou representantes de pessoas jurídicas de direito privado (grifos nossos).

Ao examinarmos as hipóteses de responsabilidade de terceiros dispostas no âmago dos arts. 134 e 135 do CTN verificamos que todas elas pressupõem um dever de zelo, um dever de fiscalização, um dever de retenção, um dever de agir nos termos do contrato social/estatutos e da lei.

Leandro Paulsen[18] afirma que, especificamente com relação às hipóteses do art. 135: "[a] responsabilidade de que cuida o art. 135, III, do CTN pressupõe uma situação grave de descumprimento da lei, do contrato social ou dos estatutos":

> Os arts. 134 e 135 estabelecem a responsabilidade de terceiros, o que, no sistema do código, diz respeito a pessoas que não são nem os próprios contribuintes, nem seus sucessores. "Terceiros" são os pais, os tutores e curadores, os administradores de bens de terceiros, o inventariante, o síndico e o comissário, os tabeliães, escrivães e demais serventuários de ofício e os sócios de sociedades de pessoas.
>
> [...]
>
> A responsabilidade de que cuida o art. 135, III, do CTN pressupõe uma situação grave de descumprimento da lei, do contrato social ou dos estatutos em ato que nem sequer se poderia tomar

18. PAULSEN, Leandro. *Curso de direito tributário completo* cit., p. 217.

> como constituindo ato regular da sociedade e do qual decorra a obrigação tributária objeto da responsabilidade, daí por que é pessoal do sócio-gerente.

Sendo assim, tendo em mente que a existência da infração é pressuposto à caracterização da responsabilidade prescrita pelo art. 135 do CTN, cujo objeto autoriza a responsabilização do agente infrator que excede-se no exercício de sua função, este sujeito somente poderá ser responsabilizado na hipótese da comprovada constatação da infração e mais, que esta infração tenha sido cometida de modo intencional, fraudulento.

Maria Rita Ferragut,[19] sobre o tema dispõe:

> A existência de uma infração é condição necessária ao desencadeamento da responsabilidade do administrador, mas insuficiente. Para que reconheçamos a recepção do art. 135 pela ordem constitucional de 1988, é indispensável a aplicação de seu preceito em fiel harmonia com a necessidade de uma conduta dolosa, de modo que a responsabilidade pessoal não atinja aqueles que praticaram o ilícito apenas com culpa.
>
> É nessa linha o entendimento da Receita Federal do Brasil, que reconhece que o dolo é necessário para a atribuição da solidariedade tributária, ao afirmar, no Parecer Normativo COSIT/RFB nº 04/2018, que "não é qualquer ilícito que pode ensejar a responsabilidade solidária. Ela deve conter um elemento doloso a fim de manipular o fato vinculado ao fato jurídico tributário" (vide item 13.1 do Parecer Normativo).
>
> O elemento subjetivo, aqui, significa que a responsabilidade nasce somente se o administrador agir intencionalmente com o *animus* de praticar a conduta típica, mesmo sabendo que o ordenamento jurídico proíbe tal comportamento (destaques por conta da autora).

Daí por que, em regra, quando presentes os requisitos do art. 135 do CTN, também estará configurada a hipótese de incidência da multa qualificada.

19. FERRAGUT, Maria Rita. Responsabilidade tributária do administrador e o dever de motivação do ato administrativo cit., p. 114-115.

Paulo Roberto Coimbra da Silva[20] sustenta que "somente poderá existir imputação de sanções por infrações aos responsáveis quando esta decorrer da prática de um ato ilícito", e ainda, arremata que, "nessa mesma ordem de raciocínio, um evento lícito jamais poderia ensejar a transmissão de penalidade".

Dessa forma, para que se construa a norma jurídica que responsabilizará terceiro, com fundamento na consumação de "atos praticados com excesso de poderes ou infração de lei, contrato social ou estatutos", deve-se constatar o elemento volitivo para qualificar a conduta do agente infrator, inclusive, nos casos pertinentes aos "diretores, gerentes ou representantes de pessoas jurídicas" (art. 135, inc. III, CTN).

Ademais, como ressalta Maria Rita Ferragut,[21] "a jurisprudência dos Tribunais já se consolidou no sentido de que a responsabilidade do administrador, prevista no art. 135 do CTN, é solidária" e, portanto, respondem pelo "passivo fiscal tanto o administrador que praticou o ilícito, quanto a pessoa jurídica que praticou o fato gerador".

4. Interseção entre as hipóteses de multa qualificada e de responsabilização de terceiros por infração

Como sabido, o sistema de direito positivo é uno e indecomponível. É esse o pensamento de Nelson Nazar:[22]

> O direito, enquanto ciência descritiva, segundo a teoria de Hans Kelsen, representa um todo uno, um todo indivisível. Enquanto ciência, não pode ser fracionado. Segundo as lições do professor Geraldo Ataliba (1985, p. 3) (que recebeu muitas influências do pensamento kelseniano), quanto à questão da unicidade do direito, tem-se que o mesmo é um corpo uno e indivisível, um

20. SILVA, Paulo Roberto Coimbra. *Direito tributário sancionador.* São Paulo: Quartier Latin, 2007. p. 325.

21. FERRAGUT, Maria Rita. Responsabilidade tributária do administrador e o dever de motivação do ato administrativo cit., p. 112.

22. NAZAR, Nelson. *Direito econômico.* 3. ed. São Paulo: Edipro, 2014. p. 45.

> organismo perfeito, em que o conjunto normativo das regras vai estruturar um sistema de comandos. É lícito afirmar-se que o direito contém as suas próprias realidades.
>
> [...]
>
> Tanto no sentido descritivo como no prescritivo, o direito se enquadra em uma estrutura de comandos, que em tese não pode ser fracionada.
>
> Mas o professor Geraldo Ataliba (1985) ensinava que não é possível se conhecer a ciência do direito como um todo, sem se dividir didaticamente os ramos do direito.
>
> Pelo contrário, dá o modo de conhecer e aplicar o direito, de acordo com os compartimentos que são voltados para a qualidade da norma jurídica de cada setor do direito positivo.
>
> O fato de haver ramos do direito, estruturados em setores do conhecimento para serem estudados de forma distinta (são as Cadeiras que têm autonomia), não retira o caráter científico do direito.

Na mesma linha, Paulo de Barros Carvalho[23] complementa esta premissa com os seguintes dizeres:

> É nesse sentido que entrevemos a desvinculação do direito tributário com relação às demais construções do direito positivo, circunstância que lhe empresta, decididamente, traço particular e foros de autonomia, não científica, como de cotio se afirma, mas autonomia meramente didática, uma vez que o direito constitui sistema unitário e indecomponível, debaixo de qualquer pretexto, que não aquele que busca meios e formas de expor a arquitetura de seus institutos, segundo métodos adequados de compreensão.

Esses esclarecimentos se fazem relevantes, ao passo em que trata-se do ponto de partida da análise do sistema de direito positivo, o qual deverá ser analisado como um todo indivisível.

Aliás, como bem anotado na obra jurídico-literária de Paulo Roberto Coimbra Silva,[24] ignorar esse fato seria "fechar

---

23. CARVALHO, Paulo de Barros. *Curso de direito tributário*. 30. ed. São Paulo: Saraiva, 2019. p. 341.

24. SILVA, Paulo Roberto Coimbra. *Direito tributário sancionador* cit., p. 374-375.

os olhos" para o risco de construção de normas jurídicas conflitantes, interpretadas a partir de um mesmo fato jurídico:

> A par de ser a duplicidade de instâncias punitivas uma realidade inegável, a punição não é mais uma exclusividade do Direito Penal, podendo receber uma única conduta antijurídica várias respostas oriundas de diferentes setores do ordenamento jurídico como consequência, no mais das vezes, da falta de coerência na criação e aplicação de normas sancionadoras confluentes à proteção de um mesmo bem ou interesse jurídico. Essa associação entre sanções de diferentes naturezas aplicáveis em diferentes instâncias tem provocado efeitos que não podem ser ignorados.
>
> A notável tendência, no direito comparado, de aproximação das sanções penais e extrapenais de caráter punitivo tem infirmado a tradicional independência e autonomia das instâncias repressivas, cujos processamentos não podem ocorrer de forma simultânea e independente, sob pena de se incorrer no risco de inadmissível violação do *ne bis in idem* ou, ainda, de advirem decisões contraditórias e inconciliáveis, podendo-se comprometer os efeitos da coisa julgada, pretensamente intocáveis (sem alterações dos originais).

Portanto, embora o sistema de direito positivo admita tais contradições, comportamentos desse jaez são indesejáveis e, uma vez identificados, devem ser expurgados do sistema pela autoridade competente.

Daí por que urge a necessidade de examinar conjuntamente as normas que regulam a qualificação da multa e a responsabilização tributária.

Há interseção entre as hipóteses de multa qualificada e de responsabilização de terceiros por infração, ao passo em que a construção de ambas as normas jurídicas pressupõe a comprovação do elemento volitivo fraudulento. Vale mencionar a relevância de tal fato, inclusive pela potencial repercussão penal da infração diante da previsão da Lei 8.137/1990.

Desse viés, considerando que as hipóteses autorizativas à qualificação da multa tributária (sonegação, fraude e conluio) somente poderão ser vertidas em linguagem competente quando presente o elemento do dolo, compulsório concluir que este elemento volitivo deverá repercutir na qualificação da conduta do agente infrator a fim de imputar-lhe as sanções prescritas pelo art. 135 do Código Tributário Nacional, *i.e*, a responsabilização tributária.

Em outras palavras, caso a Administração Pública Federal compreenda que há fundamentos suficientes para lavrar autuação para exigência de multa em seu patamar qualificado (150%), a autoridade também deverá incluir no polo passivo da exação "os mandatários, prepostos e empregados, os diretores, gerentes ou representantes de pessoas jurídicas de direito privado" e as demais pessoas listadas no art. 134 do CTN, com fundamento na constatação de ato ilicitamente praticado "com excesso de poderes ou infração de lei, contrato social ou estatutos".

Por seu turno, a recíproca também é verdadeira, no sentido de que a inclusão daqueles sujeitos no polo passivo da relação jurídico-tributária sem a aplicação de multa qualificada resultará na criação de normas jurídicas conflitantes.

Isso porque, ou bem houve a prática de sonegação, fraude ou conluio de modo doloso e portanto, presente o ato com excesso de poderes ou infração de lei, contrato social ou estatutos. Ou, ausente o elemento volitivo ensejador da sonegação, fraude ou conluio, também não haverá excesso de poderes ou infração de lei. São normas autônomas, mas que possuem intensa relação, vez que não se pode cogitar da aplicação de apenas uma delas, sem que haja uma contradição.

Isto é, na hipótese de a Autoridade Fazendária aplicar a multa qualificada juntamente com a atribuição de responsabilidade tributária ao terceiro, caso uma dessas duas normas seja afastada no decorrer do procedimento administrativo apropriado, igualmente, serão abundantes os argumentos jurídicos para tutelar o afastamento da norma gravosa remanescente.

No entanto, é frequente a situação em que apesar de a multa aplicada ser a multa de ofício (75%) – ou seja, no momento da autuação o fisco considerou que não estava presente o elemento fraudulento e doloso da infração –, mas quando da execução fiscal há a inclusão do sócio ou administrador no polo passivo, sem maiores justificativas.

A nosso sentir, à exceção de infrações cometidas após a lavratura do auto de infração (ex. dissolução irregular), a contradição na situação supramencionada é nítida e pode ser reconhecida inclusive via exceção de pré-executividade.

5. Conclusões

Como visto, no âmbito da Administração Pública Federal, nomeia-se multa qualificada a multa de ofício duplicada pela presença de dolo. Ou seja, para os casos de não pagamento do tributo, a multa de ofício é de 75% (art. 44, I, da Lei 9.430/1996), percentual que dobra para 150% nos casos de *fraude*, *sonegação* ou *conluio* (art. 44, § 1º, da Lei 9.430/1996).

Por outro lado, o Código Tributário Nacional prevê em seu art. 135 que são pessoalmente responsáveis pelos créditos correspondentes a obrigações tributárias resultantes de atos praticados com excesso de poderes ou infração de lei, contrato social ou estatutos, entre outros, os diretores, gerentes ou representantes de pessoas jurídicas de direito privado.

Pois bem, verificamos que a responsabilidade de que cuida o art. 135 do CTN pressupõe uma situação grave de descumprimento da lei, do contrato social ou dos estatutos. Ou seja, há de estar presente o elemento volitivo fraudulento.

Sendo assim, tendo em mente que a existência da infração é pressuposto à caracterização da responsabilidade prescrita pelo art. 135 do CTN, cujo objeto autoriza a responsabilização do agente infrator que excede-se no exercício de sua função, este sujeito somente poderá ser responsabilizado na hipótese da comprovada constatação da infração e mais, que esta infração tenha sido cometida de modo intencional.

Daí por que, torna-se relevante examinar conjuntamente as normas que regulam a qualificação da multa e a responsabilização tributária. Como visto, há interseção entre as hipóteses de multa qualificada e de responsabilização de terceiros por infração, na medida em que a construção de ambas as normas jurídicas pressupõe a comprovação do elemento volitivo fraudulento.

Desse viés, considerando que as hipóteses autorizativas à qualificação da multa tributária (sonegação, fraude e conluio), somente poderão ser vertidas em linguagem competente quando presente o elemento do dolo, compulsório concluir que este elemento volitivo deverá repercutir na qualificação da conduta do agente infrator a fim de imputar-lhe as sanções prescritas pelo art. 135 do Código Tributário Nacional, i.e, a responsabilização tributária.

Como demonstrado, caso a Administração Pública Federal compreenda que há fundamentos suficientes para lavrar autuação para exigência de multa em seu patamar qualificado (150%), a autoridade também deverá incluir no polo passivo da exação "os mandatários, prepostos e empregados, os diretores, gerentes ou representantes de pessoas jurídicas de direito privado" e as demais pessoas listadas no art. 134 do CTN, com fundamento na constatação de ato ilicitamente praticado "com excesso de poderes ou infração de lei, contrato social ou estatutos". Por outro lado, a recíproca também é verdadeira, no sentido de que a inclusão daqueles sujeitos no polo passivo da relação jurídico-tributária sem a aplicação de multa qualificada resultará na criação de normas jurídicas conflitantes.

Com efeito, conclui-se que a aplicação das referidas normas, apesar das diferentes materialidades, está umbilicalmente relacionada.

Daí por que há de se expurgar do sistema as situações contraditórias em que a fiscalização reconheceu não se tratar de hipótese de multa qualificada, ou seja, reconheceu que não há dolo e não há sonegação, fraude ou conluio, mas que houve fraude à lei. Ora, como visto, ambas as normas reclamam a presença do elemento volitivo dolo, de modo que a aplicação de apenas uma delas revela potencial contradição na interpretação dos elementos probatórios.

6. Referências

CARVALHO, Paulo de Barros. *Curso de direito tributário*. 30. ed. São Paulo: Saraiva, 2019.

CARVALHO, Paulo de Barros. *Direito tributário:* linguagem e método. 5. ed. São Paulo: Noeses, 2013.

COSTA, Regina Helena. *Curso de direito tributário:* Constituição e Código Tributário Nacional. 9. ed. São Paulo: Saraiva, 2019.

FAJERSZTAJN, Bruno. *Multas no direito tributário*. São Paulo: Quartier Latin, 2019. v. XXVIII.

FERRAGUT, Maria Rita. *Responsabilidade tributária*. 4. ed. São Paulo: Noeses, 2020.

FERRAGUT, Maria Rita. Responsabilidade tributária do administrador e o dever de motivação do ato administrativo. *In*: SOUZA, Priscilla (org.); CARVALHO, Paulo de Barros (Coord.). *30 anos da Constituição Federal e o Sistema Tributário Brasileiro*. São Paulo: Noeses, 2018.

GAMA, Tácio Lacerda. *Competência tributária:* fundamentos para uma teoria da nulidade. 2. ed. São Paulo: Noeses, 2011.

HANS, Kelsen. *Teoria pura do direito*. 6. ed. Coimbra: Armênio Amado, 1984. *Apud* PACHECO, Angela Maria da Motta. *Sanções tributárias e sanções penais tributárias*. São Paulo: Max Limonad, 1997.

HARADA, Kiyoshi. *Direito tributário municipal:* sistema tributário municipal. 4. ed. São Paulo: Atlas, 2012.

LINS, Robson Maia. *Curso de direito tributário brasileiro*. São Paulo: Noeses, 2019.

NAZAR, Nelson. *Direito econômico*. 3. ed. São Paulo: Edipro, 2014.

PADILHA, Maria Ângela Lopes Paulino. *As sanções no direito tributário*. São Paulo: Noeses, 2015.

PAULSEN, Leandro. *Curso de direito tributário completo*. 8. ed. São Paulo: Saraiva, 2017.

SANTI, Eurico Marcos Diniz de. *Lançamento tributário*. 3. ed. São Paulo: Saraiva, 2010.

SCHOUERI, Luís Eduardo. *Direito tributário*. 7. ed. São Paulo: Saraiva, 2017.

SILVA, Paulo Roberto Coimbra. *Direito tributário sancionador*. São Paulo: Quartier Latin, 2007.

VILANOVA, Lourival. *Causalidade e relação no direito*. 5. ed. São Paulo: Noeses, 2015.

A BASE DE CÁLCULO DAS NORMAS SANCIONATÓRIAS DOS DEVERES INSTRUMENTAIS: NECESSIDADE DE ALCANCE RACIONAL EFICIENTE E PROPORCIONAL

Galderise Fernandes Teles[1]

Jade Thomaz Veloso[2]

1. Introdução

A base de cálculo das sanções dos deveres instrumentais é há muito tempo objeto central de várias polêmicas que permeiam o sistema tributário brasileiro.

Como exemplo já muito debatido, o art. 113 do Código Tributário Nacional, em seu § 3º, determina que a obrigação

1. Mestre e Doutor em Direito Tributário pela Pontifícia Universidade Católica de São Paulo – PUC/SP. Especialista em Direito Tributário pela PUC/COGEAE. Coordenador do Curso de Advocacia no Contencioso Administrativo Tributário do IBET. Juiz do Tribunal de Impostos e Taxas do Estado de São Paulo. Advogado.

2. Mestre em Direito Tributário pela Pontifícia Universidade Católica de São Paulo – PUC/SP. Especialista em Direito Tributário pelo IBET – Instituto Brasileiro de Estudos Tributários e em Gestão Pública pela UNIFESP – Universidade Federal de São Paulo. Membro da Comissão de Direito Tributário da OAB de Santos/SP e Advogada.

acessória, pelo simples fato da sua inobservância, converte-se em obrigação principal relativamente à penalidade pecuniária.

Ora, com essa instituição legislativa, esquece o legislador da diferença entre relação jurídica e relação jurídica obrigacional, sendo que a primeira trata-se de relação jurídica como vínculo abstrato normativo pelo qual o sujeito ativo possui um direito subjetivo, podendo exigir de outro sujeito o passivo o qual terá o dever jurídico de cumprir com determinada prestação.

Já a relação jurídica obrigacional é um vínculo abstrato que também surge da imputação normativa pelo qual o sujeito ativo é possuidor de um direito subjetivo à medida que o sujeito passivo terá o dever jurídico de cumprir com essa determinada prestação, a qual terá de ser necessariamente de cunho patrimonial, diferenciando nesse sentido da relação jurídica.

Dessa forma, o que se pretende deixar claro neste artigo, de forma breve, é que a designação de obrigação só é cabível juridicamente onde se verificar uma relação jurídica com uma prestação de cunho necessariamente patrimonial, logo, a utilização do termo de obrigação acessória é inadequada por esta não se revestir numa relação de prestação com caráter patrimonial, mas, sim, tratar-se de uma relação jurídica de mero dever, no caso deveres instrumentais, ou obrigações acessórias, o que em si deve ter outra base de cálculo dissociada da instituidora do tributo em espécie.

Há ainda um segundo ponto que merece uma atenção mais detalhada no referido parágrafo, refere-se a parte do dispositivo a qual menciona que a "obrigação acessória" converte-se em obrigação principal. Nesse ponto, nota-se possivelmente uma impossibilidade lógica, haja vista que algo que nunca foi, não há como chegar a ser, o que ocorre na verdade é o descumprimento de uma prestação por parte do sujeito passivo da obrigação tributária o que implicará na incidência de uma norma sancionadora.

Então, será que a penalidade pecuniária pode integrar o objeto de obrigação tributária principal, conforme determina o § 1º do mesmo artigo ora debatido?

O conceito de tributo verificado no art. 3º do CTN dispõe que ele não constitui uma prestação pecuniária oriunda de sanção ou ato ilícito. Dessa forma, fica evidente que a utilização do termo "tem por objeto o pagamento de tributo ou penalidade pecuniária" não está consoante com a conceituação do que seja tributo, uma vez que estaríamos considerando que a obrigação tributária poderia ter por objeto o pagamento de penalidade pecuniária ou multa. Há de se separar duas realidades distintas: a primeira referente a fatos lícitos para a obrigação tributária e a segunda para fato ilícito para a penalidade pecuniária, a relação sancionadora será efeito insopitável de todos os ilícitos, ao passo que o liame obrigacional tributário só poderá corresponder à realização de fatos lícitos.

Assim, não há de se falar em conversão de obrigação acessória para a obrigação principal, bem como não é plausível considerar a penalidade pecuniária como integrante do objeto da obrigação principal tributária, dessa forma, o que temos no § 1º é uma obrigação tributária cuja hipótese do antecedente normativo é necessariamente um fato lícito, ao passo que no § 3º a hipótese é necessariamente um fato ilícito, por se tratar de uma norma sancionadora do não pagamento do tributo.

Vejamos a seguir alguns institutos que fazem parte do debate ora pretendido.

2. A mudança pendular da glorificação da "obrigação principal" para a "acessória"

Observando a redação de nosso Código Tributário Nacional incorporado ao nosso sistema normativo pela Lei 5.172, de 25 de outubro de 1996, notamos a construção de núcleo significativo o qual. trazido para nosso atual contexto. requer a devida ponderação e ressignificação para continuidade de sua eficácia técnica – jurídica.

É natural que o transcorrer de um período de 55 anos[3] exija certas adequações na interpretação das bases enunciativas

3. O referido período toma por base o ano de elaboração do Código Tributário Nacional – 1966 – e a data de redação do presente escrito 09.2021.

pelas constantes modificações ocorridas nas relações jurídicas tuteladas. E em que pese terem os sistemas fenomênico e jurídico ordens cronológicas distintas, as relações tributárias em médio lapso jurídico temporal ganharam contornos acentuados e inaugurais, exigindo do intérprete a atividade de contextualização e compreensão do novo que se apresenta (diversidade de modelos de negociação e deveres instrumentais[4]) em relação ao anterior, o qual serviu de base para a produção enunciativa original.

Situação que reflete o descompasso existente pode ser verificada na redação do art. 3º do CTN, ao tratar da definição do conceito de tributo, vejamos:

> Art. 3º Tributo é toda prestação pecuniária compulsória, em moeda ou cujo valor nela se possa exprimir, que não constitua sanção de ato ilícito, instituída em lei e cobrada mediante atividade administrativa plenamente vinculada.

Sem ingressar na discussão das possibilidades de existência em nosso atual ordenamento de sanção de ato ilícito constituindo natureza tributária, temos para corte de interesse da presente abordagem o trecho final do enunciado "cobrada mediante atividade administrativa plenamente vinculada".[5]

Por certo, na década de 1960, período em que foi elaborado o anteprojeto do Código, bem como, houve o início de sua

4. "No âmbito tributário, encontramos dois tipos de relações: (i) as de substância patrimonial e (ii) os vínculos que fazem irromper deveres instrumentais. [...] Soltas ou gravitando em seu derredor está a segunda modalidade, representada por múltiplas relações que prescrevem comportamentos outros, positivos ou negativos, consistentes num fazer ou não fazer" (CARVALHO, Paulo de Barros. *Direito tributário*: linguagem e método. 6. ed. São Paulo: Noeses, 2015. p. 519).

5. "[...] esse limite está enunciado, de modo expresso, no art. 113, § 2º, do CTN, ao referir as prestações positivas e negativas como imposições previstas no interesse de arrecadação ou da fiscalização dos tributos. Se o dever instrumental não produz qualquer benefício para a Administração Tributária, inexiste motivo que autorize a sua existência" (CARVALHO, Paulo de Barros. Parecer inédito. *In*: DRUMMOND, Fernanda (Coord. *et al.*). *O ICMS e os deveres instrumentais* – Estudos de direito tributário em homenagem ao professor Roque Antonio Carrazza. São Paulo: Malheiros, 2014. v. 2. p. 399).

vigência, a atividade administrativa plenamente vinculada era a forma de cobrança e constituição da obrigação tributária, sendo a participação do contribuinte consideravelmente reduzida.

Situação diametralmente oposta a que identificamos na atual sistemática, especialmente quando analisamos a temática dos deveres instrumentais e a relevância para atividade de fiscalização e constituição da obrigação tributária. Se o contribuinte possuía reduzida participação no contexto em que foi criado o CTN, atualmente o seu papel é preponderante, de forma que a figura do autolançamento[6] se tornou regra pela própria limitação da administração pública perante as diversas modalidades negociais e quantidade de contribuintes envolvidos.

Não por outra razão temos crescimento vertiginoso dos novos instrumentos de informação das operações ensejadores de lançamento tributário. A mero título exemplificativo elencamos cinco de maior expressividade:

DEVER INSTRUMENTAL	VEÍCULO NORMATIVO E ANO DE INGRESSO
SPED: Sistema Público de Escrituração Digital (Sped) constitui-se em mais um avanço na informatização da relação entre o fisco e os contribuintes.	Instituído pelo Decreto 6.022, de 22 de janeiro de 2007.

6. "*É um ato administrativo de controle pelo qual a autoridade superior examina a legalidade e a conveniência de ato anterior da própria Administração, de outra entidade ou de particular, para dar-lhe eficácia*" (MEIRELLES, Hely Lopes. *Direito administrativo brasileiro*. São Paulo: Malheiros, 2012. p.193).
"Diga-se de passagem, aliás, que tem havido crescimento significativo na participação dos súditos do Estado, instados a praticar uma série de expedientes para a produção de normas individuais e concretas nesse campo. A transferência de atividades relativas à apuração do débito tributário, para a esfera dos deveres instrumentais ou formais do sujeito passivo, mediante severo controle da entidade tributante, tornou-se viva realidade dos nossos dias. A maior parte dos tributos, hoje, assim no Brasil como em outros países que seguem o modelo do direito continental europeu, estão cometidos ao sujeito passivo da obrigação tributária, cabendo-lhes estabelecer em fatos os eventos tributados e relatar os dados componentes da relação jurídica" (CARVALHO, Paulo de Barros. *Curso de direito tributário*. São Paulo: Saraiva, 2012. p. 326).

A **EFD-Contribuições** trata de arquivo digital instituído no Sistema Público de Escrituração Digital – SPED, a ser utilizado pelas pessoas jurídicas de direito privado na escrituração da Contribuição para o PIS/Pasep e da Cofins, nos regimes de apuração não cumulativo e/ou cumulativo, com base no conjunto de documentos e operações representativos das receitas auferidas, bem como dos custos, despesas, encargos e aquisições geradores de créditos da não cumulatividade.[7]	Instituído pelo Decreto 6.022, de 22 de janeiro de 2007.
DACON: O Demonstrativo de Apuração de Contribuições Sociais (Dacon) substituiu o Demonstrativo de Apuração da Contribuição para o PIS/Pasep não cumulativo (DAPIS), instituído pela IN SRF n. 365, de 29 de outubro de 2003, que não produziu efeitos.	Instituído pela Instrução Normativa SRF n. 387, de 20 de janeiro de 2004 (Revogado pela Instrução Normativa RFB n. 1.911, de 11 de outubro de 2019).
O **eSocial** é um sistema informatizado da Administração Pública. Consiste em projeto integrante do *Sistema de Escrituração Pública Digital* (SPED), que pretende simplificar e unificar a entrega das obrigações trabalhistas, previdenciárias e fiscais em todo país.	O Decreto 8.373/2014 instituiu o Sistema de Escrituração Digital das Obrigações Fiscais, Previdenciárias e Trabalhistas (eSocial).
A **Nota Fiscal Eletrônica** é um documento de existência apenas digital, emitido e armazenado eletronicamente, com o intuito de documentar, para fins fiscais, uma operação de circulação de mercadorias ou uma prestação de serviços, ocorrida entre as partes. Sua validade jurídica é garantida pela assinatura digital do remetente (garantia de autoria e de integridade) e pela recepção, pelo Fisco, do documento eletrônico, antes da ocorrência do Fato Gerador.[8]	Portaria CAT – 65, de 21-9-2006 – Dispõe sobre a emissão da Nota Fiscal Eletrônica – NF-e e do Documento Auxiliar da Nota Fiscal Eletrônica – DANFE, o credenciamento de contribuintes, e dá outras providências (atual Portaria CAT – 162, de 29-12-2008).

7. Disponível em: rfb.gov.br. Acesso em: 18 set. 2021.

8. Disponível em: fazenda.sp.gov.br. Acesso em: 18 set. 2021.

Com efeito, esses novos sistemas permitem um maior nível de eficiência para atividade de fiscalização, contudo não deve chegar a desmedida de prejudicar o ambiente negocial,[9] modificando a relação fisco x contribuinte de maneira pendular no que tange ao dever de lançamento tributário.

A obrigação tributária ganhou tratamento específico na redação do CTN recebendo inclusive um capítulo próprio para sua redação que ficou externada no art. 113 com seus respectivos parágrafos, vejamos:

> Art. 113. A obrigação tributária é principal ou acessória.
>
> § 1º A obrigação principal surge com a ocorrência do fato gerador, tem por objeto o pagamento de tributo ou penalidade pecuniária e extingue-se juntamente com o crédito dela decorrente.
>
> § 2º A obrigação acessória decorre da legislação tributária e tem por objeto as prestações, positivas ou negativas, nela previstas no interesse da arrecadação ou da fiscalização dos tributos.
>
> § 3º A obrigação acessória, pelo simples fato da sua inobservância, converte-se em obrigação principal relativamente à penalidade pecuniária.

Identificamos um viés de preocupação da redação original e ainda vigente com a obrigação principal a ponto de considerar a inobservância da obrigação acessória como condição apta a transfigurá-la para obrigação principal, acerca desse ponto é precisa a lição do professor Paulo de Barros Carvalho:

> Assim como se denomina obrigação tributária ao liame jurídico que se estabelece entre dois sujeitos – pretensor e devedor – designa-se por sanção tributária à relação jurídica que se instala, por força do acontecimento de um fato ilícito, entre o titular do direito violado e o agente da infração. Além desse significado, obrigação e sanção

9. Segundo o Banco Central, o Brasil continua sendo o País onde as empresas gastam mais tempo para calcular e pagar impostos: 1.958 horas por ano em média. Na Bolívia, que ocupa o penúltimo lugar, são 1.025 horas por ano. Na Argentina, por exemplo, o tempo médio é de 311,5 horas/ano. Já no México o número cai para 240,5 horas/ano. Verificado em Brasil cai da 123ª para a 125ª posição em *ranking* de ambiente de negócios. Economia, G1. Disponível em: globo.com. Acesso em: 18 set. 2021.

> querem dizer, respectivamente, o dever jurídico cometido ao sujeito passivo, nos vínculos obrigacionais, e a importância devida ao sujeito ativo, a título de penalidade ou indenização, bem como os deveres de fazer ou de não fazer, impostos sob o mesmo pretexto.[10]

No mesmo sentido segue o doutrinador Sacha Calmon Navarro Coêlho:

> No § 1º do artigo, o legislador do CTN quis dar às multas fiscais, ou seja, ao crédito delas decorrente, o mesmo regime processual ao tributo (inscrição em dívida ativa, execução forçada, garantias e privilégios típicos do crédito tributário). Para tanto cunhou o § 1º do art. 113. Mas o fez com desastrada infelicidade, passando a ideia de que tributo e multa se confundem, o que não é permitido pelo art. 3º do CTN, nuclear e fundante do conceito de tributo, eis que este último implique, juntamente com a multa, uma prestação compulsória, prevista em lei, em prol do Estado, dela se diferencia, precisamente, porque não é sanção de ato ilícito. Rigorosamente, a obrigação principal tem por objeto o pagamento do tributo. O não pagamento do tributo é que origina uma multa à guisa de sanção. Todavia, não quitada a multa, esta pode ser exigida, como se fora do crédito tributário, juntamente com o tributo. A redação do § 1º está a exigir reforma urgente.[11]

Com razão, descabida a mudança de classe jurídica de acessória para a principal pelo não cumprimento – inobservância da primeira, essa atecnia da redação do Código nos revela a glorificação que a obrigação principal recebeu desde a concepção da sistematização tributária. Mas é preciso caminhar para a atual conjectura na qual o significativo número de deveres instrumentais e horas despendidas para seu cumprimento nos revela de forma hialina a mudança pendular para uma nova glorificação – a da obrigação acessória, ou melhor, dos deveres instrumentais.

Como toda mudança brusca de movimento, essa nova realidade ainda busca um ponto de equilíbrio, carecendo de

---

10. CARVALHO, Paulo de Barros. *Curso de direito tributário* cit., p. 517.

11. COÊLHO, Sacha Calmon Navarro. *Curso de direito tributário brasileiro*. Rio de Janeiro: Forense, 2005. p. 697-698.

ajustes sob pena de desvirtuar o "acessório", elevando a sua inobservância à categoria sancionatória mais relevante, inclusive ao do que é considerado "principal".

3. Descompassos da norma sancionatória dos deveres instrumentais

Resultado da "glorificação das obrigações acessórias – deveres instrumentais" é o tratamento recebido em virtude da sua inobservância, ou seja, as normas sancionatórias aplicadas.

A desproporcionalidade ao imputar sanções pode causar uma disparidade social monstruosa, e ainda, implicar desatenção à segurança jurídica. Fábio Medina Osório ainda faz o alerta no sentido de que essas desproporcionalidades podem ser "a tipificação mais grave de ilícitos instrumentais em detrimento dos ilícitos principais; e a tipificação de dois ilícitos idênticos com penas distintas em patamares absurdos e arbitrários [...]".[12]

Para verificarmos a devida proporcionalidade quando da aplicação da sanção tanto na obrigação principal como nas obrigações de cunho acessório, é necessário observar três características a elas inerentes, mencionadas por Paulo Roberto Coimbra, quais sejam:

> a. a adequação consiste na compatibilidade entre os fins desejados pelo Direito e os meios utilizados para alcançá-los [...] b) a necessidade determina que dentre os meios disponíveis ao Estado para a consecução de seus fins deve ser escolhido aquele que provoque a menor interferência ou restrição possível aos direitos dos particulares [...] c) a pertinência – também designada por proporcionalidade em sentido estrito, razoabilidade, justa medida ou conformidade – impõe um rigoroso sopesamento entre as consequências da intervenção para o indivíduo por ela atingido e os objetivos pretendidos pelo Direito quando da cominação das consequências normativa, na medida em que, sob o pálio de alcançar uma finalidade desejável, não pode a potestade

12. OSÓRIO, Fábio Medina. *Direito administrativo sancionador*. 6. ed. São Paulo: RT, 2019. p. 203.

> sancionadora do Estado atropelar a eficácia de direitos e garantias individuais, aniquilando outros valores também albergados pelo ordenamento jurídico.[13]

Assim, para aplicação de uma sanção tributária proporcional à infração cometida devemos ter como baliza a adequação, necessidade e proporcionalidade em sentido estrito, além disso cada característica deverá enfrentar limitadores qualitativos e quantitativos.

Esse ponto é muito importante para delimitar os contornos das imputações das sanções nos deveres instrumentais.

Isso porque a quantificação levará em consideração a intensidade do meio utilizado para alcançar determinado fim, sendo que uma sanção pode ser mais ou menos eficaz ao proporcionar o fim almejado. O aspecto qualitativo promove o fim esperado de forma melhor ou pior que outros meios, sendo que é dever da Administração Pública ao imputar a sanção, fazê-la da melhor forma possível.

Além disso, a proporcionalidade em sentido estrito deverá estar sempre de mãos dadas com a razoabilidade, mas com essa não se confunde. Ensina Robson Maia Lins:

> A proporcionalidade e a razoabilidade parecem, em um primeiro momento, serem sinônimas, todavia, entendemos que há distinção entre elas, tanto que para o exame da proporcionalidade, a doutrina estabelece uma linha de raciocínio que se faz de forma objetiva por meio da verificação, no ato do poder público, do implemento dos requisitos da adequação, da necessidade e da proporcionalidade em sentido estrito.[14]

Ocorre que, é frequente em nosso sistema o total descompasso na aplicação das sanções dos deveres instrumentais sem considerar os princípios norteadores das sanções tributárias.

---

13. SILVA, Paulo Roberto Coimbra. *Direito tributário sancionador.* São Paulo: Quartier Latin, 2007. p. 308.

14. LINS, Robson Maia. *A mora no direito tributário.* Tese (Doutorado) – Pontifícia Universidade Católica de São Paulo, São Paulo, 2008. p. 109.

Como visto *supra*, a lei autoriza a existência da sanção tributária em deveres instrumentais, uma vez que o bem aqui tutelado é o "interesse da arrecadação ou da fiscalização tributária pela Administração Pública"; sendo assim, como a lesão à fiscalização pode, por exemplo, utilizar-se da base de cálculo do imposto para quantificar a multa a ser aplicada?

Não raro, os casos que observamos as penalidades orbitantes a esse descumprimento adotarem base de cálculo estranhas e desconexas à própria materialidade infringida, podemos citar a mero título exemplificativo situações cuja mensuração sancionatória toma por referência valor de faturamento ou ainda o da operação (mesmo quando o sujeito não é contribuinte do tributo).

A título exemplificativo, podemos citar no âmbito da legislação federal o art. 44, inciso I, da Lei 9.430/1996 que aplica uma multa de 75% sobre a totalidade ou diferença de imposto ou contribuição nos casos de falta de pagamento ou recolhimento da COFINS, *de falta de declaração e nos de declaração inexata*, equiparando a infração da ausência de pagamento com a ausência ou inexata declaração, vejamos:

> Art. 44. Nos casos de lançamento de ofício, serão aplicadas as seguintes multas:
>
> I – de 75% (setenta e cinco por cento) sobre a totalidade ou diferença de imposto ou contribuição nos casos de falta de pagamento ou recolhimento, de falta de declaração e nos de declaração inexata; [...]

Ainda sobre o mesmo tema, nos autos do Recurso n. 107-121529, Processo n. 10467.004763\98-00, acórdão CSRF\01-04.263 (CARF), proferiu-se a seguinte decisão:

> MULTA ISOLADA – INEXISTÊNCIA DE TRIBUTO A RECOLHER – DESCUMPRIMENTO DE OBRIGAÇÃO ACESSÓRIA (Art. 44, parágrafo primeiro, inciso IV, da Lei 9.430/1996) – A exigência da multa isolada prevista na legislação de regência não tem o cabimento se o descumprimento versa desatendimento de

> mera obrigação acessória apurada após o encerramento do ano-calendário, sem repercussão na órbita do tributo.

É possível extrair as seguintes conclusões da decisão do Conselho Administrativo Fiscal: (i) que há uma divisão evidente entre as classes das possibilidades de descumprimentos das obrigações acessórias: (a) descumprimento de obrigações acessórias de que decorra repercussão na órbita do tributo; e (b) descumprimento de obrigações acessórias de que não decorra repercussão na órbita do tributo.

Isso nos leva a questionar o quanto a problemática da definição da base de cálculo para aplicação das sanções aos deveres instrumentais é intrínseca ao nosso sistema.

Levando os holofotes para o âmbito da Legislação do Estado de São Paulo, temos o art. 85 da Lei 6.374/1989 que discorre da seguinte forma:

> Art. 85. O descumprimento das obrigações principal e acessórias, instituídas pela legislação do Imposto sobre Operações Relativas à Circulação de Mercadorias e sobre Prestação de Serviços de Transporte Interestadual e Intermunicipal e de Comunicação, fica sujeito às seguintes penalidades:
>
> [...]
>
> III – infrações relativas a documentação fiscal na entrega, remessa, transporte, recebimento, estocagem ou depósito de mercadoria ou, ainda, quando couber, na prestação de serviço:
>
> a) entrega, remessa, transporte, recebimento, estocagem ou depósito de mercadoria desacompanhada de documentação fiscal – multa equivalente a *35% (trinta e cinco por cento) do valor da operação,* aplicável ao contribuinte que tenha promovido a entrega, remessa ou recebimento, estocagem ou depósito da mercadoria; 15% (quinze por cento) do valor da operação, aplicável ao transportador; sendo o transportador o próprio remetente ou destinatário – multa equivalente a 50% (cinquenta por cento) do valor da operação; (Redação dada à alínea pela Lei 16.497, de 18-07-2017; DOE 19-07-2017) (grifo acrescido)
>
> IV – infrações relativas a documentos fiscais e impressos fiscais:
>
> b) emissão de documento fiscal que consigne declaração falsa quanto ao estabelecimento de origem ou de destino da mercadoria ou do serviço; emissão de documento fiscal que não

> corresponda a saída de mercadoria, a transmissão de propriedade da mercadoria, a entrada de mercadoria no estabelecimento ou, ainda, a prestação ou a recebimento de *serviço-multa equivalente a 30% (trinta por cento) do valor da operação ou prestação indicado no documento fiscal*; (grifo acrescido)

A base enunciativa supramencionada confere possibilidade de um não contribuinte de ICMS (no caso de um armazém que prestou serviços de armazenagem) ter lavrado auto de infração por desclassificação de documento fiscal do tomador de serviço, uma vez considerada a documentação fiscal inidônea pelo Fisco, havendo nesse caso adoção de base de cálculo com referência ao valor da operação e alíquota de 30% (trinta por cento).

Não é preciso maiores digressões para verificar descompassos no presente caso:

i) a documentação fiscal considerada inidônea é de terceiro que tomou o serviço de armazenagem;

ii) a prestação de serviço de armazenamento não sofre incidência de ICMS, contudo, receberá no caso em tela auto de infração do ente estatal por descumprimento de dever instrumental;

iii) o armazém além de não ser contribuinte de ICMS, sofre *penalidade com mensuração com base no valor das mercadorias armazenadas que não são de sua titularidade e não possuem mínima correlação com a capacidade contributiva ou contraprestação recebida na prestação do serviço*;

iv) ainda que considerada existência de dano ao erário, note que a multa com base no valor da operação e alíquota de 30% (trinta por cento) distancia-se totalmente da tributação verificada no presente caso, ou seja, o pagamento de ISSQN, e mesmo realizando um esforço comparativo para possível incidência de tributação de ICMS (a qual inexiste no presente caso!) chegaríamos quando muito a uma alíquota de

18% sobre o valor da operação (valor da alíquota geral no Estado de São Paulo).

Em suma, por todos os ângulos possíveis de análise estamos diante de lançamento cuja base mensurativa é destorcida e desarrazoada. Trata-se de situação em que o binômio hipótese e consequente não encontra o entrelaçamento necessário para irradiação do devido efeito jurídico, sofrendo por vezes reparos, especialmente no âmbito judicial pelo pleno teor jurisdicional que ostenta, afastando lei válida e vigente, para o alcance do mínimo de razoabilidade necessária.

Com efeito, não vislumbramos em nosso sistema tributário elementos que confiram a devida base de fundamentação para que o mero descumprimento de uma obrigação acessória – dever instrumental, *possua medida sancionatória superior ao tributo que seria devido na respectiva operação.*

Enunciados dessa natureza estão condenados a sofrerem a devida calibração, seja no âmbito do contencioso administrativo[15] quando possível, ou especialmente no judicial,

15. Realizar mecanismo de calibração sancionatória no âmbito contencioso tributário administrativo é medida de exceção, isso porque em que pese inexistir norma geral aplicada a todos Tribunais Administrativos, em regra, observamos norma expressa que veda a possibilidade de afastar norma válida e vigente. Nesses termos, ainda que gritante a dessarrazoabilidade verificada no enunciado, não cabe ao julgador administrador o exercício de conferir a razoabilidade que julgar pertinente ao caso, devendo se ater na ocorrência da devida subsunção do fato à norma. Situação de exceção é trazida na legislação do Estado de São Paulo RICMS/SP em seu art. 527-A. O referido enunciado possibilita ao julgador reduzir ou relevar a multa em situações praticadas sem dolo, fraude ou simulação e que não implique falta de pagamento de imposto. Traz ainda elementos como a reincidência como requisito para aplicação da relevação e o porte econômico e antecedentes fiscais para redução. Vejamos a redação do enunciado:

"Artigo 527-A. A multa aplicada nos termos do art. 527 poderá ser reduzida ou relevada por órgão julgador administrativo, desde que a infração tenha sido praticada sem dolo, fraude ou simulação, e não implique falta de pagamento do imposto (Lei 6.374/89, art. 92 e § 2º, na redação da Lei 10.619/00, art. 1º, XXXI, e Lei 10.941/01, art. 44). (Acrescentado o art. 527-A pelo inciso I do art. 2º do Decreto 46.676 de 09-04-2002; DOE 10-04-2002; efeitos a partir de 01-05-2002).

§ 1º Na hipótese de redução, observar-se-á o disposto no § 7º do art. 527.

§ 2º Não poderão ser relevadas, na reincidência, as penalidades previstas na alínea "a" do inciso VII e na alínea "x" do inciso VIII do art. 527.

ofertando-lhe o necessário contorno de razoabilidade que deve estar presente ainda em norma de natureza sancionatória.

Importante destacar que a problemática do alcance da razoabilidade obteve significativo avanço doutrinário e jurisprudencial em nosso ordenamento; nessa toada, a Suprema Corte já sedimentou o entendimento no sentido de que: i) o princípio do não confisco também se aplica às multas; e ii) o percentual de 100% aplicado às multas é confiscatório, conforme julgados a seguir:

> *EMENTA: PROCESSUAL CIVIL. AGRAVO REGIMENTAL. CONSTITUCIONAL. TRIBUTÁRIO. MULTA. VEDAÇÃO DO EFEITO DE CONFISCO. APLICABILIDADE. RAZÕES RECURSAIS PELA MANUTENÇÃO DA MULTA. AUSÊNCIA DE INDICAÇÃO PRECISA DE PECULIARIDADE DA INFRAÇÃO A JUSTIFICAR A GRAVIDADE DA PUNIÇÃO. DECISÃO MANTIDA. 1. Conforme orientação fixada pelo Supremo Tribunal Federal, o princípio da vedação ao efeito de confisco aplica-se às multas. 2. Esta Corte já teve a oportunidade de considerar multas de 20% a 30% do valor do débito como adequadas* à luz do princípio da vedação do confisco. Caso em que o Tribunal de origem reduziu a multa de 60% para 30%. 3. A mera alusão à mora, pontual e isoladamente considerada, é insuficiente para estabelecer a relação de calibração e ponderação necessárias entre a gravidade da conduta e o peso da punição. É ônus da parte interessada apontar peculiaridades e *idiossincrasias do quadro que permitiriam sustentar a proporcionalidade da pena almejada. Agravo regimental ao qual se nega provimento (RE 523471 AgR, Rel. Min. JOAQUIM BARBOSA, Segunda Turma, julgado em 06.04.2010, DJe-071 DIVULG 22-04-2010 PUBLIC 23-04-2010 EMENT VOL-02398-05 PP-00915 LEXSTF v. 32, n. 377, 2010, p. 203-209).*
>
> Ementa: AGRAVO REGIMENTAL NO RECURSO EXTRAORDINÁRIO. MULTA FISCAL. CARÁTER CONFISCATÓRIO. VIOLAÇÃO AO ART. 150, IV, DA CONSTITUIÇÃO FEDERAL. AGRAVO IMPROVIDO. I – Esta Corte firmou entendimento no sentido de que são confiscatórias as multas fixadas em 100% ou mais do valor do tributo devido. Precedentes. II – Agravo regimental improvido (RE 657372 AgR, Rel. Min. RICARDO LEWANDOWSKI,

---

§ 3º Para aplicação deste artigo, serão levados em consideração, também, o porte econômico e os antecedentes fiscais do contribuinte."

Segunda Turma, julgado em 28.05.2013, ACÓRDÃO ELETRÔNICO DJe-108 DIVULG 07-06-2013 PUBLIC 10-06-2013).

Os julgados citados possuem forte reprodução em peças de defesa acerca da aplicação de penalidades, bem como em decisões judiciais que realizam a calibração de enunciados de multas fixadas em 100% ou mais do valor do tributo devido. Trata-se de importante limite objetivo que muito contribui para construção de um sistema mais racional, contudo, ainda longe de oferecer o alcance necessário para evitar os descompassos entre as normas primárias e sancionatórias (aqui entendida como a do descumprimento da norma primária).

Nesse sentido, basta observar que as decisões não tratam das situações: i) em que não tenham tributo devido, tampouco, atinge; ii) o elemento do critério quantitativo – base de cálculo – da norma sancionatória, restringindo-se a fazer referência à alíquota.

A despeito de não ser o tema central objeto do artigo aqui desenvolvido, vale ressaltar em que pese a hipótese de a norma tributária primária ter interferência direta na norma sancionatória secundária, entendemos que sua correlação está ligada ao não cumprimento da conduta, o qual está descrito no consequente da norma tributária. Ou seja, a conduta ilícita é que irá compor a hipótese da norma sancionatória do dever instrumental, sem o uso indiscriminado de outros elementos da norma tributária primária na estipulação da norma sancionatória do dever instrumental.

Esse uso indiscriminado, que por vezes corta o critério relacional do bem jurídico tutelado pelo estado (arrecadação ou fiscalização) com a base de cálculo da norma sancionatória do dever instrumental, fere diretamente o princípio da isonomia endonormativa e os princípios da proporcionalidade e razoabilidade. Deve a relação das sanções ser com a infração devendo punir e reprimir de forma proporcional e razoável o ilícito cometido.[16]

16. VELOSO, Jade Thomaz. *A aplicação dos princípios da vedação ao efeito confiscatório e* non bis in idem *nas sanções tributárias*. São Paulo: Dialética, 2021. p. 138-139.

É preciso prosseguir com a construção a fim de oferecer parâmetros para a atividade judicante realizar os devidos reparos nas normas sancionatórias que não envolvam falta de pagamento de tributo, e que se observe para situações dessa natureza não apenas a alíquota a ser aplicada, mas também a base de cálculo devida, a qual tem o condão de conferir maior contorno de onerosidade na relação jurídica.

É certo que a necessidade de conferência de razoabilidade apenas existe pela ocorrência de base enunciativa desconexa no quesito binômio hipótese e consequente sem a devida correlação.

4. Conclusão

As considerações tecidas até o presente momento nos demonstram a necessidade de conhecimento e adequação ao novo que se apresenta. Com efeito, a relação fisco x contribuinte vem ganhando novos contornos não existentes no início da sistematização do nosso direito tributário, seja no Código Tributário Nacional de 1966 ou ainda na Carta da República de 1988.

O transcorrer do lapso temporal de ambas as codificações referidas ensejou o nascimento de novas ferramentas de informações econômicas tributárias, que muito contribuem para eficiência de arrecadação de valores aos cofres públicos a título de tributo.

Não há dúvida da relevância que esses instrumentos informativos, as obrigações acessórias – deveres instrumentais, hoje em regra de incumbência de realização pelo contribuinte –, ostentam para o regular exercício da atividade de fiscalizar, lançar e arrecadar; *não obstante, é preciso sopesar essa relevância sob pena de desvirtuar a figura do "acessório" para o principal.* Em outras palavras, tornar a inobservância da obrigação acessória mais relevante do que a própria falta de pagamento do tributo.

Acreditamos que nosso ordenamento já fornece o devido respaldo legal para calibração mais onerosa das medidas sancionatórias quando necessário, e aqui nos referimos *às* situações que envolvem dolo, fraude e simulação. Em casos dessa natureza, a onerosidade da pretensão punitiva se justifica, todavia, sendo necessário o atrelamento da base de cálculo da norma sancionatória ao do tributo não pago ou que seria incidente na operação.

Isso porque, de forma direta ou indireta, o cumprimento de uma obrigação acessória tem como última finalidade a adequação/verificação da aplicação da norma de incidência ou não incidência em qualquer das suas modalidades. Fora desse campo (relação com a norma de incidência ou não incidência), é delicado sustentar algum tipo de dano ao erário, haja vista termos o devido atendimento à exigência do valor devido a título de tributo.

Portanto, a adoção de elementos como faturamento e valor da operação como base de cálculo da norma sancionatória do dever instrumental é situação anômala e desarrazoada. Nesses casos, ainda que se tenha aplicação de alíquota em menor porte, a implicação da onerosidade é vultosa e distorcida do próprio dano causado ao erário.

Seria de bom tom termos ainda em base enunciativa redação precisa, com teor mais técnico e relacional ao tributo devido direta ou indiretamente; contudo, como esse patamar ainda não foi alcançado, verificamos o intenso trabalho do contencioso administrativo e especialmente do judicial, no exercício de calibração para conferência de razoabilidade e proporcionalidade da medida sancionatória.

Em momento em que temos tantas vozes ávidas por uma realização de reforma tributária, seria bem-vinda à mesa de debate intensa reflexão do nosso sistema sancionatório, com enfoque inclusive aos deveres instrumentais e penalidades decorrentes, responsável pela formação de significativa escala do crédito tributário discutido nos âmbitos administrativos e judiciais.

Referências

CARVALHO, Paulo de Barros. *Direito tributário*: linguagem e método. 6. ed. São Paulo: Noeses, 2015.

CARVALHO, Paulo de Barros. *Curso de direito tributário*. São Paulo: Saraiva, 2012.

CARVALHO, Paulo de Barros. Parecer Inédito. *In:* DRUMMOND, Fernanda (Coord. *et al.*). *O ICMS e os deveres instrumentais* – Estudos de direito tributário em homenagem ao professor Roque Antonio Carrazza. São Paulo: Malheiros, 2014. v. 2.

COÊLHO, Sacha Calmon Navarro. *Curso de direito tributário brasileiro*. Rio de Janeiro: Forense, 2005.

LINS, Robson Maia. *A mora no direito tributário*. Tese (Doutorado) – Pontifícia Universidade Católica de São Paulo, São Paulo, 2008.

MEIRELLES, Hely Lopes. *Direito administrativo brasileiro*. São Paulo: Malheiros, 2012.

OSÓRIO, Fábio Medina. *Direito administrativo sancionador*. 6. ed. São Paulo: RT, 2019.

SILVA, Paulo Roberto Coimbra. *Direito tributário sancionador*. São Paulo: Quartier Latin, 2007.

VELOSO, Jade Thomaz. *A aplicação dos princípios da vedação ao efeito confiscatório e* non bis in idem *nas sanções tributárias*. São Paulo: Dialética, 2021.

A NATUREZA E OS LIMITES DA APLICAÇÃO DA PRESUNÇÃO DE OMISSÃO DE RECEITAS OU RENDIMENTOS VINCULADA A INGRESSOS BANCÁRIOS DE ORIGEM NÃO COMPROVADA – UMA HISTÓRIA EM CONSTRUÇÃO

Gilson Wessler Michels[1]

Rodrigo Schwartz Holanda[2]

Introdução

Em recente decisão, o Supremo Tribunal Federal definiu que é constitucional a presunção de omissão de receitas

1. Doutor em Direito pela Universidade Federal de Santa Catarina – UFSC. Mestre – Maestría Internacional en Administración Tributaria y Hacienda Pública pela UNED e Instituto de Estudios Fiscales – IEF (Espanha). Advogado. Professor de Direito Tributário e Direito Administrativo na Universidade Federal de Santa Catarina – UFSC. Pesquisador e coordenador do Grupo de Pesquisas em Direitos Humanos da Tributação do Centro de Ciências Jurídicas da UFSC.

2. Mestre em Direito Tributário pela Pontifícia Universidade Católica de São Paulo – PUC/SP. Advogado e Bacharel em Ciências Contábeis. Especialista em Direito Tributário pelo Instituto Brasileiro de Estudos Tributários – IBET. Pós-graduado em Processo Civil. Pesquisador do Instituto de Aplicação do Tributo. Professor do Instituto Brasileiro de Estudos Tributários – IBET.

ou rendimentos – a partir daqui chamada genericamente de omissão de rendas – em face da não comprovação da origem dos ingressos nas contas bancárias, prevista no art. 42 da Lei 9.430/1996.[3] Entretanto, apesar de o *decisum* ter estancado a discussão acerca da consonância da hipótese presuntiva com o texto constitucional, deixou em aberto uma série de questões que, não obstante os já 25 anos de existência da figura jurídica, continuará a suscitar dúvidas e divergências.

É que se, já no âmbito específico dos contornos isolados e literais do art. 42, é problemática a definição, por exemplo, do que cabe ao contribuinte diante de uma intimação para comprovar a origem dos ingressos em suas contas bancárias – se apenas informar a "origem" ou se também identificar a "causa" e comprovar a "oferta à tributação" –, no plano procedimental/processual as dificuldades se ampliam, dada a circunstância de que o aperfeiçoamento da presunção pode ocorrer em momentos distintos do processo administrativo tributário – já na fase de fiscalização ou, eventualmente, na fase contenciosa, que envolve o julgamento da regularidade do lançamento tributário por órgãos administrativos especializados. Ademais, dadas as distintas competências dos órgãos de fiscalização e de julgamento, os resultados da comprovação ou não da origem podem trazer consequências distintas, a depender do momento e do contexto em que a atuação do contribuinte se dá.

O tema é importante também em face daquilo que, com certa frequência, tem ocorrido em sede tributária: algumas figuras ou certos mecanismos gerados com determinadas identidades, ontologicamente definidas, ao longo do tempo acabam por ter suas aplicações estendidas para além dos limites impostos por suas vocações precípuas, turvando seus limites. É o que ocorre, a título meramente exemplificativo:

(a) com o uso que gradativamente foi sendo dado ao lucro arbitrado, que, de hipótese residual e de exceção de apuração da base de cálculo do Imposto sobre a Renda Pessoa Jurídica

3. RE 855.649/RS (Tema de Percussão Geral 842), decisão de 03.05.2021.

e da Contribuição Social sobre o Lucro Líquido, acabou por se tornar aplicável em situações nas quais a impossibilidade de apuração pelos regimes ordinários não fica evidenciada (tornando-se, em muitos casos, quase como uma alternativa colocada à disposição da autoridade fiscal, independentemente da demonstração da imprestabilidade da escrituração fiscal ou da evidenciação de que uma quantidade significativa de registros contábeis-fiscais desvigora seu próprio conjunto);

(b) com a utilização da figura do contraditório como via justificadora da relativização da definitividade de decisões administrativas, como é o caso da possibilidade, posta pela Administração Tributária Federal no Parecer Normativo Cosit 08/2014, de prolação de um novo despacho decisório destinado à denegação, por outros fundamentos, do direito creditório que o contribuinte já teve anteriormente reconhecido por decisão final do Conselho Administrativo de Recursos Fiscais – Carf, e isso em face do pressuposto que, com a garantia do contraditório, o contribuinte pode voltar a percorrer a fase litigiosa do contencioso administrativo para rediscutir a existência de seu direito; e

(c) também com a presunção de omissão de receitas em face da não comprovação da origem dos depósitos bancários de que aqui se trata, que de hipótese meramente presuntiva passou a merecer tratamento que, em muitos casos, a coloca como verdadeira hipótese material de incidência tributária, como se abordará ao longo deste artigo.

Essas redefinições dos limites dessas figuras jurídicas, feitas muitas vezes em detrimento de suas naturezas específicas, corroem seus sentidos, servindo ao desvirtuamento do sistema, pela sobreposição e/ou extrapolação indevidas de prerrogativas que propiciam.

Dentro desse contexto, o objetivo deste artigo é abordar especificamente a presunção do art. 42 da Lei 9.430/1996, buscando evidenciar as distorções por ela sofridas, resultantes do alargado campo de atuação que lhe foi concedido por exegeses que desconsideram a natureza em si das presunções relativas. E, na abordagem aqui produzida, serão referenciadas as posições sobre o tema, exteriorizadas pelo Conselho Administrativo de Recursos Fiscais – Carf em suas decisões, em razão do intenso e por vezes controverso, mas importante, protagonismo desse tribunal administrativo no amplo processo de construção dos entendimentos acerca da legislação tributária.

Do ponto de vista de sua estrutura, o artigo partirá de algumas rápidas considerações acerca dos limites da atuação administrativa no âmbito do processo administrativo tributário (item 1) para depois deter-se sobre a natureza em si da presunção do art. 42 (item 2), tudo com vistas a permitir a análise de algumas das várias situações que podem surgir com sua aplicação no curso do processo administrativo de determinação e exigência de créditos tributários (item 3). Por fim, tratar-se-á de abordar rapidamente algumas questões complementares, apenas com o objetivo de evidenciar o alto grau de divergências acerca do manejo concreto da presunção (item 4).

1. Considerações sobre o processo administrativo tributário

Uma das grandes dificuldades associadas ao uso dos mecanismos administrativos de solução de litígios tributários no Brasil está ligada às peculiaridades de nosso sistema. Não se vai entrar aqui em questões relacionadas à comparação de nosso processo tributário com os de outros países – o que evidenciaria uma certa falta de racionalidade e de sistematização, em nosso claro desfavor –, mas destacar-se, na esfera do processo administrativo tributário, uma específica particularidade nossa, que inúmeros problemas e angústias traz para tantos quantos tenham de se defrontar com a opção de discutir ou não determinada insurgência contra algum ato de ofício da Administração Tributária perante os órgãos julgadores administrativos. Trata-se da incerteza acerca do que é, efetivamente, o julgamento administrativo: (i) apreciação de uma lide concretamente delimitada pela confrontação dos fundamentos do ato administrativo contestado com as alegações do recorrente ou (ii) uma atuação administrativa de controle amplo da legalidade da imposição fiscal?

A preocupação não é despropositada, uma vez que está ela associada a um tipo de incerteza claramente indesejável. Se, de um lado, é uma vicissitude natural de qualquer sistema de solução de litígios a de que se tenha de conviver com decisões divergentes em face da multiplicidade de órgãos julgadores, de outro, não parece razoável que as decisões divergentes se deem não por distintas valorações cognitivas dos julgadores, mas como resultado de uma indefinição acerca de qual seja a competência desses mesmos agentes. Dito de outra forma: não parece razoável que dois contribuintes tenham decisões divergentes sobre o mesmo tema ou a mesma controvérsia, porque o julgador de um dos litígios se ateve à lide e o outro estendeu sua aferição para além do litígio concretamente posto, considerando-se competente para inovar nos fundamentos da autuação, agravar a situação do recorrente ou sanear, em sede contenciosa, os vícios do ato contestado.

O problema é relevante. Primeiro, porque há mesmo, com relação a ele, amplas divergências mesmo entre os julgadores administrativos; segundo, porque a indefinição do que é efetivamente o julgamento administrativo traz consequências de muito larga ordem no plano da subordinação aos preceitos constitucionais que asseguram o direito de ampla defesa mesmo em sede administrativa (a eventual possibilidade de agravamento da situação do contribuinte não empana ou restringe a ampla defesa?); também no plano da definição dos limites da atuação probatória do julgador (pode ele produzir provas originalmente colocadas como obrigação das partes?); e, mais especialmente, apesar de não exclusivamente, na própria definição dos limites de competência do julgador (da decisão pode resultar agravamento ou inovação na fundamentação do ato de ofício contestado?).

O aprofundamento desse tema não cabe nos estreitos limites deste artigo, mas é importante que se tenha em conta que, quando se fala em processo administrativo tributário, está-se a fazer referência a atuações administrativas que são inconfundíveis, por razões tanto formais como materiais. Mas, independentemente de outras distinções, importa enfatizar aquelas que particularizam as atividades de fiscalização e julgamento administrativos.[4]

O lançamento tributário possui ordem de expedientes que deve ser seguida. Na fase de fiscalização, tem-se um procedimento destinado à verificação da regularidade tributária do contribuinte e que pode resultar na constituição do crédito tributário, por meio do lançamento tributário. Formalizado o lançamento dentro do prazo decadencial, nasce, a partir daí, uma exigência fiscal consubstanciada numa pretensão intrinsecamente escudada em determinados fundamentos de fato e de direito (seus motivos determinantes), materializados num critério jurídico adotado pela autoridade fiscal.[5]

Já na fase de julgamento, que só é aberta por iniciativa do contribuinte,[6] o que se tem é uma fase da atuação administrativa destinada à aferição da regularidade do lançamento tributário, à luz das razões de discordância postas na peça contestatória. Aqui, porém, não se trata de atuação destinada ao aperfeiçoamento do ato administrativo contestado, nem a saneá-lo, mas da verificação de sua consistência quando confrontado com as alegações do contribuinte e com as questões de direito aferíveis de plano (em especial, as chamadas questões de ordem pública).

---

4. Sobre a natureza do processo administrativo fiscal e da atuação judicante administrativa, ver: MICHELS, Gilson Wessler. *PAF – Processo Administrativo Fiscal* – Litigância tributária no contencioso administrativo. São Paulo: Aduaneiras/Cenofisco, 2018. p. 25-45; ROCHA, Sérgio André. *Processo administrativo fiscal* – Controle administrativo do lançamento tributário. Rio de Janeiro: Lumen Juris, 2007. p. 23-56; MARINS, James. *Direito processual tributário brasileiro:* administrativo e judicial. São Paulo: Revista dos Tribunais, 2021. Capítulo 7.

5. Arts. 9º, 10 e 11 do Decreto 70.235/1972.

6. Art. 14 do Decreto 70.235/1972.

Resulta dessa compartimentação a impossibilidade de que do julgamento administrativo resulte uma exigência fiscal distinta daquela posta no lançamento tributário contestado. Obviamente, é possível que haja invalidação parcial ou integral da exigência, mas ao julgador administrativo é defeso agravar ou alterar as razões de fato e/ou de direito que a sustentam, visto que isso representaria o exercício de uma competência administrativa que o julgador não tem (a de efetuar o lançamento) e, igualmente, a supressão de uma importante garantia do contribuinte, qual seja a de não ter inibido seu direito de defesa em face da possibilidade de resultar da apreciação do recurso administrativo o agravamento de sua situação.[7] E, quando se fala em agravamento, é perceptível que isso pode se dar tanto por via da mera ampliação do crédito tributário, mantidos os fundamentos da autuação, como também por meio da atuação probatória destinada a suprir as lacunas no material probante produzido pela autoridade fiscal. Mas pode-se igualmente ter agravamento numa hipótese mais problemática: aquela em que é preservado o crédito tributário lançado, mas com inovação na fundamentação do lançamento (mudança de critério jurídico).

Na inovação na fundamentação, não se tem apenas um novo critério jurídico, mas um novo lançamento. E, diante de erro no critério jurídico, inexiste outra alternativa ao julgador

---

7. "É certo que o Decreto 70.235/1972 traz, no § 3º de seu art. 18, a previsão da possibilidade de agravamento da exigência inicial em face dos resultados de exames posteriores, diligências e perícias. Entretanto, tal disposição mereceu tratamento bastante mitigado quando de sua incorporação ao posteriormente editado Decreto 7.574/2011 (ato que regulamenta os processos administrativos referentes a matérias administradas pela RFB). Com efeito, o art. 41 deste Decreto estabelece que o referido agravamento só é cabível, em regra, nas hipóteses em que dos referidos exames posteriores resta constatada a existência de matéria que, apesar de não incluída no lançamento, assim não o foi não porque se trata de matéria nova, mas sim de matéria que foi devidamente trabalhada no procedimento fiscal e só não restou incluída na matéria tributável por erro material e/ou lapso manifesto da autoridade fiscal. Ou seja, não se trata mais aqui de agravamento propriamente dito – já que não há inovação a fundamentar a ampliação da exigência inicial –, mas de mera correção daquilo que se pode classificar de inexatidão material" (MICHELS, Gilson Wessler. *PAF – Processo Administrativo Fiscal* cit., p. 35-36).

que não seja a invalidação do lançamento. E assim deve ser não apenas em razão da própria lógica do julgamento administrativo, como também em face do cruzamento com outros importantes institutos jurídicos – como é o caso, por exemplo, da decadência: seria juridicamente sustentável que um lançamento formalizado dentro do prazo decadencial pudesse ser revisto em seus fundamentos pela decisão administrativa, quase sempre formalizada muito além daquele prazo extintivo?

Trata-se de discussão inequivocamente polêmica e que divide doutrinadores e julgadores. Certo é que o tema de que se ocupa este artigo é exemplo de questão que só se resolve a partir da opção por uma ou outra das posições supradelineadas.

Não cabe aqui, portanto, aprofundar ainda mais o tema, mas apenas referenciá-lo para fins de evidenciar as relações que ele tem com a aplicação prática da presunção de omissão de rendas relacionada à não comprovação da origem dos ingressos nas contas bancárias, prevista no art. 42 da Lei 9.430/1996. A isso se dedicará especialmente este artigo, como já se mencionou, mas importa agora, ainda preliminarmente, tecer algumas considerações iniciais sobre o art. 42 em si.

2. A natureza do art. 42 da Lei 9.430/1996

Para que se precise a natureza da presunção posta no art. 42 da Lei 9.430/1996, importa, de início, uma breve incursão pela evolução da omissão de rendas vinculada aos ingressos nas contas bancárias de origem não comprovada. De modo resumido, tem-se que:

(a) até a edição da Lei 8.021/1990, não havia qualquer fundamento legal para que se tivessem os ingressos bancários sequer como indícios de omissão de rendas. Até esse ato legal, a jurisprudência era uníssona quanto à impossibilidade de uso dos dados da movimentação bancária para, isoladamente, gerar a caracterização de qualquer omissão. Durante esse período, inclusive, chegou a ser editada a famosa Súmula 182 do antigo TFR, que afirmava a impossibilidade do lançamento com base apenas nos depósitos bancários;[8]

(b) depois, no período que foi da edição da Lei 8.021/1990 até a edição da Lei 9.430/1996, ocorre uma segunda etapa de evolução da matéria. Durante esse período, a existência de ingressos bancários de origem não comprovada e em montante superior ao que a pessoa jurídica tivesse escriturado como receitas ou que a pessoa física tivesse declarado como rendimentos representava mero indício de que receitas/rendimentos tivessem sido omitidos. Nessa fase, a fiscalização precisava, para além da evidenciação da existência dos ingressos não justificados, demonstrar o nexo causal entre eles e algum(ns) sinal(is) exterior(es) de riqueza do contribuinte. Por exemplo, a fiscalização precisava associar ao ingresso não comprovado uma despesa que o contribuinte comprovadamente teve e que só poderia ter sido feita com aquele recurso não ofertado à tributação;

(c) com a Lei 9.430/1996, entretanto, tudo mudou. E mudou no sentido de atenuar a carga probatória a cargo do fisco. É que, a partir daí, a existência de depósitos bancários de origem não comprovada passou a ser, isoladamente, prova de omissão de rendas, independentemente da demonstração do nexo causal anteriormente exigido pela Lei 8.021/1990. A isso, inclusive, se refere o Carf, por exemplo, em sua Súmula 26 (vinculante para toda a Administração Tributária Federal, em razão da ordem ministerial constante da Portaria MF 277, de 07.06.2018):

> Súmula CARF n. 26:
>
> A presunção estabelecida no art. 42 da Lei 9.430/1996 dispensa o Fisco de comprovar o consumo da renda representada pelos depósitos bancários sem origem comprovada.

Assim, é importante ter em conta que existem três realidades bastante distintas no que se refere ao uso da movimentação financeira como base para a caracterização da omissão

8. Súmula TFR 182: "É ilegítimo o lançamento do Imposto de Renda arbitrado com base apenas em extratos ou depósitos bancários".

de rendas e que elas têm como delimitadores o art. 6º da Lei 8.021/1990 e o art. 42 da Lei 9.430, de 27.12.1996. Tais dispositivos assim dispõem:

> Lei 8.021/1990:
>
> Art. 6º O lançamento de ofício, além dos casos já especificados em lei, far-se-á arbitrando-se os rendimentos com base na renda presumida, mediante utilização dos sinais exteriores de riqueza. [...]
>
> § 5º O arbitramento poderá ainda ser efetuado com base em depósitos ou aplicações realizadas junto a instituições financeiras, quando o contribuinte não comprovar a origem dos recursos utilizados nessas operações (Revogado pela Lei 9.430, de 1996).
>
> Lei 9.430/1996:
>
> Art. 42. Caracterizam-se também omissão de receita ou de rendimento os valores creditados em conta de depósito ou de investimento mantida junto a instituição financeira, em relação aos quais o titular, pessoa física ou jurídica, regularmente intimado, não comprove, mediante documentação hábil e idônea, a origem dos recursos utilizados nessas operações. [...]

O que aproxima as duas realidades inauguradas pela Lei 8.021/1990 e pela Lei 9.430/1996 é a circunstância de que ambas se conformam como presunções legais. O que as distingue, entretanto, é o fato de atribuírem diferenciados ônus, em termos de atuação probatória, à autoridade fiscal. Tem-se, de um lado, uma presunção mais sumária, a do art. 42 da Lei 9.430/1996, que atribui ao fisco a simples evidenciação da existência de ingressos bancários não escriturados ou de origem não comprovada; de outro, uma presunção de evidenciação menos célere, a do art. 6º da Lei 8.021/1990, que atribui ao fisco não apenas a obrigação de constatar a existência dos ingressos bancários, mas também o estabelecimento de um nexo de causalidade entre tais ingressos e fatos concretos ensejadores da conduta elisiva. À evidência, essa segunda hipótese se afasta das feições de uma presunção legal típica, aproximando-se mais de uma comprovação material de omissão de receitas.

Assim brevemente delineada a evolução da omissão de receitas vinculada aos depósitos bancários de origem não comprovada, pode-se passar a uma análise mais detida do art. 42 da Lei 9.430/1996.

Nesse sentido, muito embora ainda existam dúvidas acerca de sua natureza, prevalece amplamente o entendimento de que se trata de uma presunção relativa, destinada a viabilizar ao fisco a possibilidade de ter acesso a informações referentes a operações negociais pretensamente instrumentadas por movimentações bancárias. Em rigor, pode-se dizer que o art. 42 se insere num movimento de gradativa ampliação das prerrogativas fiscais no que se refere ao acesso e manejo das informações bancárias dos contribuintes, constituindo um verdadeiro microssistema fiscalizatório quando associado com a possibilidade de quebra administrativa do sigilo bancário trazida pela Lei Complementar 105/2001 e pelo Decreto 3.724/2001. Mas permanece a pergunta acerca da natureza do art. 42.

Para não poucos, trata-se de figura com feições pretensamente materiais, aparentemente aptas a conformar uma hipótese de incidência, pois descreve abstratamente uma situação que, se ocorrida concretamente no mundo fenomênico, daria ensejo à caracterização de que um fato ocorreu: a omissão de rendas. Tais feições, entretanto, se esvanecem quando se constata que ela é mais meio do que fim.

É que, nos casos em que o contribuinte informa a origem dos créditos ingressados em suas contas bancárias, o vigor da figura para sustentar qualquer pretensão fiscal resulta afastada, sem que, com isso, tenha-se igualmente afastada a possibilidade de que a omissão de receitas efetivamente exista.

Ou seja, na medida em que a comprovação ou não da origem dos depósitos bancários não representa, por si só, circunstância definidora da certeza de que a omissão de receitas ocorreu ou não, tem o art. 42 um caráter claramente instrumental sob o ponto de vista probatório, e que só é majorado com a elevação à condição de fundamento apto à validação de uma imposição fiscal, em face de que a lei cria o atalho que atribui à não comprovação da origem o efeito presumido da caracterização da omissão de receita.

São várias as razões que induzem a tal entendimento, mas as próprias características da hipótese o sustentam. É que, como os ingressos nas contas bancárias podem se dar por razões de muito variada ordem, ter-se-ia um óbvio déficit cognitivo se restasse estabelecido de forma irrestrita, absoluta, que sempre seriam causa suficiente para a caracterização da infração "omissão de rendas". Para além disso, porém, a própria operacionalidade da figura jurídica reafirma seu caráter presuntivo: é o que se tem, na medida em que ao contribuinte é dada a possibilidade de infirmar a ocorrência da infração por via da comprovação da origem dos ingressos.

Parece clara, portanto, a natureza de presunção da figura posta no art. 42; e presunção relativa, dado que admite prova em contrário, ou seja, atuação probatória que a infirme.

Importante, aliás, firmar brevemente a distinção entre as presunções absoluta e relativa, até para que, com isso, se reafirme o afastamento do art. 42 de qualquer afetação material.

As presunções relativas se identificam mais com o direito probatório, com a seara processual, enquanto as presunções absolutas colocam ao menos um de seus pés no âmbito do direito material. Maria Rita Ferragut adota esse entendimento, ao afirmar que as presunções relativas

> [...] têm natureza processual probatória, a elas sendo aplicáveis os princípios constitucionais da ampla defesa e contraditório, dentre outros. Consistem em meios de prova indiciária, subsidiária, indireta, divergindo das hipóteses em que, na definição do fato jurídico ou da base de cálculo, intervêm ficções legais ou 'presunções absolutas', enunciados jurídicos de direito substantivo.[9]

---

9. FERRAGUT, Maria Rita. *Presunções no direito tributário*. São Paulo: Dialética, 2001. p.73.

No mesmo sentido, Leonardo Sperb de Paola. O autor, ao passear pela obra de vários doutrinadores, faz referência, entre outras, à posição de François Gény, para quem o domínio de aplicação das presunções relativas está no campo da prova, às posições de Barbosa Moreira e Frederico Marques, concordes no sentido de que as presunções relativas estão ligadas ao *onus probandi*, e ainda à posição de Alfredo Augusto Becker e Cândido Rangel Dinamarco, que afirmam destinarem-se as presunções relativas à simplificação, à suavização do ônus probatório, para isso modificando os elementos que devem ser demonstrados. Conclui Leonardo Sperb de Paola essa síntese afirmando que "há, percebe-se, uma certa concordância sobre pertencerem as presunções relativas ao domínio probatório, não compondo, ao contrário das presunções absolutas, normas substanciais".[10]

Tendo-se as presunções relativas, assim, como pertencentes à esfera do direito probatório e se estabelecendo, portanto, como meios de prova indiciária, subsidiária, indireta, há que se analisá-las, necessariamente, sob esse prisma. Se as presunções relativas são meios de prova indiciária – ou pelo menos a estes equiparáveis –, a elas se deve dar o mesmo vigor dado aos indícios no plano da comprovação material das infrações fiscais.

Como temperamento dessas ponderações, é pertinente ressaltar que a Lei 9.430/1996 estabeleceu um procedimento a ser seguido quando da aplicação dessa presunção. Primeiro, chama atenção que o art. 42 está inserido na Seção IV, cuja vocação é, como o nome sugere, tratar da "omissão de receita". Não se trata, portanto, de uma hipótese isolada, descolada das normas de regência dos tributos federais que gravam a renda, o lucro e as receitas. É uma norma que tem como consequente a possibilidade de presumir a ocorrência do fato gerador.

Esse raciocínio fica ainda mais evidente quando se verifica que o art. 40 estabelece que a omissão de receitas ocorrerá

10. PAOLA, Leonardo Sperb de. *Presunções e ficções no direito tributário*. Belo Horizonte: Del Rey, 1997. p. 65-66.

quando houver a (i) falta de escrituração de pagamentos ou a (ii) manutenção, no passivo, de obrigações cuja exigibilidade é questionável, assim como pelo artigo seguinte dessa mesma seção, o 41, que (iii) prevê a possibilidade de se presumir a omissão de receita a partir de levantamento por espécie das quantidades de matérias-primas e produtos intermediários utilizados no processo produtivo da pessoa jurídica.

Os próprios parágrafos do art. 42 convergem para essa leitura. Considerando-se que os parágrafos contemplam os aspectos complementares e as exceções à norma,[11] importa vê-los de forma detida. O primeiro não comporta grandes digressões. Trata-se da mera previsão de que a receita ou o rendimento eventualmente omitido serão considerados auferidos quando de seu creditamento, que também é repetida pelo § 4º – mas com a indicação de que as pessoas físicas terão sua presunção pela tabela progressiva.[12] O § 2º, porém, merece atenção:

> Art. 42. [...]

---

11. Constituição Federal:
"Art. 59. O processo legislativo compreende a elaboração de:
[...]
Parágrafo único. Lei complementar disporá sobre a elaboração, redação, alteração e consolidação das leis".
Lei Complementar 95/1998:
"Art. 11. As disposições normativas serão redigidas com clareza, precisão e ordem lógica, observadas, para esse propósito, as seguintes normas:
[...]
III – para a obtenção de ordem lógica:
[...]
c) expressar por meio dos parágrafos os aspectos complementares à norma enunciada no caput do artigo e as exceções à regra por este estabelecida; [...]."

12. Lei 9.430/1996:
"Art. 42. [...]
§ 1º O valor das receitas ou dos rendimentos omitido será considerado auferido ou recebido no mês do crédito efetuado pela instituição financeira.
[...]
§ 4º Tratando-se de pessoa física, os rendimentos omitidos serão tributados no mês em que considerados recebidos, com base na tabela progressiva vigente à época em que tenha sido efetuado o crédito pela instituição financeira".

§ 2º Os valores cuja origem houver sido comprovada, que não houverem sido computados na base de cálculo dos impostos e contribuições a que estiverem sujeitos, submeter-se-ão às normas de tributação específicas, previstas na legislação vigente à época em que auferidos ou recebidos.

Pedindo licença pela redundância, é de observar com atenção a mensagem do legislador. Por mais que esse parágrafo enuncie o óbvio, a segunda oração – que se subordinada à primeira – estabelece que, se a origem for apresentada pelo contribuinte, os valores que não foram oferecidos à tributação somente poderão ser exigidos pelos mecanismos de fiscalização tradicionais, afastando-se a aplicabilidade do dispositivo. É um dever. Presente a origem, os valores somente poderão ser exigidos (i) se não houverem sido computados na base de cálculo dos impostos e contribuições; e (ii) se exigidos pela norma de tributação específica, conforme a legislação vigente à época.

O § 3º, ao afastar a possibilidade de incidência da presunção nas transferências de conta da mesma titularidade (inciso I) e de pequenos valores (inciso II), também vai nesse sentido.[13] Os dois últimos parágrafos também apoiam essa leitura:

Art. 42. [...]

§ 5º Quando provado que os valores creditados na conta de depósito ou de investimento pertencem a terceiro, evidenciando interposição de pessoa, a determinação dos rendimentos ou receitas será efetuada em relação ao terceiro, na condição de efetivo titular da conta de depósito ou de investimento.

§ 6º Na hipótese de contas de depósito ou de investimento mantidas em conjunto, cuja declaração de rendimentos ou de

13. Lei 9.430/1996:
"Art. 42. [...]
§ 3º Para efeito de determinação da receita omitida, os créditos serão analisados individualizadamente, observado que não serão considerados:
I – os decorrentes de transferências de outras contas da própria pessoa física ou jurídica;
II – no caso de pessoa física, sem prejuízo do disposto no inciso anterior, os de valor individual igual ou inferior a R$ 1.000,00 (mil reais), desde que o seu somatório, dentro do ano-calendário, não ultrapasse o valor de R$ 12.000,00 (doze mil reais)".

> informações dos titulares tenham sido apresentadas em separado, e não havendo comprovação da origem dos recursos nos termos deste artigo, o valor dos rendimentos ou receitas será imputado a cada titular mediante divisão entre o total dos rendimentos ou receitas pela quantidade de titulares.

Aqui, mais uma vez, o legislador complementa a presunção, admitindo que elementos estranhos ao esclarecimento da origem do depósito bancário – tal como a demonstração de se tratar de pessoa interposta ou cuja titularidade da conta seja dividida – afastem a aplicação da presunção.

Esses elementos, a toda evidência, corroboram a não conformação da figura posta no art. 42 como uma hipótese de incidência ou como instituto de direito material, o que traz consequências importantes, em especial para aquilo que se deve ter como obrigação do contribuinte, quando o dispositivo lhe atribui a responsabilidade de "comprovar a origem" dos ingressos nas contas bancárias. Mas a isso se voltará no item 3.1.1. Por ora, importa ressaltar que, como indício, e não como hipótese de incidência, remanesce o art. 42 mais como prerrogativa fiscalizatória, mesmo que, com a eventual omissão do contribuinte, possa servir ao aperfeiçoamento da ocorrência da omissão de receitas. Até porque, vale o parêntese, é um dever manter a regularidade dos registros contábeis e das informações representativas de mutações patrimoniais. Assim, a falta de indicação da origem traduz um ilícito que, por força do art. 3º do Código Tributário Nacional, jamais poderia integrar a hipótese de incidência de uma espécie tributária. A não comprovação da origem é, portanto, uma presunção (relativa), jamais o fato gerador.

Assim estabelecida, mesmo que brevemente, a natureza do art. 42, importa referenciar, ainda, algumas outras questões igualmente problemáticas.

Trata-se, por exemplo, de saber se ao contribuinte é dada a possibilidade de comprovar a origem dos depósitos a qualquer momento, enquanto não caracterizada a decisão administrativa final. Numa primeira tomada de olhos, e se tendo em conta a tessitura isolada do art. 42, não parece haver razão para limitar temporalmente o direito à comprovação.

Entretanto, tem-se aqui uma especificidade que aproxima essa presunção de outras figuras tributárias, pelo menos no que se refere a sua operacionalidade e a seus efeitos sobre o aperfeiçoamento da hipótese presuntiva: é que se está aqui diante de um preceito que acaba por estabelecer ônus não apenas aos contribuintes, como também à Administração Tributária, na medida em que a comprovação da origem dos ingressos, apesar de impor responsabilidades ao sujeito passivo, acaba por determinar, no caso da não comprovação, a abreviação do procedimento de ofício e a formalização do lançamento tributário com base na presunção.

E aí sobrevém a questão de saber se a comprovação da origem pode ser feita depois do lançamento, já na fase de contestação administrativa, e o que pode o julgador administrativo fazer nesse momento do processo administrativo: apreciar sempre tais provas apresentadas originariamente em sede contenciosa? E, se as pode apreciar, o que lhe é permitido fazer a partir de suas competências institucionais?

É que a presunção do art. 42 traz, por vezes, situação similar à que em geral se tem com outra figura, a do lucro arbitrado. Intimado o contribuinte a apresentar sua escrituração contábil-fiscal e não o fazendo – e nem mesmo evidenciando a possibilidade de reconstituí-la em tempo razoável –, acaba restando à autoridade fiscal o afastamento da opção do sujeito passivo pelo lucro real ou presumido, apurando de ofício o tributo devido com base no lucro arbitrado. A questão posta é: se o contribuinte traz sua escrituração apenas depois do lançamento, pode pretender ver reconhecido o erro de critério jurídico e anulado o lançamento tributário na oportunidade da contestação administrativa?

A solução construída pela jurisprudência administrativa para o caso, ao longo dos anos, é ilustrativa e parece respeitar as feições das distintas competências dos agentes públicos que atuam nas diferenciadas fases do processo administrativo tributário, ao estabelecer que, se ao contribuinte foi dado prazo razoável para apresentar sua escrituração durante o procedimento de ofício, consolidada resta a adoção do lucro arbitrado, mesmo com a apresentação posterior dos documentos fiscais. Se, porém, evidenciada está a não concessão de prazo razoável pela autoridade fiscal, a apresentação posterior é causa de invalidação do lançamento, pela adoção de critério jurídico incorreto. Em nenhuma das duas hipóteses cabe outra medida ao julgador administrativo que não seja a validação ou a invalidação da adoção do lucro arbitrado, sem a possibilidade de que do julgamento resulte a substituição do arbitramento por outro dos meios de apuração do lucro – se o contribuinte tem razão em sua insurgência, o resultado é a anulação do lançamento, e não a reconstrução da matéria tributável com a adoção do lucro real ou presumido, e isso em respeito, em especial, aos limites de competência do julgador (que não poderia reabrir a ação fiscal para reconstruir o lançamento) e, igualmente, para que o julgamento se limite à aferição da correção dos motivos determinantes do lançamento (mudanças de fundamento, em regra, representam novo lançamento).[14]

A *ratio* dessa posição do Carf, porém, não tem sido reproduzida em outras situações aparentemente similares – inclusive aquela de que se ocupa este artigo, como se verá no item 3 –, o que mostra que as dissensões acerca das prerrogativas do julgador e da natureza do julgamento administrativo existem e respondem por flutuações importantes no conteúdo e na extensão das decisões. Mas a isso se voltará mais adiante.

Por ora, feitas essas considerações, o que se fará a seguir é contemplar, mesmo que de forma breve, algumas situações

14. Nesse sentido, o Acórdão 9101-005.770, lavrado pela Primeira Turma da Câmara Superior de Recursos Fiscais – CSRF, em 09.09.2021: "ASSUNTO: IMPOSTO SOBRE A RENDA DE PESSOA JURÍDICA (IRPJ). Ano-calendário: 2008. ALTERAÇÃO NA FORMA DE APURAÇÃO ADOTADA PELA FISCALIZAÇÃO. Se a Fiscalização apurou o crédito tributário pelo Lucro Real, não é possível manter a autuação, transformando essa forma de apuração em Lucro Arbitrado".

específicas relacionadas, em especial, aos diferentes momentos e contextos em que se dá a comprovação da origem requerida pelo art. 42 da Lei 9.430/1996. Não se trata de um inventário exaustivo, porque as variações casuísticas são numerosas, mas servirá à evidenciação de que ainda há amplos espaços de dúvidas e/ou divergências acerca da aplicação dessa já não tão recente presunção legal.

3. A comprovação da origem dos ingressos nas contas bancárias

De modo geral, o contribuinte pode comprovar a origem dos ingressos em suas contas bancárias, de maneiras diferenciadas, considerados o momento e a forma de fazê-lo. E isso traz consequências para a atuação administrativa, definidas a partir de suas prerrogativas específicas em cada fase do processo administrativo tributário. Importa, portanto, abordar algumas situações, a fim de que se deixe evidenciada a impossibilidade de se ter uma solução única.

3.1 Comprovação da origem durante o procedimento de fiscalização (antes do lançamento tributário)

3.1.1 Intimação para comprovação da origem e atendimento antes da conclusão do procedimento

Nesse caso, se o contribuinte identifica a origem do depósito bancário, não há lugar para a aplicação da presunção. Ao dar à Administração Tributária conhecimento da origem, permite à fiscalização prosseguir a verificação, mas a partir daí valendo-se das outras prerrogativas que possui e que estão associadas aos procedimentos ordinários, não acobertados pelos atalhos da hipótese presuntiva. A caracterização da omissão de rendas, nessa hipótese, precisará dar-se materialmente, por via do aprofundamento das investigações, viabilizado pelo uso da presunção. Não parece juridicamente possível que se adote o entendimento de que, mesmo já tendo obtido aquilo que o art. 42 lhe viabilizou, possa a Administração Tributária espraiar suas prerrogativas a partir do preceito, utilizando-o como o meio por excelência de abreviação de outras etapas nele não contempladas.

Importante ter em conta, aliás, que, quando se fala em intimação do contribuinte para comprovar a origem dos ingressos em suas contas bancárias, deve a autoridade fiscal atentar para a necessidade de que sejam demandados todos os titulares daquelas contas, sob pena de invalidação do eventual e posterior lançamento tributário. Três situações ilustram o que se diz:

(a) no caso de contas conjuntas, a intimação de todos os cotitulares é obrigatória, sob pena de serem excluídos da base de cálculo do lançamento todos os valores ingressados naquelas contas (nesse sentido o entendimento do próprio Carf).[15] É certo que o § 6º do art. 42 prevê a divisão do total dos rendimentos tidos por omitidos pela quantidade de titulares,[16] mas isso só se aplica quando todos os cotitulares foram intimados, e não no caso supraindicado, em que algum dos cotitulares deixou de ser chamado a comprovar a origem dos ingressos;

(b) no caso de contas titularizadas formalmente por interpostas pessoas, as intimações devem ser dirigidas aos efetivos

15. Súmula CARF n. 29 (Súmula revisada conforme Ata da Sessão Extraordinária de 03.09.2018, *DOU* de 11.09.2018 – súmula vinculante para toda a administração tributária federal, em razão da ordem ministerial constante da Portaria ME n. 129, de 01.04.2019): "Os co-titulares da conta bancária que apresentem declaração de rendimentos em separado devem ser intimados para comprovar a origem dos depósitos nela efetuados, na fase que precede à lavratura do auto de infração com base na presunção legal de omissão de receitas ou rendimentos, sob pena de exclusão, da base de cálculo do lançamento, dos valores referentes às contas conjuntas em relação às quais não se intimou todos os co-titulares."

16. Lei 9.430/1996: "[...] § 6º Na hipótese de contas de depósito ou de investimento mantidas em conjunto, cuja declaração de rendimentos ou de informações dos titulares tenham sido apresentadas em separado, e não havendo comprovação da origem dos recursos nos termos deste artigo, o valor dos rendimentos ou receitas será imputado a cada titular mediante divisão entre o total dos rendimentos ou receitas pela quantidade de titulares."

titulares,[17] mas isso, por óbvio, deve ser feito depois da caracterização da interposição por parte da autoridade fiscal;[18]

(c) na hipótese de fatos geradores ocorridos antes do falecimento do titular da conta bancária, não é tida como válida a intimação do espólio para comprovar a origem dos depósitos. Esse entendimento, já acatado em sede administrativa,[19] evidencia a importância que há na definição de que o intimado, se não for (por razões jurídicas diversas) aquele que efetivamente titularizava a conta à época dos ingressos, não estará obrigado à prestação das informações, dadas as inequívocas dificuldades associadas à não concretização, de forma pessoal, daquelas operações.

Dito isso, é preciso, agora, destacar os contornos semânticos do que se entende por "comprovar a origem dos depósitos bancários". Para alguns, comprovar a origem significa apenas identificar de onde veio o depósito. Para outros, cabe ao contribuinte não apenas dizer e comprovar de onde veio o dinheiro, mas também comprovar a natureza desses ingressos (receita, doação etc.) e que já foram ofertados à tributação.

Quanto a essa controvérsia, durante o período inicial da vigência do art. 42 da Lei 9.430/1996, prevalecia o primeiro entendimento; já mais recentemente, as posições se inclinaram, especialmente no âmbito das decisões do Carf, para o

17. Lei 9.430/1996: "[...] § 5º Quando provado que os valores creditados na conta de depósito ou de investimento pertencem a terceiro, evidenciando interposição de pessoa, a determinação dos rendimentos ou receitas será efetuada em relação ao terceiro, na condição de efetivo titular da conta de depósito ou de investimento."

18. Súmula CARF n. 32 (vinculante para a Administração Tributária, conforme Portaria MF n. 277, de 07.06.2018: "A titularidade dos depósitos bancários pertence às pessoas indicadas nos dados cadastrais, salvo quando comprovado com documentação hábil e idônea o uso da conta por terceiros."

19. Súmula CARF n. 120 (vinculante para a Administração Tributária, conforme Portaria ME n. 129, de 01.04.2019): "Não é válida a intimação para comprovar a origem de depósitos bancários em cumprimento ao art. 42 da Lei 9.430, de 1996, quando dirigida ao espólio, relativamente aos fatos geradores ocorridos antes do falecimento do titular da conta bancária."

segundo.[20] Tal mudança, porém, em vez de trazer proporcionalidade à aplicação da presunção legal, tende a ampliar desmesuradamente, salvo melhor juízo, seu alcance.

Não se vai aqui repetir tudo aquilo que no item 2 deste artigo já se disse quanto à natureza do art. 42, mas apenas reafirmar que a lá demonstrada não conformação da figura nele posta como uma hipótese de incidência ou como instituto de direito material deixa desvigorada, por extensão, a ideia de que a obrigação de "comprovação da origem" teria alargamento apto a nela restar incluída também a identificação da causa e a oferta à tributação do valor respectivo. Como meio de produção de indícios vinculado a uma presunção relativa, e não como hipótese de incidência, remanesce o art. 42 como prerrogativa fiscalizatória (mesmo que com a eventual omissão do contribuinte possa servir ao aperfeiçoamento da ocorrência da omissão de receitas).

É preciso ressaltar, porém, que o Carf não vem acatando tal entendimento. É possível perceber, ao longo do tempo, uma progressiva adoção do entendimento de que a figura do art. 42 imporia ao contribuinte a responsabilidade alargada a que já se fez menção, posição que se fundamenta ou na afirmação de que a mera identificação da origem tornaria inócua a previsão legal (o que, salvo melhor juízo, evidencia uma incorreta percepção do papel da presunção relativa) ou na defesa do caráter material da disposição (alçada, assim, à condição de uma presunção absoluta ou, no limite, a uma verdadeira hipótese de incidência). O entendimento da corte administrativa

20. Exemplo: "DEPÓSITOS BANCÁRIOS DE ORIGEM NÃO COMPROVADA. DEPÓSITOS BANCÁRIOS DE ORIGEM IDENTIFICADA, MAS NÃO OFERECIDOS À TRIBUTAÇÃO. APLICAÇÃO DO ART. 42 DA LEI 9.430/1996. O lançamento com base em presunção legal transfere o ônus da prova ao contribuinte em relação aos argumentos que tentem descaracterizar a movimentação bancária detectada, o que inclui não apenas o ônus da efetiva comprovação da origem dos recursos depositados, mas também o da comprovação do adequado oferecimento da respectiva receita à tributação, no caso de se tratar de receita tributável" (Acórdão 9101-004.857 – CSRF/1ª Turma – 05.03.2020).

merece, portanto, e com toda a licença, os reparos vinculados a uma discutível tomada de posição.

É preciso reenfatizar: a presunção trazida pelo art. 42 da Lei 9.430/1996 tem sua razão de ser, na medida estrita em que, como se sabe, ao Fisco são opostos, por vezes, óbices intransponíveis ao conhecimento dos fatos relativos à vida econômico-financeira dos sujeitos passivos. É para além de qualquer dúvida que as contas bancárias são fonte importante de dados acerca do cotidiano operacional dos contribuintes, o que faz com que seja compreensível a existência de um mecanismo legal que, diante da recusa dos sujeitos passivos de identificarem de onde se originaram os recursos movimentados em suas contas bancárias, os obrigue a cumprir o dever de prestar informações à autoridade fiscal (dever este, aliás, reafirmado em inúmeras disposições legais constantes da legislação tributária).

Entretanto, deve-se ter o cuidado de evitar que um instrumento legal, criado que foi com um objetivo justificável e meritório no âmbito de um contexto específico, acabe irregularmente ampliado num contexto distinto, invadindo esferas protegidas por outros comandos legais de igual ou maior relevo jurídico (efeito indesejado e distorcivo, enfatizado na introdução deste artigo). E é justamente isso que ocorre com a exegese hoje predominante em sede administrativa, quando a partir dela se estabelece que o contribuinte não cumpre o ônus que lhe é atribuído pelo art. 42 da Lei 9.430/1996 quando traz à autoridade fiscal "apenas" o documento que identifica de onde veio o recurso ingressado na conta bancária (por exemplo, o cheque emitido pela pessoa jurídica coincidente em data e valor com o ingresso na conta bancária). Há aqui, salvo melhor juízo, uma clara extrapolação dos limites do comando legal, que serve à invasão indevida do espaço que já deveria estar ao abrigo da regra de que "quem acusa deve provar o que alega".

O argumento, por vezes exposto, de que não cabe apenas a identificação da origem dos ingressos, porque, se assim fosse, a lei perderia seu sentido prático, mostra-se incompreensível diante da enorme prerrogativa trazida pela presunção legal à atuação fiscal (de se lembrar que, como já se mencionou no item 2 deste artigo, anteriormente à Lei 9.430/1996 o uso dos dados bancários era muito restrito). De outro lado, é preciso perceber que não parece razoável que se coloque lado a lado, como situações indistintas do ponto de vista de seus efeitos, o caso em que um sujeito passivo nada traz à aferição da autoridade fiscal (ou traz na forma de documentos que não coincidem em data e valor com os depósitos questionados) e o caso em que outro sujeito passivo apresenta documentos que identificam, sem divergência de valores e datas, de onde vieram os recursos objeto dos depósitos.

Outra questão relacionada ao que se deve ter por comprovação da origem para fins de afastamento da presunção é a da definição sobre se tal afastamento só se dá quando o contribuinte comprova a origem de todos os depósitos ou se também se impõe quando comprova a origem da maior parte dos depósitos.

Pois bem, tendo-se as presunções relativas como pertencentes à esfera do direito probatório e se constituindo, portanto, como meios de prova indiciária, subsidiária, indireta, há que se analisá-las, necessariamente, sob esse prisma, como se viu no item 2.

A comprovação material – não por via presuntiva – de uma dada situação fática pode ser feita, em regra, por uma de duas vias: ou por uma prova única, direta, concludente por si só, ou por um conjunto de elementos/indícios que, se isoladamente nada atestam, agrupados têm o condão de estabelecer a veracidade daquela matéria de fato (por esta segunda via, tem-se a consagração da prova indiciária, de largo uso no Direito). Apesar, entretanto, da admissão da prova indiciária, seu uso deve atender, no âmbito dos direitos sujeitos à estrita legalidade (casos do Direito Tributário e do Direito Penal, por exemplo), a um requisito básico para que possa substituir a prova direta e levar à comprovação material: o conjunto de indícios deve conduzir a uma conclusão única, insofismável; se mais de uma conclusão for possível, não haverá fato típico e a comprovação material não terá sido alcançada (na dúvida, não há infração). Por trás dessas exigências feitas à validação da prova indiciária está a convicção de que, com os indícios, não se está diante da verdade real, mas de uma verdade aferida por cognição dedutiva.

O mesmo raciocínio deve conduzir a identificação dos limites probatórios das presunções legais relativas. Como meios de prova que são, seu vigor depende das conclusões que sua utilização transmite ao operador jurídico. Por certo que a diferenciá-las dos indícios está a circunstância de que os fatos que levam à conclusão presumida estão nelas previamente determinados pela lei, enquanto na prova indiciária pode-se chegar à conclusão pela evidenciação de quaisquer outros fatos (um exemplo clarifica o dito: ao usar a presunção de omissão de receitas baseada na existência de depósitos bancários não comprovados, o agente público precisa evidenciar um único fato, qual seja a própria existência de depósitos não comprovados; já para comprovar a mesma omissão de receitas por meio de prova indiciária, o mesmo agente público não estará adstrito a indícios previamente definidos, podendo valer-se daqueles que, em seu sentir, levem à conclusão inarredável). Entretanto, apesar dessa distinção, há de se atentar para o fato de que, mesmo no âmbito estrito das presunções relativas, a aferição subjetiva também está presente.

Concentrando-se o enfoque sobre a presunção de omissão de rendas contemplada por este artigo, há de se ter presente que, como meio de prova indiciária e indireta que é, espelha ela uma realidade meramente provável. Ora, a probabilidade maior ou menor de que algo tenha ocorrido da forma como presumido tem a ver, antes de qualquer outra coisa, com a intensidade com que o fato que estabelece a presunção tenha se mostrado em cada caso concreto. Se na esfera da prova indiciária tal intensidade é aferida a partir do conjunto de indícios coletados, no âmbito das presunções relativas, vinculadas que estão à evidenciação de um único fato (o que leva à presunção), é ela mensurada pela medida em que este fato se exterioriza em cada caso.

Em outras palavras, no âmbito da presunção relativa vinculada aos ingressos bancários, a caracterização da omissão de rendas depende, sim, do volume de depósitos que restaram não comprovados pelo contribuinte. A exemplo do que ocorre com a prova indiciária, onde o vigor probante é definido pelo conjunto dos indícios, na presunção aqui abordada a maior ou menor probabilidade de que a omissão de receitas tenha ocorrido depende do percentual de justificação dos depósitos. Assim tem que ser, porque, *a contrario sensu*, ter-se-ia uma exagerada aproximação dessa presunção relativa com o teor das presunções absolutas.

É de se afirmar, desse modo, que há, sim, diferença entre a situação em que um contribuinte indica a origem de 95% dos depósitos bancários e aquela em que outro contribuinte aponta apenas 5%. Tendo-se o percentual de comprovação como um elemento indiciário, parece razoável que, diante de 95% de justificação, não se tenha mais como possível a caracterização da omissão de receitas por essa via presuntiva. E isso em face de que, diante do pequeno percentual mantido em aberto, passa-se a ter como muito plausível a ideia de que a falta de comprovação tenha se dado por alguma impossibilidade ou mesmo desorganização do contribuinte, e não porque tenha mesmo ocorrido omissão de receitas. Está aqui a verdadeira aproximação das presunções relativas com as provas indiciárias em sentido estrito: do mesmo modo que só se pode afirmar provado algo que, pelos indícios, leve a uma conclusão única ou a uma conclusão esmagadoramente plausível (para além de qualquer dúvida razoável), também no caso das presunções relativas só posso declarar provada uma conduta quando o fato que induz à presunção mostra-se com uma contundência tal que se torna absolutamente irrazoável concluir por qualquer outro resultado.[21]

21. Para uma abordagem da estrutura da prova indireta e do princípio da inexistência de dúvida razoável para fins de caracterização da ocorrência de fatos por via indiciária, ver: DALLAGNOL, Deltan Martinazzo. *As lógicas das provas no processo:* prova indireta, indícios e presunções. Porto Alegre: Livraria do Advogado, 2015. Capítulos 2-5.

Não se busca, com isso, esvaziar a eficácia das presunções relativas. Pelo contrário, ganham elas consistência com o tratamento supraindicado, dado que, com a demonstração de que o fato que leva à presunção apresenta-se com relevância dentro do conjunto de atividades do sujeito passivo, a correção da opção pelo uso da via presuntiva fica perfeitamente evidenciada.

Da mesma forma, não se quer aqui negar validade às leis que preveem as presunções relativas, mas tão somente dar a elas, por via do critério de razoabilidade que deve informar toda atividade interpretativa na seara jurídica, um sentido consentâneo com a natureza probatória, indiciária daquelas presunções. Tal interpretação se justifica, ademais, por algumas razões de ordem prática. Direito é fato e norma, nesta ordem. No caso de pessoas físicas ou de pessoas jurídicas optantes por regimes de tributação simplificados, que não têm, em regra, obrigações legais relacionadas com a minudente escrituração de suas operações cotidianas, é compreensível que encontrem elas dificuldades para justificar alguns valores incluídos há quatro ou cinco anos atrás em suas contas bancárias.

Não cabe aqui dissociar inteiramente o mundo do direito e o mundo dos fatos. É certo que o direito tem suas próprias razões e que nem sempre as normas se mostram, ao senso comum, como justas ou compreensíveis. Entretanto, a exemplo das teorias, que são melhores na medida em que explicam com mais completude os fatos do mundo concreto, as regras jurídicas devem ser interpretadas quando espaço houver para isso, em sentido tal que se mostrem consentâneas com a realidade do mundo que pretendem disciplinar.

É, por assim dizer, o uso, ao avesso, do princípio da praticabilidade, tão bem exposto por Misabel de Abreu Machado Derzi. Por esse princípio, diz a jurista, traduz-se uma ideia antiga: a de que as leis devem ser elaboradas e aplicadas da forma que garante sua maior efetividade, ou seja, para a realização dos fins, devem ser escolhidos os meios mais adequados. Entre as técnicas que a autora entende terem sido criadas com o fim de dar consequência prática ao princípio da praticabilidade, estão as presunções e as ficções. Afirma que estas fazem uso do chamado "método padronizante", ou seja, aquele que abstrai o individual, o específico, o único, criando uma abstração generalizante que despreza os desvios individuais, tudo com o fim de favorecer a atuação administrativa, de aliviar o fardo probatório colocado sobre os ombros do fisco.[22]

Ocorre que, como alerta a mesma jurista, se, no âmbito das presunções absolutas, a generalização é inexpugnável, fechada, assim já não é no caso das presunções relativas, com relação às quais a generalização pode ceder espaço para variações. E que variações são essas? Justamente aquelas oriundas das diferenças fáticas encontradas entre um e outro contribuinte e que, se não consideradas, dão margem à afronta a princípios constitucionais como os da isonomia e da capacidade contributiva, pelo descarte das individualizações. A razão para se dizer, no início do parágrafo anterior, que se estaria a usar o princípio da praticabilidade pelo avesso decorre de que se, por um lado, nada há a empanar o uso das presunções com o fim de tornar exequível a atividade fiscal, por outro não se pode entender que tais presunções sejam utilizadas de modo que desconsiderem completamente o teor das diferenciadas situações de fato encontradas nas ações fiscais. Em outras palavras, a prerrogativa justificadamente colocada em favor do Fisco não pode ser tida como uma carta branca, devendo ser vista, dentro da seara processual em que se insere, como uma técnica de natureza indiciária a demandar aferições caso a caso.

Nos dias de hoje, a legislação tributária oferece à autoridade fiscal um leque de opções de presunções relativas destinadas à caracterização da omissão de receitas, e tal leque existe, antes de qualquer outra coisa, com o fim de ofertar caminhos alternativos para a evidenciação do ilícito, a serem utilizados de acordo com os contornos das situações concretas encontradas pela fiscalização: forma elisiva utilizada pelo

22. DERZI, Misabel de Abreu Machado. *Direito tributário, direito penal e tipo*. São Paulo: Revista dos Tribunais, 1988. p. 104-107 e 250-289.

sujeito passivo, feições do *modus operandi* do sujeito passivo etc. Ocorre que, ao contrário do que se poderia de início imaginar, a existência desse rol de alternativas não oferece um espaço de discricionariedade à autuação fiscal, que seria uma espécie de exceção à atividade vinculada prevista no art. 142 do Código Tributário Nacional – CTN. Pelo contrário, as presunções ofertam caminhos distintos, a serem percorridos com estrita observância das circunstâncias de fato encontradas pela autoridade fiscal e ao longo dos quais o uso desta ou daquela espécie presuntiva específica deve estar justificado pela demonstração inequívoca de que, por ela, o fato ensejador da presunção está evidenciado de forma expressiva dentro do conjunto de operações do contribuinte.

Quando, por via de uma presunção, se tem a caracterização de um ilícito por meio de valores proporcionalmente irrelevantes, frente ao conjunto de atividades do sujeito passivo, uma de duas coisas ocorreu: ou a forma presuntiva foi erroneamente escolhida pela fiscalização ou, então, não há prova do ilícito.

A tese supradefendida encontrou acolhida, em situações similares, no âmbito da Câmara Superior de Recursos Fiscais – CSRF, como bem lembra Leonardo Sperb de Paola:

> [...] corrente minoritária entende que os depósitos bancários se caracterizam como prova suficiente do rendimento omitido, cabendo ao contribuinte a contraprova. Assim pensam Hugo de Brito Machado, Wagner Balera e Ricardo Mariz de Oliveira. Este último alerta, porém, com supedâneo em jurisprudência da Câmara Superior de Recursos Fiscais, que pequenas diferenças, até 10%, entre os depósitos bancários e a renda declarada devem ser desconsiderados pelo fisco.[23]

A jurisprudência da CSRF, a que faz referência o jurista, está consubstanciada nos entendimentos expressos nos acórdãos 102-17.333, de 02.07.1979, 102-17.334, de 02.07.1979, 01-0.071, de 23.05.1980, e 01-0.079, de 13.06.1980. Os dois primeiros deles estão assim ementados:

---

23. PAOLA, Leonardo Sperb de. *Presunções e ficções no direito tributário* cit., p. 260.

> DEPÓSITOS BANCÁRIOS: A falta de comprovação de origem de reduzida parcela de depósitos bancários, em proporção ao montante apurado no decurso do ano-base, não justifica a presunção de que representem rendimentos omitidos.

Importa atentar para os termos do voto vencedor prolatado no âmbito do Acórdão 102-17.333, dado que ele respalda boa parte dos pressupostos até aqui firmados:

> O litígio versa sobre a presunção de omissão de rendimentos, fundada na ausência de comprovação da origem de depósitos bancários.
>
> Como bem esclarece o relatório, foi apurado que o contribuinte depositara, no ano-base de 1973, exercício financeiro de 1974, importâncias que, em seu total, ascendiam a Cr$ ... (fls. 96).
>
> Ante a comprovação da origem de grande parte de tais créditos bancários, ainda na fase preparatória, remanesceu para tributação a importância de Cr$ ... (fls. 131), tendo o contribuinte reconhecido como não litigiosa a importância de Cr$ ..., sobre a qual recolheu o imposto devido (recibo de fls. 153).
>
> Ante a diligência determinada por esta Câmara, a Fiscalização apurou, no reexame dos comprovantes apresentados pelo contribuinte, que restava sem comprovação, dentre os depósitos efetuados no ano de 1973, a importância total de Cr$ ..., que representa cerca de 11% dos depósitos bancários.
>
> *Afigura-se-nos evidente que, em se tratando de tributação baseada em presunção de que os créditos de origem não comprovada correspondam a rendimentos omitidos, não há porque não presumir também, a favor do contribuinte, que a parcela mínima de origem não comprovada, em proporção ao montante dos depósitos, não constitua receita omitida, uma vez que o Fisco não indicou ou evidenciou qualquer tipo de atividade paralela, não confessada pelo contribuinte, que propiciasse rendimentos não tributados.*
>
> *A instância especial, atenta às características singulares da tributação oriunda da falta de comprovação da origem de depósitos bancários pronunciou-se, repetidamente, no sentido de que a ausência de comprovação de pequenos percentuais dos depósitos não pode ser tomada como evidência de omissão de rendimentos.*
>
> Citamos um desses pronunciamentos, aprovado pelo Sr. Secretário Geral do Ministério da Fazenda, por delegação de competência do Sr. Ministro da Fazenda no Recurso da Procuradoria contra o Acórdão n. 102-17.049, de 5 de julho de 1978:

> "Realmente, de três exercícios fiscalizados, somente em um, os depósitos bancários foram considerados incompatíveis com os rendimentos declarados. Assim mesmo, os valores inexplicados situam-se em cerca de 10% (dez por cento) dos depósitos. É de se considerar que a pessoa física, exceto quando opte pela escrituração do livro caixa, não está obrigada a ter assentamento de receitas e despesas. Nessas circunstâncias, tem naturais dificuldades em comprovar a origem de todos os depósitos bancários efetuados, principalmente alguns anos depois de sua ocorrência. Parece-nos, portanto, que, em consonância, aliás, com o disposto no Decreto-Lei 5.844/43, art. 79, § 1º, qualquer prova, ainda que semiplena, inclusive justificação convincente, deve ser devidamente considerada. *Nem a falta de comprovação de pequena parcela desses depósitos pode ser tomada como evidência de omissão de rendimentos*" (grifou-se).

O acórdão traz duas importantes assertivas, já referidas anteriormente: (a) de que pequenos percentuais de depósitos não comprovados não servem mesmo para a manutenção da presunção de omissão de receitas; e (b) de que é perfeitamente razoável a ideia de que as pessoas físicas, quando desobrigadas da escrituração de livro caixa, tenham dificuldades de comprovar a origem de todos os depósitos bancários, notadamente quando foram efetuados há alguns anos.

Já o Acórdão 01.0.071, a seguir ementado, traz outras importantes contribuições para a discussão, notadamente no que se refere à delimitação quantitativa do que se deve ter por "pequeno percentual" de comprovação:

> DEPÓSITOS BANCÁRIOS – Quando o contribuinte logra provar, em cada exercício, a origem de mais de 90% (noventa por cento) dos depósitos bancários, e que se trata de valores não sujeitos à tributação na sua declaração de rendimentos, são de admitir infirmadas as presunções legais do art. 39, letras "c" e "e" do RIR/75. Entretanto, é indispensável que, da parte remanescente, não conste depósito de valor de tal modo expressivo, em relação aos demais depósitos e aos dados da declaração, cuja origem não se justificaria deixar de provar.
>
> O conteúdo do voto vencedor, por unanimidade, assim dispôs:
>
> *Estou em que, quando os contribuintes logram provar a quase totalidade dos depósitos bancários, afastando dúvidas quanto à sua*

> *intributabilidade, deixando de coligir provas de pequenos depósitos, mormente em exercícios mais antigos, não se pode falar que tenha havido omissão de rendimentos, com ou sem intenção.*
>
> *Deve-se reconhecer que a prova de origem de depósitos bancários, em 2, 3, 4 ou 5 exercícios, não é das mais fáceis, mormente se o contribuinte não teve a prudência de se munir de registros particulares, se é intenso seu movimento bancário. Essa prova, como se sabe, por vezes depende da colaboração dos estabelecimentos bancários, nem sempre solícitos, nesse aspecto.*
>
> *Se e quando o contribuinte consegue provar a origem da maioria dos depósitos, é lícito, lógico e, ao menos razoável concluir que o remanescente incomprovado deixou de sê-lo por plausível impossibilidade material, e não porque tenha omitido os rendimentos correspondentes ao pequeno percentual em aberto.*
>
> No entanto, um problema exsurge: se tal raciocínio parte do pressuposto de que o contribuinte se esforçou e conseguiu comprovar a origem da maior parte dos depósitos bancários, deixando convicto o julgador de *que* não omitiria rendimentos por deixar pequena percentagem incomprovada, *qual essa pequena percentagem?*
>
> Parece-me necessário fixar alguns critérios, pena de se deixar ampla margem à subjetividade de cada um, até porque as circunstâncias variam em cada caso [...] (grifou-se).

Veja-se que os exemplos da jurisprudência administrativa supraelencados, apesar de remontarem a período no qual a presunção do art. 42 da Lei 9.430/1996 ainda não existia de forma expressa, partem do pressuposto de que a presunção de omissão de receitas com base em depósitos incomprovados era factível, o que os torna referenciáveis e relevantes para a questão posta no processo.

Diante de critérios como esses é que se pode conferir à presunção do art. 42 da Lei 9.430/1996 temperamento que sirva à manutenção de algum equilíbrio em sua aplicação. Sem tal temperamento, a presunção se distanciaria exageradamente do mundo dos fatos, deixando de atender a princípios importantes, como os da equidade e da capacidade contributiva.

Em face do quadro posto, a posição que melhor resguardaria o espaço de observância da presunção legal e dos princípios constitucionais que delimitam a atuação estatal seria aquela traduzida nos seguintes critérios de aplicação do art. 42 da Lei 9.430/1996:

(a) intimado o contribuinte a comprovar a origem dos depósitos bancários e não o fazendo, mantendo-se simplesmente silente ou afirmando estar impossibilitado de fazê-lo, impõe-se a caracterização da omissão de receitas;

(b) se o contribuinte responde à intimação, trazendo documentos que atestem de onde ou de quem provieram os recursos ingressados nas contas bancárias, afastada esta a possibilidade de tributação com base na presunção, dado que a autoridade fiscal detém, agora, meios de prosseguir suas investigações acerca da tributação ou não desses valores; e

(c) ainda no caso de o contribuinte responder à intimação, mostra-se razoável a posição de que não se caracteriza a omissão de receitas com base em depósitos não comprovados quando logre comprovar a origem da maior parte dos ingressos, desde que, cumulativamente, não estejam, entre esses ingressos não comprovados, valores expressivos em relação ao conjunto.

Note-se que a existência da presunção legal se justifica apenas pelo objetivo de possibilitar ao Fisco o exercício de sua atividade regular. Afastado o óbice colocado pelo contribuinte, perde a autoridade fiscal sua prerrogativa vinculada à atenuação do ônus probatório, devendo, a partir daí, fundamentar a eventual omissão de receitas por via da comprovação material do ilícito. Salvo assim, é preciso reconhecer que a exceção se torna regra e que, em face do art. 42 da Lei 9.430/1996, nosso sistema probatório se subverte de forma drástica.

3.1.2 Intimação para comprovação da origem e não atendimento antes da conclusão do procedimento

Nessa hipótese, a literalidade do art. 42 autoriza a afirmação do aperfeiçoamento da presunção. Mas aí importa que se tenham em conta algumas importantes particularidades, algumas delas expressamente veiculadas no próprio art. 42 e outras postas já no plano das relações entre as distintas etapas do processo administrativo tributário.

No plano do art. 42, importa que as intimações sejam feitas de forma regular, sendo dirigidas aos eventuais cotitulares (no caso de contas bancárias conjuntas) ou aos reais detentores dos recursos (no caso de interposição de pessoas).

Já no que se refere aos aspectos ligados às distintas etapas do processo administrativo tributário, é fundamental que aos detentores das contas bancárias tenha sido dado prazo razoável para as respostas (prazo proporcional à quantidade de depósitos a terem suas origens identificadas), inclusive com a oferta, por parte da Administração Tributária, da possibilidade de dilações ou da adoção do cuidado complementar de reiterar intimações, evidenciando o esforço no sentido do uso restritivo que a presunção confere.

Esse cuidado ampliado da Administração Tributária, ao mesmo tempo em que promove a utilização parcimoniosa de uma tão gravosa prerrogativa, robustece a medida extrema de considerar os depósitos de origem não comprovada como receitas omitidas, trazendo importantes consequências ou efeitos no âmbito da eventual e futura atuação dos julgadores administrativos, como mais adiante se verá.

3.2 Comprovação da origem após a conclusão da fase de fiscalização (depois da formalização do lançamento tributário)

3.2.1 Lavratura do auto de infração e comprovação da origem dos depósitos apenas quando da apresentação da impugnação administrativa

Aqui ganham corpo situações mais inquietantes e desafiadoras, especialmente tendo-se em conta a já mencionada falta de unanimidade acerca do que é o julgamento administrativo.

De qualquer modo, importa ter em conta que se está aqui diante de uma situação na qual a omissão do contribuinte perante a Administração Tributária impôs, em princípio, a caracterização da omissão de receitas autorizada pelo art. 42. Mas é preciso, desde logo, separar duas situações distintas: aquela em que o contribuinte foi exaustivamente instado, sempre com prazos razoáveis, a comprovar a origem dos depósitos durante a fiscalização e não o fez, não apresentando qualquer razão plausível para a omissão, e aquela outra em que a ele não foi dado prazo razoável ou não lhe foram regularmente promovidas as devidas intimações.

Essas duas distintas situações serão analisadas separadamente a seguir, mas, desde já, é oportuno relembrar o que se disse na parte final do item 2 acerca do tratamento dado pelo CARF à situação envolvendo os limites de atuação do julgador administrativo nos casos de adoção do lucro arbitrado. Há certa similaridade com a situação que aqui se aborda, o que, em princípio, imporia medida análoga por parte do tribunal administrativo, mas apenas a análise das situações é que confirmará, ou não, o que se diz.

3.2.1.1 Intimações reiteradas e com prazo razoável, com apresentação das comprovações apenas com a impugnação

Nesse caso, está-se diante de uma situação na qual se torna relevante o cruzamento de algumas particularidades relativas à operacionalidade tanto da presunção como da própria apuração do tributo devido.

Na medida em que o aperfeiçoamento da presunção se impôs em face da omissão injustificada do contribuinte, tem-se que à fiscalização não restou alternativa que não fosse a caracterização da omissão de receitas, com a consequente abreviação do procedimento de ofício e a adoção, portanto, de determinado critério jurídico.

Pois bem, tal critério jurídico não pode, em princípio, ser tido por incorretamente adotado, por conta da mera comprovação da origem dos depósitos na esfera do julgamento administrativo. É que, se assim não fosse, estar-se-ia a dar ao contribuinte um meio de encerramento prematuro das ações fiscais (conduta que pode estar associada à intenção de dar termo final às investigações, por razões que podem extrapolar o âmbito do procedimento de ofício), transferindo para os julgadores administrativos a apreciação originária de material probatório (o que já não é uma medida correta, sob o ponto de vista técnico) e, mais, valendo-se das limitações de competência do julgador, que não poderia mudar o critério jurídico (passando, por exemplo, da omissão de receitas definida pela presunção para a omissão de receitas comprovada materialmente, por via da valoração de todo o material probatório trazido com a impugnação).

Muito embora se pudesse afirmar que, no final das contas, o critério jurídico não teria sido alterado, já que se permaneceria com a infração "omissão de receitas", o argumento não se sustentaria, pois se trata de infração diagnosticável e comprovável, por vários meios distintos, em forma e conteúdo (a não ser assim, teria de ter qualquer subtração de valores à tributação como inadimplemento tributário, tornando a ideia de critério jurídico inócua em sede tributária).

Assim, se ao julgador não é dada competência para alterar os fundamentos do ato de ofício contestado, se ele não pode formalizar lançamento tributário e se não pode, mesmo que por vias transversas, reabrir a ação fiscal, a ele não é lícito acolher as comprovações trazidas em sede contenciosa, já que isso lhe imporia admitir a presença do erro de critério jurídico no lançamento tributário e, portanto, fazer a única coisa que estaria dentro de suas prerrogativas: cancelar o ato de ofício contestado.

A ideia de que o julgador poderia receber originariamente tais provas, promovendo a partir daí uma valoração, com base em aferições complementares (destinadas a buscar a causa dos depósitos, sua já oferta à tributação a partir do regime eleito pelo sujeito passivo etc.), representaria, na prática, continuar o procedimento de ofício encerrado pela omissão injustificada do contribuinte, o que não parece aceitável. Seria o caso do erro de critério jurídico assim definido supervenientemente (e por conta de conduta fiscal induzida pelo sujeito passivo), algo que, em regra, afrontaria qualquer noção de segurança jurídica.

A solução correta, aqui, parece ser similar àquela adotada no caso do lucro arbitrado adotado em face da não apresentação da escrituração, apesar do prazo razoável concedido: validação do lançamento com base na presunção, pela não presença de erro de critério jurídico. Mas a validação do critério jurídico impediria o julgador administrativo de apreciar documentos que eventualmente evidenciassem a origem de ingressos na conta bancária? A resposta merece algumas considerações complementares.

Em regra, o julgamento administrativo não é a sede adequada para apresentação originária de documentos ou dados que deveriam ter sido apresentados durante o procedimento de ofício. Se o contribuinte optou por não atender à fiscalização, abreviando a investigação fiscal e impondo o uso da presunção, deve arcar com os efeitos de sua opção, não lhe sendo lícito transferir da fiscalização para o julgamento a aferição da regularidade de suas condutas. É caso similar ao da adoção do lucro arbitrado em face da não apresentação da escrituração, a que se fez menção na parte final do item 2.

Poder-se-ia, porém, pensar na situação em que o contribuinte, mesmo omisso durante a ação fiscal, traz à fase contenciosa documentos que atestam, de forma clara, indubitável e sem a necessidade de dilações probatórias ou inferências cognitivas complementares, a origem de algum ingresso bancário. Nesse caso, poderia o julgador, sem infirmar a aplicabilidade da presunção, validar a comprovação tardia, expurgando a parcela respectiva do crédito tributário? Aqui, apesar das limitações a ele impostas, parece ser possível a revisão do lançamento, mas desde que o contribuinte, na hipótese, comprove não apenas a origem do ingresso, mas também a natureza da operação que lhe deu causa e sua oferta à tributação (ou sua não oferta, em face da não tributação).[24] A ampliação do ônus do contribuinte, no caso, se justifica pela própria natureza do julgamento administrativo: na medida em que o julgador não fiscaliza, só pode manifestar-se originariamente com relação a elementos já requeridos ao contribuinte e não apresentados na fiscalização, quando este oferta tudo aquilo que poderia ser objeto de aferição pela autoridade fiscalizatória. Tudo, repita-se, para que não se tenha, em sede contenciosa, a reabertura do procedimento de ofício.

As variações casuísticas são muitas, mas, pela impossibilidade de abordá-las todas, a análise ficará restrita às anteriormente expostas.

3.2.1.2 Intimações não reiteradas ou concedidas sem prazo razoável, com ou sem apresentação das comprovações com a impugnação

No caso, a solução é distinta da anterior, mas por conta das mesmas razões lá expostas, associadas às diferenciadas competências dos órgãos de fiscalização e de julgamento.

Se, na apreciação da impugnação, o contribuinte deixa evidenciado que não foi intimado regularmente, seja porque a intimação não foi feita de acordo com os meios legalmente previstos (vício na formalização da intimação), porque a ele não foi dado prazo razoável ou porque não foi ela dirigida a quem de direito (vícios na produção da intimação), o que se tem é o não cumprimento da providência básica exigida da autoridade fiscal no que tange ao uso do art. 42, circunstância que torna equivocado, de plano, o critério jurídico adotado e impõe a invalidação do lançamento tributário.

---

24. Nesse sentido, o Carf adota posição consonante, como se pode inferir da decisão assim ementada: "OMISSÃO DE RENDIMENTOS. COMPROVAÇÃO DA ORIGEM. Uma vez transposta a fase do lançamento fiscal, sem a comprovação da origem dos depósitos bancários, a presunção do art. 42 da Lei 9.430, de 1996, somente é elidida com a comprovação, inequívoca, de que os valores depositados não são tributáveis ou que já foram submetidos à tributação do imposto de renda" (Acórdão 2401-009.720 – 2ª Seção de Julgamento/4.ª Câmara/1.ª Turma Ordinária – 12.08.2021).

O fato de o contribuinte, numa situação distinta, não apenas evidenciar as irregularidades na intimação, mas também trazer os comprovantes da origem dos depósitos, em nada muda o quadro. É que na mesma medida em que não se pode invalidar um lançamento que nasceu legal, porque o contribuinte, devidamente intimado com prazos razoáveis, impôs a única medida possível à autoridade fiscal, que era a autuação com base na presunção legal, analogamente não se pode convalidar um lançamento que nasceu ilegal, porque ao contribuinte não foi ofertada juridicamente a possibilidade de infirmar o que a presunção lhe atribuía.

Cabe aqui afirmar, no que se refere ao critério jurídico adotado, a impossibilidade não apenas da caracterização do "erro superveniente" (situação vista no item anterior), como também da "validação superveniente" (situação que aqui se aborda). E isso por razões que se relacionam não apenas com a própria lógica de nossa ordem jurídica (em sentido amplo, envolvendo, inclusive, a estrita vinculação dos atos administrativos a seus motivos determinantes), mas aqui, em especial, com os limites de atuação do julgador administrativo: o julgador afere a legalidade do ato contestado, mas não o pode reparar, extirpando seus vícios, notadamente quando tal atuação implica inovação dos fundamentos da exigência fiscal (afinal, como já antes se disse, lançamento com novos fundamentos é novo lançamento, e novo lançamento não pode resultar de ato decisório prolatado pelo julgador administrativo).

Nesse caso, tem-se também uma situação similar àquela adotada no caso do lucro arbitrado adotado em face da não apresentação da escrituração por conta da não oferta de prazo para a apresentação da escrituração: invalidação do lançamento por erro de critério jurídico, sem possibilidade de que o julgador afaste o lucro arbitrado, tratando de revisar a matéria tributária por via da adoção, por exemplo, do lucro real ou do lucro presumido.

Na hipótese de caracterização da não intimação do contribuinte para comprovar a origem dos ingressos ou da não concessão de prazo razoável para tanto, o que se tem é o não aperfeiçoamento da presunção legal, o que contamina, inarredavelmente, o lançamento tributário. Qualquer solução distinta representaria a reabertura da ação fiscal, o que não é possível em sede contenciosa. Ademais, ter-se-ia a hipótese de inovação da fundamentação do ato de ofício contestado, algo igualmente inaceitável.

O que poderia a Administração Tributária fazer, se prazo decadencial para isso ainda restasse, seria um novo lançamento, mas o saneamento do vício associado ao aperfeiçoamento da hipótese presuntiva, por meio do julgamento administrativo, jamais poderia se dar sem que ampla subversão da ritualística do processo administrativo tributário se materializasse. E se diz isso com base na necessidade de afirmação de que as regras processuais (aí incluídas as administrativas) não são preceitos acessórios ou de caráter secundário, mas meios legítimos de produção de normas jurídicas e que demandam, portanto, suas preservações, especialmente diante da hodierna sacralização de princípios como os da verdade material e do contraditório substancial.

Não é aqui o *locus* para aprofundar essas questões, mas é importante ter em conta que a relativização das regras de processo administrativo tributário, por conta da enfatização desarrazoada de determinados princípios, tem um custo importante no que se refere à legitimação da atuação judicante administrativa.

4. Ponderações complementares: o caráter ampliado das polêmicas e controvérsias

Apesar de este estudo se destinar, mais especialmente, à análise do art. 42 da Lei 9.430/1996 do ponto de vista da polêmica definição do que se deve ter por "comprovação da origem" dos ingressos nas contas bancárias (tarefa empreendida no item 3), importa abordar aqui, mesmo que de forma tópica e sumária, algumas questões complementares, a fim de que se deixe evidenciado que os problemas associados à presunção legal, gerados pela claudicante exegese de seu conteúdo e de sua extensão, são de muito variada ordem.

É de surpreender que, mesmo depois de 25 anos de vigência do dispositivo legal, se esteja ainda tão longe de consensos sobre seu conteúdo e sua extensão. Este quadro complementar objetiva, assim, evidenciar a importância de se continuar a perquirir acerca desse tão importante e gravoso instrumento de aferição da regularidade fiscal dos contribuintes.

4.1 Os limites de valor postos no inciso II do § 3º: isenção ou critério de seleção de contribuintes?

Dispõe o inciso II do § 3º do art. 42 da Lei 9.430/1996 que: "Para efeito de determinação da receita omitida, os créditos serão analisados individualizadamente, observado que não serão considerados: [...] no caso de pessoa física, sem prejuízo do disposto no inciso anterior, os de valor individual igual ou inferior a R$ 12.000,00 (doze mil reais), desde que o seu somatório, dentro do ano-calendário, não ultrapasse o valor de R$ 80.000,00 (oitenta mil reais)".

Com relação a esse comando legal, há uma importante divergência.

Para alguns, os limites de R$ 12.000,00 e R$ 80.000,00 representam um tipo de isenção para o contribuinte. Por essa posição, o contribuinte estaria desobrigado de comprovar o montante total de R$ 80.000,00 em depósitos (desde que não houvesse qualquer um superior a R$ 12.000,00), mesmo que tivesse um montante superior não comprovado. Por exemplo, por essa posição, o contribuinte que tivesse R$ 200.000,00 de depósitos não comprovados só teria obrigação de comprovar o montante de R$ 120.000,00, desde que dentro dos R$ 80.000,00 não existissem depósitos individualmente superiores a R$ 12.000,00.

Já para outros, o entendimento é diferente: os limites seriam meros critérios de seleção de contribuintes, ou seja, caso um contribuinte tivesse em sua conta um montante de depósitos que não ultrapassasse R$ 80.000,00 e que fosse composto por depósitos que, individualmente, não ultrapassassem R$ 12.000,00, ele não seria sequer intimado a comprovar a origem desses depósitos. Por outro lado, caso tivesse R$ 1 a mais do que R$ 80.000,00 de montante total de depósitos, ou caso tivesse mesmo um único depósito superior a R$ 12.000,00, teria de justificar tudo, sob pena de ter todo o montante de depósitos caracterizado como omissão de receitas.

De modo geral, esse segundo entendimento é o hoje dominante na esfera administrativa. Entretanto, em uma situação específica, o Carf o excepciona: aquela em que o contribuinte é pessoa física e seus depósitos de até R$ 12.000,00 somam no máximo R$ 80.000,00. Nessa hipótese, a posição se aproxima daquela primeira supraindicada, ou seja, para as pessoas físicas, mesmo que autuadas, serão expurgados da base de cálculo (depósitos de origem não comprovada) os depósitos de até R$ 12.000,00, se não ultrapassarem R$ 80.000,00.[25]

À evidência, essa posição representa um importante balanceamento na aplicação da presunção, já que compensa a letra fria da lei e seu consequente distanciamento da realidade dos fatos e da vida econômica dos contribuintes ao considerar o fato de que as pessoas físicas não estão obrigadas à escrituração e de que possuem enormes dificuldades para justificar depósitos relativos a até cinco anos de sua vida econômica. É, por assim dizer, um limite de tolerância que, apesar de não estar na lei, contextualiza a aplicação da presunção.

A mesma justificativa talvez não possa mesmo ser usada, pelo menos como regra geral, para a adoção do entendimento também com relação às pessoas jurídicas, dada a circunstância

25. Súmula CARF n. 61 (vinculante para a Administração Tributária, conforme Portaria MF n. 277, de 07.06.2018, *DOU* de 08.06.2018): "Os depósitos bancários iguais ou inferiores a R$ 12.000,00 (doze mil reais), cujo somatório não ultrapasse R$ 80.000,00 (oitenta mil reais) no ano-calendário, não podem ser considerados na presunção da omissão de rendimentos caracterizada por depósitos bancários de origem não comprovada, no caso de pessoa física".

de que esses entes estão, em regra, obrigados à manutenção de registros contábeis-fiscais de suas operações. Mas não parece desarrazoado defender a ideia de que o dispositivo legal tenha sua interpretação temperada, a fim de adequá-lo à realidade de entes distintos, submetidos pela legislação a obrigações de teor igualmente distinto.

4.2 Os valores declarados pelo contribuinte podem/devem ser deduzidos do montante dos ingressos bancários não comprovados?

Uma outra questão se refere à possibilidade de dedução dos valores regularmente declarados nas declarações entregues ao órgão fazendário do montante dos ingressos bancários não comprovados (e assim tidos como receita/rendimento omitido). Nesse caso, os entendimentos são diferentes para as pessoas físicas e para as pessoas jurídicas.

No caso das pessoas físicas, têm sido comuns autuações nas quais a autoridade fiscal, depois de apurar o montante de depósitos não comprovados, deduzir desse montante o valor total de rendimentos tributáveis declarados na respectiva declaração anual (esta posição da fiscalização parece ter tido influência de decisões reiteradas do Carf nesse sentido). É preciso ter em conta, entretanto, que essa possibilidade não está expressa no art. 42 da Lei 9.430/1996 e que em muitos procedimentos de ofício ela simplesmente não é observada.

No caso das pessoas jurídicas, a jurisprudência do Carf e os entendimentos da fiscalização são bem menos condescendentes: em regra, dos montantes dos depósitos não são deduzidos os valores tributáveis declarados (existem posições similares às adotadas com relação às pessoas físicas, mas são minoritárias). A justificativa para a diferença de tratamento entre as pessoas físicas e jurídicas está em que estas, como estão obrigadas à escrituração minudente de suas operações, não podem alegar dificuldades para comprovar a origem de cada depósito ingressado em suas contas bancárias. Assim, justificada estaria a posição mais drástica para as pessoas jurídicas.

Com relação ao assunto, o tratamento mais flexível concedido às pessoas físicas parece coadunar-se com as diferenças de tratamento legal existentes entre elas e as pessoas jurídicas.

4.3 A atitude dolosa aferida a partir de presunção legal: dolo presumido?

Não há como aprofundar muito essa questão no âmbito deste artigo, mas não se pode deixar de fazer menção, aqui, a um problema que não é específico do art. 42 da Lei 9.430/1996, mas que, especialmente com relação a esse dispositivo (dado seu intenso uso), tem se manifestado concretamente nos últimos anos. Tal problema se refere à possibilidade de, por via da apuração da omissão de receitas por meio da presunção vinculada aos depósitos bancários, estabelecer-se o intuito doloso do contribuinte, com vistas ao agravamento de multas de ofício e à formalização de representação fiscal para fins penais.

A questão é hoje especialmente relevante em razão de que, nos casos do uso das presunções legais de omissão de receitas (como a dos depósitos bancários), muitas vezes as autoridades fiscais não fazem distinção, para fins de aferição do dolo, entre valores omitidos por meio de presunção e valores omitidos caracterizados por via de comprovação material; nos dois casos é imposta a multa agravada de 150% (em contraposição à normal, de 75%).

Tal critério, entretanto, tem sido predominantemente refutado no âmbito do contencioso administrativo. Tanto as DRJs como o Carf (com mais ênfase no Carf) têm reiteradamente dito que não cabe atribuição de dolo nos casos de infração levantada por via de presunção legal. A ideia é de que dolo não se presume. Pelo contrário, ele deve ser minudentemente comprovado, e não tido como mero resultado da apuração de uma infração tributária. A Súmula Carf 25 (vinculante para toda a Administração Tributária Federal, em razão da ordem ministerial constante da Portaria MF 383, de 12.07.2010) corrobora o dito:

> Súmula CARF n. 25:
>
> A presunção legal de omissão de receita ou de rendimentos, por si só, não autoriza a qualificação da multa de ofício, sendo necessária a comprovação de uma das hipóteses dos arts. 71, 72 e 73 da Lei nº 4.502/1964.

Esse entendimento, porém, é afastado pelo mesmo Carf, na situação indicada na Súmula Carf 34 (igualmente vinculante para toda a Administração Tributária Federal):

> Súmula CARF n. 34:
>
> Nos lançamentos em que se apura omissão de receita ou rendimentos, decorrente de depósitos bancários de origem não comprovada, é cabível a qualificação da multa de ofício, quando constatada a movimentação de recursos em contas bancárias de interpostas pessoas.

A distinção entre as duas situações é evidente e não pode ser subestimada, sob pena de se terem respostas legais iguais para condutas muito distintas, sob o ponto de vista do nível de afronta à ordem jurídica. Com efeito, no âmbito de atuação das presunções, a atitude dolosa deve, em regra, ser afastada, dada a já citada ausência de prova inequívoca do ânimo infracional, mas não parece desarrazoado que em situações específicas, devidamente evidenciadas pela autoridade fiscal, tal se apresente.

4.4 Os efeitos do não atendimento à intimação: obstaculização da fiscalização ou perfectibilização da presunção legal?

Outra situação a merecer menção é a referente aos efeitos do não atendimento às intimações fiscais por parte do contribuinte que está sob procedimento de ofício (e isso no contexto da presunção legal que aqui se discute).

A legislação tributária prevê a aplicação de penalidades, em regra pecuniárias, para os casos em que o contribuinte, regularmente intimado a prestar informações ou fornecer documentos à Administração Tributária, não atende a essas demandas. E o que justifica tais imposições é a ideia de que a omissão do sujeito passivo acaba por obstaculizar ou impedir o curso normal da atividade fiscal.

Ocorre, porém, que há situações em que o não atendimento às intimações fiscais não traz qualquer óbice ao prosseguimento do procedimento fiscalizatório, mas sim, pelo contrário, simplifica a atuação fiscal. É o que se tem na esfera da aplicação do art. 42 da Lei 9.430/1996: quando o contribuinte não responde às intimações para comprovar a origem dos depósitos bancários, não traz obstáculo ao desenvolvimento do procedimento de ofício, antes o facilita, já que a repercussão para o silêncio é o aperfeiçoamento da presunção de omissão de receitas.

É preciso, assim, distinguir essas duas situações: aquela em que o não atendimento às intimações efetivamente cria obstáculos à atuação fiscal, e aquela em que o não atendimento já tem uma consequência legalmente prevista na legislação. No primeiro caso, a imposição de multa e, na hipótese do reiteramento da omissão, o agravamento da penalidade e até a eventual caracterização do ânimo doloso são medidas plausíveis; já no segundo caso, porém, nenhum desses efeitos deve aplicar-se, já que, na hipótese, a legislação define uma consequência distinta, qual seja o aperfeiçoamento de determinada situação jurídica.

Essa distinção é aqui importante, porque em não poucos casos têm-se autuações nas quais a autoridade fiscal, no uso da presunção do art. 42, diante da não resposta do contribuinte às intimações para comprovar a origem dos ingressos em suas contas bancárias, trata de não apenas considerar perfectibilizada a omissão de receitas, como também lhe impõe multa pela não prestação de informações e até usa seu silêncio como fundamento para o agravamento da penalidade de ofício e para a caracterização da atitude dolosa ensejadora, por exemplo, da formalização da representação fiscal para fins penais.

Obviamente, há aqui um equívoco a ser reparado, oriundo de uma falta de clareza acerca dos distintos efeitos dos vários casos de não atendimento às intimações fiscais. Ora, o contribuinte que não atende a uma intimação para comprovar a origem de um depósito bancário pode ter assim agido por não ter mesmo como produzir tal comprovação. E, para isso, a legislação estabelece um efeito bastante claro, que não se confunde com o atribuído à recusa à prestação de uma informação importante para o prosseguimento de uma ação fiscal.

Essa distinção não passou despercebida ao Carf, muito embora não se possa dizer que haja uma posição unânime acerca da questão. Evidência disso é que, apesar de ter havido a edição da Súmula Carf 133, não ganhou ela a aprovação ministerial que a tornaria vinculante para toda a Administração Tributária Federal. Segundo ela:

> Súmula CARF n. 133:
>
> A falta de atendimento a intimação para prestar esclarecimentos não justifica, por si só, o agravamento da multa de ofício, quando essa conduta motivou presunção de omissão de receitas ou de rendimentos.[26]

Como se percebe, a distinção tem sido veiculada, mas não se pode afirmá-la como consolidada no âmbito da Administração Tributária. De qualquer modo, uma vez mais se está diante de situação que evidencia o tratamento pouco sistematizado dado ao manejo concreto da presunção posta no art. 42 da Lei 9.430/1996.

Considerações finais

Toda vez que se abordam as presunções, não se pode esquecer que elas são um instrumento a serviço de uma opção

26. No mesmo sentido, a Súmula 14 do antigo Conselho de Contribuintes: "A simples apuração de omissão de receita ou de rendimentos, por si só, não autoriza a qualificação da multa de ofício, sendo necessária a comprovação do evidente intuito de fraude do sujeito passivo".

política. Por isso, mais que em qualquer outro sítio do direito, a tributação pela via das abreviações colocadas à disposição da fiscalização deve ser apreendida com os devidos temperamentos. É um mecanismo de tributação que permite situar a transparência como forma de diminuir a ambiguidade, em dois campos, e promover um sadio relacionamento da Administração Tributária com o contribuinte. É assim, veja-se, porque cada um dos facilitadores da atividade fiscalizatória possui uma vocação que lhe é peculiar.

A norma contida no art. 42 da Lei 9.430/1996 estabelece que os depósitos bancários de origem não identificada pelo contribuinte são suficientes para a consideração de que existiram receitas ou rendimentos omitidos. Trata-se de uma hipótese que habilita um indício (depósito de origem não identificada) para produzir uma severa consequência (tributação por presunção relativa).

Esse mecanismo, porém, não pode ser examinado de forma acrítica.

Primeiramente, é importante ter em mente que, nos termos do art. 146 do Código Tributário Nacional, é defeso aos julgadores e às autoridades lançadoras alterar o critério jurídico do lançamento. É porque compete ao julgador – e o pleonasmo é proposital – julgar, e jamais revisitar ou reinterpretar as normas e os fatos a ele submetidos à apreciação para proteger ou salvar o lançamento. Esse é, inclusive, um dos pilares do Processo Administrativo Fiscal, que garante ao contribuinte a possibilidade de exercer seu direito de defesa quando da formação do contencioso.

Nessa ordem de ideias, o art. 42 da Lei 9.430/1996 comparece como uma presunção cuja hipótese de incidência é direcionada a um fato (depósitos bancários de origem desconhecida) que, se ocorrido, permite ao Fisco Federal presumir a ocorrência de outro fato, o auferimento de receitas ou rendimentos. É um valioso expediente colocado à mão da Administração Fazendária, que viabiliza a constituição de créditos tributários de valores que enfrentariam maiores dificuldades para a arrecadação. A despeito de ser um instrumento que facilita o exercício fiscalizatório, quando o lançamento de ofício vem desacompanhado de outros elementos de prova, é igualmente fácil ao contribuinte – nos casos em que se possui a informação da origem – confrontar a exigência fiscal.

Esse é o motivo pelo qual aludido dispositivo também não pode ser compreendido de forma descontextualizada. Nos casos em que o contribuinte comprova a origem dos depósitos bancários ou figurou como pessoa interposta antes do encerramento do procedimento de fiscalização, não há incidência da presunção, isso pela acaciana constatação de que a hipótese simplesmente não ocorreu. Cabe, nesse panorama, ao Fisco a comprovação da efetiva ocorrência do fato gerador. No entanto, se a fiscalização for conduzida com parcimônia em atendimento aos prazos e às devidas intimações, mantendo-se o contribuinte inerte quando intimado para indicar a origem dos depósitos, deve ser promovido o lançamento de ofício.

Maiores complexidades, porém, surgem nos casos em que a indicação da origem dos depósitos bancários e/ou a prova da interposição de pessoa surgem após a constituição do crédito tributário, na esfera contenciosa do Processo Administrativo Fiscal ou, ainda, em processo de conhecimento na esfera judicial. Aqui a balança pende para o lado do sujeito passivo. Nessas circunstâncias, incumbe ao contribuinte indicar a origem e a natureza do ingresso. Existem inúmeras variáveis, impossíveis de serem contempladas neste estudo, a serem consideradas, mas, regra geral, a revisão do lançamento somente poderá ocorrer nos casos em que a origem e a prova de que não se trata de rendimentos tributáveis estejam presentes. Se, no entanto, a fiscalização não oportunizou ao contribuinte os devidos esclarecimentos em sede de verificação fiscal, o lançamento deve ser revisto.

Em caráter complementar, cabe reforçar que o inciso II do § 3º do art. 42 da Lei 9.430/1996[27] estabelece uma regra que

---

27. Relembrando, esse inciso impõe que a descaracterização da presunção quando os depósitos, isoladamente considerados, não ultrapassem R$ 12.000,00 ou quando não forem superiores a R$ 80.000,00 anuais.

comporta diferentes interpretações para as pessoas físicas e para as pessoas jurídicas. Sem maiores meditações, parece razoável o expurgo desses valores sobre as faixas recém-mencionadas quando se tratar de pessoas físicas.

Outro ponto de atenção é a possibilidade de dedução dos valores regularmente transmitidos às autoridades fazendárias, situação em que os entendimentos também são diferentes para as pessoas físicas e para as pessoas jurídicas. Para as pessoas físicas, as autuações normalmente deduzem o valor total de rendimentos tributáveis por elas declarados em sua declaração anual. Com relação às pessoas jurídicas, a fiscalização e o Carf são menos lenientes, o que se justifica pelo dever imposto pela legislação de registro de todas as operações e, também, pela circunstância de as pessoas físicas estarem submetidas à tributação pelo regime de caixa.

Dito isso e já concluindo as considerações sobre o tema, agora concentrando as atenções nas sanções que podem acompanhar os lançamentos erigidos com base na presunção veiculada pelo art. 42 da Lei 9.430/1996, anota-se que a inércia do contribuinte, isoladamente considerada, deve, evidentemente, vir acompanhada da multa básica; entretanto, a qualificação da penalidade[28] pressupõe a prova de fraude, sonegação ou conluio, ao passo que o agravamento[29] somente será possível nas hipóteses previstas em lei. A simples ausência da indicação da origem dos depósitos bancários não é suficiente para a caracterização da qualificação ou do agravamento da penalidade.

28. Lei 9.430/1996: "Art. 44. [...] § 1º O percentual de multa de que trata o inciso I do *caput* deste artigo será duplicado nos casos previstos nos arts. 71, 72 e 73 da Lei 4.502, de 30 de novembro de 1964, independentemente de outras penalidades administrativas ou criminais cabíveis".

29. Lei 9.430/1996: "Art. 44. [...] § 2º Os percentuais de multa a que se referem o inciso I do caput e o § 1º deste artigo serão aumentados de metade, nos casos de não atendimento pela sujeito passivo, no prazo marcado, de intimação para: I – prestar esclarecimentos; II – apresentar os arquivos ou sistemas de que tratam os arts. 11 a 13 da Lei 8.218, de 29 de agosto de 1991; III – apresentar a documentação técnica de que trata o art. 38 desta Lei.

Enfim, concluem-se estas digressões finais apenas reafirmando aquilo que ao início deste artigo já se disse: estamos diante de uma figura jurídica com já um quarto de século de vida, e em vez de se ter a idade como uma indutora do estabelecimento de consensos que levem a uma aplicação mais consentânea e uniforme, tendente a privilegiar a segurança jurídica, o que se percebe é um movimento em sentido contrário: as múltiplas fontes irradiadoras de entendimentos (legislativas, judiciárias, administrativas, acadêmicas e doutrinárias) acabam, no mais das vezes, intensificando as controvérsias. O resultado é aquele que se procurou mostrar brevemente, e sem pretensões à enumeração exaustiva, ao longo deste artigo.

Referências bibliográficas

DALLAGNOL, Deltan Martinazzo. *As lógicas das provas no processo:* prova indireta, indícios e presunções. Porto Alegre: Livraria do Advogado, 2015.

DERZI, Misabel de Abreu Machado. *Direito tributário, direito penal e tipo.* São Paulo: Revista dos Tribunais, 1988.

FERRAGUT, Maria Rita. *Presunções no direito tributário.* São Paulo: Dialética, 2001.

MARINS, James. *Direito processual tributário brasileiro:* administrativo e judicial. São Paulo: Revista dos Tribunais, 2021.

MICHELS, Gilson Wessler. *PAF – Processo Administrativo Fiscal* – Litigância tributária no contencioso administrativo. São Paulo: Aduaneiras/Cenofisco, 2018.

PAOLA, Leonardo Sperb de. *Presunções e ficções no direito tributário.* Belo Horizonte: Del Rey, 1997.

ROCHA, Sérgio André. *Processo administrativo fiscal* – Controle administrativo do lançamento tributário. Rio de Janeiro: Lumen Juris, 2007.

XAVIER, Alberto. *Princípios do processo administrativo e judicial tributário.* Rio de Janeiro: Forense, 2005.

COERÇÃO, AÇÃO E SANÇÃO NO DIREITO TRIBUTÁRIO: UMA DELIMITAÇÃO DO OBJETO DO DIREITO TRIBUTÁRIO SANCIONADOR

Guilherme Soares Diniz[1]

1. Introdução

A construção de um arcabouço teórico do direito tributário sancionador vem ganhando força nos últimos anos, posto que com algum retardo se comparado com o enorme gasto de dedicação e tinta já dispensado na construção científica do direito tributário enquanto ramo do direito.

Se no direito tributário puro o centro para o qual convergem todas as teorias é o tributo, no direito tributário sancionador, mesmo que não alheio a seu ponto de origem, assoma como figura central a sanção. Acontece que este termo jurídico é um dos signos caros ao direito cujo significante possui

1. Mestrando em direito tributário no Instituto Brasileiro de Estudos Tributários (IBET). Especialista em direito tributário pelo Instituto Brasileiro de Estudos Tributários (IBET). Ex-Procurador Federal e ex-Procurador da Fazenda Nacional. Atualmente ocupa o cargo Juiz Federal Substituto no TRF da 5ª Região. E-mail: Guilherme_sd@yahoo.com.br.

enorme campo semântico, correspondendo a realidades jurídicas bem distintas, a depender do significado que se tome.

A confusão que a plurisotopia deste signo gera é enorme, não sendo rara a construção de teorias, tendo em vista uma das suas acepções e sua extrapolação para outras realidades jurídicas, tão somente por compartilharem o mesmo significante. Daí a necessidade de se identificar claramente as realidades jurídicas referidas pelo signo |sanção|[2] para, só então, erigir um modelo teórico a cada um desses significados.

Neste texto, partindo da premissa do construtivismo lógico-semântico de que o direito positivo é composto exclusivamente por normas jurídicas, buscamos especificar os fenômenos jurídicos correspondentes às várias acepções dos signos |sanção| e |coerção|. Após, a partir da análise do direito positivo, isolamos a concepção central de |sanção| no direito tributário, delimitando, assim, o campo e o objeto norteador do direito tributário sancionador.

2. Direito, coerção e sanção: uma relação confusa

Não é escopo deste trabalho detalhar e resolver a longa querela existente na Filosofia do Direito quanto às teses sancionistas e não sancionistas. Contudo, devemos colocar ao menos em termos gerais a questão, na medida em que torna clara a confusão de conceitos, que não raras vezes geram debates estéreis.

Ponto inicial da confusão de conceitos se tem na própria denominação das teses antagônicas (sancionistas e não sancionistas). Isso porque em seu âmago se tem a discussão quanto a necessidade de coercitividade no direito, isto é, do uso da força organizada como elemento característico e diferenciador do ordenamento jurídico em relação a outras ordens normativas. Sob essa tônica, os sancionistas defendem que toda norma jurídica deve pertencer a um ordenamento coercitivo e, portanto,

2. Colocamos entre barras quando queremos enfatizar o caráter de função sígnica da palavra, enquanto um significante com um significado atrelado.

ter-lhe atrelada uma sanção.[3] Aqui teríamos a relação biunívoca entre norma jurídica e sanção. Doutra banda, os não sancionistas afirmam que "o Direito é, antes de nada, 'organização' e 'forma espontânea de vida social', de tal maneira que a coação é um elemento *a posteriori* e não essencial da juridicidade".[4]

Desse embate, constata-se que sanção e coação seriam sinônimos, o que leva a uma petição de princípio: o direito é ordem coercitiva por ter sanção (ou não) e tem sanção por ser uma ordem coercitiva (ou não). Ainda que superado esse vício, essa correspondência biunívoca nem sempre se mostra verdadeira nos discursos jurídicos. Não raras críticas se fazem aos sancionistas com base na existência de atos coativos que não seriam sanções, que "a coatividade engloba a sanção, mas não se reduz a ela",[5] como, por exemplo, no uso da força de forma cautelar nas tutelas inibitórias, em que se antecipa a eventual ilícito.[6] Aqui não se está associando os signos em questão com equivalência, mas se estabelecendo uma relação hipotática de gênero e espécie.

3. Nas palavras de Kelsen, pai do positivismo normativista e ícone da tese sancionista: "Na medida em que o ato de coação estatuído pela ordem jurídica surge como reação contra a conduta de um indivíduo pela mesma ordem jurídica especificada, esse ato coativo tem o caráter de uma sanção [...]. Dizer que o Direito é uma ordem coativa não significa – como às vezes se afirma – que pertença à essência do Direito 'forçar' (obter à força) a conduta conforme ao Direito, prescrita pela ordem jurídica. Esta conduta não é conseguida à força através da efetivação do ato coativo, pois o ato de coação deve precisamente ser efetivado quando se verifique, não a conduta prescrita, mas a conduta proibida, a conduta que é contrária ao Direito. Precisamente para este caso é que é estatuído o ato coativo, que funciona como sanção" (KELSEN, Hans. *Teoria pura do direito*. São Paulo: Martins Fontes, 2008. p. 24).

4. ROBLES, Gregorio. *As regras do direito e a regra dos jogos*. São Paulo: Noeses, 2011. p. 199. Esclareço que a transcrição diz respeito à descrição da tese não sancionista por Robles e não a adesão simples e direta do autor.

5. ROBLES, Gregorio. *As regras do direito e a regra dos jogos* cit., p. 201.

6. Interessante que, a despeito de uma crítica dirigida aos sancionistas como Kelsen, o próprio mestre austríaco, paradoxalmente, reconhece não ser uma relação biunívoca: "Se o conceito de sanção é alargado nestes termos, já não coincidirá com o de consequência do ilícito. A sanção, neste sentido mais amplo, não tem necessariamente de seguir-se ao ato ilícito: pode precedê-lo" (KELSEN, Hans. *Teoria pura do direito* cit., p. 29).

Queremos, com isso, ilustrar a dificuldade de laborar nesse campo do conhecimento jurídico, pois recorrentemente se usam as mesmas expressões para designar situações diversas. Diante desse cenário, e munidos de uma atitude analítica, buscamos mapear os fenômenos jurídicos em que normalmente se utilizam os signos |sanção| e |coerção|, isto é, apontar-lhes os sentidos possíveis no sistema normativo, de modo a permitir que se tome como paradigma cada situação especificada e evitar o mal-entendido linguístico gerado com o costume de com o mesmo significante referir-se a significados diversos.

2.1 Direito e ordem coercitiva

Coerção, coação, coatividade, coercitividade, coatibilidade e coercitibilidade são figuras frequentemente atreladas ao direito e à sanção sem maiores cuidados na delimitação dos conceitos. Edgar de Godoy da Mata Machado, em monografia específica sobre o tema, constata, apenas em língua portuguesa, ao menos 16 signos diversos para designar uma característica do direito, qual seja, a forma de organização do uso da força.[7] Sob essa perspectiva, afirmar que o direito é uma ordem coercitiva ou coativa nada mais significa que reconhecer, entre suas características, o uso da força. Outra questão é como se manifesta esse uso, ou melhor, como no ordenamento jurídico a coerção se apresenta.

Vemos o direito positivo como um sistema prescritivo (nomológico prescritivo[8]), cuja linguagem é unicamente composta por normas jurídicas (homogeneidade sintática do universo jurídico[9]). O mínimo da mensagem deôntico-jurídica,

---

7. O autor relata coação, coatividade, coatibilidade, impositividade, inexorável ou inexorabilidade, coerção, coercibilidade, coercitividade, coagibilidade, autarquia, constrangimento, pressão social, controle social, sanção social e sanção específica (MATA MACHADO, Edgar de Godoy da. *Direito e coerção*. São Paulo: Unimarco, 1999. p. 29).

8. NEVES, Marcelo. *Teoria da inconstitucionalidade das leis*. São Paulo: Saraiva, 1988. p. 1-8.

9. CARVALHO, Paulo de Barros. *Curso de direito tributário*. 30. ed. São Paulo: Saraiva, 2019. p. 276.

portanto, se expressa pelo juízo condicional hipotético em que uma hipótese implica deonticamente uma consequência jurídica: *D(H→C)*. No antecedente normativo, também denominado de prótase ou hipótese, temos a descrição de algum evento (humano ou não) que uma vez constatado e vertido em linguagem competente irá dar lugar ao consequente normativo, que necessariamente imporá uma relação jurídica,[10] disciplinando condutas intersubjetivas. É através das relações jurídicas (presente no consequente normativo) que o direito (dever-ser) se aproxima do mundo do ser, cumprindo sua função precípua.[11]

Assumindo o caráter autopoiético do direito, a sua linguagem se dá de forma única: apenas norma jurídica pode falar sobre norma jurídica (fechamento operacional). Toda ação jurídica demandará uma norma jurídica que lhe materialize, além de outra que lhe autorize. Assim, temos um processo de positivação.[12]

Por meio do processo de positivação é possível constatar a existência de níveis de discursos diversos no âmbito do direito positivo. Sem precisar descermos a detalhes, podemos simplificar a questão apontando dois planos bem distintos: o plano geral e abstrato e o plano individual e concreto.[13] É por

---

10. VILANOVA, Louriva. *Causalidade e relação no direito*. 5. ed. São Paulo: Noeses, 2015. p. 91.

11. Prof. Lourival Vilanova é cirúrgico no tema: "A conduta é um fato de relação. É interpessoal ou intersubjetiva. Desdobra-se como ação ou omissão, que percute na conduta de outrem" (*Causalidade e relação no direito* cit., p. 80).

12. "Esse caminho, em que o direito parte de concepções abrangentes, mas distantes, para chegar às proximidades da região material das condutas intersubjetivas, ou, em terminologia própria, iniciando-se por normas jurídicas gerais e abstratas, para chegar a normas individuais e concretas, e que é conhecido por 'processo de positivação', deve ser necessariamente percorrido, para que o sistema alimente suas expectativas de regulação efetiva dos comportamentos sociais" (CARVALHO, Paulo de Barros. *Direito tributário:* fundamentos jurídicos da incidência. 6. ed. São Paulo: Saraiva, 2008. p. 252).

13. Para um detalhado estudo do processo de positivação, veja-se: CARVALHO, Paulo de Barros. *Direito tributário:* fundamentos jurídicos da incidência cit., bem como IVO, Gabriel. *Norma jurídica:* produção e controle. São Paulo: Noeses, 2006. Conheço as alternativas de normas individuais e abstratas e gerais e concretas. Contudo, para nosso fim, não tem relevância introduzi-las, ao menos neste momento, pois apenas tornará a questão mais complexa sem qualquer ganho teórico.

meio de normas gerais e abstratas que o legislador (em sentido lato) coloca no sistema de direito positivo as regras de conduta social. Como normas, possuem a estrutura implicacional supradescrita. Caracterizam-se, entretanto, por sua hipótese de incidência funcionar como seletora de propriedades, como uma estipulação de uma classe ou conjunto.[14] O tempo verbal utilizado nessas normas costuma ser o infinitivo. Já em seu consequente normativo, encontram-se as propriedades necessárias para identificar os elementos da relação jurídica.

O processo de positivação costuma-se finalizar pela norma individual e concreta. Nela se constitui o fato jurídico (seu antecedente normativo) e a relação jurídica (consequente normativo). Há a versão em linguagem competente do evento, como um elemento pertencente ao conjunto abstrato previsto na norma geral e abstrata. Assim, o seu antecedente normativo consiste na descrição concreta da realização de um evento com as propriedades pertencentes ao descrito na hipótese de incidência abstrata. O tempo verbal aqui utilizado é o pretérito. Em seu consequente normativo, tem-se a constituição da relação jurídica com todos os seus elementos especificados (direitos, deveres, sujeitos e objeto) e preenchidos a partir das propriedades da norma abstrata.

Delineado o cenário do fenômeno jurídico, qualquer que seja a forma de apresentação da coerção no direito deverá necessariamente se dar no âmbito normativo, ou melhor pondo, 1) na norma, enquanto juízo implicacional, seja abstrata e geral (a), seja concreta e individual (b); 2) no antecedente, abstrata e geral (a), seja concreta e individual (b); ou 3) no consequente normativo, abstrata e geral (a), seja concreta e individual (b). Temos, portanto, 6 possibilidades para que a coerção no direito ocorra.[15]

Quando for necessário, farei referências específicas no texto quando se tratar de uma norma individual e abstrata ou geral e concreta.

14. VILANOVA, Lourival. *As estruturas lógicas e o sistema do direito positivo*. São Paulo: Noeses, 2005. p. 85.

15. Aqui, portanto, excluímos os significados não jurídico-normativos. Assim, a definição de coerção de Paulo Roberto Coimbra Silva, como uma coação psíquica não nos

Quando Kelsen fala inicialmente de ato coativo como consequência de um ato ilícito, no sentido de que toda norma jurídica é uma norma que prevê a coação, está se atendo ao consequente normativo de uma norma jurídica, mais especificamente, ao conteúdo de uma relação jurídica prevista em norma individual e concreta,[16] ou seja, a situação 3 (b). Da mesma forma Robles, Eduardo Garcia Maynéz[17] e Edgar Godoy. Já Noberto Bobbio entende que a coercitividade do direito não se encontra no ato coativo propriamente dito, mas na existência de normas jurídicas que regulem o uso dessa força.[18] Para o mestre italiano, a coercitividade do direito reside nas normas jurídicas abstratas e gerais que preveem a aplicação da sanção: 1 (a).

Não é nosso desidério apontar uma posição como correta, até porque se trata de uma questão meramente estipulativa, isto é, de atribuição de um significado específico a um significante. O importante, contudo, é deixar claro que qualquer que seja a posição atribuída ao signo |coação| no plano dos significados possíveis no direito, um exclui o outro por oposição. Deve-se ter

---

interessa, pois encontra-se no âmbito psicológico, intersubjetivo (SILVA, Paulo Roberto Coimbra. *Direito tributário sancionatório*. São Paulo: Quartier Latin, 2007. p. 52).

16. "As sanções no sentido específico desta palavra aparecem – no domínio das ordens jurídicas estaduais – sob duas formas diferentes: como pena (no sentido estrito da palavra) e como execução (execução forçada). Ambas as espécies de sanções consistem na realização compulsória de um mal ou – para exprimir o mesmo sob a forma negativa – na privação compulsória de um bem" (KELSEN, Hans. *Teoria pura do direito* cit., p. 76). É preciso ressaltar que não há em Kelsen uma linearidade no uso do signo coação. Como aponta Bobbio, Kelsen também trata da coercibilidade do direito como a regulação da coação, portanto, como norma (BOBBIO, Noberto. *Teoria generale del diritto*. Torino: G Giappichelli, 1993. p.197). Veja-se, por exemplo: "O elemento de 'coerção', que é essencial ao Direito, consiste, desse modo, não na chamada 'compulsão psíquica', mas no fato de que atos específicos de coerção, como sanções, são previstos em casos específicos pelas regras que formam a ordem jurídica" (KELSEN, Hans. *Teoria geral do direito e do Estado*. São Paulo: Martins Fontes, 2000. p. 42).

17. ROBLES, Gregorio. *As regras do direito e a regra dos jogos* cit., p. 201; MÁYNEZ, Eduardo Garcia. *Introduccion al estúdio del derecho*. 53. ed. México: Editorial Porrúa, 2002. p. 298.

18. BOBBIO, Noberto. *Teoria generale del diritto* cit., p. 199.

tão somente o cuidado de, ao se discursar sobre a coercitividade do direito, apontar precisamente o significado referido.

Neste trabalho tratarei a coerção como o meio "pelo qual o Estado exerce seu poder, a fim de fazer cumprir as leis que promulgou",[19] ou seja, como o uso da força pelo direito, não apenas física, registre-se. A despeito de se poder vislumbrar distinções com a coação, usaremos esse signo como sinônimo de coerção, pois para nosso interesse (significados da sanção) não traz qualquer malefício reconhecer a sinonímia.

2.2 Direito e sanção

O signo |sanção| assume papel tão decisivo no direito a ponto de alguns entenderem que normas desprovidas desta não são dignas sequer de serem chamadas de jurídicas.[20] A despeito de figurar como signo jurídico de suma importância, o tratamento do plano do conteúdo do signo |sanção| não vem se dando de forma sistemática e analítica. Na precisa lição da Profa. Fabiana Del Padre,[21] trata-se "de palavra polissêmica, o que gera confusões interpretativas, pois conforme o significado que se atribua, estar-se-á aludindo a aspectos diversos do sistema de direito". As confusões citadas giram em torno justamente da mistura de significações, isto é, atribuir as consequências de uma análise jurídica da sanção sob determinado significado a outro sentido do mesmo signo, sem qualquer esforço argumentativo, tão somente pela identidade de significantes.

Eurico de Santi[22] tentou resumir os significados possíveis de sanção nos seguintes termos:

---

19. BOBBIO, Noberto. *Teoria generale del diritto* cit., p. 37.

20. Vide, por exemplo, VILANOVA, Louriva. *Causalidade e relação no direito* cit., p. 138.

21. TOMÉ, Fabiana Del Padre. A estrutura lógica das normas jurídicas. *In:* ALVES, Alaôr Caffé *et al. Lógica e direito*. São Paulo: Noeses, 2016. p. 304.

22. SANTI, Eurico Marcos Diniz de. *Lançamento tributário*. 3. ed. São Paulo: Saraiva, 2010. p. 39.

> Assim, "sanção" pode denotar: (i) a relação jurídica consistente na conduta substitutiva reparadora, decorrente do descumprimento de um pressuposto obrigacional (de fazer, de omitir, de dar – genericamente prestações do sujeito passivo Sp); (ii) relação jurídica que habilita o sujeito ativo A a exercitar seu direito subjetivo de ação (processual), para exigir perante o Estado-Juiz Sj a efetivação do dever constituído na norma primária e (iii) a relação jurídica, consequência processual deste "direito de ação", preceituada na sentença condenatória, decorrente de processo judicial. Esta última, expressão da vontade jurisdicional do Estado, condiciona a "coação", assim entendida como o poder de órgão do Estado de fazer cumprir por meio do uso da força (direito subjetivo público monopolizado pelo Estado-juiz) a sanção expressa na contrariedade de seu ato (sentença).

Ainda que relevante, esta enumeração não esgota os sentidos no discurso jurídico. Ao nos debruçarmos sobre a coerção, já verificamos um significado corrente de sanção como "todos os atos de coerção estatuídos pela ordem jurídica, desde que com ele outra coisa não se queira exprimir senão que a ordem jurídica, através desses atos, reage contra uma situação de fato socialmente indesejável".[23] Teríamos uma sinonímia entre coerção e sanção.

Noberto Bobbio traz um conceito de sanção mais restritivo,[24] como "a resposta à violação".[25] Nesse contexto, a sanção é uma reação à violação de um dever que lhe precede; é "o expediente com o qual, em um sistema normativo, se salvaguarda a lei da erosão das ações contrárias",[26] garantido seu cumprimento. Pelo exposto, não seria possível asseverar que todo ato de coação seria uma sanção. Veja-se que sequer há menção à coação. Satisfaz-se a definição presente com os elementos "resposta" e "violação", apesar de o mestre italiano

23. KELSEN, Hans. *Teoria pura do direito* cit., p. 29.

24. É nesse sentido que Kelsen se refere a sanção mais repetidamente na sua *Teoria pura do direito*, a despeito de também usar o precedente.

25. BOBBIO, Noberto. *Teoria generale del diritto* cit., p. 123.

26. BOBBIO, Noberto. *Teoria generale del diritto* cit., p. 122.

entender que essa resposta de fato consistirá na previsão de uma coação.

Já para Eduardo Garcia Máynez, a sanção é "a consequência jurídica que o não cumprimento de um dever produz em relação ao obrigado".[27] Aqui, a sanção encontra-se em um dos sentidos contidos no item (iii), sumariado por Eurico de Santi. Gregório Robles,[28] por seu turno, conceitua sanção como "o conteúdo material da ação devida que impõe a exigência própria da norma de execução". A "sanção se converte no conteúdo do dever de um órgão e, portanto, no conteúdo de uma norma que, como todas as normas, exigem determinadas ações como devidas".

Outro significado, também bastante corrente no âmbito do direito positivo, toma a sanção no sentido de pena (penalidade) ou castigo em face da prática de um ilícito.[29] É nesse sentido que Cesare Beccaria entende pena.[30] A característica principal dessa acepção é que a pena se mostra independente e autônoma em relação ao direito violado. Nos dizeres de Luciano Amaro,[31] se "a consequência da infração (cumulada ou

---

27. MÁYNEZ, Eduardo Garcia. *Introduccion al estúdio del derecho* cit., p. 295.

28. ROBLES, Gregorio. *As regras do direito e a regra dos jogos* cit., p. 198.

29. Existe um outro significado de |sanção| bem usual nos textos de direito positivo. Cuida-se do ato do Presidente da República de reconhecer como válido jurídica e politicamente uma lei aprovada pelo Congresso Nacional, encerrando o processo legislativo (art. 48 da CF). Por sua natureza radicalmente diversa das demais significações, direta ou indiretamente ligadas à coerção do direito, deixaremos de abordá-la neste texto.

30. Veja-se, por exemplo, esse trecho: "AS VERDADES até aqui expostas demonstram à evidência que o fim das penas não pode ser atormentar um ser sensível, nem fazer que um crime não cometido seja cometido. [...] Para que o castigo produza o efeito que dele se deve esperar, basta que o mal que causa ultrapasse o bem que o culpado retirou do crime. Devem contar-se ainda como parte do castigo os terrores que precedem a execução e a perda das vantagens que o crime devia produzir. Toda severidade que ultrapasse os limites se torna supérflua e, por conseguinte, tirânica" (BECCARIA, Cesare. *Dos delitos e das penas*. Ebook: Edição Ridendo Castigat Mores, Capítulo XV).

31. AMARO, Luciano. *Direito tributário brasileiro*. 23. ed. São Paulo: Saraiva Educação, 2019. p. 462.

não com a execução coercitiva da obrigação) é um castigo ou punição pelo fato da conduta ilícita, onde esta se manifestar estará presente a sanção".

As definições aqui relacionadas impõem um maior detalhamento do nosso esquema inicial esboçado para a coerção. Da mesma forma que realizamos nossa análise jurídica do signo |coerção|, qualquer que seja o significado jurídico do signo |sanção| deve se materializar como 1) norma, enquanto juízo implicacional, seja abstrata e geral (a), seja concreta e individual (b); 2) antecedente, seja abstrato e geral (a), seja concreto e individual (b); ou 3) consequente normativo, abstrato e geral (a) ou concreto e individual (b). Contudo, faz-se mister maiores especificações em cada subtema. Isso porque, como vimos, a sanção encontra-se constantemente atrelada a uma violação de dever jurídico. Assim, cuida-se de um subtipo de consequência jurídica relacionado a um subtipo de antecedente normativo, não se mostrando mais suficiente a mera referência a antecedentes e consequentes.

2.2.1 Os antecedentes normativos: atos lícitos e ilícitos

Vimos que os antecedentes normativos são seletores de propriedades, descritores de condutas ou fatos que ensejarão a instauração do consequente normativo, no caso das normas gerais e abstratas. Por seu turno, nas normas individuais e concretas, o antecedente normativo constitui o fato jurídico ao verter em linguagem competente um evento que satisfaça as propriedades selecionadas na norma abstrata.

Os elementos escolhidos pelo legislador para compor o antecedente normativo da norma abstrata podem ser de qualquer espécie, ou seja, fato da natureza, ato humano ou ato-fato. O limite que se coloca ao legislador é a classe dos fatos necessários e dos impossíveis, pois desbordam do campo objetal do próprio direito positivo.[32] Podemos, entretanto, realizar uma dicotomia

32. CARVALHO, Paulo de Barros. *Direito tributário:* fundamentos jurídicos da incidência cit., p. 132-133.

entre antecedentes que descrevam fatos lícitos daqueles que os tomam como fatos ilícitos. Precisamos, contudo, realizar uma demarcação quanto ao critério da dicotomia.

Para o propósito deste trabalho, assumimos como lícito o conjunto de fatos que sejam integralmente em conformidade com o direito. Do contrário, os fatos que contrariem um direito preexistente pertencem ao conjunto dos fatos ilícitos. Aqui é irrelevante a causa que implique contrariedade ao direito (tipicidade, antijuridicidade, culpabilidade, abuso de direito etc.). Se o antecedente normativo prever uma violação de direito anterior, descreve uma ilicitude, uma infração. Do contrário, teremos um fato lícito como pressuposto. Em linguagem formalizada teríamos: $D\ (H \rightarrow C)$ – antecedente lícito – e $D(-C \rightarrow Q)$ – antecedente ilícito.

Nessa toada, nossa classificação pode ser assim desdobrada: 1) norma, enquanto juízo implicacional, seja abstrata e geral (1.a), com antecedente lícito (1.a.1) ou ilícito (1.a.2), seja concreta e individual (1.b), com antecedente lícito (1.b.1) ou ilícito (1.b.2); 2) antecedente, seja abstrato e geral (2.a), com antecedente lícito (2.a.1) ou ilícito (2.a.2), seja concreta e individual (2.b), com antecedente lícito (2.b.1) ou ilícito (2.b.2); ou 3) consequente normativo, abstrato e geral (a) ou concreto e individual (b).

2.2.2 Da dinâmica do direito: direito, pretensão e ação

Assentamos que o direito possui uma homogeneidade sintática e que somente valendo-se de seus elementos é possível atuar juridicamente: norma fala sobre norma. O ser e o dever-ser não se tocam, mas este tende àquele por meio das relações jurídicas. Não se veja nessa afirmação uma contradição. Ao admitir que o direito se transforma por meio de relações jurídicas não se infirma a homogeneidade sintática. Pelo contrário, a confirma. Isso porque, não se pode olvidar, a relação jurídica é um elemento da norma jurídica, mais especificamente, seu consequente. Portanto, onde há relação jurídica, há norma e onde há norma, há relação jurídica.[33]

No estudo da relação jurídica e com base nos ensinamentos de Pontes de Miranda, Alfredo Augusto Becker discorre sobre seus conteúdos possíveis.[34] Assim, discerne entre direito e seu correspectivo dever (conteúdo mínimo), pretensão e a correspectiva obrigação (conteúdo médio), e ação (coação) e a ortogonal sujeição (conteúdo máximo). Ainda que o mestre gaúcho descreva o intercâmbio dos conteúdos como uma única relação jurídica, que ganharia em grau conforme o desenrolar dos fatos (adimplemento ou inadimplemento, por exemplo), partindo de nossa premissa, somente se pode alterar o conteúdo de uma relação jurídica por meio de uma outra relação jurídica, ou seja, pela incidência de uma nova norma jurídica. Mesmo com algumas correções necessárias diante do nosso paradigma teórico, a doutrina ponteana é assaz eficaz na descrição da dinâmica do direito. Demonstremos.

As relações jurídicas, quaisquer delas, somente podem se apresentar com um desses conteúdos e transitam de um para outro por meio da incidência de novas normas jurídicas.[35]

---

33. VILANOVA, Lourival. *Causalidade e relação no direito* cit., p. 142.

34. BECKER, Alfredo Augusto. *Teoria geral do direito tributário*. 3. ed. São Paulo: Lejus, 2002. p.343-347.

35. A questão de se a nova norma jurídica impõe a substituição da relação jurídica anterior por uma nova com diferentes conteúdos é interessante do ponto de vista teórico, apesar de não implicar alteração do fenômeno descrito. Por exemplo, no caso de uma relação jurídica que tenha nascido com o conteúdo mínimo, pode-se assumir que o inadimplemento implica incidência de uma norma jurídica que agrega à relação jurídica anterior o conteúdo da pretensão ou que substitui a anterior por uma relação jurídica contendo tanto direito e pretensão (conteúdo médio). No meu entendimento, dá-se a primeira situação, vez que o agregado sempre se referirá, tenderá ao direito já previsto na relação jurídica primitiva. Tratar-se-ia, pois, de uma alteração na relação jurídica preexistente. Esse não parece ser o entendimento de Máynez. Ainda que partindo de pressupostos diversos dos nossos, pode-se inferir que, para esse autor, a sanção pode tomar lugar a relação jurídica primitiva, hipótese em que aponta o efeito substitutivo da sanção: "no caso de cumprimento forçado, há coincidência entre o conteúdo do dever primário e o da sanção, o dever jurídico secundário. A primeira forma de sanção implica uma substituição da primeira obrigação descumprida por uma obrigação nova, de conteúdo idêntico e

Nas relações jurídicas de conteúdo mínimo, teríamos no polo ativo um direito e no lado passivo um dever. Isso significa que se reconhece a um sujeito (ativo) a possibilidade jurídica de obter de outrem (sujeito passivo) determinada prestação como devida. A despeito de reconhecer-se a legitimidade jurídica da obtenção da prestação da relação jurídica, o sujeito ativo nada pode fazer em face do sujeito passivo, salvo exortar-lhe para o cumprimento.

Às relações jurídicas de conteúdo médio, agrega-se a pretensão ao direito. A pretensão encontra-se intimamente ligada à exigibilidade. Nas palavras de Pontes de Miranda,[36] a "pretensão é, pois, a tensão para algum ato ou omissão dirigida a alguém"; exige "a ação ou omissão do devedor"; "a posição subjetiva de poder exigir de outrem alguma prestação positiva ou negativa".[37] Na pretensão, além de exortar, franqueia-se ao sujeito ativo exigir o cumprimento da prestação. Tem-se agora uma obrigação, no glossário ponteano. É importante frisar que as pretensões têm conteúdos diversos, ainda que divisíveis. Por exemplo, toda pretensão tem ínsita a pretensão de ser declarada (pretensão declaratória),[38] ainda que lhe falte outra, como a pretensão executória.

Os conteúdos diversos das pretensões podem ser disciplinados de forma diferenciada pelo direito. É possível, *v.g.*, que a lei suprima a pretensão executória ou a condicione a momento posterior à pretensão condenatória (como é a regra) ou, ainda, condicione a pretensão condenatória à exigência

---

diversa fonte, imposta ao sancionado pelo órgão jurisdicional, sob ameaça de coação" (MÁYNEZ, Eduardo Garcia. *Introduccion al estúdio del derecho* cit., p. 301).

36. PONTES DE MIRANDA, Francisco Cavalcanti. *Tratado de direito privado*. Campinas: Bookseller, 2000. t. 5, p. 504-505.

37. PONTES DE MIRANDA, Francisco Cavalcanti. *Tratado das ações*. São Paulo: Revista dos Tribunais, 2016. t. 1, p. 83.

38. "Tôda pretensão, pois que existe, há de conter a pretensão a ser declarada; porque, ao exercer-se, se declara a si mesma, ou provoca o órgão ou o corpo competente a declará-la" (PONTES DE MIRANDA, Francisco Cavalcanti. *Tratado das ações* cit., 2016, t. 1, p. 79).

prévia, como nos casos de interpelação para constituição da mora. Sem prejuízo, sempre que se possa exigir, seja por qual for o meio jurídico, haverá pretensão.

Por fim, na relação jurídica de conteúdo máximo, além do direito e da pretensão, teremos a ação e a correspectiva sujeição. Com a ação, garante-se ao sujeito ativo não só a exigência, mas a efetiva ação para garantir o cumprimento da prestação.[39] De regra, para toda pretensão se tem uma ação que a satisfaça, mas tal constatação é circunstancial. No escólio de Pontes de Miranda:[40]

> É hoje princípio fundamental do direito privado que a toda pretensão corresponda ação que a assegure [...]. Onde há pretensão há, se ocorre óbice, uma ação que o assegura. [...] De modo que as espécies ou os casos, em que isso não se dá, são excepcionais; e podemos, com toda exatidão, falar de direitos mutilados ou pretensões mutiladas. A mutilação pode ser na exigibilidade extrajudicial ou na exigibilidade judicial [...] É corte de toda a exigibilidade judicial qualquer um que atinja a ação toda. Discutiu-se se podem ser amputadas a exigibilidade por ação e a exigibilidade fora da ação. Naturalmente, tal pretensão não é mais pretensão. O que se amputou, mutilando-se o direito, foi a própria pretensão. Para que reste algo de pretensão, é preciso que, de todos os seus elementos constitutivos, pelo menos um não haja sido eliminado.

É na relação jurídica com o conteúdo de ação que se encontra a coatividade do direito, seja como elemento abstrato do vínculo, no sentido de direito subjetivo de coagir para o cumprimento da prestação (consequente normativo de uma norma geral e abstrata da ação), seja no objeto da prestação jurídica da ação, qual seja, no efetivo uso da força para o

39. "De ordinário, a pretensão contém ação, que é exigência + atividade para a satisfação. A ação não é só exigência: se digo ao devedor que desejo que me pague o que me deve, exijo-o; porém ainda não ajo contra ele: se lhe tomo a coisa, que me deve, ajo condenatoriamente, condeno e executo" (PONTES DE MIRANDA, Francisco Cavalcanti. *Tratado de direito privado* cit., 2000, t. 5, p. 512-513).

40. PONTES DE MIRANDA, Francisco Cavalcanti. *Tratado de direito privado* cit., 2000, t. 5, p. 531.

cumprimento do dever (prestação da relação jurídica de ação constituída por uma norma individual e concreta).

Ainda se faz preciso adicionar outra figura à classificação esposada por Alfredo Augusto Becker, uma espécie de relação jurídica de conteúdo médio por conter também dois elementos apenas. Isso porque é possível existir relação jurídica com direito e ação, mas desprovida de pretensão. É justamente o caso dos direitos potestativos ou constitutivos (direitos geradores ou formativos, no dizer ponteano).[41]

Em miúdos, toda e qualquer relação jurídica necessariamente se apresentará em uma das quatro formas possíveis, quais sejam, 1) conteúdo mínimo (direito e dever); 2) conteúdo médio com pretensão (direito e pretensão e dever e obrigação); 3) conteúdo médio com ação (direito e ação e dever e sujeição); e 4) conteúdo máximo (direito, pretensão e ação e dever, obrigação e sujeição).

É preciso esclarecer que a ação a que nos referimos é de direito material, ou seja, aquela que decorre da relação jurídica de direito material. A distinção é importante, pois, diante do monopólio Estatal da Jurisdição, na maior parte das vezes, a ação de direito material é exercida por meio de uma outra ação, chamada de direito processual.

Em verdade não há diferença ôntica entre estas ações: apenas a denominada ação de direito processual é uma ação em uma relação jurídica específica em face do Estado. Quando o Estado trouxe para si a responsabilidade por controlar o uso da força (da coação como consequente normativo de uma norma individual e concreta), por questão de coerência concedeu a todo e qualquer cidadão o direito de buscar essa tutela jurídica. Em miúdos, institui-se norma jurídica prevendo em seu

---

41. "Pode ser que a ação seja o único elemento que se refira ao direito, e os casos, que não são raros, provam, por si sós, que a ação pode existir sem a pretensão (ou sem o resto da pretensão). Tal o que ocorre com os direitos formativos, ou sejam geradores, ou modificadores, ou extintivos, se exercíveis por ação (aliter, se apenas há pretensão ou se há direito e pretensão à constituição positiva, modificativa, ou negativa)" (PONTES DE MIRANDA, Francisco Cavalcanti. *Tratado das ações* cit., 2016, t. 1, p. 156).

consequente normativo o direito do cidadão (como sujeito ativo) exigir do Estado (sujeito passivo) a prestação jurisdicional (tutela jurisdicional). Mais ainda, o Estado reconhece uma relação jurídica de conteúdo máximo, em que o cidadão tem direito, pretensão e ação em face do Estado para que este venha se manifestar sobre a existência de uma ação de direito material.

Assim, por não poder valer-se diretamente da sua força para retirar do patrimônio do devedor o que lhe é devido, exercendo a ação de direito material, o sujeito exerce sua ação (processual) em face do Estado para que, através dele, realize a ação de direito material no sentido de satisfazer a obrigação violada. Veja-se que a ação de direito processual é apenas um meio para o exercício da ação de direito material e nem sempre o único meio:

> A ação exerce-se principalmente por meio de "ação" (remédio jurídico processual), isto é, exercendo-se a pretensão à tutela jurídica, que o Estado criou. A ação exerce-se, porém, de outros modos. Nem sempre é preciso ir-se contra o Estado para que êle, que prometeu a tutela jurídica, a preste; nem, portanto, estabelecer-se a relação jurídica processual, na qual o juiz haja de entregar, afinal, a prestação jurisdicional. A ação nada tem com a pretensão à tutela jurídica.[42]

Repito a importância dessa diferença. Isso porque, a despeito de o monopólio estatal da jurisdição ser regra geral, nem toda ação de direito material é necessariamente exercida por meio da ação de direito processual. Nesses casos, teremos a justiça de mão própria, que não se confunde tão somente com a execução de mão própria, muito menos com o desforço necessário. Na justiça de mão própria, o exercício de direito material se dá pelo próprio sujeito partícipe de relação jurídica violada. Substituindo-se ao Estado-juiz,[43] o sujeito realiza

42. PONTES DE MIRANDA, Francisco Cavalcanti. *Tratado das ações* cit., 2016, t. 1, p. 150.

43. "Quando alguém exerce a justiça de mão própria, exerce pretensão à autotutela e, se tem direito, pretensão, ação, ou exceção, exerce o que lhe cabe, mediante atos fácticos" (PONTES DE MIRANDA, Francisco Cavalcanti. *Tratado das ações* cit., 2016, t. 1, p. 101).

atos cujo conteúdo "pode ser qualquer um que também seja conteúdo de julgamento estatal".[44] Para a legalidade dessa substituição, contudo, é necessária a autorização (direta ou indireta) do ordenamento jurídico, estando o substituído sujeito às mesmas limitações do Estado-juiz. Dessarte, não poderá efetivar a ação de direito material nas hipóteses em que nem o Estado-juiz pode, como, por exemplo, valendo-se de tortura.

O nascimento da pretensão e da ação de direito material normalmente se encontra condicionado ao descumprimento do dever jurídico. Nas obrigações de dar dinheiro, a relação jurídica costuma nascer com conteúdo mínimo e, após o inadimplemento, dá-se sua alteração para uma relação jurídica de conteúdo médio ou máximo. Contudo, trata-se de uma contingência e não de necessidade lógica. Por exemplo, alguns direitos já nascem com a ação atrelada, como nos direitos potestativos, em que o sujeito ativo tem o direito e ação correspondente para constituir, alterar ou extinguir uma relação jurídica mediante a expedição de uma norma jurídica. Nesses casos, o sujeito passivo da relação jurídica não é um único sujeito, mas um conjunto. Isso porque ao direito de constituir a relação jurídica, isto é, de exarar norma jurídica, encontra-se o correlativo dever de se submeter, de reconhecer a validade jurídica da norma exarada. Quando o Fisco constitui um crédito tributário por meio do lançamento, o direito potestativo é exercido não só em face do sujeito passivo tributário, mas de todos os sujeitos à jurisdição brasileira.[45]

---

44. PONTES DE MIRANDA, Francisco Cavalcanti. *Tratado das ações* cit., 2000, t. 1, p. 375. Pontes de Miranda entende que a justiça de mão própria, a despeito de mais comum do que se pensa, é bem restrita, demandando, inclusive, a impossibilidade de se poder valer do Estado-juiz (Ibidem., p. 370 e ss.). Entendo que no ordenamento jurídico hodierno, tal situação não se mostra mais tão restrita. Veja-se, por exemplo, o caso das cobranças indiretas de dívidas (inscrição em SPC e Serasa). Trata-se de uma forma do exercício da ação de direito material, mais propriamente de uma ação executiva indireta. Sem prejuízo de autorização expressa, de longa data vem se admitindo essa forma de justiça de mão própria.

45. Por isso se diz que os veículos introdutores de normas jurídicas são necessariamente gerais e concretos: "a norma veículo introdutor resulta da aplicação da

Sem prejuízo, mesmo que a pretensão e/ou a ação nasçam em momento diverso do direito, a ele sempre se reportam, a ele sempre tendem; sua função é justamente garantir e realizar o direito. Em verdade, o "exercer pretensão, ou ação, ou exceção, que se contém no direito, é exercer o direito".[46] Por isso pode-se valer em direito sem pretensão ou ação, mas nunca de pretensão ou ação sem direito. Há aqui uma clara dependência.

Nosso esquema inicial agora pode se tornar mais complexo, porém suficientemente estruturado para a análise dos sentidos mais correntes do signo |sanção|:

1) Norma, enquanto juízo implicacional:

(1.a) Abstrata:

(1.a.1) Com antecedente lícito e relação jurídica de conteúdo mínimo;

(1.a.2) Com antecedente lícito e relação jurídica de conteúdo médio com pretensão;

(1.a.3) Com antecedente lícito e relação jurídica de conteúdo médio com ação;

(1.a.4) Com antecedente lícito e relação jurídica de conteúdo máximo;

(1.a.5) Com antecedente ilícito e relação jurídica de conteúdo mínimo;

(1.a.6) Com antecedente ilícito e relação jurídica de conteúdo médio com pretensão;

---

norma sobre a produção jurídica e é da espécie concreta e geral, construída a partir da leitura da epígrafe e do preâmbulo do documento normativo, responsável por introduzir enunciados prescritivos no sistema." (MOUSSALLEM, Tárek Moysés. *Fontes do direito tributário*. 2. ed. São Paulo: Noeses, 2006. p. 132).

46. PONTES DE MIRANDA, Francisco Cavalcanti. *Tratado das ações* cit., 2016, t. 1, p. 105.

(1.a.7) Com antecedente ilícito e relação jurídica de conteúdo médio com ação;

(1.a.8) Com antecedente ilícito e relação jurídica de conteúdo máximo;

(1.b) Concreta:

(1.b.1) Com antecedente lícito e relação jurídica de conteúdo mínimo;

(1.b.2) Com antecedente lícito e relação jurídica de conteúdo médio com pretensão;

(1.b.3) Com antecedente lícito e relação jurídica de conteúdo médio com ação;

(1.b.4) Com antecedente lícito e relação jurídica de conteúdo máximo;

(1.b.5) Com antecedente ilícito e relação jurídica de conteúdo mínimo;

(1.b.6) Com antecedente ilícito e relação jurídica de conteúdo médio com pretensão;

(1.b.7) Com antecedente ilícito e relação jurídica de conteúdo médio com ação;

(1.b.8) Com antecedente ilícito e relação jurídica de conteúdo máximo;

(2) Como antecedente normativo:

(2.a) Abstrato:

(2.a.1) Lícito;

(2.a.2) Ilícito;

(2.b) Concreto

(2.b.1) Lícito (fato jurídico lícito);

(2.b.2) Ilícito (fato jurídico ilícito);

(3) Como consequente normativo:

(3.a) Abstrato e Geral

(3.a.1) Relação jurídica de conteúdo mínimo;

(3.a.2) Relação jurídica de conteúdo médio com pretensão;

(3.a.3) Relação jurídica de conteúdo médio com ação;

(3.a.4) Relação jurídica de conteúdo máximo;

(3.b) Concreto e Individual:

(3.b.1) Relação jurídica de conteúdo mínimo;

(3.b.2) Relação jurídica de conteúdo médio com pretensão;

(3.b.3) Relação jurídica de conteúdo médio com ação;

(3.b.4) Relação jurídica de conteúdo máximo;

2.2.3 As normas primárias e secundárias no processo de positivação

Segundo Hebert Hart, as normas do direito são de duas naturezas, as primárias e as secundárias.[47] As primárias seriam as regras (ou normas para nós) que preveem condutas, obrigações em geral. Dirigem-se aos partícipes de uma dada

47. Inúmeros doutrinadores tomas a divisão das normas jurídicas em primárias e secundárias. O primeiro a valer-se dessa classificação foi Hans Kelsen, na sua Teoria Pura do Direito. Noberto Bobbio e o próprio Kelsen, posteriormente, refez a classificação inicial, invertendo as denominações (significantes) de normas primárias e secundárias, mas mantendo o plano do conteúdo. Valho-me, contudo, da classificação de Hart, em vez da de Kelsen, por esse autor ter alterado o próprio conteúdo, o plano do significado, da classificação original kelseniana, tornando-a mais condizente com a realidade do direito, a meu ver.

sociedade, sejam funcionários do Estado ou não. Já as normas secundárias dizem respeito às normas primárias e seriam de reconhecimento, de alteração e de julgamento.[48] O importante é assentar a natureza nomogenética das normas secundárias (de competência ou de estrutura).

As normas de competência são amplas e dizem respeito ao poder constituir quaisquer tipos de normas. Por sua natureza, somente podem consistir em normas jurídicas com atos lícitos como antecedente e relações jurídicas de conteúdo mínimo ou médio com ação, no seu consequente normativo. Já as normas primárias podem assumir quaisquer das alternativas do nosso esquema, com exceção das relações jurídicas de conteúdo médio com ação.

Sejam primárias ou secundárias, tais normas encontram-se sujeitas ao processo de positivação. A norma primária geral e abstrata, que impõe uma conduta, é realizada por uma norma concreta que lhe efetiva, que realiza sua incidência (essa pode ser inicialmente geral ou individual). Já as normas secundárias sempre serão ou gerais e abstratas ou concretas e gerais.

A partir dessas premissas, podemos construir algumas normas jurídicas, representando as situações aqui demonstradas. Como entendemos o direito, toda e qualquer relação ou situação jurídica poderá ser enquadrada nestas situações.

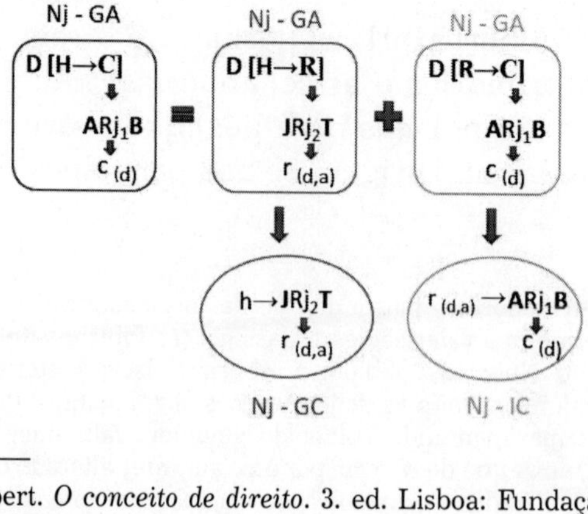

48. HART, Herbert. *O conceito de direito*. 3. ed. Lisboa: Fundação Calouste Gulbenkian, 2001. p. 104 e ss.

Aqui, partimos de uma norma jurídica geral e abstrata de conduta, primária (Nj – GA), que a uma hipótese fática (H) implica uma relação jurídica (**C**), atribuindo a alguém (**A**) o direito a uma prestação ($\mathbf{c}_d$) de outrem (**B**). Diante do processo de positivação, a norma geral e abstrata não atinge diretamente o mundo. Demanda ação humana, que também é regrada, por ser jurídica. Daí, podemos agregar a existência de duas outras normas gerais e abstratas que servem para realizar a primeira, a partir de sua concretização. Temos a norma geral e abstrata de competência, secundária (Nj – GA), que atribui a alguém (**J**) o direito e a ação ($\mathbf{r}_{(d,a)}$) de constituir e introduzir uma norma jurídica aplicando a norma geral e abstrata de conduta, reconhecida como tal em face de todos (**T**). Essa norma geral e abstrata **é** concretizada por meio de uma norma jurídica geral e concreta (Nj – GC).[49] Com a norma de decisão (veículo introdutor de norma) há constituição da relação jurídica prevista na norma geral e abstrata de conduta (primária), pela introdução de uma norma individual e concreta, também primária (Nj – IC).

Na situação ora descrita, faz-se nascer o direito a uma prestação (c_d). Por se tratar de uma relação jurídica de conteúdo mínimo, o sujeito ativo apenas pode exortar pela satisfação, mas não exigir ou agir. Como alhures afirmado, no direito positivo, a pretensão e a ação normalmente decorrem da não satisfação do direito:

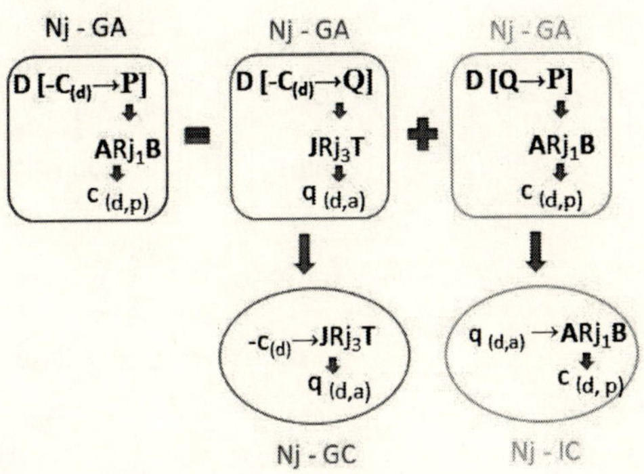

49. Essa norma de competência (representada no centro do esquema) é o que Robles denomina de norma de decisão.

Do não cumprimento do dever (satisfação do direito), a relação jurídica inicial (Rj_1) tem agregada a pretensão. A partir da norma individual e concreta que a aplica, o sujeito ativo pode exigir a prestação ao sujeito passivo. Não satisfeito o direito pela exigência (pretensão), tem-se a ação:

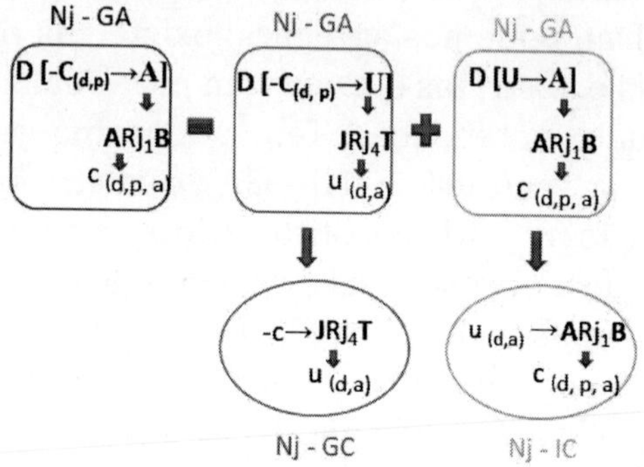

Aqui, a norma de decisão impõe a ação por meio da introdução de uma norma individual e concreta.

Note-se que, por esse esquema, vemos que uma infração pode ser o antecedente normativo tanto da pretensão, quanto da ação. Verifique-se, contudo, que nesses casos a relação jurídica ainda é a mesma (Rj_1), apenas se agregando conteúdo. É bem comum, entretanto, a infração ser antecedente normativo de outra relação jurídica, diversa da violada:

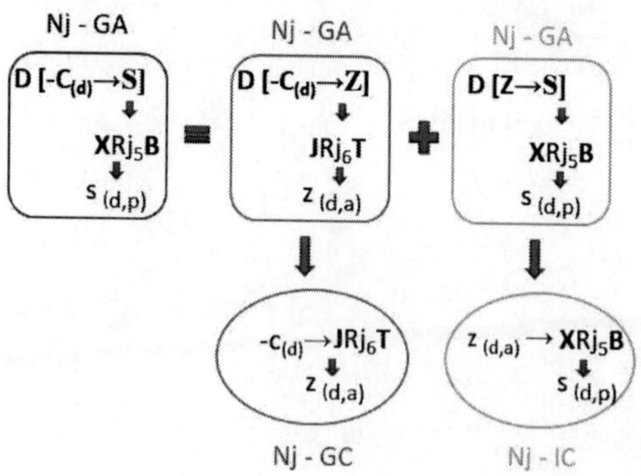

Nessa situação, a violação do direito (Rj_1) dá ensejo a uma nova relação jurídica (Rj_5), que poderá assumir inicialmente quaisquer dos seus conteúdos e ainda transitar entre eles, como qualquer outra relação jurídica (no exemplo acima, optamos por uma relação jurídica de conteúdo médio).

2.2.4 Dos conceitos de sanções e sua significação conforme os esquemas delineados

Podemos agora identificar os sentidos possíveis do significante |sanção| no fenômeno jurídico, tomando por base os conceitos descritos no item 2.2.

Comecemos pelo conceito mais genérico de sanção como coação. Nessa situação, a sanção seria todo uso da força através do direito. Corresponde, pois, ao objeto da relação jurídica (prestação) de uma relação jurídica de conteúdo máximo,[50] confundindo-se com a própria ação de direito material, independentemente do antecedente normativo (3.b.4).

O conceito de Noberto Bobbio, por seu turno, trata a sanção como consequente normativo de uma norma com antecedente ilícito (daí ser uma resposta à violação). Nesse sentido, sanção tanto seria uma norma abstrata (1.a.6 ou 1.a.8), quanto concreta (1.b.6 ou 1.b.8), podendo assumir as formas geral e individual na norma abstrata e apenas individual na concreta.[51] Dessarte, dessa perspectiva a sanção corresponde a uma norma primária.

50. Afastamos a relação jurídica de conteúdo médio com ação, pois estas não envolvem um ato de força no exercício da ação, mas age-se apenas no plano normativo. Aqueles que tratam a nulidade como uma sanção incluem aqui as relações jurídicas de conteúdo médio com ação.

51. Um exemplo de sanção nesse sentido geral e abstrata, temos na previsão genérica da pena, como o art. 312 do CP. Como norma individual e concreta, podemos citar a sentença transitada em julgado que aplica, faz incidir o art. 312 do CP em face de um(ns) infrator(es). Como norma individual e abstrata, podemos citar a *astreinte* fixada em processo judicial. Não cumprida a determinação judicial pelo sujeito específico, incidirá uma multa em face do infrator especificado (sujeito passivo) e em favor da outra parte (sujeito ativo).

Quanto à súmula tentada por Eurico de Santi, temos a acepção de 1.a.5, 1.a.6 ou 1.a.8 correspondendo à situação (i), de modo que sanção seria uma norma primária. Para a hipótese (ii), teríamos a sanção como 3.a.4, configurando uma norma secundária ou norma de competência. Já o sentido 1.b.8 corresponde à situação (iii), uma norma primária, portanto.

Ao segregar as normas deônticas em normas de conduta, de julgamento e de execução, Gregório Robles coloca a sanção como uma espécie de norma de execução. Nos seus dizeres, "a sanção é um ato de força que se aplica a um infrator de uma norma de conduta, razão pela qual esse ato deve ser consequente, no tempo, à infração".[52] Vê-se, pois, que o célebre autor espanhol toma sanção como o objeto de uma relação jurídica decorrente de uma norma no sentido de 1.b.8.

Na acepção de Máynez, a sanção corresponderia a um consequente normativo de uma norma abstrata e individual, em que haveria um ilícito como antecedente normativo (1.a.8.i).[53] Isso porque o mestre mexicano exige uma norma individual (normalmente exarada pelo juiz) constituindo e impondo a sanção que, acaso descumprida (daí sua abstração), gerará o ato de coação.[54] Valendo-nos da útil classificação das normas de conduta de Robles, tratar-se-ia de uma nova norma de conduta decorrente de uma norma de decisão (uma norma primária).

---

52. ROBLES, Gregorio. *As regras do direito e a regra dos jogos* cit., p. 200.

53. Poderíamos dizer 1.a.8.i, em que o letra "i" refere-se à determinação exata dos sujeitos ativo e passivo da relação jurídica, bem como descreve individualmente o sujeito que realizará o antecedente normativo, porém todos os demais elementos continuam conceituais e abstratos.

54. "A sanção não deve ser confundida com os atos de coação. Aquela é uma consequência normativa de caráter secundário; estas constituem sua aplicação ou realização efetiva. Coação é, portanto, a aplicação forçada da sanção. Quando um juiz dita a sentença, condenando uma pessoa a que pague o que deve, aplica uma sanção; mas se o demandado não cumpre voluntariamente o comando, tem o autor direito a pedir que a sanção se imponha pela força" (MÁYNEZ, Eduardo Garcia. *Introduccion al estúdio del derecho* cit., p. 298).

Por fim, temos a acepção de sanção enquanto penalidade. Nessa acepção, a sanção corresponderia tanto aos sentidos 1.a.5, 1.a.6 ou 1.a.8, quanto 1.b.5, 1.b.6 ou 1.b.8. A diferença para a acepção de Noberto Bobbio, mais genérica, repousa no fato de que, aqui, há uma necessária autonomia entre a relação jurídica violada (presente no antecedente normativo) e a relação jurídica punitiva. É justamente em razão dessa autonomia que, apenas na presente acepção, a sanção pode assumir as formas 1.a.5 e 1.b.5. A confusão com o conceito mais genérico de Bobbio pode se dar quando se analisa as relações jurídicas punitivas de conteúdo médio ou máximo. Nesses casos, poder-se-á distinguir a pena de outras consequências de ilícito pelo direito a que a pretensão e a ação se referem. Se estas buscarem satisfazer o direito violado, não estamos diante de uma pena. Do contrário, se buscarem efetivar a própria punição (o direito de punir), fala-se em relação jurídica punitiva.

Neste último caso, não há sempre a distinção entre normas abstratas ou concretas, devendo o intérprete ter o cuidado de verificar, pelo contexto, se se utiliza a penalidade como previsão abstrata ou como imposição concreta. Contudo, o regime jurídico de ambos costuma ser basicamente o mesmo, até porque a acepção concreta nada mais é do que a realização do processo de positivação do sentido abstrato.

3. As sanções no direito tributário brasileiro

Independentemente das concepções jurídico-filosóficas dos signos fundamentais ao direito, é o direito positivo o ponto de partida para a disciplina dos regimes jurídicos. Ainda que, por se valer de uma abstração ou de uma aproximação zetética, a Teoria Geral do Direito e a Filosofia do Direito não se encontrem amordaçadas pela constrição linguística do direito positivo, quando se trata de norma jurídica necessariamente se adentra na análise e nos meandros de um direito positivo histórico, singularizado no espaço e no tempo.

Apenas as normas que pertencem a tal ordenamento são jurídicas. Ainda que a homogeneidade sintática seja comum a todo e qualquer direito positivado, sem quaisquer amarras espaço-temporais, a heterogeneidade semântico-pragmática impera no momento de se interpretar e criar normas jurídicas, mostrando-se imprescindível a ascese da aproximação teórico-zetética para uma abordagem dogmática, de modo a permitir ao intérprete preencher de conteúdo as frias unidades sintáticas, criando e agregando normas jurídicas enquanto mensagem deôntica de um direito posto.

Tributários da tradição europeia continental no direito, o ponto de partida deve ser necessariamente a lei em seu sentido amplo. Por nos aventurarmos no âmbito do Direito Tributário, é natural iniciar a análise normativa a partir da Constituição, ápice da pirâmide positiva, e do CTN (norma geral, conforme art. 146 da CF), enquanto discursos normativos de plano superior em relação a legislação ordinária e infralegal.

3.1 Sanção na CF de 1988

A Lei Maior de 1988 só faz referência ao signo |sanção| no sentido de ato do Presidente da República que põe termo ao processo legislativo, que entende jurídica ou politicamente correto (art. 48 da CF). Como já dissemos anteriormente,[55] não nos ocuparemos desta acepção.

Por seu turno, faz 14 referências a sanção com o significante e significado de pena. A maioria das referências se dá no âmbito do direito criminal, mas há referências a penas administrativas e até algumas poucas à pena como nulidade. No capítulo dedicado à temática tributária (Capítulo I do Título VI) não há qualquer referência à sanção, nem mesmo como pena. Sem prejuízo, tendo em vista que os direitos e garantias individuais reconhecidas no texto constitucional se espraiam

55. Vide nota 29.

por todo o ordenamento jurídico, vamos nos atentar às disposições do art. 5º da Constituição.

Dentro os direitos e garantias individuais referentes à pena, a Lei Maior traz os seguintes enunciados:

> Art. 5º [...] XXXIII – todos têm direito a receber dos órgãos públicos informações de seu interesse particular, ou de interesse coletivo ou geral, que serão prestadas no prazo da lei, sob *pena* de responsabilidade [...]; XXXIX – não há crime sem lei anterior que o defina, nem *pena* sem prévia cominação legal; [...] XLII – a prática do racismo constitui crime inafiançável e imprescritível, sujeito à *pena* de reclusão, nos termos da lei; [...] XLV – nenhuma *pena* passará da pessoa do condenado [...]; XLVI – a lei regulará a individualização da *pena* e adotará, entre outras, as seguintes: a) privação ou restrição da liberdade; b) perda de bens; c) multa; d) prestação social alternativa; e) suspensão ou interdição de direitos; XLVII – não haverá *penas*: a) de morte, salvo em caso de guerra declarada, nos termos do art. 84, XIX; b) de caráter perpétuo; c) de trabalhos forçados; d) de banimento; e) cruéis; XLVIII – a *pena* será cumprida em estabelecimentos distintos [...]"

Não é preciso um grande esforço interpretativo para constatar que, com exceção do primeiro inciso XXXIIII, todas as referências à pena se dão no contexto (tema) da disciplina das penas criminais, com início no inciso XXXVII até o LXVI.[56] Dessa forma, as limitações por meio de disciplina direta das penas no Direito Tributário são frágeis no texto constitucional. Tal constatação não afasta aplicação de limitações indiretas, como do *due processo of law* formal e material (art. 5º , LIV e LV) ou no monopólio estatal da jurisdição (LII) aplicável a toda atividade estatal, nem impede o reconhecimento por lei de outros direitos e garantias.

56. Sem prejuízo, não se mostra uma violação semântica tratar a referência dos incisos XLVI e XLVII à pena enquanto gênero, pois inexiste qualquer outra referência textual (expressa ao menos) nesses incisos que imponha a adoção da espécie (pena criminal). Mas apenas se se abstrair o contexto temático não haveria esta violação semântica.

3.2 Sanção como pena no CTN

Ao contrário da Lei Maior, o CTN faz uma única referência ao signo |sanção|, justamente no seu art. 3º ao definir o tributo.[57] Nesse contexto, sanção é tomada em sentido amplo, como qualquer consequência jurídica cujo antecedente normativo é um ato ilícito – 1.a.5, 1.a.6 e 1.a.8. A ideia é demarcar bem a norma jurídica tributária em sentido estrito que, por consequência do art. 3º, somente pode assumir as formas 1.a.1, 1.a.2 e 1.a.4. É preciso, contudo, fornecer alguns esclarecimentos para não induzir em erro.

Quando afirmamos que a norma tributária em sentido estrito, mais especificamente, a regra-matriz de incidência tributária (RMIT) pode assumir as formas do 1.a.1, 1.a.2 e 1.a.4 não afastamos a possibilidade de normas tributárias do tipo 1.a.6 e 1.a.8 atuarem no âmbito da RMIT. O art. 3º do CTN impõe que a RMIT necessariamente preveja uma das formas com o antecedente normativo lícito.

Ao assim fazer, a legislação pode escolher se a relação jurídica tributária nascerá com conteúdo mínimo, médio com pretensão ou máximo. Por exemplo, nos casos de lançamento de ofício, a relação jurídica tributária nasce em seu conteúdo mínimo. Apenas após vencido o prazo para recurso/pagamento (30 dias conforme a legislação federal) haverá o nascimento da pretensão. A RMIT e a legislação tributária preveem, nessa hipótese, a forma 1.a.1. É possível outras situações. Nos casos de lançamento por homologação, *v.g.*, pode-se impor ao contribuinte a constituição e imediato pagamento da relação jurídica tributária. Já no nascimento, a relação jurídica tributária teria o conteúdo médio com pretensão – forma 1.a.2. Mais difícil é a hipótese 1.a.4 em face do princípio do devido processo legal. Sem prejuízo, teoricamente é possível a legislação prever que ao constituir a relação jurídica tributária, a autoridade fiscal já possa agir contra o sujeito passivo

57. "Art. 3º Tributo é toda prestação pecuniária compulsória, em moeda ou cujo valor nela se possa exprimir, que não constitua sanção de ato ilícito, instituída em lei e cobrada mediante atividade administrativa plenamente vinculada."

(conteúdo máximo), retendo, apreendendo ou expropriando mercadorias no intuito de quitar tributo.

Disso se dessume que, ao nascer, a relação jurídica tributária deve necessariamente decorrer de uma norma com antecedente lícito, independentemente de seu conteúdo. Nada obstante, após instaurada uma relação jurídica tributária de conteúdo mínimo ou médio com pretensão, nada impede que sua alteração decorra de uma norma cujo antecedente normativo se configure como ilícito. E assim é corriqueiramente, pois a regra em nosso ordenamento jurídico é que a relação jurídica tributária se inicie com seu conteúdo mínimo ou médio. Mas frise-se que apenas num segundo momento isso pode se dar.

Afora essa solitária, porém relevante menção, o CTN trata a sanção apenas como penalidade (pena). E o faz em vários dispositivos (29 para sermos mais precisos). Buscando uma economia, apenas para reforçar a ideia de sanção como pena na sistemática do CTN, mencionamos o art. 113, §§ 1º e 3º.[58] Do § 1º verificamos a manutenção da dicotomia entre relação jurídica tributária (violada) e relação jurídica punitiva que apenas se extinguirão "juntamente com o crédito dela decorrente". Portanto, não há substituição, não se trata de agregar ação de direito material à relação jurídica tributária, mas uma nova e autônoma relação jurídica com conteúdo próprio. Tal fato é corroborado pelo § 3º, ainda que com algumas explicações.

O citado dispositivo prescreve que a obrigação acessória, diante do inadimplemento, "converte-se em obrigação principal". Uma leitura apressada poderia apontar que inexistiria autonomia nesta consequência jurídica ao inadimplemento da obrigação acessória, pois a lei enuncia uma conversão. Acontece que assim não se dá. Primeiramente, a obrigação acessória envolve um fazer ou não fazer, nunca dar pecúnia. Isso

58. "Art. 113. A obrigação tributária é principal ou acessória.
§ 1º A obrigação principal surge com a ocorrência do fato gerador, tem por objeto o pagamento de tributo ou penalidade pecuniária e extingue-se juntamente com o crédito dela decorrente. [...]
§ 3º A obrigação acessória, pelo simples fato da sua inobservância, converte-se em obrigação principal relativamente à penalidade pecuniária."

significa que sua pretensão e ação não podem transmudar o seu direito. Lembramos que pretensão e ação tendem e se reportam ao direito do qual decorrem. Veja-se que o dispositivo fala de conversão "relativamente à penalidade pecuniária".

Nesse cenário, apenas duas conclusões são possíveis e as duas reforçam a natureza de penalidade da presente sanção. A primeira, representa a extinção da obrigação acessória (relação jurídica instrumental) e a manutenção tão somente da pena, cuja relação jurídica tem como objeto um dar dinheiro. Ainda aqui a existência da pena é independente da obrigação violada. Tem vida própria. A segunda conclusão impõe o reconhecimento da manutenção das duas relações jurídicas, a primeira (acessória) com conteúdo médio com pretensão ou máximo, e a segunda, punitiva, que por possuir natureza pecuniária será considerada como obrigação principal. Como dissemos, seja de que modo for, trata-se de uma pena. A sanção tributária, no direito brasileiro, é sinônimo de pena tributária (1.a.5, 1.a.6, 1.a.8, 1.b.5, 1.b.6 ou 1.b.8).

Essa constatação implica numa restrição na interpretação do CTN no âmbito do direito sancionador tributário. Tendo em vista que os enunciados normativos disciplinam tão somente o regime jurídico da sanção enquanto pena, os regimes jurídicos das outras realidades jurídicas também denominadas por sanção não se subsumem, *a priori*, às disposições do CTN. Isso não quer dizer que, por meio de uma interpretação de outros enunciados prescritivos, possa-se realizar essa extensão. Todavia, repito, esta tarefa demandará um esforço argumentativo com base em preceitos do direito positivo e não, tão somente, em concepções da Filosofia do Direito, com sua aproximação zetética.

3.3 Desvelando a confusão: o exemplo das denominadas |sanções políticas| no direito tributário

As obras científicas que costumam abordar o direito tributário sancionador geralmente colocam ao lado das penas (sanções tributárias) toda outra sorte de "sanções" alcunhadas. Por exemplo, assim se manifesta Maria Ângela Lopes Paulino Padilha em sua obra.[59] Já na enumeração das espécies de "sanções não pecuniárias" antevemos algumas situações que nada têm que ver com a noção de pena, como no caso da apreensão de mercadorias. Porém neste curto trabalho será suficiente nos atermos apenas à "sanção política".[60]

Do texto verificamos dois requisitos: a) coerção para pagar tributo e b) a ofensa ou limitação de direito individual. Vimos desde o início que qualquer ato de coerção no direito se materializa numa ação de direito material. Assim, o ato de coerção não é um fim em si mesmo, mas um vetor que aponta à satisfação de um direito. A coerção citada caminha para a satisfação do tributo, ou seja, da relação jurídica tributária violada.[61] Dessa forma, já se vê que não se está diante de sanção tributária.

A questão, assim, não deve ser discutida no âmbito do regime jurídico das sanções tributárias, vez não se tratar de pena. Como se pode facilmente constatar pelo que até aqui

59. "Em atendimento aos nossos interesses científicos, edificamos a classificação das sanções tributárias, decorrentes do descumprimento da obrigação de pagar tributo ou da inobservância dos deveres instrumentais, adotando o critério classificador o seu caráter pecuniário, dividindo-as, com isso, nas seguintes subclasses: a das sanções tributárias pecuniárias e a das sanções tributárias não pecuniárias (conhecidas como sanções restritivas de direitos ou interventivas). [...] São exemplos de sanções não pecuniárias no Direito Tributário: i) perdimento de bens; ii) apreensão de mercadorias; iii) indeferimento de CND; iv) regime especial de controle e fiscalização e v) as denominadas 'sanções políticas'." (PADILHA, Maria Ângela Lopes Paulino. *As sanções no direto tributário*. São Paulo: Noeses, 2015. p. 163-165).

60. "Em termos genéricos, as sanções políticas compreendem as medidas restritivas de direitos impostas pela própria Administração ao sujeito passivo, que têm como escopo obrigá-lo, por via oblíqua, a recolher a exação tributária em favor dos cofres públicos, sem, contudo, recorrer ao Judiciário, na forma preconizada pelo devido processo legal formal. [...] A caracterização das sanções políticas pressupõe, cumulativamente, a presença dos seguintes elementos: (i) forma 'coercitiva' da Administração Fazendária exigir do contribuinte o cumprimento da obrigação tributária (pagamento do tributo), em afronta ao devido processo legal e (ii) limitação ou ofensa a direito individual, notadamente ao direito à propriedade, à liberdade de trabalho e/ou ao livre exercício da atividade econômica" (PADILHA, Maria Ângela Lopes Paulino. *As sanções no direto tributário* cit., p. 168-169).

61. Veja-se o trecho "têm como escopo obrigá-lo, por via oblíqua, a recolher a exação tributária".

discorremos, as sanções política são exercício de ação de direito material, de justiça de mão própria (1.a.3 ou 1.b.3). Portanto, a querela se resolve pela análise quanto à possibilidade de o Fisco exercer nesses casos a autotutela.

A autotutela (justiça de mão própria) não é tão incomum no âmbito da Administração Pública. É de longa data que no regime jurídico administrativo se advoga a imperatividade (na forma de 1.a.3, 1.a.7, 1.b.3 e 1.b.7), exigibilidade (1.a.6 e 1.b.6) a autoexecutoriedade (1.a.8 e 1.b.8). É bem verdade que a autoexecutoriedade não é ampla e absoluta. Como bem ensina Pontes de Miranda, o exercício da ação pode ser limitado pelo ordenamento jurídico, seja pelo meio de exercício (judicial ou extrajudicialmente), seja pela amplitude do exercício.[62] Contudo, ela existe como um princípio geral da Administração Pública brasileira.

O problema se dá na discussão quanto ao exercício legítimo da autotutela, que tem tudo que ver com o segundo requisito enunciado pela Profa. Maria Ângela Lopes Paulino Padilha, qual seja, a violação de um direito individual.

Para existir violação a direito não basta existir prejuízo de interesse de um sujeito de direitos. Nenhum direito é absoluto. O direito é a justa medida das concessões e subtrações que o ordenamento jurídico realiza ao prescrever normas jurídicas. Por isso, não há violação de direito quando se age licitamente. Pode existir violação de interesse e este ser protegido pelo ordenamento jurídico. Mas nesses casos não se estará diante de qualquer sanção ou infração a direito. Existirá um dever de indenizar, por exemplo, ainda que a ação não seja ilícita. É o

62. "A ação corresponde ou a 'ação' (judicial), ou a 'ação administrativa' (qualquer que seja o nome que se lhe dê), trate-se de tribunal administrativo, ou de simples administração, e a 'ação' em juízo arbitral em outro corpo não estatal, ou paraestatal, ou qualquer, ou a 'ação' própria, em justiça de autotutela. Se qualquer dêsses caminhos lhe é fechado, ou se lhe obstrui, nem por isso deixa de existir a ação; porque tais cortes são no direito processual, ou no direito público, provàvelmente constitucionais. O corte total ou parcial da ação tem de ocorrer no direito material. A ação não é a constelação dessas 'ações'; mas o sol do sistema" (PONTES DE MIRANDA, Francisco Cavalcanti. *Tratado das ações* cit., 2016, t. 1, p. 151).

caso da responsabilização da Administração Pública que, mesmo nas hipóteses em que aja licitamente, poderá ter o dever de indenizar acaso ocorra um prejuízo acolhido no ordenamento jurídico como suficiente para tanto (*v.g.* na requisição administrativa – art. 5º, XXV, da CF). Isso não quer dizer que qualquer violação de interesse gera dever de indenização, nem mesmo pela Administração Pública. Cite-se, apenas para confirmar a hipótese, os casos de força maior, que afastam o dever de a Administração Pública de indenizar qualquer prejuízo.

Dessarte, apenas há que se falar em violação de direito nos casos em que o Fisco exceder no uso da justiça de mão própria (autotutela). Fica claro, assim, que as denominadas sanções políticas não são sempre ilícitas. Apenas quando exceder, quando deixar de figurar como direito de ação para ser uso não autorizado da força, portanto um ilícito, é que a atuação do Fisco seria inconstitucional ou ilegal.

O controle da autotutela pelo Fisco encontra-se subordinado aos princípios da razoabilidade e proporcionalidade. Essa será a linha mestra a guiar a constitucionalidade ou não da ação de direito material. Neste exercício, o STF já teve a oportunidade de se manifestar em alguns casos, reconhecendo o uso ilícito da força pela Administração Fiscal,[63] bem como a legitimidade de outras medidas de autotutela, como o protesto de Certidões em Dívida Ativa.[64]

A argumentação aqui esposada é reforçada pelo julgamento pelo STF do caso *American Virgínia* (Ação Cautelar 1657-RJ), pois, diante das peculiaridades do caso concreto,

---

63. Súmula 70: "É inadmissível a interdição de estabelecimento como meio coercitivo para cobrança de tributo". Súmula 323: "É inadmissível a apreensão de mercadorias como meio coercitivo para pagamento de tributos". Súmula 547: "Não é lícito à autoridade proibir que o contribuinte em débito adquira estampilhas, despache mercadorias nas alfândegas e exerça suas atividades profissionais".

64. O protesto das Certidões de Dívida Ativa constitui mecanismo constitucional e legítimo, por não restringir de forma desproporcional quaisquer direitos fundamentais garantidos aos contribuintes e, assim, não constituir sanção política (Tese definida na ADI 5.135, rel. Min. Roberto Barroso, j. 9-11-2016, *DJE* 22 de 7-2-2018).

admitiu uma exceção à Súmula 547. Entendeu-se que na querela posta havia proporcionalidade no fechamento de estabelecimento industrial da autora pelo descumprimento sistemático de obrigações tributárias, a ponto de atentar contra a livre concorrência.

Claro está que a questão não se põe quanto à legalidade das "sanções políticas" mas quanto ao uso da justiça de mão própria (autoexecutoriedade), conforme os princípios da proporcionalidade e da razoabilidade.

4. Conclusões

O direito tributário sancionador se erige a partir das concepções jurídicas de coerção e sanção. Apesar desse destaque, são signos jurídicos dotados de enorme plurivocidade, levando os intérpretes do direito facilmente a equívocos.

Qualquer que seja a acepção desses signos, seu significado deve ser compatível com as formas que o significante pode assumir diante da obrigatoriedade da homogeneidade sintática do sistema de direito positivo. Por se constituir apenas de normas, a sanção e coação devem se manifestar em algum de seus elementos, sob pena de serem irrelevantes juridicamente.

A partir de uma análise sintática, constata-se que a coerção ora é tomada como norma geral e abstrata que regula o uso da força, ora como o próprio uso da força e, portanto, um elemento do consequente normativo. Quanto à sanção, as acepções mais correntes na doutrina correspondem às formas 1.a.5, 1.a.6, 1.a.8, 1.a.8.i, 1.b.5, 1.b.6, 1.b.8, 3.a.4 ou 3.b.4.

No Direito Tributário (sistema de direito positivo), ponto de partida para a construção teórica do direito tributário sancionador, a sanção apenas toma a acepção de pena (1.a.5, 1.a.6, 1.a.8, 1.b.5, 1.b.6 ou 1.b.8). Essas penas podem ser pecuniárias ou não (*v.g.* a pena de perdimento). As chamadas "sanções políticas" não são sanções tributárias e, portanto, encontram-se alheias ao seu regime jurídico. Em verdade, manifestam-se como direito de ação (1.a.3 ou 1.b.3), quando o agir do Fisco condiz com a ação de direito material, sem exceder-se. O uso indevido, ou mesmo excedente, da força configura uso ilegal da força.

Bibliografia

AMARO, Luciano. *Direito tributário brasileiro*. 23. ed. São Paulo: Saraiva Educação, 2019.

BECCARIA, Cesare. *Dos delitos e das penas*. Ebook: Edição Ridendo Castigat Mores.

BECKER, Alfredo Augusto. *Teoria geral do direito tributário*. 3. ed. São Paulo: Lejus, 2002.

BOBBIO, Noberto. *Teoria generale del diritto*. Torino: G Giappichelli Editore, 1993.

CARVALHO, Paulo de Barros. *Curso de direito tributário*. 30. ed. São Paulo: Saraiva, 2019.

CARVALHO, Paulo de Barros. *Direito tributário:* fundamentos jurídicos da incidência. 6. ed. São Paulo: Saraiva, 2008.

CARVALHO, Paulo de Barros. *Direito tributário:* linguagem e método. São Paulo: Noeses, 2008.

HART, Herbert. *O conceito de direito*. 3. ed. Lisboa: Fundação Calouste Gulbenkian, 2001.

IVO, Gabriel. *Norma jurídica:* produção e controle. São Paulo: Noeses, 2006.

KELSEN, Hans. *Teoria pura do direito*. São Paulo: Martins Fontes, 2008.

KELSEN, Hans. *Teoria geral do direito e do Estado*. São Paulo: Martins Fontes, 2000.

MÁYNEZ, Eduardo Garcia. *Introduccion al estúdio del derecho*. 53. ed. México: Editorial Porrúa, 2002.

MATA MACHADO, Edgar de Godoy da. *Direito e coerção*. São Paulo: Unimarco, 1999.

MOUSSALLEM, Tárek Moysés. *Fontes do direito tributário*. 2. ed. São Paulo: Noeses, 2006.

NEVES, Marcelo. *Teoria da inconstitucionalidade das leis*. São Paulo: Saraiva, 1988.

PADILHA, Maria Ângela Lopes Paulino. *As sanções no direito tributário*. São Paulo: Noeses, 2015.

PONTES DE MIRANDA, Francisco Cavalcanti. *Tratado das ações*. São Paulo: Revista dos Tribunais, 2016. t. 1.

PONTES DE MIRANDA, Francisco Cavalcanti. *Tratado de direito privado*. Campinas: Bookseller, 2000. t. 1.

PONTES DE MIRANDA, Francisco Cavalcanti. *Tratado de direito privado*. Campinas: Bookseller, 2000. t. 5.

ROBLES, Gregorio. *As regras do direito e a regra dos jogos*. São Paulo: Noeses, 2011.

SANTI, Eurico Marcos Diniz de. *Lançamento tributário*. 3. ed. São Paulo: Saraiva, 2010.

SILVA, Paulo Roberto Coimbra. *Direito tributário sancionatório*. São Paulo: Quartier Latin, 2007.

TOMÉ, Fabiana Del Padre. A estrutura lógica das normas jurídicas. *In:* ALVES, Alaôr Caffé *et al*. *Lógica e direito*. São Paulo: Noeses, 2016.

VILANOVA, Lourival. *As estruturas lógicas e o sistema do direito positivo*. São Paulo: Noeses, 2005.

VILANOVA, Lourival. *Causalidade e relação no direito*. 5 ed. São Paulo: Noeses, 2015.

NORMATIVIDADE DA TRIBUTAÇÃO DOS ATOS ILÍCITOS

João Gabriel Casemiro Águila[1]

1. Introdução

É cediço que a reverberação dos reflexos tributários dos atos ilícitos é matéria há muito discutida na academia e nos tribunais pátrios, seja na esfera administrativa ou judicial. Todavia, também é de curial sabença que o combate aos ilícitos perpetrados na seara pública, conforme se vislumbra pelo desenrolar da Operação Lava Jato, Zelotes, entre outras.

O advento dessas persecuções na seara criminal incentivou, de maneira estratégica, a ação conjunta entre a Polícia Federal e a Receita Federal do Brasil, em união de esforços para equalizar provas dos desvios públicos e favorecimentos de pessoas físicas e/ou jurídicas na seara pública, permitindo um mecanismo de colheita de informações demasiadamente eficiente.

---

1. Mestrando pela Pontifícia Universidade Católica de São Paulo – PUC/SP. Especialista em Direito Tributário pela Pontifícia Universidade Católica de São Paulo – PUC/SP. Bacharel em Direito pela Universidade da Amazônia. Professor no Instituto Brasileiro de Estudos Tributários – IBET em Belém/PA. Autor. Advogado. gabrielaguila@aguilaadvogados.com.

Esta conjectura proporcionou bons resultados e, consequentemente, permitiu a utilização, em maior escala, de novos modelos de acordo, como a delação premiada e programas de leniência, figuras não tão vislumbradas no passado.

Tais institutos inseriram novas repercussões na seara tributária, porquanto foram utilizados pelo Fisco como meio probatório para a cobrança de tributos nas operações ilícitas declaradas pelos investigados, como o pagamento de propinas à autoridades, em busca da obtenção de vantagens econômicas.

Portanto, novas lides eclodiram no contencioso tributário federal, versando notadamente sobre a possibilidade da tributação de atos ilícitos, especialmente pela regra de Imposto de Renda Retido na Fonte enunciada no art. 61 da Lei 8.981/95, e o modo pelo qual a natureza da ilicitude poderia prejudicar sua localização no regime jurídico tributário, ou mesmo aproveitá-lo, como a possibilidade de qualificação de atos ilícitos na seara das despesas dedutíveis do Imposto sobre a Renda da Pessoa Jurídica.

É nesse cenário que exsurge a problemática a que se pretende estudar neste artigo científico, na forma da seguinte questão-problema: A natureza ilicitude do ato é relevante para fins de incidência da tributação?

Tratando-se de análise científica acerca do deslinde jurídico da questão, é peremptória a definição de critérios metodológicos de estudos ainda neste ato inaugural. Para o exame de escopo do problema, usar-se-á técnica de pesquisa pura, com o emprego das fontes de informação bibliográficas, documentais e jurisprudenciais, utilizando o método do construtivismo lógico-semântico para a estruturação de premissas lógicas cientificamente aptas ao saneamento da questão ora analisada.

Com isso em vista, este artigo partirá do escopo de análise da operacionalidade do sistema jurídico e o meio pelo qual interage com o ambiente para solucionar fatos, então vertidos na linguagem competente, cujo objeto impõe o seu ingresso, onde se verifica a noção binária do lícito/ilícito. Após, com o objetivo de compreensão acerca da definição de ilícito que permeia o Direito, o estudo analítico se voltará à teoria da sanção, com progressão ao aspecto estrutural da vertente sancionatório nas normas jurídicas, tidas como pilares do sistema e da noção do próprio Direito. Munidos de tais noções, necessárias à compreensão da questão jurídica posta, será possível analisar cientificamente a tributação de atos ilícitos, especialmente na circunstância da incidência de Imposto de Renda Retido na Fonte, conforme enunciado do art. 61 da Lei 8.981/1995, em operações ilícitas e na dedutibilidade de atividades ilícitas da base de cálculo do Imposto sobre a Renda da Pessoa Jurídica, analisando, inclusive, a jurisprudência do Conselho Administrativo de Recursos Fiscais sobre a matéria.

2. Código binário do direito

Aprioristicamente, previamente a qualquer discussão em torno de tributação e sua incidência sobre atos ilícitos, é mister firmamos alguns conceitos operacionais de funcionamento do Direito Positivo, sua linguagem e regras de correlação, tudo com vistas ao firmamento de premissa científica norteadora à solução da problemática posta a análise.

Isso posto, pode-se buscar inspiração na Teoria dos Sistemas desenvolvida por Niklas Luhmann, para delimitar o sistema do Direito Positivo como um sistema comunicacional dinâmico, complexo, autorregulável, operativamente fechado e cognitivamente aberto.

O precitado autor identifica as ciências sociais autônomas (Direito, Economia, Política, entre outras) dentro do sistema social, as quais se diferenciam por conta de suas peculiaridades comunicacionais internamente estabelecidas (Código e Programa), possuindo, cada uma delas, uma função específica de linguagem.

A linguagem e a comunicação são duas dimensões de um mesmo fenômeno, qual seja, a capacidade humana de processar e conceitualizar abstratamente os dados advindos da realidade; enquanto sistema estático, a linguagem é tomada como código, ao passo que em sistema dinâmico, a linguagem é tomada como comunicação.

Nesse espeque, todo subsistema social possui linguagens próprias, em que há um código e um programa especificados dentro do próprio sistema. Observa-se, de tal maneira, a competência própria a cada sistema em estabelecer os códigos e programas aptos a desenvolverem mutações linguísticas constitutivas de sua realidade, onde a "realidade", como objeto identificável, é um correlato interno das operações do sistema, e não uma qualidade pertencente aos objetos do conhecimento extralinguístico. A realidade, por conseguinte, figura como um indicador de aprovação do sistema, ao prestar provas de consistência de operações comunicacionais internas.

Tudo aquilo localizado ao largo (fora) do subsistema ao qual dirigem as atenções é considerado ambiente, de tal sorte que a sociedade é ambiente diante do sistema jurídico, o sistema jurídico é ambiente em relação ao sistema político e assim por diante. Cada sistema processa uma parcela das informações externas por meio de sua autopoiese.

Dessa forma, podemos categorizar o sistema jurídico como operativamente fechado (clausura operativa),[2] pois seus elementos se reproduzem por intermédio de si próprios, em operações internas de códigos que se apresentam em valores positivo e negativo, diferenciadores de cada subsistema.

Contudo é cognitivamente aberto, porquanto sua programação permite, a partir de seus próprios elementos, o ingresso de informações do ambiente a ele referente.

---

2. Sobre o fechamento *operative*, Raffaele de Giorgi, comentando a obra de Luhmann, esclarece: "Fechamento de um sistema significa que, ao estimular os distúrbios que provenham do ambiente, o sistema só reage entrando em contato consigo mesmo, ativando operações internas, acionadas a partir dos elementos que constituem o próprio sistema. Disto resulta a auto-referência e a autopoiese do sistema: o sistema produz e reproduz os elementos dos quais é constituído, mediante os elementos que o constituem" (DE GIORGI, Raffaele. *Direito, tempo e memória*. São Paulo: Quartier Latin, 2006. p. 191).

Não podemos confundir a fronteira interna do código, ou seja, o liame separador do valor negativo do valor positivo, com a fronteira externa dos sistemas sociais, capazes de diferenciá-lo de seu ambiente. Para o Direito, vislumbra-se o código binário operador na classificação típica das normas do sistema como o valor "*lícito/ilícito*", diferenciando-se do meio externo pela análise do que é ou não Direito.

Assim, as normas constituídas por intermédio de atos de fala, que digam sobre licitudes e ilicitudes, fazem parte do Direito, enquanto quaisquer outras normas ficariam fora do Direito, tais como aquelas reveladas como morais e não morais, religiosas e não religiosas, bonitas e feias, verdadeiras e falsas etc.

Os sistemas interagem entre si por acoplamentos estruturais, consubstanciados em uma espécie de decodificação das irritações causadas pelo ambiente, efetuadas mediante a utilização de suas próprias interações internas, circularmente organizadas e operacionalmente fechadas.

O acoplamento estrutural possibilita ao sistema selecionar as informações do ambiente relevantes para suas operações internas, sem, contudo, propiciar que tais informações intervenham diretamente em seu interior.

A atuação desses acoplamentos estruturais se dá mediante a provocação de irritações, devidamente registradas pelas estruturas dos sistemas, de modo a proporcionar a abertura cognitiva, mantendo-se ileso o fechamento operativo do sistema.

Quanto a este aspecto, assemelha-se à afirmação kelseniana no sentido de que o Direito regula a sua própria criação. Lourival Vilanova[3] esclarece essa afirmativa da seguinte forma:

> o sistema de proposições normativas contém, como parte integrante de si mesmo, as regras (proposições) de formação e de transformação de suas proposições. As normas que estatuem como criar outras normas, isto é, as normas-de-normas, ou

3. VILANOVA, Lourival. *As estruturas lógicas e o sistema do direito positivo*. 4. ed. São Paulo: Noeses 2010. p.126.

proposições-de-proposições, não são regras sintáticas fora do sistema. Estão no interior dele.

Entender o sistema jurídico como operativamente fechado não importa em afirmar a ausência de ambiente, entretanto, os ruídos vindos do ambiente só ganham importância no sistema se este reage e, entrando em contato consigo mesmo, ativa operações internas acionadas pelos próprios elementos integrantes do sistema.

O Direito encontra-se em constante interação com outros subsistemas sociais, processando os dados exteriores fazendo o uso de acoplamentos estruturais, que permitem o processamento dos dados externos, fazendo-os ingressar no sistema, mediante uma linguagem apropriada, ou seja, por meio do código *"lícito/ilícito"*.

Em razão disso, o Direito, embora fechado operativamente, apresenta abertura cognitiva, haja vista a possibilidade de troca de informações entre o sistema e o ambiente, operada em processos de filtragem conceitual internos, com reprodução dos elementos constitutivos e recepção de influências externas.

O fechamento operativo e a abertura cognitiva do sistema jurídico, propostos por Luhmann, só são possíveis pela existência de seu código binário e de seu programa, ambos específicos.

A abertura cognitiva do sistema jurídico possibilita que, conforme ensinamentos do professor Lourival Vilanova, colha fatos do segmento social, político ou econômico, para submetê-los ao código lícito e ilícito, proporcionando os seus ingressos no ordenamento pela porta aberta das hipóteses normativas.

Concluindo, verificamos que o Direito Positivo é um extrato de linguagem prescritiva, no qual a criação e transformação dos seus elementos se perfazem por intermédio da autopoiese, ou seja, da auto-organização do sistema. O fechamento operativo e a abertura cognitiva do Direito são determinados pelo Código (lícito/ilícito), mediante o qual a linguagem se cria e se transforma pelo Programa, responsável por incorporar os fatos sociais ao Direito (abertura cognitiva), classificando-os como lícitos ou ilícitos. Dessarte, o elemento determinante para a definição da identidade ao sistema jurídico é um aspecto próprio da comunicação.

3. Teoria da sanção

Perante a compreensão do código binário do Direito, com a noção de funcionamento do sistema e o modo pelo qual é internalizada no sistema, com fulcro na noção de lícito/ilícito, os fatos do ambiente, é salutar voltar o estudo à análise da sanção, mecanismo utilizado juridicamente para coibir os ilícitos.

Após muito tempo direcionando o estudo das sanções aos debates filosóficos, cada vez mais, a ciência jurídica tem voltado sua atenção à apreensão de conhecimento acerca desse objeto.

Todo conhecimento decorre da compreensão tida pelo sujeito acerca de algo, mediante estudo e reflexões da linguagem produzida sobre o objeto a ser conhecido. Logo, conhecer é saber emitir proposições sobre o objeto do conhecimento.

Seguindo as lições de Kelsen, para se inaugurar um estudo de uma teoria do direito, faz-se necessário primeiramente estabelecer qual é o significado da palavra Direito. Esclarecendo que, apesar de não ser possível estabelecer um conceito comum a esse objeto, ao confrontar-se diferentes povos e culturas ou códigos linguísticos, temos sempre uma correlação do Direito como ordem de conduta humana.

Diversas teorias sobre sanções foram desenvolvidas, tendo em todas atrelado seu conceito a coatividade. O caráter coativo de suas ordens é inerente ao Direito, é o meio pelo qual se pretende afastar as condutas sociais tidas como socialmente perniciosas, ou seja, condutas humanas indesejáveis, com um ato de coação.

Este ato de coação pode ser representado tanto pelo exercício do poder de polícia do Estado sobre os direitos dos cidadãos, como pela privação de liberdade ou perda de bens, decorrentes da prática de atos em sentido contrário à lei, como a aplicação de um mal ao destinatário normativo.

Na leitura da obra de Kelsen, *Teoria pura do direito*, há uma glorificação a sanção como conceito jurídico central, enquanto a prescrição de uma conduta somente teria atributo de juridicidade por meio de sua vinculação a uma norma sancionadora.[4]

> A relação entre ilícito e consequência do ilícito não consiste, assim – como pressupõe a jurisprudência tradicional –, em a uma ação ou omissão, pelo fato de representar um ilícito ou delito, ser ligado um ato de coação como consequência do ilícito, mas em uma ação ou omissão ser um ilícito ou delito por lhe ser ligado um ato de coação como sua consequência. Não é uma qualquer qualidade imanente e também não é qualquer relação com uma norma metajurídica, natural ou divina, isto é, qualquer ligação com um mundo transcendente ao Direito positivo, que faz com que uma determinada conduta humana tenha de valer como ilícito ou delito – mas única e exclusivamente o fato de ela ser tornada, pela ordem jurídica positiva, pressuposto de um ato de coerção, isto é, de uma sanção.[5]

Kelsen identificava como normas primárias as normas de sanção, de relevância ontológica. As normas de conduta, chamadas nesse momento de normas secundárias, foram relegadas ao segundo plano, apenas como uma derivação lógica das normas sancionatórias.

Bobbio, nesse mesmo diapasão, salienta a importância do conceito de sanção para a teoria do Direito por ele elaborada, propondo uma releitura da fórmula estrutural promovida por

---

4. Daí sua clássica distinção entre a existência de normas autônomas e não autônomas, considerando estas, normas não sancionadoras e aquelas as normas sancionadoras. Com efeito, as normas não sancionadoras fixam apenas um dos pressupostos de normatividade tipicamente classificadas como aquelas que estabelecem as condutas a serem praticadas, sem força coativa, estas devem ser vinculadas a uma norma autônoma, qualificada pelo ato de coação, para que lhe fosse atribuída relevância ontológica, ao passo que a norma autônoma era ontologicamente relevante independente de sua vinculação a outra norma.

5. KELSEN, Hans. *Teoria pura do direito*. Tradução João Baptista Machado. 6. ed. São Paulo: Martins Fontes, 1998. p. 78.

Kelsen.[6] O seu traço distintivo das normas jurídicas decorre do fato de que nelas, a norma primária sempre representaria um ilícito e a secundária uma sanção.

Tal ponderação é representativa de que, além do Direito retirar sua validade de suas próprias normas e de possuir uma estrutura deôntica, a própria existência da sanção seria fundamental para a identificação de uma norma jurídica.

Partindo das inquietações promovidas pelo estudo das normas de Kelsen, Carlos Cossio rejeita a ideia da dissociação normativa promovida, para o qual reside sentido ontológico somente sobre a norma sancionatória. Na concepção do doutrinador argentino, as normas primárias e secundárias correspondem a realidades indissociáveis de uma única norma mais abrangente, atribuindo relevância ontológica a prescrição da prestação de conduta.

Desse modo, como estrutura indissociável, Cossio relacionou a conjunção de dois juízos hipotéticos, sendo o primeiro um pressuposto fático prescritor de uma conduta desejada e, no segundo, a prescrição do descumprimento da conduta tendo por consequência de sua transgressão a sanção.

Todavia, considerando a premissa onde todos os sistemas normativos são essencialmente coativos, não é este elemento diferenciador do Direito Positivo de outros sistemas, como a religião, a moral, a economia, entre outros, nos quais a coatividade também se faz presente. A normatividade desses tipos de sistema é qualificada por esta característica, como aptidão ativa para coagir.

---

6. Estrutura lógica posteriormente invertida em publicação póstuma de Kelsen, e em *Teoria geral das normas*, mantendo-se suas correlações conceituais: "Se se admite que a distinção de uma norma que prescreve uma conduta determinada e de uma norma que prescreve uma sanção para o fato de violação da primeira seja essencial para o Direito, então precisa-se qualificar a primeira como norma primária e a segunda como secundária – e não o contrário como foi por mim anteriormente formulado" (KELSEN, Hans. *Teoria geral das normas*. Tradução José Florentino Duarte. Porto Alegre-RS: Sérgio Antônio Fabris, 1986. p. 181).

A atribuição de juridicidade a uma construção normativa não deriva exclusivamente da coação, mas sim da forma como a coação é exercida.[7]

Lourival Vilanova, ao debruçar seus estudos sobre a coatividade normativa trabalhada por Kelsen, identificou no consequente sancionatório a existência de um nexo relacional no qual vinculava o infrator ao Estado no exercício de cunho jurisdicional, na forma de Estado-Juiz para assegurar o cumprimento da obrigação insatisfeita. Dessa forma, seguindo as lições do professor Lourival Vilanova:

> Em reescritura reduzida, num corte simplificado e abstrato, a norma jurídica apresenta composição dúplice: norma primária e norma secundária. Na primeira, realizada a hipótese fáctica i.e., dado um fato sobre o qual ela incide, sobrevém, pela causalidade que o ordenamento institui, o efeito, a relação jurídica com sujeitos em posições ativa e passiva, com pretensões e deveres (para nos restringirmos às relações em sentido estrito). Na segunda, hipótese fáctica, o pressuposto é o não cumprimento, a inobservância do dever de prestar, positivo ou negativo, que funciona como fato jurídico (ilícito, antijurídico) fundante de outra pretensão, a de exigir coativamente perante órgão estatal a efetivação do dever constituído na norma primária.[8]

Assim, a coatividade do sistema jurídico, como a aptidão ativa de coagir, decorre de atividade intrínseca ao Estado no exercício de seu poder jurisdicional, conferido pelo direito positivo, com a finalidade de assegurar a garantia de outro

7. A força de coação não se revela necessariamente através de uma pena, como muito bem assevera o professor Geraldo Ataliba "A sanção não é sempre e necessariamente um castigo. É mera consequência jurídica que se desencadeia (incide) no caso de ser desobedecido o mandamento principal de uma norma. É um preconceito que precisa ser dissipado – por flagrantemente anticientífico – a afirmação vulgar, infelizmente repetida por alguns juristas, no sentido de que sanção é castigo. Pode ser, algumas vezes. Não o é muitas vezes. Castigo, pena, penalidade é espécie do gênero sanção jurídica. Nem toda sanção é castigo, embora todo castigo (espécie) seja sanção" (ATALIBA, Geraldo. *Hipótese de incidência tributária.* 6. ed. São Paulo: Malheiros, 2011. p. 44).

8. VILANOVA, Lourival. *Causalidade e relação no direito.* 4. ed. rev., atual. e ampl. São Paulo: Revista dos Tribunais, 2000. p. 188.

direito, o descumprimento da conduta pretendida representa a prática de um ato indesejável socialmente, ou seja, são normas coativas de conduta humana, na qual se atribui ao Poder Público o poder ou competência para aplicar a outro indivíduo um ato coativo restritivo de direitos, sendo este o elemento atributivo de juridicidade à norma por força garantidora da tutela do poder jurisdicional.

4. Estrutura normativa da ordem jurídica

Ao delimitarmos o Direito como o conjunto de normas jurídicas válidas em determinado território, estamos afirmando que as normas jurídicas são elementos estruturais do Direito. Sendo assim, para compreendermos seu conteúdo, faz-se necessária compreensão de seu elemento, as normas jurídicas, e para tal carecemos de uma teoria a fim de se firmar o corte metodológico para definir sua estrutura.

O recurso da classificação auxilia o intérprete a reordenar a realidade de acordo com sua necessidade, utilizando-se das semelhanças entre os objetos para separá-los em classes. Quando o legislador estabelece fatos e condutas pertencentes ao sistema jurídico, não está fazendo nada mais do que dividir fatos em jurídicos e não jurídicos, isto é, condutas prescritas pelo direito e condutas não prescritas pelo direito, estabelecendo assim os fatos e condutas aptas a produzir relevância jurídica como o campo de sua realidade.

Conforme mencionado em linhas pretéritas, o Direito não é diretamente influenciado pelos fatores do ambiente, mas os assimila de acordo com seus próprios critérios, logo, por exemplo, não são fatores econômicos, sociais ou políticos os determinantes das modificações internas, mas os referidos fatores podem ingressar no sistema, se passarem pelos processos de filtragem dentro do sistema.

Em seu sentido deôntico completo, as normas jurídicas prescrevem uma relação jurídica intersubjetiva e uma respectiva sanção respaldada pela coercibilidade do Estado no exercício de sua função jurisdicional, conceitualmente denominadas em norma primária e norma secundária.

A norma primária corresponde a um conteúdo fático relacional que se encontra devidamente tipificado na norma geral e abstrata de natureza dispositiva, enquanto a hipótese da norma secundária corresponde ao descumprimento da conduta intersubjetiva prescrita na norma primária sobre a qual o Estado exerce sua força imperativa.

Em seu sentido estrito é uma estrutura lógico-sintática que propicia ao intérprete apartar as proposições jurídicas em critérios isolados a fim de definir o núcleo semântico da norma jurídica tributária, o qual segue os padrões de homogeneidade sintática das normas jurídicas de sentido deôntico completo compostos por critérios implicadores genéricos, visando descrever fatos aptos a ensejar a constituição de uma relação jurídica.

Nesta premissa, a norma primária possui como funcionalidade a delimitação do âmbito relacional da exação (consequente) mediante a incidência sobre um fato dispositivo no antecedente, enquanto a norma secundária prescreve a relação de cunho jurisdicional do qual o Estado participa coercitivamente (consequente) em caso de descumprimento da exação (antecedente).

Quando o Fisco promove a aplicação de penalidades pecuniárias ou multas administrativas, estamos diante de uma sanção pecuniária típica, a qual, apesar de prever em seu antecedente a prática de um ilícito fiscal, possui natureza de norma primária (se estruturam segundo um juízo condicional dispositivo sobre um liame de natureza obrigacional) de cunho sancionatório.

> A circunstância de prescreverem um ilícito no seu antecedente, por outro lado, não é suficiente para qualificá-las como norma secundária, uma vez que seu consequente não prevê a atuação

> do Estado-juiz, mas tão somente a aplicação, na esfera administrativa, de uma dada penalidade.[9]

Impõe-se, assim, critério classificatório no qual as normas jurídicas que inserem sanções no ordenamento também compõem subclasse das regras de conduta, para as quais podemos denominar normas primárias sancionatórias, correspondentes a estruturação lógica de uma norma sancionatória relativamente a descrição de um fato ilícito localizado na posição sintática do antecedente e um vínculo jurídico próprio da ontologia do direito, imputa a relação de implicação entre a infração devidamente identificado no espaço e no tempo, com o consequente relacional sancionatório, sendo este prescritor das multas fiscais e penalidades pecuniárias como liame de natureza obrigacional promovido a título de sanção, relacionando o autor do ato infrator, titular do dever jurídico de pagamento, ao Estado, aqui investido do interesse fazendário, como titular do direito subjetivo de exigir a penalidade.

Com efeito, para distinguir se determinada relação jurídica com conteúdo pecuniário é de natureza obrigacional tributária ou sancionatória, basta observar o antecedente normativo. Caso o antecedente denote a prática de determinada conduta lícita estaremos diante de uma relação jurídica obrigacional tributária, entretanto, se o antecedente normativo prevê o descumprimento de uma relação jurídica, estaremos diante de uma relação jurídica sancionatória.

Ambas as normas primárias, dispositiva e sancionatória, se entrelaçam lógica e semanticamente à norma secundária, conferindo a norma a qualidade de jurídica por intermédio da sanção, como força coativa exercida pelo Estado-juiz.

Sob o mesmo prisma observado na teoria das normas, para obtermos seu sentido deôntico completo, faz-se necessário à composição dúplice de norma primária e secundária,

---

9. LINS, Robson Maia. *Curso de direito tributário brasileiro*. São Paulo: Noeses, 2019. p. 540-541.

ou seja, o sistema do direito necessita do direito material e o direito processual (sentido amplo) correlacionados, apesar de serem normas didaticamente destacáveis. Com efeito, a ausência de um torna incompleto o sentido deôntico do outro, pois, como o direito processual estabelece a obrigação da autoridade judicial de sancionar o sujeito de direito violador do preceito primário, a ausência do direito material o torna um instrumento sem finalidade material, tornando-a inócua, enquanto a ausência do direito processual como sistema secundário ao direito material o desjurisdiciza.

No caso das normas jurídicas, a implicação também presume um operador deôntico neutro, precedido impreterivelmente por um ato de vontade de uma autoridade competente, responsável por conectar o fato hipotético ao consequente normativo.

Para o desiderato de cumprir a finalidade de regular condutas intersubjetivas dentro de determinado cenário social, as normas jurídicas precisam produzir mensagens de sentido deôntico-jurídico completo, isto é, revestir-se de uma estrutura imputativa provida do mínimo necessário para transmitir uma comunicação no sistema do Direito.

5. Tributação de atos ilícitos

A atividade definitória atua ora pela extensão (denotação), ora pela intensão (conotação), sendo que numa ou noutra demarca-se uma classe. No campo do direito, as definições conotativas cuidam dos tipos, das previsões gerais e abstratas postas nas leis, enquanto as definições denotativas cuidam dos fatos jurídicos.

Geraldo Ataliba define tributo, como conceito básico, "instituto nuclear do direito tributário (entendido com sub-ramo do direito administrativo), como obrigação (relação jurídica)". E define juridicamente o

> tributo como obrigação jurídica pecuniária, *ex lege*, que se não constitui em sanção de ato ilícito, cujo sujeito passivo é alguém

> nessa situação posto pela vontade da lei, obedecidos os desígnios constitucionais (explícitos ou implícitos).[10]

Em virtude de o direito positivo ser formado pelo conjunto de enunciados prescritivos que compõem o ordenamento jurídico, o art. 3º do Código Tributário Nacional apresenta a aparente definição do objeto, versando:

> Art. 3º Tributo é toda prestação pecuniária compulsória, em moeda ou cujo valor nela se possa exprimir, que não constitua sanção de ato ilícito, instituída em lei e cobrada mediante atividade administrativa plenamente vinculada.[11]

É assente a preocupação dessa definição em determinar as diferenças específicas caracterizadoras do tributo, sem se preocupar em explorar uma conceituação específica ao instrumento, com elementos que compõem seu espectro significativo, mas, no entanto, não exploram a amplitude semântica de todas as dimensões do objeto. Além das diferenças específicas elencadas no art. 3º do referido Digesto, o tributo pode ser objeto de uma relação jurídica obrigacional ou, ainda, a própria relação jurídica, da qual cabe ao Estado a titularidade da competência tributária.

Sem aprofundar demasiadamente nas características estruturais desse complexo emaranhamento normativo conformador do tributo, denota-se que tributo *não pode constituir sanção de ato ilícito*, optando o legislador pela eleição do antecedente normativo de natureza lícita para o tipo fiscal.

> Neste ponto, o legislador deixa claro que tributo somente pode decorrer de ato lícito, não havendo, pois, que se falar de ato ilícito. Portanto, analisando-se o antecedente da regra-matriz de incidência tributária, não é possível que o legislador escolha como

10. ATALIBA, Geraldo. *Hipótese de incidência tributária* cit., p. 34-35.

11. BRASIL. Congresso Nacional. Lei 5.172, de 25 de outubro de 1966. *Dispõe sobre o Sistema Tributário Nacional e institui normas gerais de direito tributário aplicáveis à União, Estados e Municípios*. Disponível em: www.planalto.gov.br. Acesso em: 22 set. 2021.

> critério a ilicitude do fato jurídico tributário. Tributo (consequente) decorre de fato lícito (antecedente); sanção (consequente) decorre de fato ilícito (antecedente).[12]

Entretanto, apesar de a análise superficial indicar uma qualificadora simples da natureza tributária, suas reverberações semânticas não apresentam tal característica.

Apesar do antecedente normativo ilícito desqualificar seu consequente como um tributo, isso não corresponde a afirmar que as atividades ilícitas não são tributadas. Importa entender sobre quais descumprimentos normativos se conforma a ilicitude, em que, nessa conformidade, um ilícito penal não importa um ilícito tributário.

Com objetivo de evitar conflitos de teorias jurídicas de Direito Tributário, sustentadas sobre a égide de um sistema de fundamentos óbvios[13] e aproximar semanticamente pensamentos conformados por uma falsa sensação de identidade, é necessário firmamos posicionamento de que atividades ilícitas são signos riqueza de tributação, baseado no Princípio do *pecunia non olet*.

Parte da doutrina associa a referibilidade do princípio em comento, a manifestação da capacidade econômica de ser elemento suficiente para a incidência fiscal, independentemente da validade do ato jurídico.[14] Nesse sentido o Professor Amí-

---

12. LINS, Robson Maia. *Curso de direito tributário brasileiro* cit., p. 374.

13. Segundo Becker a razão da "desgraça" da ciência do direito é a aceitação de fundamentos desprendidos de análise crítica por serem considerados razões óbvias, no qual: "Esclarecer é explicar as premissas. O conflito entre as teorias jurídicas de Direito Tributário tem sua principal origem naquilo que se presume conhecido porque se supõe óbvio. De modo que de premissas iguais em sua aparência (a obviedade confere uma identidade falsa às premissas) deduzem-se conclusões diferentes porque cada contendedor atribuiu um diferente conceito as premissas 'óbvias'. Esta dualidade de conclusões deixa ambos os contendedores surpresos e perplexos (pois partiram das 'mesmas' premissas 'óbvias'), sem que um possa convencer o outro da veracidade de sua respectiva conclusão" (BECKER, Alfredo Augusto. *Teoria geral do direito tributário*. 7. ed. São Paulo: Noeses, 2018. p. 12).

14. "Art. 118. A definição legal do fato gerador é interpretada abstraindo-se: I – da validade jurídica dos atos efetivamente praticados pelos contribuintes, responsáveis,

lcar de Araújo Falcão[15] se posiciona pela tributação irrestrita do fato gerador.

> Nem pode ser de outro modo, se se tomar em consideração a natureza do fato gerador da obrigação tributária, como um fato jurídico de acentuada consistência econômica, ou um fato econômico de relevância jurídica, cuja eleição pelo legislador se destina a servir de índice de capacidade contributiva. A validade da ação, da atividade ou do ato em Direito Privado, a sua juridicidade ou antijuridicidade em Direito Penal, disciplinar ou, em geral, punitivo, enfim, a sua compatibilidade ou não com os princípios da ética ou com os bons costumes não importam para o problema da incidência tributária; por isso que a ela é indiferente a validade ou nulidade do ato privado através do qual se manifesta o fato gerador: desde que a capacidade econômica legalmente prevista esteja configurada, a incidência há de inevitavelmente ocorrer.

Importa esclarecer que a doutrina econômica tributária, analisando a capacidade contributiva como elemento sígnico suficiente de tributação, parece-nos um percurso mais simples a uma conclusão tão complexa, nem toda manifestação de riqueza é normativamente típica de tributação se o *definiens* não for referível.[16]

No ordenamento jurídico os acoplamentos estruturais conferem tratamento jurídico sobre os fatos que entendem relevantes por meio de suas estruturas (código e programa), responsáveis por classificar o regime jurídico oposto sobre cada estrutura normativa.

O sistema tributário segrega suas condutas desejáveis das condutas perniciosas, classificando-as como infração. Assim, sempre que o descumprimento normativo versar sobre o

---

ou terceiros, bem como da natureza do seu objeto ou dos seus efeitos" (BRASIL. Congresso Nacional. Lei 5.172 cit.).

15. FALCÃO, Amílcar de Araújo. *Fato gerador da obrigação tributária*. 7. ed. São Paulo: Noeses 2013. p. 59.

16. Exemplificativamente, podemos relembrar o IPTU progressivo no tempo antes da égide da Emenda Constitucional n. 29/2000 com o entendimento ratificado pela Súmula 668 do STF.

inadimplemento de uma conduta relativa ao não pagamento de tributo ou o descumprimento de um dever instrumental, terá o ilícito natureza tributária. Adotando tal premissa, vejamos o escólio de Carvalho: "Definimos a infração tributária, portanto, como toda ação ou omissão que, direta ou indiretamente, represente descumprimento dos deveres jurídicos estatuídos em leis fiscais".[17]

Não obstante, o conceito de sanção e de ilícito serão sempre correlativos, a sanção é consequência do ilícito e o ilícito é um pressuposto da sanção.

Isso faz com que a conexão lógica e necessária entre a infração e a sanção não possua significação ou justificativa causal, mundo do *ser*, mas sim normativa, do *dever ser*, é a conexão entre o antecedente normativo do ato ilícito com seu consequente.

De fato, o antecedente ilícito é o único elemento sígnico distintivo de uma sanção e uma tributação com caracteres de extrafiscalidade atrelados a sua quantificação fiscal, mas compreender o que se conforma nesse ato ilícito é a função mais sensível ao operador.

Nas lições do professor Alfredo Augusto Becker,[18] uma atividade ilícita faz frente à tributação (i) como elemento integrante da hipótese de incidência, isto é, há previsão legal na qual o ato ilícito compõe o critério material, ou (ii) se mediante o lançamento fiscal do tributo constata-se a existência de uma atividade ilícita sígnica de riqueza, na qual a regra de competência não previu a ilicitude.

A dicotomia existente sobre esse plano revela-se na identificação da natureza normativa da pretensão fiscal, no primeiro caso a norma geral e abstrata busca estabelecer uma classe atos ilícitos sobre o qual se estabeleça uma subsunção a tipologia fiscal, não faltam exemplos de tributação sobre o qual o

17. CARVALHO, Paulo de Barros. *Direito tributário linguagem e método*. 7. ed. rev. São Paulo: Noeses, 2018. p. 847.

18. BECKER, Alfredo Augusto. *Teoria geral do direito tributário* cit., p. 643.

próprio texto legal prevê a incidência fiscal sobre atos ilícitos,[19] esse perfil de tributação não pode ser confundido com sanção.

Isso porque, o antecedente normativo da norma sancionatória de natureza fiscal deve ser constituído com o descumprimento de uma prescrição relacional tributária, se a infração prevista no antecedente normativo for de natureza cível, penal, trabalhista, para a norma jurídica tributária sua natureza é dispositiva, ou seja, exprime a realização de uma conduta típica e não o descumprimento de uma relação.

O Princípio do *pecunia non olet* segue a lógica normativa em exigir que a reverberação de efeitos dos atos jurídicos qualificados pelo código binário do direito (lícito/ilícito) deve respeitar a autonomia do Direito Tributário quanto à eficácia dessas normas, de outros regimes, sobre seus fatos jurídicos regidos. Relativamente ao seu fundamento, a professora Regina Helena Costa[20] leciona:

> Outro preceito cuja redação peca pela clareza, revelando-se, mesmo, à primeira vista, incompatível com o disposto no art. 116, pois determina que a definição legal do fato gerador deve ser interpretada abstraindo-se dos efeitos dos fatos efetivamente ocorridos. Essencialmente, remarca a autonomia do Direito Tributário para definir os efeitos dos atos jurídicos em seu domínio, advertindo o intérprete de que a disciplina do direito privado não interfere na definição do fato gerador. Desse modo, a validade e a eficácia dos atos jurídicos, à luz do Direito Civil, por exemplo, não repercute no aperfeiçoamento do fato gerador. Noutro dizer, ainda que o ato jurídico seja inválido ou ineficaz no âmbito do direito privado, isso não lhe subtrairá a eficácia no campo tributário. Desse modo, por exemplo, mesmo que alguém aufira renda mediante a exploração de atividade ilícita, será contribuinte do respectivo imposto.

---

19. "Art. 47. São também tributáveis. [...] X – os rendimentos derivados de atividades ou de transações ilícitas ou percebidos com infração à lei, independentemente das sanções cabíveis" (BRASIL. Presidência da República. Decreto 9.580, de 22 de novembro de 2018. *Regulamenta a tributação, a fiscalização, a arrecadação e a administração do Imposto sobre a Renda e Proventos de Qualquer Natureza*. Disponível em: www.planalto.gov.br. Acesso em: 22 set. 2021).

20. COSTA, Regina Helena. *Curso de direito tributário*. 4. ed. São Paulo: Saraiva, 2014. p. 182.

Assim, não se tributa o ato ilícito, mas um fato gerador típico ao Direito Tributário sobre o qual o efeito econômico sígnico exprime capacidade contributiva, de modo que a "*validade jurídica*" da materialidade decorrente da manifestação ilícita deve ser desconsiderada por força do art. 118, inciso I, do Código Tributário Nacional.

Sinteticamente, o supracitado excerto de direito posto, ao estabelecer a abstração da "*validade jurídica dos atos*" norteia o intérprete de que o código binário do direito (lícito/ilícito) é irrelevante para a definição legal do critério material, entretanto, quando o antecedente normativo apresentar um ilícito tributário (descumprimento de uma norma fiscal) na materialidade de sua conduta, estaremos diante de uma sanção, sobre o qual a tributação não se presta a apenar.

A questão da tributação de atos ilícitos tomou importante holofote nos debates acadêmicos, em razão da reverberação dos efeitos jurídicos decorrentes da "Operação Lava Jato" e suas ramificações, no qual houve impacto fiscal decorrente das operações financeiras ilicitamente pactuadas entre empreiteiras, funcionários de empresas públicas, operadores financeiros, e demais agentes.

Em razão do compartilhamento de documentação probatória com a Receita Federal do Brasil, os Acordos de Colaboração Premiada e Leniência homologados pela Justiça Federal constituíram fatos jurídicos probatórios aptos a fundamentar autuações sobre a renda produzida pela prática desses crimes.

Nesse caso, os elementos sígnicos de capacidade contributiva omitidos ou simulados praticados pelas organizações criminosas tomaram *status* de fato jurídico probatório, constitutivo da materialidade sobre a renda, sendo inclusive comparados pelas próprias impugnações ao instituto da denúncia espontânea, fundada no art. 138 do Código Tributário Nacional,[21] apesar de inexistir similitude normativa aos instrumentos juridicamente distantes.

---

21. "Art. 138. A responsabilidade é excluída pela denúncia espontânea da infração, acompanhada, se for o caso, do pagamento do tributo devido e dos juros de mora,

Por conseguinte, o acréscimo patrimonial demonstrado, em conformidade com a norma de competência tributária prevista no art. 43 do referido Diploma,[22] exprime fato típico de subsunção normativa de Imposto sobre a Renda da Pessoa Jurídica – IRPJ e Contribuição Social sobre o Lucro Líquido – CSLL, sendo irrelevante a origem de seus rendimentos ser decorrente da prática de atos ilícitos pela organização criminosa.

De igual modo, não persiste a alegação de que os Acordos de Leniência importam estorno ou reversão dos efeitos econômicos decorrentes da prática dos atos ilícitos, porquanto, para o direito tributário, a materialidade da tributação sobre a renda se realizou e, em consentâneo com a periodicidade estabelecida no critério temporal da Regra Matriz de Incidência Tributária, se consolidou no tempo.

As normativas advindas de Acordos de Delação Premiada ou Leniência posteriormente homologados pela Justiça Federal, ainda que incomunicáveis com o regime jurídico tributário, não possuem conformação material hábil a fundamentar uma repetição ou desconstituição desses montantes, em face da ausência de indébito, mas a realização material do fato gerador como realização sígnica de capacidade contributiva de acordo com a periodicidade desse arquétipo tributário, conforme tem acompanhado o próprio entendimento do Conselho Administrativo de Recursos Fiscais:

> A alegada precariedade da titularidade dos rendimentos em razão de terem sido obtidos por conta da corrupção havida na Petrobras não descaracteriza o fato gerador do imposto sobre a renda, eis que efetivamente existiu renda, ainda que ilícita (*pecunia non olet*), caracterizada pela ilegal apropriação pelo autuado

---

ou do depósito da importância arbitrada pela autoridade administrativa, quando o montante do tributo dependa de apuração" (BRASIL. Lei 5.172 cit.).

22. "Art. 43. O imposto, de competência da União, sobre a renda e proventos de qualquer natureza tem como fato gerador a aquisição da disponibilidade econômica ou jurídica:
I – de renda, assim entendido o produto do capital, do trabalho ou da combinação de ambos;
II – de proventos de qualquer natureza, assim entendidos os acréscimos patrimoniais não compreendidos no inciso anterior" (BRASIL. Lei 5.172 cit.).

> de valores pertencentes à Petrobras, a configurar a disponibilidade econômica/jurídica.
>
> O posterior consumo, deterioração, bloqueio ou expropriação em ação penal não descaracteriza a anterior existência de renda e acréscimo patrimonial, não havendo que se falar em confisco em razão da constituição do crédito tributário.[23]

Inclusive, o próprio Regulamento de Imposto de Renda de 2018, em seu art. 47, inciso X,[24] prevê a tributação de rendimentos derivados de atividades ilícitas, assim considerada como infração geral à lei, independentemente da aplicação de suas sanções cabíveis. Tal regra de constitucionalidade encontra conformidade com a norma de competência tributária derivada do Princípio do *pecunia non olet*.

Isso porque, não há de se confundir a mensuração tributária com a quantificação punitiva. A normatividade desses institutos possui funções específicas dentro do sistema: a tributação serve para mensurar a capacidade contributiva do elemento sígnico de riqueza, enquanto a sanção serve para mensurar o grau de punibilidade da conduta praticada pelo agente.

Nesse sentido, não identificamos viabilidade jurídica sobre fundamentações que afastem a incidência fiscal decorrentes da verificação de capacidade contributiva disponível, independentemente de o efeito econômico decorrer da prática dos crimes de corrupção, lavagem de capitais, associação criminosa e demais apurações penais, a ilicitude dessas atividades não desqualificam a subsunção normativa da tributação, por força do Princípio do *pecunia non olet* previsto no art. 118,

---

23. BRASIL. Ministério da Economia. Conselho Administrativo de Recursos Fiscais. Acórdão n. 2401-007.558, proferido nos autos do Processo n. 12448.728681/2016-70, Rel.: Cons. José Luís Hentsch Benjamin Pinheiro, 2ª Seção de Julgamento, 4ª Câmara,1ª Turma Ordinária, julgado na sessão de 04 de março de 2020, fls. 2393.

24. "Art. 47. São também tributáveis: [...] X – os rendimentos derivados de atividades ou de transações ilícitas ou percebidos com infração à lei, independentemente das sanções cabíveis" (BRASIL. Decreto 9.580, de 22 de novembro de 2018. *Regulamenta a tributação, a fiscalização, a arrecadação e a administração do Imposto sobre a Renda e Proventos de Qualquer Natureza*. Disponível em: www.planalto.gov.br. Acesso em: 22 set. 2021).

inciso I, do CTN.[25] De igual modo, a verificação dessa disponibilidade deve representar acréscimo patrimonial, independentemente dos atos ilícitos que o originaram.

> Por outro lado, se em causa estiver a tributação da renda, é necessário verificar se, em termos do direito aplicável à espécie, o acréscimo patrimonial, signo da renda passível de tributação, efetivamente se verificou. É nesse contexto, pois, que o Princípio do *Non Olet*, se for o caso, tem que ser aplicado.[26]

Entretanto, suas reverberações excedem o campo de tributação direta, bem como o emaranhamento normativo da tributação sobre a renda apresenta especificidades que exigem maior grau analítico de tecnicidade jurídica para minimizar os efeitos axiológicos dotados de alta carga de moralidade inseridos neste contexto e "desenvolver uma teoria jurídica pura, isto é, purificada de toda a ideologia política e de todos os elementos de ciência natural, uma teoria jurídica consciente da sua especificidade porque consciente da legalidade específica do seu objeto".[27]

Portanto, para maior concretude de raciocínio, passamos a analisar os reflexos do pensamento exposto com instrumentos legais específicos da tributação sobre a renda incidentes nos núcleos proposicionais da Regra-Matriz de Incidência Tributária, critério material e base de cálculo, por intermédio da tributação de Imposto sobre a Renda Retido na Fonte – IRRF sobre pagamento sem causa e destinatário não identificado, enunciado no art. 61 da Lei 8.981/95[28] (Antecedente) e a dedutibilidade de despesas com atividades ilícitas (Consequente).

---

25. BRASIL. Lei 5.172 cit.

26. MARTINS, Natanael. *A tributação do ilícito* – Limites à aplicação do Non Olet. XIII Congresso do Instituto Brasileiro de Estudos Tributários, 50 anos do Código Tributário Nacional. São Paulo, 2016. p. 967-968.

27. KELSEN, Hans. *Teoria pura do direito* cit., Prefácio 1ª edição, VII.

28. BRASIL. Congresso Nacional. Lei 8.981, de 20 de janeiro de 1995. *Altera a legislação tributária Federal e dá outras providências*. Disponível em: www.planalto.gov.br. Acesso em: 22 set. 2021.

4.1 Imposto de Renda Retido na Fonte com base no art. 61 da Lei 8.981/95

Partimos da análise da tributação sobre a renda na fonte decorrente de pagamento a beneficiário não identificado e/ou sem comprovação da operação ou sua causa, prescrito no art. 61 da Lei 8.981/95, replicado nos arts. 730 e 731 do RIR/2018,[29] a seguir transcrito:

> Art. 61. Fica sujeito à incidência do Imposto de Renda exclusivamente na fonte, à alíquota de trinta e cinco por cento, todo pagamento efetuado pelas pessoas jurídicas a beneficiário não identificado, ressalvado o disposto em normas especiais.
>
> § 1º A incidência prevista no *caput* aplica-se, também, aos pagamentos efetuados ou aos recursos entregues a terceiros ou sócios, acionistas ou titular, contabilizados ou não, quando não for comprovada a operação ou a sua causa, bem como à hipótese de que trata o § 2º, do art. 74 da Lei 8.383, de 1991.[30]

Em uma análise célere, o dispositivo tem como finalidade estruturar uma norma de incidência de tributação sobre a renda com caráter extrafiscal, com intuito de evitar esvaziamento patrimonial de pessoas jurídicas, destinados a distribuição disfarçada de lucros e combate a pagamentos ilícitos.

Cada vez mais se torna frequente a utilização do Fisco deste fundamento para combater pagamento de atos ilícitos ou sem a comprovação de sua licitude, justificando a tributação sobre a renda em patamar de 35% sobre a finalidade extrafiscal desse pagamento.

De fato, a extrafiscalidade tributária tem como finalidade induzir o comportamento do sujeito passivo, utilizando como

---

29. "Art. 730. Fica sujeito à incidência do imposto sobre a renda exclusivamente na fonte, à alíquota de trinta e cinco por cento, todo pagamento efetuado pelas pessoas jurídicas a beneficiário não identificado, ressalvado o disposto em normas especiais.
[...]
Art. 731. A falta de identificação do beneficiário das despesas e das vantagens a que se refere o art. 679 e a sua não incorporação ao salário dos beneficiários implicarão a tributação exclusiva na fonte dos valores, à alíquota de trinta e cinco por cento" (BRASIL. Decreto 9.580 cit.)

30. BRASIL. Congresso Nacional. Lei 8.981 cit.

supedâneo uma carga fiscal mais ou menos onerosa para prática de atos condizentes à política pública, por motivações alheias ao mecanismo arrecadatório.

Entretanto, por vezes a implementação do prestígio dessa natureza política do legislador resulta pragmaticamente de ato danoso ao sujeito passivo, com *fumus* de punibilidade. A prevalência dessa natureza extrafiscal aproxima os signos de uma eterna zona cinzenta existente entre o tributo e a sanção, sobre o qual o professor Alfredo Augusto Becker clareia os horizontes:

> Sanção é o dever preestabelecido por uma regra jurídica que o Estado utiliza como instrumento jurídico para impedir ou desestimular, *diretamente*, um ato ou fato que a ordem jurídica *proíbe*.
>
> Tributo extrafiscal "proibitivo": é o dever preestabelecido por uma regra jurídica que o Estado utiliza como instrumento jurídico para impedir ou desestimular, *indiretamente*, um ato ou fato que a ordem jurídica *permite*.
>
> O *ilícito* como elemento integrante da hipótese de incidência é o único elemento que distingue, no plano jurídico, a sanção do tributo extrafiscal "proibitivo".[31]

Aplicando uma hermenêutica analítica de decomposição da linguagem jurídica por intermédio da metodologia do Construtivismo Lógico-Semântico não nos parece satisfatório classificar a materialidade disposta no art. 61 da Lei 8.981/1995 como um antecedente da norma dispositiva de tributação sobre a renda.

Primeiro, porque se pretende tributar dois fatos jurídicos aprioristicamente descritos como "*pagar a beneficiário não identificado*" e "*pagar não comprovando a operação ou sua causa*" (verbo + complemento), razão pela qual a proposição-hipótese deve ser descritiva como um fato de potencial ocorrência no contexto social prevista na norma de competência tributária.

O art. 43 do CTN[32] prescreve como fato gerador da tributação a *aquisição* de disponibilidade econômica ou jurídica sobre renda ou proventos de qualquer natureza, não o *pagamento*, **não havendo, em consequência lógica** conformidade

31. BECKER, Alfredo Augusto. *Teoria geral do direito tributário* cit., p. 652-653.

32. BRASIL. Lei 5.172 cit.

material para o verbo "pagar" refletir incidência direta sobre a tributação, restando somente a referibilidade indireta de responsabilidade, ou seja, responsabilidade por retenção.

Outrossim, **não há hipótese lógica de configuração des**sa retenção, isso porque se não há "beneficiário identificado" essa substituição se opera sobre qual sujeito? Mesmo que desconsideremos esse fato, se tratamos de uma hipótese de retenção por substituição de responsabilidade a terceiro, não resta justificativa para onerosidade incidente sobre uma base reajustada de impacto na carga fiscal de até 53,84% (cinquenta e três inteiros e oitenta e quatro centésimos por cento)[33] quando a tabela de tributação de retenção exclusiva na fonte não supera 27,5% (vinte e sete inteiros e cinco décimos por cento).

Qual a finalidade extrafiscal de um pagamento tipificado como um destinatário não identificado e/ou de uma operação sem comprovação ou causa com alíquota de 35% (trinta e cinco por cento) e carga fiscal de 53,84% (cinquenta e três inteiros e oitenta e quatro centésimos por cento) decorrentes da base reajustada, enquanto um pagamento escriturado comprovado e com causa de um ato de corrupção, venda de drogas ou demais ilícitos penais se subsumem a uma alíquota de até 27,5% (vinte e sete inteiros e cinco décimos por cento) para pessoa física e 25% (vinte e cinco por cento),[34] aproximadamente, para pessoa jurídica?

A resposta nos parece clara, objetiva-se aplicar sanção, não decorrente de uma obrigação principal, mas pelo *descumprimento de uma obrigação acessória.*

33. "O valor do pagamento é considerado 'líquido', isto é, toma-se por base o valor encontrado após a dedução do próprio IRRF. Assim, o valor do pagamento é considerado como sendo 65% da base de cálculo (100 – 35 = 65%), de modo que, para o IRRF incidir sobre uma base bruta de 100%, é necessário dividir o valor do pagamento líquido por 65%. Por exemplo, para um pagamento de R$100,00, a base do IRRF será de R$153,84 (R$100/65%)" (COUTINHO NETO, Francisco Leocádio Ribeiro. Natureza sancionatória do IR-Fonte de 35% sobre pagamentos sem causa comprovada ou a beneficiários não identificados. Uma análise a partir do Construtivismo Lógico-Semântico. *In*: CARVALHO, Paulo de Barros. *Construtivismo lógico--semântico*. São Paulo: Noeses, 2020. v. 3, p. 351).

34. 15% (quinze por cento) acrescido de adicional de 10% (dez por cento), nos termos do art. 3º, *caput* e § 1º, da Lei 9.249/1995.

A tributação sobre a renda é objeto de uma série de obrigações acessórias que estabelecem deveres escriturais ao contribuinte para fiscalização e homologação do crédito tributário. Como dito alhures, o art. 61 da Lei 8.981/95 prescreve dois qualificadores fáticos: (i) o pagamento a beneficiário não identificado e (ii) o pagamento não comprovado a operação a sua causa, sobre o qual a legislação federal estabelece deveres instrumentais de registro contábil de forma abstrata e específica, tanto no Regulamento de Imposto de Renda (Decreto 9.580/2018) como em legislação conexa.

Podemos citar diversos deveres instrumentais materialmente qualificados pelo (i) pagamento a beneficiário não identificado e (ii) pagamento não comprovado, como: art. 265, art. 282,[35] art. 314,[36] art. 316,[37] art. 974[38] do Decreto 9.580/2018

---

35. "Art. 282. As pessoas jurídicas que exercem a atividade de venda ou revenda de bens a varejo e as empresas prestadoras de serviços ficam obrigadas ao uso de equipamento Emissor de Cupom Fiscal - ECF.
§ 1º Para fins de comprovação de custos e despesas operacionais, no âmbito da legislação do imposto sobre a renda, os documentos emitidos pelo ECF deverão conter, em relação à pessoa física ou jurídica compradora, no mínimo:
I - a sua identificação, por meio da indicação do número de inscrição no CPF, se pessoa física, ou no CNPJ, se pessoa jurídica;
II - a descrição dos bens ou dos serviços objeto da operação, ainda que resumida ou por códigos; e
III - a data e o valor da operação" (BRASIL. Decreto 9.580 cit.).

36. "Art. 314. Os pagamentos, de qualquer natureza, a titular, sócio ou dirigente da pessoa jurídica, ou a quaisquer de seus parentes, poderão ser impugnados pela autoridade lançadora, se o contribuinte não provar:
I - na hipótese de compensação por trabalho assalariado, autônomo ou profissional, a prestação efetiva dos serviços; e
II - na hipótese de outros rendimentos ou pagamentos, a origem e a efetividade da operação ou da transação.
§ 1º Estão incluídas entre os pagamentos de que trata este artigo as despesas feitas, direta ou indiretamente, pelas empresas, com viagens ao exterior, hipótese em que os gerentes ficam equiparados aos dirigentes de pessoa jurídica.
§ 2º Na hipótese de empresa individual, a autoridade lançadora poderá impugnar as despesas pessoais do titular da empresa que não forem expressamente previstas na lei como deduções admitidas, se ele não puder provar a relação da despesa com a atividade da empresa" (BRASIL. Decreto 9.580 cit.).

37. "Art. 316. Não são dedutíveis as importâncias declaradas como pagas ou creditadas a título de comissões, bonificações, gratificações ou semelhantes.
I - quando não for indicada a operação ou a causa que deu origem ao rendimento; e
II - quando o comprovante do pagamento não individualizar o beneficiário do rendimento" (BRASIL. Decreto 9.580 cit.).

38. "Art. 974. As pessoas físicas ou jurídicas são obrigadas a prestar, na forma, no

(RIR/2018), Decreto-Lei 1.598, de 1977, art. 7º,[39] Lei 9.532, de 1997, art. 61,[40] Lei 4.506, de 1964, art. 47.[41] Exemplificativamente, destacamos o art. 265 do RIR/2018 e a sua referibilidade material ao art. 61 da Lei 8.981/95.[42]

> Art. 265. A pessoa jurídica sujeita à tributação com base no lucro real *deverá manter escrituração* em observância às leis comerciais e fiscais.
>
> § 3º Verificado pela autoridade fiscal, antes do encerramento do período-base, que o contribuinte omitiu registro contábil total ou parcial de receita, ou *registrou custos ou despesas cuja realização não possa comprovar*, ou que tenha praticado qualquer ato tendente a reduzir o imposto do exercício financeiro correspondente, inclusive na hipótese do § 1º, ficará sujeito a multa em valor igual à metade da receita omitida ou da dedução indevida, lançada e exigível ainda que não tenha terminado o período-base de incidência do imposto.[43]

Considerando as disposições do referido dispositivo e a instrumentalização lógica[44] da teoria normativa do Construtivismo

---

prazo e nas condições estabelecidos pela Secretaria da Receita Federal do Brasil do Ministério da Fazenda, informações sobre os rendimentos que pagaram ou creditaram no ano-calendário anterior, por si ou como representantes de terceiros, com indicação da natureza das respectivas importâncias, do nome, do endereço e do número de inscrição no CPF ou no CNPJ, das pessoas que o receberam, e o imposto sobre a renda retido na fonte" (BRASIL. Decreto 9.580 cit.).

39. "Art. 7º O lucro real será determinado com base na escrituração que o contribuinte deve manter, com observância das leis comerciais e fiscais" (BRASIL. Presidência da República. Decreto-Lei 1.598, de 26 de dezembro de 1977. *Altera a legislação do imposto sobre a renda*. Disponível em: www.planalto.gov.br. Acesso em: 22 set. 2021).

40. "Art. 61. As empresas que exercem a atividade de venda ou revenda de bens a varejo e as empresas prestadoras de serviços estão obrigadas ao uso de equipamento Emissor de Cupom Fiscal – ECF" (BRASIL. Lei 9.532, de 10 de dezembro de 1997. *Altera a legislação tributária federal e dá outras providências*. Disponível em: www.planalto.gov.br. Acesso em: 22 set. 2021).

41. "Art. 47. São operacionais as despesas não computadas nos custos, necessárias à atividade da emprêsa e a manutenção da respectiva fonte produtora" (BRASIL. Congresso Nacional. Lei 4.506, de 30 de novembro de 1964. *Dispõe sôbre o impôsto que recai sôbre as rendas e proventos de qualquer natureza*. Disponível em: www.planalto.gov.br. Acesso em: 22 set. 2021).

42. BRASIL. Congresso Nacional. Lei 8.981 cit.

43. BRASIL. Decreto 9.580 cit.

44. "Toda norma possui a descrição de um fato (F) que ocupa posição sintática do

Lógico-Semântico para expor a estrutura proposicional da linguagem sobre o art. 61 da Lei 8.981/95,[45] temos que o Fato (F) de "auferir renda sujeita a tributação sobre o regime de lucro real" cria um vínculo jurídico implicacional de um dever instrumental, previsto no art. 265 do RIR/2018,[46] de dever de "manter escrituração em observância às leis comerciais e fiscais".

O § 3º do referido dispositivo[47] prevê uma das hipóteses de descumprimento do dever instrumental, qual seja: "registrar custos ou despesas cuja realização não possa comprovar", de modo que a materialidade prevista no § 1º do art. 61 da Lei 8.981/95[48] não corresponde a um antecedente lícito da norma primária dispositiva, mas um antecedente normativo ilícito presente na norma primária sancionatória, ilícito relativo ao descumprimento de uma obrigação acessória.

O mesmo exercício hermenêutico se opera sobre o fato qualificado como "pagamento a beneficiário não identificado", representativo de fato jurídico relativo a um ilícito tributário, típico de multa, decorrente do descumprimento de obrigação acessória prevista no art. 282 do RIR/2018.[49]

Como esclarecem os ensinamentos da doutrina do Professor Robson Maia Lins, a proposição-hipótese sancionatória é descritiva de fato ilícito tributário decorrente do descumprimento de uma obrigação principal e/ou acessória:

---

antecedente (H), na sua estrutura. O vínculo jurídico (Dsn), próprio da ontologia do direito, impõe a relação de implicação(→) entre a hipótese (H) e o consequente (C). O consequente contém critérios identificativos de dois sujeitos (As e Sp), termos do nexo relacional (↔), cuja variável (R) será identificada como de obrigação (O), proibição (V), ou permissão (P), que constituem os modalizadores do dever ser (Dms). Simplificadamente utilizaremos a fórmula D[h→R(As,Sp)]" (CARVALHO, Aurora Tomazini. *Direito penal tributário*. São Paulo: Quartier Latin, 2009. p. 70).

45. BRASIL. Congresso Nacional. Lei 8.981 cit.

46. BRASIL. Decreto 9.580 cit.

47. BRASIL. Decreto 9.580 cit.

48. BRASIL. Congresso Nacional. Lei 8.981 cit.

49. BRASIL. Decreto 9.580 cit.

> Por sua vez, ao analisarmos a regra sancionatória temos que seu antecedente descreve um fato qualificado pelo descumprimento de um dever estipulado no consequente da regra-matriz de incidência. Essa conduta recebe o nome de "ilícito" ou "infração tributária". [...] Assim o ilícito tributário pode advir do não pagamento da importância pecuniária, ou do não cumprimento dos deveres instrumentais ou formais.[50]

Assim, a hermenêutica analítica nos permite identificar, pelo código binário qualificador dos fatos jurídicos (lícito/ilícito), qual a natureza normativa do art. 61 Lei 8.981/1995, se uma tributação sobre a renda de caráter extrafiscal ou de uma sanção sobre o descumprimento de uma obrigação acessória.

Entendemos que o *fumus* punitivo atrelado a essa norma veicula uma sanção no sentido de obrigação, caráter de multa fiscal, advinda do não cumprimento de um dever instrumental. Por conseguinte, viola o conceito de tributo por afronta ao art. 3º do CTN.[51]

Conclusivamente, o art. 61 da Lei 8.981/95[52] possui natureza de sanção, especificamente de uma norma primária sancionatória, a qual prevê em seu antecedente uma conduta ilícita, relativa ao descumprimento de uma obrigação acessória por "não escriturar pagamento a beneficiário" e/ou "não escriturar pagamento com comprovação de operação ou sua causa".

4.2 Dedutibilidade de despesas de atividades ilícitas

Importante fixar que o cerne da discussão acerca da dedutibilidade das despesas se posiciona logicamente no consequente normativo da Regra-Matriz de Incidência Tributária, especificamente na base de cálculo inserida no critério

---

50. LINS, Robson Maia. *Curso de direito tributário brasileiro* cit., p. 533.

51. "Art. 3º Tributo é toda prestação pecuniária compulsória, em moeda ou cujo valor nela se possa exprimir, que não constitua sanção de ato ilícito, instituída em lei e cobrada mediante atividade administrativa plenamente vinculada" (BRASIL. Lei 5.172 cit.).

52. BRASIL. Congresso Nacional. Lei 8.981 cit.

quantitativo, razão pela qual estamos diante de um signo quantificador típico de capacidade contributiva.

É no consequente da Regra-Matriz de Incidência onde as notas das relações tributárias se formam, prescrevendo os direitos e obrigações em torno de seu objeto.

Entre as modalidades eleitas pelo legislador para identificar o lucro tributável, com base no art. 44 do CTN,[53] o lucro real, conforme definição do art. 258 do Regulamento de Imposto de Renda (Decreto 9.580/2018) – RIR/2018,[54] é calculado com base no lucro líquido contábil,[55] apurado antes da incidência dos tributos, ajustado pelas adições, exclusões, tudo nos termos da legislação tributária.

Conclusivamente, podemos afirmar que o lucro real, é a modalidade de apuração de receita que mais se aproxima do conceito constitucional de renda, isso porque a identificação do *quantum* tributável é resultado de operações aritméticas decorrentes de receitas e despesas (em sentido amplo).

As despesas, em sentido estrito, podem ser identificadas como valor pago ou empenhado na aquisição de bens não vinculados ao processo de produção de mercadoria, produtos e serviços destinados à venda[56] que não se qualifiquem como custo.

No âmbito de apuração pelo lucro real, as regras de dedutibilidade são instrumentos de mensuração das reais proporções do fato jurídico, constituindo elementos agregadores, de modo negativo, na base de cálculo com a finalidade de identificar o acréscimo patrimonial disponível, ou seja, as regras

53. "Art. 44. A base de cálculo do imposto é o montante, real, arbitrado ou presumido, da renda ou dos proventos tributáveis" (BRASIL. Lei 5.172 cit.).

54. "Art. 258. O lucro real é o lucro líquido do período de apuração ajustado pelas adições, exclusões ou compensações prescritas ou autorizadas por este Regulamento" (BRASIL. Decreto 9.580 cit.).

55. Soma algébrica do lucro operacional, das demais receitas e despesas, e das participações; art. 259 do RIR/2018.

56. SCHOUERI, Luís Eduardo; MOSQUERA, Roberto Quiroga. *Manual de tributação direta da renda*. São Paulo: IBDT, 2020. p. 78.

de dedutibilidade têm por função mensurar a hipótese de incidência do IRPJ.

> Por fim, deve-se sempre ter em mente que não é possível que um tributo possua "uma base de cálculo que traduza uma grandeza que não seja ínsita na materialidade de sua hipótese de incidência". Assim, se um tributo tem como hipótese de incidência o fato de auferir renda, sua base de cálculo deverá, necessariamente, corresponder à renda auferida.[57]

Considerando a dificuldade em individualizar a despesa dedutível de cada empresa, o legislador ordinário houve por bem padronizar a definição desses institutos como modo de conferir tratamento isonômico às atividades econômicas, utilizando-se, para tanto, de generalizações.

O eixo típico de diferenciação da regra de dedutibilidade é generalizado pelo art. 311 do atual RIR/2018[58] no qual se considera dedutível a despesa *necessária e usual* para a atividade operacional da empresa. Seguindo o ciclo de positivação, temos diversos instrumentos infralegais que conformam a definição dessas despesas, como a Instrução Normativa RFB n. 11/1996 e Instrução Normativa RFB n. 1700/2017, inclusive em caráter negativo de sua qualificação. Todavia, de modo central, a qualidade normativa de dedutibilidade de uma despesa é a sua relação de causalidade necessária e usual na originação de receita operacional.

Em um conturbado momento de turbulência social, os reflexos fiscais da prática de atos ilícitos tomou notoriedade ao ambiente tributário, muito em razão das derivações normativas relacionadas aos Acordos de Colaboração Premiada e de

57. LINS, Robson Maia. *Curso de direito tributário brasileiro* cit., p. 429.

58. "Art. 311. São operacionais as despesas não computadas nos custos, necessárias à atividade da empresa e à manutenção da fonte produtora.
§ 1º São necessárias as despesas pagas ou incorridas para a realização das transações ou operações exigidas pela atividade da empresa.
§ 2º As despesas operacionais admitidas são as usuais ou normais no tipo de transações, operações ou atividades da empresa" (BRASIL. Decreto 9.580 cit.).

Leniência homologados pela Justiça Federal como resultado da "Operação Lava Jato".

Os acordos homologados serviram de prova para que a Receita Federal deflagrasse uma série de operações de fiscalização para apurar a responsabilidade tributária sobre as condutas constituídas. Entre o rol de irregularidades identificadas, diversas autuações versavam sobre a glosa de despesas sobre o lucro líquido tributável pelo IRPJ e CSLL quando não há a efetiva prestação de serviço contratado com terceiro.

Uma sequência de acordos demonstrou que diversas pessoas jurídicas utilizavam da prestação de serviço como despesa correlacionada a atividade operacional da tomadora envolvida no escândalo de corrupção para justificar o pagamento de "*comissões*" (propina) a beneficiários responsáveis pela realização da contratação.

A discussão sobre a dedutibilidade da despesa decorrente da prática ato ilícito já fora enfrentada pelo Conselho Administrativo de Recursos Fiscais – CARF (órgão de julgamento administrativo federal) em diversas oportunidades,[59] mas a carga axiológica do conteúdo moral presente nesse conjunto de autuações conexas à "Operação Lava Jato" resultaram em um processo de derivação importante de análise e reflexão.

Primeiramente, conforme apurado nas operações de fiscalização promovidas pela Receita Federal do Brasil, o esquema orquestrado pelas associações criminosas incluía a emissão de documentação fiscal para escriturar as operações financeiras, e comprovação de realização de pagamento sobre as prestações escrituradas nas notas fiscais.

---

59. A dedutibilidade de despesa decorrente da prática de atos ilícitos foi objeto de enfrentamento pelo Conselho como mérito recorrente a glosa de multas decorrentes de infrações tributárias e não tributárias; exemplificativamente, CARF, Acórdão 103-04.767; CARF, Acórdão 105-0.015; CARF, Acórdão 1103-00.065; CARF, Acórdão 108-07.128; CARF, Acórdão 1402-002.405.

A discussão chegou ao Conselho Administrativo de Recursos Fiscais, em julgamento do acórdão n. 1302002.549[60] na 3ª Câmara da 2ª Turma Ordinária, de relatoria do Conselheiro Luiz Tadeu Matosinho Machado que, em um extenso voto, declarado por necessidade técnico analítica que o caso exige, firma pontualmente decisão contrária à pretensão do contribuinte, algumas premissas já analisadas anteriormente nesta reflexão acadêmica.

No que tange à glosa de despesas decorrentes do pagamento de suborno ou propina, ilícitos penais classificados como violações a função social da empresa e violação a livre concorrência, princípios norteadores da ordem econômica, o Ilustre Conselheiro, em mais de uma oportunidade, houve por sintetizar seu raciocínio sobre a premissa de que "*Os atos ilícitos não podem produzir quaisquer efeitos tributários na apuração do resultado dos exercícios fiscalizados.*[61]

Com o habitual acatamento e respeito ao entendimento do Ilustre Conselheiro, os atos ilícitos tanto podem quanto devem produzir efeitos. Por força do art. 118, I do Código Tributário Nacional, fundamento positivo do Princípio da pecunia non olet, seja para fins de tributação sobre a renda, resultado positivo da exigência fiscal, ou para dedutibilidade de despesa, aspecto negativo incidente sobre a base de cálculo, os atos ilícitos produzem efeitos tributários.

O próprio Ilustre Conselheiro demonstra a relevância dos efeitos jurídicos dos atos ilícitos no Direito Tributário, mas não os efeitos de indedutibilidade da despesa pretensa, como consequência da prática da infração penal a norma de responsabilidade tributária de terceiros, prevista no art. 135 do

60. CARF, Acórdão 1302-002.549, 3a Câmara, 2. T. Ordinária, rel. Cons. Luiz Tadeu Matosinho Machado, 20.2.2018; c CARF, Acórdão 1302-002.788, 31 Câmara, 21 T. Ordinária, rel. Cons. Luiz Tadeu Matosinho Machado, 15.05.2018.

61. BRASIL. Ministério da Economia. Conselho Administrativo de Recursos Fiscais. Acórdão n. 1302-002.549, proferido nos autos do processo n. 13896.723262/2015-45, Rel.: Cons. Luiz Tadeu Matosinho Machado, 3ª Câmara, 2ª Turma Ordinária, julgado na sessão de 20 de fevereiro de 2018, fls. 16863 e 16864.

Código Tributário Nacional, implica em redirecionamento ao Administrador pela ilicitude decorrente do descumprimento do art. 154 da Lei das S/A.[62]

No ponto nodal da discussão, estamos sob o enfoque de operações financeiras demonstradas por fato jurídico probatório constituído em Acordos de Colaboração Premiada e/ou Acordos de Leniência homologados pela Justiça Federal, assim inseridos dentro da classe legal de documentação idônea.

Como portentosamente resume o professor Luis Eduardo Shoueri o cerne do julgamento houve por declarar indedutível a despesa decorrente de suborno por (i) infringir liberdade concorrencial decorrente de ato contrário a função social da empresa, (ii) por consistir em uma infração, a despesa não possui conformidade material a despesa necessária ou usual, prevista no art. 47 da Lei 4.506/1964, à juízo do administrador e (iii) a noção de que a dedutibilidade de despesa decorrente de ato ilícito configuraria um benefício fiscal.

---

62. "Art. 154. O administrador deve exercer as atribuições que a lei e o estatuto lhe conferem para lograr os fins e no interesse da companhia, satisfeitas as exigências do bem público e da função social da empresa.
§ 1º O administrador eleito por grupo ou classe de acionistas tem, para com a companhia, os mesmos deveres que os demais, não podendo, ainda que para defesa do interesse dos que o elegeram, faltar a esses deveres.
§ 2º É vedado ao administrador:
a) praticar ato de liberalidade à custa da companhia;
b) sem prévia autorização da assembleia-geral ou do conselho de administração, tomar por empréstimo recursos ou bens da companhia, ou usar, em proveito próprio, de sociedade em que tenha interesse, ou de terceiros, os seus bens, serviços ou crédito;
c) receber de terceiros, sem autorização estatutária ou da assembleia-geral, qualquer modalidade de vantagem pessoal, direta ou indireta, em razão do exercício de seu cargo.
§ 3º As importâncias recebidas com infração ao disposto na alínea c do § 2º pertencerão à companhia.
§ 4º O conselho de administração ou a diretoria podem autorizar a prática de atos gratuitos razoáveis em benefício dos empregados ou da comunidade de que participe a empresa, tendo em vista suas responsabilidades sociais" (BRASIL. Congresso Nacional. Lei 6.404, de 15 de dezembro de 1976. *Dispõe sobre as Sociedades por Ações*. Disponível em: www.planalto.gov.br. Acesso em: 22 set. 2021).

No tocante à análise da fundamentação sobre a dedutibilidade como um benefício fiscal, é importante esclarecer que, no presente caso, não se analisa o instituto da dedutibilidade sob o prisma do mecanismo de presunção de base de cálculo, não se trata da dedutibilidade nos moldes presuntivos de riqueza.

Pessoa jurídica optante pelo regime de apuração do lucro real, com base no art. 257 e seguintes do RIR/2018,[63] não utilizam o mecanismo da dedutibilidade de custos e despesas como instrumento de usufruto de benefício fiscal, este conceito não lhe é referível. A dedutibilidade é mecanismo mensurador do signo *"renda e proventos de qualquer natureza"* eleito pelo legislador como o critério material da tributação.

O regime de apuração do lucro real é uma das três[64] modalidades de mensuração da renda tributável disposta no art. 43 do CTN,[65] sendo aquela que exerce em maior grau a função comparativa de confirmar, infirmar ou afirmar o critério material.

Neste espeque, a dedutibilidade de custos e despesas da base de cálculo do lucro real é a modalidade eleita pelo legislador para mensurar e identificar signos de indisponibilidade de renda e proventos do sujeito passivo relacionadas a operação, portanto a dedutibilidade não reduz a base de cálculo do imposto, mas exprime sua capacidade contributiva disponível como signo de riqueza objetivo.

De fato, a neutralidade tributária decorrente do art. 118, inciso I, do CTN,[66] não se reflete exclusivamente sobre o fato gera-

---

63. BRASIL. Decreto 9.580 cit.

64. "Art. 44. A base de cálculo do imposto é o montante, *real, arbitrado ou presumido*, da renda ou dos proventos tributáveis" (BRASIL. Lei 5.172 cit. – destacamos).

65. "Art. 43. O imposto, de competência da União, sobre a renda e proventos de qualquer natureza tem como fato gerador a aquisição da disponibilidade econômica ou jurídica:
I – de renda, assim entendido o produto do capital, do trabalho ou da combinação de ambos;
II – de proventos de qualquer natureza, assim entendidos os acréscimos patrimoniais não compreendidos no inciso anterior" (BRASIL. Lei 5.172 cit.).

66. BRASIL. Lei 5.172 cit.

dor. Como a base de cálculo possui função comparativa ao critério material, a mensuração da riqueza não objetiva identificar a licitude do comportamento, mas sua capacidade contributiva.

Principalmente na tributação sobre a renda, a qualificação jurídica de seu código binário (lícito/ilícito) é expressamente relativizada, até mesmo infrações tributárias[67] são classificadas como dedutíveis por serem consideradas elemento sígnico da mensuração de disponibilidade de renda e proventos prevista no art. 43 do CTN.[68]

Ocorre que independentemente de as infrações fiscais resultarem em pagamento menor de tributo (indedutível) ou não (dedutível), ambas possuem natureza de norma primária sancionatória prescritiva de uma sanção pecuniária decorrente da prática de um ilícito tributário, o que nos leva a afirmar, divergindo da posição da Receita Federal, que o único fundamento lógico para a diferenciação de tratamento sobre a glosa de despesa limita-se a tipicidade.

Desta forma, o fundamento da indedutibilidade de despesas decorrentes de atividades ilícitas pode ser classificado em dois espectros, a indedutibilidade geral, fundada na incompatibilidade material a conotação de despesa necessária e usual com base no art. 311 do RIR/2018,[69] e a indedutibilidade específicas, denotação de um ato com previsão legal específico que não necessariamente apresente as condições do art. 311 do RIR/2018.[70]

---

67. "Art. 352. [...] § 5º Não são dedutíveis como custo ou despesas operacionais as multas por infrações fiscais, exceto as de natureza compensatória e as impostas por infrações de que não resultem falta ou insuficiência de pagamento de tributo" (BRASIL. Decreto 9.580 cit.).

68. BRASIL. Lei 5.172 cit.

69. "Art. 311. São operacionais as despesas não computadas nos custos, necessárias à atividade da empresa e à manutenção da fonte produtora" (BRASIL. Decreto 9.580 cit.).

70. BRASIL. Decreto 9.580 cit.

As indedutibilidades específicas estão fundadas no campo da legalidade tributária, são despesas tipicamente qualificadas como indedutíveis em decorrência da opção pelo legislador em não identificar naquela despesa capacidade contributiva absoluta de renda disponível, independentemente de seu grau de licitude, são, como exemplo dos casos previstos no RIR/2018 de multas fiscais (art. 352 § 5º),[71] gratificações ou as participações no resultado, atribuídas aos dirigentes ou aos administradores da pessoa jurídica (art. 315),[72] pagamentos sem causa ou a beneficiário não identificado (art. 316),[73] aluguéis pagos a sócios ou dirigentes de empresas (art. 361),[74] entre outros.

O combate a corrupção nas esferas de Governo não evidencia uma peculiaridade do Estado brasileiro, organismos multilaterais promovem um enfrentamento globalizado a prática desses atos ilícitos multiplicadores de mazelas sociais, que reverberam reflexos em todos as esferas da sociedade.

O Brasil participou de diversos acordos transnacionais,[75] que apesar de representar o compromisso de adoção de políticas claras de enfrentamento desse mal social. Dentre seus re-

---

71. BRASIL. Decreto 9.580 cit.

72. "Art. 315. Não serão dedutíveis como custos ou despesas operacionais as gratificações ou as participações no resultado, atribuídas aos dirigentes ou aos administradores da pessoa jurídica" (BRASIL. Decreto 9.580 cit.).

73. "Art. 316. Não são dedutíveis as importâncias declaradas como pagas ou creditadas a título de comissões, bonificações, gratificações ou semelhantes:
I – quando não for indicada a operação ou a causa que deu origem ao rendimento; e
II – quando o comprovante do pagamento não individualizar o beneficiário do rendimento" (BRASIL. Decreto 9.580 cit.).

74. "Art. 361. A dedução de despesas com aluguéis será admitida:
I – quando necessárias para que o contribuinte mantenha a posse, o uso ou a fruição do bem ou do direito que produz o rendimento; e
II – se o aluguel não constituir aplicação de capital na aquisição do bem ou do direito, nem distribuição disfarçada de lucros" (BRASIL. Decreto 9.580 cit.).

75. Convenção Interamericana contra a Corrupção, de 29.03.1996; Convenção sobre o Combate da Corrupção de Funcionários Públicos Estrangeiros em Transações Comerciais Internacionais, concluída em 17.12.1997, Convenção da ONU contra a Corrupção, de 31.10.2003.

flexos no ambiente tributário, a exigência da positivação do Estado brasileiro na indedutibilidade de despesas decorrentes da prática de atos ilícitos sofreu reiteradas recomendações desses organismos multilaterais, como forma de majorar a carga fiscal e buscar inibir comportamentos desta natureza. Os professores Schoueri e Galdino muito bem esclarecem o *status* de positivação dessas recomendações no seguinte excerto:

> Em Relatório de 7.12.2007, relativo à aplicação de tal Convenção no Brasil, a OCDE enfatizou que o País tanto não apresentava medidas necessárias para o estabelecimento da responsabilidade das pessoas jurídicas envolvidas em casos de suborno, como também não havia determinado expressamente a impossibilidade de dedução. Além disso, segundo o Grupo de Trabalho da OCDE, as autoridades tributárias brasileiras não haviam instruído seus auditores fiscais a verificarem a legalidade da dedução de fluxos de recursos que, eventualmente, pudessem sinalizar o pagamento de suborno a funcionários públicos estrangeiros, mormente através de comissões, bônus e gratificações.
>
> Ao ser questionada acerca da (in)existência expressa de proibição à dedutibilidade fiscal de propina a funcionários públicos estrangeiros, a RFB alegou que se, por um lado, não há lei expressa vedando a dedução de propinas, por outro, não há lei permitindo-a. Ademais, as autoridades brasileiras invocaram o Código Civil para argumentar que, visto serem nulos os atos ilícitos, eles não podem ser deduzidos um e, se algum contribuinte o fez, foi de forma fraudulenta. Essa argumentação, entretanto, não é correta, porque a (in)validade do ato não é suficiente para se concluir que a despesa, válida ou não, seja dedutível ou indedutível. por que o ato, em que se insere a despesa, é inválido, teria ela deixado de existir? Em que pese a validade do ato, pode haver comprovação da despesa por diversos meios (e.g. delação premiada).[76]

No intuito de evitar exceder as capacidades analíticas da ciência do direito, importa esclarecer que o trecho destacado ao norte evidencia inexistirem normas jurídicas positivas que classifiquem as despesas decorrentes de atos ilícitos por indedutibilidade específica, conduta tipicamente indedutível,

76. SCHOUERI, Luís Eduardo; GALDINO, Guilherme. Dedutibilidade de despesas com atividades ilícitas cit., p. 180-181.

enquanto o entendimento do Estado Fiscal é que a vedação à dedutibilidade dessas despesas (atos ilícitos) encontra-se sobre a classificação de indedutibilidade geral, ou seja, mediante a desconformidade material da despesa aos conceitos de necessidade e usualidade.

É mister esclarecer que, apesar de pautada na tipicidade, a indedutibilidade específica de despesas deve ser confrontada com a norma de competência tributária, assim, por força mandamental da Constituinte em seu art. 146, compete ao Código Tributário Nacional definir a materialidade da tributação, competência exercida através do art. 43 mencionado Códex,[77] no qual se elege a materialidade sobre a capacidade contributiva *disponível,* de modo que a eleição pelo legislador ordinário pela glosa de uma signo caracterizador de indisponibilidade de renda e proventos de qualquer natureza deve ser objeto dos órgãos de controle jurisdicional para afastar a norma.

Dar-se destaque que o próprio Conselho Administrativo de Recursos Fiscais tem analisado autuações fiscais fundadas na glosa de despesas decorrentes de desmembramentos da "Operação Lava Jato" sob o prisma da tecnicidade material da dedutibilidade conforme sua qualificação necessária e usual prescrita com base art. 311 do RIR/2018.[78]

No julgamento do Acórdão n. 1201-003.668, de relatoria do Conselheiro Allan Marcel Warwar Teixeira, apesar de corresponder a fatos que dizem respeito em parte à participação o "Operação Lava Jato" a glosa decorrente da prática de atos ilícitos não viola o princípio da *pecunia non olet*, pois fora motivada pela desconformidade do pagamento a qualificação de necessidade da despesa em abstração a "validade jurídica" do ato ilícito.[79]

77. BRASIL. Lei 5.172 cit.

78. BRASIL. Decreto 9.580 cit.

79. "De início, saltam aos olhos os valores pagos nos vinhos supostamente distribuídos a todos os seus funcionários a título de item de cesta de natal. O lote de 784 unidades foi cotado em cinco parcelas de R$ 26.433,33, totalizando R$ 132.166,85, ou o equivalente a quase R$ 170 a garrafa. O lote de 684 unidades foi cotado em três parcelas de R$

Existe um grande obstáculo entre a qualificação dos crimes fiscais como normas jurídicas aptas a produzir efeitos de indedutibilidade, seus regimes jurídicos distintos. Apesar da carga de imoralidade que conforma semanticamente estes fatos jurídicos, o legislador houve por não comunicar seus regramentos e, tecnicamente, positivar sua incomunicabilidade normativa.

> O comportamento violador do dever jurídico estabelecido em lei tributária pode revestir as características de meras infrações ou ilícitos tributários, bem como de crimes fiscais, dessa maneira definidos em preceitos da lei penal. Entre tais entidades existe uma distinção formal e, atrás disso, uma grande diferença de regime jurídico, uma vez os crimes fiscais estão subordinados aos princípios, institutos e formas do direito penal, ao passo que as infrações contidas em leis tributárias, de caráter não criminal, sujeitam-se aos princípios gerais do direito administrativo.[80]

O Código Tributário Nacional definiu que a incidência sobre a materialidade da renda opera sobre sua capacidade contributiva disponível, de modo que a glosa de uma despesa necessária ofende a norma de competência tributária. Assim, apesar da forte carga axiológica inserida no conteúdo semântico de uma despesa imoral, utilizada para viabilizar a realização de uma conduta ilícita (corrupção), o sistema tributário brasileiro não atribui valoração diversa de dedutibilidade que não seja sua relação de causalidade com a realização da receita.

A ilicitude de um ato implicacional do auferimento de renda tributável não é fundamento jurídico para evitar sua

---

40.002,91, totalizando R$ 120.008,73, ou o equivalente a R$ 170,45 a garrafa. Com isto, conclui-se que a Recorrente distribuiu mais de 1.400 garrafas de vinho ao preço de mais de R$ 170 cada uma para seus funcionários a título de cesta de natal. Em agendas personalizadas, os gastos remontaram a mais de R$ 100 mil só num ano. Por óbvio, tais despesas não podem ser consideradas necessárias, no sentido de operacionais de uma empresa de engenharia, nos termos da legislação fiscal pertinente. Assim, não são dedutíveis, o que implica confirmar como corretas as glosas efetuadas na autuação fiscal" (BRASIL. Ministério da Economia. Conselho Administrativo de Recursos Fiscais. Acórdão n. 1201-003.668, proferido nos autos do processo n. 13896.722667/2017-28, Rel.: Cons. Allan Marcel Warwar Teixeira, 1ª Seção de Julgamento, 2ª Câmara,1ª Turma Ordinária, julgado na sessão de 11 de março de 2020, fl. 48773).

80. CARVALHO, Paulo de Barros. *Direito tributário linguagem e método* cit., p. 874.

tributação sobre a renda obtida ilicitamente, da igual maneira que uma despesa decorrente da prática de um ato ilícito, caractere não excludente do atributo de necessidade e usualidade da renda disponível, por si só, não pode representar glosa do crédito, pois, como elemento comparativo do critério material, a base de cálculo do lucro real deve afirmar a materialidade, abstraindo a validade jurídica dos atos efetivamente praticados pelos contribuintes, por força do art. 118, inciso I, do CTN, e mensurar a capacidade contributiva disponível eleita pela norma de competência do art. 43 do mesmo diploma.

Portanto, para fins de identificação de dedutibilidade de despesas é irrelevante a qualificação da validade jurídica de seu ato originário, a qualificação de licitude ou ilicitude é fenômeno estranho a dedutibilidade da relação jurídica tributária, é preciso classificar se para a realização da receita essa despesa é necessária à sua atividade, nos termos do art. 311 do RIR/2018.

5. Conclusão

O conceito de sanção encontra-se atrelado as noções de coatividade. Entretanto, identifica-se que diversos sistemas normativos apresentam caracteres de coatividade, como a religião, moral, entre outros. O elemento diferenciador da coatividade como atributo de juridicidade revela-se na forma sobre o qual o ato coator se opera, como exercício de coercibilidade do Estado, no exercício de sua função jurisdicional.

Consolida-se entendimento acerca da conexão lógica e necessária entre o conceito de sanção e infração, do qual a sanção é consequência do ato infrator, enquanto o ilícito é um pressuposto da sanção, enquanto toda ação ou omissão que, direta ou indiretamente, represente descumprimento dos deveres jurídicos estatuídos em leis fiscais será uma infração tributária.

Para o Direito a relação lógica da infração é de pertinência, o fechamento operativo e a abertura cognitiva do Direito são determinados pelo Código binário "lícito/ilícito", mediante o qual o Programa da linguagem estabelece seu regime e efeitos jurídicos.

Apesar da definição de tributo se caracterizar denotativamente por *não constituir sanção de ato ilícito*, optando o legislador pela eleição do antecedente normativo de natureza lícita para o tipo fiscal, não corresponde afirmar que atividades ilícitas não são tributadas

O Princípio da *pecunia non olet*, fundado no art. 118, I do Código Tributário Nacional, estabelece que a qualificação binária dos atos jurídicos (lícito/ilícito) é irrelevante para a definição legal do critério material. Portanto, constituído o signo presuntivo de riqueza disponível que exprima capacidade contributiva nos moldes do art. 43 do mesmo Codex, independentemente da realização de crimes fiscais praticados, deve ser prescrita a relação jurídico tributária que confere ao sujeito ativo direito subjetivo de exigir do sujeito passivo o quantum mensurado no critério quantitativo.

De acordo com a vedação do art. 3º do Código Tributário Nacional, ilícito precisa necessariamente estar atrelado ao regime jurídico sobre o qual se pretende apenar, quando o antecedente normativo apresentar um ilícito tributário (descumprimento de uma norma fiscal) na materialidade de sua conduta, estaremos diante de uma sanção, se o ilícito possuir natureza diversa da fiscal deve-se abstrair sua "*validade jurídica*" por força do Princípio da *pecunia non olet*.

Utilizando das lições do professor Alfredo Augusto Becker para diferenciar um modelo de tributação extrafiscal de uma Sanção não basta analisar a onerosidade de sua carga fiscal, mas sim analisarmos o antecedente normativo, quando este apresentar o ilícito fiscal em sua hipótese de incidência estaremos diante de uma sanção.

Deste modo, o art. 61 da Lei 8.981/95 prescreve uma relação jurídica punitiva com natureza de norma primaria sancionatória, no qual se descreve em seu antecedente normativo a prática de uma conduta fiscal ilícita decorrente do descumprimento de uma obrigação acessória de "*não escriturar pagamento a beneficiário*" e/ou "*não escriturar pagamento com comprovação de operação ou sua causa*", assim, sua conformação normativa viola o conceito de tributo previsto no art. 3º do Código Tributário Nacional, que veda sua utilização como sanção por ato ilícito.

O mecanismo de dedutibilidade de despesas da base de cálculo do lucro real não possui referibilidade com o conceito de benefício fiscal, é instrumento mensuração da capacidade contributiva da tributação sobre a renda, art. 44 do Código Tributário Nacional, e exerce a função comparativa de confirmar a materialidade eleita na norma de competência que elegeu como signo tributável a disponibilidade de acréscimo patrimonial, por força do art. 43 do mesmo diploma.

Conclusivamente, a dedutibilidade das despesas encontra-se vinculada a relação de causalidade entre a realização da receita e a despesa qualificada de acordo com os critérios elencados pelo art. 311 do RIR/2018, cabendo ao contribuinte demonstrar através de documentação idônea a constituição de fato jurídico probatório mensurável de disponibilidade de renda e proventos, a natureza do código (lícito/ilícito) da conduta praticada pelo agente ou terceiro relacionado a realização da despesa é irrelevante para o reconhecimento de sua validade jurídica, por força do art. 118, I, do Código Tributário Nacional.

Referências

ATALIBA, Geraldo. *Hipótese de incidência tributária.* 6. ed. São Paulo: Malheiros, 2011.

BECKER, Alfredo Augusto. *Teoria geral do direito tributário.* 7. ed. São Paulo: Noeses, 2018.

BRASIL. Acórdão 1302-002.788, proferido nos autos do Processo 13896.723534/201515, Rel.: Cons. Luiz Tadeu Matosinho Machado, 2ª Seção de Julgamento, 3ª Câmara, 2ª Turma Ordinária, julgado na sessão de 15 de maio de 2018.

BRASIL. Acórdão n. 1201-003.668, proferido nos autos do processo n. 13896.722667/2017-28, Rel.: Cons. Allan Marcel Warwar Teixeira, 1ª Seção de Julgamento, 2ª Câmara,1ª Turma Ordinária, julgado na sessão de 11 de março de 2020.

BRASIL. Acórdão n. 2401-007.558, proferido nos autos do processo n. 12448.728681/2016-70, Rel.: Cons. José Luís Hentsch Benjamin Pinheiro, 2ª Seção de Julgamento, 4ª Câmara,1ª Turma Ordinária, julgado na sessão de 04 de março de 2020.

BRASIL. Congresso Nacional. Lei 4.506, de 30 de novembro de 1964. *Dispõe sôbre o impôsto que recai sôbre as rendas e proventos de qualquer natureza*. Disponível em: www.planalto.gov.br. Acesso em: 22 set. 2021.

BRASIL. Decreto 9.580, de 22 de novembro de 2018. *Regulamenta a tributação, a fiscalização, a arrecadação e a administração do Imposto sobre a Renda e Proventos de Qualquer Natureza*. Disponível em: www.planalto.gov.br. Acesso em: 22 set. 2021.

BRASIL. Lei 5.172, de 25 de outubro de 1966. *Dispõe sobre o Sistema Tributário Nacional e institui normas gerais de direito tributário aplicáveis à União, Estados e Municípios*. Disponível em: www.planalto.gov.br. Acesso em: 22 set. 2021.

BRASIL. Lei 6.404, de 15 de dezembro de 1976. *Dispõe sobre as Sociedades por Ações*. Disponível em: www.planalto.gov.br. Acesso em: 22 set. 2021.

BRASIL. Lei 8.981, de 20 de janeiro de 1995. *Altera a legislação tributária Federal e dá outras providências*. Disponível em: www.planalto.gov.br. Acesso em: 22 set. 2021.

BRASIL. Lei 9.532, de 10 de dezembro de 1997. *Altera a legislação tributária federal e dá outras providências*. Disponível em: www.planalto.gov.br. Acesso em: 22 set. 2021.

BRASIL. Ministério da Economia. Conselho Administrativo de Recursos Fiscais. Acórdão n. 1302-002.549, proferido nos autos do Processo n. 13896.723262/2015-45, Rel.: Cons. Luiz

Tadeu Matosinho Machado, 3ª Câmara, 2ª Turma Ordinária, julgado na sessão de 20 de fevereiro de 2018.

BRASIL. Presidência da República. Decreto-Lei 1.598, de 26 de dezembro de 1977. *Altera a legislação do imposto sobre a renda.* Disponível em: www.planalto.gov.br. Acesso em: 22 set. 2021.

BRASIL. Presidência da República. Decreto 9.580, de 22 de novembro de 2018. *Regulamenta a tributação, a fiscalização, a arrecadação e a administração do Imposto sobre a Renda e Proventos de Qualquer Natureza.* Disponível em: www.planalto.gov.br. Acesso em: 22 set. 2021.

BOBBIO, Noberto. *Teoria da norma jurídica.* 4. ed. rev. Tradução Fernando Pavan Baptista e Ariani Bueno Sudatti. São Paulo: Edipro, 2008.

CARVALHO, Aurora Tomazini. *Direito penal tributário.* São Paulo: Quartier Latin, 2009.

CARVALHO, Paulo de Barros. *Construtivismo lógico-semântico.* São Paulo: Noeses, 2020. v. 3.

CARVALHO, Paulo de Barros. *Derivação e positivação no direito tributário.* São Paulo: Noeses, 2011.

CARVALHO, Paulo de Barros. *Direito tributário linguagem e método.* 7. ed. rev. São Paulo: Noeses, 2018.

COSTA, Regina Helena. *Curso de direito tributário.* 4. ed. São Paulo: Saraiva, 2014.

COUTINHO NETO, Francisco Leocádio Ribeiro. Natureza sancionatória do IR-Fonte de 35% sobre pagamentos sem causa comprovada ou a beneficiários não identificados. Uma análise a partir do Construtivismo Lógico-Semântico. *In*: CARVALHO, Paulo de Barros. *Construtivismo lógico-semântico.* São Paulo: Noeses, 2020. v. 3.

DE GIORGI, Raffaele. *Direito, tempo e memória.* São Paulo: Quartier Latin, 2006.

FALCÃO, Amílcar de Araújo. *Fato gerador da obrigação tributária*. 7. ed. São Paulo: Noeses 2013.

KELSEN, Hans. *Teoria geral das normas*. Tradução José Florentino Duarte. Porto Alegre-RS: Sérgio Antônio Fabris, 1986.

KELSEN, Hans. *Teoria pura do direito*. Tradução João Baptista Machado. 6. ed. São Paulo: Martins Fontes, 1998.

LINS, Robson Maia. *Curso de direito tributário brasileiro*. São Paulo: Noeses, 2019.

LUHMANN, Niklas. *El derecho de la sociedade*. Tradução Javier Torres Nafarrate. México: Universidad Iberoamericana, 2002.

MARTINS, Natanael. A tributação do ilícito – Limites à aplicação do Non Olet. XIII Congresso do Instituto Brasileiro de Estudos Tributários, 50 anos do Código Tributário Nacional. São Paulo, 2016.

SCHOUERI, Luís Eduardo; GALDINO, Guilherme. Dedutibilidade de despesas com atividades ilícitas. *In*: ADAMY; Pedro Augustin; FERREIRA NETO, Arthur M. (Org.). *Tributação do ilícito*. São Paulo: Malheiros, 2018. v. 1, p. 148-212.

SCHOUERI, Luís Eduardo; MOSQUERA, Roberto Quiroga. *Manual de tributação direta da renda*. São Paulo: IBDT, 2020.

VILANOVA, Lourival. *As estruturas lógicas e o sistema do direito positivo*. 4. ed. São Paulo: Noeses 2010.

VILANOVA, Lourival. *Causalidade e relação no direito*. 4. ed. rev., atual. e ampl. São Paulo: Revista dos Tribunais, 2000.

SANÇÕES TRIBUTÁRIAS: REFLEXÕES SOBRE RESPONSABILIDADE OBJETIVA E SUBJETIVA EM TEMPOS DE PANDEMIA

José Mauro de Oliveira Junior[1]

Victor Monteiro Almeida[2]

Introdução

Erisictão, segundo a mitologia grega, era um governante pretensioso, arrogante e ambicioso, que em desrespeito até mesmo aos deuses do Olimpo, foi condenado pela Deusa Deméter, deusa da fertilidade e da agricultura, a sentir fome e nunca mais se saciar. Narra o mito que Erisictão consumiu toda sua riqueza a ponto de ter que vender a própria filha Mnestra para satisfazer sua fome infinita. Mnestra, amante de Poseidon, foi agraciada por um dom de poder se transformar, o que lhe permitia fugir de seus proprietários, para ser novamente vendida por seu insaciável genitor, até o ponto de não mais ser

1. Mestre em Direito Tributário pela PUC/SP. Professor de seminário no curso de especialização em direito tributário do IBET. Advogado.

2. Mestre em Direito Tributário pela PUC/SP. Professor Adjunto no curso de Pós-Graduação *lato sensu* da especialização em direito tributário da PUC/SP. Advogado.

suficiente para suprir a fome crescente de seu pai, cujo fim trágico foi o de devorar-se a si próprio, consumido pela loucura.

Essa breve alegoria serve-nos para chamar atenção para a função da tributação, em especial para as imposições de penalidades pelo descumprimento das obrigações tributárias. Não se pode conceber o Direito Tributário Sancionador como um fim em si próprio, senão limitado por um conjunto de princípios norteadores que, além de servir-lhe de fundamento, igualmente o limitam a ponto de conformá-lo sistematicamente com sua finalidade última, de garantir que a arrecadação de tributos se dê nos estritos limites constitucionais.

É nesse sentido que se propõe a alegoria. A interpretação do sistema tributário, em especial as estruturas sancionatórias, não pode se dar de forma arrogante, ambiciosa, violenta e devastadora, como o mito de Erisictão. A pandemia internacional provocada pela epidemia da Covid-19 revela-se como um cenário de exceção que impõe aos intérpretes do direito uma correta compreensão de suas estruturas sob pena de esvaziar sua função.

1. Sanções tributárias. Estrutura lógica

As palavras, enquanto signos, não são carregadas de significados ontológicos, pelo contrário, toda e qualquer palavra denota uma variedade de possíveis significações. Ou ainda, como ensina Paulo de Barros Carvalho,[3] "todas as palavras são vagas e potencialmente ambíguas".

Nesse sentido, o que ocorre com o signo *sanção* não é diferente, já que esta palavra denota várias significações diferentes.

Em uma de suas significações mais difundidas, Hector Villegas define sanção como o caráter coercitivo do direito

3. CARVALHO, Paulo de Barros. *Direito tributário:* linguagem e método. 5. ed. São Paulo: Noeses, 2013. p. 630.

para punir o particular em razão do descumprimento de comportamentos desejados pelo sistema jurídico:

> Sanção é a reação do Direito ante a não realização dos comportamentos devidos, ante a falta de acatamento de que o Direito crê desejável numa sociedade determinada, num momento dado. Essa é a sanção.[4]

Para Maria Ângela Lopes Paulino Padilha,[5] três dessas possíveis significações podem denotar tanto a norma primária sancionatória, como as penalidades decorrentes do descumprimento de tais normas, e, ainda, a providência coercitiva peculiar à norma secundária:

> Abarcada por essa extensão conotativa, sanção pode denotar tanto a norma primária sancionatória quanto as penalidades materiais aplicadas em decorrência do descumprimento das condutas prescritas nessas normas jurídicas, como também a providência coercitiva fruto do exercício do poder jurisdicional do Estado, prescrita no consequente na norma secundária.

Já Tácio Lacerda Gama,[6] acrescenta que sanção pode ser interpretada segundo a significação que denota nulidade pelo indevido exercício da competência tributária:

> A sanção pelo exercício ilícito da competência é a nulidade da norma. A consequência da nulidade é, conforme o caso, a suspensão da vigência (nas decisões que prescrevem efeitos gerais) ou da eficácia (nas decisões individuais) da norma criada ilicitamente.

Maria Ângela Lopes Paulino Padilha sugere mais uma possível significação, elucidando que sanção também pode significar o ato do chefe do poder executivo que põe fim ao processo de enunciação de novas leis, inserindo-as no sistema

---

4. VILLEGAS, Hector *apud* PADILHA, Maria Ângela Lopes Paulino. *As sanções no direito tributário*. São Paulo: Noeses, 2015. p. 46.

5. Ibidem, p. 46.

6. GAMA, Tácio Lacerda. *Competência tributária:* fundamentos para uma teoria da nulidade. 2. ed. São Paulo: Noeses, 2011. p. 357-358.

de direito positivo. Nesse sentido, a autora sustenta que "Sanção pode significar, também, o ato administrativo pelo qual o chefe do Poder Executivo subscreve e confirma uma lei, encerrando o processo legislativo".[7]

Tendo em mente que o presente ensaio não ambiciona esgotar todas as possíveis significações desse signo, os exemplos traçados acima se prestaram apenas a ilustrar as diversas perspectivas sobre as quais a palavra sanção pode ser encarada.

Porém, um traço comum entre as definições supradispostas, que as diferencia das sanções próprias aos demais sistemas de conduta intersubjetiva, nas palavras de Lourival Villanova,[8] é exatamente a previsibilidade somada à coação:

> Em rigor, todas as normas sociais acompanham-se de sanções ante o seu descumprimento. O que destaca a sanção jurídica é sua previsibilidade típica e a possibilidade do uso da coação organizada (através de órgão jurisdicional) para fazer valer as obrigações principais e as obrigações acessórias.

Em linha com o professor pernambucano, Tácio Lacerda Gama complementa que:

> Assim, o descumprimento de toda e qualquer norma projeta efeitos. O efeito que qualifica uma norma como jurídica é, justamente, a previsão de uma consequência coercitiva para o seu descumprimento ou o fato de o aparato estatal estar preordenado à aplicação da norma primária, mesmo contra a vontade do seu destinatário.[9]

Consignados esses esclarecimentos preambulares, para fins da presente perquirição científica, adotaremos sanção segundo a acepção que denota o consequente normativo da norma primária sancionatória.

---

7. PADILHA, Maria Ângela Lopes Paulino. *As sanções no direito tributário* cit., p. 47.

8. VILANOVA, Lourival. *Causalidade e relação no direito*. 5. ed. São Paulo: Noeses, 2015. p. 138.

9. GAMA, Tácio Lacerda. *Competência Tributária:* fundamentos para uma teoria da nulidade cit., p. 111.

Daí, portanto, considerando que a definição ora adotada parte da formalização da norma jurídica, eclode a necessidade de nos debruçarmos sobre a estrutura lógica dessa norma, a fim de identificar a sanção na referida esquematização.

Com relação à estrutura lógica, Maria Ângela Lopes Paulino Padilha[10] sustenta que a estrutura hipotético-condicional da norma primária sancionatória é idêntica à estrutura da norma primária dispositiva, isto é, a Regra Matriz de Incidência Tributária. Sendo assim, para a autora, não há qualquer distinção sintática entre as normas e, portanto, a distinção se aloja no aspecto semântico, ao passo em que a norma primária dispositivo pressupõe a prática de um ato lícito, enquanto a norma primária sancionatória pressupõe a prática de um ato ilícito, a chamada "infração tributária":

> As normas primárias sancionatórias apresentam a mesma estrutura lógica da regra-matriz de incidência, vale dizer, um antecedente (proposição-hipótese), descritor de uma classe de fatos, e um consequente (proposição-tese), prescritor de um vínculo jurídico entre dois sujeitos de direito.
>
> Conquanto, sintaticamente, as normas sancionatórias sejam idênticas às normas de incidência tributária, ambas distinguem-se no plano semântico.
>
> A regra-matriz de incidência constitui a regra de comportamento por excelência do Direito Tributário na medida em que dispõe sobre a fenomenologia da incidência tributária.
>
> No seu antecedente, descreve-se um evento lícito que, quando constituído em fato, irá instaurar, imediata e decisivamente, o vínculo jurídico entre os sujeitos ativo e passivo, tendo como objeto prestacional o pagamento de valor pecuniário a título de tributo.
>
> Por sua vez, no antecedente das sancionatórias, descreve-se uma classe de fatos ilícitos, assim qualificados em razão de descumprimento de conduta prescrita no consequente de norma primária tributária.
>
> Essa conduta transgressora do mandamento prescrito, localizada no suposto normativo, é denominada de "infração tributária", ao passo que, no consequente, prescreve-se uma relação sancionatória, cujo objeto prestacional caracteriza-se como uma penalidade.

---

10. *As sanções no direito tributário* cit., p. 39-40.

Em sintonia com Maria Ângela, Robson Maia Lins[11] nos ensina que tais normas, além de serem primárias, ambas podem ser exigidas em conjunto, num único instrumento normativo (veículo introdutor de norma):

> Como bem destaca Paulo de Barros Carvalho, as multas previstas na legislação para o caso de descumprimento do dever de pagar o tributo estão previstas em normas primárias, não em normas secundárias:
>
> [...]
>
> Portanto, quando o Fisco, no mesmo documento normativo – por exemplo, em um Auto de Infração e Imposição de Multa –, constitui o dever de pagar o tributo e o dever de pagar a multa pelo seu não pagamento no prazo assinalado na legislação, aplica duas normas gerais e abstratas distintas, mas ambas primárias.
>
> A primeira norma aplicada é a RMIT – norma primária dispositiva –, cujo antecedente é um lícito (acontecimento que dá ensejo ao dever de pagar o tributo), enquanto a segunda – norma primária sancionadora – prevê um ilícito em seu antecedente (não pagamento do tributo no prazo assinalado na legislação).

Nesse ponto, importa percorrer a estrutura jurídica da norma primária que, segundo Paulo de Barros Carvalho,[12] é formalizada em uma estrutura hipotético-condicional composta por uma hipótese normativa (H) e por um consequente normativo (C), relacionados por uma relação prestacional (→).

Em complemento às lições do insigne jurista paulista, alicerçados pelas lições doutrinárias de Aurora Tomazini de Carvalho,[13] podemos sustentar que a norma jurídica primária dispositiva e a norma jurídica primária sancionatória estão relacionadas por um operador deôntico, conforme a seguinte esquematização:

$$D \{ [H \rightarrow C] \vee [H^1 (-c) \rightarrow S] \}$$

11. LINS, Robson Maia. *Curso de direito tributário brasileiro.* São Paulo: Noeses, 2019. p. 536.

12. CARVALHO, Paulo de Barros. *Direito tributário:* linguagem e método cit., p. 665.

13. CARVALHO, Aurora Tomazini de. *Curso de teoria geral do direito:* o constructivismo lógico-semântico. 3. ed. São Paulo: Noeses, 2013. p. 313-314.

Na esquematização *supra*, Paulo de Barros Carvalho esclarece que o "D" representaria o "dever-ser neutro que outorga validade à norma jurídica".[14] O "H" representaria o antecedente normativo (hipótese) da norma primária dispositiva, relacionado (→) ao consequente normativo (C) prescrito por esta relação, norma esta que se relacionaria com a norma primária sancionatória por um modal deôntico (v). O "H^1" representaria a hipótese normativa da norma primária sancionatória que, por sua vez, seria descrito pelo descumprimento do consequente normativo da norma primária dispositiva (-c), hipótese esta que também estaria relacionada (→) com um consequente normativo que, ao seu turno, seria a sanção (S).

Diante da análise dessa estruturação lógica, fica claro que o ato ilícito pressuposto da construção da norma primária sancionatória é exatamente o descumprimento do consequente normativo da norma primária dispositiva (-c) e, portanto, não há que se cogitar na construção da segunda sem antes construir-se a primeira.

Embora tecnicamente tais normas componham a estrutura completa de uma única norma jurídica, apenas para fins do desfecho seguinte, visando facilitar a compreensão, apelidaremos a norma primária dispositiva de N1, enquanto denominaremos a norma primária sancionatória de N2.

Assim, em outros contornos, a prática do fato jurídico descrito pela hipótese normativa (H) da N1 obriga (modal deôntico obrigatório [Op]) o sujeito que o praticou a prestar a conduta prescrita pelo consequente normativo (C) da N1. No entanto, caso o referido sujeito descumprisse a citada conduta (H^1[-c]) prescrita pelo consequente normativa da N1 (-c), o intérprete competente restaria autorizado a construir a N2, imputando àquele sujeito a sanção (S) – enquanto consequência normativa – prescrita por esta segunda norma jurídica (N2).

14. CARVALHO, Paulo de Barros. *Direito tributário:* linguagem e método cit., p. 665.

Conforme visto, a semelhança entre as normas (N1 e N2) é patente, contudo, isso não autoriza dizer que as normas se confundem. Ora, a distinção não reside apenas no fato de que o surgimento da N2 pressupõe o descumprimento do dever prestacional prescrito pela N1, vai além, já que a distinção entre ambas as normas é, inclusive, axiomática.

Isso porque, voltando-nos ao campo didaticamente setorizado do direito tributário, nos termos do art. 3º e § 1º do art. 113, ambos do Código Tributário Nacional, a N1 terá por objeto a formalização do surgimento da obrigação tributária principal, a qual será construída a partir da prática de um ato lícito:

> Art. 3º Tributo é toda prestação pecuniária compulsória, em moeda ou cujo valor nela se possa exprimir, que não constitua sanção de ato ilícito, instituída em lei e cobrada mediante atividade administrativa plenamente vinculada.
>
> Art. 113. A obrigação tributária é principal ou acessória.
>
> § 1º A obrigação principal surge com a ocorrência do fato gerador, tem por objeto o pagamento de tributo ou penalidade pecuniária e extingue-se juntamente com o crédito dela decorrente.

Entretanto, o descumprimento do dever prestacional de recolher tributo já seria suficiente para caracterizar a prática de ato ilícito, o qual reclama sanção. Dessa forma, em sentido diametralmente oposto, a N2 terá por objeto a formalização da sanção devida em razão da prática de ato ilícito (não recolhimento de tributo).

Nesse sentido, para fins deste estudo, a significação adotada para sanção será o consequente normativo construído em razão do descumprimento do dever prestacional de recolher tributo.

2. Responsabilidade objetiva *vs.* responsabilidade subjetiva

A responsabilidade é o instituto do ordenamento jurídico pátrio que resguarda a conduta lícita e condena a ilícita, visando

"[...] tutelar a atividade do homem que se comporta de acordo com o Direito e reprimir a conduta daquele que o contraria".[15]

Nesse sentido, em termos gerais, a responsabilidade é o instituto do ordenamento jurídico nacional que examina a compatibilidade da conduta do agente com os comportamentos desejados pelo ordenamento jurídico brasileiro para, quando em desacordo, responsabilizar o sujeito infrator para que suporte a sanção devida em razão da prática de seus atos, atos esses que podem ser tanto comissivos, como omissivos.

Harmonizando a presente conceituação com o exame da estrutura lógica das normas jurídicas, restamos autorizados a sustentar que a responsabilidade é definida como o instituto jurídico que qualificará o indivíduo que pratica ato ilícito como sujeito passivo da relação jurídica prescrita pela norma primária sancionatória.

Tal definição também foi empregada pelo cientista jurídico Bruno Fajersztajn,[16] em obra literária dedicada às "Multas no Direito Tributário", oportunidade em que trouxe os seguintes esclarecimentos sobre a definição adotada:

> No que respeita ao tema deste livro, a responsabilidade tem relação com o sujeito passivo da sanção, isto é, com quem deve suportar a sanção. A responsabilidade nesse sentido seria a capacidade jurídica de suportar as sanções. Trata-se do oposto da coatividade, tratada no item II.2.
>
> Na perspectiva da estrutura lógica da norma instituidora das sanções, tratada no tópico II.1.4, a responsabilidade diz respeito à identificação do sujeito passivo da sanção, estando relacionada com o aspecto pessoal da hipótese normativa.
>
> [...]
>
> Por fim, a partir da noção de responsabilidade acima definida, pode-se dizer que o responsável é a pessoa que deverá suportar as sanções. Trata-se do sujeito passivo da sanção.

---

15. CAVALIERI FILHO, Sergio. *Programa de responsabilidade civil*. 9. ed. São Paulo: Atlas, 2010. p. 1.

16. FAJERSZTAJN, Bruno. *Multas no direito tributário*. São Paulo: Quartier Latin, 2019. v. XXVIII, p. 66-70.

Embora não parta dessa abordagem lógica, é nesse sentido que também define Carlos Roberto Gonçalves, ao afirmar que "[...] responsabilidade exprime a ideia de restauração de equilíbrio, de contraprestação, de reparação de dano [...]".[17] Portanto, na esteira dos ensinamentos deste aclamado autor, a obrigação é sempre um dever jurídico principal (consequente da norma jurídica primária dispositiva [C]), enquanto a responsabilidade é sempre um dever jurídico sucessivo (consequente da norma jurídica primária sancionatória [S]), originado do descumprimento da prestação prescrita pela norma primária dispositiva (-c).

Nesse ponto, forçoso registramos nosso corte metodológico, já que, a exemplo do que discorremos no tópico anterior sobre o signo sanção, o signo *responsabilidade* – como toda e qualquer palavra – é vaga e potencialmente ambígua. Contudo, na mesma linha, o presente ensaio não pretende esgotar todas as possíveis significações da palavra responsabilidade, mas apenas utilizar uma entre as possíveis acepções.

Sendo assim, em respeito ao primor técnico exigido nesse âmbito científico, registramos nosso corte metodológico para utilizarmos, neste trabalho, da definição de responsabilidade sobre a acepção de instituto jurídico que obrigado o infrator do consequente normativo da norma primária dispositiva ao cumprimento da sanção prescrita pelo consequente normativo da norma primária sancionatória, conforme trilhado anteriormente.

Ressalvamos, contudo, que a definição eleita não se equivale ao instituto jurídico da responsabilidade tributária, este concebido como a norma jurídica que transmite o ônus da obrigação tributária a um terceiro, o qual necessariamente se diferencia daquel'outro que não praticou o fato-jurídico tributário.

Apenas para facilitar a visualização da diferenciação entre os referidos institutos, válido trazermos a definição de

17. GONÇALVES, Carlos Roberto. *Direito civil brasileiro*. v. 4: responsabilidade civil. 7. ed. São Paulo: Saraiva, 2012. p. 19.

responsabilidade tributária segundo os dizeres de Maria Rita Ferragut:[18]

> Como *proposição prescritiva*, responsabilidade tributária é norma jurídica deonticamente incompleta (norma *lato sensu*), de conduta, que, a partir de um fato não tributário, implica a inclusão do sujeito que o realizou no critério pessoal passivo de uma relação jurídica tributária.
>
> [...]
>
> A responsabilidade é a proposição que tem o condão de alterar a norma individual e concreta que constituiu o crédito tributário, sempre que esta norma (a de constituição) tiver inicialmente previsto um outro indivíduo como sujeito passivo da relação.
>
> [...]
>
> O responsável diferencia-se do contribuinte por ser necessariamente um sujeito qualquer (i) que não tenha praticado o evento descrito no fato jurídico tributário; e (ii) que disponha de meios para ressarcir-se do tributo pago por conta de fato praticado por outrem (destaques conforme originais).

Em sintonia com Ferragut, Regina Helena Costa[19] acrescenta os seguintes ensinamentos:

> O Código concentra sua disciplina na sujeição passiva da obrigação principal, distinguindo entre o sujeito passivo direto e o sujeito passivo indireto.
>
> *Sujeito passivo direto* ou *contribuinte*, na dicção legal, é aquele que "tenha relação pessoal e direta com a situação que constitua o respectivo fato gerador" (art. 121, parágrafo único, I, CTN).
>
> Em outras palavras, é aquele que protagoniza o fato descrito na hipótese de incidência tributária, vale dizer, o sujeito passivo natural da obrigação tributária, aquele que tirou proveito econômico do fato jurídico.
>
> Já o *sujeito passivo indireto*, que o Código denomina genericamente "responsável", está presente quando, "sem revestir a condição

18. FERRAGUT, Maria Rita. *Responsabilidade tributária*. 4. ed. São Paulo: Noeses, 2020. p. 13-14.

19. COSTA, Regina Helena. *Curso de direito tributário:* Constituição e Código Tributário Nacional. 9. ed. São Paulo: Saraiva, 2019. p. 224.

> de contribuinte, sua obrigação decorra de disposição expressa de lei" (art. 121, parágrafo único, II, CTN). É um terceiro em relação ao fato jurídico tributário, mas o eleito pela lei para responder pelo pagamento do tributo. Das distintas categorias de responsabilidade trataremos adiante (os destaques constam nos originais).

Dessa ressalva, sublinhamos que a responsabilidade tributária concerne à alteração do sujeito passivo da obrigação jurídico-tributária (consequente normativo da norma jurídica primária dispositiva), enquanto a acepção de responsabilidade eleita para fins da presente obra se refere ao sujeito que figurará no polo passivo da relação jurídica primária sancionatória. Com isso, à nossa definição de responsável, deflagra-se como irrelevante a qualidade de contribuinte ou não (outrem), bastando apenas que este indivíduo seja o sujeito passivo da relação jurídico-tributária e que a tenha descumprido (-c).

As elucidações de Maria Rita Ferragut[20] corroboram com a definição aqui eleita, ao passo em que define responsabilidade como instituto próprio a todo o sistema normativo, o qual parte da ideia de definir o sujeito a "responder pelas ações", estando apto a "sofrer-lhes as consequências":

> Etimologicamente, "responsabilidade" é signo linguístico que se origina do termo "responder", do latim *respondere*. Segundo Caldas Aulete, responsabilidade significa "obrigação de responder pelas ações próprias ou dos outros; caráter ou estado do que é responsável ou do que está sujeito a responder por certos atos e a sofrer-lhes as consequências".
>
> A responsabilidade aplica-se a todo o sistema jurídico, pois, para que a convivência em sociedade seja organizada e pacífica, o direito deve assegurar que o autor de ato ilícito, violador de direito individual de outrem, responsabilize-se pelos seus atos e pelas suas omissões. Imperioso que se prove, também, que diante das circunstâncias do caso concreto, o sujeito poderia ou deveria ter agido de modo diferente (destaques por conta da autora dos originais).

Ademais, aqui se faz necessário um breve, porém, cirúrgico registo. Enquanto a significação eleita à definição do signo

---

20. *Responsabilidade tributária cit.*, p. 11.

de sanção está vinculada à obrigação prestacional da norma jurídica primária sancionatória (S), a significação eleita à definição do signo responsabilidade se refere ao sujeito passivo dessa obrigação prestacional (critério pessoal). Assim, apesar de poder parecer alguma semelhança entre tais institutos jurídicos, eles em nada se confundem.

Adiante, ainda se faz relevante acrescentarmos que a responsabilidade é gênero, o qual se divide entre as espécies de responsabilidade objetiva e subjetiva e cujo critério de distinção específico é exatamente o elemento volitivo.

Vejamos.

A primeira das espécies (responsabilidade objetiva) independe da constatação do elemento volitivo, isto é, como esclarece Maria Helena Diniz,[21] trata-se da chamada espécie de responsabilidade sem culpa.

Essa espécie de responsabilidade advém da teoria do risco e, portanto, a vontade do agente é irrelevante, devendo ser comprovada a constatação apenas do dano e do nexo causal que, ao que interessa para fins do desfecho deste ensaio, equivalerá à prática do ato ilícito (não recolhimento de tributo [-c]).

Dessa perspectiva, para teoria do risco que suporta a responsabilidade objetiva, a vontade do agente infrator é irrelevante.

A segunda dessas espécies, conforme proclama Roberto Grassi Neto,[22] exige a comprovação do elemento volitivo. Ou seja, para que seja caracterizada, deverá se comprovar a constatação do dolo ou da culpa, esta última, em qualquer de suas formas (imprudência, negligência ou imperícia).

---

21. DINIZ, Maria Helena. *Curso de direito civil brasileiro*. v. 7: responsabilidade civil. 26. ed. São Paulo: Saraiva, 2012. p. 61.

22. GRASSI NETO, Roberto. Responsabilidade objetiva e responsabilidade subjetiva nas relações de consumo. *In*: ALMEIDA, José Luiz Gavião de (Org.). *Temais atuais de responsabilidade civil*. São Paulo: Atlas, 2007. p. 141.

Também segundo Roberto Grassi Neto,[23] essa segunda espécie, por sua vez, encontra baliza na chamada teoria da culpa, a qual pressupõe a constatação do elemento volitivo.

Essa distinção entre as espécies do gênero responsabilidade, foi bastante evidenciada no texto de Bruno Fajersztajn,[24] o qual – como dito – também define responsabilidade enquanto instituto jurídico imbricado ao sujeito passivo da norma primária sancionatória:

> A responsabilidade pode ser subjetiva ou objetiva. É subjetiva quando requer, além da identificação da conduta, do resultado e do nexo causal, a identificação de culpa ou dolo por parte do responsável. Na responsabilidade subjetiva, o agente será responsável se, e somente se, sua conduta decorrer da sua escolha em praticar o ato, de forma intencional ou culposa. A responsabilidade subjetiva assim pressupõe a investigação a respeito da culpabilidade do agente.
>
> A responsabilidade, em algumas situações, pode vir a ser atribuída a certos agentes independentemente de dolo ou culpa, bastando a identificação da conduta, do nexo causal e do resultado. Nesse caso, a responsabilidade é dita objetiva.

Em sentido semelhante, em obra literária que abrange o tema, as lições de Maria Rita Ferragut[25] bem sintetiza essa distinção:

> A responsabilidade civil assenta-se na ideia de indenização. Determina o art. 927 do Código Civil: "Aquele que, por ato ilícito (arts. 186 e 187), causar dano a outrem, fica obrigado a repará-lo." Já os arts. 186 e 187 estabelecem, respectivamente. *in verbis:* "Aquele que, por ação ou omissão voluntária, negligência ou imprudência, violar direito e causar dano a outrem ainda que exclusivamente moral, comete ato ilícito" e "Também comete ato ilícito o titular de um direito que, ao exercê-lo, excede

23. GRASSI NETO, Roberto. Responsabilidade objetiva e responsabilidade subjetiva nas relações de consumo cit., p. 141.

24. *Multas no direito tributário* cit., p. 67.

25. *Responsabilidade tributária* cit., p. 11-12.

> manifestamente os limites impostos pelo seu fim econômico ou social, pela boa-fé ou pelos bons costumes".
>
> Portanto, a responsabilidade assenta-se nas ideias de ato ilícito (ação ou omissão do agente), censurabilidade de sua conduta, culpa ou dolo, prejuízo moral ou patrimonial e nexo causal entre o ato ou a omissão e o prejuízo.
>
> Ocorre que, não obstante a regra geral seja de que o ilícito consista em condição necessária à obrigação de indenizar a vítima, o Código Civil, no parágrafo único do art. 927, estabelece: "Haverá obrigação de reparar o dano, independentemente de culpa, nos casos especificados em lei, ou quando a atividade normalmente desenvolvida pelo autor do dano implicar, por sua natureza, risco para os direitos de outrem" (destaques segundo os originais).

Entretanto, embora a sintetização supratranscrita tenha partido do instituto da responsabilidade civil, em tudo se aproveita à definição ora proposta. Isso porque, embora a responsabilidade civil disponha – em regra – da relação entre particulares e, portanto, exija a configuração do dano, nosso estudo se presta a examinar a relação jurídico-tributária, sempre celebrada entre o súdito e o Estado e cujo dano será percebido pela mera ausência de recolhimento de tributo.

Dessarte, ainda importa mencionarmos que tais espécies do gênero responsabilidade refletirão na estrutura lógica da norma jurídica da seguinte forma: quando diante da responsabilidade objetiva, o sujeito infrator que descumprir o consequente normativo da norma primária dispositiva (-c) necessariamente figurará no polo passivo da relação jurídica prescrita pelo consequente da norma primária sancionatória (S), independentemente da constatação do elemento volitivo; ao revés, quando em face da responsabilidade subjetiva, ainda que o sujeito infrator também descumpra o consequente normativo da norma primária dispositiva (-c), na ausência do elemento volitivo, ele não figurará no polo passivo da relação jurídica prescrita pela norma primária sancionatória (S) e, na ausência de sujeito passivo, sequer poderá se falar em sanção.

Feitos tais esclarecimentos, resta identificar qual dessas espécies denota a responsabilidade que se presta a imputar a sanção ao sujeito infrator que descumpriu a obrigação tributária prescrita pela Regra Matriz de Incidência Tributária (-c). Em outros dizeres, agora nos cabe identificar se a responsabilidade pelo não recolhimento de tributo é objetiva ou subjetiva, *i.e.*, se depende ou não da comprovação do elemento volitivo (dolo ou culpa), o que faremos no tópico a seguir.

3. Responsabilidade por infrações em matéria tributária: objetiva ou subjetiva?

Primeiro ponto que merece ser destacado ao se propor a interpretação da aplicação de sanções, em matéria tributária, é que o art. 136 do Código Tributário Nacional não estabeleceria responsabilidade objetiva do agente que descumpre a norma tributária. Consoante se demonstrará a seguir, o elemento intencional é de fundamental importância para caracterização do ilícito tributário.

Nesse ponto específico é que se propõe a análise do art. 136 do Código Tributário Nacional, não obstante parte da doutrina[26] sinalize para imposição de responsabilidade objetiva em matéria tributária, fato é que a disposição do supradito dispositivo, é iluminada por uma série de princípios, de forma a orientar a impossibilidade de se atribuir a responsabilidade objetiva em matéria tributária.

Vale o registro de que o tema não é pacífico perante a doutrina nacional, conforme em contraponto elaborado por Bruno Fajersztajn:

> Há intenso debate sobre o tema em matéria tributária, eis que o art. 136 do CTN estabelece que a responsabilidade por infrações dessa natureza independe da intenção do agente. Muitos sustentam que tal disposição prevê a responsabilidade objetiva por

26. CARVALHO, Paulo de Barros. *Curso de direito tributário*. 19. ed. São Paulo: Saraiva, 2007. p. 548; TORRES, Ricardo Lobo. *Curso de direito financeiro e tributário*. 20. ed. Rio de Janeiro, 2018. p. 259; COELHO, Sacha Calmon Navarro. *Curso de direito tributário brasileiro*. 17. ed. Rio de Janeiro: Forense, 2020. p. 483.

> infrações em matéria tributária. Tal entendimento é inaceitável quando se está diante de sanções punitivas, pois não se deve punir quem não agiu com um mínimo de culpabilidade.[27]

Nessa senda, o ilustre mestre das Arcadas, Ruy Barbosa Nogueira, aponta incisivamente pela incorreta interpretação que se deve conferir ao art. 136 do Código Tributário Nacional, ao dissociá-lo dos demais dispositivos de direito, essencialmente, do disposto no inciso III do art. 112 do mesmo postulado legal.

Cumpre transcrever o teor dos dispositivos:

> Art. 112. A lei tributária que *define infrações*, ou lhe comina penalidades, interpreta-se da maneira mais favorável ao acusado, em caso de dúvida quanto:
>
> I – à capitulação legal do fato;
>
> II – à natureza ou às circunstâncias materiais do fato, ou à natureza ou extensão dos seus efeitos;
>
> *III – à autoria, imputabilidade, ou punibilidade;*
>
> IV – à natureza da penalidade aplicável, ou à sua graduação.
>
> [...]
>
> Art. 136. Salvo disposição de lei em contrário, a responsabilidade por infrações da legislação tributária independe da intenção do agente ou do responsável e da efetividade, natureza e extensão dos efeitos do ato.

Nas palavras do autor melhor se evidencia:

> Ao capitularem isoladamente o dispositivo no art. 136 do CTN, sem compreendê-lo, e mais, omissivamente, por não o conjugarem com o disposto no item III do art. 112 acima transcrito, pensam que o art. 136 criou entre nós a responsabilidade objetiva, o que veremos agora que não aconteceu.[28]

---

27. *Multas no direito tributário* cit., p. 69.

28. NOGUEIRA, Ruy Barbosa. *Curso de direito tributário*. 14. ed. São Paulo: Saraiva, 1995. p. 106.

Aponta Ruy Barbosa Nogueira, que a interpretação conjunta dos referidos dispositivos conduz à interpretação de que a regra geral é que nem sempre deve estar presente o elemento subjetivo específico, qual seja o *dolo*, satisfazendo requisito para imputação de mera conduta culposa.[29]

Acrescenta o mestre: "Em outras palavras, não existe, em nosso sistema, a arqueológica 'responsabilidade objetiva' ou a infração sem culpa",[30] e após promover interpretação comparada com direito Suíço e Alemão, em uma aplicação segundo princípio universal, conclui que não se pode atribuir responsabilidade tributária quando não há dolo ou culpa. Em suas palavras: "Isto é, punir alguém com base em 'infração objetiva' *ou* sem culpa é impossível no Estado de Direito, porque isso foi prática só adotada ao tempo da barbárie".[31]

Na mesma linha, Paulo Roberto Coimbra Silva,[32] igualmente, dispende críticas com relação à adoção da responsabilidade objetiva para regular as sanções tributárias:

> A responsabilidade pela prática do ilícito fiscal tem sido tradicionalmente considerada, por diversos autores, como importante ponto de distinção entre as infrações estritamente tributárias e as penais de cunho fiscal. Contudo, acredita-se que os efeitos distintivos decorrentes da responsabilidade pela prática do ilícito sejam muito mais amenos do que aqueles usualmente aceitos pela doutrina pátria em geral. Não apenas isso, pois a

29. Prossegue o autor: "O que o disposto no art. 136 veio estatuir como regra geral é que nem sempre é preciso ocorrer o dolo ou intenção do agente ou responsável para ser caracterizada infração da legislação tributária.
Na generalidade, para ocorrência da infração fiscal, basta o grau de culpa, seja por negligência, imprudência ou imperícia. O requisito do dolo ou intenção para tipificação de infrações fiscais é somente para certos casos mais graves, especificadamente configurados na lei como dolosos, como é exemplo o do crime de sonegação fiscal, pois este somente pode ocorrer se integrado pelo dolo. Não se configura como crime de sonegação a evasão apenas culposa, mas somente dolosa" (NOGUEIRA, Ruy Barbosa. *Curso de direito tributário*. 14. ed. São Paulo: Saraiva, 1995. p. 106).

30. NOGUEIRA, Ruy Barbosa. *Curso de direito tributário* cit., p. 107.

31. Ibidem, p. 107.

32. SILVA, Paulo Roberto Coimbra. *Direito tributário sancionador*. São Paulo: Quartier Latin, 2007. p. 244-245.

> responsabilidade subjetiva pode servir, atualmente, como genuíno fator de aproximação entre os ilícitos estritamente fiscais e os delituosos.
>
> Tem sido reconhecido o elemento subjetivo como critério distintivo entre as infrações tributárias e os delitos fiscais em razão do entendimento, outrora predominante, e decorrente de uma interpretação açodada do art. 136 do CTN, de haver o digesto tributário albergado a tese da responsabilidade objetiva para os ilícitos tributários não penais. Nesse diapasão, seria irrelevante, para a sua configuração e punição, qualquer consideração de cunho subjetivo. Realmente, caso prevalecesse tal entendimento, haveria notória distinção entre as figuras sob foco, porquanto o crime jamais prescinde da culpabilidade. Seja qual for a teoria do crime a ser adotada, não se pode conceber a imposição de qualquer pena sem a realização de uma conduta antijurídica, tipificada e, ao menos, culposa.
>
> Contudo, a responsabilidade pelas infrações estritamente fiscais é questão muito rica, que comporta entendimentos diversos, e requer análise e reflexões mais profundas do que aquelas que lhe são dedicadas pelos doutrinadores que admitem sua modalidade objetiva para as infrações tributárias.

Em sintonia com as críticas supratranscritas, Luís Eduardo Schoueri[33] sustenta que a reponsabilidade pelas infrações tributárias tem caráter subjetivo:

> O capítulo da "Responsabilidade por Infrações" inicia-se, no Código Tributário Nacional, com a previsão da dispensa do elemento doloso para a sua configuração. Eis o que dispõe o art. 136:
>
> [...]
>
> É comum a referência ao dispositivo acima citado para que se afirme que, em matéria de infração tributária, a responsabilidade seria objetiva.
>
> Não é este, entretanto, o teor do dispositivo. Ele exclui, por certo, a necessidade de que se constate a presença do elemento doloso para a configuração da responsabilidade.
>
> Nada diz quanto à dispensa do elemento culposo.

---

33. SCHOUERI, Luís Eduardo. *Direito tributário*. 7. ed. São Paulo: Saraiva, 2017. p. 859-860.

> Com efeito, o art. 136 constitui importante variação da disciplina do Direito Tributário Penal, em relação ao Direito Penal. Neste, nos termos do parágrafo único do art. 18 do Código Penal, "salvo os casos expressos em lei, ninguém pode ser punido por fato previsto como crime, senão quando o pratica dolosamente".
>
> Em síntese: se para o Direito Penal Tributário, a forma culposa é exceção, devendo vir expressamente prevista em lei, na matéria tributária penal a regra é a infração meramente culposa, não se exigindo a presença do dolo, exceto se a lei assim o previr.
>
> Não tem cabimento, por outro lado, imposição de penalidade sem que sequer se evidencie a culpa do agente. Ao contrário, viu-se acima que até mesmo o Princípio da Pessoalidade da Pena foi absorvido pelo Direito Tributário Penal. Inexistindo culpa ou dolo, não surge a pretensão punitiva do Estado, pelo mero fato de que não há o que punir.
>
> Também evidenciam que o Código Tributário Nacional não dispensa o elemento subjetivo (se não dolo, pelo menos culpa) para que se caracterize a infração, a circunstância de admitir a remissão por "erro ou ignorância escusáveis" sobre matéria de fato (art. 172, II e IV) e a própria possibilidade de equidade para afastar a imposição de penalidades (art. 108, IV). Finalmente, se o sujeito passivo demonstra que agiu de boa-fé, caracterizada por ter seguido a "legislação tributária", não fica sujeito a penalidade (art. 100, parágrafo único).

Arremata o autor[34] ao afirmar que não há, no direito tributário, como se admitir a aplicação de sanção sem a presença do elemento volitivo, seja em sua modalidade culposa ou dolosa, atribuindo a esta o caráter de exceção, enquanto que a regra do sistema tributário seria a modalidade culposa.

Em igual sentido, também devotando críticas ao posicionamento que defende a natureza objetiva da responsabilidade

---

34. "É comum referência ao dispositivo acima citado para que se afirme que, em matéria de infração tributária, a responsabilidade seria objetiva.
Não é este, entretanto, o teor do dispositivo. Ele exclui, por certo, a necessidade de que se constate a presença do elemento doloso para a configuração da responsabilidade. Nada diz quanto a dispensa do elemento culposo" (SCHOUERI, Luíz Eduardo. *Direito tributário*. 9. ed. São Paulo: Saraiva Educação, 2019. p. 875).

pelas sanções tributárias, ao analisar o enunciado prescritivo veiculado pelo art. 136 do CTN, Luciano Amaro[35] conclui:

> A doutrina costuma, à vista desse dispositivo, dizer que a responsabilidade por infrações tributárias é *objetiva*, uma vez que não seria necessário pesquisar a eventual presença do elemento subjetivo (dolo ou culpa). Veja-se, por exemplo, a lição de Ricardo Lobo Torres, Paulo de Barros Carvalho e Eduardo Marcial Ferreira Jardim.
>
> Por outro lado, Luiz Flávio Gomes diz que o art. 136 é "absolutamente inconstitucional", por tratar da "responsabilidade no sentido *objetivo* (imposição de sanção sem dolo ou culpa)", conflitando com a "presunção de inocência".
>
> Talvez o Código não mereça nenhum desses comentários. O preceito questionado diz, em verdade, que a responsabilidade não depende da *intenção*, o que torna (em princípio) irrelevante a presença de *dolo* (vontade consciente de adotar a conduta ilícita), mas não afasta a discussão da *culpa* (em sentido estrito). Se ficar evidenciado que o indivíduo não quis descumprir a lei, e o eventual descumprimento se deveu a razões que escaparam a seu controle, a infração ficará descaracterizada, não cabendo, pois, falar-se em responsabilidade (os destaques constam no original).

Ainda sob a batuta do citado mestre, não se quer dizer que a responsabilidade tributária estaria afastada por mero equívoco, ou ainda, por desconhecimento da legislação tributária, mas sim por situações extremas em que não se possa atribuir a reponsabilidade tributária por infração provocada por ato culposo,[36] praticado com imperícia, negligência e imprudência, admitindo, portanto, a exclusão da culpabilidade.

Por fim, não são outras as preleções do jurista Hugo de Brito Machado, em sua interpretação da norma jurídica (em

35. AMARO, Luciano. *Direito tributário brasileiro*. 10. ed. São Paulo: Saraiva, 2004. p. 430.

36. "Em suma, parece-nos que não se pode afirmar ser objetiva a responsabilidade tributária (em matéria de infrações administrativas) e, por isso, ser inadmissível todo tipo de defesa do acusado com base na ausência de culpa. O que, em regra, não cabe é a alegação de ausência de dolo para eximir-se de sanção por infração que não requer intencionalidade" (AMARO, Luciano. *Direito tributário brasileiro*. 22. ed. São Paulo: Saraiva, 2016. p. 476).

sentido amplo) enunciada pelo art. 136 do CTN da seguinte forma:

> A responsabilidade por infrações à legislação tributária é disciplinada pelos arts. 136 a 138 do CTN.
>
> Na sua primeira parte, o art. 136 estabelece que a responsabilidade por infrações independe da intenção do agente ou do responsável. Com isso, dispensa o dolo como elemento dos tipos que definem as infrações tributárias. A regra geral em matéria de infrações tributárias, assim, é que a culpa é suficiente para a responsabilização do agente. A necessidade do dolo é que deve ser expressamente exigida, quando assim entender o legislador. Trata-se de regra inversa à que se tem no direito penal, porquanto o art. 18 do Código Penal dispõe: "Salvo os casos expressos em lei, ninguém pode ser punido por fato previsto como crime, senão quando o pratica dolosamente".
>
> [...]
>
> Em matéria de infrações à legislação tributária não se requer, como regra, que o agente tenha a intenção de praticar a infração, bastando que aja com culpa. E a culpa é presumida, porquanto cabe aos contribuintes agir com diligência no cumprimento das suas obrigações fiscais. Essa presunção relativa pode ser afastada pelo contribuinte que demonstre que agiu diligentemente. Aliás, o próprio Código afasta expressamente a imposição de penalidades, por exemplo, quando o contribuinte tenha incorrido em ilegalidade induzido por normas complementares, como regulamentos e instruções normativas (art. 100, parágrafo único, do CTN). Em recente precedente, o STJ decidiu: "tendo o contribuinte sido induzido a erro, ante o não lançamento correto pela fonte pagadora do tributo devido, fica descaracterizada sua intenção de omitir certos valores da declaração do imposto de renda, afastando-se a imposição de juros e multa ao sujeito passivo da obrigação tributária". Em outro precedente lavrado no mesmo sentido, destacou que, em tais casos, a responsabilidade deve recair sobre a fonte pagadora e não sobre o contribuinte induzido em erro. Há precedente, também, dando relevância à boa-fé do contribuinte e concluindo: "I– Presume-se a boa-fé do contribuinte quando este reiteradamente recolhe o ISS sobre sua atividade, baseado na interpretação dada ao Decreto-Lei 406/68 pelo Município, passando a se caracterizar como costume, complementar à referida legislação. II – A falta de pagamento do ICMS, pelo fato de se presumir ser contribuinte do ISS, não impõe a condenação em multa, devendo-se incidir os juros e a

correção monetária a partir do momento em que a empresa foi notificada do tributo estadual".[37]

A professora da PUC-SP e Ministra do Superior Tribunal de Justiça, Regina Helena Costa,[38] em seu *Curso de direito tributário*, igualmente manifesta sua posição no sentido de que não há, nas disposições do Código Tributário Nacional, imposição de regra de responsabilidade objetiva em matéria de infrações tributárias, de forma que, o que se está a afastar, seria somente necessidade de demonstração do dolo, mas não a culpa em sentido estrito, o que admitiria a possibilidade de demonstração de excludentes de imputabilidade, posição em que lhe acompanham Leandro Paulsen[39] e João Carlos de Lima Junior.[40]

---

37. PAULSEN, Leandro. *Curso de direito tributário completo*. 8. ed. São Paulo: Saraiva, 2017. p. 230-232.

38. "Dessa cláusula, muitos extraem a conclusão de que se cuida de *responsabilidade objetiva*.
Entretanto, parece-nos equivocada tal interpretação. Isto porque responsabilidade objetiva é aquela que prescinde da ideia de culpa, em seu sentido amplo, vale dizer, a abranger tanto o dolo quanto a culpa em sentido estrito (negligência, imprudência ou imperícia). Ora, quando a lei declara que a responsabilidade por infrações à legislação tributária independe da intenção do agente, há que se entender estar afastado tão somente o dolo e não a culpa em sentido estrito. Logo, tal responsabilidade não exige dolo para a sua configuração. Mas, por evidente, exige a culpa do infrator, como é a regra em matéria de direito sancionatório, o que demonstra tratar-se de autêntica responsabilidade subjetiva" COSTA, Regina Helena. *Curso de direito tributário:* Constituição e Código Tributário Nacional. 9. ed. São Paulo: Saraiva Educação, 2019. p. 324-325.

39. "Na sua primeira parte, o art. 136 estabelece que a responsabilidade por infrações independe da intenção do agente ou do responsável. Com isso, dispensa o dolo como elemento dos tipos que definem infrações tributárias. A regra geral em matéria de infrações tributárias, assim, é que a culpa é suficiente para a responsabilização do agente. A necessidade do dolo é que deve ser expressamente exigida, quando assim entender o legislador" (PAULSEN, Leandro. *Curso de direito tributário completo*. 10. ed. São Paulo: Saraiva Educação, 2019. p. 249)

40. "Certo é que se constata, indubitavelmente, o descabimento da tese da responsabilidade objetiva pela prática de ilícitos tributários, já que se torna incompatível com o arcabouço de garantias individuais desenhadas pela Constituição, com ênfase naqueles atinentes à matéria sancionadora. Apenar alguém que não agiu com culpa, entre outros, ataca a razoabilidade, a equidade, a liberdade, a segurança jurídica e o não confisco" (LIMA JUNIOR, João Carlos de. *Interpretação e aplicação das multas de ofício, de ofício qualificada, de ofício agravada e isolada*. São Paulo: Noeses, 2018. p. 126.)

Nesse sentido, parece-nos inevitável concluir que a responsabilidade para responder pelas infrações tributárias será espécie de responsabilidade subjetiva, a qual dispensará a comprovação do dolo, limitando-se a exigir a comprovação da existência de culpa em sentido estrito.

Fixadas tais premissas, resta-nos examinar se, no contexto da pandemia internacional da corona vírus (Covid-19), seria possível identificar o elemento volitivo (culpa) nos atos praticados pelos sujeitos infratores que se furtaram – e boa parte permanecem se furtando – do recolhimento de tributos.

4. As infrações tributárias e a pandemia Covid-19

O enfrentamento das questões impostas pela pandemia se apresenta de tal forma que a busca por soluções não se pode encontrar nos manuais, ou pelo menos, não se pode sacar dos manuais as conclusões como se estivéssemos tratando de situações comuns e ordinárias.

Resta patente a noção de que, em matéria tributária sancionatória, o elemento da culpabilidade é condição *sine qua non* para a aplicação de qualquer sanção, o que foi muito bem compilado nas lições de Bruno Fajersztajn.[41]

É público e notório que a pandemia da Covid-19 constitui fato de imprevisível ocorrência e impossibilidade completa de ser evitada,[42] o que subsume-se às disposições de caso fortuito e de força maior.

41. A culpabilidade é condição para a imposição de qualquer sanção de caráter punitivo em um regime jurídico baseado no Estado de Direito. A punição requer que um ato, além de ilícito, tenha sido praticado por alguém que, no exercício do livre arbítrio, tenha capacidade de escolher e posicionar-se entre a licitude e a ilicitude, entre o Direito e o injusto. Não basta que tenha havido a conduta ilícita: é necessário verificar se essa conduta poderia ser evitada pelo agente" (FAJERSZTAJN, Bruno. *Multas no direito tributário* cit., p. 202).

42. "The outbreak of Covid-19 is resulting in a health crisis and a drop in economic activity that are without precedent in recent history. Containing and mitigating the spread of the virus has rightly been the first priority of public authorities, to reduce the incidence of the disease, limit the pressure on healthcare systems and prepare

Na definição dos institutos de caso fortuito e força maior cumpre colacionar as lições de Pontes de Miranda ao lecionar:

> Que é caso fortuito? Que se entende, no art. 1.527, por fôrça maior? No Código Civil há definição global de caso fortuito e fôrça maior, "fato necessário, cujos efeitos não era possível prever, nem impedir". Deve-se à Câmara dos Deputados, por indicação de AMARO CAVALCANTI (Trabalhos, VI, 347). Nos tratadistas brasileiros, encontramos: "A influência do cargo faz-se notar na ordem jurídica como em outras ordens de relações". "Em direito, o acaso manifesta-se sob a forma de fôrça maior ou caso fortuito: compreende a ação de causas que estão fora do alcance da vontade humana, isto é, tudo que se não pode prever, ou que, previsto, não se pode evitar'. "Fôrça maior diz-se mais propriamente de acontecimento insólito, de impossível ou dificílima previsão, tal uma extraordinária sêca, uma inundação, um incêndio, um tufão, etc.". Caso fortuito é um sucesso previsto, mas fatal, como a morte, a doença, etc. "Nesse sentido pode considerar-se caso fortuito gênero, de que a fôrça maior é a espécie (FRANCISCO DE PAULA LACERDA DE ALMEIDA, Obrigações, § 36, texto e nota 3)". CLÓVIS BEVILÂQUA (Código Civil comentado, IV, 216) seguiu a TH. HUC: caso fortuito é o "acidente produzido por fôrça física inteligente, em condições que não podiam ser previstas pelas partes"; fôrça maior, "o fato de terceiro, que criou para a execução da obrigação obstáculo, que a boa vontade do devedor não pode vencer". [...] Sôbre fôrça maior e caso fortuito, Tomos II, § 178; XXIII, §§ 2.784, 1; 2.786; 2.792-2.794; XXII, §§ 2.690, 4 e 2.717, 4, 5; XXVI, §§ 8.102 e 3.103.[43]

Cabe-nos chamar a atenção para as medidas de contenção ao convívio social estabelecidas nos âmbitos dos governos federal, estadual e municipal, que impôs regras rígidas de fechamento dos estabelecimentos industriais e comerciais, os

---

for a stronger rebound as mitigation measures are relaxed" (OCDE. *Tax and fiscal policy in response to the coronaviris crisis: Strengthening Confidence and Resilience*. Disponível em: https://bityli.com/L8vQSc. Acesso em: 20 set. 2021). Em tradução livre: O surto de Covid-19 está resultando em uma crise sanitária e depressão econômica sem precedentes na história recente. Conter e mitigar a propagação do vírus tem sido justamente a primeira prioridade das autoridades públicas, para reduzir a incidência da doença, limitar a pressão sobre os sistemas de saúde e preparar-se para a recuperação mais forte conforme as medidas de mitigação são relaxadas.

43. MIRANDA, Pontes de. *Tratado de direito privado*. Campinas: Bookseller, 1999. t. 53, p. 53.

chamados *lockdown*, o que impactou diretamente o fluxo de faturamento das empresas.

Não obstante a redução no fluxo de caixa das empresas, é patente o fato de que as medidas impostas de distanciamento social e a necessidade do desenvolvimento das atividades em regimes de teletrabalho igualmente implicaram uma série de consequências no que tocam ao cumprimento de obrigações acessórias, diminuindo a capacidade das empresas de atenderem a contento o complexo e intrincado universo de deveres instrumentais. Destaque-se que eventual atraso no cumprimento de obrigações acessórias, ou mesmo a ausência de entrega de declarações e informações implica a imposição de penalidades pecuniárias.

É inolvidável a concepção de que o caso fortuito e a força maior retiram completamente o elemento volitivo do agente, de forma que não há que se falar em qualquer liberdade de escolha sobre determinada conduta e poder-se posicionar sobre a licitude ou ilicitude da conduta, o que afasta toda e qualquer reponsabilidade por infrações cujas causas possam ser apontadas pela instaurada pandemia da Covid-19.

Em situação análoga, ao analisar a aplicação da *boa-fé* em matéria de sanções tributárias, o agora Ministro do Supremo Tribunal Federal, Luiz Fux, em voto proferido quando ainda Ministro do Superior Tribunal de Justiça, estabelece a inexistência de aplicação da responsabilidade objetiva,[44] o que demandaria, necessariamente, o elemento volitivo.

Vê-se em diversos julgados do Egrégio Superior Tribunal de Justiça a aplicação *in concreto* do entendimento de que a imposição de penalidades tributárias considera, ao menos, a necessidade da presença do elemento culpa em sentido

---

44. STJ. REsp 743.839/RS, Rel. Ministro Luiz Fux, Primeira Turma, julgado em 14.11.2006, *DJ* 30.11.2006, p. 154.

estrito,[45] ao afastar a punibilidade em razão da boa-fé,[46] caso fortuito e força maior,[47] e até mesmo de erro.[48]

Não queremos, com isso, sustentar que os contribuintes se verão dispensados da satisfação de suas obrigações tributárias que, como visto, pressupõem a prática de fato lícito. O que pretendemos advogar é que, no eventual descumprimento de suas obrigações tributárias (fato ilícito) motivo na impossibilidade de cumpri-las em razão da pandemia da Covid-19, o Estado não poderá apenar seus súditos por meio da imposição de sanção.

Arrematamos, por fim, com alicerce nas precisas preleções de Robson Maia Lins,[49] que toda e qualquer sanção pecuniária ostentará caráter sancionatório, independentemente da denominação atribuída a tais sanções (multa de ofício, multa de mora etc.), ao passo em que, "[d]e plano firmamos posição no sentido de que as multas tributárias são todas elas de caráter sancionatório, não sendo possível as separar em multa sancionatória e multa indenizatória".

5. Conclusões

O subsistema tributário sancionador é um conjunto de normas jurídicas, em sentido lato, que se encontram na intersecção dos subconjuntos de normas de direito tributário e normas de direito sancionador, de forma que há

---

45. STJ. REsp 68.087/SP, Rel. Ministro Castro Meira, Segunda Turma, julgado em 03.06.2004, *DJ* 16.08.2004, p. 156.

46. STJ. EREsp 1657359/SP, Rel. Ministro Gurgel de Faria, Primeira Seção, julgado em 14.03.2018, *DJe* 19.03.2018.

47. STJ. AREsp 1284725/SP, Rel. Ministro Francisco Falcão, Segunda Turma, julgado em 16.10.2018, *DJe* 24.10.2018.

48. STJ. REsp 704.845/PR, Rel. Ministro Mauro Campbell Marques, Segunda Turma, julgado em 19.08.2008, *DJe* 16.09.2008; STJ. REsp 1317272/PR, Rel. Ministro Mauro Campbell Marques, Segunda Turma, julgado em 21.02.2013, *DJe* 28.02.2013; AgRg no REsp 1384020/SP, Rel. Ministro Herman Benjamin, Segunda Turma, julgado em 19.09.2013, *DJe* 26.09.2013.

49. *Curso de direito tributário brasileiro* cit., p. 543.

grande permeabilidade de princípios orientadores de ambos os subconjuntos.

Em matéria de responsabilidade, não há como se conceber atribuição de penalidades, por ações ou omissões, que prescindam da demonstração da ocorrência de culpabilidade, ainda que praticadas com imperícia, imprudência ou negligência.

Transportando-se tais noções para o direito tributário, a interpretação possível do art. 136 do Código Tributário Nacional é justamente no sentido de que não se exige, como regra, a presença de dolo; entretanto, deve estar presente, pelo menos, a conduta culposa.

A pandemia da Covid-19 implicou severas consequências econômicas, financeiras e organizacionais nas empresas e, de fato, podem ter ocasionado um número infindável de descumprimentos de obrigações tributárias, principais ou acessórias.

Por se tratar de eventos que retiram qualquer margem de decisão dos contribuintes ao se colocarem em situação de inadimplemento dessas obrigações, é de se concluir que para esses casos não deve haver a incidência de penalidades pecuniárias, qualquer que seja a nomenclatura a elas atribuídas.

Nesse sentido, no caótico cenário da pandemia da Covid-19, o Estado não poderá incorporar a figura do amaldiçoado Erisictão, exigindo insaciavelmente de seus súditos pecúnia a título de sanção, sob pena de inviabilizar, inclusive, a prática da atividade econômica e, com isso, fazer com que os contribuintes sucumbam ao seu insaciável apetite arrecadatório. Afinal, ao fazê-lo, invariavelmente, o Estado terminaria por inviabilizar fatidicamente a satisfação das obrigações tributárias principais (consequente normativo da norma primária dispositiva) e, no final do dia, prejudicaria até mesmo a arrecadação, restando fadado ao mesmo desfecho reservado ao Erisictão, isto é, autoconsumir-se-ia em sua própria loucura.

Referências

AMARO, Luciano. *Direito tributário brasileiro*. 10. ed. São Paulo: Saraiva, 2004.

AMARO, Luciano. *Direito tributário brasileiro*. 22. ed. São Paulo: Saraiva, 2016.

CAVALIERI FILHO, Sergio. *Programa de responsabilidade civil*. 9. ed. São Paulo: Atlas, 2010.

CARVALHO, Aurora Tomazini de. *Curso de teoria geral do direito:* o constructivismo lógico-semântico. 3. ed. São Paulo: Noeses, 2013.

CARVALHO, Paulo de Barros. *Direito tributário:* linguagem e método. 5. ed. São Paulo: Noeses, 2013.

CARVALHO, Paulo de Barros. *Curso de direito tributário*. 19. ed. São Paulo: Saraiva, 2007.

COELHO, Sacha Calmon Navarro. *Curso de direito tributário brasileiro*. 17. ed. Rio de Janeiro: Forense, 2020.

COSTA, Regina Helena. *Curso de direito tributário:* Constituição e Código Tributário Nacional. 9. ed. São Paulo: Saraiva, 2019.

DINIZ, Maria Helena. *Curso de direito civil brasileiro*. v. 7: responsabilidade civil. 26. ed. São Paulo: Saraiva, 2012.

FAJERSZTAJN, Bruno. *Multas no direito tributário*. São Paulo: Quartier Latin, 2019. v. XXVIII.

FERRAGUT, Maria Rita. *Responsabilidade tributária*. 4. ed. São Paulo: Noeses, 2020.

GAMA, Tácio Lacerda. *Competência tributária:* fundamentos para uma teoria da nulidade. 2. ed. São Paulo: Noeses, 2011.

GONÇALVES, Carlos Roberto. *Direito civil brasileiro*. v. 4: responsabilidade civil. 7. ed. São Paulo: Saraiva, 2012.

GRASSI NETO, Roberto. Responsabilidade objetiva e responsabilidade subjetiva nas relações de consumo. *In*: ALMEIDA, José Luiz Gavião de (Org.). *Temais atuais de responsabilidade civil*. São Paulo: Atlas, 2007. p. 136-150.

LINS, Robson Maia. *Curso de direito tributário brasileiro*. São Paulo: Noeses, 2019.

LIMA JUNIOR, João Carlos de. *Interpretação e aplicação das multas de ofício, de ofício qualificada, de ofício agravada e isolada*. São Paulo: Noeses, 2018.

MACHADO, Hugo de Brito. Teoria das sanções tributária. *In:* MACHADO, Hugo de Brito (Coord.). *Sanções administrativas tributárias*. São Paulo: Dialética, 2004.

MIRANDA, Pontes de. *Tratado de direito privado*. Campinas: Bookseller, 1999. t. 53.

NOGUEIRA, Ruy Barbosa. *Curso de direito tributário*. 14. ed. São Paulo: Saraiva, 1995.

OCDE. *Tax and fiscal policy in response to the coronaviris crisis: Strengthening Confidence and Resilience*. Disponível em: https://bityli.com/L8vQSc. Acesso em: 20 set. 2021.

PADILHA, Maria Ângela Lopes Paulino. *As sanções no direito tributário*. São Paulo: Noeses, 2015.

PAULSEN, Leandro. *Curso de direito tributário completo*. 8. ed. São Paulo: Saraiva, 2017.

PAULSEN, Leandro. *Curso de direito tributário completo*. 10. ed. São Paulo: Saraiva Educação, 2019.

SCHOUERI, Luís Eduardo. *Direito tributário*. 7. ed. São Paulo: Saraiva, 2017.

SCHOUERI, Luíz Eduardo. *Direito tributário*. 9. ed. São Paulo: Saraiva Educação, 2019.

SILVA, Paulo Roberto Coimbra. *Direito tributário sancionador*. São Paulo: Quartier Latin, 2007.

TORRES, Ricardo Lobo. *Curso de direito financeiro e tributário*. 20. ed. Rio de Janeiro, 2018.

VILANOVA, Lourival. *Causalidade e relação no direito*. 5. ed. São Paulo: Noeses, 2015.

MULTA DE MORA NO DIREITO TRIBUTÁRIO: A ILEGITIMIDADE DE SUA CONSTITUIÇÃO "VIA SISTEMA" PELA RECEITA FEDERAL DO BRASIL

Leonardo Avelar da Fonte[1]

Rafaella Santos Costa[2]

1. Introdução

Este artigo tem por objetivo central investigar se a constituição e exigência da multa de mora no Direito Tributário pressupõe a edição de um ato administrativo formal por parte da autoridade competente (auto de infração, lançamento etc.) ou se, para tanto, bastaria a inserção desse débito "via sistema" em face do sujeito passivo, especialmente naqueles casos em que o crédito tributário referente ao principal (tributo) não é objeto de controvérsia, por ter sido objeto de declaração ("confissão") por parte do sujeito passivo. Vale dizer, uma

---

1. Mestre em Direito Tributário pela Pontifícia Universidade Católica de São Paulo (PUC/SP). Procurador do Município do Recife. Advogado. *E-mail:* leonardofonte@erickmacedo.adv.br

2. Mestranda em Direito pela Universidade Federal de Pernambuco (UFPE). Pós-graduada em Direito Tributário pelo Instituto Brasileiro de Estudos Tributários (IBET). Advogada. *E-mail:* rafaella@erickmacedo.adv.br

vez "confessado" pelo contribuinte exclusivamente o crédito tributário (e não a multa de mora), a ausência do respectivo pagamento a tempo autoriza a exigência automática de multa de mora, por simples registro no "sistema", ou, a constituição desse crédito demanda a prática de algum outro ato formal por parte da autoridade tributária?

Essa é uma discussão atual e que, segundo nos parece, não tem recebido grande atenção, em especial, numa hipótese muito específica.

Como se sabe, há mais de 10 (dez) anos, é consolidado, no âmbito do Superior Tribunal de Justiça e sob a sistemática dos recursos repetitivos, o entendimento de que o instituto da denúncia espontânea é apto a afastar a incidência de multa de mora e de outras penalidades eventualmente previstas em lei, admitindo-se a exigência ao contribuinte, exclusivamente, de juros de mora.[3] Trata-se de entendimento, hoje, que não é objeto de grandes discussões, sendo observado por recentes decisões do Conselho Administrativo de Recursos Fiscais (CARF).[4]

Situação diversa ocorre, entretanto, em relação à caracterização da denúncia espontânea, notadamente quando a extinção do crédito tributário é originada de compensação: de um lado, entende-se pela equiparação da compensação ao pagamento, de forma a permitir a aplicação dos benefícios

---

3. "PROCESSUAL CIVIL. RECURSO ESPECIAL REPRESENTATIVO DE CONTROVÉRSIA. ART. 543-C, DO CPC. TRIBUTÁRIO. IRPJ E CSLL. TRIBUTOS SUJEITOS A LANÇAMENTO POR HOMOLOGAÇÃO. DECLARAÇÃO PARCIAL DE DÉBITO TRIBUTÁRIO ACOMPANHADO DO PAGAMENTO INTEGRAL. POSTERIOR RETIFICAÇÃO DA DIFERENÇA A MAIOR COM A RESPECTIVA QUITAÇÃO. DENÚNCIA ESPONTÂNEA. EXCLUSÃO DA MULTA MORATÓRIA. CABIMENTO. (...) 7. Outrossim, forçoso consignar que a sanção premial contida no instituto da denúncia espontânea exclui as penalidades pecuniárias, ou seja, as multas de caráter eminentemente punitivo, nas quais se incluem as multas moratórias, decorrentes da impontualidade do contribuinte. 8. Recurso especial provido. Acórdão submetido ao regime do art. 543-C, do CPC, e da Resolução STJ 08/2008.". BRASIL. Acórdão. REsp 1.149.022/SP; Relator Ministro LUIZ FUX; PRIMEIRA SEÇÃO; DJe 24/06/2010.

4. A título exemplificativo, podem ser citados os Acórdãos Precedentes: 1201-005.022 (julgamento em 21 de julho de 2021) e 1302-005.554 (julgamento em 20 de julho de 2021).

decorrentes desse instituto, como é o caso da não incidência da multa de mora; e, de outro, entende-se que, tratando-se de formas distintas de extinção do crédito tributário, não podem ser equiparadas.

De fato, somente neste ano de 2021, podem ser mencionadas 2 (duas) decisões frontalmente dissonantes proferidas no âmbito da Câmara Superior do Conselho Administrativo Recursos Fiscais (CARF), cuja divergência resultou na proposta de Súmula nº 16,[5] recentemente rejeitada pelo colegiado.

Como resultado desta celeuma, a *práxis* tributária tem evidenciado uma terceira problemática, justamente a que motiva este artigo. Nos casos concretos em que o órgão fazendário entende por afastar o enquadramento da denúncia espontânea e os efeitos decorrentes da aplicação do art. 138 do CTN, finda por concluir, também, que a exigência da multa de mora não dependeria de constituição por meio de auto de infração, eis que seria uma decorrência "automática" da confissão de débito promovida pelo sujeito passivo.

Respaldada nesse entendimento, a despeito de o contribuinte não promover a "inclusão" da multa de mora nos cálculos da sua Declaração de Débitos e Créditos Tributários Federais (DCTF) e, consequentemente, não indicar esse valor quando da apresentação da Declaração de Compensação (DCOMP), a Receita Federal do Brasil defende a desnecessidade de lavratura de auto de infração para a sua cobrança, porquanto a sua constituição se daria, de maneira automática, "via sistema".

Objetivamente, o que o órgão fazendário federal defende é que, quando o sujeito passivo transmite a sua DCTF, declarando exclusivamente os valores devidos a título de determinado tributo, e não promove o adimplemento deste valor no prazo

5. "16ª PROPOSTA DE ENUNCIADO DE SÚMULA – A compensação de tributos, mediante declaração de compensação (DCOMP), não se equivale a pagamento, para fins de denúncia espontânea. Acórdãos Precedentes: 9101-004.384, 1301-002.791, 1302-003.025, 1302-003.845, 3402-007.071, 9303-008.643,2401-006.489, 9303-010.229, 1402-004.527, 3401-007.285, 9101-004.647, 1302-004.025 e 3302-006.616."

legalmente fixado, a multa de mora aplicável à hipótese poderia ser simplesmente inserida, unilateralmente e sem contraditório, pelo próprio "sistema" eletrônico da Receita Federal do Brasil, para efeito de compor o valor devido pelo sujeito passivo.

A proposta deste trabalho, portanto, reside em investigar se o procedimento proposto pela Receita Federal do Brasil encontra-se em acordo com a legislação tributária ou se, do contrário, a constituição e exigência da multa de mora no Direito Tributário pressupõe a edição de um ato administrativo formal por parte da autoridade tributária competente.

2. A multa de mora: noções fundamentais e regra-matriz de incidência

Optando-se por seguir a proposta metodológica da Escola do Constructivismo Lógico-Semântico, assim qualificado o método de aproximação do objeto que utiliza, como referencial, a filosofia da linguagem,[6] exsurge a necessidade de que, para o estudo da multa de mora, seja preservado o rigor na linguagem empregada, de tal modo que se possa construir pensamento dotado de caráter científico.

Maria Ângela Lopes Paulino Padilha,[7] ao tratar dos desafios do estudo das sanções pecuniárias e a necessidade da tomada de definições que tenham amparo científico, faz importante observação ao pontuar que as multas fiscais receberam do "legislador, do aplicador do direito e também da doutrina, nomenclatura diversificada – multa de mora, multa punitiva, multa de ofício, multa isolada, multa agravada, multa qualificada", sendo que tal nomenclatura nem sempre figura como

6. BARROS CARVALHO, Paulo de. Constructivismo Lógico-Semântico. Constructivismo Lógico-Semântico. In: BARROS CARVALHO, Paulo de (Coord.). Constructivismo Lógico-Semântico - Volume III. São Paulo: Noeses, 2020, p. 5; e CARVALHO, Aurora Tomazini de. *Curso de teoria geral do direito* (o Constructivismo Lógico-Semântico). 6. ed. São Paulo: Noeses, 2019, p. 86.

7. PADILHA, Maria Ângela Lopes Paulino. *As sanções no direito tributário*. São Paulo: Noeses, 2015, p. 259.

um critério seguro para a delimitação da natureza jurídica desses institutos.

A fim de reduzir a falta de univocidade que é inerente às palavras e expressões, no processo de elucidação, "mediante o qual as proporções significativas do signo linguístico crescem em determinação, segundo os objetivos comunicacionais do autor da mensagem",[8]recorre-se a recortes simplificados e delimitações de acepções.

Dentre os recortes propostos pela doutrina, podemos citar aquele que classificam as normas jurídicas em dois grandes conjuntos: a classe das normas primárias e a classe das normas secundárias. Na primeira, temos uma relação jurídica de cunho material não integrada pelo Estado-Juiz, ao passo que, na segunda, o não cumprimento atrai o estabelecimento de uma relação jurídica processual que tem o condão de submeter o sujeito infrator à tutela judicial, por meio da intervenção do Estado-Juiz.[9]

Eurico Diniz de Santi[10] vai adiante e propõe a classificação das normas primárias em "sancionadoras" e "dispositivas": a primeira tem pressuposto antijurídico, isto é, tem como hipótese a descrição de ato ou fato ilícito, veiculando uma sanção correspondente, ao passo que a segunda não apresenta aspecto sancionatório, mas, sim, tem como suposto a descrição de ato ou fato lícito.

Amparado nestas premissas e diferenciando a sanção em sentido amplo e em sentido estrito, ensina Paulo de Barros

---

8. BARROS CARVALHO, Paulo de. *Curso de direito tributário*. São Paulo: Saraiva, 2018, p. 496.

9. Nas palavras de Lourival Vilanova, "na primeira (norma primária), realizada a hipótese fática, sobrevém a relação jurídica com sujeitos em posição ativa e passiva, com pretensões e deveres; na segunda (norma secundária) o pressuposto é o não cumprimento, que funciona como fato fundante de outra pretensão, a de exigir coativamente perante o órgão estatal o dever instituído na norma primária". In: Causalidade e relação no direito. 4ª Ed. São Paulo: Editora Revista dos Tribunais, 2000, p. 188.

10. SANTI, Eurico Marcos Diniz de. *Lançamento tributário*. 3ª Ed. São Paulo: Saraiva, 2010, p. 39 e 96.

Carvalho[11] que "quando nos referimos a normas secundárias, o vocábulo 'sanção' é empregado na sua acepção estrita", ao passo que, em "seu sentido amplo, porém, 'sanção' é utilizada como providência desfavorável que se associa ao descumprimento de um dever juridicamente estabelecido. É nesse derradeiro que se fala em "sanções administrativas".

Dito isso, a multa de mora – assim como outras modalidades de penalidades legalmente previstas - "multa de ofício", "multa isolada", "multa agravada", "multa qualificada" etc. – enquadra-se como norma primária sancionadora (sanção em sentido amplo), distinguindo-se da norma secundária (sanção em sentido estrito) e da norma primária dispositiva.

O estabelecimento dessa premissa mostra-se essencial para que possamos avançar em um segundo ponto.

Sabe-se que, no âmbito doutrinário, paira certa divergência quanto ao caráter das multas de mora – se possuiriam natureza punitiva ou indenizatória.[12] Essa classificação parece não repercutir, entretanto, no que importa à finalidade a que se dirige esse trabalho, na medida em que, qualquer que seja o seu enquadramento, está-se diante de uma norma primária sancionadora cujo antecedente normativo pressupõe uma conduta ilícita do sujeito passivo.

Dessa conduta ilícita, exsurge uma relação jurídica obrigacional entre o sujeito passivo e o ente fazendário, que, independentemente da finalidade a que se dirige – recompor eventual lesão aos cofres públicos ou apenas punir o contribuinte -, pressupõe que este acontecimento seja descrito por

---

11. BARROS CARVALHO, Paulo de. *Derivação e positivação no direito tributário*. 2ª Ed. São Paulo: Noeses, 2014, p. 343.

12. Citemos, a título exemplificativo, o entendimento de Paulo de Barros Carvalho, para quem a multa de mora enquadra-se como sanção de natureza essencialmente indenizatória (Curso de Direito Tributário. São Paulo: Saraiva, 2018, p. 576-577), e, em sentido contrário, de Sacha Calmon Navarro Coêlho (Infração tributária e sanção. In: MACHADO, Hugo de Brito (Coord.) *Sanções administrativas*. São Paulo: Dialética, 2004, p. 72-73) e Paulo Roberto Coimbra Silva (Direito Tributário sancionador. São Paulo: Quartier Latin, 2007, p. 117) que concluem pela sua natureza punitiva.

meio de linguagem competente, conferindo-lhe o atributo de norma individual e concreta, para, somente então, haver o estabelecimento das relações jurídicas correlatas.

A esse respeito, preclara é a doutrina de Paulo de Barros Carvalho,[13] ao lecionar que

> assim também o passar do evento a fato, da realidade social à realidade jurídica. Acontece o fato jurídico quando o evento ocorrido for relatado em linguagem pelo sujeito competente para firmá-lo na linguagem jurídica. Em rigor, não é o texto normativo que incide sobre o fato social, tornando-o jurídico. É o ser humano que, buscando fundamento de validade em norma geral e abstrata, constrói a norma jurídica individual e concreta, na sua bimembridade constitutiva, empregando, para tanto, a linguagem que o sistema estabelece como adequada, vale dizer, a linguagem competente.

É necessário, portanto, que o "fato social" seja vertido em linguagem competente para que, somente assim, enquanto norma jurídica individual e concreta, estabeleça uma relação jurídica obrigacional entre os sujeitos.

Igualmente, ensina Tárek Moysés Moussallem[14] que o fato jurídico somente surge quando ocorrido o ato de aplicação que executa a incidência da linguagem normativa sobre a linguagem da realidade social, seguindo a lição de Lourival Vilanova quando preceitua que "não há fato jurídico 'fora' de sistema normativo".

Assim, diante da conduta ilícita do sujeito passivo, que pode figurar como antecedente de diversas normas jurídicas sancionadoras, faz-se necessário que este "evento" seja relatado autonomamente por quantas normas jurídicas individuais e concretas se façam necessárias, não se confundindo nem mesmo com o ato da constituição da obrigação principal correlata.

---

13. *Direito tributário*: fundamentos jurídicos de incidência. 10ª Ed. São Paulo: Saraiva, 2015, p. 199.

14. Fontes do direito tributário. 2016. Disponível em: https://bit.ly/3wu4bc8 Acesso em: 17 set. 2021.

É nesse sentido que, a teor do que prevê o art. 157 do CTN,[15] as sanções pecuniárias não substituem a obrigação principal, pelo contrário, são exigidas junto com o tributo no caso de descumprimento da RMIT,[16] mas são estabelecidas, cada uma, por meio de normas individuais e concretas próprias.

De acordo com Eurico Diniz de Santi, a norma jurídica primária é composta de três normas: (a) a norma primária dispositiva, relativa à regra-matriz de incidência tributária (RMIT); (b) a regra-matriz da multa pelo não pagamento (RMMNP), norma primária sancionadora que juridiciza o fato jurídico do não pagamento; e (c) a regra-matriz da mora (RMM), norma primária sancionadora que se propõe a incidir sobre o fato jurídico da mora do pagamento e tem natureza de sanção instrumental.[17]

Com efeito, no que importa ao objeto deste estudo, vale dizer, à regra-matriz da mora (RMM), o que ocorre é que, diante do não adimplemento da obrigação tributária no prazo legalmente fixado (norma primária dispositiva), exsurge uma nova relação jurídica de cunho sancionador denominada de relação jurídica de mora (RJM) decorrente deste fato jurídico do não pagamento no prazo legalmente fixado (FJNP), cujo objeto prestacional é a já referenciada "multa de mora".

Dito isso, estabelecidos os elementos centrais da regra-matriz da multa de mora, que permite a identificação dos elementos do fato jurídico ainda hipotético (norma geral e abstrata), aquele pergunta inicial, motivo deste artigo, pode ser reformulada em termos mais precisos: ocorrido o evento descrito na hipótese da norma geral a abstrata – no caso, a "mora" -, qual o meio apto a revesti-la de identidade linguística

15. "Art. 157. A imposição de penalidade não ilide o pagamento integral do crédito tributário."

16. PADILHA, Maria Ângela Lopes Paulino. *As sanções no direito tributário*. São Paulo: Noeses, 2015, p. 266 e 267.

17. SANTI, Eurico Marcos Diniz de. *Lançamento tributário*. 3ª Ed. São Paulo: Saraiva, 2010, p. 98.

competente,[18] conferindo-lhe o atributo de fato jurídico, antecedente de uma norma individual e concreta, e desencadeando o estabelecimento das relações jurídicas obrigacionais dela decorrentes?

Para o órgão fazendário federal, na hipótese de o sujeito passivo promover a confissão da dívida exclusivamente quanto aos tributos e, após, não promover o adimplemento destes valores no prazo legalmente fixado, a linguagem competente seria a mera inserção da exigência "via sistema", dispensando, ao contrário do que entendem os contribuintes, o procedimento administrativo *ex officio* de incidência da norma (auto de infração[19]), eis que a sua constituição seria decorrente da própria confissão de débito promovida pelo sujeito passivo.

3. A constituição do crédito tributário por ato do sujeito passivo

O Código Tributário Nacional, em seu art. 142, atribui às autoridades fiscais administrativas a competência de promover o "lançamento" do crédito tributário identificado por meio de procedimento administrativo de fiscalização, no que

---

18. Convém referenciar a lição de Tárek Moussalém Moysés, quando afirma que: "Fala-se em norma concreta quando a situação fáctica descrita na hipótese da norma abstrata (enunciado conotacional) ocorre na realidade empírica, adquirindo identidade linguística competente, ou seja, revestimento em linguagem hábil." In: Fontes do Direito Tributário. 2ª ed. São Paulo: Noeses, 2006.

19. Utiliza-se neste artigo a nomenclatura proposta por Paulo de Barros Carvalho, que diferencia o ato administrativo de "lançamento" e o ato administrativo denominado "auto de infração" a partir da análise do suposto: "[...] um, fato lícito e o consequente uma relação jurídica de tributo; outro, o ato de aplicação de penalidade, veiculando uma norma que tem, no suposto, a descrição de um delito e, no consequente, a instituição de um liame jurídico sancionatório, cujo conteúdo da prestação tanto pode ser um valor pecuniário (multa) como uma conduta de fazer ou não fazer". In: Direito Tributário: fundamentos jurídicos de incidência. 10ª Ed. São Paulo: Saraiva, 2015, p. 329. No mesmo sentido é a lição de Estevão Horvath ao apontar a impropriedade técnico-jurídica do art. 142 do Código Tributário Nacional, que atribui ao lançamento a propriedade de "propor a aplicação da penalidade cabível. In: Lançamento Tributário e "Autolançamento". 2ª Ed. São Paulo: Quartier Latin, 2010, p. 80.

se inclui, de acordo com a dicção do dispositivo, eventuais penalidades cabíveis.[20]

Trata-se, pois, de uma norma de estrutura que informa o modo de produção do ato-norma administrativo do lançamento tributário, obrigando a autoridade administrativa competente que, diante da verificação do fato gerador imponível da obrigação correspondente, integre-a "com seu ato o suporte fáctico suficiente para entrada da norma individual e concreta do lançamento tributário no sistema do direito positivo",[21] fixando o *quantum debeatur* e os termos em que o tributo está sendo exigido.

Em determinadas situações, entretanto, a despeito de o ato jurídico de lançamento tributário consistir em ato privativo da Administração, o Código Tributário Nacional outorgou ao sujeito passivo a atribuição de apurar o montante do tributo que entende devido, adimplindo esses valores, sem que haja o prévio exame da autoridade administrativa.

De acordo com os arts. 1º e 15 da IN RFB nº 2005 de 2021,[22] as DCTF's são "instrumentos hábeis e suficientes para a exigência dos créditos tributários nelas consignados" e o saldo a pagar relativo a imposto ou contribuição informado em DCTF,

---

20. Tratamos detalhadamente na Nota de Rodapé nº 19 acerca da impropriedade técnico-jurídica incorrida pelo Código Tributário Nacional ao adotar o termo "lançamento" como forma de constituição de penalidades.

21. SANTI, Eurico Marcos Diniz de. Lançamento Tributário. 3ª Ed. São Paulo: Saraiva, 2010, p. 112.

22. "Art. 2º A DCTF e a DCTFWeb apresentadas na forma estabelecida por esta Instrução Normativa constituem confissão de dívida e instrumentos hábeis e suficientes para a exigência dos créditos tributários nelas consignados."
"Art. 15. Os valores informados na DCTF e na DCTFWeb serão objeto de procedimento de auditoria interna.
§ 1º. O saldo a pagar relativo a imposto ou contribuição informado na DCTF ou na DCTFWeb e os valores das diferenças apuradas no procedimento de auditoria interna, relativos a informações indevidas ou não comprovadas, prestadas na DCTF ou na DCTFWeb, sobre pagamento, parcelamento, dedução, compensação, exclusão ou suspensão de exigibilidade, poderão ser objeto de cobrança administrativa com os acréscimos moratórios devidos e, caso não liquidados, serão enviados para inscrição em Dívida Ativa da União (DAU)."

caso não liquidado, será enviado para inscrição em Dívida Ativa da União. Os referidos artigos encontram-se amparados na previsão constante no art. 5º do Dec.-lei nº 13 de 1984.[23]

Diante desse contexto, Paulo de Barros Carvalho,[24] abordando "lançamento" (ato praticado pela Administração) e "autolançamento" (ato praticado pelo sujeito passivo), pondera que, "apesar das semelhanças, ambos são atos ponentes de normas individuais e concretas no ordenamento do direito positivo, e disto não podemos esquecer". Acrescenta, ainda, que "[d]eixando entre parênteses as qualificações jurídicas inerentes à autoria, poderíamos mesmo dizer que, em substância, nenhuma diferença existe, como *atividade*, entre o ato praticado por agente do Poder Público e aquele empreendido pelo particular".

Assim, observados os requisitos legais, a constituição do crédito tributário (na verdade, da norma individual e concreta na qual se aloja esse crédito) pode ocorrer por meio de ato expedido pelo sujeito passivo, ainda que não receba a nomenclatura de "lançamento tributário",[25] entendimento que nos parece não somente acertado porque balizado pela doutrina acima referenciada, mas, também, por ser aquele já amparado pela jurisprudência sumulada do Superior Tribunal de Justiça.[26]

---

23. "Art. 5º. [...].
§ 1º. O documento que formalizar o cumprimento de obrigação acessória, comunicando a existência de crédito tributário, constituirá confissão de dívida e instrumento hábil e suficiente para a exigência do referido crédito."

24. BARROS CARVALHO, Paulo de. *Direito tributário*: fundamentos jurídicos de incidência. 9ª Ed. São Paulo: Saraiva, 2012, p. 300-301 e 239.

25. SANTI, Eurico Marcos Diniz de. *Lançamento tributário*. 3ª Ed. São Paulo: Saraiva, 2010, p. 157.

26. "A entrega de declaração pelo contribuinte, reconhecendo o débito fiscal, constitui o crédito tributário, dispensada qualquer outra providência por parte do Fisco (Súmula nº 436/STJ).

Ainda na linha da jurisprudência da Corte de Justiça,[27]

> a modalidade mais comum de constituição do crédito tributário sem que seja por lançamento é a da apresentação, pelo contribuinte, de Declaração de Débitos e Créditos Tributários Federais (DCTF) (...) editada com base no art. 5º do DL 2.124/84 e art. 16 da Lei nº 9.779/99 (...). Não se confunde tal declaração com o chamado lançamento por homologação (em que o contribuinte paga antecipadamente, ou seja: constitui o crédito tributário e desde logo o extingue, sob condição resolutória – CTN – art. 150, §1º). Aqui (DCTF, GIA), há declaração (com efeito constitutivo do crédito tributário), sem haver, necessariamente, pagamento imediato.

No autolançamento, a constituição do crédito tributário decorre da entrega, pelo sujeito passivo, de declaração que introduz, no ordenamento jurídico, a norma individual e concreta, com todos os seus elementos estruturais: fato jurídico e relação jurídica, esta composta pelo credor (fisco), pelo devedor (sujeito passivo) e por uma prestação perfeitamente quantificada e delimitada (crédito tributário). É dizer, se, da declaração realizada pelo sujeito passivo, resulta débito a pagar, haverá a constituição da obrigação correlata a este valor específico, que pode vir a ser objeto de pagamento antecipado ou não por parte do contribuinte.

---

27. "TRIBUTÁRIO. RECURSO ESPECIAL. EXECUÇÃO FISCAL. TRIBUTO DECLARADO PELO CONTRIBUINTE. CONSTITUIÇÃO DO CRÉDITO TRIBUTÁRIO. PROCEDIMENTO ADMINISTRATIVO. DISPENSA. RESPONSABILIDADE DO SÓCIO. TRIBUTO NÃO PAGO PELA SOCIEDADE. 1. A jurisprudência desta Corte, reafirmada pela Seção inclusive em julgamento pelo regime do art. 543-C do CPC, é no sentido de que "a apresentação de Declaração de Débitos e Créditos Tributários Federais – DCTF, de Guia de Informação e Apuração do ICMS – GIA, ou de outra declaração dessa natureza, prevista em lei, é modo de constituição do crédito tributário, dispensando, para isso, qualquer outra providência por parte do Fisco" (REsp 962.379, 1ª Seção, DJ de 28.10.2008). 2. É igualmente pacífica a jurisprudência do STJ no sentido de que a simples falta de pagamento do tributo não configura, por si só, nem em tese, circunstância que acarreta a responsabilidade subsidiária do sócio, prevista no art. 135 do CTN. É indispensável, para tanto, que tenha agido com excesso de poderes ou infração à lei, ao contrato social ou ao estatuto da empresa (EREsp 374.139/RS, 1ª Seção, DJ de 28.02.2005). 3. Recurso especial parcialmente conhecido e, nessa parte, parcialmente provido. Acórdão sujeito ao regime do art. 543-C do CPC e da Resolução STJ 08/08." BRASIL. Superior Tribunal de Justiça. Acórdão. Recurso Especial nº N. 1.101.728-SP (2008/0244024-6).

Trata-se, pois, de equiparar a declaração apresentada pelo sujeito passivo, na qual há a exteriorização dos elementos quantificadores da obrigação tributária, ao instituto da confissão de dívida previsto originariamente no Direito Civil. Nesse sentido, o Superior Tribunal de Justiça[28] ponderou que

> ao menos nas hipóteses (hoje majoritárias) em que a constituição do crédito tributário se dá mediante o denominado autolançamento (entrega de DCTF, GIA etc., isto é, documentos de confissão de dívida), a atitude do contribuinte de apurar e confessar o montante do débito é equiparável, em tudo e por tudo, ao do emitente de cheque, nota promissória ou letra de câmbio.

Fica claro, portanto, que o fundamento do regime jurídico do autolançamento parece residir no seguinte: uma vez que o fisco exige do sujeito passivo tão somente aquilo que ele mesmo, por meio dos instrumentos pertinentes, atestou devido, não seria necessária qualquer outra formalidade para a certificação e constituição daquele débito.

Os efeitos imbricados ao instituto da confissão de dívida, como se observa, são sobremaneira gravosos ao contribuinte, na medida em que suprimem a necessidade de instauração de procedimento administrativo de apuração do crédito tributário, e consequente observância do contraditório e da ampla defesa.

Tanto é assim que, diante da gravidade desses efeitos, parcela da doutrina passou a se manifestar em sentido contrário à conclusão empreendida pelo Superior Tribunal de Justiça, não admitindo nem mesmo a equiparação da declaração em DCTF ao instituto da confissão da dívida.

Nesse sentido, Humberto Ávila,[29] ao afastar a possibilidade de que a declaração do contribuinte possa ser alçada à condição

---

28. BRASIL. Superior Tribunal de Justiça. Acórdão. REsp 1686659/SP, Rel. Ministro HERMAN BENJAMIN, PRIMEIRA SEÇÃO, julgado em 28.11.2018, DJe 11.03.2019.

29. ÁVILA, Humberto. Confissão cria tributo? Apontamentos sobre a disponibilidade do contribuinte sobre direitos fundamentais. In: *Grandes questões atuais do direito tributário*. vol. 12, p. 257-269.

de constituição de crédito tributário, defendeu que a prestação de informações pelo contribuinte refere-se tão somente a "uma adequação espontânea e pacífica do destinatário do preceito ao comando legal", sendo que, nas declarações previstas em lei, a prestação de informações pelo sujeito passivo, nestes documentos, trata-se de "simples realização de um dever tributário acessório, imposto pela lei para meros efeitos de fiscalização ou controle dos pagamentos efetuados".

Para Júlio César Santiago de Oliveira,[30] a equiparação seria impossibilitada ante a ausência de disponibilidade do contribuinte em prestar ou não a declaração, o que seria incompatível com o instituto da confissão. Leciona objetivamente que

> o contribuinte não tem a disponibilidade em prestar ou não as informações. A situação é imperativa: ele deve prestar as informações tributárias. Isso retira as informações da sua esfera de disponibilidade, razão pela qual não se pode afirmar que a DCTF, pelo simples fato de ser apresentada pelo contribuinte, já se consubstanciaria em confissão das declarações firmadas.

Conquanto não se concorde com essas ponderações, elas permitem evidenciar que as consequências que são peculiares ao instituto condizem com situações absolutamente excepcionais autorizadas pelo fato de que o próprio contribuinte atestou que deve e quantificou o valor que entende por devido. A confissão da dívida opera, portanto, o efeito de introduzir, no ordenamento jurídico, uma norma individual e concreta, cuja prestação, naturalmente, é justamente aquela descrita do instrumento que formaliza essa declaração.

A declaração promovida pelo sujeito passivo que, nas hipóteses legais, introduz no ordenamento jurídico norma individual e concreta de efeitos semelhantes ao do lançamento tributário vincula o sujeito passivo aos termos de sua "confissão" - nem

30. In: A Declaração de Débitos e Créditos Tributários Federais – DCTF como forma de constituição do crédito tributário na jurisprudência do STJ. *Revista Tributária e de Finanças Públicas* | vol. 94/2010 | p. 155 - 199 | Set - Out / 2010).

mais, nem menos. Não faria sentido que determinada confissão de conteúdo "x" permitisse a exigência de um crédito "x + y".

É por isso que, nas hipóteses que o fisco não concorda integralmente com a declaração prestada pelo sujeito passivo, cabe-lhe promover o lançamento da diferença apurada, já que, quanto a essa parcela, não há, no ordenamento, nenhuma norma individual e concreta que, no consequente, vincule fisco e sujeito passivo em torno da prestação referente à referida diferença. Aquilo que não é confessado deve necessariamente ser constituído pelo lançamento ou auto de infração.

De acordo com o Paulo de Barros Carvalho[31], tem-se que, diante do ato de constituição da obrigação promovido pelo sujeito passivo ("autolançamento", seguindo a nomenclatura utilizada por parte da doutrina), identificada, pela autoridade fiscal, a impossibilidade de homologá-lo – isto é, de concluir pela extinção do crédito tributário –, cabe-lhe promover o lançamento constitutivo deste, seja de maneira integral ou parcial.

Em termos objetivos, pontua José Souto Maior Borges[32] que

> não se conformando com o pagamento antecedente, [cabe à Administração] praticar o lançamento de ofício (suplementar), com fulcro no art. 149 do CTN, em cujos termos o lançamento é efetuado e revisto pela autoridade administrativa quando a lei assim o determine (item I) ou quando se comprove erro ou omissão do sujeito passivo (item VI).

Diante do exposto, diante do autolançamento realizado pelo sujeito passivo, o fisco tem exclusivamente duas opções: (a) acatar referida declaração, conformando-se com a norma individual e concreta introduzida pelo particular; (b) discordar, total ou parcialmente, da declaração do sujeito passivo, caso em que deverá introduzir no ordenamento jurídico outra

---

31. *Direito tributário*: fundamentos jurídicos de incidência. 10ª Ed. São Paulo: Saraiva, 2015, p. 329.

32. BORGES, José Souto Maior. Parecer sobre hipóteses de lançamento por homologação e lançamento de ofício. *Revista Tributária e de Finanças Públicas*. Vol. 62/2005, p. 5.

norma individual e concreta, para substituir ou complementar a confissão que lhe foi dirigida.

Não há outra opção.

4. A impossibilidade de cobrança de multa de mora sem prévia constituição da obrigação tributária

Nos tópicos anteriores, foram firmadas duas premissas fundamentais: (a) primeira premissa: a regra-matriz da multa de mora não se confunde com a regra-matriz de incidência tributária, de tal modo que, ocorrendo o evento compatível com a hipótese tributária sem o pagamento do correspondente débito, podem ser produzidas, dentre outras, duas normas individuais e concretas, uma relacionada ao tributo (incidência da RMIT) e outra relacionada à multa de mora (incidência da RMM); (b) segunda premissa: o autolançamento, observados os requisitos normativos, é instrumento apto a introduzir norma individual e concreta no ordenamento jurídico, sendo certo que seu conteúdo é definido exclusivamente pelo objeto da declaração (confissão) feita pelo sujeito passivo.

Apresentadas essas premissas, convém retomar a indagação central deste trabalho: se o sujeito passivo, ao promover o autolançamento, introduz no ordenamento jurídico apenas a norma individual e concreta referente ao tributo (aplicação da RMIT), sem, no entanto, na visão do fisco, quitar o débito tempestivamente, qual o instrumento adequado para se formalizar a norma individual e concreta da multa de mora (aplicação da RMM) e viabilizar a exigência dessa sanção frente àquele particular?

Atualmente, em termos práticos, o que se vê é que, nessa hipótese, o fisco tem simplesmente inserido o débito da multa de mora no seu sistema, dispensando-se de adotar qualquer outra providência. Se o crédito tributário, embora devidamente constituído pelo autolançamento, não foi pago tempestivamente, a multa de mora (que não consta do autolançamento, relembre-se) passaria a ser automaticamente devida, independentemente de qualquer ato formal da autoridade fiscal.

De acordo com precedente do Conselho Administrativo de Recursos Fiscais (CARF),[33] "a cobrança da multa de mora sobre o débito confessado e não pago tempestivamente prescinde do lançamento de ofício ou mesmo da confissão da própria multa" que, sendo obrigação do sujeito passivo a declaração do correspondente encargo moratório, "cabe à Administração Tributária ajustar o valor exigível, o qual foi erroneamente informado na declaração espontânea, independentemente de lançamento tributário".

Ao que parece, o fisco estaria autorizado a "ajustar" a norma individual e concreta produzida pelo sujeito passivo, mediante uma simples inserção de dados no seu sistema interno de informática. Não seria necessário auto de infração ou sequer intimar o contribuinte para eventualmente impugnar o novo débito que lhe é imputado.

Há precedentes judiciais nesse mesmo sentido. De acordo com decisão do Tribunal Regional Federal da 4ª Região, "somente para exigir a multa de ofício é necessário constituir o crédito tributário por meio de lançamento fiscal. Quanto à multa de mora, havendo a confissão de dívida do tributo em DCTF, é dispensável o lançamento, uma vez que a DCTF ampara a cobrança de multa de mora e dos juros, segundo as disposições do art. 5º do DL nº 2.124/1984"[34]. O Tribunal Regional Federal da 5ª Região já decidiu que "a cobrança da multa de mora, na hipótese de inadimplemento, não depende de lançamento complementar pelo Fisco".[35]

---

33. Vide acórdão nº 3401-008.537 – 3ª Seção de Julgamento / 4ª Câmara / 1 Turma Ordinária (julgado em 19 de novembro de 2020); acórdão nº 1201-004.135 – 1ª Seção de Julgamento / 2ª Câmara / 1ª Turma Ordinária (julgado em 14 de outubro de 2020); acórdão nº 106-014.852 - 11ª Turma da DRJ da 6ª Região (julgado em 17 de junho de 2021).

34. TRF-4 - ED: 50162362220124047000 PR 5016236-22.2012.4.04.7000, Relator: Joel Ilan Paciornik, Data de Julgamento: 13.05.2015, PRIMEIRA TURMA.

35. TRF-5 – Apelação Cível: 00011961020134058201, Relator: Marcelo Navarro, Data de julgamento: 20/03/2014, Terceira Turma.

O raciocínio que fundamenta essas decisões não se coaduna com as premissas antes firmadas. Isso porque, em primeiro lugar, não respeita o regime jurídico inerente ao autolançamento, que consiste justamente na criação de uma norma individual e concreta nos exatos limites da confissão do sujeito passivo. E, em segundo, não observa que a norma individual e concreta da multa de mora não se confunde nem "decorre" da norma individual e concreta do tributo, razão pela qual a presença desta última não dispensa a edição da primeira.

A declaração apresentada pelo contribuinte não pode servir de fundamento para constituição e exigência valores outros que não aqueles efetivamente confessados, ainda que se entenda, de acordo com a norma geral e abstrata, que outros débitos deveriam ter sido incluídos na declaração, mas não foram.

O instrumento de "confissão de dívida" pressupõe, como não poderia deixar de ser, o reconhecimento do débito fiscal pelo sujeito passivo por meio da entrega de declaração que ensejará a constituição do crédito tributário correlato. O contribuinte, então, promove a quantificação do tributo e apresenta a "declaração" com os elementos integrantes da relação jurídica que ampara a norma individual e concreta relativa à constituição da obrigação tributária.

Somente há constituição da obrigação tributária relativa aos elementos quantitativos apresentados pelo sujeito passivo em sua declaração, isto é, os cálculos efetuados e o montante final apontado pelo contribuinte a título de débito, caso exista. Trata-se de uma operação lógica elementar: se é a declaração do sujeito passivo que constitui a obrigação tributária, não há como falar-se em constituição de crédito tributário que não foi objeto de declaração.

Assim, eventual diferença apurada pela fiscalização, seja relativa à obrigação principal, seja relativa à multa de mora, necessita ser objeto de constituição pela autoridade fazendária – lançamento de ofício ou auto de infração *stricto sensu*.

É interessante notar, a propósito, que, quando há omissão quanto a parte do principal (RMIT), a jurisprudência do próprio Conselho Administrativo de Recursos Fiscais (CARF) admite sem maiores esforços que "a diferença não declarada em DCTF está sujeita a lançamento de ofício".[36] Enfim, para o órgão julgador, a declaração do sujeito passivo deve ser respeitada quando se trata da confissão do tributo, mas, tratando-se de multa de mora, essa mesma declaração pode ser "ajustada" para contemplar aquele crédito.

Vê-se que a própria Administração admite textualmente que promove a exigência da multa de mora sem a ocorrência "do lançamento de ofício ou mesmo da confissão da própria multa", mas justifica a sua conduta na suposta "obrigação" do sujeito passivo de informar o encargo moratório em sua confissão de dívida.

Sucede que alegação de a norma geral e abstrata prever a incidência da multa de mora em tal hipótese não "amplia", por assim dizer, a confissão do débito apresentada pelo contribuinte, a qual, se incompleta, exige a edição de outra norma individual e concreta por parte da autoridade fazendária.

Embora para o Fisco seja "óbvia" a aplicação da multa de mora em tais casos, essa suposta obviedade não permite que a incidência normativa se dê sem a edição de uma norma individual e concreta ou com a edição de ato (inserção via sistema) incompatível com o sistema de positivação. A incidência das normas jurídicas ocorre de uma única forma: por meio da criação de normas individuais e concretas.

Portanto, se o fisco entende que o sujeito passivo deveria ter criado – mas não o fez – a norma individual e concreta da multa de mora, sua única opção é promover, ele mesmo, a incidência normativa, da única forma admitida pelo ordenamento jurídico, isto é, com a edição de uma norma individual

36. Vide, a título exemplificativo, Acórdãos 1201-003.976 (julgamento em 15 de setembro de 2020) e 330100.020 (julgamento em 8 de julho de 2011).

e concreta, que, no caso, somente pode assumir a forma de lançamento ou auto de infração. Não havendo a constituição da multa de mora quando da apresentação de declaração pelo sujeito passivo, cabe à Administração o lançamento "suplementar" do crédito tributário, ao revés de "ampliar" uma confissão de débito realizada pelo contribuinte. E isso porque, como se disse anteriormente, no caso de confissão de dívida pelo sujeito passivo, a constituição do crédito recai exclusivamente sobre os valores que foram informados quando da entrega da declaração.

José Souto Maior Borges[37] teve a oportunidade de se manifestar a respeito de situação sobremaneira semelhante a ora tratada. Com efeito, apreciando a "ampliação" realizada pela Administração relativamente a encargos de correção monetária, o doutrinador acertadamente pontuou que a alterabilidade do lançamento tributário perpassa, necessariamente, pelo procedimento previsto no art. 149 do CTN,[38] sendo incabível a ampliação da dívida confessada:

> Conclusão necessária: o lançamento é tanto o ato que quantifica o crédito tributário (art. 142, *caput*, do CTN), quanto as suas alterações *ex officio* procedidas pela administração (revisão do lançamento). O lançamento é um fieri, um vir-a-ser, procedimento administrativo tendente, como todo procedimento, a um *factum* (o ato tributário de aplicação da lei fiscal ao caso concreto). [...] Ora o lançamento pode ser modificado (alterado) pela exigência suplementar da aplicação de correção monetária, ou seja, de um índice oficial de fixação extra-monetária do débito (p. ex., UFIR). Trata-se, em tal hipótese, de alteração do lançamento – e não

37. BORGES, José Souto Maior. Parecer sobre hipóteses de lançamento por homologação e lançamento de ofício. *Revista Tributária e de Finanças Públicas*. Vol. 62/2005.

38. "Art. 149. O lançamento é efetuado e revisto de ofício pela autoridade administrativa nos seguintes casos:
[...]
IV - quando se comprove falsidade, erro ou omissão quanto a qualquer elemento definido na legislação tributária como sendo de declaração obrigatória;
V - quando se comprove omissão ou inexatidão, por parte da pessoa legalmente obrigada, no exercício da atividade a que se refere o artigo seguinte;"

> algo diverso. Ou dito noutros termos: matéria de lançamento suplementar – e nada diferente.

A respeito da argumentação fazendária no sentido de que a prestação da informação do encargo moratório em DCTF seria uma "obrigação" do sujeito passivo e, portanto, estaria justificada o "ajuste" do valor confessado, o doutrinador acertadamente rechaça a tese, ao concluir pelo

> despropósito em que incorre a aceitação da tese fazendária. A confissão de débito no sentido formalmente estrito é ato não obrigatório (voluntário) do contribuinte (obrigatório é o pagamento do tributo devido). *Não é imputado ao sujeito passivo dever de confessar, mas incumbe-lhe legalmente tão só o pagamento do débito tributário regularmente constituído.*

Nessa mesma linha, o Superior Tribunal de Justiça[39] tem precedentes, embora mais antigos, que afirmam o entendimento de que, na hipótese de débito declarado em DCTF, é indispensável o lançamento de ofício, por parte da Administração, para efeito de cobrança da multa não incluída na declaração. Confiram-se alguns de seus trechos:

> Trata-se, na hipótese, de débito declarado em DCTF, mas pago com atraso, de forma que inexiste principal a ser cobrado, mas tão somente os consectários da mora. Nessas circunstâncias, na mesma linha de raciocínio do Tribunal, considero indispensável o procedimento do Fisco para cobrança dos juros e da multa moratória. Não tendo sido constituído o crédito para a cobrança, legítimo o direito a certidão negativa de débito.
>
> Inexiste crédito tributário devidamente constituído enquanto não finalizado o necessário procedimento administrativo que possibilite ao contribuinte exercer a ampla defesa e, por

39. STJ - REsp: 840566/PR 2006/0086078-0, Relator: Ministra Eliana Calmon, Data de Julgamento: 13/05/2008, Segunda Turma, Data de Publicação: DJ 26.05.2008; STJ - REsp: 1023088/PR 2008/0010511-1, Relator: Ministro Castro Meira, Data de Julgamento: 16.09.2008, Segunda Turma, Data de Publicação: 21.10.2008; STJ - REsp: 872448 PR 2006/0167837-0, Relator: Ministro Francisco Falcão, Data de Julgamento: 01.03.2007, T1 - Primeira Turma, Data de Publicação: DJ 22.03.2007.

conseguinte, realizar o lançamento por eventual saldo de crédito tributário.

O procedimento atualmente adotado pela Receita Federal do Brasil, além de vilipendiar o regime jurídico inerente à "confissão de débito" e a autonomia da regra-matriz da multa de mora, também ofende o princípio do devido processo legal, uma vez que a multa de mora "confessada compulsoriamente via ajuste da declaração" sequer é passível de impugnação, tornando-se definitivamente constituída e sujeita à imediata execução fiscal.

E essa observação é sobremaneira relevante porque, tipicamente, a ausência de declaração da multa de mora ocorre em situações nas quais a pertinência da penalidade se mostra controvertida entre fisco e contribuinte. Isso se dá, por exemplo, nos casos de denúncia espontânea e, com maior intensidade, nas hipóteses em que se discute a própria caracterização da denúncia espontânea (como nos casos de quitação por compensação). Em todos esses casos, existe controvérsia acerca da interpretação da norma geral e abstrata, razão pela qual o sujeito passivo deixou de promover a incidência da RMM de forma absolutamente deliberada e amparado no entendimento de que a norma primária sancionadora não seria aplicável ao caso concreto.

Nessas hipóteses, a ausência da edição da norma individual e concreta da multa de mora não decorreu de um descuido ou omissão involuntária, a merecer um "ajuste" por parte do fisco. Trata-se da real e efetiva intenção do sujeito passivo, que deixou de fazer a incidência da RMM porque entendeu que o fato social não se enquadra na respectiva hipótese normativa.

Por isso, tal como decidiu o Superior Tribunal de Justiça nos precedentes citados, a multa de mora deve ser objeto de auto de infração, pois o direito de defesa do sujeito passivo, com a impugnação e recursos cabíveis, somente pode ser dispensado nas hipóteses de confissão do débito e não nos casos, como os referidos, na qual a intenção do sujeito passivo é absolutamente oposta a qualquer forma de confissão.

Todos esses argumentos nos levam a afirmar que a legislação tributária não autoriza a possibilidade de a confissão de dívida ser "ampliada" para fins de contemplar a multa de mora não declarada pelo sujeito passivo, nem tampouco que a linguagem normativa que constitua a norma individual e concreta relativa a esta penalidade seja uma mera inserção automática no sistema fazendário, exsurgindo a necessidade de a Administração observar o procedimento previsto no art. 149 do CTN, promovendo a lavratura do auto de infração *stricto sensu* para fins de cobrança da penalidade pecuniária.

5. Conclusão

Nos tópicos anteriores, foram firmadas algumas premissas relativas, essencialmente, à linguagem normativa competente para veicular o acontecimento moratório e revesti-lo dos atributos inerentes à norma individual e concreta e aos limites que podem ser atribuídos à confissão de dívida em decorrência da apresentação de declarações acessórias pelo sujeito passivo.

Com base nos entendimentos apresentados, pode-se concluir que a multa de mora – assim como qualquer outra norma primária sancionadora –exige que o acontecimento moratório seja veiculado por meio de linguagem competente, observando-se a sua própria regra-matriz de incidência, para que, somente então, revestido do atributo de norma individual e concreta, possa atrair o estabelecimento das relações jurídicas obrigacionais decorrentes.

Além disso, concluímos que a confissão de dívida, notadamente quando se leva em consideração os seus atributos gravosos ao contribuinte, deve ser interpretada restritivamente, de modo que somente pode-se falar em constituição do crédito tributário que foi expressamente confessado pelo sujeito passivo, não podendo ser ampliado pelo fisco para efeito de incluir qualquer outro débito, em especial, a multa de mora.

Assim, concluímos finalmente que, na hipótese sob exame, não se pode falar em dispensa da formalização da exigência da multa de mora mediante a linguagem competente legalmente prevista – auto de infração *stricto sensu* -, sendo absolutamente incorreta a conduta da Administração em concluir pela dispensabilidade do procedimento

Referências

ANDRADE FILHO, Edmar Oliveira. *Infrações e sanções tributárias*. São Paulo: Dialética, 2003.

ÁVILA, Humberto. Confissão cria tributo? Apontamentos sobre a disponibilidade do contribuinte sobre direitos fundamentais. In: Grandes questões atuais do direito tributário. vol. 12, p. 257-269.

BARROS CARVALHO, Paulo de. *Direito Tributário*: fundamentos jurídicos de incidência. 10ª Ed. São Paulo: Saraiva, 2015.

_____. *Curso de direito tributário*. São Paulo: Saraiva, 2018.

_____. Paulo de. *Direito tributário, linguagem e método*. 7ª Ed. São Paulo: Noeses, 2018.

_____. Paulo de. *Derivação e positivação no direito tributário*. 2ª Ed. São Paulo: Noeses, 2014.

_____. Paulo de (Coord.). *Constructivismo* Lógico-Semântico - Volume III. São Paulo: Noeses, 2020.

BORGES, José Souto Maior. Parecer sobre hipóteses de lançamento por homologação e lançamento de ofício. *Revista Tributária e de Finanças Públicas*. Vol. 62/2005, p. 295-321.

COÊLHO, Sacha Calmon Navarro. Infração tributária e sanção. In: MACHADO, Hugo de Brito (Coord.) *Sanções administrativas*. São Paulo: Dialética, 2004, p. 72-73.

HORVATH, Estevão. *Lançamento tributário e "autolançamento"*. 2ª Ed. São Paulo: Quartier Latin, 2010.

LINS, Robson Maia. *A mora no direito tributário*. 2008. Tese (Doutorado em Direito) – Faculdade de Direito, Pontifícia Universidade Católica de São Paulo – PUC/SP, São Paulo, 2008.

MIRANDA, Francisco Cavalcanti Pontes de. Tratado de direito privado. Parte Geral. Tomo I. Introdução: pessoas físicas e jurídicas. 2. ed. Rio de Janeiro: Borsoi, 1954.

MOYSÉS, Tárek Moussalem. *Fontes do direito tributário*. 2ª ed. São Paulo: Noeses, 2006.

_____. *Fontes do direito tributário*. 2016. Disponível em: https://bit.ly/3wu4bc8 Acesso em: 17 set. 2021.

OLIVEIRA, Júlio César Santiago de. *A Declaração de Débitos e Créditos Tributários Federais – DCTF como forma de constituição do crédito tributário na jurisprudência do STJ*. Revista Tributária e de Finanças Públicas | vol. 94/2010 | p. 155 - 199 | Set - Out / 2010.

PADILHA, Maria Ângela Lopes Paulino. *As sanções no direito tributário*. São Paulo: Noeses, 2015.

SANTI, Eurico Marcos Diniz de. *Lançamento tributário*. 3ª Ed. São Paulo: Saraiva, 2010.

SILVA, Paulo Roberto Coimbra. *Direito tributário sancionador*. São Paulo: Quartier Latin, 2007, p. 117.

TOMAZINI DE CARVALHO, Aurora. *Curso de teoria geral do direito*. São Paulo: Noeses, 2019.

VILANOVA, Lourival. *Causalidade e relação no direito*. 4ª Ed. São Paulo: Editora Revista dos Tribunais, 2000.

A SONEGAÇÃO FISCAL PAUTADA EM PRESUNÇÃO TRIBUTÁRIA

Leonardo Godoi Sia[1]

Introdução

O art. 142 do CTN prescreve que, compete privativamente à autoridade administrativa tributária constituir o crédito tributário, tendente a verificar a ocorrência do fato gerador da obrigação tributária principal, determinar a matéria tributável, calcular o montante do tributo devido, identificar o sujeito passivo e, sendo caso, propor a aplicação da penalidade cabível.

Desta forma, a atividade administrativa de cobrança é plenamente vinculada à lei, conforme art. 3º do mesmo diploma e o Fisco pode se valer de levantamentos fiscais, pautados em critérios e cálculos contábeis e ainda em índices e médias matemáticas em sua atividade de auditoria, pois no exercício dessa competência, tem a necessidade de incluir provas que algumas vezes são construídas mediante presunções tributárias para constituir definitivamente o crédito tributário.

---

1. Mestrando em Direito Tributário pelo Instituto Brasileiro de Estudos Tributários (IBET). Especialista em Direito Tributário na mesma instituição e em Direito Público e Privado pelo Instituto Superior do Ministério Público do Estado do Rio de Janeiro (ISMP). Professor Seminarista do IBET/RJ. Auditor Fiscal Municipal.

A importância do tema se faz presente, pois o Auditor Fiscal ao fazer uma análise minuciosa do fato jurídico tributário encontrar omissão de receita e confecciona o auto de infração. Após, a constituição definitiva do crédito tributário, é realizada a Representação Fiscal para Fins Penais (RFFP) com o intuito de enviar à esfera penal toda análise realizada pela Fiscalização Tributária, caso ocorra em íntima convicção que houve crime de sonegação fiscal, prescrito na Lei 8.137/90. Outro fator de relevância é que a pena privativa de liberdade é a mais grave sanção imposta pelo ordenamento jurídico a um cidadão.

O presente trabalho visa a analisar em que medida a autuação fiscal pautada em presunção, seria possível para se afirmar, no âmbito penal, a ocorrência ou não de sonegação fiscal. Para tanto, inicia-se com o exame das categorias necessárias do constructivismo lógico-semântico para análise. Após, delimitamos os conceitos de sonegação fiscal, inadimplemento e planejamento tributário. Em seguida, mostramos a base e a utilização de métodos analíticos utilizados pelo Fisco na verificação de omissão de receita e posterior autuação fiscal. Por fim, verificou-se a possibilidade ou não de remessa da auditoria fiscal à esfera penal, bem como a análise do juízo criminal do auto de infração.

1. Categorias necessárias do constructivismo lógico-semântico para análise

A análise da sonegação importa em interpretação por parte dos sujeitos envolvidos na investigação do instituto, onde de um lado existe o sujeito passivo com seus negócios e o surgimento de uma linguagem com a qual constrói sua estrutura organizacional e, de outro lado, o sujeito ativo que necessita avaliar se essa construção ocorreu conforme as prescrições do direito positivo, razão pela qual ambas verificam a necessidade e/ou possibilidade de fazer incidir as normas tributárias que eles interpretam.

Com isto, torna-se importante a relação dada pelo intérprete ao signo e objeto representado nos textos do direito positivo que é estudado por meio da semântica e "qualquer modo de análise que diz respeito ao significado das expressões linguísticas." (TUGENDHAT, 2007, p. 23)

Trata-se aqui, ou do significado de vocábulos individuais, ou de como o significado das sentenças depende do significado de suas partes", ocupando a relação entre o signo e o seu objeto que é aquilo que se pretende conhecer chamado de "significado" (VOLLI, 2007, p. 36), sendo o objeto é "tudo aquilo que pode ser termo da atividade consciente do eu que conhece, isto é, do sujeito cognoscente." (FALCÃO, 2004, p. 14)

A "sonegação fiscal", conforme prescrita no art. 71 da Lei 4.502/64 é o significado, ou seja, é uma realidade já conhecida por nós como "toda ação ou omissão dolosa tendente a impedir ou retardar, total ou parcialmente, o conhecimento por parte da autoridade fazendária: I - da ocorrência do fato gerador da obrigação tributária principal, sua natureza ou circunstâncias materiais; II - das condições pessoais de contribuinte, suscetíveis de afetar a obrigação tributária principal ou o crédito tributário correspondente."

A análise do sujeito ativo e passivo requer a aplicação da norma no caso concreto a ser estudado quando se deparam com o direito positivo, como a Lei 4.502/64 e outros diversos textos, confeccionados pelo Poder Legislativo que cabem a eles interpretar esses enunciados prescritivos do texto positivado para que seja possível atribuir sentidos. Dessa forma, torna-se construir a norma jurídica[2] a ser aplicada, cabendo ao intérprete investigar as potencialidades de sentidos ou orientação quando se fala em sonegação fiscal. Vejamos o que afirma FALCÃO (2004, p. 8):

> Cabe à Hermenêutica o cumprimento desse papel, que não é um papel de policiamento das potencialidades do sentido, até

2. Ela tem sua estrutura uma hipótese e um consequente que são unidos por um elemento deôntico, conforme a expressão: se H deve ser C, onde a relação jurídica é constituída com a ocorrência de um fato jurídico da hipótese e em termo simbólico é representada D(H→C).

> porque aquilo que ainda está *in potentia* não tem como ser policiado. Trata-se de um papel de inspiração e de orientação, uma vez que, em casos de interesse social, a interpretação deve ter alcance social, não tendo o indivíduo interpretante bases éticas de sustentação para deixar que, em nome da abundância de sentido, empobreça-se o sentido social da norma — que também é sentido e tem liberdade para nascer — e, com isso, ele contribua para que se tenda a ineficacizar o Direito, que só se justifica e subsiste por causa do sentido social inerente à própria vida humana. Trataremos novamente disso, em outras passagens deste trabalho. Por enquanto, esta digressão objetiva somente ressaltar a existência inafastável de bases éticas para a interpretação, com o objetivo de lançar uma ponte para suas dimensões teleológicas de orientação do sentido.

Em sequência, existe um sentido próprio e válido que deve ser vertido na linguagem do aplicador com emissão de valor que é consequência lógica da atribuição de sentidos e esta construção deve ter um limite de forma que o resultado não seja indiferente ao fim social que se deseja atingir, isso dependendo do objeto que esteja sendo interpretado.

Desta forma, tal interpretação vai depender dos referenciais culturais utilizados e pelo contexto, devendo-se as provas que orientam os atos administrativos, como os de fiscalização, apuração e lançamento tributário, bem como outros atos como o de decisão e julgamento e em termos processuais, a verdade lógica ou jurídica, formada dentro do sistema do direito, pois como toda análise da sonegação fiscal requer a interpretação por parte do sujeito ativo, ela pressupõe a realização de um ato ilícito tendo como consequência efeitos sancionatórios.

Com isso, quando o sujeito passivo aplica a norma tributária, tal aplicação está sujeita à verificação da fiscalização tributária, que pode aceitar ou discordar durante a realização dos procedimentos fiscais e toda essa aplicação de normas é cíclica e passa pela interpretação de ambos os sujeitos que produzir linguagens divergentes.

Assim, após essa breve digressão sobre as principais categorias do constructivismo lógico-semântico, é importante investigarmos os conceitos de sonegação fiscal, inadimplemento e o de planejamento tributário, para fins de análise das interpretações realizadas pelo Fisco, no que tange aos seus efeitos jurídicos tributários sancionatórios.

2. A sonegação fiscal, inadimplemento e planejamento tributário

A carga tributária no Brasil é alta, conforme estudo desenvolvido pela Secretaria do Tesouro Nacional, em 2020, há a identificação da Carga Tributária Bruta (CTB) que atingiu 31,64% do PIB, o que representa uma redução de 0,87 pontos percentuais do PIB em relação a 2019. Esse comportamento foi influenciado pelos efeitos sobre a atividade econômica e isenções tributárias relacionados à pandemia do coronavírus. A diminuição da carga tributária ocorreu em grande parte dos tributos. Na decomposição por esfera de governo, a CTB do governo central teve redução de 0,87 p.p. do PIB, a dos governos municipais diminuiu 0,13 p.p. do PIB, enquanto a dos governos estaduais apresentou elevação de 0,12 p.p. do PIB. Vejamos a tabela abaixo como forma de simplificação:

Esfera de governo	2019	2020
Governo Central	1.619.104 mi	1.563.542 mi
Governos Estaduais	622.477 mi	635.111 mi
Governos Municipais	166.771 mi	158.188 mi
Governo Geral	**2.408.353 mi**	**2.408.353 mi**

Tabela 01: Carga Tributária Bruta

O pagamento da alta carga tributária faz com que pessoas físicas ou jurídicas se procurem a melhor maneira de reduzi-la, sobretudo, quando elas possuem certo crescimento econômico no intuito de melhorar a gestão sobre seus patrimônios.

A legislação tributária é complexa e mostramos acima que 31,64% referem-se à carga tributária bruta do país no ano de 2020, no último estudo encontrado e publicado pela

Secretaria do Tesouro Nacional, razão pela qual consideramos um gasto significativo ao empresário. Além disso, a constante alteração na legislação é outro fator importante, o que leva ao intérprete do Direito estar muito atento, para não direcionar ao sujeito passivo da relação jurídica obrigacional tributária o cometimento de qualquer ilícito tributário.

Existem diversos conceitos sobre o que vem a ser planejamento tributário e um que entendo ser adequado para o atual momento do nosso estudo é o que afirma que o planejamento tributário (CARNEIRO, 2017, p. 145):

> [...] *é a atividade que busca a análise jurídico-contábil do tributo de modo que, em conformidade com a legislação fiscal vigente busca-se diminuir ou afastar a incidência das normas tributárias (obrigação principal e acessória). Dessa forma, o contribuinte possui, dentro dos limites da lei, a faculdade de identificar e projetar os efeitos dos atos e fatos tributáveis, comparando-se os resultados prováveis e possíveis, de tal forma a possibilitar a escolha da alternativa menos onerosa para as pessoas físicas ou jurídicas.*

Com isso, o estudo é feito antes da realização do fato administrativo, de modo que seja feito um comparativo. Busca-se também o menor efeito jurídico e econômico dentro da legislação, uma elisão fiscal ou economia lícita de tributos, no ato do cumprimento da obrigação tributária. Desta forma, entendemos que é a prática de procedimentos lícitos e desenvolvidos pela técnica contábil, com a finalidade de evitar a ocorrência de fato gerador da obrigação tributária.

Já TORRES (2003, p. 37) afirma que "com a expressão 'planejamento tributário' deve-se designar tão só a técnica de organização preventiva de negócios, visando a uma legítima economia de tributos, independentemente de qualquer referência aos atos ulteriormente praticados." Ressalta-se que independentemente do conceito a ser empregado, estamos na esfera da licitude quando nos reportamos ao planejamento tributário.

Quanto à evasão fiscal, entendemos ser o ato ilícito que o sujeito passivo que realiza em sua estruturação ou organização de seus negócios, com o intuito de reduzir a carga tributária, que decorre de meios dolosos em que o sujeito passivo diminui sua carga tributária com violação à legislação e ato ilícito, por exemplo, quando houver escrituração de notas fiscais com valor inferior ao da prestação de serviços Verifica-se na jurisprudência do Superior Tribunal de Justiça[3] que "os crimes contra a ordem Tributária previstos no art. 1º da Lei 8.137/90 prescinde de dolo específico, bastando para a subsunção à norma o não recolhimento do tributo."

Repare que a construção de toda estrutura da evasão fiscal é feita de forma ilícita e proposital com a finalidade de reduzir a carga tributária que se enquadram no sentido de ser tipificada de forma negativa como hipótese de normas sancionatórias. No entanto, é possível que o ocorra uma requalificação pelo fisco dos fatos ocorridos, quando o sujeito passivo aplicou a norma tributária. Isso não é caracterizado fatos ilícitos.

Com efeito, o crime de sonegação fiscal verifica-se em decorrência das condutas previstas nos incisos I a V, art. 1º da 8.137/90, ou seja, quando ocorrer efetiva lesão à Fazenda Pública e nos termos da Súmula Vinculante nº 24 do Supremo Tribunal Federal, "não se tipifica crime material contra a ordem tributária, previsto no art. 1º, incisos I a IV, da Lei 8.137/90, antes do lançamento definitivo do tributo."

Após esta breve distinção, destaca-se que a análise é feita com base nos critérios cronológicos, causal e econômico. No primeiro, a diferença ocorre levando-se em consideração o momento em que os atos organizacionais dos negócios jurídicos privados são realizados, ou seja, se os referidos atos ocorreram antes ou depois do fato jurídico. O segundo critério, causal, leva em consideração a causa do negócio jurídico. E por fim, o terceiro critério (econômico), refere-se ao sentido econômico da operação, ou seja, se o planejamento tiver cunho econômico e não apenas fiscal, estaremos diante da elisão fiscal. Mas se a estratégia tributária não tiver sentido

3. AgRg no AREsp 900.438/RS

econômico e sim qualquer outro, estaremos diante da evasão fiscal. No entanto, o ideal é que a análise dos critérios não seja feita de forma isolada, mas em conjunto. Segundo BECKER (2009, p. 139) o mais seguro é a análise pelo critério cronológico, conforme a seguir descrito:

> [...] se o contribuinte agiu depois da ocorrência do fato gerador, já tendo, portanto surgido a obrigação tributária específica, qualquer atividade desenvolvida pelo contribuinte, ainda que por meios lícitos, só poderá visar *à* modificação ou ocultação de uma situação jurídica já concretizada a favor do fisco, que poderá então legitimamente objetar contra essa violação do seu direito adquirido, mesmo que a obrigação ainda não esteja individualizada contra o contribuinte pelo lançamento, de vez que este é meramente declaratório.

Ocorre, contudo, que o inadimplemento da obrigação tributária não se refere à evasão ou sonegação fiscal, não sendo crime. LIMA (2020, p. 216) afirma que "a diferença entre o mero inadimplemento e a sonegação fiscal é exatamente o emprego de fraude." Sobre o conceito de sonegação fiscal e fraude, vejamos a prescrição do art. 71 e 72, ambos da Lei 4.502/64:

> Art. 71. Sonegação como toda ação ou omissão dolosa tendente a impedir, retardar, total ou parcialmente, o conhecimento por parte da autoridade fazendária:
>
> I) da ocorrência do fato gerador da obrigação tributária principal, sua natureza ou circunstâncias materiais;
>
> II) das condições pessoais do contribuinte, suscetíveis de afetar a obrigação tributária principal ou o crédito tributário correspondente.
>
> Art. 72. "Fraude é toda ação ou omissão dolosa tendente a impedir ou retardar, total ou parcialmente, a ocorrência do fato gerador da obrigação tributária principal, ou a excluir ou modificar as suas características essenciais, de modo a reduzir o montante do impôsto devido a evitar ou diferir o seu pagamento.

Neste sentido, se o contribuinte, por exemplo, declara todas as hipóteses de incidência ao fisco, obtidas durante determinado exercício financeiro, conforme a periodicidade exigida em lei e todos os deveres instrumentais estão sendo rigorosamente cumpridos e ainda possui escrita contábil regular, mas não efetua o pagamento do tributo, por algum motivo, seja ele qual for, não há crime ou qualquer outra tipificação criminal, mas sim mero inadimplemento.

Assim, entendemos que conceituar os institutos da sonegação fiscal, evasão e o planejamento influenciará quando a sanção tributária for aplicada nas análises dos casos concretos. Por isto, o conceito e aplicação correta tornam o pensamento jurídico mais analítico do que os demais.

3. A Base de métodos analíticos utilizada pelo Fisco na verificação de omissão de receita

A falta de emissão de nota fiscal, recibos de pagamento ou outro documento equivalente, no momento da prestação de serviço ou da efetiva operação de venda de mercadorias, bem como a sua emissão com valor inferior ao da operação, caracteriza omissão de receitas ou de rendimentos, inclusive ganhos de capital, conforme prescrição do art. 2º da Lei 8.846/94.

Neste contexto, a fraude e a corrupção têm sido um dos problemas mais comentados não só no Brasil, mas em esfera mundial. Dessa forma, a atenção dos governos e dos órgãos de controle internos e externos, bem como da própria fiscalização tributária tem ajudado a conter os atos ilícitos e com isso, a auditoria, por sua natureza de independência da execução, ganha importância neste cenário, razão pela qual o Fisco se vale de métodos analíticos.

A auditoria é um importante instrumento da Fiscalização Tributária no processo de detecção de fraudes e/ou erros cometidos pelo sujeito passivo da relação jurídica obrigacional tributária e conforme prescrição do Código Tributário Nacional – CTN, arts. 97 e 113, a obrigação tributária, seja principal ou ainda os deveres instrumentais, decorre de lei e o seu inadimplemento enseja, para a Fisco, o direito de realizar a cobrança o crédito tributário acrescido de juros de mora, sem prejuízo da aplicação de penalidades e de medidas de garantia previstas em lei, é o que reza o art. 161 do CTN.

Com isto, deve a autoridade administrativa tributária analisar a adoção de possíveis práticas de governança tributária realizada, sabendo que o próprio sujeito passivo tem a prerrogativa e o dever de qualificar o negócio, bem como as incidências nas bases tributárias, pois a falta de observação das leis tributárias leva-o à possibilidade de cobrança do tributo, pois LINS (2019, p. 379) ensina que "o legislador deixa claro que a cobrança do tributo é obrigatória, não podendo o agente administrativo optar pela cobrança de acordo com os critérios de conveniência e oportunidade." Contudo, tal cobrança não é só do tributo, mas também dos juros, multas (agravadas ou não), mas também de configurar como crime, caso ocorra a confirmação do tipo penal.

A auditoria busca evidências de dados, situações e transações ou negócios jurídicos realizados para emissão de opinião sobre a adequação das demonstrações contábeis de uma entidade. BARRETO E GRAEFF (2015, p. 24) descrevem auditoria da seguinte forma:

> É uma técnica contábil que consiste em um processo sistemático de obtenção e avaliação de evidências sobre as informações contidas nas demonstrações contábeis para emissão de uma opinião de quão adequadas ou razoáveis estão essas demonstrações de acordo com as normas e princípios contábeis vigentes.

Neste sentido, a auditoria fiscal realizada pelas autoridades administrativas tem como rotina comum a utilização de tais instrumentos, pois a fiscalização tributária, repita-se, faz o uso de evidências e indícios encontrados nas entidades para realizar a identificação de possíveis omissões de receitas e assim, a identificação de distorções que acarretem fraudes.

Desta forma, a Norma Brasileira de Contabilidade Técnica nº 240 – NBCTA 240 (R1) – direciona todos os profissionais que trabalham com a contabilidade, inclusive os Auditores Fiscais, a observarem, dentro de suas análises, de que forma é possível identificar informações contábeis fraudulentas que podem decorrer das seguintes situações:

> Manipulação, falsificação (inclusive de assinatura) ou alteração de registros contábeis ou documentos comprobatórios que serviram de base à elaboração de demonstrações contábeis.
>
> Mentira ou omissão intencional nas demonstrações contábeis de eventos, operações ou outras informações significativas.
>
> Aplicação incorreta intencional dos princípios contábeis relativos a valores, classificação, forma de apresentação ou divulgação.

Mas não é só isto. Há uma série de situações que os Auditores Fiscais podem analisar para identificar que nas informações contábeis há o ato de enganar, praticados pela entidade, razão pela qual são classificadas como fraudulentas. Vejamos algumas técnicas, conforme NBCTA 240 (R1):

> Registrar lançamentos fictícios no livro diário, em especial no final do período contábil, de forma a manipular resultados operacionais ou alcançar outros objetivos.
>
> Ajustar indevidamente as premissas e alterar os julgamentos utilizados para estimar saldos contábeis.
>
> Omitir, antecipar ou atrasar o reconhecimento, nas demonstrações contábeis, de eventos e operações que tenham ocorrido durante o período das demonstrações contábeis que estão sendo apresentadas.
>
> Omitir, dificultar ou deturpar divulgações requeridas pela estrutura de relatório financeiro aplicável ou divulgações que são necessárias para a apresentação adequada.
>
> Ocultar ou não divulgar fatos que possam afetar os valores registrados nas demonstrações contábeis.
>
> Encobrir fatos que possam afetar os valores registrados nas demonstrações contábeis.
>
> Contratar operações complexas, que são estruturadas para refletir erroneamente a situação patrimonial ou o desempenho da entidade.
>
> Alterar registros e condições relacionados a operações significativas e não usuais.
>
> [...]

Toda análise por parte da Fiscalização Tributária é caracterizada por vinculação e sua submissão aos princípios constitucionais e legais que regem a Administração Pública, devido às suas atividades serem caracterizadas como típicas de Estado dotada de autonomia, conforme fundamento constitucional art. 37, XVIII e XXII da CRFB/88.

Frisa-se que o Decreto Federal nº 608, DE 2003[4] aprovou o texto dos Estatutos e Regulamentos do Centro Interamericano de Administrações Tributárias em que o Brasil se tornou membro Centro Interamericano de Administrações Tributárias e o Decreto nº 5.046/2004[5] promulgou os Estatutos e Regulamentos do Centro de Administrações Tributárias – CIAT e prescreveu que o Brasil é um dos países-membros, corroborando com a prescrição de autonomia de elaboração de auditorias e valoração por parte da Fiscalização Tributária, em âmbito nacional, com a possibilidade de utilização de modelos analíticos autorizados com as boas práticas contábeis e fiscais.

No caso dos modelos analíticos utilizados pelo Fisco que estamos evidenciando no presente ensaio, a análise realizada pela Fiscalização envolverá a observação de todos os elementos que possam identificar, ou não, a falta de recolhimento do tributo, conforme legislação infraconstitucional que regulamente tal questão, por exemplo, o atual art. 509 do Regulamento do ICMS/SP (RICMS/SP) c/c art. 74 da Lei Estadual/SP 6.374/89, transcrito abaixo:

> Art. 509. O movimento real tributável realizado pelo estabelecimento em determinado período poderá ser apurado por meio de levantamento fiscal, em que deverão ser considerados os valores das mercadorias entradas, das mercadorias saídas, dos estoques inicial e final, dos serviços recebidos e dos prestados, das despesas, dos outros encargos, do lucro do estabelecimento e de outros elementos informativos (Lei 6.374/89, art. 74).
>
> § 1º. No levantamento fiscal poderá ser utilizado qualquer meio indiciário, bem como aplicado coeficiente médio de lucro bruto,

4. Disponível, em: https://bit.ly/3qDu0FZ Acesso em: 19 set. 2021.

5. Disponível em: https://bit.ly/3kGJrJz Acesso em: 19 set. 2021.

> de valor acrescido ou de preço unitário, consideradas a atividade econômica, a localização e a categoria do estabelecimento.
>
> § 2º. O levantamento fiscal poderá ser renovado sempre que forem apurados dados não levados em conta quando de sua elaboração.
>
> § 3º. A diferença apurada por meio de levantamento fiscal será considerada como decorrente de operação ou prestação tributada.
>
> [...].

A atividade se pauta, para dar continuidade a suas análises, em critérios e cálculos contábeis inseridos nas Normas Brasileiras de Contabilidade, baseados em índices e médias matemáticas e ainda no guia prático da auditoria de instrumentos financeiros (IAPN 1000) que foi elaborado com base no documento internacional "*Special Considerations in Auditing Financial Instruments - International Auditing Practice Note 1000*" (IAPN 1000).

O IAPN 1000 é utilizado como suplemento para auxiliar os Auditores Fiscais a entenderem e implementarem de maneira consistente essas normas em seus trabalhos de auditoria, revisões de informações contábeis, e outros trabalhos de asseguração e de serviços correlatos para entender de forma mais coerente e prudente os instrumentos financeiros de uma determina entidade que tem relação direta com todas as questões tributária e contábil.

Em uma análise mais detida sobre o risco de fraude, é possível verificar que ele cresce quando um funcionário de entidade auditada tem um conhecimento de instrumentos financeiros, como fórmulas complexas para determinar os fluxos de caixa, como todo o procedimento para a sua contabilização superior ao conhecimento da administração e dos responsáveis pela governança onde BIFANO (2015, p. 416) ensina que:

> A adoção de boas práticas de governança tributária, pelos contribuintes, é tema de interesse do Poder Público e deve por ele ser incentivada. De fato, as empresas que adotam regras de

> governança incluem em seus códigos de conduta determinações quanto à observância da lei e ao pagamento do tributo, em consonância com a sua função social. Com isso, o Fisco terá a convicção de que entidades se pauta na lei para planejar seus negócios com reflexos tributários, cumprem com as obrigações acessórias, informando e fazendo-se informar, e cuidam de seu contencioso, na eventualidade dele se concretizar. Para o Poder Público, é certo que este tipo de contribuinte, por mais complexas que sejam as suas atividades, representará um risco menor do que aqueles contribuintes que não dispensam tais cuidados à matéria tributária.

Frisa-se que a Secretaria da Receita Federal do Brasil (2019, pp. 27 e 33) apresentou em seu relatório anual da fiscalização os resultados de 2019 e o plano de ação para 2020, provas de ocorrência, em tese, de crime contra a ordem tributária (onde a Fiscalização do órgão promove uma Representação Fiscal para Fins Penais, que é encaminhada ao Ministério Público Federal quando o lançamento tributário for considerado definitivo na esfera administrativa) no montante de 27,24%, ou seja, 2.963 representações e ainda 14.639 procedimentos de fiscalização abordando planejamento tributário abusivo ou fraude que resultou R$376.706,66 milhões de reais de créditos lançados no ano de 2019 e inseriu em seu planejamento as principais operações que estão sendo objeto de fiscalização no presente ano. Já, em 2020, o órgão (2020, p. 21 e 27) identificou 2.094 representações, que correspondem a 27,8% do total de ações fiscais encerradas e quanto ao planejamento tributário abusivo ou fraude que resultou R$464.166,68 milhões de reais de créditos lançados com o montante de 16.942 procedimentos.

Ao checar os planos anuais de fiscalização em epígrafe, pode-se constatar que as principais operações objetos de fiscalização enquadram-se, em sua maior parte, em auditar planejamentos tributários abusivos ou fraude tributária com objetivo de obter provas sólidas para que sejam inseridas juntamente com os métodos de apuração analíticos realizados, a exemplo[6] dos transcritos abaixo:

6. Refiro-me ao relatório anual da fiscalização os resultados de 2019 e o plano de ação para 2020.

a. Desenvolvimento de novas ferramentas de identificação de sonegações tributárias;

b. Prevenção a ilícitos tributários, tendo em vista que o próprio órgão já identificou 13,7 bilhões em notas fiscais inidôneas, emitidas com o objetivo de inflar custos, gerar créditos tributários indevidos, ou mesmo omitir receita bruta de terceiros;

c. Omissão de receitas na venda de mercadorias;

d. Instauração de procedimentos fiscais para investigar reorganizações societárias suspeitas de serem motivadas meramente para a redução de tributos: (I) os casos com indícios de que os ativos amortizáveis (ágios) gerados em tais operações foram utilizados para reduzir a base de cálculo do imposto de renda sem respaldo na legislação fiscal, e (II) os casos com indícios de que não houve o oferecimento à tributação dos ganhos de capital auferidos nas operações societárias em questão;

e. Planejamento tributário internacional abusivo e erosão da base tributária do IRPJ, pois os maiores adquirentes de tais mercadorias se localizam em paraísos fiscais ou países de tributação favorecida, enquanto os destinos dos produtos nos embarques são efetivamente os maiores consumidores, em prática conhecida por "triangulação na exportação";

f. Identificar omissão de receitas por optantes do Simples Nacional, pois diante dos indícios dessas infrações, a Fiscalização deverá deflagrar operação nacional para a instauração de procedimentos de lançamento.

Diante do cenário, faz-se necessário analisar que a construção da autuação fiscal realizada com base nos métodos analíticos na verificação de omissão de receita que foram apresentados estão de acordo com o sistema jurídico e utilizados como meio de prova para posterior Representação Fiscal para Fins Penais (RFFP).

4. A construção da autuação fiscal na verificação de omissão de receita – Meios de prova?

Verificamos que é possível a Fiscalização Tributária se utilizar de instrumentos analíticos para realizar levantamento, estudo e avaliação sistemática das transações, procedimentos, operações, rotinas das demonstrações financeiras de uma entidade mediante a uma continuidade de análises contábeis, matemáticas e financeiras, no intuito de monitorar seu comportamento tributário, podendo ter seus planejamentos tributários criticados por não terem uma boa governança tributária. No presente tópico, mostraremos como é feia a construção de tais análises.

Em alguns momentos, os métodos analíticos utilizados pelo Fisco na verificação de omissão de receita e posterior autuação possuem natureza jurídica de presunção tributária. O instituto das presunções possui uma pluralidade de acepções e mesmo assim, entendemos que elas podem ser identificadas como normas jurídicas e assim, configura-se um vínculo entre o fato indiciário e o aplicador da norma jurídica. O processo lógico-jurídico do instituto é explicado por HARET (2010, p. 743) da seguinte forma:

> para o direito tributário a presunção pode ser tanto o processo lógico em que de um fato conhecido infere-se fato desconhecido e, portanto, incerto quanto o resultado dele, qual seja, a própria noção substitutiva, criado através de um efeito de espelhamento e identificação entre uma coisa e outra, produto de uma interação específica de significados heterogêneos.

É comum a fiscalização tributária realizar planejamentos fiscais com o objetivo de analisar potenciais contribuintes que realizam omissão de receitas. Nada novo e o procedimento é perfeitamente permitido pela legislação tributária. Ocorre que, muitos agentes fazendários, ao analisar documentos que as sociedades empresariais apresentam em procedimentos de fiscalização, podem presumir atos inidôneos nas respectivas informações e, consequentemente, entendem que este fato é indício de sonegação, ou seja, os dados informados pelo sujeito passivo da relação jurídica obrigacional tributária não merecem fé.

A questão é que não pode a Fiscalização Tributária presumir a sonegação, pois existem alguns limites para tal, mas ela dispõe de competência para proceder à fiscalização e colher as provas indispensáveis à constituição definitiva do crédito tributário, conforme prescrição dos arts. 194 e 195, ambos do CTN. Vejamos a abordagem sobre a utilização das presunções como meio de prova feita por DIAS (2019, p. 121):

> como meio de prova – como raciocínio lógico, que parte de um fato conhecido (indício) para se chegar a um fato desconhecido. Para a presunção como meio de prova, o fato presumido é consequência verossímil do fato conhecido. Noutro giro, para a presunção como prova, o fato presumido é consequência de determinação legal.

O Fisco possui um limite no emprego das presunções em matéria tributária que é a sua aplicação quando permitida em lei e conforme ensina TOMÉ (2016, p. 177), as admissíveis são as presunções relativas, pois "podem ser ilididas pela comprovação de que o fato ocorrido é diverso do presumido." Dessa forma, a autoridade administrativa tributária poderá presumir se houver lei para tal, conforme art. 5º, II, XXXIX, XL e art. 150, I, ambos da Constituição da República Federativa do Brasil de 1988 – CRFB/88. É o exemplo do art. 509-A do RICMS/SP, conforme transcrito abaixo:

> Art. 509-A. Presume-se a ocorrência de omissão de operações e prestações de serviços tributáveis, realizadas sem o pagamento do imposto, nas seguintes hipóteses (Lei 6.374/89, art. 74-A, acrescentado pela Lei 13.918/09, art.12, XIII):
>
> I - existência de saldo credor de caixa;
>
> II - constatação de suprimentos a caixa não comprovados;
>
> III - manutenção, no passivo, de obrigações já pagas ou inexistentes;
>
> IV - constatação de ativos ocultos;
>
> V - existência de entrada de mercadorias não registradas;
>
> VI - declaração de vendas pelo contribuinte em valores inferiores às informações fornecidas por instituições financeiras e administradoras de cartões de crédito ou débito;
>
> VII - falta de escrituração de pagamentos efetuados;

> VIII - existência de valores creditados em conta de depósito ou de investimento mantida junto a instituição financeira, em relação aos quais o titular, regularmente notificado a prestar informações, não comprove, mediante documentação hábil e idônea, a origem dos recursos utilizados nessas operações;
>
> IX - constatação de outros indícios que levem em consideração as disposições do art. 509, observado o disposto em disciplina específica.
>
> [...].

Com isto, observamos que utilização da figura das presunções se dá quando houver permissão expressa em norma como forma mais sólida dentro do sistema normativo tributário, ou seja, não é possível no plano dos fatos dizer que determinado fato presume outro se uma norma não autorizar tal presunção, pois deve o enunciado geral e abstrato determinar as situações tributáveis de modo que na norma tributária possa ser identificado o antecedente e o consequente da regra-matriz de incidência tributária. Se faltar qualquer dos critérios inexistirá o crédito tributário a ser cobrado.

Desta forma, na elaboração do lançamento tributário é preciso utilizar a motivação de do ato administrativo com todos os meios de provas cabíveis para a ocasião, no intuito de consolidar todas as análises confeccionadas, pois mesmo que o contribuinte tenha o ônus de descaracterizar o fato presumido e ocorra a dispensa de maiores providências probatórias, deve-se mostrar o conteúdo do raciocínio presuntivo com as provas dos indícios. É a leitura que realizamos do art. 509-A do RICMS/SP:

> Art. 509-A - Presume-se a ocorrência de omissão de operações e prestações de serviços tributáveis, realizadas sem o pagamento do imposto, nas seguintes hipóteses (Lei 6.374/89, art. 74-A, acrescentado pela Lei 13.918/09, art.12, XIII):
>
> [...]
>
> § 2º - Diante da presunção de que trata este artigo, caberá ao contribuinte o ônus da prova da não ocorrência dos fatos geradores ou do pagamento do imposto.

Caso a prova não seja inserida e os fatos não estejam minuciosamente analisados, temos a aplicação do princípio da presunção de inocência prescrito no art. 5º, LVII, da CRFB/88 que não se limita apenas à esfera penal, mas permitido de igual forma em matéria tributária, conforme as valiosas lições de CARRAZZA (2009, p. 488):

> A presunção de inocência que a Constituição estabelece, em seu art. 5, LVII, longe de estar confinada à matéria penal stricto sensu, espraia-se sobre todos os episódios em que há um acusado. Melhor explicitando, presente o risco de sanção ou de atingimento a bem jurídico prestigiado pela ordem constitucional (liberdade, honra, propriedade etc.), todos se presumem inocentes, até a demonstração cabal em contrário – cujo ônus, desde a esfera administrativa, pertence ao acusador.

O segundo ponto é que se não houver previsão em lei expressa para a utilização das presunções, não pode utilizar o instituto da analogia para garantir o pagamento do crédito tributário não previsto em lei e o uso das presunções factuais, conforme art. 108, §1º, do CTN. Desse modo, a analogia tem um amplo campo de aplicação no direito tributário que é a inserção da igualdade jurídica em soluções análogas a casos que precisam de tratamento tributário idênticos, tendo que se observar a tipificação exata do tributo e da subsunção do fato à norma tributária, como é o caso da lista de serviços do ISSQN, conforme ensina BARRETO (2016, p. 42):

> segundo Miguel Reale, por um "[...] processo analógico, estendemos a um caso não previsto aquilo que o legislador previu para outro semelhante, em igualdade de razões". A analogia não se confunde com a interpretação extensiva. Nesta, o ponto de partida é uma norma existente, a partir da qual estendemos o entendimento dela decorrente além do que usualmente se faz."" E continua no sentido que "a analogia tem aplicação restritíssima em matéria tributária. Reconhecendo as limitações impostas por normas de superior hierarquia, o Código Tributário Nacional prevê que o emprego de analogia não poderá resultar na exigência de tributo não previsto em lei (art. 108, §1º).

Na caracterização da omissão de receita por presunção tributária, deve estar claro nos procedimentos de fiscalização uma sequência rigorosa da legislação em vigor, com descrição minuciosa no relatório fiscal e nas planilhas, ora existentes e anexas com seus respectivos fundamentos legais de débito, de modo que o sujeito passivo possa ter pleno conhecimento dos fundamentos de fato e de direito que motivem o lançamento. Claro que deve haver também uma descrição da situação fática divergente da jurídica. É o que diz o acórdão nº 2202-005.264 do CARF:

> Tem-se como realidade que o ônus da prova recai sobre o fisco, na medida em que deve demonstrar, com base em fatos e indícios concretos, prováveis de per si, a construção lógica e coerente de uma situação que permita a nova qualificação jurídica dos negócios ou operações realizadas. Os fatos apontados, os quais, seja sob a ótica da fiscalização, seja com os contrapontos por parte da defesa, irão delinear a possibilidade ou não de sua requalificação jurídica.
>
> Com base nos autos, não se pode propugnar que a autuada e suas "terceirizadas" são independentes entre si, com atividades econômicas próprias e autônomas. Verifica-se uma acentuada dependência com a autuada, na medida em que esta devia entregar toda a produção àquela e trabalhava mediante o uso de material e maquinário fornecido pela autuada.

Verificamos que após toda auditoria realizada pela autoridade administrativa tributária, se houver comprovados argumentos para duvidar da gestão tributária do contribuinte com impossibilidade de mensurar o fato jurídico tributário, ela tem o direito de utilizar a técnica de apuração do valor – arbitramento – da base de cálculo do tributo que entende ser devido, desde que estabeleça processo regular, conforme preconiza o art. 148 do CTN, juntamente com as sanções prescritas no ordenamento.

Assim, mediante toda auditoria realizada, provas consolidadas e todo caminho percorrido até a aplicação da sanção administrativa, estuda-se a possibilidade de remeter toda análise à esfera penal. É o que veremos no próximo tópico.

5. A (im)possibilidade de remessa da auditoria fiscal à esfera penal e (re)discussão da materialidade

No item anterior mostramos a possibilidade de o Fisco utilizar métodos analíticos na verificação de omissão de receita e posterior autuação fiscal instrumentalizado e aplicado ao instituto das presunções tributárias. No atual, identificaremos se é possível ou não transportar essa auditoria com notificação e devidas sanções de cunho administrativo à esfera penal para representações fiscais para fins penais.

Toda auditoria realizada pela Fiscalização Tributária necessita ter a comprovação necessária dos requisitos e motivação da qualificação da multa, com relatos de forma clara e direta e ainda detalhada dos critérios utilizados para a sua construção. Dessa forma, o detalhamento da situação aliado ao contexto, poderá formar o dolo característico da sonegação fiscal, prescrito no art. 1º da Lei 8.137/90 e aqui, lembremos das lições de MORAES e SMANIO (2002, p. 90) que sonegação fiscal é a "ocultação dolosa, mediante fraude, astúcia ou habilidade, do recolhimento de tributo devido ao Poder Público."

Em sequência, é possível remessa da auditoria fiscal à esfera penal, por meio de uma Representação Fiscal para Fins Penais (RFFP), onde é encaminhado ao órgão próprio para que seja dado início à persecução criminal, o que é muito comum nas Fiscalizações de grande porte como a Receita Federal do Brasil (FRFB), Estados e Municípios de grande porte em que a estrutura da Administração Tributária é adequada e equipada com todo suporte para obtenção de tal desiderato.

Para se ter noção da métrica das RFFP realizadas, A RFB[7] no ano de 2019, encaminhou ao Ministério Público Federal (titular da ação penal), quando o lançamento tributário

7. BRASIL. RFB – Receita Federal do Brasil. Relatório Anual da Fiscalização. Resultados de 2019. Plano de ação para 2020. Disponível em: https://bit.ly/3DlOmqP Acesso em: 19 set. 2021.

for considerado definitivo na esfera administrativa[8], o montante de 2.963 RFFP, que corresponde a 27,24% de todas as ações fiscais encerradas, cujo procedimento do órgão fazendário está prescrito na Portaria RFB 1.750/2018.

Neste sentido, para prosseguimento da RFFP deve o crédito tributário estar definitivamente constituído e caso ocorra anulação dos lançamentos fiscais pelo CARF, por exemplo, constitui uma circunstância que demonstra que o debate não se encontrava, naquele momento, definitivamente decidido na esfera administrativo-fiscal, razão pela qual não há justa causa para o início da persecução penal.

Desta forma, é possível que o processo administrativo fiscal influencie na análise dos crimes contra a ordem tributária, no que tange às provas nele inseridas a fim de cumprir com os critérios da justa causa, com a prescrição do art. 395 do Código de Processo Penal (CPP). Essa influência ocorre, devido ao sistema jurídico ser uno. Sobre a unicidade do sistema jurídico, vejamos o que afirma TIPKE e LANG (2008 pp. 68/69) a seguir descrito:

> O Direito Tributário é parte do Ordenamento Jurídico global. Elemento essencial de um Ordenamento é a liberdade de contraposição de seus valores fundamentais do Direito e da Justiça: se o legislador fixou esses valores fundamentais em uma parte de Ordenamento Jurídico, então ele deve em outros setores do Ordenamento Jurídico observá-los. Essa liberdade de contraposição valorativa do Ordenamento Jurídico como elemento disciplinador do Direito é evidenciada pelo postulado "Unidade de Ordenamento Jurídico.

Na jurisprudência, o Desembargador Federal Dr. Paulo Fontes, relator do voto da Apelação Criminal nº 0005942-30.2014.4.03.6102/SP interposta por contribuinte, contra o qual o Procurador da República manifestou-se pelo não provimento

---

8. A súmula vinculante nº 24 do STF afirma que "não se tipifica crime material contra a ordem tributária, previsto no art. 1º, incisos I a IV, da Lei 8.137/1990, antes do lançamento definitivo do tributo."

do recurso, mantendo-se integralmente a sentença condenatória, bem destacou que:

> PENAL. PROCESSUAL PENAL. APELAÇÃO CRIMINAL. CRIME CONTRA A ORDEM TRIBUTÁRIA. ART. 1º, INC. I, DA LEI Nº 8.137/90. LAÇAMENTO DEFINITIVO DO CRÉDITO TRIBUTÁRIO. SÚMULA VINCULANTE 24 DO STF. PROPOSITURA DE AÇÃO ANULATÓRIA. INDEPENDÊNCIA ENTRE AS INSTÂNCIAS. PECULIARIDADES DO CASO CONCRETO. AÇÃO CÍVEL JULGADA PROCEDENTE. NULIDADE PROCEDIMENTO ADMINISTRATIVO FISCAL. DECISÃO PENDENTE DE RECURSO. SUSPENSÃO DA AÇÃO PENAL ATÉ O TRÂNSITO EM JULGADO DA AÇÃO ANULATÓRIA. ART. 93 DO CÓDIGO PENAL.
>
> [...]
>
> Entretanto, permitir que eventualmente se chegue a uma sentença condenatória penal, diante da possibilidade de desconstituição do crédito tributário, haja vista a superveniência de sentença cível anulatória, mostra-se demasiadamente temerário. Por essas razões, mostra-se razoável a suspensão desta ação penal, nos termos do art. 93 do Código Penal, até o julgamento definitivo na esfera cível, e a análise do recurso de apelação interposto pela defesa.

Por isso, a autoridade administrativa tributária deve se atentar na análise da confecção da RFFP e inserir elementos de prova que levam a crer que o sujeito passivo agiu com dolo, pois é um ponto central na teoria do crime, na medida em que é o elemento subjetivo da conduta, vincula a pessoa ao tipo penal em questão.

Neste contexto, enviada a RFFP ao Ministério Público e ao analisar, pode identificar que não estejam inseridos todos os elementos para formação da justa causa, aplica-se o art. 395, III do CPP,[9] caso a denúncia já não tenha sido recebida no juízo criminal.

---

9. Art. 395. A denúncia ou queixa será rejeitada quando:
[...]
III - faltar justa causa para o exercício da ação penal.

Do contrário, caso estejam presentes todos os elementos e tenha sido instaurado o processo penal, deve o juiz criminal analisar os elementos da existência da sonegação fiscal, pois o Poder Judiciário possui competência para examinar a matéria tributária penal, conforme art. 102, I, da CRFB/88. Dessa forma, mesmo com a independência das instâncias temos questões de provas sensíveis por parte do contribuinte que no processo administrativo fiscal não foram possíveis de confeccionar, como por exemplo, um laudo de acometimento de neoplasia maligna adquirido à época da análise dos fatos que foi constatada a omissão de receita.

Frisa-se, não são todos os elementos que são possíveis de serem analisados pelo juízo criminal, pois existem situações específicas e métodos analíticos que foram construídos na auditoria fiscal que não podem rejeitadas, tendo em vista a especificidade da questão. Porém, a pena privativa de liberdade é a mais grave sanção imposta pelo ordenamento jurídico brasileiro a um cidadão, razão pela qual deve-se observar, para sua imposição, o respeito à dignidade humana e à presunção de inocência, células importantes para qualquer ser humano.

Assim, os elementos construídos pela Fiscalização Tributária com base em presunções podem ser remetidos à esfera penal e caso tenha alguma materialidade construída e inserida de forma insuficiente na RFFP, é possível que elas sejam reexaminadas.

Conclusão

Percebe-se que, por meio das categorias fundamentais do constructivismo-lógico semântico, foi possível identificar no texto normativo e buscar, nele, condições de análise da sonegação fiscal, prescrita na Lei 8.137/90.

Além disso, evidenciou-se que a delimitação conceitual entre sonegação fiscal, inadimplemento e planejamento tributário, influenciará a interpretação quando for aplicada nas análises dos casos concretos. De modo que se deve observar o emprego de fraude para diferenciá-los.

Em seguida, ao analisar a base de métodos analíticos utilizados pelo Fisco na verificação de omissão de receita, verificamos que a auditoria é um importante instrumento para construir os elementos de evidências e indícios encontrados nas entidades para realizar a identificação de possíveis omissões de receitas e assim, a identificação de distorções que acarretem fraudes tributárias.

Após, constatou-se que o Fisco pode-se valer de levantamentos fiscais, pautados em critérios e cálculos contábeis e ainda em índices e médias matemáticas na construção das presunções tributárias na autuação fiscal apresentados de acordo com o sistema jurídico e utilizados como meio de prova para posterior Representação Fiscal para Fins Penais (RFFP).

Por fim, examinou-se que o Poder Judiciário possui a prerrogativa de reexaminar na esfera penal, em algumas situações, a materialidade da sonegação fiscal construída no processo administrativo fiscal, caso tenha sido elaborada e inserida de forma insuficiente na RFFP.

Referências

BARRETO, Paulo Ayres. *Planejamento tributário.* Limites Normativos. São Paulo: Noeses, 2016.

BECKER, Alfredo Augusto. *Teoria geral do direito tributário.* 3. ed. São Paulo: Saraiva, 2009.

BIFANO, Elidie Palma. *Planejamento de negócios, o bom administrador e a governança tributária.* In Direito Tributário e os Novos Horizontes do Processo. Paulo de Barros Carvalho (Coord.) Priscila de Souza (Org.). São Paulo: Noeses, 2015.

BRASIL. Secretaria do Tesouro Nacional. *Carga Tributária do Governo Geral.* Disponível em: https://bit.ly/3qLcf7P Acesso em: 19 set. 2021.

BRASIL. Secretaria da Receita Federal do Brasil. *Relatório Anual da Fiscalização. Resultados de 2019. Plano de ação para 2020*. Disponível em: https://bit.ly/3DlOmqP Acesso em: 19 set. 2021.

BRASIL. Secretaria da Receita Federal do Brasil. Relatório Anual da Fiscalização. Resultados de 2020. Plano de ação para 2021. Disponível em: https://bit.ly/3cbFnMW Acesso em: 19 set. 2021.

CARNEIRO, Cláudio; JÚNIOR, Kaiser Motta Lúcio de Morais; Pessoa, Leonardo Ribeiro. In:___*Limites do Planejamento Tributário: simulação, abuso de direito e fraude à lei*. Belo Horizonte: Editora D´Plácido, 2017.

CARRAZZA, Roque Antônio. *Imposto sobre a renda (perfil constitucional e temas específicos)*. 3ª ed. São Paulo: Malheiros, 2009.

CARVALHO, Paulo de Barros. *Direito tributário, linguagem e método*. 3ª ed. São Paulo: Noeses, 2009.

DIAS, Karen Jureidini. *Fato tributário:* revisão e seus efeitos jurídicos. 2ª ed. rev. e atual. São Paulo: Noeses, 2019.

FALCÃO, Raimundo Bezerra. *Hermenêutica*. São Paulo: Malheiros, 2004.

HARET, Florence. *Por um conceito de presunção*. Revista da Faculdade de Direito da Universidade de São Paulo. v.105. 2010.

LIMA, Renato Brasileiro de. *Legislação criminal especial comentada*: volume único, 6ª ed., Salvador: JusPodivm, 2018.

LINS, Robson Maia. *Curso de direito tributário brasileiro*. São Paulo: Noeses, 2019.

MORAES, Alexandre de; SMANIO, Gianpaolo Poggio. *Legislação penal especial*. 5 ed. São Paulo: Atlas, 2002, p. 90.

TIPKE, Klaus. LANG, Joachim. *Direito tributário (Steuerrecht)* – Traduzido da 18ª edição alemã, totalmente refeita, de Luiz Dória Furquim. Porto Alegre: Sergio Antônio Fabris, 2008.

TOMÉ, Fabiana Del Padre. *A prova no direito tributário:* de acordo com o código de processo civil de 2015. São Paulo: Noeses, 2016.

TÔRRES, Heleno Taveira. *Direito tributário e direito privado: autonomia privada, simulação e elusão tributária*. São Paulo: Revista dos Tribunais, 2003.

TUGENDHAT, Ernst. *Lições introdutórias à filosofia analítica da linguagem*. Ed: Unijuí. 2007.

VOLLI, Hugo. *Manual de semiótica*. Tradução de Silvia Debetto C. Reis. São Paulo: Edição Loyola. 2007.

A NORMA SANCIONATÓRIA NO DIREITO TRIBUTÁRIO: ESTRUTURA, RELAÇÕES E LIMITES DA NORMA

Leonardo Soares Matos Cascudo[1]

1. Introdução

O estudo da Norma Jurídica Sancionatória no Direito Tributário tem ganhado relevante protagonismo na doutrina atual. Com o avanço dos meios eletrônicos de fiscalização, o Fisco pôde constatar irregularidades praticadas pelos contribuintes de maneira mais ágil e menos custosa aos cofres públicos. O que antigamente demandava um aparato humano deslocando-se aos mais diversos estabelecimentos, averiguando inúmeros documentos, que por vezes escapavam as irregularidades aos olhos cuidadosos dos fiscais, hoje é feito por conferências eletrônicas de dados prestados pelos contribuintes e à disposição dos Fiscos, com maior celeridade.

Mas tal benesse escancarou problemas com que o contribuinte vem lidando há tempos, o excesso de obrigações

---

1. Advogado. Pós-graduado em direito tributário pelo IBET/SP. Mestre em Direito Tributário pela PUC/SP.

acessórias (instrumentais) e falta de clareza da norma, quer seja relativa às obrigações principais ou acessórias. Não são raras as vezes que o contribuinte se depara com obrigações acessórias em volume tal, dos mais diversos entes (União, Estados, DF e Municípios), que o cumprimento acertado se torna dificultoso e seu descumprimento uma decorrência natural. Não é difícil crer que nesse oceano legislativo, em que a maioria dos contribuintes navega ao rés da costa, obrigações acabam sendo prestadas aquém do que o Fisco deseja, erros de cálculos acabam por surgir, má interpretação da norma pelos contribuintes, uma classificação equivocada, dentre tantos outros equívocos que acabam por ser aplicadas sanções aos contribuintes.

Com a aplicação de sanções em massa, agora ainda em maior número, muitas vezes perde-se o foco do interesse estatal. Ora, se uma multa tem elevados 150% sobre o tributo, qual o incentivo que teria o credor (Estado) em ver seu crédito satisfeito sem a imposição da multa. No momento em que a arrecadação das multas se torna tão elevada, quer seja pela quantidade de autos de infração ou pelo elevado valor da multa, indaga-se qual o interesse do Estado em simplificar o sistema tributário ou reduzir as multas para patamares constitucionais, se isso incorreria na perda de parcela de sua receita.

Com isso são inúmeras as autuações aplicadas, reforçando a necessidade de um estudo mais aprofundado sobre a Norma Sancionatória, sua estrutura, relações e limites, pois "*a depender do seu grau, a sanção pode converter-se de garantidora do Direito à usurpadora da liberdade*".[2]

2. Norma Jurídica

Para que façamos uma análise conceptual do objeto de estudo aqui proposto, necessitamos ter um ponto de partida,

2. CARVALHO, Cristiane. "Presunções e Ficções na Imposição de Sansões tributárias". VIII Congresso Nacional de Estudos Tributários: Derivação e Positivação no Direito Tributário / Carvalho, Ana Carolina Papacosta Conte de [et al.]. – São Paulo: Noeses, 2011, p. 310.

aqui, a norma jurídica, e delimitar o objeto em traços bem definidos para que não nos percamos. Trata-se da abstração isoladora, a qual Vilanova faz alusão, em que se demarca o que faz parte do objeto do estudo e o que não lhe é parte integrante. Sobre isto, Lucas Galvão acrescenta que:

> esquecemos que o todo ao qual cremos conhecer é sempre uma parte, pois tudo que sabemos começa com um corte, ou, na feliz expressão de Pontes de Miranda: o cindir é desde o início [...] não se pode submeter algo à consciência a não ser por meio de um corte. Aquele que deseja investigar um objeto qualquer, deve primeiro realizar as operações mentais aptas a abstrair todos os demais elementos da experiência que não sejam, propriamente, o objeto ao qual se pretende conhecer. Pelo corte, separamos logo dois conjuntos: aquilo que para onde dirigimos nossa consciência e o seu complemento, ou seja, tudo que não é objeto para nossa consciência. Ao construir conjuntos classificamos. Ao explicar aquilo que nos permitiu isolar o objeto, erguendo as barreiras que lhes conferem unidade em meio à heterogeneidade do mundo, definimos [...].[3]

O percurso gerador de sentido é o processo que interpreta o objeto, dando-lhe sentido por meio do conhecimento obtido, demonstráveis por meio de proposições, dos quais aglutinamos em estrutura deôntica, e as estabelecemos em níveis de coordenação e subordinação. Partindo de uma teoria constructivista da linguagem, não descreveremos o objeto de análise, mas o construiremos por meio de linguagem, ou, como diz Robles, "*quien dice interpretación, dice también construcción: toda interpretación és constructiva del sentido definitivo que se adscribe al mensaje. La construcción implica creación o recreación*".[4] A linguagem, na forma de texto, é o suporte físico para que seja interpretado pelo sujeito cognoscente, construindo seu sentido com base nas suas limitações culturais.

---

3. BRITTO, Lucas Galvão de. Dividir, definir e classificar: conhecer é recortar o mundo. In: O Constructivismo Lógico Semântico, Vol. I. Capítulo II. Coordenação: Paulo de Barros Carvalho. São Paulo: Noeses, 2014, p. 203/204.

4. ROBLES, Gregorio. *Teoría del Derecho:* fundamentos de teoría comunicacional de derecho. Volumen II. Spain: Thomson Reuters, 2015, p. 407/408.

No momento em que temos contato com o objeto, o interpretamos, criando-o na medida em que "*toda interpretação cria uma nova realidade. Quando atribuídos valores aos símbolos, adjudicando significações a suportes físicos, saltamos do plano de expressão para o plano dos conteúdos*".[5]

O conhecimento, com base na interpretação do objeto em sentido amplo, é a possibilidade de criar proposições sobre algo. Assim, o conhecer algo é, acima de tudo, conhecer a linguagem que tornará o enunciado sobre o objeto do conhecimento compreensível. No momento em que teço proposições sobre o objeto de estudo posso dizer que o conheço, que tenho conhecimento sobre o objeto. Nas palavras de Paulo de Barros Carvalho, só se pode dizer que "*conheço determinado objeto na medida que posso expedir enunciados sobre ele, de tal arte que o conhecimento se apresenta pela linguagem, mediante proposições descritivas ou indicativas*".[6]

Com base na teoria da linguagem do jurista Paulo de Barros Carvalho, e em convergência à teoria Comunicacional de Gregorio Robles, os atos de fala são responsáveis pela inserção dos enunciados prescritivos, que, por sua vez, é a base para que formulemos a norma em seu sentido completo, vislumbrado por Bobbio, Cossio, Kelsen, dentre outros, até sua inserção em um sistema de coordenação e subordinação.

Na visão de Kelsen, ao distinguir proposição jurídica e norma jurídica, estabeleceu-se que proposição jurídica é o enunciado descritivo de uma norma jurídica, única com valor lógico de verdadeiro ou falso, e define que as "*normas jurídicas, por seu lado, não são juízos, isto é, enunciados sobre um*

---

5. CARVALHO, Aurora Tomazini. Interpretação e Aplicação do Direito. In: Vilém Flusser e Juristas: *Comemoração dos 25 anos do grupo de estudos de Paulo de Barros Carvalho*. Coordenação: Florence Haret e Jerson Carneiro. São Paulo: Noeses, 2009, p. 134.

6. CARVALHO, Paulo de Barros. *Direito tributário:* fundamentos jurídicos da incidência. São Paulo: Saraiva, 2008, p. 109.

objeto dado ao acontecimento. Elas são antes, de acordo com o seu sentido, mandamentos e, como tais, comandos imperativos".[7]

Fundamentado no Constructivismo Lógico-Semântico, Paulo de Barros Carvalho entende as normas jurídicas enquanto significações que o sujeito cognoscente constrói com leitura do texto e que, nem sempre, coincidem com os enunciados prescritivos que o legislador distribui à matéria da lei, sendo então a norma jurídica, o juízo hipotético que a percepção do texto provoca em nosso consciente.

Ao serem produzidos os enunciados prescritivos pelo ato de fala (enunciação), o agente competente insere no ordenamento mensagens jurídicas que sejam obedecidos pelos destinatários e que, ao serem interpretadas obtém um juízo de valor, a sua significação. Os enunciados prescritivos, como unidades do sistema, compõem o plano expressional do percurso gerador de sentido, denominado por Paulo de Barros Carvalho, de "S1". O plano S1 é composto de enunciados prescritivos, o plano de expressão ou da literalidade, produto da enunciação, ou atos de fala. Trata-se do objeto (sentido amplo) ao qual o sujeito cognoscente tem acesso para que seja interpretado. O enunciado, produto da enunciação, é *"a expressão linguística, produto da atividade psicofísica de enunciação, são sentenças (frases) formadas pelo conjunto de fonemas e grafemas devidamente estruturados que tem por finalidade transmitir um conteúdo completo, num contexto comunicacional"*.[8]

Após esse primeiro contato com os enunciados no plano de expressão, o exegeta constrói em sua mente a significação, as normas jurídicas em sentido amplo, dando-lhe definição. A norma jurídica é o resultado intelectual de significação dos enunciados prescritivos e compõe o plano "S2" do percurso gerador de sentido. Trata-se, assim, da interpretação de um

---

7. KELSEN, Hans. *Teoria pura do direito*. Tradução: João Baptista Machado. São Paul: MartinsFontes, 2014, p. 81.

8. CARVALHO, Aurora Tomazini de. *Curso de teoria geral do direito*: o constructivismo lógico semântico. São Paulo: Noeses, 2014, p. 187.

enunciado ou conteúdo do enunciado, o sentido que lhe é atribuído, ou seja, aquilo que construímos em nossa mente quando o interpretemos. Como suporte físico, o enunciado refere-se:

> a algo do mundo exterior, de existência concreta ou imaginária, atual ou passada, que é o seu significado; e suscita em nossa mente uma noção, ideia ou conceito, que chamamos de significação [...] as proposições são objetos conceptuais, que estão em nossa mente, e assim sendo, não têm natureza física [...]. [9]

A norma jurídica em sentido amplo faz referência às significações, o juízo de valor que obtemos com a leitura dos enunciados prescritivos. Neste sentido, Gregorio Robles faz distinções sobre as normas jurídicas em sentido amplo, ou proposições jurídicas, ou mesmo regras. Nesse ponto, afirma Robles que *"el 'texto' del Derecho está compuesto por un conjunto de proposiciones linguísticas orientadas, directa ou indirectamente, a dirigir la acción humana. A esas proposiciones lingüísticas las llamamos 'reglas' o 'normas jurídicas'"*.[10]

Nesta distinção em regras em diretas ou indiretas de ação,[11] afirma-se que as primeiras são aquelas que se dirigem ao comportamento humano e que as regras indiretas são as regras ônticas (ser), aquelas que não se dirigem diretamente à ação humana, mas que possibilitam ou são pressupostos de aplicação das regras diretas, posto estabelecer coordenadas espaço temporais, competência, sujeitos. O autor estabelece que as *"regras ônticas são aquelas que assinalam ou indicam,*

---

9. CARVALHO, Aurora Tomazini de. *Curso de teoria geral do direito:* o constructivismo lógico semântico. São Paulo: Noeses, 2014, p. 187/188.

10. ROBLES, Gregorio. *Introducción a la teoría del derecho.* Sexta edición - Nueva edición revisada y actualizada por el autor. Barcelona: Debate, 2003, p. 217.

11. "[...] independente dos fatores de forma e de sujeito criador ou destinatário, a regra apenas existe como tal a partir do momento em que adquire caráter linguístico. Isso não quer dizer que alguém a diga ou a crie de fato por meio de linguagem expressamente formulada. Quer dizer que a regra é regra quando é suscetível de ser expressa. A regra é, pois, o significado de uma expressão linguística. É uma proposição." ROBLES, Gregorio. *As regras do direito e as regras dos jogos:* ensaio sobre a teoria analítica do direito. Tradução de Pollyana Mayer. São Paulo: Noeses, 2011, p. 90.

por meio da linguagem, os elementos necessários da convenção e que não afetam diretamente a ação. Isto é, o campo e o tempo da ação, seus sujeitos e respectivas competências".[12]

Na análise das regras diretas[13] de ação, tem-se a distinção em: 1) Normas procedimentais, as quais estabelecem os procedimentos que consistem na ação, visualizáveis pelo verbo *ter que;* 2) as normas potestativas, as quais atribuem ao sujeito as possibilidades de ação, por meio de normas "lícitas", visualizáveis pelo verbo *poder;* e 3) as normas deônticas, as quais estabelecem deveres aos seus destinatários, determinando a conduta.

Nas regras indiretas, temos a seguinte distinção: 1) regras ônticas organizacionais, as quais estabelecem a organização da ordem jurídica, estrutura dos órgãos do estado e suas competências; 2) regras ônticas potestativas, que atribuem competências, ou capacidades de ação dos sujeitos de direito; e 3) as regras deônticas derrogatórias, que estabelecem a extinção de um marco temporal de validade de outra regra.[14]

Na doutrina pátria, a divisão mais usual é entre norma de conduta e norma de estrutura. A primeira voltada diretamente ao comportamento humano, ao passo que a segunda tem por fim a regulação de outras normas jurídicas, estatuindo as formas de criação de novas normas, sua extinção, as competências e a organização dos órgãos, tal qual apregoa Paulo de Barros Carvalho:

> [...] normas de comportamento e normas de estrutura. As primeiras estão *diretamente* voltadas para a conduta das pessoas, nas relações de intersubjetividade; as de estrutura ou de organização dirigem-se igualmente para as condutas interpessoais, tendo

---

12. ROBLES, Gregorio. *As regras do direito e as regras dos jogos:* ensaio sobre a teoria analítica do direito. Tradução de Pollyana Mayer. São Paulo, SP: Noeses, 2011, p. 115.

13. ROBLES, Gregorio. *O Direito como texto:* quatro estudos de teoria comunicacional do Direito. Tradução de Roberto Barbosa Alves. Barueri, SP: Manole, 2005, p. 16/17.

14. ROBLES, Gregorio. *As regras do direito e as regras dos jogos:* ensaio sobre a teoria analítica do direito. Tradução de Pollyana Mayer. São Paulo, SP: Noeses, 2011, p. 241/244.

> por objeto, porém, os comportamentos relacionados à produção de novas unidades deôntico-jurídicas, motivo pelo qual dispõe sobre órgãos, procedimentos e estatuem de que modo as regras devem ser criadas, transformadas ou expulsas do sistema. [...]. [15]

Tenhamos em mente que a classificação das normas jurídicas em diretas, indiretas, de estrutura, de conduta, ou quaisquer outras classificações não retira a característica essencial das normas jurídicas de regular as condutas intersubjetivas. As normas são direcionadas aos sujeitos, tendo estes como seus destinatários. Assim, "*a função prescritiva é relativa à ação, que assim adquire valor de categoria central na teoria do direito. Ao dizer que o texto jurídico é prescritivo, afirmamos exatamente que todo ele adquire seu sentido na relação com a ação*".[16] Trata-se aqui do princípio da prioridade pragmática, ou seja, "*um princípio ontológico do texto. A determinação dos significados concretos provém da totalidade de significado que o texto estabelece*".[17]

A norma jurídica em sentido estrito, conforme preceitua Lourival Vilanova e Paulo de Barros Carvalho, é uma estrutura lógica sintático-gramatical de significação criada pelo receptor da mensagem normativa, o qual compõe o plano gerador de sentido "S3". A partir da leitura de dois ou mais enunciados prescritivos, estruturados de forma lógica em juízo proposicional, hipótese e consequente, é que chegaremos à norma jurídica em sentido estrito, estruturada em modal deôntico neutro, no qual formalizada teríamos ($H \rightarrow C$), em que a hipótese está para o fato jurídico assim como o consequente está para a relação jurídica instaurada em consequência da ocorrência do fato jurídico.

---

15. CARVALHO, Paulo de Barros. *Curso de direito tributário*. 25 ed. São Paulo: Saraiva, 2013, p. 150.

16. ROBLES, Gregorio. *O Direito como texto:* quatro estudos de teoria comunicacional do Direito. Tradução de Roberto Barbosa Alves. Barueri/SP: Manole, 2005, p. 30.

17. Idem, p. 32.

É uma construção lógica pelo sujeito receptor da mensagem. Desta formulação, chega-se à norma-padrão de incidência, ou regra-matriz de incidência, ou ainda a denominação fornecida por Lourival Vilanova, "mínimo irredutível do deôntico", por ser a estrutura mínima para que o disposto na norma seja aplicado sobre a conduta social.

Lourival Vilanova, ao tratar da norma explica que:

> A norma não é a oralidade ou a escritura da 'linguagem', nem é o 'ato-de-querer ou pensar' ocorrente no sujeito emitente da norma, ou no sujeito receptor da norma, nem é, tampouco, a 'situação objetiva' que ela denota. A norma jurídica é uma estrutura lógico-sintática de significação: a norma conceitua fatos e condutas, representa-os não como desenho intuitivo, imagem reprodutiva (que somente pode ser do concreto – há normas abstratas) de 'fatos-eventos' e 'fatos-condutas'. Representa-os como significações objetivas – endereçadas ao objetivo – confirmáveis ou não na espécie de eficácia ou ineficácia por parte das situações objetivas (os *'states-of-affairs'*).[18]

Pode-se dizer que a norma não é o objeto do conhecimento, nem tão pouco o intuito do enunciador ao enunciar o enunciado. Dito de outro modo, a norma jurídica em sentido estrito é o mínimo irredutível do deôntico, entendida como a estrutura logicamente organizada pelo intérprete dos enunciados normativos, identificando critérios que ao serem perfeitamente enquadrados ao fato narrado, far-se-á, mediante procedimento adequado, inserir, pelo agente competente, norma jurídica individual e concreta no sistema com a respectiva obrigação jurídica.

Sobre o plano S3, Tárek Moussallem expõe:

> Ultrapassando o plano dos conteúdos de significações dos enunciados prescritivos, partimos para o conjunto articulado das significações normativas – o sistema de normas jurídicas *stricto sensu* (S3).

18. VILANOVA, Lourival. *Norma jurídica/Proposição Jurídica*: Significação Semiótica. Editora do Governo do Estado de Pernambuco, Secretaria da Educação e Cultura, p. 10.

> Aqui o intérprete promove a contextualização das significações obtidas no percurso gerativo, com a finalidade de produzir unidades dotadas de sentido deôntico. É a norma jurídica [...].[19]

Conforme verificado, essa norma está logicamente organizada em modal deôntico completo, "se H, deve ser C". Em seu antecedente (descritor, suposto, hipótese), descreve um evento, juridicamente relevante. Há uma previsão de um evento, sempre de possível ocorrência no mundo fenomênico, composto por um verbo no infinitivo com seu respectivo complemento, delimitados em espaço e tempo.

Sobre as normas, João Maurício Adeodato complementa:

> [...] a norma é, nesse primeiro sentido, um fator redutor de complexidade, sua função precípua é a redução atual de possibilidades futuras de conduta, controlando assim os conflitos no momento presente.
>
> [...] ao disciplinarem como deve ser o futuro, as normas selecionam possibilidades com o objetivo de reduzir a complexidade e a incerteza dela recorrente, formando um repertório de condutas futuras desejáveis diante das expectativas atuais e excluindo as que lhe são contrárias, muito embora estas (decepções) sejam perfeitamente possíveis de ocorrer.[20]

No antecedente, ou hipótese, temos sempre um fato de possível ocorrência, assim é que "*a norma jurídica é uma representação de um futuro estável em um horizonte de incertezas*".[21] Na norma, há sempre uma descrição em sua hipótese de um fato possível, mas não obrigatório na medida em que "*não teria sentido uma norma que preceituasse que algo deve acontecer, sabendo-se de antemão que esse algo tem necessariamente*

---

19. MOUSSALLEM, Tárek Moysés. *Fontes do direito tributário*. 2 ed. São Paulo, SP: Noeses, 2006, p. 66/67.

20. ADEODATO, João Maurício. *Uma teoria retórica da norma jurídica e do direito subjetivo*. São Paulo, SP: Noeses, 2014, p. 194/195.

21. Idem, p. 190.

que acontecer, sempre e em toda a parte, por força de uma lei natural".[22]

Já no consequente é possível estabelecer uma relação entre os prováveis sujeitos da relação jurídica. Nesta, estabelece a conduta que deverá ser seguida entre um sujeito frente a outro, dado ocorrido o fato hipoteticamente descrito no antecedente.

O jurista Tárek Moussallem expõe:

> Assim o antecedente normativo é descritivo de situação de fato *possível* de ocorrer (norma abstrata), ou já ocorrido (norma concreta), enquanto a consequência estabelece a relação jurídica entre sujeitos quaisquer (norma geral), ou entre sujeitos especificados (norma individual), o que confere caráter diretivo de condutas ao direito positivo, relacionando sujeitos-de-direito.
>
> Essa relação entre sujeitos-de-direito sofre a incidência do *functor* deôntico modalizado em um dos três modais deônticos possíveis: obrigatório (O), proibido (v) e permitido (P).[23]

Na composição desta norma, podemos visualizar o functor deôntico neutro, ou não modalizado (interproposicional), que liga o antecedente ao consequente e o functor deôntico modalizado (intraproposicional), no interior do consequente, referente à conduta do agente (obrigatório, permitido ou proibido).

Na visão kelseniana, faz-se a distinção entre causalidade e imputação entre a hipótese e o consequente, afirmando que a causalidade se dá em meio natural sendo observável pelo sujeito cognoscente, ao passo que a imputação estabelece uma relação em que o sujeito cognoscente atua para que se concretize. Assim, afirma:

> O princípio da causalidade afirma que, quando é A, B também é (ou será). O princípio da imputação afirma que, quando A é, B deve ser.

---

22. KELSEN, Hans. *Teoria pura do direito*. Tradução João Baptista Machado. 8 ed. São Paulo, SP: Editora WMF Martins Fontes, 2009, p. 105.

23. MOUSSALLEM, Tárek Moysés. *Fontes do direito tributário*. 2 ed. São Paulo, SP: Noeses, 2006, p. 68.

> A distinção entre causalidade e imputação reside em que – como já notamos – a relação entre o pressuposto, como causa, e a consequência, como efeito, que é expressa na lei natural, não é produzida, tal como a relação entre pressuposto e consequência que se estabelece em uma lei moral ou jurídica, através de uma norma posta pelos homens, mas é independente de toda intervenção dessa espécie... a relação entre pressuposto e consequência numa lei moral ou jurídica é uma norma, pode-se falar em uma relação normativa – para distinguir da relação causal. "Imputação" designa uma relação normativa. É esta relação – e não qualquer outra – que é expressa na palavra "dever ser", sempre que esta é usada numa lei moral ou jurídica.[24]

No plano "S4", temos a organização das normas, na forma horizontal e vertical, em subordinação e coordenação. O sistema jurídico está relacionado com o modo que estas normas se relacionam, em coordenação e em subordinação. Paulo de Barros Carvalho apregoa que:

> as normas jurídicas formam um sistema na medida em que se relacionam de várias maneiras, segundo um princípio unificador. Se pensarmos neste conjunto de todas as normas jurídicas válidas, num determinado intervalo de tempo e sobre específico espaço territorial, inter-relacionadas sintática e semanticamente, segundo um princípio unificador, teremos o direito positivo que aparece no mundo integrado numa camada de linguagem prescritiva, pertencente à região ôntica dos objetos culturais, visto que é produzido pelo homem para disciplinar a convivência social, dirigindo-se, finalisticamente, ao campo material das condutas intersubjetivas [25]

3. Norma Jurídica Completa

Percorrido o percurso gerador de sentido para construção da Norma Jurídica, podemos ir além. As normas podem exercer funções distintas na forma como atuam ou em seu

24. KELSEN, Hans. *Teoria pura do direito.* Tradução João Baptista Machado. 8 ed. São Paulo: Editora WMF Martins Fontes, 2009, p. 100/101.

25. CARVALHO, Paulo de Barros. *Direito tributário:* fundamentos jurídicos da incidência. 9ª ed. São Paulo: Saraiva, 2012, p. 76.

relacionamento umas com as outras. As normas não são características únicas e exclusivas do direito, pois existem normas morais, religiosas, éticas, dos jogos, dentre outras. Mas o que torna uma norma "jurídica" é a coercibilidade. Nas breves palavras do jusfilósofo italiano Norberto Bobbio, temos que *"normas jurídicas' são aquelas cuja execução é garantida por uma sanção externa e institucionalizada"*.[26]

No estudo da completude da norma é que fazemos e distinção entre norma primária e norma secundária, ambas com a mesma estrutura lógica acima descrita no plano S3. Neste ponto, é a norma secundária que garante a execução externa e institucionalizada,[27] aludida por Bobbio.

Em Kelsen, temos norma primária e secundária, em que a norma primária estabelece uma sanção e a secundária o dever correlato. Nesta visão, o sistema jurídico poderia ser todo ele composto única e exclusivamente por normas primárias (normas que estabelecem sanção), visto que, a partir destas poder-se-iam extrair por inferência o dever jurídico ao qual se relaciona. Assim, diz-se que a estrutura de Kelsen é funcional, posto que a norma secundária estaria exposta somente para dizer o direito, restando a norma primária o caráter coercitivo, característica do direito.

Paulo de Barros Carvalho, ao analisar Kelsen, afirma:

> Para a doutrina kelseniana, a enunciação do Direito deve ser formulada com fundamento na chamada "norma dupla" ou "norma

26. BOBBIO, Norberto. *Teoria da norma jurídica.* Trad. Fernando Pavan Baptista e Ariane Bueno Sudatti. 3 ed. revista. Bauru/SP: EDIPRO, 2005, p. 160.

27. "Quando se fala em sanção institucionalizada, entende-se essas três coisas, ainda que elas nem sempre se encontrem simultaneamente: 1) para toda violação de uma regra primária, é estabelecida a relativa sanção; 2) é estabelecida, se bem que dentro de certos termos, a medida da sanção; 3) são estabelecidas pessoas encarregadas de efetuar a execução... Com a primeira limitação, se assegura a certeza da resposta, com a segunda, a proporcionalidade, com a terceira, a imparcialidade. Todas as três limitações juntas, têm como fim comum aumentar a eficácia das regras institucionais e, consequentemente, da instituição em seu conjunto." BOBBIO, Norberto. *Teoria da norma jurídica.* Trad. Fernando Pavan Baptista e Ariane Bueno Sudatti. 3 ed. revista. Bauru/SP: EDIPRO, 2005, p. 161.

> complexa", composta de uma norma primária e uma norma secundária. A norma primária descreveria a sanção, enquanto que a norma secundária estabeleceria o comportamento desejado pela ordem jurídica.[28]

Carlos Cossio, firmado em premissas egológicas - teoria que toma o direito como sendo não só norma, mas também conduta humana - assegurou a divisão em endonorma e perinorma. A endonorma é a norma que estabelece a relação jurídica desejada, tal qual a norma secundária em Kelsen, enquanto a perinorma é a norma sancionatória pelo descumprimento da endonorma, ou, norma primária em Kelsen.

A endonorma e a perinorma constituem partes inseparáveis de uma única norma jurídica e estão ligadas através de um disjuntor excludente[29] (ou uma ou outra). Ou seja, cumpre-se o dever jurídico, tornando-se desnecessária a sanção ou descumpre-se a norma primária de dever, fazendo nascer a necessidade de aplicar a norma sancionatória.

Interessante notarmos que na corrente de Carlos Cossio, conforme explicado por Paulo de Barros Carvalho, o cometimento de infração não é violar o direito, pois tal ato é tão somente o de realizar a conduta estipulada na hipótese da perinorma, condição para sanção.[30]

---

28. CARVALHO, Paulo de Barros. *Teoria da norma tributária*. 5 ed. São Paulo: Quartier Latin, 2009, p. 42.

29. "... a norma completa seria formada pela disjunção de dois juízos hipotéticos ou, em outros termos, trata-se de uma disjunção proposicional que reúne, na mesma estrutura lógica, por meio da conjunção disjuntiva "ou", duas proposições de "dever-ser". A primeira, que pode ser equiparada à norma secundária de Kelsen, Cossio designou de "endonorma" e a segunda, que teria a mesma função da norma primária, o autor argentino chamou de "perinorma". CARVALHO, Paulo de Barros. *Teoria da norma tributária*. 5 ed. São Paulo: Quartier Latin, 2009, p. 48.

30. "Carlos Cossio... quem comete uma infração não viola o Direito, mas apenas realiza o suposto de disposição perinormativa que é a condição da sanção." Citação... "violar a norma seria castigar a quem não cometeu infração ou não castigar a quem cometeu". CARVALHO, Paulo de Barros. Teoria da Norma Tributária. 5 ed. São Paulo: Quartier Latin, 2009, p. 56.

Na corrente majoritária encontrada na doutrina, vê-se a distinção entre norma primária, que estabelece um dever jurídico, e a norma secundária, que estabelece a sanção pelo descumprimento deste dever. A norma primária institui condutas, deveres jurídicos, positivos ou negativos, consubstanciados nas obrigações de dar, fazer ou não fazer, sendo valores que o legislador quer que sejam implantados à sociedade, ao passo que as normas secundárias instituem sanções pelo descumprimento da norma primária. Neste último caso, temos a norma secundária como norma processual, marcada pela presença do estado juiz em um dos polos da relação, o qual garantirá a aplicação coercitiva das relações jurídicas.

Paulo de Barros Carvalho assim apregoa:

> Na sua completude, as regras do direito têm feição dúplice: norma primária (ou endonorma, na terminologia de Cossio), a que prescreve um dever, se e quando acontecer o fato previsto no suposto; norma secundária (ou perinorma, segundo Cossio), a que prescreve uma providência sancionatória, aplicada pelo Estado-Juiz, no caso de descumprimento da conduta estatuída na norma primária [...]. Inexistem regras jurídicas sem as correspondentes sanções, isto é, normas sancionatórias... Tanto na primária como na secundária a estrutura formal é uma só [D(p→q)]. Varia tão somente o lado semântico, porque na norma secundária o antecedente aponta, necessariamente, para um comportamento violador de dever previsto na tese de norma primária, ao passo que o consequente prescreve relação jurídica em que o sujeito ativo é o mesmo, mas agora o Estado, exercitando sua função jurisdicional, passa a ocupar a posição de sujeito passivo. Por isso, o que existe entre ambas é *uma relação de ordem não simétrica.*[31]

A norma primária descreve um fato de possível ocorrência em sua hipótese e o relaciona com uma conduta desejada, que deve ser cumprida em vista a realização do fato descrito na hipótese. Na norma secundária,[32] o que se visualiza é, na

---

31. CARVALHO, Paulo de Barros. *Direito tributário:* fundamentos jurídicos da incidência. 9 ed. rev. São Paulo: Saraiva, 2012, p. 56.

32. "A norma secundária, a não observância do dever de prestar, positivo ou negativo, é suposto normativo fundante da sanção, nesta acepção entendido como a

hipótese, a não realização do consequente da norma primária, a qual relaciona em seu consequente a atuação jurisdicional a fim de sua execução forçada.

Lourival Vilanova assim entende:

> Na norma primária, tem-se o pressuposto fáctico (ou hipótese de incidência) em relação de implicação com a consequência: a relação jurídica [...]. Na norma secundária, a hipótese fáctica é a não observância do dever da parte do sujeito passivo, a qual implica o exercício da sanção e da coação (já aqui por meio de órgão jurisdicional).[33]

À violação da norma jurídica primária dá-se o nome de ilícito. Desta violação insurge o direito do sujeito ativo da norma primária em pleitear no Judiciário, por meio da coerção, que o sujeito passivo daquela norma satisfaça a obrigação. Nestes termos, Norberto Bobbio salienta:

> Uma norma prescreve o que deve ser. Mas aquilo que deve ser não corresponde sempre ao que é. Se a ação real não corresponde à ação, afirma-se que a norma foi violada. É da natureza de toda prescrição ser violada, quando exprime não o que é, mas o que deve ser. À violação, dá-se o nome de ilícito. O ilícito consiste em uma ação quando a norma é um imperativo negativo e uma omissão quando a norma é um imperativo positivo. No primeiro caso, afirma-se que a norma não foi observada, no segundo, que não foi executada. Porquanto os termos "observação" e "execução" de uma norma sejam usados indiscriminadamente para indicar o comportamento conforme à norma, o que se observa é uma proibição, o que se executa é um comando, daí dois modos diversos de violação, a inobservância em relação a um imperativo negativo, a inexecução em relação a um imperativo positivo.
>
> A ação que é cumprida sobre a conduta não conforme para anulá-la, ou pelo menos para eliminar suas consequências danosas, é precisamente aquilo que se chama de sanção. A sanção pode ser definida, por este ponto de vista, como expediente através

---

pretensão de exigir coativamente perante órgão estatal a efetivação do dever estatuído no(s) prescrito(s) da(s) norma(s) primária(s)". DI SANTI, Eurico Marcos. *Lançamento tributário*. 3 ed. São Paulo: Saraiva, 2010, p. 44.

33. VILANOVA, Lourival. *Causalidade e relação no direito*. 5 ed. São Paulo: Noeses, 2015, p. 137.

> do qual se busca, em um sistema normativo, salvaguardar a lei da erosão das ações contrarias; é, portanto, uma consequência do fato de que em um sistema normativo, diferentemente do que ocorre com o sistema científico, os princípios dominam os fatos, ao invés dos fatos os princípios.[34]

Ao prescrever aquilo que "deve ser" e não o que é, o campo da normatividade jurídica abre espaço para que não ocorra o que fora prescrito no consequente da norma primária. Em face a isto, o ordenamento dispõe de mecanismos (sanção) para que essa realidade jurídica se aproxime ao máximo da realidade social, mas que nunca se encostam, formando uma curva assintótica.

As normas primárias e secundárias são interligadas umas com as outras, pode-se dizer por functor, estabelecendo relação entre ambas. Sobre o tema, a doutora pela PUC/SP Clarice Von Oertzen entende que:

> as relações de coordenação são menos complexas que as de subordinação, pois é comum que se refiram apenas a duas normas, chamadas de primária e secundária ou autônomas e dependentes. A relação entre elas é que uma constitui a sanção pelo descumprimento da outra.[35]

Conforme o entendimento da jurista, a norma secundária seria dependente da norma primária, a qual nominou de autônoma, isso pois independe de qualquer outra norma e, uma vez realizada o prescrito no consequente normativo pelos sujeitos da relação, tem-se a eficácia técnica da norma, enquanto a secundária, para ser aplicada, necessariamente necessita que haja o descumprimento do consequente da norma primária.

Havendo norma primária sem sua correspondente secundária, sem norma processual que force o cumprimento

---

34. BOBBIO, Norberto. *Teoria da norma jurídica*. Trad. Fernando Pavan Baptista e Ariane Bueno Sudatti. 3 ed. revista. Bauru, SP: EDIPRO, 2005, p. 152/153.

35. ARAÚJO, Clarice Von Oertzen. *Semiótica do direito*. São Paulo: Quartier Latin, 2005, p. 17.

coativo da norma primária, esta não teria coatividade por lhe faltar norma sancionatória. Nestes termos, Paulo de Barros Carvalho entende que *"o traço característico do direito é a coatividade, que é exercido em último grau pela execução forçada e pela restrição da liberdade"*.[36] Afirmamos que norma primária sem sua respectiva secundária restaria abalada sua coatividade, cuja particularidade é uma das fundamentais do direito.

Sobre característica do direito, o "ser coercitivo" da norma, Aurora Tomazini acrescenta:

> Ser jurídica significa ter coercibilidade. A coercibilidade é a previsão, pelo próprio sistema, de mecanismos para exigir o cumprimento das condutas prescritas nas normas. É a sanção, característica própria do sistema do direito, que esta presente em todas as normas jurídicas, e que o diferencia dos demais sistemas normativos.[37]

Em linguagem formalizada, teríamos: D {[H → (S' R S")] v [H' (H . –R) → (S' R" S"')]}. O "D" representa o dever-ser neutro; "H" representa a hipótese; "→" representa o conectivo condicional; "(S' R S")" representa a relação "R" entre o sujeito ativo S' e o sujeito passivo S"; "v" representa o conectivo lógico da disjunção inclusiva; "H'(H.-R)" em que representa a hipótese da norma secundária, onde "H'" é o descumprimento da tese da norma primária "H.-R" ; "(S' R" S")" é a relação processual "R"" da norma secundária, estabelecida entre o sujeito ativo da norma primeira "S'" e o Estado-Juiz "S"".

A relação entre a norma primária e secundária, visto por Vilanova, se dá pelo conectivo "ou" includente, no qual se estabelece a relação: ou uma ou outra ou ambas. Trata-se de dizer que tanto poderá ser válida a norma primária, como a norma secundária, bem como ambas. A validade de uma

---

36. CARVALHO, Paulo de Barros. *Direito tributário, linguagem e método.* 4 ed. São Paulo: Noeses, 2013, p. 843.

37. CARVALHO, Aurora Tomazini. *Direito penal tributário.* São Paulo: Quartier Latin, 2009, p. 72.

independe da validade da outra, visto que a validade é a relação de pertinência ao sistema.

Nesses termos, Vilanova apregoa:

> O que nos parece, ante ao exposto, é que o conectivo para relacionar a proposição primária com a secundária é o *ou* includente (*in nichtausschliessenden Sinne*). Pois *dá-se o caso de tanto a proposição normativa primária quanto a proposição normativa secundária serem ambas válidas.*[38]

Na análise feita pelo jurista, verificou-se que, pela possibilidade de ambas as normas serem válidas, estas poderiam ser relacionadas pelos conectivos "e", "ou includente" e o "se... então". A verdade desses conectivos admite afirmar a validade das duas normas, entretanto, a escolha pelo ou includente dá-se pelo fato de que: 1) o conectivo "e" só se admite a validade de ambas, nunca apenas de uma, assim, pelo visto até o momento, não se poderia aceitar este conectivo, uma vez que é válido que somente uma norma seja válida; 2) o conectivo condicional "se... então" não é possível, pois não se admite que a proposição consequente seja falsa e a antecedente verdadeira, o que afastaria sua aplicação como conectivo da norma primária à secundária; 3) o conectivo "ou excludente", pelas mesmas razões não se admite por, neste caso, só seria válido se uma ou outra fosse válida, nunca ambas. Resta-nos o ou-includente, o qual permite que uma ou outra ou ambas as normas sejam válidas.

Agora chegamos ao ponto crucial, onde se visualizamos a estrutura da Norma em que se inserem as infrações e as sanções impostas aos infratores. A estrutura da norma jurídica, ainda, pode-se dividir a norma primária em: dispositiva, que estabelece um dever jurídico de agir de determinada maneira (obrigação de dar e/ou fazer) em decorrência de atos lícitos; e em norma primária sancionatória, a qual visa a apenar o sujeito

---

38. VILANOVA, Lourival. *As estruturas lógicas e o sistema do direito positivo*. São Paulo: Noeses, 2010, p. 88.

da relação jurídica estabelecida em norma primária dispositiva, pelo não cumprimento do seu consequente. Formalizando, teríamos D {[H → (S' R S")] v [H' (H . –R) → (S' R" S")}.

Para melhor elucidarmos o tema, imaginemos a situação de um lançamento (norma primária dispositiva), que, após os prazos fixados, não houve o pagamento, incorrendo na aplicação de multa (norma primária sancionatória). Após os trâmites administrativos, verificou-se a correção dos lançamentos efetuados e, por consequente, a inscrição da CDA e a propositura da ação (norma secundária). A norma secundária é produzida com a aceitação pelo judiciário, compondo a norma por meio do antecedente, narrado na inicial (descumprimento da norma primária –R, pelo sujeito passivo S"), e o respectivo consequente (relação jurídica R" entre o sujeito ativo S' e o estado juiz S'"). No momento em que o estado juiz se manifestar pela procedência ou improcedência do pedido, estará ele produzindo uma terceira norma. Esta terceira norma, pode-se dizer norma primária, prescreverá uma conduta ao sujeito S" (norma primária dispositiva), que, se descumprido, incorrerá em aplicação de multa (norma primária sancionatória) até que lhe seja aplicada a execução forçada.

Nesta linha, Tárek Moussallem apregoa:

> [...] a norma secundária N2 descreve em seu antecedente o descumprimento da relação jurídica da norma primária N1 e em seu consequente uma atuação do Poder Judiciário. O resultado da atuação do Poder Judiciário tem como efeito a produção de uma outra norma N3. Essa por sua vez, pode ter como objeto imediato uma conduta humana (N3 como regra de conduta) ou ter como fim próximo uma norma N4 (N3 como norma de revisão sistêmica).[39]

4. Relação Jurídica

A relação é o vínculo abstrato que liga, une: na norma em sentido estrito, o antecedente ao consequente; na norma

39. MOUSSALLEM, Tárek Moysés. *Fontes do direito tributário*. 2 ed. São Paulo, SP: Noeses, 2006, p. 70/71

jurídica completa, a norma primária à secundária; do sujeito ativo ao passivo, visualizáveis no consequente normativo. Mas, relação não se consubstancia unicamente no direito, isso dar-se pois a relação é fato, dar-se pela linguagem. Não existe relação entre objetos distintos, linguagem aqui e realidade ali, trata-se, tal qual ocorre na teoria das classes, de entidades da mesma índole, linguagem. Podemos, então, afirmar que qualquer enunciado no qual um fato faça ou dê origem a outro, é uma relação.

Na lógica jurídica, a relação se estabelece entre os enunciados implicacionais ou condicionais (p → q), ou seja, a uma relação implicacional entre os termos, no qual, "p" é condição suficiente para a ocorrência de "q" e "q" é condição necessária para ocorrência de "p". Na leitura deste enunciado, teríamos que "se p então q", ou, para melhor demonstrar a relação entre "p" e "q", podemos também nominar de antecedente o primeiro e consequente o segundo, teríamos "se ocorrido fato P, então deverá ocorrer fato Q".

A lógica proposicional é utilizada sobre qualquer outra linguagem, pois trata-se de linguagem formalizada, assim, podemos afirmar com mais clareza que a implicação pode dar-se sob qualquer fato, quer seja física, jurídica, histórica, dentre outras.

Essa mesma lógica, aplicada na linguagem do direito, chama-se de relação jurídica, "se ocorrer fato X, então deve ser aplicada a norma correlata Z", ou, "se descumprido o disposto no consequente da norma primária, então deve ser aplicado a coerção estatal", ou ainda, "sujeito A tem direito subjetivo em face de sujeito B". A diferença entre a relação natural e a jurídica é que a primeira reger-se-á pela lei da causalidade (causa necessariamente corresponde a um efeito) enquanto que no direito falamos de imputação (deve ser a aplicação de uma norma Z, pelo homem, se ocorrido fato X). Notemos que na causalidade, diferente da imputação, não há vontade humana no consequente, a relação se instaura pelas leis da física, que independem da vontade humana, uma vez estabelecidas as premissas do termo antecedente ao consequente, enquanto na imputação, necessita do homem para fazer implicar o antecedente ao consequente, em uma relação, não do que é, mas do que deve ser.

Lourival Vilanova trata da relação, dividindo-a em sentido amplo e sentido estrito:[40] em sentido amplo, as características necessárias de haver um antecedente e um consequente; em sentido estrito, de haver os sujeitos da relação (ativo e passivo) ligados (vínculo jurídico) a um objeto. Em Vilanova, a relação jurídica em sentido amplo são as relações existentes no interior do sistema jurídico, que tomam os fatos da vida social como relevantes e os inserem no mundo jurídico. Assim, pode-se dizer que é qualquer relação social que o direito, ao tomar como hipótese, disciplina juridicamente. Já a relação jurídica em sentido estrito é a relação existente entre sujeitos de direito,[41] no interior da norma, onde um tem um direito subjetivo e o outro o dever jurídico para com o primeiro na medida em que *"ninguém é sujeito de direito sem sê-lo na modalidade de sujeito ativo, ou de sujeito passivo, sem o ser atualmente, ou sem a potencialidade de sê-lo"*.[42] Assim, a relação jurídica em sentido estrito é o vínculo abstrato entre os sujeitos, ativo e passivo da relação, onde o sujeito ativo tem o direito subjetivo de exigir o cumprimento da prestação, e o sujeito passivo tem o dever jurídico de cumprir com a prestação.

Nessa perspectiva, podemos dizer que as relações jurídicas em sentido amplo, são as relações hipotéticas condicionais

---

40. "A relação jurídica, em sentido estrito, é interpessoal. Direitos, faculdades, autorizações, poderes, pretensões, que se conferem a um sujeito de direito estão em *relação necessária* com condutas de outros sujeitos de direito, portadores de posições que se colocam reciprocamente às posições do primeiro sujeito de direito [...]." VILANOVA, Lourival. Causalidade e relação no direito. São Paulo, SP: Noeses, 2015, p. 89.

41. "[...] a norma ao incidir num fato (no fato jurídico) vincula a esse fato um relacionamento entre sujeitos-de-direito [...]. A relação jurídica é interpessoal, é relação intersubjetiva. Os sujeitos são os termos da relação jurídica, ainda que só o sujeito da obrigação fique determinado (como na declaração unilateral de vontade, nos títulos ao portador, na promessa de recompensa, etc.), e indeterminado fique o sujeito pretensor." VILANOVA, Lourival. *As estruturas lógicas e o sistema do direito positivo*. São Paulo, SP: Noeses, 2005, p. 39.

42. VILANOVA, Lourival. *Causalidade e relação no direito*. São Paulo: Noeses, 2015, p. 88.

de fatos sociais, tanto no plano S3 como na norma completa, em que o legislador toma como relevantes e as inserem no sistema jurídico, em elação de hipótese e consequente, já a relação jurídica em sentido estrito dá-se quando conferimos subjetividade àquela relação, atribuindo relações entre sujeitos de direitos e deveres.

A relação como vínculo abstrato que une, pode ser usada para unir, tanto o antecedente ao consequente da norma jurídica, como também para unir os sujeitos a um objeto. Podemos notar que a relação jurídica em sentido estrito está contida no consequente da relação jurídica em sentido amplo, ligando os sujeitos da relação a um objeto.

O que será unido por este vínculo relacional depende de cada relação, não dando importância ao que será o objeto desta junção, desde que estejam vertidos em linguagem. Na aplicação da norma, para que a norma jurídica surta seus efeitos, o agente competente terá de descrever fatos que se subsuma, pela inclusão de classes, aos critérios juridicamente estabelecidos no antecedente da norma geral e abstrata.

Não podemos falar em norma jurídica, em sentido estrito ou completa, sem que haja relação. A teoria da relação no direito serve para juntar, unir os enunciados prescritivos, dando-lhes sentido completo. Assim, as normas jurídicas, nos moldes as quais as conhecemos, não existiriam sem que haja uma relação entre enunciados, entretanto, podemos, pelas premissas adotadas, falar em norma jurídica em sentido amplo sem que seja necessário a teoria das relações, pois nesta estaríamos falando em enunciados monádicos.

5. Conceito e definição: Infração e Sanção

Por um maior rigor metodológico, comecemos explicando os termos "CONCEITO E DEFINIÇÃO". Conceito é a noção, a ideia, ou juízo. Tem sentido denotativo, aponta para algo. Já definição é expressar em palavras esta ideia, ou juízo, é delimitar o espaço de abrangência do termo.

O conceito de infração mais aceito é o de todo e qualquer ato que importe inobservância do prescrito em uma norma jurídica. Assim, é o ato antijurídico. Consiste no ato de violar o comando normativo, fato jurídico contrário ao mandamento normativo. Ou, conforme Luciano Amaro, "*noção de infração, traduzida numa conduta (omissiva ou comissiva) contrária ao direito*"[43]

Por outra visão, podemos conceituar infração como sinônimo de ilícito,[44] ato fato jurídico praticado em conformidade com os critérios estabelecidos no antecedente de uma norma. Nesta conceituação, a infração não pode ser ato antijurídico, na medida que é jurídico por estar estatuída no ordenamento. O critério a ser apontado seria o de reprovabilidade ou não, de cunho meramente social. Assim, ao praticar uma conduta (reprovada socialmente) e que esteja prevista no ordenamento, teríamos a ilicitude.

Essa distinção criada linhas acima é meramente aparente, não havendo o que falar em um conceito melhor ou pior, mas a adjetivamos em útil ou inútil para quilo que nos propomos a estudar.[45] A primeira – fato antijurídico – é observado na norma primária dispositiva, quando o agente descumpre o disposto no seu consequente. Já a segunda – fato jurídico – é o antecedente de uma norma primária sancionatória.

Por definição de infração, explanado linhas atrás, tem-se por base a estrutura da norma jurídica primária, dispositiva e sancionatória, onde a primeira estabelece um agir de certo modo em decorrência de atos lícitos, e a norma primária sancionatória que apena o sujeito infrator da norma primária

---

43. AMARO, Luciano. *Direito tributário brasileiro*. 22 ed. – São Paulo: Saraiva, 2017, p. 462.

44. "O ilícito não é, pois, negação do direito, mas é por ele eleito como pressuposto das normas sancionadoras." SILVA, Paulo Roberto Coimbra. *Direito tributário sancionatório*. São Paulo, Quartier Latin, 2007, p. 45.

45. "A experiência tem mostrado que, em matéria de classificação, o melhor referencia é o da utilidade: as classificações não são boas ou más, são mais úteis ou menos úteis." AMARO, Luciano. *Direito tributário brasileiro*. 22 ed. – São Paulo: Saraiva, 2017, p. 468.

dispositiva. Na linguagem formalizada, D {[H → (S' R S")] . [H' (H . –R) → (S' R" S")}. Neste termos, infração é o antecedente da norma primária sancionatória H' (H . –R).

A sanção,[46] por sua vez, é conceituado como uma pena ou um mal imposto a alguém pelo descumprimento de uma obrigação a ele anteriormente imposto. Não obstante, comporta em seu conceito a noção de execução forçada de uma obrigação.

Conforme Luciano Amaro:

> infração enseja a aplicação de remédios legais, que ora buscam repor a situação querida pelo direito (mediante execução coercitiva da obrigação descumprida), ora reparar o dano causado ao direito alheio, por meio de prestação indenizatória, ora punir o comportamento ilícito, infringindo um castigo ao infrator.[47]

O problema que encontramos em torno do tema é quando tratamos das normas primárias sancionatórias, e a norma secundária. A norma secundária, apesar de também se apresentar como uma sanção, por muitos, visa a exigir do Estado-juiz o cumprimento da norma primária, ou seja, do dever jurídico.

Aurora Tomazini, sustenta que:

> [...] denominamos a norma secundária de sancionatória e as demais normas primárias, que prescrevem uma relação jurídica em decorrência do não cumprimento de uma conduta prescrita no consequente de outra norma, de 'norma derivadas punitivas', fazendo, assim, a distinção entre sanção – relação jurídica coercitiva que habilita o Estado-Juiz exigir o dever jurídico constituído na norma primária – e as relações jurídicas consistentes na

---

46. "[...] as sanções não são apenas punições aos infratores, mas, principalmente, sinalizações da ordem normativa legitimamente estabelecida de que as regras devem ser cumpridas por todos". Carvalho, Cristiane. "Presunções e Ficções na Imposição de Sansões tributárias". *VIII Congresso Nacional de Estudos Tributários:* Derivação e Positivação no Direito Tributário / CARVALHO, Ana Carolina Papacosta Conte de [et al.]. – São Paulo: Noeses, 2011, p. 322.

47. AMARO, Luciano. *Direito tributário brasileiro.* – 22 ed. – São Paulo: Saraiva, 2017, p. 462.

conduta substitutiva reparatória, decorrente do descumprimento de pressupostos obrigacionais.[48]

Um dos pontos interessantes, na visão de Kelsen,[49] é que a sanção podia ser em forma de punição e prêmio, dependendo se a conduta tomada. Fixou as premissas de ilícito e sanção como condutas correlatas ao estabelecer que se, de um lado, a sanção é consequência do ilícito, de outro, o ilícito é pressuposto da sanção. Quanto ao aspecto normativo, a sanção detinha *status* de norma central e imprescindível para a própria relação jurídica. As normas são jurídicas pois estava ligada ao fato dela estabelecer sanções. Estabeleceu a distinção de sanções em penas ou execuções, onde as primeiras acarretariam a perda de um bem e as segundas seriam de caráter compensatório para indenizar o sujeito lesado pelo ilícito.

Para Norberto Bobbio, a sanção é um meio inerente ordenamento para garantir a eficácia das leis, incidindo em consequência do descumprimento das normas prescritivas, assim, identificando a presença de três elementos para serem normas: exigência de conhecimento prévio da sanção imposta pelo desrespeito ao dever jurídico; fixação da medida ou intensidade da consequência; e definição da competência para uma aplicação e execução imparcial.

Lourival Vilanova trata de sanção como norma que implica consequências sancionatórias, ou seja, o ordenamento jurídico é composto por normas primárias instituidoras de condutas, e em caso de descumprimento dos deveres e obrigações jurídicas, aplicam-se as consequências sancionadoras, a sanção, norma secundária. A noção de sanção até aqui é

48. CARVALHO, Aurora Tomazini de. *Direito penal tributário* (Uma Análise Lógica, Semântica e Jurisprudencial) – São Paulo: Quartier Latin, 2009, p. 81.

49. "O sentido de ordenamento traduz-se pela afirmação de que, na hipótese de uma determinada conduta – quaisquer que sejam os motivos que efetivamente a determinaram –, deve ser aplicada uma sanção (no sentido amplo de prêmio ou de pena)." KELSEN, Hans. *Teoria pura do direito.* Tradução João Baptista Machado. – 8 ed. – São Paulo: Editora WMF Martins Fontes, 2009. p. 28.

aquela processual. Ou seja, a norma sancionatória irá garantir a aplicação e o cumprimento coercitivo das relações jurídicas prescritas nas normas de conduta.

Carlos Cossio, começa a elaborar novo conceito de norma jurídica, firmado em premissas egológicas – teoria que toma o direito como sendo não só norma, mas também, conduta humana. Nesta visão, norma primária (endonorma) e secundária (perinorma) constituem partes inseparáveis de uma única norma jurídica e estão ligadas através de um disjuntor excludente (Ou uma ou outra). Ou seja, cumpre-se o dever jurídico, tornando-se desnecessária a sanção, ou descumpre-se a norma primária, fazendo nascer a necessidade de aplicar a norma sancionatória.

Com base no exposto, podemos definir sanção como sendo a consequência normativa pelo descumprimento de norma primária, e tem a função de reforçar a eficácia das leis, na exata medida em que visa a inibir a prática de atos contrários as normas que lhe ensejariam aplicação. Percebemos uma dependência, no qual, para que haja sanção, necessário que haja uma infração a norma. A infração repousa no antecedente da norma e a sanção em seu consequente, que atribui ao sujeito passivo o dever de "pagar" uma penalidade em face do sujeito ativo (pode ser uma pessoa individual, o coletivo ou o estado). Trata-se do consequente da norma primária sancionatória.

6. Limites Constitucionais a imposição das normas sancionatórias

> [...] os princípios aparecem como linhas diretivas que iluminam a compreensão de setores normativos, imprimindo-lhes caráter de unidade relativa e servindo de fator de agregação num dado feixe de normas.[50]

---

50. CARVALHO, Paulo de Barros. *Direito tributário, linguagem e método.* 4 ed. São Paulo: Noeses, 2013. p. 266.

As sanções, de forma geral, não somente as multas, seguem o princípio da legalidade, não confisco, tipicidade, capacidade contributiva, segurança jurídica, irretroatividade, proporcionalidade e razoabilidade. Na legalidade, a norma primária sancionatória só poderá ser instituída se houver lei que a estabeleça, que faça subsumir os elementos dos fatos aos critérios estabelecidos em norma geral e abstrata. No princípio da irretroatividade, a sanção tributária não retroage para fatos anteriores a sua edição.

Quanto ao princípio do não confisco, temos que ter em mente que este instituto deve ser analisado sob uma ótica geral, ou seja, o não confisco deve verificar o impacto da carga tributária analisando todos os tributos incidentes sobre a pessoa, para assim definir se existe ou não o efeito confiscatório. Entendamos da seguinte maneira, determinado tributo ou multa com alíquota 100%, poderia não ter efeito confiscatório ao analisar a carga tributária imposta ao sujeito passivo, ao passo que, se analisado o tributo individualizado, este poderia ter efeito confiscatório.

Tenhamos em mente que essa carga tributária é referente à parcela do patrimônio que é utilizada para o pagamento do tributo e da multa, não podendo assim, ter efeito confiscatório, e em relação à multa ter tão somente caráter punitivo diante de um ato antijurídico.

Elidie Paloma, sobre o efeito confiscatório, dispõe:

> O caráter confiscatório ou efeito confiscatório, seja de um tributo ou de uma multa, é dado pelo resultado que produz no patrimônio do contribuinte, atacando-o de tal forma a inviabilizar o próprio pagamento do tributo e da multa, ou, ainda, a própria sobrevivência desse contribuinte após o desembolso.[51]

---

51. BIFANO, Elidie Paloma. “Complexidade das Obrigações Tributárias Incluindo a Imposição de Multa por seu Descumprimento”. *XIV Congresso Nacional de Estudos Tributários:* Racionalização do Sistema Tributário / Organização Priscila de Souza; Coordenação Paulo de Barros Carvalho. – 1. Ed. – São Paulo: Noeses: IBET, 2017, p. 314.

Ainda, Robson Maia Lins assevera que:

> Assim, ao exercitar o direito de tributar, o Estado não pode errar a mão, exagerar na dose e fulminar o negócio em verdadeiro confisco, ou seja, a sanção deve ser precisamente medida. Não se justificam multar de 300% por falta de emissão de notas fiscal numa economia com inflação controlada.
>
> Fica claro, portanto, que mesmo diante de elementos suficientes para constituição do ilícito, a aplicação da multa deve observar parâmetros, sob pena de configurar afronta ao direito de propriedade.[52]

Sobre o tema, multa com efeito confiscatório, o STF assim tem entendido:

> AGRAVO REGIMENTAL EM RECURSO EXTRAORDINÁRIO COM AGRAVO. DIREITO TRIBUTÁRIO. MULTA CONFISCATÓRIA. REDUÇÃO. PERCENTUAL INFERIOR AO VALOR DO TRIBUTO. POSSIBILIDADE. 1. É admissível a redução da multa tributária para mantê-la abaixo do valor do tributo, à luz do princípio do não confisco. Precedentes. 2. Agravo regimental a que se nega provimento. (ARE 776273 AgR, Relator (a): Min. Edson Fachin, Primeira Turma, julgado em 15/09/2015, Processo Eletrônico DJe-195 DIVULG 29.09.2015 PUBLIC 30.09.2015).
>
> (STF - AgR ARE: 776273 DF - DISTRITO FEDERAL 0001221-39.2006.8.07.0001, Relator: Min. Edson Fachin, Data de Julgamento: 15/09/2015, Primeira Turma, Data de Publicação: DJe-195 30.09.2015).
>
> AGRAVO REGIMENTAL NO AGRAVO DE INSTRUMENTO. TRIBUTÁRIO. MULTA MORATÓRIA DE 30%. CARÁTER CONFISCATÓRIO RECONHECIDO. INTERPRETAÇÃO DO PRINCÍPIO DO NÃO CONFISCO À LUZ DA ESPÉCIE DE MULTA. REDUÇÃO PARA 20% NOS TERMOS DA JURISPRUDÊNCIA DA CORTE. 1. É possível realizar uma dosimetria do conteúdo da vedação ao confisco à luz da espécie de multa aplicada no caso concreto. 2. Considerando que as multas moratórias constituem um mero desestímulo ao adimplemento tardio da obrigação tributária, nos termos da jurisprudência da Corte, é razoável a fixação do patamar de 20% do valor da obrigação

52. LINS, Robson Maia. *Curso de direito tributário brasileiro*. – 1 ed. – São Paulo: Noeses, 2019, p. 185/186.

principal. 3. Agravo regimental parcialmente provido para reduzir a multa ao patamar de 20%.

(STF - AgR AI: 727872 RS - RIO GRANDE DO SUL, Relator: Min. Roberto Barroso, Data de Julgamento: 28.04.2015, Primeira Turma, Data de Publicação: DJe-091 18.05.2015).

O princípio da tipicidade[53] enuncia que não basta simplesmente existir norma sancionatória, sendo necessário que a lei que tipifique a infração a faça de modo cerrado, com todos os critérios constitutivos do fato, de modo que somente seja criada norma primária sancionatória individual e concreta se, e somente se, todos os elementos do fato narrado pela administração, corroborado pelos meios de provas, subsumirem perfeitamente aos critérios da norma geral e abstrata.

Em relação à capacidade contributiva, este princípio está intimamente ligado ao não confisco. No momento que se observa que a sanção tributária é aplicada sobre o tributo que deveria ter sido pago, e este tributo é calculado sobre a capacidade contributiva do sujeito passivo, relativo ao acréscimo de capital, a multa, por mais que tenha o caráter punitivo, não poderá desviar-se da dos princípios da norma que lhe deu origem. Em outros termos, se a norma de tributação segue os preceitos da capacidade contributiva, e a norma sancionatória é aplicada sobre o fato de uma norma tributária, então a norma sancionatória segue a capacidade contributiva.

Entrando na ótica da segurança jurídica, observamos que a sanção tem que estar prevista normativamente de forma previa para que seja possível ao sujeito passivo a calculabilidade do direito e assim saber as consequências jurídicas dos seus atos. Ou seja, o contribuinte tem que saber previamente a conduta

53. "Corolário do princípio da legalidade, a tipicidade determina que a lei especifique, de maneira clara e inequívoca, os elementos descritores do fato jurídico "infração" e os dados prescritores da relação jurídica sancionatória. Da mesma forma, às autoridades fiscais, ao aplicarem o Direito no caso concreto, impõe-se que identifiquem, minuciosamente, os elementos da materialidade do fato típico na concreção do ilícito". PAULINO, Maria Ângela Lopes. *As sanções no direito tributário:* princípios e espécies. Dissertação de mestrado apresentada à PUC – SP. p. 103.

tida como antijurídica e a pena aplicada pela sua prática de forma clara para que ele saiba as consequências dos seus atos.

A proporcionalidade[54] e a razoabilidade das sanções tributárias é algo inerente do direito, no qual para cada ato que comine infração existe uma resposta sancionatória proporcional ao agravo cometido e razoável dentro da normatividade jurídica que permeia o sistema.

Neste prisma, Antonio Baptista Gonçalves apregoa:

> o princípio da proporcionalidade entendido e aplicado na Constituição enseja a aplicação da hermenêutica constitucional para identificar os excessos, os desrespeitos à própria relação cidadão/norma...
>
> Como princípio, deve ser considerado como o aplicador da proporcionalidade no direito, isto é, a aplicação de uma equidade e de uma ponderação dentro das situações fáticas.
>
> Seu Objetivo é evitar arbitrariedades, em especial, restringindo a discricionariedade do Estado.[55]

Pelas palavras de Maria Angelo, tem-se:

> No princípio da proporcionalidade, identificam-se três elementos: a necessidade, a adequação e a proporcionalidade em sentido estrito. A adequação se manifesta quando os meios eleitos pela norma se mostram compatíveis com a finalidade por ela buscada, vale dizer, o meio serve para alcançar ou ao menos promover o resultado buscado pela norma. O juízo de adequação consiste em examinar se há uma relação entre meios e fins. Inexistente essa relação, a medida revela-se inapropriada, pois o meio escolhido não irá promover, tampouco alcançar o fim pretendido. A necessidade da medida se dá quando não há qualquer outro meio adequado e

54. "Proporcionalidade... as penas devem ser harmônicas à gravidade da infração penal cometida, não tendo cabimento o exagero, nem tão pouco a extrema liberdade na cominação das penas nos tipos penais." NUCCI, Guilherme de Souza. *Manual de Direito Penal:* Parte Geral: Parte Especial. 4 ed. rev. atual. e ampl. - São Paulo: Editora Revista dos Tribunais, 2008. p. 28.

55. GONÇALVES, Antonio Baptista. *Hermenêutica e linguagem:* Um estudo sobre sua relação com a filosofia, o direito, o neoconstitucionalismo e a defesa da dignidade da pessoa humana – 1 ed. – São Paulo: Noeses, 2016. p. 135.

> menos limitador do direito fundamental atingido para promover o objetivo perseguido pela norma. Em outros termos, a medida será necessária quando for imprescindível para a consecução dos fins colimados pela norma, não subsistindo qualquer outro meio menos gravoso e tão eficaz. Por outro lado, a providência será desnecessária se existir outra menos onerosa que atinja, com igual eficiência, o fim pretendido. Enfim, a necessidade implica a eleição do meio menos gravoso apto a produzir, eficazmente, o objetivo da norma. Mas não basta que a medida seja adequada e necessária, pois ela deve observar a proporcionalidade em seu sentido estrito. A proporcionalidade em sentido estrito refere-se à justa medida, aferível por meio da ponderação entre as desvantagens dos meios e as vantagens dos fins. Trata-se, essencialmente, de valorar se o meio eleito propiciou mais vantagens do que as desvantagens decorrentes de sua utilização. Fere-se a proporcionalidade em sentido estrito se o meio adotado acaba por restringir mais os direitos do que efetivamente promovê-los. Temos aqui a nítida proibição de excessos.[56]

Na mesma linha, Cristiane Carvalho assenta:

> Se as sanções são o meio por excelência para motivar o cumprimento das obrigações jurídicas, incluindo as tributárias, tal meio deve ser proporcional ao fim pretendido.
>
> Em suma, os critérios-mor de avaliação da constitucionalidade das sanções tributárias, sejam ou não elas instituídas e aplicadas por meio de presunções e ficções, é o princípio da proporcionalidade, que significa fundamentalmente adequação dos meios aos fins e princípio da verdade real, que significa limitar as sanções aos consequentes normativos.[57]

Luciano Amaro acrescenta:

> [...] a sanção deve ser estabelecida para estimular o cumprimento da obrigação tributária; se o devedor tentar fugir do seu dever, o gravame adicional representado pela multa que lhe é imposta

56. PAULINO, Maria Ângela Lopes. *As sanções no direito tributário:* princípios e espécies. Dissertação de mestrado apresentada à PUC – SP. p. 131/132.

57. CARVALHO, Cristiane. "Presunções e Ficções na Imposição de Sansões tributárias". *VIII Congresso Nacional de Estudos Tributários*: Derivação e Positivação no Direito Tributário / Carvalho, Ana Carolina Papacosta Conte de [et al.]. – São Paulo: Noeses, 2011, p. 325.

> se justifica, desde que graduado segundo a gravidade da infração. Se se tratar de obrigação acessória, a multa igualmente se justifica (pelo perigo que o descumprimento da obrigação acessória provoca para a arrecadação de tributos), mas a multa não pode ser transformada em instrumento de arrecadação; pelo contrário, deve-se graduá-la em função da gravidade da infração, vale dizer, da gravidade do dano ou da ameaça que a infração representa para a arrecadação do tributo.[58]

Quanto à razoabilidade, acrescenta Cristiane Carvalho:

> [...] no que concerne à razoabilidade, entende-se que a norma, além de não produzir uma indevida restrição a direitos legítimos, guarde, com o contexto em que se insere, uma relação de racionalidade, sem o qual restará também violado o princípio.[59]

Ainda no tema razoabilidade, Luiz Roberto Barroso assenta:

> O princípio da razoabilidade é um parâmetro de valoração dos atos do Poder Público para aferir se eles estão informados pelo valor superior inerente a todo ordenamento jurídico: a justiça.[60]

Luciano Amaro também empregou a justiça como elemento central ao tratar da proporcionalidade entre a infração cometida e a sanção cominada, assim:

> dependendo da gravidade da ilicitude (em função da relevância do direito ferido, ou dos meios empregados, ou da condição da pessoa do infrator, ou dos motivos que o levaram à infração), a sanção pode (e deve) ser mais ou menos severa. Aliás, é de suma

---

58. AMARO, Luciano. *Direito tributário brasileiro*. – 22 ed. – São Paulo: Saraiva, 2017. p. 470.

59. OLIVEIRA, Júlio M de. e PEREIRA, André Luiz dos Santos. "Presunções e Ficções na Imposição de Sansões tributárias". *VIII Congresso Nacional de Estudos Tributários:* Derivação e Positivação no Direito Tributário / Carvalho, Ana Carolina Papacosta Conte de [et al.]. – São Paulo: Noeses, 2011. p. 703.

60. BARROSO, Luis Roberto. *Interpretação e aplicação da Constituição* – fundamentos de uma dogmática constitucional transformadora. São Paulo: Saraiva, 1996. p. 205.

importância que a pena seja adequada à infração, por elementar desdobramento de justiça.[61]

Florence Haret, ao debruçar-se sobre o tema, buscou no Direito Civil o limite da proporcionalidade, assim dispondo:

> Se não há regras no direito tributário para conferir proporcionalidade à incidência de ambas as multas, seja de uma só, seja das duas, onde encontramos o limite? A resposta está justamente no Direito Civil: Vedação do enriquecimento sem causa do Fisco e Limitação do valor a indenizar ao quantum da obrigação principal.
>
> [...] O que excede o valor do principal nas multas de ofício ou isolada é cobrança indevida, desprovida de constitucionalidade seja em termos afirmativos, no âmbito das competências, seja negativo, enquanto vedação às práticas confiscatórias e cobranças desproporcionais.[62]

A jurisprudência do STF é vasta sobre o tema, que assim assenta:

> CONSTITUCIONAL. TRIBUTÁRIO. PUNIÇÃO APLICADA PELO DESCUMPRIMENTO DE OBRIGAÇÃO ACESSÓRIA. DEVER INSTRUMENTAL RELACIONADO À OPERAÇÃO INDIFERENTE AO VALOR DE DÍVIDA TRIBUTÁRIA (PUNIÇÃO INDEPENDENTE DE TRIBUTO DEVIDO). "MULTA ISOLADA". CARÁTER CONFISCATÓRIO. PROPORCIONALIDADE. RAZOABILIDADE. QUADRO FÁTICO-JURÍDICO ESPECÍFICO. PROPOSTA PELA EXISTÊNCIA DA REPERCUSSÃO GERAL DA MATÉRIA CONSTITUCIONAL DEBATIDA. Proposta pelo reconhecimento da repercussão geral da discussão sobre o caráter confiscatório, desproporcional e irracional de multa em valor variável entre 40% e 05%, aplicada à operação que não gerou débito tributário.

---

61. AMARO, Luciano. Direito Tributário Brasileiro. – 22 ed. – São Paulo: Saraiva, 2017, p. 463.

62. HARET, Florence "Tratamento do CTN em relação às multas: implicações da falta de normas gerais sobre o tema das multas moratórias em direito tributário e soluções pela via da interdisciplinariedade *(sic)* com o direito civil". *XIII Congresso Nacional de Estudos Tributários*: 50 Anos do Código Tributário Nacional/ Organização Priscila de Souza; Coordenação Paulo de Barros Carvalho. – 1. Ed. – São Paulo: Noeses: IBET, 2016, p. 516.

(STF - RG RE: 640452 RO - RONDÔNIA, Relator: Min. JOAQUIM BARBOSA, Data de Julgamento: 06.10.2011, Data de Publicação: DJe-232 07.12.2011).

Ementa: AGRAVO REGIMENTAL. TRIBUTÁRIO. MULTA. REDUÇÃO PELO TRIBUNAL DE ORIGEM. CARÁTER CONFISCATÓRIO. DESPROPORCIONALIDADE. DECISÃO COERENTE COM PRECEDENTES DO SUPREMO TRIBUNAL FEDERAL. Esta Suprema Corte firmou orientação quanto à inconstitucionalidade de normas que impusessem multas por infração tributária desproporcionais à conduta do sujeito passivo. No caso em exame, o Tribunal de origem se limitou a aplicar a linha jurisprudencial desta Suprema Corte, sem que se possa identificar nos autos particularidades que justificassem se tratar de assunto novo que merecesse solução diversa daquela já preconizada pelos precedentes (desproporcionalidade da multa de 60% para punir simples inadimplemento). Compete ao ente tributante motivar o ato de imposição de multa, demonstrando a estrita proporcionalidade entre a gravidade da conduta do contribuinte e a intensidade da punição. Ocorre que as razões de recurso extraordinário, não explicitam esse juízo de calibração. Agravo regimental ao qual se nega provimento.

(STF - RE: 591969 MG, Relator: Min. JOAQUIM BARBOSA, Data de Julgamento: 26/06/2012, Segunda Turma, Data de Publicação: ACÓRDÃO ELETRÔNICO DJe-159 DIVULG 13.08.2012 PUBLIC 14.08.2012).

No direito civil, adentrando nos aspectos da penalidade aplicados aos contratos, afirma-se que não se pode incluir cláusula penal superior ao bem objeto da relação. Parte-se da premissa que as partes, ao construírem uma relação, tem um desejo em comum, cumprir a obrigação e receber a obrigação. Se a cláusula penal é superior ao objeto convencionado, o credor não tem incentivos para querer que o devedor cumpra com a obrigação, uma vez que sua inadimplência o beneficia. Desta forma, haveria uma disparidade na relação. Da mesma forma ocorre no direito tributário em relação às multas, na medida em que, se as multas forem maiores, ou trouxerem maiores benefícios para a fazenda que o próprio pagamento do tributo, não há interesse do fisco para que sejam cumpridas as obrigações de forma correta.

Tal como a cláusula penal, a "*Multa moratória é imposta como forma de indenização ao Estado por prejuízo causado pelo sujeito passivo da obrigação tributária principal com o pagamento a destempo*".[63]Florence finaliza afirmando que "*A indenização, portanto, além de possuir diversas funções, possui limite quantitativo bem delimitado. Deve se ater ao ressarcimento do dano, em sua exata medida.*"[64]

Quanto à irretroatividade,[65] Hugo de Brito Machado explica que o princípio da anterioridade da lei tributária não se confunde com o princípio da irretroatividade da lei, que é princípio geral de Direito e vigora, portanto, também no Direito Tributário, em cujo âmbito mereceu expressa acolhida (art. 150, inciso III, letra "b", CF/88). A anterioridade é a irretroatividade qualificada. Exige lei anterior ao exercício financeiro no qual o tributo é cobrado. Irretroatividade quer dizer que a lei há de ser anterior ao fato gerador para que seja legítima a cobrança da multa.

---

63. HARET, Florence "Tratamento do CTN em Relação às Multas: Implicações da Falta de Normas Gerais Sobre o Tema das Multas Moratórias em Direito Tributário e Soluções pela Via da Interdisciplinariedade com o Direito Civil". *XIII Congresso Nacional de Estudos Tributários:* 50 Anos do Código Tributário Nacional/ Organização Priscila de Souza; Coordenação Paulo de Barros Carvalho. – 1. Ed. – São Paulo: Noeses: IBET, 2016. p. 514.

64. HARET, Florence "Tratamento do CTN em Relação às Multas: Implicações da Falta de Normas Gerais Sobre o Tema das Multas Moratórias em Direito Tributário e Soluções pela Via da Interdisciplinariedade com o Direito Civil". *XIII Congresso Nacional de Estudos Tributários:* 50 Anos do Código Tributário Nacional/ Organização Priscila de Souza; Coordenação Paulo de Barros Carvalho. – 1. Ed. – São Paulo: Noeses: IBET, 2016. p. 514.

65. "O princípio da irretroatividade se volta para a hipótese, pois é nela que se descreve hipoteticamente o fato tipificado como infração tributária, bem como é nela que se encontra o critério temporal da norma sancionatória, determinando o momento em que o fato ilícito se reputa ocorrido (data no fato). Segundo a norma principiológica da irretroatividade, a hipótese, contida no antecedente da norma, não poderá servir para constituir juridicamente fatos sociais que ocorreram antes da vigência dessa norma. Fatos passados, consumados na vigência de outra lei, não poderão ser regulados por lei, cronologicamente, posterior à sua ocorrência, sob pena de acarretar insegurança nas relações jurídicas, ferindo o princípio da irretroatividade." PAULINO, Maria Ângela Lopes. *As sanções no direito tributário:* princípios e especies. Dissertação de mestrado apresentada à PUC – SP p. 111.

Conclusão

Com todo o exposto, depreende-se que o conceito e definição de infração e sanção, nos moldes aqui propostos, se faz com base nos estudos de norma jurídica. Como conceito, temos que a infração é o ato (voluntário ou involuntário) de desrespeito a um preceito normativo. Sanção é a pena imposta ao infrator.

Quanto à definição, infração é o ato fato jurídico presente no antecedente da norma primária sancionatória, construída com base no descumprimento da norma primária dispositiva. Já sanção é o disposto no consequente da norma jurídica primária sancionatória que prevê uma obrigação (pena, punição) pelo descumprimento da norma primária dispositiva.

Apesar de não existir de maneira expressa, no ordenamento jurídico tributário, os limites à imposição das sanções, restou-se cristalino que tais limites existem ao analisarmos os princípios aplicados ao tema.

Assim, ao intérprete aplicador da norma, deverá observar os princípios da legalidade, tipicidade, não confisco, capacidade contributiva, segurança jurídica, proporcionalidade, razoabilidade e irretroatividade, sob pena da aplicação imposta ao infrator constituir constrição indevida do seu patrimônio, pecando a norma de inconstitucionalidade.

Referências

ADEODATO, João Maurício. *Uma teoria retórica da norma jurídica e do direito subjetivo.* São Paulo: Noeses, 2014.

AMARO, Luciano. *Direito tributário brasileiro.* 22 ed. São Paulo: Saraiva, 2017.

ARAÚJO, Clarice Von Oertzen. *Semiótica do direito.* São Paulo: Quartier Latin, 2005.

BARROSO, Luis Roberto. *Interpretação e aplicação da Constituição* – Fundamentos de uma dogmática constitucional transformadora. São Paulo: Saraiva, 1996.

BIFANO, Elidie Paloma. "Complexidade das Obrigações Tributárias Incluindo a Imposição de Multa por seu Descumprimento". *XIV Congresso Nacional de Estudos Tributários:* Racionalização do Sistema Tributário / Organização Priscila de Souza; Coordenação Paulo de Barros Carvalho. – 1. Ed. – São Paulo: Noeses: IBET, 2017.

BOBBIO, Norberto. *Teoria da norma jurídica.* Trad. Fernando Pavan Baptista e Ariane Bueno Sudatti. 3 ed. revista. Bauru/SP: EDIPRO, 2005.

BRITTO, Lucas Galvão de. Dividir, definir e classificar: conhecer é recortar o mundo. In: *O constructivismo* lógico-*semântico*, Vol. I. Capítulo II. Coordenação: Paulo de Barros Carvalho. São Paulo: Noeses, 2014.

CARVALHO, Ana Carolina Papacosta Conte de [et al.]. – São Paulo: Noeses, 2011.

CARVALHO, Aurora Tomazini de. *Curso de teoria geral do direito*: O Constructivismo Lógico Semântico. São Paulo: Noeses, 2014.

_____. *Direito penal tributário.* São Paulo, SP: Quartier Latin, 2009.

_____. Interpretação e Aplicação do Direito. In: Vilém Flusser e Juristas: Comemoração dos 25 anos do grupo de estudos de Paulo de Barros Carvalho. Coordenação: Florence Haret e Jerson Carneiro. São Paulo: Noeses, 2009.

CARVALHO, Cristiane. "Presunções e Ficções na Imposição de Sansões tributárias". *VIII Congresso Nacional de Estudos Tributários:* Derivação e Positivação no Direito Tributário / Carvalho, Ana Carolina Papacosta Conte de [et al.]. – São Paulo: Noeses, 2011.

CARVALHO, Paulo de Barros. *Curso de direito tributário.* 25 ed. São Paulo, SP: Saraiva, 2013.

_____. *Direito tributário:* fundamentos jurídicos da incidência. 9ª ed. São Paulo: Saraiva, 2012.

_____. *Direito tributário, linguagem e método.* 4 ed. São Paulo: Noeses, 2013.

_____. *Teoria da norma tributária.* 5 ed. São Paulo, SP: Quartier Latin, 2009.

DI SANTI, Eurico Marcos. *Lançamento tributário.* 3 ed. São Paulo, SP: Saraiva, 2010.

GONÇALVES, Antonio Baptista. *Hermenêutica e linguagem*: Um estudo sobre sua relação com a filosofia, o direito, o neoconstitucionalismo e a defesa da dignidade da pessoa humana – 1 ed. – São Paulo: Noeses, 2016.

HARET, Florence "Tratamento do CTN em relação às multas: Implicações da Falta de Normas Gerais Sobre o Tema das Multas Moratórias em Direito Tributário e Soluções pela Via da Interdisciplinariedade com o Direito Civil". *XIII Congresso Nacional de Estudos Tributários:* 50 Anos do Código Tributário Nacional/ Organização Priscila de Souza; Coordenação Paulo de Barros Carvalho. – 1. Ed. – São Paulo: Noeses: IBET, 2016.

KELSEN, Hans. *Teoria pura do direito.* Tradução: João Baptista Machado. São Paul: MartinsFontes, 2014.

LINS, Robson Maia. *Curso de direito tributário brasileiro.* 1 ed. – São Paulo: Noeses, 2019.

MOUSSALLEM, Tárek Moysés. *Fontes do direito tributário.* 2 ed. São Paulo, SP: Noeses, 2006.

NUCCI, Guilherme de Souza. *Manual de direito penal:* Parte Geral: Parte Especial. 4 ed. rev. atual. e ampl. - São Paulo: Editora Revista dos Tribunais, 2008.

OLIVEIRA, Júlio M de. e PEREIRA, André Luiz dos Santos. "Presunções e Ficções na Imposição de Sansões tributárias".

VIII Congresso Nacional de Estudos Tributários: Derivação e Positivação no Direito Tributário / Carvalho, Ana Carolina Papacosta Conte de [et al.]. – São Paulo: Noeses, 2011.

PAULINO, Maria Ângela Lopes. *As sanções no direito tributário:* princípios e espécies. Dissertação de mestrado apresentada à PUC – SP.

ROBLES, Gregorio. *As regras do direito e as regras dos jogos: ensaio sobre a teoria analítica do direito.* Tradução de Pollyana Mayer. São Paulo, SP: Noeses, 2011.

_____. *Teoría del derecho*: Fundamentos de teoría comunicacional de derecho. Volumen II. Spain: Thomson Reuters, 2015.

_____. Introducción a la teoría del derecho. Sexta edición - Nueva edición revisada y actualizada por el autor. Barcelona: Debate, 2003.

_____. *O direito como texto:* quatro estudos de teoria comunicacional do Direito. Tradução de Roberto Barbosa Alves. Barueri, SP: Manole, 2005.

SILVA, Paulo Roberto Coimbra. *Direito tributário sancionatório.* São Paulo, Quartier Latin, 2007.

VILANOVA, Lourival. As estruturas lógicas e o sistema do direito positivo. São Paulo, SP: Noeses, 2010.

_____. *Causalidade e relação no direito.* 5 ed. São Paulo, SP: Noeses, 2015.

_____. Lourival. *Norma jurídica/Proposição Jurídica*: Significação Semiótica. Editora do Governo do Estado de Pernambuco, Secretaria da Educação e Cultura.

DA IMPOSSIBILIDADE DA UTILIZAÇÃO DA TÉCNICA DO ARBITRAMENTO TRIBUTÁRIO COMO SUBSÍDIO PARA AÇÕES PENAIS

Letícia Silva Saraiva Maia[1]

Vitor Limeira Barreto da Silveira[2]

1. Introdução

A interdicisplinaridade é um fator nobre, que proporciona uma visão mais ampla do universo jurídico, sob diferentes aspectos e premissas. Ocorre que a interseção entre o Direito Tributário e o Direito Penal merece meticulosa atenção.

Nesse contexto, é oportuna uma análise semântica dos vocábulos "verdade", "prova" e "presunção", bem como um exame jurídico de como os referidos termos devem ser interpretados em cada disciplina.

---

1. Membro da Comissão de Direito Tributário e Finanças Públicas da OAB/RN. Graduada pela UFRN. Sócia do Limeira Advogados.

2. Mestre em Direito Tributário pela PUC/SP. Especialista em Direito Tributário pelo IBET/SP. Secretário da Comissão de Direito Tributário e Finanças Públicas da OAB/RN. Secretário-Geral do Instituto Potiguar de Direito Tributário - IPDT. Professor de Graduação e Pós-Graduação. Sócio do Limeira Advogados.

Os fatos ocorridos no passado são inatingíveis, portanto, acaba por se tornar impossível a sua verificação aprofundada, somente sendo possível a sua aproximação mediante as suas marcas deixadas, que chamamos de provas. São elas, as provas, que acabam por permitir inferir a verdade jurídica sobre determinado fato que ocorreu no passado.

Neste ponto, o estudo expõe que o Direito Penal sempre exige o uso da "prova", que resulta na "verdade material", a qual consiste no conhecimento de um fato verídico. Por outro lado, também demonstra que o Direito Tributário, em algumas ocasiões, permite o uso da "presunção", que resulta na "verdade formal", a qual consiste na criação de um fato por dados probabilísticos.

Diante da incompatibilidade mencionada e da relevância do bem jurídico da liberdade, o propósito do presente artigo é analisar se as presunções tributárias podem ser reaproveitadas pelo Direito Penal para o fim da condenação de um acusado pela prática de uma suposta infração fiscal.

No desenvolvimento do conteúdo, daremos ênfase à utilização da presunção no Direito Tributário sob a técnica do arbitramento e, consequentemente, à vedação da referida técnica para o Direito Penal.

Então, após a análise do percurso evolutivo da jurisprudência sobre a matéria, serão propostas reflexões no sentido da impossibilidade da condenação penal na hipótese de dúvida, por menor que seja, acerca da prática da ilegalidade tributária apontada.

2. O conceito de verdade aplicado nos diversos âmbitos do Direito

Em todo o estudo sobre o conhecimento, o fim é a identificação da verdade e o meio é a busca de procedimentos que a apurem. Como não poderia ser diferente, a ciência do Direito do mesmo modo atua, mas com divergências procedimentais a depender do ramo jurídico.

No sentido coloquial do termo, o vocábulo "verdade" se define como a conformidade da ideia com o objeto, do dito com o feito, do discurso com a realidade. Em poucas palavras, representa a expressão fiel do que é certo.

Em relação ao sentido jurídico do termo, há diferentes formas de definir a "verdade" a depender do ramo jurídico que a interpreta.

A título ilustrativo, vejamos a correlação entre o Processo Penal e o Processo Civil nas palavras do doutrinador Demetrius Nichele Macei:[3]

> Parte-se da premissa de que o processo civil, por lidar supostamente com bens menos relevantes que o processo penal, por exemplo, pode contentar-se com menor grau de segurança, satisfazendo-se com um grau de certeza menor. Seguindo esta tendência, a doutrina do processo civil passou a dar mais relevo à observância de certos requisitos legais da pesquisa probatória (através da qual a comprovação do fato era obtida), do que ao conteúdo material de prova. Passou a interessar mais a forma que representava a verdade do fato do que se este produto final efetivamente representava a verdade. Mas, ainda assim, reconhecia-se a possibilidade de obtenção de algo que não representasse a verdade, apenas ressalvava-se que o processo civil não estava disposto a pagar o alto custo desta obtenção, bastando, portanto, algo que fosse considerado juridicamente verdadeiro.

Nessa mesma linha, Sérgio Cruz Arenhart[4] sustenta que (i) o Processo Penal lida com o tema da "verdade material", onde há a necessidade de identificação precisa do conhecimento pleno dos fatos; enquanto que (ii) o Processo Civil satisfaz-se com a "verdade formal", também conhecida como "ficção da verdade", onde presunções são suficientes.

---

3. MACEI. Demetrius Nichele. *A verdade material no direito tributário*. A cidadania fiscal administrativa e judicial. São Paulo: Malheiros, 2013. p. 47.

4. ARENHART, Sérgio Cruz in Luiz Guilherme Marinoni (Coord.). *Comentários ao Código de Processo Civil*. v. 5. 2ª ed. São Paulo: Ed. RT, 2005, p. 55.

Para James Marins,[5] a busca da "verdade material" governa o procedimento e o processo da Administração Pública e opõe-se ao da "verdade formal" que, por sua vez, preside o Processo Civil.

Com esse raciocínio, a verdade a ser considerada nos crimes praticados contra a ordem tributária é, indubitavelmente, a "material". Afinal, a lesão, em tese, recai sobre a própria Administração Pública e estamos a falar do Processo Penal.

Isto é: o magistrado não deve entender como suficientes eventuais presunções apresentadas para a verificação da prática do suposto crime contra a ordem tributária, ou seja, com a "verdade formal". É necessária, como dito inicialmente na definição coloquial da verdade, a expressão fiel do que é certo.

Prosseguindo, vejamos os meios adequados à apuração da verdade para o Direito Penal Tributário.

3. O conceito de prova e sua relevância à apuração da verdade material

Mais uma vez, introduzindo o tema com a linguagem cotidiana, a palavra "prova" é o meio pelo qual se pretende estabelecer se determinados fatos ocorreram ou não. Logo, o objeto da prova é a verificação da ocorrência de um fato e a sua finalidade é justamente encontrar a verdade.

Nos termos do art. 6°, inciso III, do CPP,[6] desde o início do conhecimento da prática de suposta infração penal, faz-se necessária a colheita de todas as provas que servirem ao esclarecimento do fato e suas circunstâncias.

---

5. MARINS, James. *Direito processual tributário brasileiro*. 4ª ed. São Paulo: Dialética, 2005, p. 178.

6. "Art. 6º Logo que tiver conhecimento da prática da infração penal, a autoridade policial deverá:
[...]
III - colher todas as provas que servirem para o esclarecimento do fato e suas circunstâncias;"

Como bem sintetiza Nicola Framarino Malatesta[7] "*a finalidade suprema e substancial da prova é a verificação da verdade*". Evidentemente, como restou esclarecido, estamos a falar da "verdade material".

Portanto, as partes processuais e o Poder Judiciário não podem presumir, imaginar, prognosticar, deduzir, supor, prever, conjecturar, tampouco utilizarem-se de amostragens, arbitramentos e dados probabilísticos para confirmar a ocorrência de um delito.

Afirma José Carlos Barbosa Moreira[8] com relação ao tema que: "*a presunção simples não é fonte de prova, como o documento ou a testemunha; não é meio de prova, como a perícia; também não é correto afirmar que o juiz recebe a informação por meio dos sentidos, como ocorre com a confissão*".

Até porque, dada a elevada importância do bem jurídico da liberdade, o trâmite de uma ação penal no sentido da condenação do acusado, por onde quer que se olhe, deve nortear-se pela certeza e objetividade, sob pena de violação ao princípio do "*in dubio pro reo*".

Segundo René Ariel Dotti,[9] "*in dubio pro reo*" deve ser aplicado "*sempre que se caracterizar uma situação de prova dúbia, pois a dúvida em relação à existência ou não de determinado fato deve ser resolvida em favor do imputado*".

Em síntese: se não há certeza e objetividade, não haverá a condenação penal; se não há provas de autoria e materialidade do fato, não haverá a punição; se não há verdade material, haverá a absolvição do acusado. Isso tudo porque não se condena em dúvida ou falta de certeza.

---

7. MALATESTA, Nicola Framarino dei. *A lógica das provas em matéria criminal*. Tradução de: Ricardo Rodrigues da Gama. Campinas: LZN, 2003. p. 123.

8. MOREIRA, José Carlos Barbosa. *Temas de direito processual*. São Paulo: Saraiva, 2007. p. 153.

9. DOTTI, René Ariel *apud* SOUZA NETTO, José Laurindo de. *Processo penal:* sistemas e princípios. Curitiba: Juruá, 2003, p. 155.

Como declara coerentemente Demetrius Nichele Macei[10] *"o convencimento baseado unicamente na certeza de um indivíduo, na sua persuasão pessoal, interna, sem o exame cuidadoso de aspectos objetivos do fato, frequentemente levam ao erro e a decisões arbitrárias"*.

Assim, comprovada a relevância das provas para o deslinde do caso, vejamos a inadequação das presunções.

4. O conceito de presunção e sua inadequação à apuração da verdade material

Dando início ao presente tópico, como não poderia ser diferente, com a definição do vocábulo, o termo "presunção" significa pressupor, imaginar, supor, prever, conjecturar, basear-se em probabilidades.

Conforme conceituação de Moacyr Amaral dos Santos,[11] *"a presunção, por sua vez, tem fundamento no princípio da identidade, pois do fato conhecido induzimos diretamente o fato desconhecido, em virtude de certas circunstâncias que costumam verificar-se em casos idênticos"*.

É irrefutável que o uso de presunções não é meio adequado ao alcance da "verdade material" Afinal, trata-se de método para construção de um fato desconhecido com base em simples suposições.

Nessa senda, é relevante a reflexão de que não há como se construir fatos no âmbito do Processo Penal. Muito pelo contrário, pois qualquer condenação penal se embasa justamente em fatos já construídos, ocorridos e conhecidos.

---

10. MACEI. Demetrius Nichele. *A verdade material no direito tributário*. A cidadania fiscal administrativa e judicial. São Paulo: Malheiros, 2013, p. 41.

11. SANTOS, Moacyr Amaral. *Prova judiciária no cível e comercial*. vol. 1, 5ª ed. São Paulo: Saraiva, 1983, p. 83.

Porém, na interface do Direito Penal com o Direito Tributário, equivocadamente, são utilizados diversos métodos de presunção, como os que serão a seguir ilustrados.

5. A utilização da presunção no Direito Tributário sob a técnica do arbitramento

Sabemos que Código Tributário Nacional elenca as seguintes modalidades de lançamento: (i) de ofício, (ii) por declaração e (iii) por homologação, que divergem entre si a depender do índice de colaboração do administrado.

Compreendamos as explicações técnicas do doutrinador Hugo de Brito Machado acerca do lançamento:[12]

> Lançamento é o procedimento administrativo tendente a verificar a ocorrência do fato gerador da obrigação correspondente, identificar o seu sujeito passivo, determinar a matéria tributável e calcular o montante do crédito tributário, aplicando, se for o caso, a penalidade cabível.

Após, teçamos considerações específicas sobre os tributos sujeitos ao lançamento "por homologação", os quais, conforme o art. 150, *caput*, do CTN,[13] o administrado tem o dever de informar à autoridade administrativa a ocorrência dos fatos geradores e, portanto, assume elevado índice de colaboração para a constituição do crédito tributário.

E quando o administrado não informa os fatos geradores?

No caso em que o administrado é omisso, a autoridade administrativa deve assumir a responsabilidade de constituir

12. MACHADO, Hugo de Brito. *Curso de direito tributário*. 3. ed. Rio de Janeiro: Forense, 2013. p. 87.

13. "Art. 150. O lançamento por homologação, que ocorre quanto aos tributos cuja legislação atribua ao sujeito passivo o dever de antecipar o pagamento sem prévio exame da autoridade administrativa, opera-se pelo ato em que a referida autoridade, tomando conhecimento da atividade assim exercida pelo obrigado, expressamente a homologa."

o crédito tributário, nos termos do art. 150, §4° do CTN, ocasião na qual o lançamento passa a ser "de ofício".[14]

Para tanto, a autoridade administrativa deve proceder a uma fiscalização minuciosa, acessando os meios de prova adequados, isto é, os documentos contábeis necessários para constituir o crédito tributário, sob pena de construir fatos hipotéticos por mera presunção.

Ocorre que, no Direito Tributário, há dispositivos legais que autorizam tal construção de fatos pela presunção, mas que, de modo algum, devem ser úteis para a esfera do Direito Penal. Quanto a esse ponto, é preciso que sejam redobradas as atenções.

No art. 148 do CTN, há a previsão da técnica do arbitramento, cuja transcrição se mostra interessante com o objetivo de tornar a sua compreensão a mais clara possível:

> Art. 148. Quando o cálculo do tributo tenha por base, ou tome em consideração, o valor ou o preço de bens, direitos, serviços ou atos jurídicos, a autoridade lançadora, mediante processo regular, arbitrará aquele valor ou preço, sempre que sejam omissos ou não mereçam fé as declarações ou os esclarecimentos prestados, ou os documentos expedidos pelo sujeito passivo ou pelo terceiro legalmente obrigado, ressalvada, em caso de contestação, avaliação contraditória, administrativa ou judicial.

Nas palavras do professor Ives Gandra da Silva Martins,[15] "*o arbitramento deve observar o princípio da razoabilidade interna, com a adequação do motivo (arrecadação imperfeita pelo contribuinte), meio (arbitramento) e fim (obtenção do quantum efetivamente devido)*".

---

14. "§ 4º. Se a lei não fixar prazo a homologação, será ele de cinco anos, a contar da ocorrência do fato gerador; expirado esse prazo sem que a Fazenda Pública se tenha pronunciado, considera-se homologado o lançamento e definitivamente extinto o crédito, salvo se comprovada a ocorrência de dolo, fraude ou simulação."

15. MARTINS, Ives Gandra da Silva. *Base de Cálculo do Lucro Arbitrado para Apuração do IRPJ e da Contribuição Social sobre o Lucro* — A forma Jurídica para calculá-la. São Paulo: Dialética, 2011.

Nesse contexto, faz-se oportuna também a reprodução do art. 33 da Lei Orgânica de Seguridade Social 8.212/91:

> Art. 33. À Secretaria da Receita Federal do Brasil compete planejar, executar, acompanhar e avaliar as atividades relativas à tributação, à fiscalização, à arrecadação, à cobrança e ao recolhimento das contribuições sociais previstas no parágrafo único do art. 11 desta Lei, das contribuições incidentes a título de substituição e das devidas a outras entidades e fundos. (Redação dada pela Lei nº 11.941, de 2009).
>
> [...]
>
> § 3º. Ocorrendo recusa ou sonegação de qualquer documento ou informação, ou sua apresentação deficiente, a Secretaria da Receita Federal do Brasil pode, sem prejuízo da penalidade cabível, lançar de ofício a importância devida. (Redação dada pela Lei nº 11.941, de 2009).
>
> § 4º. Na falta de prova regular e formalizada pelo sujeito passivo, o montante dos salários pagos pela execução de obra de construção civil pode ser obtido mediante cálculo da mão de obra empregada, proporcional à área construída, de acordo com critérios estabelecidos pela Secretaria da Receita Federal do Brasil, cabendo ao proprietário, dono da obra, condômino da unidade imobiliária ou empresa corresponsável o ônus da prova em contrário. (Redação dada pela Lei nº 11.941, de 2009).
>
> [...]
>
> § 6º. Se, no exame da escrituração contábil e de qualquer outro documento da empresa, a fiscalização constatar que a contabilidade não registra o movimento real de remuneração dos segurados a seu serviço, do faturamento e do lucro, serão apuradas, por aferição indireta, as contribuições efetivamente devidas, cabendo à empresa o ônus da prova em contrário.

Além dos textos legais, interesse a menção ao art. 27 da Instrução Normativa da Secretaria de Inspeção do Trabalho (SIT) 99/2012 que, do mesmo modo, prevê a técnica de arbitramento, quando for constatada a ausência de documentos e informações (provas concludentes) para o levantamento do débito:

> Art. 27. O AFT deve verificar o recolhimento das contribuições mencionadas nos artigos 5º e 12 relativamente aos servidores de

> entes da Administração Pública, cujo regime de trabalho seja regidos pela CLT, notificando-os na forma do art. 3º.
>
> §1º. Quando for constatada a inexistência de documentos e de quaisquer registros que possibilitem o levantamento, o débito deve ser arbitrado com base em dados contidos na dotação específica do orçamento do órgão ou na forma prevista nos arts. 30 e 31.
>
> §2º. Caso o ente público se negue a apresentar os documentos solicitados, o AFT deve informar à chefia imediata, para fins de comunicação ao Tribunal de Contas, ao Ministério Público Federal, ao Ministério Público Estadual, ao Ministério Público do Trabalho, sem prejuízo da lavratura dos respectivos autos de infração.

Em resumo: no Direito Tributário, quando o Fisco não tem provas cabais para efetuar o lançamento tributário que se encontra sob sua responsabilidade, é permitida a aplicação da técnica de arbitramento.

Como esclarecido, tal técnica nada mais é que um meio de presunção, já que omissas as provas, que seriam os documentos necessários à certeza do suposto débito tributário.

Todavia, como propósito principal deste estudo, alertamos que a presunção somente pode ser válida para a determinação quantitativa do suposto crédito tributário, sem repercussões ao Direito Penal.

Como bem elucida Gustavo Masina[16] "*no campo sancionador tributário,* não é permitido o uso de presunções no que tange à presença de ânimo doloso por parte do agente infrator ou quanto ao caráter fraudulento do ato por ele praticado".

A partir da premissa acima e considerando que a condenação no Direito Penal está intrinsecamente vinculada à fraude do ato e ao dolo do agente (em outras palavras: à materialidade da conduta e à prova de autoria), a técnica do arbitramento seria válida na seara do Direito Penal?

---

16. MASINA, Gustavo. *Sanções tributárias:* definições e limites. São Paulo: Malheiros, 2016, p. 280.

6. A vedação da técnica do arbitramento para o Direito Penal

Diante de todos os conceitos repassados, neste momento, acreditamos nos dirigir à compreensão de modo plausível acerca da impossibilidade de que a técnica de arbitramento utilizada na esfera tributária venha a gerar consequências na esfera penal.

Demonstrou-se que é firme a proposta de que uma sentença penal condenatória deverá basear-se em provas incontestáveis, sólidas e robustas de autoria e materialidade. Pelo sentido contrário, eventuais omissões ou fragilidades das provas conduziriam à absolvição do acusado.

Assim como mostrou-se que também é certo que a apuração, por arbitramento, do valor de suposto débito tributário decorre de presunções, as quais são antônimas da certeza e da clareza, necessárias à fundamentação de uma condenação penal.

Para consubstanciar toda a lógica sustentada, prosseguindo com o objetivo do estudo, é primordial a análise do percurso evolutivo de posicionamentos emanados pelo Poder Judiciário quanto à temática proposta.

No ano de 2007, o Tribunal Regional Federal da 5ª Região já apresentou o posicionamento de que não havia como entender configurada a tipificação do crime de sonegação fiscal por presunção, ante a postura do moderno direito processual penal de caráter garantista.[17]

O hoje Ministro do STJ, então Desembargador Federal Relator Marcelo Navarro, na oportunidade do julgamento, declarou que:

---

17. TRF5, Processo 200381000074909, Quarta Turma, j. .16.10.2007, rel. Des. Marcelo Navarro.

> O crime tipificado no inciso I do art. 1º da lei nº 8.137/90[18] é material ou de resultado, perfazendo-se pela atuação dolosa do agente, inexistindo previsão de conduta culposa de sua realização. Em se tratando de aferição de crime de sonegação fiscal cometido por pessoa física, com base unicamente em movimentação bancária, há que trazer aos autos conjunto probatório a respaldar a condenação do acusado que justifica os extratos de depósitos de aportes financeiros, por conta de atividade comercial por ele desenvolvida, entendendo inexistir renda ou aumento patrimonial. A súmula 182 do extinto Tribunal Federal de Recursos que ainda vem respaldando inúmeros entendimentos pretorianos, giza: 'É ilegítimo o lançamento do imposto de renda arbitrado com base apenas em extratos e depósitos bancários.' A presunção não pode ser aplicada como meio de prova no campo processual penal, tal qual ocorreu no campo fiscal ao ser lançado de ofício o crédito tributário por não ter logrado o contribuinte comprovar a origem dos depósitos. Não apresentou o órgão acusador a comprovação de ter o contribuinte sonegado o imposto de renda devido, tendo-se respaldado tão-somente em relação à movimentação bancária. Ausente nos autos o conjunto probatório que respalde a condenação do réu, escorreita a fundamentação contida na sentença pelo reconhecimento de aplicação do brocardo latino do in dubio pro reo erigido em princípio em nosso direito processual penal.

Continuando, em 2016, o Supremo Tribunal Federal exarou brilhante posicionamento.[19] Vejamos trecho do voto do Ministro Celso de Mello:

> O fato indiscutivelmente relevante, no domínio processual penal, é que, no âmbito de uma formação social organizada sob a égide do regime democrático, não se justifica a formulação, seja por antecipação ou seja por presunção, de qualquer juízo condenatório, que deve, sempre, respeitada, previamente, a garantia do devido processo, assentar-se – para que se qualifique como ato revestido de validade ético-jurídica – em elementos de certeza, os quais, ao dissiparem ambiguidades, ao esclarecerem situações equívocas e ao desfazerem dados eivados de obscuridade, revelam-se capazes de informar, com objetividade, o órgão judiciário

18. "Art. 1° Constitui crime contra a ordem tributária suprimir ou reduzir tributo, ou contribuição social e qualquer acessório, mediante as seguintes condutas:
I - omitir informação, ou prestar declaração falsa às autoridades fazendárias; [...]."

19. STF, ADC 43, Pleno, j. 05.10.2016, Min. Celso de Mello.

> competente, afastando, desse modo, dúvidas razoáveis, sérias e fundadas em torno da culpabilidade do acusado.

Na mesma linha, manifestou-se o Tribunal Regional Federal da 1ª Região em 2018:[20]

> Como reconheceu a sentença, não há de fato qualquer prova capaz de atribuir a titularidade dos recursos ao acusado, que é autônomo e disse perceber cerca de dois mil reais ao mês como rendimentos, não tendo sido trazidas aos autos demonstrações exteriores de riqueza diversas da disponibilidade de alto numerário na conta-corrente. Há, como disse o julgador a quo, apenas uma presunção de renda percebida, e a versão da defesa, quando apresentada, não foi infirmada pela acusação, que não buscou, em diligências, confrontar a origem dos depósitos ou dos gastos, a fim de reforçar a versão trazida na denúncia (que, como já se disse, contém apenas uma presunção).

Alcançando data próxima, imprescindível a alusão às considerações do Superior Tribunal de Justiça no julgamento do Recurso Especial nº. 1.876.692/PR em 2020:[21]

> Veja-se que apesar da responsabilidade do contribuinte ser objetiva na esfera administrativa, bastando o simples fato de o procedimento administrativo concluir pela inidoneidade das notas para a cobrança do tributo e sua inscrição em dívida ativa, o mesmo não ocorre na esfera penal. Vale dizer, a presunção de legitimidade do ato administrativo não produz efeito no âmbito criminal.
>
> Em outras palavras: o lançamento decorreu de presunção, em decorrência da não apresentação de defesa por parte do réu, cuja presunção não pode ser aceita no direito penal. Assim, a inidoneidade ou eventual falsidade deveria ser demonstrada pelo Ministério Público, por meio do cruzamento com a origem dos créditos declarados ou outro meio que o valha.

---

20. TRF1, APR 00034030920094013100, Quarta Turma, j. 03.04.2018, rel. Des. Olindo Menezes.

21. STJ, REsp: 1876692 PR 2020/0124255-5, Quinta Turma, j. 14.08.2020, rel. Min. Felix Fischer.

Em suma, nos termos já emanados pelo nosso Judiciário, o ânimo doloso por parte do agente infrator ou o caráter fraudulento do ato por ele praticado não podem ser identificados pelo uso de presunções.

Portanto, qualquer argumentação sobre possível eventual crime contra a ordem tributária, como a sonegação, só merece valor se houver prova efetivamente produzida.

Com o discernimento semelhante ao nosso, Aury Lopes Júnior [22] aduz categoricamente que somente havendo prova robusta, forte, altamente confiável, de indiscutível qualidade epistêmica, é que se autoriza uma sentença penal condenação, pois apta a superar a barreira do "acima da dúvida razoável".

7. A vedação de demais técnicas de presunção para o Direito Penal

Por fim, é relevante consignar que o objeto do presente estudo não se exaure na técnica do arbitramento, ocasião na qual se faz interessante citar, mesmo que em linhas gerais, outros meios de presunção que não se prestam ao Direito Penal.

A título ilustrativo, podemos citar a técnica da "amostragem", que consiste na obtenção de pequenas amostras para alcançar um resultado sobre um todo. Claramente, é um método probabilístico.

Em um conceito demográfico, por exemplo, faz-se a pesquisa sobre um grupo de indivíduos de uma população, a fim de caracterizar a população geral. Já em um conceito tributário, por exemplo, faz-se a análise de algumas competências tributárias de um contribuinte, a fim de caracterizar que o contribuinte se comportou exatamente da mesma forma em todo o período objeto de eventual Auto de Infração.

---

22. LOPES JÚNIOR, Aury. Direito processual penal. 17. ed. São Paulo: Saraiva, 2020, p. 398.

Como outro exemplo, cita-se a "aferição indireta", que significa um procedimento para apuração das bases de cálculos das contribuições previdenciárias e das destinadas a terceiros, quando o INSS não tem em mãos os documentos relativos à escrituração contábil do contribuinte.

Mais uma vez, ausentes as provas concretas, o resultado do procedimento alcança, ao máximo, a "verdade formal". Sendo assim, não havendo provas suficientes para ligar qualquer conduta do denunciado ao resultado acarretado pelo suposto ilícito penal, por certo, não haveria juízo de certeza para uma condenação penal.

Afinal, conforme todo o sustentado no presente artigo, para o âmbito criminal, não é possível a construção de fatos em um mundo ideológico. Os fatos já aconteceram e eles precisam ser conhecidos. Como elucida Júlio Fabbrini Mirabete:[23]

> Para que o juiz declare a existência da responsabilidade criminal e imponha sanção penal a uma determinada pessoa, é necessário que adquira a certeza de que foi cometido um ilícito penal e que seja ela a autora. Para isso deve convencer-se de que são verdadeiros determinados fatos, chegando à verdade quando a ideia que forma em sua mente se ajusta perfeitamente com a realidade dos fatos.

Sendo assim, esclarecido os conceitos jurídicos pertinentes, necessários à boa compreensão do estudo, passamos aos termos conclusivos.

8. Conclusão

Em linhas sucintas, depreende-se do presente estudo que o bem jurídico da liberdade, dada a sua relevância extrema, exige uma seriedade no trato e a "verdade material" para ser suprimido.

---

23. MIRABETE, Julio Fabbrini. *Processo penal.* 16. ed., revista e atualizada. São Paulo: Atlas, 2004, p. 274-275.

Por isso, muito embora o Direito Tributário admita técnicas de presunções, que são úteis apenas para o alcance da "verdade formal", tais técnicas não podem ser aproveitadas para o Direito Penal.

A nosso ver, esse raciocínio é condizente com a visão moderna e responsável do "*Jus Puniendi*" do Estado Democrático de Direito, o qual não mais segue um procedimento inquisitório, mas um procedimento ético que impede a condenação do administrado perante dubiedades e dados meramente probabilísticos.

Louvavelmente, declarou Canotilho[24] que "*o princípio básico do Estado de Direito é o da eliminação do arbítrio no exercício dos poderes públicos com a consequente garantia de direitos dos indivíduos perante esses poderes*", sendo nesta linha de pensamento que se funda o presente estudo, bem como na ideia de proteção aos bens constitucionalmente garantidos, em especial à liberdade, que tem maior sensibilidade.

Referências

ARENHART, Sérgio Cruz *in* Luiz Guilherme Marinoni (Coord.). *Comentários ao Código de Processo Civil.* v. 5. 2ª ed. São Paulo: Ed. RT, 2005.

CANOTILHO, José Joaquim Gomes. *Estado de Direito.* Cadernos Democráticos. Coleção Fundação Mário Soares. Lisboa: Edição Gradiva, 1999.

DOTTI, René Ariel *apud* SOUZA NETTO, José Laurindo de. *Processo penal:* sistemas e princípios. Curitiba: Juruá, 2003.

LOPES JÚNIOR, Aury. *Direito processual penal.* 17. ed. São Paulo: Saraiva, 2020.

---

24. CANOTILHO, José Joaquim Gomes. *Estado de Direito.* Cadernos Democráticos. Coleção Fundação Mário Soares. Lisboa: Edição Gradiva, 1999. p. 9.

MACEI. Demetrius Nichele. *A verdade material no direito tributário.* A cidadania fiscal administrativa e judicial. São Paulo: Malheiros, 2013.

MACHADO, Hugo de Brito. *Curso de direito tributário.* 3. ed. Rio de Janeiro: Forense, 2013.

MALATESTA, Nicola Framarino dei. *A lógica das provas em matéria criminal.* Tradução de: Ricardo Rodrigues da Gama. Campinas: LZN, 2003.

MARINS, James. *Direito processual tributário brasileiro.* 4ª ed. São Paulo: Dialética, 2005.

MARTINS, Ives Gandra da Silva. *Base de Cálculo do Lucro Arbitrado para Apuração do IRPJ e da Contribuição Social sobre o Lucro — A forma Jurídica para calculá-la.* São Paulo: Dialética, 2011.

MASINA, Gustavo. *Sanções tributárias:* definições e limites. São Paulo: Malheiros, 2016.

MIRABETE, Julio Fabbrini. *Processo penal.* 16. ed., revista e atualizada. São Paulo: Atlas, 2004.

MOREIRA, José Carlos Barbosa. *Temas de direito processual.* São Paulo: Saraiva, 2007.

SANTOS, Moacyr Amaral. *Prova judiciária no cível e comercial.* vol. 1, 5ª ed. São Paulo: Saraiva, 1983.

A DESCONSIDERAÇÃO DO CONTRATO DE PARCERIA RURAL PELO CARF E OS ELEMENTOS NECESSÁRIOS À CONFIGURAÇÃO DO DOLO PARA FINS DE APLICAÇÃO DA MULTA QUALIFICADA

Lucas Eduino Orione Borges[1]

Tamara Ambra Ciorniavei Nannini[2]

Introdução

Dentre os estudiosos que se debruçam sobre a tributação do agronegócio, é tema sempre ventilado a análise dos contratos agrários de parceria e arrendamento rural, previstos nos Estatuto da Terra e regulamentados pelo Decreto 59.566/66. Isso se deve, em grande parte, ao tratamento tributário dado a uma e outra espécime contratual pela legislação tributária, muito menos oneroso nos contratos de parceria, o que faz com que os contribuintes anseiem por essa modalidade em vez daquel'outra. Para exemplificar, em se tratando de proprietário de imóvel rural pessoa física, a carga tributária incidente

---

1. Graduado em Direito pela Pontifícia Universidade Católica de São Paulo (PUC-SP). Mestrando em Direito Tributário na PUC-SP. Membro dos Comitês Jurídico e Tributário da Sociedade Rural Brasileira. Advogado.

2. Mestranda em Direito Tributário na Pontifícia Universidade Católica (PUC). Especialista em direito processual civil pela Universidade Presbiteriano Mackenzie (UPM) e em Direito Tributário pelo Instituto Brasileiro de Estudos Tributários (IBET). Advogada.

sobre os rendimentos oriundos do arrendamento chegam a ser 5 vezes maior que nos contratos de parceria rural.

Embora muito parecidos, há uma diferença marcante entre o arrendamento e a parceria rural, qual seja a presença do fator "risco" na contraprestação pecuniária do proprietário da propriedade rural cedida. Enquanto nos primeiros, o cessionário (arrendatário) não participa dos riscos do empreendimento, pois sua remuneração se dá mediante retribuição certa, em quantia fixa de dinheiro estipulada no contrato, na parceria rural, a remuneração do parceiro-outorgante é fixada em percentuais sobre os frutos produzidos pelo parceiro-outorgado, o que faz com que ele invariavelmente compartilhe dos riscos de exploração da atividade com o parceiro-outorgado.

Dito isso, este trabalho inicia com a exposição dos atributos comuns aos contratos agrários em geral, isto é, os atributos desse gênero contratual. Então, serão colocadas em evidência as diferenças específicas caracterizadoras das espécies de contrato agrário arrendamento e parceria rural. Isso tudo com amparo em postulados da Teoria das Classes. Também será esclarecido que o termo "risco", nesse contexto, assume significado específico, delimitado pelo legislador por meio de definição legal, inserida no Estatuto da Terra pela Lei Federal 11.443/2007.

Após, nos tópicos 2 e 3, trataremos de elucidar os pressupostos conceituais acerca das sanções no direito tributário, adotando como premissa o direito positivo como linguagem e a interpretação como mecanismo imprescindível para a construção do sentido deôntico completo da norma jurídica.

Por conseguinte, analisaremos a estrutura da norma sancionatória dispositiva e sua respectiva classificação, buscando identificar os elementos que compõe o antecedente (infração) e o consequente (sanção) da norma jurídica em sentido estrito, em especial nos casos de multa de ofício e multa qualificação e a necessidade de comprovação de dolo específico frente à previsão de responsabilidade por infração prevista pelo art. 136 do CTN.

No último tópico, serão analisados quatro acórdãos do CARF nos quais contratos de parceria foram desconsiderados e reclassificados como contratos de parceria rural. O objetivo da análise será de identificar quais critérios foram utilizados para configurar a existência de dolo na conduta dos contribuintes.

1. Contratos de parceria e arrendamento rural

1.1 Os contratos agrários à luz da Teoria das Classes: atributos do gênero e diferença específica dos contratos de arrendamento e parceria rural

Os contratos de parceria e arrendamento rural são modalidades contratuais previstas na Lei Federal 4.504/64 – denominada de "Estatuto da Terra" –, bem como no Decreto 59.566/66, regulamentador do referido diploma federal. Tratam-se de espécies do gênero "contratos agrários", o que nos permite analisá-los com enfoque nas características do gênero – comum a ambas as espécies – e nas suas respectivas diferenças específicas, isto é, "no conjunto de qualidades que se acrescentam ao gênero para a determinação da espécie, de tal modo que é lícito enunciar: 'a espécie é igual ao gênero mais a diferença específica (E = G + De).'"[3]

A começar pelos atributos dos contratos agrários em geral, além de serem previstos e regidos pelos diplomas legal e infralegal acima citados – e também, é de se recordar, pelos enunciados constitucionais relativos à propriedade[4] e à Política Agrícola e Fundiária[5] –, o que possibilita classificá-los como contratos nominados ou típicos,[6] caracterizam-se também pela finalidade em comum: *regulamentar a posse ou uso temporário da terra,* entre proprietário, quem detenha a posse ou tenha a

3. CARVALHO, Paulo de Barros. *Direito tributário, linguagem e método*. 7ª ed. São Paulo: Noeses, 2018, p. 124.

4. Art. 5º, incisos XXII e XXIII, da Constituição Federal.

5. Arts. 184 a 191 da Lei Maior.

6. DINIZ, Maria Helena. *Curso de direito civil brasileiro:* teoria das obrigações contratuais e extracontratuais. 32ª ed. São Paulo: Saraiva, 2016, p. 112.

livre administração *de um imóvel rural*, e aquele que nela exerça *atividade agrícola, pecuária, agroindustrial, extrativa ou mista.*[7]

Além disso, consoante lições de Arnaldo Rizzardo,[8] os contratos agrários são bilaterais, consensuais, onerosos e *intuitu personae*. Por conseguinte, da reunião dessas informações todas num único enunciado – a fim de sintetizar as qualidades desse gênero contratual –, faz-se possível afirmar que os contratos agrários são contratos típicos, bilaterais, consensuais, onerosos e *intuitu personae*, cuja finalidade é disciplinar a posse ou uso temporário de um imóvel rural, onde será exercida atividade de exploração agrícola, pecuária, agroindustrial, extrativa ou mista; ou a entrega de animais para cria, recria, invernagem, engorda ou extração de matérias primas de origem animal. É com essa definição que trabalharemos .

Se, como já anotamos, a parceria e arrendamento rural são espécies de contratos agrários, então ostentam as qualidades acima elencadas. Resta expor quais são as particularidades de cada um, isto é, os atributos que lhes demarcam enquanto espécimes, apartando-os um do outro.

Delimitar essa diferença é crucial para posterior análise dos critérios utilizados pelo Conselho Administrativo de Recursos Fiscais (CARF) para desconsideração do contrato de parceria e reclassificá-los como arrendamento rural, a fim de verificar se tais critérios encontram respaldo na legislação pertinente ao assunto.

Pois bem. No que toca às definições legais de arrendamento e parceria rural, o primeiro é definido pelo art. 3° do Decreto Federal 59.566/66, ao passo o segundo é definido tanto no art. 4° desse mesmo decreto, como no §1° do art. 96 do

---

7. Art. 1°. O arrendamento e a parceria são contratos agrários que a lei reconhece, para o fim de posse ou uso temporário da terra, entre o proprietário, quem detenha a posse ou tenha a livre administração de um imóvel rural, e aquêle que nela exerça qualquer atividade agrícola, pecuária, agro-industrial, extrativa ou mista (art. 92 da Lei n° 4.504 de 30 de novembro de 1964 - Estatuto da Terra - e art. 13 da Lei n° 4.947 de 6 de abril de 1966).

8. RIZZARDO, Arnaldo. *Direito do agronegócio*. 4ª ed. Rio de Janeiro: Forense, 2018. p. 375 de 705. Posição 11076 de 20004.

Estatuto da Terra. Como se nota, apenas a parceria é expressamente definida em lei. No momento, trabalharemos com as definições do diploma infralegal, abaixo transcritas:

> Art. 3º. Arrendamento rural é o contrato agrário pelo qual uma pessoa se obriga a ceder à outra, por tempo determinado ou não, o uso e gozo de imóvel rural, parte ou partes do mesmo, incluindo, ou não, outros bens, benfeitorias e ou facilidades, com o objetivo de nele ser exercida atividade de exploração agrícola, pecuária, agroindustrial, extrativa ou mista, *mediante, certa retribuição ou aluguel*, observados os limites percentuais da Lei.
>
> [...]
>
> Art. 4º. Parceria rural é o contrato agrário pelo qual uma pessoa se obriga a ceder à outra, por tempo determinado ou não, o uso especifico de imóvel rural, de parte ou partes do mesmo, incluindo, ou não, benfeitorias, outros bens e ou facilidades, com o objetivo de nele ser exercida atividade de exploração agrícola, pecuária, agroindustrial, extrativa vegetal ou mista; *e ou lhe entrega animais para cria, recria, invernagem, engorda ou extração de matérias primas de origem animal, mediante partilha de riscos do caso fortuito e da foça maior do empreendimento rural, e dos frutos, produtos ou lucros havidos nas proporções que estipularem, observados os limites percentuais da lei* (artigo 96, VI do Estatuto da Terra).

Da leitura desses dispositivos – com atenção às partes destacadas –, depreende-se que, embora muito se assemelhem, há diferenças marcantes entre o arrendamento e a parceria rural. A primeira delas é com relação ao objeto do contrato: na parceria, existe a possibilidade do objeto se consubstanciar não na cessão do uso de imóvel rural – objeto de todos os contratos de arrendamento –, mas sim na entrega de animais para cria, recria, invernagem, engorda ou extração de matérias primas de origem animal. Trata-se da atividade de pecuária, exclusiva à parceria, dado a impossibilidade de bens semoventes serem arrendados.[9-10]

---

9. LEITE, Rafael. *Aspectos tributários dos contratos agrícolas de arrendamento e parceria*. In: MUZZI, Adriano Andrade... [et al.]. *A tributação no Agronegócio*. Organizado por Luiz Henrique Nery Massara, Marcelo Hugo de Oliveira Campos, Paulo Honório de Castro Júnior. Belo Horizonte: Casa do Direito, 2020. p. 276.

10. Nada impede, todavia, que num imóvel arrendado o arrendatária desenvolva atividade agropecuária.

Outra diferença, a de maior relevância para os propósitos deste trabalho, reside no fator "risco" envolto na contraprestação do proprietário do imóvel rural – ou do gado cedido –, presente apenas na parceria rural. Nesses contratos, a remuneração do parceiro-outorgante é necessariamente fixada em percentuais sobre os frutos produzidos pelo parceiro-outorgado,[11] de modo que as partes contratantes acabam por compartilhar os riscos da exploração da atividade: quanto maior a produção, maior é a remuneração do proprietário do imóvel rural, e o inverso é verdadeiro. Por conseguinte, o valor que o parceiro-outorgante recebe na parceria rural é variável, incerto e proporcional ao sucesso do parceiro-outorgado na colheita dos frutos, circunstância que permite incluir o contrato de parceria na classe dos contratos aleatórios.[12]

Já no arrendamento rural, a situação é inversa: o proprietário da terra – o arrendador – não se sujeita aos riscos do empreendimento. Isso porque sua remuneração se dá mediante retribuição certa, ajustada em quantia fixa de dinheiro,[13] de antemão estipulada no instrumento contratual e sem qualquer relação com o que vier a ser produzido pelo arrendatário em sua propriedade. Trata-se de um verdadeiro aluguel que, por se tratar de imóvel rural, submete-se a regulamentação específica.[14] Assim, enquanto os contratos de parceria são aleatórios, os contratos de arrendamento são comutativos.[15]

---

11. Os limites percentuais estão previstos nas alíneas "a", "b", "c", "d", "e", "f" e "g" do inciso VI do art. 96 do Lei 4.504/66.

12. "[...] o contrato aleatório seria aquele em que a prestação de uma ou de ambas as partes dependeria de um risco futuro e incerto, não se podendo antecipar o seu montante" (DINIZ, Maria Helena. *Curso de Direito Civil Brasileiro: Teoria das obrigações contratuais e extracontratuais*. 32ª ed. São Paulo: Saraiva, 2016. p. 101).

13. Art. 18. O preço do arrendamento só pode ser ajustado em quantia fixa de dinheiro, mas o seu pagamento pode ser ajustado que se faça em dinheiro ou em quantidade de frutos cujo preço corrente no mercado local, nunca inferior ao preço mínimo oficial, equivalha ao do aluguel, à época da liquidação.

14. LEITE, Rafael. *Aspectos tributários dos contratos agrícolas de arrendamento e parceria*. In: MUZZI, Adriano Andrade... [et al.]. *A tributação no Agronegócio*. Organizado por Luiz Henrique Nery Massara, Marcelo Hugo de Oliveira Campos, Paulo Honório de Castro Júnior. Belo Horizonte: Casa do Direito, 2020, p. 274.

15. DINIZ, Maria Helena. *Curso de direito civil brasileiro:* teoria das obrigações con-

Em suma, a principal diferença entre os contratos agrários de parceria e arrendamento rural consiste no fato de que, naqueles, as partes envolvidas – parceiro-outorgante e parceiro-outorgado – compartilham dos riscos do empreendimento rural; ao passo que, nestes, o risco da atividade é integralmente assumido pelo arrendatário, de modo que seu insucesso ou sucesso produtivo não impacta – ao menos juridicamente – a remuneração do arrendador, fixa, invariável e conhecida pelas partes desde o início do vínculo contratual. Eis a diferença específica que identifica essas espécies de contratos agrários.

1.2 Conceito de "risco" à luz das alterações promovidas no Estatuto da Terra pela Lei 11.443/2007

Se o ponto central da distinção entre o arrendamento e a parceria rural se consubstancia na existência ou não de risco para o proprietário da terra cedida, então é ponto chave para o exame do assunto a análise do que a legislação, para fins de interpretação de contratos de parceria e arrendamento rural, considera "risco". Isso porque os quatro acórdãos do CARF examinados desconsideraram contratos de parceria celebrados por contribuintes – reclassificando-os como arrendamento rural – tendo por argumento fundamental a inexistência de risco entre as partes contratantes, a partir de elementos constantes dos contratos celebrados, adotados como prova nos autos dos processos administrativos.

Sobre essa questão, nos parece que existe uma definição específica para o vocábulo "risco" no contexto dos contratos agrários, de observância obrigatória desde 2007. Nesse ano, foi promulgada a Lei Federal 11.443/2007, que promoveu diversas modificações no Estatuto da Terra. Dentre elas, uma foi justamente a introdução de uma definição legal de "risco", a ser utilizada pelo exegeta na interpretação dos demais enunciados do Estatuto. Ela está prevista nos incisos I, II e III do §1º do art. 96 da Lei 4.504/64.

---

tratuais e extracontratuais. 32ª ed. São Paulo: Saraiva, 2016, p. 102.

Ao introduzir essa definição no sistema, o legislador demarcou com rigidez o campo de irradiação semântica do termo "risco", despindo-o do seu sentido vulgar, ordinário. Vinculou, assim, a este signo, significado específico e de observância obrigatória. Em que pese sua forma descritiva, trata-se de enunciado prescritivo, no qual predomina a função prescritiva de condutas, inerente à linguagem do direito positivo.

Em outros termos, sempre que o legislador opta por traçar uma definição legal, esta passa ser de observância impositiva no contexto da qual foi inserida. É o direito criando suas próprias realidade. As definições legais não são menos normas jurídicas que outros enunciados prescritivos já talhados na forma prescritiva. São normas e, como tais, devem ser obedecidas, seja pelos observadores, seja pelos participantes do direito positivo, isto é, aqueles que credenciados a aplicá-lo mediante expedição e introdução de norma individual e concreta na órbita jurídica. Nesse sentido, oportunas as lições de Lucas Galvão de Britto:

> *É bem verdade que a definição meramente descritiva não é o caminho do discurso do direito positivo, tampouco tem a classificação ali realizada apenas propósitos gnosiológicos. Trata-se de discurso prescritivo, que se serve desses expedientes lógicos para dar ordens.* É com esse cuidado que devemos tratar das expressões definição e classificações no direito positivo, ainda que a forma dos enunciados com que se apresentem possa ser alética, a proposição jurídica terá sempre a forma deôntica, uma vez que os enunciados sejam articulados na estrutura de uma norma jurídica.[16]

Dito isso, à citada definição de "risco". Os referidos incisos I, II e III do §1º do art. 96 da Lei nº 4.504/64, acrescidos pela Lei 11.443/2007, prescrevem o seguinte:

> § 1º. Parceria rural é o contrato agrário pelo qual uma pessoa se obriga a ceder à outra, por tempo determinado ou não, o uso específico de imóvel rural, de parte ou partes dele, incluindo, ou não,

16. BRITTO, Lucas Galvão de. Sobre o uso de definições e classificações na construção do conhecimento e na prescrição de condutas. In: *Lógica e direito* / Alaôr Caffé Alves ... [et. al.]; organização Lucas Galvão de Britto; coordenação Paulo de Barros Carvalho. 1ª ed. São Paulo: Noeses, 2016, p. 350. Grifamos.

> benfeitorias, outros bens e/ou facilidades, com o objetivo de nele ser exercida atividade de exploração agrícola, pecuária, agroindustrial, extrativa vegetal ou mista; e/ou lhe entrega animais para cria, recria, invernagem, engorda ou extração de matérias-primas de origem animal, *mediante partilha, isolada ou cumulativamente, dos seguintes riscos:*(Incluído pela Lei nº 11.443, de 2007).
>
> *I - caso fortuito e de força maior do empreendimento rural;*(Incluído pela Lei nº 11.443, de 2007).
>
> *II - dos frutos, produtos ou lucros havidos nas proporções que estipularem, observados os limites percentuais estabelecidos no inciso VI do caput deste artigo;* (Incluído pela Lei nº 11.443, de 2007).
>
> *III - variações de preço dos frutos obtidos na exploração do empreendimento rural.* (Incluído pela Lei nº 11.443, de 2007).

Da leitura dos enunciados supratranscritos, verifica-se que a dimensão semântica do termo "risco", no contexto específico da parceria rural, alberga três possibilidades distintas, a saber: (i) caso fortuito e de força maior do empreendimento rural; (ii) dos frutos, produtos ou lucros havidos nas proporções que estipularem; (iii) variações de preço dos frutos obtidos na exploração do empreendimento rural. Qualquer uma dessas situações, uma vez verificadas, seja isolada ou cumulativamente, configuram (partilha de) risco, condição imprescindível para que se dê por configurada a parceria rural. E mais: no contexto dos contratos agrários, tudo que não estiver abarcado por essa definição não pode ser chamado de risco.

Torna-se nítido, ainda, que a definição de parceria rural prevista no art. 4º do Decreto 59.566/66 – transcrita no tópico anterior –, que data de 1966, não reflete por completo conceito legal de "risco" atualmente vigente, previsto no Estatuto da Terra, alterado pela Lei 11.443/2007: enuncia apenas as hipóteses dos incisos I e II do §1º do art. 96 do Estatuto, olvidando-se da situação prevista no inciso III. E dentre ambas as definições, uma legal e posterior, outra infralegal e anterior, ensina-nos a pragmática de resolução de antinomias que a primeira há de prevalecer.[17]

---

17. Critérios hierarquia e cronológico de resolução de antinomias. BOBBIO, Norberto. *Teoria do ordenamento jurídico*. 2ª ed. São Paulo: Edipro, 2014, p. 94/95.

Pois bem. Dentre as três situações classificadas pelo legislador como risco, merece especial enfoque aquela do inciso III. Isso porque esse trecho legal, quando interpretado cumulativamente com os enunciados dos §§2º[18] e 3º[19] do art. 96 do Estatuto – também acrescidos pela Lei 11.443/2007 –, autoriza que, sem restar descaracterizada a parceria, a remuneração do parceiro-outorgante seja prefixada em quantidade ou volume dos frutos, podendo o valor referente a essa quantidade ser inclusive adiantado, sob a condição de que, ao final do contrato, faça-se o ajuste do percentual devido ao proprietário, de acordo com o que foi produzido no curso da parceria rural.

A respeito dessas alterações promovidas pela Lei 11.443/2007, especificamente quanto à definição legal de "risco" e a possibilidade de prefixação e adiantamento do montante devido ao proprietário do imóvel rural, Leonard Furtado Loubet tece importantes considerações:

> Essa mudança legislativa, ao que parece, acabou por reduzir significativamente o interesse no arrendamento rural puro e simples. *É que, agora, o proprietário da terra poderá, por exemplo, firmar um contrato de parceria rural com o parceiro-outorgado por 05 (cinco) anos, limitando-se a transferir a posse da terra nua, e exigindo, em contrapartida, uma determinada quantidade de sacos de soja, milho ou café ou mesmo de toneladas de cana-de-açúcar,* equivalente a 20% da produção estimada da área, bastando que inclua uma cláusula contratual de que no último ano haverá o acertamento entre a produção real nesse período e a quantidade de grãos que lhe foram transferidas. *Não haverá, aí, como se cogitar de fraude ou simulação, uma vez que o risco assumido pelo parceiro-outorgante foi a variabilidade do preço das commodities agrícolas, algo que, de acordo com a legislação modificadora, não infirma a existência de uma parceria, a despeito de existir a prefixação da quantidade de grãos a ser paga já no início do contrato.*[20]

---

18. § 2º. As partes contratantes poderão estabelecer a prefixação, em quantidade ou volume, do montante da participação do proprietário, desde que, ao final do contrato, seja realizado o ajustamento do percentual pertencente ao proprietário, de acordo com a produção. (Incluído pela Lei nº 11.443, de 2007).

19. § 3º. Eventual adiantamento do montante prefixado não descaracteriza o contrato de parceria. (Incluído pela Lei nº 11.443, de 2007).

20. LOUBET, Leonardo Furtado. *Tributação federal no agronegócio.* 1ª ed. São Paulo: Noeses, 2017. p. 178. Destacamos.

Nos parece que assiste razão ao Autor. De fato, em se tratando de parceria rural cujos frutos produzidos pelo parceiro-outorgado estejam sujeitos à variação de preço, a exemplo das *commodities* (Boi Gordo; Açúcar Cristal; Soja; Milho; dentre outros[21]), a prefixação da quantidade a ser paga – em produtos, não em dinheiro – e até mesmo adiantamento do valor estimado referente a essa quantia de frutos não desnaturam o contrato de parceria, bastando que haja o ajuste respectivo ao término do vínculo contratual.[22]

Em conclusão, tem-se que desde 2007, data na qual a Lei 11.443/2007 passou a vigorar, "a mera viabilidade de preço dos produtos – algo tão comum no mercado do agronegócio – passou a ser condição suficiente para que se esteja diante de um verdadeiro contrato de parceria rural, sem que contra isso possam se insurgir as autoridades fiscais."[23] Gostando ou não, foi essa a opção dos representantes do Povo, que não pode ser desobedecida pela Administração Pública.

2. Norma jurídica e sanções no direito tributário

2.1 Direito positivo e linguagem

A partir das lições da Escola do Construtivismo Lógico Semântico, tem-se o ordenamento jurídico como conjunto de normas jurídicas postas pela autoridade competente através da linguagem adequada, nos moldes prescritos pelo próprio ordenamento. Tem-se, com isto, que onde houver direito ali haverá, igualmente, linguagem.

---

21. Para citar algumas das commodities agrícolas comercializadas na B3.

22. Compartilha desse entendimento Rafael Leite (LEITE, Rafael. *Aspectos tributários dos contratos agrícolas de arrendamento e parceria*. In: MUZZI, Adriano Andrade... [et al.]. *A tributação no agronegócio*. Organizado por Luiz Henrique Nery Massara, Marcelo Hugo de Oliveira Campos, Paulo Honório de Castro Júnior. Belo Horizonte: Casa do Direito, 2020. p. 277).

23. LOUBET, Leonardo Furtado. *Tributação federal no agronegócio*. 1ª ed. São Paulo: Noeses, 2017. p. 178. Destacamos.

Através da linguagem prescritiva, o direito regulamenta as relações intersubjetivas no plano do "dever-ser", modalizando as condutas impostas como obrigatórias, permitidas ou obrigatórias. O texto da Lei posta pelo Poder Legislativo, por si só, não tem o condão de regular condutas, sendo imprescindível a figura do intérprete da construir a norma jurídica.

É por meio da interpretação que o sujeito, em contato com os enunciados, atribui-lhes sentido para compor a estrutura *mínima-irredutível* necessária para a adequada compreensão da mensagem legislada, composta por uma hipótese que implica determinada consequência.

> Tenhamos presente que a norma jurídica é uma estrutura categorial construída, epistemologicamente, pelo intérprete, a partir das significações que a leitura dos documentos do direito positivo desperta em seu espírito. É por isso que, quase sempre, não *coincidem* com os sentidos imediatos dos enunciados em que o legislador distribui a matéria no corpo físico da lei. Provém daí que, na maioria das vezes, a leitura de um único artigo será insuficiente para a compreensão da regra jurídica. E, quando isso acontece, o exegeta se vê na contingência de consultar outros preceitos do mesmo diploma, e até a sair dele, fazendo incursões pelo sistema.[24]

Esse processo interpretativo identifica-se com o denominado percurso gerador de sentido, em quatro planos:[25] S1 - plano dos enunciados prescritivos, ponto de partida do processo interpretativo (suporte físico); S2 - plano das proposições isoladas, construídas a partir da atribuição de significação aos enunciados; S3 - plano das normas jurídicas em sentido estrito, cabendo ao sujeito, para compreender o sentido deôntico completo da norma, estruturar as proposições na forma hipotético condicional e; S4 - plano da sistematização das norma, que leva em conta as relações estabelecidas entre as normas, e podem ser classificadas como (i) dispositivas

---

24. CARVALHO, Paulo de Barros. *Direito tributário, linguagem e método*. 6º ed. São Paulo: Noeses, 2015, p. 204.

25. CARVALHO, Aurora Tomazini de. *Curso de teoria geral do direito:* o constructivismo lógico-semântico. 4. ed. rev. São Paulo: Noeses, 2014, p. 344.

e derivada, punitivas e não punitivas, a depender do vínculo de coordenação que se instaura entre elas e (ii) sobrenível ou subnível, tendo em conta os vínculos de subordinação.

A depender do plano do percurso analisado, tem-se a classificação das normas jurídicas como norma em sentido amplo, para designar unidades de qualquer um desses planos, e norma em sentido estrito, no que se refere ao plano S3.

2.2 Sanções no direito tributário e a norma jurídica tributária sancionatória

A prescrição de condutas no seio social não é exclusividade do direito positivo, estando presente em outros subsistemas do sistema social, como as normas morais, dos costumes, normas sociais, dentre outras. Ao regulamentar o comportamento humano, estes subsistemas têm em comum a adoção de linguagem cuja função é predominantemente prescritiva, observando a mesma estrutura sintática (hipotético condicional) de suas unidades.

A característica elementar das normas jurídicas que diferencia o ordenamento do direito positivo dos demais subsistemas sociais é a coercitividade, relativa a mecanismos previstos pelo direto positivo para exigir o cumprimento compulsório das condutas regulamentadas:

> Levando em consideração que o direito é um conjunto de normas, a coercitividade também é norma, que se agrega à outra norma para tornar exigível o cumprimento da conduta prescrita. Assim, o ser da norma jurídica é bimembre. A primeira proposição denominamos "norma primária" (ou *endonorma*, no léxico de Cossio), e a segunda, "norma secundária" (ou *perinorma*, em Cossio). Ambas apresentam a mesma estrutura, mas conteúdos significativos diversos. A primeira norma prescreve uma relação jurídica (de cunho material), dada a ocorrência de um determinado fato. A segunda, logicamente conectada à primeira, prescreve uma sanção (relação jurídica coercitiva), caso for verificado o fato descrito na primeira e não cumprida a prescrição por ela estabelecida, ou seja, prescreve uma relação jurídica

(de cunho processual) que assegure o cumprimento da norma primária.[26]

Ao considerar o direito como linguagem, não há como conceber que a norma possa tocar efetivamente a realidade, mas apenas a tangência, alcançando a sua finalidade de regulamentar as relações intersubjetivas ao convencer o destinatário da mensagem legislativa de, livremente, adotar a conduta prescrita.

Por meio da edição da norma individual e concreta é que o sistema atinge o maior grau de concretude e de proximidade com a realidade: no antecedente, constitui o fato jurídico, referindo-se a evento passo, e, no consequente, impõe a relação jurídica entre sujeitos determinados de observar certa conduta, permitida, proibida ou obrigatória. O efetivo cumprimento do dever imposto pelo consequente normativo, contudo, sempre dependerá do ato de vontade livremente manifestado pelos sujeitos.

Nesta senda, em caso de descumprimento da norma, o sujeito lesionado poderá valer-se do Poder Judiciário para impor coercitivamente o cumprimento do dever. A relação jurídica de cunho processual que se estabelece a partir de então encontra por fundamento de validade as chamadas normas secundárias.

Neste contexto é que cabe considerar a estrutura da "norma jurídica completa", que compreende a norma primária, de natureza material, e a norma secundária, de caráter processual.

Detendo-nos nas normas primárias, que prescrevem em seu consequente relações jurídicas materiais, é possível classificá-las ainda em norma precedente e norma derivada. Diante da complexidade da realidade social, o Legislador elege determinados fatos relacionais de possível ocorrência para ocupar o antecedente normativo, valorando-os positivamente, como lícitos, ou negativamente, como ilícitos.

---

26. CARVALHO, Aurora Tomazzini. *Direito penal tributário*. São Paulo: Quartier Latin, 2009, p. 73.

Tais fatos podem ser tanto não normados (normas precedentes) como fatos já normados (normas deriviadas), e, neste último, há a descrição de uma conduta já prescrita no consequente de outra norma jurídica, impondo-a, implicacionalmente, outra consequência jurídica, de natureza punitiva ou não punitiva.

> Tanto as normas precedentes como as derivadas são normas primárias, isso porque seus consequentes prescrevem relações jurídicas materiais. Embora tenham como hipótese critérios de identificação de um fato ilícito, as normas derivadas punitivas não apresentam no consequente a prescrição de uma sanção (relação formal - entre sujeito ativo da norma primária e o Estado-juiz), mas, sim a prescrição de uma relação jurídica que se estabelecerá entre os sujeitos da relação prescrita no consequente da norma precedente.[27]

As sanções administrativas no direito tributário correspondem às normas derivadas punitivas, porquanto descrevem no antecedente o descumprimento de um dever legal imposto por outra norma (infração), e, no consequente, prescreve relação jurídica cujo dever jurídico consubstanciar-se em um castigo para o sujeito passivo (sanção), que não se confunde com aquela prevista pela norma secundária, de natureza processual.

Para o presente trabalho, adotou-se a classificação das sanções tributárias proposta por Maria Ângela Lopes Paulino Padilha,[28] e que tem por critério classificador o caráter pecuniário, dividindo-se em (i) sanções tributárias pecuniárias (multas) e sanções tributárias não pecuniárias (sanções restritivas de direitos ou interventivas).

Para o presente estudo, têm especial relevância as sanções tributárias pecuniárias, relativas às multas fiscais, e que têm por materialidade infracionais: (i) o atraso no adimplemento

---

27. CARVALHO, Aurora Tomazzini. *Direito penal tributário.* São Paulo: Quartier Latin., 2009, p. 73.

28. PAULINO, Maria Ângela Lopes. *As sanções no direito tributário.* São Paulo: Noeses, 2015, p. 163.

da obrigação tributária pelo sujeito passivo, deixando de observar o prazo estipulado em lei; (ii) não pagamento do tributo, ou seja, o inadimplemento da relação jurídica tributária e (iii) descumprimento do dever instrumental.

Dentre as espécies de multas, serão analisadas com maior profundidade as multas de ofício e a multa qualificada, previstas pela legislação tributária federal, dentro contexto da desconsideração dos contratos de parceria rural e sua reclassificação para os contratos de arrendamento mercantil.

3. A responsabilidade por infração nas multas de ofício e multa qualificada

3.1 A responsabilidade por infração objetiva e o art. 136 do CTN

A palavra "responsabilidade" nos remete ao vínculo existente entre determinado sujeito e as consequências de ato próprio ou de outrem, sendo responsável aquele que assume ou tem o dever de assumir os desdobramentos dos atos que praticou ou praticados por terceiros a ele relacionados.

No âmbito do Direito Civil, o art. 927 do CC/2002 prescreve no *caput* a obrigação daquele que causou dano a outrem, por ato ilícito, de repará-lo. O parágrafo único, por sua vez, estabelece que haverá a obrigação de reparar, *independentemente* de culpa, nos casos específicos previstos por lei ou quando a atividade normalmente desenvolvida pelo autor do dano implicar, por sua natureza, risco para o direito de outros.

Nesta última hipótese, temos a chamada responsabilidade objetiva, que pressupõe a conduta, o dano e o nexo causal estabelecido entre o autor da conduta e o dano. Já na responsabilidade subjetiva – prevista no *caput* – exige-se a comprovação da conduta, do dano, do nexo causal e da culpa do agente. Assim, o fator determinante para identificar se a responsabilidade será objetiva ou subjetiva será a obrigação de se demonstrar, para tanto, a culpa do agente pelo dano.

Feitas essas considerações, da leitura do art. 136 do CTN, tem-se que, salvo lei em contrário, a intenção do agente ou do responsável e da efetividade, natureza e extensão do dano são fatores irrelevantes para a atribuição de responsabilidade por infração.

Exatamente por desconsiderar a culpa como determinante para a responsabilidade por infração é que alguns doutrinadores defendem que a responsabilidade do CTN seria objetiva.

Em sentido diverso, Luciano Amaro pondera:

> O art. 136 não afirma a responsabilidade *sem culpa* (*stricto sensu*). Interpretado o preceito em harmonia com o art. 108, IV, a equidade já conduz o aplicador da lei no sentido de afastar a sanção em situações nas quais, dadas as circunstâncias materiais ou pessoais, ela não se justifique. Mesmo no que respeita à obrigação de *pagar tributo* (em que, obviamente, não cabe a discussão em tela, sobre "elemento subjetivo"), o Código se mostra sensível a situações em que o *erro ou ignorância escusáveis* sobre matéria de fato possam ter o efeito de viabilizar *remissão* (art. 172, II e IV).
>
> Em suma, parece-nos que não se pode afirmar ser objetiva a responsabilidade tributária (em matéria de infrações administrativas) e, por isso, ser inadmissível todo tipo de defesa do acusado com base na ausência de culpa. O que, em regra, não cabe é a alegação de ausência de *dolo* para eximir-se de sanção por infração que não requer intencionalidade.[29]

Robson Maia Lins, por sua vez, ressalta a possibilidade de a responsabilidade nas relações jurídicas sancionatórias serem de ordem objetiva ou subjetiva, a depender dos critérios que o legislador empregar para compor o antecedente da norma jurídica.

> Será objetiva em relação aos juros de mora, cuja função é a de remunerar o conteúdo da prestação (quantia em dinheiro equivalente ao valor do tributo), mas poderá ser subjetiva no que diz respeito às multas, se a lei considerar a culpabilidade como elemento relevante para imputar a sanção.

---

29. AMARO, Luciano. *Direito tributário brasileiro*. 19 ed. São Paulo: Saraiva, 2013, p. 472.

> Outra questão de maior relevância diz respeito à influência da culpabilidade, como elemento integrante do antecedente normativo, para fins de transmissão da sujeição passiva às relações jurídicas sancionatórias, decorrentes dos fatos jurídicos moratórios.[30]

Já para João Carlos de Lima Junior, a responsabilidade por infrações será subjetiva, no entanto, haverá a presunção de culpa cabendo ao sujeito passivo demonstrar que não incorreu na conduta infracional:

> Certo é que se constata, indubitavelmente, o descabimento da tese da responsabilidade objetiva pela prática de ilícitos tributários, já que se torna incompatível com o arcabouço de garantias individuais desenhadas pela Constituição, com ênfase naqueles atinentes à matéria sancionadora. Apenar alguém que não agiu com culpa, entre outros, ataca a razoabilidade, a equidade, a liberdade, a segurança jurídica e o não confisco.[31]

Neste cenário, nos parece mais acertada a corrente doutrinária que admite tratar-se a hipótese do art. 136 do CTN de responsabilidade subjetiva com culpa presumida – presunção esta relativa, que admite a produção de prova em contrário pelo contribuinte ou responsável. É a opção que pondera, simultaneamente, a capacidade da verificação pela Administração Pública e a impossibilidade de se punir objetivamente aquele que não tenha concorrido para a prática da infração ou ao menos admitido a sua ocorrência.

Em que pese essa seja a regra, o próprio Código Tributário Nacional prevê a possibilidade de a lei dispor diversamente, afastando a presunção de culpa do contribuinte para impor à Autoridade Fazendária o dever de demonstrar o dolo específico, como é o caso da multa qualificada.

---

30. LINS, Robson Maia. *Curso de direito tributário brasileiro*. São Paulo: Noeses, 2019, p. 548/549.

31. LIMA JUNIOR, José Carlos de. *Interpretação e aplicação das multas de ofício, de ofício qualificada, de ofício agravada e isolada*. São Paulo: Noeses, 2018, p. 126.

3.2 Espécies de sanções pecuniárias e a responsabilidade por infração: a multa de ofício e a multa qualificada

O art. 44 da Lei 9.430/96 prevê nos casos de lançamento de ofício a aplicação da multa de 75% (setenta e cinco por cento) sobre a totalidade ou diferença de imposto ou contribuição nos casos de falta de pagamento ou recolhimento, de falta de declaração e nos de declaração inexata.

Neste sentido, a multa de ofício é aquela devida em razão do não pagamento do tributo, distinguindo-se da multa de mora em razão do meio de constituição, que se dá através do lançamento de ofício:

> O adjetivo "de ofício", claramente, faz alusão apenas ao meio pelo qual esse crédito é constituído, que é o lançamento de ofício. Significa dizer: a multa de ofício se distingue da chamada multa "de mora" porque o dever de pagá-la é constituída pela Administração Pública por meio de um lançamento de ofício.[32]

Ao considerar os critérios que compõem a regra-matriz da multa de ofício disposta pelo legislador, é possível concluir que, em regra, o elemento volitivo doloso para a prática da infração não precisa ser demonstrado pela fiscalização, bastando o descumprimento do dever de pagar o tributo dentro do prazo legal. Neste sentido, aplica-se a regra geral de responsabilidade subjetiva com a presunção de culpa prevista pelo art. 136 do CTN, cabendo ao sujeito passivo comprovar que não concorreu para a prática da infração.

O §1° do art. 44 da Lei 9.430/96, por conseguinte, prevê a aplicação do percentual de 150% de multa nos casos de lançamento de ofício quando houver falta de pagamento ou recolhimento, falta de declaração e declaração apresentada com inexatidão, associada a existência de crime contra a ordem

32. LINS, Robson Maia. *Curso de direito tributário brasileiro*. São Paulo: Noeses, 2019, p. 550.

tributária, fraude, simulação e/ou conluio. Tem-se, aqui, a chamada multa qualificada.

Cabe ressaltar que a qualificação não modifica os critérios já existentes da regra-matriz da multa de ofício – pressupondo o seu regular preenchimento – juntamente com os critérios fáticos que autorizam que o percentual seja duplicado.

Tais critérios estão intrinsecamente relacionados à intenção do agente ao deixar de recolher o tributo, agindo de forma fraudulenta, simulatória ou em conluio, ou ainda, incorrendo na prática de crime contra a ordem tributária, compondo o dolo específico, portanto, o antecedente da estrutura normativa.

Sobre o tema, João Carlos de Lima Junior ressalta a divergência jurisprudência acerca do tema, contexto este que igualmente se reflete nos julgados do Conselho Administrativo de Recursos Fiscais analisados neste estudo.

Com o intuito de atender ao primado da segurança jurídica, o autor propõe a adoção da teoria do dolo axiológico para a aplicação da multa qualificada, que exige a vontade de praticar a conduta típica acompanhada da compreensão do sujeito de que a conduta representa um desvalor.

> Ao agir, o homem possui uma determinada intenção significativa, realiza escolhas carregadas de conteúdo valorativo, sua atitude subjetiva tem como objeto um determinado valor ou desvalor, o qual causa ânimo ao agente e impulsiona a ação. O dolo axiológico não se traduz somente pela vontade de realizar uma determinada ação e atingir um resultado, mas configura-se em uma intenção axiológica, no sentido de diminuir o valor protegido.[33]

Neste cenário, ressalta que a legislação tributária representa diversos valores, como a ordem pública, o convívio social, a federação, a segurança jurídica, entre outros que somente são realizáveis com a capacidade de custeio do Estado. Assim, o dolo axiológico autorizador da multa qualificada

33. LIMA JUNIOR, José Carlos de. *Interpretação e aplicação das multas de ofício, de ofício qualificada, de ofício agravada e isolada*. São Paulo: Noeses, 2018, p. 181.

refere-se ao agir em menosprezo a tais valores, cabendo ao aplicador ponderar se "o comportamento apenado encerra desvalor ou se foi realizado como consequência de toda a desordem jurisprudencial, doutrinária e legislativa inerentes à matéria tributária".[34]

4. Análise dos acórdãos do Conselho Administrativo de Recursos Fiscais

4.1 Acórdão 2401-007.201 - Processo nº 15868.720142/2012-14

No supramencionado acórdão, a Primeira Turma Ordinária da 4ª Câmara da 2ª Seção de Julgamento do CARF negou, por unanimidade de votos, provimento ao recurso voluntário interposto pelo contribuinte em face de auto de infração lavrado para desconsiderar contrato de parceria rural e reclassificá-lo como contrato de arrendamento rural.

Da leitura do voto do Relator, conclui-se que a desconsideração do contrato de parceria rural com a manutenção integral da autuação fundou-se na análise das cláusulas contratuais firmadas, as quais afastariam a demonstração da partilha de riscos e da efetiva partilha dos frutos, cabível a reclassificação para rendimento de arrendamento e respectiva tributação. É o que se infere em especial do seguinte trecho:

> A cláusula 6.3. evidencia apenas que os proprietários não assumem encargo de garantir a conservação e a produtividade de solo e nem pela manutenção das estradas internas de escoamento de produção, sendo que se para tanto houver necessidade de se adotar lavouras de ciclo curto, atividade pastoril etc., os proprietários também não participarão nos frutos. Logo, não participam dos encargos e nem dos ganhos. A cláusulas 6.4 estabelece que, havendo desapropriação, os pagamentos futuros serão reduzidos proporcionalmente, mas que a indenização por conta da lavoura será apenas da parceria agricultora.

---

34. LIMA JUNIOR, José Carlos de. *Interpretação e aplicação das multas de ofício, de ofício qualificada, de ofício agravada e isolada*. São Paulo: Noeses, 2018, p. 181.

Neste contexto, entendeu-se que o fato de o contribuinte ter formalizado contrato de parceria, o qual revela, na verdade, a ausência de partilha de riscos, evidenciaria a conduta intencional de ocultar o arrendamento. Tal postura configurou, no entender da decisão, simulação com vistas a usufruir da tributação favorecida da atividade rural, estando presente o elemento doloso com a finalidade de impedir o conhecimento por parte da autoridade fazendária da ocorrência do fato gerador da obrigação principal, sua natureza e circunstâncias materiais, assim como de modificar as suas características essenciais.

Tem-se, com isto, que a desconsideração do contrato de parceria para classificá-lo como arrendamento seria suficiente para demonstrar o dolo do contribuinte e atrair a qualificação da multa de ofício.

4.2 Acórdão 2002-001.764 - Processo nº 12571.720082/2018-54

Nesse outro acórdão, a 2ª Turma Extraordinária da 2ª Seção de Julgamento do CARF deu parcial provimento ao recurso voluntário do contribuinte, para (i) excluir a responsabilidade tributária solidária da pessoa jurídica arrendatária e; (ii) manter a multa qualificada.

Em que pese tenha sido voto vencido quanto à multa qualificada, o Conselheiro Relator Thiago Duca Amoni tece relevantes considerações sobre a responsabilidade solidária da pessoa jurídica, independente da verificação do benefício da tributação diferenciada em decorrência do contrato de parceria rural e sua classificação como contrato de arrendamento rural, bem como acerca da responsabilidade fazendária quando da comprovação do dolo para fins de qualificação da multa de ofício.

Também neste caso, o cotejo minucioso das cláusulas constantes no contrato celebrado entre as partes foi determinante para concluir que, embora formalmente pactuado como parceria rural, o negócio jurídico configura verdadeiro arrendamento rural, "vez que os riscos do negócio foram assumidos integralmente pela arrendatária mediante pagamento fixo ao arrendador, ora contribuinte".

Diante da reclassificação contratual, o relator posicionou-se pela exclusão da responsabilidade tributária solidária da arrendatária de fato do imóvel com fundamento no art. 124, I, do CTN, na medida em que tanto o modelo de contrato de arrendamento rural ou parceria rural em nada alteram sua sistemática de tributação, não se beneficiando da espécie contratual formalmente escolhida.

No que se refere à multa qualificada, consignou que o ônus probatório é da fiscalização, a quem cabe demonstrar cabalmente a conduta dolosa do sujeito passivo da obrigação tributária de sonegar ou fraudar os cofres públicos.

Diversamente do caso anteriormente analisado, ressalta que "a simples celebração do negócio jurídico cuja tributação, por determinação legal, é mais favorecida, não constitui intenção dolosa de fraude ou sonegação, como apontado na decisão de piso".

Em sentido oposto, o voto vencedor, relatado pelo Conselheiro Virgílio Cansino Gil, divergente exclusivamente quanto a multa, consignou o entendimento de que restaria comprovada pela autoridade lançadora a conduta dolosa dos contratantes de lesionar o fisco por simular contrato de parceria rural:

> Correta a decisão de piso, e se diz isso porque restou devidamente provada através da vinda aos autos de contrato simulado de parceria rural, feito com o fito único exclusivo de reduzir carga tributária. A conduta dolosa dos contratantes restou evidente e pena de multa deve ser a qualificada em respeito ao que determinam os artigos 71, 72 e 73 da Lei 4.502/64.

4.3 Acórdão 2202-002.706 - Processo nº 11516.001818/2010-36

Nessa decisão, proferida pela 2ª Câmara da 2ª Turma Ordinária do CARF, por maioria de votos, o Colegiado deu parcial provimento ao recurso voluntário do contribuinte para excluir da exigência a multa isolada do carnê-leão, aplicada concomitantemente à multa de ofício e; desqualificar a multa de ofício, reduzindo-a ao percentual de 75%.

Tal como nos acórdãos acima analisados, o instrumento contratual celebrado entre as partes e suas respectivas cláusulas foi peça fundamental na montagem do fato jurídico em sentido estrito contida na decisão, o qual implicou a desconsideração do contrato de parceria e a manutenção do lançamento como omitido decorrente de contratos de arrendamento rural, na forma de aluguel:

> No caso concreto tal como apontado pela autoridade fiscalizadora *os contatos celebrados entre o contribuinte e o Sr. [...], afastam a possibilidade de uma parceria rural, a começar pela sua denominação, que os identifica expressamente como "CONTRATO DE ARRENDAMENTO DE IMÓVEIS RURAIS (EXPLORAÇÃO AGRÍCOLA).* Outro elemento contratual que confirma a existência do arrendamento são as *cláusulas que estipulam o preço em quantidade certa de produto por hectare cultivado. Cláusulas como essa indicam que o valor recebido pelo arrendador era fixo e não dependia do sucesso da produção.* Essa espécie de contrato, que prevê uma retribuição certa ou aluguel ao cedente das terras rurais.

Ademais, nessa decisão, o Colegiado adotou como argumento a não refutação do contribuinte à alegação fiscal de que este, em processo judicial, declarou que "não explora diretamente as áreas rurais que possui, tendo optado por arrendá-las a terceiros."

No que atine à multa de qualificada, a decisão consignou que inexistiam circunstâncias caracterizados de evidente intuito de fraude. Na visão do Relator, acompanhado pela maioria,

> [...] o comportamento do contribuinte em que se detecta uma inadequação ou inequivalência entre a forma jurídica sob a qual o negócio se apresenta e a substância ou natureza do fato gerador efetivamente realizado, ou seja, dá-se pela discrepância entre a vontade querida pelo agente e o ato por ele praticado para exteriorização dessa vontade.
>
> [...] No caso concreto não tenho como presumir que a conduta foi eivada de vício, mas tão somente de omitir do fisco com conhecimento de fato relevante.

Foi invocada, ainda, a Súmula 14 do CARF. Por fim, a decisão excluiu a exigência da multa isolada do carnê-leão, aplicada concomitantemente com a multa de ofício e; desqualificou a multa de ofício, reduzindo-a ao percentual inicial de 75%.

4.4 Acórdão 2202-002.706 - Processo nº 11516.001818/2010-36

No 4º e último acórdão do CARF objeto de nossa análise, a 2ª Turma Ordinária da 4ª Câmara da 2ª Seção de Julgamento, por unanimidade de votos, deu conhecimento parcial ao recurso voluntário do contribuinte e, na parte reconhecida, negou-lhe provimento.

No que toca à parte não conhecida do recurso, tratava-se da multa isolada aplicada em razão do não recolhimento mensal, por meio do carnê-leão, do Imposto de Renda – IRPF. Tal como na decisão acima analisada, a desconsideração do contrato de parceria, convertendo-o em contrato de arrendamento, implicou hipótese de descumprimento de obrigação acessória vinculada a esta modalidade contratual pelo contribuinte. Todavia, como essa parte do auto não foi atacada na Impugnação, o recurso, nessa parte, não foi conhecido.

Com relação à parte conhecida, restou mantido o lançamento como rendimento omitido decorrente de contratos de arrendamento rural, na forma de aluguel. Da mesma forma que nos outros três acórdãos analisados, o contrato foi a prova mais relevante para fins de apuração da natureza do contrato celebrado entre as partes, conforma alguns trechos abaixo colacionados:

> Embora nominados como Contratos de Parcerias, as cláusulas que estipulam o preço em quantidade certa de produto por hectare cultivado.
>
> [...]
>
> O contribuinte arrendava suas terras, recebendo uma quantia fixa em toneladas de cana-de-açúcar, conforme preços estipulados pela Consecana, região de Araçatuba/SP.
>
> [...]
>
> O pagamento foi estipulado em quantia fixa de produto por área cultivada, não havendo qualquer previsão de pagamento de variação em função da melhor ou pior produção.

Por fim, é de se ressaltar que, nessa autuação, a DRJ competente não aplicou multa qualificada.

Conclusão

Espécies do gênero "contratos agrários", os contratos de parceria rural e de arrendamento rural são bilaterais, consensuais, onerosos e *intuitu* personae, tendo em comum a finalidade de regulamentar a posse ou o uso temporário da terra, entre proprietário de um imóvel rural e aquele que nela exerça atividade agrícola, pecuária, agroindustrial, extrativa ou mista.

A despeito das semelhanças existentes entre os negócios jurídicos, depreende-se dos regramentos dispostos pelo Decreto Federal 59.566/66 e do Estatuto da Terra diferenças marcantes entre eles quanto (i) ao objeto, porquanto o contrato de parceria poderá contemplar a entrega de animais para cria, recria, invernagem, engorda ou extração de matérias primas de origem animal, enquanto o contrato de arrendamento refere-se somente à cessão do uso do imóvel rural; e (ii) ao fator "risco", envolto na contraprestação do proprietário do imóvel rural – ou do gado cedido – que estaria presente apenas na parceria rural.

Neste sentido, a existência – ou não – do compartilhamento do risco entre os contratantes tem-se mostrado determinante para a classificação dos contratos agrários em contratos de arrendamento ou de parceria rural para fins de enquadramento no regime de tributação mais benéfico, ou, ainda, para a sua desconsideração pelo Fisco, suscetível de aplicação de multa de ofício, passível de qualificação.

A partir da análise da legislação vigente, têm-se três possíveis sentidos para o "risco", sendo estes, (i) caso fortuito e de força maior do empreendimento rural; (ii) dos frutos, produtos ou lucros havidos nas proporções que estipularem; (iii) variações de preço dos frutos obtidos na exploração do empreendimento rural. Qualquer uma dessas situações, uma vez verificadas, seja isolada ou cumulativamente, configuram (partilha de) risco, condição imprescindível para que se dê por configurada a parceria rural. E mais: no contexto dos contratos agrários, tudo que não estiver abarcado por essa definição não pode ser chamado de risco.

Neste cenário, embora nos acórdãos analisados no presente estudo o Conselho Administrativo de Recursos Fiscais tenha adotado a existência de cláusula prevendo preço pré-fixado para manter a desconsideração do contrato de parceria rural e a reclassificação do negócio em arrendamento rural, por entender que tal cláusula afastaria o risco da operação, as alterações promovidas pela Lei 11.443/2007, em especial quanto à definição de "risco" e a "possibilidade de prefixação e adiantamento do montante devido ao proprietário do imóvel rural" levam à conclusão diametralmente oposta.

Isto porque, de acordo com a lei em comento, a prefixação da quantidade a ser paga – em produtos, e não em dinheiro – e até mesmo o adiantamento do valor estimado referente a essa quantia de frutos, não teriam o condão de desnaturar, por si só, o contrato de parceria rural. Exige-se, no entanto, que tal previsão esteja atrelada ao ajuste respectivo ao término do vínculo contratual, bem como, à condição de que o parceiro-outorgante estará sujeito à variabilidade do preço das *commodities* agrícolas, estando exatamente aí, o fator "risco".

No que se refere à aplicação da multa de ofício, cabível nas hipóteses de descumprimento do dever legal de pagar tributo, com a desconsideração dos contratos de parceria rural, os rendimentos recebidos foram considerados como omissão de receitas fruto de arrendamento rural e, portanto, sujeitas ao imposto sobre a renda, ensejando a lavratura de auto de infração constitutivo do tributo juntamente com a sanção pecuniária.

Como considerado ao longo do trabalho, o art. 136 do CTN prevê como regra a responsabilidade subjetiva com presunção de culpa por parte do sujeito passivo, a quem compete comprovar que não concorreu para a prática da infração. Nos casos ora analisados, no entanto, as alegações trazidas pelos contribuintes foram refutadas para prevalecer o entendimento de que bastaria a pré-fixação de valores para afastar o compartilhamento de riscos próprios do contrato de parceria rural, presumindo-se, com isto, a culpa do sujeito passivo pelo não pagamento do tributo, atraindo a aplicação da sanção pecuniária.

Por meio dos acórdãos nºs 2401-007.2001 e 2002-001.764, o Conselho Administrativo de Recursos Fiscais entendeu ainda pela manutenção da qualificação da multa, majorando o percentual de 75% para 150%, por considerar que restaria demonstrado o dolo dos contratantes de lesionar o fisco por simular contrato de parceria rural com a finalidade exclusiva de reduzir a carga tributária.

Tal postura não se mostra a mais acertada. Como bem destacado pelo Conselheiro Thiago Duca Amoni, em voto vencido proferido no acórdão 2002-001.764, a simples celebração de negócio jurídico cuja tributação, por determinação legal, é mais favorecida, não é suficiente para constituir a intenção dolosa de fraude ou sonegação.

Embora a jurisprudência administrativa não seja uniforme sobre o tema, ensejando insegurança jurídica aos contribuintes quanto ao planejamento dos seus negócios, não há como admitir a aplicação de multa qualificada pela simples desconsideração do contrato de parceria rural com a sua reclassificação em arrendamento rural, sob pena de aplicar presunção de culpa em hipótese que a lei exige a comprovação, pela Autoridade Fazendária, de dolo específico na prática da infração.

Referências

AMARO, Luciano. *Direito tributário brasileiro.* 19 ed. São Paulo: Saraiva, 2013.

BOBBIO, Norberto. *Teoria do ordenamento jurídico.* 2ª ed. São Paulo: EDIPRO, 2014.

CARVALHO, Aurora Tomazini de. *Curso de teoria geral do direito:* o construtivismo lógico-semântico. São Paulo: Noeses, 2014.

CARVALHO, Aurora Tomazini. *Direito penal tributário*. São Paulo: Quartier Latin., 2009.

CARVALHO, Paulo de Barros. *Direito tributário, linguagem e método*. 6. ed. São Paulo: Noeses, 2015.

DINIZ, Maria Helena. *Curso de direito civil brasileiro:* teoria das obrigações contratuais e extracontratuais. 32ª ed. São Paulo: Saraiva, 2016.

LIMA JUNIOR, José Carlos de. *Interpretação e aplicação das multas de ofício, de ofício qualificada, de ofício agravada e isolada*. São Paulo: Noeses, 2018.

LINS, Robson Maia. *Curso de direito tributário brasileiro*. 1. Ed – São Paulo: Noeses, 2019.

LOUBET, Leonardo Furtado. *Tributação federal no agronegócio*. 1ª ed. São Paulo: Noeses, 2017.

Lógica e direito / Alaôr Caffé Alves ... [et. al.]; organização Lucas Galvão de Britto; coordenação Paulo de Barros Carvalho. 1ª ed. São Paulo: Noeses, 2016.

MUZZI, Adriano Andrade... [et al.]. *A tributação no Agronegócio.* Organizado por Luiz Henrique Nery Massara, Marcelo Hugo de Oliveira Campos, Paulo Honório de Castro Júnior. Belo Horizonte: Casa do Direito, 2020.

RIZZARDO, Arnaldo. *Direito do agronegócio*. 4ª ed. Rio de Janeiro: Forense, 2018. p. 375 de 705. Posição 11076 de 20004.

A DISCUSSÃO DA OBRIGAÇÃO TRIBUTÁRIA NO JUÍZO CRIMINAL

Lucas Silva Marques da Fonseca[1]

Introdução

A constituição definitiva do crédito tributário é imprescindível à caracterização da materialidade dos crimes contra a ordem tributária previstos no art. 1º, da Lei 8.137/90, haja vista que as condutas de "suprimir ou reduzir tributo", cronologicamente, somente podem se efetivar após a existência da obrigação tributária.[2]

A pesquisa na jurisprudência pátria revela que, em muitas ocasiões, os Juízos criminais não adentram o mérito do auto de infração fiscal, escorados na premissa de que a discussão promovida no âmbito administrativo se revela suficiente para a configuração da supressão ou redução do tributo.

---

1. Mestre em Direito Tributário pelo Instituto Brasileiro de Estudos Tributários – IBET. Advogado. E-mail: lucas@feitosaeadvogados.adv.br.

2. Cf. STF, 1ª Turma, HC 83.414-1-RS, rel. Min. Joaquim Barbosa, julgado em 02.03.2004, DJU de 23.04.2004; STF, 2ª Turma, HC 86.321-SP, rel. Min. Gilmar Mendes, julgado em 04/10/2005, publicado no DJU de 17.10.2005; STJ, 5ª Turma, RHC 94.288/RJ, Rel. Ministro Reynaldo Soares da Fonseca, julgado em 22.05.2018, DJe 30.05.2018.

Entretanto, sabe-se que o Juiz criminal deve perquirir sobre todos os elementos do tipo penal, não podendo furtar-se da análise quanto ao mérito do ato administrativo que descreve a ocorrência dos fatos "suprimir ou reduzir tributo", elementos do tipo penal prescrito pelo art. 1º, da Lei 8.137/90.

A partir desse panorama, o presente estudo propõe uma análise sobre a possibilidade da discussão da obrigação tributária no juízo criminal, além dos eventuais impactos que tal discussão possa exercer sobre a obrigação tributária constituída na esfera administrativa.

1. Direito tributário sancionador e Direito penal tributário

A independência entre as instâncias administrativa e jurisdicional penal decorre da separação de poderes, e supõe que cada esfera possui, dentre suas atribuições, a autonomia para definir a execução de suas funções e suas estruturas, dentro da moldura da lei; incluindo a competência para disciplinar o tratamento que será proferido na apuração de ilícito cometido contra os bens jurídicos que cada esfera tem por obrigação proteger.[3]

O bem jurídico tutelado tanto pelas sanções administrativas quanto pelas sanções penais em matéria tributária – ao que não restam dúvidas – é a arrecadação tributária.

De uma forma geral, as infrações tributárias não possuem dignidade penal – ou seja, não representam uma ameaça ao convívio em sociedade –, razão porque as sanções administrativas aplicadas afiguram-se suficientes à punição do ilícito, com multas que atingem o patamar de 225%.

Contudo, existem casos em que o descumprimento da legislação tributária assume dignidade penal em virtude de sua gravidade; nesses casos, apesar de o bem jurídico violado ser o

3. Cf. MACHADO, Antonio Rodrigo. *Sanções e penas:* a independência entre as instâncias administrativa e jurisdicional penal. Rio de Janeiro: Lumen Juris, 2020, p. 18.

mesmo (a arrecadação tributária), as sanções aplicáveis possuem natureza jurídica distinta. É o que esclarece Bruno Fajersztajn:[4]

> Apenas em situações excepcionais, mais graves, é que um ilícito tributário assume a chamada dignidade penal, passando a ser contemplado também por sanções criminais. É claro que em última análise existe uma relação entre efetividade das sanções tributárias e a viabilização da vida em sociedade, na medida em que os tributos geram recursos necessários ao Estado para que este cumpra suas funções. *Mas essa relação não é direta, como ocorre nas condutas tipificadas como crime.* (grifos aditados)

No caso do ilícito previsto nos arts. 1º e 2º, da Lei 8.137/90, o legislador entendeu por bem que o ilícito ali previsto possui dignidade penal, razão porque, em algumas situações, além da aplicação de multa pelo descumprimento da obrigação tributária, a conduta ilícita deve ser punida com prisão.

A diferença entre as sanções tributárias com dignidade penal e aquelas sem tal dignidade, é muito bem evidenciada quando considerado o fundamento de cada uma; esta, fundamentada no direito do Estado de exigir tributos (*ius tributandi*); aquela, fundamentada no direito do Estado de punir (*ius puniendi*). Consoante a lição de Luís Eduardo Schoueri:

> [...] não se pode deixar de reconhecer a diferença no fundamento constitucional do ilícito administrativo e do crime: o primeiro, decorrente do *ius tributandi*, tem sua competência decorrente da própria competência tributária: a pessoa jurídica à qual é conferida a competência para instituir tributos pode, igualmente, prever sanções para o caso de seu descumprimento; já os crimes tributários, fruto do *ius puniendi* estatal, é matéria de competência exclusiva da União.

A esses diferentes tipos de sanções, portanto, serão aplicados diferentes regimes jurídicos. Por exemplo: as sanções tributárias submetem-se ao Código Tributário Nacional (CTN) e às respectivas legislações ordinárias, editadas por

---

4. FAJERSZTAJN, Bruno. *Multas no direito tributário*. São Paulo: Quartier Latin, 2019, p. 108.

cada ente da federação, enquanto os crimes são de competência legislativa exclusiva da União, sendo suas normas gerais previstas no Código Penal.

No tocante ao regime jurídico aplicável a cada espécie sancionatória, o CTN determina que as sanções administrativas tributárias, como regra, são configuradas a partir de mera conduta culposa, sem presença do dolo;[5] enquanto que, para as sanções penais tributárias, o Código Penal exige conduta dolosa, sendo a modalidade culposa admitida apenas como exceção, devendo vir prevista em lei.[6]

No que se refere à matéria probatória, também existem importantes diferenças entre esfera administrativa e jurisdicional penal, a exemplo do valor probatório do depoimento testemunhal que na instância penal apresenta importância capital, enquanto na esfera tributária possui restritíssima utilidade prática haja vista de, neste âmbito, a prova estar vinculada a questões de ordem técnica e contábil, solucionadas pela análise de documentos e diligências periciais.[7]

A título de exemplo, no caso da omissão de receita com base em depósito bancário não escriturado, na instância administrativa é caracterizada apenas pela não comprovação do contribuinte acerca da origem dos recursos (art. 299, RIR/2018); enquanto que para a caracterização do elemento subjetivo caracterizador do crime de "suprimir ou reduzir tributo", previsto no art. 1º, I, da Lei 8.137/90, a instância jurisdicional penal requer prova mais robusta, capaz de demonstrar que tais montantes eram efetivamente (e não presumidamente) receita.

---

5. Art. 136. Salvo disposição de lei em contrário, a responsabilidade por infrações da legislação tributária independe da intenção do agente ou do responsável e da efetividade, natureza e extensão dos efeitos do ato.

6. Art. 18. [...] Parágrafo único - Salvo os casos expressos em lei, ninguém pode ser punido por fato previsto como crime, senão quando o pratica dolosamente.

7. Cf. TOMÉ, Fabiana Del Padre. *A prova no direito tributário*: de acordo com o código de processo civil de 2015. 4ª ed., rev., atual. São Paulo: Noeses, 2016, p. 159.

Para finalizar os distanciamentos entre o direito tributário sancionador e o direito penal tributário, importante assinalar que as sanções tributárias sem dignidade penal serão aplicadas pelo Poder Executivo independente de prévia autorização judicial; já as sanções com dignidade penal dependem de um desencadeamento de atos com a participação do Ministério Público e do Poder Judiciário.

Esta última diferença atrai uma série de fatores que – como será visto mais à frente – implicam a primazia da decisão na jurisdição penal sobre o conteúdo definitivamente constituído na via administrativa.

Antes, contudo, cabe-nos tecer breves considerações sobre a constituição do crédito tributário, pressuposto lógico e cronológico do crime previsto no art. 1º da Lei 8.137/90.

2. A constituição definitiva do crédito tributária como condição objetiva de punibilidade do art. 1º da Lei 8.137/90

O Supremo Tribunal Federal já fixou, por meio da Súmula Vinculante 24 que *"não se tipifica crime material contra a ordem tributária, previsto no art. 1º, incisos I a IV, da Lei 8.137/1990, antes do lançamento definitivo do tributo"*.

Do verbete sumular, podemos extrair que o crime mencionado é de natureza material; assim, sua consumação se dá não com a conduta de declaração falsa ou omissão de dados, mas com a ocorrência do resultado consistente na supressão ou redução do tributo. E não há tributo sem que a autoridade administrativa, após o devido processo legal, constitua o crédito em termos definitivos.[8]

A constituição definitiva do crédito tributário no âmbito administrativo se configura, pois, como uma condição objetiva

8. Cf. STF – Rcl 31.194 MC, rel. min. Roberto Barroso, dec. monocrática, j. 29.11.2018, DJE 257 de 03.12.2018.

de punibilidade, já que não se pode afirmar a existência, nem tampouco fixar o montante da obrigação tributária até que haja o efeito preclusivo na decisão final administrativo.[9]

No HC 81.611,[10] precedente representativo da Súmula Vinculante 24, o relator Min. Sepúlveda Pertence sustenta que a decisão definitiva no processo administrativo não se confunde com os elementos objetivos do tipo penal, já que a conduta, ainda que seja típica, tem sua punibilidade condicionada à decisão de autoridade diversa do juízo penal. Vejamos trechos de seu voto:

> "73. De tudo resulta que, enquanto pendente o processo administrativo, essa *incerteza objetiva* sobre a existência e o conteúdo da obrigação remanescerá.
>
> 74. Ora - dadas, de um lado, a competência privativa da Administração fiscal para "*constituir o crédito tributário*" e, de outro, que o crime definido no art. 1º da L. 8.137 pressupõe a existência de tributo - *rectius*, do crédito tributário - que, mediante uma das condutas prescritas, o agente antes houvesse logrado "*suprimir ou reduzir*" -, não se pode afirmar, sequer para a denúncia, a ocorrência desse pressuposto, enquanto, a respeito, não opere, pelo menos, o efeito *preclusivo* da decisão final do processo administrativo. (grifos originais)

Adiante, o Ministro afirma que a admissão do prévio exaurimento da via administrativa implica erigir a decisão administrativa ao patamar de condicionante da instauração de um processo judicial; porém, esclarecendo que tal assunção

> (...) não resulta ofensa ao princípio fundamental da separação e independência dos poderes, mas, ao contrário, o respeito a ele.
>
> 91. Assim, no caso, trata-se, na verdade, é de não usurpar a competência privativa da Administração para o ato de constituição do crédito tributário (CTN, art. 142), *sujeito ele mesmo, de resto,*

---

9. STF – HC 102.477, voto do rel. min. Gilmar Mendes, 2ª T, j. 28.06.2011, DJE 153 de 10.08.2011.

10. STF – HC 81.611/DF, Relator: Min. Sepúlveda Pertence, data de Julgamento: 10.12.2003, Tribunal Pleno, DJ 13.05.2005.

ao controle judicial de sua validade, quando se lhe anteponha pretensão de direito subjetivo violado do contribuinte. (grifo aditado)

Como se pode extrair do quanto fixado pelo Supremo Tribunal Federal, no que tange ao momento para propositura da ação penal quanto aos crimes tipificados no art. 1º, I a IV, da Lei 8.137/90, deve-se aguardar a preclusão da via administrativa, pois não se há que falar em supressão de tributo, quando este nem sequer existia para o mundo jurídico – o que somente ocorre com sua constituição definitiva.

Entretanto, para fins criminais, o fato "constituição definitiva do crédito tributário" apenas serve como condição objetiva de punibilidade, necessária à instauração da persecução penal. Após o recebimento da denúncia, o Juízo criminal pode/deve perquirir sobre todos os elementos do tipo penal, entre os quais, está o ato administrativo que constituiu o crédito suprimido ou reduzido.

Com maior detalhamento, passamos a expor os elementos do tipo penal em questão.

3. Elementos da hipótese de incidência penal do art. 1º, *caput*, da Lei 8.137/90

Voltando a atenção para o texto do art. 1º, da Lei 8.137/90, observamos a previsão de dois resultados (suprimir ou reduzir tributo) que, se atingidos mediante a prática de alguma das condutas listadas em seus incisos, haverá a caracterização de crime contra a ordem tributária, devendo ser aplicada pena de reclusão de 2 (dois) a 5 (cinco) anos, e multa ao infrator.

Em arrojado trabalho científico, Robson Maia Lins e Pablo Gurgel Fernandes[11] utilizaram o esquema lógico da regra-matriz

11. LINS, Robson Maia. FERNANDES, Pablo Gurgel. Reflexões acerca da justa causa nos crimes de sonegação fiscal. *In Constructivismo* lógico-semântico e os diálogos entre teoria e prática. Coord. Paulo de Barros Carvalho, org. Priscila de Souza. 1ª ed. São Paulo: Noeses, 2019, p. 1.111/1.146.

para organizar os critérios representativos da norma penal incriminadora relativos ao crime de sonegação fiscal; construindo, assim, a Regra-Matriz de Incidência Penal (RMIP).

Após elaboração das fórmulas lógicas da hipótese de incidência penal[12] e do consequente penal,[13] os autores saturaram-nas com o conteúdo semântico do crime de sonegação fiscal. A norma jurídica então obtida, foi a seguinte:

> [...] *SE* suprimir ou reduzir Tributo (verbo), mediante uma das comissões previstas em lei penal para a produção do resultado naturalístico (complemento), dolosamente (elemento subjetivo), no local (Critério Espacial) e instante (Critério Temporal) de prática da ação ou omissão, *ENTÃO DEVE-SER* a relação jurídica penal na qual o Estado (sujeito ativo) tem o direito subjetivo de exigir do agente imputável (sujeito passivo) uma pena de reclusão de 2 (dois) a 5 (cinco) anos, acrescida de multa (Critério Penal).

Neste tópico, analisaremos apenas o antecedente da regra-matriz de incidência dos crimes contra a ordem tributária, cuja hipótese (H) contém os seguintes elementos: Critério Material composto por verbo (v) seguido de um complemento (c), os quais reclamam o elemento subjetivo "dolo" (es); esta materialidade deve ser verificada em certas condições de tempo (critério temporal) e espaço (critério espacial).

O critério espacial da hipótese de incidência penal, conforme determina o art. 6º, do Código Penal, é o "lugar em que ocorreu a ação ou omissão, no todo ou em parte, bem como onde se produziu ou deveria produzir-se o resultado". O critério temporal desta hipótese, segundo o art. 4º, do mesmo diploma legal, é "o momento da ação ou omissão, ainda que outro seja o momento do resultado".

Como referido anteriormente, o critério material é composto por três elementos: o *núcleo*, representado pelos verbos

---

12. A estrutura sintática formalizada da hipótese de incidência penal da sonegação fiscal ficou assim representada: "HIP = [CM(v.c.es).CE.CT]".

13. A estrutura sintática formalizada do consequente penal da sonegação fiscal ficou assim representada: "CPI = [CP(a.e).CS(q.m)]".

"suprimir" e "reduzir"; o *complemento*, que condiciona o resultado previsto no núcleo ao exercício de uma das "comissões previstas em lei penal"; e o *elemento subjetivo*, o dolo.

No *núcleo* da RMIP em análise, o verbo "suprimir" – correspondendo à ação de "eliminar, abolir, acabar, extinguir ou impedir – e o verbo "reduzir" – significando "diminuir, abater ou restringir". Ambos os verbos têm como objeto material o "tributo" e "qualquer acessório" (na posição sintática de *complemento*), a indicar que as ações de suprimir ou reduzir se destinam tanto à obrigação tributária principal quanto à acessória.[14]

Também compõe o critério material da hipótese de incidência penal do dispositivo em questão o *elemento subjetivo* (dolo). A conduta é considerada dolosa, por sua vez, quando o agente possui *vontade consciente de praticar o ilícito* além de *vontade de causar o resultado*.[15]

Nos crimes contra a ordem tributária, basta a presença de dolo genérico (vontade de praticar a conduta típica sem qualquer finalidade específica); prescinde-se, portanto, de comprovação quanto a dolo específico (ou seja, quando além da vontade de praticar a conduta típica, existe uma finalidade especial do agente).[16]

---

14. Assim, a supressão de tributo importa em sua retirada do mundo das realidades ordinariamente perceptíveis pelo fisco, enquanto a redução do tributo faz com que ele se faça perceptível com expressão econômica menor do que aquela que deve ter em face do fato efetivamente ocorrido (Cf. MACHADO, Hugo de Brito. *Crimes contra a ordem tributária*. 4ª ed. São Paulo: Atlas, 2015. p. 340).

15. Guilherme de Souza Nucci destaca três significações para o termo "dolo": (i) dolo como vontade consciente de praticar a conduta típica (teoria finalística); (ii) dolo como vontade consciente de praticar a conduta típica, acompanhada da consciência de que se realiza um ato ilícito (teoria causalística); (iii) dolo como vontade consciente de praticar a conduta típica, compreendendo o desvalor que a conduta representa (teoria axiológica) (NUCCI, Guilherme de Souza. *Manual de direito penal*. 10ª ed. Rio de Janeiro: Forense, 2014, p. 181).

16. Nessa esteira, os julgados STJ, 6ª Turma, AgRg no REsp 1.477.691/DF, Rei. Min. Nefi Cordeiro, j. 11.10.2016, DJe 28.10.2016; STJ, 6ª Turma, REsp 1.390.649/RS, Rei. Min. Rogerio Schietti Cruz, j. 24.05.2016, DJe 06.06.2016; STJ, 6ª Turma, AgRg no RESp 1.504.695/RS, Rei. Min. Maria Thereza de Assis Moura, j. 01.12.2015, DJe 11.12.2015.

Por fim, ocupam a posição sintática de *complemento* do critério material, as ações-meio,[17] condicionando que o resultado previsto no núcleo do tipo penal seja atingido a partir de uma das comissões listadas nos incisos do art. 1°, da Lei 8.137/90.[18]

Por integrar o tipo penal, a ação-meio é elemento indispensável à configuração do crime tributário; razão porque, se o resultado "supressão ou redução de tributo" for obtido por outro meio que não aqueles descritos nos incisos, o crime referido não estará caracterizado, e vice-versa.

Ao fim deste tópico, portanto, podemos esquematizar os elementos da hipótese de incidência penal (HIP) do crime em voga da seguinte forma:

HIP = [CM(v.c.es).CE.CT]

↓

- **CM**: critério material, composto por:

o **(v):** "suprimir" ou "reduzir";

o **(c):** "tributo, ou contribuição social e qualquer acessório, mediante omissão de informação ou prestação de declaração de falsa às autoridades fazendárias;

---

17. A ação-meio é um elemento do tipo penal, assim como o núcleo e o dolo. Por isso, a ocorrência de qualquer uma das ações-meio, sem que aconteça o resultado supressão ou redução do tributo ou qualquer acessório, pode configurar outro crime que não o de sonegação fiscal. No mesmo sentido, a supressão ou redução de tributo obtida por outro meio que não o descrito nos incisos deste dispositivo, também não configura o tipo penal em voga.

18. Art. 1°. [...] I - omitir informação, ou prestar declaração falsa às autoridades fazendárias; II - fraudar a fiscalização tributária, inserindo elementos inexatos, ou omitindo operação de qualquer natureza, em documento ou livro exigido pela lei fiscal; III - falsificar ou alterar nota fiscal, fatura, duplicata, nota de venda, ou qualquer outro documento relativo à operação tributável; IV - elaborar, distribuir, fornecer, emitir ou utilizar documento que saiba ou deva saber falso ou inexato; V - negar ou deixar de fornecer, quando obrigatório, nota fiscal ou documento equivalente, relativa a venda de mercadoria ou prestação de serviço, efetivamente realizada, ou fornecê-la em desacordo com a legislação.

o **(es):** dolosamente;

- **CE:** "lugar em que ocorreu a ação ou omissão, no todo ou em parte, bem como onde se produziu ou deveria produzir-se o resultado"

- **CT:** "o momento da ação ou omissão, ainda que outro seja o momento do resultado"

Logo, por ser a materialidade perseguida no tipo penal do art. 1º, da Lei 8.137/90, não restam dúvidas de que o fato "suprimir ou reduzir tributo, dolosamente, mediante a omissão de informação ou prestação de declaração falsa às autoridades fazendárias" submete-se ao crivo da jurisdição criminal.

Para fins de corte metodológico, no tópico abaixo serão tecidas algumas considerações sobre o complemento do critério material da hipótese de incidência penal, caracterizado pelas ações-meio previstas no inciso I, do art. 1º, da Lei 8.137/90.

3.1 A omissão de informação ou prestação de declaração falsa às autoridades fiscais como ação-meio prevista no art. 1º, inciso I, da Lei 8.137/90

A conduta de omitir informação ou prestar declaração falsa às autoridades fiscais consiste em espécie de falsidade ideológica que, segundo o que dispõe o art. 299, do Código Penal,[19] incide apenas sobre o conteúdo intelectual do documento, sem afetar sua estrutura material. Em outras palavras, muito embora o documento seja materialmente verdadeiro (isto é, emana realmente da pessoa que nele figura como seu autor ou signatário), o seu conteúdo intelectual não exprime a verdade.

Este crime se consuma tanto por uma ação positiva (comissão), quanto por uma ação negativa (omissão). O *falsum* é omissivo quando o contribuinte deixar de inserir ou não fornece

19. **Falsidade ideológica** Art. 299 - Omitir, em documento público ou particular, declaração que dele devia constar, ou nele inserir ou fazer inserir declaração falsa ou diversa da que devia ser escrita, com o fim de prejudicar direito, criar obrigação ou alterar a verdade sobre fato juridicamente relevante: [...].

informação que devia ser prestada às autoridades fazendárias; e é comissivo o *falsum* quando, por conta própria, o agente insere nas declarações prestadas às autoridades fazendárias informações falsas ou diversas das que deviam ser escritas.

Renato Brasileiro de Lima,[20] no entanto, alerta que a omissão ou comissão previstas no tipo são apenas aquelas capazes de ensejar a supressão ou redução do tributo, ficando de fora as situações que não configuram diminuem a arrecadação tributária. Vejamos:

> Em qualquer das condutas, omissiva ou comissiva, o *falsum* deve estar relacionado a fato juridicamente relevante, compreendido como aquele que, isoladamente ou em conjunto com outros fatos, apresente significado direto ou indireto para constituir, modificar ou extinguir a obrigação tributária, e por este motivo o autor da declaração está obrigado a declarar a verdade.
>
> [...]
>
> Em síntese, o *falsum* deve recair sobre uma hipótese de incidência do tributo. Afinal, se a situação fática não for suscetível de tributação, como ocorre, por exemplo, nos casos de isenção ou imunidade, não há nenhum valor devido. Logo, a falsidade perpetrada pelo agente não terá o condão de acarretar a supressão ou redução do tributo, tornando inviável, assim, a tipificação do crime material do art. 1º.

Brasileiro, afirma que a falsidade ideológica, do inciso I do art. 1º, deve acarretar a supressão ou redução do tributo; logo, na eventualidade de o *falsum* não possuir idoneidade para a produção do resultado lesivo, inexiste a figura típica do art. 1º da Lei 8.137/90.

Este o caso, por exemplo, do não fornecimento da nota fiscal de ICMS nos casos de operações isentas, imunes ou não tributáveis, já que tal conduta não seria idônea a produzir a supressão ou redução do valor devido a título de ICMS.[21]

---

20. LIMA, Renato Brasileiro de. *Legislação criminal especial comentada* – volume único: Conteúdo conforme o Pacote Anticrime. 8ª ed. São Paulo: Juspodivm, 2020. p. 239.

21. Nesse sentido: REsp 106.803/RS, Rel. Ministro Edson Vidigal, Quinta Turma,

4. A hierarquia da jurisdição criminal sobre a delimitação do fato "suprimir ou reduzir tributo"

"Jurisdição" é o poder constitucionalmente conferido a órgão neutro para dirimir, definitivamente e com força institucional, as controvérsias deduzidas em no seio de um processo.

O elemento jurisdicional, portanto, é o critério distintivo entre as noções de "processo" e "procedimento"; já que aquele, diferente deste, pressupõe a existência de órgão estatal, independente e imparcial, credenciado a compor conflitos de interesse, de maneira peremptória e definitiva.

A questão da jurisdição do processo deduzido perante o Judiciário sobre aquela atividade praticada na via administrativa é antiga. Podemos destacar um registro de 1977, sob a vigência da Constituição de 1967, portanto – em que, após indagado sobre a discussão nas esferas administrativa e judicial configuraria um só procedimento, Geraldo Ataliba[22] assentou:

> No nosso sistema não há possibilidade de afirmar que o procedimento judicial é prolongamento do administrativo, e não há por uma série de razões, a principal das quais é que a jurisdição, ou seja, o poder que o Estado tem de dirimir controvérsias, com força institucional e definitivamente, só se exerce pelos órgãos judiciários, juízes e tribunais e só mediante processo. Ainda que haja jurisdição, ainda que haja juízes e tribunais, ou seja, órgãos, eles só se integram mediante a forma processual. Se não houver as três partes, não se integra o Juízo – juiz, autor e réu são as três partes necessárias. A falta de uma só já acarretaria a nulidade do Juízo e, portanto, da própria instância.
>
> O que acontece é que na Administração não há três partes, há apenas duas, sendo que uma delas, inclusive, é interessada, de modo que não há a menor possibilidade de se afirmar que uma seja continuação da outra.

julgado em 06.05.1997, DJ 25.08.1997, p. 39400.

22. ATALIBA, Geraldo. *In Revista de direito tributário,* ano I, outubro/dezembro de 1977, nº 2. p. 150.

A sistemática foi mantida pela Constituição de 1988, sobretudo no que se refere à instância penal, conforme a supremacia da coisa *julgada* (art. 5º, XXXVI) e o princípio da presunção de inocência (art. 5º, LVII).

José Armando da Costa[23] justifica a primazia da instância penal sobre a administrativa ao apontar que (i) o princípio de ordem pública presente é mais firmemente aplicado no processo penal do que nas instâncias cível e administrativa; (ii) maior gravidade das punições da jurisdição penal; e (iii) a maior exigência na instrução probatória penal do que nas demais esferas sancionadoras.

Sobre este último aspecto (amplitude dos documentos admitidos à discussão no juízo criminal), chamamos atenção para a disposição constante no art. 5º, LVII, da CF/88, onde está disposto que "ninguém será considerado culpado até o trânsito em julgado de *sentença penal condenatória*". Por sua vez, temos o art. 386, do CPP a determinar que o acusado será absolvido caso o juiz reconheça *estar provado que o réu não concorreu para a infração penal* (inciso IV), ou mesmo *se existirem circunstâncias que excluam o crime ou isentem o réu de pena, ou mesmo se houver fundada dúvida sobre sua existência* (inciso VI).

Como visto, o Constituinte reservou à jurisdição criminal a última palavra quanto à responsabilidade por culpa; este o elemento requerido, em regra, para atribuição da responsabilidade por infrações; razão porque o pronunciamento do juízo criminal com relação à conduta ilícita do contribuinte, a título de dolo ou de culpa, é perfeitamente verificável.[24]

---

23. COSTA, José Armando da. *Processo administrativo disciplinar*. 6ª ed. Rio de Janeiro: Forense, 2011, p. 124.

24. Nessa esteira, a persecução penal poderia ser de utilíssima serventia para a aplicação do comando prescrito pelo art. 112, CTN, que exige interpretação mais favorável ao acusado no caso de dúvida relativa à aplicação preceito da lei tributária que defina infrações.

4.1 O objeto litigioso no crime de supressão ou redução tributária

É importante a ressalva, no entanto, que o fato investigado no processo penal não corresponde, exatamente, àquele descrito no relatório fiscal, ou no auto de infração, ou mesmo na representação fiscal para fins penais. O fato que se submete à apreciação na esfera penal é aquele contido na denúncia oferecida pelo Ministério Público, o qual vem disciplinado pelo art. 41, do CPP nos seguintes termos:

> Art. 41. A denúncia ou queixa conterá a exposição do fato criminoso, com todas as suas circunstâncias, a qualificação do acusado ou esclarecimentos pelos quais se possa identificá-lo, a classificação do crime e, quando necessário, o rol das testemunhas.

A denúncia do Ministério Público, portanto, conterá o objeto litigioso da demanda que, por sua vez, é composto pelo fato principal e todas as circunstâncias que compõem a ação delituosa.

As circunstâncias agregadoras do fato principal, a seu turno, são "o tempo, o lugar, o modo de execução, o nexo de causalidade, a forma de participação, o resultado e o elemento subjetivo do delito".[25]

Ainda que, no processo penal se tente restabelecer ao máximo o evento ocorrido, este deverá necessariamente vir vertido em linguagem através da acusação;[26] em razão disso, a asserção segundo a qual "os eventos não integram os autos processuais, mas sim os *fatos*, isto é, os enunciados que declaram ter ocorrido uma alteração no plano físico-social".[27]

---

25. SABOYA, Keity Maria Ferreira de Souza e. *Ne bis in idem*: limites jurídico-constitucionais à persecução penal. 2006. Dissertação (Mestrado em Direito). Universidade Federal do Rio Grande do Norte. Natal. 2006.

26. ISASCA, Frederico. *Alteração substancial dos factos e sua relevância no processo penal português*. Coimbra: Almedina, 1999, p. 240.

27. Cf. TOMÉ, Fabiana Del Padre. *A prova no direito tributário:* de acordo com o Código de Processo Civil de 2015. 4ª ed., rev., atual. São Paulo: Noeses, 2016, p. 55.

Os fatos narrados na acusação, ao serem confrontados com aqueles apresentados pela defesa, constituirão o *objeto litigioso* que, no caso do crime tipificado no art. 1º, I, da Lei 8.137/90, deverá conter, minimamente: a) "supressão ou redução de tributo" como *fato principal*; b) "omissão de informação ou prestação de declaração falsa" como *modo de execução*; e c) o "dolo" como *elemento subjetivo do delito*.

A identificação dos fatos narrados na denúncia é de suma importância, tendo em vista que o manto da coisa julgada penal irá recair sobre todo o objeto litigioso, ou seja, sobre o fato principal e sobre as circunstâncias e as circunstâncias elementares, ou seja, não apenas o objeto litigioso, mas tudo que foi colocado para a cognição do magistrado.[28]

A esse respeito, vale a longa transcrição da lição de Eugênio Pacelli de Oliveira:

> Ainda que o fato narrado na denúncia, sobre o qual se desenvolveu toda a atividade probatória, não se subsuma efetivamente àquele da realidade histórica, uma vez proferida a sentença definitiva, nunca mais se poderá instaurar nova persecução penal sob o mesmo fundamento, ou seja, sobre o mesmo fato. [...] A coisa abarcará o núcleo, bem como quaisquer que tenha sido, na realidade, as suas circunstâncias e/ou circunstâncias elementares. Fala-se aqui em núcleo central com a finalidade de identificar o elemento comum nas diversas definições jurídicas passíveis de incidência sobre o mesmo fato da realidade. [...] O núcleo da conduta funcionaria assim como o dado da realidade efetivamente julgado. As suas circunstâncias e/ou circunstâncias elementares estariam cobertas pela coisa julgada como desdobramento lógico-dedutivos do julgamento, ou seja, pela preclusão lógica dos demais fatos cuja ocorrência dependeria da existência do núcleo então julgado.[29]

Como visto, a coisa julgada penal abrange tanto o núcleo da conduta quanto as circunstâncias agregadoras do tipo.

---

28. Cf. MACHADO, Antonio Rodrigo. *Sanções e penas*: a independência entre as instâncias administrativa e jurisdicional penal. Rio de Janeiro: Lumen Juris, 2020, p. 110.

29. OLIVEIRA, Eugênio Pacelli de. *Curso de processo penal.* Belo Horizonte: Del Rey, 2002, p. 517/518.

Aqui, recorrendo novamente ao esquema lógico da regra-matriz de incidência, portanto, temos os seguintes elementos (mínimos indispensáveis) configuradores da materialidade do crime de supressão ou redução de tributo:

– **CM**: critério material, composto por:

o **(v)**: "suprimir" ou "reduzir";

o **(c)**: "tributo, ou contribuição social e qualquer acessório, mediante omissão de informação ou prestação de declaração de falsa às autoridades fazendárias;

o **(es)**: dolosamente;

Assim, a denúncia oferecida pelo *Parquet* deverá conter, minimamente, tais elementos, os quais serão abarcados pela coisa julgada penal e não poderão ser mais discutidas em qualquer âmbito.

A jurisdição criminal sobre o fato "suprimir ou reduzir tributo" na análise de crimes contra a ordem tributária, portanto, é a razão pela qual não deve o magistrado se abster quanto à discussão do mérito do ato administrativo que constituiu aquele crédito supostamente suprimido ou reduzido.

Logo, ao receber denúncia cuja tipificação consta a hipótese presente no art. 1º, I, da Lei 8.137/90, o Juízo criminal deve perquirir quanto ao seguinte:

a) *Houve o resultado "supressão ou redução de tributo ou contribuição social e qualquer acessório"?* (fato principal)l

b) *Esse resultado foi alcançado a partir da conduta "omitir informação ou prestar declaração falsa às autoridades fazendárias"?* (modo de execução)

c) *Essa conduta foi praticada com dolo?* (elemento subjetivo)

A resposta a estes questionamentos será acobertada pelo manto da coisa julgada e poderá impactar na relação jurídico-tributária constituída na esfera administrativa, como veremos a seguir.

5. A discussão da obrigação tributária no juízo criminal

Perquirindo quanto ao *fato principal* (se houve supressão ou redução de tributo), o juízo criminal estará adentrando, propriamente, no mérito do auto de infração. Por ser, nada menos, que elemento do *fato principal* na persecução penal, a discussão quanto ao mérito do auto de infração é dever do magistrado.

Nesse sentido, verifica-se que o art. 66, do CPP determina que a ação civil somente poderá ser proposta quando o juízo criminal não tiver reconhecido a inexistência material do fato.

Por exemplo: no REsp 106.803/RS,[30] ao analisar demanda referente a crime contra a ordem tributária, o STJ proferiu sentença absolutória ao reconhecer que a simples transferência de mercadoria da matriz para a filial da mesma empresa, sem mudança de titularidade dos bens, porquanto importa em mera circulação física, não caracteriza a hipótese de incidência do ICMS.

Outro exemplo: a omissão de receita com base em depósito bancário não escriturado, na instância administrativa é caracterizada apenas pela não comprovação do contribuinte acerca da origem dos recursos (art. 299, RIR/2018); enquanto que para a caracterização do elemento subjetivo caracterizador do crime de "suprimir ou reduzir tributo", previsto no art. 1º, I, da Lei 8.137/90, a instância jurisdicional penal requer prova mais robusta, capaz de demonstrar que tais montantes eram efetivamente (e não presumidamente) receita.

---

30. PENAL. CRIME DE SONEGAÇÃO FISCAL. LEI 8.137, ART. 1., II. INOCORRÊNCIA. TRANSFERÊNCIA DE MERCADORIA DA MATRIZ PARA A FILIAL DA MESMA EMPRESA. NÃO INCIDÊNCIA DE ICMS. 1. A simples transferência de mercadoria da matriz para a filial da mesma empresa, sem mudança de titularidade dos bens, não gera incidência de ICMS, importando em mera circulação física. 2. Recurso conhecido e provido (REsp 106.803/RS, Rel. Ministro Edson Vidigal, Quinta Turma, julgado em 06.05.1997, DJ 25.08.1997, p. 39400).

Caso fosse aceito que tal presunção seria elemento suficiente de prova da materialidade do crime em questão, a jurisdição administrativa estaria delegando à autoridade administrativa a sua missão, insuscetível de delegação, de dizer o direito em matéria penal e de aferir se o tipo penal foi perfectibilizado em cada caso. No crime tributário, a sonegação é elemento do tipo e não se pode retirar ou limitar essa função do juiz penal.[31]

Adiante, no tocante ao modo de execução do crime em questão, o juízo criminal deverá averiguar se houve nexo de causalidade entre a conduta omissiva (omitir informação) ou comissiva (prestar declaração falsa) e o resultado (supressão ou redução de tributo).

Em outras palavras, deve o juiz criminal avaliar se o *falsum* está relacionado a fato juridicamente relevante que, isoladamente ou em conjunto com outros fatos, apresente significado direto ou indireto para constituir, modificar ou extinguir a obrigação tributária.

Nesse sentido, Hugo de Brito Machado[32] sustenta:

> A omissão ou a falsidade, para que integrem o tipo penal em questão, devem ser aptas a impedir que a autoridade promova o lançamento do tributo pelos meios dos quais ordinariamente dispõe. Assim, o deixar de apresentar declaração do rendimento de uma empresa, em determinado exercício, por si só não configura ação-meio necessário para a integração do tipo penal em questão. A ação de fiscalização, o exame de livros e documentos das empresas, que permanece inscrita no CNPJ e com endereço conhecido oficialmente pelo fisco, são meios ordinários de que este pode dispor para lançar, não se configurando, pois, uma omissão capaz de suprimir ou reduzir tributo.

Por fim, a discussão quanto ao *elemento subjetivo* tem campo reduzido de influência sobre a conformação da obrigação

31. Cf. FONTES, Paulo Gustavo Guedes. Crimes tributários: pode o juiz criminal adentrar no mérito do auto de infração? Disponível em https://bit.ly/3kIzZFK Acesso em: 20 dez. 2020.

32. MACHADO, Hugo de Brito. *Crimes contra a ordem tributária*. 4ª ed. São Paulo: Atlas, 2015, p. 344.

tributária, haja vista que a responsabilidade por infrações da legislação tributária, em regra, independe da intenção do agente ou do responsável.

Mesmo para as condutas infracionais tributárias (p. ex., arts. 71, 72 e 73 da Lei 4.502/64) que exigem dolo específico para sua configuração, a jurisprudência do Superior Tribunal de Justiça pacificou orientação no sentido de que os crimes de sonegação fiscal e apropriação indébita de contribuição previdenciária prescindem de dolo específico, sendo suficiente, para a sua caracterização, a presença de dolo genérico consistente na omissão voluntária do recolhimento, no prazo legal, dos valores devidos.[33]

Porém, ainda nesse âmbito de discussão, é possível vislumbrar que o reconhecimento da inexistência do dolo genérico atestado na esfera penal pode (e deve) influir no critério quantitativo de crédito tributário cuja multa tenha sido duplicada (art. 44, §1°, Lei 9.430/96), já que atestado pelo órgão que o dolo genérico (requisito para o dolo específico) não existiu; e, consequentemente, reduzindo a multa de ofício de 150% para 75%.

Conclusão

Após o quanto exposto neste trabalho, reserva-se a conclusão para se responder, de forma objetiva, que o juízo criminal pode, e deve adentrar no mérito do auto de infração e, eventualmente, concluir pela inexistência da supressão ou redução de tributo, já que o ato administrativo é responsável direto por um dos elementos do tipo previsto no art. 1°, da Lei 8.137/90; o crédito tributário suprimido ou reduzido.

Ao receber denúncia relativa à prática do crime previsto no art. 1°, I, da Lei 8.137/90, o Juízo criminal deve perquirir quanto a: a) se houve o resultado "supressão ou redução de tributo ou contribuição social e qualquer acessório"? (fato

33. AgRg no AREsp 493.584/SP, Rel. Ministro Reynaldo Soares da Fonseca, Quinta Turma, julgado em 02.06.2016, DJe 08.06.2016.

principal); b) se esse resultado foi alcançado a partir da conduta "omitir informação ou prestar declaração falsa às autoridades fazendárias"? (modo de execução); c) se essa conduta foi praticada com dolo? (elemento subjetivo).

As conclusões alcançadas ao perquirir quanto às indagações acima devem ser aplicadas à conformação da obrigação tributária. Esta análise, no entanto, não poderá resultar na constituição da obrigação tributária pelo juízo criminal, devendo o magistrado limitar sua atuação à invalidação ou anulação do auto de infração, sob pena de violação à separação dos poderes e ao princípio da legalidade.

Referências

ATALIBA, Geraldo. In *Revista de direito tributário*, ano I, outubro/dezembro de 1977, nº 2. p. 150.

COSTA, José Armando da. *Processo administrativo disciplinar.* 6ª ed. Rio de Janeiro: Forense, 2011. p. 124.

FAJERSZTAJN, Bruno. *Multas no direito tributário.* São Paulo: Quartier Latin, 2019. p. 108.

FONTES, Paulo Gustavo Guedes. Crimes tributários: pode o juiz criminal adentrar no mérito do auto de infração? Disponível em: https://bit.ly/3kIzZFK Acesso em: 20 dez. 2020.

ISASCA, Frederico. *Alteração substancial dos factos e sua relevância no processo penal português.* Coimbra: Almedina, 1999. p. 240.

LIMA, Renato Brasileiro de. *Legislação criminal especial comentada* – volume único: Conteúdo conforme o Pacote Anticrime. 8ª ed. São Paulo: Juspodivm, 2020. p. 239.

LINS, Robson Maia. FERNANDES, Pablo Gurgel. Reflexões acerca da justa causa nos crimes de sonegação fiscal. In *Constructivismo* lógico-semântico e os diálogos entre teoria e prática. Coord. Paulo de Barros Carvalho, org. Priscila de Souza. 1ª ed. São Paulo: Noeses, 2019. pp. 1.111/1.146.

MACHADO, Antonio Rodrigo. *Sanções e penas*: a independência entre as instâncias administrativa e jurisdicional penal. Rio de Janeiro: Lumen Juris, 2020. p. 18.

MACHADO, Hugo de Brito. *Crimes contra a ordem tributária.* 4ª ed. São Paulo: Atlas, 2015. p. 344.

NUCCI, Guilherme de Souza. *Manual de direito penal.* 10ª ed. Rio de Janeiro: Forense, 2014. p. 181.

OLIVEIRA, Eugênio Pacelli de. *Curso de processo penal.* Belo Horizonte: Del Rey, 2002, o. 517/518.

SABOYA, Keity Maria Ferreira de Souza e. *Ne bis in idem:* limites jurídico-constitucionais à persecução penal. 2006. Dissertação (Mestrado em Direito). Universidade Federal do Rio Grande do Norte. Natal. 2006.

TOMÉ, Fabiana Del Padre. *A prova no direito tributário: de acordo com o código de processo civil de 2015.* 4ª ed., rev., atual. São Paulo: Noeses, 2016, p. 159.

PRESUNÇÕES LEGAIS E ICMS: A REGRA-MATRIZ DE INCIDÊNCIA COMO LIMITE À PRATICABILIDADE FISCAL

Luiz Cláudio Nogueira de Souza[1]

Introdução

Fazer ciência ou participar de uma comunidade científica implica, necessariamente, observância de regras ou do jogo de linguagem próprio dessa comunidade, ainda que não se possa, conforme observou Wittgenstein em suas Investigações Filosóficas,[2] apontar, enquanto expectador externo, todas as regras pertencentes a determinado jogo de linguagem. Se por um lado isso implica dizer que as regras de um determinado jogo são explicitadas em suas minúcias somente quando o "jogo está em curso" (está sendo jogado), por outro lado, isso não significa a total impossibilidade de que algumas

1. Mestre em Filosofia pela Universidade Federal do Espírito Santo - UFES. Mestrando em Direito Tributário pelo Programa de Pós-Graduação em Direito Tributário do Instituto Brasileiro de Direito Tributário – IBET. Auditor Fiscal da Receita do Estado do Espírito Santo.

2. LUDWIG, Wittgenstein. *Investigações filosóficas*. Tradução: Emanuel Carneiro Leão. Petrópolis, RJ: Vozes, 1994.

regras básicas, ou fundamentais, de um determinado jogo não possam (ou não devam) ser explicitadas de antemão.

Suscitar essa questão nos parece relevante, pois, em se tratando de pesquisa que se pretende científica, torna-se primordial que algumas regras básicas sejam explicitadas previamente a fim de que seja possível o credenciamento de determinado trabalho no campo científico, permitindo sua submissão às críticas da comunidade pertinente. Quanto a isso, há certo consenso entre filósofos da ciência no sentido de que participar do jogo científico pressupõe, como condição de ingresso, observância de três regras básicas: 1º) formular adequadamente o problema de pesquisa, 2º) levantar hipóteses em condição de se candidatarem como possíveis respostas ao problema levantado e 3º) expor o método por meio do qual tais hipóteses serão testadas.

Essas três regras básicas do jogo de linguagem científico evidenciam, de antemão, as escolhas objetivas e subjetivas adotadas pelo cientista, demarcando sua contribui**ção** para um debate honesto e próprio ao avanço teórico-científico de determinado tema. Sua aplicação no campo da Ciência do Direito é inequívoca, conforme nos lembra bem Tárek Moysés Moussallem,[3] ao asseverar que "A doutrina que não for animada pelos pressupostos do conhecimento científico (precisão linguística, método, corte metodológico) será desprovida do adjetivo 'científica', assentando-se no campo do conhecimento gnosiológico."

O problema objeto de atenção deste trabalho reside em um tipo específico de "presunções legais relativas" (*juris tantum*) empregada pelo legislador no âmbito do *imposto incidente sobre as operações relativas à circulação de mercadorias e sobre prestações de serviços de transporte interestadual e intermunicipal e de comunicação* - ICMS. Trata-se de presunções legais cujos fatos presuntivos, uma vez verificados, presumem a ocorrência de operações ou prestações sujeitas à incidência

3. MOUSSALLEM, Tárek Moysés. *Fontes do direito tributário.* 2ª ed. São Paulo: Noeses, 2006, p. 165.

de ICMS, sem o devido registro em livros ou emissão de documentos fiscais próprios.

Normalmente, tais presunções aparecem nas leis de regência do ICMS sob a seguinte forma enunciativa: presume-se a ocorrência de operações ou prestações sujeitas à incidência do imposto, sem o devido registro em livro ou emissão de documento fiscal próprios: a) saldo credor na conta caixa; b) suprimento de caixa; c) passivo fictício; d) ativo oculto; e) falta de registro de pagamentos efetuados; f) diferença de cartão de crédito, decorrente das informações prestas pelas operadoras.

Desta feita, muito embora seja necessário, num primeiro momento, enfrentar o tema das presunções no âmbito do direito positivo sob a perspectiva teórico-dogmática, buscando, por meio do método analítico ou elucidativo, conferir-lhe adequado tratamento jurídico, importa o registro de que não é propósito deste trabalho submeter ao escrutínio outras espécies de presunções existentes no âmbito do ICMS (a exemplo da presunção de fato gerador presumido, presente na substituição tributária "para frete") ou no âmbito do direito tributário em geral (a exemplo das presunções constantes dos artigos 185[4] e 204[5] do Código Tributário Nacional). Com isso delimita-se, desde já, o objeto deste estudo.

A hipótese que norteará o desenvolvimento da pesquisa é de que, em razão da natureza jurídica das presunções e dos contornos rígidos (tipicidade fechada ou cerrada) que o constituinte conferiu à regra-matriz de incidência de cada espécie tributária (sobremodo aos impostos), esse tipo específico de presunções no âmbito do ICMS extrapolam os limites da competência tributária conferida pelo constituinte ao legislador ordinário, pois, a pretexto de suposta praticabilidade

4. Art. 185. Presume-se fraudulenta a alienação ou oneração de bens ou rendas, ou seu começo, por sujeito passivo em débito para com a Fazenda Pública, por crédito tributário regularmente inscrito como dívida ativa.

5. Art. 204. A dívida regularmente inscrita goza da presunção de certeza e liquidez e tem o efeito de prova pré-constituída.

fiscal, servem como instrumento para ampliação disfarçada e inconstitucional da regra-matriz de incidência desse imposto. Mais que isso, ao presumirem operações ou prestações sujeitas à incidência do ICMS, mas sem o devido registro em livro ou emissão de documento fiscal próprios, tais presunções acabam por induzir, inexoravelmente, a constituição do crédito tributário por meio de lançamento de ofício, juntamente com a aplicação de sanções administrativas (multas de ofício).

Quanto à premissa metodológica, adotar-se-á o método analítico ou elucidativo. Por método analítico ou elucidativo refere-se a determinada postura científico-filosófica, cuja preocupação central reside na linguagem em si, procurando, por meio da elucidação ou esclarecimento lógico-conceitual, torná-la mais clara (ou menos obscura) e mais precisa, cientificamente.[6] Não se trata, de todo modo, de uma doutrina ou escola de pensamento, mas antes de um estilo que se caracteriza por valorizar o detalhe contra a generalidade, a precisão em detrimento da ambiguidade, focando a estrutura dos conceitos, inclusive nas implicações entre si, dentro do esquema conceptual em uso. Contudo, isso não significa qualquer sorte de compromisso com o dogma do reducionismo de que falou W. V. Quine[7], em que se toma, para fins de análise, cada unidade ou entidade linguística, isoladamente. Pelo contrário, o compromisso é com uma postura analítica em que unidades ou entidades linguísticas são isoladas numa primeira análise, para, logo em seguida, serem consideradas dentro de um todo organizado, num processo contínuo de decomposição e recomposição.

Nos quadrantes da Ciência do Direito, essa proposta metodológica encontra abrigo no Constructivismo Lógico-Semântico. Um dos pressupostos do modelo constructivista, segundo Paulo de Barros Carvalho,[8] consiste em

---

6. Sobre o método filosófico analítico ou elucidativo, *vide*, por exemplo, a proposição 4.112 do *Tractatus Lógico-Philosophicus* (WITTGENSTEIN, 2010, p. 177).

7. QUINE, W.V. *Dois Dogmas do Empirismo*. *In* Os Pensadores. 2. ed. São Paulo: Abril Cultural, 1980.

8. CARVALHO, Paulo de Barros. *Algo sobre o constructivismo lógico-semântico. In*

> [...] amarrar os termos da linguagem, segundo esquemas lógicos que deem firmeza à mensagem, pelo cuidado especial com o arranjo sintático da frase, sem deixar de preocupar-se com o plano do conteúdo, escolhendo as significações mais adequadas à fidelidade da enunciação.

No mesmo sentido seguem as lições de Aurora Tomazini de Carvalho.[9] Segundo essa autora:

> A proposta metodológica da Escola do Constructivismo Lógico-Semântico é estudar o direito dentro de uma concepção epistemológica bem demarcada, a Filosofia da Linguagem (uma das vertentes da Filosofia do Conhecimento) e, a partir deste referencial, amarrar lógica e semanticamente suas proposições, para construção de seu objeto (que se constitui em uma das infinitas possibilidades de se enxergar o direito).

Assim, no campo da Ciência do Direito, o Constructivismo Lógico-Semântico chancela a adoção de postura analítica ou elucidativa para o estudo de categorias fundamentais do direito positivo, razão pela qual servirá como alicerce metodológico a partir do qual será revisitado, criticamente, o tema das presunções no âmbito do direito positivo e, especificamente, um tipo específico de "presunções legais relativas" (*juris tantum*) empregadas no âmbito do ICMS, possibilitando testar as hipóteses levantadas.

1. Presunções e Ficções no direito positivo

Uma primeira análise ou elucidação a ser feita acerca das presunções no direito positivo diz respeito à diferença ou possível diferença entre presunções e ficções jurídicas. A importância, aqui, decorre do fato de que, geralmente, os

---

CARVALHO, Paulo de Barros (Coor.). *Constructivismo lógico-semântico*. V. 1. 2ª ed. São Paulo: Noeses, 2020, p. 4.

9. CARVALHO, Aurora Tomazini de. O constructivismo *lógico-semântico como método de trabalho na elaboração jurídica. In* CARVALHO, Paulo de Barros (Coor.). *Constructivismo Lógico-Semântico.* V. 1. 2ª. ed. São Paulo: Noeses, 2020, p. 15.

estudiosos que se propõem a tratar das presunções jurídicas se veem constrangidos a tratarem, também, das ficções jurídicas e vice-versa. Tanto é assim, que Alfredo Augusto Becker[10] sustenta haver conexão histórico-evolutiva entre presunções e ficções jurídicas, num sentido que vai das *praesumptiones hominis*, evoluindo para as *praesumptiones juris* até chegar às regras de direito substantivo (presunções absolutas e ficções).

Sendo assim, a tarefa inicial dessa investigação passa por saber se *ficção* pode ou não ser considerada uma categoria jurídica, de sorte a se poder falar em *ficções jurídicas* como algo distinto das *presunções jurídicas*.

Hans Vaihinger, em sua *opus magnum* "*A Filosofia do Como Se*",[11] vinda a público em 1911, apresentou uma visão sistemática sobre as ficções em quase todos os âmbitos do conhecimento humano, inclusive o jurídico. Segundo esse autor, o conhecimento científico estaria reduzido a processos lógicos ficcionais, a serviço do instinto de autopreservação da espécie humana. As ficções cumprem função auxiliar, sendo justificadas por seus efeitos, mas sem qualquer correspondência com o mundo real. Ou seja, as ficções, úteis à preservação da espécie, são mecanismos concebidos pelo intelecto humano, a despeito de sua correspondência com o mundo real ou fenomênico. É nesse sentido que o referido autor estabelece a distinção entre *ficção* e *hipótese*: na *ficção*, em razão de seu papel auxiliar, tem-se consciência de sua contradição ou falta de correspondência com a realidade; na *hipótese*, por ser ela atestada por meio de dados do mundo real, busca-se uma correspondência ou aderência com a realidade.

Aplicando essas concepções na seara jurídica, Hans Vaihinger vai dizer que "[...] as ficções jurídicas são, em seus

---

10. BECKER, Alfredo Augusto. *Teoria geral do direito tributário*. 5. ed. São Paulo: Noeses, 2010.

11. VAIHINGER, Hans. *A Filosofia do Como Se*. Tradução de Johannes Kretschmer. Chapecó - SC: Argos, 2011.

princípios, de fato, idênticas às ficções epistemológicas [...]."[12] Conclui, assim, Hans Vaihinger que "Na *fictio iuris*, considera-se o não acontecido *como se* tivesse acontecido ou presume-se o caso contrário, ou subsume-se [*sic.*] um caso em uma relação de analogia de maneira estritamente contrária à realidade."[13]

Mas o próprio Vaihinger se viu na contingência de ter que distinguir as ficções jurídicas das presunções jurídicas. Segundo a letra do próprio Vaihinger, "[...] ponto especialmente interessante é, nesse contexto, a relação da *fictio iuris* com a *praesuntio iuris*. Esta representa a hipótese jurídica, aquela a ficção jurídica...[...] A *praesuntio* é uma presunção, a *fictio* é uma invenção intencional, consciente."[14]

Em boa medida, o tratamento dado pela dogmática jurídica (sobretudo a nacional) às ficções e às presunções segue essa distinção seminal concebida por Hans Vaihinger: a) ficção, como uma construção intencional do intelecto humano contrária (e, portanto, falsa) à realidade, e b) presunções, como uma hipótese construída pelo intelecto humano que busca sua confirmação no mundo real.

Alfredo Augusto Becker, por exemplo, sustenta que a diferença entre a ficção legal e a presunção legal reside no critério de verdade em relação à realidade: "*Na ficção*, a lei estabelece como verdadeiro um fato que é *provavelmente* (*ou com toda certeza*) *falso*. Na presunção, a lei estabelece como verdadeiro um fato que é *provavelmente verdadeiro*."[15]

Para Paulo de Barros Carvalho, as presunções relativas e absolutas, assim como as ficções, consistem em mecanismos adotados pelo legislador a fim de que as normas cumpram sua

---

12. VAIHINGER, Hans. *A Filosofia do Como Se*. Tradução de Johannes Kretschmer. Chapecó - SC: Argos, 2011, p. 158.

13. Idem, p. 158.

14. Ibidem, p. 159.

15. BECKER, Alfredo Augusto. *Teoria geral do direito tributário*. 5. ed. São Paulo: Noeses, 2010, p. 543.

função reguladora de condutas humanas. Afirma esse jusfilósofo que "As ficções jurídicas, expediente largamente utilizado pelo legislador, nos diversos setores da regulação social, consubstanciam outro modelo expressivo do desapego do direito, com referência à realidade que ordena."[16]

Em trabalho dedicado ao tema das presunções no direito tributário, Maria Rita Ferragut vai dizer que nas presunções, a probabilidade se apresenta como elemento constituidor da inferência que se estabelece entre o fato presuntivo e o fato presumido; ao passo que nas ficções, a probabilidade não ingressa em sua formação. Segundo a autora, as ficções são normas de direito material ou substantivo, que "Alteram a representação da realidade ao criar uma verdade jurídica que não lhe corresponde, e produzem efeitos jurídicos prescindindo da existência empírica dos fatos típicos que originalmente ensejariam tais efeitos."[17]

No mesmo sentido, e também em denso trabalho dedicado ao tema das presunções em matéria tributária, Florence Cronemberger Haret[18] faz uma analogia entre conto e novela para distinguir as ficções das presunções. Isso para dizer que as ficções, tais quais os contos, operam no campo do *como se fosse*, sem nenhuma vinculação com o mundo real. Já as presunções, tais quais as novelas, apresentam certo grau de verossimilhança com a realidade.[19]

16. CARVALHO, Paulo de Barros. *Direito tributário, linguagem e método*. 7ª ed. São Paulo: Noeses, 2011, p. 955.

17. FERRAGUT, Maria Rita. *Presunções no direito tributário*. 2ª ed. São Paulo: Quartier Latin, 2005, p. 156.

18. HARET, Florence Cronemberger. *Teoria e prática das presunções no direito tributário*. São Paulo: Noeses, 2010.

19. A analogia estabelecida por Florence Cronemberger Haret apoiou-se nos escritos de Gregorio Robles. Segundo esse teórico geral do direito, "É usual inserir entre as características da novela a *verossimilhança*, into é, o fato de que sua narração, aquilo que é contado, seja semelhante ao verdadeiro, ao que ocorre ou pode acontecer. [...] Diferente do conto, na novela os animais não falam, as montanhas não se movem, não existem fadas ou gnomos. Não ocorrem eventos nem há personagens inverossímeis" (Cf. ROBLES, Gregorio. O Direito como Texto: quatro estudos de

Ângela Maria da Mota Pacheco, em trabalho dedicado às ficções em matéria tributária, vai sustentar que "[...] a ficção é norma jurídica geral e abstrata, material; [enquanto que] a presunção insere-se no âmbito processual das provas, refere-se a norma individual e concreta, na fase de aplicação."[20] A análise da autora nos reporta um certo consenso no seio da dogmática nacional, no sentido de conceber as ficções jurídicas como normas de conteúdo dissociados da realidade fenomênica. A ficção jurídica concebida nesses termos está, portanto, alinhada à distinção seminal firmada por Hans Vaihinger (em sua filosofia do "*Como Se*") entre ficções, enquanto constructos que, intencionalmente, contradizem ou falseiam a realidade, e presunções, enquanto hipóteses que buscam confirmação no mundo real.

Mas, cabe o destaque, a concepção de ficção jurídica defendida por Ângela Maria da Mota Pacheco difere sutilmente da concepção de ficção de viés epistemológico. Com fulcro na doutrina de Karl Larenz e Franz Bernhöft, essa autora concebe a ficção jurídica não como uma discordância ou contradição direta entre lei e mundo fenomênico, mas sim como norma de 2ª geração, que se refere ou faz remissão a outra norma jurídica de 1ª geração, pertencente ao ordenamento. Daí a tese dessa autora acerca das "Ficções de Remissão", sustentando que "Na ficção introduzida por norma substantiva, a lei prevê um fato jurídico que sabe diverso dos fatos jurídicos previstos em outras leis do sistema."[21]

De todo modo, e a despeito da sutil diferença apresentada por Ângela Maria da Mota Pacheco, a necessidade de se estabelecer uma distinção doutrinária entre ficções e presunções jurídicas coloca em evidência um certo ou aparente consenso ontológico acerca da existência das ficções no âmbito

---

teoria comunicacional do direito. Barueri, SP: Manole, 2005, p. 24-25).

20. PACHECO, Angela Maria da Motta. *Ficções tributárias, identificação e controle.* São Paulo: Noeses, 2008, p. 259 (grifo nosso).

21. Idem, p. 267.

do direito positivo. E essa conclusão parcial sobre um certo consenso em torno do tema é deveras importante, pois há voz de peso a sustentar a inexistência das ficções no âmbito do direito positivo. Trata-se de ninguém menos que Hans Kelsen.

Ao analisar "A Filosofia do como Se" de Hans Vaihinger, Hans Kelsen, em ensaio publicado em 1919,[22] argumenta que as ficções epistemológicas não se aplicam ao direito positivo. Isso porque não há um ato cognitivo ou epistêmico por parte do legislador, mas sim um ato de vontade. A finalidade das ficções epistêmicas consiste no conhecimento da realidade efetiva (por meio de falsificação, contradição, artifício, desvio etc.). Já a lei não cria ficções, mas, sim, realidades. As realidades criadas pela lei não se opõem à realidade efetiva. São, simplesmente, realidades criadas pela lei.

Kelsen fala em "realidade efetiva" da lei, significando com isso a assertiva de que a prescritividade da lei é construtiva da realidade. A lei determina como as coisas devem ser, a exemplo de normas que igualam, para determinados fins, homens e mulheres. A lei não entra em contradição com a realidade. Um fato ilícito, por exemplo, não é um fato natural, mas sim um fato puramente jurídico, diante do qual a norma estabeleceu consequências sancionadoras. Nesse sentido, a tese defendida por Kelsen é de que "Uma ficção da lei seria tão impossível quanto uma ficção da natureza. Com efeito, a lei só pode entrar em contradição consigo mesma, isto é, com sua própria realidade efetiva. Isso, porém, não faz sentido."[23]

A análise de Kelsen sobre as ficções contesta as duas teses acerca da existência de ficções jurídicas: a) a de ordem epistemológica, que sustenta serem as ficções jurídicas normas de direito substantivo que contrariam a realidade fenomênica, criando "falsidades ou mentiras jurídicas", e b) a tese das

---

22. KELSEN, Hans. *Sobre a teoria das ficções jurídicas: com especial consideração da filosofia do "como se" de Vaihinger*. Trad. Vinicius Matteucci de Andrade Lopes. Rio de Janeiro: Via Verita, 2012.

23. Idem, p. 79.

"Ficções de Remissão", sustentada por Ângela Maria da Mota Pacheco com base da doutrina de Karl Larenz. No que concerne à última tese (Ficções de Remissão), que nos pareceu a mais promissora, a seguinte passagem é bastante elucidativa sobre a posição de Hans Kelsen:

> Se a lei coloca dois casos diferentes sob a mesma norma, então ela não afirma com isso de maneira alguma que os dois casos seriam iguais, no sentido de terem a mesma *natureza*. Do contrário, qualquer norma genérica seria uma ficção, visto que não existem duas pessoas iguais, duas circunstâncias iguais. "Juridicamente", no entanto, elas são efetivamente, factualmente, verdadeiramente iguais, porque elas se tornam iguais por meio da ordem jurídica. [...] A lei procura dispor a mesma coisa para um caso e para outro. A formulação de uma norma é muito complexa e muito densa, ou bem não se pensou imediatamente no segundo caso. No entanto, repetir para o segundo caso todas as disposições que já foram expressas para o primeiro caso é desnecessário. O legislador pode se contentar com a referência ao fato de que, no segundo caso, devem valer as mesmas disposições que no primeiro caso. [...] Que eles "juridicamente" sejam iguais não significa dizer outra coisa senão que, não obstante a diferenciação natural do suporte fático, ocorre a mesma consequência jurídica. E essa diferenciação do suporte fático não deve de maneira alguma ser ignorada na aplicação do direito.[24]

Assim, as ficções jurídicas são, para Kelsen, nada mais do que o processo criativo do direito, decorrente de sua própria natureza prescritiva e contrafactual. O direito positivo não tem a pretensão de ficcionar ou de produzir falsidades em detrimento da realidade fenomênica, visto não estabelecer com esta qualquer relação de ordem epistêmica, mas sim de produzir sua própria realidade, mediante atos de vontade. Trata-se, ao fim e ao cabo, de equipolência entre ontologia e deontologia, ou entre "*ser*" e "*dever-ser*": enquanto as ficções são assim consideradas porque estão em relação com o mundo do *ser*, mesmo que seja para contradizê-lo ou falseá-lo; o

24. KELSEN, Hans. *Sobre a teoria das ficções jurídicas:* com especial consideração da filosofia do "como se" de Vaihinger. Trad. Vinicius Matteucci de Andrade Lopes. Rio de Janeiro: Via Verita, 2012, p. 73-74.

direito positivo é assim considerado porque está em relação com o mundo do *dever-ser*, produzindo-o, fabricando-o, visto que possível deonticamente.

Essa concepção Kelseniana nos parece inserta, inclusive, na afirmação peremptória de Lourival Vilanova, no sentido de que "Altera-se o mundo físico mediante o trabalho e a tecnologia, que o potencia em resultados. E altera-se o mundo social mediante a linguagem das normas, uma classe da qual é a linguagem das normas do Direito."[25]

Tal posição doutrinária sobre o tema das ficções no âmbito do direito positivo mostra-se, a nosso ver, mais analítica e, portanto, mais elucidativa. Passemos, então, à elucidação das presunções jurídicas, com o objetivo de que isto contribua com a análise de algumas presunções no âmbito do imposto sobre operações relativas à circulação de mercadorias e sobre prestação de serviços de transporte interestadual e intermunicipal e de comunicação-ICMS.

2. As presunções jurídicas

As presunções jurídicas figuram dentre aquelas categorias da mais alta relevância para a operatividade do direito positivo enquanto instrumento de que dispõe o ser humano para regular a vida em sociedade. Trata-se, numa primeira abordagem, de técnica lógico-normativa empregada no âmbito do direito para potencializar seu alcance regulador das condutas intersubjetivas.

Não por outra razão, Misabel de Abreu Machado Derzi explica que as presunções no âmbito do direito fundamentam-se no princípio da praticabilidade jurídica: "[...] nome que se dá a todos os meios e técnicas utilizáveis com o objetivo

25. VILANOVA, Lourival. *As estruturas lógicas e o sistema de direito positivo*. 4. ed. São Paulo: Noeses, 2010, p. 4.

de tornar simples e vital a execução das leis." [26] Para Misabel de Abreu Machado Derzi, as presunções objetivam:

- evitar a investigação exaustiva do caso isolado, com o que se reduzem os custos na aplicação da lei;
- dispensar a colheita de provas difíceis ou mesmo impossíveis em cada caso concreto ou aquelas que representem ingerência indevida na esfera privada do cidadão e, com isso, assegurar a satisfação do mandamento normativo.[27]

Com boa dose de acerto, pode-se afirmar que considerável parte dos trabalhos científicos dedicados ao tema das presunções jurídicas vertem seus esforços em torno de duas questões: a) circunscrever a natureza ou a delimitação conceitual das presunções jurídicas e b) elencar, a partir daí, as espécies ou tipos possíveis de "presunções jurídicas."

Quanto ao primeiro esforço, não há unanimidade sobre o tema. Alguns intérpretes dizem que as presunções possuem natureza probatória, consistindo em meio de prova *indiciária*.[28] Outros afirmam serem as presunções tanto processo lógico quanto produto.[29] E outros, ainda, sustentam que as presunções consistem na própria operação intelectual, a partir da qual se estabelece uma relação causal entre fato indiciário e fato probando.[30]

---

26. DERZI, Misabel de Abreu Machado. *Direito tributário, direito penal e tipo*. 2ª. ed. São Paulo: Editora Revista dos tribunais, 2007, p. 138-139.

27. Idem, p. 139.

28. Cf. FERRAGUT, Maria Rita. *Presunções no direito tributário*. 2ª ed. São Paulo: Quartier Latin, 2005.

29. Cf. HARET, F. C. *Por um Conceito de Presunção*. Revista da Faculdade de Direito, Universidade de São Paulo, *[S. l.]*, v. 104, p. 725-744, 2009. Disponível em: https://bit.ly/3l4e0cD Acesso em: 5 maio 2021.

30. Cf. TOMÉ, Fabiana Del Padre. *A prova no direito tributário*. 4ª ed. São Paulo: Noeses, 2016.

Quanto ao segundo esforço, a dogmática jurídica tem classificado as presunções em *hominis* (comuns, humanas ou de homem) e legais (*juris*), sendo estas subdivididas em absolutas (*juris et de jure*) ou relativas (*juris tantum*). É o que nos relata, por exemplo, Paulo de Barros Carvalho:

> [...] a Ciência do Direito costuma apresentar dois tipos: a presunção relativa e a absoluta. A primeira surte efeitos limitados a determinadas pessoas e admite prova em sentido oposto. *A contrario sensu*, a presunção absoluta, *juris et de jure*, se irradia contra todos, não admitindo prova em contrário. Há também aquela chamada "presunção humana", que é uma associação que nós fazemos em face de juízos de valor sobre elementos de prova.[31]

No mesmo sentido segue a doutrina de Luciano Amaro, para quem "As presunções dizem-se *legais* (ou *de direito*), se definidas em lei, e *humanas*, se estabelecidas pelo raciocínio humano, a partir da observação empírica, dividindo-se as primeiras em *relativas* (*juris tantum*) e *absolutas* (*juris et de jure*), conforme admitam ou não prova em contrário."[32]

Mas essa classificação também não goza de unanimidade científica. Para Maria Rita Ferragut, por exemplo, "As denominadas 'absolutas', ao invés de presunções, são disposições legais de ordem substantiva."[33] Assim, conclui Maria Rita Ferragut que as presunções são de duas espécies: presunções *hominis* e *juris tantum*. As presunções *juris tantum* mostram-se tanto sob forma de norma geral e abstrata quanto sob forma de norma individual e concreta, ao passo que inexiste norma geral e abstrata para as presunções *hominis*,[34] que se apresentam somente sob forma de norma individual e concreta.

---

31. CARVALHO, Paulo de Barros. *Direito tributário, linguagem e método*. 7ª ed. São Paulo: Noeses, 2011, p. 932.

32. AMARO, Luciano. *Direito tributário brasileiro*. 21ª. ed. São Paulo: Saraiva, 2016, p. 303-304.

33. FERRAGUT, Maria Rita. *Presunções no direito tributário*. 2ª ed. São Paulo: Quartier Latin, 2005, p. 116.

34. As presunções *hominis* são proposições individuais e concretas decorrentes do raciocínio inferencial (lógico-indutivo) do aplicador da norma (juiz) em face da

Em face disso, tal como se procedeu na seção anterior, onde as presunções foram analisadas em face das ficções e, com fulcro nas lições de Kelsen, chegou-se à conclusão elucidativa de que inexistem ficções no âmbito do direito positivo; passa-se à análise ou elucidação das presunções, de modo a conferir um tratamento teórico-jurídico mais analítico a esse instituto, possibilitando, por sua vez, lançar luz sobre o objeto de estudo deste trabalho, que diz respeito a um tipo específico de presunções no âmbito do ICMS.

Quando dizemos que presumimos algo (alguma coisa ou alguma situação), nunca o fazemos considerando esse "algo" isoladamente. Na presunção, estarão sempre em questão duas ou mais coisas ou situações diferentes, dado a impossibilidade de se presumir algo a partir de si mesmo.

Por exemplo, se num horário específico ou determinado vou à sala de meu chefe todos os dias da semana e, em todas essas ocasiões, o encontro lá, posso presumir que quando for à sua sala em um dia da semana e no mesmo horário específico, o encontrarei lá. Há, aqui, uma presunção de que meu chefe estará na sua sala; mas esse "estará na sua sala" encontra-se em estreita relação com a minha ida à sua sala num dia da semana e no horário específico.

Se afirmamos que todos os homens são mortais e que Sócrates é homem, presumimos, ato contínuo, que Sócrates é mortal. Mas a presunção da mortalidade de Sócrates está em conexão umbilical com o fato de ele ser homem e, ainda, com o fato de serem todos os homens mortais.

Por fim, e para ficarmos com um último exemplo, quando olhamos da janela de nossa casa ou apartamento e avistamos chuva, presumimos que a rua abaixo da janela está umedecida ou molhada. Mais uma vez, a presunção de que a rua está

---

autorização constante do art. 375 do CPC. Conforme exemplifica Paulo de Barros Carvalho (2011, p. 961), "[...] é uma associação que nós fazemos em face de juízos de valor sobre elementos de prova. É o que ocorre quando, verificados os fatos 'Fl', 'F2', 'F3', 'F4', eu digo: 'Diante desses acontecimentos, dou por certificado o fato 'F5''."

molhada carece da visão da chuva pela janela de minha casa ou apartamento.

Esses três exemplos são úteis para contornarmos a discussão sobre se presunção é, na sua essência, processo, produto, meios de prova, fato etc. Pelos exemplos, nota-se que presunção não é nem processo, nem produto, nem qualquer outra denominação mais sofisticada, mas sim uma relação estabelecida a partir de um raciocínio inferencial, pois o ato de presumir pressupõe duas ou mais coisas ou situações diferentes relacionadas entre si a partir de um raciocínio inferencial.

De certo modo, essa concepção de presunção enquanto relação aparece intuitivamente na definição informada por importante parte da dogmática jurídica,[35] que diz ser a presunção derivada (resultado) de um processo lógico em que de um fato conhecido, infere-se um fato desconhecido. O ponto do qual, com a devida vênia, discordamos diz respeito ao termo "resultado", pois vislumbramos a presunção como uma relação entre duas ou mais coisas (ou situações) diferentes, relacionadas entre si a partir de um raciocínio inferencial, e não como o resultado dessa relação. A coisa ou situação a partir da qual se presume denomina-se, na linguagem jurídica, fato jurídico presuntivo. A coisa ou situação presumida denomina-se fato jurídico presumido.

Essa concepção de "presunção" enquanto *relação entre duas ou mais coisas ou situações diferentes*, engendrada a partir de um *raciocínio inferencial*, permite, desde já, enfrentar com sobriedade outra discussão tormentosa envolvendo o tema das presunções no âmbito da Ciência do Direito. Trata-se de saber qual a relação entre presunções e o tema das provas em direito. No ponto, importa investigar se há rigor ou precisão de linguagem em considerarmos o fato presuntivo como fato indiciário

35. Cf. AMARO, Luciano. *Direito tributário brasileiro*. 21ª. ed. São Paulo: Saraiva, 2016. BECKER, Alfredo Augusto. *Teoria geral do direito tributário*. 5. ed. São Paulo: Noeses, 2010. CARVALHO, Paulo de Barros. A Prova no Procedimento Administrativo Tributário. *Revista Dialética de Direito Tributário*. São Paulo: Dialética, nº 34, 1998.

e o fato presumido como fato indiciado. Dito em forma de pergunta: fato presuntivo é indício do fato presumido?

Alguns estudiosos sustentam serem o fato presuntivo indício do fato presumido; daí porque denominam este de fato indiciado e aquele de fato indiciário. Para Maria Rita Ferragut, por exemplo, as presunções (que são sempre legais e relativas – *juris tantum* e *hominis*) são "[...] regras jurídicas de natureza probatória, que contém fatos indiciários ligados ao fato indiciado por meio de relação jurídica implicacional."[36] Prova indiciária, diz Ferragut, "[...] é uma espécie de prova indireta que visa *(sic)* demonstrar, a partir da comprovação de fatos secundários, indiciários, a existência ou a inexistência do fato principal."[37] A autora sustenta sua afirmação com o argumento de que

> Não há diferença substancial entre a prova direta (pericial, documental, testemunhal etc.) e as presunções legais. Há apenas diferença no que tange o nexo lógico: enquanto a prova relaciona-se diretamente ao fato que se pretende demonstrar como verdadeiro, a presunção relaciona-se de forma indireta, apoiando-se em indícios para provar o fato indiciado.[38]

Fabiana Del Padre Tomé, por sua vez, parte da premissa de que toda prova é indireta (nunca atinge diretamente o fato ou evento que se quer provar), de modo que em toda relação probatória haverá, inexoravelmente, a presença de dois fatos: o que se quer provar e o utilizado para prová-lo. Com fulcro nessa premissa, essa autora vai dizer que "Não existe, portanto, sinonímia perfeita entre *indícios* e *presunção*. [...] Efetuando tal distinção, tomamos o indício como o ponto de partida

---

36. FERRAGUT, Maria Rita. *Presunções no direito tributário*. 2ª ed. São Paulo: Quartier Latin, 2005, p. 134.

37. Idem, 2005, p. 91.

38. Ibidem, p. 134.

para fins de se estabelecer uma presunção."[39] A conclusão de Fabiana Del Padre Tomé é de que

> [...] indícios e presunções não são espécies distintas de prova, mas dois elementos necessários à produção do fato jurídico em sentido amplo: indício é um fato (F'), caracterizando prova de um evento (E'), que, conquanto não seja imediatamente referido pela proposição que se pretende provar (F"), a ela nos remete por meio de uma operação mental presuntiva.[40]

Quem também sustenta não haver identidade entre indício e presunção é Angela Maria da Motta Pacheco. Para essa autora, "No mundo jurídico diz-se indício, a circunstância conhecida e provada que autoriza, por indução, concluir-se a existência de outra".[41] Com base nisso, a referida autora sustenta que "A presunção não é indício. Exige um raciocínio de inferência. Da existência do fato A – conhecido – infere-se a existência do fato B – desconhecido. Este é o fato presumido. Para que haja presunção, será necessária a existência de dois fatos: o primeiro, real, e o segundo, presumido."[42]

Essa questão não é nada trivial. Daí a importância da elucidação ou análise conceitual do que seja "presunção", que se apresentou como uma *relação entre duas ou mais coisas ou situações diferentes*, engendrada a partir de um *raciocínio inferencial*. Vejamos!

Não nos parece adequado ou preciso, do ponto de vista da linguagem, considerar a relação presuntiva como composta por fato indiciário e fato indiciado. Nesse ponto, concordamos com as conclusões a que chegaram Fabiana Del Padre

---

39. TOMÉ, Fabiana Del Padre. *A prova no direito tributário*. 4ª ed. São Paulo: Noeses, 2016, p. 168.

40. Idem, p. 167-168.

41. PACHECO, Angela Maria da Motta. *Ficções tributárias, identificação e controle*. São Paulo: Noeses, 2008, p. 259.

42. Idem, p. 261-262.

Tomé e Angela Maria da Motta Pacheco, mas com fulcro em fundamentos teóricos outros.

Indício, não importa em que ciência esteja sendo tratado, é fenômeno linguístico e diz respeito à forma sígnica índice. Conforme a semiótica desenvolvida por C. S. Peirce,[43] *índice* é o signo que mantém uma relação indexical com o objeto que denota. Sem envolver semelha com o objeto (como no caso do *ícone*[44]), o signo o indica e o denuncia no espaço e no tempo, pois mantém com ele relação física e existencial. *Índice*, portanto, é o signo que atrai, de imediato, a atenção de seu intérprete para o objeto que denota. Por isso que nomes próprios e pronomes pessoais, por exemplo, são signos do tipo índice, pois denotam individualmente um objeto (relação física e existencial) no espaço e no tempo. *Símbolo*, por sua vez, é o signo cuja relação com o objeto que denota se dá por convenção, hábito ou regra, a exemplo das palavras (quando não referidas individualmente a um objeto), frases, textos etc.

Falar, na seara jurídica, de indícios ou prova indiciária significa, portanto, falar de signos jurídicos (fatos jurídicos) que estão em relação imediata, física e existencial com os fatos ou eventos os quais denotam. Fato jurídico presuntivo nem sempre é indício (índice) de fato jurídico presumido, pois nem sempre o fato presuntivo mantém relação física e existencial, no espaço e no tempo, com o fato presuntivo, sobretudo porque essa relação de presunção se dá, no âmbito do direito positivo, com base numa convenção (vontade da lei).

Pensamos que o mais apropriado consista em tratar a norma geral e abstrata, do ponto de vista semiótico, como signo do tipo *símbolo* e a norma individual e concreta como signo do tipo *índice*. Em outros termos, toda norma jurídica individual

43. PEIRCE, Charles S. *Semiótica*. Tradução de José Teixeira Coelho Neto. São Paulo: Perspectiva, 2017.

44. O signo "ícone" completa a segunda tríade tricotômica dos signos de Peirce (ao lado do símbolo e do índice), relacionando-se com o objeto que denota apenas em virtude de seus caracteres próprias; ou seja, há, no ícone, semelhança com o objeto, por meio da qual se instaura a relação denotativa.

e concreta é indício ou indiciária (signo do tipo "índice"), pois em seu antecedente temos um critério material apontando ou denotando um fato ou evento ocorrido no espaço e no tempo, enquanto que no seu consequente temos um sujeito passivo e um sujeito ativo individualizados (denotados) e unidos por uma obrigação jurídica delimitada. Por sua vez, toda norma jurídica geral e abstrata é signo do tipo símbolo, pois em seu antecedente e em seu consequente há traços conotativos e convencionais de situações contrafactuais possíveis de ocorrer, sem necessária individualização concreta.

Essa análise semiótica do direito positivo é encontrada, por exemplo, em Clarice von Oertzen de Araújo, para quem "O Direito como um sistema de normas voltado à regulação de conduta tem caráter de signo *simbólico*".[45] No que se refere à norma geral e abstrata vista como signo do tipo "símbolo" e a norma individual e concreta vista como signo do tipo "índice", a passagem abaixo da mesma autora é bastante elucidativa:

> A imperatividade do sistema faz com que o signo se relacione com o objeto na categoria de *índice* para os jurisdicionados e na categoria de *símbolo* para o editor normativo. O jurisdicionado estabelece entre signo e objeto uma relação existencial, correspondência de fato. Ao passo que o editor normativo fundamenta a relação signo objeto em seu caráter de imputação, convencional ou de lei.[46]

Com isso, já se vê que a presunção jurídica (*juris tantum*) prevista em norma geral e abstrata é, do ponto de vista semiótico, símbolo, pois seus elementos (conotativos) não estão em relação física e existencial com os objetos do mundo fenomênico. Somente com sua positivação em norma individual e concreta é que a presunção jurídica assume a condição de índice, pois os elementos ou critérios do fato jurídico presuntivo

---

45. ARAÚJO, Clarice von Oertzen de. Semiótica e investigação do direito. In: CARVALHO, Paulo de Barros (Coord.). *Constructivismo lógico-semântico*. V. 1. 2ª ed. São Paulo: Noeses, 2020, p. 123 (grifos nosso).

46. Idem, p. 150 (grifos nosso).

apontam ou denotam fatos ou eventos ocorridos no espaço e no tempo.

Mais que isso, essa perspectiva permite visualizar o porquê de o fato presuntivo não ser indício do fato presumido. O fato jurídico presuntivo, na norma individual e concreta, é índice dos fatos ou eventos denotados no mundo fenomênico, mas não do fato presumido com o qual mantém relação condicional-imputativa. Na presunção jurídica há uma prescrição, estabelecendo uma relação deôntica entre fato presuntivo e fato presumido, no sentido de que, uma vez ocorrido o fato presuntivo, deve-se dar por ocorrido o fato presumido. Trata-se de uma *relação entre duas ou mais coisas ou situações diferentes*, engendrada a partir de um *raciocínio inferencial* construído ou autorizado pelo legislador.

Outro ponto a merecer análise mais detida diz respeito à contenda acerca da espécie de raciocínio inferencial (se indutivo ou dedutivo) por detrás da presunção. Ora, pensamos que uma presunção ou relação verdadeiramente presuntiva origina-se de um raciocínio lógico-indutivo, e não de um raciocínio lógico-dedutivo. O ponto central aqui, ratificado pelas lições de Maria Rita Ferragut, reside na probabilidade de sucesso ou de fracasso quanto à ocorrência do fato presumido, pois a probabilidade se apresenta como elemento constituidor da inferência que se estabelece entre o fato presuntivo e o fato presumido - o que não ocorre nas presunções absolutas, onde a probabilidade é sempre igual a 1 (um) ou a 100% (cem por cento).

No primeiro e no terceiro exemplo, a presunção derivou de um raciocínio lógico-indutivo: a) todas as vezes que fui à sala de meu chefe no dia e horário específicos, ele estava lá, e b) todas as vezes que choveu, a rua abaixo de minha janela ficou umedecida ou molhada. No raciocínio lógico-indutivo trabalha-se com probabilidade de sucesso, mas isso não significa que não possa haver fracassos, pois a certeza das premissas (fato presuntivo) não necessariamente garante a certeza das conclusões (fato presumido): pode ser que meu chefe não esteja na sala quando eu for lá, assim como pode ser que a rua esteja coberta no dia em que choveu e, por isso, não ficou molhada ou umedecida. Já no segundo exemplo, a presunção derivou de raciocínio lógico-dedutivo (analítico, necessário ou tautológico), pois a certeza das premissas (Todos os homens são mortais e Sócrates é homem) garante, necessariamente, a conclusão presuntiva (Sócrates é mortal), de modo que a probabilidade de sucesso é sempre igual a 1 (um) ou a 100% (cem por cento). Não há, nesse caso, possibilidade de fracasso quanto à ocorrência do fato presumido.

Essa distinção autoriza dizer que as denominadas "presunções jurídicas absolutas" (*juris et de jure*) são do segundo tipo, pois, ao não admitirem prova em contrário, a relação entre fato presuntivo e fato presumido se dá por inferência lógico-dedutiva (necessária). Não há probabilidade de sucesso ou de fracasso, de modo que a relação entre fato presuntivo e fato presumido é constante, no sentido de que uma vez ocorrido aquele, este necessariamente se confirmará como uma consequência certa e absoluta.[47] Por essa razão, acompanhamos as conclusões de Maria Rita Ferragut, para quem não há que falar em presunções jurídicas "absolutas", pois, "[...] ao invés de presunções, são disposições legais de ordem substantiva."[48]

Tendo esse raciocínio como guia, podemos entrar no debate travado no seio da dogmática acerca das espécies ou tipos de presunções jurídicas, filiando-nos à conclusão a que chegou Maria Rita Ferragut, para quem as presunções jurídicas

47. Assim como as "ficções", as presunções absolutas são normas de direito substantivo. Tema para especulação posterior passa por investigar se, assim como nas ficções, não estaríamos, no caso das "presunções absolutas", diante do processo criativo do direito de que falou Kelsen. Não nos parece haver, nas "presunções absolutas", uma hipótese com pretensão de se ver confirmada na realidade fenomênica, mas sim uma imposição jurídica peremptória. Uma vez tendo ingressado no ordenamento jurídico, as "presunções absolutas", assim como as "ficções", não seriam, numa perspectiva kelseniana estendida, o próprio direito movendo suas estruturas deônticas para criar sua realidade com vistas à regulação das condutas intersubjetivas? Nesses termos, tanto as ficções quanto as presunções absolutas não existiriam para o direito, pois, a bem da verdade, seriam o próprio direito positivo movendo suas estruturas no processo gerativo da realidade jurídica.

48. FERRAGUT, Maria Rita. *Presunções no direito tributário*. 2ª ed. São Paulo: Quartier Latin, 2005, p. 116.

são sempre legais e de duas espécies: presunções *hominis* e *juris tantum*. A distinção entre ambas é que esta (*juris tantum*) se mostra tanto em norma geral e abstrata como em norma individual e concreta (derivada da positivação da norma geral e abstrata presuntiva), ao passo que a *hominis* se mostra apenas por meio de norma individual e concreta.[49]

À guisa de síntese, esse esforço elucidativo acerca das presunções jurídicas possibilita apresentar as seguintes teses conclusivas: a) as presunções jurídicas consistem numa relação entre duas ou mais coisas ou situações diferentes (fato jurídico presuntivo e fato jurídico presumido), relação esta engendrada a partir de um raciocínio inferencial do tipo lógico-indutivo; b) a probabilidade de sucesso e de fracasso do fato presumido é elemento essencial na determinação das presunções jurídicas, por isso a importância da prova contrária; c) as presunções absolutas não são presunções jurídicas, pois, por não admitirem prova contrária, a probabilidade do fato presumido é sempre 1 (um) ou 100% (cem por cento); e d) as presunções jurídicas são de duas espécies – *hominis* e *juris tantum* –, que se distinguem porque estas (*juris tantum*) mostram-se tanto sob forma de norma geral e abstrata quanto sob forma de norma individual e concreta, ao passo que aquelas (*hominis*) somente se mostram em forma de norma individual e concreta.

Após essas elucidações iniciais, ingressa-se, com passos mais firmes, no tema central desse estudo, qual seja: um tipo específico de presunções jurídicas *juris tantum* de que tem feito uso o legislador no âmbito do ICMS. Trata-se de presunções legais cujos fatos presuntivos, uma vez verificados, presumem a ocorrência de operações ou prestações sujeitas à incidência de ICMS, sem o devido registro em livros ou sem emissão de documentos fiscais próprios.

---

49. As presunções *hominis* são proposições individuais e concretas decorrentes do raciocínio inferencial construído pelo aplicador da norma (juiz), em face da autorização constante do art. 375 do CPC: "O juiz aplicará as regras de experiência comum subministradas pela observação do que ordinariamente acontece..."

3. Praticabilidade fiscal, presunções *juris tantum* e regra-matriz do ICMS

No subdomínio do direito tributário, as presunções jurídicas têm atraído a atenção da Ciência do Direito e ensejado o surgimento de relevantes trabalhos científicos sobre o tema. Conforme discorre Fabiana Del Padre Tomé, nesse ramo do direito as presunções "[...] exercem importantes funções, servindo para (i) suprir deficiências probatórias, sendo empregadas nas hipóteses em que o fisco se vê impossibilitado de provar certos fatos; (ii) garantir eficácia à arrecadação e (iii) preservar a estabilidade social."[50]

No universo do ICMS não é diferente e talvez seja o tributo onde as presunções *juris tantum* aparecem com maior frequência. Por se tratar de tributo lançado por homologação, as atividades fiscalizatórias, tendentes a apurar a ocorrência do fato gerador do ICMS, exigem esforço maior por parte das autoridades fazendárias, esforço esse inerente ao fato de se tratar de tributo cuja apuração e pagamento encontra-se sob a incumbência do próprio contribuinte. Esse fator é elemento indutor da criação de mecanismos ou instrumentos jurídicos no âmbito do ICMS, a exemplo das presunções, com o objetivo de permitirem à Administração Tributária uma adequada gestão desse imposto.

Entretanto, em que pese a relevância das presunções *juris tantum* para a operatividade do direito tributário, especificamente no caso do ICMS (tributo lançado por homologação), é preciso chamar a atenção para o adequado uso ou emprego desse instituto, sob pena de se violar direitos e garantias fundamentais do cidadão-contribuinte. Sobre esse ponto, assevera Paulo de Barros Carvalho que

> [...] é fundamental, em todas essas situações recorrentes em direito tributário, identificar a correta adequação destes institutos

50. TOMÉ, Fabiana Del Padre. *A prova no direito tributário*. 4ª ed. São Paulo: Noeses, 2016, p. 177.

> aos princípios fundamentais da ampla defesa, da impugnabilidade dos atos administrativos do fisco, da reserva legal, da capacidade contributiva e da progressividade, como formas de garantir os valores constitucionalmente defendidos na Carta Magna.[51]

O mesmo destaque é feito por Angela Maria da Motta Pacheco, no sentido de que, a despeito de terem surgido para facilitar a atividade fiscalizadora do fisco, as presunções devem ser encaradas como "[...] normas de exceção e como tal devem ser utilizadas pela administração fazendária, nos estreitos limites que lhe outorga a lei."[52]

Nesse sentido, defendemos a tese de que não podem as presunções serem empregadas, por exemplo, como meio de ampliação da hipótese de incidência tributária, por expressa vedação constitucional. Uma, senão a principal, característica do direito tributário brasileiro é a sua matriz constitucional, optando o constituinte por delinear, minudentemente, os contornos do subsistema jurídico tributário nacional. Por essa razão, a regra-matriz de incidência de cada espécie tributária encontra-se rigidamente delimitada constitucionalmente, servindo-se como verdadeiro limite ao exercício da competência tributária pelo legislador ordinário. Trata-se do que doutrinariamente chamamos de tipicidade cerrada ou fechada.[53] Segundo as lições de Paulo de Barros Carvalho acerca da tipicidade em matéria tributária,

---

51. CARVALHO, Paulo de Barros. *Direito tributário, linguagem e método*. 7ª ed. São Paulo: Noeses, 2011, p. 935-936.

52. PACHECO, Angela Maria da Motta. *Ficções tributárias, identificação e controle*. São Paulo: Noeses, 2008, p. 259.

53. Misabel de Abreu Machado Derzi, em sua fundante obra "Direito Tributário, Direito Penal e Tipo", nos mostra que o emprego da palavra tipo pela tradição jurídico-penal latino-americana foi decorrência de uma tradução livre (imprópria) da palavra alemã "*Tatbestand*". O que se denomina tipo (tipicidade fechada ou cerrada) em direito penal e em direito tributário seria, segundo a autora, "conceito classificatório ou de classe", pois "[...] seus limites são definidos e suas notas rigidamente assentadas." Isso porque "tipo", em sentido próprio, é necessariamente aberto, com fluidez e sem limites rigorosos, de modo que, nos mostra Derzi, não se reduz "à hipótese ou a *Tatbestand*."

> [...] para que determinada ocorrência seja tida como fato jurídico tributário, imprescindível a satisfação de todos os critérios identificadores tipificados na hipótese da norma geral e abstrata. *Que apenas um não seja reconhecido, e a dinâmica da incidência ficará inteiramente comprometida.*[54]

Discorrendo acerca da extensão do IOF sobre as atividades de *factoring*, concedida pelo legislador infraconstitucional, o professor paulista é de lucidez enfática, senão vejamos:

> Com base no princípio da estrita legalidade e tipicidade, à administração cabe realizar a devida prova dos indícios para, a partir deles, demonstrar a existência da relação de causalidade com o fato que se pretende dar por ocorrido. Quer isso significar, aqui, que, conquanto possam ser encontrados, na faturização, elementos símiles àquel›outros próprios de instituições financeiras - adiantamento, desconto e financiamento-, tais operações não se enquadram dentro do critério material da hipótese de incidência típica do Imposto sobre Operações Financeiras, não sendo possível, portanto, qualquer imposição tributária a título de IOF às operações das empresas de "factoring".[55]

Essa é a questão central deste trabalho e a razão pela qual esforços elucidativos foram envidados nas seções anteriores. A Constituição, sobretudo em razão do princípio da tipicidade tributária cerrada, não autorizou o legislador infraconstitucional a ampliar o campo extensional da regra-matriz de qualquer espécie tributária, ainda que a pretexto de conferir maior praticabilidade à legislação tributária e aos procedimentos de fiscalização.

No que tange ao ICMS, sua regra-matriz de incidência conota (na hipótese) como critério material a realização, pelo sujeito passivo, de operações relativas à circulação de mercadorias e de prestações de serviços de transporte interestadual e intermunicipal e de comunicação. Assim, *se, e somente*

---

54. CARVALHO, Paulo de Barros. *Direito tributário, linguagem e método*. 7ª ed. São Paulo: Noeses, 2011, p. 669 (grifos nosso).

55. CARVALHO, Paulo de Barros. *Direito tributário, linguagem e método*. 7ª ed. São Paulo: Noeses, 2011, p. 732.

se, o contribuinte realizar, no espaço e no tempo, uma dessas ações (verbo e complemento) previstas no critério material da regra-matriz, é que deverá pagar ICMS, dimensionado pelo critério quantitativo constante do consequente de sua regra-matriz. Formalizando, teríamos: D[(p→q), em que "D" representa o "dever-ser" deôntico que confere caráter imputativo entre hipótese (p) e tese (q); "p" representa a hipótese ou antecedente, composto pelos critérios material (verbo e complemento), espacial e temporal; enquanto "q" representa a tese ou consequente, informado pelos critérios pessoal (sujeito ativo e passivo) e quantitativo (base de cálculo e alíquota).

Por se tratar de imposto lançado por homologação, uma vez materializado, no mundo fenomênico, o critério material previsto na hipótese ou antecedente de sua regra-matriz (operação com mercadorias ou prestação de serviços de transporte - interestadual ou intermunicipal - ou de comunicação), deve o contribuinte emitir documento fiscal e fazer os registros em livros próprios, reduzir a termo o enunciado protocolar e, com isso, constituir o fato jurídico que implicará (imputação) o dever de pagar ICMS ao sujeito ativo, aferido a partir do critério quantitativo (base de cálculo, consistente no valor da operação ou prestação, e alíquota, definida em lei). Seguindo a classificação de Eurico Marcos Diniz de Santi,[56] essa é a "norma primária dispositiva", cujo antecedente descreve a prática de um ato lícito (fato imponível tributário) e cujo consequente prescreve o dever de pagar tributo. O não cumprimento do disposto na tese ou consequente dessa norma primária dispositiva (não-q) caracteriza ato ilícito, que será hipótese ou antecedente da norma administrativa sancionatória ou "norma primária sancionatória", em cujo consequente há a previsão de uma providência sancionatória administrativa (multa).

Caso, diante da ocorrência factual do critério material da hipótese de incidência, o contribuinte não tome as

56. Cf. SANTI, Eurico Marcos Diniz de. *Lançamento tributário*. 3ª ed. São Paulo: Saraiva, 2010.

providências no sentido reduzir a termo o enunciado protocolar (construindo, em linguagem competente, o fato jurídico) e, por seu turno, deixe de cumprir o dever de pagar o ICMS, a autoridade fazendária, ao apurar esse fato em procedimento fiscal, lançará de ofício tanto o tributo (ICMS) quanto a sanção administrativa decorrente da violação de conduta. Insta lembrar que a apuração dos fatos pelo fisco se faz por meio de *indícios* (notas fiscais não escrituradas, levantamento de estoques físico ou de livro de inventário, livros fiscais não escriturados, diligências e investigações *in loco* etc.), os quais, reunidos, estarão em relação física e existencial com os fatos ou eventos os quais denotam, razão pela qual servem como provas para atestarem a ocorrência de que houve operação ou prestação sujeitas à incidência do ICMS. Quanto ao tributo lançado de ofício, a regra-matriz é a mesma (norma primária dispositiva), devendo os fatos constatados pelo Fisco e reduzidos a termo em enunciado protocolar se enquadrarem (subsunção) perfeitamente no que está previsto na hipótese da norma geral e abstrata (regra-matriz do ICMS). Por seu turno, por ter o contribuinte violado o consequente da norma primária dispositiva (não-q), ou seja, cometido um ato ilícito, a autoridade fazendária também lançará, de ofício, a sanção administrativa (norma primária sancionatória), norma individual e concreta em cujo antecedente há o fato jurídico denotando o ato ou evento ilícito (não-q) e em cujo consequente há a sanção (multa) aplicada pela autoridade fazendária por ter o contribuinte violado conduta obrigatória.

Fizemos toda essa construção com o propósito de mostrar o percurso ou o processo de positivação do direito, da norma geral e abstrata (regra-matriz do ICMS) para a norma individual e concreta (lançamento por homologação ou lançamento de ofício). Com isso, percebe-se que, em se tratando de ICMS, primeiro é conferido ao contribuinte o dever-poder de, com fulcro no art. 150 do CTN, produzir norma individual e concreta que resultará no pagamento desse tributo. Somente quando isso não é feito, é que caberá ao fisco, com base no art. 173 do mesmo diploma normativo, produzir norma individual e concreta a fim de, a um só tempo, lançar de ofício o tributo não pago e aplicar as sanções administrativas previstas em lei pelo não pagamento do tributo. E mais, o antecedente da norma individual e concreta produzida pelo fisco deve conter todos os elementos previstos na regra-matriz de incidência do ICMS, nem mais nem menos, sob pena de violar o princípio da tipicidade tributária e, com isso, comprometer inteiramente o fenômeno da incidência, conforme asseverou o professor Paulo de Barros Carvalho. Daí a importância dos *indícios*, pois eles apontam (denotativamente) para os fatos ou eventos que, vertido em linguagem competente (fato jurídico tributário), irão subsumir-se aos critérios da regra-matriz de incidência do ICMS.

Entretanto, lamentavelmente o legislador infraconstitucional tem-se utilizado das presunções legais (*juris tantum*) no âmbito do ICMS em desatenção ao princípio da tipicidade tributária, deformando a regra-matriz de incidência desse imposto quando de sua positivação em norma individual e concreta.

Toma-se, para fins de análise, um exemplo concreto, com a certeza de que tais manobras legislativas ocorrem em considerável número de legislações estaduais que tratam do ICMS.[57] A lei do ICMS do Estado de Goiás (Lei 11.651, de 26.12.1991), por exemplo, prescreve em seu art. 25, § 1º o seguinte:

> Art. 25. [...]
>
> § 1º *Presume-se decorrente de operação ou prestação tributada não registrada*, o valor apurado, em *procedimento fiscal*, correspondente:
>
> I - ao saldo credor na conta caixa;
>
> II - ao saldo credor fictício ou em montante superior ao comprovado, em sua escrita contábil;
>
> II-A - à falta de registro de pagamentos efetuados;

57. Exemplos: Art. 4º, § 4º da Lei nº 7.014, de 04/12/1996 (Bahia). Art. 74-A da Lei nº 6.374, de 01/03/1989 (São Paulo). Art. 29 da Lei nº 11.514, de 29/12/1997 (Pernambuco). Art. 2º, § 9º da Lei nº 5.900, de 27/12/1996 (Alagoas). Art. 3º-A da Lei nº 8.820, de 27/01/1989 (Rio Grande do Sul). Art. 76-A da Lei nº 7.000, de 27.12.2001 (Espírito santo). Art. 11, § 3º da Lei nº 7.098, de 30/12/1998 (Mato Grosso).

II-B - a ativo oculto cujo registro contábil deveria ter ocorrido em período compreendido no procedimento fiscal;

II-C - à falta de registro contábil de documento relativo à entrada, aquisição de mercadorias ou bens ou utilização de serviços e outros elementos que representem custos;

II-D - a valores creditados em conta de depósito ou de investimento mantida junto a instituição financeira, em relação aos quais o titular da conta, regularmente notificado a prestar informações, não comprove, mediante documentação hábil e idônea, a origem dos recursos utilizados nessas operações financeiras;

III - ao suprimento de caixa sem a devida comprovação de sua origem, inclusive fornecido à empresa por administrador, sócio, titular da firma individual, acionista controlador da companhia, ou por terceiros, se a efetividade da entrega e a origem dos recursos não forem satisfatoriamente demonstrados;

IV - ao déficit financeiro existente no confronto do saldo das disponibilidades no início do período, acrescido dos ingressos de numerários, e deduzidos dos desembolsos e do saldo final das disponibilidades, considerando-se, ainda, as despesas indispensáveis à manutenção do estabelecimento, mesmo que não escrituradas, tais como: a) salários e retiradas; b) aluguel, água, luz, telefone e outras taxas, preços ou tarifas; c) tributos; d) outras despesas gerais;

[...]

VII - ao saldo das disponibilidades existentes ou das constantes do balanço da empresa que exceder ao saldo reconstituído, na mesma data;

[...]

IX - à diferença a maior entre: a) o valor adicionado, ao custo de aquisição ou de produção de mercadorias isentas, não tributadas ou sujeitas à substituição tributária, auferido pelo contribuinte e o obtido mediante a aplicação de índice de valor adicionado previsto, pela legislação tributária, para a respectiva atividade econômica;

b) o valor informado pela administradora de shopping center, de centro comercial, de cartão de crédito ou de débito em conta-corrente ou por estabelecimento similar e o informado pelo contribuinte.[58]

58. Disponível em: https://bit.ly/3qGhZzs Acesso em: 25 ago. 2021.

Focando, para fins de análise mais detida, no que está disposto no inciso "I" e no "§ 1º" chega-se, após rearranjo desse comando normativo, ao fato presuntivo "saldo credor na conta caixa (p)" e o fato presumido "operação ou prestação sujeitas ao ICMS sem o devido registro (q)". Dito de outro modo: a constatação de saldo credor na conta caixa (p) é fato *presuntivo* de operações com mercadoria ou prestação de serviço tributadas com ICMS sem o devido registro em livros e documentos próprios (q), significando que o ICMS referente a essas operações ou prestações não foi recolhido pelo sujeito passivo (não-q).

O dispositivo sob análise versa sobre o fato presuntivo "saldo credor na conta caixa" que, por operação algébrica básica, *caracteriza* omissão de receita ou falta de registro de entradas de caixa (saldo inicial - pagamentos + recebimentos = saldo atual). Ocorre que "obtenção de receita" não é fato imponível do ICMS, pois não foi eleito pelo constituinte para compor o critério material do antecedente ou hipótese da regra-matriz de incidência desse tributo. Nesse sentido, nos parece desarrazoado, senão descabido, querer, por raciocínio lógico-inferencial, presumir que as receitas omitidas sejam decorrentes de operações ou prestações tributadas com ICMS. Há, no caso em questão, um caminho muito distante entre uma coisa (fato presuntivo) e outra (fato presumido). O saldo credor da conta caixa poderia até vir a ser referente à omissão de receita decorrente de operações ou prestações sujeitas ao ICMS, mas, para tanto, pensamos que muitos outros indícios precisariam ser reunidos pelo Fisco a fim de comprovar tal relação presuntiva.

Esse raciocínio pode ser estendido aos demais incisos do dispositivo *suso* citado, bem como às demais leis estaduais do ICMS que dispõem sobre essa matéria, pois todos tomam como fato presuntivo hipóteses que não compõem a regra-matriz de incidência do ICMS, tampouco presumem, *per se*, operações e prestações tributadas com ICMS. Ou seja, e de igual modo, muitos outros indícios precisariam ser reunidos pelo Fisco a fim de comprovar tal relação presuntiva constante desses dispositivos normativos.

Por essa razão, a avaliação é de que presunções desse tipo (*juris tantum*) acabam por deformar a regra-matriz de incidência do ICMS, alargando o campo extensivo de sua hipótese ou antecedente para além dos limites rigidamente estabelecidos constitucionalmente. Mais que isso, ao se presumir (a partir de um fato presuntivo estranho à regra-matriz do ICMS) uma ocorrência abstrata de fato gerador de ICMS, cujo imposto necessariamente não será adimplido pelo contribuinte (visto que a presunção é de operações ou prestação não registrada), resulta que, inevitavelmente, a produção de norma individual e concreta caberá à autoridade fazendária, que lançará, de ofício, tanto o ICMS supostamente não recolhido, quanto a multa decorrente da sanção pelo não recolhimento do imposto.

Síntese conclusiva

Com o propósito específico de estudar algumas espécies de presunções no âmbito do ICMS – presunções legais (*juris tantum*) cujos fatos presuntivos, uma vez verificados, presumem a ocorrência de operações ou prestações sujeitas à incidência de ICMS e sem o devido registro em livros ou emissão documentos fiscais próprios – empreendemos, com fulcro no Constructivismo Lógico-Semântico, um esforço analítico ou elucidativo em torno dessa categoria jurídica de fundamental relevância para a operatividade do direito positivo enquanto instrumento de que dispõe o ser humano para regular a vida em sociedade.

O estudo nos levou à distinção entre presunções e ficções, demonstrando que, com base nas lições de Kelsen, não há que falar em ficções no direito positivo. Mais que isso, ao analisarmos as presunções, estas se apresentaram, conceitualmente, como uma relação entre duas ou mais coisas diferentes, engendrada a partir de um raciocínio inferencial do tipo lógico-indutivo. Isso porque a probabilidade de sucesso ou fracasso da ocorrência do fato presumido em face da ocorrência do fato presuntivo (consubstanciada pela admissão da prova em contrário) se nos revelou como condição essencial na delimitação desse instituto jurídico. Desta feita, e com fulcro nas lições de Maria Rita Ferragut, concluímos pela existência, no âmbito do direito positivo, de apenas duas espécies de presunções, ambas legais: *hominis* e *juris tantum*. Essa concepção de presunções jurídicas nos revelou que fato jurídico presuntivo não é, necessariamente, indício (prova indiciária) de fato jurídico presumido, havendo entre eles um vínculo deôntico (condicional-imputativo) decorrente da vontade do legislador.

No campo do direito tributário, verificamos, em razão de sua natureza jurídica, que o emprego das presunções reclama cuidado redobrado por parte do legislador infraconstitucional. Não podem as presunções, a pretexto de suposta praticabilidade fiscal, transpor os limites rigidamente impostos pelo constituinte ao exercício da competência tributária, sobretudo em razão da tipicidade rigidamente estabelecida para cada espécie tributária.

Entretanto, ao analisarmos algumas presunções legais (*juris tantum*) utilizadas pelo legislador infraconstitucional no âmbito do ICMS, constatamos um alargamento do critério material constante de sua hipótese (ou antecedente) para além dos limites rigidamente fixados constitucionalmente. Mais que isso, por se tratar de presunções cujos fatos presuntivos, uma vez verificados, presumem a ocorrência de operações ou prestações sujeitas à incidência de ICMS e sem o devido registro em livros ou emissão de documentos fiscais próprios, tal fato cria situação no mínimo teratológica, em que a obrigação principal (tributo) passa a ser cobrada do contribuinte inevitavelmente pela via sancionatória, visto que tais presunções portam consigo um ato ilícito expresso pela presunção de que as operações ou prestações presumidas são, necessariamente, não registradas. Vê-se, portanto, que há uma linha tênue entre essas espécies de presunções jurídicas, regra-matriz do ICMS, eficácia arrecadatória, lançamento de ofício e regra-matriz sancionatória.

À guisa de encaminhamento e debates futuros, nosso entendimento é de que tais presunções deveriam vir acompanhadas de comandos normativos obrigando a autoridade fazendária a ter que juntar ou reunir maior acervo probatório (indícios) capaz de atestar a relação entre fato presuntivo e fato presumido, e não simplesmente autorizar a lavratura de auto de infração (contendo o lançamento do tributo e da multa) a partir somente da constatação do fato presuntivo, pois fato presuntivo não é, *per se*, fato indiciário do fato presumido.

Referências

AMARO, Luciano. *Direito tributário brasileiro*. 21ª. ed. São Paulo: Saraiva, 2016.

ARAÚJO, Clarice von Oertzen de. Semiótica e Investigação do Direito. In:

BECKER, Alfredo Augusto. *Teoria geral do direito tributário*. 5. ed. São Paulo: Noeses, 2010.

BRANQUINHO, João; GOMES, Nelson; MURCHO, Desidério. *Enciclopédia de termos lógico-filosóficos*. São Paulo: Martins fontes, 2006.

CARVALHO, Paulo de Barros. *Direito tributário, linguagem e método*. 7ª ed. São Paulo: Noeses, 2011.

_____. *Direito tributário: fundamentos jurídicos da incidência*. 10. ed. rev. e atual. São Paulo: Saraiva, 2015.

_____. *Algo Sobre o Constructivismo Lógico-Semântico*. *In* CARVALHO, Paulo de Barros (Coor.). *Constructivismo Lógico-Semântico*. V. 1. 2ª ed. São Paulo: Noeses, 2020.

CARVALHO, Aurora Tomazini de. *Teoria geral do direito:* o constructivismo *lógico-semântico*. 3ª. ed. São Paulo: Noeses, 2013.

_____. O Constructivismo lógico-semântico como método de trabalho na elaboração jurídica. *In* CARVALHO, Paulo de

Barros (Coor.). *Constructivismo Lógico-Semântico*. V. 1. 2ª. ed. São Paulo: Noeses, 2020.

DERZI, Misabel de Abreu Machado. *Direito tributário, direito penal e tipo*. 2ª. ed. São Paulo: Editora Revista dos tribunais, 2007.

FERRAGUT, Maria Rita. *Presunções no direito tributário*. 2ª ed. São Paulo: Quartier Latin, 2005.

FILHO, Ciro Marcondes. *Esquecer Pierce?* São Paulo: ECA-USP, 2018.

HAACK, Susan. *Filosofia das lógicas*. Tradução: Cesar Augusto Mortari; Luiz Henrique de Araújo Dutra. São Paulo: Editora UNESP, 2002.

HARET, Florence Cronemberger. *Teoria e prática das presunções no direito tributário*. São Paulo: Noeses, 2010.

_____. Por um Conceito de Presunção. *Revista da Faculdade de Direito*, Universidade de São Paulo, *[S. l.]*, v. 104, p. 725-744, 2009. Disponível em: https://bit.ly/3l4e0cD Acesso em: 5 de maio de 2021.

KELSEN, Hans. *Sobre a Teoria das Ficções Jurídicas: com especial consideração da filosofia do "como se" de Vaihinger*. Trad. Vinicius Matteucci de Andrade Lopes. Rio de Janeiro: Via Verita, 2012.

LUDWIG, Wittgenstein. *Tractatus Logico-Philosophicus*. Tradução: Luiz Henrique Lopes dos Santos. 3. ed. São Paulo: Editora Universidade de São Paulo, 2010.

_____. *Investigações filosóficas*. Tradução: Emanuel Carneiro Leão. Petrópolis, RJ: Vozes, 1994.

MILLER, Alexander. *Filosofia da linguagem*. Tradução: Evandro Luis Gomes; Christian Marcel de Amorin; Perret Gentil Dit Maillard. 2ª. ed. São Paulo: Paulus, 2010 (Coleção Filosofia).

MOUSSALLEM, Tárek Moysés. *Fontes do direito tributário*. 2ª ed. São Paulo: Noeses, 2006.

_____. *Revogação em matéria tributária.* 2ª. ed. São Paulo: Noeses, 2011.

PADILHA, Maria Ângela Lopes Paulino. *As sanções no direto tributário.* São Paulo: Noeses, 2015.

PACHECO, Ângela Maria da Motta. *Sanções tributárias e sanções penais tributárias.* São Paulo: Max Limonad, 1997.

_____. *Ficções tributárias, identificação e controle.* São Paulo: Noeses, 2008.

PEIRCE, Charles S. *Semiótica.* Tradução de José Teixeira Coelho Neto. São Paulo: Perspectiva, 2017.

QUINE, W.V. *Dois Dogmas do Empirismo. In* Os Pensadores. 2. ed. São Paulo: Abril Cultural, 1980.

ROBLES, Gregorio. *O Direito como Texto:* quatro estudos de teoria comunicacional do direito. Barueri, SP: Manole, 2005.

SANTAELLA, Lucia; NÖTH, Winfried. *Introdução à semiótica.* São Paulo: Paulus, 2017. (Coleção Introduções).

SANTI, Eurico Marcos Diniz de. *Lançamento tributário.* 3ª ed. São Paulo: Saraiva, 2010.

TOMÉ, Fabiana Del Padre. *A prova no direito tributário.* 4ª ed. São Paulo: Noeses, 2016.

VAIHINGER, Hans. *A Filosofia do Como Se.* Tradução de Johannes Kretschmer. Chapecó - SC: Argos, 2011.

VILANOVA, Lourival. *Causalidade e relação no direito.* 5. ed. São Paulo: Noeses, 2015.

_____. *As estruturas lógicas e o sistema de direito positivo.* 4. ed. São Paulo: Noeses, 2010.

SANÇÕES POR DESCUMPRIMENTO DE OBRIGAÇÕES TRIBUTÁRIAS PRINCIPAIS E ACESSÓRIAS: UMA PROPOSTA DE ESTUDO E DIÁLOGO ENTRE A OBJETIVIDADE DA ARRECADAÇÃO TRIBUTÁRIA E A EVENTUAL SUBJETIVIDADE NA AUSÊNCIA DE CUMPRIMENTO DE DEVERES INSTRUMENTAIS

Luiz Vidal da Fonseca Júnior[1]

1. Introdução

Desde tempos imemoriais costumamos ouvir, ter contato com o termo sanção. Espera-se um determinado comportamento, de resto, bastante aceito num determinado meio

---

1. Mestrando em Direito Tributário pela Pontifícia Universidade Católica do Estado de São Paulo, São Paulo, São Paulo, Brasil. Especialista em Direito Tributário pelo Instituto Brasileiro de Estudos Tributários, São Paulo, São Paulo, Brasil. Especialista em Direito Constitucional pelo Instituto Brasiliense de Direito Público, Brasília, Distrito Federal, Brasil. Especialista em Direito Administrativo pela Fundação Escola Superior do Ministério Público, Porto Alegre, Rio Grande do Sul, Brasil. Professor da Escola do Poder Legislativo do Estado de Mato Grosso, Cuiabá, Mato Grosso, Brasil. Advogado inscrito na Ordem dos Advogados do Brasil do Estado de Mato Grosso (1988), onde exerceu a função de Membro Relator do Tribunal de Ética e Disciplina (2001-2003). Procurador de Carreira (1997) da Assembleia Legislativa do Estado de Mato Grosso (1ª. Classe), onde exerceu as funções de Procurador Adjunto (1997-1998), Procurador Geral (1998), e Corregedor Geral (2016-2018). *luizvidaljunior@gmail.com*

social, e, na hipótese que este comportamento esperado não ocorra, preveem-se medidas de coação para desestimular alguma prática danosa para a comunidade social.

Como se questionou um pensador do aspecto retributivo da pena sobre os pressupostos que justificariam o fato de um grupo de homens associados ao Estado privasse de liberdade algum de seus membros ou interviesse de outro modo, conformando sua vida (ROXIN, 1998).

A partir do exato instante de um acordo social, surgem medidas coercitivas para encorajar a prática da atitude requerida, devidamente institucionalizada, e internalizada, por aquela sociedade humana.

O Direito se define como um sistema de normas cuja principal finalidade será a de bem regular a vida dos seres humanos em sociedade, e para tal objetivo, prescreverá a conduta que entenda adequada, a depender do meio social ao qual será aplicado, bem como irá prever uma série de medidas coercitivas para desestimular a prática de atitudes socialmente inaceitáveis.

A principal diferença do direito para outros sistemas de coerção, como o sistema religioso ou o sistema social, será justamente o modo como serão providas as sanções. Os sistemas terão suas particularidades quando da aplicação de suas penalidades.

E o que mais de perto irá caracterizar a sanção jurídica será sua coercitividade institucionalizada.

Como bem anota o Professor Robson Maia Lins:

> A diferença do direito para outros sistemas normativos, como a moral ou o religioso, é justamente o modo como são providas as sanções. Os três sistemas normativos mencionados, por exemplo, proíbem o assassinato (coação), mas a forma como tal conduta é proibida (coerção) é diferente em cada um deles.[2]

---

2. LINS, Robson Maia. *Curso de direito tributário brasileiro*. 1ª. ed. São Paulo: Noeses, 2019, p. 529.

Este é um texto, um pequeno estudo, sobre a sanção aplicada no campo do poder de tributar de uma sociedade política organizada.

Utilizaremos para tal intento os ensinamentos da Escola do Constructivismo Lógico-Semântico, que organiza nosso pensamento e trabalha o fenômeno jurídico a partir da linguagem e da estrutura formal da norma jurídica, do rigor na linguagem, e da estrutura da regra-matriz de incidência.

2. Noções fundamentais

Desde Platão, a Filosofia se baseava na hipótese de que o ato de conhecer estaria presente na relação entre o objeto e o sujeito e que a linguagem se prestava a expressar a ordem objetiva das coisas no mundo. Era pensamento corrente que através da linguagem a pessoa se conectava ao objeto pois representava a sua essência.

Existia para este movimento uma correspondência entre as ideias e as coisas que eram por sua vez descritas pela linguagem, o ser humano mantinha uma relação com o mundo anterior a qualquer formação da linguagem.

O ato de conhecer como uma mera reprodução do mundo real, sendo a verdade resultado da correspondência entre a reprodução e o objeto referido. Uma proposição era considerada verdadeira quando demonstrava a essência do real já que a linguagem era uma cópia do mundo.

Neste estado de coisas, o estudo do conhecimento era feito a partir do sujeito e do objeto e da relação entre ambos. Sendo a linguagem encarada como elemento secundário do conhecer.

Como afirma Manfredo A. de Oliveira

> Estamos aqui no cume do pensamento objetivista: para Platão, como para todo o pensamento grego, as coisas possuem qualidade objetivas, relações e diferenças em si mesmas. Quando

> lidamos com as coisas, temos de nos orientar de acordo com essa natureza das coisas.[3]

Segundo este ponto de vista, existia um mundo que se bastava e que seria refletido pelas palavras ou revelado por atos de consciência e que somente depois poderia ser comunicado aos outros através da linguagem.

Esta, a linguagem, não era a condição do conhecimento, mas um espelho da realidade, como ela se apresentava e era conhecida pelo elemento humano.

Platão afirmava que as palavras não representavam propriamente os sons, mas apresentavam a essência das coisas. Não se trata de imitação do tom e das formas das coisas, mas de seu próprio ser. Uma palavra é justa e certa na medida em que traz a coisa à apresentação, na medida em que é a apresentação da coisa em si própria.

As coisas possuem qualidades objetivas, relações e diferenças em si próprias. E quando lidamos com elas, temos de nos orientar de acordo como essa natureza das coisas. Não poderemos agir com liberdade com relação às coisas, mas observar e respeitar a sua essência.

O estudo do conhecimento neste contexto foi sempre feito a partir do sujeito, do objeto, ou da relação instaurada entre o sujeito e o próprio objeto.

Em termos de sequência, teríamos a filosofia do ser, a filosofia da consciência, e após, todo este conhecer seria transformado em palavras e comunicado a todo o corpo social.

Como ensina VILÉM FLUSSER acerca dos gregos:

> foram eles que nos ensinarem que podemos vislumbrar através das aparências (fenômenos) aquilo que nelas transparece, que

---

3. OLIVEIRA, Manfredo Araújo. *Reviravolta Linguístico-Pragmática na Filosofia Contemporânea*. 4ª. ed. São Paulo: Loyola, 2015, p. 19.

> se torna compreensível, e a descoberta do compreensível dentro dos fenômenos equivale a desvendar a verdade. [4]

No século passado, houve uma mudança no padrão e na forma com que as coisas eram conhecidas. A filosofia da consciência deu lugar à denominada filosofia da linguagem, sobretudo, por meio da obra de LUDWIG WITTGENSTEIN, no que foi denominado de movimento do Giro-Linguístico.

Por meio deste novo posicionamento, ou uma nova e interessante maneira de se ver o mundo, a linguagem deixa de ser uma mera espectadora dos objetos neles mesmos e da consciência humana para tornar-se ela própria uma condição para a formulação do conhecimento.

A relação deixa de ser entre um sujeito e um objeto, mas sim uma relação entre linguagens. A linguagem criando o sujeito, bem como a realidade que a circunda.

Inexiste, como vimos, um mundo situado nele mesmo, nem mesmo uma essência ínsita nas coisas para ser descoberta.

Desde então, somente teremos o mundo, as coisas e as essências na linguagem. Não haverá mais correspondência entre linguagem e objeto. O objeto é criado pela linguagem.

E aqui teremos diversos exemplos de como se apoderar de uma linguagem que cria e molda todo o mundo de uma pessoa, das coisas ao seu redor, dos eventos naturais de cada organização social.

Como ensina com acuidade MÉLIKA QUELBANI:

> Então, podemos dizer que, teoricamente a cada signo deve corresponder um objeto que é a sua significação, mas que, na realidade, a significação de uma palavra é seu uso correto. [5]

---

4. FLUSSER, Vilém. *Língua e realidade*. 3ª. ed. São Paulo: Annablume, 2007, p. 30.

5. QUELBANI, Mélika. *O Círculo de Viena*. Tradução: Marcos Marcionilo. 1ª. ed. São Paulo: Parábola, 2009, p. 51.

O revolucionário de tudo isto é que o ser humano somente conhece o mundo quando o constitui linguisticamente em seu intelecto.

Não existe mais o objeto ele mesmo, muito menos algo em essência pura na natureza. O conhecimento passa a ser a sua constituição para o sujeito cognoscente. A partir daí, todos os objetos serão criados linguisticamente. A verdade passa a operar dentro do contexto social no qual será formulada.

A verdade se torna relativa. Vai sempre depender do meio social na qual será criada, da linguagem. Tudo o que conhecemos serão construções linguísticas que irão se reportar a outras construções linguísticas.

O mundo, as coisas do mundo, as essências não terão uma significância ínsita. O significado irá emergir a partir da utilização de signos linguísticos e no seio de uma comunidade linguística.

O homem é quem dá significado às coisas quando relaciona a palavra e aquilo que ela representa, conjuntamente com outras palavras, que juntas formarão uma definição.

Aqui faremos uma abordagem leve de um movimento bastante interessante surgido na cidade de Viena, na Áustria.

Tratou-se, como já dissemos, do surgimento de um grupo de pensadores que se reuniam regularmente para discutir aspectos novos desta moderna percepção de mundo.

Estes pensadores atribuem à linguagem como sendo o meio ou instrumento por excelência do saber científico. Sendo a linguagem o instrumento do conhecimento como também a forma através da qual o mesmo conhecimento será controlado.

Para se compor um discurso científico é imprescindível se manifestar por meio de uma linguagem rigorosa, linguagem esta que aplicaria este rigor aos dados apreendidos do mundo. Sem precisão na arte de se expressar, não haveria ciência.

Como bem descreve Paulo de Barros Carvalho:

> cumpre advertir que uma das características do Círculo era a atitude aberta e antidogmática existente nas discussões, em que todos se mostravam dispostos a submeter suas teses à crítica dos demais. [6]

Dentre os representantes desta nova elite intelectual encontravam-se filósofos, físicos, sociólogos, matemáticos, psicólogos, lógicos e juristas.

Sim, até juristas participavam destes encontros. Hans Kelsen participou de alguns encontros. E outros nomes como o de Rudolf Carnap, Hans Hanh e Otto Neurath, pontificaram no movimento.

3. Da norma jurídica

Geralmente, uma norma jurídica será composta por uma associação de uma hipótese a uma consequência, ligadas tanto a hipótese quanto a consequência por conectivo condicional neutro.

Estes juízos normativos não estão separados no mundo, e geralmente vêm acompanhados por uma norma secundária, a qual prevê os atos de coerção que podem ser executados para que as sanções sejam aplicadas.

As estruturas lógicas tanto da norma primária quanto da norma secundária são idênticas. No entanto, na norma primária, teremos, na sua hipótese, uma conduta lícita e no seu consequente, um dever jurídico. Na norma secundária, haverá em seu antecedente uma conduta ilícita, e no seu consequente, uma reação de cunho jurisdicional em que o Estado participa como juiz para obter a prestação insatisfeita.

6. CARVALHO, Paulo de Barros. *Direito tributário, linguagem e método*. 6ª. ed. São Paulo: Noeses, 2015, p. 23.

E aqui reside a razão principal das normas que prescrevem sanções administrativas serem também qualificadas como normas primárias de cunho sancionatório, vez que não teremos nestas normas a presença do magistrado para fazer cumprir o dever estipulado em lei.

As multas e demais sanções previstas no campo tributário estarão previstas em normas primárias, e não em normas secundárias pelos motivos que elencamos nos parágrafos antecedentes.

Como explica Aurora Tomazini de Carvalho:

> A primária prescreve uma conduta, a secundária toma como pressuposto a não observância desta conduta para instaurar uma relação jurídica em que o Estado-juiz assegure o seu cumprimento, mediante o exercício da coatividade estatal. [7]

Quando determinado Fisco, ou mesmo seu representante, elabora um Auto de Infração, constitui o dever de fazer o pagamento do tributo, e ao mesmo tempo lança também o dever de pagar a multa pelo seu não pagamento no prazo previsto pela legislação, aplicando duas normas jurídicas primárias e distintas.

A primeira norma aplicada será a regra-matriz de incidência tributária, tendo em seu antecedente um fato lícito, e gerando a obrigação de pagar um tributo, enquanto que a segunda norma, que será uma norma primária sancionadora, tem como previsão um ilícito em seu antecedente, e no consequente, uma punição.

Nenhuma será uma norma secundária, pois o Estado-juiz não terá participação.

4. A sanção no direito tributário

No campo da *semântica*, faz-se um estudo do significado das palavras e de que modo os signos são atribuídos aos

---

7. CARVALHO, Aurora Tomazini. *Curso teoria geral do direito*. 5ª. ed., São Paulo: Noeses, 2016, p. 325.

objetos designados e suas modificações no transcorrer do tempo. Como vimos, se trata de uma convenção socialmente aceita, e, por isso mesmo, o termo que ora estudamos encontra diversas significações a contar do campo onde seja aplicado.

Em nosso caso particular o termo sanção será aplicado no campo jurídico como um instituto criado pelo direito positivo com seus atributos e finalidades próprias dando origem a diversas outras normas que irão visar ao disciplinamento de certa esfera da experiência do direito, enquanto vetor para disciplinar o comportamento humano.

Assim poderemos ter no mínimo três acepções principais que a palavra sanção pode denotar: a primeira acepção poderá se confundir com os preceitos originários da norma primária sancionatória; bem como as penalidades advindas do descumprimento destes mesmos preceitos pela comunidade ao qual foram aplicados estes preceitos; ou, por derradeiro, a providência coercitiva fruto do exercício do poder coercitivo do Estado.

Ensina Maria Ângela Lopes Paulino Padilha:

> "Sanção é um nome, uma palavra, uma convenção, ou melhor, uma significação assinalada convencionalmente. Carente de univocidade, o termo sanção experimenta mutações semânticas na área jurídica".[8]

Não se esgotando nestas três principais significações: temos ainda a palavra relacionada com o irregular exercício de uma competência tributária atribuída, ou mesmo aquele ato pelo qual o chefe do Poder Executivo promulga uma lei confirmando a mesma. Sendo que alguns autores citam a denominada sanção como prêmio na qual determinado contribuinte é agraciado por uma conduta além daquela exigida pela lei.

No próprio Código de Processo Civil, em seus arts. 134 e 135, temos a responsabilidade tributária do terceiro, distinto da pessoa do contribuinte, em razão da prática de atos ilícitos.

---

8. PADILHA, Maria Ângela Lopes Paulino. *As sanções no direito tributário*. São Paulo: Noeses, 2015, p. 45.

No caso do art. 135, apenas a título de ilustração, que atribui a responsabilidade pessoal pelos créditos correspondentes a obrigações tributárias resultantes de atos praticados com excesso de poder ou infração de lei, contrato social ou estatutos. O fato mesmo é que como vimos, o aspecto de ambiguidade acompanha a todos os termos e palavras aceitas socialmente para designar algo.

Acerca deste tema da *ambiguidade* ou das diversas significações, ressaltamos que toda palavra padece ou sofre a sua influência. No campo do Constructivismo Lógico-Semântico, lidamos cotidianamente com tal questão.

Com a mudança do paradigma do movimento do Giro-Linguístico, não é mais possível abordar qualquer assunto que seja sem nos preocuparmos com a questão da linguagem.

Estamos cercados pela linguagem e, tudo o que temos das coisas são ideias, construções linguísticas, sobre o costume linguístico de um grupo de pessoas.

Todo conceito que se apresente tem uma função essencialmente seletiva. A realidade que nos cerca é infinitamente mais complexa que o conceito que a constitui como objeto que se possa articular intelectualmente. Não conceituamos dados da experiência, conceituamos termos. A relação da palavra com aquilo que ela significa nos parece natural, o que, por vezes, nos faz misturar a dado concreto com o dado linguístico.

Por isso que, todo conceito que se faça irá sofrer dos problemas da ambiguidade, da vaguidade, e da carga emotiva que possa advir com o termo empregado.

Além da falta de precisão no significado de uma palavra, paralelamente da carga emotiva vivenciada da palavra enquanto interpretada, o que de perto mais nos interessa neste pondo deste artigo, se refere ao caráter de ambiguidade relacionado ao uso que possamos fazer de um termo linguístico em relação ao seu entendimento socialmente estatuído.

Ambiguidade irá se referir à característica daqueles termos que comportem mais de um significado, que podem ser utilizados em dois ou mais sentidos.

E isto passa a ocorrer porque não existe um sentido em si mesmo ao termo, pois como já vimos, estes termos não têm o poder inerente de tocar a realidade tal qual ela se apresente. O vínculo que irá surgir entre a palavra e o seu significado é construído artificialmente por uma comunidade social.

E isto restou bastante claro nos problemas de vaguidade enfrentados pelo termo sanção.

A sanção na *Teoria Geral do Direito* tem merecido, por parte dos doutrinadores, estudos consistentes, onde se enumera aqueles que enfrentaram o tema e que emitiram opinião acerca da definição de sanção.

No âmbito de seu tempo histórico, Beccaria, com base no contrato social firmado pelos cidadãos, e no contexto de ausência de justiça nos julgamentos no século XVIII, condenou a atrocidade das punições e a severidade dos julgamentos (pena de morte, tortura, confisco). Reconheceu que o papel inerente da sanção na manutenção da ordem social, não significaria aceitar sua aplicação irrestrita.

Para Norberto Bobbio, e a partir de uma definição genérica do vocábulo sanção seria necessária a distinção entre a sanção jurídica e a sanção moral e a sanção social. Assim, a reprimenda de natureza jurídica seria externa, ao contrário da interioridade da sanção moral e institucionalizada ao contrário da ausência da institucionalização da sanção social.

Em Hans Kelsen e em Lourival Vilanova encontramos definições de sanção mais condizentes acerca de nossa linha de pensamento. Já, inclusive explicitado quando discorrer sobre a norma jurídica.

Nestes termos:

> Seguimos a teoria da estrutura dual da norma jurídica: consta de duas partes, que se denominam norma primária e norma secundária. Naquela, estatuem-se as relações deônticas direito/deveres,

> como consequência da verificação de pressupostos, fixados na proposição descritiva de situações fáticas ou situações já juridicamente qualificadas; nesta, preceituam-se as consequências sancionadoras, pressuposto do não cumprimento do estatuído na norma determinante da conduta juridicamente devida. [9]

Teríamos a norma primária estatuindo direitos e deveres correlatos, e a norma secundária prescrevendo a sanção mediante a coação estatal.

Na relação jurídico-material, estão a pretensão e a respectiva prestação, incluídas no objeto da prestação as sanções exigidas pelo credor diante do não adimplemento do devedor. A ação sancionatória é expressão da pretensão material e se encontra no plano do direito material e não se confunde com a ação enquanto exercício do direito à prestação da tutela jurisdicional.

Voltando atenção acerca da *sanção no Direito Tributário* e sua respectiva natureza jurídica, antes temos que reafirmar o caráter de unicidade do sistema jurídico positivo, como fazem os autores, para entender que as unidades normativas perfazem um todo em relação de coordenação e de subordinação, todas sob a regência do texto supremo, a Constituição Federal.

Diversas são as propostas feitas pela doutrina para entender a natureza jurídica da sanção tributária. Seja pela natureza da norma jurídica violada, ou do bem jurídico tutelado, do tipo de sanção estabelecida, do motivo de ordem subjetiva, ou do processo jurisdicional envolvido.

Entendemos que a natureza da norma jurídica, identificada pelo bem jurídico tutelado, fazendo a tipificação do ilícito e estabelecendo a respectiva sanção seja um dos critérios principais acerca do tema, que melhor define a natureza jurídica dos institutos debatidos.

Neste sentido, teríamos uma sanção penal se o ilícito for o tipificado na lei penal e visando à proteção de direitos

---

9. VILANOVA, Lourival. *As Estruturas lógicas e o sistema de direito positivo*. 4ª. ed. São Paulo: Noeses, 2010, p. 73.

essenciais de toda uma sociedade organizada. Uma sanção será administrativa para aqueles ilícitos tipificados em legislação administrativa e que discipline as atividades da Administração Pública.

E, por fim, a sanção será a tributária ou fiscal, quando fizer referência à instituição, arrecadação e fiscalização dos tributos. Disciplinando a relação jurídica entre sujeito passivo e o sujeito ativo, um titular do dever jurídico de recolher o tributo e cumprir os deveres instrumentais, e o outro, titular do direito subjetivo de exigir referidos deveres tributários.

Aqui é importante que se ressalte que no Direito Brasileiro não se atribui às sanções tributárias natureza penal, uma vez que desprovidas que são de características inerentes do regime penal: incomunicabilidade da pena, reserva jurisdicional, ausência de responsabilidade objetiva e competência legislativa privativa.

Como já afirmava Geraldo Ataliba (ATALIBA, 1999), a violação de uma norma penal ataca direta e imediatamente os direitos individuais e sociais das pessoas, ao passo que a violação à norma tributaria afronta, direta e imediatamente, os interesses da Administração.

O *crime tributário* seria aquele praticado contra a sociedade como um todo que tem o direito imediato a uma administração protegida na sua estrutura e em seus bens, enquanto que a *infração tributária* é praticada contra o direito subjetivo da Administração em receber os seus tributos.

E assim também as sanções tributárias merecem autonomia daqueles de cunho meramente administrativo, vez que existem institutos que somente irão existir quando tratarmos de precisamente sanções de cunho tributário, por exemplo, o instituto de denúncia espontânea.

No plano sintático, e no plano semântico, a sanção tributária assume diversas vertentes.

Sintaticamente, a sanção consiste na relação jurídica situada na proposição tese da norma primária sancionatória, vinculando sujeito ativo e sujeito passivo em torno de uma prestação.

No plano semântico, e em se tratando da norma geral e abstrata, a sanção pode significar o consequente da norma, como também a própria norma que tem como hipótese a tipificação de um fato ilícito. Na norma individual e concreta poderá ser a norma individual produzida por agente competente, o liame jurídico que se instala entre o sujeito ativo e o sujeito passivo, ou a própria penalidade aplicada.

No plano da pragmática e como resposta à violação das normas jurídicas mediante a pratica de ilícitos, as sanções terão as funções: preventiva, reparadora e a função repressiva.

Preventivamente, a sanção visa a intimidar os destinatários das mensagens jurídicas a pautarem suas condutas de acordo com ordem positivada, sob a ameaça de punições a serem aplicadas. Repressivamente, a sanção jurídica aplicada conferirá um castigo ao cidadão que infringiu a ordem estabelecida. E, na função reparadora, a sanção visaria ao dever de reparar o dano causado à vítima decorrente de sua conduta lesiva.

No que concerne às sanções tributárias, estas teriam o efeito preventivo e repressor também, posto que, visariam com sua existência à prevenção de ilicitudes futuras, bem como repreender e desestimular condutas ilícitas eventualmente ocorrentes.

Na infração tributária, é irrelevante a *intencionalidade* do agente ou responsável na prática da conduta ilícita, segundo redação do art. 136 do CTN.

Duas correntes, contudo, interpretam este dispositivo. Existem aqueles que defendem a responsabilidade objetiva, que independe do elemento volitivo e uma outra corrente que defende que se prove a questão do dolo ou da culpa.

E mesmo uma outra parte da doutrina entende que não comprovado que o responsável ou o agente realizou atos negligentes, imprudente ou imperitos, não haveria que se falar em responsabilidade.

Entendemos que nas relações entre pessoas sob o ângulo do Direito Tributário, como regra geral, existe a questão da responsabilidade objetiva, prescindindo da presença de dolo e mesmo de culpa para a averiguação da responsabilidade.

A intenção de que nos fala o artigo citado engloba todo e qualquer aspecto da vontade, alcançando além do dolo, também a culpa em suas três modalidades. Suficiente apenas o nexo de causalidade entre a conduta e o resultado advindo da mesma.

A questão da responsabilidade objetiva aplicada nestes domínios diz respeito ao que alguns autores denominam de homem social, ou seja, aquele que tem a responsabilidade na medida em que vive em sociedade, permitindo o ressarcimento da pessoa lesada através da teoria do risco.

E esta teoria, aplicada neste mesmo campo das finanças, permite a melhor socialização de eventual lesão ao Erário de forma mais eficiente e regular, e atento sempre ao intuito do Estado, a melhor arrecadação de seus tributos, repartindo seus custos entre os seus cidadãos.

Se vigorasse aqui a responsabilidade subjetiva, o fim arrecadatório do Poder Público restaria seriamente abalado, sobretudo, às possibilidades infinitas de argumentação da parte dos contribuintes.

O critério objetivo preveniria tal risco, como um melhor instrumento de garantia do cumprimento da norma primária tributária.

E concluímos com Ângela Maria da Motta Pacheco:

> Entende-se que o simples descumprimento da obrigação principal de dar ou da obrigação acessória de fazer é suficiente para determinar a responsabilidade do contribuinte. Independe de sua intenção: pagar ou não pagar, escriturar ou não o livro fiscal.[10]

---

10. PACHECO, Ângela Maria. *Sanções tributárias e sanções penais tributárias*. São Paulo: Max Limonad, 1997, p. 236.

5. Dos tipos de sanções tributárias

A doutrina adota diversos critérios para melhor distinguir as sanções tributárias.

Assim, teremos a sanção imposta quanto à sua gravidade, as penas privativas de liberdade, a pena restritiva de direitos, a pena restritiva de atividade, e a pena privativa de patrimônio. A sanção imposta quanto à sua função, aqui, teríamos as sanções compensatórias, repressivas ou preventivas. E a sanção imposta quanto às obrigações tributárias, as penalidades serão concernentes ao recolhimento do imposto, ao crédito do imposto, à documentação fiscal, aos livros fiscais, ao cadastro fiscal.

Com relação ao último critério adotado, o que leva em conta os deveres impostos ao sujeito passivo pela lei tributária, parte da doutrina divide as sanções tributárias, com base nos ilícitos que a antecedem, em *materiais*, no caso de infração à obrigação tributária principal, e *formais*, no caso de infrações que decorrem da transgressão aos deveres instrumentais, em colaboração com a fiscalização.

E ainda outros autores classificam as sanções com base na natureza dos tributos, podendo os principais serem reunidos em penas pecuniárias, apreensões, perda de mercadorias, sujeição a controle especial de fiscalização e interdições de toda sorte.

Em sua grande maioria, os que escreveram acerca do tema, e de acordo com os interesses científicos dos mesmos, fazem sua classificação com base no caráter pecuniário, dividindo, com base em tudo isso, as sanções em duas vertentes principais, quais sejam: as sanções tributárias pecuniárias (multas); e, as sanções tributárias não pecuniárias (aquelas restritivas de direitos ou interventivas).

Neste particular comungam deste entendimento alguns autores principais que escrevem sobre o Direito Tributário como Paulo Roberto Coimbra, Heleno Taveira Torres, Maria Ângela Lopes Paulino Padilha.

Antes de seguirmos, e apresentarmos uma proposta de debate, e por rigor cientifico, passemos a analisar o que dizem sobre este tema os autores acima citados.

As sanções não pecuniárias seriam aquelas que trazem restrições de direito, imputações de deveres formais mais graves, perda de benefícios, o perdimento de bens, os regimes especiais de controle e fiscalização. Guardam estreita relação com as penalidades oriundas do Direito Administrativo.

Seriam exemplos deste tipo de sanção, a saber: as restritivas de liberdade (as prisões administrativas de militares); as restritivas de atividades (sanções políticas, inabilitação, perda ou suspensão de direitos, interdição ou fechamento de estabelecimentos, intervenção administrativa, suspensão do direito de licitar ou de contratar); as restritivas de patrimônio moral (advertências, representações); as restritivas de patrimônio econômico (perda de bens).

De todas as sanções acima elencadas, na prática da Administração Fiscal, literalmente todas são aplicadas, de forma bastante regular, menos aquelas que dizem respeito a prisões administrativas, que não dizem absolutamente respeito ao fato de se arrecadar tributos.

São exemplos de sanções não pecuniárias no campo do Direito Tributário: perdimento de bens; apreensão de mercadorias; indeferimento de CND; regime especial de controle e fiscalização; e as ditas sanções políticas.

Todas estas sanções terríveis para a vida comercial dos contribuintes, visto que, na maioria dos casos são questões onde o Estado extrapola de suas atividades para constranger, até de forma sem eficácia a vida comercial dos cidadãos.

Vale aqui, por importante, ressaltar a opinião de Paulo Roberto Coimbra Silva para quem:

> As sanções não pecuniárias consistem em castigos destituídos, ao menos diretamente, de feição pecuniária [...]. As sanções não pecuniárias previstas nas leis tributárias, em sua maior parte,

têm sua constitucionalidade infirmada pela melhor doutrina e jurisprudência. [11]

Uma outra espécie sancionatória seria aquela provida de conteúdo pecuniário.

Vale aqui o aviso feito por alguns doutrinadores acerca da dificuldade existente no campo das sanções tributárias pecuniárias em virtude de que muitas vezes um mesmo fato ilícito é eleito para figurar no antecedente de várias normas jurídicas. E porque oriundo desta mesma diversidade existe muita dificuldade em definir acerca da natureza deste tipo de sanção, se reparadora, punitiva ou mesmo atualizadora da moeda.

A se partir do fato de que indenizar é recompor patrimonialmente, ou ressarcir o prejuízo sofrido, ou mesmo ganhos não realizados, ou em sentido largo, como uma prestação tendente a recompor o patrimônio lesado, as sanções pecuniárias tributárias implicam claramente uma penalidade àquele que descumpre ou retarda o implemento da prestação devida.

As multas precedidas de uma ilicitude não constituem uma avaliação prévia do prejuízo suportado pelo credor, nem substituem uma obrigação não cumprida, cujo adimplemento ainda subsiste independentemente da presença e da obrigação de se pagar as sanções.

Aqui também teremos muitos problemas surgindo, especialmente na eleição *da base de cálculo* para a mensuração das sanções devidas, não cumprindo sua importante função mensuradora do dano tributário sofrido.

6. Sanção por tributo não arrecadado: nossa proposta

Antes de adentrarmos propriamente na análise de nossa proposta, temos que dizer umas três ou quatro linhas acerca do ato de classificar, sobre a Teoria das Classes.

---

11. SILVA, Paulo Roberto Coimbra. *Direito tributário sancionador*. São Paulo: Quartier Latin, 2007, p. 171/172.

Segundo a Teoria das Classes, todo nome, qual seja, uma palavra tomada voluntariamente e socialmente aceita para designar indivíduos e seus atributos respectivos, e num determinado contexto de comunicação, seja de forma geral ou mesmo de uma forma individual, irá dar origem a toda uma classe de objetos.

O nome de caráter geral cria mais de um objeto, fazendo a denotação de uma classe de objetos que apresentam o mesmo atributo, enquanto que o nome de caráter individual mormente é utilizado para os nomes das pessoas.

Assim, classificar seria um ato ou atitude inerente ao conhecimento, que consistiria em separar os objetos em classes, segundo critérios diferenciadores.

Elaborar uma classificação seria agrupar as espécies (denotação), com os respectivos gêneros segundo o atributo discriminador, denominado de diferença. A espécie seria igual ao gênero mais a diferença específica. Quando afirmamos que a multa é uma sanção pecuniária, o termo sanção significa o gênero, e pecuniária a espécie do gênero à qual foi feita a referência.

Todos aqueles objetos que se enquadrem na conotação de sanções pecuniárias vão compor um conjunto que será denominado de denotação, serão possuidores dos elementos que foram anteriormente conotados nas hipóteses.

Existem ainda nomes que não são exclusivamente gêneros ou apenas espécies, assumindo a posição de gênero em relação à espécie ou subclasse que contém, ora aparecendo como a própria espécie em relação a uma classe mais abrangente.

Podendo ocorrer que as sanções jurídicas constituam gênero de que são espécies as sanções tributárias e as sanções não tributárias.

A nossa proposta está fundada em *dois conceitos* primordiais com relação aos quais passamos a discorrer.

O primeiro conceito diz respeito precisamente ao bem jurídico tutelado pela norma tributária, e ressalte-se que adotamos este critério como distintivo das normas tributárias de outras espécies de normas.

Pois bem, ao adotarmos tal postura, o bem jurídico violado no caso de uma norma penal, por exemplo, ataca direita e imediatamente os direitos individuais e sociais das pessoas, ao passo que a violação à uma norma tributária afronta direta e imediatamente os interesses da Administração, no seu mister de arrecadação de tributos, e na qualidade de sujeito ativo da relação jurídico-tributária.

O crime tributário será aquele praticado contra a sociedade como um todo que tem o direito imediato a uma administração preservada em sua estrutura e em todos os seus bens, enquanto que a infração tributária é praticada contra o direito da Administração de receber os seus tributos e de controlar mediante o cumprimento de formalidades o cumprimento de todas as formalidades tributárias, para que o Estado tenha recursos para cumprimento de suas funções elevadas.

E as sanções tributárias teriam também uma autonomia didática relativamente àquelas normas de cunho administrativo, e mesmo as normas de cunha penal, muito mais severas. As normas tributárias se sujeitariam a um regime jurídico próprio, com regras e princípios bastante específicos e derivados do poder de tributar do ente público, como por exemplo, no Instituto da Denunciação Espontânea.

Em nosso sistema jurídico, não prosperam as inciativas de reconhecer as sanções tributárias como sendo de natureza penal, uma vez que certos elementos que caracterizariam o regime penal não têm aplicação no ramo tributário do Direito, tais como: a incomunicabilidade da pena; a reserva jurisdicional; a ausência de responsabilidade objetiva e competência legislativa privativa da União para tipificar os crimes.

No Direito Tributário, a disciplina normativa atua nas relações entre a Administração como credora de tributos e o administrado como devedor tributário.

O *segundo conceito* que irá nos encaminhar a algumas conclusões será relativo à questão do tipo de responsabilidade envolvida nas questões referentes ao Direito Tributário.

Como dissemos linhas atrás, a responsabilidade objetiva surgiu a partir de uma certa ideia de que todos nós temos de alguma forma, ou mesmo de alguma maneira, grande grau de responsabilidade na medida em que vivendo em sociedade se compromete também o ressarcimento da vítima por meio da teoria do risco. Devido à grande complexidade da sociedade atual, temos que pensar um sistema no qual possamos confiar, e no qual também a culpa não possua dificuldades em ser provada.

E, no campo do Direito Tributário, a aplicação da responsabilidade objetiva, excluindo o papel da vontade, permite de forma bastante razoável à toda a sociedade envolvida, a socialização de eventual lesão ao Erário de forma bastante eficiente.

Como já afirmado, justifica-se tal postura em função da primordial finalidade da arrecadação dos tributos, e sua respectiva divisão entre todos os habitantes do meio social envolvido.

A imputação subjetiva não se mostraria suficiente aos reclamos do interesse público. O Estado hodiernamente não pode se dar ao luxo supremo de poder ter dúvidas acerca do recebimento ou não de seus tributos; esta dúvida pelo menos fica reduzida quando se opera com o caráter objetivo da responsabilidade tributária.

O caráter infinito da tipologia das condutas entre os seres humanos, as múltiplas possibilidades de tributação, deixaria a questão da arrecadação tributária bastante à mercê de aspectos de subjetividade, que, realmente, não seriam de total valia no quesito da arrecadação de tributos.

E nem há que se falar no terceiro elemento pressuposto pela imputabilidade em se tratando do Direito Penal, que é a culpa, ou culpabilidade do sujeito envolvido.

Ainda mais que na seara fiscal não é evento raro que a fiscalização se dirige bastante para as pessoas jurídicas, ocupando o lado passivo da relação tributária jurídica. A culpabilidade penal é insuficiente para a área fiscal.

Seja porque o público majoritário do Direito Tributário compreenda as pessoas jurídicas, e que é do conhecimento de todos que não possuem consciência de suas ações; seja porque a se permitir alegar a ignorância legal, as portas do subjetivismo ficariam abertas; seja porque estaria afastada a possibilidade de se atribuir a multa a terceiros, o fato é que a possibilidade da responsabilidade subjetiva não se coaduna com a ideia da arrecadação de tributos.

A nossa proposta de aplicação da sanção tributária gira ao redor da atividade estatal de arrecadar tributos.

Explicamos.

Conforme falamos alhures, o principal bem jurídico tutelado pelo Direito Tributário e pelo Estado em sua faceta fiscal diz respeito à atividade de arrecadar seus valores, seus tributos legalmente previstos.

Desta forma, podem ocorrer alguns fenômenos que, conjugados com a responsabilidade objetiva na arrecadação dos tributos, terão algumas soluções bem interessantes.

Se o contribuinte arrecada a totalidade de seus tributos, e regularmente presta conta de todos os seus deveres instrumentais, temos a situação ideal, e muito querida pelo Estado, os negócios seguem normalmente.

Se o contribuinte arrecada a totalidade de seus tributos, e por um lapso, por desconhecimento da complexa legislação, deixa de apresentar seus deveres instrumentais, ainda vigora a objetividade da arrecadação e se releva a falta cometida. E entendemos que aqui mesmo com aspectos de culpa, ou mesmo de vontade direcionada ou dolo, vigora ainda a objetividade arrecadatória e se releve a prestação instrumental não cumprida.

Se o contribuinte arrecada um valor a menor da totalidade de seus tributos e, por um lapso deixa também de apresentar seus deveres instrumentais, pagará a multa pela parte não paga, e multa pelos deveres instrumentais; e se houver culpa na não apresentação, pagará multa majorada pela conduta culposa. Se houver dolo, a majoração será ainda maior porque aqui o elemento dolo será como um obstáculo para que a Administração Fazendária possa ter pleno conhecimento do fato típico tributado.

No caso de não arrecadação de valores tributados e não apresentação dos deveres tributários, a sanção será sobre a totalidade do tributo devido, e mais multa pelos deveres instrumentais não apresentados. Se por culpa, os deveres instrumentais não forem apresentados, teremos a multa sobre o total não pago, e multa sobre este valor, sopesada em virtude da culpa e pelo fato de que, de alguma forma, a atividade de fiscalização fora prejudicada.

E, por fim, se não forem arrecadados os valores tributados, e houver dolo na não apresentação dos deveres instrumentais, estaremos vislumbrando uma possibilidade de confisco. A multa irá incidir sobre a totalidade do tributo não pago e também nesta totalidade, ocasionando um fenômeno que o Professor Robson Maia Lins denomina de intersecção entre sanções por descumprimento de dever instrumental e sanções por inadimplemento no pagamento de tributo.

7. Conclusão

Concluímos que a sanção está presente desde os tempos das primeiras formações sociais da humanidade, e no direito ela adquire foros de institucionalização. Com o advento da Filosofia da Linguagem em detrimento do caráter Ontológico das coisas nelas próprias, houve um incremento no estudo do aspecto comunicacional do fenômeno jurídico. E que as normas se prestam no sentido de bem regular a conduta das pessoas, e, sobretudo, a arrecadação de valores para que uma determinada sociedade se sustente.

Mas, sobretudo, pudemos constatar que é possível fazer um sopesamento entre a objetividade na constatação do dever de arrecadar para o Estado, enquanto manifestação do direito de tributar, objetividade esta que pode ser temperada na cominação da sanção tributária.

E, agora ultimando, quando se cruza o máximo de objetividade arrecadatória com a máximo de subjetividade na prestação de deveres instrumentais teremos uma situação limite para o Direito, e que não é esperada e nem desejada por nenhum dos operadores do sistema.

Enfim, serão grandezas que, se forem aumentadas ao mesmo tempo, maior objetividade na arrecadação conjuntamente com uma maior subjetividade (dolo ou culpa) na ausência do cumprimento dos deveres, irão ocasionar até um efeito confiscatório no patrimônio do contribuinte.

Se a objetividade arrecadatória for mantida, e concordamos que deva ser mantida, e descermos os aspectos subjetivos a um nível de normalidade do correto cumprimento das obrigações, os negócios jurídicos não sofrerão abalos. A oscilação do nível de subjetividade é que será o marcador, verdadeira régua a ser observada na fixação de sanções.

Mantendo-se a objetividade arrecadatória constante e igual a 10 (dez), por exemplo, teríamos uma fração, onde o elemento variável seria a subjetividade no cumprimento dos deveres (subjetividade/arrecadação).

Se o cumprimento for regular seu índice será de 10 (dez) também, resultando numa arrecadação equilibrada. Se a nota auferida for menor que 10 (dez), teremos um desequilíbrio na arrecadação, ocasionando um valor menor que o 1 (um), o que nos demonstra um certo desequilíbrio.

E se este número for aumentado ainda mais, a divisão restará também desequilibrada e irá servir como mensuração dos valores a serem apurados para multa e outras sanções a serem aplicadas.

Tema para um outro artigo.

Referências

BRITTO, Lucas Galvão de. *O lugar e o tributo*. 1ª. ed. São Paulo: Noeses, 2014.

CARVALHO, Aurora Tomazini. *Curso teoria geral do direito*. 5ª. ed., São Paulo: Noeses, 2016.

CARVALHO, Paulo de Barros. *Direito tributário: linguagem e método*. 6ª. ed. São Paulo: Noeses, 2015.FLUSSER, Vilém. *Língua e realidade*. 3ª. ed., São Paulo: Annablume, 2007.

LINS, Robson Maia. *Curso de direito tributário brasileiro*. 1ª. ed. São Paulo: Noeses, 2019.

OLIVEIRA, Manfredo Araújo. *Reviravolta Linguístico-Pragmática na Filosofia Contemporânea*. 4ª. ed. São Paulo: Loyola, 2015.

PACHECO, Ângela Maria. *Sanções tributárias e sanções penais tributárias*. São Paulo: Max Limonad, 1997.

PADILHA, Maria Ângela Lopes Paulino. *As sanções no direito tributário*. São Paulo: Noeses, 2015.

QUELBANI, Mélika. *O Círculo de Viena*. Tradução: Marcos Marcionilo. 1ª. ed. São Paulo: Parábola, 2009.

ROXIN, Claus. *Problemas fundamentais de direito penal*. Tradução: Ana Paula dos Santos e outros. 3ª. ed. Lisboa: Vega, 1998.

SILVA, Paulo Roberto Coimbra. *Direito tributário sancionador*. São Paulo: Quartier Latin, 2007.

VILANOVA, Lourival. *As estruturas lógicas e o sistema de direito positivo*. 4ª. ed. São Paulo: Noeses, 2010.

A REITERAÇÃO DA CONDUTA COMO CRITÉRIO DE INCIDÊNCIA DA REGRA-MATRIZ DA MULTA QUALIFICADA SOB A ÓTICA DO CARF

Marcelo José Luz de Macedo[1]

Sávio Salomão de Almeida Nóbrega[2]

Thiago Maciel Pinheiro Barros[3]

1. Introdução

Tem-se tornado cada vez mais recorrente a aplicação das denominadas multas qualificadas no âmbito das fiscalizações da Receita Federal do Brasil. Em que pese as multas consistirem em um eficaz meio de coação ao enfrentamento de ilícitos

---

1. Conselheiro do Conselheiro Administrativo de Recursos Fiscais – CARF. Doutorando em Direito Tributário – USP. Mestre em Direito Tributário – PUC/SP. Especialista em Direito Tributário – IBET. marcelo_macedoo@hotmail.com

2. Conselheiro do Conselheiro Administrativo de Recursos Fiscais – CARF. Conselheiro do Conselho Municipal de Tributos de São Paulo – CMT/SP. Diretor de negociações coletivas da Federação Nacional dos Advogados – FeNadv. Advogado. Mestre em Direito Tributário – PUC/SP. Especialista em Direito Tributário – IBET. saviosalomao@hotmail.com

3. Advogado. Mestrando em Direito Tributário – PUC/SP. Especialista em Direito Tributário – IBET. Membro da Comissão de Direito Tributário da OAB/RN. thiagomacielpb@hotmail.com

fiscais, é importante ressaltar que elas somente podem ser aplicadas quando os critérios e requisitos previstos na hipótese normativa são efetiva e devidamente preenchidos.

A partir de um corte metodológico, toma-se como objeto do presente trabalho a função fiscalizatória da Receita Federal e, mais especificamente, a aplicação das multas tributárias. E é aí que se insere a multa qualificada decorrente do descumprimento de uma obrigação tributária principal, quer dizer, pagamento de tributo, cujo adjetivo "qualificada" serve para acrescentar à multa um aspecto valorativo (elemento subjetivo) relacionado à conduta do agente infrator.

A referida multa encontra previsão no art. 44, §1º, da Lei 9.430/96 e decorre da presença de uma circunstância qualificadora, assim considerada a sonegação, a fraude e o conluio, que, a rigor, são sempre praticados com intuito doloso, isto é, intencional.

De maneira ampla e genérica, o dolo pode ser compreendido como a vontade conscientemente dirigida de produzir antijuridicamente um dano a outrem. Aliás, segundo o art. 18, I, do Código Penal, considera-se doloso o crime no qual o agente quis o resultado (dolo direto) ou assumiu o risco de produzi-lo (dolo eventual).

Somente com a precisa identificação do dolo é que uma conduta pode ser tipificada como um ato de sonegação, fraude ou conluio, ensejando a aplicação da multa qualificada.

Em que pese o aludido, tem-se verificado, na prática, situações nas quais a multa é aplicada em sua forma qualificada sem que seja realizado um trabalho de identificação e comprovação da intenção dolosa do contribuinte. Não são raras as vezes que a multa qualificada é aplicada apenas em decorrência dos fatos adjacentes praticados pelo contribuinte, tais como a frequência e a voluntariedade.

A respeito da frequência, exsurge a ideia de conduta reiterada, utilizada em um crescente número de autuações fiscais como causa para qualificação da multa tributária e da própria manutenção de tais multas pelo Conselho Administrativo de Recursos Fiscais ("CARF").

Como se trata de conceito não previsto em lei, é de suma relevância o estudo do tema da conduta reiterada, tomando-se como ponto de partida as premissas fixadas pelo método do Constructivismo Lógico-Semântico.

2. Premissas de um ensaio: o constructivismo lógico-semântico como método

O Constructivismo Lógico-Semântico se apresenta como a corrente filosófica que parte da premissa de que a linguagem constitui a realidade e seu método pode ser utilizado para o conhecimento de qualquer objeto. Concebe o mundo como uma entidade cuja morfologia não é independente dos sujeitos que fazem parte dele. Defende-se a ideia de que sempre existe intervenção humana na formação do objeto.

Nas palavras de Paulo de Barros Carvalho,

> o modelo se propõe amarrar os termos da linguagem, segundo esquemas lógicos que deem firmeza à mensagem, pelo cuidado especial com o arranjo sintático da frase, sem deixar de preocupar-se com o plano do conteúdo, escolhendo as significações mais adequadas à fidelidade da enunciação.[4]

Assim, o constructivismo se mostra relevante para o estudo do direito positivo, a partir do momento que este, como objeto cultural, fruto da criação humana para determinados fins, necessita de uma atividade construtiva de atribuição de sentido ao texto da lei. Não se extrai nada do texto de lei, a qual é somente o ponto de partida para sua interpretação, delimitando assim lógica e semanticamente as normas jurídicas.

---

4. CARVALHO, Paulo de Barros. Algo sobre o constructivismo lógico-semântico. In: *Constructivismo lógico-semântico*. vol. I. Coord. Paulo de Barros Carvalho. São Paulo: Noeses, 2014. p. 4.

Por esse aspecto, relevante assinalar que a linguagem é fundamental no processo de conhecimento. Segundo Fabiana Del Padre:

> o conhecimento pressupõe a existência de linguagem. A realidade do ser cognoscente caracteriza-se exatamente por esse conhecimento do mundo, constituído mediante linguagem. Não é possível conhecermos as coisas tal como se apresentam fisicamente, fora dos discursos que a elas se referem. Por isso, nossa constante afirmação de que a linguagem cria ou constitui a realidade.[5]

A realidade, pode-se dizer, é o mundo ordenado pela linguagem. Paulo de Barros Carvalho, citando Vilém Flusser, ensina que "aquilo que nos chega pela via dos sentidos (intuição sensível), e que chamamos de realidade, é dado bruto, que se torna real apenas no contexto da língua, única responsável pelo seu aparecimento"[6]. A língua constitui, forma, cria e propaga a realidade. Só há realidade onde atua a linguagem, assim como somente é possível conhecer o real mediante enunciados linguísticos. O que conhecemos, o que nos é real, reside na existência: a forma pelo qual algo nos é apresentado, em dado instante, mediante linguagem.

Na ideia de autorreferencialidade, do cerco inapelável, a linguagem explica e é explicada pela própria linguagem. Dessa forma, a teoria da linguagem é de suma importância tanto para a Ciência no geral, como para a Ciência do Direito, posto que o significado e o sentido das palavras se resultam do seu uso na linguagem,. É a linguagem que confere sentido aos termos e proposições utilizadas. Aliás, a linguagem acompanhada de um rigor semântico e sintático atribui coerência e precisão ao discurso, seja para a Ciência em geral, seja para a própria Ciência do Direito.

---

5. TOMÉ, Fabiana Del Padre. *A prova do direito tributário.* 3 ed. São Paulo: Noeses, 2012, p. 6.

6. CARVALHO, Paulo de Barros. *Direito tributário, linguagem e método.* 5 ed. São Paulo: Noeses, 2013, p. 170.

Ainda neste sentido, Robson Maia Lins adverte que "não há manifestação do direito sem uma linguagem, idomática ou não, que lhe sirva de veículo de expressão, aqui tomado na sua acepção normativa como conjunto de normas jurídicas válidas vigentes num sistema, em determinado momento histórico."[7]

3. Sistema jurídico e norma jurídica

Com a mudança de paradigma da filosofia do ser para a filosofia do conhecimento, passou-se a entender que as coisas não mais detêm um significado ontológico, mas sim um significado construído pelo próprio intérprete. A interpretação não mais significa extrair um conteúdo do texto, mas sua reconstrução. O sentido não está no texto, mas no sujeito cognoscente que se põe a interpretá-lo.

A tomada de consciência de que o direito é texto implica que o seu conhecimento passa necessariamente por três tomadas de posição. Primeiro sua leitura, o que possibilita interpretá-lo e só então compreendê-lo. Se interpretar é atribuir significado a um enunciado, a interpretação jurídica se refere à atribuição de significado a um enunciado jurídico para a construção da norma jurídica.

O direito constitui um conjunto de enunciados prescritivos ou normas jurídicas (válidas em um dado sistema), criado por vontade humana para regular as condutas intersubjetivas. De antemão, já temos um primeiro contato com a ideia de sistema. Nas lições de Paulo de Barros Carvalho, "onde houver um conjunto de elementos relacionados entre si e aglutinados perante uma referência determinada, teremos a noção fundamental de sistema".[8]

---

7. LINS, Robson Maia Lins. O Supremo Tribunal Federal e Norma Jurídica: Aproximações com o Constructivismo Lógico-Semântico. In: *Vilém Flusser e Juristas*. São Paulo: Noeses, 2009, p. 378.

8. CARVALHO, Paulo de Barros. *Direito tributário:* fundamentos jurídicos da incidência. 9 ed. São Paulo: Saraiva, 2012, 69.

Daí a importância da compreensão do sistema jurídico como o conjunto das normas jurídicas postas, a partir do qual o direito positivo se apresenta como um sistema proposicional nomoempírico prescritivo. Proposicional porque constituindo de linguagem. Nomoempírico, porque formado por proposições com referência empírica, são passíveis de ser objeto da experiência. Prescricional porque suas proposições prescritivas são voltadas para a regulação das condutas intersubjetivas.

Nesse sentido, cumpre trazer à baila as lições de Paulo de Barros Carvalho:

> as normas jurídicas formam um sistema na medida em que se relacionam de várias maneiras, segundo um princípio unificador. Se pensarmos neste conjunto de todas as normas jurídicas válidas, num determinado intervalo de tempo e sobre específico espaço territorial, inter-relacionadas sintática e semanticamente, segundo um princípio unificador, teremos o direito positivo que aparece no mundo integrado numa camada de linguagem prescritiva, pertencente à região ôntica dos objetos culturais, visto que é produzido pelo homem para disciplinar a convivência social, dirigindo-se, finalisticamente, ao campo material das condutas intersubjetivas.[9]

Norma jurídica é a significação construída pela leitura dos textos positivos, fruto da atividade psicológica do intérprete, através da qual uma ordem de dever-ser é emitida, seja para orientar diretamente as condutas intersubjetivas através de proibições, permissões ou obrigações, seja para estabelecer a organização ou produção de novas normas, de como elas devem ser criadas, transformadas ou suprimidas.

Neste sentido, a regra-matriz de incidência tributária é a própria norma jurídica tributária, o conjunto de enunciados prescritivos apto a regular condutas intersubjetivas. Dessa leitura são extraídas ordens voltadas para o comportamento que, por sua vez, modalizam-se em um dos três modais deônticos:

---

9. CARVALHO, Paulo de Barros. *Direito tributário:* fundamentos jurídicos da incidência. 9 ed. São Paulo: Saraiva, 2012, p. 76.

"permitido", "proibido" ou "obrigatório". Ela deve possuir o mínimo irredutível do deôntico, ou seja, o mínimo de estrutura formal para que a manifestação do dever-ser (do deôntico), possa ser compreendida pelo receptor da mensagem.

As normas em sentido estrito denotam a mensagem deôntica completa, as próprias significações construídas a partir dos enunciados postos pelo legislador, estruturadas na forma hipotético-condicional. Referindo-se a tais normas, dizemos que elas necessariamente se compõem de duas proposições – uma hipótese (H), que descreve uma situação abstrata capaz de produzir efeitos jurídicos; e uma consequente (C).

A teoria geral do direito costuma designar por antecedente, suposto ou hipótese à descrição do fato. Já o consequente, mandamento, estatuição ou preceito, é o conjunto de notícias e informações relativas ao vínculo jurídico que se inaugura com a concretização fática. Em outras palavras, a hipótese é o conjunto de critérios que nos possibilita identificar, no plano físico, os fatos que o político entendeu relevantes, ao compasso em que a consequência congrega também critérios que nos habilitam a compor a relação jurídica que nasce.

No plexo de normas tributárias, sobresai sem dúvida alguma a regra-matriz de incidência tributária, norma jurídica tributária em sentido estrito responsável pela instituição dos tributos. Todavia, também existem outras normas jurídicas, as quais não prescrevem uma obrigação de pagar tributo, dentre as quais as normas jurídicas responsáveis pela insituição de normas sancionatórias.

Fala-se, então, em regra-matriz de incidência da multa tributária, cujo antencedente revela o descumprimento de uma obrigação ou de uma relação jurídico- tributária, prevendo em seu consequente uma sanção ou infração administrativa. Também é norma de conduta e se faz acompanhar pela norma secundária processual.

4. A norma sancionatória

O sistema do direito positivo apresenta um caráter nitidamente coativo. Todavia, essa característica não é exclusiva sua, mas sim, própria a todos os sistemas normativos, seja ele moral, religioso ou de qualquer outra espécie. O que diferencia a ordem jurídica é a forma de coação, por meio do emprego autorizado da força Estatal para fazer cumprir suas ordens.

Essa relação entre direito e sanção, há tempos já fora observada. Observou Hans Kelsen que, "uma ordem normativa contém não apenas normas que impõem uma conduta determinada – como uma ordem jurídica positiva – mas também normas que instruem uma sanção para a hipótese de não serem cumpridas."[10] Assim, a sanção surge como resposta ao descumprimento do ordenamento jurídico visando exatamente à sua preservação.

Ao discorrer sobre a sanção em uma de suas concepções, Paulo Roberto Coimbra informa ser "norma jurídica somente aquela cuja execução é assegurada por uma sanção externa e institucionalizada, oriunda da mesma fonte geradora das normas de conduta."[11] De fato, concordamos com o exposto, já que não há, dentro das premissas eleitas, norma sem sanção no ordenamento jurídico, de modo que a norma jurídica completa se compõe da norma primária (dispositiva) e da norma secundária (sancionatória).

Sob essa perspectiva, a sanção é entendida sob uma acepção estrita e está atrelada à ideia de relação processual. Representa a norma secundária sancionatória e expressa no consequente uma relação de cunho jurisdicional, em que o Estado participa como juiz para obter, coativamente, uma prestação insatisfeita. O Estado-juiz integrante da relação jurídica, na condição de sujeito passivo, exerce sua força para garantir o

---

10. KELSEN, Hans. *Teoria geral das normas*. Trad. José Florentino Duarte. Porto Alegre: Editora Sérgio Antônio Fabris, 1986, p. 181.

11. BOBBIO, Norberto. *Teoria geral do direito*. 1992. In: SILVA, Paulo Roberto Coimbra. Direito tributário sancionador. São Paulo: Quartier Latin, 2007, p. 49.

cumprimento de outra norma, a que se postula o sujeito ativo. É relação processual, por exemplo, a lei de execução fiscal.

Para as pretensões do presente trabalho, não pretendemos lidar com essa noção de norma secundária sancionatória, mas sim com a sanção em sentido amplo, ou seja, sanção como espécie de norma primária (norma derivada punitiva). É aplicada face ao descumprimento de uma obrigação e não suscita, pelo menos a priori, relação processual. As multas tributárias decorrentes do não pagamento de tributo constituem exemplo típico dessa sanção.

Por esse aspecto, a norma jurídica sancionatória primária possui a mesma estrutura lógico-formal das regras de conduta, vale dizer, caracteriza-se por uma proposição-hipótese vinculada por um conectivo interproposicional condicional deonticamente modalizada com uma proposição-consequente, a qual, todavia, apresenta uma particularidade em seu antecendente, qual seja, a presença de um fato ilícito representado pelo descumprimento de um dever jurídico estipulado no consequente de outra norma jurídica, também denominado de infração tributária.

Repousando sobre o plano fenomênico, a infração tributária individualiza-se por constituir-se em uma conduta, comissiva ou omissiva, a qual, direta ou indiretamente, representa o descumprimento de deveres jurídicos estatuídos pelo direito positivo fiscal.

Em matéria tributária, o ilícito tributário poderá advir da não prestação do tributo ou do não cumprimento de deveres instrumentais, embora a estrutura lógico-formal em ambos os casos seja a mesma, posto residir no atencedente o descumprimento de uma obrigação tributária.

Segundo Paulo de Barros Carvalho, "designa-se por sanção tributária à relação jurídica que se instala, por força do acontecimento de um fato ilícito, entre o titular do direito violado e o agente da infração."[12]

---

12. CARVALHO, Paulo de Barros. *Direito tributário, linguagem e método*. 7. ed. São Paulo: Editora Noeses, 2018, p. 888.

Tal poder sancionatório, antes de ser tributário, é do próprio Estado no desempenho da atividade repressiva, em razão das condutas eleitas como antijurídicas. A ideia de pena não fica restrita àquelas previstas pelo direto penal. O legislador ao disciplinar, não só o direito tributário, mas outros ramos do direito, estabelece hipóteses normativas que, se não observadas, acarretam relações sancionatórias.

A sanção apresenta tanto um caráter repressitivo/punitivo como preventido/eductativo, de modo a penalizar o infrator e desistimular o rompimento da ordem jurídica, por meio da intimidação gerada na consciência dos sujeitos e na certeza de seus efeitos negativos. Nessa linha de raciocínio, Regina Helena Costa informa que

> A sanção punitiva, que é a que desperta maior interesse, visa não somente reprimir o infrator como também estimular o cumprimento das obrigações tributárias. A relevância da relação jurídica sancionatória está estampada em seu caráter pedagógico e, portanto, inibidor de condutas infracionais.[13]

A multa é uma reação contra uma conduta social indesejada, aplicada para evitar que se destrua a distribuição da carga tributária, necessária ao sustento do Estado. O direito tributário apresenta campo fértil para utilização abusiva das sanções sob pretexto de se coibir condutas ilícitas, causando o desvirtuamento de suas finalidades.

Em hipótese alguma se pode outorgar às multas tributárias uma função arrecadatória ou reparatória. Para tanto, temos os tributos e as indenizações, respectivamente. Devemos sublinhar, então: as multas não têm – e nem podem ter – por escopo o abastecimento dos cofres públicos ou a indenização da Fazenda Pública por eventuais prejuízos. Sua função repressiva/preventiva tem por finalidade assegurar a manutenção da

13. COSTA, Regina Helena. *Curso de direito tributário:* Constituição e Código Tributário Nacional. 4 ed. São Paulo: Saraiva, 2014, p. 305/306.

ordem jurídica, mais especificamente, zelando para conferir segurança, garantia e respeito às normas tributárias.

Para Régis Fernandes de Oliveira,[14] a sanção deve obedecer a quatro elementos básicos, quais sejam i) o estabelecimento de sanção que corresponda à violação da regra; ii) a medida da sanção; iii) a adequação do procedimento; e iv) o órgão responsável pela aplicação.

Dentre as espécies de multa, cumpre aos fins do presente trabalho a análise da denominada multa tributária de ofício.

4.1 A multa tributária de ofício

A multa de ofício é lançada por ato administrativo próprio do Fisco. Decorre do fato jurídico do não pagamento. Não em razão do fator tempo, como no atraso pela mora, mas sim por conta do não pagamento de maneira objetiva, quer dzier, do simples fato de descumprir a obrigação independente do *quantum* de tempo decorrido. Nos termos do que dispõe o art. 44,I, da Lei 9.430/96:

> Art. 44. Nos casos de lançamento de ofício, serão aplicadas as seguintes multas:
>
> I - de 75% (setenta e cinco por cento) sobre a totalidade ou diferença de imposto ou contribuição nos casos de falta de pagamento ou recolhimento, de falta de declaração e nos de declaração inexata;
>
> [...].

O contribuinte que não pratica atos com dolo, fraude ou simulação, mas apenas adota determinada interpretação da legislação tributária ou qualificação jurídica dos fatos que o leva a pagar o tributo em desacordo com a posição, posteriormente adotada pela Fazenda Pública no ato de lançamento, não realiza conduta mais grave e reprovável do que aquele

14. OLIVEIRA, Régis Fernandes de. *Infrações e sanções administrativas*. São Paulo: Revista dos Tribunais, 1985. p. 3.

que deliberadamente paga em atraso o tributo que entende ser devido.

Embora a regra seja a sua aplicação no percentual de 75%, a legislação prevê algumas hipóteses nas quais ela pode sofrer uma majoração, diante da gravidade da situação. Dentre elas, tem-se a denominada multa de ofício qualificada.

4.2 A multa qualificada

Essa espécie de multa é aplicada nas hipóteses em que há a demonstração e comprovação de que o contribuinte agiu com dolo, fraude ou simulação, consoante previsão do art. 44, §1º, da Lei 9.430/96, o qual, por sua vez, remete o intérprete ao disposto na Lei 4.502/64. Confira-se:

> **Art. 44, §1º, da Lei 9.430/96.**
>
> § 1º. O percentual de multa de que trata o inciso I do caput deste artigo será duplicado nos casos previstos nos arts. 71, 72 e 73 da Lei nº 4.502, de 30 de novembro de 1964, independentemente de outras penalidades administrativas ou criminais cabíveis;
>
> **Arts. 71, 72 e 73 da Lei 4.502/64.**
>
> Art. 71. Sonegação é toda ação ou omissão dolosa tendente a impedir ou retardar, total ou parcialmente, o conhecimento por parte da autoridade fazendária:
>
> I - da ocorrência do fato gerador da obrigação tributária principal, sua natureza ou circunstâncias materiais;
>
> II - das condições pessoais de contribuinte, suscetíveis de afetar a obrigação tributária principal ou o crédito tributário correspondente.
>
> Art. 72. Fraude é toda ação ou omissão dolosa tendente a impedir ou retardar, total ou parcialmente, a ocorrência do fato gerador da obrigação tributária principal, ou a excluir ou modificar as suas características essenciais, de modo a reduzir o montante do impôsto devido a evitar ou diferir o seu pagamento.
>
> Art. 73. Conluio é o ajuste doloso entre duas ou mais pessoas naturais ou jurídicas, visando qualquer dos efeitos referidos nos arts. 71 e 72.

Em tais hipóteses, a intenção do agente possui extrema relevância para a caracterização da multa qualificada. Com isso, para que a autoridade fazendária possa majorar a multa – de multa de ofício aplicada no percentual de 75% para multa qualificada de 150% –, deverá provar o requisito subjetivo, ou seja, o dolo da conduta fraudulenta ou do ato de sonegação.

Destaque-se que não basta simplesmente o sujeito passivo da obrigação tributária deixar de recolher o tributo para que se possa considerar ocorrida a sonegação ou fraude fiscal, sendo sempre imprescindível a comprovação do caráter doloso da conduta tipificada, por expressa exigência legal.

Com efeito, não comete tais crimes aquele que, por negligência, imprudência ou imperícia, praticou a conduta contrária à legislação tributária. Logo, as infrações decorrentes de culpa *in elegendo*, culpa *in vigilando*, e erros de cálculo, por exemplo, não podem ser consideradas como sonegatórias ou fraudulentas.

Portanto, o dolo é um elemento essencial para aplicação da multa qualificada, de 150% prevista no art. 44, §1°, da Lei 9.430/96. Sem a identificação do dolo, a referida multa é inaplicável.

5. A figura do dolo

A doutrina de Direito Penal aponta que teria prevalecido, na reforma do Código Penal de 1984, a teoria finalista da ação, segundo a qual a intenção do agente seria determinante para caracterização do ilícito. Por esse aspecto, o dolo e a culpa seriam pressupostos da ilicitude. Assim, ainda que uma conduta atinja determinado resultado ilícito, não haverá crime se o agente agiu sem dolo ou culpa.

Tal teoria teria prevalecido sobre a corrente causalista, segundo a qual bastaria o resultado ilícito para a identificação do crime, pouco importando, então, a intenção do agente.

Neste contexto, destaque-se, desde já, que a culpabilidade (o que inclui o dolo) é determinante para ocorrência e tipificação da conduta criminosa. De acordo com o art. 18, I, do

Código Penal, o caráter doloso de uma conduta se caracteriza "quando o agente quis o resultado ou assumiu o risco de produzi-lo". O querer o resultado (dolo direto) ou a assunção do risco da ocorrência do resultado (dolo eventual), portanto, são pressupostos dos crimes dolosos.

É importante esclarecer ainda que noção do dolo, partindo-se das premissas fixadas, envolve a consciência e a vontade do indivíduo que realiza a conduta descrita no tipo penal, seja querendo efetivamente o resultado ilícito, seja assumindo o risco da ocorrência do resultado ilícito.

Nesse sentido, como ensina Aníbal Bruno, nas hipóteses em que fica caracterizado o caráter doloso de uma conduta:

> O indivíduo sabe o que quer e decide realizá-lo, consciente de que o seu querer é ilícito. Desde momento psicológico passa o agente a realização no mundo exterior, e só então penetra no domínio do Direito Penal. A simples vontade ilícita, sem manifestação externa, é indiferente para o Direito. O dolo é, portanto, representação e vontade em referência a um fato punível, que o agente pratica sabendo ser o mesmo ilícito. [15]

Trata-se exatamente da associação entre vontade e intenção do contribuinte, contrárias ao interesse do Fisco e voltadas ao inadimplemento da obrigação tributária principal (pagar tributo) ou então dos deveres instrumentais, em conformidade com o disposto nos arts. 71, 72 e 73 da Lei 4.502/64.

Para caracterização da infração, portanto, não basta a simples intenção do sujeito em agir contra o interesse do Fisco. Aliás, não há sequer um dispositivo normativo específico que criminalize a inteção do contribuinte em pagar menos tributo. A elisão fiscal há tempos é admitida no âmbito no direito tributário. A seu respeito, convém observa as licões de André Mendes Moreira, segundo o qual a:

> elisão fiscal corresponde à prática de atos lícitos, anteriores à incidência tributária, de modo a obter-se legítima economia de

15. BRUNO, Aníbal. *Direito penal.* Rio de Janeiro: Forense, 1959. t. II, p. 60.

> tributos, seja impedindo-se o acontecimento do fato gerador, seja excluindo-se o contribuinte do âmbito de abrangência da norma ou simplesmente reduzindo-se o montante de tributo a pagar. Já evasão fiscal constitui a prática, concomitante ou posterior à incidência tributária, na qual são utilizados meios ilícitos (fraude, sonegação, simulação) para escapar ao pagamento de tributos.[16]

Muitas vezes, na prática, há uma linha extremamente sutil entre um ato de elisão fiscal, de infração fiscal praticada de maneira não dolosa e a infração dolosa. Por isso, é de extrema importância a fixação de fatores seguros para, se não delimitar inequívoca e precisamente a prática de cada uma destas condutas, pelo menos assegurar da forma mais precisa possível a caracterização de cada uma delas. Para tanto, é imprescindível que o ato administrativo responsável pela sua constituição contenha os elementos necessários e suficientes de prova.

Para a identificação da conduta dolosa, portanto, não bastaria o seu resultado, mas sim a comprovação da vontade consciente do contribuinte em praticar determinada conduta, a qual, por consequência, atingiria determinado resultado.

Partindo-se da premissa de que a identificação do dolo somente é possível por meio do contexto fático-probatório, a partir do qual será inferida a conduta do agente, seria possível, segundo Leonardo Aguirra de Andrade, "afastar o caráter doloso de uma conduta praticada em um cenário de dúvida quanto à antijuricidade do resultado. Não se trata de uma dúvida qualquer, mas de uma dúvida razoável, fundada, por exemplo, na existência de precedentes jurisprudenciais ou manifestação das autoridades fiscais no sentido de que a prática – posteriormente considerada ilícita – era, à época dos fatos, tida como exercício regular de direito. Ou seja, quem agiu com a expectativa de que estaria exercendo seu direito, com base em uma dúvida razoável, assim o fez, no máximo, de maneira imprudente, nunca de modo doloso, pois o dolo depende

16. MOREIRA, André Mendes. Elisão e evasão fiscal – limites ao planejamento tributário. *Revista da Associação Brasileira de Direito Tributário*, Vol. 21, Belo Horizonte, 2003, p. 12.

da certeza quanto à antijuridicidade da conduta."[17] E conclui o autor que "a assunção de risco, pertinente ao dolo eventual, está relacionada exclusivamente com o risco da ocorrência do resultado ilícito, e nunca com a assunção de risco quanto à antijuricidade. Quem aposta em uma interpretação jurisprudencial que posteriormente é alterada não agiu de maneira dolosa, e sim de maneira imprudente."

Mais uma vez, reiterando o que já fora aduzido anteriormente, para a responsabilização do agente não basta que a conduta por ele praticada seja típica e antijurídica, sendo imprescindível ainda a caracaterização da culpabilidade, a qual, segundo Guilherme de Souza Nucci, "significa que ninguém será penalmente punido, se não houver agido com dolo ou culpa, dando mostras de que a responsabilização não será objetiva, mas subjetiva (*nullum crimen sine culpa*)."[18]

A culpabilidade, portanto, consiste no fundamento de qualquer sistema punitivo, inclusive o tributário sancionatório, o qual se pretenda racional e justo, pois além de afastar qualquer espécie de responsabilidade objetiva, também é o único elemento da teoria do delito que se volta para o autor do fato típico e antijurídico.

Embora se reconheça que a caracterização do dolo em algumas situações se mostra de difícil comprovação, posto se tratar exatamente de aspecto subjetivo da conduta do agente, isso não significa admitir que as autoridades fiscais possam se valer de presunções. Conforme adverte Edmar Oliveira Andrade Filho, "o comportamento doloso deve ser cabalmente provado em cada caso e não meramente presumido; a anatomia dos fatos é que revelará ou não se o agente quis o resultado proibido."[19]

---

17. ANDRADE, Leonardo Aguirra. A impossibilidade de a receita federal aplicar a multa qualificada federal de 150%. In *Revista Direito Tributário Atual* nº 37, Vol. 37, São Paulo, 2017, p. 297.

18. NUCCI, Guilherme de Souza. *Manual de direito penal*: Parte Geral e Parte Especial. São Paulo: Forense, 2008, p. 238.

19. ANDRADE FILHO, Edmar Oliveira. *Direito penal tributário:* crimes contra a

Ainda segundo Edmar Oliveira Andrade Filho,

> o "querer" se revela, em cada caso, pelo modo pela qual a infração é perpetrada, o qual emerge da análise dos atos praticados antes e depois da configuração em concreto do fato punível. Por isso, os traços do dolo podem estar presentes desde os atos preparatórios até nos atos praticados após a consumação do ilícito e que consiste em medidas tendentes a esconder o proveito, isto é, a vantagem econômica obtida *contra legem*.[20]

Por esse aspecto, a caraceterização do dolo em alguns casos pode depender não apenas da análise da conduta em si, mas também dos elementos periféricos e circundantes do ato típico e antijurídico.

Assim, é possível que, no caso específico da multa de ofício qualificada, cuja aplicação depende impreterivelmente de ato administrativo motivado, constituído por meio da linguagem das provas, o agente fiscal conclua pela caracaterização do dolo a partir de uma relação entre os fatos apurados e a conduta tida como típica, o que embora respalde a sua convicção, não se confunde com a prova do dolo.

Em tais casos, conforme leciona Leonardo Aguirra de Andrade, "a conexão entre a conduta do contribuinte e o adjetivo 'doloso', necessariamente, perpassa um juízo de valor ou a formação de uma convicção subjetiva."[21]

Atualmente, tem-se verificado bastante comum a alegação de que o contribuinte teria reiteradamente agido ou deixado de agir de uma certa maneira para presumir que isso implicaria dolo passível de qualificação da multa, sem que para tanto fosse necessára a prova do dolo na fundamentação do auto de

---

ordem tributária e contra a previdência social. 7. ed. São Paulo: Atlas, 2015, p. 49.

20. ANDRADE FILHO, Edmar Oliveira. *Direito penal tributário:* crimes contra a ordem tributária e contra a previdência social. 7. ed. São Paulo: Atlas, 2015, p. 49.

21. ANDRADE, Leonardo Aguirra. A impossibilidade de a receita federal aplicar a multa qualificada federal de 150%. In *Revista Direito Tributário Atual* nº 37, Vol. 37, São Paulo, 2017. p. 298.

infração. Tal constatação deve ser vista com ressaltavas e carece de uma melhor análise teórica, como será visto a seguir.

6. A reiteração como critério para qualificação da multa

A ideia de reiteração se encontra intimamente relacionada com a de repetição. O dicionário Michaelis, por exemplo, define o termo como "ato ou efeito de reiterar; repetição". E reiterar como "manifestar-se pela palavra ou por atos novamente; dizer ou fazer novamente".

Com isso, temos que a reiteração nada mais significa que a repetição de algo, ou seja, fazer por diversas vezes. É importante perceber, contudo, que a simples definição do termo não é suficiente para sanar algumas questões, dentre as quais, a quantidade necessária de repetições de uma conduta para que ela seja considerada reiterada.

Em outras palavras, a definição do termo não nos permite concluir, por exemplo, se a conduta comissiva de não preencher por duas vezes uma nota fiscal é suficiente para afirmarmos que o contribuinte reiteradamente não entrega as suas notas fiscais. Tal constatação é relevante, pois se tem tornado comum a utilização do argumento da reiteração de conduta como critério para qualificação da multa tributária, independentemente da identificação precisa da conduta dolosa do contribuinte. Outro ponto importante é identificar se a conduta repetida deve ser exatamente a mesma ou se condutas semelhantes autorizam a concluir pela reiteração.

Com efeito, são inúmeras as dificuldades para lidar com o termo, tendo em vista a ausência de norma procedimental a qual descreve os elementos do termo, razão inclusive pela qual Robson Maia Lins conclui que "a falta de disposições que permitam construir o conteúdo deôntico do termo reiteração impossibilita sua utilização como integrante de fato jurídico antecedente de norma sancionatório tributária."[22]

---

22. LINS, Robson Maia. A reiteração e as normas jurídicas tributaries sancionatórias

Nada obstante, é imperioso reconhecer que o termo prática reiterada vem sendo utilizado como critério para qualificação das multas, em que pese a inexistência de uma delimitação jurídica e conceituação precisa do termo.

A partir da observação de alguns julgados administrativos, é possível identificar situações nas quais se tem optado pela qualificação da multa de ofício, prevista no art. 44 da Lei 9.430/96, independente da precisa identificação e comprovação do dolo, com base tão somente na alegação da prática de conduta reiterada.

No caso do processo administrativo nº 13971.001696/2006-50[23], por exemplo, discute-se o caso do contribuinte que foi excluído do Simples e teve lavrado contra si auto de infração para cobrança de IRPJ mediante arbitramento do lucro, acrescido de multa qualificada, em razão da não apresentação de escrituração nos anos de 2001, 2002 e 2003 e da falta de registro do livro caixa em 2004.

Segundo restou consignado do termo de verificação fiscal, dentre uma série de outros fatos, "a empresa omitia, reiteradamente, receitas auferidas a título de comissões, de diversas instituições financeiras, no período compreendido entre 2001 e 2004, nada recolhendo, portanto, de PIS, COFINS, CSLL e IRPJ".

Analisando a questão da conduta reiterada, o voto vencido proferido no bojo do acórdão nº 103-23.461, em 27/05/2008, ainda pelo Conselho de Contribuintes, o qual veio a ser substituído pelo atual Conselho Administrativo de Recursos Fiscais ("CARF"), tratou de estabelecer uma distinção bastante didática entre reiteração e reincidência, segundo a qual "o cometimento de 'uma única infração, mas de forma continuada', é exatamente a chamada 'prática reiterada'. O que não ocorreu,

– a multa qualificada da lei 9.430/96. In: VII Congresso Nacional de Estudos Tributários – Direito tributário e os conceitos de direito privado. São Paulo: Noeses, 2010, p. 1123.

23. Processo Administrativo nº 13971.001696/2006-50. Acórdão nº 103-23.461. Sessão de 27/05/2008. Conselheiro Relator Leonardo de Andrade Couto.

foi a reincidência, conceito esse que a recorrente confunde com o conceito de prática reiterada. Na verdade, a recorrente termina por confessar que ocorreu, sim, a prática reiterada, na medida em que admite o cometimento de 'uma infração e de forma continuada.'"

Ainda segundo os fundamentos do voto vencido, ao tratar da qualifacação da multa de 150% pela prática reiterada, restaria claro dos autos que o contribuinte "de forma intencional e reiterada, buscou ocultar receitas com o fim de eximir-se do devido recolhimento dos tributos, o que caracteriza ação dolosa visando a impedir ou retardar o conhecimento da obrigação tributária por parte da Fazenda Pública, nos termos do art. 71 da Lei n. 4.502, de 1964". Perceba-se haver uma confusão entre os conceitos de prática reiterada, o qual não pode em hipótese alguma fundamentar por si só eventual qualificação da multa.

Nesse sentido, cumpre trazer à baila um interessante trecho do julgado em questão:

> Em relação à "prática reiterada" de omissão de receitas constituir condição suficiente para a caracterização do evidente intuito de fraude, pauto o meu sistema de referência em cima da impossibilidade epistemológica (limites do conhecimento) de se caracterizar o evidente "intuito" de fraude nos termos postos por alguns julgados. Parto do princípio de que não se deve nunca interpretar uma lei quando o resultado dessa exegese leve a absurdos tais como o de imaginar que o dolo ou "o evidente intuito de fraude" devam ser extraídos da mente do sujeito passivo e não das circunstâncias táticas que permeiam todo o contexto onde a prática aconteceu. É o elemento objetivo que se deve procurar e daí, a partir dele, valendo-se doraciocínio lógico e probabilístico, extrair aquilo que o impregna: o elemento subjetivo (dolo).
>
> Dessa forma, a prática de omitir receitas por mais de 3(três) anos de forma reiterada (elemento objetiva) denota concretamente o "evidente intuito de fraude". Não se pode aqui imaginar que o agente que pratica "erros" de forma contínua por um longo tempo não possua a intenção de retardar/impedir ou afetar as características essenciais da ocorrência do fato gerador.

Como se percebe, a ideia de prática reiterada é utilizada tão somente como um argumento para reforçar conduta infracional, quer dizer, a prática do ato de sonegação ou fraude. Destaque-se, todavia, que o agir de maneira dolosa com fraude, independente de quantas vezes praticado, será sempre causa para a qualificação da multa de ofício.

Em outras palavras, é preciso identificar se consta dos autos a prova da sonegação/fraude, típica conduta praticada de maneira dolosa, independente se de forma reiterada ou não. Assim, se nã há prova do dolo da conduta do contribuinte em sonegar tributo, não é possível que a fiscalização qualifique a multa imputada apenas porque teria agido de uma determinada forma por mais de uma vez.

Em que pese todo o exposto, os argumentos acima apresentados, utilizados para manutenção da multa qualificada lavrada pela Receita Federal com base na ideia de prática reiterada, conforme fora adiantado, constam do voto vencido, de modo que a posição do antigo Conselho de Contribuinte foi no sentido de inadmitir a mencionada qualificação.

Nos termos do voto vencedor, a simples alegação de que o contribuinte teria agido reiteradamente para omitir tributo não é suficiente para a qualificação da multa, a qual depende impreterivelmente da comprovação da figura do dolo. Veja-se então o que fora decidido:

> [...] Segundo o voto vencido, a fraude estaria caracterizada pela prática reiterada da omissão de receitas.
>
> Esse conceito, a meu ver, não é de fácil definição. Para alguns, na linha da autoridade responsável pelo procedimento fiscal, a presença da irregularidade em três (3) anoscalendário caracterizaria a reiteração. Em outra hipótese, poder-se-ia supor que num caso de apuração trimestral do resultado a reiteração se estabeleceria dentro de um mesmo ano, desde que a omissão ocorresse nos quatro trimestres.
>
> Ou seja, tal conceito envolve um alto nível de subjetividade que o toma insuficiente para determinar a ocorrência da fraude.

> Até porque basta uma conduta fraudulenta especifica para justificar a qualificação da multa, independentemente de sua repetição ou reiteração. Por outro lado parece-me insofismável que se uma irregularidade tributária não é tipificada como fraude, o fato de ser reiterada não a toma fraudulenta.
>
> Em outras palavras, a tipificação estabelecida nos artigos 71 a 73 da Lei n° 4.502/64 envolve qualquer ação ou omissão dolosa que implique em impedir ou retardar o conhecimento do fato gerador pela autoridade tributária ou sua ocorrência. Assim, basta apenas uma ação ou omissão independentemente de reiteração.
>
> Ao contrário, pode-se imaginar uma situação na qual o sujeito passivo tenha auferido um rendimento que entende não ser tributável e dai não se preocupa em declará-lo. Constatada a omissão em procedimento fiscal, é lavrado auto de infração com imputação da multa de 75%, pois o Fisco decidiu que teria havido apenas interpretação equivocada da norma mas sem intenção fraudulenta.
>
> Ora, se esse mesmo fato gerador tiver ocorrido em outros períodos, é natural que o entendimento do sujeito passivo o tenha levado a cometer a mesma irregularidade, ou seja, a interpretação equivocada se repetiu outras vezes sem que isso implique em fraude. Totalmente diferente seria no caso de ter recebido qualquer notificação da autoridade fiscal quanto ao equivoco e, posteriormente a esse recebimento, persistir na prática. Nessa última hipótese, certamente a reiteração deveria implicar consequências mais gravosas para o infrator.

Mais recentemente, em sessão de 16.01.2019, nos autos do processo administrativo nº 10925.001821/200851, o CARF teve a oportunidade de reiterar o posicionamento acima aduzido ao proferir o acórdão 2401005.929, cujo trecho da ementa segue abaixo:

> IRPF. OMISSÃO DE RENDIMENTOS. MULTA QUALIFICADA. DOLO, FRAUDE OU SIMULAÇÃO. NÃO COMPROVADOS. SIMPLES CONDUTA REITERADA. IMPOSSIBILIDADE QUALIFICAÇÃO. De conformidade com a legislação tributária, especialmente artigo 44, inciso I, § 1º, da Lei nº 9.430/96, c/c Súmula nº 14 do CARF, a qualificação da multa de ofício, ao percentual de 150% (cento e cinqüenta por cento), condicionase à comprovação, por parte da fiscalização, do evidente intuito de fraude do contribuinte. Assim não o tendo feito, *não prospera a qualificação da multa, sobretudo quando a autoridade lançadora*

> *utiliza como lastro à sua empreitada a simples reiteração da conduta do contribuinte, fundamento que, isoladamente, não se presta à aludida imputação, consoante jurisprudência deste Colegiado.* (Processo nº 10925.001821/200851. Acórdão: 2401005.929. Julgado em 16.01.2019).

Neste mesmo sentido, destaquem-se os acórdãos abaixo reproduzidos:

> MULTA QUALIFICADA. PRESUNÇÃO DE OMISSÃO DE RECEITAS. REITERAÇÃO DA CONDUTA. DOLO NÃO DEMONSTRADO. A falta de escrituração de depósitos bancários e de comprovação de sua origem autorizam a presunção de omissão de receitas, mas o dolo necessário à exasperação da multa somente é caracterizado se reunidas, pela autoridade lançadora, provas ou, ao menos, indícios convergentes da intenção do contribuinte para a prática de ilícitos penais. *A reiteração da conduta que serviu de base à presunção de omissão de receitas pode até servir de indício, mas ela, sozinha, não faz presumir o dolo necessário à imposição da multa qualificada de 150%.* (Processo nº 15868.000001/201-92. Acórdão: 9101-004.423 Julgado em 12/.09.2019).

> MULTA QUALIFICADA. REQUISITO. DEMONSTRAÇÃO DE EVIDENTE INTUITO DE FRAUDE. A qualificação da multa de ofício, conforme determinado no II, Art. 44, da Lei 9.430/1996, só pode ocorrer quando restar comprovado no lançamento, de forma clara e precisa, o evidente intuito de fraude. A existência de depósitos bancários em contas de depósito ou investimento de titularidade do contribuinte, cuja origem não foi justificada, *independente da forma reiterada* e do montante movimentado, por si só, não caracteriza evidente intuito de fraude, que justifique a imposição da multa qualificada, prevista no II, Art. 44, da Lei 9.430/1996. (Processo nº 12571.000050/2007-86. Acórdão nº 9202-001.742. Julgado em 27/09/2011).

> IRPF. MULTA QUALIFICADA. DOLO, FRAUDE OU SIMULAÇÃO. NÃO COMPROVADOS. SIMPLES CONDUTA REITERADA. IMPOSSIBILIDADE AGRAVAMENTO. De conformidade com a legislação tributária, especialmente artigo 44, inciso I, § 1º, da Lei nº 9.430/96, c/c Sumula nº 14 do CARF, a *qualificação da multa de ofício, ao percentual de 150% (cento e cinqüenta por cento), condicionase à comprovação, por parte da fiscalização, do evidente intuito de fraude do contribuinte. Assim não o tendo feito, não prospera o agravamento da multa, sobretudo quando a autoridade lançadora utiliza como lastro à sua empreitada a simples reiteração da conduta, fundamento que, isoladamente, não se*

presta à aludida imputação, consoante jurisprudência deste Colegiado. (Processo nº 10980.012744/200638. Acórdão nº 920202.123. Julgado em 09/05/2012).

Com efeito, é imprescindível para a qualificação da multa a demonstração pormenorizada das razões indicativas da conduta dolosa do contribuinte, sem que seja possível presumi-lo única e exclusivamente com base na alegação da reiteração da conduta, a qual, em que pese se tratar de indício para sua ocorrência, é insuficiente para a qualificação.

7. Conclusão

Conforme vimos, a multa qualificada impõe uma sanção mais elevada em razão de se tratar de uma infração mais grave. Trata-se de uma norma sancionatória que tem como elemento objetivo ou material o inadimplemento da obrigação tributária principal. As circunstâncias presentes para a qualificação da multa de ofício são três: a) sonegação; b) fraude; c) conluio. Por outro lado, exige também presença do elemento subjetivo, que é o dolo, elemento este que é indispensável para a qualificação da multa.

A Receita Federal do Brasil, buscando cada vez mais a arrecadação, vem constantemente usando a "reiteração de conduta" como critério para qualificação da multa de ofício.

Nada obstante, é necessário que exista uma norma jurídica que preveja a conduta da reiteração. Ocorre que em nosso ordenamento jurídico não existe referida norma. Portanto, não se pode aplicar a norma da reiteração por não possuir suporte legal. Não existe norma para regular o referido procedimento. Não é possível fazer a subsunção do fato à norma.

Compactuando de todo o exposto, é o entendimento do Conselho Administrativo de Recursos Fiscais – CARF, que a reiteração não é critério para qualificação da multa de ofício. Nos termos do art. 44 da Lei 9.430/96, o percentual da multa de ofício é majorado para 150% nos casos previstos nos arts. 71, 72 e 73 da Lei 4.502/64.

Referências

ANDRADE, Leonardo Aguirra. A impossibilidade de a receita federal aplicar a multa qualificada federal de 150%. In *Revista Direito Tributário Atual* nº 37, Vol. 37, São Paulo, 2017.

ANDRADE FILHO, Edmar Oliveira. *Direito penal tributário:* crimes contra a ordem tributária e contra a previdência social. 7. ed. São Paulo: Atlas, 2015, p. 49.

BRUNO, Aníbal. *Direito penal.* Rio de Janeiro: Forense, 1959.

BOBBIO, Norberto. Teoria Geral del derecho. 1992. In: SILVA, Paulo Roberto Coimbra. *Direito tributário sancionador.* São Paulo: Quartier Latin, 2007.

CARVALHO, Paulo de Barros. *Direito tributário, linguagem e método.* 5 ed. São Paulo: Noeses, 2013.

CARVALHO, Paulo de Barros. *Direito tributário:* fundamentos jurídicos da incidência. 9 ed. São Paulo: Saraiva, 2012.

CARVALHO, Paulo de Barros. *Curso de direito tributário.* 25. ed. São Paulo: Saraiva, 2013.

CARVALHO, Paulo de Barros. Algo sobre o constructivismo lógico-semântico. In: *Constructivismo lógico-semântico.* vol. I. Coord. Paulo de Barros Carvalho. São Paulo: Noeses, 2014.

COSTA, Regina Helena. *Curso de direito tributário:* Constituição e Código Tributário Nacional. 4 ed. São Paulo: Saraiva, 2014.

BETTI, Emilio. *Teoria geral do negócio jurídico.* Coimbra: Editora Coimbra, 1969.

KELSEN, Hans. *Teoria geral das normas.* Trad. José Florentino Duarte. Porto Alegre: Editora Sérgio Antônio Fabris, 1986.

LINS, Robson Maia Lins. O Supremo Tribunal Federal e Norma Jurídica: Aproximações com o Constructivismo

Lógico-Semântico. In: *Vilém Flusser e Juristas*. São Paulo: Noeses, 2009.

LINS, Robson Maia. A reiteração e as normas jurídicas tributaries sancionatórias – a multa qualificada da lei 9.430/96. In: *VII Congresso Nacional de Estudos Tributários Direito tributário e os conceitos de direito privado*. São Paulo: Noeses, 2010.

MOREIRA, André Mendes. Elisão e evasão fiscal – limites ao planejamento tributário. *Revista da Associação Brasileira de Direito Tributário*, Vol. 21, Belo Horizonte, mar.-abr. 2003.

NUCCI, Guilherme de Souza. *Manual de direito penal:* Parte Geral e Parte Especial. São Paulo: Forense, 2008.

OLIVEIRA, Régis Fernandes de. *Infrações e sanções administrativas.* São Paulo: Revista dos Tribunais, 1985.

TOMÉ, Fabiana Del Padre. *A prova do direito tributário.* 3 ed. São Paulo: Noeses, 2012.

DIREITO ADMINISTRATIVO SANCIONADOR TRIBUTÁRIO: DO *IUS PUNIENDI* AO *IUS TRIBUTANDI*

Marília Barros Xavier[1]

> Por que foi escolhido esse tema? Qual a utilidade de estudar a teoria da função impositiva ou tributária? Não é um tema demasiado teórico, próprio para estudiosos de laboratório, que tem muito pouca utilidade? Ou, pelo contrário, é um tema importante, útil, para toda a pessoa que queira especializar-se em direito tributário, seja com preocupações puramente teóricas, seja com preocupações mais práticas?
>
> Minha resposta é que estamos diante de um conceito fundamental, muito necessário e que é muito importante que venhamos estudá-lo.
>
> Por quê? Qual a razão? A razão é simples, muito simples! Nós, juristas, estudiosos do direito, advogados, experts em direito, necessitamos de um idioma, de uma linguagem técnica, necessitamos de uns conceitos, como os necessita o matemático, o físico ou o filósofo, conceitos que nos permitam trabalhar com essa realidade que é o direito, da maneira mais clara e simples. (José Luis Perez de Ayala[2])

1. Mestre em Direito Tributário pela PUC/SP. Doutoranda em Direito Administrativo pela PUC/SP. Coordenadora do livro Direito Administrativo Sancionador Comparado - Vol. 01 - Coleção IDASAN. Autora do livro Direito Administrativo Sancionador Tributário (Ed. Fórum). Advogada, professora e palestrante.

2. José Luis Perez de Ayala. Poder, Potestade e função tributária. In: Geraldo Ataliba; Paulo de Barros Carvalho (coordenadores). *VI Curso de Especialização em Direito Tributário (aulas e debates)*. São Paulo: Editora Resenha Tributária, 1978, vol. I, p. 153 e 154.

1. Introdução

O presente artigo tem por objeto um debate que está na raiz (por assim dizer) do Direito Tributário Sancionatório, ou Direito Administrativo Sancionador Tributário, como também se pode chamar, dentre outras possíveis designações, para o estudo das sanções que a Administração Pública faz uso, diretamente, na gestão de seus interesses, dentre os quais, a tributação.

Muito já se discutiu sobre qual seria o fundamento de tais sanções. Quer-se dizer, não o fundamento normativo, qual lei ou norma autoriza a aplicação de uma penalidade pela Administração Pública, mas qual o fundamento constitucional, ou seja, dentre as distribuições de poderes dentro do um Estado de Direito, o que justifica e autoriza legitimamente que "para além" do direito penal (por vezes também, *além* do direito penal, porque as punições podem ser cumuladas) haja punições – graves também –, aplicadas na própria gestão pública – desde que a gestão pública, como o nome diz, destina-se a gerir, não a punir; é que, a gestão da coisa pública confundia-se com a aplicação de punições, mas numa fase histórica anterior, a do Estado de polícia.

Então, diante do atual constitucionalismo, a compreensão sobre a justificativa – ética até – para tais punições, é importante porque projeta luz em todos os debates que são (ou venham a ser) necessários no estudo dessas sanções: firmando limites e garantias, por uma "*penalização*" do tema (como chama Fábio Medina Osório[3]), ao mesmo tempo, compreendendo, nas sanções, características de "*administrativização*" (como chama Alejandro Nieto[4]) – porque realizam-se como competência da Administração Pública, em seu aspecto formal – e de (se poderia chamar) "*tributarização*" – quanto ao aspecto material da competência, a gestão pública fiscal – para o tema.

---

3. Fábio Medina Osório. *Direito administrativo sancionador*. 7ª ed. São Paulo: Thomson Reuters Brasil, 2020.

4. Alejandro Nieto. *Derecho administrativo sancionador*. Madri: Editorial Tecnos, 2012.

A posição defendida é o resultado da pesquisa realizada a partir da disciplina "Direto Tributário Sancionatório", ministrada pelo Professor Robson Maia Lins, no Mestrado em Direito da Pontifícia Universidade Católica de São Paulo; do que decorreu, primeiro, na nossa dissertação de mestrado, e em seguida, depois de amplamente revisada, na publicação do nosso livro *Direito Administrativo Sancionador Tributário*[5] – a primeira obra publicada que conciliou o Direito Tributário com largos avanços do Direito Administrativo Sancionador.

2. A defesa do poder punitivo único do Estado (e seus matizes)

A potestade sancionatória do Estado é tão antiga quanto ele mesmo e, até o constitucionalismo, era considerada, como dissemos, elemento essencial do Estado de polícia. Hoje o fundamento da prerrogativa sancionatória pode ser compreendido a partir da *tese do poder punitivo único do Estado*, segundo a qual, "*la potestad sancionadora de la Administración forma parte, junto con la potestad penal de los Tribunales, de un ius puniendi superior de Estado, que además es único, de tal manera que aquéllas no son sino simple manifestaciones concretas de éste*"[6].

A definição acima é de Alejandro Nieto, professor espanhol - Catedrático de Direito Administrativo nas Universidades La Laguna, Autónoma de Barcelona, Alcalá de Henares e Complutense de Madrid – autor da decisiva obra *Derecho Administrativo Sancionador*.

A potestade sancionatória da Administração Pública bem como a potestade penal do Poder Judiciário formam parte de um único *ius puniendi* do Estado, que se subdivide nessas duas formas de manifestações.

5. Marília Barros Xavier. *Direito administrativo sancionador tributário*. Belo Horizonte: Fórum, 2021.

6. Alejandro Nieto. *Derecho administrativo sancionador*. Madri: Editorial Tecnos, 2012, p. 24.

A tese do poder punitivo único do Estado

> *es sumamente ingeniosa, resuelve con suavidad los rechazos ideológicos que inevitablemente provoca la mera potestad sancionadora de la Administración y, sobre todo, resulta de gran utilidad en cuanto que sirve para proporcionar al Derecho Administrativo Sancionador un aparato conceptual y práctico del que hasta ahora carecía.*[7]

Não é o caso de uma subordinação, por natureza, do Direito Administrativo Sancionador ao Direito Penal. Existe uma referência, conjuntural e técnica, daquele junto a este. Em verdade, veremos que a potestade sancionatória decorre da competência material da Administração Pública (tanto que no Direito Tributário, adiantamos, o *ius tributandi* é fundamento das sanções alí aplicadas) – eis a substancial distinção entre as duas formas de sancionar – e, por isso, nas normas que estabelecem infrações administrativas, o bem jurídico protegido coincide sempre com o mesmo interesse público que persegue a Administração na matéria. Por essa construção teórica, que sistematiza a faculdade punitiva estatal, o Direito Sancionador toma emprestado instrumentos do Direito Penal, "útiles por causa de su maduración más avanzada y de su superioridad teórica"[8] –, *não por ter fundamento neste, mas por abrigarem-se (ambos) sob um mesmo regime jurídico punitivo.*

Vistas assim, a potestade sancionatória na Administração Pública e a potestade penal no Poder Judiciário, como ramos de uma unidade superior, o *ius puniendi* do Estado ou o poder punitivo do Estado, ou como *manifestações paralelas*, deduz-se a necessidade de contemplar a potestade sancionatória a partir da atividade administrativa material concreta e dos princípios desta. A potestade sancionatória tem a mesma finalidade e os mesmos limites da atuação da Administração Pública, e os princípios punitivos que nela incidem ficam impregnados com as características próprias do setor em que se aplique, assim ocorre nas sanções administrativas fiscais.[9]

---

7. Alejandro Nieto. *Derecho administrativo sancionador*, op. cit., p. 46.

8. Idem, p. 47.

9. Ibidem, p. 53.

O elemento genuíno caracterizador da potestade sancionatória, aquilo que a distingue substancialmente da potestade penal, está, portanto, em tratar-se, aquela, de um *complemento da prerrogativa material de gestão* – a cujo serviço está para reforçar seu cumprimento eficaz com medidas repressoras em caso de desobediência.[10]

Veja-se, o Direito Administrativo Sancionador tem por primeiro termo – de identificação material de "Direito" – "Administrativo" e assim também no Direito Tributário Sancionador, o "Tributário" precede o "Sancionador". O último termo adjetiva seu anterior. São regimes jurídicos de prerrogativas da Administração Pública e assim devem ser considerados. A referência ao Direito Penal é oportuna e benéfica, considerada a maturidade desse direito, especialmente quanto à influência de mecanismos de proteção e garantias ao administrado. Ainda mais quando a punição pelo Estado tem um caráter histórico de autoritarismo. A natureza do tema, porém, é administrativista. E isso, por sua vez, também não afasta que se trate do exercício de faculdade punitiva pelo Estado. São critérios presentes no conceito de "potestade sancionatória": (i) função administrativa e (ii) natureza punitiva.

A intenção de recuperar a *fibra administrativa* no tema, como apontada por Alejandro Nieto,[11] também parece-nos ser o único caminho para a formulação de um sistema idôneo próprio para o estudo do Direito Administrativo Sancionador – e do Direito Tributário Sancionador.

Se o objeto de estudo do Direito Sancionador é parte do Direito Administrativo, é, sobretudo, deste que se deve extrair seus conceitos. E essa compreensão não está em choque com a tese do *ius puniendi* único do Estado. É precisamente o contrário. O *ius puniendi* estatal, sendo único, estará representado em todo signo punitivo do Estado – seja na função jurisdicional, seja na função administrativa.

---

10. Alejandro Nieto. *Derecho administrativo sancionador*, op. cit., p. 53.

11. Idem, p. 32 a 34.

Nessa construção doutrinária, *a tese do* ius puniendi *único do Estado confirma o fundamento do direito sancionador na gestão do interesse público.* É o mesmo que reconhecer, por exemplo, o fundamento da potestade sancionatória tributária no *ius tributandi*. A faculdade punitiva do Estado integra a gestão pública. É inerente à função administrativa. Porque, nas funções do Estado,[12] o direito de punir se manifesta na função jurisdicional, com exclusividade para a aplicação do direito penal, e também na função administrativa, através da aplicação do que tem se convencionado chamar de Direito Sancionador ou Direito Sancionatório.[13-14]

---

12. Sobre as funções do Estado, na consagrada expressão de Seabra Fagundes, "*Legislar* (editar o direito positivo), *administrar* (aplicar a lei de ofício) e *julgar* (aplicar a lei contenciosamente) são três fases da atividade estatal, que se completam e que a esgotam em extensão" (Miguel Seabra Fagundes. *O Contrôle dos Atos Administrativos pelo Poder Judiciário*. 4ª ed. Rio de janeiro: Editora Forense, 1967, p. 16 e 17).

13. Vejamos, distinto de como aplicamos, o sentido de *ius puniendi,* que vem sendo afastado por estudiosos do tema, como nos seguintes exemplos:
Para Luís Eduardo Shoueri, "o Direito Tributário Penal decorre do poder de tributar, não do poder de punir" e "não se pode deixar de reconhecer a diferença no fundamento constitucional do ilícito administrativo e do crime: o primeiro, decorrente do ius tributandi, tem sua competência decorrente da própria competência tributária: a pessoa jurídica à qual é conferida a competência para instituir tributos pode, igualmente, prever sanções para o caso de seu descumprimento; já os crimes tributários, fruto do *ius puniendi* estatal, é matéria de competência exclusiva da União" (Luís Eduardo Shoueri. *Direito tributário.* 6ª ed. São Paulo: Saraiva, 2016, p. 827). A aparente divergência não passa de uma tomada de posição em relação à expressão *ius puniendi*, aplicada pelo professor em referência ao direito criminal, enquanto nós, incluindo o adjetivo "único", tomamo-na em sentido *lato* de poder punitivo estatal.
Paulo Roberto Coimbra Silva afirma que: "a tese da unicidade do poder punitivo do Estado, principal fundamento teórico da conclusão de terem as sanções tributárias natureza penal, não foi albergada pelo Direito brasileiro. Com efeito, os doutrinadores pátrios, ressalvadas as exceções, não reconhecem a natureza penal de uma sanção desprovida de características próprias de seu peculiar regime jurídico e indesviáveis à sua aplicação, como reserva jurisdicional, responsabilidade necessariamente subjetiva, incomunicabilidade da pena, e ação penal, além da competência legislativa privativa da União, dentre outros fatores de distinção entre estas e aquel'outras de natureza estrita ou exclusivamente tributária" (Paulo Roberto Coimbra Silva. *Direito tributário sancionador*. São Paulo: Quartier Latin, 2007, p. 112 e 113).

14. No mesmo sentido que nós, em resumo de variados autores, por Edilson Pereira Nobre Junior: "Exemplo é Massimo Severo Gianinni, que atribui essa inclinação ao argumento consoante o qual 'a raiz da atividade da administração aplicativa de sanções é a mesma daquela do magistério penal, ou seja, é o

Ángeles de Palma del Teso,[15] professora de Direito Administrativo da Universidade de Barcelona, foi muito feliz em explicar em seu livro, *El principio de culpabilidad en el derecho administrativo sancionador*, assim: *"En definitiva, la potestad sancionadora, ajeno de otras potestades, es una de las manifestaciones del poder punitivo del Estado. El ius puniendi*

---

poder punitivo, da qual o Estado é titular porque deriva diretamente do poder soberano'. Esse entendimento conta com outras adesões, dentre as quais as provenientes das penas de José Maria Quirós Lobo, Ángeles de Palma del Teso e Luciano Amaro, este direcionando sua investigação às sanções administrativas decorrentes da atividade de arrecadação de tributos. Assim também entendíamos - e continuamos a entender - em trabalho escrito sobre a matéria. Isso se impõe até mesmo por irrecusável imperativo de ordem prática, porquanto seria inadmissível que fosse ignorado todo o desenvolvimento doutrinário e legal adquirido pelo Direito Criminal antes do surgimento da competência sancionadora da Administração. No estrangeiro, pode-se encontrar a assimilação desse ponto de vista na jurisprudência do Tribunal Constitucional (*Sentencias* de 19 de dezembro de 1991 e de 12 de maio de 1994) e do Tribunal Supremo (*Sentencias* de 8 de março de 1993, de 8 de fevereiro de 1994 e de 23 de abril de 1994) da Espanha. Em diversos julgados, tais órgãos compreendem como inegável a transposição, respeitadas algumas especificidades, dos princípios do Direito Penal para a apuração das infrações administrativas, ao argumento decisivo de que ambos são manifestações do ordenamento punitivo estatal. Entre nós, não se encontram nos pretórios reiteradas manifestações, afirmando, em caráter genérico, essa inter-relação. Não obstante, em vários julgados são encontradiças referências em favor da aplicação, no âmbito administrativo sancionador, de determinados princípios do Direito Penal, conforme se observará mais adiante. Isso não impede que se visualize no julgamento do RE 154.134-2 um esforço da conexão entre o Direito Penal e o Administrativo sancionador. Tratava-se de mandado de segurança impetrado contra ato administrativo imputado ao então Presidente do Conselho Monetário Nacional, o qual indeferiu pedido de revisão de pena de inabilitação permanente para o exercício de cargos ou gerência de instituições financeiras, por ausência de previsão na Lei 4.595/1964. O voto do relator, mantendo acórdão concessivo de segurança pelo Superior Tribunal de Justiça, entendeu que a vedação da pena de prisão perpétua, por força do art. 5º, XLVII, *b*, da Lei Maior vigente, deveria ser aplicável também às penas de suspensão e interdição de direitos, fazendo-o com amparo no parágrafo 2º do dispositivo citado, ao consagrar direitos e garantias fundamentais implícitas. Na assentada de julgamento, registrou-se manifestação do Ministro Sepúlveda Pertence, ao sustentar que as vedações constitucionais para sanções criminais devem incidir igualmente para as sanções administrativas. Embora recôndita nos anais da jurisprudência pátria, de tal pronunciamento já se pode inferir a abertura de uma tendência, capaz de convencer os operadores jurídicos" (Edilson Pereira Nobre Júnior. As sanções tributárias numa perspectiva jurisprudencial. *Revista Dialética de Direito Tributário*. São Paulo: Dialética, 2013, p. 43 e 44).

15. Ángeles de Palma del Teso. *El principio de culpabilidad en el derecho administrativo sancionador*. Madrid: Tecnos, 1996, p. 38 e 39.

del Estado se subdivide en: Derecho Penal y Derecho Sancionador Administrativo; ambos comparten una sustancia común, pero son ámbitos distintos, y entre ellos no existe relación de jerarquia o subordinación" - isso, esperamos, ficará melhor explicado no ponto seguinte, *o ius puniendi como "potestade administrativa de punir"*. Então: "es necesario transponer al Derecho punitivo del Estado los principios que, aun teniendo su asiento en el Derecho Penal, pues han sido los inspiradores de éste, son aplicables a todo el Ordenamiento punitivo, para una vez situados en este nível superior descenderlos al Derecho Sancionador Administrativo".

Mas é Geraldo Ataliba, fruto de nossa casa acadêmica, a Pontifícia Universidade Católica de São Paulo, em defesa de um "*regime jurídico punitivo*", que, por derradeiro, não nos deixa duvidar dessa construção científica. Ele compreende assim a presença de um poder punitivo único do Estado: "constitui exigência constitucional que, toda vez que se configure situação em que o particular esteja diante do Estado no exercício do seu direito de punir (castigar), incide automática e imediatamente o chamado *regime jurídico punitivo*, assim designado o conjunto de preceitos constitucionais e legais que estabelecem limites procedimentais, processuais e substanciais à ação do Estado nessa matéria (exercício do *ius puniendi*)".[16] O regime jurídico punitivo "consiste essencialmente num conjunto de normas jurídicas de categoria superior" e "densidade de conteúdo que justifica um tratado de direito constitucional penal".[17]

Também Gonzalo Rodriguez Mourullo, professor de Direito Penal da Universidade Autônoma de Madri, com seu *Presente y futuro del delito fiscal*, explica nesse sentido:

---

16. Geraldo Ataliba. *Imposto de renda: multa punitiva.* Estudos e pareceres de direito tributário. São Paulo: Ed. Revista dos Tribunais, 1978, v. 2, p. 262.

17. Geraldo Ataliba. Penalidades tributárias. In: Geraldo Ataliba; Paulo de Barros Carvalho (coordenadores). *VI Curso de especialização em direito tributário (aulas e debates)*. São Paulo: Editora Resenha Tributária, 1978, v. II, p. 733.

> No debe olvidarse, por lo demás, que muchos de los que se estiman con frecuencia erróneamente como principios específicos del Derecho Penal, por ser en este ámbito donde su vigencia se hace más imprescindible, son en realidad inherentes ao Estado de Derecho, que deben regir también en ramas distintas a la penal.[18]

E reiteramos: não há, até agora, um sistema científico maduro que abrigue o estudo do Direito Sancionador - Administrativo ou Tributário. Para remediar essa ausência, socorre-se, de maneira provisória e urgente, ao Direito Penal,[19] como faremos ao longo de toda a nossa pesquisa. Impõe-se, entretanto, perceber matizes que se mostrem necessárias no estudo das sanções administrativas e, no nosso contexto, das sanções tributárias. Ao analisar o Direito Tributário Sancionador, na segunda parte de nossa pesquisa, partiremos de conceitos do Direto Penal, como suporte para a reflexão do sistema que se pode criar para a aplicação de sanções na função tributária. Tentaremos apontar sempre os critérios que permitam perceber as distintas qualidades do nosso objeto de estudo.

3. *Ius puniendi* como "potestade administrativa de punir"

> A questão do relacionamento entre o homem e o poder, melhor dizendo entre o indivíduo e o Estado, é apaixonante e tormentosa. Apaixonante, porque mostra a evolução da própria idéia de liberdade, com seus altos e baixos, com seus heróis e anti-heróis. E tormentosa, porque de difícil solução. Inclusive na medida em que se agiganta o *aparatto ammnistrativo* e se multiplicam as intervenções do poder público na vida social, novas áreas de atrito se formam, fazendo com que mesmo em Estados de Direito, de sólida tradição democrática, se torne necessário refrear o uso do poder. (...) Mas uma das áreas mais sensíveis nessa dicotomia Estado versus indivíduo é a que diz respeito ao poder de punir. Este, o **poder/direito de punir**, que corresponde ao tradicional

18. Gonzalo Rodríguez Mourullo. *Presente y futuro del delito fiscal.* Madrid: Ediciones Civitas en Revista de Occidente, 1974, p. 12.

19. Alejandro Nieto. *Derecho administrativo sancionador*, op. cit., p. 25.

ius puniendi, é usado pelo homem desde os primórdios da humanidade. (Petrônio Maranhão Gomes de Sá[20])

Petrônio Maranhão Gomes de Sá contribuiu, no Brasil, com o estudo do "*ius puniendi*" no direito tributário, com uma valiosa pesquisa sobre a potestade de punir da Administração Pública a partir do *ius puniendi* – chamada "*A potestade administrativa de punir (ius puniendi): natureza, limites e controles*"[21] – e que aproveitamos aqui.

Petrônio Maranhão Gomes de Sá conceitua potestades como "manifestações específicas do poder político juridicizado", explicando que as potestades públicas se situam em dois patamares diferentes: (i) existem as potestades constitucionais superiores, que harmonizam a tradicional divisão de Poderes de Montesquieu. Aí ficam a Legislativa, a Executiva (em parte) e a Judiciária. São Poderes com assento na Constituição; (ii) e existem as demais potestades, ou potestades simples, "cujo implemento, em regra, depende sempre de norma infraconstitucional". As "potestades administrativas", em parte, encontram-se entre as constitucionais superiores e, em parte, entre estas segundas, as "potestades comuns".[22]

Ainda: "Ontologicamente poder e potestade possuem a mesma raiz comum (potestas-tatis). E isso é válido também para o francês *pouvoir/puissance*, para o italiano *potere/podestà* e para o espanhol *poder/potestad*"[23]. É vocábulo polissêmico que abarca a idéia jurídica ligada ao poder.

20. Petrônio Maranhão Gomes de Sá. *A potestade administrativa de punir (ius puniendi):* natureza, limites e controles. Tese de Doutorado em Direito Tributário. Pontifícia Universidade Católica de São Paulo, 1995, p. 15.

21. Petrônio Maranhão Gomes de Sá. *A potestade administrativa de punir (ius puniendi):* natureza, limites e controles. Tese de Doutorado em Direito Tributário. Pontifícia Universidade Católica de São Paulo, 1995, p. 15.

22. Idem, p. 15.

23. Ibidem, p. 17.

Santi Romando, em Fragmentos do um Dicionário Jurídico, explica que poder em sentido estrito e direito subjetivo fazem parte do *commune genus* dos poderes em sentido amplo,[24] sendo que no poder em sentido estrito – identificado com potestade – há destinatários, mas não sujeitos passivos.

Também Francesco Carnelutti distinguiu potestade, como *"possibilitá di comandare per la tutela de un interesse altrui"*, de direito subjetivo como *"possibilità di comandare per la tutela del proprio interesse"*. Então, afirma: "o titular da potestade age sempre '*super partes*'".[25]

Pois bem, sobre a *potestade de punir* - aqui onde queremos chegar - Petrônio Maranhão afirma: "O *ius puniendi* decorre do próprio conceito do Direito, como ordem normativa coativa do Estado. É, em termos simples, o poder de sancionar o infrator das normas jurídicas".[26] E explica que o *ius puniendi* (i) projeta-

24. "Segundo tal definião, poder em sentido estrito (ou potestade: na terminologia preferida, v. adiante) e direito subjetivo cairia no *commune genus* dos poderes em sentido amplo, atribuídos pelo ordenamento jurídico sobre bens ou interesses por este protegidos, ambos seiram manifestações de capacidade; porém, o primeiro se desenvolveria numa direção ou aspecto genérico, não teria objetos singularmente determinados, não se resolveria como reivindicações sobre outros sujeitos e, por isto, não seria correlata às obrigações, enquanto o direito subjetivo se desenvolveria sempre numa concreta e particular relação jurídica com uma determinada coisa ou sobre pessoas determinadas que, vice-versa, teriam obrigações correspondentes (tradução livre). No texto original: "Secondo tale definizione, potere in senso stretto (o potestà: sulla terminologia da preferirsi v. avanti) e diritto soggettivo rientrerebbero nel *commune genus* dei poteri in senso largo, attribuiti dall'ordinamento giuridico in ordine a beni o interessi da questo protetti, e sarebbero, quindi, entrambi, manifestazioni ed esplicazioni di capacità; però il primo si svolgerebbe in una direzione o aspetto generico, non avrebbe oggetti singolarmente determinati, non si risolverebbe in pretese verso altri soggetti e perciò non sarebbe correlativo ad obblighi, mentre il diritto soggettivo si svolgerebbe sempre in un concreto e particolare rapporto giuridico o con una data cosa o verso date persone que viceversa avrebbero obblighi corrispondenti" (Santi Romano. *Frammenti di un Dizionarios Giuridico*. Dott. A. Giuffrè Editore: Milão, 1983, p. 173 e 174).

25. Petrônio Maranhão Gomes de Sá. *A potestade administrativa de punir (ius puniendi):* natureza, limites e controles, op. cit., p. 23.

26. "GIUGLIO BATTAGLINI sustenta que '*O direito de punir é manifestação do poder de império que cabe ao Estado: insere-se na categoria dos direitos de supremacia que se fundam no status subjetionis, ou seja, naquela condição jurídica em razão da qual o indivíduo deve obediência exclusivamente à vontade do Estado. O direito de punir não é*

-se sobre todos no Estado democrático de Direito, pois é da essência da democracia a igualdade de todos na submissão a esse poder; (ii) possui o caráter de *função pública*, é poder-dever de seu titular exercê-lo, porque constitui um *officium*, um *munus*, exercitado obrigatoriamente em razão de um interesse público; (iii) além de indisponível, é irrenunciável; (iv) e a potestade de punir, como tal, é imprescritível, pois, ainda que não exercida, permanece em estado latente, pronta para manifestar-se, desde que ocorram os pressupostos fáticos para sua incidência.[27]

Apresentadas as qualidades acima, define-se o *ius puniendi* como "a potestade pública que se caracteriza pela punibilidade dos infratores da ordem jurídica. Como toda potestade pública deriva diretamente do ordenamento, manifesta-se genericamente, projeta seus efeitos sobre terceiros que a ela ficam sujeitos e deve ser obrigatoriamente exercida em proveito do interesse público".[28]

Nós definimos a potestade pública sancionatória como a expressão do poder estatal representativo do *ius puniendi* na função administrativa.

Melhor explicando: (i) *expressão do poder estatal* simboliza, na definição, a presença da qualidade *potestade pública*; (ii) *representativo do ius puniendi* simboliza a presença da qualidade *poder punitivo do Estado;* (iii) *na função administrativa* simboliza a qualidade - que a distingue da potestade judiciária, dentre aquelas "potestades constitucionais superiores" - de *titularidade da Administração Pública* (é "potestade administrativa"). É *faculdade punitiva de titularidade da Administração Pública.*

único e constante na sua qualidade: há tantos direitos de punir, quantos são os delitos'. E ZANOBINI observa com propriedade: *'o exercício da punição não é um direito público, mas uma função pública'"* (Petrônio Maranhão Gomes de Sá. *A potestade administrativa de punir (ius puniendi): natureza, limites e controles*, op. cit., p. 81).

27. Petrônio Maranhão Gomes de Sá. *A potestade administrativa de punir (ius puniendi):* natureza, limites e controles, op. cit., p. 83 a 87.

28. Idem, p. 87.

Em Petrônio Maranhão Gomes de Sá, *ius puniendi* é potestade pública. O que afirma também a tese do poder punitivo único do Estado: *ius puniendi* tem sempre uma e somente uma natureza jurídica, é potestade pública.

Em nossa definição: potestade pública sancionatória é *ius puniendi*.

Há uma conexão lógica entre as duas definições, ou melhor, os dois conceitos se implicam reciprocamente. E se quisermos dizer conforme à lógica, estamos diante do que se chama de uma relação *bicondicional,*[29] precedida de uma relação *condicional,*[30] *i.e.*, da condição de que a potestade pública seja *sancionatória.*

Em termos lógicos, poderíamos dizer:

Se uma potestade pública for de natureza sancionatória, então, o *ius puniendi* é condição suficiente e necessária para identificar aquela potestade.[31]

---

29. "Com esse nome e com a expressão 'equivalência material', em geral pretende-se designar, em lógica clássica, o *conectivo* (v.) binário que, aplicado a dois enunciados quaisquer p e q, cria um enunciado verdadeiro só no caso em que p e q tenham o mesmo valor de verdade (sejam ambos verdadeiros ou ambos falsos). [...] É assim chamado porque, por exemplo, quando liga os dois enunciados p e q, é logicamente equivalente à conjunção das duas condicionais: 'se p, então q' e 'se q, então p'" (Nicola Abbagnano. *Dicionário de Filosofia*. 6ª ed. São Paulo: Editora Martins Fontes, 2012, p. 125).

30. "Um enunciado da forma 'Se p, então q' - com 'p' e 'q' enunciados quaisquer. [...] Os enunciados que compõem o C. são chamados, respectivamente, 'antecedente' (v.) ('p' no nosso exemplo) e 'consequente' (v.) ('q' no nosso exemplo)" (Nicola Abbagnano. *Dicionário de Filosofia*. 6ª ed. São Paulo: Editora Martins Fontes, 2012, p. 202).

31. Ps $\supset$ (*ip* $\equiv$ P)
Em que, simbolizam:
(Ps) potestade sancionatória
$\supset$ conectivo condicional
(que pode ser lido como "se, então")
(ip) ius puniendi
$\equiv$ conectivo bicondicional
(que pode ser lido como "condição suficiente e necessária)
(P) potestade pública

Observe que o contrário também é verdadeiro. O segundo conectivo se chama "bicondicional", porque não importa a ordem que os componentes aparecem na fórmula.[32] Então é possível dizer também (veja-se, a primeira parte não muda): se uma potestade pública for de natureza sancionatória, então, aquela potestade é condição suficiente e necessária para o *ius puniendi*.[33]

Para que não reste dúvida do sentido que tomamos para *ius puniendi* - na explicação de Petrônio Maranhão Gomes de Sá: "como *potestade pública que se caracteriza pela punibilidade dos infratores da ordem jurídica.*" (É conceito que não se confunde com *ius penale*[34]).

Então, adotamos o mesmo conceito já defendido na PUC/SP e que também é empregado por Alejandro Nieto, para quem (lembramos), "la potestad sancionadora de la Administración

---

32. É um condicional comutativo, em que cada termo é antecedente e consequente do outro (Delia Teresa Echave, Ricardo A. Guibourg, Maria Eugenia Urquijo. *Lógica, proposición y norma*. Buenos Aires: Editorial Astrea, 2008, p. 62).

33. Em lógica ficaria: $Ps \supset (P \equiv ip)$.

34. *Ius penale* equivale a Direito Penal objetivo, no sentido de "corpo de normas jurídicas destinado ao combate à criminalidade", em contraponto ao que se chama de Direito Penal subjetivo, como direito de punir (*ius puniendi*) do Estado. (Guilherme de Souza Nucci. *Curso de direito penal: parte geral: arts 1º a 120 do Código Penal*. Rio de Janeiro: Forense, 2017, p. 3).
A crítica que se faz é: "Essa concepção relaciona-se, de um lado, com a doutrina dos direitos públicos subjetivos, tendo o Estado como titular, e do outro, com a tendência nos dogmáticos excessivos a construir o Direito Penal sobre o modelo da estrutura do Direito privado. Daí pretender-se aplicar àquele ramo do Direito a fórmula exata quanto à este de que 'toda norma de Direito objetivo dá vida a um direito subjetivo'. Nessa tendência se esquece a distinção que separa os dois grupos de normas jurídicas - no Direito privado, em geral, a disciplina de relações jurídicas entre partes juridicamente iguais; no Direito Penal, o Estado, com seu poder soberano, submetendo o culpado à sanção, segundo regras por ele mesmo prescritas, para que mantenham invioláveis os valores elementares da vida em comunidade. O que se manifesta no exercício da Justiça penal é esse poder soberano do Estado, un poder jurídico que se faz efetivo pela lei penal, para que o Estado cumpra a sua função originária, que é assegurar as condições de existência e continuidade da organização social. Reduzi-lo a um direito subjetivo falsifica a natureza real dessa função e diminui a sua força e eficácia, porque resolve o episódio do crime apenas em um conflito entre os direitos do indivíduo e direitos do Estado" (Aníbal Bruno. *Direito penal:* parte geral. Rio de Janeiro: Forense, 2005. tomo I, p. 34 a 35).

forma parte, junto con la potestad penal de los Tribunales, de un *ius puniendi* superior del Estado, que además es único, de tal manera que aquéllas no son sino simples manifestaciones concretas de éste".[35]

Agora, uma coisa que precisa ficar clara é: "la constatación de la existencia de estas dos potestades paralelas ha admitido *dos interpretaciones muy diferentes: o bien se trata de dos potestades independientes y con igualdad de rango o bien la judicial es originaria y de ella se deriva la administrativa con rango complementario y hasta auxiliar*".[36]

A primeira interpretação é considerada como a tradicional, enquanto a segunda ganhou força com os estudos de García de Enterría – e foi acolhida, por exemplo, pelo Tribunal Constitucional da Espanha. Essa segunda interpretação (da potestade administrativa derivada da judicial), entretanto, ficou superada por um retorno da construção dogmática tradicional, esta, agora, *rigorosamente atual:*

> Con esta reconocida dependencia se hacía, además, tolerable la existencia de una potestad administrativa que repugnaba casi temperamentalmente a tantos y, además, se facilitaba la aplicación a ella de los principios del Derecho Penal. Dogmáticamente podía considerarse incluso como una solución plausible y ponderada. Pero este equilibrio se ha roto con una última construcción dogmática, rigurosamente actual, conforme a la cual y superando la fase teórica anterior, *ambas potestades se configuran como ramas o «manifestaciones» de una unidad superior: el* ius puniendi *del Estado o, como también se dice, el ordenamiento punitivo del Estado.*[37]

Isto deve ser fixado: a construção dogmática que fundamenta nosso estudo é a *tese da unidade superior do poder punitivo*, que compreende a potestade sancionatória da Administração Pública como *manifestação direta do ordenamento punitivo do Estado.*

---

35. Alejandro Nieto. *Derecho administrativo sancionador*, op. cit., p. 24.

36. Idem, p. 51.

37. Ibidem, p. 52.

4. *Ius tributandi* e a potestade de punir

Um outro proveito que tomamos é a aula ministrada na Pontifícia Universidade Católica de São Paulo, por José Luis Perez de Ayala, professor de Direito do Estado e Direito Financeiro da Universidad San Pablo CEU de Madrid, em 1975, no VI Curso de Especialização em Direito Tributário, sob coordenação dos Professores Geraldo Ataliba e Paulo de Barros Carvalho. *"Poder, potestade e função tributária"* foi o tema da aula. Vejamos os conceitos oferecidos alí, porque têm grande proveito para agora.

O professor começou explicando que, tradicionalmente, o conceito fundamental da ciência do direito tributário é o de relação jurídica tributária – com tudo o que contêm: direitos, obrigações principais e acessórias etc. Porém, na moderna doutrina europeia, em geral, já não se admite essa concepção ampla de relação jurídica, compreendendo esta expressão como referente aos direitos subjetivos do ente público que tenham um conteúdo pecuniário, um conteúdo econômico, e, correlativamente, as obrigações pecuniárias de pagar e de dar. Então, "foram excluídas automaticamente da relação jurídica uma série de poderes que tem o Estado – melhor a palavra faculdade – faculdade que tem o Estado e uma série de deveres que tem o contribuinte, que não são faculdades ou deveres de conteúdo pecuniário".[38]

Pois bem, ele explica que o conceito de *função tributária* é precisamente o que pode e deve servir para estudar toda

38. "Não sei qual é a realidade do direito brasileiro, porém sei qual é no direito espanhol. Hoje o direito positivo da legislação está concedendo cada vez mais importância à atividade administrativa na cobrança dos tributos. Não se conforma com a legislação. Está hoje estabelecida de maneira que se concedem ao Estado, ao ente público umas faculdades amplíssimas para que comprove, investigue se o contribuinte cumpre ou não cumpre, para que o puna, para que o cobre, para que, em definitivo, dê o cumprimento perfeito das leis fiscais" (José Luis Peres de Ayala. *Poder, Potestade e função tributária*, op. cit., p. 155 e 156).

essa atividade administrativa em matéria fiscal - chamada de atividade de *gestão tributária*.[39-40]

Função tributária implica ainda outros conceitos inseparavelmente ligados, são eles (i) *potestad* administrativa tributária e (ii) procedimento administrativo tributário: "porque não pode haver função tributária, sem o exercício de umas potestades administrativas para que essa função se manifeste" e "se realize através de um procedimento".[41]

Então, o conteúdo da função tributária é o que José Luis Perez de Ayala chama de *atividade de gestão tributária*:

> Uma atividade que, em primeiro lugar, levaria a administração a comprovar se é correto o que o contribuinte declarou naqueles casos em que está obrigado a declarar ou a comprovar se é correto o que o contribuinte pagou, naqueles casos em que o contribuinte não declarou, nem pagou nada – eu não sei no Brasil, mas na Espanha é muito frequente. A atividade de gestão compreenderia também um trabalho investigador de descoberta daquelas falhas no comportamento dos contribuintes. Compreenderia, também, uma atividade de liquidação, de quantificação

---

39. "A atividade pública - cujo exercício é regulado pelo direito público - constitui função pública. Função, para o Direito, é o poder de agir, cujo exercício traduz verdadeiro *dever jurídico*, e que só se legitima quando dirigido ao atingimento da específica *finalidade* que gerou sua atribuição ao agente. O legislador, o administrador, o juiz, desempenham função: os poderes que receberam da ordem jurídica são de exercício obrigatório e devem necessariamente alcançar a finalidade por ela mirada" (Carlos Ari Sundfeld. *Fundamentos de direito público*. 5ª ed. São Paulo: Malheiros, 2017, p. 163).

40. "Foi outro autor italiano, Mássimo Severo Gianinni, quem deu um conceito mais completo de função e é o que melhor pode nos servir como ponto de partida. Este conceito que eu tenho adotado, confrontando-o com o elemento finalista, me parece preciso para que a teoria fique totalmente clara. Então, de acordo com esta colocação, penso que quanto à função tributária podemos defini-la de acordo com uma série de características. Em primeiro lugar, há o aspecto subjetivo. Seu sujeito é a administração pública. A função tributária faz referência a uma atividade da administração pública, cujo sujeito é a administração pública. A aspecto objetivo da função tributária nos definirá qual das múltiplas atividades que a administração pública realiza, analisa e estuda nesse conceito. Qual é essa atividade? A administração pública realiza muitas atividades [...]. Qual dessas atividades nos interessa como conteúdo do objeto da função tributária? Eu a defini aqui com o nome de atividade de gestão tributária" (José Luis Peres de Ayala. *Poder, Potestade e função tributária*, op. cit., p. 158 a 161).

41. José Luis Peres de Ayala. *Poder, potestade e função tributária*, op. cit., p. 156 e 157.

> da dívida a pagar, da quota a pagar, quando o contribuinte não quantificou adequadamente essa quota. Compreenderia também uma atividade que não está aqui recorrida, mas vamos ver em outro ponto do esquema de sanções, aqueles contribuintes que não cumpriram, de cobrança ou exigência por via coactiva do pagamento do imposto, se o contribuinte vier a pagar. É pois uma atividade gestão, entendendo-se o termo gestão no seu sentido mais amplo, gestão dos tributos que a administração pública tem a faculdade, porém, também o dever, porque algo como o interesse público assim o pede a realizar.[42]

Há uma colocação aqui sobre função tributária em seu aspecto subjetivo e em seu aspecto objetivo. Diz que o *conjunto da atividade* da Administração é que importa no momento de estudar a *função tributária*, esse é o aspecto subjetivo: importa a *eficácia jurídica do conjunto de atividades*. Já os *efeitos parciais de cada ato* é o aspecto objetivo dessa função. Considerando o conjunto da atividade da Administração, a *função tributária subjetiva*, ele define que uma *potestade administrativa* será: "uma faculdade que se concede à administração e que tem o dever de exercitar e que, se legalmente exercita essa faculdade, não há possibilidade de se opor a ela".[43]

Agora, atentemos para a seguinte questão:

> Quais são as potestades administrativas que nos interessam, enquanto estão dentro da função tributária? Só as potestades

42. José Luis Peres de Ayala. *Poder, Potestade e função tributária*, op. cit., p. 160 e 161.

43. Em continuação: "O que não se pode nunca dizer é que eu me oponho à faculdade da administração em virtude da qual me pretende punir, porque não tenho cumprido com minhas obrigações tributárias, simplesmente porque não estou de acordo com que me punam. Isso não se pode dizer. Poder-se-á dizer que não há os pressupostos legais para que se estabeleça a punição. Poder-se-á dizer que a atividade sancionadora se desenvolveu de forma não legal, fora do prazo legal. Sempre estamos invocando que a administração exerceu suas potestades, infringindo uma norma, porém se a administração cumpre com a norma, seus poderes, suas atribuições não podem encontrar uma oposição. Então, aqui entendemos a potestade como um poder-dever: uma faculdade e, ao mesmo tempo, um dever que a administração tem" (José Luis Peres de Ayala. *Poder, Potestade e função tributária*, op. cit., p. 163 e 164).

> expressamente estabelecidas pela legislação, só as potestades que são situações jurídicas subjetivas. Não se pode dizer que, pelo simples fato de existir a administração pública, tenho já uma potestade de comprovar, investigar, sancionar. Não! Faltam-me preceitos concretos de que esteja exercendo estas faculdades neste sentido, seus poderes neste sentido. Quero dizer que não há no direito tributário nenhuma forma para ter a função tributária uma potestade administrativa geral de imposição. É inaplicável no direito tributário uma potestade genérica da administração para exigir tributos ou para comprovar ou para sancionar e que os conceitos de potestades são situações jurídicas subjetivas.[44]

A função tributária se desenvolve através do exercício de potestades - assim, no plural –, a conclusão, então, é que, no direito tributario, "não há uma potestade imposição",[45] diga-se, uma única potestade em razão da posição da Administração Tributária no ordenamento jurídico.

> Há uma função tributária que contém ou implica a titularidade e o exercício de uma pluralidade, potestade positiva com distintos conteúdos", isto é, há uma "pluralidade de potestades administrativas concretas em matéria tributária" e há "uma função só, isso sim.[46]

É nessa pluralidade de potestades concretas que se encontra o exercício do *ius puniendi* no âmbito da Administração Pública (no caso, Fiscal), o que temos dito, é: a *potestade administrativa de punir* presente na função tributária.

Como dissemos, não é o caso de uma subordinação, por natureza, do Direito Administrativo Sancionador ao Direito Penal. Existe uma referência conjuntural e técnica, daquele junto a este. E, em verdade, como também vimos, *a potestade sancionatória decorre da competência material da Administração Pública: eis a substancial distinção entre a sanção administrativa e a sanção penal.* Tanto que, nas normas que estabelecem infrações administrativas, o bem jurídico protegido

---

44. José Luis Peres de Ayala. *Poder, Potestade e função tributária*, op. cit., p. 165.

45. Idem, p. 167.

46. Ibidem, p. 167.

coincide sempre com o mesmo interesse público que persegue, no caso, a Administração Fazendária.

Vistas assim, a prerrogativa sancionatória da Administração Pública e a prerrogativa penal do Poder Judiciário, como ramos de uma unidade superior, o *ius puniendi* estatal, *poder punitivo único do Estado*, ou, como manifestações paralelas, deduzir-se a necessidade de contemplar a potestade sancionatória a partir da atividade administrativa concreta e dos princípios desta. A potestade administrativa de punir tem a mesma finalidade e mesmos limites da atuação daquela função pública (onde se realiza), e os princípios punitivos que nela incidem estão impregnados com as características próprias da gestão pública.

5. Conclusão

Portanto, para o Direito Tributário Sancionador, entendemos, com a *tese do* ius puniendi *único do Estado, que a potestade tributária sancionatória é a faculdade punitiva de titularidade da Administração Pública na gestão do* ius tributandi.

A faculdade punitiva da Administração Fiscal é parte da *atividade de gestão tributária* – conteúdo da *função tributária* (como explica José Luis Perez de Ayala), esta, por fim, o seu *legítimo fundamento*.

É que, (dissemos) nas funções do Estado: o direito de punir se manifesta – em paralelo – na função jurisdicional, com exclusividade para a aplicação do direito penal, e na função administrativa, através da aplicação do que se convencionou chamar de Direito Sancionador.

O ponto central aqui é que a prerrogativa sancionatória tem por qualidade genuína ser um *complemento da prerrogativa de material gestão* – a cujo serviço está para reforçar seu cumprimento eficaz com medidas repressoras em caso de desobediência.[47]

47. Alejandro Nieto. *Derecho administrativo sancionador*, op. cit., p. 53.

Das consequências dessa compreensão – no que temos defendido como uma racionalidade própria às sanções administrativas: *o direito tributário sancionador fica sujeito aos limites constitucionais impostos ao* ius tributandi.

Referências

ABBAGNANO, Nicola. *Dicionário de filosofia.* 6ª ed. São Paulo: Editora Martins Fontes, 2012.

ATALIBA, Geraldo. *Imposto de renda:* multa punitiva. Estudos e pareceres de direito tributário. São Paulo: Ed. Revista dos Tribunais, 1978, v. 2.

_____. Penalidades tributárias. In: Geraldo Ataliba; Paulo de Barros Carvalho (coordenadores). *VI Curso de especialização em direito tributário (aulas e debates).* São Paulo: Editora Resenha Tributária, 1978, v. II, p. 733.

AYALA, José Luis Perez de. Poder, Potestade e função tributária. In: Geraldo Ataliba; Paulo de Barros Carvalho (coordenadores). *VI Curso de Especialização em Direito Tributário (aulas e debates).* São Paulo: Editora Resenha Tributária, 1978, vol. I.

BRUNO, Aníbal. *Direito penal:* parte geral. Rio de Janeiro: Forense, 2005. tomo I.

ECHAVE, Delia Teresa, GUIBOURG, Ricardo A., URQUIJO, Maria Eugenia. *Lógica, proposición y norma.* Buenos Aires: Editorial Astrea, 2008.

MOURULLO, Gonzalo Rodríguez. *Presente y futuro del delito fiscal.* Madrid: Ediciones Civitas en Revista de Occidente, 1974.

NOBRE JÚNIOR, Edilson Pereira. As sanções tributárias numa perspectiva jurisprudencial. *Revista Dialética de Direito Tributário.* São Paulo: Dialética, 2013.

NIETO, Alejandro. *Derecho administrativo sancionador.* Madri: Editorial Tecnos, 2012.

NUCCI, Guilherme de Souza. *Curso de direito penal:* parte geral: arts 1º a 120 do Código Penal. Rio de Janeiro: Forense, 2017.

OSÓRIO, Fábio Medina. *Direito administrativo sancionador*. 7ª ed. São Paulo: Thomson Reuters Brasil, 2020.

ROMANO, Santi. *Frammenti di un Dizionarios Giuridico*. Dott. A. Giuffrè Editore: Milão, 1983.

SÁ, Petrônio Maranhão Gomes de. *A potestade administrativa de punir (ius puniendi): natureza, limites e controles*. Tese de Doutorado em Direito Tributário. Pontifícia Universidade Católica de São Paulo, 1995.

SHOUERI, Luís Eduardo. *Direito tributário*. 6ª ed. São Paulo: Saraiva, 2016.

SILVA, Paulo Roberto Coimbra. *Direito tributário sancionador*. São Paulo: Quartier Latin, 2007.

SUNDFELD, Carlos Ari. *Fundamentos de direito público*. 5ª ed. São Paulo: Malheiros, 2017.

TESO, Ángeles de Palma del. *El principio de culpabilidad en el derecho administrativo sancionador*. Madrid: Tecnos, 1996.

XAVIER, Marília Barros. *Direito administrativo sancionador tributário*. Belo Horizonte: Fórum, 2021.

EXTRAFISCALIDADE PROIBITIVA E SANÇÃO TRIBUTÁRIA: O LIMITE ENTRE O LÍCITO E O ILÍCITO

Marília Rodrigues Alves Carminatti[1]

Nicodemos Victor Dantas da Cunha[2]

1. Introdução

Algumas das funções que a sanção exerce não são exclusivas da atividade sancionadora. É dizer, apesar de a sanção representar forte instrumento na regulação de condutas, alguns dos comportamentos prestigiados ou desejados pela ordem jurídica são atingidos por intermédio da indução da vontade do agente através de outras normas jurídicas que não as proibitivas manifestadas pelas sanções.

---

1. Mestre em Direito Tributário pela Pontifícia Universidade Católica de São Paulo - PUC/SP; Especialista em Direito Tributário pelo Instituto Brasileiro de Estudos Tributários - IBET; Graduada em Direito pela Pontifícia Universidade Católica de São Paulo; Professora do Instituto Brasileiro de Estudos Tributários - IBET e Advogada.

2. Doutorando em Direito Tributário pela Pontifícia Universidade Católica de São Paulo - PUC/SP ; Mestre em Direito Tributário pela Pontifícia Universidade Católica de São Paulo - PUC/SP; Especialista em Direito Tributário pelo Instituto Brasileiro de Estudos Tributários - IBET; Graduado em Direito pela Universidade Federal do Rio Grande do Norte, Campus de Caicó/RN; Ex-Juiz do Tribunal de Impostos e Taxas do Estado de São Paulo - TIT/SP; Procurador do Município de Caicó/RN; Professor e Coordenador de pesquisa do Instituto Brasileiro de Estudos Tributários - IBET.

É nesse contexto que se insere a *extrafiscalidade proibitiva*, expressão utilizada por Alfredo Augusto Becker para denominar as situações em que o caráter extrafiscal do tributo representa efetiva proibição a realização de determinadas condutas.

Como, contudo, diferenciar o tributo extrafiscal proibitivo e a sanção tributária? Qual é o limite entre a conduta lícita que se pretende desestimular e a conduta ilícita?

Esses aspectos serão analisados no presente estudo, finalizando-se com a análise pragmática do tema: o IPTU progressivo no tempo representa tributo extrafiscal ou sanção tributária?

2. Teoria da norma jurídica: premissas necessárias ao desenvolvimento do tema

Preliminarmente, é necessário delimitar algumas premissas referentes a teoria da norma jurídica, as quais fornecerão aparato teórico para diferenciação entre a tributação extrafiscal e a sanção tributária, com enfoque pragmático no IPTU progressivo no tempo.

Passaremos, então, a tratar brevemente da estrutura das normas jurídicas, sem a intenção de esgotar o tema, mas sim de fornecer elementos indicativos dos pressupostos dos quais partimos para a análise do objeto central do presente artigo.

2.1 Definição do conceito de norma jurídica

Corriqueiramente é possível perceber que autores de textos jurídicos fazem uso do termo "norma" para se referir ao documento que serve como suporte físico, as marcas de tinta no papel, transitando por "norma" como fragmento do texto ali gravado, bem como "norma" como significado desses enunciados linguísticos. Deve-se a esse tipo de descuido uma grande parte da dissonância existente entre autores no que tange a seus objetos de estudos.

Com a pretensão de diminuir os desacertos de sentido, será abordada uma distinção entre as acepções baseada no critério da estrutura imputativa existente, ou não, para dizer que se tem por cada uma.

Norma jurídica em sentido amplo, nesse texto, pode ser encarada como conteúdo das frases do direito posto que suscitem uma mensagem de teor prescritivo. Nesse nível, a significação de um enunciado qualquer como "Brasília é a Capital Federal" (art. 18, § 1º CF) pode ser chamada de norma, mas na acepção ampla. O próprio documento normativo também é usualmente chamado de norma jurídica, de forma que é interessante atentar para tal sentido abordado.

Adiantando o raciocínio, norma jurídica em sentido estrito será toda mensagem prescritiva com significação retirada de um ou mais fragmentos do direito positivado que consubstanciem uma formulação hipotético-condicional, de molde a habilmente transmitir a mensagem deôntica completa. Tal estrutura estará presente em todos os lugares onde se estabelecer, com clareza, os elementos conformadores da hipótese de incidência e da tese – os quais se destinam a estabelecer os critérios para a constituição da relação jurídica e possuem como elementos os dados pessoais capazes de delimitar as figuras passiva e ativa – dados do campo subjetivo da norma –, além da prestação, entendida como a conduta deônticamente modalizada em obrigatória, permitida ou proibida. Estas estão conectadas pelo elo da imputação e, no presente trabalho, tratar-se-á como norma jurídica estritamente falando.

Aqui, o jurista se põe diante de normas – abordadas como "proposição jurídica" pelo autor Lourival Vilanova[3] - com estrutura na seguinte forma:

$$[D(p > q)]$$

Onde:

"D": equivale ao dever ser;

3. VILANOVA, Lourival. *As estruturas lógicas e o sistema de direito positivo.* São Paulo: Noeses, 2010.

"p": significa a proposição antecedente – chamada hipótese jurídica;

">": é o conectivo condicional; e

"q": a proposição consequente, também chamada de tese.

Norma jurídica, dessa forma, é um juízo hipotético-condicional construído pelo intérprete a partir dos enunciados prescritivos, sendo significações por cada um atribuída àquele suporte físico, destinada a orientar a conduta dos seres humanos mediante a obrigatoriedade, vedação ou permissão para agir.

Estabelecida a noção de "norma jurídica", passaremos a abordar sua estrutura "completa".

2.2 Norma jurídica completa: norma primária e norma secundária

O que diferencia as normas jurídicas das demais normas existentes – sociais, morais, religiosas... – é o atributo da coercitividade (coação potencial). Tal atributo decorre das normas sancionatórias – enquanto normas que estabelecem uma consequência gravosa, imposta de maneira coercitiva, diante do descumprimento de uma conduta prescrita pelo sistema – sem as quais as normas jurídicas não se diferenciariam das demais normas existentes. Assim, a chamada "norma jurídica completa" possui uma estrutura dúplice ou bimembre, a qual acopla o atributo da coercitividade, garantindo juridicidade ao comando prescritivo.

Neste trabalho, adotaremos a teoria moderna da coação, representada pelo pensamento do jusfilósofo Hans Kelsen, segundo o qual a coação é objeto das normas jurídicas. Significa dizer, diferentemente da concepção adotada pelos adeptos da teoria clássica,[4] a coação é tida como objeto das normas

---

4. Dentre os adeptos da teoria clássica da coação, é possível mencionar Christian Thomasius, Kant e Rudolf von Jhering (BOBBIO, Norberto. *O Positivismo jurídico – Lições de filosofia do direito*. São Paulo: Icone, 2006, p. 151/155).

jurídicas, e não como elemento que lhe garante eficácia, que assegura sua aplicação. Nesse sentido, esclarece o autor:

> Uma regra é uma regra jurídica não porque sua eficácia é assegurada por uma outra regra que dispõe uma sanção; uma regra é uma regra jurídica porque dispõe uma sanção. O problema da coerção (coação, sanção) não é o problema de assegurar a eficácia das regras, mas sim o problema do conteúdo das regras.[5]

O direito, pelo prisma da teoria moderna da coação, é o conjunto de normas que regulamentam o uso da força na sociedade, determinando quem, quando, como e quanto pode utilizar a força, é dizer, exercer a coação.

Nesse contexto, consoante as lições de Hans Kelsen, a estrutura bimembre da norma jurídica subdivide-se em "norma primária", a qual estabelece uma relação jurídica diante da ocorrência de determinado fato (norma de direito material), e "norma secundária", que estabelece uma sanção (norma de direito processual) que assegure o cumprimento da prescrição da "norma primária". O autor assevera que essas normas se conectam mediante um juízo hipotético condicional, estruturado da seguinte forma: dada a ocorrência da hipótese H, deve ser a consequência C; dada a ocorrência da hipótese H e o não cumprimento da consequência C, deve ser a sanção. Em termos lógicos: D {[h →c] . [(h . –c') →S]}.

Ainda que as mensagens criadas na mente do intérprete sob a forma de norma jurídica em sentido estrito já transmitam os comandos que a ordem jurídica deseja, tais normas jurídicas deverão estar conectadas a uma outra norma que garanta, por meio de força estatal, a punição ao seu descumprimento.

Desta feita, ter-se-á norma jurídica em sentido completo quando se ajuntarem duas normas jurídicas – ou proposições, em Lourival Vilanova – em que uma delas prevê, em seu suposto, a existência do descumprimento do dever jurídico

---

5. BOBBIO, Norberto. *O Positivismo jurídico – Lições de filosofia do direito.* São Paulo: Icone, 2006, p. 157.

estabelecido no consequente da outra e na consequência uma atuação do Estado-Juiz.

Tomando por norma primária o segmento da norma completa, a qual serve para regular a conduta humana, coligando uma consequência jurídica consistente em direitos e deveres de uns sujeitos perante outros, e por norma secundária a parte da norma completa que preceitua consequências sancionadoras pelo descumprimento do direito ou dever estatuído na norma primária, momento no qual comparecerá como sujeito o Estado-Jurisdição, não poderemos afirmar a existência de norma secundária sem que haja norma primária, nem norma primária condizente com o papel de regulação de condutas sem a norma secundária. Segundo Lourival Vilanova, "a norma sancionadora pressupõe, primeiramente, a norma definidora da conduta exigida".[6]

Em outras palavras, as normas primárias são aquelas que selecionam notas características de condutas possíveis e não necessárias (limite ontológico de caráter semântico), atribuindo-lhes consequências jurídicas. Tais normas jurídicas são ligadas às normas secundárias, as quais têm como antecedente o descumprimento de uma relação jurídica prescrita no consequente da norma primária e como consequente, o estabelecimento de uma relação jurídica triádica, angular ou processual, entre sujeito ativo, sujeito passivo e Estado-juiz, na qual o Estado-juiz exigirá de maneira coercitiva o adimplemento da obrigação prevista na norma primária descumprida.

Nesse contexto, é importante ressaltar que as normas jurídicas primária e secundária andam sempre juntas: não há norma jurídica primária sem norma secundária que lhe garanta teor de juridicidade e não há norma secundária sem norma primária que lhe garanta instrumentalidade. A norma primária estatui direitos e deveres; a norma secundária, uma punição mediante o exercício da coação estatal. Vejamos a

---

6. BOBBIO, Norberto. *O positivismo jurídico* – Lições de Filosofia do Direito. São Paulo: Ícone, 2006, p. 73.

estrutura da norma jurídica completa, composta por norma primária e secundária:

$$D\{\underbrace{[h \rightarrow R'(Sa\,.\,Sp)]}_{\text{norma primária}}\,.\,\underbrace{[-R'(Sa\,.\,Sp) \rightarrow R''(Sa\,.\,Sj)]}_{\text{norma secundária}}\}$$

Em suma, nota-se que as "partes" que integram a norma jurídica completa – norma primária e norma secundária – possuem a mesma estrutura sintática das normas jurídicas em geral. Essa classificação, contudo, possui enorme utilidade para a compreensão do sistema jurídico vigente, notadamente do papel da coação enquanto elemento fundamental à juridicidade das normas que compõem o ordenamento.

Diante dessas premissas acerca da estrutura das normas jurídicas, passaremos a tratar das noções de "tributo" e "sanção", evidenciado as diferenças e as semelhanças entre eles, com destaque para as suas funções de desestimular comportamentos, para que possamos abordar o objeto central do presente trabalho: o limite entre o lícito e o ilícito; entre o que pode ser considerado tributo extrafiscal e sanção.

3. O tributo

O signo "tributo", como todos os demais signos existentes, é dotado de pluralidade de significações. Dentre as possíveis significações atribuídas a este signo, daremos enfoque a que concebe tributo como norma, fato e relação jurídica – toda a fenomenologia da incidência tributária –, presente no art. 3° do CTN, *in verbis*:

> Tributo é toda prestação pecuniária compulsória, em moeda ou cujo valor nela se possa exprimir, que não constitua sanção de ato ilícito, instituída em lei e cobrada mediante atividade administrativa plenamente vinculada.

Nota-se que para o Código Tributário Nacional alguns traços característicos devem estar presentes para que se configure um "tributo". Dentre eles, merece destaque no presente trabalho o de que tributo não pode constituir sanção de ato ilícito. É dizer, o fato que enseja o nascimento da obrigação tributária deve ser lícito, de modo que as penalidades pelo descumprimento de deveres tributários não configuram "tributo". A obrigação tributária não decorre do cometimento de uma ilicitude, muito embora possa nascer de fato jurídico ilícito, com a abstração de a conduta prevista no antecedente da norma tributária ter sido praticada com o cometimento de um ilícito.

"Tributo" e "sanção" são noções inconfundíveis, que figuram em normas jurídicas diversas. O "tributo" está previsto em uma norma jurídica primária, a qual prevê em seu antecedente uma conduta lícita e, em seu consequente, uma relação jurídica de cunho pecuniário, consistente na entrega de determinada quantia ao ente público ou quem lhe faça as vezes. A sanção (na concepção adotada nesse trabalho), por outro lado, está presente em uma norma jurídica secundária, que prevê em seu antecedente uma conduta ilícita e, no consequente, uma relação triangular, em que o Estado-juiz exige, mediante coação, o cumprimento da penalidade.

Não obstante, é nítida a relação existente entre "tributo" e "sanção", uma vez que a sanção está necessariamente ligada ao lícito; é dizer, é aplicável em função do lícito, como forma de preservá-lo, e a competência para sua instituição decorre da competência tributária.

Apesar dos pontos de aproximação entre "tributo" e "sanção", não há como conceber que integrem a mesma relação jurídica, tampouco que se submetem ao mesmo regime jurídico. Por esse motivo, o presente estudo busca apontar a zona de penumbra existente na identificação da tributação extrafiscal e da aplicação de sanções tributárias, com o intuito de fornecer elementos para identificação do IPTU progressivo no tempo como "tributo" ou como "sanção".

Para tanto, passaremos a abordar a função extrafiscal do tributo, passando para a análise das sanções e, por derradeiro, diante do aparato teórico exposto, ao objeto central do presente artigo.

3.1 Fiscalidade *x* Extrafiscalidade

É interessante, antes de tudo, notar que tais terminologias foram sendo construídas pelo labor dogmático, dificilmente sendo encontradas nos documentos legislativos. Tanto que Paulo de Barros Carvalho assenta:

> Os signos fiscalidade, extrafiscalidade e parafiscalidade são termos usualmente empregados no discurso da Ciência do Direito, para representar valores finalísticos que o legislador imprime na lei tributária, manipulando categorias jurídicas postas à sua disposição. Raríssimas são as referências que a eles faz o direito positivo, tratando-se de construções puramente doutrinárias. O modo como se dá a utilização do instrumental jurídico-tributário é o fator que identifica o gravame em uma das três classes.[7]

É mais um exemplo de que a Ciência, ao descrever seu objeto, comumente inaugura uma nova gama de palavras e enunciados, construídos para conseguir falar com muito mais precisão sobre realidades inexistentes anteriormente.

As formas de obtenção de receitas do Estado podem ser classificadas em originárias, derivadas e transferidas. Segundo definição da própria legislação vigente, "tributo é a receita derivada instituída pelas entidades de direito público, compreendendo os impostos, as taxas e contribuições nos termos da constituição e das leis vigentes em matéria financeira, destinando-se o seu produto ao custeio de atividades gerais ou específicas exercidas por essas entidades".[8]

Nesse diapasão, está claro que a justificativa natural de existir da tributação é a de arrecadar valores aos cofres públicos. A esse fenômeno se dá o nome de fiscalidade, ou seja, quando o

---

7. CARVALHO, Paulo de Barros. *Curso de direito tributário.* 31ª ed. São Paulo: Noeses, 2021, p. 256/257.

8. Art. 9º da Lei 4.320/64.

principal objetivo não é outro que não o de arrecadar. A instituição ou aumento de tributo serve ao fim de buscar renda aos cofres públicos. Nesse sentido, Paulo de Barros Carvalho lembra:

> Fala-se, assim, em fiscalidade sempre que a organização jurídica do tributo denuncie que os objetivos que presidiram sua instituição, ou que governam certos aspectos da sua estrutura, estejam voltados ao fim exclusivo de abastecer os cofres públicos, sem que outros interesses – sociais, políticos ou econômicos – interfiram no direcionamento da atividade impositiva.[9]

Já na dicção de Regina Helena Costa:

> a *fiscalidade* traduz a exigência de tributos com o objetivo de abastecimento dos cofres públicos, sem que outros interesses interfiram no direcionamento da atividade impositiva. Significa olhar para o tributo, simplesmente, como ferramenta de arrecadação, meio de geração de receita. É a noção mais corrente quando se pensa em tributação[10].(grifo do original)

O caminho da fiscalidade é, pode ser dito, o propósito natural para a instituição de tributos. Contudo, o tributo pode assumir caráter extrafiscal.

A extrafiscalidade é tema adjacente ao propósito de levar dinheiro aos cofres, consubstanciando outro aspecto da tributação. Trata-se de uma medida tomada pelo Estado para promover condutas humanas. Segundo Geraldo Ataliba, "é o emprego dos instrumentos tributários – evidentemente, por quem os tem à disposição – com objetivos não fiscais, mas ordinatórios".[11]

Trata-se de uma possibilidade dada aos entes que detêm a competência tributária para utilizar a tributação como instrumento para atingir determinados fins. Em alguns casos,

---

9. CARVALHO, Paulo de Barros. *Curso de direito tributário.* 31ª ed. São Paulo: Noeses, 2021, p. 257.

10. COSTA, Regina Helena. *Curso de direito tributário:* Constituição e Código Tributário Nacional. 4. ed. rev., atual. e ampl. – São Paulo: Saraiva, 2014, p. 65.

11. ATALIBA, Geraldo. *Regime Jurídico da Extrafiscalidade. REVISTA JUSTITIA.* MPSP. s.d. Disponível em: https://bit.ly/3FlyUM1, p. 101. (Acesso em outubro de 2021)

aliás, como bem lembra Diego Bomfim,[12] o Estado tem o dever de praticar a extrafiscalidade.

O objetivo da tributação extrafiscal, desta forma, não é fiscal. Pode parecer um trocadilho, mas essa simples constatação merece a devida atenção. Ainda que inconscientemente, o legislador opera influindo no campo econômico (na extração de numerário para os cofres públicos), como adverte Geraldo Ataliba,[13] sendo esse aspecto indissociável das figuras tributárias. O principal caráter da extrafiscalidade, é isso que se pretende dizer nesses casos, não é a arrecadação em si, mas não é adequado dizer que ela não existirá ou que obrigatoriamente deverá ser menor quando alíquotas forem aumentadas, por exemplo.

E mais, não se tem como delimitar a fiscalidade ou extrafiscalidade *a priori*. Para identificá-la é necessário observar o contexto no qual a medida foi utilizada, visto que, já foi alertado, trata-se de técnica utilizada para conseguir influenciar as condutas. Em geral, está voltada a levar o destinatário a mudar seu agir, sendo uma medida que provavelmente reflete valor específico que o ordenamento jurídico pretende exaltar. E os valores são dependentes intrinsecamente da sociedade em questão, com suas nuances culturais, econômicas, políticas, sociais etc.

O texto Constitucional possibilita mais uma forma destinada à orientação de condutas. Mas é ainda necessário pontuar que a imposição de comportamentos pela via da tributação condiciona inarredavelmente tal atividade à observância de todo o regramento próprio que o sistema constitucional tributário prevê. O uso de tal aparato fica vinculado à disciplina dos princípios específicos e genéricos. Na lição de Geraldo Ataliba:

> é imprescindível fixar com clareza e peremptoriamente que, se o instrumento escolhido para o exercício das faculdades regulatórias da atividade econômica ou social forem os tributos, o regime

12. BOMFIM, Diego. *Extrafiscalidade:* identificação, fundamentação, limitação e controle. São Paulo: Noeses, 2015, p. 91.

13. ATALIBA, Geraldo. *Regime Jurídico da Extrafiscalidade. REVISTA JUSTITIA.* MPSP. s.d. Disponível em: https://bit.ly/3FlyUM1, p. 102. (Acesso em outubro de 2021).

> jurídico que lhes é peculiar incidirá plenamente, sem qualquer reserva, exceção ou alteração no nosso sistema.[14]

A extrafiscalidade, portanto, pode ser definida como mecanismo tributário, com fins eminentemente não arrecadatórios, de que dispõe o Ente Público competente para implementar valores prestigiados pelo ordenamento jurídico.

Considerando-se a extrafiscalidade como limitação ao direito individual em prol do interesse coletivo, é possível afirmar que essa limitação pode assumir forma tão rigorosa, a ponto de se aproximar da aplicação de uma penalidade e, por conseguinte, da proibição de determinadas condutas. Sua função se confunde com a função da sanção, qual seja, influenciar condutas. Nesse sentido, é possível afirmar que as condutas podem ser influenciadas de duas formas: mantendo-as lícitas, mas desinteressantes ou, então, tornando-as ilícitas.

No contexto do presente artigo, busca-se identificar o limite entre a extrafiscalidade e a sanção tributária. Significa dizer, a partir de que ponto a tributação utilizada como forma de desestimular condutas deixa de caracterizar "tributo", por representar efetiva proibição, caracterizando "sanção".

Para melhor compreensão do tema, trataremos da chamada "extrafiscalidade proibitiva",[15] figura que se aproxima de maneira substancial das sanções tributárias.

3.2 Extrafiscalidade proibitiva

Conforme mencionado no item anterior, há a forma de orientar a conduta dos cidadãos sem necessariamente criminalizar um agir, isto é, tornar ilícito seu exercício para o sujeito de direitos. Em outras palavras, não é somente por meio da

14. ATALIBA, Geraldo. *Regime Jurídico da Extrafiscalidade. REVISTA JUSTITIA.* MPSP. s.d. Disponível em: https://bit.ly/3FlyUM1, p. 102. (Acesso em outubro de 2021).

15. BECKER, Alfredo Augusto. *Teoria geral do direito tributário.* 6ª ed. São Paulo: Noeses, 2013, p. 634.

aplicação de sanções que o Estado pode intervir na conduta dos sujeitos de direito.

Por isso mesmo, é possível afirmar que existem atividades ou condutas nas quais se demonstra incabível cogitar de aplicação de sanção, porque lícitas, mas objeto de atenção por parte do Estado, que não quer ver sua perpetuação.

Essa é a ideia que se complementa com o conceito corrente de tributo. Nesse sentido, entende também Diego Bomfim, quando expõe que:

> De todas as notas definitórias do conceito de tributo, a que guarda relação direta com a instituição de normas tributárias extrafiscais é aquela que impede que o tributo constitua sanção por ato ilícito, notadamente porque os tributos não podem funcionar como instrumentos indiretos para a regulação de comportamentos tomados como indesejados pelo legislador.[16]

Exatamente esta é a abordagem deste trabalho. Apenas deve se comentar que Bomfim utiliza o vocábulo "indesejado" no sentido de ilícito e não no sentido de uma conduta que, embora lícita, não é bem vista aos olhos do contexto social por diversos motivos, como morais, de saúde pública, econômicos, ambientais, e outros, a exemplo da conduta de fumar.

Existe, contudo, uma zona de penumbra, em que os tributos com caráter eminentemente extrafiscal se confundem com as sanções tributárias, por apresentarem caráter proibitivo. A distinção entre eles, contudo, é necessária, uma vez que se submetem a disciplina jurídica distintas.

Sendo assim, conforme as lições de Alfredo Augusto Becker, o fator distintivo entre o chamado *tributo extrafiscal proibitivo* e a sanção é a licitude ou ilicitude do fato jurídico que compõe o antecedente da norma jurídica. Não há outro elemento capaz de distinguir essas figuras, mas tão somente a licitude do

16. BOMFIM, Diego. *Extrafiscalidade:* identificação, fundamentação, limitação e controle. São Paulo: Noeses, 2015, p. 232.

fato jurídico que figura na norma jurídica tributária e a ilicitude daquele presente na norma jurídica sancionatória.

Por conseguinte, o tributo extrafiscal proibitivo é utilizado pelo Estado como forma de desestimular comportamentos permitidos de maneira indireta; enquanto a sanção, para desestimular comportamentos proibidos, de maneira direta. Inclusive, a própria Constituição da República prevê a possibilidade de instituição de tributo extrafiscal proibitivo, quando, em seu art. 146-A, incluído pela EC nº 42/03, estabelece que "*lei complementar poderá estabelecer critérios especiais de tributação, com o objetivo de prevenir desequilíbrios da concorrência, sem prejuízo da competência de a União, por lei, estabelecer normas de igual objetivo.*".

Nota-se que os modais deônticos presentes nas normas do tributo extrafiscal proibitivo e da sanção tributária são distintos: no tributo extrafiscal, o modal deôntico utilizado é o permitido (Pp) e na sanção tributária, é o proibido (Vp). Trata-se de modais que não são interdefiníveis. Sendo assim, fica evidente que figuram em normas jurídicas de naturezas distintas (norma primária, no caso do tributo extrafiscal, e norma secundária, no da sanção tributária) e, portanto, submetem-se a regimes jurídicos diversos.

Em suma, é possível afirmar que os tributos não podem atuar como forma de proibir condutas, mas apenas como mecanismo de indução de condutas. Contudo, a diferenciação entre a proibição e a mera indução é difícil de ser realizada em determinadas situações. É o que será visto em relação ao IPTU progressivo no tempo: trata-se de sanção de ato ilícito ou tributo com função extrafiscal? Proibição da inobservância da função social da propriedade ou indução da conduta de observar a função social da propriedade? É o que tentaremos estabelecer no último tópico deste trabalho. Antes, abordaremos, brevemente, alguns aspectos das sanções tributárias, necessários ao estudo pragmático do tema.

4. A sanção tributária

As prestações tributárias podem ter cunho patrimonial, quando são chamadas obrigações tributárias, e não patrimonial, denominadas deveres instrumentais. A obrigação tributária tem como objeto a relação jurídica estabelecida entre o sujeito ativo, que possui o direito subjetivo de recebimento de determinada quantia à título de tributo (crédito tributário), e o sujeito passivo, que tem o dever jurídico de adimplemento (débito tributário). Os deveres instrumentais,[36] por sua vez, configuram relações jurídicas cujo objeto é um fazer ou não fazer, que visam a facilitar o procedimento de fiscalização e arrecadação.

O descumprimento de quaisquer dessas prestações decorrentes de obrigações tributárias ou deveres instrumentais configura ilícito ao qual será atribuída uma consequência gravosa. Em outras palavras, configura conduta ilícita apta a figurar no antecedente de uma norma sancionatória.

Nesse contexto, dentre as diversas acepções possíveis atribuídas ao termo "sanção", será utilizada, neste trabalho, a que concebe as sanções tributárias como normas jurídicas em cujos antecedentes figuram os ilícitos tributários supracitados, quais sejam, descumprimento de obrigação tributária ou de deveres instrumentais.

Passaremos a tratar, então, de algumas de suas funções, que se aproximam da função do tributo extrafiscal, para que seja possível compreender a zona de penumbra existente na identificação dessas figuras.

4.1 Funções

Sendo assente a noção de que as normas jurídicas desempenham papel fundamental para a conservação da convivência do homem em comunidade, moldando os comportamentos dos indivíduos, também não pode ser negada a imprescindibilidade da existência de sanções que garantam a efetivação de tais normas.

Somente através da linguagem prescritiva na qual são vazadas as normas, sejam elas religiosas, morais, jurídicas, dentre outras, é que a conduta pode ser regulada, de modo a transformar, ordenar e dirigir atitudes, principalmente no que diz respeito às normas jurídicas, enfim, conformando o espaço social. Lourival Vilanova já escreveu, a esse respeito, que "altera-se o mundo físico mediante o trabalho e a tecnologia, que o potencia em resultados. E altera-se o mundo social mediante a linguagem das normas, uma classe da qual é a linguagem das normas do Direito".[17]

Com o aumento da complexidade das relações inter-humanas, multiplicado pela também crescente complexidade do tecido normativo criado para regulá-las, o natural é que seja aumentada também a quantidade de normas sancionatórias. E dentre as funções que possuem as normas sancionatórias, três merecem destaque no presente artigo: a função preventiva, a função repressiva ou punitiva e a função didática.

A função preventiva toma a importância do traço desestimulante existente para efeito de intimidação dos infratores. A manutenção da ordem jurídica é causada pelo receio de sofrer a reprimenda, gerado no íntimo da maioria dos destinatários da norma. Pelo menos em tese, os transtornos causados pela sanção têm o condão de desestimular a prática da infração. É correto afirmar que a sanção funciona de forma preventiva justo pela chamada coercitividade (coação potencial), como diria Kelsen.

Certamente nota-se que, para esses casos, é o fator psicológico da existência da penalidade em abstrato que entra em cena e dissuade o infrator. Nesse passo, não sobeja lembrar que a certeza da aplicação da sanção abstratamente prevista possui efeito mais eficaz que sua exacerbação e rigor, bem na linha de Beccaria.[18] Vale a pena trazer a fala de Coimbra Silva, quando considera:

---

17. VILANOVA, Lourival. *As estruturas lógicas e o sistema de direito positivo.* São Paulo: Noeses, 2010, p. 04.

18. Não é o rigor do suplício que previne os crimes com mais segurança, mas a certeza do castigo (SILVA, Paulo Roberto Coimbra. *Direito tributário sancionador.* São Paulo: Quartier Latin, p. 61).

> Importante destacar que, contrariamente ao pensamento leviano que atualmente conduz os labores legiferantes à previsão de penas excessivamente rigorosas, a função preventiva das penas não é mais bem exercida por força de sua intensidade, mas, muito antes, pela convicção de sua escorreita aplicação.[19]

Em síntese, a ordem jurídica se faz cumprir através da norma mesmo quando, após sua colocação no sistema, nenhum aparato do sujeito prolator seja acionado. Ou seja, a norma tem sua prescrição atendida a despeito da produção de novas normas jurídicas.

Saltando da atuação ou do efeito que a sanção causa ainda *in abstracto*, sua função repressiva ou punitiva surge em momento mais adiantado do processo de positivação do direito, na concreção do mandamento abstrato. Quando há cotejo da hipótese criada em lei com um fato específico, ocorrendo a subsunção.

Nessa seara, ilustra Coimbra Silva[20] que "a sanção provê um castigo ou aflição como uma solução ordeira para aplacar o instintivo sentimento humano de demandar uma retribuição".

É interessante notar que no contexto da função repressiva ou punitiva da sanção existe uma necessidade de apuração da responsabilidade subjetiva, mediante a construção de relato que comprove a intenção do agente para atingir o resultado, sendo este tipo de responsabilidade mais compatível com o exercício da potestade punitiva do estado e hábil à aplicação de sanções de natureza repressiva.

Por fim, a função didática é responsável por incutir no íntimo do infrator as vantagens de não descumprir o preceito normativo, além, ademais, de funcionar como reeducação capaz de reduzir a reincidência delitiva e propiciar o retorno do apenado aos meios de convívio social.

Neste ponto, comparece a importância de se homenagear a proporcionalidade entre infração e penalidade aplicada. O

---

19. SILVA, Paulo Roberto Coimbra. *Direito tributário sancionador.* São Paulo: Quartier Latin, 2007.

20. Idem, p. 62.

descompasso observado nessa dosagem pode influir diretamente na conduta do agente.

Sanções patentemente flexíveis não encorajam o contribuinte a cumprir com algumas de suas responsabilidades – quando as obrigações tributárias estejam corretamente vertidas em linguagem competente – transgredindo a norma pela consciência de que sua sujeição à penalidade pecuniária é vantajosa em relação ao ganho obtido com seu descumprimento.

Enquanto isso, por outro lado, sanções demasiadamente rígidas o distanciam da possibilidade de reconhecer um pequeno erro e proceder com o adimplemento da conduta e (mais) a multa, e assim o estimulam a esconder do fisco – ainda mais – a ocorrência de eventos cujos relatos potencialmente se subsomem à norma sancionatória, propiciando ou aprofundando sua situação de ilicitude.

Estabelecido esse panorama, verifica-se que as funções das sanções abordadas – preventiva, repressiva e didática – muito se assemelham às funções atribuídas ao tributo extrafiscal proibitivo, conforme será abordado de forma pragmática no próximo item, referente ao IPTU progressivo no tempo.

5. Análise pragmática: limite entre o lícito e o ilícito

Diante de todos os aspectos teóricos expostos – relativos à estrutura das normas jurídicas, com destaque para a importância da sanção enquanto norma coercitiva, bem como ao tributo extrafiscal e a sanção tributária, suas semelhanças e diferenciações – depreende-se a dificuldade em identificar a licitude ou ilicitude de determinadas condutas.

Em outras palavras, há uma zona de penumbra em que não é fácil verificar se a conduta que se pretende desestimular representa conduta lícita ou ilícita. Por conseguinte, se a consequência imposta caracteriza obrigação tributária mais gravosa ou, então, sanção tributária.

Ocorre que é imperiosa essa diferenciação, pois o regime jurídico tributário não é igual ao regime jurídico sancionatório. Os comandos normativos, incluindo os princípios aplicáveis, são absolutamente distintos.

Para melhor elucidar essa questão, trataremos do IPTU progressivo no tempo, apontando as duas formas de enxergar a mesma prescrição constitucional: como tributo extrafiscal e como sanção tributária.

5.1 IPTU progressivo no tempo

O sistema constitucional tributário brasileiro outorga competência ao legislador do Imposto Predial Territorial Urbano (IPTU) para criar progressividades em razão da base de cálculo diante do descumprimento da função social da propriedade, valor constitucional que se pretende prestigiar. Nesse sentido, dispõe o art. 182, §4°, II, da CR:

> Art. 182. A política de desenvolvimento urbano, executada pelo Poder Público municipal, conforme diretrizes gerais fixadas em lei, tem por objetivo ordenar o pleno desenvolvimento das funções sociais da cidade e garantir o bem- estar de seus habitantes.
>
> [...]
>
> § 4º. É facultado ao Poder Público municipal, mediante lei específica para área incluída no plano diretor, exigir, nos termos da lei federal, do proprietário do solo urbano não edificado, subutilizado ou não utilizado, que promova seu adequado aproveitamento, sob pena, sucessivamente, de:
>
> [...]
>
> II – imposto sobre a propriedade predial e territorial urbana progressivo no tempo;
>
> [...]

Trata-se do chamado IPTU progressivo no tempo, o qual pode ser visto como tributo extrafiscal ou, então, como sanção tributária indevidamente denominada tributo.

É o que passaremos a tratar.

5.1.1 Tributo extrafiscal

Passaremos a demonstrar uma forma de enxergar a prescrição acima colacionada, tentando vislumbrar razões para entender que o IPTU progressivo representa uma forma de extrafiscalidade, e não uma sanção tributária.

Como já comentado ao longo do presente artigo, é inegável que há distintos modos de atuação para conformar as condutas dos indivíduos, sendo um pela via da desoneração tributária e, outro, pelo incremento de carga tributária. Ou seja, há formas de orientar a conduta dos cidadãos sem necessariamente "criminalizar" um agir, isto é, tornar ilícito seu exercício para o sujeito de direitos.

Neste aspecto, entendemos ser possível sustentar que a norma do IPTU progressivo no tempo não conteria, em seu antecedente, o descumprimento de um dever imposto pela norma da função social da propriedade, mas apenas tomaria em consideração a inércia do proprietário, durante o tempo, para aumentar a alíquota do imposto.

Para facilitar a visualização desta perspectiva, construímos o seguinte raciocínio: a determinação Constitucional que gera a necessidade de obediência à função social da propriedade urbana promove alteração conformadora, a qual rearranja a Regra-Matriz do IPTU, de modo que a norma tributária daí resultante (RMIT do IPTU progressivo) não é idêntica à RMIT do IPTU tradicional.

Assim, o antecedente da RMIT do IPTU progressivo de um Município qualquer ficaria assim:

(i) Critério Material, consistente em ser proprietário, ter domínio útil ou a posse de imóvel urbano que *não esteja cumprindo com a função social da propriedade;*

(ii) Critério Espacial, local estabelecido pela legislação do Município;

(iii) Critério Temporal, com a materialidade ocorrendo geralmente no dia *1º de janeiro cada ano*[21], *mas devem ser tomados em consideração os exercícios anteriores, para fins de aumento da alíquota.*

Já no consequente normativo, situam-se:

(i) Critério Pessoal, no que concerne ao Sujeito Ativo, é o Município, e quanto ao Sujeito Passivo, na intelecção da lei dos Municípios em geral, é o proprietário, o titular do domínio útil ou o possuidor a qualquer título;

(ii) Critério Quantitativo, formado pelo valor venal do imóvel, que é a base de cálculo, multiplicada pela alíquota constante na lei, que depende necessariamente da verificação de inércia do proprietário, ou seja, conjunção dos critérios material e espacial do antecedente.

Essa seria a figura básica do Imposto Predial e Territorial Urbano no formato definido na Constituição e complementado pelo Código Tributário Nacional, Estatuto das Cidades e legislação local de um ente Municipal qualquer.

Em síntese, a RMIT do IPTU progressivo no tempo, entendido como tributo extrafiscal, é a seguinte:

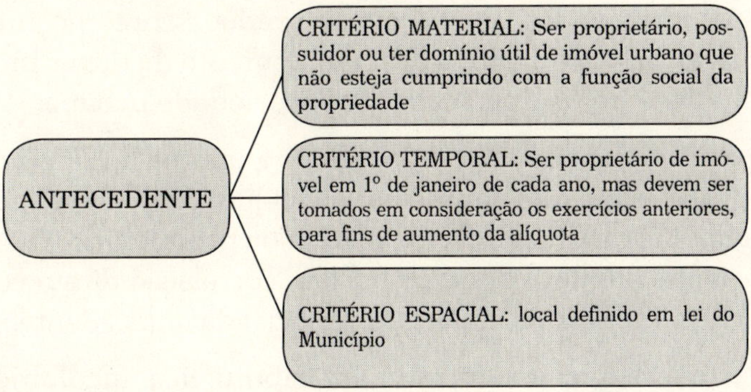

21. A depender da legislação do Ente. Mas, em geral, fica estipulado o dia primeiro de cada ano.

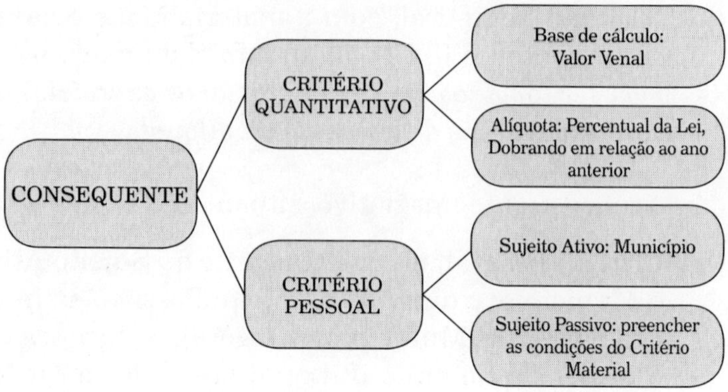

Veja que a RMIT do IPTU progressivo no tempo recebe alterações, por força da norma da função social da propriedade urbana. Nesta forma de ver a norma-padrão, identificamos um critério material parecido, contando apenas com um acréscimo no complemento do verbo, de modo que, em síntese, passa a corresponder a "ser proprietário de bem imóvel urbano em desatendimento à função social".

Também, há distinção no critério temporal, o qual deverá observar prazo maior do que no IPTU tradicional, no intuído de possibilitar a aferição sobre a observância ou inobservância do dever de realizar o direito de propriedade com atendimento de sua função social. Assim, não é suficiente verificar apenas a data de 1º de janeiro de cada ano para calcular o *quantum* e aferir a incidência da norma. Necessariamente, deverão ser observados os exercícios predecessores no intuito de verificar, ano após ano, o descumprimento do dever imposto pela norma da função social da propriedade urbana.

Por último, sendo a base de cálculo a mesma do IPTU ordinário, difere esta RMIT também pela alíquota, que depende necessariamente da verificação de inércia do proprietário. Ou seja, a variação de alíquota deste IPTU tem correlação direta com a conjunção dos critérios material e espacial do antecedente.

Neste prisma, o conceito de tributo fica incólume no IPTU progressivo no tempo, além de perfeitamente compatível com a atual ordem vigente, sendo que a disposição do art.

182, § 4º, inciso II, da Constituição Federal não transmuda o conceito de tributo e não representa exceção a este.

A função social da propriedade surge, portanto, como limite ao direito de propriedade e serve de suporte ao forjamento da extrafiscalidade. Em outras palavras, o interesse público é o argumento informador da atividade extrafiscal tributária. Não consiste em infração, pressuposto jurídico da sanção.

E por que não é infração? Pelo fato de que, embora indesejada, a conduta não é proibida e, mais, porque não há sanção se não existe descumprimento de consequente de norma primária. Ou seja, a nosso ver, a conduta de possuir imóvel em descompasso com a função social da propriedade não pode ser tida como infracional, na medida em que apenas e tão somente no momento em que possível realizar a desapropriação é que há efetiva proibição.

A desapropriação que recebe o nome de "punitiva" ou "desapropriação-sanção" é esta que consubstancia a aplicação do artigo 182, § 4º, inciso III, da Constituição Federal. No âmbito legal, o artigo 8º do Estatuto da Cidade.[22]

Contudo, surge um problema: se não há ilicitude que justifique entender o IPTU progressivo no tempo como sanção - já que, conforme exposto, ser proprietário de imóvel que desatende à função social da propriedade é fato lícito - é possível indagar se, aqui, não comparece a mesma objeção, o que descaracterizaria a possibilidade de tratar até mesmo essa desapropriação como sanção.

Ocorre que, diferentemente do caso do tributo, existe a introdução de outra variável: a relutância do proprietário a urbanizar, edificar ou parcelar seu imóvel pelo prazo superior a 5 (cinco) anos. Essa nova circunstância, com *o fator decisivo de que a indenização se fará apenas a posteriori e através de*

---

22. Art. 8º da Lei nº 10.257/2001: Decorridos cinco anos de cobrança do IPTU progressivo sem que o proprietário tenha cumprido a obrigação de parcelamento, edificação ou utilização, o Município poderá proceder à desapropriação do imóvel, com pagamento em títulos da dívida pública.

títulos da dívida pública, autoriza a municipalidade, após os trâmites administrativos pertinentes à espécie, buscar a via judicial para retirar o bem imóvel do titular e, ela mesma – ou terceiro, caso a transfira –, proceder ao aproveitamento adequado da propriedade.

Segundo a lógica deôntica, duas condutas podem ser perfeitamente lícitas quando tomadas separadamente e, no entanto, quando ligadas pelo conectivo conjuntor passarem a ser consideradas, juntas, um ilícito. Nesse sentido, da explicação de Delia Tereza Echave, María Eugenia Urquijo, e Ricardo A. Guibourg na obra *Lógica proposición y norma*, segundo se pode deduzir do teorema da permissão conjunta. Merece ser trazida, a seguir, a transcrição, por ser elucidativa.

> Se está permitido realizar dois atos conjuntamente, então cada um deles estará também permitido. Se se me permite assistir à classe e apresentar-me ao exame, posso inferir que tanto o assistir à classe quanto o apresentar-me ao exame me estão permitidos. Sem embargo, não resulta a inversa: pode dar-se que atos estejam individualmente permitidos cuja realização conjunta seja vedada. Por exemplo, assistir à classe está permitido e também o está jogar truco; mas a conjunção de ambas as ações não está permitida. Em outras palavras "Pp . Pq" não é equivalente a "P(p . q)": se bem não é inferência válida que (Pp . Pq) > P(p . q), se é válido, ao contrário, que P(p . q) > (Pp . Pq)[23].

A essa ilustração, trazida na obra em comento, é possível acrescentar outra, a título de exemplificação dos termos normativos. A conduta de dirigir é permitida no ordenamento jurídico brasileiro (desde que o condutor possua habilitação,

---

23. ECHAVE, Delia Tereza, María Eugenia URQUIJO, e Ricardo GUIBOURG. *Lógica proposición y norma*. 4. reimpr. Buenos Aires: Astrea, 1995, p. 142. No original: "Si está permitido realizar dos actos conjuntamente, cada uno de ellos estará también permitido. Si se me permite asistir a clase y presentarme a examen, puedo inferir que tanto el asistir a clase como el presentarme a examen me están permitidos. Sin embargo, no resulta a la inversa: puede darse el caso de actos individualmente permitidos cuya realización conjunta esté vedada. Por ejemplo, asistir a clase está permitido y también lo está jugar al truco; pero la conjunción de ambas acciones no está permitida. En otras palabras, "Pp . Pq" no es equivalente a "P(p . q)": si bien no es inferencia válida que (Pp . Pq) > P(p . q), sí es válido, en cambio, que P(p . q) > (Pp . Pq)".

obviamente). Paralelamente, a ingestão de bebidas alcoólicas, por não ser expressamente proibida, também é permitida. Contudo, a conjunção de ambas descrições criam uma qualificação normativa distinta. Conduzir veículos automotores após consumir bebidas alcoólicas configura crime,[24] ilícito, portanto, segundo o direito positivo brasileiro.

No caso do IPTU progressivo no tempo, a situação é a seguinte: a conduta "ser proprietário de bem imóvel em desconformidade com a função social da propriedade" é lícita. A conduta omissiva consistente em "não urbanizar, edificar ou parcelar o bem imóvel, por período *inferior* a 5 (cinco) anos" também é lícita (obviamente contados da notificação ao proprietário, nos termos do Estatuto da Cidade – Lei 10.257/2001). No entanto, ser proprietário de bem imóvel sem atender à determinação de dar o uso adequado ao bem imóvel – ou seja, sem obedecer ao dever de urbanizar, edificar ou parcelar – pelo período superior a 5 (cinco) anos consecutivos, é capaz de agravar a situação do proprietário e tornar esse agir mais próximo ainda do ilícito – em que pese *não se tratar de ilicitude* ante o fato de que existe a indenização.

Nesse caso, é possível admitir se falar em desapropriação-sanção, mas ainda não se pode comentar de ilicitude perpetrada pelo proprietário. Cabe agora ao Município exercer seu direito subjetivo contra o proprietário, solicitando a intervenção do Judiciário para incorporar o bem ao seu patrimônio enquanto passa a efetuar todos os trâmites cabíveis ao pagamento da indenização correspondente a essa espécie desapropriatória.

---

24. O art. 165 do Código de Trânsito Brasileiro (Lei nº 9.503, de 23 de Setembro de 1997) prescreve que é infração administrativa "Dirigir sob a influência de álcool ou de qualquer outra substância psicoativa que determine dependência" de modo que passaria a ser crime apenas se o condutor "Conduzir veículo automotor com *capacidade psicomotora alterada* em razão da influência de álcool ou de outra substância psicoativa que determine dependência", de acordo com o art. 306 do mesmo diploma. Fica a distinção, lembrando que, para os fins do exemplo, a situação permanece semelhante: uma e outra conduta, separadas, não são proibidas, mas se tomadas em conjunto são vedadas.

Note-se que, neste ponto, não mais atuará o setor tributário do Ente. A atividade será levada a cabo por outro órgão administrativo.

São essas as razões mais contundentes que podemos expor para dizer do caráter extrafiscal do IPTU progressivo. Adiante, ficarão também expostos os motivos pelos quais se pode entender que existe uma chancela Constitucional apta a qualificá-lo como sanção tributária, travestida sob a forma de tributo.

5.1.2 Sanção Tributária

Conforme mencionado, de acordo com art. 182, §4º, II, da CR, o poder Público Municipal pode exigir do proprietário de solo urbano não edificado, subutilizado ou não utilizado, IPTU progressivo, o qual poderá atingir, com o tempo, valor equivalente ao do imóvel que não tenha cumprido a função social da propriedade, representando hipótese de confisco autorizada pela Constituição.

Tal prescrição pode ser vista como uma sanção tributária mascarada de tributo, uma vez que representa a imposição de uma obrigação tributária, cujo objeto é o pagamento de IPTU, diante da ocorrência de um fato tido como ilícito (não cumprimento da função social da propriedade). A ilicitude da conduta prevista no antecedente, portanto, desvirtua a imposição tributária.

Conforme as lições de Fernando Gomes Favacho, haveria uma norma dispositiva de cunho administrativo que estabelece o dever de respeitar a política urbana do Município, e uma norma sancionatória que estabelece uma sanção diante do descumprimento da norma primária dispositiva, consistente no acréscimo na alíquota do IPTU. Com isso, segundo o autor, a norma sancionatória estabelece como consequência uma nova norma tributária, com alíquota aumentada, alterando a norma de incidência mediante a criação de um tributo que é sanção de ato ilícito, excepcionando a previsão do art. 3º do CTN.[25]

---

25. FAVACHO, Fernando Gomes. *Definição do conceito de tributo*. São Paulo: Quartier Latin, 2011, p. 136/139.

Parece, contudo, que não se trata de exceção ao art. 3º do CTN, mas sim de efetiva sanção inconstitucional, na medida em que há o desvirtuamento do antecedente da norma primária, impondo-se uma obrigação tributária diante da prática de um ato ilícito. Com isso, violam-se as garantias dos administrados de defesa contra a penalidade imposta, mediante a demonstração da inocorrência da conduta ilícita que lhe foi imputada, por exemplo.

As funções preventiva e didática das sanções tributárias são também exercidas pelo tributo extrafiscal, na medida em que ambos visam a des(estimular) comportamentos. Contudo, a função repressiva/punitiva é exclusiva das sanções, uma vez que o tributo não pode ser utilizado para punir condutas proibidas pelo ordenamento (cf. artigo 3° do CTN, comentado anteriormente).

Nesse sentido, é possível afirmar que a licitude ou ilicitude de uma conduta é determinada pelo tratamento dado pelo ordenamento jurídico, no sentido atribuir uma sanção (conduta ilícita) ou não atribuir uma sanção (conduta lícita, ainda que não desejada de acordo com os valores consagrados socialmente). A proibição de uma conduta não está, necessariamente, prevista no texto do direito positivo mediante a associação do modal deôntico proibido (Vp).

E é exatamente o que ocorre com o IPTU progressivo no tempo. Não utilizar o imóvel de acordo com sua função social caracteriza conduta ilícita, na medida em que o aumento progressivo das alíquotas representa a imposição de uma penalidade (função repressiva da sanção). O gravame imposto pela Constituição diante da conduta indesejada é tão severo, que não há como caracterizar tributo extrafiscal (nem mesmo *tributo extrafiscal proibitivo*).

Utilizando as lições – já expostas – do professor Alfredo Augusto Becker, trata-se de vedação do comportamento proibido consistente em não cumprir a função social da propriedade, de forma direta (e não desestimulo de comportamento permitido, de forma indireta).

6. Conclusões

O presente artigo voltou-se à análise da zona limítrofe existente entre a licitude e a ilicitude de uma conduta, considerando o caráter extrafiscal de alguns tributos e a aplicação de sanções tributárias.

Foi possível verificar, com o auxílio da teoria da norma jurídica, que tributo e sanção figuram em normas jurídicas com características distintas, além de serem submetidos a regimes jurídicos diversos. Apesar da existência de pontos de aproximação entre eles, notadamente quanto à função didática e preventiva do tributo extrafiscal e da sanção tributária, não podem ser confundidos.

Ocorre que em algumas situações é difícil delimitar diante de qual figura se está perante (tributo ou sanção), especialmente quando o caráter extrafiscal do tributo resulta na imposição de gravames severos ao contribuinte. É o caso do chamado *tributo extrafiscal proibitivo*, nomenclatura proposta pelo professor Alfredo Augusto Becker.

Diante disso, o objetivo do presente artigo não foi solucionar a dificuldade apontada, mas apenas delimitá-la e demonstrar a possibilidade de enxergar o mesmo enunciado prescritivo como tributo extrafiscal e como sanção tributária. Para tanto, analisamos o IPTU progressivo no tempo, previsto no art. 182, §4º, II, da CR, sob as duas perspectivas.

Apesar de não termos encontrado uma resposta final ao problema apontado, podemos afirmar que é salutar persistir na busca pela caracterização dos enunciados prescritivos como tributo ou como sanção, nessas situações de zona de penumbra, uma vez que a diferenciação entre essas figuras é imperiosa.

Para tanto, a estruturação da norma jurídica representa ferramenta de inegável utilidade, pois a construção da norma primária ou secundária auxilia na identificação de vícios de constitucionalidade ou ilegalidade (tributo tratado como sanção ou sanção tratada como tributo).

Referências

ATALIBA, Geraldo. *Regime Jurídico da Extrafiscalidade. REVISTA JUSTITIA*. MPSP. s.d. Disponível em: https://bit.ly/3FlyUM1

BECKER, Alfredo Augusto. *Teoria geral do direito tributário*. 6ª ed. São Paulo: Noeses, 2013.

BOBBIO, Norberto. *O positivismo jurídico* – Lições de filosofia do direito. São Paulo: Ícone, 2006.

BOMFIM, Diego. *Extrafiscalidade:* identificação, fundamentação, limitação e controle. São Paulo: Noeses, 2015.

CARVALHO, Paulo de Barros. *Curso de direito tributário*. 31ª ed. São Paulo: Noeses, 2021.

COSTA, Regina Helena. *Curso de direito tributário:* Constituição e Código Tributário Nacional. 4. ed. rev., atual. e ampl. – São Paulo: Saraiva, 2014.

ECHAVE, Delia Tereza, María Eugenia URQUIJO, e Ricardo GUIBOURG. *Lógica proposición y norma*. 4. reimpr. Buenos Aires: Astrea, 1995.

FAVACHO, Fernando Gomes. *Definição do conceito de tributo*. São Paulo: Quartier Latin.

SCHOUERI, Luís Eduardo. *Direito tributário*. 2. São Paulo: Saraiva, 2012.

SILVA, Jose Afonso da. *Curso de direito constitucional positivo*. 25.ed rev. e atual. ate a Emenda Constitucional n.48, de 10.08.2005. Sao Paulo: Malheiros, 2005.

SILVA, Paulo Roberto Coimbra. *Direito tributário sancionador*. São Paulo: Quartier Latin, 2007.

VILANOVA, Lourival. *As estruturas lógicas e o sistema de direito positivo*. São Paulo: Noeses, 2010.

A IMPUTAÇÃO DA RESPONSABILIZAÇÃO PELO COMETIMENTO DE INFRAÇÕES TRIBUTÁRIAS E O *COMPLIANCE* TRIBUTÁRIO

Narjara Koch[1]

Introdução

O artigo aborda a importância do *Compliance* Tributário, da obrigatoriedade de adimplemento das obrigações principais (pecuniárias) e acessórias (deveres instrumentais) e de manutenção da transparência e veracidade nas informações prestadasao ente tributante. Trata, ainda, do processo administrativo e da responsabilização tributária, administrativa e penal imputada às pessoas físicas e jurídicas que cometem ilícitos tributários e, com isso, lesam o erário.

Para tanto, se mostra importante fazer uma, ainda que breve, introdução sobre o cenário legislativo e a importância do trabalho de conformidade tributária para o combate à problemática nacional, quase crônica, de sonegação fiscal e de esquemas de

1. Mestranda em Direito Tributário pela Pontifícia Universidade Católica de São Paulo que tem como linha de pesquisa: a efetividade do direito público e limitações da intervenção estatal. Especialização em Direito Tributário pela PUC/SP. Advogada tributarista. E-mail: narjara_07@hotmail.com

corrupção que assolam o cenário brasileiro. Ainda que já houvesse diplomas com vistas a coibir e regular a prática de infrações e ilícitos tributários, somente a partir do ano de 2014, quando passou a vigorar a Lei 12.846/2013, é que o tema *Compliance* e, consequentemente o *Compliance* Tributário (espécie do primeiro), assumiram caráter de urgência no Brasil.

Após a deflagração da Operação Lava-Jato com todos os seus desdobramentos, a adoção de um programa de integridade tornou-se quase mandatório nas organizações públicas e privadas. Se não estimulada pelos benefícios de que gozam as organizações que estão em conformidade, como a possibilidade de legalmente ter diminuída sua carga tributária, o monitoramento e controle de seus procedimentosinternos e a manutenção da imagem reputacional da empresa, o estímulo foi dado por força de lei, pois tanto a Lei Anticorrupção quanto o Decreto 8.420/2015 que a regulamenta expressamente preveem benefícios e atenuantes à responsabilização administrativa objetiva daquela pessoa jurídica que venha a cometer ato lesivo contra a Administração Pública.

Por fim, confere-se destaque à importância do *Compliance* Tributário, à obrigatoriedade de adimplemento das obrigações principais (pecuniárias) e acessórias (deveres instrumentais), bem como à manutenção da transparência e veracidade nas informações prestadas à Fazenda Pública. Aborda-se, ainda, do processo administrativo que deve ser instaurado em face de pessoa jurídica que venha a praticar ilícitos e crimes tributários, bem como, à responsabilização tributária imputada às pessoas físicas e jurídicas que cometem ilícitos tributários e, com isso, lesam o erário.

1. Conceito, definição e breve escorço histórico do compliance

O termo *Compliance* vem do verbo "to comply" e significa estar em conformidade. Seu uso no campo jurídico quer indicar cumprir com as leis, as normas e políticas internas das organizações (privadas e do poder público) e as regulamentações estatais vigentes, com vistas a prevenir ou minimizar os riscos de violação às leis que disciplinam a atividade desenvolvida. Além desses sentidos, o termo *Compliance* pode significar uma norma jurídica que estabelece controles para monitoramento e mitigação dos atos de corrupção, bem como pode significar, ainda, a ideia de comportamento ético.[2]

Em sua forma originária, utilizado para tratar de questões éticas e de anticorrupção, o tema ganha cada vez mais força e espaço no ambiente empresarial e nas relações estabelecidas com a Administração Pública, seja motivado por exigências legais (regras financeiras, bancárias e tributárias), seja pela necessidade crescente de criação de mecanismos de conformidade, do modo de agir das corporações e alinhamento das condutas dos agentes internos e externos às pessoas jurídicas de direito privado e as de direito público. Ademais, o *Compliance* adentra o cenário nacional para trazer transparência às relações que são entabuladas entre agentes públicos e privados, de modo a descortinar os esquemas de corrupção e de auferimento de vantagens indevidas, que resultaram em bilhões de reais recebidos e não declarados à Receita Federal do Brasil dinheiro que foi ganho, por meio de corrupção, de licitações que foram direcionadas e de contratos que foram celebrados de forma fraudulenta, bem como pelo pagamento de propina.

2. Segundo Carla Campos Moreira Sanson: "Ao falarmos da influência da Ética no desenho do que entendemos por '*Compliance*', necessitamos fixar, ainda que brevemente, o que entendemos por Ética e Moral, termos que para alguns autores são sinônimos. Esse entendimento, entretanto, não é pacífico, visto que existem autores de grande vulto que reconhecem a relação, mas diferenciam Ética de Moral, um deles é Hans Kelsen, que explicava que moral seria o conjunto de normas sociais, enquanto ética seria a disciplina dirigida a seu conhecimento. Ou seja, para o citado autor, Ética é a ciência, enquanto as normas de conduta formariam a Moral, extrai-se dessa explicação que Ética é uma ciência que se materializa através de normas de cunho moral. [...] Vemos assim, que, na explicação supracitada, ao tratarmos de ética, estamos falando tanto do conjunto de proposições prescritivas que regulamentam o comportamento humano, como da sua finalidade, que é a de difundir a ideia de um comportamento adequado aos valores de uma sociedade". SANSON, Carla Campos Moreira. A íntima relação entre *Compliance* e atividade jurídica. In: CARVALHO, Paulo de Barros, coordenação; Lucas Galvão de Britto e Karem Jureidini Dias, organizadores. *Compliance no direito tributário*. São Paulo: Thomson Reuters Brasil, 2018. p. 205.

Historicamente, o *Compliance* é medida que foi adotada nos Estados Unidos da América desde a década de 1977 para combate à corrupção, e que está prevista no Foreign Corrupt Practices Act of 1977 (FCPA) norte-americano e no Bribery Act 2010 britânico. Passou a ter destaque e a se expandir após a ocorrência de fatos relevantes no cenário mundial, como os ataques terroristas ocorridos nos Estados Unidos no ano de 2001 e os escândalos financeiros em Wall Street em 2002, tendo a prevenção à lavagem de dinheiro e ao financiamento do terrorismo como grandes propulsores. Esses fatos despertaram para a necessidade de regulamentações ainda mais efetivas e rapidamente aplicáveis em vários países, de forma a tornar-se possível gerir os riscos aos quais as instituições estão sujeitas. Os recorrentes casos de fraudes, lavagens de dinheiro e desvios de conduta em organizações levaram à estruturação e prática da governança corporativa cuja finalidade é torná-las cada vez mais transparentes, íntegras e capazes de se protegerem dos abalos cíclicos do mercado. O programa de *Compliance* passou, então, a ser esse mecanismo de proteção e prevenção ao descumprimento de normas e de regulamentos internos e externos, de combate a fraudes e aos desvios de conduta, mitigando os riscos e aprimorando os controles indispensáveis para a manutenção da integridade das organizações, por meio da detecção e tratamento de qualquer desvio ou inconformidade que tenha ocorrido dentro das organizações, sejam públicas, sejam privadas.

No Brasil, a inevitável necessidade de se regulamentar e introduzir o *Compliance* nas organizações privadas e governamentais surgiu, notadamente, em decorrência de ter o Estado liberal se transformado em Estado regulador. Mesmo antes do marco legal de previsão desse mecanismo, inúmeras organizações já adotavam regras de conformidade, tais como a ética, a idoneidade e a transparência no desempenho de suas atividades, de forma que as empresas e, principalmente, os órgãos públicos que, minimamente, não aplicassem essas práticas perdiam a credibilidade que gozavam perante o mercado, a economia, seus administrados e consumidores.[3]

A internalização da Convenção da Organização das Nações Unidas Contra Corrupção no Brasil, por meio do Decreto Presidencial 5.687/2006, decreto esse que estabeleceu as estratégias para se evitar a ocorrência de atos lesivos, criminalizou a prática de atos de corrupção e trouxe previsão para a atuação conjunta de nações na atividade punitiva e fiscalizatória.

Além do referido decreto, outros atos normativos regulam procedimentos que visam a prevenir a corrupção, como a Lei de Improbidade Administrativa (Lei 8.429/92),[4] que tipifica os atos de improbidade, a Lei Geral de Licitações (Lei 8.666/93),[5] que estabelece o procedimento de contratação pelo Poder Público, a Lei de Acesso à Informação (Lei 12.527/2011), que busca promover o controle dos atos públicos por meio de sua publicidade e a Lei Anticorrupção (Lei 12.846/2013), que traz a responsabilização de empresas por práticas ilícitas e a cominação de penalidades como multa incidente sobre o faturamento das empresas condenadas.

A ideia de *Compliance* foi introduzida pelas instituições financeiras brasileiras em obediências às normas da Basiléia e, na sequência, pela ratificação de acordos internacionais visando ao combate às práticas de corrupção nas organizações privadas e do poder público.

---

3. Segundo Daniel Cavalcante Silva e José Roberto Covac "a sociedade é uma associação mais ou menos autossuficiente de pessoas, que, em suas relações, reconhecem a existência de regras de conduta obrigatórias, as quais, na maioria das vezes são cumpridas e obedecidas, especificando um sistema de cooperação social para realizar o bem comum. Seguindo o entendimento de John Rawls, poderíamos dizer, então, que em casa pessoa existe naturalmente uma função de '*Compliance*'". SILVA, Daniel Cavalcante e COVAC, José Roberto. *Compliance como boa prática de gestão de ensino superior privado.* São Paulo:Saraiva, 2015. p. 10.

4. Nota do editorial: a Lei 8.429/92 foi amplamente alterada pela Lei 14.230/2021.

5. Nota do editorial: A Lei 14.133/2021 é a atual lei de Licitações e Contratos Administrativos, no entanto, a Lei 8.666/93 subsistirá por dois anos, a partir da publicação da primeira (art. 193, II, da Lei 14.133/2021).

Diante da crescente importância da conformidade para as organizações e, por conseguinte, de sua necessidade de regulamentação, foi promulgada em 1º de agosto de 2013 e, em vigor desde o dia 29 de janeiro de 2014, a Lei 12.846/2013, também denominada Lei Anticorrupção, que dispõe sobre a responsabilização administrativa e civil de pessoas jurídicas pela prática de atos contra a administração pública, nacional ou estrangeira.

> Art. 1º. Esta Lei dispõe sobre a responsabilização objetiva administrativa e civil de pessoas jurídicas pela prática de atos contra a administração pública, nacional ou estrangeira.
>
> Parágrafo único. Aplica-se o disposto nesta Lei às sociedades empresárias e às sociedades simples, personificadas ou não, independentemente da forma de organização ou modelo societário adotado, bem como a quaisquer fundações, associações de entidades ou pessoas, ou sociedades estrangeiras, que tenham sede, filial ou representação no território brasileiro, constituídas de fato ou de direito, ainda que temporariamente.
>
> Art. 2º. As pessoas jurídicas serão responsabilizadas objetivamente, nos âmbitos administrativo e civil, pelos atos lesivos previstos nesta Lei praticados em seu interesse ou benefício, exclusivo ou não.

Essa lei se aplica a toda e qualquer sociedade, personificada ou não, empresáriaou simples, fundações, associações de entidades ou de pessoas e sociedades estrangeiras,que tenham sede, filial ou representação em território brasileiro, independentemente de sua forma de organização ou do modelo societário que adote, subsistindo a responsabilidade objetiva da pessoa jurídica ainda que em relação a ela sejam promovidos atos de alteração contratual ou estatutária, transformação, incorporação, fusão ou cisão societária. A Lei nacional prevê que a pessoa jurídica envolvida em atos lesivos praticados em benefício ou interesse próprios contra a administração pública será responsabilizada objetivamente, em âmbito administrativo e civil, por tais atos, sem excluir-se a responsabilidade individual de seus dirigentes e administradores.

A Lei Anticorrupção prevê expressamente quais são as hipóteses consideradas como atos lesivos, priorizando os procedimentos administrativos que envolvam licitações e a celebração de contratos com a administração pública, além de equiparar a administração pública a agentes públicos estrangeiros ou nacionais.

Para além desse novo diploma, a Operação Lava-Jato e seus desdobramentos, bem como a adoção de medidas para a maior transparência e controle dos atos e condutas notadamente de empresas multinacionais de grande alcance global contribuíram para a adoção e disseminação das políticas de *Compliance*. Além disso, um importante componente trazido pelo mercado auxiliou nessa expansão, o que se deu pela atuação de órgãos de controle, tais como, a Comissão de Valores Mobiliários (CVM), o Conselho de Controle de Atividades Financeiras (COAF) e o Banco Central do Brasil (BACEN); pelas condutas de acionistas de empresas que submetem seus administradores e suas aquisições corporativas a intensos "backgrounds checks" e "due diligence"; e, também, pela atuação dos chamados "stakeholders" dentro das corporações pelo mercado afora.

O *Compliance* visto como uma forma de gestão de risco legal ou regulatório implica a adesão das organizações a normas jurídicas vigentes de diversas naturezas, dentre as quais as de Direito Tributário.

Na seara tributária, juntamente com o *Compliance*, tem ganhado terreno o termo "Governança Corporativa Tributária". A governança tributária, qual seja a governança da administração dos tributos por parte da administração tributária e dos contribuintes, tornou-se um grande desafio no Brasil, face à necessidade de se mensurar os ganhos que a adoção da conformidade em matéria tributária gera ao cenário político e econômico nacionais.

A adoção dos mecanismos de conformidade tributária acarreta em melhoria substancial de diversos aspectos da vida em sociedade, tendo em vista que torna mais eficiente o financiamento das atividades essenciais do Estado, dentre as quais a de arrecadação de tributos.

As boas práticas de governança tributária auxiliam na manutenção do Estado Democrático de Direito, pois submetem, igualmente, todos ao dever de cumprimento das leis, bem como, auxiliam na detecção e mitigação de riscos à eficiência das ciências econômicas, usualmente agregadas à noção de resultados positivos e lucratividade. Deveras, também para as ciências jurídicas é essencial a adoção dessas boas práticas, já que exige das organizações e do poder público uma maior gestão e atenção ao bom cumprimento das normas tributárias e maior transparência nos procedimentos e práticas adotadas e na condução das decisões tomadas pelos administradores das organizações, que podem estar em conformidade ou em desconformidade ao conteúdo jurídico.

Particularmente quando se fala em *Compliance* tributário, o risco de não conformidade está na falha no cumprimento de obrigações legais, normativas ou regulatórias, da qual pode resultar em aplicação de sanções, de naturezas diversas, dentre as quais a pecuniária, além do prejuízo reputacional.

Na relação jurídico-tributária, aquela em que o vínculo entre as partes e a obrigação é definida por lei, os sujeitos da relação serão sempre, a pessoa jurídica de direito público, a qual, por força legal, tem competência para exigir o cumprimento da obrigação tributária, sujeito ativo dessa relação jurídica; e, o sujeito passivo, que por previsão legal, é obrigado ao pagamento do tributo, nos termos do art. 121 do CTN e ao cumprimento de outros deveres, podendo ser ele o próprio contribuinte ou um terceiro vinculado ao fato jurídico tributário, a quem a lei denominou responsável tributário. Caso esse sujeito passivo deixe de adimplir com suas obrigações tributárias, seja a principal ou a acessória (deveres instrumentais), poderá ser responsabilizado e ter sobre si aplicada multa e outras penalidades, conforme será detalhado adiante.

O *Compliance* tributário garante que todas as informações repassadas ao Fisco estejam em conformidade com a legislação, normas e com as diretrizes do negócio, bem como que otimizem a carga tributária por meio de benefícios e incentivos legais, mitigando a ocorrência de irregularidades, de sanções e erros, por meio da correta adequação tributária, notadamente diante de elevada quantidade de declarações exigidas por lei e das constantes alterações normativas tributárias. Nesse cenário, o *Compliance* mostra-se como a melhor alternativa para as organizações, minimizando inclusive os riscos de inadimplemento das obrigações acessórias (EFD-Reinf, ECD, ECF etc.).

A adoção de práticas de *Compliance* tributário é importante passo dado pelas organizações privadas e órgãos governamentais no sentido de minimizar a ocorrência de infrações e crimes tributários. Deveras, o *Compliance* tributário é mecanismo essencial na prevenção, detecção e até sanção, no âmbito interno das organizações, das condutas lesivas que levam às infrações e aos crimes tributários e à economia nacional e/ ou internacional.

O descumprimento das obrigações tributárias é tutelado pelo direito penal, que tipifica como crimes algumas condutas verificáveis no exercício da atividade empresarial, de que são exemplos, o não pagamento de tributos (arts. 1º e 2º, da Lei 8.137/90) e a apropriação indébita previdenciária (art. 168-A, do Código Penal). Com vistas a mitigar os riscos de ocorrência de delitos, a adoção de mecanismos de *Compliance* pela empresa estabelece critérios de organização e responsabilidade, tanto para que os autores dos crimes sofram as consequências penais de suas condutas, quanto para evitar a imputação da responsabilização penal de dirigentes.

Mesmo antes da Lei 12.846/2013, o *Compliance* já era empregado no Brasil, por meio da Lei 8.137/90 e da Lei 9.613/98 que dispunham em seus tipos penais diversas condutas que podem e devem ser objeto de controle prévio e interno realizado pela própria empresa, por meio de uma efetiva estrutura de *Compliance*, deixando clara a indispensabilidade de um programa de integridade tributária dentro das organizações.

Foi a Lei 8.137/90 que passou a regulamentar inteiramente os crimes contra a ordem tributária, mas mantendo a ideia ora pactuada de que crime tributário não se confunde com ilícito tributário. Crime tributário consiste na prática pelo sujeito passivo da relação jurídico-tributária de conduta tipificada pelo direito penal e que também caracterize uma infração ou violação à normativa tributária.

Para que o crime contra a ordem tributária reste configurado é necessária a incidência de alguma das fraudes específicas previstas pela Lei 8.137/90. Já o ilícito tributário corresponde a uma infração sujeita à aplicação de penalidades, relacionada ao descumprimento de determinadas obrigações (principais e acessórias) previstas em normas tributárias, seja por meio de conduta omissiva, seja por conduta comissiva do sujeito passivo da relação jurídico-tributária.

Deveras, delito tributário representa uma ofensa à preservação da ordem tributária e do patrimônio da Fazenda Pública, obedecidos os princípios irrenunciáveis à cominação da pena, quais sejam, culpabilidade e responsabilidade subjetiva, bem como preenchidos os requisitos de tipo e tipicidade e violados os princípios constitucional da legalidade e o da estrita legalidade tributária.

Alinhando-se esses dois conceitos, pode-se concluir que o tipo tributário é o resultado da aplicação de um raciocínio lógico de subsunção (juízo de tipicidade) sobre uma norma legal, de onde é possível se extrair ser ou não determinado tributo devido, qual o dever exigido e se ele foi devidamente cumprido ou se houve a prática de alguma infração.

Comprovada a ocorrência do crime contra a ordem tributária (materialidade e autoria) e constituído definitivamente o crédito tributário na fase de persecução penal, terá origem a ação penal pública incondicionada, nos termos do disposto pelo art. 100 do Código Penal. Ocorre, todavia, que conforme disposto pelo art. 83 da Lei 9.430/96, a propositura de referida ação penal não está condicionada à sua propositura pelo

Ministério Público, mas caso este assim aja, a denúncia somente poderá ser realizada a pós a constituição definitiva do crédito tributário objeto da prática criminosa.

Deveras, um dos grandes desafios encontrados está nas dificuldades que existem em se configurar a autoria dos crimes tributários. Isso, porque tendo em vista que o elemento exigido para que se qualifique crime contra a ordem tributária, qual seja, ser sujeito passivo de obrigação tributária, implica, inevitavelmente, a necessidade de uma análise da norma tributária e da imputação de responsabilização a pessoas físicas por ilícitos cometidos no âmbito da pessoa jurídica, na esfera do processo administrativo fiscal. Assim, as dúvidas quanto à comprovação da autoria e materialidade, bem como as dificuldades que impedem a individualização da conduta criminosa fazem com que se alastre na sociedade a sensação de impunidade a alguns dos comumente denominados "crimes do colarinho branco".

2. Compliance Tributário

Esse contexto estimula a implantação e implementação do "Tax *Compliance*" que, dentre seus objetivos, tem a finalidade de mostrar os vínculos entre política fiscal e política criminal e, com isso, justificar a necessidade de existência e obediência às políticas de conformidade que estabelecem o padrão de comportamento ético e as estruturas de cumprimento dos deveres oriundos da relação jurídico-tributária com o ente tributante.

As organizações que agem em conformidade com o *Compliance* Tributário, invariavelmente têm uma governança corporativa tributária que prioriza o regulatório, que estabelece rígidos controles internos e externos além de auditorias, que realiza sua revisão tributária dentro da mais estrita legalidade tributária, que não pratica e/ou tolera a prática de delitos tributários e que busca constantemente melhorar o fluxo de informações, incrementando a cultura organizacional e realizando uma gestão transparente e idônea em suas relações, notadamente na relação jurídica tributária que estabelece e nas informações que declara ao ente tributante. Tudo isso é feito, com vistas a se evitar a ocorrência de infrações e ilícitos tributários, os quais, por sua vez, trarão a cominação de penas e sanções aos legalmente responsáveis por suas práticas.

A jurisprudência do E. Tribunal de Justiça do Estado de São Paulo já manifestou seu entendimento acerca da necessidade da implementação de programas de conformidade tributária nas empresas[6].

> AGRAVO DE INSTRUMENTO. Execução de título extrajudicial. Decisão agravada que indeferiu a expedição de ofício à Receita Federal para a obtenção de declarações relativas à Lei de Repatriação, pois a parte não demonstrou a utilidade da medida, bem como a expedição de ofício com base nos Decretos nº 8.003/2013, 8.506/2015 e 8.842/2016. [...]. Programa instituído pela Lei nº 13.254/2016, de regime especial para a regularização cambial e tributária. Eventuais bens regularizados que serão informados na declaração de rendimentos e poderão ser constatados futuramente pelos sistemas informatizados como Bacenjud, Renajud e Infojud. [...]. Recurso não provido. (TJSP; Agravo de Instrumento 2192827-14.2017.8.26.0000; Relator (a): Roberto Maia; Órgão Julgador: 20ª Câmara de Direito Privado; Foro Central Cível - 25ª Vara Cível; Data do Julgamento: 22/10/2017; Data de Registro: 25/10/2017)

O acórdão supramencionado expressamente se refere ao *Compliance* Tributárioe à sua essencialidade para uma revisão tributária que obedeça aos limites da lei, de modo a se coibir a prática de ilícitos e crimes tributários, tais como a evasão fiscal, analisada no caso em comento. Para tanto, em dado momento, expressamente diz que devem ser obedecidos os acordos firmados:

> com o Governo dos Estados Unidos da América: TIEA (internalizado em nosso ordenamento jurídico por meio da edição do Decreto n.º 8.003/2013), para fins de: (i) determinação, lançamento,

6. Disponível em: https://bit.ly/3Fcs7Ef Acesso em: 14 nov. 2021.

execução ou cobrança em relação a pessoas sujeitas aos tributos descritos no seu artigo 3º; e, (ii) investigação ou instauração de processo relativo a questões tributárias de natureza criminal; IGA (internalizado através do Decreto n.º 8.506/2015 e complementa o TIEA), com o objetivo de aumentar os níveis de compliance em matéria tributária internacional e de implementar o FATCA no Brasil; FATCA (incorporado ao nosso ordenamento jurídico por meio do Decreto n.º 8.506/2015), que é o Acordo para o Intercâmbio de Informações relativas a Tributos (no original, *Foreign Account Tax Compliance Act*), dentre as quais se inclui um sistema coleta de dados sobre as contas bancárias de residentes no Brasil mantidas por instituições financeiras dos EUA; (xv) além desses acordos firmados com o Governo dos Estados Unidos da América, o Governo da República Federativa do Brasil firmou a Convenção sobre Assistência Mútua Administrativa em Matéria Tributária, que passou a vigorar em nosso País em 1º de outubro de 2016, por meio do Decreto n.º 8.842/2016, que operacionalizou acordos de troca automática de informações tributárias de pessoas naturais e jurídicas com mais de 100 (cem) países e é o mais importante instrumento global para fortalecimento da cooperação e combate à evasão tributária, à ocultação de ativos e à lavagem de dinheiro.

Dessa forma, tem-se buscado, por meio da celebração de diversos acordos internacionais e da publicação de extensa legislação e regulamentação, evitar que as pessoas jurídicas e aqueles que a lei define como responsáveis sejam alvo de fiscalizações e de lavraturas de autos de infrações que podem resultar na aplicação e no pagamento de vultosas multas.

3. *Compliance* e Responsabilidade Tributária

Antes de se falar em responsabilidade subjetiva ou objetiva, todavia, importante que se teçam algumas breves considerações sobre o signo responsabilidade, notadamente aqui, na esfera do direito tributário. O vocábulo aparece inúmeras vezes ao longo do Código Tributário Nacional e com alguns significados distintos, dentre os quais importa ao presente artigo aquele em que referido signo apresenta-se na acepção de responsabilidade como sanção, punição. Exemplo desse significado pode ser visto no art. 137, do CTN, segundo o qual:

> Art. 137. A responsabilidade é pessoal do agente:
>
> I – quanto às infrações conceituadas por lei como crimes ou contravenções, salvo quando praticadas no exercício regular de administração, mandato, função, cargo ou emprego, ou no cumprimento de ordem expressa emitida por quem de direito;

Conforme acima, a acepção aparece como sendo um dever, contemplado no consequente da norma primária sancionatória.

Em continuidade aos diversos significados que o Código Tributário Nacional traz ao vocábulo responsabilidade, o art. 121 desse dispositivo trata de duas categorias de sujeito passivo da obrigação tributária, o contribuinte e o responsável. Em relação a esta última, Hugo de Brito Machado corretamente afirma que "no Direito Tributário a palavra responsabilidade tem um sentido amplo e outro estrito";[7] e é esse último o que interessa ao presente artigo.

Em sentido estrito, a responsabilidade tributária corresponde à submissão, por expressa disposição legal, de um sujeito passivo da obrigação tributária que não possui relação pessoal e direta com o fato jurídico tributário, mas possui vínculo com a obrigação tributária. A lei pode atribuir a um terceiro a responsabilidade pela prestação tributária, seja ela supletiva, seja exclusiva. Conforme Paulo de Barros Carvalho, "Não é demasia repetir que a obrigação tributária só se instaura com sujeito passivo que integre a ocorrência típica, seja direta ou indiretamente unido ao núcleo objetivo da situação tributada".[8]

De acordo com Andréa M. Darzé,[9] a responsabilidade tributária pode ser definida como uma norma jurídica que "prescreve em seu antecedente notas de um fato não tributário (lícito

---

7. MACHADO, Hugo de Brito. *Curso de direito tributário*. 37 ed. São Paulo: Malheiros, 2016, p. 154.

8. CARVALHO, Paulo de Barros. *Direto tributário, linguagem e método*. 6 ed. revisada e ampliada. São Paulo: Noeses, 2016, p. 672.

9. Darzé, Andréa M. *Responsabilidade tributária:* solidariedade e subsidiariedade. São Paulo: Noeses, 2010, p. 87.

ou ilícito), mas que tem como pressuposto necessário um fato tributário (ainda que presumido) e em seu consequente notas de relação jurídica, na qual um terceiro, [...], tem o dever de levar dinheiro aos cofres públicos a título de tributo". É norma que auxilia na fixação do critério subjetivo passivo da regra-matriz do tributo, e que se relaciona com os demais critérios que a integram em sentido amplo, dependendo de que tipo de responsabilidade esteja se tratando.

No mesmo sentido, Maria Rita Ferragut afirma que:

> Como proposição descritiva, a responsabilidade é norma jurídica deonticamente incompleta (norma *lato sensu*), de conduta, que, a partir de um fato não tributário, implica a inclusão do sujeito que o realizou no critério pessoal passivo de uma relação jurídica tributária.
>
> [...]
>
> A responsabilidade é proposição que tem o condão de alterar a norma individual e concreta que constitui o crédito tributário, sempre que esta norma (a de constituição) tiver incialmente previsto um outro indivíduo como sujeito passivo da relação (responsabilidade por sucessão).
>
> Por outro lado, é proposição que não altera a norma individual e concreta de constituição do crédito se, desde o início, o responsável tributário for o sujeito passivo da relação (responsabilidade por substituição, por solidariedade, de terceiros e por infrações).[10]

Na sequência, importa destacar que a legislação anticorrupção considera como premissa para a cominação de penalidades aos agentes que ajam em desconformidade, a existência da responsabilidade objetiva desses agentes. Dessa forma, no âmbito administrativo, a lei autorizou que as penalidades sejam aplicadas independentemente de as condutas infracionais terem sido realizadas com culpa ou dolo, mas desde que tenha havido lesão à Fazenda Pública.

10. FERRAGUT, Maria Rita. *Responsabilidade tributária e o Código Civil de 2002*. 3. ed. São Paulo: Noeses, 2013, p. 38-39.

A responsabilidade pode ser objetiva ou subjetiva. No primeiro caso, ela é atribuída ao agente infrator, sem que seja necessário comprovar a presença de dolo ou culpa em sua conduta, bastando para tanto, a identificação dessa conduta, do nexo causal e do resultado. Já no que tange à responsabilidade subjetiva, para que esta reste caracterizada é necessário, além da identificação da conduta, do resultado e do nexo causal, que tenha o agente agido com culpa ou dolo, almejando aquele resultado, querendo praticar o ato, de forma intencional ou culposa.

A responsabilidade objetiva tem cabimento somente nos casos de sanções não punitivas, tais como as de caráter indenizatório, como forma de garantir o cumprimento do dever ao qual a sanção busca dar efetividade. Todavia, para que haja a responsabilidade pessoal do agente e a aplicação de sanção punitiva e não ressarcitória, deve haver a instauração e o julgamento de processo administrativo, sob pena de se verem violados alguns dos princípios que regem o direito tributário. Isso, porque, nenhum administrador ou representante legal de pessoa jurídica deve ser pessoalmente responsabilizado, caso não aja de má- fé, com dolo, em clara intenção de prejudicar terceiros, sob pena de se afrontar ao princípio da não utilização de tributo com efeito confiscatório.

De acordo com o art. 8º, da Lei 12.846/2013, a "instauração e o julgamento de processo administrativo para apuração da responsabilidade da pessoa jurídica cabem à autoridade máxima de cada órgão ou entidade dos Poderes Executivo, Legislativo e Judiciário, que agirá de ofício ou mediante provocação, observados o contraditório e a ampla defesa".

Inicialmente, cabe ressaltar que, assim como no processo administrativo fiscal os princípios constitucionais do contraditório e da ampla defesa devem também reger o processo administrativo de responsabilização regulamentado pela Lei 12.846/2013. Por meio de tais garantias, o administrado e as pessoas jurídicas, indicadas no art. 1º, da supramencionada lei, têm assegurados o seu direito à manifestação e a possibilidade de produção de todas as provas em direito admitidas.

Esse processo é regulado pelo Decreto 70.235/72 e trata da validade das medidas de responsabilização tributária de contribuintes em virtude da prática de atos lesivos à Administração Pública. Sua existência dá-se de modo a se permitir controlar a legalidade dos atos proferidos pela Administração Tributária. O processo administrativo-fiscal se desenvolve em várias fases e sua solução está a cargo do Ministério da Fazenda que, por sua vez, criou tribunais administrativos, dentre os quais se destaca o Conselho Administrativo de Recursos Fiscais (CARF), a quem cabe resolver as lides entre contribuintes e a administração tributária e cujos atos são submetidos ao controle judicial. O processo administrativo fiscal inicia-se com o procedimento de fiscalização, "que envolve uma sucessão de atos e termos escritos das autoridades fiscais a fim de se promover a determinação e exigência fiscal".[11]

Nos termos do disposto pelo art. 7º, do Decreto nº 70.235/72:

> Art. 7º. O procedimento fiscal tem início com:
>
> I - o primeiro ato de ofício, escrito, praticado por servidor competente, cientificado o sujeito passivo da obrigação tributária ou seu preposto;
>
> II - a apreensão de mercadorias, documentos ou livros;
>
> III - o começo de despacho aduaneiro de mercadoria importada.
>
> § 1º. O início do procedimento exclui a espontaneidade do sujeito passivo em relação aos atos anteriores e, independentemente de intimação a dos demais envolvidos nas infrações verificadas.
>
> § 2º. Para os efeitos do disposto no § 1º, os atos referidos nos incisos I e II valerão pelo prazo de sessenta dias, prorrogável, sucessivamente, por igual período, com qualquer outro ato escrito que indique o prosseguimento dos trabalhos.

---

11. NEDER, Marcos Vinicius. A investigação de *Compliance* e o processo administrativo fiscal. In: CARVALHO, Paulo de Barros, coordenação; Lucas Galvão de Britto e Karem Jureidini Dias, organizadores. *Compliance no direito tributário*. São Paulo: Thomson Reuters Brasil, 2018, p. 136.

Por força constitucional (art. 145, da Constituição Federal de 1988), é permitido às autoridades fiscais identificarem, respeitados os limites legais e os direitos individuais (artigo 5º, da Constituição Federal de 1988), o patrimônio, os rendimentos e as atividades econômicas do contribuinte, possibilitando, com isso, a efetiva verificação de sua capacidade econômica. Podem as autoridades fiscais coletar dados e informações que estejam, de qualquer forma, relacionados ao fato jurídico tributário, viabilizando a subsunção dos eventos ocorridos no mundo fenomênico à hipótese posta em abstrato na norma que rege o tributo sob exame.

> Na verdade, devem ser dados meios ao fisco para desempenhar sua atividade de fiscalização e identificar fatos que dão ensejo a qualquer das revelações de capacidade contributiva. Nesse sentido, o Código Civil de 2002, ao estatuir regras para a escrituração comercial, ressalvou as autoridades fazendárias das limitações ao exame de documentos e livros comerciais, como se verifica em seu art. 1.193.[12]

Ao mesmo tempo, consoante o disposto pelos arts. 4º da Lei 9.784/99 e 197 do CTN, é obrigação do administrado, prestar, perante a Administração, as informações que venham a lhe ser solicitadas e colaborar para o esclarecimento dos fatos. Assim, tem o contribuinte o dever jurídico de colaborar nessa fase de instrução do processo, incluindo a obrigatoriedade de exibir livros os documentos que estejam em seu poder, facultando às autoridades administrativas fiscais os meios de prova. Se descumprido esse dever pelo contribuinte, cominará a ele a aplicação de sanções administrativas e penais previstas pelo art. 44, § 2º, da Lei 9.430/96, qual seja, o agravamento da multa de ofício em 50% (cinquenta por cento), caso o sujeito passivo da relação jurídico-tributária se recuse a prestar esclarecimentos. Ainda, o art. 330 do Código Penal, prevê

12. NEDER, Marcos Vinicius. A investigação de *Compliance* e o processo administrativo fiscal. In: CARVALHO, Paulo de Barros, coordenação; Lucas Galvão de Britto e Karem Jureidini Dias, organizadores. *Compliance no direito tributário*. São Paulo: Thomson Reuters Brasil, 2018, p. 137.

configurar essa conduta o crime de desobediência à ordem legal de funcionário público.

Deveras, de posse das provas que permitem a identificação do fato tributável, do sujeito passivo e quantificada a obrigação, se com essas provas o contribuinte discordar, terá ele o direito de oferecer sua defesa por meio da impugnação ao lançamento fiscal, endereçada à Delegacia da Receita Federal de Julgamento a que o contribuinte esteja vinculado, por meio do seu domicílio tributário. Em seguida, passa-se à fase de instrução, cuja finalidade é esclarecer os fatos e proferir o julgamento da controvérsia existente entre contribuinte e a Administração. Em caso de decisão favorável ao contribuinte, obrigatoriamente, processa-se recurso à segunda instância; e se, novamente for confirmada a decisão favorável ao contribuinte, torna-se definitiva; mas se reformada, pode o contribuinte interpor recurso voluntário. Todavia, caso a decisão do julgamento seja desfavorável ao contribuinte, poderá ele valer-se de recurso voluntário interposto à segunda instância administrativa, cuja matéria será analisada e julgada pelo CARF, e a decisão de sua mais alta instância, o Conselho Superior de Recursos Fiscais (CSRF), põe fim ao processo administrativo.

No âmbito do Poder Executivo Federal, o Ministério da Transparência tem competência concorrente para a instauração do processo administrativo de responsabilização das pessoas jurídicas, ou ainda, de avocar processos que já tenham sido instaurados para verificação de sua regularidade ou correção de andamento, nos termos do disposto pelo art. 8º, § 2º, da Lei Anticorrupção.

Prevê a Lei Anticorrupção, em seu art. 1º, a responsabilização objetiva nas esferas civil e administrativa das pessoas jurídicas que praticarem atos contra a Administração Pública, com medidas repressivas como a dissolução da sociedade e impedimento de contratar com a Administração. O processo administrativo de responsabilização da pessoa jurídica, previsto nos arts. 8º a 15, da Lei Anticorrupção visa à apuração dos fatos que tenham causado lesão ao patrimônio público, à reparação integral do dano causado e à consequente aplicação das penalidades e responsabilização da pessoa jurídica que tenha cometido o ilícito. Além disso, o Decreto 8.420/2015 também trata do processo administrativo de responsabilização da pessoa jurídica e das sanções a ela aplicadas, caso venha a ser comprovado o cometimento do ilícito contra a Administração Pública.

A apuração dos indícios de autoria e materialidade de atos lesivos integra o escopo do processo administrativo de responsabilidade, razão pela qual referidas tarefas podem ser realizadas no âmbito deste processo. Comprovada a prática do ilícito, a Lei Anticorrupção prevê, no âmbito administrativo, a aplicação de sanções à pessoa jurídica responsável pelo ato lesivo, quais sejam, a multa pecuniária e a publicação extraordinária de decisão condenatória, conforme dispõe em seu art. 6º.

A aplicação administrativa das sanções supramencionadas não exime o agente infrator da obrigação de reparar integralmente o dano causado ao patrimônio público.

O Decreto 8.420/2015, por sua vez, regulamentou as sanções administrativas relativas à aplicação de multas e publicação extraordinária condenatória em seus arts. 15 a 24. Para quantificação do valor da multa, o art. 17 desse Decreto estabeleceu critérios objetivos para a elaboração do cálculo e aferição dos valores devidos, dentre os quais deve ser considerada a somatória dos percentuais indicados nos incisos de referido artigo e relacionados à continuidade dos atos lesivos no tempo, à tolerância ou ciência de pessoas do corpo diretivo ou gerencial da pessoa jurídica, à situação econômica do infrator com base na apresentação de índice de solvência geral e liquidez geral superiores a um e de lucro líquido no último exercício anterior à ocorrência do ato lesivo, à reincidência em menos de cinco anos, dentre outros previstos por lei.

Todavia, a Lei Anticorrupção trouxe a previsão de mecanismos atenuantes de aplicação de penalidades e de benefícios concretos para as organizações infratoras que decidam cooperar de forma efetiva com as autoridades, quais sejam, *(i)* a adoção e implementação de programas de integridade por parte da pessoa jurídica responsabilizada (art. 7º, inciso VIII, da Lei 12.846/2013 e Capítulo IV, do Decreto 8.420/2015) e o acordo de leniência (Capítulo V, da Lei 12.846/2013 e Capítulo III, do Decreto 8.420/2015). Além da colaboração da pessoa jurídica quando da realização da investigação ou apuração do ato lesivo, há a possibilidade de redução na penalidade de multa a ser aplicada, caso haja a comunicação espontânea da irregularidade cometida à autoridade antes que se inicie o processo administrativo. Essa colaboração, no entanto, deve ser suficiente a permitir que as autoridades tomem conhecimento de fatos relevantes e determinantes aptos a comprovar as violações que tenham sido cometidas e que possibilitem a imputação da responsabilização pelo cometimento das infrações tributárias.

Há farta jurisprudência que trata da aplicação da assim denominada Lei Anticorrupção e de seus mecanismos atenuantes na aplicação de penalidades, conforme abaixo, do E. Tribunal Regional Federal da 4ª Região:[13]

> DIREITO ADMINISTRATIVO. AGRAVO DE INSTRUMENTO. AÇÃO DE IMPROBIDADE ADMINISTRATIVA. LEI DE IMPROBIDADE ADMINISTRATIVA. LEI ANTICORRUPÇÃO. MICROSSISTEMA. ACORDO DE LENIÊNCIA. VÍCIO DE COMPETÊNCIA. INDISPONIBILIDADE DE BENS. DETERMINADA. 1. A Lei nº 12.846/2013, denominada Lei Anticorrupção (LAC) estatuiu sobre a responsabilização administrativa e civil de pessoas jurídicas de natureza privada pela prática de atos contrários aos interesses do Poder Público e sua administração, tanto nacionais quanto estrangeiras. 2. O Acordo de Leniência pressupõe como condição de sua admissibilidade que a pessoa jurídica interessada em fazê-lo manifeste prima facie sua disposição, reconhecendo expressamente a prática do ato lesivo, cessando-o e prestando cooperação com as investigações, além de reparar integralmente o dano causado. 3. O Acordo de Leniência é uma espécie de colaboração premiada em que há abrandamento ou até exclusão de penas, em face da colaboração na apuração das infrações e atos de corrupção, justamente para viabilizar

13. Disponível em: https://bit.ly/3DfI4Jd Acesso em: 14 nov. 2021

maior celeridade e extensão na quantificação do montante devido pelo infrator, vis-a-vis a lesão a que deu causa, ao tempo em que cria mecanismos de responsabilização de coparticipantes, cúmplices normalmente impermeáveis aos sistemas clássicos de investigação e, por isso, ocultos. Esse o objetivo da norma e sua razão de ser, tendo por pano de fundo, obviamente, o inafastável interesse público. 4. Enquanto a Lei de Improbidade Administrativa (LIA) busca, primordialmente, punir o agente público ímprobo, alcançando, eventualmente, o particular, a Lei Anticorrupção (LAC) tem por objetivo punir a pessoa jurídica envolvida em práticas corruptas, podendo também, em sentido inverso, identificar agentes públicos coniventes, levando-os, por consequência, para o campo de incidência da LIA. 5. Não há antinomia abrogante entre os artigos 1º e 2º da Lei nº 8.249/1992 e o artigo 1º da Lei nº 12.846/2013, pois, naquela, justamente o legislador pátrio objetivou responsabilizar subjetivamente o agente ímprobo, e nesta, o mens legislatoris foi a responsabilização objetiva da pessoa jurídica envolvida nos atos de corrupção. 6. No entanto, há que se buscar, pela interpretação sistemática dos diplomas legais no microssistema em que inserido, como demonstrado, além de unicidade e coerência, atualidade, ou seja, adequação interpretativa à dinâmica própria do direito, à luz de sua própria evolução. 7. Por isso, na hipótese de o Poder Público não dispor de elementos que permitam comprovar a responsabilidade da pessoa jurídica por atos de corrupção, o interesse público conduzirá à negociação de acordo de leniência objetivando obter informações sobre a autoria e a materialidade dos atos investigados, permitindo que o Estado prossiga exercendo legitimamente sua pretensão punitiva. 8. Nem seria coerente que o mesmo sistema jurídico admita, de um lado, a transação na LAC e a impeça, de outro, na LIA, até porque atos de corrupção são, em regra, mais gravosos que determinados atos de improbidade administrativa, como por exemplo, aqueles que atentem contra princípios, sem lesão ao erário ou enriquecimento ilícito. 9. Esse o contexto que levou o legislador a prestigiar o acordo de leniência tal como hoje consagrado em lei, quando abrandou ou excluiu sanções à pessoa jurídica que, em troca de auxílio no combate à corrupção, colabora com as investigações e adota programas de compliance e não reincidência na prática de atos corruptivos, desde que confirmada a validade do acordo de leniência. 10. A autoridade competente para firmar o acordo de leniência, no âmbito do Poder Executivo Federal é a Controladoria Geral da União (CGU). 11. Não há impedimentos para que haja a participação de outros órgãos da administração pública federal no acordo de leniência como a Advocacia Geral da União, o Ministério Público Federal e o Tribunal de Contas da União, havendo, portanto,

> a necessidade de uma atuação harmônica e cooperativa desses referidos entes públicos. 12. O acordo de leniência firmado pelo Grupo Odebrecht no âmbito administrativo necessita ser re-ratificado pelo ente competente, com participação dos demais entes, levando-se em conta o ressarcimento ao erário e a multa, sob pena de não ensejar efeitos jurídicos válidos. 13. Enquanto não houver a re-ratificação do acordo de leniência, a empresa deverá permanecer na ação de improbidade, persistindo o interesse no bloqueio dos bens, não porque o MP não pode transacionar sobre as penas, mas porque o referido acordo possui vícios que precisam ser sanados para que resulte íntegra sua validade, gerando os efeitos previstos naquele ato negocial. 14. Provido o agravo de instrumento para determinar a indisponibilidade de bens das empresas pertencentes ao Grupo Odebrecht. (TRF4, AG5023972-66.2017.4.04.0000, Terceira Turma, Relatora Vânia Hack De Almeida, juntado aos autos em 24.08.2017).

Na seara do direito tributário, o Código Tributário Nacional prevê a responsabilidade de pessoas físicas com poderes de gestão na sociedade (consoante seu art. 135), ou que tenham interesse comum na situação que constitua a hipótese de incidência tributária da obrigação (conforme art. 124, inciso I). Essa espécie de responsabilização, entretanto, constitui-se em exceção à regra de separação patrimonial e, somente pode ser aplicada mediante a comprovação da prática de atos fraudulentos devidamente tipificados. Por conseguinte, para que haja imputação de referida responsabilidade, deve a lei, obrigatoriamente, autorizar a responsabilidade pessoal ou solidária; e, o credor provar a ocorrência do ilícito e de sua autoria.

O art. 135 do CTN é utilizado como o principal fundamento de validade para a imputação da responsabilização ao administrador, pelos tributos decorrentes de fatos jurídicos praticados pelas pessoas jurídicas.

Para tanto, consoante explica Maria Rita Ferragut,[14] dois elementos devem estar presentes, quais sejam, o elemento

---

14. FERRAGUT, Maria Rita. Responsabilidade tributária dos sócios, administradores de Compliance e avaliação de riscos de transmissão de passivos fiscais. In: CARVALHO, Paulo de Barros, coordenação; Lucas Galvão de Britto e Karem Jureidini Dias, organizadores. *Compliance no direito tributário*. São Paulo: Thomson Reuters Brasil, 2018, p. 154.

pessoal e o elemento fático. O primeiro faz referência ao sujeito (administrador da pessoa jurídica), responsável pelo fato que levou ao não pagamento do crédito tributário, tenha ele praticado o fato ou o ato materialmente, tenha ele colaborado com aquele que o praticou, ou, tenha ele determinado que um terceiro realizasse a conduta desse fato ou ato.

> Ademais, não basta indicar o nome de todos os sócios constantes do contrato social, imperioso que se individualize o autor do ato infracional, demonstrando, ao menos, qual sócio geria a sociedade e decidia pela prática dos negócios empresariais tipificados como fatos jurídicos tributários (ou que, de alguma forma, pudessem resultar em obrigações tributárias).
>
> Deverá demonstrar, além disso, que nenhuma outra pessoa possuía os mesmos poderes. Se a responsabilidade for compartilhada, a fiscalização deverá indicar quem foi o agente, e apenas na hipótese dessa demonstração não ser possível é que todas as pessoas autorizadas a gerir a sociedade deverão ser solidariamente envolvidas, apurando-se posteriormente a autoria.
>
> Por outro lado, não poderão ser responsabilizadas as pessoas sem poderes para decidir sobre o não pagamento, bem como as que, embora detenham tal poder, no caso concreto, não tiveram qualquer participação no ilícito, e aquelas não contempladas na lista exaustiva do art. 135.[15]

Diante do acima exposto, não há que se falar em solidariedade, de modo que as pessoas jurídicas não são responsáveis pelos tributos devidos por seus administradores (diretores, gerentes ou representantes), os quais, conforme tipificação do supramencionado artigo, têm para si inteiramente transferida a responsabilidade pelo pagamento dos tributos. A responsabilidade passa a ser pessoal, plena e exclusiva desses terceiros, desde que, sejam as pessoas referidas no artigo as responsáveis pelo fato que gerou o não pagamento do crédito tributário e

---

15. FERRAGUT, Maria Rita. Responsabilidade tributária dos sócios, administradores de Compliance e avaliação de riscos de transmissão de passivos fiscais. In: CARVALHO, Paulo de Barros, coordenação; Lucas Galvão de Britto e Karem Jureidini Dias, organizadores. *Compliance no direito tributário*. São Paulo: Thomson Reuters Brasil, 2018, p. 154.

que tenham manifestamente praticado ato ou fato doloso, eivado de excesso de poderes ou com infração a lei, contrato social ou estatuto. É o administrador da sociedade, que pode ou não fazer parte do quadro societário, mandatário, preposto, empregado, diretor, gerente ou representante da empresa.

Deve ficar demonstrado o poder de gestão e tomada de decisão pela prática por essa pessoa física, autora do ato infracional, das atividades e negócios empresariais tipificados como fatos jurídicos tributários. Além disso, deve ser comprovado que nenhuma outra pessoa possuía os mesmos poderes, ou se possuíam, não tiveram qualquer participação na tomada de decisão pela prática do ilícito. Outro ponto que deve restar cabalmente demonstrado é que o infrator tinha opção entre praticar ou não a conduta ilícita, tendo agido com o "animus" de se beneficiar do ilícito.

Nesse sentido, Maria Rita Ferragut:[16]

> Ocorre que a separação das personalidades, e a necessidade de gerir sociedades economicamente estáveis e instáveis, somadas ao direito constitucional à propriedade e ao princípio da não utilização do tributo com efeitos confiscatórios, vedam que um administrador seja responsabilizado por ato não doloso. A intenção de fraudar, de agir de má-fé e de prejudicar terceiros é fundamental.

Como cediço, o elemento culpa não pode ser considerado como suficiente para que haja a responsabilização do administrador da pessoa jurídica, pois, ainda que a lei não exija expressamente que haja dolo na conduta do sujeito, presumir-se que apenas a existência do elemento culpa seria necessária e suficiente para a imputação da responsabilização pessoal ao administrador violaria princípios constitucionais e jurídicos tributários.

O art. 135 do CTN cuida de ocorrências de atos praticados com excesso de poderes ou infração de lei, contrato social ou estatutos, que exigem, ao menos, uma decisão irreformável

16. FERRAGUT, Maria Rita. *As provas e o direito tributário*: teoria e prática como instrumentos para aconstrução da verdade. São Paulo: Saraiva, 2016, p. 140.

em procedimento administrativo de responsabilização, que declare comprovadamente o descumprimento de legislação societária. Em relação a esse artigo, a responsabilidade se dá não apenas pelas infrações,como também por todo o crédito tributário, abrangendo, por conseguinte, o tributo, os juros e as multas. Essa responsabilidade corresponde à capacidade do sujeito passivo emsuportar a aplicação da sanção, estando relacionada com o aspecto pessoal da hipótese normativa.

Para que haja referida responsabilização nos termos dispostos pelo art. 135 supramencionado, o Fisco tem o dever de provar a ocorrência do fato ilícito, individualizando o autor do ato infracional, pelo menos, demonstrando qual o sócio fazia a gestão da sociedade e tinha o poder de decidir sobre a prática dos fatos jurídicos tributários. Ademais, para que seja possível a imputação da responsabilização, deve, ainda, o Fisco demonstrar que apenas esse sócio tinha poderes para tomada de decisões, de modo que a responsabilidade não pode ser compartilhada, a menos que não se consiga individualizar a conduta, todas as pessoas autorizadas a gerir a sociedade são responsabilizadas solidariamente, até que se chegue ao autor do fato.

Na sequência, parte-se à análise da responsabilização penal dos agentes infratores, que por meio de condutas dolosas, cometeram crimes contra a Ordem Pública, causando danos à Fazenda Pública.

Pelo cometimento de infrações tributárias que sejam caracterizadas como crimes contra a Ordem Tributária, devem responder pessoalmente seus agentes, na medida de sua culpabilidade, sendo a ele aplicada a penalidade determinada em legislação específica.

> O problema da imputação da conduta depende, no entanto, de devida individualização da autoria, e que nem sempre é facilmente perceptível ou, ainda, no caso de envolvimento de pessoa jurídica, tendendo s imputação de responsabilidade penal recair sobre sócios, dirigentes e representantes legais, meramente em função do vínculo formal extraído dos instrumentos societários, como meio compensativo ou ainda em razão da mera posição na hierarquia da empresa.

> A discussão, como se pode observar, remonta à compreensão adequada sobre quem efetivamente é o sujeito ativo da norma incriminadora. O autor do ilícito penal no âmbito dos crimes previstos na Lei 8.137/1990 é o responsável tributário, no art. 1º da referida norma, o sujeito ativo se confunde com o sujeito ativo da obrigação tributária principal, disposta no art. 113 do CTN, podendo ser, portanto, o contribuinte ou o responsável pelo recolhimento do tributo, nos termos do art. 121 do CTN, ou seja, não se confunde com o 'responsável pela administração da pessoa jurídica', à diferença da interpretação que busca estabelecer relação de equivalência entre os dois conceitos apenas com o intuito de justificar a imputação jurídico-penal.[17]

A responsabilização criminal de empresários e gestores pelos crimes cometidos na atividade empresarial esbarra na dificuldade de se imputar a responsabilidade penal aos gestores tomadores de decisão, frente à relação de poder e hierarquia existente no ambiente corporativo, bem como ainda diante da pulverização de responsabilidades por delegação de funções. A tendência observada é a de responsabilização do gestor que se mantém inerte diante da possibilidade real de repelir a prática do delito, ou seja, por sua omissão. O Código Penal prevê que omissão é relevante quando o agente tinha o dever legal e a possibilidade de agir para evitar o resultado, e que, ao assim deixar de agir, assumiu a responsabilidade de impedir que o delito ocorresse.

> Para a imputação criminal é necessário haver certo grau de culpabilidade. Contudo, discute-se da possibilidade de imputação de responsabilidade penal se o gestor tivesse condições de impedir o resultado, mas nada fez. Nesse ponto, é necessário averiguar os papéis que razoavelmente poderiam ser exigidos dos gestores, sendo que normalmente quem se ocupa mais presentemente dessa atribuição numa empresa é o Compliance officer.[18]

---

17. DINIZ, Eduardo Saad; RAMOS, Giulia. Tax *Compliance*, crimes tributários e representação fiscal para fins penais. In: CARVALHO, Paulo de Barros, coordenação; Lucas Galvão de Britto e Karem Jureidini Dias, organizadores. *Compliance no direito tributário*. São Paulo: Thomson Reuters Brasil, 2018, p. 294- 295.

18. NOHARA, Irene Patrícia. *Compliance* e negociações com o poder público. In: CARVALHO, Paulo de Barros, coordenação; Lucas Galvão de Britto e Karem Jureidini Dias, organizadores. *Compliance no direito tributário*. São Paulo: Thomson Reuters Brasil, 2018, p. 227.

A prática do ilícito é caracterizada por meio da presença de intencionalidade do agente, genericamente denominada culpabilidade. Nesse sentido, afirma Daniel Monteiro Peixoto:[19]

> Sob o ângulo da resposta do direito ao tipo de ofensa ou dano causado pelo agente, observa-se que, no paradigma penal, esta aparecerá sob a forma de pena ou castigo, isso porque a ofensa é vista como uma forma de violação à ordem pública, independentemente do fato de certa pessoa, isoladamente considerada, vir a sofrer as consequências do ato. É este respaldo valorativo de caráter público que acaba fazendo com que as violações penais sejam vistas como ofensas ao sistema jurídico como um todo, justificando-se o caráter punitivo.

Deveras, ao se imputar a responsabilidade penal do empresário ou gestor pela omissão, sustenta-se que, por possuírem níveis hierárquicos superiores que, na maioria das vezes, está atrelado ao poder de decisão dentro uma estrutura corporativa, estes assumem, em tese, deveres de cuidado, proteção e vigilância em relação aos acontecimentos na atividade empresarial, dentre os quais se inserem as obrigações tributárias. Por serem os representantes legais das organizações, serem as pessoas que têm o poder de tomada de decisões, a eles cabe o dever de evitar, na medida do possível, a prática de delitos por seus subordinados ou pares.

> Em termos de responsabilidade pelo cumprimento da obrigação tributária, do ponto de vista criminal, também não parece incorreta a interpretação pela equivalência entre pessoa jurídica e seus sócios ou representantes legais. Se o sujeito passivo da relação jurídico- tributário for a pessoa jurídica, apenas excepcionalmente e nas hipóteses expressamente autorizadas, poderão os sócios ou representantes legais ser responsabilizados por eventuais inadimplementos ou descumprimentos da obrigação.[20]

---

19. PEIXOTO, Daniel Monteiro. *Responsabilidade tributária e os atos de formação, administração, reorganização e dissolução de sociedades*. São Paulo: Saraiva, 2012, p. 87.

20. DINIZ, Eduardo Saad. e RAMOS, Giulia. Tax *Compliance*, crimes tributários e representação fiscal para fins penais. In: CARVALHO, Paulo de Barros, coordenação; Lucas Galvão de Britto e Karem Jureidini Dias, organizadores. *Compliance no direito tributário*. São Paulo: Thomson Reuters Brasil, 2018, p. 295.

Assim, a omissão do gestor, diretor, representante legal da organização em, com a intenção para tanto (agindo, portanto com dolo), repelir as condutas criminosas é elemento relevante para que a ele seja imputada responsabilidade penal, desde que reste demonstrado que ele tinha condições efetivas de impedir o resultado, mas intencionalmente deixou de agir para evitar a ocorrência do resultado. Nos delitos fiscais, o dolo depende da constatação do propósito do agente de fraudar a Fazenda Pública, dolo esse que se exterioriza por meio de práticas idôneas a esta finalidade e não pelo simples não pagamento do tributo ou não realização de determinada obrigação acessória.

Nesse caso, não se trata mais de somente ressarcir a Fazenda Pública pelo cometimento da infração e pelo não pagamento do tributo ou adimplemento do dever instrumental, deve o responsável, ainda, se submeter à sanção administrativa ou penal que lhe é aplicada, em decorrência de um fato próprio.

4. A Importância do Envolvimento dos Gestores nos Programas de *Compliance* e o Decreto 8.420/2015

Para que a gestores, diretores, representantes legais, e demais pessoas que, dentro de uma organização, tenham poderes para a tomada de decisão, não seja imputada a responsabilização tributária pelo cometimento de ilícitos, devem eles adotar condutas que estejam em conformidade com a lei tributária.

A conformidade no cumprimento da lei tributária somente se dará quando presentes a uniformidade e consistência em relação ao adimplemento das obrigações principal e acessória. Para tanto, é crucial que as organizações tenham um programa de *Compliance* Tributário eficiente, de modo que não haja qualquer divergência entre as informações contábeis por elas produzidas e aquelas que são prestadas à Fazenda Pública.

Nesse sentido, dispõe o art. 41, do Decreto 8.420/2015:

> Art. 41. Para fins do disposto neste Decreto, programa de integridade consiste, no âmbito de uma pessoa jurídica, no conjunto de

> mecanismos e procedimentos internos de integridade, auditoria e incentivo à denúncia de irregularidades e na aplicação efetiva de códigos de ética e de conduta, políticas e diretrizes com objetivo de detectar e sanar desvios, fraudes, irregularidades e atos ilícitos praticados contra a administração pública, nacional ou estrangeira.
>
> Parágrafo Único. O programa de integridade deve ser estruturado, aplicado e atualizado de acordo com as características e riscos atuais das atividades de cada pessoa jurídica, a qual por sua vez deve garantir o constante aprimoramento e adaptação do referido programa, visando garantir sua efetividade.

Assim, devem os gestores, diretores, representantes legais e demais pessoas com poder de tomada de decisão, garantir que suas organizações se utilizem de ferramentas e procedimentos internos de integridade que garantam a conformidade.

Dentre os procedimentos importantes para a identificação de cuidados a serem tomados pelas organizações no que se refere à conformidade tributária e mitigação dos riscos de Compliance Tributário estão a análise da regularidade dos documentos contábeis e societários.

Além disso, a empresa deve cumprir e fazer cumprir as leis que: *(i)* regulamentem sua constituição, manutenção e o exercício de sua atividade comercial (Lei Complementar nº 123/2006); *(ii)* estabeleçam as normas gerais relativas à apuração e recolhimento dos tributos municipais, estaduais e federais, incluindo as correspondentes obrigações fiscais acessórias (Constituição da República Federativa do Brasil, Lei Complementar nº 123/2006, Código Tributário Nacional, Legislação Estadual e Municipal aplicáveis); *(iii)* comprovem a regularidade trabalhista (Constituição da República Federativa do Brasil, Lei Complementar 123/2006 e Consolidação das Leis do Trabalho); *(iv)* atendam aos requisitos necessários à participação em processos licitatórios (Constituição da República Federativa do Brasil, Lei Complementar 123/2006 e Lei nº14.133/2021); *(v)* garantam a execução do contrato administrativo (Código Civil Brasileiro e Lei nº 14.133/2021); e, *(vi)* assegurem a existência e funcionamento de um Programa de *Compliance*, de que é espécie o *Compliance* Tributário.

Para tanto, é necessária a adoção de condutas éticas, o suprimento de produtos e serviços feitos sempre dentro da normalidade, obedecidos os padrões de qualidade e razoabilidade de preços, a adoção de constante monitoramento, realização de auditorias internas, atuação de uma controladoria financeira, mitigando os riscos que levem ao descumprimento de obrigações legais, normativas ou regulatórias, ao cometimento de infrações que ensejem responsabilização administrativa, penal e tributária (Lei 12.846/2013, Decreto 8.420/2015, Lei 14.230/2021, Lei 8.137/1990, Código Penal e Código de Processo Penal).

Deve ser adotada uma rotina de gerenciamento de riscos que envolva o conhecimento, por aqueles que têm o poder de tomada de decisões, de todos os fluxos de processos existentes na empresa, de modo a evidenciar a sequência lógica do desempenho das atividades comerciais e de como devem ser realizadas.

Além disso, deve ser avaliado o nível de segurança de controles já existentes, que permitem a proteção dos ativos, o registro de informações contábeis e societárias confiáveis e fidedignas, a transmissão tempestiva dessas informações e a obediência ao formato previsto pela legislação. É importante ainda o monitoramento periódico da relação com o Poder Público, pois a gestão de riscos nada mais é do que a criação e implementação de processos e procedimentos que permitam um extenso monitoramento, de maneira a evitar a ocorrência de fraudes, ilícitos e perdas financeiras.

O art. 42 do Decreto 8.420/2015 estabelece parâmetros para avaliação da efetividade de um programa de integridade, dentre os quais, destacam-se:

> Art. 42. [...]
>
> [...]
>
> V - análise periódica de riscos para realizar adaptações necessárias ao programa de integridade;
>
> VI - registros contábeis que reflitam de forma completa e precisa as transações da pessoa jurídica;

> VII - controles internos que assegurem a pronta elaboração e confiabilidade de relatórios e demonstrações financeiros da pessoa jurídica;
>
> VIII - procedimentos específicos para prevenir fraudes e ilícitos no âmbito de processos licitatórios, na execução de contratos administrativos ou em qualquer interação com o setor público, ainda que intermediada por terceiros, tal como pagamento de tributos, sujeição a fiscalizações, ou obtenção de autorizações, licenças, permissões e certidões;

Cabe aos gestores, diretores e pessoas com poder de tomada de decisão, assegurar que seja feita, frequentemente, a análise da regularidade dos documentos para identificação de cuidados a serem tomados, a realização de auditorias internas, a gestão dos documentos fiscais e conferência contábil e de seus processos de fechamento e registros contábeis, com o cruzamento de informações apuradas e verificação da conformidade com a legislação tributária.

Desse modo, mitigam-se os riscos no que se refere à responsabilização da empresa, de seus sócios, de seus administradores ou do agente público.

5. Conclusão

Ao longo do artigo, demonstrou-se a importância da transparência e da regularidade das informações a serem prestadas pelos sujeitos passivos e da legalidade que devem existir em todas as relações que estabelecem. Mostrou-se, ainda, que além do monitoramento interno que é realizado pelos programas de integridade, as autoridades administrativas tributárias contam com um sofisticado e cada vez mais completo sistema que permite cruzar uma imensidão de dados e verificar a veracidade das informações prestadas pelo sujeito passivo da obrigação tributária, bem como se este, em qualquer momento da relação jurídica havida com o ente tributante, cometeu algum ato ilícito e lesou o patrimônio público.

Os gestores, diretores, representantes legais, e demais pessoas que, dentro de uma organização, tenham poderes para a tomada de decisão podem praticar atos de não conformidade tributária, agindo com excesso de poderes ou infração de lei, contrato social ou estatutos, ainda, porque cabe a eles o dever de cuidar e monitorar o cumprimento das obrigações principais e acessórias tributárias, de modo que a transmissão das informações exigidas pelos entes tributantes ocorra tempestivamente e seja com toda a transparência e fidedignidade abordadas no presente trabalho. Do contrário e, desde que, devidamente comprovada a existência de fraude à lei ou de conduta que tenha extrapolado os poderes previstos pelos instrumentos societários e/ou o *Compliance* Tributário, haverá responsabilização tributária dos gestores, diretores e representantes legais.

Uma vez constatada, por meio de processo administrativo fiscal, em que são garantidas a ampla defesa e o contraditório, e comprovada a ocorrência de dano à Administração Pública por ato ilícito cometido por pessoa jurídica, responderá por sua infração, sendo a ela imputada a responsabilização administrativa, penal, civil e tributária dos sócios, diretores e representantes da pessoa jurídica infratora.

Referências

BECHO, Renato Lopes. *Responsabilidade tributária de terceiros: CTN, arts. 134 e 135*. São Paulo: Saraiva, 2014.

BRASIL. *Código Tributário Nacional (Lei nº 5.172, de 25 de outubro de 1966).* Dispõe sobre o Sistema Tributário Nacional e institui normas gerais de direito tributário aplicáveis à União, Estados e Municípios. Disponível em: https://bit.ly/3qFT3rQ Acesso em: 14 nov. 2021.

_____. *Decreto nº 8.420, de 18 de março de 2015*. Regulamenta a Lei no 12.846, de 1º de agosto de 2013, que dispõe sobre a responsabilização administrativa de pessoas jurídicas pela prática de atos contra a administração pública, nacional ou estrangeira e dá outras providências. Disponível em: https://bit.ly/3kCD7mj Acesso em: 14 nov. 2021.

_____. *Decreto nº 70.235, de 6 de março de 1972*. Dispõe sobre o processo administrativo fiscal, e dá outras providências. Disponível em: https://bit.ly/3ndMmLq Acesso em: 14 nov. 2021.

_____. Tribunal de Justiça do Estado de São Paulo (20ª Câmara de Direito Privado). Agravo de Instrumento nº 2192827-14.2017.8.26.0000. Agravante: Banco Citibank S/A. Agravados: Narden Confecções de Roupas S/A e outros. Relator: Desembargador Roberto Maia. São Paulo, 25 de outubro de 2017. Disponível em: https://bit.ly/3Fcs7Ef Acesso em: 14 nov. de 2021.

Tribunal Regional Federal (4. Região). Agravo de instrumento nº 5023972- 66.2017.4.04.0000/PR. Agravante: União - Advocacia Geral da União. Agravados: ODEBRECHT S/A e outros. Relatora: Desembargadora Federal Vânia Hack de Almeida. Paraná, 24 de agosto de 2017. Disponível em: https://bit.ly/31UA4iR Acesso em: novembro de 2021.

BRITTO, Lucas Galvão de Britto; DIAS. KaremJureidini(Organizadores); CARVALHO, Paulo de Barros (Coordenação). *Compliance no direito tributário*. São Paulo: Thomson Reuters Brasil, 2018.

CARVALHO, Paulo de Barros, coordenação; Lucas Galvão de Britto e Karem Jureidini Dias, organizadores. *Compliance no direito tributário*. São Paulo: Thomson Reuters Brasil, 2018.

_____. *Curso de direito tributário*. 27 ed. São Paulo: Saraiva, 2016.

_____. *Direito tributário: linguagem e método*. 6 ed. revisada e ampliada. São Paulo: Noeses, 2016.

DARZÉ, Andréa M. *Responsabilidade tributária: responsabilidade e subsidiariedade*. São Paulo: Noeses, 2010.

FAJERSZTAJN, Bruno. *Multas no direito tributário*. São Paulo: quartier Latin, 2019.

FERRAGUT, Maria Rita. *As provas e o direito tributário: teoria e prática como instrumentos para a construção da verdade*. São Paulo: Saraiva, 2016.

_____. Responsabilidade *tributária e o Código Civil de 2002*. 3 ed. São Paulo: Noeses, 2013.

MACHADO, Hugo de Brito. *Curso de direito tributário*. 37 ed. São Paulo: Malheiros, 2016.

_____. *Responsabilidade pessoal do agente público por danos ao contribuinte (uma arma contra o arbítrio do Fisco)*. São Paulo: Malheiros, 2017; MADRUGA, Edgar; SILVA, Fábio Almeida; OLIVEIRA, Fabio Rodrigues de, coordenação. *Compliance tributário: Práticas, riscos e atualidades*. Santos: Realejo Livros & Edições: 2018.

PEIXOTO, Daniel Monteiro. *Responsabilidade tributária e os atos de formação, administração, reorganização e dissolução de sociedades*. São Paulo: Saraiva, 1977; SILVA, Daniel Cavalcante e COVAC, José Roberto. *Compliance como boa prática de gestão de ensino superior privado*. São Paulo: Saraiva, 2015.

REGIMES ESPECIAIS DE CONTROLE E FISCALIZAÇÃO: DO SERTÃO ÀS VEREDAS

Osvaldo Santos de Carvalho[1]

José Mauro de Oliveira Junior[2]

Introdução

Transportando as palavras de João Guimarães Rosa, em sua célebre obra *O Grande Sertão Veredas*: *"Tudo o que já foi, é o começo do que vai vir, toda a hora a gente está num cômpito"*[3], é possível divisar íntima relação com a ideia delineada por Niklas Luhmann ao afirmar que o direito é uma "máquina

---

1. Advogado, Consultor Tributário, Mestre e Doutor em Direito Tributário pela PUC--SP, Bacharel em Ciências Contábeis, Especialização lato-sensu em Administração Financeira e Contábil, em Direito Empresarial, Professor do Mestrado do IBET e da Especialização do IBET, COGEAE-PUC entre outros cursos de Pós-Graduação, atuou por 30 anos na Secretaria da Fazenda do estado de SP, desempenhando diversas funções, entre elas a de Diretor da Consultoria Tributária e Juiz do Tribunal de Impostos e Taxas-TIT. Consultor-colaborador da FIPE-Fundação Instituto de Pesquisas Econômicas.

2. Advogado; Especialista em Direito Empresarial com ênfase em Tributário pela PUC/PR; Especialista em Direito Tributário pelo IBET; Professor Seminarista do IBET/Toledo Prudente; Mestre em Direito Tributário pela PUCSP.

3. ROSA, João Guimarães. *Grande Sertão: Veredas*. Editora Nova Aguilar, 1994, p. 439 (significado de *cômpito* na obra rosiana: "Pontos onde desembocam vários caminhos; encruzilhada").

histórica",[4] ou seja, a cada operação criam-se novas condições para novas decisões.

No presente trabalho, para tratar do tema "Regimes Especiais de Controle de Fiscalização", propõe-se a apresentação do assunto utilizando-se das categorias do Constructivismo Lógico-Semântico, da Teoria dos Sistemas de Niklas Luhmann, e também, adotando-se alegorias a partir de citações da obra de Guimarães Rosas.

Tal proposta, entende-se, vem a calhar diante desse enigmático tema "Regimes Especiais de Controle de fiscalização" que exige do operador um mergulhar mais profundo na doutrina e jurisprudência, no afã de melhor interpretá-lo.

Na mesma medida, exige-se do leitor esse mesmo labor na leitura e compreensão da obra "Grande Sertão Veredas", utilizada como alegoria entremeando a discussão sobre o tema objeto deste trabalho, na medida em que seu autor, um clássico da literatura nacional, está a convidar o leitor a procurar no seu texto não apenas as águas da superfície ("o grande sertão"), onde se narra o enredo principal de aventuras da comitiva de sua viagem, mas também as correntes mais profundas ("as veredas"), nas quais habitam siglas e senhas para se atingir o significado profundo, e por vezes mais oculto, a tudo que escrevia em seus cadernos de viagem, que deu origem à sua célebre obra, traduzida para diversas línguas, fazendo de sua literatura um jogo que desafia olhares argutos, podendo-se dizer que se traduz num verdadeiro enigma rosiano a ser decifrado pelo leitor atento da sua insuperável e premiada obra literária.

Bem, é sob essa alegoria que se propõe a análise, no presente trabalho, das alterações promovidas pela Portaria CAT 53/2013 ao regulamentar o § 15 do art. 8º da Lei paulista 6.374/89, com redação dada pela Lei 13.291/2008, ao

4. Também, em outro sentido, o sistema jurídico é uma máquina histórica, uma vez que toda operação autopoiética modifica o sistema ao colocar a máquina em outra posição e dessa maneira, cria condições iniciais modificadas para outras operações. LUHMANN, Niklas. *O direito da sociedade*. São Paulo: Martins Fontes, 2016, p. 77-78.

regulamentar verdadeira hipótese de atribuição, *ex officio*, de Regime Especial de Controle de Fiscalização de Tributos.

Pretende-se, ao final, identificar a presença de pressupostos válidos para sua instituição e imposição aos Contribuintes.

Cumpre destacar inicialmente que as sanções, em matéria tributária, ainda são marcadas por um certo grau de assimetria como um corpo único de estudo, ora temperado por elementos preponderantes de sanções no direito administrativo, ora enviesado por todo um conjunto principiológico e de regras atinentes ao próprio sistema tributário, de forma que o espectro do direito tributário sancionador apresenta certa difusão, especialmente quando se desloca a análise com alguma distância de seu núcleo mais rígido em busca de uniformidade entre os entes políticos.[5]

Ao se delimitar o Regime Especial de Controle e Fiscalização como regras diferenciadas em relação à tributação, e que figuram como verdadeiras estruturas sancionatórias que precisam estar delimitadas de forma clara e precisa, faz-se necessário uma análise conjuntural e estrutural, no que mobilizar as categorias do constructivismo lógico-semântico permite realizar as construções necessárias nos planos das estruturas normativas e as relações de coordenação entre as demais normas jurídicas.

O baixo grau de definições e uniformidade no conjunto de regras sancionadoras tributárias, igualmente é observado no que tocam a essa categoria de Regimes Especiais,

5. Não obstante revelar-se o Direito Tributário Sancionador permeável a vários dos princípios e regras próprias do Direito Penal, especialmente no Brasil, a distinção entre as infrações erigidas na legislação tributária e aquelas previstas na criminal ainda exerce importante função, em decorrência das divergências de tratamento dispensado a ambas pelo legislador pátrio. É imperativo ressaltar ainda que, apesar de sua aproximação decorrente de sua identidade ontológica, estrutural e teleológica, que demanda sua simultânea sujeição aos princípios comuns da repressão, não deve haver confusão entre as infrações tributárias de natureza administrativa ou penal, senão uma merecida revisão nos efeitos – e não, necessariamente, nos critérios – de sua distinção. SILVA, Paulo Roberto Coimbra. *Direito tributário sancionador*. São Paulo: Quartier Latin, 2007, p. 31.

especialmente quando se analisa o quanto se produz em termos doutrinários e uma aparente ausência de critérios na sua aplicação seja no que toca à própria fiscalização ao impor tais regimes, sejam as autoridades que analisam na condição de julgadores situações práticas específicas, tanto nas esferas administrativa quanto na judicial.

A dinâmica das relações sociais, especialmente as de cunho econômico reclamam um constante ajuste nas expectativas normativas, de forma que a interação entre o subsistema jurídico com os subsistemas econômico e político acabam por *irritar* o primeiro a fim de garantir certa estabilidade social.

Nessa medida, as relações de interdisciplinaridade e intertextualidade, na conformação estrutural dos Regimes Especiais de Controle da Fiscalização, podem perpassar por observações externas ao sistema jurídico, mas sua incorporação deve se dar em conformidade com suas estruturas. Nesse aspecto as categorias da Teoria dos Sistemas Sociais, desenvolvida por Niklas Luhmann fornece aparato de grande valia para o estudo dos limites para instituição de normas atinentes aos Regimes Especiais ora em análise, sejam elas gerais e abstratas ou individuais e concretas.

1. Das premissas epistemológicas: A travessia

> *"o real não está na saída nem na chegada: ele se dispõe para a gente é no meio da travessia"*.[6]

Assim como nos sertões, o mundo é construído senão pela vivência e os horizontes culturais de seus personagens, também o é, e será, o direito, funcionalmente diferenciado, operacionalmente fechado e cognitivamente aberto.[7]

---

6. ROSA, João Guimarães. *Grande Sertão: Veredas*. Editora Nova Aguilar, 1994, p. 85.

7. LUHMANN, Niklas. *O direito da sociedade*. São Paulo: Martins Fontes, 2016, p. 82.

Diante de uma necessária uniformização de critérios normativos a disporem sobre regras sancionatórias em matéria tributária, associada a uma dificuldade do extrato social promover influências no sistema político, ou ainda, o baixo grau de interesse político para movimentar suas estruturas para o fim de gerar comunicação suficiente (irritações) a provocar alterações no sistema jurídico a fim de conferir maior grau de expectativas normativas congruentes no sistema sancionador, faz com que o sistema jurídico em heterorreferência receba irritações do sistema ambiente, e arregimente outras estruturas que não somente as leis (sistema jurídico), a fim de garantir sua autonomia e função.

Ou seja, a tributação enquanto acoplamento estrutural[8] entre os sistemas econômico e jurídico, em que este último ao receber informações do primeiro no sentido de que *eventos de sonegação* (irritações), reclamam/provocam a movimentação das estruturas do sistema jurídico a fim de garantir a aplicação do código binário por meio dos programas no controle na frustração das expectativas e se, de alguma forma, não forem suficientes do ponto de vista das estruturas normativas, do que está disposto na lei; acaba por fazer com que o próprio sistema, diante da heterorreferência, movimente outras estruturas,[9] como por exemplo, o Judiciário. E completando, nesse aspecto, mobiliza também a abordagem em Luhmann sobre a diferenciação no sistema jurídico entre legislação e jurisdição.

Ao se admitir a possibilidade de que a sonegação poderia se manifestar como o outro lado da atividade da tributação e que esta somente pode-se dar a partir de critérios muito bem definidos pela legislação, as consequências atribuídas quando

8. Aqui, lembramos que a Teoria dos Sistemas Sociais apregoa que é a tributação que proporciona o acoplamento estrutural entre os sistemas econômico e o jurídico. LUHMANN, Niklas. *Op. cit.*, p. 612.

9. Quando reconhece o ilegal, o sistema não pode simplesmente deixar esse ilegal ao arbítrio de suas próprias mãos, tendo de encontrar possibilidades de tratar esse ilegal nos termos da legalidade. Em outras palavras, o ilegal é um sinal desencadeante indispensável para operações jurídicas. LUHMANN, Niklas. *Op. cit.*, p. 233.

da aplicação do código lícito/ilícito para os eventos de sonegação também devem-se dar em estrita observação interna ao sistema jurídico.

Por essas razões, é muito importante que haja, por parte do sistema, um tratamento em que as expectativas normativas sejam garantidas em relação à tributação, de forma que tanto o Estado e sociedade tenham uma generalização congruente em suas expectativas normativas.[10]

A ideia aqui seria a de mobilizar algumas categorias da teoria dos sistemas autorreferenciais para promover uma observação de segunda ordem, mas ao mesmo tempo indicar uma metodologia adequada de como poderia/deveria ser feita uma análise dessas estruturas.

E há, no nosso entendimento, uma tentativa de empreender a partir da teoria dos sistemas autorreferenciais uma observação de segunda ordem em que o sistema jurídico em heterorreferência, por meio de um acoplamento estrutural pudesse buscar irritação suficiente ao sistema da ciência do direito, a fim de produzir uma comunicação mais adequada em observação interna de autorreferência em que a dogmática jurídica teria no método do Constructivismo Lógico-semântico este acoplamento estrutural.[11]

---

10. Por essa razão, tais expectativas devem ser tratadas a partir das três dimensões de sentido que são indicadas por Luhmann, quais sejam: a dimensão temporal, a dimensão social e a dimensão material. No que tange ao direito essa remissão é fundamental, pois Luhmann o define como uma estrutura do sistema social que se baseia na generalização congruente de expectativas comportamentais normativas nas três dimensões de sentido. GONÇALVES, Guilherme Leite, VILLAS BÔAS, Orlando. *Teoria dos sistemas sociais: direito e sociedade na obra de Niklas Luhmann*. São Paulo: Saraiva, 2013, p. 89.

11. Seria possível imaginar que a teoria em si, enquanto forma de acoplamento estrutura do sistema da ciência é utilizada conjuntamente com as teorias da reflexão dos sistemas funcionais. [...] Tal como antes, no sistema do direito trata-se de cultivar as expectativas normativas, ao passo que, no da ciência, as da condição de pesquisa. [...] Sendo assim, tenhamos em mente que a ideia de a teoria ser um mecanismo de acoplamento estrutural entre o sistema da ciência e as teorias da reflexão dos subsistemas funcionais não necessariamente obriga a aceitar determinada versão da teoria. LUHMANN, Niklas. *O direito da sociedade*. São Paulo: Martins Fontes, 2016, p. 732-733.

Em poucas palavras, o presente trabalho pretende identificar causas e consequências acerca de uma certa letargia no poder legislativo ao abordar a matéria, relegando por meio de cláusulas gerais e abstratas a saturação semântica por parte do executivo e do Judiciário. E de que forma poderia a dogmática oferecer modelos e protótipos para melhor sistematização e compatibilização das normas que dispõe sobre RECF – Regimes Especiais de Controle da Fiscalização.

1.1 Das categorias mobilizadas de Luhmann

Por se tratar de um espaço onde cabe alguma margem para ensaios e sob a verve de dar maior leveza ao tema, é que a proposta do presente texto é desenvolvido por meio de uma espécie de alegoria, inclusive utilizando em parte e *mutatis mutandis* o que o faz Guimarães Rosa em "Grande Sertão: Veredas". Se na obra literária "o sertão é o mundo", utilizar-se-á de algumas categorias da teoria dos sistemas autorreferenciais para promover uma análise do RECF dentro do Direito, procurando conferir significado a essa "vereda" (os Regimes Especiais de Fiscalização e Controle).

Cabe destacar, de outro lado, que o pensamento de Niklas Luhmann rompe com as premissas epistemológicas das teorias clássicas com a finalidade de estudar a sociedade, mobilizando conceitos e metodologias que pudessem explicar melhor o fenômeno social de uma sociedade em franco processo de expansão de sua complexidade. Diante disso, o estudo do direito em Luhmann é decorrente de uma teoria que tem por objetivo explicar o fenômeno social a partir de uma teoria da sociedade, portanto, o autor ao desenvolver sua teoria promove uma análise externa ao direito, fornecendo uma observação sociológica do direito, mas que permite ao cientista do direito mobilizar algumas de suas categorias para melhor compreensão do fenômeno jurídico.

Uma primeira aproximação à teoria dos sistemas sociais em Luhmann é a ideia de um sistema total, que abarca todo o espectro de comunicação social, mas que com o avanço da sociedade em níveis mais complexos ao mesmo tempo que pressupõe um aumento de alternativas, demanda processos seletivos necessários para a estabilização da complexidade,[12] o que remente à ideia dos paradoxos e tautologias, ou seja, à medida que se aumenta a complexidade, são necessárias seleções de elementos dispersos no sistema ambiente para redução de complexidades.[13]

E nesse processo de "seleção" é que o subsistema estabelece sua identidade à medida que se diferencia do sistema ambiente.

A autonomia do sistema segundo Luhmann, se constitui a partir da configuração de sua diferenciação perante o sistema ambiente. A partir daí é que se concebem as ideias de *fechamento operacional* de cada subsistema (o subsistema jurídico, por exemplo) à medida que o subsistema somente opera a partir de códigos próprios com programas internos, mantendo sua identidade, as observações autorreferenciais.[14]

Entretanto, a identidade (autonomia) somente se justifica à medida que por meio de observações externas (para o sistema ambiente) se identificam as diferenças, ou seja, a identidade do sistema somente adquire os foros de autonomia a partir da abertura cognitiva, operações heterorreferenciais.[15]

---

12. Dito ainda mais uma vez de maneira abstrata na linguagem luhmaniana: a *variação* diz respeito aos elementos do sistema; a *seleção* diz respeito às *estruturas;* e a *estabilização* diz respeito à unidade do sistema, que se reproduz autopoieticamente. Todos os três componentes constituem um estado de coisas necessário (não há sistemas sem elementos, elementos sem sistema...) e, na última instância a improbabilidade de toda evolução reside na *inobstante possibilidade* de um acesso diferenciado a esses componentes.

13. Todavia, isso requer uma seleção de atrelamentos praticados, sendo esse um condicionamento interno dessa seleção. Só mesmo o atrelamento seletivo "qualifica" os elementos, assim como só ele confere sentido ao discurso sobre elementos próprios ao sistema, de fronteiras do sistema ou de sua diferenciação. LUHMANN, Niklas. O direito da sociedade. São Paulo: Martins Fontes, 2016, p. 58.

14. Idem, p. 97.

15. Desse modo, o sistema do direito pode levar em consideração fatos externos, mas somente como informação produzida internamente, isto é, somente como "a diferença que faz a diferença" (Bateson.). Idem, p. 113.

Por meio dos *acoplamentos estruturais,*[16] os (sub)sistemas podem funcionar como sistema ambiente uns para os outros, de forma que ao receberem irritações (abertura cognitiva) processam internamente tais observações, e em operações internas aplicam seus códigos por meio de programas específicos (fechamento operacional) a fim de gerar uma comunicação circular e autopoiética a fim de garantir a função do sistema.

As relações entre os sistemas jurídico, político e econômico demonstram essas relações paradoxais, a exemplo disso, ao se transpor a existência de fatos sociais de sonegação, o sistema econômico gera irritações no sistema político, que por sua vez irrita o sistema jurídico a fim de movimentar suas estruturas para alterar o sistema de tributação para instituição de normas primárias sancionatórias (sejam gerais e abstratas, sejam individuais e concretas).

Tomem-se por análise os casos de sonegação. Para esses, o próprio sistema jurídico já contém, em suas estruturas, a previsão de aplicação do código lícito/ilícito para a imposição de sanções de natureza pecuniárias, por exemplo. Uma possível ineficácia na imposição de penalidade regulares do sistema jurídico, poderia provocar novas irritações no sistema econômico que reclamariam, novamente, do sistema político, ou mesmo do sistema jurídico novas operações a fim buscar a estabilidade. É o que observa André Mendes Moreira ao correlacionar a neutralidade econômica e sua conformação no sistema jurídico.[17]

É nesse ponto é que se nota a importância ao se trabalhar com as categorias de Luhmann, as quais permitem ao

---

16. O acoplamento permite que as operações econômicas próprias sejam eficazes como irritações do sistema de direito e que as operações jurídicas próprias sejam-no como irritações do sistema econômico. Idem, pp. 610-611.

17. "Logo, a neutralidade econômica deve ser amoldada aos princípios e regras informadores da República, dentre os quais está o art. 145, §1º da CR/88. No Brasil, o tributo se distancia do ideal econômico de neutralidade, pois necessariamente induzirá comportamentos e gerará interferências no mercado, a bem da obtenção da igualdade positiva". MOREIRA, André Mendes. *Neutralidade, valor acrescido e tributação.* 2ª ed. Belo Horizonte: Fórum, 2020, p. 49-50.

cientista do direito promover observações heterorreferenciais para fatos externos ao sistema jurídico, com isso identificar quais os limites e condições para que tais elementos possam ser *internalizados* para o sistema do direito. No caso dos regimes especiais de controle de fiscalização, se determinar em que ponto e em que medida elementos e eventos econômicos (subsistema da economia) podem justificar sua imposição.

1.2 Das categorias mobilizadas do Constructivismo lógico-semântico

Numa outra vertente, aderente à proposta do presente estudo, após a contextualização do tema no "Mundo do Direito" ou do "Direito no Mundo", cumpre dar um salto para dentro do "Grande Sertão" e caminhar sob as "Veredas", e a partir daí utilizar-se das categorias da escola do "Constructivismo Lógico-Semântico", ora oscilando por meio do método empírico-dialético, ora pelo hipotético-dedutivo, o que conduziria, num contexto geral, para o método hermenêutico-analítico à medida que as observações promovidas em relação ao sistema e no sistema, implicariam novas reformulações, e a partir delas traçar hipóteses que seriam deduzidas segundo determinados critérios, sempre a partir da premissa de que o direito, enquanto corpo linguístico de suas proposições prescritivas objeto de estudo da Ciência do Direito, sendo passível de construções de proposições descritivas dentro de um processo de interpretação que apenas adquire foros de cientificidade dentro de um rigoroso processo de sistematização, o que é oferecido pelo Constructivismo lógico-semântico.[18]

---

18. Segundo os padrões da moderna Ciência da Interpretação, o sujeito do conhecimento não "extrai" ou "descobre" o sentido que se achava oculto no texto. Ele o 'constrói' em função de sua ideologia e, principalmente, dentro dos limites de seu 'mundo', vale dizer, do seu universo de linguagem. Exsurge, com isso também e com muita força, o axioma da inesgotabilidade do sentido – ao lado da intertextualidade – que opera não só no território do sistema do direito posto, mas o transcende, na direção de outros seguimentos do saber. CARVALHO, Paulo de Barros. *Direito tributário: Linguagem e método*. 7. ed. São Paulo: Noeses, 2018, p. 205.

Ao se ocupar do conjunto de normas jurídicas válidas, ou seja, o conjunto de proposições prescritivas de conduta, produzidas pelo sistema jurídico, segundo suas normas de regulação de procedimento e por agente competente para inserção de novos comandos,[19] a ciência do direito por meio de observação interna ao sistema produz nova comunicação, agora de cunho descritivo em um todo ordenado apofântico[20] a conferir consistência ao processo autopoiético do direito.[21]

Nesse contexto, as reflexões produzidas por Paulo de Barros Carvalho em suas incursões na obra de Lourival Vilanova pressupõem o corpo linguístico do direito passível de ser disposto em estruturas lógicas que conferem ao pensamento científico maior rigidez conceptual,[22] o que se denota a importância da adoção do método.

O Constructivismo lógico-semântico, enquanto método, se propõe analisar o corpo linguístico do direito positivo a partir dos planos sintático, semântico e pragmático.[23] É daí então que o intérprete do direito num processo de construção de sentidos ao ter contato com os textos de direito, projeta em seu intelecto o conjunto de elementos textuais do direito

---

19. LINS, Robson Maia. *Curso de Direito Tributário.* 1ª ed. São Paulo: Noeses, 2019, p. 14.

20. Na lógica aristotélica, apofântico é aquilo relativo aos enunciados verbais possíveis de serem falsos ou verdadeiros.

21. "Su función es transversal, es un control de consistencia con vistas a las decisiones de otros casos. Por ello, los análisis dogmáticos no solamente permiten reducir la indeterminación de las regulaciones legales, sino que permiten tambien aumentarla, em concreto cuando la dogmática ha de generalizar y problematizar normas para la inclusión de otras posibilidades de decisión". LUHMANN, Niklas. Sistema jurídico y dogmática jurídica. Centro de estúdios constitucionales: Madrid, 1983, p. 34.

22. "Na proposta epistemológica do direito, não me canso de repetir que todo trabalho com aspirações mais sérias há de expor previamente seu método, assim entendido o conjunto de técnicas utilizadas pelo analista para demarcar o objeto, colocando-o como foco temático e, em seguida, penetrar seu conteúdo". CARVALHO, Paulo de Barros. *Direito tributário: Linguagem e método.* 7. ed. São Paulo: Noeses, 2018, p. 211.

23. LINS, Robson Maia. *Op. Cit.*, p. 15.

promovendo conteúdos de significação de acordo com regras sintáticas e expressão semântica.

Esse processo é denominado pelo professor Paulo de Barros Carvalho de percurso da construção do sentido,[24] por meio do qual o intérprete, a partir do contato com o suporte físico textual do direito (S_1), promove construções a partir de regras sintáticas e morfológicas de proposições iniciais de sentido (S_2), contudo sem um sentido deôntico completo, o que é feito no plano linguístico das normas em sentido lato (S_3) em que as proposições anteriormente construídas são dispostas em uma estrutura hipotético-condicional, por meio das quais determinado fato previsto na hipótese implica uma consequente relação jurídica, dando azo às normas em sentido estrito.

A partir das unidades mínimas com sentido deôntico construídas no S_3 cabe ainda ao intérprete um "esforço de contextualização"[25] para a estruturação das normas em um todo sistêmico de relações de subordinação e coordenação com outras normas.

Ainda, deve-se aqui destacar o caráter de bimembridade das normas, em que uma norma primária [que disciplina condutas ($p \rightarrow q$)] se coloca em conexão lógica[26] com outra norma, a norma secundária que estabelece uma sanção pelo descumprimento do consequente da primária ($-p \rightarrow r$).

De se antever que não há, e não pode haver, no sistema jurídico, norma que não seja dotada de conteúdo sancionatório, garantindo-se, assim, as expectativas normativas contrafáticas diante de eventuais frustrações.

---

24. CARVALHO, Paulo de Barros. *Direito tributário, linguagem e método*. 7. ed. São Paulo: Noeses, 2018, p. 192.

25. CARVALHO, Paulo de Barros. Curso de direito tributário. 28. ed. rev. São Paulo: Saraiva, 2017, p. 138.

26. "As denominações adjetivas "primária" e "secundária" não exprimem relações de ordem temporal ou causal, mas de antecedente lógico para consequente lógico." VILANOVA, Lourival. As estruturas lógicas e o sistema do direito positivo. São Paulo: Noeses, 2010, p. 74.

2. Da contextualização: O Grande Sertão

"Sertão é isto: o senhor empurra para trás, mas de repente ele volta a rodear o senhor dos lados. Sertão é quando menos se espera".[27]

A partir dessa ideia, é possível fazer uma aproximação inicial em uma observação de segunda ordem para analisar o sistema do direito como sistema autopoiético, ou seja, diferenciado em relação ao ambiente social, por desempenhar uma função diferenciada em relação a este; e em suas relações internas opera apenas por códigos próprios por meio de programas condicionais, de forma a se caracterizar como operacionalmente fechado, mas com abertura cognitiva, a saber, que em operações de observação externa, permite que irritações oriundas de outros subsistemas, ou ainda, do sistema ambiente em irritações suficientes a projetar internamente a movimentação de estruturas para aplicação de seus códigos (lícito/ilícito) e programas condicionais em operações internas.[28]

Na obra de Guimarães Rosa, o Grande Sertão é algo cujas divisas não estão muito bem delimitadas, sempre sendo referido de formas genéricas, sem maiores delineamentos: "*O sertão aceita todos os nomes: aqui é o Gerais, lá é o Chapadão, lá acolá é a caatinga*",[29] noutras passagens: "*O sertão não tem janelas nem portas*"[30] e, também, "*Só que o sertão é grande ocultado demais*".[31]

---

27. ROSA, João Guimarães. *Grande Sertão: Veredas*. Editora Nova Aguilar, 1994, p. 402.

28. "A teoria da autopoiesis (de Luhmann) oferece uma análise das soluções da prática jurídica para o problema da indeterminação do direito graças à conjugação dos seguintes elementos;
autorreferência; paradoxo, indeterminação, estabilidade através de valores próprios. Através da aplicação da sua própria distinção entre legal/ilegal, o sistema jurídico constrói-se a si mesmo na base de um círculo autorreferencial". TEUBNER, Gunter. *O direito como sistema autopoiético*. Fundação Calouste Gulbenkian: Lisboa, 1989, p. 24.

29. ROSA, João Guimarães. *Grande Sertão: Veredas*. Editora Nova Aguilar, 1994, p. 701.

30. Idem, p. 709.

31. Ibidem, p. 723.

Nessa ideia difusa que se instaura acerca do sertão, também se pode traçar uma breve correlação, sem se perder de mira a verve alegórica, é claro – mas também há no direito um campo de difícil delimitação e de espectro difuso. Assim o são, também, os princípios gerais do direito. Não é o caso de aprofundamento sobre o assunto no estrito limite do que se ocupa no presente ensaio, mas se toma de empréstimo aqui essa concepção de que os princípios em direito não figuram, via de regra, de forma eminentemente programática.

Tomem-se aqui, por concessão, as análises promovidas por Paulo de Barros Carvalho[32] no sentido de que num contexto geral os princípios são normas, tomadas em seu sentido lato. Diferem, contudo das regras (normas em sentido estrito) exatamente por sua posição, estrutura linguística e função.[33]

A faceta dos princípios, cara ao presente trabalho, é no que toca sua função de exprimir os valores impregnados no sistema jurídico a conferir vetores diretivos axiológicos à sua interpretação e aplicação, diferente das regras jurídicas (normas em sentido estrito) que por sua estrutura lógica atuam diretamente na regulação da conduta humana. Aqueles têm por primeiros destinatários os agentes competentes para introdução de normas e também, como destaca Cristiano Carvalho, como segundo destinatário o cidadão que têm seus direitos e garantias fundamentais tutelados.[34]

---

32. CARVALHO, Paulo de Barros. *Direito tributário, linguagem e método*. 7ª. ed. São Paulo: Noeses, 2018, p. 270.

33. Idem, p. 276.

34. "Os princípios, como enunciados de valores fundamentais, formam o núcleo estável do sistema jurídico, e, por essa função, dirigem-se imediatamente ao próprio sistema jurídico, ou mais precisamente, à estrutura autogeradora interna: os órgãos produtores de atos normativos. O seu primeiro receptor é o legislador em sentido amplo, de forma mediata, o destinatário é o cidadão súdito do Estado, não como obrigado, mas como receptor da informação de que não poderão ser criadas normas que violem seus direitos fundamentais". CARVALHO, Cristiano. *Teoria do Sistema Jurídico – direito, economia, tributação*. São Paulo: Quartier Latin, 2005, p. 146.

Ainda que impondo-se o necessário recorte metodológico para o presente trabalho, não se pode perder de vista a função estruturante dos princípios na proteção da ordem econômica[35] e seus fundamentos.[36]

De igual forma, a ordem regente da Constituição, no que tange à tributação, tem um corpo principiológico que lhe serve de estrutura fundamental em uma perspectiva estática,[37] mas que, de toda forma, encontra-se fundada nos princípios gerais. Em uma perspectiva dinâmica, são nos princípios

---

35. Aqui referenciada no sentido de ordem jurídica, nas acepções de Vital Moreira: "- em um primeiro sentido, 'ordem econômica' é o modo de ser empírico de uma determinada economia concreta; a expressão, aqui, é termo de um *conceito de fato* e não de um conceito normativo ou de valor (é conceito do mundo do ser, portanto); o que o caracteriza é a circunstância de referir-se não a um conjunto de regras ou normas reguladoras de relações sociais, mas sim uma relação entre fenômenos econômicos e materiais, ou seja, relação entre fatores econômicos concretos; conceito do mundo do ser, exprime realidade de uma inerente articulação do econômico como fato;
- em um segundo sentido, 'ordem econômica' é a expressão que designa o conjunto de todas as *normas* (ou regras de conduta), qualquer que seja sua natureza (jurídica, religiosa, moral, etc.), que respeitam à regulação do comportamento dos sujeitos econômicos; é o sistema normativo (no sentido sociológico) da ação econômica;
- em um terceiro sentido, 'ordem econômica' significa *ordem jurídica* da economia." MOREIRA, Vital. *A ordem jurídica do capitalismo*. Centelha, Coimbra, 1973, pp. 67-71.

36. Art. 170. A ordem econômica, fundada na valorização do trabalho humano e na livre iniciativa, tem por fim assegurar a todos existência digna, conforme os ditames da justiça social, observados os seguintes princípios:
I - soberania nacional;
II - propriedade privada;
III - função social da propriedade;
IV – livre-concorrência;
V - defesa do consumidor;
VI - defesa do meio ambiente, inclusive mediante tratamento diferenciado conforme o impacto ambiental dos produtos e serviços e de seus processos de elaboração e prestação;
VII - redução das desigualdades regionais e sociais;
VIII - busca do pleno emprego;
IX - tratamento favorecido para as empresas de pequeno porte constituídas sob as leis brasileiras e que tenham sua sede e administração no País.
Parágrafo único. É assegurado a todos o livre exercício de qualquer atividade econômica, independentemente de autorização de órgãos públicos, salvo nos casos previstos em lei.

37. KELSEN, Hans. *Teoria pura do direito*. 4.ed. São Paulo: Martins fontes, 2000.

constitucionais tributários que se encontram demarcados os limites da competência tributária.[38]

Essa observação mais abrangente permitiria identificar os limites da valoração de fatos a partir de outros subsistemas (econômico e político) e sua interferência nas operações do sistema jurídico e mesmo ainda, em observação de primeira ordem, em qual medida vetores axiológicos de outros subconjuntos normativos, por exemplo, do direito econômico, poderia (ou não) atuar na conformação do subsistema normativo do direito tributário.[39]

3. Abordagem analítica: As Veredas

> *"no centro do sertão, o que é doideira às vezes pode ser a razão mais certa e de mais juízo!"*.[40]

Nesse tópico em particular, cumpre descer às *Veredas* para uma análise no particular e colocar sob perspectiva uma das iniciativas administrativas intentadas no Estado de São Paulo com a pretensão de aperfeiçoar a feição estrutural do instituto da substituição tributária em São Paulo. Ocorre, contudo, que a edição da Portaria CAT 53, de 24 de maio de 2013, mesmo após 4 (quatro) anos da entrada em vigor da Lei 13.291/2008, ao regulamentá-la quanto à previsão de imposição de Regimes Especiais pelo Fisco paulista, estabelece verdadeiras regras gerais e abstratas para imposição de Regime Especial de Controle de Fiscalização, *ex officio*.

---

38. CARVALHO, Paulo de Barros. *Direito tributário, linguagem e método*. 7. ed. São Paulo: Noeses, 2018, p. 244.

39. Vide art. 146-A da Constituição Federal. Lei complementar poderá estabelecer critérios especiais de tributação, com o objetivo de prevenir desequilíbrios da concorrência, sem prejuízo da competência de a União, por lei, estabelecer normas de igual objetivo.

40. ROSA, João Guimarães. *Grande Sertão: Veredas*. Editora Nova Aguilar, 1994, p. 400.

É importante destacar que antes mesmo da entrada em vigor desse ato normativo, era vigente, como notado, o § 15 acrescentado ao art. 8º da Lei 6.374/89 pela Lei 13.291/2008,[41] pelo qual se facultava ao Poder Executivo atribuir a condição de substituto tributário aos Contribuintes que, tendo recebido mercadorias em operações com o imposto retido por antecipação, tivessem envolvimento com atos lesivos ao equilíbrio concorrencial (item 1, alínea "a") ou apresentassem acumulação de valores a serem restituídos.

Com suporte no mencionado § 15, do art. 8º da Lei 6.374/89 e no inciso VI do art. 264 do Regulamento do ICMS (Decreto 45.490/2000), a Portaria CAT 53/2013 institui um conjunto de regras procedimentais disciplinando a atribuição, por regime especial, da transferência da sujeição passiva por substituição a Contribuinte substituído, nas hipóteses especificadas no referido parágrafo.

Uma vez atribuída essa condição a outro Contribuinte da cadeia de circulação de mercadorias, o Contribuinte originalmente designado como substituto tributário ficaria dispensado de efetuar a retenção antecipada do ICMS/ST, subordinando-se às normas comuns da legislação, consoante expressamente previsto no inciso VI do art. 264 do RICMS:

> Art. 264. Salvo disposição em contrário, não se inclui na sujeição passiva por substituição, subordinando-se às normas comuns da legislação, a saída, promovida por estabelecimento responsável pela retenção do imposto, de mercadoria destinada a:

41. São Paulo. Lei 6.374/89. [...] Art. 8º - São sujeitos passivos por substituição, no que se refere ao imposto devido pelas operações ou prestações com mercadorias e serviços adiante nominados: [...]
§ 15 - O Poder Executivo poderá:
1 - atribuir a condição de sujeito passivo por substituição tributária ao contribuinte que receber a mercadoria diretamente dos contribuintes indicados nos incisos deste artigo, desde que verificada a ocorrência de:
a) prejuízos à livre concorrência em razão da atribuição da responsabilidade por sujeição passiva por substituição tributária;
b) acumulação de valores a serem restituídos em razão da retenção antecipada do imposto por substituição tributária.

> [...]
>
> VI - estabelecimento ao qual for atribuída, por regime especial, a condição de sujeito passivo por substituição tributária.

Antes de proceder à transcrição parcial dos enunciados normativos da Portaria CAT 53/2013, mostra-se de todo conveniente apontar, sob a ótica da iniciativa de deslocamento da condição da sujeição passiva por substituição, as duas hipóteses abarcadas pelo referido ato administrativo:

> *i.* A transferência se realiza *por interesse do Contribuinte*, que deverá encaminhar ao Fisco requerimento solicitando regime especial nesse sentido, hipótese que se amolda à previsão legal constante no art. 8º, § 15, item 1, alínea "b" da Lei 6.374/89, anteriormente examinado.
>
> *ii.* A transferência se realiza por *determinação do Fisco*, que deverá notificar o contribuinte ao qual será atribuída a condição de substituto tributário, hipótese que se amolda à previsão legal referida no mesmo art. 8º, § 15, item 1, alínea "a" da Lei 6.374/89, também examinado.

No primeiro caso, dispõe o art. 1º da portaria, "o Contribuinte interessado deverá solicitar regime especial à Secretaria da Fazenda", observados os procedimentos previstos na legislação administrativa. Consigne-se, somente para demarcação do objeto, que não é essa a modalidade de Regime Especial de que cuida o presente estudo, na medida em que se trata de procedimento administrativo de interesse do Contribuinte, não se caracterizando, pois, como sanção política.

Sob este aspecto, a Portaria não trouxe inovação significativa uma vez que, mesmo antes de sua entrada em vigor, ao Contribuinte substituído, na hipótese da alínea "b" mencionada (acumulação de valores a restituir em razão de retenção antecipada do ICMS/ST), era facultado solicitar regime especial para essa ou para outra finalidade, nos termos da Portaria CAT 43, de 26 de abril de 2007.

Daí se deduz que o ato administrativo simplesmente transformou regramento normativo que vinha sendo aplicado de modo individual e concreto em regramento normativo genérico e abstrato, posto à disposição de qualquer Contribuinte ocupante da condição de substituído tributário.

Já o art. 2º da Portaria CAT 53/2013 *insere-se em contexto administrativo radicalmente diverso*, referido a "casos especiais" em que a lei faculta à autoridade fazendária impor regime especial de ofício a Contribuinte ou a setores da atividade econômica a fim de compeli-los à observância da legislação tributária, configurando-se numa verdadeira sanção política. Eis como a respeito dispõe o art. 71 da Lei 6.374/89:

> Art. 71. Em casos especiais e com o objetivo de facilitar ou de compelir à observância da legislação tributária, as autoridades que o regulamento designar podem determinar, a requerimento do interessado ou de ofício, a adoção de regime especial para o cumprimento das obrigações fiscais.

A expressão "a requerimento do interessado ou de ofício" é de natureza meramente protocolar, posto que utilizada geralmente nas situações em que se impõe a necessidade de compelir o Contribuinte à conformidade tributária. Em realidade, *trata-se de imposição pura e simples, de caráter sancionatório, a contragosto do sujeito passivo e baixada em situações especiais*, tanto que o § 1º se refere à imposição como "regime especial de ofício", destinado a coibir "infração contumaz à legislação ou estado "de habitual inadimplência do Contribuinte".

Com fundamento no referido art. 71 da lei, o art. 489 do RICMS, que por sua vez serve de esteio para a Portaria CAT 53/2013, concede ao Coordenador da Administração Tributária o poder de "determinar regime especial para pagamento do imposto", naturalmente formulado após a indefectível expressão "no interesse do Contribuinte ou do Fisco".

Isto posto, insta reproduzir parcialmente o teor do art. 2º da Portaria:

> Art. 2º. Na hipótese de o regime especial ser instituído de ofício nos termos do art. 489 do RICMS, o contribuinte a quem for atribuída

a condição de substituto tributário será notificado e deverá, a partir da data de início da vigência do referido regime, observar o disposto nesta portaria, sem prejuízo das demais obrigações previstas na legislação e dos termos do próprio regime especial.

§ 1º. Na hipótese deste artigo, o regime especial:

1 - poderá definir as mercadorias e os contribuintes remetentes em relação aos quais serão aplicados os seus termos;

2 - terá sua instituição proposta ao Diretor Executivo da Administração Tributária pelo Delegado Regional Tributário da área de vinculação do contribuinte.

§ 2º - A instituição do regime especial poderá ser proposta pelo Delegado Regional Tributário com base na constatação da ocorrência dos fatos previstos no § 15 do art. 8º da Lei 6.374, de 01-03-1989, mediante apresentação de relatório circunstanciado e conclusivo das verificações fiscais realizadas, o qual conterá:

1 - a descrição dos fatos que motivam a atribuição da condição de sujeito passivo por substituição tributária;

2 - as provas que fundamentam a conclusão do fisco.

§ 3º - Na hipótese do § 2º, antes de ser formalizada a proposta de instituição do regime especial, deverá ser fornecida cópia integral do relatório circunstanciado ao contribuinte, mediante recibo, que equivalerá à notificação para fins de apresentação de contrarrazões no prazo de 15 (quinze) dias, improrrogáveis.

§ 4º - O Delegado Regional Tributário apreciará as contrarrazões do contribuinte e proferirá despacho fundamentado:

1 - encaminhando a proposta de imposição de regime especial para o Diretor Executivo da Administração Tributária; ou

2 - arquivando o processo.

[...].

As regras são precisas e claras, e não deixam qualquer dúvida no tocante aos propósitos do legislador administrativo: a par da hipótese em que, tanto no interesse do Fisco como do Contribuinte, é possível deslocar a sujeição passiva do Contribuinte substituto para o substituído, por meio de regime especial, face ao prescrito no § 15, 1, “b” do art. 8º da Lei 6.374/89, igualmente subsiste, em favor do Fisco, a faculdade de impor, também por meio de regime especial, nos termos do

§ 15, 1, "a" do mesmo art. 8º, o deslocamento da responsabilidade tributária por substituição ao Contribuinte que receber mercadorias com imposto retido do Contribuinte originalmente designado como substituto tributário.

Num caso ou em outro, incumbirá ao Fisco notificar o Contribuinte a quem será atribuída a condição de substituto tributário, fazendo-lhe entrega de um relatório circunstanciado e conclusivo que deverá evidenciar os fatos motivadores da pretensão de deslocamento da substituição tributária e das respectivas provas em que sustentada essa pretensão.

Tratando-se da hipótese reportada na alínea "a" do item 1 do § 15, o relatório deverá demonstrar que os prejuízos à livre-concorrência ocorreram "em razão da atribuição da responsabilidade por sujeição passiva por substituição tributária", nos estritos termos do dispositivo legal. Este terá de ser o foco central do relatório, e não meramente que dessa atribuição teria decorrido redução da arrecadação tributária.

Estes são os procedimentos centrais delineados na Portaria CAT 53/2013, à vista dos objetivos do presente estudo.

3.1 Os Regimes Especiais de Controle de Fiscalização

Feita uma primeira abordagem heterorreferencial no item 2, é a partir do método do constructivismo lógico-semântico que se possibilita delimitar o RECF enquanto norma primária sancionadora e promover cortes analíticos sob os prismas sintático, semântico e pragmático para tentar oferecer, sob uma perspectiva dogmática, seus limites e condições.

Já se referiu que eventuais irritações oriundas do sistema econômico, decorrentes de práticas sonegatórias, ao não se ajustarem aos códigos e programas específicos desse subsistema, enviam comunicação aos sistemas político e jurídico e cada qual, por meio de determinados acoplamentos estruturais, processarão internamente essas demandas externas.

É nesse ponto que a tributação funciona como verdadeiro acoplamento estrutural entre os sistemas econômico e jurídico em que estando afetados valores próprios do primeiro como, a propriedade privada, neutralidade econômica e regras de livre mercado, quando violadas por determinadas práticas, no caso, as de sonegação, vão enviar essas irritações ao sistema jurídico.

O sistema jurídico em abertura cognitiva, ao processar internamente essas demandas externas, encontra em suas estruturas internas a proteção à Ordem Econômica, assegurando, por exemplo, a livre-iniciativa; a garantia à propriedade privada e sua função social e à livre concorrência. Ocorre, contudo, consoante já se destacou no tópico infra (item 2) o nível de abstração dos princípios gerais de direito, carecem de estrutura programática a fim de se ajustar à conduta a ser normatizada.

É nesse particular que a análise do Regime Especial de Controle de Fiscalização a partir das estruturas normativas encontra grande relevância. Partindo-se do pressuposto que tais figuras são de natureza sancionatória, ou seja, sua construção reclama a construção de uma norma primária sancionatória que em sua hipótese, necessariamente, deve conter a descrição hipotética de um evento ilícito.

De transporte, é possível analisar o teor do § 15 do art. 8º da Lei Estadual paulista 6.374/89 ao trazer a previsão, geral e abstrata, de ser possível colher eventos que tragam *"prejuízos à livre-concorrência"*, atribuindo-se uma consequência jurídica de ser autorizado ao poder executivo, impor a condição da responsabilidade por sujeição passiva por substituição tributária.

Nem o Regulamento do ICMS, ao pretender dar maior concreção à possibilidade de imposição do regime especial *ex officio*, por meio da Portaria CAT 13/2013; nem mesmo a lei em sua em sua disposição ampla e genérica, estabelecem critérios seguros para a configuração da hipótese, suficiente a desencadear a consequente imposição de regime especial de ofício.

A rigor, de uma maneira geral, a legislação em todos os níveis dos entes políticos não oferece critérios concretos na estruturação da hipótese para imposição de Regimes Especiais de Controle de Fiscalização.

De outra banda, cumpriria perquirir quais os limites para as consequências passíveis de serem impostas aos Contribuintes que se encontrarem na posição descrita na hipótese.

Igualmente para o consequente, não há qualquer uniformidade na especificação do conteúdo do consequente normativo na imposição de regimes especiais de ofício. Pode-se colher alguns exemplos, como o recolhimento antecipado de tributos, o condicionamento de liberação de notas fiscais avulsas; a centralização do pagamento do imposto em um dos estabelecimentos.

Numa perspectiva de cunho pragmático, é evidente genericamente a falta de uniformidade e de critérios para a instituição e imposição dos RECFs, seja no âmbito abstrato e geral (legislativo e executivo), seja no concreto e individual (Executivo e Judiciário), tanto na formulação, instituição, concessão/ imposição ou revisão de aplicação.

A inexistência de balizamentos acaba em tentativas de se atrair a incidência dos comandos dos arts. 146, III[42] e 146-A[43] da Constituição Federal no sentido de que caberia, por parte do legislador federal a edição de Lei Complementar a reger e estabelecer condições, requisitos e limites a delimitar quais fatos poderiam compor a hipótese da norma instituidora dos

42. Art. 146. Cabe à lei complementar: [...]
III - estabelecer normas gerais em matéria de legislação tributária, especialmente sobre:
a) definição de tributos e de suas espécies, bem como, em relação aos impostos discriminados nesta Constituição, a dos respectivos fatos geradores, bases de cálculo e contribuintes;
b) obrigação, lançamento, crédito, prescrição e decadência tributários;

43. Art. 146-A. Lei complementar poderá estabelecer critérios especiais de tributação, com o objetivo de prevenir desequilíbrios da concorrência, sem prejuízo da competência de a União, por lei, estabelecer normas de igual objetivo.

regimes especiais e quais consequências seriam passíveis de sua imposição.

No caso em tela, o art. 8º, § 15, "a" da Lei Estadual 6.374/89[44] estabelece a possibilidade de imposição, por parte do poder Executivo, a condição de sujeição passiva por substituição tributária, sob a hipótese de haver prejuízos a concorrência.

À guisa de conclusões preliminares, é possível divisar que a ausência de norma ontológico formal, nos termos do art. 146-A, a estabelecer os critérios especiais de tributação a fim de prevenir os desequilíbrios concorrenciais,[45] criam óbice intransponível aos fiscos no sentido de imporem medidas diretivas no sentido de implementar uma sistemática visando a conter tais desequilíbrios.

De outra ponta, também os Contribuintes se veem completamente sujeitos a eventuais abusos praticados pelos fiscos, sob uma pretensa alegação de estar em defesa à concorrência.

Ainda que se entenda pela validade do referido dispositivo legal, é de se destacar que a legislação bandeirante, estabelece ademais, uma série de requisitos procedimentais a serem observados seja no que tocam a hipóteses genéricas de imposição de regimes especiais, v. g., o art. 71 da Lei 6.374/89[46]

---

44. Art. 8º. [...] § 15. O Poder Executivo poderá:
1 - atribuir a condição de sujeito passivo por substituição tributária ao contribuinte que receber a mercadoria diretamente dos contribuintes indicados nos incisos deste artigo, desde que verificada a ocorrência de:
a) prejuízos à livre concorrência em razão da atribuição da responsabilidade por sujeição passiva por substituição tributária;
b) acumulação de valores a serem restituídos em razão da retenção antecipada do imposto por substituição tributária.

45. Em entendimento contrário. MORETI, Daniel. *Regime especial de controle e fiscalização de tributos e a livre-concorrência.* São Paulo: Noeses, 2017, 202-203.

46. Art. 71 - Em casos especiais e com o objetivo de facilitar ou de compelir à observância da legislação tributária, as autoridades que o regulamento designar podem determinar, a requerimento do interessado ou de ofício, a adoção de regime especial para o cumprimento das obrigações fiscais.
§1º - O regime especial de ofício, em hipótese de infração contumaz à legislação ou de habitual inadimplência do contribuinte, reconhecida em despacho fundamentado da autoridade administrativa, em cada caso, pode determinar, ainda:

e 489 do RICMS/SP[47], bem como as disposições específicas da Portaria CAT 53/2013 em seu art. 2º.

4. Conclusões

> *"Eu careço de que o bom seja bom e o ruim ruim, que dum lado esteja o preto e do outro o branco, que o feio fique bem apartado do bonito e a alegria longe da tristeza! [...] Este mundo é muito misturado ..."*[48]

Pretendeu-se com o presente trabalho demonstrar, adotando-se o ferramental teórico da Teoria dos Sistemas Sociais em Luhmann, ainda que de forma concisa, que relações de interdisciplinaridade no que tocam questões como sonegação e livre-concorrência podem gerar ruídos na comunicação intersistêmica. Contudo, sua internalização para o sistema jurídico somente se dará em virtude da abertura cognitiva, e após em operações internas (dentro do sistema jurídico) por meio de seu código próprio (lícito/ilícito) e programas condicionais.

E ao se mobilizar as categorias do Constructivismo lógico-semântico é possível promover aproximações e distanciamentos na comunicabilidade entre princípios norteadores dos ramos de direito (intradisciplinaridade e intertextualidade) a

---

1 - o recolhimento antecipado ou simultâneo do imposto devido, em decorrência de cada operação ou prestação realizada, mediante guia, assegurada a não cumulatividade do imposto;

2 - a prestação de informação relativa ao cumprimento do regime especial de ofício.

§ 2º. Na hipótese prevista no item 1 do parágrafo anterior, admitir-se-á o recolhimento englobado, por destinatário e/ou por períodos.

47. Art. 489 - O Coordenador da Administração Tributária da Secretaria da Fazenda, no interesse do contribuinte ou do fisco, poderá determinar regime especial para o pagamento do imposto, bem como para a emissão de documentos e a escrituração de livros fiscais, aplicável a contribuintes, determinadas categorias, grupos ou setores de quaisquer atividades econômicas ou, ainda, em relação a determinada espécie de fato gerador (Lei 6.374/89, art. 71).

48. ROSA, João Guimarães. *Grande Sertão: Veredas*. Editora Nova Aguilar, 1994, p. 307.

fim de delimitar a permeabilidade entre princípios orientadores do Direito Tributário e do Direito Sancionador, como também do Direito Econômico.

A título de comparação, elenca-se algumas características dos subsistemas normativos a fim de estabelecer diferenças entre as normas tributárias sancionadoras e normas diretivas de direito econômico:

	Direito tributário sancionador	**Direito econômico concorrencial**
Normatividade	Malha normativa ampla e complexa	Malha normativa reduzida Regras de controle e tipificação de condutas
Intensividade	Normativamente intensivo; muitas normas; alto nível de formalidade; tipicidade cerrada	Faticamente intensivo; Poucas normas; irrelevância de formas; tipos abertos
Forma de aplicação	Aplicado de forma individualizada	Aplicado de forma difusa e coletiva
Descentralizada	União / Estados e DF / Municípios	CADE
Judicialização	Altamente judicializado	Baixa judicialidade, Jurisprudência sem maior desenvolvimento
Racionalidade jurídica	Muito presa à formalidade a racionalidade jurídica é de primeira ordem	Racionalidade jurídica é secundária
Sensibilidade a irritações externas oriundas do sistema econômico	Menos sensível	Altamente sensível e influenciada por análises econômicas
Nível de relações	Relação hierárquica: Estado *x* Cidadão; Fisco *x* Contribuinte; Político-institucional	Relação se dá entre concorrentes; relações horizontais; econômico *x* empresarial

É, pois, possível afirmar que as normas que visam a impor regimes especiais, *ex officio*, se inserem na intersecção de dois subconjuntos do sistema normativo, qual seja o subsistema tributário e do direito sancionador, e, por conseguinte, caracteriza-se por uma malha normativa densa e complexa; uma aplicação direta e individualizada; descentralizada; uma racionalidade jurídica formal; menos sensível à influências econômicas; relação hierárquica Estado x Contribuinte (Político x institucional); e quando correlacionadas à normas de direito econômico é possível concluir que as relações tributárias sancionadoras são muito menos permeáveis do que as relações econômico-concorrenciais.

Em apertada síntese se conclui também que a exigência contida na Lei Complementar nos termos do art. 146-A da Constituição Federal, mostra-se como condição indispensável às administrações tributárias para que se possa conferir uniformidade na produção de normas relativas à instituição e imposição de Regimes Especiais de Controle de Fiscalização e, fundamentalmente, conferir maior segurança aos Contribuintes evitando-se arbitrariedades, carecendo a mesma, contudo de regulamentação, capaz de lhe conferir a eficácia técnica necessária à sua efetiva aplicação.

Nesse sentido, ousa-se discordar do entendimento do Prof. Tercio Sampaio Ferraz[49] na medida que não se ignora o

---

49. Nesse sentido, a recente promulgação da EC 42/2003, que incluiu, no corpo constitucional federal, o art. 146-A, cujo teor é o seguinte:
"Art. 146-A. Lei complementar poderá estabelecer critérios especiais de tributação, com o objetivo de prevenir desequilíbrios da concorrência, sem prejuízo da competência da União, por lei, estabelecer normas de igual objetivo."
Esse art. mostra a preocupação do constituinte derivado com a tributação e as distorções em mercados concorrenciais, atribuindo competência à lei complementar para instituir critérios tributários capazes de fazer frente àquelas distorções. A menção à lei complementar, entretanto, não exclui, até expressamente inclui previsão de a União estabelecer, por lei (ordinária), critérios especiais de tributação, com o objetivo de prevenir desequilíbrios da concorrência, no âmbito de sua competência tributária, tudo em atenção ao art. 24, I e § 1º (legislação concorrente), da Constituição Federal.
Ora, no entender de José Afonso da Silva (*Comentário Contextual à Constituição*, São Paulo, 2005, p. 646), a disposição do art. 146-A significa que a "lei complementar, no caso, situada no âmbito do sistema tributário, não exclui a competência que o art. 173, § 4º, dá à lei ordinária, já existente, de reprimir o abuso do poder econômico que vise à dominação dos mercados, à eliminação da concorrência e ao

sistema protetivo fundamentado no art. 170, §3º da Constituição da República a autorizar o legislador ordinário estabelecer meios e formas de controle a fim de combater a ilicitude concorrencial.[50] Acredita-se que o legislador constituinte sensível ao conjunto principiológico e a toda tipologia do direito tributário pretendeu compatibilizar as medidas de cunho sancionatório tributário como ferramentas aptas a combater desequilíbrios concorrenciais, mas também proteger os Contribuintes de eventuais abusos por parte das autoridades de fiscalização.

Dessa forma, a conclusão final à que se chega é que a valoração dos eventos econômicos deve ser processada com base no conjunto normativo próprio do direito tributário, observando-se os direitos individuais e garantias constitucionais próprias desse subsistema normativo.

Referências

CARVALHO, Cristiano. *Teoria do Sistema Jurídico – direito, economia, tributação.* São Paulo: Quartier Latin, 2005.

CARVALHO, Paulo de Barros. *Direito tributário, linguagem e método.* 7. ed. São Paulo: Noeses, 2018.

______. *Curso de direito tributário.* 28. ed. rev. São Paulo: Saraiva, 2017.

FERRAZ JÚNIOR, Tercio Sampaio. Práticas tributárias e abuso de poder econômico. *In*: Revista de Direito da Concorrência, nº 9, jan-mar 2006.

GONÇALVES, Guilherme Leite, VILLAS BÔAS, Orlando. *Teoria dos sistemas sociais: direito e sociedade na obra de Niklas Luhmann.* São Paulo: Saraiva, 2013.

---

aumento arbitrário de lucros" (grifei). FERRAZ JÚNIOR, Tercio Sampaio. Práticas tributárias e abuso de poder econômico. *In*: Revista de Direito da Concorrência, nº 9, jan-mar 2006, p. 134-135.

50. A exemplo das Leis 8.884/94 e 12.529/2001.

KELSEN, Hans. *Teoria pura do direito*. 4.ed. São Paulo: Martins fontes, 2000.

LINS, Robson Maia. *Curso de direito tributário*. 1ª ed. São Paulo: Noeses, 2019.

LUHMANN, Niklas. *O direito da sociedade*. São Paulo: Martins Fontes, 2016.

______. Sistema jurídico y dogmática jurídica. Centro de estúdios constitucionales: Madrid, 1983.

MOREIRA, André Mendes. *Neutralidade, valor acrescido e tributação*. 2ª ed. Belo Horizonte: Fórum, 2020.

MOREIRA, Vital. *A ordem jurídica do capitalismo*. Centelha, Coimbra, 1973.

MORETI, Daniel. *Regime especial de controle e fiscalização de tributos e a livre-concorrência*. São Paulo: Noeses, 2017.

ROSA, João Guimarães. *Grande Sertão: Veredas*. Editora Nova Aguilar, 1994.

SILVA, Paulo Roberto Coimbra. *Direito tributário sancionador*. São Paulo: Quartier Latin, 2007.

TEUBNER, Gunter. *O direito como sistema autopoiético*. Fundação Calouste Gulbenkian: Lisboa, 1989.

VILANOVA, Lourival. *As estruturas lógicas e o sistema do direito positivo*. São Paulo: Noeses, 2010.

IR-FONTE SOBRE PAGAMENTO SEM CAUSA E A BENEFICIÁRIOS NÃO IDENTIFICADOS: ANTIJURIDICIDADE DA REGRA FRENTE À NATUREZA SANCIONATÓRIA DA ALÍQUOTA DE 35%

Paula Jacques Goulart[1]

1. Introdução

A tributação de atos ilícitos foi, e ainda é, objeto de intensa investigação doutrinária. O relevo do tema intensificou-se com base na ocorrência, na esfera criminal, de investigações, condenações e acordos de leniência e delação premiada relativas à apuração de práticas de corrupção ativa e passiva envolvendo funcionários públicos e empresários, o que, por sua vez, requer resposta concreta e imediata da comunidade jurídica.

O presente estudo não pretende tratar de todas essas questões, mas, em especial, da regra contida no art. 61 da Lei 8.981/95, que prevê a incidência do imposto de renda fonte sobre pagamento sem causa e a beneficiários não identificados

1. Mestranda em direito tributário pelo Instituto Brasileiro de Estudos Tributários – IBET. Especialista em Direito Tributário pelo Instituto Brasileiro de Estudos Tributários – IBET. Bacharela em Direito pela Faculdade de Ciências Sociais de Florianópolis. Advogada.

com a imposição de alíquota mais gravosa prevista na legislação (35%).

Referido dispositivo, como se sabe, foi introduzido no sistema jurídico em um contexto de intensas investigações de escândalos na década de 1990 — investigações e "derrubada" do Presidente Collor — com o intento de coibir a prática de ilícitos dos empresários (pagamento de propinas, práticas de corrupção), bem como para alcançar recursos econômicos que transitem para economia invisível.

Neste estudo, portanto, demonstraremos que, com base na decomposição analítica da norma, é notória a sua incompatibilidade com o sistema jurídico. A antijuridicidade dessa regra, com efeito, será analisada (a) à luz da definição de tributo prescrita no art. 3º do CTN; (b) sob a perspectiva da sistemática do IR-Fonte; (c) pela invalidade do enquadramento da regra como uma presunção legal de existência de renda; e, por fim, (d) ao modo como a regra está sendo aplicada (pragmática), especialmente nos casos envolvendo pagamento de propinas (operação Lava-Jato).

Enfatizaremos, a partir do estudo proposto, que esse dispositivo, além de estruturalmente não se compatibilizar com o sistema jurídico, vem sendo utilizado na esfera tributária para fins de sancionar e combater a corrupção, no entanto, como se sabe, o uso do tributo como instrumento penal afronta o art. 3º do CTN.

Logo, apesar da roupagem de tributo, o IR Fonte sobre pagamento sem causa e a beneficiários não identificados demonstraremos que, na verdade, constitui sanção pela prática de ato ilícito.

2. Imposto de Renda Fonte

No âmbito da delimitação das competências tributárias, a Constituição Federal atribuiu à União a faculdade potencial para que — por meio de lei — instituísse o imposto sobre a renda e proventos de qualquer natureza, conforme dispõe o inciso III do art. 153 da Carta Magna:

> Art. 153. Compete à União instituir impostos sobre:
>
> [...]
>
> III – renda e proventos de qualquer natureza;
>
> [...].

Sublinhamos que a força tributante estatal (aptidão para criar, *in abstrato*, tributos) deve-se dar dentro dos limites e molduras traçadas pela Constituição. Tal assertiva, cabe apontar, no que tange ao imposto sobre a renda e proventos de qualquer natureza, deve observar o que estabelece o art. 153, § 2º, da Norma Fundamental:

> § 2º O imposto previsto no inciso III:
>
> I – será informado pelos critérios da generalidade, da universalidade e da progressividade, na forma da lei;

Referido mandamento constitucional, como se vê, prescreve que o imposto de competência da União (art. 153, inciso III) deverá ser informado pelos critérios da generalidade, da universalidade e da progressividade. Esses princípios, indubitavelmente, devem ser observados pelas pessoas políticas quando do exercício da competência tributária. Em boa técnica, acerca desses três princípios pontua Charles William McNaughton:

> O que esses três grandes princípios têm a nos dizer? Basicamente, que a hipótese de incidência e base de cálculo do gravame, embora compostas por uma matéria prima fragmentada — riquezas auferidas ao longo do ano — se aglutinam em um todo unitário, composto por todas as riquezas auferidas pelo contribuinte (universalidade), tributadas uniformemente quanto à sua qualidade, isto é, sem distinção da espécie de riqueza obtida (generalidade), mas com alíquotas crescentes à medida que a riqueza cresce (progressividade).[2]

2. MCNAUGHTON ,Charles William. *Apontamentos sobre a hipótese de incidência do IRPF*. IBET Construtivismo lógico-semântico e os diálogos entre teoria e prática, p. 231-232.

Com efeito, é, pois, ponto incontestável que autonomia da pessoa política, no exercício da competência tributária, se sujeita ao ordenamento jurídico-constitucional devendo, dessa forma, conformar-se às molduras rígidas estabelecidas pela Constituição Federal.

Ao delimitar as competências tributárias, a Constituição, *"[...] estabeleceu — ainda que, por vezes, de modo implícito e com uma certa margem de liberdade para o legislador — a norma-padrão de incidência (o arquétipo, a regra-matriz) de cada exação."*[3]

E, por conta disso, conforme pontua Roque Antonio Carrazza, a norma-padrão de incidência do tributo está pré-traçada na Norma Fundamental:

> Noutros termos, ela apontou a hipótese de incidência possível, o sujeito ativo possível, o sujeito passivo possível, a base de cálculo possível e a alíquota possível, das várias espécies e subespécies de tributos. Em síntese, o legislador, ao exercitar a competência tributária, deverá ser fiel à norma- padrão de incidência do tributo, pré-traçada na Constituição. O legislador (federal, estadual, municipal ou distrital), enquanto cria o tributo, não pode fugir deste arquétipo constitucional.[4]

A definição dos termos "renda" e "proventos de qualquer natureza", bem como os contornos a serem observados pela lei ordinária encontram-se disciplinados no art. 43 do CTN:

> Art. 43. O imposto, de competência da União, sobre a renda e proventos de qualquer natureza tem como fato gerador a aquisição da disponibilidade econômica ou jurídica:
>
> I – de renda, assim entendido o produto do capital, do trabalho ou da combinação de ambos;
>
> II – de proventos de qualquer natureza, assim entendidos os acréscimos patrimoniais não compreendidos no inciso anterior.

---

3. CARRAZZA, Roque Antônio. *Curso constitucional tributário*. Malheiros: São Paulo. 29ª ed., 2013, p. 587.

4. Idem, p. 587-588.

> § 1º. A incidência do imposto independe da denominação da receita ou do rendimento, da localização, condição jurídica ou nacionalidade da fonte, da origem e da forma de percepção. (Incluído pela LCn.º 104, de 2001).
>
> § 2º. Na hipótese de receita ou de rendimento oriundos do exterior, a lei estabelecerá as condições e o momento em que se dará sua disponibilidade, para fins de incidência do imposto referido neste artigo. (Incluído pela LC 104, de 2001).

Portanto, a instituição do imposto de renda e proventos de qualquer natureza, bem como a definição do conceito de renda são construídas no plano da legislação complementar, a teor dos art. 43 e 44 do CTN. Essa instituição, como destacado linhas acima, encontra limites na Constituição Federal de modo que a sua validade vincular-se-á à observância dos limites desenhados constitucionalmente.

Importa-nos para o presente estudo a autorização disposta no art. 45 do CTN, esta que fundamentou a edição do art. 61 da Lei 8.981/95. Extrai-se do art. 45 do CTN que o "*contribuinte do imposto é o titular da disponibilidade a que se refere o artigo 43, sem prejuízo de atribuir a lei essa condição ao possuidor, a qualquer título, dos bens produtores de renda ou dos proventos tributáveis*". E, no parágrafo único do mesmo dispositivo, estatui que "*a lei pode atribuir à fonte pagadora da renda ou dos proventos tributáveis a condição de responsável pelo imposto cuja retenção e recolhimento lhe caibam*".

Cumpre destacar, ainda, que a norma inserta no art. 121, parágrafo único, do CTN[5] reconhece como sujeito passivo da obrigação principal o contribuinte "*quando tenha relação pessoal e direta com a situação que constitua o respectivo fato gerador*" ou responsável "*quando, sem revestir a condição de*

---

5. "Art. 121. Sujeito passivo da obrigação principal é a pessoa obrigada ao pagamento de tributo ou penalidade pecuniária.
Parágrafo único. O sujeito passivo da obrigação principal diz-se:
I – contribuinte, quando tenha relação pessoal e direta com a situação que constitua o respectivo fato gerador;
II – responsável, quando, sem revestir a condição de contribuinte, sua obrigação decorra de disposição expressa de lei."

contribuinte, sua obrigação decorra de disposição expressa em lei".

Daí decorre que, como visto, a sujeição passiva tributária pode-se dar na figura do contribuinte ou responsável. Destaque-se, por oportuno, que a terminologia substituto tributário é utilizada pela doutrina, sem, no entanto, ser assim intitulada pelo Código Tributário Nacional.

Logo, pode ser sujeito passivo da obrigação tributária aquele que tenha relação direta com o fato jurídico-tributário ou aquele que — terceira pessoa — tenha algum vínculo que se relacione ao fato jurídico-tributário (art. 128 do CTN).[6]

Passadas essas observações gerais, suplantando-nos à sistemática da tributação na fonte, na qual vislumbramos duas correntes doutrinárias que as tratam de modo diverso. A primeira corrente vislumbra a fonte pagadora como mera auxiliar do sujeito ativo.[7] Isso porque, de acordo com as lições de Renato Lopes Becho, "*o agente de retenção não participa da norma jurídico-tributária, não há uma materialidade tributária descrita como reter valores a título de tributo*". [8]

De igual forma, pontua Mary Elbe Queiroz:

> O melhor entendimento, portanto, é no sentido de que a responsabilidade colocada para fonte pagadora, na verdade, é no sentido de que ela tem o poder de constituir o crédito tributário em relação a terceiro contribuinte, que realiza fato gerador, como uma obrigação acessória ou dever instrumental de reter

---

6. "Art. 128. Sem prejuízo do disposto neste capítulo, a lei pode atribuir de modo expresso a responsabilidade pelo crédito tributário a terceira pessoa, vinculada ao fato gerador da respectiva obrigação, excluindo a responsabilidade do contribuinte ou atribuindo-a a este em caráter supletivo do cumprimento total ou parcial da referida obrigação."

7. Corrente representada pela doutrina de: CARRAZZA. Roque Antônio. *O sujeito ativo da obrigação tributária*, p.77-78; BARRETO. Paulo Ayres. *Imposto sobre a Renda e Preços de Transferência*. Dialética: São Paulo, 2001, p. 88. QUEIROZ. Mari Elbe Queiroz. *Imposto sobre a Renda e Proventos de Qualquer natureza*. Manole: Barueri, 2004 p.399.

8. BECHO. Renato Lopes. *Sujeição passiva e responsabilidade tributária*. São Paulo: Dialética, 2000, p. 122 e 191.

e recolher IR por aquele devido, e cujo descumprimento deverá ensejar a aplicação de uma penalidade relativa a esse dever. Ressalte-se, entretanto, que na atual legislação não existe penalidade específica para esse caso.[9]

A segunda corrente, por sua vez, classifica a sistemática do IR-Fonte como caso de responsabilidade por substituição, uma vez que a fonte pagadora representa o sujeito passivo de uma obrigação autônoma cuja norma do imposto, de igual forma, também seria autônoma.[10] Nas lições de Ricardo Mariz de Oliveira, "*a fonte tem uma obrigação tributária própria e pessoal dela mesma. É um grave erro afirmar que a fonte não passa de um agente de arrecadação[...]*".[11]

No mesmo sentido, Julia Menezes Nogueira expõe:

> Fica, assim, evidente que o mecanismo da retenção na fonte do imposto sobre a renda da pessoa física consiste, simplesmente, na instituição de duas regras-matrizes de incidência tributária, aliadas a duas outras normas jurídicas, de natureza não tributária (em sentido estrito).[12]

Feito esses rápidos apontamentos acerca da sistemática de tributação do imposto de renda na fonte — que serão essenciais para desenvolvimento deste estudo — voltar-se-á a atenção ao IR-Fonte sobre o pagamento sem causa e a beneficiários não identificados, estabelecido no art. 61 da Lei 8.981/95 (art. 730 do RIR/2018) tema central do presente artigo.

---

9. Mari Elbe Queiroz.*op. cit.*, p. 399.

10. Corrente representa pela doutrina de OLIVEIRA. Ricardo Mariz. *Sujeição Passiva da Fonte Pagadora de Rendimento, quanto ao Imposto de Renda Devido na Fonte*. São Paulo: Dialética 49, 1999 p. 91; NOGUEIRA. Julia Menezes. *Imposto sobre a Renda na Fonte*. São Paulo: Quartier Latin, 2007, p.150; MOSQUEIRA. Ricardo Queiroga. *Tributação no mercado financeiro de capitais*. São Paulo: Dialética,1998, p. 298.

11. OLIVEIRA. Ricardo Mariz. *Sujeição passiva da fonte pagadora de rendimento, quanto ao Imposto de renda devido na fonte*. São Paulo: Dialética 49, 1999, p. 91.

12. NOGUEIRA. Julia Menezes. Sujeição passiva tributária da fonte pagadora e do beneficiário dos rendimentos nas regras-matrizes de dois "impostos sobre a renda". *Revista de Direito Tributário*. São Paulo: Malheiros, p. 268.

3. Natureza sancionatória da alíquota de 35%

A tributação exclusiva na fonte dos pagamentos considerados sem causa e a beneficiário não identificados está prevista no art. 61 da Lei 8.981/1995, consolidada no art. 730 do RIR/2018, a saber:

> Art. 61. Fica sujeito à incidência do Imposto de Renda exclusivamente na fonte, à alíquota de trinta e cinco por cento, todo pagamento efetuado pelas pessoas jurídicas a beneficiário não identificado, ressalvado o disposto em normas especiais.
>
> § 1º. A incidência prevista no *caput* aplica-se, também, aos pagamentos efetuados ou aos recursos entregues a terceiros ou sócios, acionistas ou titular, contabilizados ou não, quando não for comprovada a operação ou a sua causa, bem como à hipótese de que trata o § 2º, do art. 74 da Lei n.º 8.383, de 1991.
>
> § 2º. Considera-se vencido o Imposto de Renda na fonte no dia do pagamento da referida importância.
>
> § 3º. O rendimento de que trata este artigo será considerado líquido, cabendo o reajustamento do respectivo rendimento bruto sobre o qual recairá o imposto.

Cumpre, inicialmente, destacar o contexto de introdução do referido dispositivo no ordenamento jurídico para que se compreenda a natureza sancionatória e, por consequência, a incompatibilidade da incidência da alíquota de 35% com o sistema normativo vigente.

O Imposto de Renda na Fonte à alíquota de trinta e cinco por cento aos pagamentos efetuados pelas pessoas jurídicas a beneficiário não identificado foi instituído no ordenamento na vigência da Lei 8.848/94, que previa a aplicação da alíquota de 35% à faixa de renda mais elevada da tabela progressiva do IRPF ano-base de 1994.

Mencionada alíquota, no entanto, foi mantida na edição da Lei 8.891/95, de 20 de janeiro de 1995, posteriormente, revogada pela Lei 9.250/95 que, em seu art. 42, revogou expressamente o art. 8º da Lei 8.981/95, restabelecendo, por consequência, a alíquota máxima de 25%, consoante tabela progressiva constante no art. 3º, da Lei 9.250/95.

Tem-se, portanto, que à época a tabela progressiva utilizada para respaldar a tributação de 35% dos pagamentos do art. 61 da Lei 8.981/95 — após a revogação do art. 8º da Lei 8.981/95 levada a efeito pela Lei 9.250/95 — foi subtraída do sistema jurídico de modo que, destarte, sua manutenção, como será demonstrado no transcorrer do presente artigo, indica natureza sancionatória da regra.

Ressalte-se, a propósito, que não ignoramos o real intento almejado pelo referido dispositivo, qual seja, alcançar os recursos econômicos que transitem para economia invisível evitando-se, por conseguinte, a evasão fiscal. No entanto, diante de uma análise detida do texto normativo supramencionado, bem como pela sua decomposição analítica, é notória a sua incompatibilidade com o sistema jurídico, conforme demonstraremos.

É certo que os enunciados das hipóteses normativas trazem as notas que os acontecimentos sociais precisam ter para que - uma vez ocorridos - tenham aptidão para serem considerados fatos jurídicos. Nota-se que a verificação de dois eventos ocorridos no mundo fenomênico - vertidos na linguagem jurídica - poderá ensejar a incidência da regra contida no art. 61 da Lei 8.981/95, isto é, há duas hipóteses de incidência prescritas que atrairão a aplicação normativa (relevância para o mundo jurídico).

Como primeira hipótese de incidência, no antecedente normativo, temos o pagamento efetuado pelas pessoas jurídicas a beneficiário não identificado (art.61, *caput*). A segunda hipótese de incidência, por sua vez, consiste nos pagamentos efetuados ou aos recursos entregues a terceiros quando não for comprovada a operação ou a sua causa (§2º do art. 61).

A norma-padrão de incidência pode ser representada da seguinte forma:

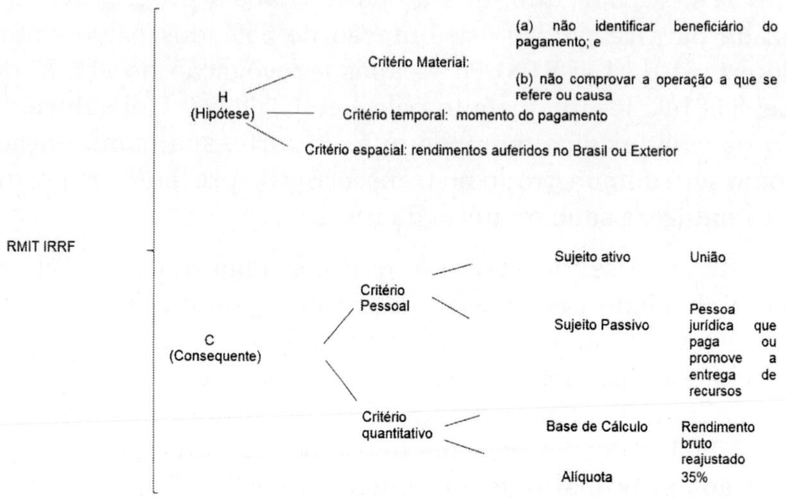

Apesar da roupagem de tributo, o IR-Fonte sobre pagamento sem causa e a beneficiários não identificados, na verdade, constitui sanção pela prática de ato ilícito, uma vez que o fundamento material para incidência (não identificar o beneficiário ou causa) enseja a aplicação de alíquota mais gravosa correspondente a 35% (maior do que IRPF e IRPJ) e, com isso, expressa indubitavelmente o caráter sancionatório da regra.

Além disso, o art. 61 ao instituir uma alíquota única/fixa de 35% vulnera o mandamento constitucional da progressividade da renda, em contrariedade ao art. 153, §2º, I, da Constituição Federal.

Outrossim, a antijuridicidade dessa regra, hospedada em norma especial, deve ser analisada à luz da definição de tributo prescrita no art. 3º do CTN, que assim dispõe:

> Art. 3º. Tributo é toda prestação pecuniária compulsória, em moeda ou cujo valor nela se possa exprimir, que não constitua

> sanção de ato ilícito, instituída em lei e cobrada mediante atividade administrativa plenamente vinculada.

Tal dispositivo ao estabelecer que o tributo não constitui sanção de ato ilícito remete à máxima de que a materialidade descrita na hipótese de incidência não pode conter uma conduta ilícita e, da mesma forma, o objeto prestacional da obrigação tributária não pode corresponder à mensuração da reprimenda desta conduta, sob pena de violação da definição estipulativa de tributo (art. 3º do CTN).

A propósito, em estudo dedicado à definição do conceito de tributo, Fernando Gomes Favacho delimitou o alcance da expressão "que não constitua sanção de ato ilícito":

> [...] não ser sanção de ato ilícito significa que (1) o ilícito não pode ser fato jurídico de uma obrigação tributária e (2) o montante devido não pode ser dimensionado em razão da ilicitude como, por exemplo, a definição de uma alíquota maior para o Imposto de Renda relativamente advinda do jogo do bicho.[13]

Verifica-se que a norma especial do art. 61 é composta, no antecedente, de fato jurídico ilícito (não identificar o beneficiário ou a causa), bem como, no consequente, é dimensionada em razão da reprovabilidade da conduta, uma vez que é gravada pela imposição de alíquota mais gravosa do que a que seria devida pelos beneficiários do pagamento ou da entrega de recursos (IRPF e IRPJ).

Outro ponto que merece atenção é análise do binômio hipótese e consequente normativo, visto que confirmam o caráter penal do art. 61. Consoante pontua José Antônio Minatel:

> [...] a investigação do seu binômio normativo – hipótese e consequência- é suficiente para confirmar que a norma tem nítido caráter penal, com atribuição de consequência de cunho pecuniário (penalidade, multa de 35%) ao descumprimento de preceito que

13. FAVACHO. Fernando Gomes. *Definição do conceito de tributo*. São Paulo: Quartier Latin, 2011, p. 132.

> comanda a técnica dos registros das operações empresariais, notadamente a determinação para haver registros individualizados dos fatos econômicos que afetem, qualitativa ou quantitativamente, o patrimônio da entidade empresarial. Não identificar o beneficiário ou causa do pagamento realizado (hipótese) é o fundamento material para imposição da multa de 35% (consequência).[14]

Ademais, oportunamente, ao reafirmar a natureza penal e não tributária dessa regra, o referido autor destaca que "*Fosse de natureza tributária a exigência, sua implementação seria esperada mediante cumprimento voluntário da obrigação, e não somente por meio de lançamento de ofício.*[15]" E, ainda, continua:

> A exigência pecuniária de 35% só se concretiza quando formalizada de ofício, mediante a lavratura de auto de infração, instrumento que se revela apropriado para a verificação da falta (não identificar o beneficiário ou a causa do pagamento) e para sancionar a conduta mediante aplicação de penalidade correspondente (35%).
>
> [...]
>
> A contrário sensu, se há pagamento realizado pela pessoa jurídica com a identificação do beneficiário, certamente estará identificada a natureza da operação, que, em se tratando de pagamento de rendimento a terceiro, é possível sua tributação antecipada, pela alíquota correspondente ao tipo de rendimento pago e não pela abusiva alíquota de 35% [...].[16]

Faremos uma parte, entretanto, para destacar que a objeção até então tratada não se relaciona com a discussão travada em torno da possibilidade de tributação do produto envolvendo atos ilícitos (*pecúnia non olet*), até porque o art. 61 não se ocupa, apenas, de situações em que o ganho decorre de um ilícito, visto que também podem ser subsumidas a norma-padrão de incidência os pagamentos ou entregas relacionadas a

---

14. MINATEL. José Antônio. *Pagamento sem causa, ou a beneficiário não identificado: Impossibilidade de Exigência de 35% a título de IR-Fonte*. In: MARTINS, Ives Granda da Silva e PEIXOTO, Marcelo Magalhães (coord.). Imposto Sobre a Renda e Proventos de Qualquer Natureza: Questões Pontuais do Curso Apet. São Paulo: MP, 2006, p. 239.

15. Idem, p.239.

16. Ibidem, p.239.

causas lícitas, mas que, no entanto, não foram devidamente identificadas ou comprovadas.

Tratamos, até então, de analisar a estrutura normativa (RMIT) do art. 61 constatando, por consequência, pela antijuridicidade do dispositivo por revestir-se de natureza sancionatória, uma vez que a hipótese de incidência descreve um ilícito e, de igual forma, no consequente, a imposição é dimensionada em razão da reprovabilidade da conduta (alíquota mais gravosa do que a que seria devida pelos beneficiários do pagamento ou da entrega de recursos).

Em contrapartida, abstraindo-se da natureza sancionatória apontada, o exame desse dispositivo (art. 61) sob a perspectiva da sistemática do IR-Fonte também não se sustenta. Isso porque, conforme exposto incialmente, há duas correntes que tratam de modo diverso a sistemática IR-Fonte, a primeira que vislumbra a fonte como mera auxiliar da atividade arrecadatória — uma vez que responsável pela constituição do crédito tributário em relação a terceiro (contribuinte) — atuando em norma jurídica de deveres instrumentais (reter e recolher o tributo devido), a segunda que a compreende como caso de responsabilidade por substituição, já que a fonte tem uma obrigação autônoma própria e pessoal.

Contudo, a análise mais detida do art. 61 da Lei 8.981/95 afasta o enquadramento da regra a ambas as correntes doutrinárias suscitadas acima, o que, por sua vez, certifica não se tratar de regra de incidência de Imposto de Renda Retido na Fonte, como o enunciado assim assinala.

Para a corrente doutrinária que visualiza a fonte como auxiliar do sujeito ativo na constituição do crédito tributário em relação a terceiro (contribuinte), de forma que não participaria da norma-jurídica tributária (mas sim de norma relativa aos deveres instrumentais), tal regra não se sustenta, visto que:

> (a) a regra-matriz dos deveres instrumentais não possui um critério quantitativo, visto que não se trata de uma obrigação pecuniária, pelo contrário, constitui-se em uma obrigação de fazer

> ou não fazer, isto é, instrumentaliza a função estatal apurando a ocorrência de fatos jurídico tributários. O art. 61, de modo oposto, traz no consequente normativo a previsão de um critério quantitativo (alíquota de 35%) afastando, inclusive, a incidência da RMIT que seria devida pelos beneficiários do pagamento ou da entrega de recursos;
>
> (b) se a fonte é mero auxiliar na arrecadação não participando da norma-jurídico tributária sendo essencialmente responsável pela constituição do crédito tributário em relação a terceiro (contribuinte) não se pode admitir que o art. 61 seja intitulado como imposto de renda retido na fonte, uma vez que o verdadeiro contribuinte é desconhecido, ou seja, não é possível atuar como auxiliar na constituição de crédito tributário em desfavor de contribuinte não identificado ou ainda atuar na condição de auxiliar (IR-fonte) para fins de constituição de crédito contra si mesmo (o que desnaturaria a condição de auxiliar para figurar como contribuinte ou responsável);
>
> (c) a regra de incidência do imposto de renda deve se dar de acordo com as condições e características do contribuinte (capacidade contributiva); e
>
> (d) ao auxiliar (fonte) não pode ser atribuído o encargo econômico do tributo quando não há oportunidade deste se ressarcir.

Da mesma forma, para a corrente que classifica a sistemática do IR-Fonte como caso de responsabilidade por substituição, tomando o enunciado do art. 61 da Lei 8.981/95, também não é possível vislumbrar a presença dos pressupostos que legitimam a adoção dessa sistemática. Esses pressupostos, por seu turno, foram muito bem identificados por José Antônio Minatel:

> a) a substituição tributária deve pressupor a identificação e existência do substituído, que é verdadeiro contribuinte que se quer alcançar via tributação na fonte, no caso, aquele que aufere renda;
>
> b) a imposição de técnica da substituição tributária deve assegurar ao substituto a oportunidade de se ressarcir, perante o substituído, do encargo tributário que lhe é imputado, uma vez que o substituto não deve suportar o encargo econômico do tributo;
>
> c) portanto, substituto e substituído devem ser partícipes do fato econômico em que pretenda gravar com a técnica da substituição tributária, condição que assegura o cumprimento do previsto na letra "b";

> d) a regra de incidência da tributação (Imposto de Renda, no caso) deve ser desenhada à luz do substituído, por isso a necessidade de identificá-lo, mirando o legislador para as características e condições (capacidade contributiva) do substituído e não do substituto;
>
> e) por último, substituto e substituído devem estar ao alcance da mesma pessoa política tributante (sujeito ativo), que no caso do Imposto de Renda é a União Federal.[17]

Para esse autor "[...] *só haverá legítima substituição tributária se estiverem presentes todos os pressupostos aqui enumerados. A falta de qualquer um deles contamina a estrutura da regra de substituição tributária*".[18] E, ao verificar a presença desses pressupostos conclui que:

> Não passamos da primeira condição indicada na letra "a", em que se exige a identificação do substituído. Sem essa identificação, não é possível aferir quem é o participe do fato econômico (letra "c"), tampouco qual a natureza da operação praticada com terceiro, inviabilizando que se saiba em que medida estaria alcançada pela regra de incidência do Imposto de Renda (letra "d"). Na forma em que se apresenta o dispositivo legal, o ônus econômico da tributação será indevidamente suportado pelo substituto, pois está aniquilada a oportunidade de se ressarcir o substituído (letra "b").[19]

Não bastasse a regra insculpida no art. 61 revestir-se de natureza penal, para aqueles que suplantam esse argumento — não vislumbrando natureza sancionatória a regra[20] — ,

17. MINATEL, José Antônio., op. cit., p. 240.

18. Idem.

19. Ibidem.

20. A exemplo de Ricardo Mariz de Oliveira: "Apesar de que suas hipóteses de incidência residam em situações de irregularidade na formalização dos pagamentos ou das entregas de recursos, não se trata de penalidade (o objeto da exação fiscal não é uma multa pecuniária), mas de verdadeiro imposto de renda possivelmente (quase certamente) devido por seus beneficiários, significando, portanto, que a situação necessária e suficiente ao nascimento da obrigação não é a infração aos deveres instrumentais da fonte pagadora quanto à identificação do beneficiário ou comprovação da operação ou sua causa (o que afrontaria o art. 3º do CTN), mas, sim, e a possível aquisição de disponibilidade econômica ou jurídica de renda ou provento pelo

de igual forma, não se sustenta, no sistema jurídico, o referido dispositivo à luz da sistemática da substituição tributária, considerando-se que não são observados todos os pressupostos legitimadores para sua adoção.

Dessa forma, a regra do art. 61 da Lei 8.981/95 mostra-se incompatível com a ordem jurídica vigente, seja porque (a) vulnera o mandamento constitucional insculpido no art. 153, §2º, I, visto que não atende à progressividade da renda ao dispor de alíquota única; (b) descreve no antecedente normativo — critério material — uma conduta ilícita (não identificar o beneficiário ou causa), em violação definição estipulativa de tributo disposta no art.3º do CTN; e (c) impõe a aplicação de alíquota mais gravosa do que a que seria devida pelos beneficiários do pagamento ou da entrega de recursos (35%), utilizando o tributo como instrumento penal, em afronta ao art. 3º do CTN; (d) não se trata de regra de incidência de Imposto de Renda Retido na Fonte, como o enunciado assim assinala, visto que não pode ser interpretada nem como regra atinente ao cumprimento de dever instrumental (para aqueles que entendem o IRRF como dever instrumental), tampouco como regra de responsabilidade por substituição, pois ausentes os pressupostos que legitimam a adoção da sistemática da substituição tributária.

4. Análise da regra art. 61 sob a perspectiva da presunção de "renda"

Embora já se tenham trazido argumentos mais do que suficientes para afastar a aplicação da regra jurídica em análise

---

beneficiário. Em outras palavras, o descumprimento do dever instrumental não é penalizado pelo art. 61 (em tese, em outra norma pode haver uma multa específica pelo descumprimento desse dever), mas, por ser dever instrumental, seu descumprimento impede ações fiscalizadoras e arrecadadoras que existiriam se fossem conhecidos o beneficiário, a operação e sua causa, e abre campo para a cobrança de um imposto em substituição ao que teria sido detectado por ação fiscal que teria sido possível se a obrigação acessória tivesse sido cumprida. OLIVEIRA. Ricardo Mariz. Tributação em torno de atos ilícitos. Tributação do ilícito: estudos em comemoração aos 25 anos do Instituto de Estudos Tributário -IET. Coordenadores Pedro Agustin Adamy. Arthur M. Ferreira Neto, André Folloni...[et al.] São Paulo: Malheiros, 2018, p. 119.

devido ao seu caráter sancionatório, uma vez que, em desconformidade com a definição do conceito de tributo disposta no art. 3º do CTN, bem como diante da sua incompatibilidade com a sistemática da substituição tributária, para alguns defensores dessa regra, o art. 61 da Lei 8.981/95 trata, em verdade, de uma "presunção legal de existência de renda", entretanto, na nossa visão, esse posicionamento também não se mostra acertado.

Para isso, cabe-nos recorrer, inicialmente, à definição de presunção sopesada pela doutrina, a iniciar com as lições de Alfredo Augusto Becker para quem a "*presunção é o resultado do processo lógico mediante o qual do fato conhecido cuja existência é certa se infere o fato desconhecido cuja existência é provável.*"[21] Já para Leonardo Sperb de Paola, "*a presunção resulta do relacionamento entre dois fenômenos, os quais, na experiência aparecem em íntima conexão, isto é, ocorrendo um, o mais das vezes sucederá o outro. Estamos no campo do provável, e não do certo, do absoluto, com base no fato formula-se a regra de pensamento*".[22] De acordo com Roque Antonio Carraza a "*presunção é a suposição de um fato desconhecido, por consequência indireta e provável de outro conhecido. Nisto difere-se da prova, já que, ao contrário desta, não produz certeza, mas simples probabilidade*".[23] Paulo de Barros Carvalho, por sua vez, pontua que a presunção "[...] *consiste no processo lógico em que de um fato conhecido infere-se fato desconhecido e, portanto, incerto*".[24] Para José Roberto Vieira a estrutura da presunção parte de "*um fato diretamente provado (fato-base), cuja ocorrência de outro fato, indiretamente provado (fato presumido).*"[25]

---

21. BECKER. Alfredo Augusto. *Teoria geral do direito tributário*. 4. ed. São Paulo: Noeses, 2007, p. 50.

22. PAOLA, Leonardo Sperb de. *Presunções e ficções no direito tributário*. Belo Horizonte: Del Rey, 1997, p. 60.

23. CARRAZZA, Roque Antonio. *Curso de direito constitucional tributário*. 29ª ed. São Paulo: Malheiros: 2013, p. 531.

24. CARVALHO, Paulo de Barros. *Direito tributário, linguagem e método*. 6ª ed. São Paulo: Noeses, 2015, p. 958.

25. VIEIRA, José Roberto. IR Fonte sobre pagamentos sem causa e a beneficiários não identificados: A presunção de um estado de mosquito. *In*: Racionalização do sistema tributário.1ª Ed. São Paulo: Noeses: IBET, 2017, p. 665.

Por fim, Maria Rita Ferragut, em estudo dedicado à presunção, define a presunção legal:

> [...] como enunciados prescritivos, como sendo regras jurídicas de natureza probatória, que contêm fatos indiciários ligados ao fato indiciado por meio de relação jurídica de implicação. O fato indiciado é provado indiretamente, e descreve ocorrência fenomênica provável e passível de refutação probatória.[26]

As presunções, como se vê, possuem natureza processual probatória[27] e são validamente instituídas quando de um fato conhecido (fato presuntivo), por consequência indireta (processo lógico), infere-se outro desconhecido (fato presumido).

Tais noções, portanto, levam-nos à análise do dispositivo legal (art. 61) confrontando-o com a estrutura das presunções, o que, por sua vez, se mostra uma tarefa extremamente difícil, pois não se trata de enunciado jurídico veiculador de uma presunção, mas sim de uma regra de direito material.

Alguns doutrinadores conjecturam a regra do art. 61 como uma presunção relativa. A exemplo de Ricardo Mariz de Oliveira, para quem, no caso do art. 61 "[...] *temos norma que preenche os requisitos de validade das presunções relativas [...]*".[28] De igual modo, é o magistério de José Roberto Vieira "*como iremos identificar mais adiante, na tributação exclusiva na fonte dos pagamentos sem causa e a beneficiários não identificado, a figura de uma presunção, [...]*".[29]

Não partilhamos desse entendimento, porque, para que uma presunção legal seja validamente instituída, é necessário que a regra presuntiva tenha por efeito jurídico "*a extensão da*

---

26. FERRAGUT, Maria Rita. *Presunções no direito tributário*. São Paulo: Dialética, 2001, p.74.

27. "Entendemos que as presunções, em todas as acepções por nós adotadas, têm natureza processual probatória [...]" FERRAGUT. Maria Rita. Op. Cit., p. 73.

28. OLIVEIRA. Ricardo Mariz de. Tributação em torno de atos ilícitos.Tributação do ilícito: estudos em comemoração aos 25 anos do Instituto de Estudos Tributário - IET. Coordenadores Pedro Agustin Adamy. Arthur M. Ferreira Neto, André Folloni...[et al.] São Paulo: Malheiros, 2018, p.126.

29. VIEIRA, José Roberto. op. cit., p. 656.

consequência normativa de um enunciado factual a outro".[30] Em outras palavras, tratam as presunções de dois enunciados factuais, tal como pontua Florence Haret *"Ou seja, faz assumir um fato — conhecido e presuntivo — pelo outro — desconhecido e presumido, atribuindo as consequências ou os efeitos jurídicos deste àquele, estendendo os casos aptos a subsumirem à previsão legal".*[31]

Ao tratar da estrutura da norma Florence Haret destaca que toda presunção prescinde de um prescritor que se encontra em outra norma a ela associada. Isto é, toda presunção é enunciado factual que leva por implicação a outro fato, este que, por sua vez, opera como antecedente da regra-matriz de incidência:

> [...] a presunção prescinde, pois, de um prescritor que se acha em outra norma a ela associada. O fato antecedente da regra-matriz de incidência, portanto, não é o fato presumido. Continua sendo o fato jurídico em sentido estrito. É a norma da presunção que, associando um ao outro, faz incidir a regra na realidade social. É esse cálculo normativo que permite a incidência tributária: a norma da presunção entrando com o enunciado de fato; a regra-matriz, com o consequente normativo.[32]
>
> Toda presunção, independentemente de seu tipo, é enunciado factual que leva, por implicação, a outro fato. No plano tributário, ao presumir, institui-se fato jurídico tributário em sentido amplo que, relacionado em modo de implicação com o fato jurídico tributário em sentido estrito, enunciado individual e concreto ou antecedente da regra-matriz de incidência, faz surgir a relação tributária. Toda norma de presunção seria traduzida em termos de formulação lógica da seguinte forma: [Fm . (F1 . F2 . F3 . ... Fn)] → Fjt ou [Fm . Ft] → Fjt Sendo: "[Fm . (F1 . F2 . F3 . ... Fn)]", fato jurídico tributário em sentido amplo "→", conectivo condicional ou implicador Fjt, fato jurídico tributário em sentido estrito. Sendo assim, a presunção nunca ocorre sozinha.[33]

30. HARET, Florence Cronemberger. Presunções em direito tributário: teoria e prática. 2010. Tese (Doutorado em Direito Econômico e Financeiro) - Faculdade de Direito, Universidade de São Paulo, São Paulo, 2010. doi:10.11606/T.2.2010.tde-28012011-090558. Acesso em: 18 dez. 2020, p. 359.

31. Idem.

32. HARET, Florence Cronemberger. op. cit., 361.

33. Idem, p. 91.

Pode-se afirmar, em vista disso, que o art. 61 da Lei 8.981/95 falha ao ser submetido à análise estrutural normativa, porquanto o enunciado factual presuntivo não leva por implicação a outro fato (enunciado da regra-matriz), ou seja, não há cálculo normativo mediante a implicação de um fato a outro com o estabelecimento das consequências tributárias do fato presumido. Vejamos, estruturalmente:

ESTRUTURA DAS PRESUNÇÕES

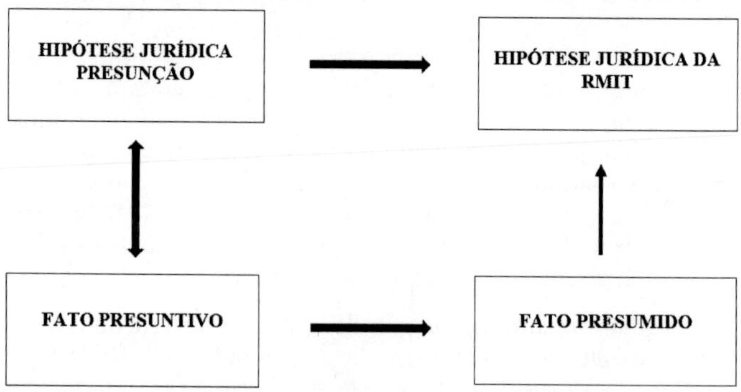

PRESUNÇÃO DO ART. 61 DA LEI N.º 8.981/95:

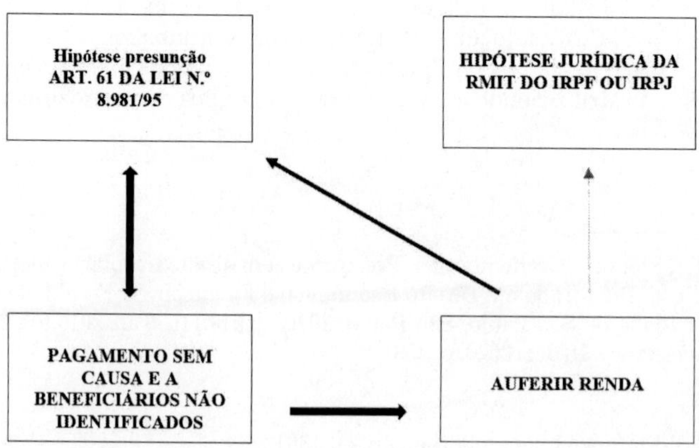

Verifica-se, dessarte, que não há extensão da consequência normativa de um enunciado a outro, porque o art. 61 da Lei 8.981/95 faz as vezes de enunciado factual da hipótese da presunção ao mesmo tempo em que se faz enunciado factual da hipótese da RMIT com a atribuição de efeitos e consequências próprias (alíquota de 35%), dado que afasta a aplicação da consequência normativa da RMIT do IRPF ou IRPJ:

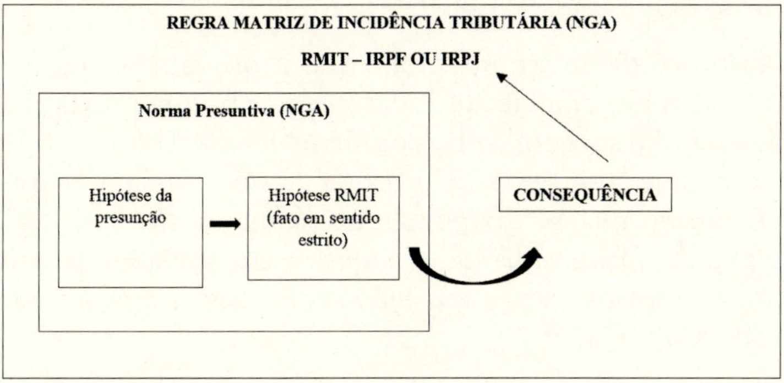

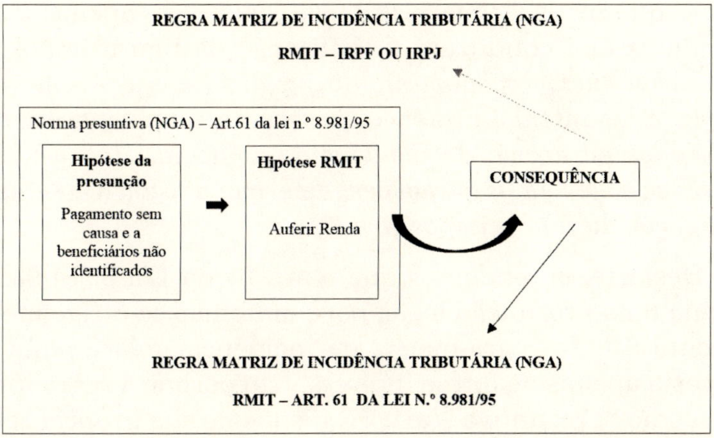

Nota-se que, no caso do art. 61, o fato presuntivo não estabelece um vínculo implicacional com o fato presumido, uma vez que não se instaura a relação jurídica tributária do fato presumido – essencialmente quanto à consequência normativa – pelo contrário, o art. 61 institui sua própria RMIT de aplicação substitutiva.

Dito de outro modo, a intitulada "norma presuntiva" do art. 61 não compreende um enunciado factual, mas sim típica regra-matriz de incidência tributária — porque dispõe sobre a materialidade, alíquota e base de cálculo da exação — afastando, por consequência, a RMIT que seria aplicada aos beneficiários do pagamento ou da entrega de recursos (RMIT própria que impõe o estabelecimento de uma relação jurídica mais gravosa daquela que seria devida pelo beneficiário — maior do que a do IRPF e IRPJ).

Cumpre destacar, ademais, que a presunção não se encontra na regra-matriz de incidência tributária dirigindo-se apenas mediatamente a ela, conforme leciona Florence Haret "*de notar que, repisemos, a presunção não está na regra-matriz. É norma que se dirige mediatamente a ela e com ela se relaciona de forma indireta. Somente o fato jurídico em sentido estrito, consequente da proposição presuntiva, é que dá ensejo à relação tributária.*"[34]

Paulo de Barros Carvalho, por seu turno, destaca que a norma que institui uma presunção legal deve apenas trazer elementos que conduzam a tipificação da figura impositiva tributária: "*nesse subdomínio do jurídico, não convém que a presunção mantenha atinência intrínseca com os aspectos estruturados na norma de incidência tributária. Há apenas de referir-se a elementos (situações/fatos) que possam a conduzir a tipificação da figura impositiva.*"[35]

Destarte, entendemos que o art. 61 da Lei 8.981/95 não veicula uma presunção legal, porquanto não se dirige mediatamente a uma regra-matriz de incidência relacionando-se com esta apenas de forma indireta. Isto porque a regra intitulada como "presuntiva" (art. 61) dispõe de sua própria regra-matriz em substituição à regra-matriz do IRPF e IRPJ.

Em resumo, tem-se que inexiste cálculo normativo entre o enunciado factual presuntivo e o enunciado do fato

34. CARVALHO, Paulo de Barros. *op. cit.*, p. 392.

35. Idem. p.56.

jurídico-tributário presumido e, por consequência, não há a incidência tributária com o estabelecimento da relação jurídica adstrita a RMIT da norma presumida (IRPF e IRPJ), o que, em vista disso, conduz a incompatibilidade dessa regra com a estrutura normativa das presunções legais (antijuridicidade).

De outra parte, ainda que se entendesse pela validade da presunção do art. 61 da Lei 8.981/95, o que, não se mostra acertado na nossa visão, deve-se ter presente o fato de que há um grave erro lógico na eleição do sujeito passivo, porque caso o pagamento pudesse representar a presunção de renda esta seria em relação ao beneficiário e nunca ao pagador, conforme destaca José Antônio Minatel:

> Nem esse mecanismo seria suficiente para salvar a regra do art. 61 da Lei n.º 8.981/95, ainda que ali se enxergasse uma presunção legal disfarçada. Qual seria o fato indiciário? Seria a prova da existência do pagamento? Parece que sim. Porém, essa prova não permitiria concluir — por ferir a lógica — que há "renda" auferida exatamente pela pessoa jurídica que desembolsou recursos financeiros, a qual teve se patrimônio diminuído pela realização do pagamento sem causa ou a beneficiário não identificado. *Haveria, por consequência, grave erro lógico na eleição do sujeito passivo, pois, se o pagamento pode representar a existência de "renda", só pode ser para o beneficiário, nunca para o pagador.*
>
> [...]
>
> Não é possível generalizar afirmando que todo pagamento proporciona "renda" para seu beneficiário; e, ainda que fosse, se a materialidade "renda" se exterioriza na pessoa do favorecido pelo pagamento (imposto de renda) à outra pessoa senão àquela que aufere renda, que é beneficiário de riqueza nova e, como tal, denota a existência de capacidade contributiva.[36]

Nas lições do autor, haveria intransponível erro lógico na eleição do sujeito passivo, porquanto a existência de "renda" somente pode-se dar para o beneficiário da riqueza nova e não para aqueles que têm o decréscimo financeiro (pagador).

36. MINATEL, José Antônio., *op. cit.*, p. 242.

Não se pode admitir, por tais razões, que o legislador do art. 61 da Lei 8.981/95 tenha ignorado os demais enunciados legais e constitucionais que tratam sobre o assunto, sobretudo, o comando constitucional da capacidade contributiva, uma vez que o art. 61 na sua intimidade estrutural não pode ser associada à materialidade do imposto sobre a renda (art. 43 do CTN).

Assim, definitivamente não podemos concordar com aqueles que laboram em favor da salvabilidade do art.61 da Lei 8.981/95 ancorados na assertiva de consistir em uma presunção legal.

5. Análise pragmática: aplicação do art.61 em relação a fatos jurídicos apurados em processo criminal (pagamento de propina)

As colocações até aqui feitas já são suficientes para afastar a aplicação do art. 61 da Lei 8.981/95. Porém, vamos adiante. Não poderíamos deixar de mencionar o modo equivocado como esse enunciado vem sendo interpretado e aplicado, especialmente quando se trata de casos em que as autoridades fiscais têm trazido da esfera criminal — a partir da ocorrência de investigações, condenações e acordos de leniência e delação premiada — fatos jurídicos penais que envolvam a apuração de práticas de corrupção para a seara tributária para fins de "tributar" (ou melhor dizer sancionar) um dos envolvidos, nesse caso aquele que paga a propina.

Referido cenário tem sido palco para inúmeros questionamentos acerca da usualmente denominada tributação de atos ilícitos, tal como inclui-se a tributação na fonte sobre pagamento sem causa e a beneficiários não identificados, a discussão acerca da dedução de despesas decorrentes de atos ilícitos, a incidência sobre rendas omitidas etc.

Esse ponto do estudo não tratará de todas essas questões, mas, em especial, da regra contida no art. 61 da Lei 8.981/95 que prevê a incidência do imposto de renda fonte sobre pagamento sem causa e a beneficiários não identificados aplicando-se alíquota mais gravosa prevista na legislação (35%), o que, como já suscitamos, se trata de regra de natureza sancionatória.

Além de consistir estruturalmente em regra de natureza sancionatória importa assinalar, então, como o Conselho Administrativo de Recursos Fiscais tem aplicado o art. 61 da Lei 8.981/1995 para alcançar fatos jurídicos apurados em processos penais em que o suposto responsável figuraria como denunciado, no caso, utilizando-se de depoimentos prestados no âmbito de acordos de leniência e delação premiada celebrados com o Ministério Público Federal.[37]

Não bastasse, destarte, injuridicidade da regra do art. 61 apontada neste estudo, a autoridade fazendária tem subsumido o referido dispositivo sobre fatos ilícitos com intento de punir (sancionar) pela prática de corrupção. Esse entendimento, por sua vez, vem sendo chancelado pelos órgãos julgadores (CARF), o que, reafirma, agora sob o prisma da pragmática, a natureza sancionatória da regra, vejamos:

> ERRO NA IDENTIFICAÇÃO DO SUJEITO PASSIVO. RESPONSABILIDADE SOLIDÁRIA DO ADMINISTRADOR DE FATO. ART. 135, III. CABIMENTO. NATUREZA DA RESPONSABILIDADE DO ADMINISTRADOR. EXCLUSÃO DA PESSOA JURÍDICA. IMPOSSIBILIDADE.
>
> A jurisprudência deste Conselho é firme no sentido de que a responsabilidade dos sócios, gerentes ou administradores (sejam formais ou de fato), prevista no art. 135, III é solidária e não exclui do polo passivo a pessoa jurídica administrada. Sendo notória a ascendência do sujeito apontado como o administrador de fato das empresas pertencentes ao seu grupo familiar revela-se

37. Não se discute, no presente artigo, a possibilidade ou não fiscalização tributária utilizar-se de prova emprestada, no entanto, deve-se ter em mente que as conclusões do processo penal não podem ser transportadas automaticamente para o processo administrativo. Isso porque compete à fiscalização o exercício da atividade instrutória necessária e indispensável para a valoração dessas provas para fins de verificar se são suficientes a constituição do crédito tributário, nos termos do art. 29, da Lei 9.784/99.

indiscutivelmente este que era o responsável de fato pela gestão dos negócios da empresa indicada no polo passivo da autuação. Com relação à infração à lei, esta resta mais do que caracterizada, não apenas do ponto de vista da utilização de empresas e contratos fictícios na prestação de serviços, com vistas ao pagamento de propinas, em violação à lei penal, como pela utilização como despesas dedutíveis os pagamentos efetuados que, sabidamente, não correspondiam a despesas efetivas, infringindo a legislação tributária. Dessa feita, a imputação encontra-se em perfeita consonância com o entendimento do STJ exarado no acórdão do REsp 1101728SP. Inexiste contradição ou erro na sujeição passiva indicada no auto de infração, seja quanto ao devedor principal (pessoa jurídica), seja quando ao responsável solidário (administrador de fato).

RESPONSABILIDADE SOLIDÁRIA DO ADMINISTRADOR. FALTA DE RECOLHIMENTO DE TRIBUTO POR REDUÇÃO INDEVIDA EM FACE DE BÔNUS DE ADIMPLÊNCIA FISCAL. NÃO CABIMENTO.

Inexistindo nos autos qualquer comprovação correlacionando a conduta do responsável solidário indicado com o recolhimento insuficiente da CSLL em face da utilização indevida do bônus de adimplência fiscal, correta a decisão recorrida que exonera parcialmente a responsabilidade solidária.

PRAZO DECADÊNCIAL. EXISTÊNCIA DE DOLO, FRAUDE OU SONEGAÇÃO. Restando caracterizada a ocorrência de ação dolosa e fraudulenta por parte dos sujeitos passivos, aplica-se ao caso o prazo de decadência previsto no art. 173, inc. I do CTN. Nas infrações apuradas em que não se comprova a ação dolosa do contribuinte e, existindo pagamento do tributo, ainda que parcial, aplica-se o prazo previsto no art. 150,§ 4º. do CTN.

IRRF. PAGAMENTOS SEM CAUSA OU A BENEFICIÁRIOS NÃO IDENTIFICADOS. EXIGÊNCIA CUMULADA COM IRPJ E CSSL APURADOS EM FACE DA GLOSA DE CUSTOS E DESPESAS CONSIDERADAS INIDÔNEAS. CABIMENTO. O art. 61 da Lei n.º 8.981/1995, alcança todos os pagamentos efetuados a beneficiários não identificados ou cuja operação ou causa não é comprovada, independente de quem seja o real beneficiário dele (sócios/acionistas ou terceiros, contabilizados ou não), elegendo a pessoa jurídica responsável pelo pagamento efetivamente comprovado com responsável pelo recolhimento do imposto de renda devido pelo beneficiário, presumindo-se que assumiu o ônus pelo referido pagamento.

DENÚNCIA ESPONTÂNEA. APRESENTAÇÃO DE CONFISSÃO EM TERMO DE COLABORAÇÃO PREMIADA OU ACORDO DE LENIÊNCIA. APLICAÇÃO DO ART. 138 DO CTN. AUSÊNCIA DE PREENCHIMENTO DOS REQUISITOS.

O instituto da denúncia espontânea, como o próprio nome revela, depende exclusivamente da ação do sujeito passivo, tanto no que se refere à confissão do tributo quanto ao seu pagamento ou depósito, quando este dependa de apuração. Cabe ao contribuinte retificar suas declarações de rendimentos, refazer suas apurações e efetuar o pagamento dos tributos devidos, ou o seu depósito, caso haja dúvida quanto ao montante total devido. Verificando-se, tão somente, a confissão dos crimes praticados ao Ministério Público Federal e à Justiça Federal que, posteriormente, ensejaram apurações por parte do Fisco Federal dos tributos devidos em face das irregularidades a ele comunicadas pelos órgãos de investigação e da Justiça, sem que o contribuinte tenha se antecipado a qualquer procedimento fiscal e adotado as medidas necessárias para a denúncia espontânea das obrigações tributárias perante o Fisco, esta não se configura.

IRPJ/CSLL. GLOSA DE DESPESAS DECORRENTES DE ILÍCITO PENAL. PAGAMENTOS DE VANTAGENS INDEVIDAS. REPARAÇÃO DE DANOS OU RESSARCIMENTOS EM FACE DE ACORDOS DE COLABORAÇÃO PREMIADA OU DE LENIÊNCIA. EXCLUSÃO DA BASE TRIBUTÁVEL GLOSADA RELATIVA A FATOS GERADORES OCORRIDOS EM PERÍODOS ANTERIORES. IMPOSSIBILIDADE.

Ainda que as despesas glosadas sejam derivadas de desvios de recursos da empresa autuada para pagamentos de vantagens indevidas a terceiros, a sua indedutibilidade decorre essencialmente do fato de que não se enquadram como despesas efetivamente realizadas que reduziram indevidamente o resultado tributável dos exercícios fiscais sob apuração. Assim, a reparação de danos causados em decorrência dos ilícitos confessados ou a devolução de valores fixados em Termos de Colaboração Premiada ou em Acordos de Leniência, tem natureza completamente distinta das despesas originalmente deduzidas e não podem impactar a apuração de tributos de períodos já encerrados. Os fatos geradores complexivos do IRPJ e CSLL dos períodos em que ocorreram as infrações devem ser escoimados dos valores que afetaram indevidamente a base de cálculo dos tributos devidos, não podendo ser afetados retroativamente por quaisquer fatos, voluntários ou não que tenham sido praticados em momento posterior, visando a purgar total ou parcialmente os ilícitos penais cometidos e a atenuar a imposição de penalidades, seja na esfera administrativa ou judicial.

IRRF. PAGAMENTOS SEM CAUSA. RECURSOS DESVIADOS MEDIANTE INTERPOSIÇÃO DE TERCEIROS COM FINALIDADE ILÍCITA DE PAGAMENTO DE VANTAGENS INDEVIDAS. Os pagamentos a diversas empresas por serviços que não foram efetivamente prestados, efetuados como meios preparatórios para o desvio dos recursos que seriam posteriormente empregados nos pagamentos de vantagens indevidas a terceiros, embora identifique sua finalidade não validam sua causa primária. Estes pagamentos não tem causa (no sentido econômico), pois não correspondem a serviços efetivamente prestados. Além disso, os reais beneficiários de tais recursos não são identificados nestas operações, pois estão encobertos por documentos que apontavam outros beneficiários (as emitentes das notas fiscais) dos pagamentos.

IRPJ/CSLL. DESPESAS GLOSADAS. PAGAMENTOS DE SUBORNOS OU PROPINAS. VIOLAÇÃO À ORDEM ECONÔMICA E OFENSA AOS PRINCÍPIOS DA FUNÇÃO SOCIAL DA EMPRESA E DA LIVRE CONCORRÊNCIA. INDEDUTIBILIDADE. Inadmissível a pretensão da recorrente de equiparar pagamentos com vistas ao cometimento de atos de corrupção à despesas necessárias e decorrentes das atividade normais e usuais da empresa, como comissões sobre vendas. O pagamento de subornos a agentes públicos ou privados atenta contra a função social da empresa consagrada no direito brasileiro e ofende os princípios constitucionais voltados para assegurar a ordem econômica fundada na valorização do trabalho humano e na livre iniciativa. Os atos concernentes aos pagamentos de propinas a agentes públicos e privados, atentam diretamente contra a função social da empresa e à liberdade concorrencial e, por óbvio, é inadmissível que os efeitos econômicos de tais infrações, por mera liberalidade do administrador da companhia, sejam compreendidos como necessários ao desenvolvimento das atividades normais e usuais da empresa.

CSLL. BASE DE CÁLCULO. GLOSA DE DESPESAS DECORRENTES DE ILÍCITOS PENAIS. INEXISTÊNCIA DE FATO DA DESPESA. CABIMENTO.

A base de cálculo da CSLL tem como ponto de partida o resultado líquido apurado na contabilidade. Assim, as despesas comprovadamente inexistentes não podem compor o resultado líquido do exercício, do qual parte a apuração tanto do IRPJ quanto da CSLL. Os atos ilícitos não podem produzir quaisquer efeitos tributários na apuração do resultado dos exercícios fiscalizados. É remansosa a jurisprudência administrativa no sentido de dar o mesmo efeito à CSLL na glosa de despesas fictícias da base de cálculo do IRPJ.

IRPJ/CSLL. GLOSA DE DESPESAS NÃO COMPROVADAS. MULTA QUALIFICADA. CABIMENTO.

Diante do quadro fático em que se verifica que os pagamentos feitos, dissociados de qualquer prova de efetiva prestação dos serviços e que revelam a natureza fictícia das despesas contabilizadas, o que é corroborado pela confissão do administrador de fato de que os recursos pagos serviam para viabilizar o pagamento de vantagens indevidas a terceiros, correta a aplicação da multa qualificada.[38]

Extrai-se desse julgado — e dos demais relacionados — que a fiscalização tem constituído o crédito tributário, com fundamento no art. 61, em face das empresas e responsáveis pelos pagamentos de propinas ainda que os beneficiários estejam identificados nas peças investigatórias que serviram de motivação para constituição do crédito tributário. Isso porque as confissões trazidas dão conta de pagamento de vantagens indevidas a diversas empresas por serviços que não foram "efetivamente prestados", razão pela qual as autoridades fazendárias têm interpretado esses pagamentos como sem causa e, portanto, os tem subsumido à hipótese do art. 61 da Lei 8.981/95.

Nos casos destacados, não se questiona o fato de a prestação dos serviços ter sido efetiva ou não, uma vez que isto já foi reconhecido por ocasião do próprio acordo ou termo de leniência. Contudo, a natureza — real causa do pagamento (ainda que ilícita) — e o beneficiário, quando conhecidos pelo fisco, excluem a hipótese de aplicação do art. 61, visto que, nessa situação, é possível tributar os beneficiários dos pagamentos.

É o que, a propósito, enfatiza Ricardo Mariz de Oliveira quando trata da incidência deste dispositivo nos casos em que a causa é ilícita ou irreal, porém, se tem conhecimento da verdadeira razão da entrega de valores, assim como de seu beneficiário:

38. Acórdão 1302-002.549. 2ª T.O 3ª C. 1ª S. S. 20/02/2018. Nesse mesmo sentido: Acórdão 1201-003.614. 1º T.O. 2ª C.1ª S.S.10.03.2020. Acórdão 9101-004.543. CSRF.1ª T. S. 07.11.2019.

> "[...] especialmente perante o contexto finalístico e teleológico da norma do art. 61, o fato de o objeto, a causa ou o motivo do contrato ser ilícito ou irreal é irrelevante e não determina a incidência dessa norma, desde que a competência tributária possa ser exercida sobre o beneficiário do pagamento comprovado, e também sobre a fonte se houver imposto devido por este regime." (Mariz, p. 127.)
>
> "De fato, neste último caso, a verdadeira razão da entrega do dinheiro foi descoberta (ainda que ilícita) assim como o verdadeiro beneficiário é conhecido, desaparecendo, portanto, as circunstâncias que poderiam caracterizar uma das hipóteses de incidência daquele dispositivo legal."[39]

Infere-se que, nos julgados colacionados, a causa era de conhecimento do Fisco (pagamento de propina) ainda que acobertadas, incialmente, por contratos fictícios que foram revelados por ocasião da instrução criminal. Logo, a ilicitude ou inveracidade dos contratos que inicialmente ampararam os pagamentos, por si só, não enseja a incidência do imposto de renda retido na fonte com supedâneo no art. 61 da Lei 8.981/95: "*a falsidade da documentação empregada quando do acontecimento real não autoriza o fisco a, com base nela, efetuar lançamento (s) diferentes dos (s) legalmente devidos (s) [...].*"[40]

Extrai-se das decisões administrativas em exame que o "primeiro beneficiário" foi identificado (não se trata, no caso, de empresas inidôneas ou de fachada), bem como o pagamento é alcançável pela tributação pelo IRPF ou IRPJ, entretanto, a argumentação do Fisco limita-se a justificar a incidência da regra do imposto de renda retido na fonte (art. 61) pelo fato de a destinação desses recursos, em tese, destinarem-se a "segundos beneficiários" não identificados ("os reais recebedores da propina"). Ora, se "o primeiro beneficiário" (intermediário) identificado vier a destinar os recursos recebidos a "segundos beneficiários" potencialmente não identificados caberá à autoridade fazendária apurar a operação seguinte, porém não

39. OLIVEIRA, Ricardo Mariz. *Tributação ilícito...op.cit.*, p.129.

40. Idem.

lhe cabe — utilizando-se dessa regra com o fim sancionatório — exigir o imposto de renda retido na fonte daquele que realizou pagamento ao suposto "primeiro beneficiário".

Ressaltamos, contudo, que não se trata de legitimar a possibilidade desses valores não serem tributados. O que se defende, outrossim, é que, a partir da constatação de tais pagamentos (propinas), a fiscalização deve investigar os beneficiários dos valores para fins de verificar se foram oferecidos à tributação e, eventualmente, apurar se houve, por parte do beneficiário, a omissão de receitas. Aliás, não se tem garantia de que o fisco não irá exigir o IR-Fonte também do beneficiário (intermediário), o que, por sua vez, submeteria esses valores a uma dupla "tributação" (sanção).

Entretanto, a despeito da jurisprudência - até então dominante no CARF – posicionar-se pela aplicação da regra do art. 61 em casos em que os beneficiários estavam devidamente identificados, recentemente, a 1ª Turma Ordinária da 1ª Seção de Julgamento do CARF manifestou-se no sentido de afastar a aplicação deste dispositivo nas operações em que há identificação do beneficiário:

> **ASSUNTO: IMPOSTO SOBRE A RENDA RETIDO NA FONTE (IRRF)**
>
> Ano-calendário: 2001, 2002
>
> IR-FONTE. BENEFICIÁRIO IDENTIFICADO. SUPOSTO PAGAMENTO SEM CAUSA. NÃO INCIDÊNCIA.
>
> Somente estão sujeitos à incidência do imposto de renda exclusivamente na fonte, à alíquota de trinta e cinco por cento, os pagamentos efetuados pelas pessoas jurídicas a beneficiário não identificado, trata-se de pressuposto legal constante do *caput* do artigo 61, da Lei nº 8.981/1995. Quando identificados os beneficiários, deve ser afastada a incidência do IR-Fonte.
>
> Com a identificação dos beneficiários é possível rastear os pagamentos de forma a permitir que a autoridade fiscal averigue se os receptores declararam corretamente tais pagamentos e se os valores foram oferecidos à tributação, autuando eventual omissão de receitas. O legislador incluiu a hipótese de pagamento sem causa para determinar se os valores recebidos pelo beneficiário estão

> sujeito à tributação ou se configuram mera transferência patrimonial, sendo irrelevante ser a causa do pagamento lícita ou ilícita.[41]

Dessa forma, de acordo com os apontamentos trazidos, vislumbra-se que a aplicação do art. 61 da Lei 8.981/95 vem sendo utilizada para fins sancionatórios, uma vez que as autoridades fiscais têm se limitado a trazer os procedimentos internos do Ministério Público (acordo de acordos de leniência e delação premiada), nos quais são apuradas práticas de ilícitos penais, para o âmbito tributário sem, contudo, verificar se (i) os beneficiários foram identificados; (ii) se houve recolhimento de imposto de renda sobre esses valores, (iii) se não está sendo exigido o imposto de renda retido na fonte também do beneficiário (intermediário) relativamente ao pagamento ao real recebedores de propina; e ainda (iv) se esses valores não foram objeto de confisco ou devolução as autoridades no âmbito penal.

Queremos enfatizar, em vista disso, que o art. 61 não se presta como instrumento punitivo na esfera tributária para fins de sancionar e combater a corrupção, porque vulnera o art. 3º do CTN. Ademais, cabe ao direito penal, o papel de coibir e punir a prática da corrupção não competindo, por sua vez, ao direito tributário essa função. Aliás, cumpre ressaltar que, diferentemente da esfera penal na qual há punição de todos os envolvidos, a "punição" (tributação) por meio da aplicação do art. 61 penaliza, apenas, um dos infratores (aquele que realizou o pagamento).

Ao tratar a imprestabilidade de se utilizar o tributo como instrumento penal, especialmente por sancionar apenas um dos infratores, destaca Luís Eduardo Schoueri ao rechaçar a vedação de dedutibilidade da propina:

> o uso do tributo como instrumento penal, embora reprovável, poderia ser aclamado por ser efetivo. Ainda que já se tenha visto que vedar dedutibilidade de despesas operacionais não incentiva condutas ilícitas, utilizar o tributo como sanção implica consequências problemáticas. Como ele não se presta a punir, não

41. Acórdão 1201-004.560. 1ª T.O 2ª C. 1ª S. S. 19.01.2021.

> é proporcional à gravidade do ilícito e pode ser arbitrário por escolher um só criminoso.[42]
>
> Esse é, por exemplo, o caso de crime de corrupção envolvendo funcionário público. O funcionário público que solicita o pagamento de certo valor para contratar uma obra do Estado e o agente privado que lhe paga são, ambos, puníveis penalmente de acordo com a lei brasileira. Sucede, porém, que enquanto a legislação penal penalizará os dois agentes atentando para reprovabilidade da conduta de cada um, a legislação fiscal, vedando a dedução da propina, adiciona à pena criminal uma outra, porém destinada somente a quem a pagou – agente privado -, excluindo de sua intenção punitiva, por sua vez, o agente público. Ora, diante de um fato criminoso protagonizado por dois agentes, a ordem jurídica deve punir ambos, ainda que tipificando diferentemente suas condutas – por exemplo corrupção ativa no caso de agente privado, corrupção passiva no caso de agente público. Não é aceitável que a lei, objetivando punir autores de um crime, restrinja-se somente a um deles, livrando o outro. Isso, porém, é o que ocorre na proibição de dedução do valor pago a título de propina: apenas o agente privado será sancionado pela lei fiscal ao não poder deduzi-la, ao passo que o funcionário público não. Este terá apenas que declarar o valor recebido, mas isso, por óbvio, não é pena: qualquer pessoa que aufira renda, lícita ou ilicitamente, deve submetê-la à tributação pertinente.

No mesmo sentido, sustenta Humberto Ávila:

> ademais, a prática de atos ilícitos autoriza a aplicação das penalidades estabelecidas na respectiva legislação, mas não justifica a tributação mais onerosa do contribuinte. Em outras palavras o contribuinte não pode ser onerado de modo mais oneroso apenas porque a despesa paga ou incorrida decorre de ilícito. A indetutibilidade de despesas decorrentes de prejuízos causados por atos ilícitos equivale à utilização da tributação de pelo imposto de renda como sanção por ato ilícito, o que é vedado pelo art. 3º do Código Tributário Nacional, que assim dispõe.[43]

---

42. SCHOUERI, Luís Eduardo, *Dedutibilidade de despesas com atividades ilícitas* . Tributação do ilícito: estudos em comemoração aos 25 anos do Instituto de Estudos Tributário -IET. Coordenadores Pedro Agustin Adamy. Arthur M. Ferreira Neto, André Folloni...[et al.] São Paulo: Malheiros, 2018, p. 205-208.

43. ÁVILA, Humberto. *Dedutibilidade de despesas com o pagamento de indenização decorrente de ilícitos praticados por ex-funcionários.*Tributação do ilícito: estudos em comemoração aos 25 anos do Instituto de Estudos Tributário -IET. Coordenadores

Em suma, a tributação não deve ser manejada como instrumento sancionatório, dado que não foi instituída para tanto. Além disso, tem-se que o imposto sobre a renda deve estreita relação, apenas, com as manifestações de capacidade contributiva (art. 145, §1º, da CF), o que, nos casos analisados, pela aplicação do art. 61 da Lei 8.981/95 não é observada.

Assim, por todos os ângulos analisados, tanto no que se refere à compatibilidade do art. 61 da Lei 8.981/95 com o sistema jurídico, bem como o modo que vem sendo aplicado, exprime a natureza sancionatória (punitiva) e não tributária dessa norma.

6. Conclusão

Diante do estudo empreendido pode-se concluir que a regra do art. 61 da Lei 8.981/95 mostra-se incompatível com a ordem jurídica vigente, porque:

I - Não atende ao primado constitucional da progressividade da renda à medida que dispõe de alíquota fixa invariável (fixa), em violação ao art. 153, §2º, I, da Constituição Federal;

II - Verifica-se que a norma especial do art. 61 é composta, no antecedente, de fato jurídico ilícito (não identificar o beneficiário ou a causa), bem como, no consequente, é dimensionada em razão da reprovabilidade da conduta, uma vez que é gravada pela imposição de alíquota mais gravosa (35%) do que a que seria devida pelos beneficiários do pagamento ou da entrega de recursos (IRPF e IRPJ), representando a natureza sancionatória da regra, em violação à definição estipulativa de tributo disposta no art. 3º do CTN;

III - Não se trata de regra de incidência de Imposto de Renda Retido na Fonte, como o enunciado assim assinala, porquanto não pode ser interpretada nem como regra atinente ao

Pedro Agustin Adamy. Arthur M. Ferreira Neto, André Folloni...[et al.] São Paulo: Malheiros, 2018, p. 97.

cumprimento de dever instrumental (para aqueles que entendem o IRRF como dever instrumental), tampouco como regra de responsabilidade por substituição, pois ausentes os pressupostos que legitimam a adoção da sistemática da substituição tributária, especialmente a identificação e existência do substituído para fins de ressarcimento do encargo "tributário";

IV - O art. 61 não veicula uma presunção legal, porque a intitulada "norma presuntiva" não compreende um enunciado factual, mas sim típica regra de incidência tributária — dispõe sobre a materialidade, alíquota e base de cálculo da exação — que afasta, por consequência, a RMIT que seria aplicada e devida pelos beneficiários do pagamento ou da entrega de recursos (RMIT própria que impõe o estabelecimento de uma relação jurídica mais gravosa daquela que seria devida pelo beneficiário — maior do que a do IRPF e IRPJ);

V - Na pragmática, vislumbramos a utilização e a aplicação do art. 61 da Lei 8.981/95 como instrumento punitivo para fins de sancionar e combater a corrupção. O direito penal, como se sabe, é que deve legislar a fim de coibir e punir a prática da corrupção, não cabendo, por sua vez, ao direito tributário atuar nessa vertente. No caso da sanção disposta no art. 61, diferentemente da esfera penal na qual há punição de todos os envolvidos, a "punição" (tributação) alcança, apenas, um dos infratores (aquele que realizou o pagamento). Queremos, portanto, enfatizar que a tributação não deve ser manejada como instrumento sancionatório, em atenção do disposto no art. 3º do CTN.

Referências

ÁVILA, Humberto. *Dedutibilidade de despesas com o pagamento de indenização decorrente de ilícitos praticados por ex--funcionários*. Tributação do ilícito: estudos em comemoração aos 25 anos do Instituto de Estudos Tributário -IET. Coordenadores Pedro Agustin Adamy. Arthur M. Ferreira Neto, André Folloni...[et al.] São Paulo: Malheiros, 2018.

BARRETO. Paulo Ayres. *Imposto sobre a Renda e preços de transferência*. Dialética: São Paulo, 2001.

BECHO. Renato Lopes. *Sujeição passiva e responsabilidade tributária*. São Paulo: Dialética, 2000.

BECKER. Alfredo Augusto. *Teoria geral do direito tributário*. 4.ed. São Paulo: Noeses, 2007.

CARRAZZA, Roque Antonio. *Curso de direito constitucional tributário*. 29ª ed. São Paulo: Malheiros: 2013.

CARVALHO, Paulo de Barros. *Direito tributário, linguagem e método*. 6ª ed. São Paulo: Noeses, 2015.

FAVACHO. Fernando Gomes. *Definição do conceito de tributo*. São Paulo: Quartier Latin, 2011.

FERRAGUT, Maria Rita. *Presunções no direito tributário*. São Paulo: Dialética, 2001.

HARET, Florence Cronemberger. *Presunções em direito tributário*: teoria e prática. 2010. Tese (Doutorado em Direito Econômico e Financeiro) - Faculdade de Direito, Universidade de São Paulo, São Paulo, 2010. doi:10.11606/T.2.2010.tde-28012011-090558. Acesso em: 18 dez. 2020.

MINATEL. José Antônio. *Pagamento sem causa, ou a beneficiário não identificado: Impossibilidade de Exigência de 35% a título de IR-Fonte*. In: MARTINS, Ives Gandra da Silva e PEIXOTO, Marcelo Magalhães (coord.). Imposto Sobre a Renda e Proventos de Qualquer Natureza: Questões Pontuais do Curso Apet. São Paulo: MP, 2006.

MOSQUEIRA. Ricardo Queiroga. *Tributação no mercado financeiro de capitais*. São Paulo: Dialética, 1998.

NOGUEIRA. Julia Menezes. *Imposto sobre a Renda na Fonte*. São Paulo: Quartier Latin, 2007.

_____. *Sujeição passiva tributária da fonte pagadora e do beneficiário dos rendimentos nas regras-matrizes de dois "impostos sobre a renda"*. Revista de Direito Tributário. São Paulo: Malheiros.

OLIVEIRA. Ricardo Mariz. *Sujeição Passiva da Fonte Pagadora de Rendimento, quanto ao Imposto de Renda Devido na Fonte*. São Paulo: Dialética 49, 1999.

_____. *Tributação em torno de atos ilícitos*. Tributação do ilícito: estudos em comemoração aos 25 anos do Instituto de Estudos Tributário - IET. Coordenadores Pedro Agustin Adamy. Arthur M. Ferreira Neto, André Folloni...[et al.] São Paulo: Malheiros, 2018.

PAOLA, Leonardo Sperb de. *Presunções e Ficções no Direito Tributário*. Belo Horizonte: Del Rey, 1997.

QUEIROZ, Mari Elbe Queiroz. *Imposto sobre a Renda e Proventos de Qualquer natureza*. Manole: Barueri, 2004.

SCHOUERI, Luís Eduardo, *Dedutibilidade de despesas com atividades ilícitas*.Tributação do ilícito: estudos em comemoração aos 25 anos do Instituto de Estudos Tributário -IET. Coordenadores Pedro Agustin Adamy. Arthur M. Ferreira Neto, André Folloni...[et al.] São Paulo: Malheiros, 2018.

VIEIRA, José Roberto. *IR Fonte sobre pagamentos sem causa e a beneficiários não identificados: A presunção de um estado de mosquito*. In: Racionalização do sistema tributário.1ª Ed. São Paulo: Noeses: IBET, 2017.

EXCLUSÃO DA RESPONSABILIDADE PELA DENÚNCIA ESPONTÂNEA

Paulo Bassil Hanna Nejm[1]

1. Introdução

A regra da *denúncia espontânea* está prevista em nosso ordenamento jurídico no artigo 138 do CTN, e a sua incidência impede a aplicação de sanções àquele que, tempestivamente, confessar ter praticado infração tributária, desde que cumpra determinadas condições.

O instituto visa a estimular quem tenha deixado de cumprir determinada obrigação tributária a regularizar suas pendências perante o fisco, o que acarreta, consequentemente, no aumento da arrecadação tributária, considerando que, quando devido, o pagamento ou o depósito do tributo são condições obrigatórias para que o ato seja válido.

O estímulo para a regularização encontra-se justamente na impossibilidade de a autoridade tributária constituir as sanções pelo não cumprimento da obrigação tributária contra o sujeito passivo confesso.

---

1. Mestre em Direito Tributário pela PUC/SP. Especialista em Direito Tributário. Especialista em Direito Processual Civil. Professor. Advogado.

No entanto, o que verificamos, na prática, é a reiterada violação desse direito do contribuinte, por parte do fisco, que interpreta a norma de modo a restringir a sua aplicabilidade.

Qualquer mitigação à extinção da responsabilidade do contribuinte, não prevista em lei, viola o princípio da legalidade, bem como prejudica a previsibilidade do direito, e consequentemente fere o princípio da segurança jurídica.

Além disso, o desrespeito à norma ou a falta de previsibilidade com relação às consequências que poderão ser desencadeadas pelo ato do infrator, tendem a inutilizar o instituto, em razão do receio do sujeito passivo em confessar a infração e não ter o seu direito respeitado.

Antes de enfrentarmos os temas controvertidos do instituto, atentaremos para o fato de que a expressão que melhor representaria o instituto seria *confissão tempestiva*, e não *denúncia espontânea,* pois, não é toda e qualquer denúncia de infração que viabiliza a extinção da responsabilidade, é apenas a *confissão*, ou seja, apenas quando o próprio infrator a revela, e em vez de *espontânea* seria mais adequado o termo *tempestiva*, pois, o dispositivo legal prescreve o lapso temporal em que o ato deve ser praticado para que seja considerado válido, e caso a confissão seja realizada de forma extemporânea não estará contemplada pela norma, sendo a palavra *espontânea,* nesse caso, pouco representativa.

Apesar de considerarmos mais adequada a denominação *confissão tempestiva*, utilizaremos nesse trabalho, por questões didáticas, a expressão *denúncia espontânea,* por ser utilizada pela legislação e jurisprudência.

E as divergências relacionadas a este instituto estão ligadas às constantes investidas da administração pública em mitigar a aplicação e o alcance do instituto.

Analisaremos, a seguir, a possibilidade de aplicação da denúncia espontânea nos seguintes casos:

(i) aplicação da denúncia espontânea para infrações decorrentes do descumprimento de obrigações acessórias;

(ii) denúncia espontânea e os tributos sujeitos ao lançamento por homologação;

(iii) compensação tributária e denúncia espontânea;

(iv) parcelamento e denúncia espontânea.

Nesses casos, o sujeito passivo confessa a infração praticada, mas, muitas vezes, suas expectativas de incidência do instituto da denúncia espontânea são frustradas, ou as condições impostas para a aplicação da norma dificultam a fruição dos benefícios prescritos, com base em interpretações restritivas realizadas pela administração pública e muitas vezes acatadas pelo Poder Judiciário.

2. Das condições de validade da denúncia espontânea e seus efeitos

Considerando que a denúncia espontânea está prescrita em nosso ordenamento jurídico no art. 138 do CTN, e que por diversas oportunidades nos voltaremos ao texto legal para expressar as nossas reflexões, transcreveremos abaixo o artigo, para facilitar a consulta do leitor, caso necessário.

> Art. 138. A responsabilidade é excluída pela denúncia espontânea da infração, acompanhada, se for o caso, do pagamento do tributo devido e dos juros de mora, ou do depósito da importância arbitrada pela autoridade administrativa, quando o montante do tributo dependa de apuração.
>
> Parágrafo único. Não se considera espontânea a denúncia apresentada após o início de qualquer procedimento administrativo ou medida de fiscalização, relacionados com a infração.

Como podemos notar, a denúncia espontânea exige cinco condições, cumulativas, para que seja considerada válida.

(i) Condição formal – deve ser realizada a comunicação formal da infração praticada, à autoridade competente;

(ii) Condição temporal da comunicação – a comunicação deve ocorrer antes de iniciado qualquer procedimento administrativo ou medida de fiscalização, relacionados com a infração;

(iii) Condição pessoal – a comunicação tempestiva deve ser realizada pelo próprio sujeito passivo (autodenúncia/confissão), à autoridade competente;

(iv) Condição financeira – se for o caso, deve ser realizado o pagamento do tributo devido, acrescido de juros de mora, ou do depósito da importância arbitrada pela autoridade administrativa, quando o montante do tributo dependa de apuração;

(v) Condição temporal financeira – o pagamento, ou o depósito, deve ser tempestivo.

Quando presentes as condições acima elencadas, a denúncia espontânea produz o seu regular efeito, que é o de extinguir a responsabilidade do sujeito passivo, com relação às infrações comunicadas.

Notamos que o ato volitivo é irrelevante para aplicação do instituto, assim, tanto as transgressões à legislação praticadas de forma intencional pelo sujeito passivo, quanto as involuntárias podem ser objeto da norma e ter as penalidades excluídas.

Para o doutrinador Paulo de Barros Carvalho, a denúncia espontânea teria o condão de excluir a responsabilidade, apenas, das multas punitivas, não afastando a necessidade de pagamento das multas de mora, por não terem, essas últimas, caráter punitivo.

> A iniciativa do sujeito passivo, promovida com a observância desses requisitos, tem a virtude de evitar a aplicação de multas de natureza punitiva, porém não afasta os juros de mora e a chamada

> multa de mora, de índole indenizatória e destituída do caráter de punição. Entendemos, outrossim, que as duas medidas – juros de mora e multa de mora – por não se excluírem mutuamente, podem ser exigidas de modo simultâneo: uma ou outra.[2]

Em sentido contrário, Ives Gandra da Silva Martins entende que não é possível a aplicação de nenhum tipo de multa, e nem mesmo a correção monetária deva incidir, em se tratando de denúncia espontânea:

> De notar, ainda, que o pagamento do tributo e de juros de mora, ou seu depósito, afasta outras penalidades moratórias, como multas e correção monetária.[3]

No entanto, alinhamo-nos à posição de que a denúncia espontânea extingue toda e qualquer sanção tributária, seja ela multa punitiva ou moratória, podendo ser exigido apenas o pagamento do tributo (ou o depósito), acrescido de juros, como determina o dispositivo de lei, e, ainda que o Código Tributário Nacional não preveja, os valores a serem pagos (ou depositados) devem ser corrigidos monetariamente, considerando que o instituto visa à não incidência de penalidades, e não premiar o infrator.

Há quem entenda, ainda, que a denúncia espontânea deva ser estendida, inclusive, para as sanções de natureza criminal, como é o caso de Geraldo Ataliba, que proferiu o seguinte parecer:

> O art. 138 do CTN é incompatível com qualquer punição. Se são indiscerníveis as sanções punitivas, tornam-se peremptas todas as pretensões à sua aplicação.

---

2. CARVALHO, Paulo de Barros. *Direito tributário, linguagem e método.* 7ª ed. rev. e ampl. São Paulo: Noeses, 2015. p. 884.

3. MARTINS, Ives Gandra da Silva. *Comentários ao Código Tributário Nacional.* São Paulo: Saraiva, 1998, V. 2, p. 274.

> Por tudo isso, sentimo-nos autorizados a afirmar que a autodenúncia de que cuida o art. 138 do CTN extingue a punibilidade de infrações (chamadas penais, administrativas ou tributárias). [4]

Vale lembra que os crimes tributários e as suas respectivas causas extintivas de punibilidade são previstas em leis penais específicas, que, atualmente, são ainda mais benéficas ao infrator, permitindo a extinção de punibilidade pelo pagamento ou parcelamento do tributo, inclusive, após iniciado procedimento de fiscalização por parte da administração pública.

Mas concordamos que, com a extinção da responsabilidade de penas pecuniárias, não seria coerente a aplicação de penas restritivas de liberdade. Caso contrário, ninguém confessaria uma infração para deixar de pagar multa, e acabar na prisão.

Algumas normas tributárias têm função indutora de conduta, como bem ensina Luís Eduardo Schoueri:

> Ao se destacar uma função da norma tributária, *in casu,* a função indutora, o que se faz é um novo desdobramento da norma primária. Ter-se-á, uma primeira norma primária, na qual se fará presente a própria indução, pelo legislador, que, do ponto de vista jurídico, nada mais é que uma ordem para que o sujeito passivo adote certo comportamento. Não se perfazendo o comportamento, nasce uma obrigação tributária, que colocará o sujeito passivo em situação mais onerosa que aquela em que se situaria se adotado o comportamento prescrito pelo legislador. Finalmente, não se altera a norma secundária, já que do descumprimento da obrigação tributária, surgirá a providência sancionatória, aplicada pelo Estado.[5]

A denúncia espontânea pode ser classificada, portanto, como norma jurídica indutora de conduta, pois, visa a incentivar o sujeito passivo, que tenha infringido alguma norma tributária, a corrigir as suas transgressões e realizar o

---

4. ATALIBA, Geraldo. *Denúncia espontânea e exclusão de responsabilidade penal.* Revista de informação legislativa, v. 32, n. 125, p. 241-251, jan./mar. 1995.

5. SCHOUERI, Luís Eduardo. *Normas tributárias indutoras e intervenção econômica.* Rio de Janeiro: Forense, 2005, p. 31.

pagamento do tributo devido, em troca de uma condição mais favorável, que seria a extinção da sua responsabilidade de possíveis sanções.

3. Aplicação da denúncia espontânea para infrações decorrentes do descumprimento de obrigações acessórias

Atualmente, ainda é dominante no Poder Judiciário o entendimento de que a denúncia espontânea não se aplica às sanções decorrentes pelo descumprimento de obrigações acessórias autônomas.

O fundamento principal adotado pelos julgados do Superior Tribunal de Justiça é o de que as obrigações acessórias correspondem a ato meramente formal, que estariam dissociadas dos efeitos do fato gerador do tributo, caracterizando-se como atividade administrativa fiscalizadora da exação.

No entanto, este entendimento nos parece equivocado e contraditório em si mesmo, por motivos inseridos na própria regra que prescreve o instituto.

A começar pelo fato de que o art. 138 do CTN refere-se à denúncia espontânea da *infração*, e não denúncia espontânea da *infração por descumprimento de obrigação tributária principal.*

A infração, de forma genérica, pode decorrer do não cumprimento de obrigação tributária principal ou pelo descumprimento de obrigação acessória.

Sabemos que a obrigação tributária principal corresponde à obrigação de pagar tributo ou penalidade. Enquanto que a obrigação acessória corresponde à prática ou à abstenção de ato que não configure obrigação principal.

O descumprimento de qualquer dessas obrigações pode ensejar a constituição de infração. E o Código Tributário Nacional não especifica que apenas a infração decorrente de descumprimento de obrigação tributário principal é que pode ser contemplada pelos benefícios da denúncia espontânea, portanto, infração, de forma genérica, deve ser entendida como descumprimento de qualquer obrigação, seja principal ou acessória.

Nesse sentido, Sacha Calmon Navarro Coêlho ensina que:

> Se quisesse excluir uma ou outra, teria adjetivado a palavra infração ou teria dito que a denúncia espontânea elidiria a responsabilidade pela prática de infração à obrigação principal excluindo a assessória ou vice-versa. Ora, onde o legislador não distingue não é lícito ao intérprete distinguir segundo cediço princípio de hermenêutica.[6]

O segundo motivo, que é complementar ao primeiro, é pelo fato de que a *obrigação acessória*, também é obrigação *tributária*.

E apesar de óbvia essa constatação, ela se faz necessárias, pois, um dos principais fundamentos expostos nas decisões do STJ é de que a denúncia espontânea somente pode ser aplicada às *obrigações tributárias*, e que as obrigações acessórias seriam meros atos formais que não estariam ligados ao fato gerador do tributo. Como se as obrigações acessórias não fossem tributárias.

E não precisamos fazer grandes digressões para discordar desse fundamento, pois, essa foi a opção do legislador, que no mesmo diploma legal em que prescreve a *denúncia espontânea* também prevê que "*a obrigação tributária é principal ou acessória*".[7] E define obrigação acessória como sendo aquela que "decorre da legislação tributária e tem por objeto as prestações, positivas ou negativas, nela previstas no interesse da arrecadação ou da fiscalização dos tributos".[8]

---

6. COÊLHO, Sacha Calmon Navarro. *Teoria e prática das multas tributárias*. 2. Ed. Rio de Janeiro: Forense, pp. 105-106.

7. Art. 113 do CTN.

8. Art. 113 §2º, do CTN.

Além de estar prevista em legislação tributária, e ser essencial para a arrecadação e fiscalização do tributo, muitas vezes a obrigação acessória é que constitui o próprio tributo, restando equivocado o fundamento de que a obrigação acessória é ato meramente formal, dissociado do fato gerador do tributo.

Nesse sentido, não há como dissociar a denúncia espontânea de infração por descumprimento de qualquer das obrigações, seja principal ou acessória, considerando que ambas são obrigações tributárias. E o fundamento utilizado pelos tribunais de que a obrigação acessória corresponde a ato meramente formal, necessário à fiscalização, é justamente o que a define como obrigação tributária, nos termos do próprio Código Tributário Nacional.

Portanto, dizer que a denúncia espontânea seria aplicada *apenas* para as infrações por descumprimento de obrigações tributárias, implicaria abarcar este instituto imediatamente às obrigações principais e acessórias, pois ambas pertencem a essa mesma classe.

O terceiro motivo que justifica a aplicação da *denúncia espontânea* às obrigações acessórias, que está expresso no próprio texto legal, é a opção do legislador por inserir a expressão "se for o caso", antes da condicional "do pagamento do tributo devido e dos juros de mora, ou do depósito da importância arbitrada pela autoridade administrativa".

Quando o Código Tributário Nacional prescreve que "a responsabilidade é excluída pela denúncia espontânea da infração, acompanhada, *se for o caso*, do pagamento do tributo devido...", ele está nos dizendo, sem sombra de dúvidas, que o benefício estende-se a toda e qualquer infração tributária, mas que se o descumprimento da obrigação for a de pagar o tributo, o pagamento deve ser realizado, como condição necessária de validade da norma.

O dispositivo legal evidenciou, novamente, que a *denúncia espontânea* está relacionada a qualquer infração, quer ela se relacione com o pagamento do tributo (obrigação principal), ou não (obrigação acessória).

A condicional de pagamento do tributo acrescido de juros de mora ou de realizar o depósito da importância arbitrada deve ser atendida apenas no caso de descumprimento de obrigação tributária principal, mas não a ela se limitando.

Por fim, importante salientar que somente a lei pode prescrever a aplicação de sanções tributárias e as hipóteses da sua dispensa.[9] E considerando que o Código Tributário Nacional prevê a dispensa de aplicação da sanção, no caso de confissão de qualquer infração, a mitigação dessa dispensa, fazendo uma indevida discriminação entre infração decorrente de violação de obrigação principal ou acessória, nos parece uma violação clara ao Princípio da Legalidade.

Robson Maia Lins também defende a possibilidade de aplicação da denúncia espontânea às infrações decorrentes do descumprimento de obrigações acessórias, sob os seguintes argumentos:

> De nossa parte, algumas previsões expressas no próprio art. 138 do CTN deixam fora de dúvida que o instituto da denúncia espontânea também se aplica às infrações decorrentes do descumprimento dos deveres instrumentais. Ei-las: (i) o termo isolado "infração", sem sua especificação; (ii) a expressão "[...] se for o caso, acompanhada do pagamento do tributo [...]"; e; por último (iii) o art. 136 do CTN, ao prever que a responsabilidade por infração à legislação tributária independe da intenção do agente ou do responsável, ou da efetividade, natureza e extensão dos efeitos do ato, prevê hipótese de configuração de infração decorrente do descumprimento de dever instrumental, visto que somente essas espécies de deveres podem ser previstos na legislação tributária e não somente em lei. [10]

A Secretaria da Fazenda do Estado de São Paulo, ao contrário do entendimento predominante do Superior Tribunal de Justiça, já emitiu Decisão Normativa no sentido de que a denúncia espontânea "afasta, em regra, tanto as

9. Art. 97, V e VI, CTN.

10. LINS, Robson Maia. *Curso de direito tributário*. São Paulo: Noeses, 2019, p. 573.

penalidades relativas ao descumprimento de obrigação principal quanto aquelas relativas ao descumprimento de obrigações acessórias".[11]

Por todas as razões acima delineadas, defendemos que a denúncia espontânea deve ser aplicada tanto às infrações por descumprimento de obrigação principal quanto pelo não atendimento de obrigações acessórias, desde que cumpridos os requisitos de admissibilidade do instituto.

4. Denúncia espontânea e os tributos sujeitos ao lançamento por homologação

A tempestiva confissão e quitação de eventual crédito tributário é condição indispensável para que a denúncia espontânea seja considerada válida.

O dispositivo legal que trata do instituto exige que o pagamento do tributo, acrescido de juros, ou o depósito arbitrado pela autoridade administrativa, nos casos em que o montante dependa de apuração, deve acompanhar a denúncia.

O pagamento ou depósito do tributo devido, em razão da infração que se pretende confessar, deve acompanhar o procedimento de denúncia espontânea, que, por sua vez, deve ocorrer antes do início de qualquer procedimento administrativo ou medida de fiscalização, relacionado com a infração, caso contrário o ato não será considerado válido.

O crédito tributário é constituído por meio do lançamento, que, segundo o Código Tributário Nacional, é ato privativo da autoridade administrativa.

Portanto, o momento em que deve ocorrer a confissão, e o pagamento ou depósito do crédito tributário, depende da modalidade de lançamento do tributo.

11. Decisão Normativa CAT 05, de 06 de novembro de 2019.

E muito se discutiu a respeito da aplicação da denúncia espontânea aos tributos sujeitos a lançamento por homologação, pois, nessa modalidade, o sujeito passivo declara a ocorrência do fato gerador, calcula o montante do tributo devido e deve antecipar o pagamento, para posterior homologação do lançamento por parte da autoridade administrativa.

O pagamento antecipado é característica fundamental dos tributos sujeitos a lançamento por homologação.

As divergências, nessa modalidade, encontram-se na definição do critério temporal tanto para a realização da comunicação da confissão, quanto do pagamento do tributo, para que seja considerada válida a denúncia espontânea.

Essa informação é crucial, considerando que a confissão e/ou o pagamento intempestivo do tributo, resultará na inaplicabilidade do instituto previsto no art. 138 do CTN, nos termos da Súmula 360 do Superior Tribunal de Justiça.

> Súmula 360 - STJ
>
> O benefício da denúncia espontânea não se aplica aos tributos sujeitos a lançamento por homologação regularmente declarados, mas pagos a destempo.

Nos precedentes que fundamentam o enunciado da súmula supracitada, é possível verificar que, para o Superior Tribunal de Justiça, o pagamento realizado após a declaração do sujeito passivo, inviabilizaria a denúncia espontânea, pois, nesse momento, o fisco já teria ciência da infração pratica, e nos termos do art. 138, do CTN, a confissão deve ocorrer antes do início de qualquer procedimento administrativo ou medida de fiscalização, relacionado com a infração, conforme elucidativos trechos abaixo colacionados:

> A jurisprudência assentada no STJ considera inexistir denúncia espontânea quando o pagamento se referir a tributo constante de prévia Declaração de Débitos e Créditos Tributários Federais – DCTF ou de Guia de Informação e Apuração do ICMS – GIA, ou de outra declaração dessa natureza, prevista em lei. Considera-se que, nessas hipóteses, a declaração formaliza a existência (= constitui)

> do crédito tributário, e, constituído o crédito tributário, o seu recolhimento a destempo, ainda que pelo valor integral, não enseja o benefício do art. 138 do CTN.[12]
>
> O instituto da denúncia espontânea exige que nenhum lançamento tenha sido feito, isto é, que a infração não tenha sido identificada pelo Fisco nem se encontre registrada nos livros fiscais e/ou contábeis do contribuinte. A denúncia espontânea não foi prevista para que favoreça o atraso do pagamento do tributo. Ela existe como incentivo ao contribuinte para denunciar situações de ocorrência de fatos geradores que foram omitidas, como é o caso de aquisição de mercadorias sem nota fiscal, de venda com preço registrado aquém do real, etc.[13]

Este entendimento está alinhado com outra súmula do STJ que prescreve que nos tributos sujeitos ao lançamento por homologação a "entrega de declaração pelo contribuinte reconhecendo débito fiscal constitui o crédito tributário, dispensada qualquer outra providência por parte do fisco".[14]

A Corte, portanto, para os tributos sujeitos ao lançamento por homologação, equipara a declaração do contribuinte ao lançamento que constitui o crédito tributário, em aparente contradição à prescrição contida no Código Tributário Nacional de que o lançamento seria ato privativo da administração pública, e que o lançamento deve ser efetuado *com base na* declaração realizada pelo sujeito passivo.[15]

E assim, os tributos declarados e não pagos não podem ser objeto de denúncia espontânea, pois, com a declaração, o fisco já estaria ciente da infração, não havendo necessidade de qualquer outra medida fiscalizadora para a apuração do ato ilícito.

Nesse contexto, o STJ, por meio de Recurso Especial julgado sob o regime de Recurso Repetitivo,[16] elencou os re-

12. AgRg no EREsp n. 804.785-PR, Rel. Min Teori Albino Zavascki, 1ª Seção, DJ 16.10.2006.

13. EAg n. 621481 / SC, Rel. Min. José Delgado, DJ13.09.2006.

14. Súmula 436 do STJ.

15. Art. 147 do CTN.

16. REsp 1.149.022 - SP, Relator Ministro Luiz Fux, Órgão Julgador S1 – Primeira Seção, Data do Julgamento 09.06.2010, Data da Publicação/Fonte DJe 24.06.2010.

quisitos necessários para que a denúncia espontânea seja considerada válida, nos tributos sujeitos ao lançamento por homologação.

E entendeu que só é possível se beneficiar da exclusão da responsabilidade de sanção, prescrita no art. 138 do CTN, sobre a parcela que o sujeito passivo ainda não houver declarado ao fisco, e que for objeto de posterior declaração retificadora, acompanhada do pagamento da diferença do tributo originado pela retificação, conforme destacado no trecho abaixo transcrito:

> Ao revés, a denúncia espontânea resta configurada na hipótese em que o contribuinte, após efetuar a declaração parcial do débito tributário (sujeito a lançamento por homologação) acompanhado do respectivo pagamento integral, retifica-a (antes de qualquer procedimento da Administração Tributária), noticiando a existência de diferença a maior, cuja quitação se dá concomitantemente.
>
> É que se o contribuinte não efetuasse a retificação, o fisco não poderia executá-lo sem antes proceder à constituição do crédito tributário atinente à parte não declarada, razão pela qual aplicável o benefício previsto no artigo 138, do CTN.

Nesse sentido, quando o sujeito passivo houver declarado a ocorrência de um fato gerador, calculado o montante devido, mas deixar de recolher o tributo, não poderá se beneficiar do instituto da denúncia espontânea, mesmo não havendo procedimento fiscalizatório por parte da administração pública.

Mas, da parcela não declarada, que for objeto de posterior retificação da declaração, desde que acompanhada do pagamento integral do tributo, e que seja realizado antes de qualquer procedimento da administração pública, podem ser objeto de denúncia espontânea.

A denúncia espontânea, portanto, nos tributos sujeitos ao lançamento na modalidade por homologação, pode ser aplicada apenas sobre a parcela não originalmente declarada, que tenha sido objeto de retificação, acompanhada do pagamento da diferença devida, pois, se o sujeito passivo não houvesse realizado a declaração retificadora, o fisco não saberia da ocorrência do fato gerador, o que se configura como uma verdadeira confissão, e somente nesse caso, é que seria possível evocar o instituto.

5. Compensação tributária e denúncia espontânea

Outra controvérsia relacionada à denúncia espontânea reside na possibilidade, ou não, de aplicação do instituto em caso de compensação tributária.

Compensação é uma das formas de extinção de obrigações quando duas pessoas forem ao mesmo tempo credoras e devedoras uma da outra. E esta modalidade está prevista no CTN[17] como um dos meios aptos a extinguir o crédito tributário, assim como o pagamento do tributo e o depósito.

No entanto, o art. 138 do CTN prescreve que o infrator arrependido deve realizar, *se for o caso*, o *pagamento* ou *depósito* da importância arbitrada, para que possa usufruir dos benefícios da denúncia espontânea, não incluindo qualquer outra forma de extinção do crédito tributário.

Apesar de o tema não ter sido julgado em sede de recurso repetitivo, o entendimento majoritário do STJ, atualmente, é o de que a compensação não viabilizar a denúncia espontânea.

E os fundamentos principais da Corte são dois: (i) o de que o art. 138 do CTN prevê expressamente apenas duas espécies de extinção do crédito tributário como requisitos para a concessão dos benefícios, ou seja, o pagamento e o depósito; (ii) e o de que a compensação não se equipara ao pagamento, considerando que a extinção do débito, nessa modalidade, estará submetida a ulterior condição resolutória da sua homologação pelo fisco.

Com relação ao primeiro fundamento, interessante notar que, nesse ponto em específico, o STJ limita a utilização

17. Art. 156 do CTN.

do instituto à extinção do crédito pelo pagamento ou depósito sob o pretexto de realizar a interpretação literal do texto de lei, mas no caso da possibilidade de aplicação do instituto da denúncia espontânea às infrações por descumprimento de obrigações acessórias, como vimos linhas acima, a Corte fez um esforço interpretativo hercúleo para negar o direito aos contribuintes, mesmo quando a literalidade do dispositivo de lei tratar de infração de modo genérico.

Notamos uma insistente interpretação restritiva da norma, que pode levar ao desestimulo na utilização do instituto pelos infratores, e consequente, diminuição na arrecadação de tributos.

Como ensina Rubens Gomes de Sousa, "a função da interpretação seria, então, manter viva a lei, atribuindo-lhe a capacidade de adaptar-se às mudanças de condições ambientais, desde a data em que foi promulgada e até que seja modificada".[18]

Não nos parece que o entendimento do STJ tenha sido o mais adequado, pois, compensação também é forma de pagamento do crédito tributário, no entanto, a quitação ocorre mediante encontro de contas e não em pecúnia, portanto, a melhor interpretação à norma seria aquela que compatibilizasse o instituto a toda forma de quitação do tributo.

E com relação ao argumento de que a necessidade de posterior homologação pelo fisco inviabilizaria a utilização da compensação para a denúncia espontânea, não nos parece acertado, considerando que tanto o pagamento em pecúnia quanto o depósito também exigem procedimento posterior para extinção do crédito.

Na compensação, assim como ocorre no pagamento, a quitação do crédito tributário ocorre num único ato pelo sujeito passivo. No pagamento pela quitação da guia competente, e na compensação via transmissão das declarações competentes.

---

18. SOUSA, Rubens Gomes. *Normas de* Interpretação no Código Tributário Nacional. In *Interpretação no Direito Tributário.* São Paulo, Saraiva: 1975. 361/382. p.371.

Porém, em todos os casos, há a necessidade de um procedimento posterior do fisco, para a efetiva extinção do crédito tributário. O pagamento em dinheiro está sujeito à posterior homologação (tácita ou expressa) por parte do fisco. Da mesma forma que o mero depósito é condição suspensiva do crédito tributário,[19] dependendo da sua posterior conversão em renda,[20] para que seja considerado modalidade de extinção do crédito tributário, necessitando de procedimento posterior após o depósito do infrator.

Compensação é modalidade de pagamento da obrigação tributária, no entanto, em vez da quitação ocorrer em pecúnia, é operacionalizada mediante a extinção mútua de obrigações, pelo encontro de contas, quando o fisco e o infrator forem ao mesmo tempo credores e devedores um do outro.

O efeito da compensação é exatamente o mesmo do pagamento em dinheiro.

A Receita Federal do Brasil já manifestou entendimento favorável à equiparação do pagamento e da compensação, para fins de denúncia espontânea, através da Nota Técnica nº 1 COSIT de 18.01.2012,[21] no entanto, pouco tempo depois, esse entendimento foi revisto pelo órgão, que editou a Nota Técnica 19 COSIT, de 12.06.2012, cancelando a anterior.

No CARF, o tema não é pacífico, e apesar de a maioria das decisões, ainda, ser no sentido de não considerar a compensação para fins de denúncia espontânea, vem crescendo o número de julgados favoráveis aos contribuintes, no órgão.

A compensação, desde que seja integral, é forma de quitação tanto quanto o pagamento. Qualquer procedimento

19. Art. 151, II, do CTN.

20. Art. 156, VI, do CTN.

21. "[...] 18. Com relação a aplicabilidade da denúncia espontânea na compensação de tributos, não se pode perder de vista que pagamento e compensação se equivalem, ambos apresentam a mesma natureza jurídica, seus efeitos são exatamente os mesmos: a extinção do crédito tributário. Como consequência, a compensação também é instrumento apto a configurar a denúncia espontânea. [...]."

interno, posterior, realizado pelo órgão fiscalizador, não pode servir de escusa para mitigar o direito à utilização do instituto da denúncia espontânea.

Equiparando-se ao pagamento, entendemos que a confissão da infração acompanhada da quitação integral do tributo por meio da compensação deve ser meio hábil a viabilizar a denúncia espontânea.

6. Parcelamento e denúncia espontânea

Considerando que o CTN exige o pagamento ou depósito do tributo como condição necessária, para a fruição dos benefícios da denúncia espontânea, e, linhas acima, defendemos a possibilidade de aplicação do instituto no caso de compensação, analisaremos se a denúncia espontânea pode ser invocada quando o sujeito passivo pretende parcelar o tributo.

Seguindo a premissa utilizada quando tratamos da compensação, de que o pagamento deve ser tratado como quitação do tributo, e que essa quitação deve acompanhar a comunicação da infração pelo sujeito passivo, entendemos ser perfeitamente possível a aplicação do instituto no caso de parcelamento.

O texto legal determina que a denúncia espontânea deve ser acompanhada do pagamento ou do depósito.

O parcelamento, assim como o depósito, é meio de suspensão do crédito tributário, que em momento posterior pode se converter em extinção do crédito. No caso do parcelamento, a quitação do crédito ocorre quando do pagamento da última parcela.

Caso o infrator pretenda parcelar o seu débito, entendemos que os benefícios da denúncia espontânea podem ser compatibilizados, visto que o parcelamento também é forma de pagamento, no entanto, em vez de ocorrer num único ato, é realizado de forma fracionada, com a extinção do crédito tributário em momento futuro, ou seja, com o pagamento da última parcela.

Tendo a norma o objetivo de incentivar a regularização de infratores, com o consequente aumento na arrecadação, não seria plausível restringir a utilização do instituto apenas pelo fato de que o pagamento não será realizado em parcela única.

Esse era o entendimento do STJ, que permitia a incidência da denúncia espontânea, acompanhada de parcelamento do tributo devido.

> PROCESSUAL CIVIL E TRIBUTÁRIO. DENÚNCIA ESPONTÂNEA. PARCELAMENTO. MULTA MORATÓRIA. AFASTAMENTO. NULIDADE DO V. ARESTO. INOCORRÊNCIA. VIOLAÇÃO AO ART. 535, II, DO CPC NÃO CONFIGURADA. PRECEDENTES.
>
> - A eg. Primeira Seção do STJ já assentou o entendimento no sentido de que não havendo procedimento administrativo em curso contra o contribuinte pelo não recolhimento do tributo e, tendo sido deferido o pedido de parcelamento, está configurada a denúncia espontânea, que exclui a responsabilidade do contribuinte, tornando inexigível o pagamento da multa moratória.[22]

No entanto, com a inserção do §1º, do art. 155-A, do CTN, pela LC 104/2001,[23] que prescreve que o parcelamento, em regra, não exclui a incidência de juros e multa, necessitando de previsão em lei específica para esse fim, a jurisprudência daquela Corte foi alterada, no sentido de não mais permitir a incidência da denúncia espontânea no caso de parcelamento.

Haveria, portanto, segundo os julgados mais recentes, uma vedação expressa, no próprio Código Tributário Nacional, que impossibilita a exclusão de sanções em parcelamentos, sem lei específica que assim o determine.

---

22. REsp 202498/PE, Relator Ministro Francisco Peçanha Martins, Órgão Julgador T2 – Segunda Turma, Data do Julgamento: 28.08.2001, Data da Publicação/Fonte DJ 08.10.2001, p. 192

23. Art. 155-A. O parcelamento será concedido na forma e condição estabelecidas em lei específica. (Incluído pela Lc nº 104, de 2001).
§ 1º. Salvo disposição de lei em contrário, o parcelamento do crédito tributário não exclui a incidência de juros e multas. (Incluído pela LC nº 104, de 2001)

Esse não seria, a nosso ver, o entendimento mais adequado, pois, o parágrafo único do art. 155-A do CTN é regra de interpretação de lei que institui o parcelamento.

Ou seja, a norma prescreve que quando do advento de uma lei que concede parcelamento, sendo ela omissa com relação à exclusão de juros e multa, não pode ser interpretada no sentido de conceder esses benefícios ao devedor.

No entanto, nada diz com relação à sua incompatibilização com o instituto da denúncia espontânea.

Vale lembrar que o extinto Tribunal Federal de Recursos – TFR, já havia sumulado a matéria, entendendo que o parcelamento não possibilita a fruição dos benefícios da denúncia espontânea.

> Súmula 208 – TFR
>
> A simples confissão da dívida, acompanhada do seu pedido de parcelamento, não configura denúncia espontânea.

O STJ, então, havia alterado esse entendimento, para aceitar o parcelamento como meio apto a validar a denúncia espontânea, como vimos acima.

Mas, após as alterações inseridas pela LC104/2001, a Corte passou a entender que o parcelamento não é mais compatível com o instituto da denúncia espontânea, e por meio de Recurso Especial julgado sob o regime de Recurso Repetitivo,[24] pacificou esse posicionamento.

Entendemos por equivocada essa restrição imposta pela administração pública e acatada pelo Poder Judiciário, e defendemos a possibilidade de fruição dos benefícios da denúncia espontânea em caso de confissão acompanhada do parcelamento do débito tributário, por ser meio legalmente prescrito como apto a quitar o crédito tributário, cumprindo com a função da

24. REsp 1102577 / DF, Relator Ministro Herman Benjamin, Órgão Julgador S1 – Primeira Seção, Data do Julgamento 22.04.2009, Data da Publicação/Fonte DJe 18.05.2009.

norma, que seria a de regularização da situação do infrator arrependido e aumento da arrecadação tributária.

7. Conclusão

A denúncia espontânea pode ser classificada como norma jurídica indutora de conduta, pois, visa a incentivar o infrator a corrigir as suas transgressões, regularizando a sua situação fiscal e realizar o pagamento do tributo devido, em troca do perdão de sanções.

Para que seja considerada válida, a denúncia espontânea exige o cumprimento, cumulativo, de cinco condições expressas na norma: (i) condição formal; (ii) condição temporal da comunicação; (iii) condição pessoal; (iv) condição financeira; e (iv) condição temporal financeira.

Atendidas todas as condições exigidas pela norma, entendemos que a denúncia espontânea extingue toda e qualquer sanção tributária, seja ela multa punitiva ou moratória, podendo ser exigido apenas o pagamento do tributo (ou o depósito), acrescido de juros, como determina o dispositivo de lei, e, ainda que o Código Tributário Nacional não preveja, os valores a serem pagos (ou depositados) devem ser corrigidos monetariamente.

Defendemos que a denúncia espontânea deve ser aplicada às infrações por descumprimento tanto de obrigação principal quanto de obrigações acessórias, desde que cumpridos os requisitos de admissibilidade do instituto, pois, o art. 138 do CTN refere-se à denúncia espontânea da *infração*, de forma genérica, portanto, deve ser aplicada a infração de qualquer obrigação tributária, e *obrigação acessória* enquadra-se nessa modalidade. Além disso, o texto de lei prevê expressamente que "se for o caso", deve ocorrer o pagamento do tributo devido, deixando claro que o benefício estende-se a toda e qualquer infração tributária, mas que se o descumprimento da obrigação for a de pagar o tributo, o pagamento deve ser realizado, como condição necessária de validade da norma.

Com relação aos tributos sujeitos ao lançamento por homologação, o instituto da denúncia espontânea pode ser aplicado apenas à parcela não declarada, que tenha sido objeto de retificação, acompanhada do pagamento da diferença devida, pois, se o sujeito passivo não houvesse realizado a declaração retificadora, o fisco não saberia da ocorrência do fato gerador, o que se configura como uma verdadeira confissão, e somente nesse caso, é que seria possível evocar o instituto.

Considerando que o efeito da compensação é exatamente o mesmo do pagamento em dinheiro, sendo a compensação modalidade de pagamento da obrigação tributária, no entanto, em vez da quitação ocorrer em pecúnia, é operacionalizada mediante a extinção mútua de obrigações, pelo encontro de contas, quando o fisco e o infrator forem ao mesmo tempo credores e devedores um do outro, entendemos que a confissão da infração, acompanhada da compensação, deve ser meio hábil a viabilizar a denúncia espontânea.

E por fim, defendemos a possibilidade de fruição dos benefícios da denúncia espontânea em caso de confissão acompanhada do parcelamento do débito tributário, por ser meio legalmente prescrito como apto a quitar o crédito tributário, cumprindo a função da norma que prevê o instituto, não tendo as alterações inseridas pela LC 104/2001 incompatibilizado o parcelamento à denúncia espontânea.

Referências

ATALIBA, Geraldo. *Denúncia espontânea e exclusão de responsabilidade penal.* Revista de informação legislativa, v. 32, n. 125, p. 241-251, jan./mar. 1995.

CARVALHO, Paulo de Barros. *Direito tributário, linguagem e método.* 7ª ed. rev. e ampl. São Paulo: Noeses, 2015.

COÊLHO, Sacha Calmon Navarro. *Teoria e prática das multas tributárias.* 2. Ed. Rio de Janeiro: Forense.

LINS, Robson Maia. *Curso de direito tributário.* São Paulo: Noeses, 2019.

MARTINS, Ives Gandra da Silva. *Comentários ao Código Tributário Nacional.* São Paulo: Saraiva, 1998. V. 2.

SCHOUERI, Luís Eduardo. *Normas tributárias indutoras e intervenção econômica.* Rio de Janeiro: Forense, 2005.

SOUSA, Rubens Gomes. *Normas de Interpretação no Código Tributário Nacional.* In Interpretação no Direito Tributário. São Paulo, Saraiva: 1975.

AS SANÇÕES POLÍTICAS COMO MECANISMO INDIRETO DE INTERVENÇÃO NA ORDEM ECONÔMICA

Thiago Nobre Maia[1]

1. Introdução

No Estado Democrático Direito, a tributação é uma ferramenta imprescindível para o exercício da Administração, permitindo que o Estado exerça o seu papel fundamental, e em contrapartida, possibilite aos cidadãos o exercício digno da vida em sociedade.

No entanto, a tributação feita de forma desproporcional à sua finalidade, poderá ter efeitos retrógrados gravíssimos, interferindo diretamente não só no bem-estar social, como também na própria função estatal.

Por esse motivo, ao mesmo tempo que prevê o exercício da competência tributária de cada um dos entes políticos da federação brasileira, a Constituição Federal institui também

---

1. Advogado e Professor de Direito Tributário. Especialista e Mestrando em Direito Tributário pelo Instituto Brasileiro de Estudos Tributários - IBET. Extensão em Planejamento Tributário e Processo Tributário Analítico pelo IBET.

as limitações do poder de tributar, bem como os mecanismos para uma tributação adequada de cada um dos impostos por ela estabelecidos.

Desta forma, os elementos que compõem as hipóteses de incidência tributária dos tributos devem ser analisados a partir da Constituição Federal, pois é lá que se desenham a definição da competência tributária dos entes da federação e os contornos que irá nortear cada peça integrante do sistema tributário nacional.

Contudo, paralelamente à competência para instituir tributos, emerge a competência para instituir sanções, isto é, o poder-dever do Estado de instituir penalidades pelo cometimento de ilícitos, com intuito de preservar a justiça social e o bem comum.

Assim, no Direito Tributário, havendo inobservância dos preceitos normativos que regulam as obrigações principais e acessórias encontram-se, também, os efeitos diretos e indiretos dos atos e omissões dos contribuintes, capazes de gerar a responsabilidade e consequentemente a aplicação de uma penalidade, ou seja, para cada infringência, haverá uma sanção correspondente.

No entanto, não se pode deixar de observar os chamados princípios da razoabilidade e da proporcionalidade em relação à instituição de sanções, caso contrário, estaremos diante de uma sanção política, ou seja, uma sanção que a nosso haver extrapola os limites constitucionais e ingressam na seara da ordem econômica, interferindo diretamente no dia a dia dos contribuintes.

Destarte, as sanções tributárias deveriam limitar-se exclusivamente em atingir o patrimônio do contribuinte e não a pessoa do infrator, uma vez que possuem caráter indenizatório e reparatório, buscando compensar não só o dano presumidamente causado ao Erário, sendo esse o parâmetro real que deveria nortear a dosimetria das sanções aplicadas, devendo considerar apenas o necessário para a reparação suficiente do dano e exercer o seu efeito pedagógico de evitar a reiteração da conduta infracionária.

Assim, a sanção política, diferentemente de uma sanção pecuniária, a qual impõe uma multa correspondente pelo descumprimento de uma obrigação tributária, causa, em certas situações, a paralisação da própria atividade econômica do contribuinte, podendo até mesmo cessar a sua própria existência, pela impossibilidade de prática de exercer as suas atividades comerciais, de efetuar operações de crédito com instituições financeiras, participar de licitações públicas, impor regimes tributários diferenciados entre outras muitas que, na prática, acabam por penalizar o próprio funcionamento da atividade empresarial.

Nesse sentido, as sanções administrativas tributárias não podem ser utilizadas como instrumento para coagir o contribuinte ao pagamento de tributo através da limitação dos seus direitos, de modo que a própria Constituição deve servir de baliza para direcionar e estabelecer os limites às normas infraconstitucionais sancionadoras.

Por este motivo, no decorrer deste trabalho, analisaremos as sanções políticas existentes no ordenamento jurídico brasileiro, bem como os limites da sua instituição a partir de uma análise doutrinária e jurisprudencial do tema, fazendo uso também de exemplos práticos constantes nas legislações infraconstitucionais.

2. O direito como sistema coercitivo

Toda norma jurídica possui estrutura hipotética condicional, formada por uma hipótese e um consequente, interligados por uma relação de causalidade, ou seja, a norma é composta por uma hipótese, a qual descreve um determinado evento, que uma vez ocorrido formará uma relação jurídica entre dois ou mais sujeitos, operada através de modais deônticos.

Estes modais estão previstos no consequente da norma, estabelecendo um vínculo implicacional entre os sujeitos da relação jurídica em virtude de uma conduta prescrita, modalizadas deonticamente através dos signos proibido, permitido ou obrigatório, formalizando os dados mínimos necessários para a compreensão de um enunciado normativo.

No entanto, conforme veremos a seguir, ao nos depararmos com um enunciado cujo conteúdo nos descreve uma norma sancionatória, a sua hipótese elenca um fato relacionado ao descumprimento de um dever jurídico previsto no consequente da norma de tributação, isto é, da regra-matriz de incidência tributária. Tal descumprimento é denominado de infração ou ilícito.

Neste ponto, emerge a principal diferença entre o direito e os demais sistemas de regulação de condutas humanas como a moral e a religião, pois muito embora uma conduta possa ser igualmente proibida em cada um destes sistemas, no direito, a forma como a sua violação é tratada diverge dos demais.

Isso porque, mantendo a moral e a religião como exemplos, no primeiro, embora possamos ter a reprovação ética e social como pressuposto de uma desaprovação aos olhos da sociedade, e no segundo, a penitência como uma contrapartida no sentido de redimir os pecados daquele que realizou uma conduta reprovável, em ambos os casos, embora tenhamos a coação como elemento comum, em nenhum deles há a coerção do indivíduo que praticou infringência.

Nos dizeres de Paulo de Barros de Carvalho:

> Todos os sistemas normativos são essencialmente coativos, não servindo, pois, tal aspecto, para diferençar o ordenamento jurídico de outros sistemas de normas. [...] só a ordem jurídica prevê, como consequência final do descumprimento de seus deveres, espécies de providências que ora coage mediante emprego de força ora aplica penas privativas de liberdade ou execução forçada.[2]

Desta forma, o Direito diverge dos demais sistemas de controle de condutas humanas justamente em virtude da possibilidade da coerção daquele que praticou o ilícito, isto é, a possibilidade do uso da força, através do Estado, de aplicar a penalidade descrita na norma jurídica mesmo que, se for o caso, contra a vontade do agente.

---

2. CARVALHO, Paulo de Barros. *Direito tributário, linguagem e método*. 7ª São Paulo: Noeses, 2018, p. 846.

Ou seja, o elemento diferenciador do Direito dos demais sistemas não é a mera e simples existência da coatividade, ou seja, a possibilidade de uma “punição” ao infrator, mas sim, a forma como tal punição é aplicada, as quais podem chegar até mesmo à uma pena privativa de liberdade, ou execução forçada do patrimônio do agente infrator.

3. Conceito de sanção

Toda norma jurídica possui estrutura hipotética condicional, formada por um antecedente e um consequente, interligados por uma relação de causalidade, ou seja, a norma é composta por uma hipótese, a qual descreve um determinado evento, que uma vez ocorrido formará uma relação jurídica entre dois ou mais sujeitos, operada através de modais deônticos.

Estes modais estão previstos no consequente da norma, estabelecendo um vínculo implicacional entre os sujeitos da relação jurídica em virtude de uma conduta prescrita no antecedente, modalizadas através dos signos proibido, permitido ou obrigatório, formalizando os dados mínimos necessários para a compreensão de um enunciado normativo.

Desta forma, embora o conteúdo significativo do antecedente e consequente sejam diferentes, a estrutura de cada um é a mesma, nos permitindo produzir um único significado lógico a partir da análise de ambos os elementos.

Assim, embora o conteúdo e finalidade do antecedente e consequente sejam diferentes, ambos perfazem uma estrutura única que é a norma jurídica, porém trata-se de uma estrutura de feição dual, composta por uma norma primária e uma norma secundária, conforme nos ensina Lourival Vilanova:

> Seguimos a teoria da estrutura dual da norma jurídica: consta de duas partes, que se denominam norma primária e norma secundária. Naquela, estatuem-se as relações deônticas direitos/deveres, como consequência da verificação de pressupostos, fixados na proposição descritiva de situações fácticas ou situações já juridicamente qualificadas; nesta, preceituam-se

> as consequências sancionadoras, no pressuposto do não cumprimento do estatuído na norma determinante da conduta juridicamente devida. [...] As denominações adjetivas 'primária' e 'secundária' não exprimem relações de ordem temporal ou causal, mas de antecedente lógico para consequente lógico.[3]

Assim, para o autor, a norma primária (oriunda de normas de direito material) e norma secundária (oriunda de norma de direito processual objetivo) compõem a bimembridade da norma jurídica: a primária sem a secundária desjuridiciza-se; a secundária sem a primária reduz-se a instrumento, meio, sem fim material, a adjetivo sem o suporte do substantivo.[4]

Logo, teremos a norma primária como uma unidade que estipula a ocorrência factual vinculando-a deonticamente à uma conduta, a qual estará associada a uma consequência jurídica pautada na existência de direitos e deveres entre os sujeitos.

Já norma secundária, funciona como verdadeiro propósito para exigir, através do órgão competente, a efetivação do dever presente na norma primária, tendo como pressuposto, o seu descumprimento.

As duas unidades juntas, formam a norma jurídica completa, expressando uma mensagem deôntica-jurídica, que constitui o fato jurídico relacionado a conduta e sua correlata repercussão, juntamente com a medida a ser tomada pelo ordenamento na eventualidade do seu descumprimento.

É nesta temática que surge o ponto de partida para o estudo das sanções, justamente pelo fato de que é ideia de coercitividade, isto é, na possibilidade de exigir o cumprimento da norma mesmo que contra a vontade do agente, que emerge, para alguns autores, a própria concepção de direito.[5]

---

3. VILANOVA, Lourival. *Estruturas lógicas e o sistema de direito positivo*. São Paulo: Noeses, 2005, p. 105.

4. Idem, p. 190.

5. Para o jusfilósofo Hans Kelsen, como ordem coativa, o Direito distingue-se de outras ordens sociais. O momento coação, isto é, a circunstância de que o ato estatuído pela ordem como consequência de uma situação considerada socialmente

Assim, na norma primária, se parte da premissa de que realizada a hipótese fática, se sucede a relação jurídica entre os sujeitos ativo e passivo, com direito e deveres entre si, já em relação à norma secundária, o pressuposto é o não cumprimento, que funciona como verdadeiro propósito para exigir coativamente, através de órgão competente, a efetivação do dever presente na norma primária.[6]

No âmbito tributário, estes direitos e deveres têm como núcleo a formação de uma relação jurídica estabelecida entre o sujeito ativo, que possui o direito subjetivo ao recebimento de determinada quantia a título de tributo, e o sujeito passivo, que tem o dever jurídico de entregar àquele uma quantia em virtude da ocorrência de determinado fato jurídico.

Paralelamente, além do dever jurídico de efetuar o pagamento do tributo devido, o sujeito passivo, a existência da obrigação tributária é acompanhada de diversas obrigações de fazer ou não fazer, que visam à possibilidade o trabalhar de fiscalização e arrecadação dos tributos, são os chamados deveres instrumentais.

Assim, a inobservância ou descumprimento das obrigações derivadas da relação jurídica tributária, seja aquela correspondente ao dever de efetuar o pagamento do tributo – obrigação principal – ou aquelas pautadas nos deveres instrumentais – obrigação acessória – caracterizam um ilícito tributário, implicando automaticamente a necessidade de punir o responsável pela conduta ou omissão, através de uma sanção.

Desta forma, as sanções tributárias emergem no ordenamento como normas jurídicas secundárias, cujo antecedente normativo, isto é, a sua hipótese de incidência, está pautada no descumprimento de uma outra norma jurídica que prevê determinado dever jurídico, tendo como finalidade desestimular o

---

prejudicial deve ser executado mesmo contra a vontade da pessoa atingida e – em caso de resistência - mediante o emprego da força física, é o critério decisivo

6. VILANOVA, Lourival. *Causalidade e relação no direito.* São Paulo: Noeses, 2015, p. 188.

comportamento ilícito do infrator através de aplicação de uma penalidade correlata, trazendo efetividade à norma primária.

Para o professor Paulo de Barros Carvalho, *a relação sancionatória vem mencionada no prescritor da regra, onde podemos colher todos os elementos necessários e suficientes para a sua identificação, num caso concreto. A norma que estipula a sanção descreve o fato antijurídico no seu antecedente, e a providência desfavorável ao autor do ilícito (sanção) no consequente.*[7]

Assim, nota-se que o elemento que diferencia as normas jurídicas sancionadoras das demais normas existentes no cerne social, sejam estas, por exemplo, de cunho moral ou religioso, é justamente a possibilidade da sua coação em potencial, isto é, a providência desfavorável, de modo que se determinada conduta for praticada, ou se esperada, deixar de ser, haverá uma punição correspondente.

Para Hans Kelsen, esta coação em potencial, ou seja, a coercitividade, se confunde com a própria noção de direito, sendo este seu elemento essencial e indissociável. Para o autor, sendo o direito uma ordem coativa, se faz necessária a estipulação de condutas reprováveis, de modo que a sanção emerge justamente como uma consequência desfavorável para quem age de forma a ferir um bem ou valor que esteja protegido pelo sistema jurídico, garantindo a sua efetividade.[8]

Esta premissa emerge a partir da ideia de que o Direito carrega consigo uma lógica de imputação condicional, isto é, a norma prescreve condutas humanas das quais nascem direitos e deveres que devem ser observados a partir dos seus pressupostos, os quais são delineados no antecedente e no consequente das normas que o instituem, formando uma conexão entre o ilícito, que é a infringência normativa, e a consequência derivada deste ilícito, que é a sanção.

---

7. CARVALHO, Paulo de Barros. *Direito tributário, linguagem e método.* 7ª São Paulo: Noeses, 2018, p. 870.

8. KELSEN, Hans. *Teoria pura do direito.* 8ª ed. São Paulo: WMF Martins Fontes, 2009, p. 49-50.

Portanto, para Kelsen, a sanção é norma secundária cujo núcleo consiste em um resultado juridicamente desfavorável, a ser instituído mediante coação, isto é, será imposto em desfavor do sujeito independentemente da sua vontade, e com uso de força em caso de resistência, a ser aplicada pelo Estado-Juiz.

Já para Norberto Bobbio, a sanção é o resultado da desobediência de condutas prescritas pelo ordenamento jurídico, funcionando como verdadeiro instrumento de preservação das leis contra atitudes que lhes sejam contrárias ao bem jurídico que está sendo por esta protegido.

Nesse sentido, afirma:

> A sanção pode ser definida, a partir desse ponto de vista, como o expediente com que se busca, em um sistema normativo, salvaguardar a lei da erosão de ações contrárias. [...] Violação de norma e sanção como resposta à violação estão implicadas em todo sistema normativo.[9]

Nota-se que, muito embora ambos os autores estejam em consonância ao afirmar que a sanção é necessariamente uma reposta negativa em virtude da violação de condutas previstas pelo ordenamento jurídico, Bobbio admite a existência de normas jurídicas sem sanção correspondente.

Isso porque, para o autor, qualquer comportamento contrário aos enunciados que compõem o sistema, não necessariamente implica ilicitude capaz de ensejar a aplicação de uma sanção, como por exemplo, a inobservância de normas de estrutura voltadas ao exercício da competência legislativa, na qual o agir em contrário apenas resulta em nova licitude sem configurar ato ilícito.

Desta forma, o parâmetro para definir se uma norma é jurídica, não é a existência de uma sanção correspondente, mas sim a sua institucionalização, ou seja, ter sido produzida por fonte competente e pertencer ao sistema jurídico, logo, nem

9. BOBBIO, Norberto. *Teoria geral do direito*. 3ª ed. São Paulo: Martins Fontes, 2010, p. 145-146.

todas as normas terão uma sanção correlata, mas sim, apenas aquelas cujo comportamento em contrário configura ato ilícito, isto é, viola um bem jurídico protegido pelo ordenamento.

No entanto, entendemos que a dicotomia existente na estrutura das normas jurídicas, advém do pressuposto de que no direito, não existe norma sem sanção correspondente, devendo necessariamente, estar atrelada à possibilidade de coerção estatal, para que assim possa ser considerada uma norma jurídica completa.

Portanto, a norma secundária concede carga de juridicidade à normas primárias, o que a define como jurídica. Nos dizeres de Lourival Vilanova: *a primária sem a secundária desjuridiciza-se; a secundária sem a primária reduz-se a instrumento-meio, sem fim material.*[10]

4. As sanções políticas como meio indireto para a cobrança do crédito tributário

Uma vez definido o conceito de sanção, bem como a forma como a competência para instituir tributos interage com a possibilidade de instituição de penalidade pelos entes políticos, cumpre neste momento definir o que seriam as denominadas sanções políticas.

Conforme já mencionado, a premissa básica da aplicação de uma sanção reside na violação de uma norma jurídica cujo teor busca a proteção de um bem jurídico tutelado pelo ordenamento, visando a desestimular o indivíduo a incidir novamente na conduta.

Nesse sentido, o ente político, paralelamente, às normas relacionada à incidência tributária, disciplinará também a forma como as autoridades fazendárias vão exercer o seu papel de fiscalização e arrecadação dos tributos em relação aos tributos de sua competência.

---

10. VILANOVA, Lourival. *Causalidade e relação no direito*. São Paulo: Noeses, 2015, p. 77.

No entanto, apesar do legislador estar limitado aos direitos e garantias fundamentais que amoldam o Sistema Tributário Nacional, é comum a imposição de normas que vão muito além de meros instrumentos de arrecadação e fiscalização pelo ente político, mas sim, funcionam como verdadeiros meios alternativos de cobrança de tributo, sob uma justificativa de adotar políticas tributárias eficientes, mas que, na prática, funcionam, indiretamente, como um instrumento político sancionatório.

Desta forma, se pode dizer que as sanções políticas configuram verdadeiras medidas de restrição impostas administrativamente pelo ente que detém a competência tributária correspondente, no qual, em noma da praticabilidade tributária, se criam mecanismos administrativos que embora não sejam naturalmente relacionados à tributação, acabam por intimidar o contribuinte ao recolhimento do tributo sob o risco de sofrer a imposição política.

Assim, as sanções políticas existem na aplicação de uma verdadeira coação, fora da norma secundária, sem a participação do Estado-juiz, logo, são medidas coercitivas e restritivas, empregadas sem autorização do Poder Judiciário, de forma espontânea, havendo, portanto, violação a direitos fundamentais, notadamente o devido processo legal, o contraditório e a ampla defesa, conforme as lições de Maria Ângela Lopes Paulino Padilha:

> [...] os constrangimentos inconstitucionais levados a efeito pela Administração no intuito de forçar o sujeito passivo ao pagamento do tributo. [...] compreendem as medidas restritivas de direitos impostas pela própria Administração ao sujeito passivo, que têm como escopo obrigá-lo, por via oblíqua, a recolher a exação tributária em favor dos cofres públicos, sem, contudo, recorrer ao Judiciário, na forma preconizada pelo devido processo legal formal.[11]

Nota-se, neste ponto, que as sanções políticas também são tidas como medidas inconstitucionais, pois representam o uso desautorizado da coação, ameaçando o Estado de Direito

---

11. PADILHA, Maria Ângela Lopes Paulino. *As sanções no direito tributário.* São Paulo: Noeses, 2015, p. 168-169.

por colocarem a Administração Pública, na prática, acima da lei. Nesse sentido, representam uma verdadeira prevalência dos interesses arrecadatórios em detrimento do interesse público, apresentados dois elementos para a sua configuração:

> (i) forma "coercitiva" da Administração Fazenda exigir do contribuinte o cumprimento da obrigação tributária (pagamento do tributo), em afronta ao devido processo legal e (ii) limitação ou ofensa a direito individual, notadamente ao direito à propriedade, à liberdade de trabalho e/ou ao livre exercício da atividade econômica.[12]

Já para Renato Lopes Becho, as sanções políticas possuem um viés político-administrativo as quais estipulam penalidades que declaram um sujeito passivo tributário devedor do Fisco, mas que para isso, acabar por restringir-lhe a atividade econômica, notadamente diante da administração pública direta ou indireta.

E complementa:

> De nossa parte, reconhecemos que as sanções são instrumentos úteis, necessários e tradicionais do Direito para estimular e pressionar os sujeitos a cumprirem seus deveres legais. Todavia, elas não substituem a efetividade que a coação permite. Em termos mais diretos, somente a execução fiscal permite ao Estado invadir a esfera patrimonial do devedor, retirar bens suficientes para satisfazer o direito do credor e por fim, definitivamente, à relação jurídica tributária.[13]

Desta forma, podemos definir a sanções políticas como o uso de medidas coercitivas pelo ente político, de forma a constranger o contribuinte a efetuar o adimplemento da obrigação tributária, através da limitação à propriedade, à liberdade e ao exercício da atividade econômica, importando em verdadeira

---

12. PADILHA, Maria Ângela Lopes Paulino. *As sanções no direito tributário*. São Paulo: Noeses, 2015, p.169.

13. BECHO, Renato Lopes. O direito tributário sancionador e as sanções político-administrativas. In.: *Revista Dialética de Direito Tributário* nº 222. São Paulo: Escrituras Editoras, 2014, p. 111-112.

prevalência do interesse primário arrecadatório sobre o interesse comum.

5. O perfil das sanções políticas na jurisprudência do STF

Apesar de não existir um conceito expresso de sanção política no âmbito do Sistema Tributário Nacional, a casuística envolvendo o controle de constitucionalidade das normas que instituem meio indiretos para a cobrança do tributo, levaram a jurisprudência do Supremo Tribunal Federal a traçar um perfil do que pode ser considerado como sanção polícia, atribuindo uma significação mínima a partir da identificação de alguns elementos da norma instituidora.

Inicialmente, o termo sanção política foi utilizado pela primeira vez pelo STF, em julgamento ocorrido em 25 de setembro de 1957, ocasião em que foi apreciado o Recurso Extraordinário nº 33.523, cujo resultado acarretou no reconhecimento da constitucionalidade do art. 1º, do Decreto-lei nº 5 de 1937.[14]

Tal dispositivo previa que os contribuintes, responsáveis ou fiadores que possuíam débitos para com a Fazenda Nacional, não poderiam despachar mercadorias ou adquirir estampilhas dos impostos de consumo e de vendas mercantis, ou seja, na prática, tratava-se de verdadeiro óbice ao exercício da atividade empresarial, cujo critério era pautado unicamente na regularidade fiscal.[15]

---

14. Art. 1º. Os contribuintes, responsáveis ou fiadores que não tiverem resolvido seus débitos para com a Fazenda Nacional, nas repartições arrecadadores competentes, uma vez esgotados os prazos estabelecidos nos regulamentos fiscais respectivos, não poderão despachar mercadorias nas Alfândegas ou Mesas de Rendas, adquirir estampilhas dos impostos de consumo e de vendas mercantis, nem transigir, por qualquer outra forma, com as repartições públicas do país. Art. 2º Revogam-se as disposições em contrário.

15. RE 33523, Relator(a): Min. Cândido Motta, Primeira Turma, julgado em 25.07.1957, DJ 19.09. 1957. No mesmo sentido: RE 36791, Relator(a): Min. Nelson Hungria, Primeira Turma, julgado em 05.05.1958, DJ 05.07.1958.

Ressalta-se, que o voto condutor foi pautado na premissa de que o dispositivo estava consonante com norma constitucional vigente na época, de modo a imposição de medida administrativa não importava em impedimento relacionado à atividade de comercializar, mesmo porque, essa deveria ser feita de conformidade com a lei, mas sim de reprimir uma atividade ilícita, através de uma medida cuja Corte entendeu como moralizadora, pautada na defesa dos superiores interesses da administração pública.

Uma década depois, quando do julgamento RE nº 63026, o STF revisitou a tese firmada, para declarar a inconstitucionalidade do art. 1º, do Dec.-lei nº 5 de 1937, contudo, cumpre frisar que não houve declaração de inconstitucionalidade em razão de configurar-se uma sanção política propriamente dita, mas sim, de entendê-la como inconstitucional quando comprometer a atividade econômica do contribuinte, de modo que se pode abstrair o raciocínio de quem nem toda sanção política violaria a norma constitucional.

Ou seja, o critério para definir que uma sanção política estaria extrapolando os limites da praticabilidade tributária, seria justamente a sua influência na atividade empresarial do contribuinte, de modo e impedir o seu livre exercício com base na existência de débitos perante a Fazenda Pública, visando justamente a constrangê-lo ao recolhimento do tributo.

A partir de então, com base neste critério, esta temática foi submetida ao STF em diversas oportunidades, os quais, após uma infinidade de casos, foram elaboradas a seguintes súmulas:

Súmula nº 70: É inadmissível a interdição de estabelecimento como meio coercitivo para cobrança de tributo.

Súmula nº 323: É inadmissível a apreensão de mercadorias como meio coercitivo para pagamento de tributos.

Súmula nº 547: Não é lícito à autoridade proibir que o contribuinte em débito adquira estampilhas, despache mercadorias nas alfândegas e exerça suas atividades profissionais.

Nota-se que os enunciados acima claramente apontam para a proteção não só da atividade empresarial como do próprio estabelecimento do contribuinte, ou seja, as sanções políticas são assim qualificadas, quando, no âmbito da sua aplicação, os interesses do Fisco se sobressaem aos do contribuinte, privilegiando o recebimento do crédito em prol até mesmo do próprio funcionamento da atividade empresarial.

No entanto, não se pode olvidar que a legislação nacional prevê procedimentos específicos relacionados à cobrança do crédito tributário, os quais, por si só, já possuem certas prorrogativas e privilégios, como, dentre outros, a aplicação de penalidades, inscrição em dívida ativa, possibilidade de negativação juntos aos órgãos de proteção ao crédito, além do próprio rito da execução fiscal pelo Fazendas Públicas.

Nesse sentido, havendo mora do contribuinte em relação às suas obrigações tributárias, a Fazenda Pública deverá se utilizar dos meios ofertados pelo próprio sistema jurídico para buscar o adimplemento do débito, ainda que afetando forçosamente o patrimônio do contribuinte, sem, contudo, restringir os direitos e garantias fundamentais, em especial, ao funcionamento do estabelecimento comercial no caso das pessoas jurídicas.

Feitas estas considerações, vamos analisar no tópico seguinte o perfil para identificação das sanções políticas traçado a partir da análise de casos do Supremo Tribunal Federal envolvendo o controle de constitucionalidade de tais medidas, especialmente em relação à intervenção na ordem econômica.

6. A violação da livre-iniciativa como núcleo político sancionatório

A Constituição Federal de 1988, seguindo a tendência principalmente de diversos países europeus, passou a dispor em seus enunciados diversas normas jurídicas voltadas a disciplinar o livre exercício das atividades econômicas por meio de mecanismos de proteção e restrição dos excessos dos entes políticos.

O escopo desta proteção é, dentro do possível, incentivar e oferecer condições igualitárias de participação das empresas do pequeno ao grande porte, contribuindo para o crescimento e desenvolvimento econômico do país, garantindo a livre competição sem a intervenção estatal.

Nesse sentido, Roque Carrazza, afirma que:

> Efetivamente, os tributos (todos eles, mas maiormente os impostos) devem ser dosados com razoabilidade, de modo a valorizar a livre-iniciativa, um dos fundamentos de nosso Estado Democrático de Direito, a teor dos arts. 1º, IV, e 170, *caput*, ambos da CF. É, em síntese, requisito de validade das normas jurídicas tributárias, a necessidade delas não atassalharem a liberdade de exercício das atividades produtivas lícitas.[16]

Desta forma, quando do exercício da Administração Tributária, os entes políticos devem sempre buscar um equilíbrio, uma vez que não pode tributar além razoável, de modo a inviabilizar o exercício da atividade empresarial, nem tributar pouco a ponto de não possuir arrecadação suficiente para fazer frente às suas despesas da sua gestão.

Entendemos que tal premissa se estende ao âmbito da aplicação das sanções tributárias, uma vez que intuito de elevar tanto a livre concorrência quando a livre iniciativa ao patamar de garantia constitucional, é o de vedar o excesso, evitando que o manuseio de instrumento de cobrança possa ir além das suas finalidades precípuas, adquirindo o viés de sanção política, conforme já explorado.

Por este motivo, o Supremo Tribunal Federal utiliza como elemento para a caracterização e identificação das sanções políticas a violação ao livre exercício da atividade econômica, bem como à livre concorrência, elencadas, respectivamente no art. 5º, XIII, e no art. 170, parágrafo único, da Constituição Federal de 1988.[17]

---

16. CARRAZZA. Roque Antonio. *Curso de direito constitucional tributário.* 29 ed. São Paulo. Malheiros, 2013, 2016.

17. Art. 5º. Todos são iguais perante a lei, sem distinção de qualquer natureza, garantindo-se aos brasileiros e aos estrangeiros residentes no País a inviolabilidade do direi-

Desta forma, o STF veda a adoção de instrumentos, que, na prática, impliquem restrições ao exercício da atividade empresarial dos contribuintes, como forma de coagi-lo ao pagamento do crédito tributário, através de meios indiretos de cobrança.

Ressalta-se que para Hugo de Brito Machado, aqueles que defendem o manuseio das sanções políticas geralmente argumentam justamente com a ressalva feita pelo dispositivo constitucional, posto que na verdade o art. 170, parágrafo único, da Constituição Federal, assegura a liberdade econômica salvo nos casos previstos em lei.[18]

Para o autor, a ressalva contida no final do dispositivo na verdade diz respeito a certas atividades que, por questão de segurança, ficam a depender da autorização estatal, como acontece, por exemplo, como a fabricação e comercialização de determinadas armas e munições, as quais não seria razoável admitir-se a produção, ou o comércio, sem autorização e controle de órgãos públicos.

No entanto, esta autorização do Estado para o exercício da atividade empresarial não pode ser condicionada especificamente ao pagamento dos tributos, posto que assim estaria subvertido todo o sistema de garantias constitucionais contra a exigência do imposto.

---

to à vida, à liberdade, à igualdade, à segurança e à propriedade, nos termos seguintes:
[...]
XIII - é livre o exercício de qualquer trabalho, ofício ou profissão, atendidas as qualificações profissionais que a lei estabelecer;
Art. 170. A ordem econômica, fundada na valorização do trabalho humano e na livre-iniciativa, tem por fim assegurar a todos existência digna, conforme os ditames da justiça social, observados os seguintes princípios:
[...]
Parágrafo único. É assegurado a todos o livre exercício de qualquer atividade econômica, independentemente de autorização de órgãos públicos, salvo nos casos previstos em lei.

18. MACHADO, Hugo Brito. Sanções políticas como meio coercitivo na cobrança de tributo. incompatibilidade com as garantias constitucionais do Contribuinte. Efeito Suspensivo a Recurso Extraordinário. Requisitos da Medida Cautelar. In: *Revista Dialética de Direito Tributário* nº 450. São Paulo: Escrituras Editoras, 2014, p. 88.

Um caso paradigmático que envolveu a fixação deste critério como identificador das sanções políticas, foi o julgamento da Ação Cautelar nº 1657/RJ.[19] Neste caso, a empresa American Virgina Indústria e Comércio, Importação e Exportação de Tabacos LTDA, questionava o cancelamento do seu registro empresarial, pela Receita Federal, para a industrialização de cigarros em razão do descumprimento de deveres constantes no então vigente art. 2º do Dec.-lei 1.593/77.[20]

O conteúdo do enunciado objeto da controvérsia pautava-se justamente na necessidade de manter a pontualidade no cumprimento das obrigações tributárias relacionadas aos tributos administrados pela Receita Federal, como requisito para manter o registro para industrialização de cigarros no Brasil.

O STF decidiu, pela constitucionalidade da norma e por conseguinte, do cancelamento do registro da empresa requerente, sobre o argumento de que o descumprimento reiterado do dever de pagar o Imposto Sobre Produtos Industrializados – IPI, violaria a livre-concorrência, uma vez que o tributo em questão corresponderia a cerca de 70% do preço do produto,

---

19. RECURSO. Extraordinário. Efeito suspensivo. Inadmissibilidade. Estabelecimento industrial. Interdição pela Secretaria da Receita Federal. Fabricação de cigarros. Cancelamento do registro especial para produção. Legalidade aparente. Inadimplemento sistemático e isolado da obrigação de pagar Imposto sobre Produtos Industrializados - IPI. Comportamento ofensivo à livre concorrência. Singularidade do mercado e do caso. Liminar indeferida em ação cautelar. Inexistência de razoabilidade jurídica da pretensão. Votos vencidos. Carece de razoabilidade jurídica, para efeito de emprestar efeito suspensivo a recurso extraordinário, a pretensão de indústria de cigarros que, deixando sistemática e isoladamente de recolher o Imposto sobre Produtos Industrializados, com consequente redução do preço de venda da mercadoria e ofensa à livre concorrência, viu cancelado o registro especial e interditados os estabelecimentos. (AC 1657 MC, Relator(a): JOAQUIM BARBOSA, Relator(a) p/ Acórdão: CEZAR PELUSO, Tribunal Pleno, julgado em 27/06/2007, DJe-092 DIVULG 30-08-2007 PUBLIC 31-08-2007 DJ 31.08.2007 PP-00028 EMENT VOL-02287-02 PP-00254 RTJ VOL-00204-01 PP-00099 RDDT n. 146, 2007, p. 231-232 RCJ v. 21, n. 137, 2007, p. 81).

20. Art. 2º. O registro especial poderá ser cancelado, a qualquer tempo, pela autoridade concedente, se, após a sua concessão, ocorrer um dos seguintes fatos:

[...]

II – não cumprimento de obrigação tributária principal ou acessória, relativa a tributo ou contribuição administrado pela Secretaria da Receita Federal;

de modo que deixar pagá-lo, implicaria relevante vantagem competitiva.

Vale destacar o voto do Ministro Relator Joaquim Barbosa, proferido no âmbito do Recurso Extraordinário nº 550769,[21] sucedâneo da medida cautelar, o qual ponderou que as sanções políticas implicam verdadeiro risco ao controle administrativo ou judicial dos créditos tributários, bem como ao controle da própria sanção imposta ao contribuinte, uma vez que pode até mesmo acarretar no fim da empresa, dado o caráter capital da pena aplicada.

Além disso, mencionou que a sanção política também viola o devido processo legal substantivo na medida em que implica o abandono dos mecanismos previstos no sistema jurídico para apuração e cobrança de créditos tributários em favor de instrumentos oblíquos de coação e indução.

Porém, ponderou também que a proibição da sanção política não confere imunidade absoluta e imponderada, pois não serve como uma espécie de salvo conduto geral aos

---

21. CONSTITUCIONAL. TRIBUTÁRIO. SANÇÃO POLÍTICA. NÃO PAGAMENTO DE TRIBUTO. INDÚSTRIA DO CIGARRO. REGISTRO ESPECIAL DE FUNCIONAMENTO. CASSAÇÃO. DECRETO-LEI 1.593/1977, ART. 2º, II. 1. Recurso extraordinário interposto de acórdão prolatado pelo Tribunal Regional Federal da 2ª Região, que reputou constitucional a exigência de rigorosa regularidade fiscal para manutenção do registro especial para fabricação e comercialização de cigarros (DL 1.593/1977, art. 2º, II). 2. Alegada contrariedade à proibição de sanções políticas em matéria tributária, entendidas como qualquer restrição ao direito fundamental de exercício de atividade econômica ou profissional lícita. Violação do art. 170 da Constituição, bem como dos princípios da proporcionalidade e da razoabilidade. 3. A orientação firmada pelo Supremo Tribunal Federal rechaça a aplicação de sanção política em matéria tributária. Contudo, para se caracterizar como sanção política, a norma extraída da interpretação do art. 2º, II, do Decreto-lei 1.593/1977 deve atentar contra os seguintes parâmetros: (1) relevância do valor dos créditos tributários em aberto, cujo não pagamento implica a restrição ao funcionamento da empresa; (2) manutenção proporcional e razoável do devido processo legal de controle do ato de aplicação da penalidade; e (3) manutenção proporcional e razoável do devido processo legal de controle da validade dos créditos tributários cujo não-pagamento implica a cassação do registro especial. 4. Circunstâncias que não foram demonstradas no caso em exame. 5. Recurso extraordinário conhecido, mas ao qual se nega provimento. (RE 550769, Relator(a): Joaquim Barbosa, Tribunal Pleno, julgado em 22.05.2013, Acórdão Eletrônico *DJe*-066 DIVULG 02.04.2014 PUBLIC 03.04.2014).

contribuintes que fazem da frívola impugnação de lançamentos tributários uma ferramenta de vantagem competitiva.

No mais, fixou os seguintes critérios para calibração e aferição da constitucionalidade do diploma questionado enquanto sanção política: 1) relevância do valor dos créditos tributários em aberto, cujo não pagamento implica a restrição ao funcionamento da empresa; 2) manutenção proporcional e razoável do devido processo legal de controle do ato de aplicação da penalidade; 3) manutenção proporcional e razoável do devido processo legal de controle da validade dos créditos tributários cujo não pagamento implica a cassação do registro especial.

Desta forma, o cancelamento do registro não se enquadraria no perfil de sanção política, tendo em vista, que, embora, de fato, houvera uma restrição, tal ato teria o condão de restabelecer a livre-concorrência, o que não implicaria desproporcionalidade, considerando a necessidade, no caso em questão, de harmonizar preços de mercado.

Frisa-se que a questão relacionada à constitucionalidade do art. 2º do Dec.-lei 1.593/77 ainda não teve seu desfecho definido, face a pendência do julgamento da Ação Direta de Inconstitucionalidade nº 3952, a qual possui o mesmo objeto e relatoria do Recurso Extraordinário nº 550769.

Deste modo, o julgamento foi iniciado com o voto do ministro relator Joaquim Barbosa, o qual ponderou em sentido semelhante ao voto proferido no caso anterior, ressaltando que deve ser aplicada a interpretação conforme a Constituição, sem modificação de texto, ratificando os critérios fixados no julgamento anterior para aferição da constitucionalidade, quais sejam, em suma, existência de crédito tributário de grande valor, este considerado como aquele proporcional ao porte das atividades desenvolvidas pelo contribuinte, respeito ao devido processo legal de controle da validade da restrição e respeito ao devido processo legal de controle da validade dos créditos tributários. O caso foi incluído em pauta de julgamento para junho de 2021, porém, foi retirado do calendário sem previsão de nova inclusão.

Mais recentemente, quando do julgamento em sede de repercussão geral do Recurso Extraordinário nº 565048, de relatoria do Ministro Marcelo Aurélio, foi questionada a constitucionalidade do parágrafo único do art. 42 da Lei estadual nº 8.820/89[22] do Estado do Rio Grande do Sul.

O teor o dispositivo trazia como requisito para a impressão de talonários de notas fiscais, a necessidade de prestação de fiança idônea, garantia real ou outra fidejussória capaz de cobrir obrigações tributárias futuras decorrentes de operações mercantis presumidas, envolvidos os documentos fiscais requeridos, para os contribuintes que estivessem em mora com as obrigações relacionadas ao ICMS.

O voto condutor do caso ponderou que Fazenda Pública deve buscar o Judiciário visando à cobrança, via executivo fiscal, do que devido, mostrando-se impertinente recorrer a métodos que acabem inviabilizando a própria atividade econômica, como é o relativo à proibição de as empresas em débito, no tocante a obrigações, principal e acessórias, vir a emitir documentos considerados como incluídos no gênero fiscal.

No mais, menciona que a previsão normativa impõe providência restritiva de direito, complicadora ou mesmo impeditiva da atividade empresarial do contribuinte para forçá-lo

---

22. Art. 42. Os contribuintes e outras pessoas sujeitas à inscrição, relativamente a cada estabelecimento, são obrigados a manter e escriturar livros fiscais e a emitir documentos, segundo o disposto em regulamento.
Parágrafo único. A Fiscalização de Tributos Estaduais, quando da autorização para impressão de documentos fiscais, poderá limitar a quantidade a ser impressa e exigir garantia, nos termos do art. 39, quando a utilização dos referidos documentos puder prejudicar o pagamento do imposto vincendo, ou quando ocorrer uma das hipóteses mencionadas no art. 39.
Art. 39. O deferimento da inscrição fica condicionado à prestação de fiança idônea, cujo valor será equivalente ao imposto calculado sobre operações ou prestações estimadas por Fiscais de Tributos Estaduais, por um período de 6 (seis) meses, caso o interessado, tendo sido autuado por falta de pagamento de impostos estaduais devidos, deixou de apresentar impugnação no prazo legal, ou se o fez, foi julgada improcedente, estendendo-se o aqui disposto, no caso de sociedades comerciais, aos sócios ou diretores.
[...]
§ 2º. Para os fins deste artigo, a garantia não ficará adstrita à fiança, podendo ser exigida garantia real ou outra fidejussória.

a adimplir. Assim, há verdadeira irracionalidade na necessidade de apresentar garantia de débitos vincendos, pois, esta prestação em favor do futuro, consubstancia mero pretexto para cobrar o tributo passado por via oblíqua.

Além disso, afirmou que o abuso dos meios, com a consequente corrupção dos fins, é a nota essencial e autoritária das medidas, cujo gênero foi rotulado de sanções políticas em matéria tributária. A falta de sintonia desses mecanismos de coação fiscal com as garantias constitucionais do Estado Democrático de Direito, inaugurado com a Carta de 1988, revela caráter ditatorial e perverso. Ao final, a Corte declaro, por unanimidade, a inconstitucionalidade do dispositivo questionado.[23]

Nota-se, que os parâmetros utilizados pelo STF nos casos de maior repercussão envolvendo os princípios da ordem econômica e a imposição de sanções políticas, não só possuem elevada carga abstrata, como dependem do manuseio interpretativo dos dispositivos questionados e dos princípios constitucionais utilizados para defender a configuração ou não de sanção política.

Isso porque os ministros que compõem a Corte consideram como *ratio decidendi*, a violação ao livre exercício à atividade econômica e à livre-iniciativa, bem como os princípios da proporcionalidade e devido processo legal, ora para considerar determinada medida como sanção política, ora para, com base nas mesmas premissa, votar no sentido de que não resta caracterizada como sanção política, mas sim, consubstanciando um medida restritiva de índole extrafiscal, autorizada pelo sistema jurídico como decorrente da praticabilidade tributária.

---

23. TRIBUTO – ARRECADAÇÃO – SANÇÃO POLÍTICA. Discrepa, a mais não poder, da Carta Federal a sanção política objetivando a cobrança de tributos – Verbetes nº 70, 323 e 547 da Súmula do Supremo. TRIBUTO – DÉBITO – NOTAS FISCAIS – CAUÇÃO – SANÇÃO POLÍTICA – IMPROPRIEDADE. Consubstancia sanção política visando *(sic)* o recolhimento de tributo condicionar a expedição de notas fiscais a fiança, garantia real ou fidejussória por parte do contribuinte. Inconstitucionalidade do parágrafo único do artigo 42 da Lei nº 8.820/89, do Estado do Rio Grande do Sul.(RE 565048, Relator(a): Marco Aurélio, Tribunal Pleno, julgado em 29.05.2014, Acórdão Eletrônico Repercussão Geral - MÉRITO DJe-197 DIVULG 08.10.2014 PUBLIC 09.10.2014).

No entanto, entendemos que deve prevalecer um conceito mínimo, de modo a caracterizar como sanção política, a medida coercitiva ou restritiva desproporcional, com escopo de exigir indiretamente o pagamento de tributos sem a observância do devido processo legal e violando direitos e garantias fundamentais previstos na Constituição Federal.

A exceção subsiste, quando inadimplemento da obrigação tributária, em caráter reiterado, implica vantagem econômica que possa acarretar concorrência desleal em relação a contribuinte do mesmo imposto e do mesmo ramo de atividade, ou seja, o não pagamento do tributo implica manuseio do preço inferior ao de mercado, implicando verdadeiro locupletamento da própria torpeza por parte do contribuinte.

Contudo, cabe frisar que o critério utilizado pelo STF no julgamento Recurso Extraordinário nº 550769 para manter a constitucionalidade, pautado na proteção concorrencial do preço do produto, não parece ser o mais adequado, uma vez que não é papel do Fisco combater práticas anticoncorrenciais no mercado, uma vez que o sistema jurídico possui órgão específico para esta finalidade, que é o Conselho Administrativo de Defesa Econômica (CADE), autarquia federal, cuja atuação é regida pela Lei 12.529/2011, a qual dispõe sobre o Sistema Brasileiro de Defesa da Concorrência.

7. Conclusão

A norma jurídica possui estrutura hipotética condicional, formada por um antecedente e um consequente, interligados por uma relação de causalidade, ou seja, a norma é composta por uma hipótese, a qual descreve um determinado evento, que uma vez ocorrido formará uma relação jurídica entre dois ou mais sujeitos, operada através de modais deônticos.

Nesse sentido, na norma primária, se parte da premissa de que realizada a hipótese fática, se sucede a relação jurídica entre os sujeitos ativo e passivo, com direito e deveres entre si, já em relação à norma secundária, o pressuposto é o não cumprimento, que funciona como verdadeiro propósito para exigir coativamente, através de órgão competente, a efetivação do dever presente na norma primária.

Assim, as sanções tributárias emergem no ordenamento como normas jurídicas secundárias, cujo antecedente normativo, isto é, a sua hipótese de incidência está pautada no descumprimento de uma outra norma jurídica que prevê determinado dever jurídico, tendo como finalidade, desestimular o comportamento ilícito do infrator através de aplicação de uma penalidade correlata, trazendo efetividade à norma primária.

Destarte, o elemento que diferencia as normas jurídicas sancionadoras das demais normas existentes no cerne social, sejam estas, por exemplo, de cunho moral ou religioso, é justamente a possibilidade da sua coação em potencial, isto é, a providência desfavorável, de modo que se determinada conduta for praticada, ou se esperada, deixar de ser, haverá uma punição correspondente.

Logo, apesar do legislador estar limitado aos direitos e garantias fundamentais que amoldam o Sistema Tributário Nacional, é comum a imposição de normas que vão muito além de meros instrumentos de arrecadação e fiscalização pelo ente político, mas sim, funcionam como verdadeiros meio alternativos de cobrança de tributo, sob uma justificativa de adotar políticas tributárias eficientes, mas que, na prática, funcionam indiretamente como um instrumento político sancionatório.

Assim, podemos definir a sanções políticas como o uso de medidas coercitivas pelo ente político, de forma a constranger o contribuinte a efetuar o adimplemento da obrigação tributária, através da limitação à propriedade, à liberdade e ao exercício da atividade econômica, importando em verdadeira prevalência do interesse primário arrecadatório sobre o interesse comum.

Segundo o Supremo Tribunal Federal critério para definir que uma sanção política estaria extrapolando os limites da praticabilidade tributária, seria justamente a sua influência na atividade empresarial do contribuinte, de modo e impedir o seu livre exercício com base na existência de débitos perante a Fazenda Pública, visando justamente a constrangê-lo ao recolhimento do tributo.

Portanto, a Administração Tributária não pode tributar além do razoável de modo a inviabilizar o exercício da atividade empresarial, nem tributar pouco a ponto de não possuir arrecadação suficiente para fazer frente às suas despesas da sua gestão. Tal premissa se estende ao âmbito da aplicação das sanções tributárias, uma vez que intuito de elevar tanto a livre-concorrência quanto a livre-iniciativa ao patamar de garantia constitucional é o de vedar o excesso, evitando que o manuseio de instrumento de cobrança possa ir além das suas finalidades precípua.

Referências

AMARO, Luciano. *Direito tributário brasileiro.* 14. ed. São Paulo: Saraiva, 2008.

BALEEIRO, Aliomar. *Direito tributário brasileiro.* Atualizada por Misabel Derzi. Rio de Janeiro: Forense, 2005.

BECHO, Renato Lopes. O Direito Tributário Sancionador e as Sanções Político- administrativas. In.: *Revista Dialética de Direito Tributário* nº 222. São Paulo: Escrituras Editoras, 2014.

BOBBIO, Norberto. *Teoria do ordenamento jurídico.* 6ª ed. Brasília: Editora da Universidade de Brasília, 1995.

_____. *Teoria geral do direito.* 3ª ed. São Paulo: Martins Fontes, 2010.

CARRAZZA, Roque Antonio. *Curso de direito constitucional tributário.* 28. ed. São Paulo: Malheiros, 2012.

CARVALHO, Paulo de Barros. *Curso de direito tributário.* 19ª ed. São Paulo: Saraiva, 2007.

CARVALHO, Paulo de Barros. *Direito tributário, linguagem e método.* 7ª São Paulo: Noeses, 2018.

COÊLHO, Sacha Calmon Navarro. *Curso de direito tributário brasileiro.* 12ª ed. Rio de Janeiro: Forense, 2012.

FAVACHO, Fernando Gomes. *Definição do conceito de tributo.* São Paulo: Quartier Latin, 2011.

KELSEN, Hans. *Teoria pura do direito.* São Paulo: WMF Martins Fontes, 2009.

LINS, Robson Maia. *Curso de direito tributário brasileiro.* 1. ed. São Paulo: Noeses, 2019.

MACHADO, Hugo de Brito. *Curso de direito tributário.* 34ª ed. São Paulo: Malheiros, 2013.

_____. Sanções Políticas como Meio Coercitivo na Cobrança de Tributo. Incompatibilidade com as Garantias Constitucionais do Contribuinte. Efeito Suspensivo a Recurso Extraordinário. Requisitos da Medida Cautelar. In.: *Revista Dialética de Direito Tributário* nº 450. São Paulo: Escrituras Editoras, 2014

MARTINS, Ives Gandra da Silva. *Da sanção tributária.* São Paulo: Saraiva, 1998.

PADILHA, Maria Ângela Lopes Paulino. *As sanções no direito tributário.* São Paulo: Noeses, 2015

SEGUNDO, Hugo de Brito Machado. *Código Tributário Nacional:* anotações à Constituição, ao Código Tributário Nacional e às leis complementares 87/1996 e 116/2003. 2ª ed. São Paulo: Atlas, 2009.

SILVA, Paulo Roberto Coimbra. *Direito tributário sancionador.* São Paulo: Quartier Latin, 2007.

VILANOVA, Lourival. *Causalidade e relação no direito.* São Paulo: Noeses, 2015.

_____. *Estruturas lógicas e o sistema de direito positivo.* São Paulo: Noeses, 2005.

AS SANÇÕES NO DIREITO TRIBUTÁRIO SOB A ÓPTICA DO CONSTRUCTIVISMO LÓGICO-SEMÂNTICO: SUAS ESTRUTURAS NORMATIVAS E SEUS INSTANTES DE INCIDÊNCIA NO MUNDO FENOMÊNICO

Victor Falcão Sande e Oliveira[1]

Introdução

O tema das sanções tributárias é ainda pouco estudado pelos doutrinadores e, com isso, acaba gerando uma maior quantidade de decisões heterogêneas no momento da sua aplicação nos casos concretos pelos tribunais administrativos e judiciais pátrios. Por conta disto, há uma grande instabilidade no direito positivo, o que contraria alguns primados constitucionais, notadamente o sobreprincípio da segurança jurídica que norteia todo o sistema jurídico.

---

1. Mestrando em Direito Tributário pela Pontifícia Universidade Católica de São Paulo - PUC/SP. Especialista em Direito Tributário pelo Instituto Brasileiro de Estudos Tributários - IBET. Especialista em Direito Administrativo pela Universidade Candido Mendes/RJ. Graduado em Direito pela Universidade Católica do Salvador – UCSal. Advogado. victorsande@gmail.com.

O presente texto tem por finalidade examinar essa temática sob a óptica do método do Constructivismo Lógico-Semântico, a partir de uma análise de como ocorre a incidência das sanções tributárias e como estas são estruturadas normativamente, possibilitando, dessa forma, identificar em um caso prático se a sanção aplicada respeitou os ditames legais ou se padeceu algum vício.

Para chegar aos seus objetivos propostos, o artigo abordará alguns conceitos fundamentais para guiar o presente trabalho, tais como, o conceito de direito utilizado pelo método do Constructivismo Lógico-Semântico, o que é e como funciona esta metodologia no tocante ao estudo do direito e a diferença entre evento, fato, fato jurídico e fato jurídico ilícito. Isto porque, com a nova corrente filosófica da linguagem, denominada de "giro-linguístico", passou-se a entender ser através da utilização da linguagem a forma do qual o sujeito constrói o mundo circundante e o possibilita comunicar com outros indivíduos. E, sendo o Direito um objeto cultural, ou seja, criado pelo ser humano para regular as condutas dos indivíduos com os seus pares, é através da linguagem que o Direito vai operar, mas não qualquer linguagem, é indispensável a utilização de uma linguagem competente por um sujeito também competente (aplicador), ambos previamente estabelecidos pelo ordenamento jurídico, para que o Direito possa incidir sobre as condutas sociais, almejando alcançar os seus fins.

Após diferençar o evento, o fato, fato jurídico (lícito) e fato jurídico ilícito, o presente trabalho apresentará a norma jurídica e suas espécies e classificações, com o objetivo de demonstrar como se dá a incidência normativa, como o fato jurídico se "encaixa" dentro da norma jurídica e quais são os seus efeitos. No que tange ao tema das sanções tributárias, será demonstrado como o fato jurídico ilícito ocorre e quais os efeitos provenientes do acontecimento desse fato no "mundo jurídico".

Por fim, o artigo tratará das sanções tributárias em específico, descrevendo as espécies previstas atualmente no nosso ordenamento jurídico, sua hipótese de incidência, seus efeitos, e como as mesmas estão estruturadas normativamente, permitindo a compreensão das normas sancionatórias previstas atualmente no nosso ordenamento jurídico.

Ademais, ressalta-se que não é o objetivo deste trabalho esgotar a temática em questão, tendo em vista as limitações existentes. Contudo, a matéria será abordada de uma maneira geral, com a utilização do método do Constructivismo Lógico-Semântico, com vistas a identificar a forma como se opera o tema das sanções no direito tributário pátrio atual.

1. O conceito de direito e o constructivismo lógico-semântico

O "Direito" é uma palavra que apresenta uma alta carga de ambiguidade[2], tanto podendo representar objetos fora do universo jurídico – como, por exemplo, um lado de um objeto em relação ao outro (no caso, o lado esquerdo), ou como sinônimo de homem honesto - como também objetos que estão dentro desse universo jurídico - a exemplo de Direito Positivo, Ciência do Direito, direito subjetivo, direito potestativo, dentre outros.

Devido a esta alta carga de ambiguidade que a palavra "Direito" se apresenta, até mesmo dentro do universo jurídico, como visto nos exemplos acima, que é o objeto de estudo deste texto, torna-se imprescindível adotar um conceito de Direito que guiará o trabalho nas conclusões acerca das sanções tributárias e das suas estruturas normativas.

Feita tal ressalva, podemos, dessa forma, definir o Direito, tomado aqui como sinônimo de Direito Positivo, como um conjunto de normas jurídicas válidas num dado país[3], *"com a finalidade de regular condutas intersubjetivas, canalizando-as em direção a certos valores que a sociedade deseja*

2. CARVALHO, Aurora Tomazini de. *Curso de teoria geral do direito:* construtivismo lógico-semântico. 5. ed. ampl. rev. - São Paulo: Noeses, 2016, p. 79.

3. CARVALHO, Paulo de Barros. *Curso de direito tributário*. 28. ed. São Paulo: Saraiva, 2017, p. 36.

ver realizados"[4]. Esses valores almejados são diversos, mas sempre desembocam naqueles valores máximos presentes no preâmbulo da Constituição Federal, que são os fins últimos (supremos) a serem alcançados pela sociedade.

Por se tratar de uma camada de linguagem prescritiva com o fito de regular as condutas interpessoais, o Direito (Positivo) se apresenta como um sistema composto apenas por normas jurídicas válidas, existindo normas que regulam tais condutas (diretamente) e também normas que regulam a forma de autoprodução desse sistema jurídico. Em outras palavras, para que uma mensagem (um fato social, por exemplo) possa ingressar no sistema como norma jurídica, é imprescindível que haja uma outra norma jurídica, de posição hierárquica superior dentro desse sistema, prescrevendo o procedimento adequado e o sujeito competente para inserir aquela mensagem como norma jurídica. Esta criação de nova(s) norma(s) jurídica(s), bem como da sua transformação e extinção, é o que denominamos de processo de positivação do direito.

Além disso, essas normas jurídicas que regularão as condutas intersubjetivas e a sua autoprodução, têm que se encontrar válidas no sistema, ou seja, o direito positivo não poderá regular as condutas sociais ou regular seu próprio sistema normativo com normas que já não se encontram mais válidas nesse sistema jurídico (por aquelas normas jurídicas já revogadas), muito menos com normas jurídicas que ainda nem sequer existem.

Neste sentido, valiosas as lições de Aurora Tomazini de Carvalho[5] acerca dessa necessidade de as normas jurídicas serem válidas no sistema. Segundo a autora:

> *Seguimos a linha segundo a qual o direito válido é o direito posto. "Posto" entende-se aqui em dois sentidos considerados conjuntamente: (i) presente (desconsiderando as normas jurídicas*

4. CARVALHO, Aurora Tomazini de. *Curso de teoria geral do direito:* construtivismo lógico-semântico. 5. ed. ampl. rev. São Paulo: Noeses, 2016, p. 98/99.

5. Idem, p. 721.

> *passadas e futuras); e (ii) materializado em linguagem competente. O direito futuro ainda não está materializado e o passado está desconstituído.*

Apresentado o conceito de Direito (como sinônimo de Direito Positivo) que será adotado neste trabalho, para a compreensão das sanções tributárias existentes no ordenamento jurídico é importante também apresentar o que é o "Constructivismo Lógico-Semântico", tendo em vista se tratar do método adotado por este trabalho.

O Constructivismo Lógico-Semântico é um método que visa a orientar o cientista e o aplicador na construção de significado acerca do seu objeto de estudo e de aplicação, qual seja, o Direito (Positivo), preservando a integralidade sintática do sistema jurídico, bem como visando a amarrar semanticamente o sentido das palavras do discurso jurídico, *"reduzindo as ambiguidades e vaguidades, tendo em vista a coerência e o rigor da mensagem comunicativa"*,[6] sem esquecer também da *"consideração dos efeitos pragmáticos do que pretende o emissor com a expedição do ato de fala"*.[7]

Mais uma vez, importante trazer novamente as lições de Aurora Tomazini de Carvalho[8] acerca da proposta metodológica do Constructivismo Lógico-Semântico:

> *A proposta metodológica da Escola do Constructivismo Lógico-Semântico é estudar o direito dentro de uma concepção epistemológica bem demarcada, a Filosofia da Linguagem (uma das vertentes da Filosofia do Conhecimento) e a partir deste referencial, amarrar lógica e semanticamente suas proposições, para construção de seu objeto (que se constitui em uma das infinitas possibilidade de se enxergar o direito).*

---

6. TOMÉ, Fabiano Del Padre. *A prova no direito tributário: de acordo com o código de processo civil de 2015*. – 4. ed. rev. e atual. – São Paulo: Noeses, 2016, p. 03

7. CARVALHO, Paulo de Barros. *Direito tributário: reflexões sobre filosofia e ciência em prefácios*. – 1. ed. – Noeses, 2019. p. 23.

8. CARVALHO, Aurora Tomazini de. *O constructivismo lógico-semântico como método de trabalho na elaboração jurídica. In: Constructivismo lógico-semântico*. v. 1. – São Paulo: Noeses, 2014, p. 15.

> *Por isso, o nome: Constructivismo Lógico-Semântico – "Constructivismo", porque o sujeito cognoscente não descreve seu objeto, o constrói mentalmente em nome de uma descrição. E assim o faz, amparado num forte referencial metodológico, que justifica e fundamenta todas as proposições construídas, desde que estas estejam estruturalmente e significativamente amarradas a tais referenciais, o que justifica o "Lógico-Semântico" do nome. O cientista constrói seu objeto (como a realidade que sua teoria descreve) a partir da ordenação lógica-semântica de conceitos.*

Assim, com apoio no estudo da teoria da linguagem, mais especificamente a corrente filosófica do Giro-Linguístico - que firma a premissa de que é somente por meio da linguagem que o sujeito constrói a realidade, atribuindo significados aos objetos presentes no mundo fenomênico - o método do Constructivismo Lógico-Semântico justamente atribui o caráter constitutivo do Direito Positivo, que o cientista ou o aplicador, ao interpretá-lo a partir dos enunciados prescritivos dos textos legais (ex: artigo de lei, parágrafos, incisos, alíneas), construirá significados para aqueles enunciados, objetivando construir as normas jurídicas. E, para auxiliar nessa construção de significados dos enunciados prescritivos dos textos legais em normas jurídicas, o aplicador (ou cientista) faz o uso do instrumental da Semiótica, pela sua forma sintática, semântica e pragmática de estudar os signos – *in casu*, os textos do direito posto.

De fato, analisando o Direito Positivo por meio da Semiótica, observa-se que, sob o aspecto sintático, a norma jurídica apresenta sempre uma mesma estrutura interna, em forma de juízo hipotético-condicional, interligando um antecedente a um consequente por meio de um conectivo implicacional (functor deôntico), bem como uma estrutura externa dentro do sistema jurídico, em vínculos de subordinação e coordenação com outras normas jurídicas desse mesmo sistema do direito posto. Já no aspecto semântico, o emprego do método do Constructivismo Lógico-Semântico tem como objetivo reduzir a ambiguidade e vaguidade que são inerentes às palavras, para poder amarrar o conteúdo da mensagem normativa presente no discurso jurídico. Por fim, pelo campo pragmático, "*a atenção se volta às relações dos signos com seus utentes de linguagem, isto é, ao modo como os emissores e os destinatários lidam com o signo no contexto comunicacional*".[9]

2. Diferença entre evento, fato, fato jurídico e fato jurídico ilícito

O Direito faz parte da região ôntica dos objetos culturais, sendo uma criação do ser humano para regular as condutas intersubjetivas, com o objetivo de introduzir os valores que a sociedade deseja ver realizados, conforme já visto anteriormente.

Pois bem. Enquanto criação do ser humano para regular as condutas intersubjetivas, o Direito apenas opera mediante a utilização da linguagem, caso contrário, um determinado acontecimento do mundo fenomênico não terá força, por si só, para desencadear os efeitos previstos por esse Direito. Isto porque, como demonstrado anteriormente, é o sujeito (neste caso, o aplicador) que vai construir o objeto (norma jurídica), a partir da adjudicação de significados aos textos jurídicos), e fazê-la incidir naquele caso em questão.

Contudo, cumpre frisar que essa linguagem prescritiva utilizada para descrever determinado acontecimento do mundo fenomênico como fato jurídico e, consequentemente, prescrever a conduta (obrigatória, permitida ou proibida) que deverá ser realizada em virtude desse fato, precisa ser aquela preestabelecida pelo próprio sistema jurídico e expedida por um sujeito habilitado para tanto, pois, conforme dito acima, o Direito é que regula a criação, transformação e extinção das suas normas jurídicas.

Com efeito, apenas através do ser humano, mais especificamente, daquele sujeito que o próprio Direito Positivo outorga

---

9. CARVALHO, Aurora Tomazini de. *Curso de teoria geral do direito: construtivismo lógico-semântico*. - 5. ed. ampl. rev. São Paulo: Noeses, 2016, p. 181.

competência para realizar a sua positivação e se utilizando também de uma linguagem preestabelecida pelo próprio sistema jurídico, é que o Direito estará se movimentando, vale dizer, para produzir os seus efeitos e tentar alcançar os seus fins.

Feitas tais considerações, parece claro notar que se ocorrer um acontecimento no mundo social que apresente características que se enquadram nos critérios previstos no antecedente de uma norma jurídica (geral e abstrata), mas esse acontecimento não vier a ser relatado em linguagem competente por um sujeito também competente pelo Direito Positivo, nada para esse Direito ocorrerá, visto que os efeitos da norma jurídica não terão o condão de se propagar por força própria.

Por essa afirmação acima, já podemos nos contrapor aos doutrinadores que defendem ser a incidência da norma jurídica automática e infalível,[10] pois, se não houver sujeito e linguagem competente, a norma jurídica não produzirá seus efeitos, o que impedirá o Direito atingir suas finalidades.

Pois bem. Para poder aclarar as explicações trazidas acima, torna-se imperioso diferençar o evento, o fato e o fato jurídico (lícito) para poder explicar o fenômeno da incidência e o processo de positivação do Direito Positivo, e o fato jurídico ilícito que enseja a aplicação de normas jurídicas de cunho sancionatório.

O evento é todo acontecimento do mundo fenomênico que se perde no tempo e no espaço, pois não é constituído linguisticamente, apresentando-se, desta forma, no plano do ser. Já o fato, é o relato linguístico daquele evento. Em outras palavras, o fato é a descrição daquele evento, delimitado no tempo e no espaço. Esse fato (social) é aquele descrito em linguagem ordinária do ser humano em seu cotidiano, descrevendo, de forma limitada, o evento, tendo em vista que é impossível relatar o evento em toda a sua inteireza.

---

10. BECKER, Alfredo Augusto. *Teoria geral do direito tributário*. – 7. ed. – São Paulo: Noeses, 2018, p. 328.

Por sua vez, o fato jurídico, é aquele relato do evento vertido em linguagem competente, qual seja, aquela prevista pelo sistema jurídico para que tenha o condão de ingressar no antecedente de uma norma jurídica individual e concreta.

Neste sentido, podemos observar as lições trazidas por Aurora Tomazini de Carvalho acerca da diferença entre evento, fato e fato jurídico:[11]

> Chamamos de evento o acontecimento do mundo fenomênico despido de qualquer formação linguística. O fato, por sua vez, é o relato do evento. Constitui-se num enunciado denotativo de uma situação delimitada no tempo e no espaço. E por fato jurídico entende-se o relato do evento em linguagem jurídica. Enunciado, também denotativo de uma situação delimitada no tempo e no espaço, constituído em linguagem competente, que ocupa posição de antecedente de uma norma individual e concreta [...].

Porém, como já fora dito anteriormente, não basta apenas a presença da linguagem competente, é indispensável que o sujeito que descreverá a ocorrência daquele evento também seja autorizado pelo sistema jurídico como apto para fazê-lo.

Dito isto, observa-se que a diferença entre o fato para o fato jurídico ocorre apenas pelo tipo de linguagem empregada. E mais, imperioso também a competência desse sujeito que produzirá a referida linguagem.

Segundo Paulo de Barros Carvalho, que defende que o Direito se opera mediante linguagem, o fato jurídico somente ocorre através do processo de subsunção feita pelo sujeito competente, descrevendo a ocorrência de um evento em linguagem competente pelo sistema jurídico que se enquadra na hipótese da norma geral e abstrata válida e vigente.[12]

---

11. CARVALHO, Aurora Tomazini de. *Curso de teoria geral do direito:* construtivismo lógico-semântico. 5. ed. ampl. rev. São Paulo: Noeses, 2016, p. 535.

12. CARVALHO, Paulo de Barros. *Direito tributário, linguagem e método*. – 6. ed. – São Paulo: Noeses, 2015, p. 497.

Portanto, para ser fato jurídico, é imprescindível que o sujeito e a linguagem utilizada estejam previamente estabelecidos pelo ordenamento jurídico. Caso falte um desses dois pressupostos, o fato não será jurídico, podendo ser apenas um fato social, não tendo o condão de ingressar no antecedente de uma norma jurídica individual e concreta. Noutros torneios, não ingressará no sistema do Direito Positivo, não tendo força para produzir qualquer efeito.

Por fim, o fato jurídico ilícito é aquele que relata um acontecimento do mundo fenomênico que é contrário a alguma conduta prescrita pelo Direito. Para que se caracterize um fato ilícito, é imprescindível que este fato tenha contrariado uma norma jurídica pressuposta.[13] Em outras palavras, a descrição do fato jurídico ilícito para a constituição de uma norma jurídica (sancionatória) deverá relatar que a conduta realizada pelo indivíduo violou uma norma jurídica precedente.

3. A norma jurídica

O fato jurídico (lícito ou ilícito) relatado em linguagem e sujeito competente produzirá, pela implicação deôntica, a uma consequência, que é uma relação jurídica em que o sujeito ativo terá o direito subjetivo de exigir ao sujeito passivo uma prestação determinada em virtude da sua conduta, tendo este o dever jurídico de cumpri-la. Este fato jurídico estará presente no antecedente de uma norma jurídica individual e concreta.

Pois bem, a norma jurídica é composta por um juízo hipotético-condicional que liga uma hipótese a um consequente pela imputação deôntica (em linguagem formalizada: D(H→C)). Nas lições de Paulo de Barros Carvalho, *"as normas jurídicas têm organização interna das proposições condicionais, em que se enlaça determinada consequência à realização de um fato"*.[14]

13. CARVALHO, Aurora Tomazini de. *Curso de teoria geral do direito: construtivismo lógico-semântico*. - 5. ed. ampl. rev. - São Paulo: Noeses, 2016, p. 584.

14. CARVALHO, Paulo de Barros. *Direito tributário: linguagem e método*. – 6. ed. – São Paulo: Noeses, 2015, p. 143.

Neste sentido, podemos classificar as normas jurídicas em gerais e abstratas, gerais e concretas, individuais e abstratas, e individuais e concretas. Segundo Paulo de Barros Carvalho,[15] a generalidade e a individualidade referem-se aos destinatários, enquanto a abstração e a concretude remetem-se como se toma o fato jurídico descrito no antecedente. Nas suas lições: *"geral, aquela que se dirige a um conjunto de sujeitos indeterminados quanto ao número; individual, a que se volta a certo indivíduo ou a grupo identificado de pessoas. Já a abstração e a concretude dizem respeito ao modo como se toma o fato descrito no antecedente"*.[16]

Para este trabalho, que tem como objetivo estudar as sanções tributárias e suas estruturas normativas, interessará apenas o estudo das normas jurídicas gerais e abstratas e das normas jurídicas individuais e concretas, tendo em vista que as primeiras referem-se àquelas normas que preveem as sanções tributárias, estabelecendo os critérios que os fatos jurídicos deverão apresentar para ser considerados ilícitos e os critérios que determinarão a relação jurídica proveniente do acontecimento desse fato ilícito, e as segundas (individuais e concretas), são aquelas que atingirão as condutas intersubjetivas, na medida em que tais fatos ilícitos ocorram, aplicando os efeitos jurídicos decorrentes dessas condutas.

A norma jurídica geral e abstrata, em sua hipótese, traz critérios que permitem ao intérprete identificar e relatar a ocorrência dos fatos jurídicos, a partir dos acontecimentos do mundo fenomênico. Já o consequente normativo, como o próprio nome permite inferir, prevê as consequências que advirão uma vez ocorridos os fatos previstos na hipótese normativa, trazendo critérios que permitam o intérprete identificar os sujeitos da relação jurídica, bem como o objeto prestacional dessa relação. No caso das sanções tributárias, por exemplo, o

---

15. CARVALHO, Paulo de Barros. *Direito tributário: fundamentos jurídicos da incidência*. – 10. ed. rev. e atual. – São Paulo: Saraiva, 2015. p. 59.

16. Idem.

consequente das normas gerais e abstratas prevê multas pecuniárias ou até mesmo penalidade de natureza não pecuniária, tais como a apreensão de mercadoria e a pena de perdimento.[17]

Por fim, nas normas jurídicas individuais e concretas, o antecedente normativo traz um fato jurídico (lícito ou ilícito) ocorrido em determinado tempo e espaço e, em seu consequente, uma relação jurídica vinculando dois ou mais sujeitos em torno de um objeto prestacional, tendo o sujeito ativo dessa relação um direito subjetivo de exigir a referida prestação e o sujeito passivo com o dever jurídico de cumpri-la.[18] Novamente no exemplo das sanções tributárias, o objeto prestacional da relação jurídica é justamente a aplicação de uma multa pecuniária ou uma obrigação de fazer, tal como a apreensão de mercadorias e a pena de perdimento, como visto acima.

Além de tais considerações acerca das classificações em gerais, individuais, abstratas e concretas das normas jurídicas existentes e daquelas que serão estudadas no presente artigo, podemos ainda realizar uma nova classificação, tendo em vista que a norma jurídica pode também ser identificada como norma jurídica primária e norma jurídica secundária, sendo que a primeira estatui uma relação de direito e deveres, e a segunda estatui uma relação de coercitividade, em que o Estado-juiz ingressa como sujeito em uma nova relação jurídica para atuar coativamente, *"forçando o sujeito passivo a adimplir a conduta prescrita na norma primária"*,[19] nos termos a seguir expostos.

Desde a Teoria Pura do Direito de Hans Kelsen, a doutrina reconhece esta dualidade da norma jurídica. Também em Cossio, verifica-se essa diferenciação. Neste sentido, conforme

---

17. LINS, Robson Maia. *Curso de direito tributário brasileiro*. 1. ed. São Paulo: Noeses, 2019. p. 556-557.

18. CARVALHO, Aurora Tomazini de. *Curso de teoria geral do direito: construtivismo lógico-semântico*. - 5. ed. ampl. rev. - São Paulo: Noeses, 2016. p. 590.

19. CARVALHO, Aurora Tomazini de. *Direito penal tributário (uma análise lógica, semântica e jurisprudencial)*. São Paulo: Quartier Latin, 2009. p. 77.

os ensinamentos de Aurora Tomazini de Carvalho,[20] "*o ser da norma jurídica é bimembre*", de sorte que há a norma jurídica primária (endonorma, segundo Cossio) e a norma secundária (perinorma, em Cossio).

3.1 A norma jurídica primária

De acordo com Aurora Tomazini de Carvalho,[21] "*a norma primária estatui direitos e deveres correlatos a dois ou mais sujeitos como consequência jurídica 'C', em decorrência da verificação do acontecimento descrito em sua hipótese 'H'*". No mesmo sentido, Lourival Vilanova.[22]

Os critérios contidos na sua hipótese normativa são: *(i)* critério material, que traz um verbo e o seu complemento; *(ii)* critério temporal que delimita o instante que ocorreu o evento relatado no fato jurídico; e o *(iii)* critério espacial, que delimita o local da ocorrência do referido evento.

Ademais, em alguns casos, como naquelas normas sancionatórias, a hipótese normativa traz ainda um *(iv)* critério subjetivo, como no caso da multa qualificada do direito tributário, em que é imprescindível a presença da intenção dolosa do agente para que se possa dar a incidência desta norma.

Já no consequente normativo, verificam-se a presença de pelo menos dois critérios: o primeiro critério é o *(i)* pessoal, vinculando o(s) sujeito(s) ativo ao(s) sujeito(s) passivo, em torno de um critério *(ii) prestacional*, que será o objeto da prestação que o sujeito ativo poderá exigir do sujeito passivo, que terá o dever de cumprimento. Esse objeto prestacional poderá ser quantificado (ex: tributo ou multa pecuniária) ou não (ex: obrigação de fazer, como nos casos de apreensão de bens ou

20. CARVALHO, Aurora Tomazini de. Direito penal tributário (uma análise lógica, semântica e jurisprudencial). São Paulo: Quartier Latin, 2009, p. 72-72.

21. Idem, p. 324-325.

22. VILANOVA, Lourival. *As estruturas lógicas e o sistema do direito positivo*. – 4. ed. – São Paulo: Noeses, 2010. p. 73.

pena de perdimento). Quando o objeto prestacional é quantificado, podemos ter também um critério quantitativo no consequente normativo, em que se dará o cotejo entre a base de cálculo e a alíquota previstas legalmente para se aferir o valor da prestação em que o sujeito passivo terá que adimplir.

Para uma parcela da doutrina, com a qual se concorda, essa norma primária comporta uma subdivisão em norma jurídica primária dispositiva e norma jurídica primária sancionatória, nos termos a seguir expostos.

3.1.1 A norma jurídica primária dispositiva

A norma jurídica primária dispositiva é aquela que estabelece direitos e deveres correlatos a dois ou mais sujeitos decorrentes de um fato jurídico lícito. No direito tributário, por exemplo, tem-se como norma primária dispositiva a que estabelece os tributos e os deveres instrumentais (obrigações acessórias, nos termos da doutrina tradicional).

Tal norma apresenta a seguinte estrutura formal: D [h → R (Sa, Sp)]. Realizando a explicação, teremos: A hipótese da norma (h) com o vínculo implicacional do dever-ser neutro (→) com o consequente da norma, que estabelece uma relação (R) entre o sujeito ativo (Sa) ao sujeito passivo (Sp).

3.1.2 A norma jurídica primária sancionatória

Além dessa norma jurídica primária dispositiva, é possível identificar a existência da norma jurídica primária sancionatória, sendo esta decorrente do descumprimento do consequente daquela outra norma.

Tal norma jurídica primária sancionatória difere-se, ainda, da norma secundária, que será vista com mais detalhes a seguir, uma vez que não tem o condão de exigir a coação do juiz-estatal que é prevista nesta. Valendo-se, novamente, dos exemplos no campo do direito tributário, a norma jurídica primária sancionatória é visualizada naquelas situações onde incidem as multas tributárias, em que o descumprimento de um dever de pagamento de tributo ou da não realização de um dever instrumental acaba acarretando para o sujeito infrator uma sanção pecuniária pelo ilícito cometido. Contudo, neste exemplo dado, a norma primária sancionatória, que prevê a sanção de uma multa tributária, não possibilita ao sujeito ativo obter o crédito utilizando a coação por força própria (ou seja, uma autoexecutoriedade), sendo necessário a intervenção do Estado-juiz pela aplicação da norma secundária.

Observa-se ainda neste exemplo das multas tributárias (norma primária sancionatória), que os sujeitos da relação deverão continuar os mesmos da norma primária dispositiva, somente se modificando o antecedente normativo, já que se trata, na sua hipótese, da ocorrência de um fato ilícito, que é justamente o descumprimento do dever jurídico previsto no consequente da norma jurídica primária dispositiva, e o objeto prestacional do consequente normativo também será outro, pois estabelece uma nova relação jurídica entre os mesmos sujeitos, desta vez aplicando uma multa (sanção) para o sujeito infrator.

Sendo assim, podemos estruturar a norma jurídica primária dispositiva e sancionatória da seguinte forma: D [h → R (Sa, Sp)] . [h' (h.-c) → R' (Sa, Sp)], em que a norma precedente (dispositiva) imputa a ocorrência de fato jurídico lícito (h) a uma relação jurídica de cunho não-sancionatório (R), vinculando o sujeito ativo ao sujeito passivo em torno de um objeto prestacional, e a norma derivada (sancionatória), que apresenta como hipótese normativa (h') justamente a descrição de um fato identificado na hipótese da norma precedente (h) e o não cumprimento da conduta no consequente desta norma (-c), imputando, assim, uma outra relação jurídica (R') entre os mesmos sujeitos (Sa, Sp) em torno de um outro objeto prestacional.[23]

---

23. CARVALHO, Aurora Tomazini de. *Direito penal tributário (uma análise lógica, semântica e jurisprudencial)*. – São Paulo: Quartier Latin, 2009, p. 76.

Como ensina Aurora Tomazini de Carvalho, *"a norma derivada depende da conduta prescrita como hipótese da norma precedente"*[24]. Em outras palavras, para que a norma primária sancionatória possa incidir, é imprescindível que haja o descumprimento do consequente da norma primária dispositiva, sendo este o fato jurídico ilícito descrito no antecedente da norma primária sancionatória.

3.2 A norma jurídica secundária

Por fim, a norma jurídica secundária, como já se adiantou, é aquela que se encontra sujeita a coação estatal, na qual o sujeito lesado (sujeito ativo da relação jurídica das normas primárias dispositiva e sancionatória) pelo sujeito infrator (sujeito passivo da relação jurídica das normas primárias) se socorrerá ao Estado-juiz, formando uma nova relação jurídica.

Dessa forma, *"ocorrendo o não cumprimento, dá-se o fato cujo efeito (por isso o não cumprimento é fato jurídico) é outra relação jurídica, na qual o sujeito ativo fica habilitado a exigir coativamente a prestação, objeto do dever jurídico"*.[25]

Portanto, *"tanto a norma secundária quanto a primária derivada punitiva têm como hipótese a inobservância, pelo sujeito passivo, da relação jurídica no consequente de outra norma"*.[26] Noutros torneios, só poderá incidir a norma jurídica primária sancionatória e/ou a norma secundária, caso haja o descumprimento do consequente da norma primária dispositiva pelo sujeito passivo da relação jurídica primária, ou seja, do sujeito infrator, cometedor do fato jurídico ilícito.

24. CARVALHO, Aurora Tomazini de. *Direito penal tributário* (uma análise lógica, semântica e jurisprudencial). – São Paulo: Quartier Latin, 2009, p. 76.

25. VILANOVA, Lourival. *Causalidade e relação no direito*. 5. ed. São Paulo: Noeses, 2015, p. 153.

26. CARVALHO, Aurora Tomazini de. *Direito penal tributário* (uma análise lógica, semântica e jurisprudencial). – São Paulo: Quartier Latin, 2009, p. 77.

Em estrutura formal, teremos a norma jurídica completa (contendo a norma primária dispositiva e sancionatória e a norma secundária) da seguinte forma: D [h → R (Sa, Sp)] . {h' (h. -c) → R' (Sa, Sp)] . [h'' (h'. -p) → Rs (Sa, Sj)]}. Explicando: ocorrido o fato jurídico na hipótese da norma primária dispositiva (h) implicará na relação jurídica (R) entre o sujeito ativo e o sujeito passivo, tendo este o dever jurídico de cumprir uma determinada prestação para o sujeito ativo. Caso haja o descumprimento da prestação contida no consequente dessa norma primária dispositiva, ensejará a incidência da norma primária sancionatória, que, em seu antecedente, descreverá um fato jurídico ilícito (h') que é justamente a ocorrência de descumprimento do consequente da norma primária dispositiva (-c), dando ensejo a uma nova relação jurídica, desta vez de cunho punitivo (R'). Por fim, o descumprimento dessas duas normas primárias (dispositiva e sancionatória) ensejará o fato jurídico ilícito contido no antecedente da norma secundária (h''), vinculando a uma nova relação jurídica, dessa vez contendo também o Estado-juiz (Sj) como sujeito do consequente desta norma secundária, que imporá coercitivamente a conduta ao sujeito passivo infrator.[27]

Pelo exposto, podemos perceber que o estudo da diferença entre evento, fato, fato jurídico e fato jurídico ilícito, bem como a análise das estruturas normativas das normas primárias dispositivas e sancionatórias e das normas secundárias é importante para alcançar os objetivos deste trabalho, que é justamente apresentar as espécies de sanções tributárias previstas atualmente no nosso ordenamento jurídico e como as mesmas estão estruturadas normativamente. A análise das estruturas normativas das sanções tributárias é uma das formas que permite o cientista e o aplicador do direito visualizar a incidência dessas normas sancionatórias em um caso prático, podendo identificar se há alguma inconstitucionalidade ou ilegalidade na sua aplicação.

27. CARVALHO, Aurora Tomazini de. *Direito penal tributário* (uma análise lógica, semântica e jurisprudencial). – São Paulo: Quartier Latin, 2009, p. 78-79.

4. As sanções tributárias e as suas estruturas normativas

A palavra "sanção" também apresenta o problema semântico da ambiguidade.[28] Dentro do "mundo jurídico", por exemplo, é possível verificar o termo "sanção" no sentido de punição, ou seja, aquela que se encontra prevista no consequente da norma primária sancionatória e na norma secundária, sendo esta coercitiva, e o termo "sanção" como *"ato de competência exclusiva do chefe do Poder Executivo que manifesta, expressa ou tacitamente, a sua concordância com o projeto de lei já aprovado pelo Congresso".*[29]

Esse problema de cunho semântico que a palavra "sanção" apresenta também foi notado por Paulo de Barros Carvalho:[30]

> "Sanção" pode experimentar mutações semânticas que variam conforme o momento da sequência prescritiva (direito posto) ou expositiva (Ciência do Direito). Tanto é "sanção" a penalidade aplicada ao infrator quanto a relação jurídica que a veicula, tratando-se de norma individual e concreta. Também é "sanção" o consequente da norma geral e abstrata, como a própria norma que tem como antecedente a tipificação do ilícito. E participa do mesmo nome, ainda, o ato jurídico-administrativo que encerra o processo de elaboração de certas leis. Sobremais, recebe o nome de sanção também a percentagem a ser aplicada na base de cálculo da multa. Exemplo: "A sanção será de 20% sobre o valor do imposto devido".

E finaliza o autor:[31]

> Creio que a acepção de base do termo, nos domínios do jurídico, está na providência que o Estado-jurisdição aplica coativamente, a pedido do titular de direito violado, tendo em vista a conduta do sujeito infrator. A "sanção", por esse modo, estaria contida no

28. CARVALHO, Aurora Tomazini de. *Curso de teoria geral do direito: construtivismo lógico-semântico*. - 5. ed. ampl. rev. - São Paulo: Noeses, 2016, p. 330.

29. CUNHA JÚNIOR, Dirley da. *Curso de direito constitucional*. – 12. ed. rev. ampl. e atual. – Salvador: JusPodivm, 2018, p. 964.

30. CARVALHO, Paulo de Barros. *Direito tributário: linguagem e método*. – 6. ed. – São Paulo: Noeses, 2015, p. 866-867.

31. Idem.

> consequente de norma individual e concreta, como traço identificador do próprio direito.

Já Paulo Roberto Coimbra Silva,[32] em que pese utilizar o nome de "norma secundária" para significar as "normas primárias sancionatórias" como demonstrado neste trabalho, usa o termo "sanção" como a penalidade pelo descumprimento da norma que estabelece uma obrigação tributária:

> Essa prestação, intitulado tributo, é compulsória e, portanto, exige a previsão de uma sanção cominada para a hipótese de seu inadimplemento. Por isso, os entes tributantes, ao exigirem em uma norma impositiva uma obrigação tributária, não devem olvidar-se da inexorável possibilidade de seu descumprimento, imputando-lhe, em uma norma secundária, consequências indesejáveis consubstanciadas em uma sanção, frisa-se, não penal.

Neste sentido, convém destacar as palavras de Maria Ângela Lopes Paulino Padilha acerca do termo "sanção tributária":[33]

> Por fim, a sanção jurídica será tributária para os ilícitos tipificados na lei tributária ou fiscal, reguladora da instituição, arrecadação e fiscalização dos tributos, disciplinando a relação jurídica entre sujeito passivo – titular do dever jurídico de recolher o tributo e cumprir os deveres instrumentais – e sujeito ativo – titular do direito subjetivo de exigir referidos deveres tributários.

No direito tributário, a sanção também pode ser entendida como qualquer uma dessas hipóteses trazidas acima, ou seja, como a providência do Estado-juiz na norma secundária, ou como penalidade, ou como norma que impõe uma determinada penalidade, por isso, é necessário delimitar apenas um termo, para reduzir a carga de ambiguidade e facilitar a compreensão do tema apresentado neste trabalho.

---

32. SILVA, Paulo Roberto Coimbra. *Direito tributário sancionador*. São Paulo: Quartier Latin, 2007, p. 110-111.

33. PADILHA, Maria Ângela Lopes Paulino. *As sanções no direito tributário*. São Paulo: Noeses, 2015, p. 63.

Neste trabalho, utilizar-se-á "sanção" como a norma jurídica primária sancionatória que traz penalidades para o sujeito passivo descumpridor do dever jurídico de pagar tributo ou de realizar um dever instrumental previstos no consequente da norma jurídica primária dispositiva, como é o caso das multas pecuniárias (ex: multa de mora, multa de ofício e multa qualificada) e não-pecuniárias (ex: apreensão de mercadorias e pena de perdimento).

Pois bem, delimitada a sanção aqui como a norma jurídica primária sancionatória, podemos perceber que, para a sua incidência no campo tributário, é necessário que haja o descumprimento do consequente da norma primária dispositiva que estabelece o dever de pagamento de um tributo ou de um dever instrumental. Em outros termos, incide a norma jurídica primária sancionatória com o descumprimento da norma primária dispositiva, conforme explicitado no tópico anterior.

Ocorre que, utilizando das lições trazidas pelo método do Constructivismo Lógico-Semântico, para que haja a incidência dessa norma primária sancionatória, da mesma forma que ocorre com a norma primária dispositiva, é imprescindível que haja um sujeito habilitado e uma linguagem competente pelo sistema jurídico. Ou seja, trata-se do aplicador do direito constituindo o fato jurídico ilícito e imputando as consequências previstas na norma geral e abstrata para aquela norma individual e concreta.

Podemos, assim, perceber na prática que essa sanção somente poderá ser aplicada pela autoridade fiscal, que aplica de ofício a penalidade da norma primária sancionatória, como no caso dos autos de infração, ou o próprio sujeito passivo que, muitas vezes se antevendo de alguma providência do Fisco, já constitui o crédito tributário e as penalidades pelo descumprimento do dever instrumental de constituição do crédito nos casos de autolançamento, por exemplo.

Outras vezes também é fácil perceber a incidência da multa de mora sendo realizada pelo sistema (computador) no momento em que o sujeito passivo quer realizar o pagamento de um débito com atraso, tributário ou não, na guia.

Também nesses casos, mesmo que, à primeira vista, a incidência da multa de mora seja feita de forma "automática e infalível" pelo computador, percebe-se, ao final, que é o próprio ser humano que fez incidir essa norma sancionatória, só deixando ao sistema calcular os dias de atraso para aplicação dessa sanção.

Como pode ser verificado, em todas essas hipóteses, até mesmo no último exemplo acima, é o sujeito competente pelo direito positivo que faz incidir as sanções tributárias. Em outros termos, nunca a norma jurídica incide de forma "automática e infalível" com a ocorrência do evento. É sempre necessário a presença humana, relatando a ocorrência do fato jurídico ilícito e imputando as consequências previstas nas normas primárias sancionatórias.

Por tudo o que foi exposto acima, cabe, agora, apresentar as espécies de sanções tributárias previstas no ordenamento jurídico brasileiro e as suas estruturas normativas, identificando em quais materialidades serão considerados fato jurídicos ilícitos para ensejar a incidência tributária sancionatória e suas consequentes penalidades decorrentes de tais infrações.

A primeira espécie de sanção tributária que será apresentada é o da multa de ofício, que se trata de uma sanção de cunho pecuniário. Nas palavras de Maria Ângela Lopes Paulino Padilha,[34] a multa de ofício é:

> *(...) aplicável em decorrência do não pagamento do tributo, do descumprimento de dever instrumental e, ainda, da prática de infrações subjetivas assim qualificadas pelo não pagamento doloso do tributo ou pelo descumprimento doloso do dever instrumental.*

Na legislação federal, o fundamento legal dessa sanção está previsto no art. 44 da Lei 9.430/96:

---

34. PADILHA, Maria Ângela Lopes Paulino. *As sanções no direito tributário*. São Paulo: Noeses, 2015. p. 277.

> *Art. 44. Nos casos de lançamento de ofício, serão aplicadas as seguintes multas:*
>
> *I - de 75% (setenta e cinco por cento) sobre a totalidade ou diferença de imposto ou contribuição nos casos de falta de pagamento ou recolhimento, de falta de declaração e nos de declaração inexata; (Redação dada pela Lei nº 11.488, de 2007)*
>
> *II - de 50% (cinquenta por cento), exigida isoladamente, sobre o valor do pagamento mensal: (Redação dada pela Lei nº 11.488, de 2007)*
>
> *[...]*
>
> *§ 1º O percentual de multa de que trata o inciso I do caput deste artigo será duplicado nos casos previstos nos arts. 71, 72 e 73 da Lei no 4.502, de 30 de novembro de 1964, independentemente de outras penalidades administrativas ou criminais cabíveis. (Redação dada pela Lei nº 11.488, de 2007)*

Em sua estrutura normativa, temos os seguintes critérios na multa de ofício: No antecedente, o (i) critério material: deixar de pagar tributo ou deixar de constituir o crédito tributário; (ii) critério espacial: lugar em que ocorreu o inadimplemento ou que ocorreu a ausência de constituição do crédito tributário; (iii) critério temporal: instante em que ocorreu o inadimplemento ou instante que deixou de constituir o crédito tributário. No consequente, (i.i) critério pessoal, o sujeito passivo: sujeito obrigado pela legislação ao pagamento da multa. Na maior parte das vezes, o sujeito passivo da relação sancionatória é o sujeito passivo infrator da relação tributária da norma primária dispositiva; (i.ii) sujeito ativo: pessoa prevista pela legislação para ter o direito subjetivo de exigir o objeto prestacional da relação jurídica sancionatória. Na maior parte das vezes, verificamos a própria pessoa jurídica de direito público que elaborou a lei sendo sujeito ativo da relação sancionatória (o que não impossibilita a lei designar outra pessoa para figurar no polo ativo, como ocorre no caso da parafiscalidade, por exemplo). No caso da legislação acima (Lei 9.430/96), tem-se como sujeito ativo a União Federal; (ii) base de cálculo: valor do tributo inadimplido ou que fora deixado de ser constituído pelo contribuinte ou responsável; (iii) alíquota: percentual previsto em legislação que será aplicável sobre a base de cálculo.

Uma outra espécie de sanção tributária com natureza pecuniária é a multa de mora, que é *"aplicável em decorrência do pagamento do tributo após o vencimento (adimplemento tardio)"*.[35]

A multa de mora tem o seu antecedente normativo idêntico ao dos juros de mora, *"prevendo o descumprimento do dever prescrito na relação jurídica tributária"*.[36]

Neste sentido, *"da mesma forma que os juros de mora, a multa de mora é aplicada pelo simples fato de o contribuinte não ter efetuado o pagamento do tributo no prazo assinalado pela legislação"*.[37]

Em sua estrutura formal, podemos identificar os seguintes critérios: No antecedente, o (i) critério material: deixar de pagar o tributo ou realizar o pagamento fora do respectivo decurso de prazo; (ii) critério temporal: termo final do prazo de pagamento do crédito tributário; (iii) critério espacial: lugar do pagamento. No consequente, (i) critério pessoal: sujeito ativo, *"pessoa jurídica de direito constitucional interno ou pessoa jurídica que, por lei, receba a capacidade tributária ativa para exigir do sujeito passivo o conteúdo da prestação da obrigação tributária"*;[38] sujeito passivo, o obrigado a cumprir o dever jurídico da referida obrigação; (ii) base de cálculo, valor do tributo inadimplido ou adimplido com atraso; (iii) alíquota, aquela prevista na legislação; (iv) critério temporal de dias de atraso, que, juntamente com a base de cálculo e a alíquota, multiplicará o valor da multa de mora pelos dias de descumprimento da obrigação tributária de pagar o tributo.

---

35. PADILHA, Maria Ângela Lopes Paulino. *As sanções no direito tributário*. São Paulo: Noeses, 2015, p. 276.

36. LINS, Robson Maia. *Curso de direito tributário brasileiro*. 1. ed. São Paulo: Noeses, 2019, p. 553.

37. Idem.

38. Idem, p. 554.

A multa isolada, por sua vez, *"decorre da forma como é cobrada a multa pelo Fisco"*, ou seja, *"não se admite sua cumulação com outra multa de ofício"*[39]. Verifica-se o emprego da expressão "multa isolada" quando se *"faz referência às penalidades previstas no ordenamento jurídico para o descumprimento de deveres instrumentais pelo sujeito passivo"*.[40]

Importante, neste sentido, trazer as lições de Maria Ângela Lopes Paulino Padilha acerca da "multa isolada":[41]

> De uma maneira geral, o caráter "isolado" atribuído à multa decorre daquelas sanções pecuniárias cuja exigência é desacompanhada da cobrança do valor devido a título de tributo. Cobra-se, isoladamente, a multa (art. 43 da Lei nº 9.430/96).
>
> Não pagar tributo, portanto, não pode ser fato jurídico da norma primária sancionatória prescritora de multa isolada. Se assim fosse, a denominação revelar-se-ia inadequada.

Feitas tais considerações, acredita-se que, pelo fato de o caráter da multa isolada vir desacompanhada da cobrança do valor devido a título de tributo, é incorreto a cumulação dessa multa isolada com a multa de ofício, incidentes sobre o mesmo fato jurídico ilícito.

Assim, é possível estruturar formalmente a multa isolada da seguinte forma: No antecedente, o (i) critério material é descumprir um dever instrumental que seja desacompanhada da cobrança do valor devido à título de tributo; (ii) critério espacial: local em que o dever instrumental foi descumprido; (iii) critério temporal: o instante que decorreu o descumprimento do dever instrumental. Já no consequente, tem-se (i) o critério pessoal, em que o sujeito ativo é aquela pessoa prevista em lei para cobrar a penalidade pecuniária e o sujeito passivo é aquele que cometeu

---

39. LINS, Robson Maia. *Curso de direito tributário brasileiro*. 1. ed. – São Paulo: Noeses, 2019, p. 551.

40. PADILHA, Maria Ângela Lopes Paulino. *As sanções no direito tributário*. – São Paulo: Noeses, 2015, p. 279-280.

41. Idem, p. 278.

a infração, e no (ii) critério quantitativo, entendemos ter a exigência de cobrança de um valor fixo previsto legalmente, respeitados os princípios da razoabilidade e da proporcionalidade.

A multa qualificada decorre "*da aplicação das normas primárias sancionatórias que preveem, em seus antecedentes, infrações subjetivas, derivadas da vontade consciente (dolo) na prática da ilicitude*".[42]

Nos casos em que fiquem constatados a presença do elemento doloso da conduta do sujeito infrator, a penalidade aplicada costuma se apresentar muito mais gravosa do que a infração cometida sem dolo. O § 1º, do art. 44 da Lei 9.430/96 transcrita acima, fixou um agravamento de 75% para 150% caso haja a conduta dolosa resultante de sonegação, fraude ou conluio.

Dito isto, percebe-se que "*o legislador, segundo os critérios que irão compor o antecedente normativo da norma primária sancionatória, poderá prescrever a responsabilidade objetiva ou subjetiva*".[43] Assim, segundo Maria Ângela Lopes Paulino Padilha;[44]

> Será subjetiva, se o dolo participar da descrição do ilícito tributário situado no suposto normativo. Presente o intuito doloso na conduta infringente, a relação sancionatória será qualificada na exata proporção desta culpabilidade.

E completa:[45]

> Com efeito, o grau de culpabilidade do contribuinte na prática da infração irá medir a intensidade da sanção aplicada.

Diante do exposto, à luz da estrutura normativa da multa qualificada, pode-se verificar que a mesma tem a estrutura

42. PADILHA, Maria Ângela Lopes Paulino. *As sanções no direito tributário*. São Paulo: Noeses, 2015, p. 281.

43. Idem.

44. Ibidem.

45. Idem.

formal semelhante ao da multa de ofício, com a inclusão, contudo, do critério subjetivo no antecedente normativo, e a alíquota mais agravada no consequente. Quando se tratar de um descumprimento de um dever instrumental feito de forma dolosa, e que este descumprimento esteja desacompanhado de pagamento de tributo, tem-se então a estrutura normativa da multa qualificada semelhante ao da multa isolada, com a inclusão do critério subjetivo no antecedente normativo e com a alíquota do consequente mais agravada.

Por fim, em relação as sanções tributárias de natureza pecuniária, tem-se as multas agravadas, que *"são aplicadas quando presente circunstância agravante tipificada em lei, seja diante de infração objetiva ou subjetiva"*.[46]

Com efeito, pode-se perceber nesta sanção tributária que, independente da intenção dolosa do agente, caso o descumprimento de dever jurídico previsto no consequente da norma primária dispositiva esteja previsto em lei como causa agravante, a penalidade vai maior, mais gravosa.

Dessa forma, estruturando formalmente a multa agravada, tem-se a seguinte norma jurídica: No antecedente, o (i) critério material será o descumprimento de determinado dever instrumental previsto em lei como causa agravante, (ii) critério subjetivo, caso tenha previsão legal da intenção dolosa do agente infrator, (iii) critério espacial, local em que se deu o fato jurídico ilícito, (iv) critério temporal, momento que houve a infração. No consequente, tem-se o (i) critério pessoal, em que o sujeito ativo é aquele previsto em lei e o sujeito passivo é aquele que cometeu a infração; (ii) critério quantitativo, caso possa ser aferido um possível crédito tributário inadimplido, terá a base de cálculo o valor do tributo inadimplido e alíquota prevista em lei, ou valor fixo, caso a infração seja desacompanhada de pagamento de tributo.

---

46. PADILHA, Maria Ângela Lopes Paulino. *As sanções no direito tributário*. São Paulo: Noeses, 2015, p. 282.

Pois bem, passadas as espécies de sanções tributárias com cunho pecuniário, serão apresentadas algumas espécies de sanções tributárias não-pecuniárias. Isto porque, por existirem várias formas do Fisco sancionar o sujeito infrator com penalidades que não tenham natureza pecuniária, sendo, muitas vezes, tais penalidades inconstitucionais, haja vista violar direitos e garantias fundamentais dos indivíduos, discorrer-se-á apenas acerca das sanções tributárias de apreensão de mercadorias e da pena de perdimento.

Uma das formas que o Fisco encontra para forçar o sujeito infrator de pagar o tributo inadimplido é apreendendo a sua mercadoria, mesmo se se tratar de tributação ilegal, somente liberando a mercadoria apreendida após o sujeito realizar o pagamento daquele tributo.

Já a pena de perdimento, verifica-se, muitas vezes, no controle de entrada de produtos e mercadorias no país, utilizando o Fisco para cobrar indiretamente o pagamento do tributo em que o sujeito considera indevido.[47]

Em sua estrutura formal, pode-se construir as normas jurídicas primárias sancionatórias dessas duas sanções não-pecuniárias do seguinte modo: No antecedente, o (i) critério material é deixar de pagar o tributo, (ii) critério espacial, local de pagamento, e o (iii) critério temporal, instante que deixou de pagar o tributo. No consequente, o (i) critério pessoal, tem como sujeito ativo aquele designado por lei e, como sujeito passivo, aquele que deixou de pagar o tributo; e o (ii) critério prestacional, que é apreensão da mercadoria ou a pena de perdimento de produtos e mercadorias.

47. LINS, Robson Maia. *Curso de direito tributário brasileiro*. – 1. ed. – São Paulo: Noeses, 2019, p. 557.

Conclusão

Com base no que fora visto ao longo deste trabalho, pode-se concluir que a denominação de sanções tributárias que utilizamos são as normas jurídicas primárias sancionatórias que incidem sobre os fatos jurídicos ilícitos decorrentes do descumprimento de uma relação jurídica pressuposta no consequente da norma jurídica primária dispositiva, dando ensejo a uma nova relação jurídica, de cunho punitivo.

Todavia, para chegar a esta conclusão acima, foi necessário anteriormente conceituar o "Direito" e explicar sobre o Constructivismo Lógico-Semântico, por se tratar do método utilizado neste artigo para estudar a temática das sanções tributárias, com base em seus aspectos sintáticos e semânticos.

Além do mais, por se considerar que o Direito se opera mediante linguagem competente, ou seja, aquela linguagem que deve se encontrar previamente previsto pelo sistema jurídico como apta para descrever os fatos jurídicos e produzir os efeitos correlatos, bem como que tal linguagem seja expedida por um sujeito também competente por aquele sistema, verificamos que somente mediante a descrição do fato jurídico na construção da norma jurídica individual e concreta, é que o Direito incidirá na realidade social, regulando as condutas intersubjetivas, para alcançar os valores que a sociedade quer ver realizados.

O Direito é um conjunto de normas jurídicas válidas em um dado país, sendo, portanto, necessário o estudo da sua estrutura normativa para que se possa, ao lado do aspecto semântico, identificar como as sanções tributárias se apresentam e incidem sobre a realidade social. Por isto, analisou-se a existência das normas gerais e abstratas e individuais e concretas no tocante a esta matéria, além de identificar a existência de normas primárias dispositivas - que são aquelas, no direito tributário, que remetem ao pagamento de tributo ou a realização de um dever instrumental -, normas primárias sancionatórias - que são aquelas que preveem as sanções tributárias, como as multas pecuniárias, por exemplo - , como também verificamos a existência da norma secundária - em que o sujeito ativo da relação jurídica descumprida nas normas primárias se socorre ao Estado-juiz em uma nova relação jurídica, para que o mesmo exija coercivamente o cumprimento da prestação inadimplida ao sujeito passivo infrator.

Sendo a estrutura normativa o foco da análise para o estudo das sanções tributárias, foi possível constatar que, para que haja a incidência da norma primária sancionatória decorra, é indispensável ter incidindo uma norma precedente, decorrente de um fato jurídico lícito, em que vincule os sujeitos a uma determinada prestação que pode ser o pagamento de um tributo ou o cumprimento de um dever instrumental. Assim, viu-se que, descumprido esse dever previsto na norma jurídica primária dispositiva pelo sujeito passivo, tal conduta se torna um fato jurídico ilícito descrito no antecedente da norma primária sancionatória, produzindo uma nova relação jurídica, desta vez de cunho punitivo, podendo ser multas pecuniárias ou não-pecuniárias (tais como a apreensão de mercadoria e a pena de perdimento).

As sanções tributárias, como já fora dito no tópico introdutório, são uma temática ainda pouco explorada pela doutrina e que não se encontra pacificada pelos tribunais, haja vista que é possível verificar entendimentos diversos acerca do tema, o que gera instabilidade e insegurança jurídica em nosso Direito Positivo.

Posto isto, indispensável, portanto, a análise do tema com a utilização de um método bem delimitado em seus pressupostos, como é o caso do Constructivismo Lógico-Semântico, que auxilia o sujeito cognoscente na aproximação do objeto de estudo, qual seja, as sanções tributárias no Direito Positivo.

Referências

BECKER, Alfredo Augusto. *Teoria geral do direito tributário*. – 7. ed. – São Paulo: Noeses, 2018.

CARVALHO, Aurora Tomazini de. *Curso de teoria geral do direito: construtivismo lógico-semântico*. 5. ed. ampl. rev. - São Paulo: Noeses, 2016.

_____. *Direito penal tributário (uma análise lógica, semântica e jurisprudencial)*. – São Paulo: Quartier Latin, 2009.

_____. *O constructivismo lógico-semântico como método de trabalho na elaboração jurídica. In: Constructivismo lógico-semântico*. v. 1. – São Paulo: Noeses, 2014.

CARVALHO, Paulo de Barros. *Curso de direito tributário*. - 28. ed. – São Paulo: Saraiva, 2017.

_____. *Direito tributário: reflexões sobre filosofia e ciência em prefácios*. – 1. ed. – Noeses, 2019.

_____. *Direito tributário: linguagem e método*. 6. ed. São Paulo: Noeses, 2015.

_____. *Direito tributário: fundamentos jurídicos da incidência*. 10. ed. rev. e atual. São Paulo: Saraiva, 2015.

CUNHA JÚNIOR, Dirley da. *Curso de direito constitucional*. 12. ed. rev. ampl. e atual. – Salvador: JusPodivm, 2018.

LINS, Robson Maia. *Curso de direito tributário brasileiro*. 1. ed. – São Paulo: Noeses, 2019.

PADILHA, Maria Ângela Lopes Paulino. *As sanções no direito tributário*. – São Paulo: Noeses, 2015.

SILVA, Paulo Roberto Coimbra. *Direito tributário sancionador*. – São Paulo: Quartier Latin, 2007.

TOMÉ, Fabiano Del Padre. *A prova no direito tributário: de acordo com o código de processo civil de 2015*. – 4. ed. rev. e atual. – São Paulo: Noeses, 2016.

VILANOVA, Lourival. *As estruturas lógicas e o sistema do direito positivo*. – 4. ed. – São Paulo: Noeses, 2010.

_____. *Causalidade e relação no direito*. 5. ed. – São Paulo: Noeses, 2015.